哈佛燕京圖書館文獻叢刊第三種

# 参考消息

一九四四年・六月——一九四五年十一月

第一册

广西师范大学出版社
GUANGXI NORMAL UNIVERSITY PRESS

责任编辑：蒋晓玉　朱荣所　刘少霞　李　琳
装帧设计：徐俊霞

图书在版编目（CIP）数据

参考消息：1944.6~1945.11 / 广西师范大学出版社编．—影印本．—桂林：广西师范大学出版社，2006.9
ISBN 7-5633-6195-2

Ⅰ．参…　Ⅱ．广…　Ⅲ．报纸—汇编—中国—1944～1945　Ⅳ．G219.296

中国版本图书馆 CIP 数据核字（2006）第 110231 号

广西师范大学出版社出版发行
（广西桂林市中华路 22 号　邮政编码：541001
网址：http://www.bbtpress.com）
出版人：肖启明
全国新华书店经销
广西师范大学印刷厂印刷
（广西桂林市临桂县金山路 168 号　邮政编码：541100）
开本：890 mm ×1 240 mm　1/16
印张：120.25　　字数：960 千字
2006 年 9 月第 1 版　　2006 年 9 月第 1 次印刷
定价：2800.00 元（全 4 册）

# 延安版《參考消息》（代序）

沈津

《參考消息》是新華通訊社主辦的一份時事性參考報紙，也是全國日報中發行量最大的報紙之一。但是我却是在一九六〇年時方才看到它，由于它每天選載世界各地報刊、通訊社的消息、評論、文章，全面及時地報道世界各地的政治、軍事、經濟、文教、科技、衛生、體育等多方面的最新消息，所以很快地就成爲我業餘時間裏必讀的報紙了。那時，《參考消息》的發行量不大，僅限幹部閱讀，而我正從上海圖書館館長顧廷龍先生研習古籍目録版本之學，顧先生是當代最重要的目録版本學家之一，他訂有《參考消息》，我們同處一間辦公室，所以每天我就從顧師處拿報紙看。每隔一月，我就按日排比，捆扎成一包存放起來。一九八六年六月十三日，美國紐約當時的華文大報《中報》報道了我在美國發現許多中文古籍善本的消息，而《參考消息》（一九八六年六月十八日）居然轉載了香港《中報》轉發的文章。

美國哈佛大學哈佛燕京圖書館的珍藏中也有《參考消息》，存一九四四年六月二日至十二月三十一日（內缺六月十八日、九月六日、十二月十七日）、一九四五年一月一日至十一月四日（內缺六月十四至十五日、十月二十六日、七月一日僅存四分之一張），計十八個月之多。每期一頁，正反兩版，鉛印，用紙爲粗糙的土紙。刊頭『參考消息』印在右邊，字作美術體，下印『祇供參考』、刊期號、『解放日報、新華社編』、『今日出版一張』，最後爲日期及星期。這些《參考消息》前後形式變化較大，或八開二版、或十六開七至八版不等。（出版者按，由于本書開本的限制，我們將八開版面的雙碼連着單碼放置，閱讀時自雙碼上欄至單碼上欄，再自雙碼下欄至單碼下欄。）每期都有日期和刊期號，雖日期相連，但有時刊期號有誤，如一九四四年六月三十日爲四百七十期，七月一日却成了五百五十三期。

《參考消息》的早期歷史，或許很少人知道，實際上，早在一九三一年十一月七日，中國共産黨在江西瑞金召開了第一次全國工農兵代表大會，那次大會宣告了中華蘇維埃共和國的誕生，選舉産生了由毛澤東、朱德、周恩來等六十餘人組成的中共中央執行委員會。會議期間，成立了黨的通訊社——紅色中華通訊社，它除了對外發布大會新聞外，還抄收國民黨中央通訊社的電訊廣播，編印成《參考消息》，發給到會的六百多位代表參閱，這就是《參考消息》的前身。從那時起，直到一九三四年十月紅軍開始長征，《參考消息》每天出刊。早期的《參考消息》還曾用過《每日電訊》等名稱。

一九三五年十月，中央工農紅軍第一方面軍主力勝利完成長征，到達陝北，紅色中華通訊社恢復工作，十一月二十五日《參考消息》也得以復刊。一九三七年一月，紅色中華通訊社改名新華通訊社，繼續出版《參考消息》。一九三八年底，改名爲《今日新聞》，仍爲油印的內部刊物。葉蠖生在《抗日戰爭初期的新華社》一文中說：『所有的電訊譯出後，都歸我處理。我每天做兩件工作：一是把前一天下午和當天上午譯出的電訊挑選分類，加上標題，編成《參考消息》。』『印刷工作，由邊區政府的油印科擔任。這個油印科的科長，是一位長征老戰士，他每天收到《參考消息》的稿件後，就分配人力負責刻印、校對、裝訂和分發工作。』當時《參考消息》每期發行約四百份。

《參考消息》改爲鉛印的時間爲一九四〇年三月十日，除刊登中外通訊社的電訊等內容外，還刊載新華社發的電訊新聞。由于戰爭的原因，時編時停。一九四一年三月三十一日停刊，一九四二年十二月一日恢復出版并改名《參考消息》，沿用至今，此時的《參考消息》由新華社和當時的中共中央機關報——《解放日報》社合編，直至一九四七年三月撤出延安，《參考消息》停刊爲止。一九四八年八月，新華社遷至河北省平山縣西柏坡，《參考消息》復刊。一九四九年三月，新華社總社遷至北京，《參考消息》也從同年三月底起在北京出版。一九五七年三月一日前，《參考消息》都是書版型內部刊物，此後改爲報紙，仍然內部發行。一九八五年一月一日起，《參考消息》在國內公民中發行。

哈佛燕京圖書館藏的革命文獻，多爲二十世紀三十至四十年代延安及根據地出版物，包括文件、傳單、報刊、圖書等，皆爲美國記者斯諾及英國友人林邁可當時收集并捐贈的。此《參考消息》，有一頁上署有『林邁可』三字。按，林邁可，生于一九〇九年，原籍英國倫敦，于一九三七年來華，執教于北平燕京大學。從一九三八年起，同情中國革命，反對日寇的侵略行徑，利用外僑身份，協助北平地下黨，并負責采購當時八路軍、游擊隊迫切需要的藥品以及通訊器材，成功地輸送到日軍封鎖綫以外。一九四一年歲末，他和太太李效黎逃脱了日軍憲兵隊的追捕，來到八路軍設在喜峰口的蕭克將軍司令部，後來又爲聶榮臻將軍所挽留，負責十八集團軍的技術人員的各種通訊技巧的教學，并協助建立各部隊的通訊系統。

一九四四年三月，日軍加緊清鄉運動，在嚴峻的軍事形勢下，晋察冀軍區采取緊急措施，將非戰鬥人員全部轉移至後方。于是邁可夫婦在是年夏天到達延安，受到毛澤東、朱德的熱情接待，并委以第十八集團軍三局通訊組技術顧問及新華社英語主編顧問。邁可是當時少見的『中國通』，他在新華社時，工作得心應手，除了能直接將中文譯成英文外，他又和他的同事經過多次的試驗，裝定天綫，終于把新華社的廣播，傳送到太平洋彼岸的舊金山以及印度洋的孟買，他的工作也贏得了人們的尊敬。一九四五年十月中旬，有國民黨胡宗南部進攻延安的消息，林邁可一方面不願看到中國打內戰的情景，另一方面又認爲中國以外的地方需要了解中國的真實情況，他願意將自己在根據地及延安的所見所聞告訴外界。爲此，在周恩來的支持下，林邁可夫婦于十一月離開延安，經重慶、印度回到英國。這批《參考消息》的出版時間和林邁可夫婦在延安的工作時間完全吻合，因此，這份報紙應爲林邁可當年保存并帶出延安的。

對于書和報紙來説，報紙較書難以保存，報紙是連續出版物，且開本大，版數少則二版，多則數十版、百餘版，如要想從創刊號始，集至終刊號，一期不缺，一版不少，難度甚大。無人不曉的《申報》，從清同治十一年（一八七二）四月三十日在上海創刊，至一九四九年五月停刊，共七十七年，而最齊全者藏于上海圖書館，僅僅缺三個版面而已。這是很不容易的事情。由此而想到在革命戰爭環境裏，要保存一套三四十年代革命根據地或邊區編輯出版的報紙雜志就更爲困難了。廣西師範大學出版社有鑒于哈佛燕京圖書館珍藏的二十世紀四十年代延安出版的《參考消息》，雖然僅存五百餘期，但也是難得一見的革命文獻，且在中國現代新聞史上論及不多，有一定的研究價值，經哈佛燕京圖書館同意，將之影印出版。

# 目録

# 参考消息

一九四四年六月二日至一九四四年十月十九日

# 參攷消息

（只供參考）
第[illegible]五二號
解放日報 新華社 編
今日出版一張
卅三年六月
二日
星期五


碎，一舉毀滅在華美空軍的百分之一強。

【同盟社東京一日電】遭我奇襲的敵梁山飛機場，位於四川省東部，重慶東北一百八十公里，在華中我佔領區邊緣及四百公里的距離內活動，是敵空軍有力的根據地，與湖南省的衡陽等飛機場，向我武漢地區不斷出擊。此次河南作戰時，美蔣華空軍由於重慶的請求北上，將空軍中心根據地設於成都，將轟炸機隊設在梁山，戰鬥機隊設在陝西省西南端的漢中，繼續在戰場上空活動。

## 敵稱在洞庭湖東岸包圍國軍 薛岳軍後撤準備放棄長沙

【同盟社東京一日電】（湘北戰況）在我軍進擊下，敵人毫無反擊的能力，並不斷的後退。這一出人預料之外的很迅速的我軍進攻，正在進行。當渡汨羅河的我部隊，轉變方向直撲粵漢路，切斷從黃沙街方面潰退的敵退路，與從通城南下的部隊，從岳州南進的部隊相配合，在洞庭湖東岸完成包圍敵軍主力的形勢。據空軍偵察，在長沙的薛岳軍主力，已準備放棄長沙，現已不斷向後方撤退。我空軍部隊與地上部隊協力之下，從三十日以來，猛烈轟炸長沙，寧鄉，衡山，衡陽。三十日南縣之敵，經我一日之攻擊，即行潰退。該日與我佔領公安的部隊相配合，將殘敵向洞庭湖西岸，湖沼省境方面壓迫。（怒江方面之戰況）隨着天候的恢復，再度向殘敵展開掃蕩戰，活動在這一方面的敵部隊，戰鬥力突然消耗，被我軍壓追至東方，此次又企圖從怒江東渡。（緬甸北部戰況）卡比延俄欽我軍佔領後，我軍與敵主力部隊仍繼續作戰，我軍從孟拱向敵人側面施以壓力。密芝那方面敵戰鬥力逐漸降低，並被我軍緊迫。（伊娑法爾戰況）以巴勒爾、比西延普爾爲中心的激戰，連日正在展開，其他無變化。

【同盟社東京一日電】大本營發表（六月一日十四時三十分），中國方面我航空部隊：二十九、卅兩日，飛襲衡陽、梁山敵飛機場，擊毀並燃燒敵巨型機二十架以上，小型機二十架以上。我機全部安全飛抵原地。

【同盟社大陸某地三十一日電】我精銳航空部隊十五日奇襲長沙，二十七日襲老河口機場，二十九日夜急襲衡陽機場，計擊毀與焚毀敵機十七架。三十日夜，我轟炸機隊並飛襲四川省梁山機場，首十時起，數次反復激烈轟炸一小時，焚毀大型機四架、小型機九架，擊毀大型機、小型機二十架以上，我轟炸隊並再次往襲衡陽，擊毀地上小型機二架。美空軍自桂[illegible]我方之[illegible]機，遭我痛擊，敵之企圖已完全被我先制粉

## 英工人日報 刊載十二中全會消息

【路透社倫敦卅一日電】倫敦各報評論總結軍事情況時稱：預期的季節風不及兩週即將妨礙緬甸之巨大軍事行動。國民黨十二中全會五項決定，僅在共產黨的「工人日報」予以刊載。羅斯福總統關於在一定時間內與邱吉爾會晤於海外的聲明，在倫敦引起熱烈的歡迎。據隨史迪威將軍部隊之訪員拍至倫敦的電報稱：「孟拱流域陰雲密佈，微雨霏霏中之稀疏陽光，預告季節風不及兩週即將到來。此間有資格的軍事評論家以爲在季節風到來前，當密芝那攻克時，形勢可能展開，雖爲時很短。蓋攻克密芝那，將使盟軍利用伊洛瓦底江自三角洲至上游九六〇哩的一段可航行的水路。」每日先驅報軍事訪員塞巴德少校認爲：由於季節風而使戰事趨於穩定，對盟軍是有利的。因爲敵人當此季節不能停留在其現在地點，除非敵人準備爲了很少的好處而冒疾病率極高的危險。華軍越過薩爾溫江之後，刻已攻至離密芝那史迪威部隊與孟拱以南的英空運部隊相隔僅七十英里之處。據指出華軍這一推進，威將妨礙薩爾溫敵人的西調。在季節風到來前，盟軍非常需要在伊洛瓦底江上游建立鞏固的陣地。共產黨「工人日報」是唯一報紙，不加評論而刊載國民黨十二中全會五項決定及重慶採取更自由的新聞檢查制的可能性。自從對中國不利批評的浪潮數週前捲到倫敦以來，由私人方面對上述消息會予以好評，且進而認爲此舉係國民黨對表達社會輿論的新態度之表示，雖尚須等待其顯著的證明。英方頗相信：目前對中國出版自由的特別重視，除了已回國的中國訪英團應負一部份責任外，外國的批評應負極大部份責任。到達倫敦之華盛頓消息，關於羅斯福期望在夏、秋或明春某時，但不在冬天，在海外與邱吉爾會晤的聲明，在倫敦受到一致的歡迎。由於羅斯福的倡議，關於業已迫近的大陸軍事行動，英國報界今後可能用『解放』以代替攻歐一字。羅斯福關於避免第三次世界大戰之第一個戰後計劃草案的暗示，會引起此間紛紛揣測，料想這一計劃草案將在下次邱羅會議中佔重要地位。繼上院最近舉行貿易辯論之後，七月一日在新

名的回教貿幣會議，再度引起倫敦方面之新的興趣。外，因十二個回教國家與協合國家及法屬民族解放委員[illegible]議，此點最值得指出的。倫敦消息方面說：（出席）代表的資格，因爲會議之結果與討論可提交各該國政府予以

## 同盟社：德英美坦克比較

【同盟社東京廿三日電】德國在西歐建設堅固陣地與待機體勢，正是構成大西洋堡壘的重要因素。德軍潛水艇、海岸堡壘，坦克砲、與兩棲砲、空軍及裝甲師團的威力，實際上是英美軍遲延登陸的一個原因。從此點上來檢查攻防兩方面的兵器；亦就是等於檢討第二戰場能否開闢。『德國』第二戰場開闢時，敵人必然的在最初以坦克登陸，這是可以想像到的。因此在德許發表的範圍內，將優秀的德國坦克與英美的主力兵器對比。首先來講德國的坦克：『二號』、『三號』、『四號』均是優秀的坦克。蘇德戰爭爆發後，爲了對抗蘇聯的裝甲師團，在一九四二年夏天出現了『六號』坦克，亦就是所說的『虎式』坦克。這一虎式坦克的出現，是對世界各國坦克的一大革命。其主砲一八十八米厘，加農砲的威力，能將英美的重坦克吹飛。因此世界各國亦將主力坦克的裝甲加厚，並計劃搭載野砲。此種坦克在重要地方均用『防彈鋼板』，並計劃大量生產。因此德國有坦克上是發揮了工業國家的優良傳統。又據英國報紙稱：『虎式』坦克之重量爲五十六噸，所以通過橋樑是很困難的，因此特別裝置了渡河設備，水深十五呎亦可潛行。一般說來外人尚不大清楚。德國比『虎式』坦克更進一步的出現了『豹式』坦克，此是去年夏天蘇德戰場上與『虎式』坦克同時使用者，對戰鬥的轉向有利貢獻甚大。據蘇聯報紙稱：『豹式』坦克之大與『虎式』坦克差不多，重量爲四十五噸。與『虎式』比較好似較小，但發動機的馬力與『虎式』坦克同樣，爲六百五十。跋涉性比『虎式』要大，好多倍，並配備了七十五米厘口徑的砲，這與八十八米厘砲並無多大差別。車體全部銲接在一起，與『虎式』坦克同樣的可潛行過水。蘇聯報紙讚美此種坦克是集中現代製造坦克技術的精華。此坦克裝甲二百米厘，除此自動砲外，尚有十五米厘的自動砲，在德蘇戰場上表示了極大的威力。以上述各種優秀坦克組成的德國裝甲師團的存在，使大西洋堡壘更加強固。

『美國』美國較早以前即開始製造坦克。截至一九四一年即對德宣戰那年止，美國之裝甲師團逐漸更換爲中型坦克部隊。其後更[illegible]命動員汽車工場，促其藝術研究坦克，但汽車工業界無此經驗使其發展。因戰場與公路是不同的，故設計之坦克[illegible]與地的能力，而爲了保護駕駛員，裝甲[illegible]厚，裝則中坦克有七十五糎砲與三十七糎砲一門，機關槍四挺，中型高[illegible]一，但僅六名駕駛員如何能夠駕御，就是疑問。在北非戰鬥中，乃吃了很大虧。此後美國便很快地感覺到此種戰車的失策，而製造重五十七噸的戰車，此種戰車全長七米達、寬三米達，備有七十五糎砲。據最近美國新聞的宣傳，美國現又大批製造六十噸的戰車，備有大砲速射砲等，速度從三十到四十公里。此種戰車恐很難抵當德國的虎式戰車。

『英國』英國在上次大戰中，在世界上說來是第一次使用坦克。儘管有二十八年的優良傳統，但一直至現在其坦克優秀性能的地方並沒有表現出來。北非作戰中受到德國『三號』、『四號』、『六號』坦克的打擊，才在坦上裝置砲與裝甲設備。現在英國的主力坦克，約可分爲下列三種：巡[illegible]克。它能發揮特殊的機動力，是集團的使用，故設計時特別注意到速度與跋涉性。其號數爲一——六號，而其代表則爲『六號巡航坦克』。因爲[illegible]國巡航坦克重視速度的關係，每小時爲五十公里——六十公里，主砲爲四[illegible]米厘。但因對抗德國的『虎式』、『豹式』坦克，現砲已改修爲五十七米厘，裝甲亦修改爲六十米厘。步兵坦克。其武裝與裝甲特別注意，速度稍微差些。步兵坦克在上次大戰時，是英國坦克的主力，號數爲一——四。一號當拙劣，二號『馬蒂爾他』二十六噸，三號『巴萊他因』十六噸。裝甲二號爲八十米厘、三號爲六十米厘。速度均是二十四——二十五公里，主砲爲[illegible]十米厘，跋涉性很差，按現在的坦克標準來比較頗很弱。其次四號『邱吉爾坦克』，雖然有一下亦有些值得看的地方。速度約爲二十六公里，重量三十八噸，分甲乙丙三種形式。主砲甲種用七十米厘與四十米厘，並不經用且因故障很多，經常僅有四十米厘。丙種的砲同樣爲四十米厘，裝甲的最厚部分爲一百米厘。輕坦克——亦稱比克斯輕坦克。號數爲『六B』、『六C』、『七號』，以上是英國現在的坦克。此外尚有八十八米厘自動砲，以供裝甲師團砲兵用。

從德美英戰車陣容，當第二戰場開闢之時，登陸的戰車，當受到登陸用艇的限制。美國當以M4型坦克、M10自動大戰車砲爲其主力，英國以亞[illegible]山大戰車、邱吉爾戰車、八十八糎自動砲爲主力進行出擊。如從當前德蘇[illegible]爭加以判斷，戰車第一要強健、第二裝甲要厚，第三才是速度。但戰車上[illegible]器的裝備，也是不可忽視的，若裝甲厚，便必然要增加重量，由此受到運輸上的限制，容易受到德國的壓制。又德國的戰車因速度統一，所以在使用上非常便利。美英的戰車，除在運輸上受到限制外，在速度上也不統一，故在德國威力強大的反戰車砲之前，必要就吃個大虧。

# 參攷消息

（只供參考）

第四五三號

解放日報 新華社 編

今日出版二頁

卅三年六月三日

星期六


## 同盟社稱
## 蔣介石保存精銳對日退避不戰
## 美英用牽制政策逼蔣對日反攻

【同盟社上海廿七日電】重慶與美國對軸心國攻勢相呼應的動向，在此數個月以來是很不尋常的。與美英的太平洋攻勢相配合，逐漸實現美英要在開羅會議上的決定。但是蔣介石是否決心進行孤注一擲的總反攻，或是儘量吸收美英的供給品，充實國力，以應付戰後的局勢。欲回答這個問題，就有再研究重慶及戰區實情的必要。在表面上看來，對日總反攻已成為一種輿論和必然的趨勢，但是說到總反攻的準備工作，就有許多值得反省的地方，大公報認為現在的先決條件就是革新和加強戰區的政治，而其具體方策就是加強戰區政治機構、改編游擊部隊和加強前線檢查機關，特別要充分供給前線所需要的彈藥和糧食，而必需停止現地籌劃。這真正揭穿了重慶的弊病。多數經紀人，商人聚集於戰區司令部，而有成為交易所的中心機關之感。大公報所指的戰區政治腐敗當然是針對着這一點，重慶如欲進行總反攻，那末目前最緊急的任務是刷新戰區政治，重整野戰軍。但其前提條件就是奪回滇緬路獲得兵器，彈藥和食糧的供應。美國非難重慶對於總反攻的不誠意和無能，而重慶追究美英在緬甸作戰的遲緩，就是要在這個問題上推諉責任。因此圍繞在對日總反攻問題上的美蔣關係確有一道難於超越的鴻溝。蔣介石認為現在還不是出動其精銳部隊至前線的時候（這些部隊是他應付戰後情勢的信心力量）。蔣介石在目前的狀況下，對於制御共產黨和地方軍閥有充分的中心。但是他沒有信心統率嫡系部隊對日作戰，在這個場合，他是深恐自己軍力消耗後，不容易統一國內以及減低其在國際的比重。因此他儘量避免與日軍發生正面衝突，而等待世界戰局的演變。這是蔣介石的本意。從這個觀點看來，此一見解殊為當然，即蔣介石對於我方的攻勢，仍將採取過去的退避戰術，借以保存其嫡系兵力。但這裏令人注目的是美國的態度。在美國方面，自然不是由於同情重慶，而供給重慶以軍火兵力，而是因為想用大陸作為對日決戰的立足點，而有加強之必要，因此才越過喜馬拉雅山，派遣空軍、運運彈藥、建設空軍根據地。因此，不論蔣介石如何巧妙地要弄其兵力保存政策，但決不會那麼容易地為所欲為。譬如最近一二月來對重慶的猛烈批評，便是美國施諸壓力，硬牽其走的態度的表現。美國副總統此次訪問重慶，其目的恐亦在此『對於美國此種態度，蔣介石自然不會置之不理。自蔣介石出席開羅會談以來，重慶的基本政策便放在加強反軸心統一戰線上，這是眾所周知的。為平息對蔣介石在其所著『中國之命運』一書（闡明將來建國的方式）中關於糾彈白人侵略的不滿，乃對該書中關於招致不平等條約的理由，給以根本修改，並添上蔣介石關於廢除不平等條約的聲明。這些都是美英對重慶硬牽政策的靈驗表現。美國這一硬牽政策，也可看做是美軍事勢力的浸透。根據軍火租借法援蔣的物資，至去年十二月份，等於前年全部的二倍。本年一月份為去年一月份的十五倍。特別不斷促進重慶軍的全面美國化，現在實施美式訓練和裝備的，有衛立煌的緬甸遠征軍及派遣至印度的華軍，並將配備美國新兵器。機械化了的中堅將校參謀送入美式軍官學校受訓。軍事專家一致認此等軍隊的戰鬥力，比過去重慶軍強了二倍。此次河南作戰，未看到有美人指揮官，即表示中原野戰軍尚未美國化，依然為旁系軍與蔣軍所組成，為長期抗戰思想所支配，由美軍參謀參加作戰中樞部，積極使軍隊變成機械化部隊，加強美式軍隊的比重。同時很有可能傾向於短期決戰的方式。蔣介石知道重慶軍的戰鬥力，也知道與日軍進行正面作戰是很危險的。預料蔣介石在這樣的國際國內的情況下，要進行冒險的反攻。但是我大陸的防務是非常鞏固的。

【海通社柏林一日電】慶重訊，由於最近的軍事發展，尤其鑒於日本在湖南的攻勢以及經濟形勢，重慶困難的悲慘遠景，星期三為政府發言人所透露出來。日本『野心很大』的作戰計劃，使重慶政府遭受很大困難，因為它不知道如何解決國內經濟的嚴重問題。如果日本能以目前對長沙的進攻，分割中國為二部份（可能超過此城直至重慶），重慶將與其最富饒米麥供應中心斷絕。同時，盟國的空軍基地，將為日軍的進攻所孤立。結果只會是重慶的經濟與糧食形勢將遭遇空前的危機。正如美國某人所坦白承認者，軍事形勢除陸因濫戰線外，是嚴重的，並且有一切象徵可說，形勢將繼續惡化。

## 斡旋國共合作

「同盟社東京卅日電」最近一節不可思議的事情是美國給重慶以壓力，斡旋國共合作。重慶亦欲美國的武器援助，將不顧中國將來的命運，與中共握手。反軸心方面誇大宣傳的麥克阿瑟、尼米茲之進攻太平洋，亦不像口頭講的那樣，而是遲遲不得進展。蒙特巴頓之反攻緬甸，亦反而變成日印軍進入印度。敵欲挽回其在大東亞的大勢，將要成爲畫餅。當此之時，由於日軍突然在中國大陸展開河南作戰，使重慶第一戰區陷於潰亂狀態，洛陽業已攻陷，而誇耀重慶最精銳的胡宗南，爲包圍延安所牽制，故雖近火線亦不能出動馳救。這樣，羅斯福亦不能不着急，而重慶亦不能不叫喊美國不協助對日抗戰。另方面太平洋逐島作戰亦花費時間，這造成給日本以充裕的時間將南方資源化爲戰力的結果。緣於太平洋上轟炸孤島，顯然不能制日本於死命。尼米茲又抬出重視重慶論。重慶被鮑爾溫所讒謗，而又被尼米茲所煽惑，這樣，在美國看來，斡旋國共關係，驅使重慶對日抗戰，是它對日反攻計劃中最重要的方案之一，副總統華萊士率領拉鐵摩爾(支持延安的人物)前赴重慶的理由，就在這裏，但重慶是否將與延安共產黨握手？在回答這一問題之前，我們必須回顧一下這樣的事實，即對於國共合作問題，中共方面常是積極的，蔣介石則常是猶疑不定的。然則中共方面爲何對於與重慶合作表示積極的意願？那末一看毛澤東的『新民主主義論』中的中國革命兩階段的方略，就很清楚。據中共的主張，共產黨有最低綱領與最高綱領二種，前者是三民主義，後者是共產主義，而共產主義是最終理想。蘇聯則正在實行。中國是半封建半殖民地的國家，現在還沒有做好實現共產主義的準備工作。因此中國在現階段要根據新民主主義，首先完成資產階級民主革命。今日之中國不能實現共產主義，因此要聯合工人、農民、知識分子、中產階級，而且要聯合現在支持重慶的資本家與地主，建立幾個階級聯合的民主集中制的政體，這就是新民主主義的政治。但這並不違背重慶的三民主義政治原則。而國共合作的理論根據就在這裏。中共如此主張，而又宣傳今天要中共實行三民主義。而重慶則加以反對。蔣介石究竟是爲了什麼對與中共握手發生動搖？只要一讀蔣著的『中國之命運』，即可明瞭。這是因爲他多少還有東洋人的意識，在蔣介石看來，中共的主張是包含着強烈毒素的合作論。中共把資產階級民主革命作爲在中國實現的終極目的——共產主義社會的過程。而期待完成資產階級民主革命。爲了達到這一目的，而與重慶合作。因此在重慶看來，與重慶的合作，僅是一種討便宜的巧妙方法，是一種手段。國共兩黨是在不久即會演出賭其生死，進行你死我活的徹底決戰的宿命下，合作到這一宿命之日來到爲止。中共以共組織力量，在中國內地煽動無知的工人、農民、和缺乏人生經驗的知識份子，並爭取他們，組織他們。這一現實的事實，蔣介石亦知道的很清楚，如果在現在的情況下與中共攜手，則其結局重慶只有被中共吃掉，內地亦將爲中共所赤化。作爲東洋人而羨慕協調的大同世界的蔣介石，亦有不禁發生其本能的戰慄的理由。蔣介石加強國民黨的組織，擴大三民主義青年團，傾注其精力對中共鬥爭的原因亦在於此。重慶方面向來在談判國共合作時，經常主張將重慶放在更高的地位而進行合作。這是因爲他要採取這樣的政治體制，即在合作後，最少能夠消除中共赤化重慶的工作。重慶方面的合作方式與其說是合作，不如說是容共。而中共方面堅決以平等並列的合作爲根本條件。中共不但不會取消邊區政府，而且要把中共本身作爲政黨的地位合法化，並達到參加重慶政權的目的，慢慢地進行赤化重慶的工作。這一關鍵在以往的合作交涉中，都是含糊不清的。其餘的條件在國共雙方說來都不是本質的問題。對與中共握手躊躇到那樣程度的蔣介石，爲什麼此次託美國斡旋而與中

握手？回答是很簡單的，這就是因爲蔣介石連魂靈都賣給美國的緣故。這亦是因爲蔣介石爲物力迷惑而忘記了保衛中國的本義。國共的妥協亦許可能成功，因爲中共不管什麼名義不名義，只要得到實際利益即可。而蔣介石則只要留下一個面子即可。那末中國內地怎麼樣？這要使我們想起在大東亞戰爭爆發前，拉鐵摩爾極力斡旋國共合作時，重慶的軍事當局及國民黨右派，極力加以反對，認爲美國的此種斡旋是使中共赤化中國。但美國爲了自己的便利，不顧中共赤化中國內地。不管中國的將來究竟怎樣，美國是不想負責任的。這裏就建立起爲了美國的利益並犧牲重慶的方式，如此得意洋洋的只是在內心的深處堅持中國革命二階段這一方略的中共。

## 行政會議重要決議案

「中央社渝一日電」行政會議重要提案：（一）院長交議重申法治精神，以利憲政實施案，由政院轉呈國府通令切實遵行，一致通過，原案辦法如下：一、訓政時期約法，爲當前之根本大法，凡所規定，各級政府機關及人員，必須恪守遵行。二、切實執行懲治貪污暫行條例。三、切實執行公務員

警戒法，公務員服務法及其他關於公務人員操守之法令。四、各級政府機關及人員對於司法機關行使職權，應盡力予以協助，不得託故規避，更不得藉詞干涉。五、各級政府機關及人員對於人民依法提起訴願，應予以各種便利並切實受理。六、各級政府制訂單行法規及頒佈命令，不得與中央法令之條文及精神相違背。七、各級政府人員，應將各項法令隨時研究，徹底明瞭，如有意見，可呈請上級政府核辦，不得任意變更或不依法執行。（二）十二中全會決議、院長交議加強物價管制方案緊要措施案。本案為穩定戰時經濟，平抑物價之根本原則，自當敬謹接受，謹就原案各條，從實施上詳加研討，擬具補充意見；並以全會決定此案，內容切實，辦法具體，實為當前安定經濟，穩定物價之要圖。至關於增加生產，節約消費，取締囤集諸大端，在蔣院長三十一年宣佈之加強物價管制方案中已有詳明之規定，惟經年以來，或以縱的推行脫節，或以橫的合作欠密，因而未收大效。此次本會議集中央與地方負責當局共同檢討，又得全會及主席剴詳之指示，吾人批評赤誠，懲前毖後，改正缺失，一致力行。相濟相成，以求計日成功，抗戰前途，實深倚賴。又案內關於公教人員及部隊生活，大會亦有改善辦法，照審查意見通過。（三）十二中全會發交加強推行地方自治案，又經參照行政會議各方提案，逐項研討，擬具補充意見多項，均屬切實可行，限期完成。（四）十二中全會決議、院長交議確立中央與地方行政之關係案，第三六兩項原文如次：甲、關於第三項者。（一）政院各部會署對於省市政府各廳處局頒行之命令，有左列情形之一者，得一律呈由政院以命令行之：（甲）具有全國一致性質，為各省市政府必須一律遵行者。（乙）對於地方政府組織機構及人員名額，有所變更者。（丙）對於行政計劃有所變更者。（丁）變更預算者。（二）政院各部會署頒行之命令有與政院所頒行之命令相歧異者，應以政院頒令為準。（三）凡兩部署頒行之命令相歧異者，由省市政府呈請行政院決定之。關於第六項者（一）關於各省之施政計劃，如省政府認有局部變更之必要時，得決議變更，呈報中央。（二）關於預算伸縮問題，擬俱其他有關提案審查。（三）卅年三月公佈之省政府組織法第二條規定「省政府對於不抵觸中央法令範圍內得制定省單行法律」，但關於限制人民自由，增加人民負担者，非經國民政府核准，不得執行。此次立院新訂之省政府組織法，無此規定，決予增列。

## 財部決定食糖徵實

【中央社重慶二日電】財部前為把握物資，平抑糖價，經決定食糖改徵實物，當即籌備實施。此次十二中全會決議加強管制物價方案緊要措施案內，亦將食糖列為徵實物之一。茲悉財部業已規定實施辦法，通令川康閩贛粵桂各區專賣機構，即日遵辦，並由財部咨請及呈准行政院令飭各有關省政府通力協助，以期順利推行。

【中央社重慶二日電】內政部為明瞭各省縣政實況及研討改進意見起見，原擬於本年十月召開全國縣政檢討會議，現趁各省廳長及省府委員到渝參加行政會議之便，特提前於本月四五兩日假兵役署大禮堂舉行座談會。其要目為（一）縣各級組織之改進；（二）國家行政事務與地方自治事務之劃分；（三）縣與鄉（鎮）權責之劃分；（四）四權行使之訓練；（五）縣長任用與考核辦法之改進；（六）鄉鎮造產之推行；（七）戶政之推行；（八）警衛之推行；（九）褒恤與忠烈祠；（十）新式建築之推行。

【中央社成都二日電】省府決選縣成立正式參議會，促成民治事業，由民廳擬具實施方案，即將宣佈選縣標準，並已選定華陽、彭縣、江北、巴縣、資中、瀘縣、萬縣、南充、遂寧、綿陽、劍閣、雙流、榮縣、永川、江津、江安、隆昌、安岳、達縣、開縣、敍永、大竹、樂山、三台、及成都、自貢市等廿六縣市。

【中央社重慶卅一日電】青年團青年夏令營本年度仍擬繼續舉辦，除在重慶設置一營外，並擇定曲江、碧湖、永溪、西安等處各設一營，計共五營，預定七月十六日開學，八月廿日結束。此次夏令營以選調青年中小學校教師及團務幹部為主。對中小學校教師加強其地方自治之認識。

【中央社西安卅日電】青年團西京市分團部奉令籌設西京市女同志會，經決定六月廿五日成立。

【中央社興集卅日電】晉實施兵礦互助，寧礦區×區編組工作，業經首先辦理完竣，其辦法為服役礦工四人編為一組，其中一人充當備兵，入營服役，餘三人充國民兵，依兵農互助小組例，國民兵共負優待常備兵之責，每年小麥五石，熟花十斤，使其家屬生活安定，專心服役。自經此法實施後，勞動強度增大，可裁減礦工一部，工資亦提高二倍以上，產量逐次增加，而出礦炭價反可較前低廉。

## 同盟社介紹六、九戰區

【同盟社東京一日電】（第六戰區）這一戰區直及洞庭湖西方之湖

南省西北部與湖北省西南部地區，繼陳誠之後（去年春轉任緬甸遠征軍司令長官），第六戰區副司令長官之孫連仲繼任司令長官。擁有兵力約四十萬，即第三十三、第二十六、第二十四、第十各集團軍與吳奇偉指揮之江防軍計四十一個師，其中三十個師爲誇稱精銳的中央嫡系軍，大言壯語說是『構築堅固的戰區』，但由於去年十一月上旬到十二月下旬之常德殲滅戰，被我軍給以痛擊。司令部所在地爲四川省之黔江。在該戰區作爲連結敵前綫基地到重慶的抗戰陣營之二大命脈，有長江與長河、銅梁間的川湘公路，且稻、棉花、茶、桐油、錦、鎢等重要資產，出產豐富。（孫連仲）中國事變開頭，即於河北省正規的會戰中遭我痛擊，嗣於台兒莊損失將近二萬人，亦參加過徐州會戰，慘敗到一度傳說行踪不明，其後又見出頭，出現於李宗仁部下，晉級爲第六戰區的代理司令長官。不消說，他對於此提拔晉級是感激不迭的。與第九戰區同樣，指揮重慶防衛戰區的第六戰區四十個師，但由於去年的常德殲滅作戰，使其不能再起，然而却毫不知悔，還竟謀『六月攻勢』，而正當此時，已面臨遭我皇軍猛擊的命運。原籍與年齡不詳，民國十三年（大正十三年）於軍官教導團畢業，其勇敢早被馮玉祥承認，與前此參加和平陣營的孫良誠將軍，被稱爲馮玉祥手下的『二孫』。在北伐時祖任軍長職。民國十九年（昭和五年）參加馮玉祥、閻錫山、李宗仁等的反蔣運動而失敗，自此以後，即歸順蔣介石，任重慶國民黨中央執行委員會監察委員。

（第九戰區）該戰區防衛湖南省南部，江西省西部，有薛岳部下的第一、第三十、第廿七、各集團軍，約十一個師，及中央直系軍十一個師，重慶軍十個師，合計三十個師，三十萬人。湘江兩岸，土地肥沃，易於耕種，爲蔣政權的倉庫，我軍曾不斷進攻該地區，給以殲滅的打擊，在該戰區的內地，有美空軍的前進根據地，企圖作爲對日空襲的據點，殊堪注意。（薛岳）去第九戰局的司令長官，有機略縱橫、豪胆之名，但其作戰用兵的拙劣，經過贛湘會戰，與長沙進攻作戰，今被暴露無遺，僅不過證明重慶常誇耀的機械化部隊，逃走迅速而已。兵力的破壞，爲各戰區之冠。一時雖曾擁有六十個師，但稍一被皇軍的軍靴踐踏，即四分五裂。但彼等仍不忘掉從湖南對武漢的不逞企圖，充分知道我皇軍利害的他們，這次要陷他們於撥了滿身開水的場面，使其明了沒有抗戰前途的痛苦。不斷掙取夾在洞庭湖、鄱陽湖的第九戰區豐庶地域的薛岳，其臭名記在抗戰史上的時候，已經到了。薛岳是廣東樂昌縣人，本年四十九歲，蔣介石北伐時，任白崇禧廣東軍第十一師長，轉戰湖南、湖北、江西各地，始稍露角，繼任第二師長後，此後歷任第六路軍、第五路軍、第二路軍司令官，兼任軍事委員會委員，雲南貴州綏靖主任，中央監察委員，多從事軍工作。雖受過白崇禧的提拔，張發奎的支持，但成爲蔣介石的部下後，便中央化了，兼湖南省主席，獨立支持粵漢戰場，其『豪胆的略』究竟在那裏才能發揮呢？

## 埃及共產黨成立

【海通社柏林一日電】開羅訊：埃及新成立之共產黨，入黨者已達千名。該黨有在開羅、塞得港、亞歷山大與蘇彝士辦事處。又開羅蘇聯公使館請求英國當局允許在蘇丹之喀土穆設立總領事館。

## 羅素論英美合作問題

【海通社紐約廿九日電】現寓英國的英哲學家和作家羅素，今日在『星期六晚郵報』題爲『美國人和英國人能夠做朋友嗎？』一文中斷言：『只要不列顛王國海軍甲天下，英國人總有點輕視其他民族的傾向，而且並不常常地隱藏他們這種輕視。但現在，美國海軍已較英國海軍強大，華盛頓成了全世界各國政府的中心，而紐約已成爲金融中心了。英國人在兩百年站在統治地位以後，現在已不得不學會坐第二把交椅，並且要儘可能坐得體面一些。過去是屬於他們的驕矜尊大，現在正和海軍軍力一起迅速地撤過大西洋彼岸。』羅素結語說『自下，英國對美有着很大的友誼，而這種友誼之必須是相互的，對於我們本國和整個人類都很重要。不這樣我們就很少有機會以循着我們共同理想的方針去轉動世界，假如我們因互相猜忌而存異心的話，我們的希望之敵就會勝利了。』

## 甘地要求英國退出印度

【同盟社里斯本三日電】孟買來電：甘地於二十日致書印度政界有力人士查克朗，這一書信三十一日已經公佈。甘地在信中仍極力主張英國從印度撤退，這一決心現並無變更。該書信要點如下：印度國民會議派於一九四二年八月決議，要求英國從印度退去，我不能拋棄這一決議。在我看來，這一決議好似生命的生日一樣，余雖遭釋放，但對這一釋放並不滿意，而且是一恥辱。……（掉一句）余對印度之革命期待甚殷，英國當局亦許在我身體恢復後，再度將我拘捕。

參考消息
（只供參考）
第四五四號
解放日報社 新華社 編
今日出版一張
卅三年六月四日
星期日

## 軍委會一週戰況稱
## 敵進犯湘鄂企圖甚大
### 海通社稱敵進抵瀏陽

【中央社重慶三日電】據軍委會發表五月廿七日至六月二日一週戰況。本週來，豫省戰事仍繼續甚殷。敵復於湘鄂邊區增集兵力，爲自武漢會戰以來所僅有之龐大。於廿五日、廿七日來，先後由鄂南之崇陽，瓦湘北之羊樓司與鄂湘岳陽間以及鄂西長江南岸之華容、石首、藕池口、流市寬約二百五十公里之正面，分路向南向西竄犯。我各地守軍奮發忠勇，沉着應戰。茲將全般情況，綜合分述於後：湘鄂方面：一、鄂南崇陽之敵，於五月廿五日晚分路南犯，被我阻止於崇陽以南小沙坪及虎爪石之綫，敵復增援進犯通城，經過數日猛烈激戰，敵我互有傷亡。該城於廿九日被敵侵佔。現在該城以南路口北坪江等地區繼續激戰。二、湘北之臨湘、岳陽及羊樓司等地之敵，於廿七日晚分路南犯，強渡新牆河，我守軍節節抵抗，雙方傷亡均重。現戰事延至汨羅江沿岸潭口市、新市、歸義各地區猛烈進行中。三、鄂西長江南岸敵於二十七日來，分由華容、石首、藕池口等地先後發動，三十日侵入公安，南縣今已情況不明。安鄉我尚在城郊與敵拚戰。其由南縣以南地區分二股繼續南犯之敵，刻與我激戰於西港、草尾之間。又由彌陀寺、流市向西南進犯之敵，刻爲我阻止於松滋河東岸。豫省方面，隴海路上我敵仍在大營附近對峙中。洛河流域我於三十一日攻克嵩縣，並將該縣以西舊縣、潭頭等地殘敵予以掃蕩。魯山失陷後，我敵現在其西之下湯附近對戰。敵人此次連續不斷之大規模攻勢，吾人固早已預料及之。本人前在三月二十四日之外國記者招待會席上，曾謂「自上月初起，敵寇在我黃河沿岸、長江南部及廣東方面頻繁調動，似將發動大規模之攻勢，而我戰略軍亦移於我國戰場，其企圖似不外乎打通平漢、粵漢兩路。」「中原戰事自本年四月十七日爆發，平漢路曾被敵一度打通，現該方面之戰事尚未結束；而自五月廿七日，湘鄂之戰事又起」，是前此之判斷，可謂不幸而言中矣。日寇自去年二月修正兵役法，並定今年爲決戰之年後，即決定改變戰略，在太平洋與中南半島取守勢，而對我國取攻勢，期在太平洋上未失敗前，先行解決中國戰爭，然後轉兵與美國決戰，故遂調兵遣將，不遺餘力，並不惜抽調其精銳之關東軍南下，以圖一逞。總括其所採取之手段，可分爲兩種，一爲企圖打通平漢、粵漢兩路，以完成其大陸運輸綫；一爲企圖打擊我野戰軍，防我與盟軍配合反攻，並確保其所企圖之大陸運輸綫之安全，以補其海上長江船舶運輸之困難。但豫中戰事，賴我忠勇將士之不顧犧牲，拚死奮鬥，終使平漢路南北長達一百廿公里之距離，復歸我軍控制，敵寇未能遂其所願。現湘鄂戰事之序幕已啓，敵寇在武漢區域集中之兵力，業已判明者，爲十一個師團，番號不明者，尚有六至七萬人，至少亦共約二十二萬人。而在廣東方面，敵寇近亦集結有四個師團及戰車三百五十輛，五月中旬復有番號不明之敵約二萬人在香港登陸，故其總兵力亦在八萬左右。是敵寇之企圖，已至爲明顯。其行動亦至爲積極。湘鄂戰事，現已進行六日，我前方將士，多爲川中健兒與湘粵鬥士，以目前戰爭之推移而觀，彼等均能按照計劃，節節予敵以堅強之抵抗，完成最大之任務。戰爭當將愈演愈烈，戰場愈擴愈大，但彼等必能保持長沙常德之光榮，不負國家之期許也。倭寇現在太平洋上節節失利，中南半島之盟軍亦步步威迫，敵寇處此情況下，故不能不積極在我國戰場作大規模之蠢動，以安排其後事。盟軍之攻勢愈激進，則敵寇對我國之行動愈積極。豫中戰事與湘鄂戰事，尙屬敵寇在我國一連串之攻勢行動之一二端耳。今年爲倭寇決戰之年，亦爲我國決戰之年，我國人士與盟邦人士，實應寄與深切之注意也。

【中央社紐約二日專電】美方人士鑒於中國戰場最近情勢，已逐漸認識日本之戰略，實不止於佔領平漢、粵漢兩路，使我國東部之空軍基地喪失作用而已，而係具有更大之計劃，使同盟國無法進攻中國。紐約太陽報專欄作家羅倫斯稱：日本顯已決定不在西南太平洋使用海軍，而加強其對於中國海岸之控制，俾美軍在進攻中國淪陷區時，將與盟軍進攻西歐同樣困難。美英方面已因美海軍在太平洋上之輝煌勝利，頗感安慰，實則此僅爲戰爭之一方面，而日美戰爭，將在中國平原上開始。惟有在中國平原，吾人始能踏上勝利。羅氏表示深恐同盟國在緬境雨季終結時，將付出極高之代價，以補償其去多今春未能收復緬甸之遲誤云。

「海通社柏林二日電」重慶訊，恐懼日本此次進攻將證與爲盟國在太平洋攻勢前中國即被打倒一點，已被充分感覺到。此點反映於軍事發言人星期五在招待記者會上的談話中。官方發言人稱：據估計日本已集中廿一萬人於漢口一帶。其中四萬人分佈於沿粵漢路的最前綫，另有七萬人及坦克多輛駐紮於廣州區。發言人繼稱：據他所獲情報，日本最近於香港登岸二萬人，用意不明。發言人最後稱：必須預料日本將擴大今後攻勢於廣東及廣西二省。

「海通社柏林二日電」重慶訊，日軍在一週休息後，又於河南省隴海路西恢復攻勢。官方傾證實日軍已抵潼關東四十四公里的靈寶。

## 法西斯的國際新陰謀

一、納粹的地下運動

「訓練人材，打下埋伏」——納粹看到自己的命運，現正訓練許多無名之徒，準備戰敗後在歐洲製造更多的罪孽。某一時期，在柏林專設了一部來研究在許多佔領區域的反納粹地下活動方法，現在，他們也正精心的鍛鍊着這種技術，以爲他們自己將來之用。

在過去八個月中，若干忠實的粹納份子，已被送入集中營，說他們是現政權的政敵，他們相信，同盟國在戰後會對這些現在住在集中營的人付以特殊的信任。

對於他們明日的地下活動，除了已經有了既成的訓練基礎——「政治教育學校」外，每年更選拔更有希望的學生進入一個叫做與登伯根的高級學校。這樣的學校有三所，而形成一個神秘的系統，那裏少數精幹的青年皆甄入親衛系統。

獨立於整個機構之上的，是已經利用各部門。此處，青年被當作領袖人材——每年約有一千人——學習作領袖人材的種種技能，而且成密秘工作。

「成立總部，選拔幹部」——瑞典報紙確言未來的新納粹黨總部已經在慕尼黑成立了。其目的在騷擾和摧毀將來任何新政府。爲了這個目的，各種各樣的破壞將要出現，而選定組織這一切的幹部份子，皆係選自恐怖專家和納粹狂熱者：一、夏卜曼　破壞老手，前任馬德堡警察首腦，最近發表爲衝鋒隊參謀長；二、高吞不倫　奧地利人，繼絞手亥利黑而爲格殺打撲首領希姆萊之左右臂，德奧合併前，奧國事變首領。三、阿文斯班，一個弗來孜伯的老隊員，曾與無數政治暗殺案有關。四、希姆萊自己。（以上摘自『新的恐怖：納粹的地下運動』，文摘一一八號）

二、法西斯陣地的轉移

納粹現在知道法西斯戰爭會遭遇失敗，法西斯主義不僅在歐洲其他國家被消滅，最後，也要在柏林和羅馬被消滅，這時法西斯計劃的一條發展路綫是：柏林——馬德里——布宜諾斯艾利斯。

「佛朗哥，拉米雷茲的面目」——德國戰敗後世界上最危險的法西斯主義者不是希特勒而是佛朗哥，佛朗哥預料德意戰敗，但法西斯主義可以長存，眼前，佛朗哥利用中立國的地位結好軸心，同時又使自己成爲盟方的「寵兒」，他希望在這次大戰中成爲盟方大多數國家輿論中的唯一『不亢不卑』的法西斯主義者。對拉丁美洲，西班牙有最大的勢力，在阿根廷，一個佛朗哥型的拉米雷茲法西斯獨裁政權是傾向軸心的，最近阿根廷和軸心斷絕外交關係，並不影響它親軸心傾向，一如佛朗哥的『中立』不和傾向軸心相衝突一樣。

「納粹向拉丁美洲的轉移」——納粹政權正準備在失敗無可避免時，將德國的工業機構搬到『中立國』西班牙，然後再轉運到阿根廷。從那裏再發展到拉丁美洲各國去。珍珠港事件前還留在柏林的美國記者說：納粹會化了假名在阿根廷購買了大筆財產，預備他們有一天被擊敗時，他們還可混跡富商巨賈的行例。（以上摘自『法西斯的新國際陰謀』，同上）

## 谷正之返寧

「同盟社南京三日電」因要務返國之谷正之大使，一日返抵南京，二日下午在官邸接見記者團，就目前的諸問題談話如下：此次返國是專門報告與協商目前的幾個重要問題。現在中國大陸正展開大規模的作戰，與此相配合的現地施策，即有加以考究的必要，此點不必贅述。對華新政策仍與過去一樣的強力而且確實的推進，例如米糧問題，只要一經中國方面請求，我國即不惜以全力援助。國民政府因汪主席養病，確有許多不便利的地方，但經陳代理主席及國府指導者的努力，各種政策均向前推進，今年七月一日官吏均實行增加薪金。最近以糧食問題爲中心，米穀統制總會，商業統制總會均實行改組，此對治安之不良有極大關係，對此現已有調整方策，不久的將來即可清析的看出。又關於上海大使館事務所的地位，與新作戰相配合，將逐漸加強機構。

# 參攷消息

（只供參考）

第四五五期

解放日報 新華社 編

今日出版二版

卅三年六月五日 星期一


## 敵方傳稱 英美對中國戰事甚感焦慮

【同盟社蘇黎世二日電】重慶發出之外國電訊，均承認蔣介石正陷入極大的危機之中。美國的各個報紙均斷定洛陽陷落後就是長沙，交換通訊社率直的警告重慶稱：「日軍將以各方面的新銳兵力，投入這一戰線。要抵抗日軍的這一壓迫，必須在交戰地區有充足的空軍兵力，但事實上却正相反，日軍航空隊握有制空權，從早到晚連續的轟炸重慶軍的飛機場與各都市，展開極活潑的攻擊。」路透社前線報導亦稱：「強有力的日軍部隊，正進攻長沙外圍的防衛線，該方面人民情緒極為不安，敵人正破壞鐵路，在各陣地上敷設地雷。至此長沙第四次的攻擊戰即將形成防禦態勢。重慶對保持長沙毫無自信心，也許重慶將在湖南山岳地帶構築防禦線。」從此次長沙作戰中，充分再度證明了重慶的狼狽不堪，美國報紙稱：「由於日本此次的進攻，使重慶在將來作戰中失掉重要的地區，戰略態勢日益惡劣，如果日軍佔領了長沙，則在華中的美空軍根據地亦要被奪去。」「重慶除這一軍事缺陷外，尚有經濟的困難問題，河南與湖南是重慶的寶庫，是重慶補充物資的源泉，如失掉這兩個省，重慶的財政經濟將陷絕望地步。」故美國對此極表不安。

## 同盟社一週戰況

【中國方面】陸上作戰——我軍繼續在掃蕩殘敵，準備次期行動中。於廿七日從洞庭湖兩岸，開始新進攻的我華中軍，進展極為迅速，現仍在繼續進行中。空中作戰——我機隊連日出動協助陸上部隊作戰，並出擊在華美空軍的根據地。在五月份中共擊落擊毀焚毀敵機一百三十八架。又廿五、廿六兩日，有敵機五架襲擊海南島，廿四、廿六、廿七三日，有敵機B25型十九架、P51型六架，P42型四十架來襲長江流域的石首，被我方擊落一架。

【緬甸方面】陸上作戰——在伊姆法爾方面，雖已進入眞正的雨季，但各方面仍在展開激戰中。在科西馬方面，企圖打通科西馬——伊姆法爾道的敵三個師，其攻勢已被擊敗，科西馬——伊姆法爾道仍然在我手中。在法勒爾、比森普方面，我軍在擴張戰果中。伊姆法爾平原之敵，在物質精神兩方面，均發生動搖，向印度湖東岸潰退，我軍仍繼續追擊。我精銳部隊，對於企圖套回援支那之敵，則在包圍猛攻中。截至現在，敵遺棄屍體至少在一千四百具以上，與怒江方面之敵歸於同一命運。怒江方面的敵衛立煌部重慶軍，至明一戰，已被我軍擊潰。布次頓、孟道方面，此後無甚大變化。自二月四日該方面開始作戰以來，截至現在，已判明的戰果，計敵遺棄屍體一萬四千八百十二具，俘虜六百七十五人，獲毀敵大砲一百三十九門，輕重機槍二百三十九挺，步槍二千八百四十支，戰車六十九輛，汽車及裝甲車九百六十餘輛，各種彈藥四十六萬發。空中作戰——我航空部隊，連日冒惡劣氣候，出動印緬戰場，協助陸上作戰，並不斷與敵空軍交戰，廿五日在法勒爾上空，擊落敵機五架（內一架不確實）。廿九日在伊姆法爾上空，擊落敵新型戰鬥機六架（內四架不確實）。

【新幾內亞方面】廿二日敵機B24型、P38型六十架，數次轟擊拜阿克島，廿四日敵復以B24型、B25型、P38型九十二架，廿五日以B24型廿九架，廿六日以B24型戰鬥機四十二架來襲，至廿七日晨乃在艦砲掩護下登陸。廿九日繼以大型戰艦等十數艘，廿九日以巡洋艦、驅逐艦大舉進攻，我守備隊乃迎頭痛擊，將敵艦擊退。在此期間我航空部隊，一面協助陸上部隊作戰，一面轟炸敵登陸部隊，像大本營已經公佈的戰果，給敵以極大損失。三十日擊落敵驅逐艦一艘、重轟炸機二架，卅一日夜擊沉運輸艦一艘，擊毀船三艘。又在馬克瓦里，在廿四、廿五、廿七三日，有敵機四十架來襲，我方無損失，我守備隊——迎擊敵登陸部隊，戰鬥極為猛烈，不分晝夜抵抗敵之猛烈進攻，為此敵在急調增援部隊中，新幾內亞方面的皇軍，在島嶼附近，擊潰敵一個聯隊，我部隊繼之於五月二十五日在雅加婭爾（阿塔普東方三十公里）附近，反擊進攻敵部隊，激戰四日後，完全將該敵擊退。此役擊斃敵四百三十人，俘擄三百十人，獲軍需品甚多。

【中部太平洋方面】敵巨型飛機的來襲，不斷增加，從二十四日到三十日，來襲之敵機，達五百餘架，二十五、二十七、二十八、二十九、三十日五日間，有二百廿架轟威克，廿九日有小型機十架與塔羅瓦，卅日二架，卅一日八架襲特魯克。

【印度方面】廿六日有敵機一架出現於尼科巴爾，廿九日有敵機一架襲晋特布來亞。

【所羅門方面】敵機的來襲，仍甚頻繁，從五月二十七日至六月一日，有敵機七百八十架襲擊拉布爾。截至現在，已判明的戰果，擊落敵機六架、擊毀敵機五架，從五月廿七日到卅一日，敵戰鬥機轟炸機連日襲擊加比闐，出動飛機廿架，被我方擊落七架。另外在布肯維爾方面，廿八日、卅一日、六月一日有戰鬥機八架、廿八架、十架來襲，在布加地區，從五月廿五日到卅日，有三百零四架飛機來襲。

【班加海方面】廿四、廿五兩日，有敵機四架來襲，（缺一段）

【北方方面】敵航空部隊，五月廿五、廿七、廿九、卅、卅一連日襲擊北千島，投下少數炸彈與照明彈，卅日被我方擊落一架。

## 國民黨財政面臨深淵

# 鈔票印不及，實行信用緊縮

## 各地銀根奇緊，中小工商業大受打擊

【本報訊】四月十二日廣西日報社論『銀根緊急與商市停滯』中稱：『三月下旬以來，正值百物飛漲，投機盛行的高潮以後，各地市場所表現者爲銀根緊急與商市停滯。……近來金融市場緊迫情形，首先表現於衡陽，本年一月……該地市面銀根奇緊……衡市銀根之緊，迄今依然存在。柳州一地，各銀行曾於上月廿九日至卅一日一度發生擠兌風潮。……一週以來，此種緊急情況，即在本市，亦已逐漸表面化，各商號週轉資金缺之，即金融機關亦有頭寸不甚充裕，支應困難之感。』

二十三日該報星期增刊綜合各方消息稱：發生銀根緊急現象者有：昆明、貴陽、衡陽、桂林、柳州、梧州等地。僅桂林一地報紙之報導及評論此問題的消息及文章就連續有十四篇之多。各地匯往衡柳匯款均限於在二萬元以下。四月十六日桂林掃蕩報載高利貸因之橫行，『一萬元日息七十元，十日期滿，利息先扣』。長沙『銀行界皆得總行來電，停止放款』。（五月三日桂林大公報）重慶情勢同樣嚴重，據成都新中國日報四月廿六日載『陪部拾零』中稱：『渝市銀根奇緊，空前未有，即最大商業銀行，亦不易[illegible]充以上現鈔，聞某銀行，則保庫亦不一二十萬元耳』。四月二十三日商務[illegible]，渝市銀行因現鈔缺之，對存戶雖絕不有支吾態度發現。五月五日該報稱[illegible]市『將現鈔看作珍寶』。因之各貨都均交易停滯。中央銀行已開始發出新的一元、五元、十元的關金券，且自五月一日起，取現款者，[illegible]給本票，貴陽亦本票流行。

關於此次發生銀根緊縮現象之原因，四月十四日桂林掃蕩報解釋爲『與盟邦匯款』及（鈔票）『運輸困難』均有關係，但緊縮商業貸款，以防奸商取巧利用，實爲中樞新近之政策。』該報廿四日又強調：『主要原因乃當局預定計劃，對於市場信用略加收縮……柳州方面……主要原因乃爲造謠滋事之徒風傳「財政當局將於四月二日凍結各銀行存款」一時各存戶紛紛提存，即平素信譽卓著之國家銀行亦受影響。』但眞實原因乃由於惡性通貨膨脹之結果，以致鈔票印運不及。桂林大公報於四月十日發表社論『論銀根緊縮』中稱：

『目前通貨已至惡性膨脹階段……籌碼不足的原因，或由於參料之缺之，或由於運輸之困難，其動機或出於主管當局之有意的緊縮，或出於友邦善意的勸導，說者不一，我們亦無加以研究的必要。總之，因爲新鈔供應困難，致使銀行之信用緊縮，金融市場發生波動，黑市利率提高，這是一個事實。……它可能往好的方面發展，但也可能成爲經濟危機的一個信號，迫使我們走上更惡性的膨脹的路上去……首先我們要指出最近銀根緊縮這一現象……是普遍於各重要都市現象……在最近兩三個月之內恐怕不會有什麼改變的希望。……其次，我們知道目前發行數量是相當驚人的，……發行數字不得不隨着赤字財政之增大而提高。……萬一印刷與運輸的條件跟不上以供應赤字財政每天的需要，那時就由金融恐慌轉而爲財政恐慌，這就更值得深慮。所以我們認爲今天的通貨問題決不是一個金融問題，它本質上是個財政問題……第三……即就國家銀行之緊縮來說，我們亦不可能期望其對物價發生如何良好之影響，誠如今日之游資早已到了尾大不掉的階段，尤以一些神通廣大長袖善舞的大囤積家，……無論是收縮囤積或收縮信用，都不會影響到他們在商品市場上翻雲覆雨興風作浪的行徑。所以信用緊縮的結果，比較受到打擊的當是資金比較薄弱的中小商人及準備不充實的商業銀行……第四，……放出黃金自然是可以的，但要拋出黃金以緊縮發行，這便很難辦到……拋出黃金之結果，不過使黃金成爲游資之蹤逐物，供敵僞套購與游資在握者之投機對象而已。總之，我們必須認淸當前的銀根問題，決非單純之金融問題，而實爲一財政問題，易辭言之，亦即爲一整個的社會經濟問題。」

該報廿日又發表『再論緊縮問題』社論强調緊縮預算，該報稱：『首先我們要指出現在的預算中眞正用之於軍事的費用，不過占一小部分，這理由預十分簡單，因爲士兵的口糧是由徵實徵購直接撥給各戰區的，它與財政也算本不相干。軍隊的副食費又由鹽稅附加或就地籌給，而武器彈藥又自海外輸入者，可以由租借法案所取得，不必支付現款。歲出中之大部分實爲行政費用。但所謂行政費，其中恐眞正用之於政務及事業方面者，亦爲數甚微。抗戰七年，今日公務人員之待遇誠已降至生存綫以下之水準，惟另一方面，行政機構之叠床架屋，掛名冗員之名目繁多，公私機關之浪費公帑，以及若干不肖官吏之豪奢生活，較戰前誠有過之而無不及。……人民所出與國庫收入之比例，一般估計爲十與一之比，易言之，即十元爲經徵費用及中飽之數。

其次說到使法幣回籠，這就必須徹底執行『有錢出錢』的政策。至於增稅與募集公債……則增稅之結果，其刺激物價之作用與通貨增發相同，有時且更爲直接。因爲我國無論是直接稅或間接稅，都轉嫁到平民身上，富有者反可逍遙稅外，混水摸魚。至於募集公債，亦以客觀與主觀條件之限制，不但緩不濟急（例如陪都近推行募債運動週之結果，僅得四千餘萬元，尙不足數小時之開支），且其性質與英美之轉移社會游資爲國家所有者，亦不相同。……我們今天要使法幣回籠……必須針對發國難財的地主奸商達官貴人手……。如果不此之圖，僅因券料缺乏而緊縮信用，則……他日籌碼充足，不過是繼續以前膨脹政策，刺激物價更加昂揚。這次的銀根緊縮徒然成爲經濟恐慌的一個信號，迫使我們面臨膨脹之更惡性的深淵，那眞是我們的憂慮了。」該報結尾稱：『我們還應該有一個長期一點的打算……若聽其自然之演變，而僅爲枝枝節節之應付，則結局之推演，恐有出乎我們意料之外者，月暈而風，礎潤而雨，善謀國者其愼勉之！」

廣西日報除四月十二日社論外，十六日星期論文發表狄超白『從惡性膨脹到惡性收縮』中稱：『當局者內鑒於惡性膨脹已達到前臨深淵的地步。於是在增加稅收和收縮信用的口號下，希望在深淵的邊緣上一陣躊躇，……今天的事實是：（一）增加征購征實，是使中小農戶……提早其斷根月份的來臨……（二）增加專賣利益，則使人民的負担十百倍於政府所收得的。……（三）爲改善士兵生活而征課的副食費，除鹽稅附加已刺激日用必需品的一般上漲而外，其餘就地征籌將使機減的惡法復活……（四）至於信用緊縮，它首先將關閉正當工商業資金週轉的一扇門……促使一般工商業的加速破產。……信用一時的收縮，正足以幫助這些大投機家在這有利的情勢下吞食許多小投機家。……在現存的政治條件與社會條件之下，任何單純的新的財政金融政策，其實際的效果僅是一種幻術，這種幻術固使能使你在深淵的邊沿上稍得躊躇一秒鐘，但下一秒鐘，就使你落得更深更深些。」

廣西日報十七日又發表社論『銀根緊縮與信用收縮』稱：『在此信用緊縮的巨大風濤逆襲之下，一般中小工商業者將參遭覆沒，其命運前途，不能謂可以樂觀之事。……假令財富集中達到最高峯之際，雖說此金字塔之少數人物，雖已掌握巨大之財富，但社會上之購買力則已消失殆盡，此際將成爲物資分配之脫節現象，亦即生產、流通、交換、消費全程之中斷，不幸而至此，則其情形，殊難想像，……對付今日銀根緊縮之情勢，……更根本的處理手段，當繫於財政金融政策。」

該報十九日社論『從救濟工業說起』亦提出必須改變當前之財政政策（本參考消息已有報導），二十四日，該報又發表高原的『銀根通貨及其它』一文中亦稱『問題的焦點仍在通貨問題，在財政政策問題。是則財政政策還能不迅速[illegible]紘更張嗎？』

## 國民黨在渝昆進行『守法運動』

【中央社重慶四日電】中央文化運動委員會同陪都有關各單位，定於六月五日至九日，舉辦守法運動宣傳五日，節目於次：（一）各機關於總理紀念週屆上報告『中國之命運』六章三節『自由與法治之發成問題』。（二）渝市教育局發動童子軍在各縣[illegible]碼頭，車站游藝場所勸告民衆遵守秩序，並檢舉非法購票。（三）青年團渝支團部宣傳隊，分赴城郊[illegible]宣傳。（四）梁[illegible]長寒操，於下午七時卅分至四十五分在中央廣播電台播講「自由與法治」。

【中央社昆明四日電】滇文運會，定五日起推行守法運動三天。六日發動昆市學生在街頭及娛樂場所勸導民衆遵守秩序，檢舉非法轉售戲票。教廳通令全省各校，於六日獎勵守法學生，市商會及工會檢舉非法營利，並密查高抬物價商人。省黨部民教與青年會分別請聯大教授舉行講演。

【中央社貴陽四日電】黔省定七月二十日舉行全省黨員代表大會，實施選舉，並正式成立省黨部。

【中央社蘭州二日電】教部西北社教工作隊，近應寧夏教育廳之電邀，特派第二支隊赴寧工作，已於昨日由蘭首途。該隊抵寧後，將舉辦社教人員訓練班，並輔導戲劇電影音樂教育工作之開展。

【中央社贛州三日電】中委方覺慧，立委王璠仁，今離贛赴韶。

【中央社蘭州三日電】甘省府頃通令各縣積極改進鄉鎮營建，發動民衆義務勞動，整修幹道。

## 南新總理將同鐵托代表談判

【合衆社倫敦四日電】南斯拉夫新總理蘇伯西哥不久即赴意大利的巴利城與鐵托的代表談判。據稱：他深信南斯拉夫的統一戰綫必能建立。

## 波總理說仍將堅持舊憲法
## 南王派員與「民族戰士」接洽

【路透社倫敦十日電】波蘭總理米克拉茲柯今日於「農民日」在倫敦演說稱：「波蘭現有兩個憲法，一個是合法的，我們已宣誓効忠它，另一個是地下運動所寫出的憲法，後者仍是他們鬥爭中形成中。將來不能回復至軍事形式的政府；它是波蘭有政治覺悟的多數人所不能容忍的」。沒有一個波蘭人有帝國主義的野心，但某些一般的結論是很明顯的，此結論之一是：在獨立與自由的波蘭境內，任何德國人是沒有地位的。

【路透社倫敦卅一日電】南斯拉夫政府危機於數週談判與猶豫之後，顯然已接近結束。預料南王彼得將向南斯拉夫各民族發表宣言，宣佈他會要求克羅特總督伊凡．蘇巴西克博士去與南斯拉夫的「民族戰士」取得接觸冀獲政治困難之解決。據悉該宣言未提及鐵托元帥或米海洛維奇將軍，但該宣言認爲是一種顯然的表示，即彼得將試圖與鐵托的解放委員會達到諒解。該宣言未提及成立新「政府」。而蘇巴西克顯然只好去尋覓他自己的合作者了。舊的塞爾維亞各政黨堅持一切政黨聯盟的企圖，似乎是失敗了，而主要塞爾維亞政黨領袖們會要求以某種形式承認他，而為米海洛維奇，塞爾維亞政黨領袖們會要求以某種形式承認他，而南斯拉夫契特尼克領袖乃是蘇巴西克提出來作爲其合作解决危機的條件之一。

## 瑞士成立工黨聯盟

【海通社蘇黎世廿二日電】瑞士國內，現成立了一個新的政黨，而這個新的政黨是由業已存在於瑞士許多分區的偽裝的共產黨人的工黨所組織的。由各個分區而來的工黨代表之第一屆會議已於星期日在巴塞爾開會了。會議上作出了許多社會、政治要求。自然也作出了迅速與蘇聯建立正常外交關係的要求。「工黨聯盟」也是這異已集團的瑞士黨底名字。

一三

參考消息
（民衆參考）
第五六六號
解放日報社編
今日出版二版
卅三年六月六日
星期二

## 朝日新聞評國民黨十二中全會

【同盟社朝日新聞上海特電】從廿日到廿六日舉行的重慶國民黨十二中全會，通過政治提案十六件，經濟提案十一件，黨務提案三件，軍政提案二件，教育提案一件，自己暴露了重慶今日是處在生死關頭。十二中全會於朗讀宣言後，即行閉會，現在乘此機會，願就重慶政權的政治經濟情況，加以分析。昭和十七年十一月舉行的十中全會，曾通過樹立戰後世界秩序四個決議案，又去年九月的十一中全會通過了（一）憲政實施案。（二）中共對策案（對於中共的破壞抗戰、危害國家，嚴加取締）。（三）國民政府組織主席法修改案（政府主席為陸海空軍的最高統帥，又政府主席由黨中央執行委員會推任）。如與此相比，此次十二中全會所通過的決議案就很不華美，這殊使人注目。其中有（一）救濟戰時國難僑及其家屬案。（二）鑒於皇軍進攻的猛烈及戰局的擴大，特別救濟戰區學生及給予補助案。（三）為確保戰後各工場的生產資材，加强對外訂購的外匯案。（四）健全農田、水利、特別是河南省水利實業基礎等案。這表現重慶的苦境，是何等深刻。同時表現出為擺脫此苦境，拋棄大言壯語，而採取具體方策的決心。此種樸素做法的原因之一，便是由於七年來的抗戰，其大言壯語，業已不能再欺騙民衆。又在其宣言中，令人注目的一個問題，是創設民意機關。新成立的各縣民意機關，只有建議權，但由於縱使創設這樣的民意機關，如果把它放着不管，就有立即成為共產黨巢穴的危險。同時任命陳果夫為國民黨組織部長，企圖使民意機關，成為蔣介石獨裁的一個支柱。前次大會通過反共決議案，而此次大會宣言，未涉及國共問題。如吾人冷靜觀察圍繞於十二中全會前後的重慶政情，那末我們可以看出重慶一方面雖然對我印緬作戰、河南作戰的進展感到狼狽，故它預想到將有更大的困難，而拚命樹立舉國一致的體制。而在另一方面又防止美國干涉內政、避免做美國的奴隸的可笑的矛盾。其次，在抗戰七年，依然苟延殘喘的重慶經濟向那一方面發展？十二中全會宣言，曾舉黨研討當前情況，並鑒於物價的騰貴，影響國民生活重大，同時對於培養國力亦有重大的關係，故今後決心逐漸實行統制經濟，統制物價。一般國民的生計的安定，特別是工作人員生活的改善乃燃眉之急務，其根本辦法為貫徹國家總動員法，嚴格抑制物價。而大會最後一日即二十六日，竟日討論物價問題，這說明了抗戰地區的經濟危機，是何等嚴重。重慶的經濟弱點，第一是財政基礎的薄弱，第二是工業生產力的不振，第三是貪官污吏的存在。首先來看財政的情形。昭和十二年為二十一億元，十六年為一百零三億九千五百萬元，十八年為三百六十億元，據傳十九年更增加至五百六十億元，歲出如此激增，但收入是極端不足。昭和十七年秋，雖開始實行了田賦徵實，但仍不能彌補不足，致使重慶對美的經濟依賴，日益加重；一九四三年曾向美國借款五億元，以二億購買美國黃金，在重慶市場出售，藉以吸收游資，但結果徒自引起金價的騰貴和商人的暗中活動。據聞凍結於金市場的，有二億元資金。第二，關於工業的不振，根據最近的材料，抗戰地區的工場數目，較戰前增加十五倍，資金總額達七十二倍，但對於工場數目的增加，要考慮到工場轉移內地後有被分割的情形。又關於資本金額的所以增加，蓋由於通貨膨脹的急劇發展，故在事實上，不過增加五倍到七倍，此決不足以支持抗戰經濟。另外，當重工業的建設，不能進展時，地方的鄉工業反而衰退，例如紡織業，戰前為二百八十萬錠，去年末則為十五萬錠，戰時生產只佔戰前的十分之一。因此無論從任何方面來看，蔣介石的國防體制，距其企圖尚遠。第三關於貪官污吏，隨伴着統制經濟的採用，貪官污吏也日益增加，經濟部統計長吳×農，曾指責統制經濟，極易招致流弊，營利和降低效能。而貪官污吏的頭子，據聞便是行政院副院長兼財政部長的孔祥熙。

## 偽寧對重慶廣播
### 引誘與威脅並施

【同盟社南京四日電】國民政府發言人，在前次廣播中，即指出重慶現仍執迷不悟，苦惱民衆之非。三日夜又向重慶再度作特別廣播，題為『蔣介石先生，究竟為了什麼犧牲自己的兵力』，略稱：『

蔣介石十數年來花費心血培養的精兵二百萬，現正在華中第六、第九戰區，暴露於日軍前面，這一犧牲只有造成英美侵略東亞的據點，對中國毫無裨益，日軍方面只要重慶的覺悟，則絕不再進兵。」指出重慶之非，要求蔣介石猛加反省，廣播要點如下：重慶的同胞們，重慶在此次河南作戰中已經損失了精銳四五萬，而第六、第九戰區又展開了新的作戰，重慶的同胞們，你們怎樣的看這一問題呢？英美正是東亞的共同敵人，可是重慶直至現在尚不覺悟，將龐大的國土置於英美的軍事侵略下。英美利用重慶的抗戰心理，使重慶對日作戰，以便將中國的土地變為自己的軍事據點，此點任何人都很清楚，重慶的抗戰在今天的形勢下，從國家民族的立場看來，已失掉了建國衛國的意義，重慶政權可以說是建國衛國的叛逆。冷靜的看一下吧，日本的對華新政策逐次實行，完全打開了獲得中國自由獨立的道路，這一對華新政策是有確實內容的事實，並不是空言欺騙我們，重慶不認識這一事實，將自己的一切供諸犧牲，誠屬可笑之至。日本實行對華新政策後，屢次敦促重慶反省，軍事行動亦極謹慎，此次雖深入重慶腹地展開了大規模的軍事行動，但這不是對中國的軍事行動，而是對英美的軍事行動，就是說要粉碎在重慶保衛下的英美勢力，而不是破壞中國的領土與生活，從此次的河南作戰中看，重慶已犧牲了很多的精銳部隊。但此種犧牲並非為了中國的獨立自由而犧牲，乃是妨礙大東亞建設進行上的一種犧牲。重慶必須正確認識敵人是什麼東西，明確把握應行之路。現在中國民衆所希望的是全面和平，並且使國家强盛與完成獨立自由，然而重慶訓練的精强部隊，只有使人民痛苦，對外亦絲毫不能達到他們的希望。農村的有為青年，亦相繼變成盲目抗戰的犧牲物。不僅無一點報償，而且為美英的侵略東亞而犧牲。吾人甚願看看蔣介石的此種抗戰，究否有意義。吾人站在中國人的立場上，要求中國的尊名，要求中國的獨立自由，乃是天經地義與絕對的。重慶的精兵是由於全國人民的膏血養育而成，有何必要動員其保衛英美的軍事據點，東亞的民族為東亞，東亞的精兵是保衛東亞的干城，絕對不能被他人的利益所利用，不能變成其犧牲品。即蔣介石本人，自亦不願其十餘年來費盡心血育成的中央軍精銳，成為美英的犧牲品而被消滅，蔣介石之類的人物犯下此種錯誤，竟致犧牲一切歷史與光榮，果如斯，則他恰是一完完全全的賣國賊。與有猶太人性格的主子——美英共同作戰，這究竟是誰胡塗昏庸。當中國人流血犧牲時，只有使他們喪失在東亞的資本主義利潤。現在正是重慶當局下定最大決心之時。重慶所需要的，既不是武器，也不是借款，恰是適應世界潮流的決心與勇氣。最後吾人警告重慶，勿再採取以不變應萬變的，反歷史性的政策。

## 同盟社稱
## 國民黨在河南戰敗為失掉民心

【同盟社鄭縣四日電】在這以前，鄭縣鄭外的麥田中只見日兵的形影，而現在農夫也回來了，纏脚的婦女和小孩都跟軍隊一道工作。南關和北關都成立治安維持會。鄭縣城內復興和建設的情緒也反映到鄭外，鄭外的農民都在謳歌今年的豐收，這是數年來所未有的。農民不害怕皇軍而是信賴皇軍。中國農民不知道大東亞戰爭，亦不知道美國、英國，而只知道為生活而耕種土地。鄭縣亦進行新生活運動，學校的牆上掛着孫文的遺像，而且貼着各種的標語，但是這對於農民沒有什麼影響。皇軍進駐隴海路一帶時，他們立即離開抗日的重慶，敵第一戰區崩潰的真正原因就是失去民心。重慶軍崩退時，到處掠奪老百姓的牛馬，因此老百姓都說黃河北面老百姓生活很好。他們羨慕華北人民的生活。

## 戰爭與工人階級雜誌
## 批評重慶作戰不力

【同盟社莫斯科四日電】蘇聯雜誌「戰爭與工人階級」在四日發端，非難重慶政權，略謂：重慶最精銳部隊在過去六年中遭遇最大的失敗，他們在少數的日軍面前，從河南敗退。重慶指導階層指出本國經濟落後，裝備不足及美英兩國不予以軍事援助等的理由，辯護自已作戰的失敗，不管重慶以往樹立各種各樣的計劃，但是沒有進行任何工作以確立重慶地區的軍事和工業的基礎，這是很奇怪的。如果說到各盟國，那末我們必需承認英國特別是美國盡量在軍事上，經濟上援助重慶。第十四航空隊給重慶不少的援助。最近英國對重慶政權貸款五千萬鎊。如果重慶利用美英的借款，動員國內資源，那末重慶的自立決不是困難的事情。重慶保存許多封建制度的遺物。在將校中間失敗主義的傾向是非常濃厚的。在過去二年中，有廿個將領統率兵力歸順南京。胡宗南統率的最精銳部隊集結於邊區週圍，完全脫離對日戰綫。該部在河南戰綫無疑地發揮極大的作用，重慶軍在河南的敗退決不是偶然的結果，而是出來於重慶內部全般的情勢。

## 重慶舉辦「守法」運動

【中央社渝三日電】中央文化運動委員會為培養國民對於自由與法

治之正確觀念，藉以奠定憲政實施之基礎起見，特會同該部有關各單位，於六月五日至九日，舉辦守法運動。要義為：一、抗戰七年，勝利在望，憲政實施，為期不遠，而憲政以法律為基礎，故培養守法精神，實為切要之舉。二、自由與法治不可分離，個人之自由，必須在法律範圍以內，必須人人守法，而後團體始有自由，故團體之自由，重於個人之自由；而個人之自由，應以法紀為規範。三、天賦人權之說，並無歷史之根據，吾人所主張者，則為革命民權，故吾人依法享受權利之時，應了解革命民權之保證。四、國所以立，賴有法紀，無論團體個人，均不容假借任何美名，以逞其毀法亂紀之罪行，以危害國家之法紀與統一，有此等行為者，自不能得到國家法律之保障。五、官吏是人民公僕，如不能依法盡其職責，反而有舞弊營私行為，人民得依法拒絕或檢舉。此種拒絕或檢舉他人違法之行為，即足以表示自己之守法。六、違法必究，勿枉勿縱，凡部屬違法，長官知情而不檢舉；官吏違法，有監察之責者知情而不糾舉，均為瀆職。七、所有公務人員、黨員公團員，對於國家法令應普遍宣傳，對於奉行法令尤應以身作則。八、國家立法，必使所有人民皆能奉行，故於立法之前，與論界應貢獻意見，必使採納。法成之後，尤應普遍宣傳，使人民知所奉行。九、人民團體對於有關之法律，應隨時召集會員共同研究，並監督其會員一體遵行。十、發動與論力量，造成守法風紀，糾正抗法積習。

【中央社蘭州三日電】解決西北衣着問題之布疋配供辦法，業經花紗布局蘭辦事處呈准先由甘省擇定據點，開始實行，逐漸推及青、寧、綏三省。至其配供辦法，係以公教人員及地方團隊為第一對象，民衆次之。並與物價管制當局合作管制，每次均就運到實際布疋統籌配供，期能杜絕弊端。現此間機關學校已開始登記。平涼、天水配供據點亦即將成立。

【中央社昆明二日電】英國最近以英金五千萬鎊貸予我國，用以購買貨物勞役，以加強我國防工業生產。英政府為明瞭我政府需要，特派工業專家阿沙特於五月底來昆考察資源委會各工廠及昆市水力發電廠，事畢東赴某地參觀兵工署各工廠，預定本週末赴渝。

【中央社內鄉四日電】此次敵犯豫省，我各地學校頗遭損失，除省立中學一部遷往後方安然地方準備復課外，大多數之中小學均已形同解散，員生都逃往後方各地。豫教育當局特向中央請撥一千萬元，作為救濟專款。

【中央社吉安三日電】此間當局為加強戰時生活，自一日起，各劇院一律停演，並厲行禁娼。

【本報訊】大後方各地舉行「六三」禁煙紀念節，會後都紛紛焚燬煙具，槍決煙犯，重慶這一天槍斃了兩個，西安一下槍斃了十三個。

## 廣西日報載文論專賣
## 造成領導物價上漲的傾向

【本報訊】四月二日廣西日報刊載星期論文「專賣得失論」一篇，作者漆琪生。該文首述專賣「推行成績，事實俱在，物議紛紜；尤以邇來專賣物品之不斷加價，造成專賣物品領導一般物價上漲之傾向；以及專賣品之供需失調，加甚專賣品有價無市、物資囤集退藏之兇焰，遂使專賣政策成為當前物價問題檢討之標的。」該文繼就專賣利益之實質，加以分析。該文稱：「這種專賣利益的實現，不僅在國家與人民兩方面通常是利害相違；同時在生產、流通與消費三方面，往往也是得失懸殊」。因為「這種專賣利益之構成，實際乃為較低的專賣價格與較高的專賣價格之差。……如政府施行專賣政策，旨在增加稅收，則不獨應使專賣利益的總額增大，並且還要使此項獨佔利潤的比率增大；惟此種獨佔利潤如增大過鉅，則成為專賣價格與專賣價格的比差過鉅，勢必使一方面專賣物品的生產者，感覺意外之虧損；他方面專賣物品的消費者加重難堪之負担，終而促成專賣物品中的生產者與消費者兩敗俱傷的結局。」該文又稱：「專賣政策，在現階段中，即連增加租稅的財政專賣第二目的，實際上亦是招致了相反之結果」。因為「專賣利益，所獲致之稅收，其實際價值往往不及其刺激一般物價上漲之作用為大，比之一般人民所受專賣漲價之痛苦，更不可衡量。是以時人有『稅收增加一倍，歲出增加二倍，人民支出十倍』之語。至於機構新創，開支增加，更其餘事」云云。

## 大公報論國共關係

【本報訊】五月十二日重慶大公報社論「當前的河南戰事」中稱：「近聞延安代表與王世杰氏現在西安有所洽談，我們對此事甚為重視。關於若干政治問題，將來自會有政治的解決，當此敵人大舉侵擾中原之際，恰正是兄弟和衷外禦其侮之時，我們以純國民的心情，殷盼西安洽談能夠獲得一個堅決的諒解！這諒解，應使兄弟間解消無形的對峙，敏速調遣關中大軍東出擊敵，更要第××集團軍由晉冀魯各方向敵人的背後進擊，而密切靈活的配合作戰！還不僅是應付當前戰局的需要，也正是團結禦侮的嶄新保證。」（此社論五月十六日華西日報曾全部轉載）對此要求，十三日新華日報社論「我軍是能打勝仗的」一文中曾有答覆，例舉太行山東等地最近的許多大勝利，並稱敵後始終是堅持了對敵鬥爭的。

## 湘西民變仍烈

【本報訊】民變以後的湘西「土匪」，現在仍在和國民黨警衛隊作戰。去年常德會戰中「土匪」一部曾在澧水上游發動，一度攻入大庸縣城，其後湘省當局即派省政府發務處長李樹森（三青團湖南書記）專駐沅陵督剿，薛岳下令「祇剿不撫」。近據大剛報消息：活動於湘鄂川邊區之一部有五千人左右，有化零為零的形勢，現正在永綏、乾城一帶與六戰區剿匪部隊、湖南武裝警察大隊六個大隊激戰中。

## 川參議會將開第三次大會

【中央社成都四日電】川省參議會第二屆第三次大會，定於六日開幕，四日開始報到。

【中央社重慶五日電】中國農民銀行會同財部花紗布管制局，舉辦陝川等棉花生產貸款五萬萬元，聞已通知各省分別給貸。

【中央社重慶五日電】農林部年來對全國棉花增產推動甚力，並指定該部農產促進委員會主持此項工作，以專責成。據該會發表之三二年度策動川陝豫等十五省棉花增產工作結果，計擴充棉田二、三〇九、二六八市畝，增加皮棉產額一、二三四、五六六市担，推廣改良棉種一、七三五、七七六市畝，良種產量為六四五、二四一市担，本年仍由該會繼續辦理，預期棉田面積較三二年度可增二百七十三萬市畝。其中種植良種棉田，至少在一百五十二萬市畝以上。其餘一百廿一萬市畝，種植普通棉種。此外原有良田換種良種廿三萬市畝，總計可增產皮棉七十四萬六千市担。該會為貫澈政府棉花增產政策，考核各省工作進度起見，經先後派遣督導專員分駐各省，就近督導，並於棉增經費項下，撥款設立棉花良種繁殖場，繁殖各種棉花良種，以備大規模推廣之用。場設於陝西，現正積極籌備。年來該會配各省人員，在各地推廣優良棉種，甚得棉農歡迎，紛紛要求貸放良種，本年度為擴大棉費，以收棉花增產實效計，業經會同中國農民銀行訂定合作辦法，並核定各省棉種貸款金額為一千五百一十五萬元，將全部用作收購棉種，辦理實物貸放。

## 敵在冀中對我發動報復進攻

【同盟社保定四日電】此次河南作戰，皇軍獲得光輝的戰果。與此同時，企圖防止民心離叛向共產軍的實態，亦正加強。我所屬部隊徹底予以打擊，二日拂曉在安新縣附近，包圍敵第九軍分區第二十三團主力約五百人，經五小時戰鬥後，敵遺屍三百五十七具。二日拂曉，在定興縣，南部縣附近，包圍敵第九軍分區游擊隊第五十一大隊約一百十名，我討伐部隊進行襲擊，並完全殲滅，我方收容屍體九十具，俘虜十三人。

【同盟社東京五日電】國民政府外交部長褚民誼，因探視汪主席病況，於五月十九日來京，四日夜出席內閣顧問山下龜三郎之晚宴後，即由東京返國。

## 德寇無恥之尤 說羅馬撤退毫無影響

【同盟社柏林五日電】德軍當局五日就羅馬撤退事，言明如下：德軍之撤退羅馬，對於戰局的全般戰力，全無絲毫影響，反軸心軍只不過獲得僅夠面子的戰果，今後供給一百四十萬羅馬市民以糧食的任務，將落在反軸心軍身上。反軸心軍將會覺悟到：對羅馬這樣的大都市供給糧食之事，絕非易舉。

【海通社柏林五日電】德政府新聞處[illegible]於招待外者會上指出撤退羅馬的政治重要性。他的話可視為德政府的觀點。他說，羅馬的存在使英美在南意大利的作戰大為容易，因為德國最高統帥部採取一切辦法以保全城市，而在戰線更逼近羅馬時即撤退其在不朽之城周圍的部隊。因此，羅馬的撤退並不是敵人的軍事勝利。如果英美人士力稱意境德軍由於喪失羅馬而失去供應中心的話，那末必須這樣說：『從否定觀點看來是這樣的，因為德國要拿出許多東西供給羅馬居民。』布爾塞維克、黑人及美人進入羅馬城之日對於整個文明世界是一個嚴重的日子。飢餓及痛苦的波浪不久將同時自南意大利波及羅馬。但歐洲的命運將不是決定於台伯河上。關於爭奪羅馬戰爭的政治重要性，威廉街發言人指出德國今年三月廿日的公佈，它清楚表明，敵人的要求已完全為德軍所滿足，俾使戰爭遠離不設防的羅馬城。今後的歷史將頌揚德國盡了一切力量以保全羅馬。發言人稱：『我們德國人將文化的利益放在軍事利益之上』。而另一方面，亞歷山大將軍却於一九四四年六月二日強調最迅速攻下羅馬的重要性。他這樣表明未將羅馬看作為解除武裝的城市。

# 參攷消息

（只供參考）
第四五七號
解放日報 新華社 編
今日出版二張
卅三年六月七日
星期三


## 德寇統帥部公佈
# 盟軍大舉進攻西歐

【海通社元首行營六日電】德軍統帥部星期二中午公告：昨晚，敵人開始了我方所預料的經久準備的進攻西歐。在猛烈空襲我方海岸要塞之後，敵軍強大空運部隊在法國北部海岸哈佛爾與瑟堡間若干地點登陸，同時在強大海軍艦隊支持下，敵人亦從海上實行登陸。在受襲擊的沿海岸伸展地帶，激戰正在進行中。

【海通社柏林六日電】克恩區域顯已成為對攻歐軍作戰的焦點。在這個區域中，德軍對英美自空中及海上登陸的部隊進行激戰。哈佛爾西南約二十公里之處，英美軍亦以跳傘部隊着陸及海上部隊登陸，同時又在奧納河口與維爾河口之間沿海岸串展地帶登陸。大量英美船隻正迫近此處海岸。布倫以西海面停有保護船多艘。

【海通社柏林六日電】英美空運部隊於星期二清晨亦在根西島及澤爾西島登陸。登陸軍立即由我方與之接戰並受重創。柏林方面宣稱，空運部隊及登陸部隊的偽裝戰術在任何點上均不能阻礙德軍防禦。關於軍艦隻數以及登陸部隊人數尚無統計數字可得。但軍艦隻數顯然相當的大。頭半天的發展表示出我塞納河灣為其焦點。在塞納海面，德軍沿岸砲台，擊沉反軸心國巨型軍艦一艘。但戰鬥尚僅沿着三百公里海岸綫發展中，且攻歐軍主力集中在什麼地方，或者西戰場其他地點是否可能發動新的戰事，還無從說起。

【海通社柏林六日電】海通社獲悉，與塞納河口地區盟軍攻歐同時，強大轟炸機隊空襲加萊及敦刻爾克地區。德軍高射砲火立即迎頭痛擊。英美軍迄今尚未在這些地點登陸。

【海通社柏林六日電】今日（星期二）海通社自有資格方面獲悉，塞納河口與諾曼第半島東岸之間地區察覺有無數盟方登陸艇及輕型軍用船隻駛近。同時據報在諾曼第半島北岬之英美軍為從大隊飛機中降落的跳傘部隊，他們的任務或為佔領若干飛機場以便作為此後空運部隊降陸的基地。哈佛爾港現正受猛烈轟炸。沿岸海面德海軍艦隊與敵登陸船接戰中。據稱，期望已久的英美攻歐現即由此開始。

【海通社柏林五日急電】軍事發言人宣稱：除克恩海灘陣地外，所有到達海灘之登陸部隊均被擊退。

【海通社柏林五日急電】盟國空運部隊及傘兵於十二小時後幾全部被殲滅。

## 海通社報導
## 盟軍攻歐詳情

【海通社柏林六日電】至星期二中午，事情似乎更明顯：盟軍登陸是大模範進攻的前奏曲。雖然戰鬥分成很多行動，但這一印象還是很普遍的。首先盟軍的目的顯然是建立灘頭陣地。這些企圖的重心在諾曼第。進攻是在早晨一點半（歐洲時間）開始的。柏林方面特別指出：進攻以前並未進行大規模的轟炸。昨天晚上的各種活動並未越出常態。僅從午夜起才突然出現強大空軍部隊，首先是載降落傘部隊與空運部隊的四引擎轟炸機。海岸附近的某些島嶼，成為敵軍獲得立足地的最初地點。同時敵人在塞納河口與諾曼第北岸整個海岸的很多地方，從空中與海上進行很多着陸行動。更北，遠至海峽也發現集中有登陸船隻，這些船隻在未進入戰鬥以前，已遭襲擊。過去發現敵人在瑟堡與哈佛爾兩港附近集中的登陸船隻最多。顯然敵人意圖將這兩個港作為登陸的主要海港。大量敵軍在哈佛爾附近及瑟堡以西地點從空中着陸。敵人在更遠的島嶼從空中着陸，說明敵人意圖不在海岸附近佔領重要聯接點，但至今並未接到關於在這方向進攻獲勝利的消息。登陸的另一焦點恰在維爾河與塞納河口之間。敵人在克恩特別遭受嚴重挫折，在該處整團傘兵被殲滅。在塞納河口地區更西，星期二晨一點多鐘便發現有第一批傘兵。同時敵人在哈佛爾以西首次企圖登陸。黎明時，在海岸上能看見有各種噸數的很多登陸船隻。不用說在海峽各地，一切都有準備。雖然從西南方向來的大風多少小了些，但最初天氣很不利於敵人登陸。但將估計到天氣情況會好轉。

## 柏林廣播宣稱 盟軍出動巨型軍艦多艘

【同盟社柏林六日電】德軍當局六日發表下列聲明：六月六日早晨，同盟國登陸海軍在歐洲海岸開始的登陸作戰，就現在所能知道的，是從哈佛爾至瑟堡海岸地區，但空運部隊的攻擊中心是諾曼第的全部地區及塞納河的重要河口地區，大規模的水陸兩用作戰，正在塞納河至維爾河口中間的廣泛戰綫展開，有多數登陸用的船隻參加這一作戰，此外同盟軍的輕艦艇部隊亦廣泛的參加，在塞納河口發現巨型軍艦六艘，驅逐艦二十艘，德軍海岸砲隊，立即予以攻擊，出現在兩河口及諾曼第半島重要飛機場地區的敵降落傘部隊，大半爲我掃蕩，據現在入手之情報，英第一降落傘師團，已被殲滅。

【中央社渝六日電】據柏林六日廣播：美主力艦與美海軍機隊，亦出動參加攻歐登陸戰。

【同盟社斯托哥爾姆六日電】據倫敦來電，反軸心司令部六日公佈如下：艾森豪威爾指揮下的反軸心海軍，在有力的空軍掩護下，於六日晨在法國北岸登陸，登陸盟軍部隊由蒙哥馬利指揮，爲英軍、加拿大軍，及美軍所組成。

## 納粹記者哀呼 「他們來了！」

【海通社柏林六日電】海通社軍事記者塞托紐斯報導：「他們來了」，第一次世界大戰中的德國兵士就曾經用過這個深爲濃意的驚歎語歡迎敵人的逼近，如果它（指敵人）在幾日幾週的排砲火力或後，親自出現於巨大消耗戰的火山口的話。同樣，在這次德意志帝國所領導的數年防禦戰中，在或此或彼的戰場上，無論大小的作戰區域中，當期望已久的敵人進攻一開始，這個驚歎語就已作過約數百次了。這與強烈地感到戰鬥快樂的兵士之作戰準備日增的情緒，經常是同樣的，這樣充滿着喜悅的短短驚歎語表現出其意義，現已發生的英美在西面的登陸，當然就已提高了全部德軍部隊中的情緒。（下斷）

【海通社柏林六日電】與貝格報導。「入侵」之日已到來。整個歐陸數週來日益增長的緊張狀態已減弱。今日拂曉英美軍在法國北部作登陸企圖。第二戰場，或更確切的說，第三戰場的理論正開始成形。此次是否將成爲大規模入侵，尚需視以後如何。極有可能此次爲一種聲東擊西的行動，其方法爲使用強大兵力的欺騙德國人，從而誘致德國人過早的轉移其部隊。但也同樣有可能敵人將以類似的作戰行動在歐洲海岸其他地點建立第四第五戰場，或將與而將帶來今夏大規模戰鬥的戰場，則將在大西洋前綫與其他戰場發展，或將與今日開始的作戰連結起來。毫無疑義，斯大林所要求的西方的合作，即蘇聯將承認爲第二戰場的合作，需要大批人員與物資。這只有在距海峽不遠的地方進攻才有勝利的機會。敵人所計劃的那樣規模的作戰，需要安全的交通綫，及大批物資供應品。（缺數句）英國像一個大航空母艦，其上停有大飛機隊，根據盟國計劃，此大飛機隊於入侵時將大舉轟炸。數週以來英美軍隊在英國南岸準備登陸。樸次茅斯、普利茅斯、布利斯托爾、赫爾及倫敦各港，停放有此等軍隊、軍需品及人員（缺數句）。對德國人來講，此次事變並非出乎意外。不管此次作戰行動是牽制性或是進攻歐洲，德國統帥部知道，在他們的準備中，海上已無隙可乘，再則侵入者逼近海岸時，將碰到迎擊。

## 何應欽評盟軍攻歐 重慶各報刊印號外

【中央社重慶六日電】盟軍六日在歐陸登岸，記者特走謁何參謀總長於軍委會，詢對此事之意見，當承答覆如次：盟軍對於在歐洲開闢戰場準備已久，最近不斷以歐洲軸心國及其附庸國家之交通綫及生產中心爲轟炸目標，即爲大舉登岸之前奏。惟此次之攻歐規模極爲宏大，可謂史無前例。而敵人又極度頑強，故非有確實把握，絕不貿然發動。今者盟軍敵前登陸之舉，在極短期間內即告成功，足見事前準備之周密。在將近期內，盟軍雖或將遭遇堅強之抵抗，但余深信在最短期內盟軍必能以雷霆萬鈞之力，摧毀軸心軍之反抗，而解放歐洲大陸。現三軸心國中意國已覆滅，德亦在作垂死前之掙扎，所餘僅爲遠東之日寇，德國潰滅後盟國必將以全力加諸日本，以日本之脆弱，必潰無疑。歐洲第二戰場之開闢，對於日寇之打擊極大，一方面可增加遠東作戰盟軍之士氣，另一方面可加速日寇之潰敗，故歐洲登陸之舉亦不啻爲日寇之喪鐘也。

【中央社重慶六日電】盟國在法國北海岸登陸消息於六日下午二時傳至此間，中央社當即門口張貼號外，並附簡圖，顯示盟軍登陸地點。各報亦相繼發行號外，市民皆極爲振奮。

【中央社西安六日電】盟方海軍在法北海岸登陸消息，繼盟軍進入之後傳至此間，全城興奮，各報咸出號外。

## 中央社社論
## 認爲物價管制的不好
## 是各級不去認真執行

【本報訊】國民黨十二中全會及全國行政會議通過「關於加強管制物價的決議案」後，中央社三日發表社論，認爲「管制物價的基點」，認爲物價之所以不斷上漲，主要是因爲各級執行管制物價機關對於物價管制沒有認眞執行的緣故，而其對物價上漲的認識，不是錯誤就是不够。該文說：物價指數的扶搖直上，把它看做是通貨膨脹的影響，或看做是物資缺乏的結果，還不見得完全正確。「最大癥結，是在於管制方案的不曾如實執行」。該文認爲蔣介石的加强管制物價方案「本是一種安定的力量，如果各級執行機關都認眞執行，則物價便不儘可以穩住於卅一年十一月的水準，甚且還有漸趨低落的趨勢」。但是各級執行機關却「誤認」物價上漲全是「通貨的膨脹，物資不足的結果」，「因而不去執行，或執行而以敷衍塞責爲之」，所以「管制物價，結果物價却不因而安定」。該文承認加强管制物價方案的未見執行，一部份是由於「行政組織之弛懈與行政力量之薄弱」（按此點爲中國全國工業協會等五團體向國民黨十二中全會所提出之「解決當前政治經濟問題之建議」中指出者），但又說「即不十分緊密的行政組織，不十分强大之行政力量，然斷沒有在此抗戰七年間，足以應付抗戰的軍事，而不足以應付物價的理由」。所以歸根「最實在的理由，是各級執行管制物價的機關，並未動員其行政組織和行政力量」。該文繼分析執行機關之所以不認眞執行的錯誤認識，有三個原因：一是認爲「我們物價之所以不斷上漲，是由於法幣的不斷貶值」。對這一點，該文說：「物價與法幣既有相互消長的關係，則除却收入大部的現金現銀做法幣準備金，幣價實無法提高，也無法抑低」。二是一般人認爲「物資的供求情形來決定物價。認定以物資稀少性爲主因的物價高漲，非人力之所能挽回」。三是認爲「我們是一個工業不發達的國家，社會組織的鬆懈，是管制物價的天然障礙。我們從重要的軍需品到民生日用品的生產、運輸、分配和消費，都無法加以嚴格的管制，所以一般人又以爲管制必徒勞而無功。」該文就對這三個原因一一解釋。一是現在戰爭普及全世界，戰時封鎖又這樣嚴密，單是有錢還不足以解決戰時經濟的問題，只有物資充足，能解決這個問題。

今天在「物資第一」的觀念下，「以掌握資源爲管制物價的政策，便成爲戰時經濟問題的核心政策」，「如果這個核心政策能盡量發揮其作用，就不能「說本來不致影響物價的法幣，居然對物價有其影響」。可是現在「國家無法控制物資生產的全局，也無法控制物資消費的全局，因而一大部份主要物資，還是以投機的對象出現於市場，並未以軍需民生需要的姿態出現於掌握物資的機關。其次，對物資供求不相應，使物價飛漲，則認爲在戰時的控制力量更較商人的操縱力量爲大，故對物資「也未必不可用合理的分配法限制其使用，而不任其價格波動於市場」。第三社會組織不嚴密，成爲管制物價的障礙，可以用人力消除。該文說「米的徵實能實行，其他何莫不然」。「徵實能實行，掌握物資便沒有問題」。所以說來說去，主要的還是這些執行機關觀念錯誤，認識不對。「我們今日的要求是第一、各級執行管制物價機關的人員，應改變其觀念中之「金錢第一」的觀念，代以「物資第一」。第二、要控制生產、運輸、分配和消費。第三、積極的掌握物資，使所有的國防民生必需的物資，得到合理分配，不再成爲黑市中投機的對象。第四、掌握物資的機關人員，要廉潔必賞，貪污必懲」。

## 重慶徵工卅萬
## 在各地建築機場

【同盟社蘇黎世三日電】據到達此間的駐重慶合衆社電訊，報導駐華美空軍在重慶各地建設對日空襲飛機場，因此項工程而抽出的中國人約達三十萬。僅從人力來看，即可知道這一工程的情形與古代埃及的金字塔相彷彿。彼等因補給的困難，差不多完全使用原始的工具，故需要龐大的勞動力。在該國的機場建設的工事中心地帶，需要很多的石頭，需要在很多的地方發掘，雖有很多載重汽車，但沒有汽油，所以石頭只有用人力運輸，往來於飛機場的人力車，簡直是一奇觀。二輪馬車至多能載重一噸，尚有數頭牲口的馬車搬運巨石，大概一輛車需要四個人至六個人。又數千名苦力，用竹子編成的兩個簍子搬運石頭。從石頭堆至飛機場之間，來往的苦力排成十五個行列，這些行列都是連接着。他們大部份都是飛機場附近的農民，按照比例强制徵召，如不應徵，即用強權對付之。他們中間的每一個人，每月僅能領到二十天的工資，共三十塊銀元，這種生活是很可憐的。

## 魯敵偽造文件 挑撥國內團結

【新華社魯中二日電】最近此間發現大批山東敵人特務機關發出的為挑撥國共關係的偽造宣傳品。其中假借『共產黨』『八路軍』及『沂蒙導報』等名義，攻擊國民黨中央軍，歪曲中共中央的政治主張及政策，並有標題爲『中國共產黨山東分局慶祝一九四四年五一勞動節，勸告將軍留耆部隊將校士兵書』。而又有以『一一五師政治部』署名的滑稽的宣傳品，文中文句不通，笑話甚多。茲節錄幾句如下：『我八路軍怎能持此毙死已的情況下，起而反出，以作自衛。』……如此妙文，只有日本的漢文專家才配寫得出。但可惜日本軍部的這些陰謀傑作却不免爲略懂文法的中國小學生看出馬脚來，而沂蒙導報早已停刊，敵人此項宣傳品中，仍是『依古泡製』的謠言，不過應該指出的，則是敵寇深懼國共緊密團結和處心積慮挑撥國共團結的毒辣陰謀，和敵寇在團結中國人民面前的束手無策和卑鄙無恥而已。中共山東分局及山東軍區政治部，特授權本社，發表聲明，並請各地發揚敵人這一陰謀，隨時予以駁斥與揭穿。

## 敵軍進逼長沙

【同盟社里斯本六日電】重慶來電，重慶軍當局在五日之公報中，發表湖南戰況，承認向長沙進擊的日軍，已到達該市北方三十五公里，現正猛烈進攻中。在汨水南岸及平江西岸，目下正展開激戰。日軍部隊進攻新市南方各地區，到達該市西南方十六公里之處，別動隊則利用迂迴，進抵新市南方三十二公里之地點。汨水西南之日軍部隊，佔領歸義後沿粵漢路南下，洞庭湖地區之日軍，則日長分乘武裝艦艇，在益陽（長沙西北八十公里）之北方十六公里處强行登陸。又合衆通訊社駐重慶特派員，關聯到上述戰況及河南作戰情形稱：由於日軍在洞庭湖南岸登陸，日軍正逐漸進逼長沙，從西、北、東構成一弓形包圍，重慶軍當局，認爲洞庭湖北部的湖北省內日軍的活動，是在援助進攻長沙的一種措置，但日軍更向松滋河西岸活動。在洞庭湖南岸登陸成功的日軍，正向益陽，長沙、常德間破壞了的公路前進，日軍之左翼，已在若干地區獲得進展，進出於長沙東方五十六公里的瀏陽東北二十九公里的地點，瀏陽的佔領使長沙的重慶軍陷於極危險的地位，這就是說日軍確保直接進攻與包圍長沙。

【同盟社里斯本六日電】日軍在湖南戰綫的猛烈進攻，予第六第九戰區以深刻打擊，第九戰區司令長官兼湖南省政府主席薛岳，五日夜向其指揮下的兵士發出佈告謂：國家的命運決定於此次戰鬥的結果，我軍必須以全力抵抗向長沙進攻的日軍。

## 海通社稱 英美可能承認戴高樂

【海通社柏林三日電】此間政壇人士很關心注視着戴高樂將軍改變了其委員會的名字，這名字目前界已做『法蘭西共和國臨時政府』。戴高樂在其訪問倫敦（在那裏將進行討論上述問題）之前而採取這種決定，威廉街人士認爲這是戴高樂再一次完全不顧英美。英美曾於數日前由邱吉爾和赫爾宣佈：英美不擬承認阿爾及爾委員會爲『法國臨時政府』。據柏林方面意見戴高樂若未得到莫斯科方面的同意，無疑是不會予他的委員會以這個新的稱號的，因爲若干月以前莫斯科已承認戴高樂爲『法蘭西共和國之合法利益的代表』。但柏林人士認爲：欲在與倫敦的秘密協議××中，實現戴高樂的昇級，並非不可能。

參攷消息
（只供參考）
第四五八號
解放日報 新華社 編
今日出版二張
卅三年六月八日 星期四

## 德軍發言人稱
# 盟軍主攻在巴依歐地區

【海通社元首行營七日電】德軍最高統帥部星期三午宣佈：敵人在諾曼第北海岸哈佛爾與瑟堡間之登陸行動於日間會爲强大海軍部隊所協助。許多降落於我海岸工事附近之空運部隊企圖使這一登陸變爲容易與防止我軍調來後備。盟軍大部份於暫短而激烈之鬥爭及因我法拉克砲火蒙受重大損失後被殲滅。由海上來的敵人在若干處獲得立足點。然而其多數橋頭堡壘已在反攻中被消滅。許多登陸船被毀於海岸附近。在奧倫河口及加昂坦河口之兩側與較大敵人部隊之戰鬥正在進行中，敵人在重大損失下迄今得以保持這些橋頭堡壘。六月六日晨德國魚雷艇在塞納灣勝利地進攻敵人之戰鬥艦隊，該艦隊與巡洋艦及驅逐艦一起掩護登陸艦隊。德國輕型海軍艦隊於星期二夜進攻哈佛爾附近之英國驅逐艦隊，並命中魚雷數枚。敵驅逐艦一艘被擊起火且不能行動。德國海軍海岸砲台於激烈之砲戰中予敵戰鬥艦及驅逐艦以嚴重損失。敵軍艦數艘（在托拉吉）觸我海軍所敷水雷並且沉沒。雙方在空中之戰鬥活動幾（爲惡劣之天氣情況所阻。據所獲報告，在登陸地區上空敵機一零四架被德國防空部隊擊落。

【海通社柏林七日電】德國軍事發言人星期二晚於盟軍侵入的第一天的十二小時過去以後稱：侵入的第一天有利於德國。幾乎若干師團軍力的空運部隊及降落傘部隊均在哈佛爾與瑟堡之間全遭殲滅。渡過海洋的極大部份軍隊，均被擊毀在海裏。只有長十五至廿公里寬一公里至一公里半的一塊狹長的海邊，仍爲英美軍登陸部隊所佔領。這灘頭陣地——據德國發言人稱：說這是橋頭堡壘未免太過份了——現仍進行着激戰。空軍部隊及傘兵部隊特別在瑟堡及加昂坦間地區與哈佛爾地區及里西發爾處登陸。渡過海洋的英美軍，特別在依西尼與克恩河近已到達大陸。德國發言人稱：除了克恩的灘頭一陣地而外，至星期二黃昏時已將日間所建立的一切灘頭陣地上的敵人完全肅清。日間，入侵軍的登陸企圖已較星期一晚的登陸企圖大大減少了。德國軍事發言人暗示在明晚大約在法國海岸其他部份又會發生强大的登陸企圖。據德國發言人稱：德國的這一假定也爲邱吉爾星期二提到關於一連串登陸的第一次的演說所證實。

【德國通訊社柏林七日急電】英國攻歐戰事的確實焦點不是在塞納河與奧倫河口之間，而是在奧倫河下游與巴依歐以北及西北之間的地區。攻歐部隊勝利建成的橋頭堡壘不是在維勒•蘇穆爾與脫翁維爾之間，而是在奧倫河口兩岸更遠的西方及巴依歐西北地區。英美小部隊包括輕坦克及裝甲偵察車在巴依歐正北之敦濕以西數公里處戰鬥，他們與主要的英美橋頭堡壘聯系的企圖已被當地的德軍部隊所挫敗。空中偵察的結果顯示盟軍指揮部顯然企圖在哈佛爾以西海上活動的六艘戰艦及約十五艘巡洋艦與五十至六十艘驅逐艦掩護下，將援軍送至克恩以北的橋頭堡壘。無論如何，敵人大量各種大小不同的登陸船艦星期二日下午在巴依歐以北，與倫河口以北的海上被發見。這些敵人的登陸船艦顯然是等待命令開始攻擊海岸。

## 塞托紐斯說
# 盟軍企圖切斷諾曼第瓶頸

【海通社柏林七日電】海通社軍事訪員塞托紐斯報導：敵軍入侵第一天黃昏時的情形，自然還不清楚。除了在上午所看到的一切（即首先塞納河與維爾河口間狹長的海岸地帶遭海上與空中襲擊）以外，將進攻的地區擴大到整個諾曼第半島，也成爲事實了。此間的進攻首先是由空運部隊進行的，而此等部隊中的一部份也會在位於半島以西海峽羣島的根西島及澤爾西島着陸。既然其中極大部份均在依西尼與加昂坦之間地區着陸，敵人的計劃便很明顯了：敵要將半島東面維爾河口及西面拉塞間的瓶頸切斷，然而這一意圖可能因敵人大部份傘兵已被殲滅，而遭挫敗。敵人也在攻瑟堡，即由在本佛魯爾附近着陸的美國空運部隊，及在聖瓦斯特更南登陸的敵軍部隊進行。兩支敵軍部隊均立即遭德軍極頑強的抵抗。在維爾河與奧倫河之間，特別是在巴依羅曼軍斯，敵人登陸的企圖也遭德軍極頑強的抵抗，該處美國坦克當其還在着陸時便遭德國砲隊轟擊。敵空運部隊企圖奇襲克恩城，完全失敗。英軍的血正流在勃翁維爾與杜維爾的海灘上，該處在和平時期是國際社會人士常去的地方。因進行首次登陸企圖的大部份敵軍，甚至可能極大部份的敵軍，現仍在海上，或正靠海岸，這時還不可能估計敵人意圖在此間使用多少個師或軍。另一方面，敵人作戰的中心至今尚未看出。很可想到的：英美軍至今並未認識集中進攻某些地點，但這中心將在以後的形勢發展中形成。這意味着他們暫時用幾個很快接踵而來的頗大軍力的局部冒險行動，企圖在大西洋海岸數處的廣大地區上建立立足點，以便獲得大量軍隊能進攻內地的夠大的根據地，及意味着他們將使成立這種根據地，不依靠於戰術的而依靠於作戰的企圖，以建立攻歐軍主力將進入的橋頭堡壘。是否事實就是這樣，或是否將在其他若干地方發生主要戰鬥，自然將看將來的發展形勢而定。

【海通社倫斯特德統帥部七日電】在哈佛爾及瑟堡間登陸的艾森豪威爾入侵軍於六月六日晚已與德國戰術後備隊接觸。德國傘兵、步兵及裝甲部隊以及摩托化部隊與英美××及步兵進行激戰。盟軍於首次進攻時力圖沿海岸建立昂坦半島與第佛及奧倫爾河會合處之聯系，該處××部隊及裝甲部隊甚至在若干地點已抵登陸處，例如已到達維爾河口以南之大營（一股強大之傘軍在此河口完全被殲）及哈佛爾以南的第佛河口以東（敵登陸大隊亦完全被殲）。在第一日結束時止，盟國最高統帥部的戰術特點為利用空運部隊以企圖撕裂德國反攻。六月六日黃昏時，有數百艘盟國運輸艦及滑走艇投入作戰。英美空運部隊與德國摩托化部隊間發生戲劇似的戰鬥。幾乎德國一切地區都傳來俘獲敵人的消息。美軍在一天半以後的入侵戰中的損失數字約三倍於英。在被俘美軍中亦有曾在意大利與德軍對抗過的士兵。入侵師團的戰鬥指導在第一天極為機動。上載步兵的坦克和騎腳踏車的軍隊企圖奪取陸上的土地。盟國登陸坦克數目尚無確切詳細報導。西綫德軍總部正銳敏地注視着侵略者的坦克調動。例如六月六日下午，有六艘戰鬥艦，十五艘巡洋艦、五十艘驅逐艦及無數坦克與步兵登陸船停泊於某一河流會合處。

【海通社柏林七日電】軍事訪員報導關於對盟國空運攻歐軍隊戰鬥的詳情：第一批敵人空運部隊即刻遇到德軍部隊的強力防禦。這些德軍部隊從其數偽定幾個海岸區域的瞭望哨中統治着這一地帶的××平方米達。第一批美軍兵士在海岸城市的後面着陸。他們的任務是從後方攻打德軍防禦工事，以便敵人主力能夠在正面進攻的過程中從海上登陸。而對敵人空運部隊的首次戰鬥是在哈佛爾區域瑟堡與克恩之間進行。強大的登陸部隊以逐漸增長的緊張程度接近哈佛爾、瑟堡區域，拂曉時分德軍部隊報告捕獲敵人傘兵甚多。德軍指揮部以冷靜的頭腦進行工作以挫敗敵人登陸。一件事甚至在現在即已確定：艾森豪威爾當派遣他的軍隊進入哈佛爾與瑟堡間德方防禦的火焰地獄時，沒有使我們感到出我們意外。德軍指揮部在很久以前即已知道敵人對這一地區特別重視。強大的防禦部隊已集中在這裏，武器已在等待敵人（敵人將犧牲他的部隊）。德軍防禦戰事正在全力進行中。同時德國運輸隊正在開赴歐洲大陸，存亡絕續的戰鬥正在進行中的前綫的途中。

## 德軍發言人說
## 盟國空軍佔優勢

【海通社柏林六日電】德軍事發言人星期二稱：登陸作戰恰恰在我們所預期的地方開始。他繼說：據此，統帥部的情報可算作得很好。儘管有人在爭論××軍不會進攻德軍防綫最強的地方，以及德軍最強的後備所在的地方，而統帥部從未懷疑發言人今日××××｜｜！，登陸已非××，而是以強大力量所進行的主要進攻。然而尚不能判明哈佛爾與瑟堡之間的區域是否將繼續成為攻歐的焦點。然首先敵人一定企圖在這一區域建立巨大的海灘陣地。發言人稱：小海灘陣地不足以建立第二戰綫以束縛羅麥爾的德軍部隊。為要建立大海灘陣地敵人需要航行海洋船隻的港口。德國發言人的意見：攻歐開始的地方，在這方面是絕對適合的。雖然是絕對的可能，發言人意見：在時間的進程中，焦點會移往法國大西洋海岸和其他地點這是絕對可能的。但他繼說：不僅敵人可能在今天知道這點，而且必須等着看戰鬥的發展如何。駐在英國的盟國攻歐軍隊，無論如何是能夠在其他數地舉行集中進攻的。德軍防禦者至今所接觸的攻歐部隊，並未持有新的武器。發言人指出：攻歐準備步驟的空中活動，並不較前幾日更為強大。他繼稱：如果敵人有能在三十分鐘內摧毀德國防綫的飛機隊，無疑的敵人必然在其派遣軍隊進入德軍防禦火力之前使用之。根據發言人的意見，英美沒有用空軍進行這種準備，就可作出一般適用的結論的。關於德軍的對策，軍事發言人說：在攻歐登陸經驗接近時，長射程砲及海岸大砲即開始轟擊。德軍大砲在過去很長時間內曾訓練轟擊在此種距離內的目標。並且早已能夠藉砲火防禦

[illegible]初的部隊。敵人其他的運輸艦現在尚在途中，一部在海峽，一部在瑟堡以北，它們將在何處，或是否卸下登陸部隊，在現在尚不能預見。戰車海岸工 的任務首先是遲延登陸部隊，直至後方的軍隊開到前綫。對從空中與傘兵登陸的部隊之反擊措施業已進行。因爲從空中與海上登陸須要數小時始能完成，而現在正在進行中，德國的反擊只能逐漸發展，因此按照軍事發言人的意見，在今晚以前將不可能看出德國防衛的全貌。氣候條件此間描述爲進攻歐者及防禦雙方都有利。我們在這些海中的海軍部隊（這些地區不利於潛水艇）必然有極端困難的任務。即使我們全部海軍部隊集中在登陸地區，他們也不能獲得海軍優勢，特別由於空中優勢，就數量而論，清楚地是在英美方面。我們的輕裝海軍部隊在敵人登陸之初（如果登陸成功）最初將有許多機會在對付敵人供應時獲得成功，雖然初夏圓月之夜是頗爲不利的。我們對付敵人登陸（這已獲得一些成功）的佈雷（障礙）究竟有怎樣的效果，至今還不能證實。論及海軍戰爭時，擊退登陸的主要任務將落在海軍的重型、中型與輕型的海岸砲隊身上。自然敵人企圖以最强大的轟炸進攻麻痺這些砲隊。武裝力量的三部份將最緊密地一起工作乃理所當然的事。爲了擊退敵人用以保護登陸的海軍部隊，德國空軍，除了海岸砲兵以外，將有決定的意義。

【海通社柏林六日電】空軍如所預料地一樣在準備應付入侵。它將繼續在從巨大登陸行動中發展起來的一切戰爭中起最大的戰術與戰略作用，但是，它將要決定戰爭的勝敗嗎？盟國空軍的行動在以後可能沒有什麼重大驚人之處。這些空軍的行動無疑將決定於意大利所獲經驗，而這種經驗主要是由於陸上部隊的極密切配合所支配着的。敵人將在各個重心建立空中優勢一舉，是不證自明的。除此之外，我們必須估計到在戰場內地的空戰（主要是對交通聯絡點的進攻），這種空戰白晝由英機進行，夜間由英國重轟炸機隊進行。對帝國的空戰大概還會繼續進行。 入侵的第一階段即已有預料中的强大空中傘兵部隊出現。它們以轟炸機與攻擊機的活動對登陸部隊的消極援助，目前，在登陸第一階段中似乎只佔次要地位。可是，當盟軍能夠作擴大橋頭堡壘與登陸地點的企圖時，則在盟國方面，輕轟炸機和戰鬥轟炸機均將於戰場上空起主要作用，卻是必然的。 人們必將料到：傘兵和空運部隊在戰爭開始時將大規模參加作戰。英美軍隊有無數這類部隊，他們可用這些部隊來進行大規模進攻。這些部隊具有巨型運輸機和滑翔機，這就使得重武器（如大砲及坦克）可以着陸。如果大量集中空軍（這種集中伴隨有大舉入侵的企圖）能在戰爭開頭兩年德國所處同一情況下發生的話，則關於入侵勝利的決定無疑是可以預料到的。（此句原文意義不明）可是，陸上部隊已極其習慣於空襲，而且過去的空襲效果已大爲××。德國統帥部對於空中進攻並不是毫無準備的。在這方面，人們所估計的或許比實際上將發生的事實更多一些。最後作爲對手的德國空軍，是一種將對戰爭勝敗起××影響的因素。

## 德記者勒本泛論盟軍戰略

【德國通訊社柏林六日電】德國通訊社軍事訪員勒本報導：「存在着的攻歐」現已變成「行動中的攻歐」。他聲稱，英美自今晨放棄其「存在着的攻歐」最大威脅以來，已打出了他們的軍事上的最後一張牌。他們以優越的力量來這樣做。這點曾一再解釋過，即如果他們打開眞正徹底勝利的機會時，他們不會避免任何危險來這樣做。戰爭現將必須開始，爲了它，雙方（英國實際上自一九四○年敦刻爾克以來）均曾有所準備，而德國領袖關於它最近曾說：它將予此次大戰以決定的轉變關頭。自今日清晨來沿法國北部海岸已發生的事變可以看作僅是交戰國雙方最大力量發展的開始。英美二海軍國現在必須在他們能影響此項戰爭結局的任何地方作戰，即是說，在法國方面的歐洲大陸，在這個區域內，總在工事中的德軍已等待他們四年了。兩同盟國已發動此冒險（雖然他們隊伍中表現一切躊躇和恐懼）的事實證明：反對德國和其盟國（即是說對歐洲）的其他一切通往便宜的最後勝利道路已被封堵起來。在考慮英國過去兩世紀的傳統政策時，這是對於他們自己形勢削弱的承認。在此生死存亡的鬥爭中，英國將不担負主要的負担。但它必須担起一部份重担，它將不能支持任何一個長時期。而在軍事上英國甚至不能担此重担至任何較長的時間。現方開始的爭奪歐洲戰爭的發展將證明此聲明的正確。柏林軍界人充分認識到目前時機的嚴重性。但他們相信，他們手中有一切辦法不僅足以最終地掌握住戰爭；而且可以保證最後的勝利。德國最高統帥部估計正確的重要者在於此事實，即敵人長期準備的進攻是在預料到的地方開始的。很可能的，戰爭的焦點將在數日或數週後可以看出，此焦點或可叫作加萊或法國北部。但在目前，海峽沿岸具有作戰的最好機會，即是在哈佛爾與瑟堡間直至海峽根西島及澤爾西島對岸的沿海區，這些地方有安全的港口。英美努力的目的不能是也不是以使用同樣大的兵力來獲得六或小的登陸陣地，而是在於在西歐建立第二戰場，從而消耗德國強大的分遣隊，以便以物質上的優勢消滅他們，然後最後地向歐洲心腹進軍。相當數量的意外事件正等待着他們。敵人定時也備有若干意外事件。但可確定者，所謂作爲攻歐媒介的最大空中爆炸理論至今尚未爲英美所實行。昨晚及上半夜敵空軍轟擊德國沿海工事及集合區，比過去數週中並不多些。德軍僅見有約千架飛機。首批傘兵約於一點卅分降落於根西及澤爾西兩島。在天快黎明時，接着是在許多地點的極寬廣戰綫上的登陸運動。在沿海內地登陸的敵傘兵降落於廣泛的地帶，其中大部份均被迅速消滅。在維爾河口依型尼附近及奧倫河口克恩附近以及塞納河口哈佛爾附近，敵登陸艇多艘在海軍重要部隊的掩護下向海岸前進。德遠射程及沿海砲台發揮他們全部火力，天剛亮時就直接命中敵艦。由於及時行動及德國防務的精密合作，可以說邱吉爾今日在下院所說的戰術上突然勝利尚談不上。不僅如此，直至現在任何一方均未使用新武器。德軍顯正後退，以便讓敵人的冒險充分展開。德國對策在各處均表現出冷靜，現並在各處顯示其效果。倫斯特德元帥及羅麥爾元帥均在事變的焦點。德國大西洋壁壘中的現代化工事、爆破物質之地雷地帶及無限量的爆炸陣綫，正充分配合行動中。

「海通社柏林六日電」海通社海軍訪員蘭爾瓦克退伍海軍上將報導英美進行公佈已久的進攻西歐比起初預計者——一九四三年秋天或一九四四年三月十五日——晚得多，但他們終於開始了。預期已久的決戰階段的開關業已發生。無疑地，這不僅是德國歡迎，而且從同盟的觀點上他們也歡迎，雖然他們沒有像我們那樣××地預計此時刻，縱令只爲了早日結束等待的痛苦時期，也熱烈希望此時刻的到臨，發生首次企圖登陸的地點，正是數月前我預言最有可能登陸的布勒斯特與脫翁維爾之間的中部。這裏是最有利的地點。這裏，由於臨近其根據地，敵護衛艦能充份發展其行動。這裏，也由於航路短，最有利於突然襲擊，且能最迅速與安全地予以供應與增援。據初次可靠消息稱：諾曼第當時爲登陸的主要目標，這已經是主要的進攻抑或只是轉移我們的注意力的虛假運動不久即可自行表現出來。然而，許多傘兵部隊之在諾曼第北部登陸×××是假裝行動，首次報告繼稱：塞納河口、哈佛爾與加來之間的沿岸地區，我衛軍部隊正與敵登陸部隊作戰。該處德軍是我們預先準備起來的……他們經常在那裏執行巡邏任務，或他們在護衛德軍船隻……

……。

## 德方所傳攻歐盟軍組織

「海通社倫敦六日電」關於盟國侵入軍隊的構成，英國通訊社於星期二下午發表下列詳細情節：參加攻歐的海軍由英國、美國軍艦組成並有加拿大、前波蘭、挪威、荷蘭，法國及希臘軍艦參加。英國對美國正常軍艦型式的比率約爲三對一。（原文如此）攻歐陸軍由英美及加拿大軍隊組成，而由聯合最高統帥蒙哥馬利將軍指揮。全體空軍包括有戰鬥機、輕重轟炸機、偵察機及運輸機，受共同的控制即由盟國空軍總司令李馬維里將軍指揮而在最高統帥直接命令下行動。空運部隊由英、美及加拿大的組成。該社軍事評論員認爲可能有下述事實：由於攻歐，美國空軍將繼續空襲帝國領土，藉以削弱德國防禦力。

「海通社海峽海岸六日電」六月六日拂曉，來自空中與海上的敵登陸部隊發動久已預告的攻歐行動。在塞納灣西部（即在康通寧半島東部以南），敵人派傘兵師團着陸，這些傘兵還未着陸即爲德軍射擊而且××傘兵亦被射擊。同時，近百艘登陸船隻由海上進逼，企圖到達空運部隊所進攻的地區以東海岸。六日清晨，洛爾丹姆及×布辛港間地區似爲入侵焦點。可是，敵人也可能在那裏進行佯攻，而且仍可能在其他地點建立焦點。敵人運用巨大海軍，例如以八十艘中型××軍艦進逼惹斯特漢城。軍艦和登陸船在離海很遠的地方就成爲德國海軍砲兵的目標，這些砲兵未爲轟炸或海上轟擊所消滅。由於德國的技術裝備及由於構築大西洋壁壘的建造者之遠見，敵人用烟霧彈消滅德國砲兵的企圖已完全失敗了。

「海通社柏林六日電」塞納灣以南地區（特別是克恩內地，克恩現爲入侵中心）具有典型的諾曼第人的特徵。至於說到房屋與教堂的結構，它們是被用灰色石頭建造的。鄉村和它們那在狹小的弄堂中的大廈看來好像一些小城。在未開墾的森林空地中的無數城堡和美麗而寬廣的林蔭路是諾曼第的另一特徵。土質地幾乎完全是黏土，這些土地在和平時期是用來種植特別植物的。有歷史意義的省份加爾瓦多以蘋果白蘭地酒馳名於世。

# 參攷消息

（只供參考）

第四五九號

解放日報 新華社 編

今日出版二張

卅三年六月九日

五


## 德寇當局稱 登陸盟軍達十師

【同盟社柏林七日電】據德軍當局聲明：同盟國登陸部隊，最初在法國北部登陸的兵力爲六個師團，計加拿大第二師團、英軍第五十步兵師團，第七十九坦克師團，英軍第六空運師團，美軍第八十二及第一百零一空運團。從六日至七日夜晚，又增加了兩個乃至三個師團，艾森豪威爾指揮下的部隊共有八十個師，現正在英格蘭、蘇格蘭集結待命中，故同盟軍現僅以一部在法國西北部登陸。侵入作戰現僅入第一階段，同盟軍的最大困難就是沒有一個能夠使重武器登陸的海港，在奧倫河河口建立的橋頭堡壘，要使重武器登陸亦極爲困難。同盟軍今後將佔領哈佛爾、瑟堡兩港，並將確保瑟堡與科坦丁半島以進行設置空運部隊基地的作戰。同盟軍在塞納河以外的其他地區，發動新的登陸作戰當可充分的預想到，敵人如再選擇登陸點，當以布列塔尼半島及聖馬洛灣可能性最大。

【同盟社東京七日電】敵美英總於開始強攻歐洲大陸，敵人認爲德軍隱閉在大西洋壁壘內就表現出馬奇諾作戰當時的心理。他們在不久的將來要親身體驗到守衛馬奇諾防綫的加姆蘭，守衛歐洲堡壘的德軍指揮官倫斯特德元帥的創意。西歐地區德軍總司令倫斯特德元帥是德國國防軍最有威望的戰略家。他在西部戰綫色當突破馬奇諾防綫延長綫的勳功，亦說明了這一點。元帥於前年春天由烏克蘭戰綫被召回來，就任法國佔領區駐屯軍司令，同年十一月美英軍進攻北非時。即進駐法國未佔領區，當第二戰場的論調抬頭時，即就任增強軍總司令。我們可以斷定敵攻歐軍首腦們和他相比，實在不調之訓。倫斯特德元帥背後站着羅美爾元帥，他以西歐德軍監察官的名義，蒞察歐洲要塞的防務和駐屯軍的訓練狀況，他深知怎樣機械化部隊的戰術家。攻歐軍的英軍首腦是北非作戰時的舊敵——蒙哥馬利，這是[illegible]麥爾元帥提高其鬥志。在西歐地區，克利斯××元帥爲荷蘭駐屯軍司令，福爾肯豪森上將爲比利時駐屯軍司令，哈涅青上將爲丹麥駐屯軍司令，法爾肯霍斯特上將軍爲挪威駐屯軍司令官，第特爾上將爲芬蘭駐屯軍司令官，因此北方的防務非常堅固。地中海方面，意大利戰場在卡塞林元帥——東南歐洲總司令官堅持着，在巴爾幹有魏克斯元帥，卡塞林元帥是德軍再建的名將，不論在波蘭作戰，西部戰綫東部戰綫作戰及北非戰役中均担任空軍總指揮官，意大利戰場的智勇謀略已說明他不單是一個空軍將軍的器材，巴爾幹的魏克斯元帥，在波蘭，渡過××河作戰中，身任某團長，是赫赫著名的戰略家，其指揮下有雷爾上將，担當希臘，克里特，多德喀尼斯方面作戰。

## 盟軍西歐登陸後 柏林的混亂景象

【海通社柏林七日電】旋渠廣場最初政府地區的中心兀瑪資報紙前，人民在柏林時即排列起來，他們靜候列載攻歐中午消息的下午版。德國無綫電台在十二點三十分鐘時，廣播德國首次官方消息，述知國民關於在早晨時間千百人早已知曉的事件。在用武器講話的法國北部的最初消息，像野火一樣散播開來。當渴望消息的柏林人等候在帝國新聞部擁擠的時候，森德曼辦公總樓下擁步之外時，最高指揮部發言人及外交部發言人在另一會議上告訴記者關於攻歐的情勢。各界會議呈顯巨大日子的清景：大廳內擠滿新聞記者，空氣十分沉寂。發言人發表他們的聲明，繼之爆發了提問與回答。德方代表措語鎮靜，他們特確地與堅決地講話。從他們的言語中，顯然看出他們已深悉自從已開始的鬥爭之激烈嚴酷，並且對勝利具有信心。政治發言人強調在各報最初評論中佔優勢的一個觀點（『安慰天』報與『夜版』報的巨大四欄標題，強調柏林對『英美根據莫斯科命令在西歐登陸』這一事件所寄予的政治重要性）。森德曼宣稱『自從一九四一年八月以來，三年中莫斯科要求攻歐。自一九四二年七月以來，倫敦已允諾宣佈了攻歐。現在數萬英美兵士已爲了莫斯科而投入戰門。我們不××邱吉爾敢於攻歐。誰冒險戰爭，誰就冒險血腥的攻歐。第一次世界大戰時，達達尼爾冒險是當時邱吉爾事業結束的開始，這一攻歐對羅斯福與邱吉爾將嘗味着同樣的結果。』森德曼然後強調目前開始的爭奪歐洲的生死鬥爭說：現在將證明德國不能被壓倒。外交部發言人宣稱：『交現在必須保持緘默，因爲現在武器在講自己的話了。發言人提及強迫攻歐的三個因素。即，第一、斯大林要求攻歐。第二、羅斯福願以勝利的攻歐保證他競選。第三、英國害怕蘇聯的擴展，企圖至少在西歐佔領一個橋頭堡壘。按照發言人的意見，從艾森豪威爾將軍對法國人的號召——『不要起義太早，而是要等一等』，可以看出某種疑懼。他怕事情搞壞了嗎？邱吉爾所說攻歐是必然到來的斷言，被發言人描述為天真的話。

## 德國情報部說蘇美都主攻歐
## 戈培爾說這是第二敦刻爾克

【德國通訊社柏林七日電】「外情報部」寫道：自從德黑蘭會議以來，無疑的昂格魯薩克遜人即想冒險攻歐。蘇聯亦曾要求攻歐，作為繼續與昂格魯薩克遜人的強國結同盟的「條件」。莫斯科最近關於昂格魯薩克遜人的一切事情上所採取的政治態度，清楚的顯示：蘇聯已奉到命令或多或少的消極作戰，而讓昂格魯薩克遜的攻歐儘管出此。所以英國現在必須為自己而戰。代表攻歐部隊最大派遣軍的美國人，無疑是向為英國的利益而戰。他們都是僅僅為了自己的利益而戰。沒有人確切知道美國人在歐洲的利益是什麼。造成的美國人對於太平洋戰爭較之爭奪歐洲廢墟的鬥爭有更大的興趣。然而羅斯福總統顯然需要攻歐，藉以成為另一時期的美國領袖。攻歐的冒險對於羅斯福只不過是他競選上的里程碑。這是攻歐不能再事拖延的另一理由。羅斯福為了獲得重選為美國總統的機會，犧牲數十萬美國青年的生命。

【同盟社柏林六日電】德國宣傳部長戈培爾，六日就同盟軍在法國北部登陸一事，發表下列聲明：我們德國人沒有一個例外的均有這樣的想法，即：把殺戮我們婦孺傢伙們殺死吧。此次作戰的結果，將在憂愁調子的美英國民頭上澆了一瓢冷水，而且亦告訴了美英國民：此種自作空中樓閣的宣傳將帶來可怕的後果。敵人採取這樣的吉日，就是因為四年前的今日，他們演出了敦刻爾克悲劇。我們希望讓敵人再演一個敦刻爾克，敵人是否僅是一種佯動作戰，還是大規模的進攻作戰，有待將來證明。

## 德軍當局侈談靜觀形勢
## 說盟軍登陸是佯攻戰法

【同盟社柏林六日電】德軍當局今日正午在招待國際記者席上，聲明如下：反軸心軍開始登陸作戰後，戰事的情況於數小時內即甚明瞭。多維爾海峽沿岸地區是離巴黎最近的，德軍多年來在該地區構築鞏固的防衛陣地，它不論在深度和裝甲方面來說都是歐洲要塞中最堅固的陣地。因此，反軸心軍採取的戰法與過去攻擊最弱一點的戰法完全不同，而是採用攻堅的戰法。因此，這次作戰是一種佯動的戰法，敵人或許要在其他地點進行新的登陸作戰。

【同盟社柏林六日電】德意志通訊社軍事訪員斯利本，六日就同盟軍侵入西歐發表下列見解：於六日早晨在諾曼第沿岸一帶開始的侵入作戰，使第二次世界大戰已進入決定的階段，德軍司令部在判斷形勢上，非有正確的敵人的情報不轉用兵力，僅是集中注意此次作戰中的焦點。六日夜半當同盟軍水陸兩用作戰徵候顯著之際，德軍應付敵人侵入的武器，已經配備到戰鬥崗位上，很早即行準備，對於處理這一只是時間問題的特殊事態，立即發出命令。德軍司令部稱，如果認為同盟國在第一次進攻中即使用全部兵力，誠屬錯誤，德軍正注視在什麼地方進攻？什麼地方是戰鬥的焦點？敵人在第一次作戰中即使用了相當的兵力，而且現在的作戰區域又是極為重要的地方，德軍的防禦戰略，是不因一個地區的作戰而妨礙到其他地區的戰略，德軍司令部已很明顯的指出，德軍是採取『監視形勢主義』，正如過去所指出的：同盟軍儘管如何的佯動，但決不能成功，第二戰場的幕已揭開了，展開了世界戰爭史上最劇烈的場面。

【同盟社柏林七日電】據德軍當局言明，反軸心軍雖拚命進攻，但無論在任何地點，德軍依然未動用戰略上的預備兵力。

【同盟社柏林六日電】今日德軍當局發表談話，披瀝其斷然擊滅入侵軍的信心，略謂：反軸心軍已在德軍早已預期的地點開始進行入侵作戰。這一點可說是德國統帥部諜報機關完全得到成功。德軍統帥部堅信敵軍必在法國北部海岸入侵，這種信心一次也沒有動搖過，敵軍於六日早晨開始進行的登陸作戰不是牽制的作戰，而是由有力部隊進行的入侵作戰，這是沒有疑議的餘地。現在由哈佛爾至瑟堡的戰場是否作為中心戰區進行作戰要看今後戰事的演變。敵軍必定在這個地區努力確立最初的大橋頭堡壘。小規模的橋頭堡壘決不能吸引德國大兵力於這方面。但欲確保大橋頭堡壘，就要確保足以容納大型船舶的海港。在敵軍看來，現在入侵的地區可說是最適當的沿岸。隨着今後戰事的推移，主要戰場向南移動，而法國大西洋岸，有可能成為中心戰場。由集結於英國本土的敵軍兵力看來，敵軍還有能力在現在地域以外的場所進行新的大規模入侵作戰。

【海通社柏林六日電】斯徹羅也德爾報導：西歐總司令倫斯特元帥對過前在其統帥部告記者稱：『我們已準備好了。』羅森爾元帥前說：敵人（我們必須估計他即將來臨的攻擊）將進攻。因此，任何人都不會斷定：西南個軍隊（它們自星期二清晨以來即在與侵略者作戰）的領袖在任何方面會為事件所驚駭。過去數日，我軍即已不斷枕戈待命，直到現在，事件不惜像各國參謀從秘密小冊子中所見到的那樣在發展。這本小冊中載有英美盟一登陸時所將遵循的戰術策略。德國空軍專家畢期一稱：「反軸心軍首先是集中轟炸一切交通線（特別是鐵路），同時企圖用削弱德國戰鬥機的方法去爭取空中優勢。因此，接着而來的是對德國一切河上橋樑的襲擊，而過去數日集中××必爲登陸之前的最後××」。但是，這就是西線大攻嗎？這不過是××的行動而已。××禁止發給地中海一切中立國船隻的海軍許可證，以後數日的××將答覆這些問題。（下缺）

## 海通社稱
## 重慶對盟軍攻歐無評論

【海通社柏林八日電】重慶訊，和世界其他各處一樣，重慶於五小時後接獲進攻西歐的消息。蔣介石元帥及其他高級政治家與將校至今對攻歐均無評論。康劉三政府方面人士於其私人談論中指出，鑒於日軍的夏季攻勢，蔣介石元帥面臨的軍事與經濟問題上的困難，並不因進攻西歐而有所減輕。

## 中央日報等
## 對英美盟邦批評的答辯

【本報訊】近數月來，美盟邦對國民黨目前各項政策施以猛烈抨擊。去五月初，重慶官方報紙爲答覆這方之批評，曾發表社論數篇，茲採摘如下：

「中央日報」五月九日發表社論：「中國抗戰的初衷」一篇，文內答復中外對國民黨的批評，聲明中國國民黨不是法西斯黨，三民主義不是法西斯主義。「……我們知道「共同防共」的原則，有世界的意義，我們也知道因爲拒絕參加共同防共協定而發動的中國抗戰，同樣有深長確切的世界的意義。這就是說：中國抗戰是爲了民族主義而戰，同時，是爲了民主主義而戰。中國抗戰的最高指導原則，是三民主義。三民主義就是民族主義，民主主義，與社會主義的結晶。

……然而中國要建設一個民主主義的民族國家，這個理想，這個決心，與歐美民主主義的民族國家毫無二致。假如三民主義是法西斯主義，中國國民黨是法西斯黨，有如國內外若干人士無意識的誤解，或有意識的歪曲，我們可以斷定太平洋的形勢乃至於全世界的形勢，必將與今日大不相同。

中國在發動抗戰的時候，還是國民革命尚未成功的國家。中國有缺點，有弱點，我們決不諱言。然而中國只就其僅有的優點與長點，加以發揮，遂能支持抗戰，發展抗戰，直至四年以後，始與世界反侵略戰爭匯合爲一流。……所以抗戰七年以來，我們始終不屈不撓，再接再厲。」

「掃蕩報」五月五日社論：「主義終必優勝！」

本文內也是答覆中外對國民黨的批評。申言解決中央與地方的糾紛，惟有實行各省人民自治。主義的優勝，就是自由、法治、公益。「這裏首先要申述的，是革命史上的兩個重要文獻，國父就大總統職宣言和就大總統職對外宣言，……在第一個宣言中，明白昭示：「集權專制爲自滿清以來之秕政。今欲解決中央與地方永久之糾紛，惟有使各省人民完成自治。……至於政要經濟蒼萃，則由中央積極担任，發展實業，保護平民，凡我中華民族之人民，不使受生計壓迫之痛苦。對於外交，則由中央負責，根本民意，講信修睦，維持國際平等地位，保障遠東永久和平。」在第二個宣言中，鄭重指出：「本政府當局絕無挾私圖利之見，懷傾竭力爲國之心，其所代表之主義，民國而得生存，且得在國際上固有其應有之地位，則其主義終必優勝。」主義維何？曰自由，曰法治，曰公益」。今天的時代雖和二十三年前不同，然我們重述以上兩大文獻，正可證明中國革命有一貫的最高準繩，就是三民主義，所以中國國民黨及國民政府對內對外的政策，也有其一貫性。只要把握住這一貫性，國際友人就可以澈底了解中國，中國同胞也可以確立其努力的趨向；同時，亦正是我們同志忠勇報國之力的泉源，取之不盡，用之不竭。專制集權的秕政，顯然是中國革命的對象，所以三民主義的政權下，絕不能產生專制集權的政制，而中國的建國大業，其一貫的主義，爲自由，法治與公益。……

在最近二十三年間，特別是抗戰以來的七年間，我國的國際地位，顯然是提高了。，這一方面自然由於領導的正確，亦即政府外交政策的正確；另一方面亦正爲全國國民共同努力的成果。但是，在二十三年前，國父演訴大號，要各省人民完成自治，要積極發展實業，使全國人民不受生計壓迫的痛苦，我政府即在艱苦的抗戰時期，還繼續推進這一貫的政策，在抗戰建國綱領中，提出了「加速完成地方自治條件」，與「改善人民生活」，而今天地方自治，顯然還需要我們以更大努力，促其完成。同時，人民生活更有普遍而澈底的改善之迫切需要。」

大公報五月八日社論：「認識美國」，這篇文章也是爲外國對國民黨批評而發表的意見，其中心內容：「應虛衷聽納，公開接受」美國的批評。最後聲明一點，希望盟國在批評的言論上，不要有傷中國人的自尊心。「近月來，美國輿論對中國批評甚多，責備亦嚴，英國輿論偶爾也隨聲附和向中國射幾箭。我們願以好友的心情，對這現象加以認識。

我們曾經說過，中國的外交基礎，在與美英蘇三大盟邦友好合作。無論如何，必須做到。現在更可分開來這樣說：中國如要抗戰勝利，就必須緊緊拉住美國這個好朋友；中國如要立足於世界舞台，就必須與英國有友好的關係；中國如要平安生存，順利建國，就必須與蘇聯有長期的友誼及深切的諒解。

……我們與美國朋友相交，要慎防一點，就是美國人惟其天真熱情，她的感情會由極愛到極恨，美國人惟其坦率無成見，也會把你由極好看到極壞。我們既與美國交朋友，不可不謹防這一點，萬萬不可因一些習慣不同，或因一些小意氣，而憑空的把感情弄壞。

……我們對於美國輿論應該重視，同時也不必太重視。為什麼要重視呢？因為是好朋友的批評，我們應該虛衷聽納，對的，我們不吝公開接受，不對的，我們也可以公開釋明其誤會，以免積非成是。美國輿論特富傳染性，且能支配政治，所以我們應該特加重視，庶善與相處，以免因輿論的隔閡與誤會而影響到兩國的邦交。為什麼不必太重視呢？因為美國內言論的確自由，雖然能影響輿論，同時也誰都不能操縱輿論，有時為勢所趨，其實或竟真的無稽謬，無背景，所以我們必不可因某報某文苛評我國而認真生氣，以致成了邦交的隔閡。

話說回來，我們對於盟邦輿論界的批評，皆願當作金玉之言來接受，以為攻錯借鏡之資；但這種言論，也必須具有君子風度，而不傷害我們自尊心。例如去年紐約時報鮑德溫君說中國只是「地理的名詞」，就太失態。又如最近英「國民評論」月刊發表布蘭德君之文，竟責英國政府對華取消治外法權係姑息，為失當，並說「中國絕無現代化並與西方國家地位平等之真正希望」。」

## 梁寒操說等到國民黨實施憲政後 各黨派有宣傳主義的自由

【本報訊】中央日報五月七日登載梁寒操一篇演講詞，題為「對我國憲政應有的認識」，說「……憲政實施以後，國民黨還政於民，凡是不違反三民主義，不違反憲法的……派，均有機會問政，不是國民黨專利的。所謂不違反三民主義，就是不能違反今日中國人民共有的政治信仰，我們並不反對共產黨宣傳社會主義，但只要求他們不能鼓吹無祖國的言論，不能用人工製造階級鬥爭，造成國內的分裂。我們也不反對青年黨宣傳愛國主義，但只要求他們不鼓吹狹隘的國家主義，成為世界和平的障礙。我們更不反對自由主義者宣傳民主政治的道理，但只要求他們不要提倡個人資本主義，強調個人神聖，而至於主張取銷國家的這類空想。」

## 梁寒操解釋 重慶對友邦批評之態度

【中央社重慶八日電】外國記者招待會七日下午三時舉行時，梁部長對於盟邦人士批評，曾作一總答覆，談話要點如下：中國政府對於友邦人士批評之態度，乃根據於中國傳統之做人道理，其於批評別人，則不着重成敗，而着重是非，其於別人之批評，則抱擇其善者而從之，其不善者而改之態度。朋友良言實足為吾人所永誌者，固足助自己之改進，道路流言或蓄意挑撥所炫惑者，亦何不資自己之警覺。但吾人確信如其為偏有偏見，或感情衝動之言論，亦必將為冷靜的理智所否定。如其為不符事實與別有作用之言論，亦必將為歷史的事實所否定。中國以百年積弱之國家，現在方由革命政府之領導，以從事於民族生存之苦戰，一切社會政治的經濟的情況，黑暗與光明兩面，都由於戰爭而更加發露，中國人之自知比別人為更深，革命政府則唯有於此重重矛盾之中，立穩腳跟，咬緊牙關，不斷加以克服，對於不虞之譽，求全之毀，均不必憂喜於其間，只貴在拿定宗旨，向前奮鬥而已。中國政府今日之任務，我絕對不能搖動者，一為與盟國一分子之責任，與盟邦共同努力，早日擊敗侵略之禍首，重建正義和平之世界。一為奉行三民主義，以改造自己之國家，始能永久適存於世界。一日未獲勝利，即一日不停鬥，一日未達成功，即一日不停努力。吾人之於友邦，更深知凡利害共同，互相依賴者，即有一時齟齬，到底必能合作。凡宗旨一致信仰相殊者，即有一時誤會，到底必能諒解。中國既已簽字於同盟國之共同宣言，而今日盟國唯一要責任，實在加強盟國間之諒解團結，以戰敗共同之暴敵，綢繆永久之和平，中國必自己恪盡此一神聖責任。對於所有盟國，決盡其友誼，而不願只涉及口角之是非，妨礙中國與世界之遠大目的。

參攷消息
（只供參考）
第四十五號
解放日報 新華社 編
今日出版二張
卅三年六月十日 星期六

# 登陸盟軍已達十七師
## 但僅爲總兵力十分之一

【海通社元首行營九日電】德軍統帥部星期五中午公告：諾曼第海岸敵軍雖受我海軍及空軍所予重大損失，但仍加強其海灘陣地。奧倫河以東，我軍反攻得手。河西敵坦克隊從海灘陣地出動以側翼迂迴進攻巴依歐並向西及西南方向更加推進。他們在該城以西約十公里之處受阻。我裝甲先頭部隊自克恩地區出動反攻，現已在巴依歐東南激戰中。敵軍自聖麥爾厄格利斯海灘陣地冒着我軍劇烈抵抗向北及向南猛攻，略有進展。六月七日晚間我摩托魚雷艇在瑟堡半島沿海擊沉敵巡洋艦一艘、驅逐艦一艘。另一艘驅逐艦及坦克登陸駁船中魚雷重創。同一海面，昨晚我摩托魚雷艇擊沉巨型登陸船兩艘，共計九千二百噸。我水雷網經常予敵登陸艦隊重創。又德空軍戰鬥轟炸機及戰鬥機編隊繼續進攻敵方登陸艦隊，極爲成功。七日及七日晚炸沉運輸艦六艘，共三萬八千噸，又登陸艇一艘。此外敵運輸艦四艘，共計三萬餘噸及敵登陸船八艘重創。重巡洋艦一艘及輕巡洋艦兩艘中彈。德戰鬥機及高射砲擊落敵機四十五架。

【同盟社柏林九日電】據前綫報導：在法國北部海岸登陸的同盟軍兵力，由於以後增援部隊陸續增加，直到現在爲止，計有空運部隊兩個師，坦克部隊兩個師，步兵十個至十一個師，共計十六七個師。

【同盟社柏林九日電】德軍當局稱：反軸心軍侵入北法作戰開始以來，德軍已殲滅敵空降部隊三個師團，步兵部隊二個旅團，坦克部隊三個旅團，其他砲兵三個部隊。

【同盟社柏林九日電】今日德軍當局言明如下：敵增援部隊於八日夜至九日在奧倫河地區及加昂坦地區的兩個橋頭堡壘登陸，因此我們推測兩個橋頭堡壘的敵軍兵力已達十五乃至十六個師團。但是這些反軸心軍的一部分遭受德軍攻擊後，受到嚴重的損失，其戰鬥力顯然已被削弱。

【同盟社柏林九日電】德軍當局言明：科坦丁半島德沿岸防備陣地，依然爲德軍所確保。塞納灣中央地區的敵登陸地點——亞羅曼雪、波爾安、別山等地德軍守備的要塞仍在德軍手中，各要塞克服入侵的進攻，仍然猛轟敵軍。

## 德寇注視盟軍新登陸企圖

【同盟社柏林八日電】如根據前綫的消息，展望七日夜至八日的北法戰局的動態，則德軍的反攻作戰由於出動戰命預備軍至前綫，因此在各地加強緊迫反軸心國入侵軍。而敵入侵軍亦陸續增援精銳的登陸部隊，拚命擴大橋頭堡壘。全綫的戰鬥似乎日益激烈。各地戰況如下：（一）戰略的中心地點在奧倫、維爾兩河之間的地帶。在這個地區，雙方都動員最有力的部隊進行最激烈、最大規模的戰鬥。敵軍在這個地域的橋頭堡壘於八日上午業已擴大，其長度達六十公里。敵在克恩、巴依歐兩地區形成兩個大的突出口，其最深的部份由於德軍退出巴依歐，業已到達該城南方。在克恩，目下兩軍正展開激烈的巷戰。敵軍更增援精銳部隊到這個地帶。附有重武器的敵增援部隊約二師團似乎已在聖奧班、古爾坎、亞羅曼雪等地登陸。另一方面，有數百架滑翔機往復於該方面上空，由此觀之，似有相當數量的空運部隊增強該方面。由巴依歐南下的敵軍目下在距該城六公里至九公里的地點與德軍展開激烈的戰鬥。在巴依歐東方的蘇爾河地區仍繼續進行激烈的戰鬥。該地區的敵主力是蒙哥馬利指揮的英加軍。推測其兵力有十個師團，其中包括三個坦克師團。（二）在科坦丁半島東岸地區，在加昂坦北部的美國空運部隊，嗣後獲得海上有力的增援部隊（包括坦克部隊）後，即轉爲進攻，因此這方面的德軍不得不採取守勢。巴依歐方面的敵軍企圖和這方面的敵軍取得聯系，但是敵人這樣的作戰企圖已告失敗。（三）與倫河東岸登陸的敵軍及空運部隊由於德軍採取各個擊破的戰術，幾被殲滅乃至其與海岸的聯絡被切斷，而陷於德軍重重包圍之下。現在正進入掃蕩戰的階段。這方面敵人的被殲只是時間的問題。（四）據德軍方面觀察，敵軍總司令艾森豪威爾指揮的部隊出動至法國北部若只達十分之一，據德空軍偵察隊的報告，英國本土兵站基地的活動不僅限於南岸各港灣，甚至擴大至布利斯托爾和遙遠的蘇格蘭海岸方面。敵人很有可能在現在入侵的地點以外，進行新的登陸作戰。德軍總司令倫斯特德將軍在這樣的形勢下，似乎使其統率下的預備軍主力仍然保持待機的姿勢。特別是德國空軍似乎還未出動至法國北部戰綫。目下法國北部展開的攻防戰依然是屬在入侵作戰的第一階段。

【同盟社斯德哥爾姆八日電】以北部法國橋頭堡壘爲中心，德軍與反軸心軍的激戰，截至八日爲止。因兩軍均投入增援部隊，故日益接近於大軍的眞正決戰。羅麥爾元帥親自率領第七、第十五軍的主力裝甲部隊，在瑟堡至布洛涅（譯音）間開始了決定全戰場命運的作戰。據倫敦軍事專家觀察，羅麥爾軍與反軸心軍集結於橋頭堡壘的兵力，有廿萬。關於已登陸的反軸心軍，截至現在據柏林方面估計，有十個師團以上，十七萬五千人。在此特別値得注意的，是羅麥爾軍戰車的出動，以及伴此而來的德國空軍的大規模出動。過去反軸心國方面，一誇大宣傳反軸心空軍與德國空軍的力量比例，是二十對一。但在開始登陸的現在，即在倫敦方面，亦承認德空軍的抵抗，日益增大。又倫敦方面，根據克恩附近激烈的戰車戰，認爲在一二日內，可能舉行大規模的反攻，還說明包圍奧倫河口東岸反軸心橋頭堡壘的德軍機動兵力的氣勢。另外在華盛頓方面，估計在巴爾、里爾、亞眠、盧昂、克恩各交通中心地，均配備有應付各方面情況的堅強要塞與強大的防備軍，承認了反軸心軍侵入內地的困難。又華盛頓軍事評論家評論，設若德軍能夠防止反軸心軍接近北部法國××，則反軸心將很難繼續維持攻勢。又邱吉爾亦發出這樣的警告，反軸心軍雖已掌握了控空權，但亦不能過分樂觀。

## 羅麥爾所部出動作戰

【同盟社柏林七日電】據前綫消息，德軍總司令倫斯特德元帥決定出動一部份的預備兵力。羅麥爾元帥指揮的第七軍及第十五軍開始反擊克恩地區的反軸心軍橋頭堡壘。出擊的兵力是降落傘部隊、擲彈部隊及機械化部隊。

【同盟社柏林七日電】德意志通訊社軍事記者，關於北部法國反軸心軍登陸地帶，截至七日午後的戰爭，報導如下：在奧倫河兩岸地區，最初開始侵入爲美國第六航空師團，截至現在，已大部被殲滅。總之登陸的有英國第七十九戰車師團，第五十砲兵師團，加拿大第二砲兵師團。從六日到七日，更增援新軍，雖企圖佔領克恩，但終歸失敗。此外更以有力的戰車部隊企圖向巴依歐進攻，但亦歸失敗。敵以艦砲猛烈射擊德國沿海砲台，其一部因受到德國砲火的反擊，已趨沉默。從奧倫河口至西方地區的德國要塞，仍然在激戰中。德軍以機槍砲火，給敵以重大傷害，敵在艦砲射擊掩護下，雖已在巴依歐地區，即在拉賽與在維爾之間，建築了橋頭堡壘，但戰區陷於膠着狀態。在巴依歐北方登陸的英軍，截至現在，已大半被消滅。僅在此地區，敵損失戰車三十五輛，敵軍雖更在維爾河口登陸與其空運部隊取得聯系，但空運部隊已全被殲滅。另外，在諾曼第半島，美國第八十二、第一百零一空運師團，建築橋頭堡壘後，更不斷增援新的部隊，但因受到德軍的反擊，敵極感壓迫，該方面的戰鬥中心，在薩．柏爾．艾格里斯地區。

【同盟社柏林八日電】八日上午到達柏林（至該日晨爲止）的法北戰況如下：（塞納灣中央地區）在奧倫河口地區登陸之英坦克部隊，七日黃昏至夜，正沿着奧倫河西方、塞納河兩側，開始向南方與西南方進擊。衝入晚翁維爾南方之敵部隊有若干前進後，由於德軍的反攻，停止其前進。另一部隊則沿塞納河西方之××河西岸前進，亦由於德機動部隊與移動砲兵隊，將其擊退。第三部隊則衝人巴依歐南面，刻正與德軍展開激戰中。在這一戰鬥中，英軍步兵部隊與坦克部隊，蒙受巨大損失。（奧倫河地區）德軍裝甲部隊粉碎奧倫河東岸敵橋頭堡壘，在距海岸三公里的哈佛爾，驅逐英國空艇部隊，並向西方與南方進擊，將敵空艇部隊壓向南方，敵坦克部隊亦行出動，以期救出此空艇部隊，但歸失敗。（科坦丁半島地區）由加昂坦到沃羅尼的科坦丁半島東方地帶登陸之空艇部隊兩個師團，由於德軍三方面的攻擊，其橋頭堡已被縮小，現在由十八公里壓縮至五公里。敵空艇部隊並獲得坦克與重火器之掩護，漸次向南進擊中，現在正於聖馬洛，展開市街戰中。

## 同盟社問：主戰場在何處？

【同盟社蘇黎世朝日新聞七日專電】試詳細研討敵進攻北法的第一日（六日）天的戰況，其主要的特點雖然很少，但其整特點在以下兩點，即：敵在諾曼第沿岸設置橋頭堡壘與美英軍確保該戰區的制空權。然而，重要的特色，是諾曼第半島的登陸作戰，帶有局部的性質，軍事專家認爲：敵最大限度使用四十萬的陸軍兵力，現在爲進攻諾曼第沿岸而出動的海軍艦艇與兵力，顯然是整個兵力的一部份。德方偵察機的報告，亦認為英法海峽與瑟堡北方海面，有巨大運輸船團在徘徊游弋。從德方的觀點看來，諸曼第橋頭堡壘的設置，對於美英說來，在企圖分散德軍的兵力與注意方面可說是有作用的。另方面，在德國看來，德軍在此方面與敵軍保持具體的接觸，可說是使敵軍提供了確古的材料，以便發現美英軍的真意何在。德軍以決定的戰略預備軍與寶貴的空軍將侵入諸曼第沿岸的敵兵力擊落於海中，或非難事，但德國只有在決戰階段時，才使用上述兵力，而不應在次要的戰場投入上述兵力。如德軍能於敵軍投以大部隊的主力戰場博得決定的勝利，則設置橋頭堡與確保制空權等，畢竟只能有次等的重要性。但誰也不知道主戰場究在何處？只是出現在對諸曼第的攻勢看來，顯然該處是次要的戰場，觀乎第一日戰局的進展，以及敵人頑強地要在諸曼第沿岸設立橋頭堡的事實看來，則敵之意圖首先在於攻克諸曼第地區，切斷布勒塔尼地區，以便將此等地區作為進攻西歐大作戰的根據地，但他們將其餘的兵力使用何處，現在尚不明瞭。中立國人士觀測：德軍統帥部所以對敵之進攻軍不採取決定性的反擊，是由於上述原因。

## 東京焦慮異常
## 對戰局採取保留態度

【同盟社東京八日電】英美軍的侵入北法戰開始以來，已歷三日，其全貌大體上已很顯然。我有關人士亦認為，現在的作戰將是正規的第二戰綫之開始。但試一觀其經過（截至現在為止），英美軍雖以登陸部隊與空運部隊，暫時達到其侵入企圖，然而談到其成果，則雖不能說完全失敗，亦不能說是成功。現在登陸部隊主力在諸曼第半島北方的塞納河與維爾河中間地區，特別以克恩為中心，安置數處橋頭堡壘。至八日晨，艾森豪威爾本人亦親自出馬，擔任全般的指揮。同時在諸曼第半島北端，已將通常稱為科坦丁半島的地帶東西兩段，而似在企圖在這一方面獲得有利的引路。又降落傘部隊主要以奪取諸曼第地方的飛機場為目的，企圖奇襲哈佛爾與克恩，但不能說到成功。除重新降落於科坦丁半島者外，大部份已被殲滅或被俘。倫斯特德元帥指揮下之德軍，截止七日為止，仍未動用主力，靜觀情勢的演變。但七日黃昏起，斷然命令羅麥爾元帥指揮下的預備軍主力出動，故英美軍今後將更加陷於苦境。英美方面目下正在拚命增援中，但主戰場方面的氣候，自六日晨起漸次惡化，西北風大，波濤又高，使艦船舟艇的行動非常困難。英美廣播已稱：「在此種惡劣天氣下，縱令德軍不加抵抗，登陸作戰亦將經歷與大困難」，這就舖下失敗的防綫。如艾森豪威爾在其廣播中亦稱激戰尚在今後，而嚴禁樂觀。德軍比英美更不利之處，是德軍於登陸作戰地域，從平地向高地撤退，英美軍可以動用坦克車，從高地向平地。但因惡劣天候之故，使英美方面不能充分運用航空兵力，浸透全力與疲勞之極的敵方報導，不斷傳來。戰局的將來必須待諸今後的發展。

【同盟社東京八日電】關於北部法國海岸的德軍堵擊作戰，本社為聽取最新的情報，特於七日與柏林支社舉行國際通話。談話要旨如下：（本社）敵方的主力，在向那裏打？（柏林支社）現在的情況，還沒法多談，敵軍因未築成橋頭堡壘，所以主力還在英法海峽海面上打轉，剩下未被消滅的敵軍，則在奧倫河口東西海岸地帶，與其西方四十公里的巴依歐西北海岸地帶，擴大其立足點，作為不斷後到的新兵器及登陸部隊的登陸地點。在塞納灣海面，停留有戰艦數艘、巡洋艦十五艘、驅逐艦五十小艘的敵大艦隊，攜帶數千登陸用的舟艇，尋找登陸的機會，就中曾於六日夜至七日晨，又上來了一批。至於有多少兵力？還弄不清楚，地點大體在塞納灣的中間、加恩的海岸地帶及哈佛爾、科坦丁地區，其方針似乎是依舊從昨日登陸的地方，繼續登陸。（本社）英法海峽的天氣怎樣？（柏林支社）六日開始登陸的當時，曾經很壞，從昨日晨起，雖一時轉好，但從午後起似乎又惡化了。英國所以利用不適當的氣候登陸蓋是為了失敗時的藉口，但倫敦的廣播，則反復聲言登陸部隊，無論在海岸或內地，都已建築了堅強的向內地進攻的橋頭堡壘。（本社）蘇聯的動向呢？（柏林支社）因為美英已在大陸建立起堅強的立足點，牽制了德軍，因而紅軍可能在東部戰綫，舉行大攻勢，故德軍非常注視這個（本社）亡命政權的動向如何？在法國與意大利有沒有策應的？（柏林支社）亡命政權均以興奮的情緒，向國民呼籲，但現在還沒有任何具體形式表現，隨着登陸作戰的經過，法國等當然要成為很大的問題，據傳戴高樂已隨同登陸部隊，在某處登陸，但巴黎及其他法國各地，都出乎意外的平靜。

## 塞托紐新說
## 盟國空運部隊無大成就

【海通社柏林八日電】海通社軍事訪員塞托紐斯報導：毫無疑問的，從攻歐頭二日中現在得出基本教訓雖然尚屬過早，但無論如何有很多教訓可以談談：在諾曼第海岸，敵人使用大量空運部隊，至今已至敵人從未如此做過的規模。不可否認的某些德國防軍被他們暫時弄得很忙碌，但此種萬一事件已規定在德國防衛計劃上，且沒有一處超過前所估計的程度。有決定義意的是盟國空運部隊從作戰觀點上看仍然沒有效果，且整個說來，他們在戰術上也失敗了，因為除了一個地方，即據說在加昂坦以北地區外，空運部隊未能從後方突然佔領德國沿海工事，為英美陸軍部隊打開道路。相反的，敵軍從海上的登陸幾乎沒有例外的須由艦船大砲所事先轟擊，它唯一的任務同時是以所組火力屏幛保護在某些地點於很大努力下佔領的海灘陣地。無論如何，英美艦隊在攻歐第一階段中較敵空運部隊起着更重要的作用，多少奇怪的是：敵人不顧一切繼續派遣強大傘兵部隊以及運輸滑翔機部隊。

【同盟社柏林七日電】據德意志通訊社記者報導反軸心國空軍部隊主要的着陸地點：敵人侵略的第一天晚上至第二天，反軸心國空運部隊陸續在新地點着陸。敵運輸機三百架裝載的降落傘部隊降落於科坦丁半島西岸的拉洛至固坦斯之間，他們的企圖似是切斷科坦丁半島，使瑟堡的重要港口孤立起來。但是海上部隊尚未在這方面登陸。科坦丁半島東岸馬多列奴至坎奴維爾有新的空運部隊着陸。傳兵力不明的敵空運部隊在克恩東方地區及南方地區約十個地點着陸，敵人亦在維爾河口的加昂坦建立橋頭堡壘，但是立即被殲滅。另一方面，敵軍四引擎發動機的重轟炸機連續不斷地出現於哈佛爾東北非坎地區至瑟堡的一帶上空。同時常有敵戰鬥機五百架左右飛翔於登陸地點的上空。

【同盟社柏林七日電】同盟軍之降落傘部隊一個師，重新降落於諾曼第西岸的拉塞，固坦斯之間。

## 敵稱河南作戰的結果
## 使華北物價跌落

【同盟社天津七日電】華北的物價，從本年年初在舊曆正月前後不斷飛漲，華北物價的暴漲於今年三月下旬達到頂點，爾後有逐漸跌落的傾向，最近糧食、油等有關民衆生活的物品，其價格的跌落亦日益顯著。四月下旬的糧食行情如下：玉米（一百公斤七百一十元），高粱（六百一十元），小米（八百五十元），五月下旬玉米落至六百一十元，高粱五百一十元，小米七百九十元，這就是說玉米跌落之百分之十四，高粱跌落了百分之十六，小米跌落了百分之六。食用油的行情，花生油五月上旬一百公斤為三千六百元，五月下旬跌至二千八百元，香油五月上旬為四千二百元，五月下旬跌至三千二百元。國民的主要食品——小麥，因正在青黃不接時期，看不到顯著的跌落，但亦逐漸軟化。隨着糧食價格的跌落，其他棉織品，肥皂、火柴等日用雜貨的價格亦一齊跌落。華北物價跌落的原因，是因雨水充足豐收有望，同時此次河南作戰的成功亦是原因之一，此即由於此次的作戰，重慶所叫喊的對日反攻的前衛據點——第一戰區已經被覆滅，重慶的對日作戰力顯著的降低，另一方面，我方獲得了對重慶作戰的主動權，在軍事上的大勝利立即在政治上發生了安定感覺，這一安定感覺每一民衆均能了解，很自然的使全局走向明朗。過去的囤積風潮，現已經毫無意義，而其結果，商品亦能流轉，許多物資從農村流入都市。我們不能忽視河南作戰在經濟上的成果，皇軍制壓下的河南平原是包括長江與黃河的一大平原，是小麥等農產物的一大穀倉。這給與華北食糧供需的前途以安定感。這對於民心亦有很大的影響。更由於打通平漢綫、使華北、華中間的連絡更加進步，同時亦更加完善，這在交流物資上的作用亦頗可觀、實現黃河的治水工程亦成為可能。這一工程如果完成，則舊黃河流域的華北農業地帶將成為肥沃的原野，而且新黃河流域一帶亦可避免水災，此種經濟的成果，將使民生繁榮，華北物價更加好轉，此點應充分加以注意。

## 同盟社傳陳誠在河南出現
## 代替蔣鼎文再建一戰區

【同盟社上海八日電】前任重慶遠征軍司令陳誠，討厭美軍將校擴大其指揮權，遂提出辭職。據可靠方面的情報，最近陳誠出現於河南戰綫的洛河方面。據說，陳誠出現於該方面，是因為重慶命其代替蔣鼎文再建第一戰區。

# 參攷消息

（只供參考）
第四五一號
解放日報社 新華社 合編
今日出版一張
卅三年六月十一日
星期日

## 傳敵軍佔領長沙

【路透社倫敦十日電】德國通訊社今夜（星期六）引日軍最高統帥部發言人稱：「自今日清晨起，日軍即進入中國東南的湖南省省會長沙，該城爲華軍撤退，未進行較大抵抗。」三路進攻湖南省會的攻勢開始於五月廿七日。

【中央社重慶十日電】據軍委會發表六月三日至九日一週戰況，敵寇此次在湘鄂邊地區連續作大規模之蠢動，自上週末迄本週以來，戰鬥日趨激烈，敵我傷亡均重，現在湘鄂方面洞庭湖以西長江南岸之濱沿地帶之敵，被我軍壓迫後退，戰事重心轉入長沙外圍及益陽以北至瀏陽東北各地區，正激烈進行中。在豫省方面，東西各地之敵，復連日與我演成猛烈之爭奪戰，茲將各情分別述之，湘鄂方面：（一）由崇陽臨湘岳陽等地分路南犯之敵，經我軍節節阻擊，雖尺寸土地，敵無不付予最大之代價，於一日至四日之間，在汨羅江南岸由河夾塘、歸義迄平江以東之長壽街，東西橫亘約一百廿餘公里之正面，我敵連日往返衝殺，平江於一日失陷，歸義一日被侵，二日復爲我攻克，以及金綫新市長樂街等地，我軍依照預定之計劃，莫不與敵軍一再爭奪，以達到大量消耗敵人之目的。至四日晚，敵復增到大量後續部隊，計由歸義、新市、長樂街及平江以南地區分五路向長沙進犯，另一、金路長壽街向瀏陽進犯，曾一度被我阻止於白沙、新洋橋、麻林橋、金路口、白沙市及東門市之綫，迄今七日止，敵我於長沙東北外圍撈刀河北岸約二十至三十五公里之綫，雙方猛烈鏖戰中。（二）瀏陽東北約二十公里處之古港附近，我軍與由平江方面南犯敵仍對戰中，又由營田南犯敵，被我阻止於湘陰城東北約十公里地區。五日陷沅江之敵與橫龍橋之敵，會犯益陽，已爲我阻止於益陽以北地區。（三）鄂西長江南岸及洞庭湖以西地帶，分路向西南竄犯之敵，被我軍自三日反攻以來，先後克復安鄉（三日）公安（五日）等城，及沿洪河東岸與南縣西南各地區繼續向敵追擊前進，劉備岸縣官擋兩處殘敵，尚在我包圍中，餘均於五日晚恢復五月二十七日以前之態勢。豫省方面之戰鬥，迄今仍繼續未已，我曾於二十二、二十八兩度攻克魯山縣城，於三十一日一度克復嵩縣，於二十三日攻克大營，以及本月三日攻克盧氏以東之長水鎮、宜陽以西之韓城等地。敵復於五日以來，在各處增援反撲，以上各地相繼失陷，刻我敵在陝縣之大營西南豫東之鄢陵附近豫中之魯山以××縣以西各地區對戰，敵寇似續有向豫西南進犯模樣。至於滇西方面，我軍向龍陵攻擊前進，已迫進城垣，附近各據點均爲我攻佔，並將通騰衝之道路切斷，東北之鎮安街與南邊之象達兩處敵軍，均在我圍攻中。緬北方面，我中美聯軍圍攻密支那城，連日均獲有進展。孟拱河谷之我軍對加邁已形成強固之包圍態勢。綜觀上述，敵寇此次積極在我國戰場作大規模之蠢動，早在吾人意料之中，至敵寇之敗亡日近，其蠢動將隨之加厲，亦爲勢所必至，業於上週詳細說明，我官兵一秉七年來艱苦抗戰之決心，與必能擊敗敵寇之信念，故能不顧犧牲，愈戰愈勇，今盟軍以雷霆萬鈞之勢，於六日登陸法國北部，開闢第二戰場，實給予我全國軍民以無限興奮，德國崩潰爲期不遠，日寇敗亡當更提早，吾人深信此次敵寇在我國戰場上之掙扎，乃係一種迴光返照，歐洲盟軍登陸消息之傳播，實不啻爲日寇代撞喪鐘也。

【中央社興縣九日電】晉敵近將同蒲鐵路南北各支綫大部拆除（如平遙汾陽綫、忻縣河邊綫），以鐵軌枕木轉用他處。

## 敵傳美駐華空軍實況與企圖

【同盟社南京八日電】河南作戰及華中方面之新作戰，獲得空前的戰果，現仍在繼續中。此次作戰的重要意義之一即摧毀美空軍，一年前僅有二百數十架飛機的駐華美空軍，現在加上重慶軍的二百數十架，現已達到一個相當可觀的數目，其使用的根據地亦有三百多處。稍爲航空要塞的基地，在中國東南部有兩處，一個以桂林爲中心，一個以建甌爲中心。在中國西北部亦有二處，一個以成都爲中心，一個以西安爲中心。這些地區機場的滑走路均爲二千米達至三千米達——地上設有燃料儲蓄所、無綫電台、飛機庫。地上高地及飛機場周圍，沒有對空砲火陣地，電波聽音機等的機體等，完成了攻守兩全的設備。桂林地區的衛星要塞，其行動半徑在三百公里以內的有寶慶、衡陽、零陵等十二個可以容納巨型機起飛降落的飛機場」。建甌的「基地群」（許多飛機場組成的一個空軍基地），半徑爲四百公里，包括玉山、遂川、瑞金等地。西北方面以成都爲中心在半徑三百公里內有機場十五處。另一處以西安爲中心，包括寶鷄、城固、漢中、老河口等地——四處。陳納德的企圖是從這四個集團基地群出發，一齊向我日本本國及華北、滿洲的重工業地帶空襲。我在華航空部隊不斷進行先制出擊，依靠敷量進行反攻的敵人企圖已完全遭受挫折，特別値得重視的是由於此河南作戰，敵西北根據地已陷於癱瘓狀態。駐華美空軍從今春以來，即謀加强桂林根據地，另一方面又極力在西北活動，企圖出擊我華北佔領區，但在我佔領洛陽後，這一蠢動已經破碎，由於我航空隊的進攻，將西北及華中飛機根據地的命運，是絲毫不能例外的，如此大陸戰線上日美空軍決戰的色彩愈益濃厚。

## 第三批增援到達後
# 攻歐軍各線有進展

【海通社柏林十日電】此間關於攻歐第四日午間指出德國有資格人士對德軍措施及諾曼第軍事運動加以祕密化。在這一祕密狀態之下，倫斯特德爲艾森豪威爾準備了何種打擊現時因新聞檢查不便發表。攻歐第四日午間英美軍諾曼第之運動情形如下：英美軍直至第三日下午從海上與空中運到强大援軍。英美軍總力現時約爲十六個師團左右，其中一部已遭受極高的流血損失。從克恩至巴依歐的狹長地帶內共有十二個師團，在科坦丁半島，厄格利斯中心週圍有三個師團。坦克戰鬥依然在克恩兩翼進行中，該城仍在德軍手中。英美壓力依然在巴依歐。他們力圖達到維爾河口的依西尼，與貝森港之登陸基地樹立連系。最後目的是到達科坦丁半島的海岸公路。西南方向盟軍於午間從巴依歐向聖羅進攻。這一進攻雖使用許多坦克並由飛機加以支持，但已被阻止。巴依歐以南戰綫長達八公里。星期四在聖麥爾厄格里斯登陸區域獲得增援的美空運部隊向南北兩方企圖奪回前一日失去的土地。他們沿至瓦洛尼公路前進兩公里，而向北面的科坦丁的進攻被擊退。奧倫河東岸德軍固守自己陣地，英軍在該地佔領土地的企圖被挫敗。

【海通社柏林十日電】海通社軍事訪員塞托紐斯報導：攻歐第四日下午戰地情況如下：敵人大軍增援其加爾瓦多沿岸之橋頭堡壘及諾曼第半島東面其空軍基幹部隊。奧倫河以西橋頭堡壘，英加軍顯然讓其坦克部隊担負首當其衝的戰鬥任務。這些坦克部隊具有可畏的力量，作爲機動大砲，增添了軍艦大砲與敵空軍轟炸的火力。因此，敵人才能在造成包圍巴依歐的二個坦克楔形之後，在巴依歐獲得某些進展，然而，此舉並不能與在科坦丁作戰的美軍建立聯合作戰。後者再獲得大量空軍與海軍若干部隊的增援之後，現在亦試圖由防禦德軍集中反壓迫轉爲反攻。但旋即遇到德軍一些抵抗，對其形勢未能獲得堪注意的進展。諾曼第半島對攻歐戰今後的重要性沒有過低估計，奧倫與維爾河間的鬥爭刻已更爲有利，特別因爲此間德軍有力推進英軍側翼的情形已形明顯。此間，英軍目的在於向西擴展橋頭堡壘，由克恩向西北發動反攻之德軍的裝甲先頭部隊已到達刻正進行激戰的巴依歐東南底城。

## 海通社軍事訪員稱
## 南北兩路紅軍準備攻勢

【海通社柏林十日電】海通社軍事訪員退休中校奧爾繼報導：今年夏季，蘇軍將在卡累利阿地峽進行第一個攻勢。現在來估計在此處發生的戰事的戰術戰略重要性尙屬過早，因爲至今尙無足够的情報。無論如何，必須靜待蘇軍在蘇芬戰綫的進攻是否採取大規模性質，該戰綫好久以來幾乎處於類似和平的情況中。可能是這樣的，即蘇軍的活動必須看作是克里姆林對芬蘭的未成功的政治攻勢之軍事的繼續，或者看作是聲東擊西，以掩護蘇軍準備夏季攻勢的眞正目的。蘇軍的主要結集點，很久以前即爲德國偵察機確定於二陣綫：一處在北陣綫，尤其在普斯科夫、奧斯特羅夫內地。自該處進攻的目標是波羅的海國家，沿德維納河突破至該河河口。它的意思是達到蘇軍在冬季戰爭中所想達到的目標。第二陣綫是南綫，蘇軍於此集中了最强大的部隊，尤其是在坦克方面。在塔諾波爾區的結集，是針對着喀爾巴阡地區。結集於德涅斯特河下游的大軍可能向多腦河前進，以與維綏區的進攻相配合。現在發動於卡累利阿地峽的攻勢，係作爲進攻波羅的海國家作戰計劃的某種聯系，也似乎不是這樣的。芬蘭灣的控制及消滅德軍與芬軍在海灣邊所共同建立的砲台，似爲蘇軍的最後目標。這裏的首次戰爭發生於一九四〇年冬季戰爭的戰場上。從那年戰爭中知道，該處有許多湖泊、河流、及森林等，提供芬軍展開其能力的特別機會。蘇軍將須在此處再度估計到芬軍指導與部隊的執拗與勇敢，這些比坦克及飛機在重要性上並不少些。

參考消息

（只供參考）

第二五四號

解放日報社
新華社
編

今日出版一張

卅三年六月十二日

## 德寇推測

## 盟軍將有新登陸行動

【同盟社柏林九日電】德當軍局預測同盟軍的登陸作戰，發表下列聲明：蒙特歐美利，現在除法沿岸的兵力外，在英國南部尚有二十個師，恐在待橋頭堡壘擴大後，此等部隊亦在諾曼第半島登陸，因此該方面今後新的登陸作戰是可想像到的。又在英國東南至蘇格蘭一帶待機中的同盟軍，現在尚完全未動用，由於這些部隊，近日進攻歐洲的新階段即可展開。在多維爾海峽同盟軍強有力的聯合作戰，在敦刻爾克至錢斯坦德展開的可能性最大。為了要達到上述的目的，加拿大的特別部隊，空運部隊數個師及很多的戰鬥師團，已經完全準備妥當，現在在待機中，除蒙哥馬利軍外，艾森豪威爾約有五十個師，其半數將用在法國北部與比利時沿岸。

【海通社哥本哈根九日電】我在離丹赴法國北部攻歐前綫以前數小時，曾參觀拱衛哥本哈根和丹麥及厄勒松德海岸的佛拉德法爾特堡壘，藉可獲得應付對丹麥的可能進攻之防禦準備情形的直接印象。佛拉德法爾特（它的名字譯為國字「佛拉德」毫無關係）和它的姊妹堡壘中法波爾（它武裝得更加嚴與）是屬於丹麥政府在第一次世界大戰前於松德海峽所構築的攻守用的人工島一類的。這個特別周圍的水只有五米突深。這個具有塹壕的堡壘使藉助於進攻艇的登陸成為不可能的事。堡壘矗立海面，高達廿五米突。它那綠色的斜坡被有刺鐵絲網護着。自那時以來增加到堡壘中的丹麥重砲隊廿五糎的大砲，一部分安在裝甲砲塔中，一部分安在近代沒有偽裝的砲位中。在晴朗的天氣中，人們可以看見松德海峽——它闊八公里。佛拉德法爾特的新鮮供給品可以支持數週。軍火藏在鐵筏底下廿米突下的儲藏室中。這個堡壘的司令官蔣森中尉說：不管在晴朗或陰霾的天氣，或陰霾中從海上或空中發動進攻，都沒有什麼重要，這個堡壘已經準備有應付萬一的準備。

## 德軍當局稱

## 登陸還是第一個階段

【同盟社柏林十日電】德軍當局十日正午發表聲明如下：（一）預料反軸心軍攻歐作戰的第二階段，將於今後數小時以至數日後開始，截至現在為止，作戰還處於第一階段。反軸心軍很可能以精銳部隊，佔領廣泛且有相當深度的地帶，然而目下敵人在急於確保既得陣地中。（二）在今後數日內，地上作戰將進入下一階段。德軍最高統帥部認為：此次進攻決戰將決定大戰的趨勢，因之不擬阻止反軸心軍的登陸，而讓使敵深入，在陸上將其擊滅。（三）進攻軍陸上的次一地點，將為越過維爾河，向西北方前進，以便連絡聖·柏爾·厄杜利斯與加昂坦附近的反軸心軍部隊，隨還沒有大的港灣。反軸心軍於取得上述部隊的連絡後，為了佔領瑟堡，將企圖切斷科坦丁半島，但德軍將在其前向該方面出動，確信敵之橋頭堡壘今後只有一個，則德軍不管何時皆能除去之，然而必須將慮到敵在很多地點，要建立新的橋頭堡壘。對於德國說來，戰鬥尚處於初期階段，部份戰略預備隊先鋒，僅只參加橋頭堡壘的戰鬥。（四）多維爾海峽到比斯開灣之海面，敵艦船的活動非常活躍，可說是為了當登陸作戰的牽制行為，總之，德軍現在尚未開始真正的攻勢，如艾森豪威爾所想的那樣。

【同盟社巴黎十日電】塞納河一帶的氣候，有如晚秋一樣。英法海峽的巨濤駭浪始終沒有平靜的模樣，而漆黑烏雲籠罩在戰場的低空，數日來天氣沒有晴朗過。反軸心軍選擇這樣的時機進行登陸作戰。反軸心軍於八日下午至九日拂曉增強兵力和武器，十日仍然增強兵力。另一方面德軍亦陸續在第一綫結集兵力，戰場的風雲日益告急。反軸心軍連日加強一些兵力，現在登陸的兵力總共有十七、八師團，其中約有十三個師團配備在奧倫河畔的英軍橋頭堡壘，三個至四個師團配置於加昂坦北方的美軍橋頭堡壘。反軸心國方面的情報亦承認反軸心軍在登陸作戰中損失兵力百份之二十五，其中降落傘部隊在頭兩天被殲滅三分之二，現在敵軍兵力大約只有十二個師團以下。德軍當局認為邱吉爾將不顧一切犧牲，不斷增強兵力：其所採取的戰法與加里波利作戰時完全一樣（按加里波利作戰時雖然再三敗北，但盟國仍於一九一五年四月至十六年底不斷投入兵力），因此不擬突入反軸心軍的橋頭堡壘，而等待「邱吉爾作戰」的發展情形，然後予以當頭一棒。

# 德外部注意
## 登陸的政治後果

【同盟社柏林七日電】德國外交部當局就反軸心軍侵入法國北部一節發表聲明如下：現在德國抓住了足以左右此次大戰結局的決定性的良好機會。此次反軸心軍侵入法國北部海岸的作戰其規模極大，縱使敵軍在此次作戰中宣告失敗，亦不能說（缺數字），戰事還是處在初期的階段。當軍事行動未達到頂點之前，還不能斷定新作戰的政治意義。但是在今天看來，入侵作戰在政治上確實要帶給反軸心國嚴重的結果。

【海通社柏林七日電】德國軍事發言人星期三中午作下列聲明：法國北岸戰事至今的進程，完全符合於德軍統帥部阻止攻歐的計劃，其目的在於將攻歐軍全部殲滅。又盟軍在攻歐第二天進行的登陸，毫無結果。相反的發言人稱：『德軍統帥部想將敵人引至戰場，以便在那裏擊敗它。如果攻歐艦隊因遭損失而回轉，那麼整個攻歐便失去它的意義』。詢以德國設防根據地是否已喪，失發言人說：這些軍事根據地也有敵人登陸，但該處至今仍有聯系。可以想像，這個或那個堡壘已喪失，但德國防衛工事體系仍未遭破壞。法國北部的盟軍均被迫侷促在克恩附近與巴依歐西北的兩橋頭堡壘內。德國發言人估計登陸的傘兵部隊的數目，有『很多師團』。發言人認爲盟軍從空中與海上着陸時所遭受的損失，特別嚴重。他預料以後幾天盟軍的損失會更大，因爲在這軍事行動中，突擊的因素（它在開始時常常是有利於進攻者），現在已不存在了。

# 德寇吹噓海戰戰果
## 謂盟國空軍活動無效

【海通社柏林十日急電】德軍最高統帥部星期六公報：諾曼第半島之戰事正在不斷增加其激烈性，因雙方都正在將生力軍投入戰鬥。敵人在塞納河口近南處登陸之企圖被我海岸砲台火力所粉碎，且予敵人以重大損失。敵軍艦一艘被擊沉，其他艦隻被迫退却。我在奧倫河東岸之掃蕩戰有大進展。敵人對奧佛利維爾反攻。猛烈之坦克戰正在克恩地區及巴依歐繼續進行中。我軍良好地抗擊強大敵人部隊及優勢之敵人空軍。在整個前綫上××××頑強的抵抗所××。在頭三天中××坦克兩百多輛被毀，此外敵人蒙受極嚴重的人力損失，特別是空運部隊。德國海軍部隊及轟炸機，昨日亦予敵人登陸艦隊以重大損失。在海峽西部進口處，德國輕海軍部隊與優勢之敵人巡洋艦及驅逐艦隊交戰。在延續數小時之猛烈戰鬥過程中，敵巡洋艦、驅逐艦各一艘被魚雷所重創。德國損失驅逐艦一艘。在海灘陣地附近及在海峽中德巡邏隊與敵人摩托魚雷艇間之交戰中，敵艇數艘受創。德巡邏艇三艘××。自六月六日以來，敵巡洋艦兩艘、驅逐艦三艘、運輸艦六艘（共三萬八千噸），五艘戰坦克登陸艦（共一萬五千七百噸）與七艘載坦克登陸艇（二萬六百噸）被德國海軍、空軍、海岸砲台及陸軍指揮部所擊沉。敵人重巡艦洋一艘、其他巡洋艦三艘、驅逐艦六艘、摩托魚雷五艘、運輸船八艘（共四萬一千噸）及特種登陸船十四艘被魚雷彈或砲彈所創。此外尚有許多小的登陸船與進攻艇被擊沉或受創。許多敵人軍艦與登陸船××於佈雷網。此外，敵人所受之損失尚須加上許多小的××船。目前最大的行動是克恩地區的坦克戰。艾森豪威爾的計劃佔領這一城市，此城市在最初四十八小時內爲其橋頭堡壘之交通樞紐。在登陸發動一百小時之後，這一目的並未達到。在北非時的宿敵隆麥爾與蒙哥馬利在「×××條件下」各自在坦克中×××。在蒙哥馬利後面的是海，而羅麥爾却有陸上交通綫供其使用。

【海通社柏林九日電】海通社空軍訪員塞庇林稱：德國人士經常認下述爲觀念是過分的誇張，這些概念是：進攻的準備可用空襲任何海岸防綫與內地的方法去極其澈底地弄好；登陸可以毫不費力地而以損失輕微地實現。可是，他們也懂得：盟國強大空軍使德國防綫遭受嚴重損失。今天，我們可以說：這方面的預料尚未完全實現。英美空軍所作的準備無疑是很巨大的，而且造成了法國北部無數城市遭受嚴重破壞的結果。可是，進攻海岸的首次戰鬥也證明了：大西洋堡壘的建立也是不能一筆抹殺的。因此，進攻部隊如同遭惡浪一樣猛撲海岸上的完好防綫，而且大概看見他們的希望陷在他們轟炸機的準備工作中。今天，人們已經明白：盟國人士對他們的空軍懷着奢望，而且把不適於他們空軍的任務交付它們。正如在德國所經常強調指出的，要在幾個月中轟炸德國城市，然後又在幾星期中（像在最後時刻和在一次打擊中會經有過的情況那樣）毀壞德國預擬作戰區的交通，是不能做到的。爲了嚴重擾害德國防綫的作用，英美空軍必須作數月更加緊張的活動。在進攻的頭幾天中，空軍與陸上部隊配合的方法所作的援助也不多。（缺一句）可是，雖有一切困難，而空軍的使用還是很多，而且轟炸機隊在進攻焦點上實行強大進攻，其目的在使德軍不可能進攻一度被佔領的橋頭堡壘。

【同盟社柏林八日電】反軸心軍進攻歐洲作戰開始以來，已被德軍擊落或鹵獲一千三百架以上的滑翔機。

參攷消息
（只供參考）
第四五三號
解放日報
新華社 編
今日出版一張
卅三年六月十三日
星期二

# 登陸盟軍達四十萬

## 科坦丁東南美軍會師

## 英軍出擊奧倫河東岸

【同盟社柏林十一日電】德意通訊社，關於美英新攻勢作戰以來六日間的綜合情況報導如下：（一）反軸心軍開始登陸作戰以來，經過五夜六月，以十八個師的精銳部隊，與多數主力艦，運輸艦，以及各種轟炸機數千，從奧倫河西岸到科坦丁半島、厄格利斯，已建立橋頭堡壘，該橋頭堡壘的深度，各地有所不同，大體從十二公里到二十公里。（二）因德軍到處繼續猛烈抵抗登陸部隊，故反軸心軍僅不過維持四個小的登陸地點。（三）特別在奧倫河口，德軍爲奪回東岸陣地，乃舉行猛烈的反攻，激戰達一百二十小時。關於反軸心軍的損失情況，現在尚無法判明，但根據前綫司令蒙蒂馬利，從十個師被迫增加至十八師，當可證明反軸心軍遭受到重大損失。截至現在，反軸心軍投入的兵力，至少在三十五萬到四十萬人以上。此一數目尚未算入海軍及空軍的兵力。（四）在第一日德軍僅出動了歐洲要塞的守備師團，至第二日始出動了預備兵力。

【海通社柏林十一日電】德國人士星期日上午宣佈英國在奧倫與維爾河口間橋頭堡壘和科坦丁半島西南部美軍橋頭堡壘××（？），英軍於依西尼西南渡過維爾運河，因此與加昂坦及厄格利斯的美空運部隊建立了聯系，有資格人士並不很重視此聯系，因爲無論克恩及巴依歐區的英軍以及加昂坦與蒙特堡的美軍均未能擴大其橋頭堡壘，可使他們能同時以强大部隊進攻。巴依歐西南，强大英坦克的進攻未能突破至聖洛。進攻者在人員與物質上受重大損失。美軍使用重型與超重型坦克企圖於北方向瑟堡擴大其橋頭堡壘。在某處，他們到達蒙特堡與奎涅維爾間的公路。但各處均緊握於德軍手中。一切向瑟堡的突破企圖均爲德防軍的頑强作戰所打破。英美在此陣綫的損失極高。美軍自聖‧厄格利斯向西渡過邁爾德利特河的進攻亦被擊退。

【同盟社柏林十一日電】根據最新的消息，反軸心軍顯然是急於攻略克恩，過去已報導過。反軸心軍利用滑翔機將其兵員及軍需資材降下克恩北方英軍陣地後方，根據最新的消息，十日夜又有大批降落傘部隊降落於克恩南方德軍陣地後方，英軍在克恩北方及西北集結大坦克部隊，這表示反軸心軍企圖奪取該城，十日英軍坦克部隊在奧倫河口企圖向該河東岸前進的嘗試，就反映了這個作戰的意圖。德軍擊退反軸心軍的進攻，擊毀敵坦克廿四輛，但英軍在兩個地點突入德軍陣地，因此德軍後退數公里，德軍仍然控制奧倫河口東岸。

## 海通社評東綫戰局

【海通社柏林十二日電】海通社軍事訪員退休中校奧爾堡報導：東綫形勢的特點，仍是期待蘇軍的大規模戰爭。雖然數日來沒有像過去二日的那樣沉寂，但我們相信斯大林在未進入歐洲戰爭以援助其同盟國之前，將不會遲疑很久。過去二日以少量步隊在雅級、在喀爾巴阡前麓及委特布斯克附近所發動的偵察性進攻表明：蘇最高統帥部同時在這些地區準備新戰爭。但對於我們似乎更重要者：是特別活躍的蘇軍供應交通，至少在目前已爲德空軍在基輔區的夜襲而告殘破。這裏的鐵路聯結點法斯托夫、卡薩亭等地均遭受集中轟炸機隊的襲擊。據我認爲：奧斯特羅佛東南的局部進攻（此進攻使蘇軍各營遭受重大損失），是自六月十日來即發展於北方芬蘭戰綫相當活躍戰鬥活動的一部份。蘇軍公報顯示，過去二日來頗活躍的戰鬥發展於芬蘭戰綫。對於最密切地注意前綫形勢的每個人說來，很清楚的，蘇軍在實行對芬蘭戰綫的夏季攻勢時，將於最短期內於卡累利亞地峽、剌多牙及克隆斯塔德灣發動進攻，因爲在列寧格勒方向的此陣綫，自列寧格勒包圍圈被打開之日起，即爲東方最凸出的地點之一。二日前已報導的在極北方果薩戰綫的戰事，與芬蘭戰綫的戰事有某些聯系。這些戰事的特徵爲在雷巴茨希半島的互相砲戰。將從蘇軍正對靠近北方及南方德國戰綫所發動的同樣進攻中，我們的芬蘭同盟者將認識到這點：蘇軍充分認識德國武裝同時舉着保護盾牌於芬蘭之上，一如舉着盾牌於所有斯堪的那維亞之上，以反對布爾塞維克入侵一樣。

## 攻歐在日本的反映
### 牛場信彥盲目吹噓納粹防務堅固

【海通社東京七日電】海通社訪員弗里芙報導：星期三日早晨當無綫電以六點鐘廣播盟軍在法國海岸登陸的最初消息後，日本人民即澈底認識到歐洲和亞洲的戰爭，德國和日本的命運，在目前世界範圍內爲生存的鬥爭中，是不可分的聯接在一起。男人和女人集聚在他們的無綫電機前，緊張地聽取消息。在火車上、電車上和公共汽車上，攻歐是工人和職員在辦公室和工廠途中的談論主題。羣衆集聚在無綫電擴音處前聽最後的消息。城市的居民對於德國武裝力量的戰鬥力及其指揮部具有充分的信心。每一日本人知道德國對於這一攻歐已有長時期的準備，並且已計算到一切意外。雖然歐洲戰場的戰爭對於日本人民在今天是主要的興趣，但也並未忘記太平洋的戰爭也是反對同一敵人，並且牢記在這裏也要以堅決的力量擊敗英美的事實，這樣來減輕德國的負担。日本人相信盟軍侵入歐洲開始了軸心列強的最後勝利。

【同盟社東京七日電】外務省書記官牛場信彥，曾爲駐德大使館書記官，在德國居住三年，他在此期間親自看到德國人民戰鬥生活的實況，視察法國佔領區堅固的防務，而於去年十一月返國。他聽到美英開始進行侵略歐洲的作戰消息後，即發表談話稱：敵美英終於在大西洋方面進行侵略作戰，似乎開闢了所謂第二戰場。這是否眞正的第二戰場，要看今後戰事的演變，才能知道。德國很久以來就等待着敵軍的登陸，所以它對於此次登陸作戰是很高興的。反軸心軍將要重復開戰後不久就發生的『敦刻爾克悲劇』，和前年夏天的『第厄普的失敗』。德軍退出羅馬和縮短東部戰綫就可能在第二戰場轉爲攻勢，德軍整理東部戰綫和意大利戰綫，就是應付今天這個時候。我們認爲敵軍將要登陸的地點——敦刻爾克、第厄普、哈佛爾、克恩、瑟堡都是西部要塞中最堅固的重要陣地，它是攻略法國後的瞬間，由陶德工程隊，集合近代科學的精粹，構築成的。因此它是鐵壁的陣地，再沒有比它更堅固的陣地。第厄普作戰後的瞬間，又加強這個陣地，當然這個防禦陣地是攻不破，炸不壞的陣地。除了要塞之外，又發展公路網，並且爲了作戰的便利，更改修公路。這是發揮機動力的最好條件。因此對德國說來，內綫作用是絕對有利的。德國配備有最精銳部隊六十個師和精銳飛機×千架，並且由其他戰綫調動空軍的工作亦已完成，因此航空兵力比常備的空軍多數倍。由各個角度看來

，遂及登陸作戰正符合於德國的願望，德國人民極有必勝的信念，而其敵愾心亦甚旺盛，他們冀圖國內的團結，開拓走向勝利的道路。

【同盟社新京八日電】歸國途中的駐意大使，於新京聽到反軸心軍在歐洲登陸的消息後，聲言這正是『攻勢轉移的好機會』說：這雖然是德軍當局預料中的第二戰綫，但更確切的說，倒是待望中的第二戰綫。德國運用龐大資材裝備了的精銳師團，在羅麥爾元帥訓練下，早已在等待今日的作戰。登陸地點，正是德國用以堵擊的歐洲要塞最強部，德軍無論在精神上、肉體上都有了充分準備。第二戰綫勢必要在今日開闢，美英苦腦之深，可想而知。對於美英軍有絕對自信的德軍，因早已預料到今日，作了完善的準備，等其到來，余確信敦刻爾克的悲劇，必會重演，美英軍如在此處失敗，則只有轉趨沒落一途，不禁預祝盟邦的勝利。

## 敵稱長沙行將陷落
### 靈寶南敵追殲國軍

【同盟社廣州十一日電】敵第九戰區的根據地長沙，因我軍迅速的進擊，行將陷落，面臨空前的危機。十日之重慶合衆社電，報導長沙岌岌可危的情形，承認長沙的防衛已陷於絕望狀態。長沙已××撤退，使全市完全成爲陣地，蔣介石命令重慶軍守備隊死守長沙，徵收充分的糧食與彈藥，以備將來的決戰，又恐被湘江之北的敵軍所利用，故已全部南移。又長沙市內的機關槍砲台，業已加强，在街上構築障礙物，以備巷戰，長沙週圍的山嶺，亦重新加强構築要塞。長沙的防衛軍現在日軍的猛攻前，完全處於絕望狀態，留給他們的道路，只是英雄末路。

【同盟社東京十一日電】中國方面——地上作戰：河南方面我軍，正捕捉企圖反擊之敵於靈寶（洛陽西約一百六十公里）南之山嶽地帶，展開新的消滅戰。華中方面我軍，正在擊毀第九十九、第二十、第三十七三個軍中，繼續兇猛南進。進出於洞庭湖南岸之部隊，已前進至益陽（常德東南約九十公里）前面。進擊該湖東側之部隊，亦進出於長沙北六公里之撈刀河一綫。（航空作戰）——我爲配合地上部隊之戰鬥，於本月二日急襲茶陵，擊毀六架，在衡陽共毀地上設施一處，並共毀敵機三架。同日並擊落來襲我場上空之敵機十架，合計僅是日即消滅敵機十九架。此外並於五月三十一日在常德東之河中，擊沉滿載兵員之船隻十艘，擊毀二十艘。六月二日又擊沉敵船隻三十艘，擊毀五艘。三日並擊沉三百噸敵船舶一艘。五日深夜，襲西安、漢中兩飛機場，在西安炸毀跑道等，共毀設備一處。

# 參攷消息

（日刊參考）
第四五四號
新華社編
今日出版一張
三十三年六月十四日

## 紅軍攻勢後瑞典的反應

【海通社斯托哥爾姆十二日電】海通社訪員林德曼報導：瑞典輿論對於蘇聯在卡累利亞地峽發動攻勢之目的的反應，很爲奇怪。他們的反應或者能最恰當的描寫爲驚奇與苦惱的混合物。但另一方面可淸楚看見斯托哥爾姆報紙對這事持極大保留態度。它們將蘇聯發動攻勢的消息，放在過去大標題的攻歐消息的前面。但對此事幾乎沒有評論，至今讀者想知道關於芬蘭事件的意見都失望了。主要的原因或者是因爲蘇聯攻勢的消息實出乎斯托哥爾姆意料之外的原故。不然便是有這種趨勢，認爲蘇聯的攻勢，政治動機多於軍事動機。

## 美輿論界論戴高樂赴美事

【海通社斯托哥爾姆十二日電】瑞典訪員由紐約來訊稱：戴高樂行將訪問華盛頓一事已引起美國報紙熱烈辯論，表明美國行政機關的態度並不爲公共輿論所贊同，批評者當中特注意的有前國務卿威爾斯及著名政論家瓦爾特・立波曼。他們兩人均以爲戴高樂與波蘭流亡政府總理米科拉茲柯之訪問華盛頓（按米氏日前赴美，據斯退丁紐斯稱，僅與美國交換歐洲問題的意見，英蘇兩方已獲通知。）證明：僅僅大國家不能確定地調整歐洲的情況，而要依靠其歐洲盟邦的合作。威爾斯甚至說：沒有法國與波蘭不能解決歐洲的重大問題。立波曼幾乎也用同樣的話說：沒有法國，西歐就不能有所決定，繼稱：可以遺憾的：是盟國顯然沒有從意大利事件中取得經驗，迎接歐戰的結束可能正像迎接墨索里尼的垮台一樣毫無準備。

【海通社蘇黎世十二日電】新蘇黎世日報倫敦訊：波諾米政府在羅馬仍爲戰區時，將選定薩勒諾爲政府暫時所在地。

## 同盟社所傳第二戰場概況

【同盟社柏林十二日電】據前線報導：同盟軍的橋頭堡壘，在最近一二日內有若干的擴大，這的確是一個事實，其擴大的地方是在沿海岸細長的地帶，未出塞納灣同盟軍的艦砲射程之外，德軍十三日從加昂坦撤退，這一撤退與其說是同盟軍地上部隊的壓力，不如說是要避免同盟軍艦砲的射擊，德軍最著名的機動戰名將羅麥爾元帥，一方面牽制住同盟軍，並將戰線移至艦砲射程圈外，巧妙的展開兵力，以待一舉殲滅同盟軍，據德軍當局聲明，同盟軍現在的兵力，計登陸軍十八個師、空運部隊三個師，大約四十萬人，佔領了從克恩地區西經榮利、巴依歐、依西尼、加昂坦、厄格利斯到沃羅尼的地域，現在尚未形成明確的戰線。同盟軍現仍留在五公里的正面展開一個師的兵力。同盟軍要逐漸擴大橋頭堡壘，但是沒有足以運用大軍作戰的立足點，又沒有卸下重武器所必要的港灣，因此現在不可能展開大規模的攻勢。因此，同盟軍首先要奪取扼着科坦丁半島咽喉部瑟堡港灣後，才進第二階段作戰。如觀察反軸心軍的配備，那末，維爾河東岸地區主要的是英軍，該河西岸及北岸地區，則爲美軍。現在空運部隊受最大的損失。英第六、第八十二、第一百零一共三個空運師已經喪失戰鬥力，聽說蒙哥馬利已增派英第一空運師團至前綫，彌補其損失的兵力。

【同盟社東京十三日電】同盟軍在法國北部登陸以來，已經過了一禮拜，艾森豪威爾利用空運與水上運輸，計有四個軍團二十個師團登陸。現仍繼續增強兵力，但其八個師團已被德軍擊潰，空運部隊大半亦被消滅。敵人的橋頭堡壘有或多或少的擴大，但敵人的進攻遲遲不前，其損失亦極重大，決定生死的權利是掌握在倫斯特德將軍手中。此次歐洲進攻作戰所以能夠促成的最大原因，第一就是政治能左右統帥，此即在同盟軍方面，從單純的軍事觀點看來，登陸作戰時期尙早，此點他們是有充分的認識，其所以現在登陸的原因，對外是有德黑蘭會議時與蘇聯的約束，對內是英國內部形勢的緊迫、羅斯福的四屆總統選舉，美國輿論等所促成。因此艾森豪威爾，雖有充分名充實準備，但是懼損失人力，故不可能採取堅決的戰略，使戰局遲遲不前。第二個原因就是過大的相信同盟軍的空軍力量，此次的登陸作戰從一方面來說，它是同盟軍空軍對德地上部隊的作戰，在今天空軍發展的階段中，如果說海上決戰還未到達陸上決戰那樣程度，而艾森豪威爾竟敢出此一着則誠屬錯誤。

## 塞托紐斯說
## 盟軍竭力切斷科坦丁瓶頸

〔海通社柏林十二日電〕海通社軍事訪員塞托紐斯報導：諾曼第半島東邊登陸地方與加隴瓦多沿岸登陸地方會合爲相當長的，但並不深的總橋頭堡壘之後，敵人刻正以巨大努力要同時在許多地點擴大橋頭堡壘。第一，首先試圖佔領整個科坦丁半島及瑟堡的港口。三方向的進攻可辨別如下：一是由聖•麥爾•厄格利斯地區直向瑟堡，這方向極其強烈的進攻已於星期六在瑟堡——皮卡維爾沿綫被擊退。美軍遭受慘重傷亡，但未能有所進展。二是由厄格利斯向西挺進的美軍並不能獲得值得一提的進展。第三是由依西尼地區及其北面挺進的偵鋒部隊正在進攻加昂坦城。此外，此部隊顯然企圖在鄰近拉塞那方向往前推展，於加昂坦之瓶頸切斷該半島。然而敵軍還沒有達此目的即遇德軍最猛烈的抵抗。第二，形成盟軍攻歐前綫左翼之英第二軍，在它與美軍會合及經大批新援軍登陸之後，又將其進攻焦點轉至巴依歐西南與南面地區。英第二軍到底是向聖洛——固坦斯方向移動以協助意圖切斷諾曼第半島之美軍的前進呢，抑或是試圖獲得某些進展以擴大橋頭堡壘，要看今後的發展。無論如何，德軍業已於極猛烈的戰鬥中挫敗敵人向巴依歐以南與西南擴展的企圖。是役若干村莊曾經迭次易手，但最終仍爲德軍所佔有。此間，英軍又遭受極重大損失，克恩以北情況無變化。奧倫河以東，敵人再度企圖想從西岸進攻以援救英空運師團的殘部。他們已告失敗。在布維爾內地登陸之敵空運部隊大部份已被殲滅。

〔海通社柏林十二日電〕海通社自有權威界人士獲悉，星期一午前強大美軍在加昂坦與依西尼間之頗爲狹小的地面上，進行攻擊，其目的在切斷諾曼第半島，此是於佔領加昂坦和在維爾河東岸建立小的橋頭堡壘後進行的。爲欲持這未達到其戰略目的（切斷瑟堡半島）的進攻，美軍力將其正向北面方向向瑟堡活動的坦克從蒙特堡撤下來，投到維爾陣綫內作戰。聖洛城現已開始顯露爲敵人進攻的新目標。聖洛城位於維爾河中游，盟軍想從這裏努力向西面方向向諾曼第半島西部海岸推進。但尚未說到有大的戰鬥……聖洛城外，德軍以很少兵力……扼守掩護砲火陣地。塞納灣南邊克恩與布勒特維爾之間，英軍指揮部於星期一投入強大坦克部隊於戰鬥中，俾其橋頭堡壘向內地擴展。迄今英軍尚是在其巨艦大砲火力屏障的保護之下的。

## 同盟社說
## 倫斯特德躊躇不定

〔同盟社蘇黎世二日電〕諾曼第的戰鬥，時時刻刻在激化中，但仍帶流動性質，德軍司令部發表：蒙哥馬利又得到增援部隊，以克恩、巴依歐爲中心的英軍橋頭堡壘與聖•麥爾•厄格利斯爲中心。科坦丁東岸的美軍橋頭堡壘，業已取得連絡，但德防禦軍或反軸心進攻軍保證最後成功的決定戰鬥，尚未展開。關此，蘇黎世日報之柏林訪員，曾報導如下：德軍的反擊措置因：第一，倫斯特德元帥還不能輕下決斷，諾曼第是否爲反軸心軍唯一最大的進攻目標；第二，有粉碎諾曼第所受威脅之使命的德國預備軍，目下正在趕赴戰場途中，尚未××。德方認爲：除特別部隊外，反軸心軍在諾曼第登陸的兵力，有十七個師到十八個師的樣子，只不過是艾森豪威爾集結於英國本土的整個兵力的四分之一，此次作戰（企圖將德國國防軍擠出德國國內）的基地，顯然不僅是諾曼第橋頭堡壘。因此艾森豪威爾再次發動大規模登陸作戰的可能性頗大，預料德軍將誘引反軸心軍的總兵力登歐洲本土後，將抓住其最脆弱處，一舉展開殲滅的大反擊作戰。

## 中立國駐英記者
## 被禁止參加記者招待會

〔海通社斯托哥爾姆七日電〕在倫敦的很多中立國訪員，至今尚未從官方方面聽到關於攻歐的消息。『阿富頓』報倫敦訪員稱：英國情報部星期二早晨七點半舉行的關於第一次攻歐的會議，有兩個身體很強壯的美國警察守着會場門口，只讓官方認可的軍事訪員進去；將來也禁止中立國訪員參加大的會議。『哥德堡商報』倫敦訪員稱：現在只允許中立國訪員從英國軍官方面獲得關於入侵的消息，藉以防止美國軍官因與他們接近而受他們的影響。訪員繼稱：美國軍事警察拿着裝有實彈的手槍，站在會場入口處。

# 參攷消息

（只供參考）
第四五五號
解放日報 新華社 編
今日出版一張
卅三年六月十五日
星期四


## 敵寇報導中太平洋美軍攻勢

【同盟社東京十四日電】敵機動部隊復出現於馬里亞納羣島附近，向我中部太平洋戰略圈反復其強硬的進攻。敵機動部隊於六月十一日復出現於馬紹爾羣島東方海面，從該日午後至十三日午前，向我塞班、狄寧、關島、羅特島根據地進攻。十二日以艦砲射擊狄寧，我守備隊及陸海空一體，堵擊來襲之敵，擊沉敵艦一艘，擊落敵機一百廿一架以上，擊毀三架。敵機於十一日反復襲塞班及狄寧，經我低空砲火射擊，擊落敵機廿架，又我航空部隊於空戰中，擊落敵機四架，擊毀三架。繼之十二日敵機反復襲擊關島、狄寧、塞班，經我猛烈砲火射擊，在關島擊落三十二架，在狄寧擊落十六架，在塞班擊落十五架，在羅特擊落七架。十三日敵機復襲塞班，擊落七架。僅在三日之內，即擊落擊毀敵機一百廿四架之上，此外我機並擊沉敵艦一艘，我方的損失則寡不足道，敵機今後恐仍有不逞企圖，我方正嚴陣以待。

## 同盟社稱西歐將展開大決戰

【同盟社柏林十三日電】北法戰局到了反軸心軍侵入作戰的第八天（十三日），由於德軍反擊力量的增大，戰綫沒有重大變化。反軸心軍攻擊前進的力量已達到飽和點。戰綫沒有很大的移動，但是各地的戰鬥仍極激烈，特別在克恩西方地區、科坦丁半島蒙特緊地區，彼我展開猛烈的攻防戰。在過去廿四小時內爲了爭奪這個地區的一個地點，曾展開數次的激戰，敵我互相易手者達數次之多。戰綫陷於停頓狀態，只是行將到來的大決戰前的暫時現象。德軍增大兵力，而反軸心國亦不斷使增援部隊登陸，並鞏固橋頭堡壘，拚命準備進行新攻勢。德方亦認爲這樣的情勢表示在最近數日內將進行足以決定反軸心軍侵入作戰之歸趨的一大決戰。

【同盟社柏林十三日電】過去一星期進行激戰的諾曼第平原的戰事到了十三日以後即進入沉寂狀態。反軸心軍的橋頭堡壘由奧倫河西岸至西北的蒙特堡，長度爲一百公里，深度爲廿公里，投入的兵力爲卅個師七十五萬人（電文恐有誤）。現在的戰局隨着序戰階段的結束，反軸心軍整備橋頭堡壘，而德軍亦部署兵力，因此戰爭將進入第二階段即正式的決戰階段。德軍將在反軸心軍艦砲射程以外的地方，選擇最好的時機和最適當的地形與反軸心軍進行一大決戰。另一方面，十三日德軍當局指出今後反軸心軍作戰的目標如下：（一）奪取克恩。（二）向西南擴大維爾河口的橋頭堡壘。（三）向蒙特堡、賁尼維爾進行『突破作戰』。

【同盟社柏林十三日電】據前綫消息，克恩城西方的美軍爲了威脅德軍後方，遂於十二日拂曉使用重坦克及超重坦克由歐德留及布勒特維爾開始攻擊南方的德軍陣地，展開一大坦克戰。美軍雖有大砲及戰鬥機、轟炸機的掩護，但德軍仍奮勇作戰，十二日上午僅在歐特留地區即擊燬美坦克十八輛。美軍終于進行攻勢，而其結果損失重坦克，超重坦克五十九輛後立即敗退。因此無法對克恩東方的德軍進行迂迴作戰。

【海通社柏林十三日電】星期二中午此間軍方發言人稱，過去廿四小時中入侵戰區全綫無變化。發言人又稱，敵軍在少數地區突破並未改變此種情況。敵軍已有新的部隊登陸並正竭力欲擴展其橋頭堡壘但無顯著成功。被圍於奧倫河以東森林中的英軍一師仍在被圍中。此處英軍竭力欲向東前進。提及蒙哥馬利將軍所說大西洋壁壘上德方根據地守軍中發現女狙擊兵一事，軍方發言人否認此點，並申言德國陸軍中並無女狙擊兵。發言人稱，這個問題可能爲敵人在德守軍中看到有婦女新聞助理員，但這些助理員並非屬於任何部分的作戰部隊。詢及關於敵方使用新武器問題，軍方發言人答稱，至今爲止，敵所用的「新武器」僅爲「火箭爆炸彈」及「火箭炸彈」。這種「新武器」並未出乎德軍指揮部意料之外，因爲這些所謂新武器過去已曾小規模地使用過。而且火箭所產生的效力較普通軍火並不大多少。

【同盟社斯托哥爾姆十三日電】反軸心軍關於攻歐作戰中的損失，極爲祕密不宣，但據英國各報聯合訪員之報導：英軍在瑟堡半島的登陸作戰中，蒙受巨傷。遺棄屍體僅運至海濱的，即有七百五十具，其他（缺）俱漂流海中。

【同盟社柏林十三日電】據德軍當局發表：德軍十二日在克恩西方戰場，擊毀反軸心軍重坦克、超重坦克共五十九輛。

【同盟社柏林十三日電】據前綫消息：降落於奧倫河東方保阿、遼、巴凡地區布勒淮爾東南的英國空運部隊一個聯隊到了十三日完全被殲滅。只有數人未死亡，但是他們已成爲德軍的俘虜。九日在科坦丁半島東北端聖．瓦斯托地域登陸的美國有力的空運部隊獲得海上的增援後，欲進迫瑟堡。但德軍果敢地攻擊之，到了十二日夜已被殲滅。聖．瓦斯托——科斯略維爾之間已無敵踪。

【同盟社柏林十三日電】據納灣一帶的德軍沿岸砲台，從登陸作戰開始以來，獲得極大戰果，十三日德軍當局發表下列聲明：科坦丁半島東岸的各地砲台，不斷的與同盟軍相互還擊，砲擊的主要目標是靠近海岸的敵登陸艦艇與護衛艦隊，在護衛船隊之中，經常有敵戰艦，據入以三十八公糎及四十公糎的巨砲，企圖摧毀德軍沿岸砲台，但卒遭失敗，德軍沿岸砲台在海上擊沉巡洋艦一艘，驅逐艦四艘，巨型運輸艦二艘，登陸用船隻甚多。此外並參加陸上戰鬥。特別在坦克戰中予友軍以有效的援助。

## 意共產黨員古洛任新閣農業部長

【海通社柏林九日電】新的意大利總理波諾米爲威廉街稱爲意大利的克倫斯基。已參格里亞的退休，就他個人而論，確是突如其來的。但他已完成他的責任，現在必須退休。在廿年前政治時代的年老先生們中（他們現在是波諾米內閣的閣員），塔格里亞蒂似爲最強有力的一個。發言人指出：社會民主黨黨員的波諾米是御官的傳達者，因爲他是意王的堂兄弟。雖然有此事實，但新內閣不向國王宣誓，而向意大利宣誓。據威廉街意見，共產黨員的成爲農業部長，使他的黨取得了重要的地位，因爲農業（尤其在南意大利）起着特別重要的作用。發言人指出共產黨員古洛完將使他自己的農業部變成集體農場部。

## 德黑蘭會議餘聞

【本報訊】德黑蘭會議的許多故事，在與會人員安然返國以後，一點點的透露出來：

據美國紐約時代週刊載稱：「在總統（指羅斯福——編者）這一些人員到達德黑蘭的那一天晚上，蘇聯外長莫洛托夫會打電話給哈立曼大使（美駐蘇大使——編者），告訴他蘇聯國家政治保衛局已破獲了德國行刺羅邱斯三巨頭的陰謀，他建議羅斯福總統從美國大使館搬到蘇聯大使館去住。羅斯福第二天就照辦了。邱吉爾則留在蘇聯大使館對面的英國大使館中。」

據紐約時報說，德黑蘭三巨頭會議時所用的桌子是事前預定造的，是一張圓桌，桌面直徑十呎，無論羅邱斯怎樣坐法，都不分高下。

華盛頓外交界最近流行一段有趣的故事，據說，德黑蘭會議時，羅斯福與邱吉爾兩人會談論到邀請教皇參加戰後的和平協議的可能性。斯大林在旁不作聲。最後，羅斯福直率地問斯大林：「元帥先生，你對於可能性的看法怎樣？」斯大林似乎是回答問題，也似乎發問，他說：「教皇有幾個師團啊？」於是這個問題的討論就沒有下文了。

# 參攷消息

（只供參考）

第四五六號

解放日報 新華社 編

今日出版一張

卅三年六月

十六日

五月×


## 敵稱在靈寶先制攻擊 擊潰第八戰區六個師

【同盟社東京十五日電】河南前綫佐藤正岡報導班員發。重慶當局在此次河南作戰中，對我精銳各部隊的迅速勇敢西進，非常狼狽，深懼我軍突破陝豫省境，遂動員第一戰區殘敗部隊及第八戰區軍約十六個師，匆忙的構築保衛省境的防綫。另一方面，並企圖向我最前綫反擊，逐漸使兵力東進。對此我有力部隊制敵反擊之機先，於六月五日在秦嶺山脈一帶開始殲滅敵人的戰鬥，經數日內激戰，第一戰區殘敗部隊當不待言，即號稱精銳的第八戰區（包括兩個集團軍共十六個師）亦遭體無完膚的打擊。此即我精銳各部隊知悉敵人反攻之動向時，即在靈寶西南方的秦嶺山脈北部一帶準備進攻敵人的體勢，五日即以大部隊開始先制攻擊。沿秦嶺山脈連貫南北的數條山系，而且全山是台階式的形狀。我軍在惡劣的條件下，完全突破敵人陣地，擊潰被第八戰區軍督戰下的第一戰區內約十個師，繼續猛攻第八戰區王懷卓所指揮的第一軍與鄭德×所指揮的第五十七軍約六個師。敵人在我一擊之下，立即陷入潰滅狀態，並迅速潰走。我軍正追擊殘敵，着着擴大戰果。

【同盟社洛陽十二日電】洛陽為我軍攻克後，已經阻斷了向西安進軍的道路，使重慶當局狼狽不堪，同時直接暴露在我軍的威脅下。胡宗南很快的加強西安的防衛，將其指揮下的部隊調至潼關一綫集中。另一方面在河南作戰中遭受致命打擊的湯恩伯，為了收拾自己的殘敗部隊，活動於嵩縣周圍，並令其副參謀長劉×終整頓部隊，並向蔣介石要求×××嵩縣，企圖進行反攻。第一戰區司令蔣鼎文，仍×避免與湯恩伯合作，在我追擊部隊進攻下已完全被我破壞，現正在盧氏×整理。因洛陽陷落為一轉機，河南戰綫的精銳部隊，正毫不懈怠的監視敵人的新動向，並警備義綫。

## 張平羣答記者 胡宗南軍担任豫陝邊防務 足證外傳胡軍包圍陝北之失實

【中央社渝十四日電】外國記者招待會十四日舉行，梁部長寒操、吳次長國楨、張參事平羣出席主持。詢以中國戰局最近概況若何，美方至為關心，可否見告？張參事答稱：本週國內戰場一般情況，仍屬緊張，但我方正在各綫竭力抗禦。長沙方面，我久經戰役之部隊，已表現優良之作戰精神，準備與敵苦鬥，當能完成其光榮任務。日寇近增調援軍加入湘北前綫，聞該區敵已共達九個半師團，此則不可忽視，本來一場惡戰，當在意中。至豫西敵軍是否將從靈寶西進一問題，吾人之回答，為敵軍倘能有此力量，殆必更欲前進。日寇抱向存征服中國與征服世界之幻想，倘能推進，敵無不進。我方阻止靈寶區域之敵軍，早有周密之防備。胡宗南將軍所部，即參加擔任此項任務，此又足證外傳胡軍所部閒置陝北之失實。近日各方均注視盟軍在歐登陸，吾人應喚起各方注意中美軍奇襲密芝那及我軍克復龍陵之重要性，此一區域戰爭勝利，將使中印公路早日打通，大量軍需及物資得由輸入。過去此一邦因缺乏運輸，致不克充分援濟吾人之情形將不存在。反擊敵人新攻勢的劇烈戰爭，如何發展，固難預料，戰區或更擴大，時間或更長久，但日寇此攻一城，彼攻一鎮，縱有一時之快意，其妄圖摧毀吾國，必歸失敗。蔣委員長過去已領導全國渡過困難，仍希盟邦多派飛機，加強運輸，增加我自衛之必需接濟。

## 偽中華日報社論 日寇並不把重慶當做敵人 促重慶深刻的反省

【同盟社上海十四日電】大陸西歐兩方面的反軸心軍諸戰，重慶亦宣傳世界大戰局有利的開展。此間（重慶）國府機關報（中華日報）其社論中指出反軸心軍登陸後的作戰，是英美最後的殲滅戰。特別強調日本在太平洋及大陸的作戰，並不是以重慶當做敵人，而是企圖打倒美英。並且督促重慶反省，使其作為東亞民族而更生。該社論要旨如下：日耳曼民族與盎格魯薩克遜民族在諾曼第半島進行的一大決戰，和東亞民族與盎格魯薩克遜民族在東亞決一雌雄是一樣的。印緬戰綫的美英軍，有被日軍殲滅的危險。而太平洋的反攻，亦無若干的進展。盎格魯薩克遜在諾曼第半島同樣的也要被德軍消滅。日德兩國的使命，在於擊滅反軸心軍，破壞舊秩序，建設以正義與皇道為標準的新秩序。德軍在東部戰綫採取機動的戰法以及由意大利南部撤退，是爲了保存實力，應付今日的情勢。我們信賴自己的力量，相信英美能在歐洲被徹底粉碎。在太平洋及大陸戰綫，由今日各戰綫的戰况看來，日本的前途無疑的要粉碎反軸心軍。現在日本已攻陷洛陽，而且正在逼迫長沙。日軍不是把重慶當做敵人，而是把美英當做敵人。美英爲了保護自己的利益，使重慶對日作戰，如果能夠認識這個事實以及日本已實行的對華新政策，那末重慶也會深刻的加以反省。我們所希望的，就是重慶作爲亞細亞民族的一員，早日實現全面和平，與亞洲民族大同團結，打倒共同的敵人——美英。我們相信如果東西兩方面能夠互相呼應，驅逐美英的勢力，那末世界的和平，即可迅速實現。

## 納粹宣傳矛盾百出

### 一說蒙哥馬利兵力不夠

### 一說盟軍將在他處登陸

「海通社柏林十五日電」海通社海軍訪員報導：據我看來，能預期到的盟軍進一步的大規模登陸，頂有可能在法國北岸，加萊附近海面，希爾德特與西爾德蘭間的荷蘭海岸及有科西嘉作爲根據地的法國南部海岸進行。自然，這只是從海軍的觀點來看的，且與陸戰有密切關係。到底陸戰的種種原因及政治上的種種考慮怎樣迫使盟軍選擇另一地帶登陸，還需看將來的事實。諸登陸經驗將有助於選擇以資利用的登陸地區。根據這些經驗，本國的根據地一定要儘可能近，以便使登陸與供應路綫儘量短，以便不會因爲目標處來回的長距離飛行，限制了轟炸機的效用，同時保證有短距離戰鬥機的有力護送。選擇的登陸地區應包括有適用的海港，這種海港如果在最初進攻時不能佔領的話，登陸後很快便會佔領。這些海港，必須儘可能避免敵人在淺海使用潛水艇，必須允許各種式樣的艦艇可能從海上予以有效的轟擊，以便掩護登陸與毀擊海岸防禦工事，且最後它們必須具有只能通航的淺水的適宜登陸海岸。提出關於下次入侵登陸的問題，也許太早了，因爲自第一次在諾曼第大規模的登陸以來，才一個多禮拜，尚無法談到「英國歷史上最大的危險行動」底這階段有何結果。但艾森豪威爾不能在適於登陸的短短的夏季裏等待很久，因爲將來的時間將太短了。

「同盟社柏林十四日電」根據德軍收入之文件及其他，如反軸心軍前綫司令蒙哥馬利的意圖是最初以十個師至十二個師的兵力，在塞納灣確保橋頭堡壘，控制哈佛爾、瑟堡兩港，以剩餘之二十一個師至二十三個師登陸。但被德軍的防禦所阻，不得不源源增強兵力，手邊的兵力百分之七十五，已投諸戰場，卻又不能奪取登陸所必需的港灣。致力防衛大西洋壁壘第一綫的人軍，或還不是德軍的精銳，此事徵諸這樣的事實即很明顯，即：據云有俄人部隊及其他部隊在奮戰。而蒙哥馬利對此，投入諾曼第半島之兵力中，至少有九個師是在突尼西亞或意大利南部戰綫經驗豐富的反軸心軍精銳，然而一遇到德軍的防衛作戰，即已損失十萬之衆。蒙哥馬利以現在的兵力企圖正規的攻勢是困難的。因此作爲艾森豪威爾的最後辦法，或在企圖驅使剩餘的四十個師，在法國西岸乃至地中海海岸實行登陸，但德軍統帥部早已預期，已將應機完善的體制準備完畢。

「海通社巴黎十四日電」以「新時代」軍事訪員資格撰寫入侵消息的法國曼基奧將軍宣稱：我們必須認爲英美已調到法國來的入侵軍中有七萬人已失掉戰鬥力。將軍在消息中得出結論說：殘餘入侵軍有廿三個師團兵力。他認爲它們的力量尚未強大到足以進行對大陸的進一步的進攻。鑒於入侵軍有遭遇數量與質量均佔優勢的德軍抵抗之可能，曼基奧認爲：入侵軍現必須全體撤退或自英美保持在英國海岸上的後備兵中抽調援軍。可是，這將要使艾森豪威爾在另一地點進攻的計劃遭受混亂之危險。

「海通社阿姆斯特丹十四日電」星期二「世界商務日報」在關於入侵第一週的評論中說：從進攻觀點看來第一週以後入侵戰場的情景使人們發生滿意印象，而且使我們有對未來時間具有謹慎的樂觀心情的理由。該報着重指出：登陸師團中有七個到八個師團已受重創，因此蒙哥馬利必須使用比原來想要使用的更多的後備兵。據該報意見，僅此一端即可認爲是德國防衛者的顯著成功。該報結語稱：一般說來，人們必需說：僅受莫斯科命令進行的入侵現已開始一事，即足以使德軍滿意。

「海通社柏林十四日電」著名的德國陸軍無綫電評論員第特瑪將軍星二晚宣稱：凡是由於海空聯合打擊在大西洋壁壘所打開的缺口，都是在原來就較不重要的地區發生的。這些沒有大港的海岸地區的防務沒有像其他地區那樣強固，英美軍也不像其他地區強大。首先選擇的進攻地點乾脆未爲所動，這些地點（特別是哈佛爾和瑟堡）無疑是敵人想要攻下的。這些地點是對以後盟軍行動的進展具有決定重要性的目標。第特瑪說：蒙哥馬利軍隊的任務是佔領科坦丁半島，鑒於該島向英國海岸方面伸出很長的形勢，特別適於作爲優勢海軍進攻法國內陸的起點。可是，人們也不可忽視：對以強大軍隊爲基礎的防禦部隊說來，在諾曼第半島的底下把這個狹小的島封鎖起來，是並不困難的。

# 參攷消息

（只供參考）
第四五七號
解放日報 新華社 編
今日出版一張
卅三年六月十七日
星期六

## 同盟社供稱：
## 美機襲九洲情形

『同盟社東京十六日電』大本營發表：（六月十六日八時）：本日二時左右，B29與B24二十架左右，來襲北部九洲地方，我制空部隊立予迎擊，擊落敵機數架，將其擊退，我方損失輕微。

『海通社東京十六日電』最近美海軍之進攻馬里亞納，日本各報着重指出，英美入侵的努力並未削弱太平洋美軍的攻勢。相反地——盟軍似乎亦必加强太平洋的活動以配合歐洲作戰。『朝日新聞』着重指出：料法國北部的發展對太平洋攻勢不會有影響。關係日本人的將來的大決戰，必須進行到底，一直到在太平洋獲得勝利。『每日新聞』指出：美國海軍在進攻中雖一再遭受嚴重損失，但並不能使敵人放棄作戰。進攻馬里亞納可能是大規模攻勢的開始。

『同盟社東京十六日電』重慶廣播今晨稱：美國第二十航空隊由中國基地起飛，轟炸東京。這是重慶大撒謊，而事實是對北九洲作偵察性質的小規模的奇襲，我方損失亦極輕微。

『同盟社東京十六日電』安藤內相於今日上午九時半進宮覲見天皇陛下，奏陳今晨敵機轟炸北九洲方面後，我方所受損失的情況，安藤內相對陛下的垂詢，一一奉答後即退出宮庭。

『同盟社東京十六日電』十六日拂曉來襲九洲北部的敵機中，有七架被我擊落，十七日的九京各報將登載在福岡縣若松市所擊落的敵機已完全粉碎的像片及燃燒中的像片，墜落的地方在郊外森林地帶，毀壞到已不像原來的形狀；僅留機體一部，惟美機的記號仍可辨認，附近的樹木亦被燃燒。

『同盟社東京十六日電』十六日晨來襲九洲北部的駐華美空軍隊，配合在法國北部的登陸作戰，顯目號稱『超級空中堡壘』的B．29式數架，企圖轟炸日本時獲得效果，我航空部隊及高射砲隊，對此早有準備，更加官民一致的努力，敵人沒有達到它的目的，來襲之過半數被我擊毀。正如大本營所公佈者，擊落敵機七架擊毀敵機三架，我方損失僅地上部隊六名。我制空部隊軍事設備則毫無損失，由於轟炸而發生的火災亦在轟炸後兩三小時內熄滅，作為敵人主要轟炸目標的福岡縣八幡製鐵廠亦僅有兩名受輕傷，對生產毫無妨礙，而且由於轟炸更使工人燃燒起擊滅敵人的決心。一九四二年四月十八日敵空襲之後，日本國民即進入防空生活。儘管敵人是夜間轟炸，但日本國民表現了『來就來吧』的必勝決心與信念，我軍官民一齊建立的防空體制，已向依靠物質的敵人發揮了優良的威力。

『同盟社東京十六日電』大本營發表（六月十六日十四時）。直至現在敵機襲擊九洲北部的情況，已判明者有如下列：（一）予敵之損失，擊落七架，擊毀三架。（二）我方損失地上部隊陣亡數名，制空部隊及軍事設備幾無損失。（三）由轟炸所引起的火災，至十六日上午五時已全部熄滅。

## 芬軍宣稱：
## 卡累利亞繼續激戰

『同盟社柏林十五日電』據蘇聯辛基電：芬蘭軍十五日公佈：（一）在卡累利亞地峽，紅軍以全力繼續攻擊，兩軍之間不斷展開激戰，紅軍投入的有力戰車部隊及空軍，均被擊退，芬蘭軍擊毀紅軍戰車十九輛，（二）在克部台爾塞爾克突入芬蘭軍陣地。

『海通社柏林十六日電』軍事訪員退職上校奧倫堡報導：在卡累利亞的攻勢中，蘇軍在其開始進攻時曾在西部地區突破芬軍最前的防綫，而現在已停止在通搭雅戈奇以北的山地區域。此證明不僅芬軍的抵抗大為鞏固，而且證明了在德國建議下建築的梯形芬軍防禦系統經得起考驗。無論如何蘇軍指揮部不得不投入大量後備軍，以克服蘇軍一再遇到的來自很好偽裝的強大據點內之頑強抵抗。這些在掃蕩戰鬥過程中因經偽裝未被認出來的強大據點，完全出乎敵人意料之外在敵後再度活躍起來，予敵以極嚴重的損失。敵人的整個攻勢在目前顯得已成為分別孤立的戰鬥了。據芬軍報告密集部隊的進攻僅在凡默爾蘇及奇雅納巴之西部區域進行，而且已被擊退。戰鬥的主要重量係在尼拉瑪附近，敵人進攻皆被擊退。芬軍部隊此次能挫敗敵人進攻，顯示芬軍日益增強的抵抗決心。以安納新[illegible]峽的情勢看來，亦證明國標的結論。該地蘇軍僅以小部隊進攻數地，企圖越過斯維爾向前推進。蘇軍這一切試驗性的企圖皆爲芬軍很容易的擊敗了。這個印象證明蘇軍攻勢（如果眞是一個攻勢的話），不是以巨大力量發動的，而或者首先是政治性質的。據說敵人僅使用三個師團，以及芬軍戰報所估計的敵人損失約千人，這兩個事實，顯示敵人正在進行的反對芬軍第二道防綫的具有試驗性企圖的戰鬥，將以最大的頑强繼續着。從德軍整個東綫傳來的消息說蘇軍在許多防綫上未進行大規模的偵察。從空軍偵察的結果中顯示蘇軍指揮部已於終止了後備軍的展開，及集中軍隊於我們預計其將來發動進攻的地區。

## 一　敵酋東條：攻勢移轉論的動向

【同盟社東京十五日電】東條軍需省大臣於十四日之全國軍需管理部長會議上，發表訓辭，强調在東亞及歐洲攻勢移轉的動向已經開始，相信最後勝利必歸於那些相信自己而且抱着强靱的攻擊精神進行搏鬥的人們。他促國民奮起，其訓辭要旨如下：現在我們待望的在大東亞及歐洲轉爲攻勢的戰機，已經開始了。皇軍在很多時間內不斷的容忍，積蓄力量等待時機的到來，現在皇軍已開始痛擊强蠻的英美；在中國大陸上，繼平漢綫的迅速果敢作戰之後，現又在湖南展開大規模攻勢；緬印邊境，我軍會制敵機先開始的作戰，現仍繼續進行。處此我軍在東亞各方面進行新攻勢的情形下，敵人的動長亦不可輕視，今後的戰局當會更加激烈，另一方面英美所說的第二戰場已經開闢，德軍自信能應付今日的情勢，敵人正在歐洲發揮它的威力。在此種緊迫的形勢下，獲得最後勝利的道路只有相信自己的力量，用强靱的精神奮鬥：亦就是發揮我皇國國民所具有必勝的力量，堅決的戰鬥到底。在這一時候，直接參加軍需部門工作的我們，應在必勝的信念下毫不鬆懈的傾其余力迅速增强戰力。

## 二　敵機襲我遂川空軍基地

【同盟社東京十五日電】六月十五日十六時三十分大本營公佈：中國方面的我航空部隊，連日協助陸上部隊作戰，同時積極攻擊在華美空軍，從六月一日至十二日，收到的綜合戰果如下：擊落廿一架（就中五架未證實），焚毀五十四架，擊毀六十八架，合計一百四十三架。又擊毀滿載等需品的艦舟艇八十八艘。我方損失飛機八架。

【同盟社中國大陸前綫十五日電】十一日，我航空部隊空襲遂川時，曾擊毀敵機××架（電碼不明）以上。遂川飛機場，與湖南的衡陽，同爲在華美空軍的重要作戰根據地。遂川的　鬥機隊，可以說是在華美空軍最精銳的一隊，出擊的機種，有火箭式P38，北美式P51等，估美國精銳戰鬥機的大半。駕駛員亦均爲美國人。美國精銳戰鬥機與駕駛人員，大量集中在遂川這一實事，說明了敵人對於遂川的重視。敵企圖以遂川掩護距日本最近的福建省建甌、江西省玉山，空襲我國本土。同時據此直接轟炸台灣及東中國海、長江方面的我國船舶。又最近不斷運到超重轟炸B29式機，進行轟炸日本本部的準備。最近我地上部隊進攻第五戰區後，敵更積極利用遂川飛機場，阻止我部隊前進，因而我航空部隊，乃痛擊該地，一方面掩護我地上部隊的進攻，一方面加強了我本國的防衛。

【同盟社大陸前綫十三日電】參加此次河南作戰的在華美空軍，由於我陸空軍密切合作的聯合攻擊，已無法盜動。洛陽失守後，在華美空軍專門擾亂我軍後方，轟炸黃河鐵橋及我建築物。美空軍出擊的北方中心基地爲西安，而其主力分散於梁山、安康、漢中，其兵力連同戰鬥機、轟炸機在內總共一百餘架。我航空部隊及地上防空部隊擊落敵機的數目逐漸增加。本月二日來襲敵機十一架中被擊落九架。各地都獲得輝煌的戰果。

## 敵僞將領集會開封

【同盟社開封十四日電】根據河南作戰的形勢，研究聯合作戰上的警備問題，華北派遣軍最高司令官岡村寧次大將特於十三日上午十一時在××部隊本部，邀請盟邦將領舉行會談，出席者有第二十四集團軍總司令龐炳勳，豫北剿共軍總司令孫殿英，第二方面軍總司令孫良誠，第二集團軍總司令張嵐峯，河南省省長邵文凱。首由岡村最高指揮官對中國軍隊的協助，特別是中國國防砲兵隊的精神表示謝意。龐炳勳將軍對此次河南作戰成功致祝詞，並表示中國軍今後更將努力。其後由部隊長就此次河南作戰之戰況及成果加以說明後，即進行懇談，交換佔領區的治安與對共等方策。

【中央社皖北某地十三日電】僞開封綏靖主任孫逆良誠調赴洛陽，僞第二十集團軍總司令張逆嵐峯調駐開封，任僞綏靖主任職。

# 參攷消息

（只供參考）第四五九號

解放日報 新華社 編

今日出版一張

卅三年六月十九日

星期一

## 敵同盟社總結一週戰況

【同盟社東京十八日電】（一）北九洲地方——在華敵美空軍爲配合歐洲第二戰綫，及太平洋方面的戰局於十六日午前二時，對北九州地方，舉行神經戰的游擊空襲，由於我官民的堅強防空陣的奮鬥，擊落擊毀敵機在十架以上，敵軍沒有達到任何目的，愴惶逃走。

（二）中國方面——（地上作戰）河南方面：察知敵反攻動向的我精銳部隊，在靈寶西南方，復又進行攻擊，擊潰第一戰區的殘部及第八戰區的兩個集團軍，約有十六師人。湖南方面：向湖南方面粵漢路東方推進中的我部隊，在長沙東方五十公里瀏陽周圍，一舉擊潰死守該地的第四十四、第二十七、第三十七、第廿、第一百十四各軍，以及從醴陵附近北上增援的第五十八軍；又渡過瀏湯河，從粵漢西面進攻的我部隊，在益陽附近，擊潰敵第九十九軍，故長沙附近之敵，已被我軍從四方加以包圍，展進極爲順利，（空中作戰）我在華空軍部隊，十一日晨進攻遂川，焚毀擊毀三十五架，十二晨急襲恩施及梁山兩飛機場，擊毀十二架，從十一日至十二日在戰場上空擊落敵機三架。

（三）緬甸方面——（地上作戰）科西馬方面之敵爲打通血路，仍在繼續反攻，但均被我軍擊潰，法勒爾方面：敵已呈動搖之色，我軍仍在全面的壓追敵軍中。怒江方面：我軍隨處擊潰雲南軍。

（四）中太平洋方面，有力的敵機動部隊，十一日出現於馬里亞納東方海面，從午後止十三日午前，轟炸塞班、狄寧、大宮等島，十三日更開始艦砲的射擊，我方乃立即加以截擊，擊落敵機一百廿架以上，擊沉敵艦一艘，十五日敵企圖在塞班登陸，我守備乃立即加以壞擊，目前正在激戰中，在登陸前後，敵機動部隊，十五日午後空襲小笠原羣島的琉璜島、父島，敵機十七架被我方擊落。

（五）南太平洋方面——以拜阿克攻防戰爲中心的新幾內亞北部地區的戰鬥，依然非常激烈。我方士氣異常旺盛。（地上作戰）新幾內亞西方面：在特魯河口，敵積極加强陣地，該方面戰鬥非常猛烈，截至六月十一日已判明的戰果，敵遺棄屍體一千五百以上，敵仍不斷增強兵力，企圖擴大其據點。現我軍正在奮鬥中。（空中作戰）：我航空部隊，十二日午前在拜阿克附近海面，擊中敵巡洋艦二艘，十三日轟炸敵陣地，給敵以重大傷害。

## 敵在廣東「清鄉」 謂綏西國軍與我衝突

【同盟社廣東十五日電】廣東周圍地區的第一次清鄉工作，在第一期清鄉地區——東莞、寶安兩縣積極進行中，現在逐漸收到成果。廣東省政府得到國府行政院的認可後，設置廣東省東莞地區清鄉督察員公署，以期猛烈進行該縣各地的清鄉工作。

【同盟社包頭十四日電】由於我軍不斷的討伐，而潛伏於陰山山脈中的重慶雜牌軍隊及共產軍，最近曾發生兩度激戰的事件。即薩拉齊附近某地的重慶地方政權被我討伐隊攻擊，逃入武川北方的山中，而共產軍約一百五十人乘機移駐某地附近，重慶地方政權探知此項消息後，即於五月十日調動三百人襲擊共產軍本部，激戰四小時後將共產軍趕跑。雙方均死傷多數兵員，於是共產軍在別動隊支援下，於五月廿日又襲擊某地，交戰三小時後，共產軍逃入武川北方的山中。此役雙方均傷亡多人。由此可知國共兩黨的下層組織，仍然繼續進行磨擦。

【同盟社張家口十六日電】在蒙疆地區，五月份中我軍的綜合戰果如下：交戰敵兵力蔣系軍九千九百八十七人，共產軍九千八百八十七人。毀蔣系軍事設備一百一十五處，共產軍一百一十五處，俘虜蔣系軍九十二人，共產軍九十人。敵遺棄屍體蔣系軍三百一十三具，共產軍二百八十一具。繳步槍七十四支，輕機槍及自動步槍廿四支，手榴彈一千六百一十五個，其他武器彈藥無數。

## 德記者傳登陸盟軍估計錯誤

【同盟社柏林十五日電】攻隊作戰對於反軸心軍來說，是一賭國運的重大決戰，今後的發展是絕對不容樂觀的。從反軸心軍的立場看來，可說作戰已招致非常大的艱難。根據十五日西尤拉姆上尉由西部戰綫寄給波森日報的報告內容，對現在反軸心軍的作戰加以研討。首先講到反軸心軍選擇現在的登陸地點之原因，顯然可能鞏固××是作戰上最重登□港灣地帶，因之反軸心軍避開這一攻勢，而在塞納灣海岸登陸，以便適對奇襲的效果。該方面的海岸地形，不是海岸過淺，就是峻崖絕壁，因此以普通的步調登陸，是很困難的。反軸心軍照樣運用西西里島的作戰方法，首先以戰艦大砲等，猛射海岸，繼之便乘登陸用舟艇自海上登陸，而使空運部隊降落於德軍第一線的後方，採取強制作戰。此外當然並隨之以猛烈的轟炸。但從降落後方的部隊作戰看來，僅僅降落傘部隊是不夠的，因之曾使用大量的艦艇，以便進行美軍上述各部隊的聯合作戰。各軍的行動能否很好的連絡，可決定全般戰鬥的命運。作戰命令亦不像過去那樣的一般性，甚至每小時向豫診算到的地點指示，數百頁的命令文件，不測而被德軍收去。在此次攻歐作戰開始前——『倫敦電報』曾說明此次進攻作戰的時間，說上午六時開始攻擊，上午十時突破海岸防線，下午四時突破第二道防線，說明反軸心軍的作戰計劃微妙之極。這大概是反軸心軍調查精密的結果。但一碰到實際戰鬥，馬上便不能依預定計劃進行，想今後其計劃似亦不能實現。自然反軸心軍，曾估計到最初的損失相當重大，但空運部隊已遭受半數以上的損失，特別如英國第六空運師團全被殲滅，是未計算在內的。因此當然與計劃發生矛盾。無疑的，美軍在物資的數量方面，曾有充分的準備，但是下列諸點，並未計算在內，即是說：第一，認為歐洲要塞的防禦力非常脆弱，守備隊將因集中轟炸與砲擊及以空運部隊切斷後方後，而沮喪士氣；第二，過低評價德軍的絕對砲火與火力點設施；第三，沒有計算到德國機動部隊，能如此迅速的到達第一線；第四，沒有想到德國小型艦艇的反擊，能予登陸作戰以這樣重大的打擊；第五，沒有預料到德國空軍貯存充分的力量，立即進行反擊。總之，反軸軍第一次動用的武器與兵力確甚龐大，但損失亦隨之而大，就中英國的滑翔機本想於佔領機場後重返英國，並預定數度使用，但是這些滑翔機卻都被毀於戰場，或被……。又登陸用舟艇於使用一次後，幾不能二次使用，這對於以物量相誇的反軸心軍，自是非常影響其今後的作戰。此外，反軸心軍所沒有預料到的，是德國空軍與水雷艦隊能夠繼續猛烈的活動，以至於能夠擊沉×千五百噸的艦船，實在是大大的計算錯誤。最大的錯誤致使登陸第四天還不能攻略瑟堡港。現在反軸心登陸用的港口，從奧倫河河口到貝森約四十公里的海岸綫，共兩三個漁港，又很難卸下大型兵器，在兵器的迅速集結上，亦不能壓倒德軍。而且在艦砲射程外的作戰地點並不能使用重武器，因而難以前進。因此無論如何，反軸心軍必需首先佔領瑟堡港。爲此，英美軍爲分担科坦丁半島的作戰，強擊瑟堡港的背後，以空運部隊着陸，與新嘉坡軍港一樣；攻擊背面殊易陷落，至於由陸路採取攻勢，敵軍自着陸以來，卻只輾轉於麥爾．厄格利斯附近，不能活動。

【同盟社柏林十六日電】德軍當局十六日就德國空軍的綜合戰果，發表如下：德國空軍自進攻作戰以來，十日中共擊沉敵運輸船、貨船二十四艘，合計十七萬六千噸。運輸船，貨船二十五艘（合計十四萬六千噸），蒙受巨創。又德國轟炸機隊與雷擊機隊，擊沉驅逐艦六艘，特種登陸用船二艘、重巡洋艦一艘蒙受巨創。十三艘不能再事戰鬥，另有二艘驅逐艦亦爲中彈，至少有特種登陸用船十五艘，命中炸彈或魚雷。

## 傳『戰爭與工人階級』雜誌稱
## 法國北部登陸不是第二戰場

【同盟社斯托哥爾摩十六日電】蘇聯雜誌『戰爭與工人階級』，從法國北部侵入作戰開始以來，於六月十五日號首次提起同盟軍的作戰問題，對艾森豪威爾的戰略上的誤算痛加批評，並得出諾曼第作戰不是第二戰場的結論。該文要點如下：『意大利作戰正如實際上所表現的，同盟軍固守於消耗戰略。在對德作戰中如不用盡全部力量。則徹底摧毀德軍的戰鬥力是不可能的。新意義的第二戰場，究竟是怎樣一回事，按照蘇聯的理解應當是指走向決戰的序曲。同盟軍現在在諾曼第的作戰，尚不能對德軍的致命的具有重要性的各據點作直接的進攻，因此還不能說接近決戰。如果我們認為進攻歐洲計劃是指決定戰爭的話，則此次作戰僅是上述進攻計劃的一部分。萬一歐洲進攻作戰如與意大利作戰相類似的話，德國很有可能以比較少數的兵力進行防衛，在此種情況下，進攻作戰的主要一部分仍將放在蘇聯前線上。我們要求大規模的進攻作戰，這就是說要向對德軍具有致命重要性的各據點，用大軍實行決定性的進攻，除此以外的一切作戰只有便利於德國。』

## 芬撤回駐美公使

【同盟社里斯本十六日電】駐華盛頓之芬蘭公使雅浦路科普，十六日因返國事已向美國務院領得護照，數週內將偕館員及其家屬離美國返國。

參攷消息
（只供參考）
第四〇六號
解放日報 新華社 編
今日出版二張
卅三年六月二十日
星期二

## 敵稱胡宗南部望風而逃
## 被衝垮十幾個師

【同盟社河南前綫十九日電】完全爲連續敗戰所急瘋的蔣介石，現又喪失其精銳的第八戰區軍十餘個師，並使防衛中共的胡宗南軍抵擋我軍進攻的矛頭，自行招致嚴重的危機。在此次河南作戰中出於我之猛烈進擊，使敵第一戰區軍瀕於潰滅。當此之時，狼狽的蔣介石遂飛往西安，使始終旁觀的第八戰區軍東進急援，但此等第八戰區軍見到第一戰區軍的慘敗，不僅無絲毫積極的行動，反而拋棄第一戰區軍敗殘部隊於正面，自己則轉至其背後，担任督戰，迴避我之進擊，但第一戰區軍被我徹底殲滅後，胡宗南軍在我不間斷的猛戰中，完全不能抵抗，很輕易的即演成被殲的悲劇，這樣，第八戰區軍本作爲督戰的預備軍而出動的，但完全看不到預期的精銳精神，此事充分說明胡宗南軍作戰指導的拙劣與重慶軍內部的分散（由於重慶軍內部的矛盾對立所致）所引起的戰力低下。另方面又不得不給中共築軍（中共暗地歡迎重慶軍的敗戰，尋找擴充地盤的機會）以香餌。這和我軍在全地區進行激烈的進攻作戰，似乎更加深重慶的苦惱，我精銳部隊不問其爲何軍，凡蠢動之敵，皆使其一兵不漏。現我士氣更加旺盛，目下正冒着超過一百三十度的炎熱擴大戰果中。

【同盟社洛陽十九日電】在第一戰區的根據地洛陽失陷時，戰區司令長官蔣鼎文向隴海綫上的靈寶南方逃竄。副司令長官湯恩伯向盧氏西方逃竄，其後湯恩伯整理殘部企圖奪回嵩縣，六月上旬以第二十九軍及第十五軍的敗殘部隊約一萬人，活動於嵩縣西南地區，此一企圖爲我精銳部隊知悉後，本月六日向敵人猛攻，粉碎敵人陣地，敵遺棄屍體七百五十具，俘虜五十人，繳獲重機槍四挺，輕機槍八挺，步槍一百二十八枝，敵之反攻企圖，即被逐粉碎。湯恩伯並不爲創傷所屈服，仍準備奪回洛陽，轉用第十五軍指揮下的第六十五師，第四師，暫編第十六師約八千人於該方面，再度顯示了反攻的形勢對我軍。在十二日拂曉，發動猛攻，是役敵遺棄屍體二百具，俘虜一百五十人，繳獲重機槍三挺，輕機槍六挺，步槍三十枝，敵人從嵩縣的反攻企圖已經挫折，敵人動向我正監視中。

【同盟社怒江前綫十七日電】重慶雲南遠征軍在怒江前綫，由於我精銳部隊的攻擊，已喪失五千餘將士與大批武器，但敵毫不知悔，再次開始繼攻，然而出於我鐵壁的敵陣與光明的作戰，到處被我擊潰，即是說，敵爲奪回龍陵，以二個師之衆來襲，我軍立予迎擊，使其潰向東方。此外對來攻橋頭街附近之敵數百，亦予以徹底的打擊。業已確認者計有：擊斃敵二百三十三具，鹵獲迫擊機、重機關槍、自動步槍及其他甚多。又於十四日正午，我有力部隊對來襲江苴街之敵，予以猛烈的砲擊，山砲、野砲等全被破壞，敵之企圖全被粉碎。密芝那方面之敵（企圖奪還北部緬甸），亦因我精銳部隊之邀擊而蒙受巨創。截至十二日止，敵遺屍即達二千五百具之多。

## 敵向長沙守軍勸降

【同盟社湖南前綫十九日電】我鐵壁的包圍圈，可制長沙的死命。我精銳部隊開始對敵第四軍（按第四軍爲歐震部）進行殲滅戰之前，於十七日以來，決心勸告城內的敵人停戰，並由飛機散佈勸告停戰的傳單，俾使長沙避免戰禍，保護許多的史蹟和不傷害無辜的民衆。我軍以前在河南作戰時，爲了使古都洛陽避免戰禍，曾忍受作戰的不利，而現在對長沙又採取了充滿着正義和寬容的措置。

【同盟社大陸前綫十八日電】報導班員電稱：十七日拂曉，我戰鬥機大編隊，轟炸長沙西方岳麓山敵砲兵陣地，立即見到濃烟冲天，湖南大學亦被炸。我機於轟炸後，又以機槍掃射地面，粉碎頑抗的岳麓山，對岸長沙市南端，亦被炸起火，這是長沙失守前夜的姿態，我機完成任務後即安然返防。

【同盟社湖南前綫十九日電】敵第九戰區最大據點長沙完全陷於我重圍內，敵第四軍拚命蠢動，企圖突破包圍圈，天際山（岳麓山的前哨陣地）的敵軍發射各種砲火，阻止我軍的進擊，天際山和岳麓山都是在長沙市外湘江的對岸，高達一百六十七米突，周圍二公里爭的丘陵，形成岳麓山的外圍陣地，金山都是永久的陣地，該處可以俯視由南方攻擊長沙的我軍。因此該山是敵人的戰略重鎮，因此奪取天摩山即可制敵人的死命。我空陸部隊聯合攻擊該山，以便牽制該山。

【同盟社里斯本十九日電】據重慶來電，防衛長沙的重慶軍，已陷入日軍重圍中。蔣介石在十七日的戰況公報中已承認「長沙的守備軍已完全絕望」。重慶當局於十九日上午零時許，在深夜發表公報稱：長沙郊外激戰仍繼續中，現在該市仍在重慶軍手中，湘江西方高地的西部與北部展開激戰，株州、瀏陽已經佔領，另一部佔領湘潭後從中央南下的日軍，到達淥水西岸，遭受重慶軍的阻擊，淥口仍在重慶軍手中，寧鄉正展開激烈的市街戰。

【海通社東京十八日電】「每日新聞」星期日宣稱：日軍在華中湖南的攻勢行將攻陷該省省會長沙，這首先是對着美國而不是對着中國。在英美看來，那些地方由重慶統治總是對他們有利的，因爲這造成了他們計劃對日本進行攻勢的月台。「每日新聞」對中國人爲英美野心的計劃而犧牲其生命深引爲遺憾。湖南對於重慶是極其重要的，且爲進攻重慶的門戶。因此，所謂呼籲援助是更易於令人理解的，這呼籲是向美國而發的，提出呼籲的不僅是重慶政府而且還有重慶的美國新聞記者，他們的呼籲，是要求給予比前更多的援助，對於勝利地前進中的日軍。然而，至今美國所做的只是對日本南部施行絕對無效的空襲，這次襲擊他們出動的飛機約損失半數。該報結論稱：蔣介石應慎重考慮由於湖南被佔領現在對於美空中武器的效能以及重慶今後抵抗力量所可能產生的影響。

## 南京偽組織對重慶廣播
### 促重慶統治階層反省

【同盟社南京十九日電】國府發言人，於十八日黃昏特別對重慶發表題爲「重慶！你那裏去」的廣播演說，指出繼續抗戰只有使重慶統治區一億民衆餓死，使中國人的存在瀕於危殆，促重慶指導階層的反省。其廣播要旨如下：重慶一部份人士似乎相信美英在第二戰場上毀滅德國後，即可打倒處於孤立的日本。但是這是幻想而且是錯誤。美英開闢了第二戰場，就沒有功夫照顧重慶，美英對於重慶已經沒有抱着什麼希望。現在重慶統治區內約有一億同胞因爲物資缺乏、物價暴漲、生產的破壞及對外貿易的斷絕等，受到生民塗炭的痛苦，而徬徨於生死的歧途上。蔣先生及重慶當局的心境亦將充滿着苦惱。你們的希望將要在什麼時候得到實現。當今天米棉的出產地——河南、湖南兩省喪失的時候，當今天米麥棉供給的道路被封鎖的時候，重慶缺乏推行戰爭必需的物品，一億同胞生活的道路被封閉，現在徬徨於飢餓綫上。現在應該立即停戰，應該反省到要恢復國內經濟、順利的交流物資和再建中國，除了停戰以外，沒有其他的方法。經濟的崩潰必然引導政治的瓦解。這樣中共的赤化運動要蔓延各地，這不能不說是自殺的行爲。重慶！擺脫美英的羈絆，然後恢復中國人的重慶，歸同東亞人的重慶。這是復興中華的唯一道路。應該牢記！復興中華、保衛東亞是中國的真面目。

## 在華美空軍的現狀

【同盟社東京十七日電】在華美空軍轟炸北九洲的企圖，正如大本營所發表者，每次俱被我制空部隊所阻擊，只予我以非常輕微的損失，敵反遭巨創而逃竄，被我毀落半數。敵今後的動向自不容忽視。美空軍自大東亞戰爭前，即插入中國大陸，迄今已是歷四個年頭，但不管陳納德平日的豪言壯語，反使敵遭受痛擊而被擊退，其狼狽情形只是說明其空軍力的脆弱與增強的困難。可以看出在華美空軍的消長，是與中國戰綫在反軸心陣營作用的演變與重要，相輔而行的。大東亞戰爭前，陳納德以下百名美空軍的領導人物，即擔當戰門機、轟炸機，組織美空軍義勇隊，這可說是今日在華美空軍的開端。當時其任務亦主要在於教育與指導重慶空軍，嗣於十七年七月改編，在駐印第十航空隊之下，組成在華美空軍，兵力亦顯爲增強，不過亦只能出沒於和平地區與華南沿岸，反復游擊式的蠢動。但自脫離在印第十航空隊獨立後，作爲史迪威的直轄部隊，編成在華第十四航空隊，才粗具今日的規模，其任務亦甚重大，担負着對日空襲與切斷南方資源地帶與我本土的交通，其根據地亦自本年三月起，以昆明到桂林爲總基地（此句電碼不清），在東南各地區基地，建設航空要塞。又於漢中、西安等地，建設北方基地，虎視眈眈，窺視對日空襲的機會。我在華空軍對此在華美空軍的增強，由於空軍果敢的活動，四月份共毀落燃燒四十架，五月份毀落燃燒一百六十架，而自此次河南作戰開始，繼之以華中作戰，正不斷在擊潰敵航空兵力中，特別是六月一日到十二日止，戰果輝煌，共毀落一百四十三架，在華美空軍與重慶空軍合計，恰好被葬送其六百架飛機中的約四分之一。而進攻中的華中作戰，恰好給他們的企圖以痛烈的打擊（他們企圖以中國大陸爲對日反攻的基地），使敵陣營發生巨大的動搖。此次敵空軍動員其精銳的B29式與B24式，來襲北九洲，此事可說是敵陣營最急的反擊，純由於我軍在中國戰線的活躍，危急已逼迫其脚下。

## 川臨參會上 對田賦徵實辦法爭論激烈

【中央社成都十九日電】川省臨參會二屆三次大會開幕，迄今兩週，議決要案甚多，尤以省府交議之川省卅三年度田賦徵實辦法大綱一案，關係最大，討論最久，現議事已竣，定廿日上午舉行閉幕典禮。

【中央社渝十六日電】我軍於六月四日在廣州北郊俘獲敵二等兵鬼木剛藏一名，十二日解抵韶關。據供稱，係屬敵廿二師團，於五月底由金華開抵香港，轉乘木船開抵廣州。

【中央社福州十五日電】廈門現貨集敵艦九艘，中有運輸艦六艘，汽艇三艘，水上飛機四架。

【中央社皖南某地十六日電】近日以來敵長江航運頻繁，上駛該艦均滿載軍需物品，下駛則易以傷兵與搶刼所得之什物。十二日一日之間，敵上駛運輸艦有八艘之多。

## 渝憲政實施協進會 開第三次全體會

【中央社重慶十五日電】憲政實施協進會第三次全體會，於十四日上午九時舉行，到召集人孫科、王世杰、黃炎培，會員張伯苓、莫德惠、王寵惠、江庸、吳鐵城、陳布雷、張厲生、熊式輝、朱家驊、張道藩、梁寒操、洪蘭友、張君勱、胡霖、王雲五、左舜生、陳啓天、許孝炎、李中襄、周炳琳、錢端升、董必武、江一平、錢公來、李永新、孔庚、林彬、黃右昌、樓桐蓀、薌樵棠、張志讓，祕書長邵力子，副祕書長雷震，內政部民政司長楊君勱等三十餘人。由召集人孫科主席，首由邵祕書長報告第一第二兩次全體會議與決議案處理經過及最近實施情形，嗣由張會員厲生、梁會員寒操、召集人王世杰分別就限期設立縣各級民意機關，改善圖書雜誌審查辦法及保障人民身體自由三案最近政府辦理情形，作補充之說明。次討論提案。正午會長蔣主席邀請全體會員聚餐，席間致詞，對半年來本會倡導社會人士熱烈研討憲草，促進民治，認爲我國政治進步之良好表現，最勉全體會員繼續努力提倡，以期達成憲政之實施。繼分別垂詢各會員對於當前政治經濟各項問題之意見，而各會員亦就所聞所見，如何抑止糧價，穩定幣值，發揮輿論制裁，提倡言論自由等問題之利害得失，分別條陳，竭誠貢獻，俱邀會長一一採納。餐畢繼續討論，由王召集人世杰主席，至下午四時散會。茲將全會重要決議案探錄如下：（一）黃會員炎培提，關於濫用職權，捕押久禁情形事，擬請改善方法建議案。決議本案通過，建議政府採擇施行。（二）張會員君勱提，擴大國民參政會職權，以養成憲政習慣案。決議本案交常會詳細研議後，向國防最高委員會提出建議，各會員意見併交常會研議。（三）張會員志讓提，建議保障言論自由辦法案。決議本案交常會研議修正後，送請國防最高委員會酌辦。（四）蕭會員公權提，普及並提高大中學校學生之憲政知能案。決議送請政府參考。（五）江會員恆源提，建議請政府從速採用切實有效方法，健全各層民意機關，並發揚地方民氣，轉移社會人心，以鞏固憲政基礎案。決議送請政府參考。

## 同盟社傳 美英不滿蘇聯未大舉反攻

【同盟社[illegible]電】自西歐開始進攻作戰以來，美英與蘇聯的關係便日趨逆轉。回憶去年末，紅軍向西方進攻，美英政府的聲明及輿論，大肆向蘇聯政府慶祝稱贊的當時，蘇聯政府代言人，則希望在西歐迅速開闢第二戰線，代替東部戰線，帶來勝利的消息；因之莫斯科會在一個短的時間內僅能聽到慶祝語的『協助』。但時至今日，如讀到蘇聯報紙關於斯大林委員長的稱讚西歐進攻作戰，已有顯著的進展的消息，或者蘇聯作家愛倫堡顧例的詩的評論——斯大林格勒、德涅泊的勝利者們，如何以悲壯、哈佛爾之間戰鬥的美英戰友，引以爲榮——那末，可以說蘇聯從去年以來的希望於今是實現了。蘇聯的夏季攻勢，在目前還僅限於芬蘭一角，此對反軸心軍的進攻西歐毫無任何幫助。所以東部戰線在目前不過起了與進攻西歐前的『第二戰線』同等作用。蘇聯還有進行新攻勢的可能性，因此，德軍爲了保持後方安全計，乃不得不使有力的兵力待機於東部戰線。目前東部戰線幾乎沒有消費武器和彈藥，因此對德國可以集中軍需工業、運輸機關的全力供給前綫以彈藥武器。美英方面對於現在蘇聯的活動僅限於芬蘭一綫，完全出乎意料之外。由美國報紙亦明白看出此點，即紐約先驅論壇報認爲：蘇聯在卡累利亞的攻勢，對於那些相信蘇聯要開始直接攻擊德國的[illegible]國消息靈通人士來說，是未預期到的事情。其他的是美國輿論亦非難蘇聯不與美英求得戰略的協調，而獨斷地採取這樣的行動。例如巴爾的摩太陽報等報紙都說美英一向對於解決蘇波問題表示同情，但蘇聯當現在美英忙於西歐作戰的時候，竟單獨處理這個問題。不僅美國，就是英國與蘇聯的鴻溝亦深。據已塞爾[illegible]民報倫敦駐論敦特派員報導，蘇聯對芬蘭進行的新攻勢，使倫敦感到驚奇，因爲這個攻勢對於西歐戰綫沒有任何直接的影響。

【海通社安哥拉十九日電】蘇聯外交人民委員會機關報「戰爭與工人階級」星期五描述諾曼第英美戰役的發展爲「戰略上的打錯算盤」。它解釋攻歐戰事以不足的力量攻擊次要目標，僅係對德國有利。該報遺憾英美未勝利建立蘇聯所想像的決戰性的第二條戰綫。

該報相信整個的攻歐戰事，會發展成循意大利戰爭路綫之一系列的個別戰鬥，使德國能夠以有限的師團保衛自己，這樣盟軍使不能給予蘇聯所願望的幫助。該報總結它的觀點寫道：「我們要求目的在於對德國的大規模攻歐戰事，以巨大力量的攻歐戰事，（下二句不清），而不是對德國有利的入侵。」

## 波總理自美返英

【海通社柏林十七日電】倫敦訊，米科拉兹克從華盛頓回返倫敦後宣稱：波蘭流亡政府不接受斯大林的任何新建議。因此，關於將波蘭一部份讓與蘇聯的問題，迄今尚未獲得解決。米科拉兹克仍希望這問題留待戰後討論。波蘭總理繼稱：他與羅斯福及斯退丁紐斯也討論過邊境問題，但現時尚非羅斯福公開宣佈此問題之時。人們已期待數日的波蘭流亡政府關於華盛頓會議的公報，迄今尚未公佈。

## 德外交部談歐戰的政治影響

【海通社柏林十六日電】德國權威人士及人民均以最大的信心對待攻歐戰綫上軍事演變。每個人都了解，巨大的攻歐戰仍在前面。因此，此戰爭最後結果所將具有的政治影響，在最近將來還不會到來。威廉街發言人在答覆外國記者的問題時再度表明，據他的意見，從政治觀點看來，攻歐只有在敵軍主力被擊敗後才能變成有興趣的事件。因此，在政治上說，二個、五個或十個師被擊敗或被逐出大陸是沒有什麼關係的。至於確實擊敗大量攻歐軍勢將產生政治發展一點，是不無有疑問的。到那時，過去數月中的一切實際問題可以再行着手處理。攻歐未與蘇軍在東方的攻勢同時發生的事實（此在德國人民中引起某些奇異），此間以保留態度對之。報紙同樣也不涉及此問題。一般傾向是不要從東綫的繼續沉寂中得出任何政治結果，尤其是由於一切事件均表示着大規模攻勢的即將開始。另一方面，此間指出，政治考慮顯然在蘇軍目前對芬蘭戰綫的進攻中起着作用。威廉街發言人稱：蘇軍對在卡累利亞地峽所獲得凹形的歡樂，他指出，英美對蘇軍在卡累利亞戰綫而不在到處發動攻勢，但他們的驚奇很難能影響斯大林，他只追尋他個人的目的。但治上也積極進攻芬蘭，今後數日內即將明朗化。威廉街發言人不用信斯大林進行政治進攻。一個理由是：在最近談判後，芬蘭政率直的闡明其政治態度。第二個理由是：蘇軍的軍事勝利不足引起。發言人最後稱，芬蘭士兵正以最大決心作戰，因此阻止了斯大林所期望的大規模突破。無疑的，（不明）芬蘭此種戰[illegible]不是爲森方計劃而準備的。

## 海通社傳 羅、戴談判內容

【海通社柏林十五日電】紐約訊：據華盛頓方面來訊稱：羅斯福與戴高樂間計劃進行討論的徵兆，愈益使羅、戴兩人間達到諒解的希望減少了。這消息洩露了至今大家都不知道的艾森豪威爾總部的詳情。在攻歐的前夕，西方盟國對阿爾及爾委員會的態度，使戴高樂大爲不悅，乃於最後時刻禁止派大批法國軍官在最後時期參加攻歐。這些軍官本是擬建立盟軍與登陸地區法國人民間的聯系。據來訊稱：盟軍統帥部高級軍官的聲明謂：預計的盟軍與法國人民的合作，因爲戴高樂的措施使其並不如所期望的那樣成功。外交界人士認爲：對於預計的在華盛頓進行討論的另一困難，便是戴高樂敦促某些小國家的流亡政府承認阿爾及爾委員會爲臨時政府。戴高樂將軍對於美國印的攻歐鈔票是否有效表示懷疑，使得白宮與國務院都反對戴高樂。華盛頓外交界人士認爲由於這些原因，美國很難承認阿爾及爾委員會爲臨時政府。

## 蘇駐日大使將返國

【同盟社東京十六日電】蘇聯駐日大使約科夫·馬里克大使，已決定返國。重光葵外相特於十五日設宴招待，蘇聯大使館方面有馬里克大使、安獨洛夫參事官、伏魯魯夫一等書記官參加，並作交談，大使之夫人等並不歸國。

【海通社柏林十四日電】貝魯特訊，下星期一起莫斯科無綫電台將播送阿剌伯語新聞。此間共產黨報紙「沙德·埃爾·抑亞勒」報導，關於向阿剌伯各國播送無綫電的特別技術準備已告完成。

# 参攷消息

（只供參考）
第四六一號
解放日報 新華社 編
今日出版一張
卅三年六月廿一日
星期三


## 同盟社稱
## 長沙、醴陵陷落

【同盟社東京廿日電】大本營於六月廿日十五時發表戰報如下：（一）在湖南方面作戰中的我軍，於六月十八日黃昏完全攻略長沙和醴陵，並繼續擊滅該地附近殘敵中。自開始作戰以來直至現在，毀滅敵軍約十五個師。（二）河南方面我軍，於六月初旬在陝縣西方地區擊潰第一戰區敵敗殘部隊及第八戰區六個軍，使其潰退至××方面（電碼錯得看不出），目下正準備下一次的作戰。

【同盟社東京廿日電】此次湖南作戰中，我軍獲得擊潰敵十五個師的大戰果。據現在所判明的，僅在進攻長沙的岳麓山戰鬥中，即斃敵一千六百名，俘虜二千八百人，溺死一千名，繳獲砲三十九門，其中重砲十四門，野砲山砲十三門。

【同盟社湖南前綫二十日電】截至現在爲止，擊滅的敵軍共計十五個師，其部隊番號如下：（一）汨水新牆河河畔，第二十軍（四川系）第一百三十三師，新編第二十師。第九十九軍（中央嫡系）第九十九師。第七十七軍新編第十三師（通城附近）。（二）沅江益陽周圍，第九十九軍第九十二師，第七十三軍第七十七師。（三）長沙周圍，第四軍（中央嫡系）第五十九師，第一百零二師；第九十師。（四）瀏陽周圍，第四十四軍第一百六十一師，第三十七軍（中央嫡系）第六十師。第五十八軍新編第十師，新編第十一師，新編第三軍第一百八十三師。（五）株州方面，新編第二軍暫編第七師。

【同盟社湖南前綫十九日電】長沙三度落入我軍手中。長沙面臨湘江，並有岳麓山爲其障壁，配置砲兵陣地××處。佈置大砲四十餘門，幾乎成爲要塞的都市，我軍的猛攻，粉碎了防衛長沙的敵第四軍（王德能指揮的）及暫編第五十四師，我軍自開始總攻擊後，僅僅三日，即於十八日下午三時三十分攻佔這個戰略的重要地點——長沙。我軍攻略岳麓山的部隊於十八日上午七時迫近岳麓山山頂，敵迫擊砲及輕重機關槍猛烈射擊我軍，但我軍拚命投擲手榴彈，突入敵軍陣地，終於奪取該山。於是我大砲及山砲立即猛轟長沙城內的敵軍二個師，我攻城部隊與此相呼應，於十七日早晨由該城南端及東南端突入城內，十八日正午進抵長沙城內的中山西路，中山東路，到處進行壯烈的巷戰。並跟踪追擊向湘江河岸潰退之敵，終於下午三時卅分佔領城內北端的明德學校，城廓、碼頭等，於是由東西南北四方面，向城內突進的各部隊完全匯合繼續掃蕩城內的殘敵。這樣，第九戰區政治經濟軍事的最大要衝——長沙三度落入我軍手中。

【同盟社湖南前綫廿日電】我軍由四方面壓迫長沙的頑敵，十八日繼續在長沙郊外進行掃蕩戰，一部份突圍的敵兵，害怕我軍追擊，遂放火焚燒城外東側的村莊。長沙城內沒有火災，該城完整的落入我軍手中，由於我軍忍受作戰的不方便限制破壞長沙，因此民衆均得以避免戰禍，殘留於城內的敵兵陸續投降我軍。

## 軍委會公佈
## 長沙失守經過

【中央社重慶廿日電】據軍委會廿日發表戰訊：（一）敵寇此次向湘省發動大規模之攻勢，其使用兵力之龐大，爲自開戰以來所僅見。敵寇之目的顯欲打通粵漢路，其重點不在長沙，我對敵之奸計洞若觀火，爲阻滯其行動，乃於長沙一帶盡量消耗敵人，激戰於本月五日在外圍展開以後，迄至十四日晨，爲時經旬，敵始進至長沙郊外區域，當晚分向長沙城郊及岳麓山麓進犯，經我軍堅強阻擊，敵屢撲屢創，至十六日午夜未能獲得寸步進展，乃於十七日拂曉，調集至少五萬以上兵力，配合飛機大砲向城郊進行窮兇之攻勢，同時並以强大兵力猛攻岳麓山，我奉命守備部隊之全體忠勇官兵，奮勇迎戰，分於各面，與優勢犯敵，反復衝殺，白刃搏鬥，寸土尺地，均必發揮其殺敵之決心。至十八日午，經過約卅六小時空前之惡戰，敵陳屍於城郊纍纍皆是，午後敵復使用其所有之砲火，向城內轟擊，掩護其步兵向城內猛撲，敵機更不斷濫肆轟炸，若干建築物被引起燃燒，我軍於長沙外圍迄至城郊，已予敵人極大之創傷，達成消耗敵人之任務，即按預定計劃作戰略上之轉移，俾誘敵寇進入長沙，並大肆宣傳，一曰消滅我軍若干，再曰鹵獲我軍裝備若干，目前實無辯證必要，俟戰局發展至敵人受到慘重打擊時，方知其自吹法螺，將歸於曇花一現。（二）益陽城現已安靜如恆，境內殘敵大部已為我肅清，僅城東區域尚有殘餘一部在我繼續掃蕩中。我向沅江城攻擊前進部隊，復獲有進展。（三）突入寧鄉城內之敵，經我軍猛勇搏殺，敵大部被殲滅。至十九日晨，殘敵為我悉數逐出。同時，我軍對瀉水北岸頑抗殘敵，續行猛攻，已將其分別擊潰，擊斃甚衆，生俘廿餘名。迄廿日，瀉水北岸敵已全部肅清，城東山地區，戰鬥進行仍烈。廿日我並於寧鄉附近擊落敵機一架。（四）自湘潭向西侵至姜畲附近之敵，續行向西犯石潭市，我軍竭力阻擊，戰鬥進行甚烈。（五）渡淥水之敵，刻仍被我阻止於南岸河畔，惟戰鬥激烈。（六）醴陵城西北兩面戰鬥仍在原戰地繼續進行，城東北敵繼續向我進撲，刻仍被我阻止於距城二十里之綫，戰鬥情況激烈。十九日敵便衣隊一部，鑽隙繞至城附地區擾亂，當經我捕殲殆盡。（七）上栗市西南地區之敵，經我軍續行猛擊，敵亦不斷向我反撲，十九日終日之戰鬥中，雙方均有傷亡。（八）瀏陽城市戰鬥，刻仍進行未已。（九）中原戰場，豫中方面我軍於十六日晨向侵至舊縣（嵩縣西）附近之敵反擊，將敵擊斃至百餘，殘敵不支向東急退，我跟踪追擊，至十八日午已越過德亭之綫，迫近嵩縣。××××平漢綫西平之敵，於十六日晨向上蔡進犯，至晚侵入城垣，十七日續行南犯，被我擊退。另敵一部，於十七日晨由溧河東犯周家口，經我軍阻擊，已發生戰鬥。（十）滇西方面怒江西岸，我軍攻擊前進，各路均有進展。

## 同盟社公佈山東敵我戰報

【同盟社青島二十日電】担任建設山東省的屬文體（過去為國民黨保安司令去年投敵）部隊，從五月廿八日至六月二日討伐共產匪，計敵死傷三百九十三人，鹵俘步槍彈藥甚多。

【同盟社廣東二十日電】由花縣第二區的西嶺炭礦，到達粵漢綫新街全長××公里的運炭綫，其建築工事現已竣工。西嶺炭礦的埋藏量為××萬噸，過去即用土法挖掘，運炭路開通後，可用機械開採，不久的將來每月即可產××噸。

## 塞托紐斯說
## 盟軍竭力奪取大港

【海通社柏林十九日電】塞托紐斯報導：鑒於德軍的頑強抵抗及德軍指揮部的冷靜決心，盟軍在攻歐第十三日依然未獲得適當的根據地以便展開部隊舉行深入德軍防綫的集中進攻；如果要攻歐戰爭有點意義的話，這是敵人所必須舉行的。因此，英美軍依然為這一進攻建立先決條件而戰。他們主要的是為佔領一大港而戰，而這一大港，自從直接進攻哈佛爾在一開始時即被粉碎後，在現在只能是瑟堡。自然敵人企圖一面以切斷科坦丁半島直接進攻瑟堡，同時從而展開其部隊，雙管齊下，同時敵人付出重大代價後，必須承認大西洋壁壘在瑟堡區域是極為強固。所以布勒德雷將軍集中其努力於切斷科坦丁半島的戰役。敵人經巨大犧牲後，其矛頭於星期五日得以進至聖索菲。星期六日敵人將一切美軍有效的後備皆投入楔形中。在繼續進攻中，這一部隊的特別集中能夠在向諾曼第西海岸獲得進一步的進展。我軍依然在該處與敵進行苦戰。雖然德軍抵抗得很頑強，但不要忘記用於防禦的部隊是相當的少。在攻歐的這個階段即零碎用盡一切可以調度的戰鬥後備，是與德軍總的防禦不相符合的，沿加昂坦至杜齊特的公路敵人壓力已增加，但美軍的進展卻很小。當敵人以新調來的強大援軍在維爾至德瑞裂的寬廣戰綫上反復進攻聖洛時，美第一軍經受巨大的挫敗。美軍矛頭在突入該小城的週圍獲得初步勝利之後，即出乎意料之外陷於德軍的側擊中。戰鬥在最初是動盪不定的。美軍損失特別重大。在德軍不停的壓力下敵人士氣終於破裂，在夜幕時敵人即退回至原先陣地之隱蔽建築中。英第二軍星期六日較美軍更少主動性。在考蒙之右翼與在奧倫以東之被孤立的左翼集團依然處於防守地位。兩翼之敵在德軍反攻之前，特別是在考蒙以東（該處敵人已退至列凡尼）不得不後退。只有從英第二軍的中部強大裝甲部隊再度進攻德軍陣地，敵人由兩面壓力消滅德軍尖角城堡（最重要的堡壘之意）第利的努力已被擊敗，並予敵以嚴重損失。這一地區永如克恩區域那樣局勢仍屬絕對無變化。

【同盟社柏林十九日電】德軍當局十九日就同盟軍的新登陸企圖發表下列聲明：同盟軍今後究竟在什麼地方什麼時候進行新登陸作戰，仍然是一個問題。德軍正開始使用新兵器，敵人為了應付這一新登陸，亦許要進行新的登陸作戰，同時最近屢次傳說的就是在法國南岸進擊，德軍冷靜注意事態的發展。

【同盟社柏林十九日電】據德軍當局聲言，自反軸心軍侵入作戰開始以來，僅在諾曼第上空，即擊落反軸心空軍一千一百五十架以上，滑翔機尚未計算在內。

參考消息
[illegible]

# 敵稱此次中國大陸作戰 進入攻戰兩略的廣義階段

【同盟社東京廿一日電】中國派遣軍在河南作戰中擊破敵第一戰區、第八戰區的軍隊三十幾個師，佔領洛陽，現在又攻佔湖南的要衝長沙和醴陵，我作戰部隊更猛襲衡陽，殲滅第六、第九兩戰區的敵野戰軍。在河南作戰中，敵抗日總反攻的防衛基地第一戰區已被消滅，西北建設及培養抗戰力量的溫床——河南平原亦落入我軍手中。同時，由於我軍控制中原，確保了進攻重慶的有利的戰略地位。此次華中的新作戰使敵中樞——第六、第九兩戰區受擴大的損害。我軍掌握以長沙、醴陵為中心的湖南寶庫，形成一大戰略的橋頭堡壘。湖南是通往重慶的南面關口的要衝，亦是形成在華美空軍基地集團圈的屏障，我軍在湖南的要域確保強大的橋頭堡壘，與河南北部的陣地相呼應，完全確保了殲殺敵人的要衝。現在控制湖南的皇師足以震撼敵陣營的心胆。在大東亞戰爭的現階段，已不能將大陸戰線與大東亞戰局及世界各戰局分離，而看做單獨的戰綫。美國運送武器彈藥不是爲了援蔣，它爲了從太平洋及大陸兩方面夾擊日本，遂派遣空軍飛越喜馬拉雅山，運輸兵器彈藥，並鞏固空軍基地，以鞏固大陸。回想到美英在歐洲大陸開闢第二戰綫的今天，重慶所以在我方[illegible]性之前，聲言要於六月舉行總反攻，很明顯地是根據開羅會談，企圖配合着歐洲第二戰綫的開闢，在中國大陸也形成大東亞的第二戰綫，與在華美空軍的蠢動相呼應，發動其對日本的決戰，因之在我河南會戰一擊之下，重慶軍一退再退，使美英大爲狼狽。大陸戰綫，實不僅與太平洋印度兩戰綫有關，且與歐洲戰爭有密切的聯系。大陸戰爭的動靜，立即反應到世界戰局。當在此目前複雜戰局之下，能善於推知戰爭發展與敵方企圖的動向，而毅然制敵機先，掌握大陸主動條件的我統帥部的明智，在攻勢推算上（電碼不明是否即此四字，又其含義何在，也待考慮）可以說是戰爭史上光輝的範例。東條首相曾於九日致希特勒元首電信中寫道：「當此敵美英侵入，前線勇敢的德國國防軍戰鬥之際，在東亞帝國將配合貴國此一勝利的進軍大踏步地擊潰敵軍，希望同心協力，爲爭取勝利而邁進」，表明其堅強的決心。又日前向陸軍大學畢業學生致訓詞時，謂「皇軍應以厚備的兵力，尋找良機，擊潰驕敵，國民的熱血實早已沸騰起來」。聽到東條首相兼參謀長的此種決心，及到目前在中國繼續展開的偉大作戰，可以想到我統帥部偉大的含蓄與暗示。此次作戰的戰果，也可以說是發言要以中國作爲對日交戰跳板的尼米茲作戰的破產，同時也是蒙巴頓與尼米茲作戰相配合，從海洋方面打進日本國的史迪威作戰的崩潰。如從此種觀點來看，現在大陸作戰，其意義與性格自不用說。此次作戰，是以厚備的實戰力，配合歐洲第二戰綫，抓住戰機的作戰。所以也可以說歷史轉換的初動。不待言者，站立在湖南大橋頭堡壘上的皇軍目的，在於徹底擊潰重慶抗戰的兵力，驅逐美英大國的戰力，將以斷然剷除美英搶劫中國大陸的強盜戰術。現在美國對中國大陸的野心，爲掌握反日攻勢戰爭的指導權，進而使中國完全隸屬於美國之下。蓋此次作戰的目的，不外徹底粉碎大陸上敵人的勢力，粉碎企圖壟斷中國大陸的美國的貪婪野心，以及他們所有的不正當的權利，壯烈地發揮大東亞的使命。當現在在東印度展開的進攻印度作戰，已擊潰了敵依據印度進行反攻的企圖，同時幫助印度國民軍以武力解放印度之際，中國大陸的戰鬥，又是從武力、經濟、道義各方面，使中國大陸恢復本來的姿態。故在此種意義上，印度進攻作戰與中國大陸作戰，實爲我神聖戰爭的一環。在目前河南會戰，戰區居民均協助皇軍作戰，對戰區恢復建設，表示熱心協助，呈顯了極端令人注意的河南平原——和平中國示範的現象，這也可以說是這樣一種事情的結果，即平漢鐵道抗日到現在的民衆，看到了我神聖戰爭的至純性，及與此相反爲了自己的意圖，企圖把中國與大東亞出賣給英美的蔣介石與美英之超密切的醜關係，中國民衆乃逐漸反省，而從叛逆重慶

，遂至我和平南京。即在華中戰線，為我軍新佔領地區下的民衆中，與河南民衆同樣的動向，亦在抬頭。由於此種作戰，這一風潮，將逐漸擴大至全中國，奠立下解放大陸的大規模的基石，所以大東亞戰爭，也可以說以此次作戰為轉機，進入政戰兩略的廣義的新階段。

## 敵宣傳長沙戰果

【同盟社東京二十一日電】我軍於攻克湖南的中心要點長沙、醴陵、株州等要衝後，並擊滅第九戰區之野戰軍十五個師，現為了全部殲滅薛岳全軍起見，正在繼續進擊中。這樣，戰果輝煌。湖南作戰，現已進入該時期的第二期作戰。敵將薛岳曾做欺騙的宣傳，如過去兩次長沙作戰我軍於完成作戰目的後自動的撤出長沙，此時薛岳接到蔣介石死守長沙的命令，就是以實力將我軍擊退，欺騙國民稱：『有薛岳在，長沙不會失陷』。退避戰術的名將薛岳，當此次防衛長沙，亦督其部下最堪信賴的第四軍（軍長王德能）四個師於長沙周圍的防衛陣地，表示殊死抵抗的樣子，但敵第四軍在我壓倒的猛攻前，已喪失戰意，抵抗兩天一夜，全軍即行崩潰，四個師的敵軍，幾遭受殲滅性的打擊。我軍於攻克長沙後，復以主力縱橫馳騁於湖南原野，一部則掃蕩長沙周圍的敗殘部隊。截至現在為止，這一掃蕩殆已完畢，至二十日正午止，查明長沙攻略戰中的戰果，僅敵遺屍即約八千，俘虜約五千，鹵獲大砲約六十門，說明長沙攻略戰壓倒的勝利。

【同盟社漢口二十日電】當華中方面陸軍部隊進行制壓湖南的作戰時，在某地待機之我海軍部隊担任警戒水路，幫助陸上作戰甚大。關此，漢口海軍報導部部長，二十日曾發表如下：帝國海軍揚子江部隊於五月二十七日以後，在與陸軍部隊密切配合下，担任警戒長沙水路，目下正在順利展開激戰中。截至現在為止，所獲戰果如下：擊落飛機二架，拔除魚雷五百七十七個，拔掉防禦資材九處。

## 豫北我軍與敵激戰

【同盟社開封二十日電】豫北剿共軍第十一軍第八師，與皇軍密切配合，在河南省北部，掃蕩蠢動的共匪。在濬縣東南方與二千八路軍交戰，於八小時激戰後，予以殲滅的打擊，敵遺屍五百，其餘則向東方逃竄。

## 德又吹噓祕密武器

【海通社柏林廿日電】海通社總編輯喬治．什羅德報導：很可能德軍不久就有另一祕密武器在戰鬥區域出現，自然關於尚未用於戰鬥的祕密武器的技術性質毫未披露，恰如『爆炸流星』的技術性質迄今尚未披露一樣。權威方面宣稱：爆炸流星對倫敦及南部英格蘭之無停止的攻擊迅將由一些別的德國祕密武器所補充。雖則從倫敦開至法國的攻歐戰鬥部隊百分之七十是美加軍而不是英人，但德軍已開始進入戰鬥的新階段，直接打擊了英國的心臟。英國輸不了這場戰鬥。數月來，在德國為城市投落的炸彈數量已在倫敦逐日發表。據英國統計數字只在柏林一地區投落五萬噸炸彈。權威方面告我，德國將以更大的力量把已經忍受的打擊，奉還敵人。英國關於他們投落的炸彈的數量的統計數字，可以作為一種根據以估計爆炸流星及其他尚未知悉的武器將使用之程度與強烈性。如果在現時英國官方公報關於爆炸流星的使用，採用『恐怖進攻』一辭時，即表示倫敦企望獲得世界的同情。關於此點令人極感興趣的是負責發射爆炸流星的技術幹部以粉筆在個別的流星上寫着：『為科倫復仇』，我為『柏林復仇』。別的兵士在已炸毀數排倫敦房屋的火箭上寫着：『為我被殺的子女報仇』，『致塔里斯死命』『致法爾西塔特死命』。

【同盟社斯托哥爾姆廿日電】來自倫敦的合衆社電報，二十一日報導如下：據英軍當局聲明，二十日夜德軍流星彈在英格蘭南部，益加活躍，致損失與傷亡俱重。據云流星彈並在部份蘇格蘭地方活躍。二十一日白晝，流星彈的攻擊亦仍在繼續。

## 日寇虛構塞班戰果
## 軍部稱將在中太平洋進攻

【同盟社東京廿日電】六月廿日十六時四十五分大本營公佈：（一）我軍攻擊塞班島之敵，於六月十五日午後佔領該島一角，嗣後且不斷增強登陸兵力，我守備隊乃立即加以截擊，給敵以重大傷害。（二）出現於馬里亞納附近海面的敵部隊，係以多數航空母艦及戰艦為旗艦的大機動部隊，估敵在太平洋方面艦隊的大部，我航空部隊連日攻擊該敵機動部隊。（三）自六月十一日至本日，已判明戰果如下：（1）擊沉敵戰艦一艘、巡洋艦二艘、驅逐艦一艘、潛水艦一艘。（2）擊毀航空母艦四艘以上，戰艦一艘、巡洋艦一艘、運輸艦[illegible]艘、潛水艦（艦種不明）一艘，（3）擊落敵飛機三百架以上。我方船舶及飛機亦[illegible]

相當損失。

【同盟社東京廿日電】敵美以强烈的進攻意圖，未曾有的大規模的艦船，向中部太平洋深入地攻來，故馬里亞納羣島方面，乃成了空前的激戰場。關於該方面的戰況，大本營已於本日加以公佈，戰況實已進入超重大的重大事段。蓋敵美於十一日以來，經四日間猛烈轟炸後，在十五日以水陸兩用戰車，企圖在塞班登陸，至該日午後，遂佔據該島的一角，嗣後更繼續加强登陸的敵兵力，對此我軍立即予以截擊，給敵以重大傷害，但向該方面出擊的敵部隊，是以多數航空母艦、戰艦爲旗艦的龐大機動部隊，集中了太平洋方面敵艦隊的大部，爲掩護登陸部隊，用海上艦砲，或航空母艦搭載的轟炸機，猛烈轟炸我方陣地。爲此我航空部隊乃連日反復攻擊敵機動部隊，協助我陸上部隊作戰。自十二日以來，至廿日爲止，在此期間我方雖已獲得如屢次公佈的戰果，但我船舶與飛機亦遭受了相當的損失，然而需要吾人注意的，雖已獲得了如大本營所公佈的戰果，但比諸該方面行動中敵方大兵力，其損失僅不過是一小部份。敵軍仍將反復進攻 。現我砲兵對龐大之敵正繼續其壯烈的戰鬥， 目前實爲如不奮起就要遺臭萬年的重大瞬間。敵美此次進攻的目的，爲在塞班島建立强大的根據地，吾人實應充分認識戰局的重大性，向擊潰敵美的方向邁進。

【海通社上海十八日電】日本軍部發言人於接見海通社記者時宣稱：我預料日本在中太平洋的攻勢不久就會開始。發言人提及盟國最近對馬里亞納的進攻——此一進攻連同麥克阿瑟將軍力圖楔入南太平洋防禦陣地一舉，就是尼米茲海軍上將所宣佈的鉗擊計劃。發言人續稱：日軍可以靜待進行決定性反擊的時機，因爲由新加坡、爪哇、菲島到南中國的日本防綫還是完好的。美軍同時大概也理解到：登陸攻勢需時甚長而且很困難。因此，他們現在企圖卽便在極嚴重的損失下也要由海道到達中國。發言人繼稱：日本在滇緬兩省的攻勢被認是第一個對策。日本力圖用這種行動去確保通東南亞的新交通綫。

【同盟社東京十九日電】企圖依靠物力進攻東西兩洋的美國，用有力的機動部隊深入地向我戰略圈內出擊，現在彼我的決鬥，使決戰色彩日益濃厚。十八日朝日新聞社論中會論述如下：驕敵在塞班登陸，空襲小笠原羣島，並猛烈轟炸九州北部，一億國民現在如不起來將待何時？如果我們不起來痛擊三千年光輝的國體和國土，安慰陛下之心，則今日此時生在日本亦沒有生存的幸福。今天的樣相是大東亞戰爭本來已俱備的姿態。我們不需要恐懼，亦不需要急躁，而應在嚴格的決戰生活中，發揮日本人的本領。依靠物力的貪慾無厭的和焦急的敵人，必有弱點。我們應以周到的準備攻敵人之虛。英美人好講道理，但這一道路亦有一定的限度。我們應用不動的心情應付，在當祖國全土成爲要塞時，應繼承先人（處理大事時富有靈感所示的周到的智謀）的血，以平常的心理處理任何事情。

## 日耆德富蘇峯稱
## 一寸土地也不能失

【同盟社東京廿一日電】昨晚德富蘇峯發表談話，認爲一個時候是打倒美英的絕好機會，亦是一億國民抱着加倍的決心更加努力的時候。他說：敵人在歐洲開闢第二戰場，同時亦在大東亞進行進攻作戰，以配合歐洲的作戰。此次敵軍在塞班島（亦可稱爲太平洋正面的門戶）登陸決不是爲了恫嚇我們，也不是向我進行偵察戰，他們企圖竭其全力建立基地，空襲我國內地，而且想更進一步攻略我國內地，因此，我們決不能等閒視之。過去我國海軍容忍自重，任敵人爲所欲爲就是預知有今天這樣的情況。我們深信不疑今日正是表現過去嚴加壓制的海軍力量的時機。以前如果可以不爭一寸的土地，不攻一個城市，那末在今天這樣的場合，決不是如此。在今天的場合決不是不爭土地，恰恰相反，就是一寸一尺的土地也不能交給敵人。我們必須竭盡全力殲滅他們，使他們葬身魚腹。我們的祖先在七百年前在博多灣外覆滅十萬的蒙古兵，在歷史上寫下光輝的一頁。今日我們也應該是這樣的。今天我們要付出很大的犧牲，這是爲了得到更大的勝利而付出的。我們要打倒敵人，就不要顧惜犧牲自己的性命。現在我們應覺悟到要打倒敵人，我們的生命要受到相當大的損害。我一億同胞應需認識這個嚴重的戰局，自覺到在這一大決戰的階段，不僅是第一綫的陸海軍，而且是國家全體竭其全力進行這一個大決戰。我們在這個嚴重的時機懷抱着更大的決心，努力安慰天子之心。

「同盟社東京二十一日電」在激烈的戰局下，賭其興亡的決戰，正以塞班島為中心展開，戰局極為重大，二十日後備海軍高橋三吉大將，於接到大本營發表的戰報後，以「光輝終於到來」發表談話如下：今日的戰局，從聽到敵人在塞班島登陸的報導後，將更有趣，敵人登陸後並似在築橋頭堡壘，為了增援補給的大部份艦隊正在集中。我方的大部份戰艦則在走下坡路，國民也許要担心吧。但無論補給，無論集中兵力均很容易，如以塞班為中心來看，空軍的攻防已經轉化，我方處在攻勢，敵人處於防禦。根據本日的大本營公報來看，這一戰果在敵人看來是很少的。我軍正繼續激烈的戰鬥，今後仍要求要這樣幹。最近太平洋方面的作戰，正是決定日本興亡的重要時期，敵人已空襲九州，很快的將會來襲北海道亦未可知，這是必須覺悟的，而且應用最善的方法打倒它。我部隊在塞班島正作決定日本興亡之戰，敵人實在大胆至極，對我方來說目前正是最好的時機，總之担任擊滅以聯合艦隊為主力的敵艦隊的豐田長官，我們相信定能得到超過山本、古賀兩元帥的戰果。前向豐田長官發出信的回答中稱：「內地有許多戰時經濟問題，但一到前線心胸為之一寬，美國無論怎樣都不足畏，我們應用神的心情作戰」。我們國民應寬暢胸襟，信賴前線將士。

## 敵同盟社稱 美將不斷襲擊日本

【同盟社上海十六日電】以中國大陸為根據地之敵機對我九州北部的猛烈轟炸，是因為敵機感到中國戰場的嚴重性，敵人從中國向我本土的空襲，是與敵機轟炸瑪利亞納群島至塞班島配合，這件事情告了大陸戰局日益重大，由於我防空陣地的激烈戰鬥，使敵機半數為我擊落擊毀，敵人在慘敗之餘，更不應當忘記中國大陸戰場的新作戰。美軍的依靠物力才進行作戰的戰略，已被我先發制人的新作戰粉碎了，二月底尼米茲所主張的「太平洋中央突破作戰」，被我鋼鐵的防線所阻止後，敵人美國即重視中國大陸的戰略地位，敵人強硬打通政治上的障礙，突破運輸上的困難，在中國沿岸各省以至中國西北部，建設航空基地。陳納德指揮下的美駐華空軍，已有顯著的增加，B廿四、B廿五、B廿九各新式飛機，已不斷空運至各基地，特別是長程的B廿九飛機，初次在中國戰場出現，說明了敵人從中國起飛空襲日本已經不稀了。四月上旬敵軍在河南展開的新作戰，實際上就是在此種嚴重的時期中開始的。河南作戰已經將平漢線置於我軍控制之下，威脅敵人從西北及華北進攻的據點，我軍先鋒更伸至湖南，使第九戰區要衝長沙陷於危境，使在華美空軍及重慶陷於狼狽不堪，敵機在準備未充分成熟即對日空襲亦是根據上述情況不得已之事。重慶把此次空襲九州北部謬誤宣傳為「第二次空襲東京」，但事實並沒有到達東京，並且遭受了慘敗，使重慶感到失望。對於我們比較嚴重的是一方面要擊滅敵人從海上的反攻，另一方面在大陸上不能予敵人以一個基地。在中國大陸經過空運與西方印度連結着，不待說印度是英美在東亞反攻的最大根據地，皇軍在印度及緬甸的奮戰，是與保衛本土分不開的。二年以前美機的轟炸東京，就從太平洋海上進行的，中國根據地僅其逃竄時降落的基地之一。而現在已完全相反，中國已成了進攻的根據地，此種事態已相當的嚴重。駐華美空軍今後也許不斷的來襲日本，但敵人愈急躁將愈失敗，我們不論前線與後方均不要急躁，應確實的抓住決戰勝利的轉機。

「同盟社東京十八日電」敵機對九州北部的空襲已經完全失敗，此次敵人來襲的目的，與其說是予日本以致命打擊，不如說是為了製造一個形式上的空襲事實，以便擴大宣傳對日本的空襲，敵人在前年四月十八日空襲日本時，於轟炸後的第三日（廿日）始行發表轟炸東京的消息，而此次在敵機飛至日本上空時（十六日上午二時半日本時間）華盛頓即廣播轟炸日本的消息，如果是真正要得到軍事上效果的空襲，則決不會在自己的飛機還在敵國作戰行動的時候，由自己暴露了這一祕密，從此點來看，可知敵機此次的空襲是一種宣傳謀略的行動。敵人纔開始一發表，即開始其欺騙宣傳，謂「此次轟炸的目標是八幡製鐵廠，並予以重大打擊」。我方因轟炸遭受到的損害，已由大本營所公佈者，僅國民學校、醫院、住宅有若干損失，在軍事方面有關方面，如防空部隊有六名死傷，即以敵人所稱遭受損失最大的八幡製鐵廠而論，因炸彈破片僅有工人二名受輕傷，生產設備毫未受損失，因此生產毫不受障礙，敵人的「轟炸東京」的宣傳完全是一種欺騙。美駐華空軍司令官史迪威利用重慶廣播「B二九式機轟炸東京並投下相當數量的炸彈」，欺騙無知的中國人。與此同一聲調的德里廣播，以前拉巴爾州報紙的報導史迪威談話廣播對「轟炸東京已獲得非常成功」，敵人的宣傳完全是謊與欺騙。

參攷消息
（注意保存）
第四六五號
新華社
解放日報 編
今日出版三張
卅三年六月廿三日
五月廿

## 敵狂妄宣傳

## 薛岳湯恩伯已潰、第三者將是誰？

【同盟社東京廿二日電】從五月下旬至六月中旬，在長沙周圍的會戰，不僅證實了成爲重慶軍骨幹部隊的薛岳軍約十五個師，確保了在湖南省中央的一大戰略樞頭發動，同時爲徹底殲滅薛岳的全軍，戰爭仍在繼續中。由於此一作戰的意義極爲重大，故對其發展，今日實無法預斷。但目前直接受此重壓者將爲薛岳所部。自事變以來，薛岳軍雖與我軍不斷交鋒，每次均遭受痛烈打擊，但第九戰區依然爲防衛重慶的重鎮，薛岳身爲該戰區司令長官，其聲譽日見增長的原因之一，的確是由於他有此一戰法才能，即很會適用過去的我進攻作戰性格，在我方作戰採用活潑戰法之時，薛岳便採取逃避戰術，一旦我軍退回原來形勢，薛岳便從遙遠的後方，相繼前進，大肆宣傳「擊退日軍」「收復失地」，企圖一手掩盡人的耳目。但此次我軍南進攻作戰，具備了使薛岳戰法——逃避戰術——不能運用的兩個條件，一爲大東亞戰爭爆發後，在中國中部設立美空軍的根據地，因而第九戰區應担負起該空軍據地的前衛防衛陣地的作用。另一個是在過去活潑戰法所不能比擬的大規模下，進行的大作戰。所以薛岳軍在美軍的要求絕對確保華中空軍根據地的强硬主張，及未曾有的日軍偉大進攻夾擊之下，完全陷於進退兩難的窘境，特別是關於逃避戰問題，此不僅要被日軍窮追不已，有關於重慶對美國的面子，並且還要招致類似對日戰略的危機，因而乃單獨起而迎接皇軍的猛烈，薛岳軍的末日，遂因而到來。根據作戰的經過，薛岳軍所表現的，不外是內心苦惱所表現出來的狼狽作戰，薛岳軍損失甚大，乃將手中的廿八個師中（缺一句）關於戰略的指導，直至長沙失陷，均是手忙腳亂，此與日前河南會戰，不顧日軍戰略，無謀盲動地吃了大敗仗的湯恩伯堪相提並。薛岳鑒於將全軍投入戰鬥，依然難以防衛長沙，故不斷要蔣介石增派援軍，但在河南戰綫，戰事日趨擴大，宜昌正面，日軍正在出擊，我軍在全中國進攻活躍之際，蔣介石無法判斷我軍進攻的重點，乃從第六戰區增撥五個師，從第三戰區增撥三個師，但爲時已晚，無法挽回大勢，致薛岳軍喪失太半，唯一的地盤，據我軍估據，與第一戰區的敗將湯恩伯，歸於同一命運。看到薛爲蔣介石親信的第六戰區司令長官陳誠的現況，其處境如何？可想而知，蔣介石兩員大將——湯恩伯、薛岳——的命運，現在已是注定了。那麼湯、薛二人之後的第三人，該是誰呢？

## 敵稱華萊士來渝目的

【同盟社上海廿三日電】蔣介石於廿二日夜設宴款待美國特使華萊士。蔣介石與華萊士在宴會席上除了談論戰後機構外，未談及華萊士訪華的使命，這一點殊堪注目。華萊士的使命有下列各項：（一）研討蔣介石政權的政治性格和窘迫的抗戰經濟。（二）國共合作。（三）在共產地區建立美空軍基地。這些問題都是很難解決的。就中美國人要「干涉」的第二個問題即國共問題是過於複雜的。因此蔣介石和華萊士都避免談及目前很困難解決的一切問題，而談論空洞的戰後經營論。最近美國的輿論紛紛議論重慶問題。這種輿論不承認中國是一個獨立的國家，而把它當做一個被屬的國家來議論。這種傾向非常明顯，特別是正在視察延安的美國特派員歸[illegible]，他調查實際情況後，將此情形報告美國當局。這暴露出美國人對華優越感和干涉中國的意圖。

## 維希軍當局估計登陸戰前途

【同盟社巴黎廿一日電】巴黎軍事專家觀察，觀察美軍在諾曼第登陸至現在的戰鬥經過，可以得出下列有趣的結論，德軍讓美軍登陸後，企圖使敵軍兵力集中於一點，然後選擇適當的時機進行決戰，以粉碎美英，由此觀之，德軍迅速擊滅哈佛爾耶瑟納河北岸登陸的敵軍，使美軍主力集中於諾曼第的一端，這是德軍作戰的成功。如果敵軍登陸當初擊退科坦丁半島海岸的登陸部隊，使敵軍處境非常困難時，那末艾森豪威爾顯然有可能使其部隊在多維爾海峽方面或在大西洋沿岸許多地點同時登陸。在這樣的場合，科坦丁半島及多維爾方面的登陸若能成功，那末德軍的處境相當困難。現在沒有發生這樣的情形是因爲敵軍在諾曼第的登陸相當的成功。美英軍現在既已擴大其橋頭堡壘，那末要將其主力集中在這裏，在德軍看來，在一個地方建立對抗的陣地是比較容易的。現在德軍虎式坦克還未開始反擊，縱然瑟堡淪入敵手，還要相當的時日，才能用作大軍登陸以及卸下大批軍需品的港口。敵軍縱使在科坦丁半島建立大進攻的陣地，那末德軍可以在此期間集中預備軍，構築强固的陣地對抗敵軍，從美軍的運動戰或突破戰已在北非及意大利嘗試過了，它們的强處只是依靠物資的優勢，施行攻擊，欲在科坦丁半島，佔據絕對的優勢也要和北非及意大利戰綫一樣，花費長久的時間。當然敵軍在科坦丁半島建立多數陣地時，爲了阻止德軍的集結，亦有可能在其他地點登陸，因此何時進行大決戰，有待於今後的情報。

『海通社攻歐戰綫廿一日電』據德意志世界日報稱，瑟堡要塞應視爲近代化的工事體系。瑟堡向海的一面有三個互相聯系的，及爲三座堡壘所保護的盆地，在堡壘之間設有許多砲台。另一地點，例如在停泊場的入口處已建立了許多工事，這一切給予瑟堡以强大堡壘的性質，瑟堡通陸地的一面亦曾很好的設防，英美軍如果要佔領這一海軍港口，必須克服這一切工事。關於陸地工事，瑟堡爲要塞工事帶所保護，例如著普萊要塞，達克特維勒，杜啓爾之前進陣地上之霍歇堡壘與佛萊曼俊堡是敵人可能前進道路上之進一步的障礙。據德意志世界日報意見：『美軍爲使進攻瑟堡成功，除了這些强大工事之外，尚有許多困難。至於受綫之德軍部隊，德軍指揮部已有確定的計劃，準備加以使用。』

『同盟社柏林廿一日電』倫斯德特元帥指揮的西歐防衛軍總司令部，二十一日發表下列聲明：同盟軍開始登陸以來，在兩週內，被德軍擊毀坦克六百五十輛，同一期間英軍美軍及加拿大軍的俘虜爲五千人，其陣亡人數爲俘虜人數的十倍，即共五萬人，其他受傷人數極多。

## 德統帥部吹牛
## 已毀盟艦一六〇艘

『海通社元首行營廿一日電』德軍最高統帥部星期三發表下列公報：在諾曼第、奧倫埠東的敵橋頭堡被更加縮小。敵人在第利西南的進攻被擊退。此役擊毀坦克十五輛。敵人在沃洛尼北的進攻未逞。敵人以小部隊向瑟堡南戰線試探，但被擊退。裝甲巡邏車若干輛被砲火擊中起火。在灘頭陣地戰鬥過程中，我某據點守軍通信部隊在艾格爾中尉指揮下，戰績特著。對倫敦的驗擾火力繼續中。夜間，攻擊機炸中敵人在諾曼第海岸附近的船舶集中點。自六月六日來，空軍，作戰海軍及陸海軍沿海砲台於諾曼第海岸附近及海峽擊沉巡洋艦二艘，驅逐艦十四艘，快艇四隻，商輪及運輸艦廿九艘（共一六七四〇〇噸）裝運坦克輪十二艘（共一八三〇〇噸），此統計尚不包括敵人爲水雷引起的損失在內。重巡洋艦三艘，巡洋艦三艘，驅逐艦廿一艘，摩托魚雷艇九隻、商輪與運輸艦六十八艘（共二八七〇〇〇噸），登陸船二艘（共四千噸），及中型輪船一艘爲炸彈、魚雷、大砲所擊中受傷。在寬達一百四十公里的戰綫上，昨日大規模的防衛戰同時展開於意大利中部，猛烈性未減。敵人一再敏捷的集中其隊部，企圖打開我們的戰綫，但他們一切突破企圖均爲我軍的頑強防衛所打破。在夜間掃清局部凹形後，主要戰綫在我軍手中。僅在皮魯甚亞西北區，戰鬥尙未結束。敵人在人力上的損失特別巨大。當我軍自厄爾巴島退出時（如昨日報導者），在擊退海上與空中襲擊時敵人摩托魚雷艇二隻被擊沉；另有二隻受傷，戰鬥轟炸機二架被擊落。在這些戰鬥中，威爾曼指揮下的作戰渡艇及海軍沿海『波姆貧諾』砲台，戰績特著。在東綫及南陣綫，斯摩林斯克公路南及委特布斯克東南，敵人局部進攻失敗。海軍護送艦六月十九日及廿日於芬蘭灣激烈的海空戰中，擊沉蘇摩托魚雷艇五隻，另擊傷六輪船（其中若干艘起火），並擊落敵機九架。我損失一輪船。昨日上午強大北美轟炸機隊對漢堡、漢諾威、馬德堡及斯特丁施行恐怖襲擊，引起損失與傷亡。高射砲隊擊毀敵機五十八架，內有四引擎轟炸機四十九架。另有四引擎轟炸機十三架被我戰鬥機及驅逐機襲擊後，被迫於瑞典境內作緊急降落。」

參考消息
（民眾參考）
第四六四號
解放日報社編
今日出版二張
卅三年六月
廿四日
星期六

## 華萊士由迪化到渝情形

【中央社迪化十八日電】美副總統華萊士，於盛主席夫人之歡宴席上致詞，大意如次：新疆為貴國西北部一大重要省份，敝人於離國前一日見敝國總統時，曾陳閱余此行之路綫地圖一幅，總統特別注意貴國之西北部，羅斯福總統之一家與貴國有一百年以上之源緣，渠深信中國具有光明之將來，且證明未來新中國之富强康樂也。

敝人注意中國問題，亦已多年，此事之動機將遠溯至卅年前，彼時余曾閱讀中國四千年之農業一書，對貴國農業之演進深感興趣，其時即存嚮往之心。不意卅年後之今日，果能有此良機，訪問貴國，並首先到達貴國之西北部新疆，自信感愉快。今日下午，承盛主席會談及新疆維、回、哈、烏、蒙及其他各宗族情形，始悉各族人民均能以其固有之語言，創造文字，從事生活及受到教育。主席並告我新疆農牧水利發展情形：凡此諸點，已見此行所經蘇聯塔什干及阿拉木圖諸地之印象，使余深信亞細亞及新疆均有其光明之將來。如阿拉木圖自鐵路通達後，人口即自一九二九年自四萬激增至今日之卅四萬，余並聞其與哈薩克斯坦、烏孜別克斯坦水利發展之可能性極大。今日余自飛機下瞰迪化附近，積雪嶺嶺，（缺）明日余更將參觀此間附近之耕作狀況及改良畜種情形，對於農牧業之如何配合，加以研究。敝人並衷心希望在十年或廿年後，再能來到貴省，彼時能使余證實以農業為基礎而發展成之新新疆，已如何繁榮富足。

回憶敝人在大學中攻讀農牧科學時，曾聞教授講乳牛品種殊多，有高有矮，有紅有黃及黑白等色，教授並稱兩頭紅牛間之差別，往往較一個紅牛與一個黑牛為甚，此一例證，其後使敝人深信亦可適用於人類。吾人應知人類皆可合作，不論其為漢族、維族或美國公民，但共同生活於一地球之上，即有合作之可能及必要。余此行所經中亞及新疆，目擊各地各族人民融融相處之情形，即為最佳之例證。吾人且應深知新疆各宗族間之合作精神，其所裨益者，固不僅為全新疆全中國，且為全中亞及全世界也。

【中央社重慶廿日電】美國副總統華萊士，於十八日下午由西伯利亞飛抵我國國門迪化，蔣主席代表王主任世杰及外交部郭參事斌佳，美大使館代辦艾其森等，前往迪化迎接。華萊士副總統在迪化留一日半，於二十日晨由王世杰，艾其森等陪同，由迪化乘專機來渝，於下午四時到達。隨副總統同時來者為國務院中國科科長范宣德，戰時情報局太平洋分局局長拉鐵摩爾，對外經濟處對蘇供應科首席聯絡官哈查德諸氏。蔣主席偕蔣夫人躬蒞機場歡迎，到孫院長科、何總長應欽、宋部長子文、參政會主席團張伯苓、王寵惠、莫德惠、江庸、國府文官長魏懷、參軍長呂超、渝市長賀耀組、重慶衛戍總司令劉峙、國府典禮局長田士捷、外部禮賓司長吳南如等。各國使節到美大使高思、英大使薛穆、荷大使羅分克、挪威大使赫賽爾、加拿大大使歐德倫、法國民族解放委員會駐華大使貝志高、巴西大使游猶略、捷克公使米諸夫斯基、比代辦史邁次、蘇聯大使館代辦司高磋、澳國公使館代辦歐輔時、墨西哥使館代辦賈德潑、波蘭大使館代辦費理學等三十餘人。機場上佈置簡潔，中美兩國國旗飄揚，一片莊嚴氣象。華萊士副總統專機於四時正降落，副總統首先下機，美大使高思趨前迎接，介紹與蔣主席晤面，蔣主席含笑與華萊士副總統握手寒暄，歡至親切。華氏旋與各歡迎代表握手相見。副總統着黑色服裝，態度沉毅，與各代表晤見時，狀極歡欣。雖經長途旅行，但無風塵之色。四時十五分軍樂隊奏美國國歌，蔣主席偕華萊士副總統佇立，樂畢檢閱儀仗隊，華氏對儀隊精神振發，頗為注意。四時廿分，蔣主席偕華萊士副總統蔣夫人在車內迎候，賓主相晤之下，極為歡愉。四時廿二分，蔣主席及夫人偕華萊士副總統乘車至主席官邸休憩，華氏當晚下榻於美大使館。

【中央社重慶廿日電】華萊士抵渝，在機場曾發表書面談話，譯誌如下：

余經由最新地區之一西伯利亞而來，訪問歷史悠久之中國，此兩邦疆界毗連，由太平洋至中亞細亞，綿亙達五千八百英里。胡適之博士曾謂，此兩國疆其實與美國與加拿大相似，不僅非一分[illegible]，而反爲兩國友誼之聯系，余對此亦作如是觀。余敢相信將有許多爲溝通文化商務之巨大潛在力，藉謀亞洲及北太平洋盆地人民之一般福利。余此次途經新疆，『新疆』顧名思義，實爲貴國所予之名稱，對將來之希望，獲得最深之印象。至於貴國西北其他各省亦然，蓋西北各省余久感莫大興趣，自種種方面言之，西北全部對於貴國之重要，一如美之西部對於美國然，此乃爲一富有希望之廣大區域。早年人士或謂余乃係自中國後門而來，但余相信由於將來各方面之發展，必可證明余今日乃係自中國新的正門，而非後門也。此正門面向中亞細亞，在中亞細亞一帶，余曾能親覩經濟與社會方面各種建設之成就，余來中國極感歡欣，並且將以最深厚之興趣，開始訪問。余對於中國七年來抗戰之成就，極表欽敬與同情，現在余擬參觀貴國土地，與貴國農民晤談，余更擬訪問貴我兩國並肩作戰提早擊潰日本之戰士，其尤重要者，即余甚望能與貴國之偉大領袖蔣主席討論雙方利益有關之各項問題也。

## 同盟社稱 戰事重心移至湘南

【同盟社里斯本廿三日電】重慶路透社特派員報導湘南戰事如下：由長沙沿粵漢路與公路南進中的日軍與重慶軍大戰鬥的舞台，已移向湖南南部山岳地帶。日軍以三個進擊部隊，企圖圍攻湖南省南部主要空軍根據地衡陽。最接近衡陽的日軍部隊，正沿粵漢鐵路與公路向南方進擊，該部隊已逼近衡山東北石灣附近，衡山至衡陽僅四十八公里，鐵路與公路差不多是平行着。此外從粵漢綫西方進擊的部隊，二十一日晨佔領湘鄉，該部隊爲了迂迴從西方包圍衡陽，正沿衡山山脈西麓進攻。日軍第三部隊，企圖從東方進攻衡陽，現正從醴陵及粵漢路東側沿公路向攸縣前進，現已到達東南的泗汾舖附近。在醴陵的部隊正沿公路向東方進擊，現正向湖南江西省境[illegible]石炭與鐵的產地萍鄉前進。

【同盟社東京廿三日電】從河南作戰到湖南作戰的攻勢轉移，現正在廣大的中國大陸進行，過去由於河南作戰，敵第一戰區三十數個師被擊潰，洛陽失陷。此次重慶第九戰區的對戰軍主力又遭我痛擊，保衛重慶的重大據點長沙三度落入我手。長沙對重慶來說，在作戰上可與洛陽相提並論，是戰略上的重要據點，因此從重慶方面來說，第九戰區是直接防衛重慶的戰區，與第六第八戰區構成重慶的主要依靠，長沙不僅在軍事上，而且經濟上亦是抗戰中國的中心，農產物大米、棉花、桐油、麻等以及礦產鎢、鉛、鋅、錳、銻、錫、石炭，其中錫的產量僅湖南一省即爲世界總產額的百分之七十，據說估世界第一位。『湖南省長沙』一帶，是重慶抗戰經濟的動脈，此次長沙陷落給予重慶經濟上的影響，是不能與過去兩次進攻長沙比較，爲什麼這樣說，因爲我軍此次的湖南作戰，並不單純以長沙爲抗戰目標，而是南北互相配合的大作戰，由於上次的河南作戰，重慶喪失了華北反攻的兵站基地，此次又無可奈何的喪失了中國[illegible]培養戰力的源泉，兩個重要的經濟動脈完全被我切爲數段。

【同盟社洛陽廿三日電】我軍於六月初旬以來，在嵩縣西南對企圖恢復洛陽、嵩縣的湯恩伯指揮的第八十九師、第四師及暫編第十六師殘部，進行殲滅戰。我軍三天的猛襲，完全粉碎敵軍的企圖，我軍在此期間獲得下列戰果：我方收埋敵屍一千三百六十一具，俘敵一百六十四人，鹵獲輕重機關槍十八挺，步槍一百八十七支，擲彈筒五個，及其他戰利品多數。

## 日寇捏造 塞班以西海戰戰果

【同盟社東京廿三日電】大本營發表（廿三日下午五時三十分）：我聯合艦隊一部十九日在馬里亞納群島西方海面，向由三軍組成的敵機動部隊進行先制攻擊，其後戰鬥延續至二十日，其間擊沉擊毀敵航空母艦五艘，戰艦一艘以上，擊落敵機一百架以上。但尚未給予決定性的打擊。我方損失航空母艦一艘，附屬油船二艘，飛機五十架。

【同盟社東京廿三日電】馬里亞納群島爲決戰太平洋海域，現正成爲激烈的戰場，二十三日的大本營發表，對戰鬥的實際狀況作了大胆率直的聲明：『我聯合艦隊一部，予三軍組成的敵機動部隊以先制攻擊，但尚未給予決定性的打擊。』廿日敵在馬里亞納群島海域的美海軍，以航空母艦二十數艘、戰艦十數艘爲骨幹，並附有一百艘以上的運油船，這是名符其實的美太平洋艦隊的大部份。無論在來攻的企圖，無論在使用的兵力上，無論在戰鬥的激烈上，是開戰以來最大的一次。此即本月十一日，向馬里亞納群島[illegible]

出擊的敵有力機動部隊，只奪取塞班爲目標，繼續在該海域作猛烈行動，反復砲擊轟炸，配合在塞班登陸部隊的作戰。而我聯合艦隊一部，以擊滅敵人的決心向敵人進攻，十九日在馬里亞納西方海面，捕捉由三軍組成的敵機動部隊，制敵機先進行攻擊，從十九日到廿日戰鬥至爲激烈，我艦隊擊沉擊毀敵航空母艦五艘，戰艦一艘以上，並擊落飛機一百架以上。在上述擊沉擊毀的敵航空母艦中，包括有艾色克斯級二萬七千噸的新銳航空母艦班卡比爾號，該艦確已被我方擊沉，但從向馬里亞納海域出擊的敵機動部隊的兵力看來，給予敵人以決定性的打擊。戰局仍處在嚴重階段，在此次戰鬥中，我方損失航空母艦一艘，附屬運油船二艘，飛機五十架。這說明了兩天的海戰是如何的激烈。我聯合艦隊的此次出擊，在兩日的戰鬥中，敵人的艦隊骨幹已遭我軍痛擊，塞班島的戰局對敵人說來是難局中的難局。敵人如援助太平洋艦隊的主力，必須越過懸河萬里的波濤，進行强烈的正面攻擊。因此目前正是一舉擊滅敵人的時候，一億國民對戰局的重大性應特別沉着，一致起來向擊滅敵人總進軍。

【同盟社東京廿三日電】驕敵美國現在始知我聯合艦隊的威力，日本海軍擊滅驕敵的機會終於到來。傲慢的敵人以其物力爲唯一依靠，糾傾其在太平洋的勢力，於十二日向馬里亞納群島方面出擊，該方面我空海陸各部隊，毅然決然予以猛攻，十九日我聯合艦隊的一部份，終於在馬里亞納群島西方海面，捕捉由陸海空三軍組成的敵機動部隊。我神鷹早就望眼欲穿，待此良機，乃自航空母艦出發，予以先制攻擊，戰鬥至二十日止，其間已沉毀敵航空母艦五艘，戰艦一艘以上，擊落敵機百架以上，予敵重大打擊。但我方亦損失小型航空母艦一艘，附屬運油船二艘與飛機五十架。如上所述，我方雖率直承認損失，但美國照例呈現其一貫的欺騙手段，僅公佈美方損失航空母艦二艘、戰艦一艘、飛機四十九架，相反對於給予日本的損失，却說彌天大謊。但全世界俱知：敵美國的宣傳和發表的戰報全是欺騙，這事可想起珍珠港的慘敗，於一年後始發表其眞相。而參加此次戰鬥的我軍，不過是聯合艦隊的一部份，當感到我軍全部威力。馬里亞納海面將成美太平洋艦隊的墳墓。現在應將彼日彼時的情形銘記在心。

【同盟社里斯本二十三日電】紐約的合衆社電稱：「參加此次戰鬥的日軍機動部隊，並非日本艦隊的主力，因之自不能表示其擁有實力的全貌。以現在進行的戰鬥，畢竟不可能破壞日海軍力量。」暗示日本軍艦的實力。

【同盟社橫濱二十三日電】二十一日上午，敵艦載機三十五架來襲安達曼群島的布萊亞港，我所在部隊立即與之交戰，擊落敵機六架，擊毀四架，並將敵擊退，我方僅損失小型舟艇一艘。

## 日寇所傳尼米茲的作戰計劃

【同盟社東京二十二日電】根據二十七日大本營的發表，公佈馬里亞納群島附近之激戰情形，敵雖遭受巨創，却猶留於該海面附近，担任掩護登陸軍的任務。由此可以充分窺見：敵人對於攻略塞班是抱着如何執拗的企圖前來出擊。塞班島是太平洋上我外防線的中樞，是連結我本土與東南佔領地域的要衝，距東京僅一千二百八十浬。這樣，敵能否佔領此地，對我本土的防衛與本國和東南佔領地域之交通供應，將有莫大影響。這是萬人都能直接感覺到的。美軍爲了尋求短期決戰，領其航空母艦的數量，大胆冒險長驅直入，欲佔領此要衝，這事恰如『不入虎口不得虎子』之喩。不消說，這種作戰是要決心付出犧牲的。因此必須認爲今後即還繼續受巨創，大概亦將表示與攻略瓜達康納爾島一樣的頑强。特別是敵人加强航空母艦，企圖誘我艦隊反擊，以便在其轟炸圈內決一雌雄，它胡亂地犯我虎穴。這是現實地實現其多年研究的對日作戰。美國艦隊將集中攻擊日本不能放棄的外洋領地，在大洋中迎擊從日本出擊的艦隊，並將其擊滅。如由戰前的形勢觀之，敵人如果攻擊台灣和琉球群島，那末日本艦隊不得不進行遠離其根據地的外洋作戰，而迎擊的美國艦隊至少要在同等的勢力下，發揮其優勢的力量，而得一舉決定勝敗。在此次太平洋作戰中，尼米茲不斷地苦心探求我主力艦隊的所在，以各種方法誘致日大艦隊，却每次都變成我航空部隊進攻的目標，這樣不能了局，便決心冒險進逼我們的正門。這樣敵人中了我們的計謀，轉換攻防位置的絕好機會業已到手。驕兵焦急此事，只有被迫入死地。他們盲目的突進將要進入墓穴。

## 傳蘇向芬蘭提出休戰條件

【路透社斯托哥爾姆廿二日電】斯托哥爾姆經常可靠的靈通人士今日（星期四）稱，蘇聯已向芬蘭非正式的提出一休戰條件，即恢復一九四〇年的國界。」其餘話完全未證實。此間人士補稱：蘇聯未提出其他永久性的領土要求。據此傳說，蘇聯同時暫時地要求有權駐軍芬蘭任何一處」在芬蘭中部的空軍基地及阿蘭島基地之權，並要求芬蘭應轉變對莫斯科之政策。他繼稱，德國對於芬蘭北部建立吉斯林政府的陰謀，阻止了新政府的成立。

「海通社柏林廿二日電」威廉街發言人於對蘇作戰三週年紀念日宣稱：「凡對蘇聯作戰的國家德國都予以援助」。他作此聲明顯然是指芬蘭而言，這是由於瑞典報紙「摩根」報說出下列的話所引起的：即德軍避開卡累利亞芬軍的鬥爭。凡現在或將來對蘇作戰的國家，德國即援助它。這是在由英國和瑞典人方面獲悉克里姆林再向芬蘭尖銳提出要求的時候所作的聲明。據英交換電訊通訊社斯托哥爾姆訊：消息最靈通方面謂蘇聯之要條件如下：第一，重建一九四〇年的疆界。二，讓蘇軍自由通過芬蘭以便佔領普蘭的德師團作戰。三，割波的尼亞灣北岸根據地。瑞典報紙「摩根」報論該消息稱：蘇聯亦要求芬蘭南岸的一個根據地，包括漢科、科特卡與奧蘭。此消息引起外交部發言人的注意。發言人亦注意到斯托哥爾姆盛傳的謠言，謂蘇聯對芬蘭提出的新投降綱領包括佔領阿蘭群島。他拒絕對此要求作任何評論，雖從海軍的戰略觀點看來，該要求對於瑞典是重要的。德國各方面關於這些問題仍然保持最大的緘默，德國報紙與無綫電台對於芬蘭問題仍然完全默不作聲。威廉街方面剛剛獲得關於芬蘭內閣改組的消息。發言人謂：關於這件事，似乎尚未有任何明確的決定。據指出：芬蘭最後戰報報導：維堡陣綫蘇軍的進攻已被擋阻。維堡的陷落顯然不能削弱芬蘭抵抗蘇軍的意志，反而增強之。英美各報的叫囂，其中如：「每日快訊」的莫斯科消息，以及「每日郵報」」「曼徹斯特導報」的報導，發言人都認爲是進一步證實，英美完全贊同蘇聯對待芬蘭的方式。「每日郵報」宣稱：今天沒有人以爲關於蘇聯的要求芬蘭可能進行談判，曼徹斯特導報力言芬蘭不團結。威廉街發言人以爲瑞典報紙特別忙於破壞芬蘭人的抵抗意志。其證據如「摩根」報稱：芬蘭需要這樣軍事上的挫折，以克服反對與蘇聯媾和的國內阻力。

「海通社斯托哥爾姆廿三日電」莫斯科盛傳赫爾辛基發生政變，在政變中數名左翼政治領袖被捕。在星期五上午芬蘭外長書納在長途電話上與斯托哥爾摩「阿夫頓日報」之接談中稱此謠言爲「荒謬可笑」。唐納對該報稱：「絕無任何事件發生，赫爾辛基之平靜與秩序絲毫未被擾亂。芬蘭政府並未接獲蘇聯之休戰條件，且據我所知芬蘭其他方面人士亦未接獲此種條件。我本人僅於星期四晚由瑞典報紙獲悉此事。」於被詢及關於芬蘭政府改組之謠傳、唐納答稱：「政組問題曾被討論且談判正在進行中，但尚未做出任何決定。」繼謂：「當然，爲了芬蘭的好處我們正在研究，一切向我們打開着的道路在目前局勢下我不能有更多的話講。我要重新強調：即赫爾辛基平靜無事，而我希望你在斯托哥爾摩同樣的平靜。」

## 德傳中路紅軍開始攻勢

「同盟社柏林廿三日電」今日德軍當局公佈，紅軍已於二十二日下午在白俄羅斯戰綫委特布斯克與摩吉列夫中間地區開始進行攻勢，紅軍攻勢的重點放在斯摩林斯克——明斯克公路上。

## 德報評論蘇德戰爭三週年

「海通社柏林廿一日電」「人民觀察家」星期三社論評東綫爆發戰爭第三週年時着重指出：世界革命過去與現在仍然是蘇聯的目的。該報引證了斯大林的幾個聲明，其中斯大林指出世界革命爲支配着蘇聯的一切措施的計劃，首先，蘇聯會在若干年中試圖以援助各國家的騷動與革命，及以其外交政策來實現世界革命。但鑒於只能達到部份與很小的勝利，蘇聯便認爲「進攻歐洲及佔領世界革命的最後的可能性」。在此次戰爭過程中，由於外交政治的原因，蘇聯已保證表面上似乎是放棄其主要目的——解放共產國際即爲一例——但不過是假裝罷了。實際上，蘇聯是像以往一樣爲世界革命而工作着。「德意志日報」多從軍事觀點檢討三年來東綫的戰事，並發表許多德蘇戰爭期間西部邊界蘇軍力量的數字。該報着重指出：在一九四一年夏季，蘇聯結集了約三百萬大兵，二萬一千輛坦克，二萬五千門大砲以及巨大的空軍部隊。在此最後關頭，德軍統帥部即先行進攻。該報最後着重指出：德國統帥部深悉蘇聯的新進攻是可以預料到的。一切已準備就緒以有效地迎擊它們。

參考消息
（只供參考）
第四六五號
新華日報社編
今日出版二張
卅三年六月廿五日

勞苦以迄今日。中國在經濟在政治方面發生嚴重之困難，中國人民現方以堅毅沉着之精神應付此種困難，然彼等自信必能忍受一切艱苦，以待海外更大物質援助之到來。中國人民與政府均有實行孫中山先生三民主義之決心，三民主義中之第一主義——民族主義——現已成為事實，其第二主義——民權主義——正含於目前所建立憲政以保障個人權利與自由，並建立代議政治之種種計劃之中。至於第三主義——民生主義——之實現，則為現有各種經濟建設計劃實行後必然之結果。就民生主義論，此次參加討論者均認為在任何經濟與工業建設計劃中，農業建設佔重要之地位，華萊士副總統因對農業發展問題，生平極感興趣，故對中國農業問題，有特殊了解，並能與蔣主席討論實際之解決方法。華萊士副總統深信蔣主席必能發現該國人民深願與中國人民切實合作，以求實現中國政治建設計劃中所包含之農業問題，及其他相關之問題。此種經濟建設實現之日，中美兩國人民必能在有利之基礎之上發展工商業之關係。蔣主席與華萊士副總統對於中美兩國政府之合作的以各為根本國國民謀求安全與幸福一點，未嘗片刻忘懷，且相信彼等所討論之二種途徑目標之追求，實所以促成此等主要目的之實現也。

## 華萊士離渝時 對新聞界發表書面談話

【中央社渝廿四日電】華萊士副總統在渝五日，與蔣主席晤談多次，並與我國政府方面人員交換意見，華氏業已於廿四日離渝。茲錄華氏離渝時對新聞界發表之共同談話如下：華萊士副總統留渝期間，曾與蔣主席及中國政府其他人員在非正式與坦白而友好之空氣中討論共同注意及關懷之問題，彼等於交換意見後，彼此間至有裨益，且對於基本之原則及目標，均完全同意。「亞洲方面之對日戰爭，必須積極進行，實為至急之任務。中美兩國之盡力互助，以求此任務之早日完成，並以最有效能之方法完成之，乃兩國關係上至要之事。太平洋上勝利之目標，在建立以政治及社會之安定為基礎之民治主義的和平，而政治與社會之安定，則有賴於為各國人民增進福利之政治，太平洋上之長期和平所賴者為（一）以有效方法永久解除日本之武裝。（二）太平洋區域內四主要強國——中國、蘇聯、美國及英國——彼此間以及所有須負戰後國際秩序責任的聯合國家，相互間之諒解友誼與合作（三）承認目前亞洲各屬領人民取得自治之基本權利，須在政治經濟及社會方面，早日採取步驟，人民準備於確定而可能之時限內，實行自治。中國在亞洲所佔領之重要之地位，及中國在任何太平洋和平機構中之重要性，在此次討論中均曾注意及之。且參加討論者均認為一定不易之道者，即此種和平機構之成立，必須具有下列之基本要素：中美兩國關係，百餘年來所表現之傳統友誼，諒必須繼續。中國與壤地接近之偉大鄰邦蘇聯之關係，必須維持於互相諒解之基礎之上，即中國與其他鄰邦之關係，亦復如是，任何均勢之局面，決不能有助於和平之目的。」中國對抗日本之侵略，業已七年，而在最近三年間，中國與外界幾已完全斷絕，

## 前日招待會上 華萊士答客問

【中央社渝廿三日電】華萊士副總統二十三日下午二時，在美國大使館舉行中外記者招待會，到中外記者四十餘人。華氏含笑立於客廳門首，與中國各記者一一握手相見，次握見外國記者，旋即步入客廳，接受中外攝影記者作握手談話方式之拍照。[illegible]與各記者作簡單談話時，會談太平洋之鐵路，[illegible]收入及繳納所得稅情形。室內空氣輕鬆，而是種和之[illegible]人，並於[illegible]氏[illegible]之上。華氏回顧微笑而已。某記者問以與蔣主席會談之結果如何，華氏答曰，現何不[illegible]家。[illegible]於發[illegible]。華[illegible]，且前[illegible]，[illegible]可增加。關於此問題，余曾與此間[illegible]所談商，余認為[illegible]經歷，[illegible]可使用。某記者詢以與蔣主席有若干次談話，華氏答稱，前後已有三次。某記者詢以[illegible]形如何，是否可能作為[illegible]日本之基地，華氏微笑良久始謂，[illegible]閣下一[illegible]，[illegible]之進步，給余[illegible]。[illegible]六大，[illegible]四次[illegible]說。某記[illegible]中[illegible]，華氏答[illegible]中國[illegible]一[illegible]

中文，故用留聲機學習，因時間倉促，所學到者僅一二項好與答謝，及詢及訪問伯利亞及中國之使命，華氏答稱，此層余在華盛頓已有聲明。某記者詢對於中國抗戰精神所得之印象，華氏謂，中國人民不屈不撓之精神，至足欽敬，給余之印象極深，余極信在艱苦情形下，中國人民不但過去堅強抗戰，抑且今後仍必堅強抗戰到底，余此次所經之地，僅迪化成都及重慶數地，該項重中國情形比我所想像之困難倘多，而中國人民之旺盛精神，亦較余想像者尤高。某記者詢以副總統一年內可以擊敗敵人之預言，其根據為何？華氏謂，余意係指歐洲戰場如早期結束，則東方戰局必可於一年內迅速獲勝。關於美國傳教事業之觀感，華氏答稱，在中國之傳教事業，甚為有趣，其地位亦甚高，中國留美學生多係來自教會學校，其貢獻很大。關於在華傳教于蘇主教曾告我甚詳。某外國記者詢以在中國所得關於戰局情況如何，華氏拒絕答覆。副總統對於援華最有效辦法有何建議，華氏答稱，欲求大量援助實現，自當似需先打通滇緬路，恢復海上交通，自亦極重要。關於中國民主問題，華氏答謂，中國人民大半具有民主精神，尤其革命以後，民主精神更為發揚。某記者詢以中國農業情形，華氏答謂，余昨日參觀中央農業試驗所所得印象極好，特別對於小麥種類之搜集極為完備。中國小麥主要產量均在淪陷區，印度玉米可在中國耕種，中國農業肥料甚為缺乏，如求解決肥料，勢必加強交通工具，是時陽光射入室內，華氏笑謂，此為余在重慶第一次所見之陽光，衆皆歡笑。某記者叩詢副總統對於中國因吃米而影響工業發達之見解，是否同意。華氏謂此說余不同意，蓋中國有其特殊情形，人之間插秧割稻，於不能應用機器，但中國人口衆多而勞動又不難於獲得人口之間，事實上難於應用機器，因非美國及西伯利亞曠野千里可比也。不過中國將來可發明一種適於本國種稻割稻之機器，俾得糧食豐產。某記者詢美國報紙雜誌，近來對中國批評甚多，今日謹請副總統指教，俾資借鏡。華氏答謂，余不希望中美出版界發生爭論，曾卜聞堂大笑。某記者詢副總統告以此行之成功如何，華氏略加思索答謂，我對於中國人民之希望極高，余更對中國抗戰有莫大信心，並且中國前途，亦極樂觀。余盼望中國千萬兒童能讀能寫，可成功一最康樂之國。某記者叩詢副總統談話中所云後面與前面之意義為何？華氏答謂。余意中國分青黃兩部份，黃的中國是指未開發的西北，青的中國是指沿海已經發的地帶，今後中國宜大事開發西北，發展農田水利，正門之意義即在此也。末某記者以美國戰後將以大批機器援華事叩詢，華氏答謂，美國政府可以如甚援助中國云。

## 蔣介石歡宴席上
## 華萊士之演說詞

【中央社渝廿一日電】廿一日晚蔣主席歡宴席上，華萊士副總統演詞，譯文如下：

余此次得來貴國，至為愉快。貴國政府及人民抵抗日本之侵略已歷七年之久，余今日親臨貴國之戰時首都，尤感光大之興奮。

自瀋陽事變以來，幾已十有三年，當事變之初，蔣委員長即謂日人之不顧信義而攻佔瀋陽，乃全世界法西斯主義侵略之開端，吾人自今日觀之，深感蔣委員長所見之不謬。此種侵略惟一事足以阻止之，即愛好和平之國家，在事實上與行動上竭誠合作，以應付此輩猖獗任何地域任何國家所發動之侵略，如目前吾人之所為是也。唯世界各國當時並未採取一致行動之準備。

七年以前——即一九三七年六月間——中國乃尚有許多之人士，均認中國之前途實較民國成立以來之任何時期為光明，彼時中國人民業已團結一致，在堅強有力之領導下，穩固之政府，業已開始，政治與經濟業已改革。若干人士甚至相信日本之侵略，業已減退，熟知日本軍人發動七月七日盧溝橋事變之陰謀，正在醞釀中也。

盧溝橋事變後之種種事實，均為吾人所熟知，且在世界歷史中必為令人更加興奮之一頁。蔣委員長由其感人至深之宣言中，毅然接受日人之挑戰，但各非侵略國家仍不能組成聯合之陣線，彼等似尚不知在中國境內給予法西斯侵略主義者之打擊，繼此遂有中國陸軍英勇之上海保衛戰，日軍野蠻性之南京大屠殺，中國軍隊在台兒莊之大捷與中國政府之按照預定計劃而遷都重慶，隨政府而內遷者尚有數千百萬之中國人民，彼等所攜到內地者，除各種機器外，尚有其大無畏之精神，中國陸軍與游擊隊，均仍繼續奮鬥，以空間爭取時間。

時至今日，中國將進入其抗日戰爭之第八年，日本侵略之波潮，正奔向毀滅之途，日人在太平洋上現方以空間換取時間，惟時間與空間二者，均於彼等不利也。吾人希望彼等在不久之過程中，亦將在中國境內求以空間換取時間，惟堅決抗戰之中國陸軍，益以美國軍隊之密切合作，必使彼等無時間可以喘息。

吾人於到達目標之前，尚須經過無數艱苦戰，惟目標業已在望，且有充多之理由，是使吾人希望此第八年之抗戰戰爭，將爲日人在中國和亞洲及太平洋上之侵略之最後一年。

余現已不願作一軍事之預言，擬更進而涉及另一較難事件之範圍——即作一政治之預言，是余所以爲此者，蓋對於吾人究應爭取何種和平實深有所感，且余深知君等對於此事，必亦具有同樣之感覺。蓋君等深受戰爭之禍，實較其他任何民族爲久，且亦較其他任何民族爲烈，職是之故，中國人民實已取得在和平中渡其歲月之權利。

吾人之陸軍與海軍，必能取得勝利。此乃吾人所深信。易言之，即彼等將能重建和平，惟僅能重建和平仍爲不足，吾人更應進而維持和平，美國之主要目的，即在維持和平，吾人將與中國及其他國家合作，竭盡全力以維持和平，一如吾人目前之竭盡全力以爭取勝利也。

爲維持和平計，日本之解除武裝，實有必要。同時日人究應如何開始彼等新秩序守法律之自治，則應聽由日人自決。

吾人與中國之關係，在目前及在戰後可視爲吾人在東亞國際關係之基石，吾人不欲與中國成立任何排他性之協定，一如吾人不歡迎任何排除吾人之政治結合，自無待言。任何均勢制度，決不能有助於和平之維持，蓋此種制度，均將引起國際間之互相敵視，而其結果，必爲日本軍閥主義之再度抬頭。

是以不僅中美關係須以歷史悠久之密切友誼爲基礎而繼續保持，即太平洋上中蘇英美四主要盟國之關係，亦應使其融洽無間，互相合作。中國與蘇聯之共同疆界，較世界上任何其他二國之共同疆界爲長，一百餘年以來，英國人民在遠東之發展上實佔重要之地位，此四大強國間之合作，乃亞洲及太平洋上維持和平最良好之基礎。

苟無社會與政治之安定，斷難有持久之和平，而長久之安定，則必須以各民族之幸福爲基礎，若欲謀各民族之幸福，實以教育理工方面之專門訓練及民治主義之自治爲最善之法。

余自親臨屢經日寇濫炸之貴國戰時首都後，業已感覺中國現方熱誠企盼勝利之來臨，庶能進入和平與安定之時代，以增進其人民之福利。貴國在國際間既已獲得新地位，貴國與友間實有充分諒解之必要，對於今後與東京及太平洋特別關連之各種共同問題之討論，中國自極關懷，日本以武力奪取之中國領土，將歸還於中國，朝鮮之獨立，業經吾人許諾，吾人主張泰國之主權，應行恢復。亞洲方面，尚有其他之政治及種族集體，現仍處於殖民地之地位，勝利來臨之後，彼等企盼自治之心情，應獲得迅速與積極之注意。

關於此點，余擬引述赫爾國務卿之言，或不爲無當。「獨立國家對於企盼自由之藩屬人民，實負一種責任，凡與此等人民有政治關係之國家，應負責協助此等抱有熱望之人民，進行其物質上與教育上之發展，俾肩負自治責任之準備，並獲得自由。至於此種協助，究能獲得若何成就，吾人與菲律賓間之成績，實爲最佳之例證」。赫爾國務卿之言，蓋已指示亞洲新時代之途徑。

在中國境內，諸君亦有若干少數宗族問題**（編者按：「少數宗族」是什麼意思？不通之至！華萊士這個演說本擬在報上發表，因中央社譯文，無法信任，故只得登參考消息了。）**昔年之五色國旗乃標誌中華民族五大宗族之象徵，國民政府現雖改用青天白日旗，然孫中山先生對於弱小宗族所抱之同情，及其竭畢生之力諄諄以教其國人者，當可爲諸君將來對中國境內少數宗族問題覓求合理解決之保證，如諸君與吾人將在國際方面共同努力，以謀殖民地問題之解決也。

余對維持東亞及太平洋和平之三大要素，業已說明，即日本必須解除武裝，太平洋各國間必須諒解與合作，及亞洲各民族必須獲得自治是也。余深信吾人——即中美兩大民族——應用吾人之思想與精力，以求公正目標之實現，庶幾在此次戰爭中所作之種種犧牲不爲虛擲。

貴國對於國內及國際事件之處理，已有一確切而令人嚮往之指示，即三民主義是也。三民主義之創造者乃貴國之大政治家孫中山先生，余願藉此杯酒向孫中山先生表示敬意，並向三民主義之實行者——蔣委員長表示敬意。

## 海通社傳
## 重慶各報評華萊士來華

「海通社上海廿三日電」重慶報紙以長篇的評論述副總統華萊士之抵達重慶。某些報紙歡迎華萊士爲「民主的戰士」。重慶國軍報「掃蕩報」承認華萊士此行的確實背景，尚不清楚。該報以爲此行與重慶的作戰努力及戰後問題有關，並勸告華萊士認識重慶抗戰的意志，要求他給予相當的援助。影響諸國的「大公報」則望華萊士的訪問會使得實踐。說中美與蘇聯之間的關係更爲密切，以增進東亞的外交行爲。國民黨官方機關報「國民公報」表示希望此行會促成開羅會議決議的實現，並期望舉行關於太平洋與東亞大陸戰後問題的談判。

「中央社重慶廿二日電」宋部長子文二十二日晚八時在私邸歡宴華萊士及隨員，並邀美大使高思及我高級長官作陪，至十時許始散。

「中央社重慶廿三日電」美國華萊士副總統此次蒞臨我國戰時首都，攜有大批物品贈於我國教育及文化機關，其所贈與教育部中華交響樂團交響樂譜，二十三日已由美大使館送交該部。

「中央社重慶廿二日電」以農業技術馳名世界之華萊士副總統，自蒞臨以後立即之我國後，於酬酢參觀之餘，無時無地不以最興奮之情緒欣賞中國田野之田園，及深宜阡陌間之殷勤農作。華氏二十一日晚應蔣主席之歡宴後，並借宿官邸，晨七時華着便服至官邸附近隴畝間，手持我國鋤頭揮作快愉之際，頻頻讚我國鋤頭爲農事之一利器。同時更與田的中耕作之農民握手晤談，約一小時許，始返官邸。華氏富有耕耘之熱，於此可見。

## 孔祥熙招待記者
## 說明赴美目的

「中央社華盛頓廿三日電」孔副院長祥熙，今日下午在美財部辦公處內，舉行非正式記者招待會時稱，此次來美主要任務，爲出席聯合國際貨幣會議，並與美方領袖討論戰後問題。孔副院長與美財長摩根索並肩於一巨大窗字樓後，謂渠此行亦在向羅斯福總統及美政府致意，並告記者謂何以何所須方與我之合作。再蔣夫人亦託其向美國人民致意，蓋去年蔣夫人訪美時，美國人民所表示之熱情，蔣夫人固時刻感念也。記者請其發表所擬在戰後討論之戰後問題，孔副院長拒作表示。僅稱，彼欲聽取美方官員之意見，但孔副院長強調中國欲謀得以人道與正義爲基礎之永久和平。孔氏稱，諸渠不願戰爭，吾人亦然，戰爭乃可怖之事，吾人必須尋求解決爭端之以戰爭本來之戰爭。中國相信防止戰爭之基本原則，必須建立於人道與正義之上。某記者詢以中國迫切財政問題何在，孔副院長乃提醒各報之記者稱，中國抗戰已逾七年，經過七年戰爭後，自有若干困難，通貨增加乃其中之最顯大者，以後對此或有所說明。某記者詢以是否將尋求美政府對華之財政上援助，孔副院長以堅決之口吻答稱，否，吾人正共同作戰，資源亦係合流，吾人毫無所求。孔氏繼此，乃簡單講述貨幣穩定問題稱，中國正力持貨幣穩定，吾人進行作戰必須有穩定之貨幣制度，吾人預欲於戰後建設與繁榮，亦必須貨幣之穩定。孔副院長表示我對行將召開之國際貨幣會議極爲重視。此次來美之主要目的，亦在出席會議，彼深盼會議成功。某記者詢以中國是否希望以白銀列入平準辦法，中國是否贊成恢復銀之使用，孔氏答稱余銀鑄有用途，彼曾以一部白銀售與摩根索財長，摩根索財長曾以一部黃金售彼（指孔副院長）。此時美財長乃插語曰，「此固公平交易也」。孔氏又稱，中國可以用銀，但彼並非要求獲得白銀，彼尚不知在美勾留之期間，離出席國際貨幣會議後擬入醫院休養。孔副院長或定下週初晤羅斯福總統，然後乘火車赴離紐約北六百哩之布勒頓林出席國際貨幣會議，該會定七月一日揭幕。

## 英工人日報檢討中國戰局

「路透社倫敦廿三日電」共產黨工人日報及左翼週刊「新政治家」，今日發表對中國戰場演變的悲觀評論。工人日報外交訪員斷言中國的挫敗」正引起盟國軍界人士的驚惕，他們深恐中國東南以南數省或將陷入敵人手中」。雖不提及中國收復平漢路某段的反攻的工人日報保證稱：「有確實的根據可以相信，日軍對隴海平漢線兩鐵路的進攻很少遇到中國的抵抗」。據工人日報稱，此係因爲日軍進攻之處係中國政府使用許多擁精銳的部隊以封鎖共產黨邊區之地。該報評論，「若干時來英美官方人士即恐懼到，國民黨反共集團對同盟國戰事所予的危害」。但繼稱：「華萊士副總統的訪問重慶及在七年後對外國記者訪問邊區的允許，已引起此種希望，即解決辦法將能達到，而中國的戰爭努力亦將與有效地與同盟國的戰爭努力相配合」。工人日報同時斷言，廣東及廣西當局正醞釀自與「共產黨政得調解，及對日本表示更多的活動」。此消息似乎反映於「新政治家」的社論中，其中稱，這些省份與重慶的關係若干時來即是曖昧的。該報提示謂，日軍希望在廣東及廣西建立傀儡政府，令其不能爲盟國用作空軍基地。似不宜希望到了解中國地理的「新政治家」便稱：「日本的總編制北部向南推進，至緬甸之部的勝利，顯然已迫使本統帥部採取步驟以防止印度北部與重慶間交通線一旦重開的可能。日軍已在中國發動相當大規模的戰事。日軍一路自漢陽向西進攻，意圖或者是完全孤立陝西省的八路軍與重慶中國的任何接觸聯系。另一路日軍正沿清漢口南部的粵漢鐵路，日軍已經迅速向衡州進犯。「這些進攻較過去照例出動以破壞中國主要農業區的行動（編者按：指常德戰事）規模顯然是大得多。這正戰略的問題是：在中國的被佔領區中，蔣介石政權在日本此次新壓力下，能支持多久。」

# 參攷消息

（只供參考）
第四六六號
解放日報 新華社 編
今日出版一張
卅三年六月廿六日
一

## 中部紅軍展開大攻勢

【同盟社東京廿五日電】太平洋和歐洲的戰局益趨嚴重時，紅軍於廿二日德蘇開戰三週年紀念日——亦即攻歐作戰後的半月，在摩吉列夫、維特布斯克中間地區的中部戰線開始進行夏季攻勢。自西歐作戰開始以來，世界各國都集中注意西歐作戰相呼應的紅軍動向。當西歐作戰開始後的瞬間，尚未見到美英所期待的紅軍動向，因此美英兩國對蘇聯的關心顯然受到刺激，爾後紅軍在卡累利亞地峽始進行攻勢，這不過是要使芬蘭退出戰爭的局部的攻勢。東部戰線紅軍五百個師的兵力中，被動員至卡累利亞戰線的兵力只有十五個師。這種攻勢並不是屬於足以發展爲東部戰線全面攻勢的種類，但蘇聯對芬蘭的攻勢是依靠壓倒的優勢兵力和機械化部隊來進行的，隨着這個攻勢，紅軍逐漸接近一九四〇年蘇、芬和平條約所規定的國境。然而紅軍於廿二日在斯摩林斯克——奧爾查公路兩側對德軍展開大攻勢，於是紅軍開始了夏季攻勢。目下正在維特布斯克至斯摩林斯克——奧爾查公路南方的一百五十公里戰線上進行戰鬥。據德軍偵察，戰爭更有擴大至南北兩方面的模樣。

## 敵陷萍鄉

【同盟社湖南前線二十四日電】我軍鐵鎚部隊已突破湘南、江西邊境之萬陽山，突入江西省。二十二日晨以來，在萍鄉附近與敵二十六軍六部隊遭遇，展開激戰。同日午後三時，於十餘時的激戰後，終將該敵擊潰，佔領萍鄉。即是說第三戰區司令長官顧祝同，爲我突破湘、贛邊界的消息所狼狽，乃急令其部下的第二十六軍，防衛重慶地區屈指可數的萍鄉。第二十六軍僅[illegible]了治盤，即以四十四、四十一兩個師，於二十一日黃昏到達萍鄉附近，於防衛該市[illegible]既設陣地前面山中，復構築野戰陣地，企圖以鐵道抵抗線，阻止我軍的進擊，但終因我軍的包圍作戰與突入背後而敗退。我軍確保市街，並佔領附近的煤田地帶，並急追敗敵，目下正在山嶽地帶，展開殲滅戰中。

【同盟社湖南前線廿四日電】被我軍佔領的萍鄉，以產煤著稱，位於江西省的西北角與湖南省的交界處，由萍株鐵路聯絡我軍前此佔領的醴陵、株州。萍鄉市的人口雖不滿一萬，但爲控制湖南、江西兩省間的交通要衝。附近的安源山與包括萍鄉的一帶地方被稱爲源江煤田，長約一百公里，礦產豐富，計有五萬萬噸，每年即採掘一百萬噸，亦能繼續採掘一百年。它與大冶礦山同由日華合辦的漢冶萍公司採掘，供給漢陽兵工廠（中國最大的製鐵所）龐大的煤炭需要。最近其採掘量，每日平均達一千五百噸，全年約五十萬噸。把粉炭製成骸炭的作業，在該處已相當普遍。黑煙從二百五十四個煙囱上昇，直冲青天。而且值得注目的是，它是重慶統治區有數的煤田。骸炭由萍株鐵路或由源江入湘江，再經長沙、衡陽，還至遙遠的昆明、桂林等地，成爲抗戰軍需工業的動力。因此，由於這一地帶被佔領，對重慶軍需工業地影響甚大。又事變前留住該地的日僑，不過數人。皇軍還是第一次進擊該地的。

## 同盟社一週戰況

【同盟社東京廿五日電】中國方面：（地上作戰）湖南方面，我軍於相繼攻克長沙、瀏陽、醴陵、益陽、寧鄉、湘潭後，繼續進擊中。在華南空軍最大前進基地衡陽，其攻略亦在指顧之間。與陸軍部隊配合的海軍部隊，十七日突入長沙西北四十公里處的靖港，整頓去長沙的水路警戒。河南方面，靈寶南方地區，六月一日到十四日止，共收敵屍五千一百九十七具，俘虜五百三十八名；擊落飛機達二十架。（航空作戰）六月中旬，我軍的戰果爲擊落敵機十六架，擊傷十六架，焚毀十二架，合計四十四架。緬甸方面：（地上作戰）科西瑪方面，敵爲打開血路而反覆攻擊，我軍自六月上旬已在最適合防衛後方一線改變配備，繼續擊潰敵之反擊。法勒爾方面，我軍自十五日起，全面追擊向法勒爾退卻之敵，我各個部隊自各方面壓迫法勒爾，擴大戰果中。伊姆法爾北方與比森普方面，目下正擊潰執拗反擊之敵。北部緬甸方面，開始作戰以來的戰果爲：怒江方面（截至×月十一日止），敵遺屍五千四百二十六具，俘虜七十四名。鹵獲迫擊砲二十四門。密芝那方面（截至六月十二日止），敵遺屍約二千五百具。（航空作戰）二十二日在密芝那與加邁方面，擊落敵大型運輸機四架。中部太平洋方面：塞班島約兩個師登陸之敵，即時確保地盤，阿島利特（譯音）機場幾落敵手，敵但在着手恢復中。當於塞班島出現以來，我航空部隊，連日攻擊敵人。十二日起到二十日止，除了一部帝國聯合艦隊在馬里亞納羣島海面所獲戰果外，擊沉敵艦一艘、巡洋艦一艘、潛艇一艘，擊傷航空母艦四艘以上、戰艦二艘、驅逐艦兩艘、運輸船六艘、艦類未詳者一艘。南太平洋方面：拜阿克島方面敵之主力，已達一個師團，我軍與敵正對峙，繼續決戰中，截至十四日止判明的戰果計：敵遺屍約一千具，破壞坦克十五輛，擊沉滿載敵兵的舟艇九艘。（缺一段）我在於布肯維爾島周圍地區，將兵奮鬥，確保陣地，殲潰來襲之敵，毅然擔任防衛南海。又拉布爾我軍之士氣健旺，安然堅持衛布爾要塞。

## 華萊士在蔣公宴席上演說

【路透社重慶廿一日電】美國副總統華萊士在蔣介石公宴席上宣稱：我們有充分理由希望今年將是日本侵略的失敗，亞洲和太平洋的最後一年。華萊士概述中國與太平洋和平的三要素：解除日本的武裝，太平洋各國的諒解和合作以及亞洲各民族的自治。蔣介石於歡迎華萊士時稱：我們需無保留的接受下列基本原則，即一切國際糾紛，不論其性質與起因爲何，均以和平方法解決。並謂：由於有盟國已經增加的援助，我們相信：我們將能把敵人逐出國土。中國主席於言及集體安全時宣稱：「聯合國每一成員均具有權利、道義上的權利知道每一其他成員在國際關係中的立場，同時，具有義務、道義上的義務使其他成員知道它自己的立場。只有在這樣精神中，世界和平才能建築在堅固的基礎上。我們尊重每個國家的領土完整與獨立。我們不夢想支配他國。我們無任何領土野心。正當屬於我們的領土即自應像它們所應該那樣歸還我們。」提及東亞問題時，華萊士宣稱：「吾人希望追自中國奪取的領土將被歸還中國。我們已允許朝鮮獨立，我們將贊成恢復泰國主權（在亞洲，有其他政治種族現尚處於殖民地地位，假使對於自治的希望，在勝利後應受立刻和積極的擴充。」他希望中國將盛（或：將致力於闡明地解決中國境內少數民族問題）中國境內的少數民族問題的開明解決而工作。

## 末次信正說
## 今後一週是決戰的一週

【同盟社東京廿三日電】曾任聯合艦隊司令官的「有終」會員末次信正大將，在東京西澀谷私宅，掛着很大的海上地圖，用圓規指着塞班的方面，他稱：敵人一旦若塞班登陸，我們就不[illegible]，敵人的機動部隊要想從塞班逃走是不可能的，要想補給，必須從珍珠灣三千三百浬的地方運輸。敵人不斷的接近日本內海，這正是我們的希望。從古到今，不論怎樣的艦隊，不斷從古的西班牙無敵艦隊、馬塔艦隊，甚不論甚麼來斯艦隊，其後數量均遭失敗，英國艦隊現正在實行這一戰法。準備就緒的我艦隊，予敵先制攻擊，但尚未予敵人以決定性的進攻，我聯合艦隊一部，對有優勢航空機的敵艦隊，進行挑戰，而且得到了如此戰果，次田信玄說：「勝利如果是六分則好，七分上上，八分勝利以及全勝將使心中生驕，勝利亦就不可能」。實在是這樣，雖不能說是決定的打擊，但在廣闊的太平洋海面上，要完全擊潰敵艦隊是很困難的，國民如希望全部擊潰敵艦隊，則此氣魄會立即反映給海軍，而國民的希望，還得緩緩爲飛機的積極增產，使供給綫遙遠之敵的不利更加嚴重。敵人已挑動起這一次決戰，在塞班進行示威登陸，而在塞班碰到釘子的必是敵人，此一役是必勝的好機會，此後的一週，是打倒敵人的一週，國民應拭目以待。

【同盟社東京廿四日電】我聯合艦隊的一部份出動至馬里亞納羣島方面迎擊大舉來攻該方面的敵艦隊。現在雖然尚未予以決定性的打擊，但我方擊沉或擊傷敵航空母艦七艘以上，戰艦一艘以上，擊落敵機一百架以上，予以重大的損失，這增大了我先制攻擊的戰果，目下彼我仍在激戰中。栗原報導部長就該方面的戰局發表談話闡明竭盡該方面陸海空軍的主力，堅決擊碎敵人的牢固的決心。其談話內容如下：此次塞班方面的戰局是開戰以來最嚴重的。無論在敵人來攻的企圖，其使用的兵力及其戰意的旺盛各方面而說，都是開戰以來最嚴重的。敵人的兵力是航空母艦廿艘以上、戰艦十餘艘爲基幹的大部隊，並伴以百艘以上的油船。自敵艦隊於六月十一日出擊塞班方面後，該方面即成爲激戰的戰場。特別是到了十五日敵軍二個師團以上的兵力在塞班登陸後，海陸作戰益加猛烈。十九日我機動部隊進行先制攻擊，逮捉敵艦隊的主力，予以重大的損失。但與其來攻的兵力相比，敵人只損失一部份的兵力，戰局還沒有到達決定的時期。今後必須竭盡該方面陸海空軍的全力擊碎敵人。不消說全國人民，就是全世界人士都重視該方面戰局的演變。該島方面及南方諸地域如馬紹爾羣島、加羅林羣島、所羅門羣島、新幾內亞方面的前綫將士都非常注視戰局的演變。塞班島的戰局對於敵人說來，是難局中的難局。根據外國電訊方面的報告，可以知道敵人的苦楚。前綫將士表現了非言語所能形容的英勇作戰的精神。我們每次收到報告時，熱血沸騰沸騰。

# 參考消息

（只供參考）

第四六七號

解放日報社參考部編

今日出版二張

三十三年六月廿二日


## 蔣介石於歡宴華萊士席上致詞

【中央社渝廿一日電】蔣主席廿一日晚於歡宴華萊士副總統席上致詞，全文如下：

華萊士副總統，各位來賓：

美利堅合衆國無論在言論上或在事實上，無論在戰時或平時，始終都是我們中國最密切的友邦。華萊士副總統閣下爲貴國聲譽最著的有數人物，而且是本人所仰慕已久的政治家。此次代表貴國惠臨中國，我們政府和全國國民茲表示衷誠的歡迎。

閣下在政務繁忙之中，不辭遠道跋涉，跨過海洋越過叢山峻嶺的高原，來到戰時艱苦的中國，我們得與閣下會晤，實在感到愉快而榮幸。閣下的訪問與進一步加強貴我兩國一貫的友誼，在中美兩國的歷史上，實在是有重大的意義。

閣下的惠臨，適在這個歷史性的重大時機。貴國英勇的軍隊與盟國軍隊，協同一致，已在歐洲戰場造成輝煌的勝利，使歐洲大陸開始得到解放。而我們全國軍民，在中國戰場上，經過七年的長期艱苦作戰之後，正在面對着殘暴無比而裝備優勢遠過於我的敵人，以我們一貫堅強的決心，與之作大規模的戰鬥。我們這一戰是十分重要的。有了盟邦日益增加的供給，我們深信一定能夠擊退我們的敵人。

我們知道閣下是衷誠維護人類自由和國際正義的。聯合國目前最高的任務，是要迅速擊潰所有侵略者，獲得全面的勝利。然而除此以外，更必須建立世界永久和平的機構，才能使這次大舉世浩劫中喪失生命的千百萬男女老幼，不致作無意義的犧牲。

在這個世界上，再沒有任何的民族比我們中國更需要一個永久和平的世界的。因爲受殘暴侵略的痛苦最久而最深，我們中國極端憎恨世界上任何地區的軍國主義和侵略主義，我們中國的傳統哲學是「四海一家」，這是一個哲學教條，由於歷代聖哲自孔子、孟子以至我們國父孫中山先生的教訓而植於我們全國的人心。

我們認爲聯合國中每一個國家，都有權利——道德的權利來明瞭其他聯合國對於世界關係的觀點；同時，我更認爲每一個聯合國都有義務——道德的義務使其他聯合國家明瞭其本國對國際關係的立場。惟有在這一個深切瞭解的精神之上，才能使世界和平築成堅固的基礎。而華萊士副總統我們要向閣下申言，中國國民是希望在親仁善鄰的原則之下，和世界上一切民族和諧而平安相處的。我們尊重每一國家的獨立與完整，我們從不作支配他人的夢想，我們除了[illegible]歸還我們的領土當然歸還之外，絕沒有領土的企圖。

不但如此，我們並且希望在經濟方面、金融方面、教育方面和政治方面與各國日益加強其合作。現在世界上面積的距離，已經由於交通的發達而縮小了，所以決沒有一國能夠不倚賴國際的善意和合作而獨自享有如羅斯福總統所提倡的四種自由的，也決沒有一國能夠漠視了世界整個的繁榮而獨獲得或保持他的繁榮的。爲了使我們對於世界繁榮能有所貢獻，我們中國渴望將本國發展爲農業工業平衡發達的國家，我們渴望增進人民的社會福利和經濟福利，提高我們國民的生活水準，增加我們在世界市場上的購買力。尤其我們是農業國家，農民佔全國總人口百分之八十以上，我們政府特別注重於增進農民的生活，以達到耕者有其田的目的。這一點想必爲關心農民問題的閣下所樂聞。至於在經濟建設方面，爲了發展我們的工業和開發我們廣大的資源，我們歡迎國外的投資和國外技術專家的協助。

我中國國民以最大的決心，準備和一切愛好和平的民族相合作，準備擔當我們應有的任務，以建立普遍的集體安全。我們相信任何性質、任何原因的國際爭執，都應當用和平的方法來解決。國際和平是整個而不可分割的。這些基本的原則，我們是無條件的接受。惟有接受了這些基本原則，而且堅決擁護這些原則，乃至在必要的時候有充分的國際武力爲後盾，才能夠爲未來世界的安全奠立堅固的基礎。

我們並且相信，除非徹底摧毀我們共同敵人的軍事力量，則集體安全是無法獲得的。在整個和平制度沒有建立之前，美英蘇中四國必須負起維持國際和平的責任，惟有美英蘇中四國間的緊密無間的團結與合作，才是未來更佳世界秩序的保障。

在這個新時代中，我們中國的責任和義務，一天天的加重，這一點我們中國是很清楚的。中國正在竭盡一切可能的努力向前邁進，以期改進自身，俾能負荷此種重大的義務和責任。但是以中國人口如此的衆多，幅員如此的廣闊，傳統習慣如此的久長。而要使中國徹底現代化，其所包含的困難又是如此的複雜。我們要達此目標，當然需要很多的時間，而不是短期可就的。世界上沒有比我們中國自身瞭解更深刻，我們所必須克服的種種阻礙和困難，這樣等的艱鉅，然而我們確信只要堅決努力，我們必能成功。

華萊士副總統在這樣難得的盛會中，我們歡迎閣下的蒞臨，我乘此機會對於貴我兩國國民協共同關切的若干事項加以說明。我希望閣下將我這一番意思攜回給貴國總統，貴國參衆兩院和貴國的國民，請告訴他們我們中國的國民，深深感謝美國對我中國所畀予的精神和物質的援助，使我們中國能夠爲達成人類自由幸福的共同目標而努力。更請告訴他們，我們中國國民(下掉百餘字)

## 同盟社傳
# 美將成立協定

【同盟社××廿六日電】重慶已與美國就增進兩國利益的基本條件，成立共協定。雙方協議的事項如下：(一)共同推行對日戰爭。(二)蔣美締結協定互相保持永久的親善。(三)中國經濟的發展及美國的援助。(四)在思想問題上，則承認美國的民主主義，以圖民主主義與三民主義能夠融調。(五)美國需要實施憲政。(六)締結美蔣通商協定。

# 敵稱衡陽防禦薄弱陷落在即
## 美軍被迫放棄東南空軍基地

【同盟社湖南前線特派員廿四日電】我華中作戰部隊已將敵第九戰區各防衛據點(以長沙爲中心的各據點)緊縮於包圍圈內，一一將其殲滅，更不使敗殘之敵有重整機會，忽然沿粵漢路開始猛擊，暗示作戰規模急劇的展開，以突破敵陣的楔入形式，向新戰場一路南下，遂於廿三日黃昏，殺至在華美空軍前進據點之衡陽郊外(粵漢路中段要衝)，即將衝入市街，給重慶以深刻的戰略壓迫，而臨嚴重局面。即是說，十八日當我軍攻略株州、醴陵時，重慶不知我之作戰意圖，輕視湖南南段的防衛，趁着敵陣營混亂的間隙，開始猛進，突破敵陣，神速進擊的銳鋒，在七七的事變史上劃一紀錄。穿過大雨泥濘的惡路，沿着粵漢路向南前進。衡陽防衛軍，只不過第七軍兩個師的兵力，我軍即將袖亭佔領，廿一日克衡山，廿二日奇襲渡過洣水，到處排除敵之微弱抵抗，中央突破達一百五十公里。至廿三日黃昏，遂殺至衡陽郊外。市內之第一百九十師、新編十九師疲憊不堪，非常混亂。廿三日晨起，開始破壞在華美空軍的飛機場。現在我將士燃燒的鬥志，有直呑衡陽之概，衡陽的陷落，已爲時間的問題。

【同盟社大陸基地報導班員廿五日電】在湖南方面展開作戰的我軍，於佔領長沙後，更以快速前進。據敵方報導，美軍在華中的最重要空軍基地衡陽，已進行市民的疏散工作。重慶軍與空軍，正準備防衛與撤退。美軍飛機已經逃走，在該飛行場上已看不到一架飛機，現在已成一塊空地。滑走路雖仍完好，但附屬的一部設施已經破壞。現在民衆早已退走，徹底的破壞已屬不可能。衡陽距敵美空軍在中國南進中心地號稱航空堡壘的桂林僅三百公里，其附近分散配有零陵、寶慶、遂川等重要基地。日軍在湖南的作戰，使上述各根據地遭受到極大威脅。又在連結衡陽至廣東線上，作爲美軍對日本空襲的前進基地，有遂川、建甌、贛州等飛機場，美軍過去即加強此等飛機場的設備。同時在遂川南方一百公里山中的新城附近，新設比遂川尚優良的附有長大滑走路的飛機場，不斷準備空襲日本本土。此種從中國西南部的企圖，已經變成水泡。

【海通社柏林廿五日電】日本陸軍副發言人飯島中將在接見記者時，檢討日本空軍由於在河南省及最近在湖南省日軍大規模攻勢，而增加其在中國之空中活動所達到的優秀成功。他說盟國的計劃是要在中國東南部建築大飛機場，從那裏往炸日本本土。這一計劃已被顛覆。盟國空軍在其擁有的根據地被日本空軍嚴重擊毀之後，不得不將其根據地移至中國更遠的內地及重慶控制下的西北地區。日軍成功的主要原因是不顧氣候晝夜進攻的新戰鬥方法和戰術。因此敵人空軍減少至其以前力量的三分之一。據官方估計英國及重慶現時在中國所調用的飛機爲七百架。他繼稱：這一數目，時增時減，動蕩不定，因爲日軍繼續摧毀敵人更多的飛機，而另一方面盟軍已從美國獲得增援。日軍發言人指出美空軍在過去，自通重慶的一切陸路被切斷後，限於支援重慶政府的各航空運輸。自從若干月以來，美軍開始在中國東南部另外建立空軍根據地，以便從那裏轟炸日本本土。當盟軍在此明獲得了是項根據時，這一新階段即開始。他們從那裏向前推進至桂林，並從那裏推進至衡陽、醴陵、右山、玉山、麗水、建甌、福州及溫州。在日本空軍繼續一週攻勢之後，美軍不得不放棄這些空軍基地，亦移至中國西北。他們在甘肅和陝西省建立新空軍基地。（下面原文錯落）

「同盟社里斯本廿六日電」路透社駐重慶訪員關於湖南戰局報導稱：衡陽是湖南的重要地方，在古戰場都是很有名的。自中國事變以來，成為中南部中國最重要的產業、商業及交通的中心。同時由於是粵漢、湘桂兩路的交叉點，又是南部中國與四川省的交通中心，設若衡陽亦為日軍佔領，那麼美軍及重慶空軍不僅在華南喪失了一個重要的根據地，華西與華東陸上的直接聯絡，亦因之而困難。又設若日軍確保了衡陽，爲了完全佔領粵漢路，能夠繼續向西南的桂林及東南方的廣東方面進攻，則情況將日趨重大。裝備薄弱的重慶軍，因不能在鐵路與公路沿綫阻止日軍的進攻，所以可能在日軍延長交通綫及日軍攻入西部湖南山岳地帶之後，再企圖反攻。

# 重慶各報評盟軍在法海岸登陸

本月六日，盟軍在西歐登陸以後，重慶各報曾著有關要評論，茲將六月七日所有重慶各報之社論，擇要摘集於下，以供參考。——編者

「中央日報」社論「歐洲第二戰場的開闢」謂：「……中國的軍人對於法北各地登陸的盟軍，格外抱着親切的心情。同時，中國的國民對於歐洲第二戰場的開闢，一樣的具有熱烈的期望。……羅馬的解放，就是東京解放的先聲。柏林的轟炸，就是東京轟炸的前奏。軸心一國的崩潰，就是他們全體的戰敗，盟國一處的勝利，就是聯合國全體勝利的一環。

中國軍民這樣的正確深切的認識，更由於中原之戰與湘鄂之戰，獲得了正確深切的解釋。日寇乘了歐洲第二戰場開闢的機會，抽調了久駐東北的精銳軍，發動了強大的猛烈的戰鬥，他的企圖是什麼？他企圖突破聯合國海陸空各路的環攻、他企圖以最後的陸軍力量，深入中國戰場，以鞏固他亞洲內海四周的防禦，作爲延長戰爭的手段」。

「掃蕩報」社論「西歐開闢第二戰場」謂：「我們曾說過，歐陸戰事已屆登陸進攻，軍事佔領的時候，爲了迅速促成勝利，東方應當發動對日的策應攻勢。現在西歐開闢第二戰場，希特勒行將舉行葬禮，而東方的日寇，則正猖獗於中原，肆虐於湘鄂。第二戰場的開闢，對東條之輩，無疑地亦是最大打擊，盟方應於日寇喪膽之際，從太平洋，從東南亞迅速發動攻勢，以促日寇提早敗亡」。

「新華日報」社論「第二戰場開闢了」謂：「我們在第二戰場開闢的時候，要以勝利迎勝利。中國一定要在中原，在湘北積極打擊敵寇，獲得勝利，使東西捷報互相輝映。而且，第二戰場開闢了，希特勒的末日快到了，跟着來的，不就是東條嗎？中國要勝利，要準備反攻，就要在中原和湘北前綫，打幾個大勝仗，表現我們的力量和努力」。

「新蜀報」社論「要把歐洲的野獸在裏面去結果它」謂：「第二戰場的砲聲和號角，對於和平人類的公敵，對於陳死的帝國主義份子，對於一切貨色的法西斯及其傀儡們，都是聽起來有一點使他們心頭顫動寒抖的聲音，都是使這班牛鬼蛇神要落胆喪魂的聲音，他們掙扎二年之久了，曾經千方百計來阻止這個聲音的出現，來破壞這個聲音組織的成功，他們還曾鼓勁着盟軍內部的瓦解，好讓他們把槍尖集中東戰場專心殺向蘇聯戰場而去，而把世界人民的耳目模糊起來。可是，這一切的企圖妄想，都被盟國軍民的鮮血的團聚和凝結力量打落得成爲粉碎不堪的東西了。在這第二戰場的砲聲和號角裏面，他們被打得鬼哭神號起來，他們再也不能掙扎起來像瘋狗一樣向人民狂咬」。

「國民公報」社論「第二戰場之開闢」謂：「盟軍這次的攻擊，是蓄銳萬鈞的一擊，是盟方與納粹在歐洲戰場的主力大決戰。看羅斯福總統近宣佈今年夏季解放歐洲的大氣魄，艾森豪威爾將軍激勵將士的豪壯語，再加上盟方強大的軍團及其壓倒的軍火生產力，勝負之數是不卜可知的。現在歷史上最強大的登陸戰正在英勇進行中，歐洲大陸十四國的黎庶正期待着這一大決戰的勝利而解放，全世界一切有正義感的善良人士，都以萬分興奮的心情

勝說盟軍的成功，人類的歷史，又將由希特勒瘋狂妄想的手裏，而回到正軌來了」。

「時事新報」社論「歐洲第二戰場開闢了」謂：「盟軍開闢第二戰場是預定計劃，計劃的迅速實現，就反映着盟國合作的加强。我們知道德黑蘭會議決定了對德作戰的整個計劃，同樣，開羅會議亦決定對日作戰的整個計劃，而兩大會議決定了聯合國的勝利，亦就決定德日兩國的崩潰。現在盟軍對德既開闢了第二戰場，對日必然盡量的加强中國抗戰力量，以便從太平洋上，從東南亞，從中國，同時發動對日全面攻勢。因此，我們在慶幸的興奮中，特提出這一點迫切的期望」。

「新民報」社論「遙望歐洲新戰場」謂：「我們預料盟軍在法國北部的行動還不過是規模更大範圍更廣的整個決戰性的打擊的一部份。在不久的未來類似的進攻可能在所謂「歐洲堡壘」的各方面同時展開，而使希特勒應接不暇。

柏林該在發抖！東京也該在發抖！讓我們等待着吧，淪陷的土地一處處的歸來，軸心的徹底滅亡一天天的接近。」

「商務日報」社論「第二戰場開闢以後」謂：「英美能從容地準備第二戰場的開闢，不能不歸功於蘇聯在東線抗戰的偉大勝利」。「可是我們也不能過度的樂觀，德寇在西線的主力，必然是最精粹的部隊，而他在最近期內所有的準備，都將在西線使用出來，別的不用說，它穩居優勢的海軍，已在開始和盟軍搏鬥了，雙方戰鬥的激烈，犧牲的慘重，必將達到此次大戰的最高點。盟軍如果能在西線穩定下來，希望蘇聯在東線迅速出擊，則西線的犧牲在短期內當然重大，但戰爭時間必然可以縮短，這樣也就是減少犧牲的唯一途徑」。「對於黨國在政治上的影響，可以廓清一般人對於破壞離間的雲霧，夜長夢多的德國，至此可以完全袪除。同時，德寇和附庸和中立國態度必將發生很大的轉變，增加對德寇的打擊」。

## 重慶公佈戰時出版品審查辦法及禁載標準

「中央社重慶廿一日電」戰時出版品審查辦法及禁載標準（卅三年六月廿日公佈）。第一條，國民政府為防護國際機密，維持社會秩序起見，對於戰時出版品實施審查，曾訂定禁載標準十二項，以為實施審查之依據。第二條，本辦法所稱之戰時出版品為下列各項：（一）新聞報紙；（二）圖書；（三）雜誌；（四）電影片；（五）戲劇劇本。第三條，審查方式採用事前審查與事後審查兩種，前者為原稿審查，後者為印成品審查。第四條，凡在國內出版之新聞報紙，應依照本辦法第十條所規定之禁載標準施行事前審查。第五條 凡在國內放映之外國電影片或國產電影片，及國內出版之戲劇劇本，一律施行事前審查。第六條，凡圖書及不以論述軍事、政治、外交為目的之雜誌，由著作人或發行人自行審查。第七條，著作人或發行人自行審查時，如有疑義，得自動將原稿送請審查機關審查之。經審查放行之著作人或發行人不負法律上之責任。第八條，凡未自動送審查或自動送審而不遵檢之出版品，如有違反現行法令時，著作人或發行人應負法律上之責任。第九條，凡未經事前審查之出版品，應由著作人或發行人將印成之出版品送審查機關，為事後之審查。第十條，戰時出版品之審查，除依據修正出版法第四章之規定外，其有左列各項情形之一者，應行禁止刊載：（一）違背我國立國之最高原則者；（二）危害國家利益，破壞公共秩序者；（三）洩露國際間未至發表時期之會議、談判、締約及其他有關外交之機密者；（四）妨礙我國友邦之睦誼或同盟國間之團結者；（五）洩露國軍之編制、番號、裝備、駐防地點、調動、補充、整訓情形及作戰計劃者；（六）洩露兵工廠、軍需工業、與重要國防工業廠之地點、設備、製造、生產量、供應及運輸狀況者；（七）洩露飛機場、要塞、測量局、重要電台、軍營、倉庫、軍訓機關及防禦工事所在地及內容者；（八）洩露戰役及與作戰之機密事項者；（九）洩露敵後我黨政軍敎工作人員之姓名及活動之情形者；（十）有礙糧政、役政之推行者；（十一）洩露戰時財政經建情況，足資敵人利用，影響抗戰者；（十二）洩露未經主管機關發表之各種會議、演習、校閱、集訓之日期、地點及參加人員者。第十一條，前條各項禁載標準，得由中央審查機關適應情形變遷，臨時規定解釋事項，呈准公告施行。凡在施行日期以前者，不受新解釋之拘束。第十二條，對於解釋事項，送審人與審查機關如有意見不同時，得呈請上級機關裁定後，再行核放。第十三條，中央及各地方審查機關之組織另定之。第十四條，本辦法自公佈之日施行。

# 參考消息

（只供參考）

第四八六號

解放日報 新華社編

今日出版二張

卅三年六月廿八日

三


## 川軍一四四師投敵

【新華社華中廿四日電】駐防皖南銅陵、繁昌一帶的川軍一四四師，四月中旬投敵。其詳細經過如下：

一四四師原隸五十軍，爲川軍模範師所改編，『八一三』後即出川抗敵，七年來始終駐防於銅陵繁昌一帶。幾年來該師得到補充極少（只在皖南事變時爲鼓勵該師進攻新四軍，曾大量補充過一次），給養亦不能按時領到，加以國民黨政工人員之從中挑撥破壞，使該師之戰鬥力日益低落。去春國民黨軍事當局藉口整編，剷除異己，規定各軍須有歷史、戰績及紀律三個條件下，實行整編。實際上並未依此條件去作，而把該師（因非中央嫡系）作爲整編對象。該師久已懷恨待遇不平，當接到整編命令後，更形憤激，羣起反對，請求上峯秉公處理。當局乃將該師師長唐明昭撤職，另委白某爲師長。至此該師官兵反抗益爲激烈，一面召集少校以上軍官會議，自推四三〇團團長張昌德爲代理師長，反對白某接任；一面即發出呼籲，散發傳單，反對國民黨排斥異己政策，要求待遇平等，表明抗戰決心。去年六月起，當局竟用其排斥異己一貫老辦法，停發該師給養，企圖從經濟上壓迫封鎖該軍，迫其就範，該師在無可奈何中，即在防地就地徵發。當地民衆因負担奇重，且彼等慮此維持，前途危險，曾向當局呼籲，希望能循政治途徑，公平處理，不意當局於四月二日竟調集五十二師向一四四師進攻，繼後第四師、一九二師、新七師亦相繼調來加入作戰，砲聲隆隆，聲震耳鼓。一四四師衆寡不敵，四月十一日向銅（陵）青（陽）邊的大掛嶺撤退，但退路已被新七師截斷（新七師近聞亦以作戰不力名義，師長遭當局扣留，部隊被改調整編），同時敵人亦出動向該師截擊，該部在國民黨與敵人交逼迫下，進退無路，加以漢奸從中誘惑，該師乃以營長多人送往董家店（銅陵青陽間），企圖緩和敵人從側後的進擊，敵寇即抓住此機會，加以利誘威脅，包圍砲擊，該部終於投敵。現該師已被敵改編爲偽和平五軍，向銅陵以南一帶進攻。該師從此成爲民族罪人。而國民黨之政策，是起了促成的作用。

## 國民黨新訂戰時書刊審查規則
### 要鉗制封鎖輿論

【中央社重慶廿二日電】戰時書刊審查規則（卅三年六月廿日公佈）第一條 戰時書刊之審查，除法令別有規定外，依本規則之規定。第二條 本規則所稱戰時書刊，包括圖書雜誌及戲劇電影之劇本。第三條，戰時書刊之審查，由中央圖書雜誌審查委員會（如下簡稱中央審查委員會）及其所屬各省市圖書雜誌審查處（以下簡稱審查書處）依本規則之規定辦理之。中央圖書雜誌審查委員會之組織條例，另定之。第四條，戰時書刊之審查，除依據修正出版法第四章所規定之限制登載事項外，應依照國民政府公佈之戰時出版品審查辦法及禁載標準辦理。第五條，前條所稱禁載標準之解釋，由中央審查委員會隨時通知各種書刊之發行人。第六條，凡圖書雜誌戲劇電影內容確實優良者，中央審查委員會得分別予以獎勵，其辦法另訂之。第七條，發行人或著作人印行圖書雜誌，除各種教科書應依法逕送教育部審定，各種地圖應依法逕送內政部審定外，其餘概應送請所在地審查處審查。發行人或著作人印行戲劇電影之劇本及攝製發行電影片，概應逕呈中央審查委員會審查。第八條，戰時書刊之審查程序，分爲兩類如左：（一）原稿送審：凡以論述軍事政治及外交爲目的之雜誌暨單篇文字，均應在出版前一律以原稿送所在地審查處審查，其未送審者，不得印行。凡劇本及電影版，未經呈送中央審查委員會審准者，不得印行（缺四字）。（二）自願送審，凡圖書或暫不以論及軍事政治及外交爲目的之雜誌，得不以原稿送審，由發行人著作人依據戰時出版品審查辦法及禁載標準，自行負責審查，但如發行人著作人自願以原稿送所在地審查處審查者，審查處仍應接受審查。第九條 凡圖書雜誌及劇本，不論爲原稿送審或自願送審，其發行人印刷人及著作人均應於印刷後發行前四日，一律以兩份呈送所在地審查處，其未呈送者，一概不得發行。前項圖書雜誌及劇本，如可先將原稿送審者，發行人印刷人著作人於呈送書刊時，應再送業經審查之原稿，以便審查處核導。第十 凡正原稿送審之圖書雜誌其原稿如有抵觸禁載標準之處，審查處得令其刪改修以後出版，必要時並得禁止印行。凡劇本及電影片如有抵觸禁載標準者，中央審查委員會[illegible]

刪改，修正後出版發行。必要時並禁止印行、上演或放映。第十一條，凡以原稿送審之書刊，依審查機關之決定而發行者，中央審查委員會不再課發行人著作人以責任。但如發現違背審查機關之決定者，得依法取締之。第十二條，依本規則第八條第二條之規定，得不以原稿送審之書刊出版後，如發現其內容抵觸禁載標準者，中央審查委員會得禁止其發行，並應視情節輕重，分別課發行人著作人以責任，必要時審查處並得依出版法先行扣押該項書刊。第十三條，凡有未設審查處地方，或國外運入之書刊，均應由發行人依本規則第七條第九條之規定，呈送審查，其未依法送審者，取締之。第十四條，凡經取締之書刊，如其發行人或著作人已將不妥之處刪改，或取締原因已經消滅時，得撤消其取締之處分。第十五條，凡戰時書刊之發行人或著作人，如認為審查處處理失當時，得申述理由，請求復審，並得逕呈中央審查委員會核辦。中央審查委員會對所屬各省市審查處之決定，於必要時，得變更或撤消之。第十六條，本規則施行細則另定之。第十七條，本規則自公佈日施行。

## 大後方今年徵糧 九千五百餘萬市石

【本報訊】大後方三三年度徵糧即將開始。今年將徵購一律改為徵借。全國徵額共九千五百七十二萬市石，其中徵實為[illegible]額四千二百二十一萬市石，借額為三千四百七十二萬市石，縣級公糧額為一千〇七十九萬市石。據中央社稱，去年後方各省糧食產量最低估計為十萬萬市石。又川省今年徵糧數額為二千萬市石，其中徵額九百萬市石，借額一千一百萬市石，另外又增派一百六十萬市石。據中央社電，川省今年徵糧數額的規定，「幾經中央暨省府當局若干時日之研討」，該來又交到川省參議會大會，經過「匝日來不斷之激烈辯論」，才於最末一次會議中通過。

【中央社重慶廿四日電】司法行政部最近擬將重慶地方法院，改為實驗法院，試辦新制。將於七月一日正式成立，直屬司法行政部，與高等法院同級。

【中央社重慶廿六日電】國家總動員會議秘書長一職，由端木愷氏代理以來，半年有餘，端木氏在十二中全會時曾提出辭呈，茲悉業經照准，並派行政院秘長張厲生兼任。張氏日內即可到職視事。

【中央社桂林廿五日電】桂青年團決於短期內建立團員武裝，先行設立一團，刻正籌備中。

【中央社內鄉廿四日電】豫西內鄉、淅川、鎮平、鄧縣、南召等縣，正發現大批蝗蝻，為害早秋作物甚烈。

【中央社寧夏廿三日電】寧夏蘭鑫機器工廠經多時籌備，近已大致就緒。該廠在陝訂購之各種機件，已運抵省垣，聘請之機士技工，亦已到寧。現正裝置機件，下月初即可開工。開工之後，將利用本省產鐵製造各種農工用具。

## 國民黨中央組織部副部長 張強辭職余井塘繼任

【中央社重慶廿七日電】中央組織部副部長張強請辭，經中常會照准，並改選余委員井塘繼任，已於廿七日到部視事。

又，政院第六六六次會議，任免事項：（一）教育部常務次長余井塘另有任用，應予免職。遺缺任命顧毓琇繼任。（二）甘肅省政府委員兼秘書長李少陵另候任用，應免本兼各職。任命丁宜中為甘肅省委兼秘書長。馬繼周為該省政府委員。

【中央社重慶廿七日電】軍令部戰訊發佈組兼副組長鈕先銘，近以公務繁忙，呈請辭職，專任軍令部第一廳第一處副處長。其副組長遺缺，經派由前重慶市新聞檢查所所長官其光繼任，已於廿七日上午到組視事。

## 敵稱在平漢路東進攻 侵佔扶溝西華等地

【同盟社鄭州二十六日電】平漢路東的進攻，在各個地區均保持進行。我軍於十六日夜間向路東挺進隊（司令陳新）約二萬人展開殲滅戰，十八日晨佔領扶溝（許昌東方五十公里），並繼續南進，二十日突入西華（扶溝東南卅公里）。其他部隊在挺進部隊援助下，向西岸的要地周家口進擊，十八日在該地西北十公里地點，排除敵人的頑抗，十九日佔領周家口，並繼續南進，廿日佔領商水（周家口南方廿公里）。現正猛追殘敵。我軍收容敵屍體二千一百九十四具，俘虜五百人，繳獲重機槍一挺，輕機槍十五挺，步槍一千五百枝，手槍十八枝，其他彈藥被服甚多。

## 美中印空運大隊宣稱 運華物資已超過以前滇緬路運輸量

【中央社昆明廿三日電】美空軍中印空運大隊成立已達一年，該隊聯絡官密爾上校招待新聞界，據稱：該隊為美國之最大空運部隊，於一年來不分晝夜飛越喜馬拉雅山運輸供應品，援濟中國軍隊、美軍及十四航空隊。內（缺五）運輸噸位已超過歷史上任何商業航線之運輸量，較之一九四一年十二月以前全美空運量尤多。至每日運輸噸位，亦已超過滇緬路每日之運輸量。羅斯福總統特別嘉獎該隊，認為「例外超越的成功」。該隊往來於中印航線，常遭遇種種氣候上之困難；但飛行員之堅毅卓越，設備與技術之改進，失事可能已減至最少。該隊現任司令官為哈定准將，自首次大戰以來，哈氏即從事於航空運輸事業，經驗極富，故對於中印空運航路上一切困難，均經哈氏主持改進。

另據中央社重慶二十五日電：發表題為「飛越喜馬拉雅山的空運部」通訊一篇內稱：中印空運大隊載運的軍用品中，中國軍隊迫切需要用的大砲和載重卡車，在以前是被認為太重而不能空運的，現在已佔整個運輸量中的大部噸位。陳納德將軍的十四航隊所用的炸彈和汽油，也佔了不少的噸位。空中運輸的噸位之多，現在已超過了以前滇緬路上的運輸噸數。這一支部隊現正不斷努力運供應品入中國，以履行一九四二年三月羅斯福總統的諾言，證實中國因被日本的進攻切斷了最後的供應線，美國對中國的接濟仍是源源不斷而來的。

中印空運的起點，是在一九四二年四月威廉與德中校率領四架老式的道格拉斯PG型飛機，第一次奉命經由這條航線載運軍用品經由印度飛到中國來。之後不少美國民用飛機就經調到這條航線上來服務。有時日本飛機飛到這條航線上來攔阻擾亂，陳納德將軍（當時是上校）指揮下的中國空軍美籍志願隊，特別派了四架P四〇式的驅逐機來掩護這一條新的航線。這是當時唯一的武裝，用以抵抗日本在緬甸的空軍。到一九四二年八月的時候，最初的（掉六個字）運輸軍用品到中國外，他還努力於建立完善的供應機構與擴大本身的組織，以求運入中國的供應品日益增多。到一九四二年十二月的時候，他們脫離了十四航空隊，改屬美國環球空運隊，仍舊保留中印空運大隊的名稱。亞歷山大准將（當時是上校）奉命接替比塞爾少將而為這個空運部隊的新司令官。曾經為威爾基駕駛飛機環遊世界的朱恰德中校，被任為幫助亞歷山大的參謀人員之一。中印空運大隊司令部組織也在這時候再加擴充。去年美國當局決定要使用一種載重量大而能高空飛行的巨型飛機，加入中印空運，最近已有很多架飛到了印度。這種飛機叫做C四六式運輸機，比空中霸王還要大，裝有兩個二千匹馬力的引擎。中印空運大隊，當時為了要在緬端的時限以內，運送一切急需的供應品到中國來，他們使用一種新式的飛機C二七號解放式快機，還是由轟炸機改裝的一種運輸用飛機，直接由美國載運供應物品飛到印度，再轉到中國來，全程僅僅只要四天半的工夫。美國陸軍航運總司令喬治將軍在視察中印航線之後，更擴大了中印空運大隊，並且把許多別的航隊擔負的工作劃給了這個大隊，同時更建立了一條「穿梭運輸線」，派定專門的飛機來往於中國印度之間。在中途，這種運輸機除了加油和更換駕駛員外，是不分晝夜飛行的。亞歷山大將軍在把空運大隊司令部遷到印度去之後，奉命調到另一個航運部隊去服務。他的職務，美國政府改派赫格將軍繼任。在赫格將軍指揮之下，由飛機運輸的軍用品噸數，激增的增多，超過了從前滇緬路輸入中國軍用品的噸數。赫格將軍最近已離印返國去擔任一項尚未公佈的重要職務。中印空運大隊司令的職務，美國政府派了哈定准將繼任。他在赫格將軍任內，是這個空運大隊的某一部門的負責人，主持一切飛越喜馬拉雅山這世界最高山脈的運輸工作。哈定將軍自從第一次世界大戰以來，他就從事於航空事業。在一九四二年，他負責美國接收了軸心國家在南美使用的航空線，把他們連為一個完整的航運體系，而一直使用到現在。中印空運大隊是全美國最大的一個航運部隊，他擁有比美國戰前三條最大民用航空線還要多的飛機，比美國一切民用航空線還要多的駕駛員，這些駕駛員曾受過特種空運訓練。

【中央社重慶廿三日電】據美新聞處華盛頓廿二日電，美紅十字會宣佈，該會在一九四三年十一月至一九四四年五月之間，已有藥品及一所醫院用品二三五噸，由空中運往中國。

## 中路紅軍百萬猛擊德寇
## 坦克大砲之多空前未有

【同盟社柏林廿五日電】東部戰線中路紅軍的攻擊，日趨激烈。據說紅軍已有四個軍團、一百萬以上的兵力投入作戰。目下委特布斯克的戰事最為激烈，紅軍已使第一波羅的海前線部隊出擊，迂迴德軍陣地的後方，並得到成功。今首行營公佈委特布斯克橋頭堡壘的德軍與後方的聯絡已被切斷。在與爾查等地區亦展開激戰中。紅軍毫不放鬆地進行第二次、第三次的攻擊，終於在數個地點突入德軍陣地，德軍的防線向西方後退數公里。

【同盟社柏林廿五日電】德軍當局就東部戰線戰局作下述發表如下：中部地區的紅軍夏季攻勢，在其動員的兵力及資材量上來說，其規模之大超過去所未有。二十四日德軍擊毀紅軍坦克一百五十二輛。從這一數字上亦表示了紅軍所抽出兵力的浩大，紅軍並在東部戰場使用空前未有的砲兵與空軍。（以下略）

【同盟社柏林廿五日電】蘇聯情報局曾於二十二日，公佈了過去三年中蘇聯紅軍所受的損失為五百卅萬。廿三日德軍當局對此發表下列聲明稱：（一）僅被德軍俘獲過來的紅軍戰士，即達五百六十五萬。紅軍損失最大的一年，是在戰爭第一年，從一九四一年六月廿二日至十二月卅一日，為德軍所捕獲的紅軍俘虜，達三百五十一萬二千。又在一九四二年中，增加一百八十萬至一九四三年一月一日，德軍收容的紅軍俘虜達五百三十萬以上，此一數目此後仍繼有增加。因此，蘇聯情報局所公佈的三年來損失為五百三十萬，很明顯地完全錯誤了。蘇聯為了矇蔽國民，說不定僅發表了俘虜在外的戰死者的數目，縱雖如此，但紅軍發表的損失，比實際的損失要差的遠。在過去三年，戰死的紅軍將兵，至少有一千二百七十萬。又紅軍在過去三年中，大致損失戰車九萬三千四百廿輛、砲八萬八千六百四十六門（就中大戰車砲三萬五千八百二十門）、高射砲四千二百六十六門，飛機五萬七千九百五十四架。

## 同盟社論東西戰爭形勢
## 挑撥蘇美英關係

【同盟社東京十八日電】英美終於在蘇聯所指示的地點法國北岸登陸了。但是它們不像事前的誇大宣傳那樣，只在諾曼第的一角建立橋頭堡壘，而且現在逐漸受到德軍的壓迫。與第二戰場相關聯而該引人注意的就是蘇聯的舉動和莫斯科斜眼注視美英自誇地接受了開闢其煩惱的第二戰場要求的熱情，而只以非常慎重冷靜的態度，監視事態的發展。蘇聯在其機關報「戰爭與工人階級」上斷定法國北部的登陸作戰並不是蘇聯一貫所主張的第二戰場，甚至還不顧忌地說此種作戰將便利於德國。這不僅表示蘇聯已知道美英悲喜劇的立場，而且再暴露英美蘇關係的本質是怎樣。蘇聯如果不把法國北部登陸作戰認為是第二戰場，那就亦就意味着蘇聯不担負其發動攻勢配合這一作戰的義務。蘇聯之所以不發動攻勢的原因，是因蘇聯被迫着要急於整備長大的其戰線與大大改編紅軍，而且亦是這種情形所致，即不管美英在法國登陸，但東部戰線的德軍防衛體制仍極鞏固，同時也應看到蘇聯要透視英美作戰的性格與今後發展的趨勢。這件事情也使蘇聯的行動更加愼重，何況「無人飛機」突然像慧星似的出現於西部戰線。這一「無人飛機」使英美手忙腳亂，而蘇聯的持重將更悠悠然。為蘇聯外交法術所翻弄所籠絡的中立國，亦受到很大的沖激，何況在今天以前單獨付出犧牲的蘇聯，看到這種狀態，一定將其犧牲的担子放到英美肩上，以便在此期間掌握其選擇行動的自由。洲全局看來，可以稱為局部戰鬥的卡累利亞北部戰線，目下正進行新這種攻勢足以表示蘇聯今後的動向。無論如何，從英美的立場來看，這一決戰的作戰，因而不顧忌地呼號為第二戰場的作戰，而蘇聯對此抑保持一定的態度。由此可看到歐洲戰局中的攻防的樣子。

## 傳蘇再向芬蘭提出和平條件
## 及蘇聯要求埃及政府引渡白俄

【同盟社柏林廿三日電】昨日阿富汗日報登載蘇聯政府向芬蘭政府所提的和平條件。德國外交部發言人今日接見記者團，就上述消息言明如下：據德國外交部的情報，可以知道阿富汗日報登載的情報是正確的。蘇聯政府除了要求再確定一九四〇年蘇芬兩國邊界以外，又要求芬蘭允許紅軍自由通過芬蘭領土，提供芬蘭西部的空軍基地及亞蘭島的基地。蘇聯政府聲明這是因為蘇聯與德國作戰，這完全是蘇聯要求基地的口實。但是此次要求有變化的地方，就是放棄團結北歐民族的政策，要求其與蘇聯合作，而其結果就是要芬蘭成為蘇聯的一個共和國。不管維堡已經失守，但芬蘭軍的戰意絲毫都沒有沮喪。德國海軍及空軍，現在與芬蘭軍並肩作戰。德軍絕不會不顧芬蘭人民。

【海通社開羅二十一日電】蘇聯公使諾維科夫提交埃及政府之照會上稱，要求將自一九二〇年往居埃及中之若干白俄引渡至蘇聯。埃及內閣正對此照會加以考慮。埃及政府似乎將接受蘇聯的要求，雖然（一句不明）決定引渡的白俄數目尚未發。

## 波總理談蘇波關係未變

【中央社華盛頓十四日電】波總理米洛拉茲契對記者稱：波蘭雖努力欲與蘇聯復交，然蘇波之關係仍未改變；波蘭堅持蘇波疆界問題應待戰後解決，並謂此亦美政府之意見。四月前波政府提議為暫時行政上之便利計，建立臨時疆界，惟蘇政府迄未答覆。米氏贊成建立歐洲聯邦，作為世界安全之基礎。

參考消息
（只供參考）
第四六九號
解放日報 新華社 編
今日出版一張
卅三年六月廿九日 星期四

## 梁寒操答覆外國記者

### 要盟國供給武器不然就要失地

### 向中共提出具體條件靜待答覆

【中央社重慶廿八日電】外國記者招待會廿八日下午三時舉行。梁部長寒操、吳次長國楨、張參事平群出席主持。梁部長就中國戰局及中共問題發表談話如下：外國朋友們問及中國政府對於衡陽戰事與目前中國戰局的看法。中國政府發言人願以最坦白之態度答覆如下：中國以軍事工業落後及一切生產落後，故開始抗日即爲持久戰之打算。中國在未能設法取得充分武器之前，只有一面加强自身之準備，一面督勵前綫將士，不惜血肉犧牲，從事於抵抗，非使敵人擲出相當之代價，決不輕易放棄其據點。自抗戰發動以來，守此原則，至今未變。今日日寇在豫鄂湘之瘋狂進攻，原亦可在五年前爲之，其直至前兩月始行發動，本出吾人意料之外。考其原因，實以日寇素懷征服世界野心，且久視中國爲其囊中之物，故於奪取武漢之後，即錯認中國繼續抗戰已無可能，遂計劃其更大之侵略，建立汪精衛傀儡政權，向中國議和，希冀中國即可完全受其統轄。但日寇此種卑劣之政治攻勢，在我堅强戰志之前，完全破滅。日寇乃不得不延遲其對世界作更大侵略之時間，再度以其武力對中國作進一步之攻犯，妄圖先行解決所謂「中國事件」。廿九年至卅年間，敵寇對湘北之數度進犯，並其廿八年間對浙江、廣東同時發動攻勢，即爲此種企圖之說明。最近敵對湘省之攻勢，不過此種計劃之重演耳。但中國政府及士兵民衆戰意堅强，始終不減，倘能有良好裝備，自必能敗敵無疑。孟拱之規復，可爲明證。敵人既不能屈服中國於獨立作戰之當年，自更不能達其妄想於全世界反侵略國共同討伐軸心之今日。中國自不欲徒憑戰術，以確保某城某市之必能堅守，在今日科學戰爭時代，實屬困難。中國所認爲確有把握者：（一）就我方言，吾人不屈不撓之戰志，絕不因任何情勢而稍餒。（二）就敵方言，彼爲侵略禍首，在世界戰爭中絕不能倖免於最慘之失敗。觀於今日大勢，日寇縱傾全力，亦無屈服中國之可能。而我們盟國團結之協力，今後必陸續加强。日寇無論如何，已無法挽回其必然之崩潰，此已爲十分明顯之事。日寇今日之所以企圖打通平漢、粵漢路者，實爲畏懼同盟國力量日强，攻勢日急，自知其空軍海軍均已陷絕對劣勢，預料失敗之不遠，不得不爲萬一之妄想，作最後退路打算，始有此瘋狂之掙扎耳。惟敵人此種決定，在戰略上實爲冒險之舉。查敵人此種決定，當在塞班島未經美軍登陸以前，彼鑒於海上之屢着失敗，不能不在陸上求一勝利，以振其垂絕之民心，且彼係假定美國不致如此迅速進攻而後作此決定者。然今美軍已佔塞班島之大半，由台灣以至日本本土，中間經過菲律濱小笠原之一綫，日軍防禦力量之薄弱，已充分暴露。中國在此時間，實以能吸收更多日軍在我戰場爲更有裨於全盤之戰局。蓋以寇軍入侵中國愈深，其本土之危險愈甚也。衡陽附近戰事，日來已極劇烈。中國陸軍與中美聯合空軍，正在竭其一切可能之努力，予敵寇以打擊，戰局如何演化，不日當有分曉。惟有人顧慮衡陽倘使失陷，將使戰局延長一二年，吾人殊不能同意。吾人今日尚不能多所陳述，但敵人決不能達成全部之企圖，以此種掙扎，實無補於其本土之厄運及迅將臨到之最後打擊，則可斷言。吾人久經準備爲更大之犧牲，以迎接最後之勝利。吾人所渴望於一切友邦人士者，乃在給吾人以更多的物質的援助與精神的鼓勵。中國中央政府與中國共產黨代表林祖涵氏之談商，其詳細經過尚未至發表之時。中國政府始終誠意執行其採用政治方法解決之決議，已提出具體條件，靜待中國共產黨之答覆。所謂「政治方法解決」之意義，實極簡單，即只要中國共產黨能遵守法律，其軍隊能服從統帥之命令，則一切問題皆迎刃而解矣。

## 敵評華萊士訪渝
## 促進共同對日作戰

【同盟社東京廿八日電】朝日新聞頃揭載社論，題爲「美蔣會談帶來的東西」。內容如下：華萊士於二十日抵重慶後，即於二十四日啓程返國。從該夜發表的聯合聲明中，在某種程度上說來，可以揣測到華萊士所提出的條件。總之，雙方訂立關於促進美蔣利益的協定，而其中心爲共同對日作戰。美國在經濟、憲政方面援助蔣政權，商討協定以及協議思想的問題等。重慶對於美國最近的積極態度，感到了相當的不安。美國一決定華萊士訪問重慶後，重慶急遽召開十二中全會，約定實施憲政以粉飾蔣介石的獨裁政治，決定防止通貨膨脹的具體方案，緩和檢查制度，實時修飾門面。我們應該認爲這是預料到華萊士帶來的貨色而採取先發制人的辦法。華萊士動身返國時曾說：「此次已討論需要共同協議的事項，關於基本的原則已獲得一致的意見。」他跑了這麼遠的路，到了重慶，因此爲了美國的面子，非得到重慶積極藉助推行戰爭的口頭約束，就不會愉快的回去。誠然，正如華萊士所說的，在推行戰爭上的相互援助，乃美蔣關係的基礎，縱使有誠意履行對重慶的諾言，但是美國若不更加積極的援助重慶，那末就不能只期待重慶的協助。於是問題依然留到將來解決。美國輿論非難重慶的態度，並屢次要求改組重慶政權，統一太平洋戰綫的指揮系統。由十二中全會做出的各種決定看來，這種問題顯然難於得到重慶的承認。相互間如果缺乏友愛和信賴，就不會有眞正的合作。若不看今後具體的事實，就無法判明重慶會議有何結果。但是今天可以斷言的，就是華萊士的使命也許只限於他自己帶來的二百磅的種籽在重慶的土地上萌芽。

【同盟社廣東廿七日電】逗留重慶的美國副總統華萊士，於廿四日與蔣介石發表聯合聲明，公佈今後華萊士蔣介石所應協議的八個要項。如研究這些要項，那末其全部幾乎都是空想的戰後經營論，其中亦有美國獨佔的澈底的欺騙重慶的方策。其第一個議題是美蔣間的共存共榮。美國締結基本的協定以擁護其共通的利益。根據這個協定，協議推行對日戰爭的各種問題。他們只協議基於利己主義的共通利益，因此沒有任何道義的東西。但是由世界戰局特別是大東亞戰局來看，美蔣間的共通利益只有推行對日戰爭。這是美國目前最大的利害問題。美國只把重慶束縛在推行對日戰爭這一點上，使這個東亞的盟國進行作戰，借此擁護美國的利益。這個基本的政策需把它對敵美國是東亞的敵人，而且對重慶說來也是它的敵人。其次是締結軍事同盟，以維持太平洋的和平。這就是要把舉行美英蘇蔣四國會議，或分別締結美蔣協定及蘇蔣協定，增進相互間的親善和諒解等作爲議題。這就是出自美英本位主義的打算，那末重慶在美英制覇世界的野望這一幕戲劇中，只是扮演家臣的角色。再次，美國救濟重慶的經濟，並承認重慶的三民主義，使其與美國的民主主義合作，以圖思想的統一。同時幫助重慶實施憲政開發重慶統治區的農業及美蔣間通商的順利等。這些都是美國在大東亞戰爭中獲得勝利後的事情。總而言之，這是美國的一種計謀，它拚命請求對策，防止重慶脫離東亞戰綫和墮落下去，並以戰後經營論的香餌，勾引重慶堅決抗日。華萊士訪問重慶的使命就在這裏。不顧大東亞本位的重慶將抱着美國伸出的手，自己一步步地走入墓穴。

## 同盟社憂慮德寇三面作戰
## 德寇說紅軍三年來損失千八百萬

【同盟社柏林廿五日電】在蘇德戰爭三週年紀念日——二十二日開始的紅軍攻勢，約在五百公里的戰線上進行，約爲東部戰線全長二千公里的四分之一。紅軍全線的攻勢準備，早在兩個月以前即已完成。最近紅軍在前綫的偵察活動特別激烈，從上述事實看來，我們不能够把紅軍的攻勢認爲是孤立的攻勢。其他戰綫，特別是非常嚴重的中部戰綫的中部及南部戰綫亦將於最近相繼發動攻勢。德軍當局的見解亦大約與此相同。至此德軍已處在兩個正面作戰的地位，如再加上逐漸北上的意大利戰綫，則德軍已有三個正面的戰鬪，雖然德軍過去運用自如，但仍應說今天是處在嚴重的轉變關頭，這當然是德軍所預料的戰局的發展，特別是在西部歐洲開闢決戰的戰場顯示了德軍當局部的戰略正確。德軍一年前所樹立的鐵壁的戰略，是在適應紅軍的夏季攻勢，德軍在三個正面作戰是一件極艱鉅的事業。德軍參謀本部，作爲內綫作戰的防衛者，在大胆的計劃下，爲了最後勝利（而不是爲了當前的面子）進行必勝的生產。無論如何，紅軍開始夏季攻勢後，在歐洲除了戰鬥以外，已經沒有再可怕的東西了。在這裏只有軍事力量決定一切這種戰爭最厚濃的性質。正當這樣，我們亦應正視歐洲戰爭即將接近決定勝敗的決戰這個事實。

# 參攷消息

（只供參考）
第五五二號
解放日報 新華社 編
今日出版一張
卅三年六月卅日
星期五


## 敵大本營公佈佔領衡陽飛機場
## 湘境作戰以來斃俘國軍八萬

【同盟社東京廿九日電】六月廿九日十六時大本營公佈：（一）在湖南方面作戰中的我部隊，於六月廿六日佔領美國在華空軍前進據點衡陽飛機場，該機場已在我軍使用中。（二）湖南作戰開始以來的綜合戰果，截至廿日已判明者如下：我方收埋的敵屍體六萬一千八百六十二具，俘虜一萬九千七百七十七人，繳獲各種大砲四百零九門，重輕機關槍一千六百九十七挺，步槍及其他約二萬四千支，鐵路機關車及貨車一百零一輛，汽車二百七十輛，各種彈藥約七百二十八萬六千發。擊落飛機四十七架（內有十二架不確實）。我方戰死者二千零八十名。

【同盟社南京二十八日電】中國派遣軍發表：畑俊六總司令官於二十六日觀察航空部隊前綫基地（航空部隊配合湖南作戰的進展，為擊滅在華美空軍而活躍），指導作戰。元帥於接見諸將校致訓稱：戰局益加急迫，今後當更依賴諸位。

【同盟社東京廿九日電】覆滅了長沙等敵據點的我作戰軍，於佔領長沙後，即乘敵不意迅速的沿粵漢路南下進擊。在長沙佔領後的第八天——二十六日，即逼迫粵漢路的要衝——衡陽附近，確立了一舉攻佔的體勢，佔領了城外的衡陽飛機場。另一路十八日佔領醴陵。從粵漢路東方山岳地帶進擊的部隊，二十五日佔領攸縣。這兩路軍隊互相配合，二十六日抵衡陽周圍，進入包圍進攻的體制。敵人在我軍進擊前，曾企圖保衛該飛機場，企圖將地上設備彈藥燃料，儲藏所炸毀，但因我軍的迅速活動，已完全佔領。同時我航空部隊亦向該地推進，將繼續遺敵人的燃料彈藥反轉過來配合地上作戰，獲得極大戰果。衡陽飛機場就是為了轟炸日本而建設起來的，是美駐華空軍的重要根據地，位於粵漢路以西的桂林、芷江、恩施、梁山各基地與建甌、永安、玉山、吉安、遂昌、南雄等基地群之間，是兩個基地群中間的供應點。該飛機場的被佔，使粵漢路以東的基地群，失掉了供給，喪失了對日空襲與威脅我海上運輸的前進基地的技能。因此我軍佔領該飛機場，意義極為重大。佔領該飛機場的我部隊，已開始向衡陽市街進行總攻擊，目下正與敵人進行一線一壘的戰鬥。蔣介石鑑於該城的重要性，力令兩師人死守該城，敵人的抵抗雖然頑強，但佔領該城僅是一時間問題。與佔領衡陽飛機場同時，湖南作戰的綜合戰果已經發表。湖南河南作戰是一系列的作戰。河南地區亦繼續展開殲滅戰。根據上述發表予敵之損害亦甚大。

【同盟社大陸×基地廿九日電】衡陽飛機場的佔領，予駐華美空軍戰略態勢，以極大的打擊。敵人不得不在廣大的範圍內後退。敵駐華美空軍，由於上述結果，不得不退至零陵——桂林一綫，並由於沿粵漢路深入南下的我航空隊的控制，在粵漢綫以東地區配置的遂川、玉山、建甌、贛州、麗水等基地，其命脈即將切斷。衡陽是敵人很早即興築為轟炸我和平地區的第一綫根據地。成為其背後桂林的衛星，逼近了印華空運路終點昆明，是敵人不斷輸送物品的空運堡壘。現在由於衡陽飛機場的失陷，桂林已處在我空軍直接威脅之下，從長沙、衡陽的撤退，在戰略上敵人是遭受了難以忍受的打擊。敵人的中樞根據地桂林，已直接與第一綫基地相啣接。其所誇耀的地上設備，亦陷於被傾覆的運命，最後只有向內地逃竄。駐華美空軍的戰略態勢，已至極緊迫狀態。

## 敵稱猛攻衡陽市街
## 美敵空戰激烈進行

【同盟社湖南前綫廿九日電】我精銳部隊配合攻入衡陽飛機場，由湘江西岸南下中，自北、西、南三方面將衡陽飛機場對岸的衡陽市街完全包圍，敵憑藉碉堡、掩蓋機槍陣等頑強地繼續抵抗，對敵預備第十師、第百九十六師主力約二師之眾，展開激烈的攻擊中。

【同盟社湖南前綫廿六日電】我軍佔領美在華空軍第一綫根據地衡陽飛機場，故其戰略意義極為重大。這意味着在大陸的航空作戰上，日軍由此佔據壓倒的優越地位。這也可以說進攻衡陽的最大收穫。大東亞戰爭爆發後，大陸的空戰，便日趨激烈。衡陽根據地被美人技師飛躍的加強了。據最近的情報，美空軍以衡陽爲基地，經常配備一百六十餘架的各種機、轟炸機，廣泛航行於長江的我方船舶，不斷轟炸九江、漢口等長江沿岸的都市。現在則完全相反，我機反可以據此威脅西南中國的美空軍。

—同盟社大陸根據地廿六日電—衡陽空軍根據地被奪走，被窮追的美空軍，爲挽救自己，乃拚命反攻，故湖南前綫敵我的空戰，表示了中國事變以來的激烈。從衡陽逃走的敵空軍，更從南方的零陵，與桂林的出擊相呼應，數日來敵空軍的出擊，每日在百架以上，白日襲擊我地上部隊，夜間搗亂我後方，拚命進行掙扎。對此我大陸飛機，乃積極出擊。故湖南夏空，展開了豪華的敵空軍殲滅戰。

—同盟社東京廿九日電—衡陽飛機場在衡陽市街之東，湘江對岸。其標本跑道長一千五百米達，寬一百八十米達，是完全舖裝的美式大飛機場。飛機場的北面，有美空軍將士的宿舍。誘導路、格納庫、燃料、彈藥堆積所一切設備，均甚完備。

## 合衆社訪員稱衡陽的失陷比長沙失守更加嚴重

—同盟社里斯本廿六日電—合衆社駐重慶特派員報導衡陽失陷的嚴重性如下：據前綫消息，衡陽外圍正展開激戰。衡陽是大空軍基地，它在過去數年不斷遭受日本空軍的轟炸，而現在遭受日本陸上部隊直接的攻擊。空軍基地的各種設備均被破壞。長沙攻防戰對此次衡陽攻勢劃一階段；而衡陽攻防戰是第二個重要的階段。消息靈通人士極注意重慶軍在衡陽攻防戰中能支持到什麼程度。衡陽位於粵漢、湘桂兩鐵路的交叉點上，它是中國西南公路網的中心。江西、福建兩省通過彭城與中國西南及西部取得聯系。衡陽位於湘江、耒水的合流點，它依靠這些河川集中湖南的物產。中國事變發生後，日軍佔領沿海一帶，於是重慶建設湘桂鐵路。由戰略及經濟的觀點看來，衡陽的失陷比長沙的失守更加嚴重。而且衡陽的失守，在實際上意味着日軍完全控制粵漢路。日軍在湖南作戰的成功，不僅把重慶統治區分爲兩部份，而且意味着湖南省豐富的鑛產落入日軍手中。湖南出產的銻，佔中國總產額的百分之八十。日軍佔領湖南的銻鑛，對於重慶以外的反軸心軍生產武器彈藥，亦有間接的影響。

## 敵襲零陵機場

—同盟社大陸基地廿七日電—在華美空軍因遭受我湖南進擊部隊的猛攻，乃由衡陽飛機場撤退，在零陵飛機場集結戰鬥、轟炸機五十餘架，企圖進行挽勢無益的游擊戰。我航空部隊於二十六日深更，再次猛襲零陵機場，予以非常猛烈的波狀攻擊，燃燒小型戰鬥機一架，擊傷二架，並炸毀附屬設施一處。敵之對空砲火猛烈非常，我方損失：未歸還一架。

## 同盟社介紹湖南情況

—同盟社廣州廿六日電—我華中軍猛擊精銳部隊，壓制敵第九戰區之心臟長沙，席捲湖南平原。該省面積二十一萬五千四百五十七平方公里，人口二千八百五十九萬二千三百四十四人。久以大米產地著稱，是重慶的穀倉。西南方山嶽地帶，埋藏錫、鎢等重要國防資源甚多，亦是培養重慶抗戰力量的重要源泉，並與四川省相毗隣，在軍事上是防衛重慶的門戶。並是在華美空軍（企圖空襲日本本土）前進基地的根據地。因此湖南的喪失，是制抗戰重慶死命的關鍵。敵抗戰首都重慶的正面，有湖南、四川邊境有名的三峽之險。西南中國被山嶽天險所環繞，只是從湖南西南部通貴州省，地勢並不險峻。而進攻重慶的道路，只有北自陝西，南自湖南兩條。前此由於河南作戰，開闢了通往四川、西安之綫；現又由於進攻湖南，打通去長沙之路。這事對重慶是一重大威脅。湖南並是連貫中國的南方、東南與華中、華北的核心。失去湖南，則東南中國抗戰地盤的福建、江西、廣東、廣西，完全處於孤立，喪失培養龐大抗戰力的源泉。一切通往海上的公路亦被切斷，將使重慶一敗塗地。蔣介石之所以把湖南地區視爲最重要的防衛據點，配備精銳部隊七十個師，致力加強湖南的軍事，其故即在於此。去年十一月，以常德爲中心擊滅重慶軍的作戰，直接擊潰第六、第九兩戰區的戰力，並使重慶防衛陣地發生根本的動搖；但其後蔣介石努力再建此兩戰區，自今春以來，當日軍進攻的威脅增大時，乃命兩戰區長官整備戰區、裝備與改變編制，並實行徵兵，以謀補充兵員，廣泛的動員學生。另方面派遣大批中堅將領赴桂林，以美式的訓練担當加強軍力。現在湖南不僅是中國戰場，而且自在華美軍進駐以來，完全變成美、蔣合作的對日反攻基地。所謂連貫湖南、江西、福建的東南中國，則變成在華美空軍的對日空襲地點。而長沙南方的衡陽，實爲美空軍的前進基地。飛機、器材、燃材、彈藥皆自桂林、昆明利用航空路或鐵路、公路運輸與衡陽，並以貨物供應江西、福建的前進基地。飛機場以對空砲火與短波器，經常防備中之空襲。前進基地與桂林等機場部隊，以無綫電綫持續絡。尼米茲的對日反攻路綫，計劃把太平洋攻勢與中國大陸沿岸，這顯然是指向廣東、福建一綫。

# 參考消息

（新華社發）

第五五三號

解放日報社 新華社 編

卅三年七月一日出版 二張

星期六


## 華萊士在蓉演說

【中央社成都廿八日電】華萊士副總統廿七日在張主席晚宴席上演說全文如次：

我來到中國這個古代農業文明最著名的中心之一，還是我卅多年以來對中國發生興趣期間極感快慰的事。同時這裏又是戰時中國高等教育的主要中心之一，因此在中國藝術尊重書香的空氣中，我很高興有這麼一個機會來討論貴國與敝國共同感到的一些問題和希望。四千年以來中國認為農民是一切文明的根本，不幸在現代工業國家中，理論上有一種偏向，就好像工業比農業在實際上要重視更基本似的。這是一種錯誤。在現代情況之下，農業的改進，必須與工業的發展齊頭並進，只要把美國和蘇聯的最近經驗加以分析，就知道這個意見不錯。在各主要國家之中，中國和美國和蘇聯屬於一類，因為他們都有廣大的領土，地質上和氣候上的變化都是很大的。中國在他自己的國界以內，無論從礦坑裏，還是從土壤裏，凡是日新月異的文明所需要的東西，差不多都生產得出來。一百年以前的美國和今天的中國，處境差不多是相同的。我們現在農田和工廠中龐大和多種多樣的生產總量，在當時看來，也不過是未來的一種可能性吧了。我們在過去一百年間經歷了一部農業和工廠同時幾乎齊頭並進的歷史。我現在提出人口的因素來表明我的意思。一百年以前，美國要五家農戶才能生產出一個城市家庭所需要的食物，現在只要一家農戶，就可以供應四個城市人家的食物。換句話說，今天美國農民的效率，比他們的祖父大了廿倍。這一個農業效率的提高是進步，是美國具備大工業效率的一個基本條件。關於中國農村和城市的關係，我還沒有能夠得到過很詳細的統計，但是我想一般說來，目前的關係和一百年前的美國情形很相似。不消說，中國現在進步起來一定比美國開始進步的時候要快得多了，因為中國可以得到我們的經驗以及其他國家發展的經驗的便利。它們在近年來都已經現代化了，並且促進了農業生產的效率。在過去四十年間，美國農業效率增進了百分之五十。我相信中國努力做去，在短期十五年中，就可以把農業效率增加百分之五十。不管速度如何，農業和工業相關的因素是一樣的。就是增加農業效率，對於偉大工業總是需要的。按照現代社會政治以及技術的情形而論，農業與工業必須以相同的迅速發展，有此無彼，發展是不會健全的。像我這樣在中國沒有經驗的人，決不能提出貴國什麼樣的農產方法最適宜於中國的情況。每一種氣候，每一種土壤，每一種人民以及每一個歷史的時期，都有它本身的科學。一切思想和一切政治家作風也不出乎這個道理。孫中山先生和蔣主席是好例證，可以表明中國的領導力量，是從兩方面得來的成就。一方面是歷史大變動的時候所表現出來的推動力。在中國的傳統中，對於理性的崇尊是很深蒂固的，這就可以保證中國能夠繼續創造出最能適合中國的方法。我現在不過以一個差不多是[illegible]生研究農業以，與農業有關之經濟政治的各問題的美國人資格在這裏說話。在中國負責設計的當局所討論的方法之中，據我所知有防止水災、儲水計劃、灌溉水力、發電間、土壤保持、成立實驗站，以便培成和發展優良的植物動物種子。

我們美國對於中國爭取民主和主權完整的長期鬥爭，從來是極端同情的。這次戰爭完了以後，我們[illegible]當同情中國提高生活水準的計劃而已，我們為了我們兩國的共同利益計，還熱烈盼望參加你們經濟建設的計劃。在我們的商人中間，凡是研究過戰後貿易機會的人，都認為中國實行工業化，一定會增加美國在產物方面以及中國的市場。商業家都能道出這是有好幾百萬勞動者從農業轉到工業方面以後的經濟結構，會發生很大的變化。根據我自己的經驗，我相信在這一點上，工業化和農業生活水準提高的要求，是互相依賴的。工業化的中國，一方面可以增加他們的用途，一方面也增加他們的入口。如果其他因素不變，兩個工業化的國家間的貿易，一定比一個工業國家和一個農業國家間的貿易要大得多。任何一個有力健全的工業化的國家，就會增加它的出口和入口，而尤其重要的是工業的結果，會使國內市場的發展速率比國外市場還要快得多。無論任何國家，如不能理解這個簡單的真理，它的國內市場以及世界都會遭受極大的損害。國內市場的最簡單的形式是農民把食物賣給工廠裏的工人，再買回工廠工人所製成的物品，這樣一種交換。如果農民的農業效率不提高，無利可圖，不能受到教育和享受好的生活標準，那麼它就不能充分購買工廠的出品。有效率的農民，要能夠以合理的利息借到貸款，以低下的成本[illegible]出他們的[illegible]，並且能夠教育他們的子女，一定會創造出將來最優越的文明。

各國人民都應該享有這種文明，倘若主要的一部份過着奢侈的生活，那麼我們就不能維持安定的經濟情況，有條不紊的政治秩序或永久的和平。一九四三年我和李維諾夫夫人談了一次話之後，我在一篇演說裏面曾表示這種觀念。我說這次戰爭的目的，是保證全世界每個人享有每天喝一夸特牛奶，就是一升一合牛奶的特權。有人指責我要用每人每天一夸特牛奶的形式，叫美國花錢，向全世界施捨。現在中國人人都知道美國給中國或任何其他大國每天每人一夸特或者半品脫牛乳，完全是不可能的。倘若中國的兒童要吃必需的營養品，必須在中國土地上由中國去生產。然而美國把農業機械賣給中國，幫助中國增加農場生產是可能的，而且是經濟上的好辦法。美國的科學家和工程師，協助中國走上農工業的技術水準，也是可能的，而且也是經濟上的好辦法。做這種事是要錢的。我們敢相信這次戰爭之後，要建立適當機構，從事國際借貸工作。美國是要參加的。參加的方法或者是經由聯合國投資機關，或者經由美國自己的機關。將來美國的投資，不是一種慈善活動，而是一種商業活動。我們還相信這是有遠見的商業活動，不是短視的或發財得快，誰慢誰倒霉的商業活動。即是我們要想達到起碼的標準，也就是說達到全世界永久安定的起碼的保證，我們也還必須走一個遙遠的途程。但是我們在向前走，我們就能有信心和勇氣。我們必須把困難看得輕微，或者視為並無困難。比較明智的辦法是克服困難。比如我們都知道要想中國農業更為繁榮，他的基本問題是不容易解決的。因為中國的農民人口就多，個人的耕地就小。像這樣過去十五年中那麼迅速的增加中國農業的效率，是困難的。但是我相信孫中山先生偉大的創造眼光，看到了正確的答案，必須是他的三民主義的民族、民權、民生適當平衡的實施。我以美國人的眼光來冒昧的解釋這個意思，就是在政治民主制度已告完成，主權的獨立，同時有一個注重土地政策的經濟生活標準。而這種土地政策，是要保證基本生產者，就是農民的利益。

## 孔祥熙與美中美工商協會會長會談後聲明

【合眾社華盛頓廿九日電】中國財長孔祥熙博士與中美工商協會會長柏德生會談後，經由該會發表聲明內稱：去年十月，余（孔氏稱）獲悉若干有遠見之美國實業家及商界領袖組織中美工商協會，以提倡戰後兩國之經濟關係，至感愉快，余願貢獻以機會，以中國之若干基本政策告知中美工商協會，[illegible]。吾人衷心贊成羅斯福總統及赫爾國務卿所提倡互惠平等而貿易之原則，一九四三年中美條約之締結，在於中美合作以發展中國經濟，開闢一新世界之[illegible]。吾人願於互利之條件下，與世界其他各國合作，以發展實業與自然資源，尤其與美國合作。吾人深信中國廣大之人力與資[illegible]，以[illegible]與我保持友好之國家不僅裨益我本國之人而已。利用外資以發展中國之經濟，實為吾人重要之課題。吾人歡迎外資，因其可加速重建因長期戰爭而破壞之國家。吾人特別歡迎美國之經濟合作，因其可促使中國經濟之現代化。吾人相信中國之早日恢復元氣及迅速開發其資源，將有助於全世界之穩定，並於一般福利有切實貢獻。因吾人深於外國資本需要適當之保障，中國政府已訂定必要之條款，以保障其權利福益。且美國人民可以相信吾人根深蒂固之商業信用與久盼交易之傳統。柏德生稱：孔氏所作之再度保證，實為美國企圖與中國從事戰後貿易之工商家所切需。孔氏聲明乃再與羅斯福及邱爾會商後，並在與柏德生舉行會議後，方發表，意義尤其重大。

## 敵大本營公佈
# 進攻第三戰區佔領衢州

【同盟社東京卅日電】大本營於卅日十五時卅分發表：上海方面：我軍於部隊於六月十日對重慶第三戰區軍開始攻勢，以策應湖南方面的作戰。廿六日，我軍攻陷該方面的敵軍要據點——衢州，嗣後仍繼續作戰中。自此次作戰開始至六月廿六日的戰果中，已判明者大約如下：我方收埋敵屍三千五百九十具，俘敵五百八十九人，繳獲砲廿四門，槍九百支。

【同盟社浙江前綫卅日電】浙江省敵軍最東端的重要據點衢州，於廿六日上午七時十分落入我軍手中。我華中軍諸精銳部隊沿浙贛路進攻，以期殲滅敵第三戰區。我軍於廿三日在衢州平原自中央突破第三戰區司令顧祝同指揮的約十個師防守的堅固陣地以來，隨處捕捉敵軍並展開殲滅戰。我主力部隊不顧背後的敵軍，而攻擊前面的堅城。廿五日夜半，已可望見衢州。廿六日黎明，一齊殺到城牆的東南角和東門，並在我空軍轟炸的協助下，不斷進行內搏，上午五時十五分突入城牆的一角，五時廿五分突入城牆的東南角，接着繼續奪取了南門，東門，北門，與城內頑敵進行巷戰，將敵人壓迫到城內一隅，然後殲滅之。至上午七時十分，完全佔領衢州，於是敵第三戰區的中心已崩潰。目下我軍仍在掃蕩周圍的頑敵，擴張戰果中。

【同盟社浙江前線廿八日電】皇軍之攻克衢州，自前年六月浙贛作戰以來，恰好兩個年頭。衢州之所以易被攻克，完全因我方之××戰略成功與敵方的疏忽。衢州城內駐有敵第八十六師主力與第百四十五師之一部。敵第四十九軍軍長，亦在該城，伺機擾亂我野戰軍的側面。我方對此，以有力部隊，十日自□隊密向該縣城開始行動，以佯南北夾擊衢州。但城內之敵將皇軍在衢州正面展開攻擊殲滅敵野戰軍之戰，誤認為日軍被壓倒優勢的重慶軍包圍，而陷入苦境，全然不知我隱密部隊的行動。這樣，皇軍於擊潰敵野戰軍的大半後，以一部監視衢州西南方之敵，主力則迅速向衢州前面推進，從二十五日到二十六日未明，皇軍的壓迫，實是神速與巧妙之極，完全是攻敵之虛。敵將兩側城牆下繫於河中的軍船，悉數移向對岸，使敵處於稀有的背水陣地，與郊外敵之野戰軍連絡不佳，不知我主力部隊的活動。不僅如此，更說我機二十五日散發的勸降傳單為我方戰意不強，因此不加理會。在此種情況下，皇軍乃乘着黑夜殺至城牆，蜂擁而入，睡眼朦朧的敵人，無暇使用武器，即抱頭逃竄，加以遭受我軍的轟炸，二千餘之敵全被殲滅。

【同盟社浙江前線廿八日電】淺野部隊派員發。隨着湖南戰局的進展，我軍對湖南一帶敵人的動向，極為注視。華中派遣軍六月十日以有力部隊向敵第三戰區開始行動，敵人依據該鐵路上瀫溪——龍游一綫，企圖作相當的抵抗。我進攻部隊運用前年夏天所進行的浙贛綫作戰之經驗，巧妙的攻擊敵人側背，作戰極為順利進行。此次作戰的展開，與皇軍在河南作戰中壓倒的勝利相配合，予抗戰重慶以極大打擊。

## 同盟社稱
## 在全中國發動主動攻勢
## 重慶面臨最嚴重階段

【同盟社東京廿八日電】長沙等敵第九戰區的[illegible]悉[illegible]為我覆滅後，在湖南擊滅宿敵薛岳的戰略十五個師，保一大戰略樞紐衡陽要塞（它據着[illegible]抵抗重慶之鑰匙）的我作戰軍，繼續[illegible]擊武漢沿粵漢路南下，現已進逼該綫沿綫要地，亦即美駐華空軍的據點——衡陽。大有一擊即殲滅該城之勢。過去在河南會戰中被我軍殲滅的第一戰區，以及在此次華中作戰中正在崩潰的第六第九戰區，都是重慶最重要的戰區。這些戰區成為野戰軍及重慶武力的支柱，重慶感到加強抗戰力的基礎，就在於安定民生，最近特令各戰區長官兼任省主席，着重於擴充戰區的生產力，並獎勵增產農產品努力交流物資。現在由於我軍進擊，逐漸被我控制的湖南平原及我軍已佔領的河南沃野，都是作為中國的寶庫，籌劃重慶抗戰經濟的大半。這些地區的喪失，給了重慶難以治癒的打擊。在向全中國發展的我軍出動攻勢之前，重慶無論在軍事方面，經濟方面都處於中國事變以來從所未有的嚴重階段。不消說，今天中國大陸已不單獨是重慶的了，而且可恨的英美的爪牙也伸入此地。敵人以中國為據點，從海陸兩方面尋求短期決戰的企圖，最近突然明顯。此次我軍廣泛而徹底的殲滅大陸敵基地的意義，極為重大。我們不能忽視現在中國民衆極重視此次作戰發展的結果。河南及湖南新佔領地區的民衆，對我軍表示了合作的態度，它由從過去培養抗戰經濟的性格，一變而為和平中國發展的地盤。這是因為過去為蔣介石「獨立統一」所迷惑而進行抗戰的民衆，已開始認識了新事變。此即中國民衆認識了蔣介石為了自己利益，不惜將祖國交與美英的心事（與我至純的對華新政策相反），以及美英帝國主義通過對日戰爭的路程，終於作據中國大陸的野心。更認識到如此下去，將在中國大陸招致後悔不及的事態，於是他們要離開東亞叛逆重慶，而投入我和平陣營的動機而產生的結果，這一風潮的前途，極應重視。打着解放法國的旗幟而在諾曼第登陸的美軍，受到法國人民的強烈反抗，認為它是蹂躪花園的傢伙。這正與今天在中國民衆面前所表現的現象一樣。今天東西兩方面建設新秩序的正義性，已為公正的第三國所了解與承認。

## 敵謂美空軍
## 在湘使用新殺傷彈

【同盟社大陸前線根據地廿九日電】在湖南美空軍部隊，最近開始積極使用帶有降落傘的殺傷彈。北美B25式常於夜間用超低空的飛行，投下帶有降落傘的炸彈後逃走，按殺傷炸彈的性質，在超低空投下，才能發揮其效能。因有瞬發信管（約一秒），所以才附加上降落傘。據考察結果，重量十三點五公斤，徑二米達。附加50式傘體的納倫製降落傘。關於該彈的使用，安然投下高度，距地上十八米達至二十米達。沒有降落傘的時候，是二百四十米達。命中半徑二十七米達，最大殺傷有效，半徑九十一米達。對於飛機，戰車，汽車，掩蔽的破壞力非常之大。也可以說是用來殺傷人馬的炸彈。炸彈上邊刻有一九四三年的印。

【同盟社湖南前線廿九日電】我精銳部隊捕捉和殲滅第九戰區直轄的第卅

七區的隊伍……重慶軍隊亦在湖南進行美國式的訓練，即由嫡系第六十軍、第九十軍及川軍一師組成的第卅七軍，每個師都配有美國軍官十人左右，進行美國式的訓練。

## 衡陽機場介紹

【同盟社東京卅日電】衡陽陷落前，轟炸了該要地的熊谷陸軍飛行學校教務課長中川象治少佐，曾從美點作衡陽飛機場後的談話如下：衡陽飛機場的失陷，對敵人說來是一個大的打擊。衡陽的街市與飛機場將湘江夾在中間，市街在湘江西岸，飛機場在東岸，粵漢綫的火車站就在飛機場附近。機場四周爲山所包圍，但因是紅色土質，從上空看的非常清楚，附屬的建築物並不怎樣美觀。但機場相當的寬，巨型機可收容六十架。用土囊作的掩護壕甚多。並設有地下儲藏庫。每當我們去轟炸時，周圍山頂即發出高射砲與機槍的響音。飛機亦似放在地下掩機庫中。我前後參加了三次，有一次僅有轟炸機三架，每次在轟炸完畢，一定有從桂林運輸軍需品的列車到達，稍投少許炸彈，即有十二三輛被炸毀，非常痛快之至。即使如此的轟炸，但敵人仍能不斷的得到供給，繼續出動，此次卻完全歸我控制，至此在我控制下的中國東南機密軍根據地的供給已被切斷，減低了桂林基地的價值。因此衡陽飛機場的佔領，意義極爲重大。我對地上部隊衷心表示感謝，許多戰友與將下繼續分擔協還一飛機場加强活動。

## 敵稱桂林疏散

【同盟社湖南二十九日電】由於湖南省戰局的急速展開，中國西南部敵人地區的動搖，簡直不可想像。據重慶合衆社電稱：美空軍最重要基地——廣西省省會桂林，因受到日軍進攻的危險，銀行已實行關閉，富有階級已實行撤走。對於這一緊迫事態，爲憤慨的學生軍與遊蕩於飯館、咖啡館的美空軍士兵發生衝突事件，引起了社會不安與人心的動搖。國民黨當局爲了鎮壓騷亂，經常鼓吹「一億元獻金運動」、「民衆防衛運動」，特別致力於防止×××。

## 美輿論界批評重慶敗戰

【同盟社廣州廿七日電】在兩月前，美當局曾對美國報紙的記者訪問重慶的諸後，美英的報紙及通訊機關，會一齊批評重慶政府。此後直到華萊士到達重慶，由於豫河南、湖南兩作戰的成功，更刺激了美國朝野人士，最近不僅以單地論難重慶，並且在"紙上熱烈地非難，要重慶停止敗戰。本月十二日，芝加哥廣播電台對重慶的廣播，惡聲痛罵：由於日軍掌握了平漢綫，重慶軍的兵力，便無法發揮……日軍反攻後方機場的威脅……，美國在東亞的戰略也因之不隱。又美國國家廣播公司……亞的懶惰傢伙，美國駐桂林領事林德羅絲在廣西大學演講時說：……可以說是在阻止着美國的對日作戰。美國爲使中國成爲顛覆日本的最後據點，雖曾長期地貸給重慶以龐大的武器，並援助以兵力，命其確保××地，然而此次作戰，不應失掉的戰略要點，均被日軍奪去，致使美國利用中國的價值，因而喪失。此一責任，很明顯地，應爲怠惰與不誠實的重慶所負。」對於重慶的敗戰，美國並不認爲是由於援助之不足，而是由於軍隊怠惰的結果。認爲除了依靠美英別無他路的蔣介石，即對於華萊士的要求，也發生了矛盾。重慶是被命令擔當美國反攻日本的一翼，而希望儘量……反攻作戰，因而把對美國的不滿，變爲對蔣的憤懣的……知識份子，其對敗戰政策的很大懷疑，日益嚴重。此一×××殊堪注目。

## 傳斯大林邀請戴高樂訪蘇

【同盟社馬德里廿八日電】蘇聯駐阿爾及爾大使請戴高樂接受斯大林委員長的邀請，訪問莫斯科。

## 羅邱蔣將在倫敦舉行會議

【同盟社斯德哥爾摩廿八日電】據此間廣播，羅斯福、邱吉爾、蔣介石，將於最近在倫敦舉行會談。

【海通社柏林廿九日電】耶路撒冷訊：耶路撒冷將設立蘇聯領事館，「以保護蘇聯的經濟與政治利益」。此事由蘇聯開羅公使館第二秘書索爾坦諾夫所公佈，他曾從開羅赴耶城與當地委任統治地政府進行關於此事的談判，現已返開羅。據此間消息靈通人士稱：索爾坦諾夫將被委爲耶路撒冷首任總領事。

## 杜威被選爲總統候選人

【海通社芝加哥廿八日電】紐約州長杜威在星期三於芝加哥舉行的共和黨全國大會上，以一千零五十六票的壓倒多數被推選爲共和黨總統候選人。這樣，杜威就得到了全部票數——除了投給西南太平洋××××麥克阿瑟××一票以外。在杜威被推選後，代表們就立刻依照公式……俄亥俄州州長布里克爲副總統候選人。在星期三早的會議上，內布拉斯加州州長格利斯沃爾德就發表擁護杜威的推選演說。這州長宣稱：戰爭的指導已經確定了，而且不會被行將到來的選舉所改變，但是行將到來的選舉將改變國內的領導。據說：已有一架專機在紐約州的首府亞爾巴尼候載四十二歲的紐約州長杜威到芝加哥去，預料他將在那裏於星期三晚發表關於民族自決的接受推選演說。

# 參攷消息

（只供參考）
第五五四號
解放日報 新華社 編
今日出版一張
卅三年七月二日 星期日




## 軍委會一週戰況

【中央社重慶一日電】據軍委會發表廿四至卅日一週戰況稱：本週來，豫中戰場各地之戰鬥較爲和緩。湘境方面戰事激烈之程度，仍有加無已，其重心已移衡陽，於廿七日以來衡陽之攻防戰已達最高潮。至於沿湘江流域之粵漢綫東西地區敵之左右翼側，經我各路軍之反攻，曾予敵以相當之打擊。茲分述於後：（一）敵之主力於侵陷株州、湘潭、湘鄉後，沿湘江東西兩岸（粵漢綫兩側）分路侵犯，於廿四日侵入衡山，其後續部隊，連續增加。至廿四、廿五日間，分由衡山及東南之吳集、雷溪市與湘鄉以南各地區，向衡陽猛撲，連日與我反復衝擊，慘烈異常，僅湘江東岸八尺嶺至橡皮塘一帶，斃敵達六百餘人。我傷亡亦重。至廿六日、廿七日，已漸接近衡陽城郊四週地區，展開空前壯烈的惡戰，迄今五日於茲，衡城在我英勇將士堅守中，仍屹立無恙。惟敵之後續部隊繼續向前綫增加，仍有再行擴大可能。（二）敵之左翼（湘江以東地區），於廿四日先後侵入萍鄉、攸縣縣城。萍鄉城經我反攻下，旋即於廿八日完全克復。至侵入攸縣之敵，繼續南竄，刻被我軍阻止於該縣以南地區，未能進逞。（三）敵之右翼（湘江以西），寧鄉我軍屢摧頑敵，使西犯敵被迫東竄。又我向湘鄉攻擊之部隊，已迫近城郊。至由沅江增援再犯益陽之敵，於廿七日晨侵入城垣，巷戰兩晝夜，於廿九日晨卒被我悉數逐出，向東潰退。又我空軍中美混合隊及美十四航空隊，於廿五日來，連日出動於湘境各戰場與敵後方，普遍轟炸掃蕩敵之車輛、船隻以及敵一切軍事設施，並協助我地面部隊作戰，戰績甚爲輝煌。至於滇西我軍進展頗爲順利，刻我軍已攻達距騰衝縣城北僅十里。緬北我軍於廿六日將瓦城密芝那鐵路下段敵重要據點供給基地之孟拱完全攻佔，使密芝那之敵軍形成孤立。現我軍賡續沿鐵路綫向東北與滇西攻擊前進。敵第十八師團已完全陷殲滅。

【中央社渝一日電】據軍委會一日發表戰訊：（湘境戰事上略）浙東敵爲策應湘省方面之作戰，乃向金華一帶增集兵力，於六月十日拂曉前，分三路向西進犯，於同日午夜侵陷湯溪，十二日晚續陷龍游，至二十六日晨，敵復陷衢州城。適時我軍以敵已入我部署圈內，即由各面一齊向敵反擊，衢州之攻城戰經過二日之戰鬥，至二十八日晨，將敵完全擊破，該城爲我完全收復，殘敵向東潰竄，我跟蹤收復龍游，三十日晨又克湯溪，至晚完全恢復六月十日前原有情勢。是役擊斃敵第七十師團第六十二旅團旅團長橫山武彥少將一名，擊斃該師團官兵四千餘，並鹵獲敵人裝備甚多。（廣東方面下略）

【同盟社東京卅日電】浙東從作戰開始以來至現在爲止，受到我軍打擊的敵部隊，除第十九軍的第廿六師，第廿一軍內第一百四十五、第一百四十六、第一百四十七三個師，第四十九軍及第五師、第一百零五師，第八十八軍的第七十九師七個師之外，尚有第三十二軍團軍長李默庵指揮的西南突擊隊，國際突擊隊，美英軍官指揮的特殊部隊。在此次作戰中，敵遺棄屍體中，尚包括美　軍官。

【同盟社浙江前綫基地廿七日電】我軍在攻擊三衢[illegible]浙江省西部戰野，發見英、美、中合作的地上部隊（國際突擊隊），遂遭受我軍痛擊。這一國際突擊隊，是由顧祝同麾下的游擊隊幹部訓練班的變形。一些英國將校被聘爲軍事顧問、教官。他們是在大東亞戰爭之序戰中被打敗，好容易從香港逃出。該突擊隊共分三個隊，一個隊三個營，一個營約由一千五百人編成。一個營配置十名左右的英國人，充當教官與軍醫，教授近代化學兵器的操縱法與英美式的戰術。他們本身亦參加實際戰鬥，在浙江省東部地區與共產軍作戰，並不斷向我佔領地區作游擊式的出擊。作爲特別班的則有破壞班，美人七十餘名編入充任指導員。這些美英人領到約等於重慶正規軍五倍的餉項。但令人笑死的是，四十餘名擔任指導訓練的英國人，其中有實際軍事能力的，只有從香港逃出來的十二個英國將校，其餘則完全是流浪中國內地的商人們凑成的。此種東湊西湊的內容，最近才被暴露從而發生了問題。

## 同盟社所傳
## 太平洋美航空母艦的陣容

【同盟社東京廿九日電】開戰之初，美國相信有七艘航空母艦就可以對日開戰，但在開戰的第二年既有航空母艦幾乎完全被我海軍消滅。航空母艦的飛機是艦隊的眼睛和進攻的先鋒隊。因此美海軍開始建設的一個[illegible]航空母艦的陣容。美國現擁有大型的航空母艦卅三艘。今日美國海軍保有大型航空母艦十三艘，其中十二艘是按照一九四〇年大擴充兩洋艦隊的計劃所建造的『愛克塞斯』級的航空母艦，其基準排水量爲二萬六千噸，艦身長達二百四十三米突，寬卅三米突。在美國東岸新造的任何巨艦，其最大的寬度只有卅三米突（可以通過巴拿馬運河），如果再寬一些，那末駛往太平洋時，就要迂迴南美。該型艦裝備十二點七吋口徑高射砲十六門，高射機關槍五十挺以上，每小時速度爲卅五浬，搭載飛機八十架，兵員二千名，建造費約六千萬美元。該型艦已竣工且已編入太平洋艦隊者有『愛克塞斯』號，『勒克星敦』號、『邦克希爾』號（最近傳說已被擊沉）、『約克敦』號、『事業』號及『黃蜂』號等六艘，其他五艘中的『迪康德羅加』號（預料已竣工）、『法蘭克林』號、『曼谷』號、『本諾姆』號、『李嘉圖』[illegible]下水，目下正在裝配航行所必要的設備，現在尚未下水的只有『盤道夫』號一艘。一九四一年又追加由該型改良的二艘，即『上格拉』號（二萬七千五百噸）與『本寧敦』號（二萬七千噸），上述二艘均已於本年二月下旬下水，其性能與備砲與前述的母艦相同，只是排水量增加一千乃至一千五百噸，寫艦的防禦裝置更加強了。一九四二年六月新造艦計劃案計劃建造航空母艦卅艘，其中一部將於今年底至明春竣工。一九四三年度不大量建造該艦，但是當局公佈要建造四萬五千噸的超巨型航空母艦三艘。艦上裝有飛行甲板，作爲轟炸我國本部的四引擎重轟炸機昇降之用。該艦如戰前的『薩拉托加』型利用大巡洋戰艦的艦身一樣，利用建造中的『衣阿華』級（四萬五千噸）第五艘、第六艘（『伊利諾斯』號及『肯塔基』號）及停止建造的『蒙大拿』型（五萬五千噸）的一艘建成爲海軍最大的航空母艦。該艦加強了以往各國航空母艦的共同缺點（即防禦力薄弱），而成了堅固的超等巨艦。該艦爲了確保每小時三十三浬以上的速力，將裝置巨大馬力的機器。這一型的航空母艦正在建造中。將來全部完成時，美國海軍總共擁有巨型的航空母艦三十六艘。當它全部完成之前，將使已經竣工的駛至太平洋，編入機動部隊，集結於南洋方面時，我們必須再度擊滅之，以減低敵人的優勢。

美國急於建造中型護航用的航空母艦。近年美國完全沒有企劃建造中型的航空母艦，新造的母艦不能完全補充損失的母艦，因此將建造中的『克里佛蘭』型的輕巡洋艦（一萬噸）改造爲母艦，作爲補充母艦的對策。當局定造這一型的母艦二十八艘（與『愛塞克斯』級同時定造的）。自一九四一年至一九四二年興工的巡洋艦八艘仍未建成，現在改變其設計，將其改爲第一批建造的中型航空母艦。今後將增加此種艦種，伴隨大型航空母艦，進行海上作戰。由這種巡洋艦改造的『獨立』型母艦有『普林斯敦』號、『塔[illegible]武德』號、『蘭格利』號、『考本斯』號、『蒙其雷』號、『加波特』號、『巴坦』號、『聖孟辛托』號，其排水量爲一萬噸，船身長一百八十三米突，寬十八米突，吃水六十九米突，裝載飛機約五十架，備砲尚未判明，大約要裝置十二點七生的口徑的高射砲八門至十二門，高射機關槍四十挺。

爲了護送航隊及運輸船，美國由近年竣工的貨客船改造的第一批補助母艦爲十三艘，被命名爲『長島』。這一類型的補助母艦，其排水量爲一萬七千六百噸，速力爲每小時十六浬，可以裝載小型飛機卅架，如果是中型飛機則其裝載量更少。但是敵人不會將這種母艦編入精銳部隊進行反攻作戰。

敵人反攻作戰的主體爲巨型母艦集團，這亦是第五十八混合艦隊的基幹。據說到了今年年底，美國各種航空母艦的總數將達到百艘。現在冒險接近我艦隊的敵新艦若被擊沉，那末美國建造航空母艦百艘的理想要立刻化爲泡影。

（編者按：根據我們已得的材料，上述的估計大體上是正確的，但是戰前美國大航空母艦並未完全沉沒，尚餘三艘，又『事業』號爲『大胆』號之誤，『事業』號並未沉沒，巨型航空母艦中尚應增加『大黃蜂』號，中型的尚應增加『錫特科』號（今年二月間下水），小型母艦不止十三艘，而是一百艘以上，美國每月能改造這樣小型母艦十艘。）

## 三地質學家在黔被殺害
## 翁文灝說將來好人都要死去

【本報訊】地質學家許德佑、陳康、馬以思三人在黔被匪殺害，中國地質學會、中國地質調查所在重慶舉行追悼大會。會上翁文灝致詞，他特別感到：『地質界人士有百分之×十四，都爲工作而死於非命，前仆後繼，但未得社會人士充分注意，此實不足以策勵將來。在地方上，有人被土匪打死，人家的同情心並無甚多表現。這樣重要的學者死去，大家反認爲常事，則將來好人都要死去。在我們自己固仍當自勉，但地方當局亦應引以爲愧。』據中央社電，殺害許等三人的匪犯除當時打死三人外，現在又緝獲了十三名，在普安縣一齊被槍決。

參攷消息
（只供參考）
第五九五號
解放日報
新華社 編
今日出版一張
卅三年七月
三　日
一

## 渝新聞禁載標準解釋事項

### 梁寒操說此法係仿效美國

━中央社重慶一日電━六月三十日，中宣部第十九次記者招待會時，當場分發新聞禁載標準之解釋事項，全文如左：戰時出版品審查辦法及審查標準第十條各項之解釋：（一）違背我國立國之最高原則者，本項解釋1、挑撥離間國內各民族之團結者；2、鼓吹侵略主義者；3、鼓吹法西斯主義或階級獨裁理論者；4、鼓吹私人獨斷者；5鼓吹階級鬥爭者。（二）危害國家利益、破壞公共秩序者，本項解釋1、侮辱國家元首者；2、響應敵人與漢奸謬論者；3、惡意抨擊政府既定政策與現行法令者；4、挑撥黨政軍民感情者；5、對地方治安、糧草、勞資糾紛或其他騷動作不符事實之報導或挑撥煽惑之言論者。（三）洩露國際間未至發表時期之會議談判締約及其他有關之機密者，本項解釋1、國際會議內容有關國家軍事及外交機密者；2、對外交涉談判聲明及締約等事項未經政府發表者；3、中外重要使節之任免更調，未至發表時期者。（四）妨礙我國與友邦之睦誼或同盟國間之團結者，本項解釋1、侮辱友邦元首者；2、詆毀友邦立國精神及既定國策者；3、侮蔑盟國作戰努力者；4、傷害在華盟友之聲譽者；5、離間盟軍與我軍之情感者。（五）洩露國軍之編制、番號、裝備、駐防地點、調動、補充、整訓情形及作戰計劃者，本項解釋1、洩露陸海空軍（包括出國部隊及在華盟軍）之編制、裝備、部隊番號、駐防或作戰地點、部隊集中與調動之日期地點者；2、洩露我方秘密軍事計劃及作戰計劃者；3、洩露敵軍作戰計劃及秘密軍事計劃之內容與來源者；4、洩露我軍事最高當局、前綫各軍師旅長及盟軍高級官長之行踪者；5、洩露我方聘用之外籍高級軍事人員之國籍人數任務行動等者；6、洩露我軍所用武器之性能者；7、洩露敵軍之部隊番號及兵力者；8、洩露我方軍隊之補充整訓之地點及情形者。（六）洩露兵工廠、軍需工業與重要國防工業場廠及地點設備製造生產量供應及運輸狀況者，本項解釋1、洩露兵工廠之地點、設備、產量、工作人數、供應與運輸情形者。2、綜合記[illegible]軍需工業與重要國防工業（以製鋼鐵酒精爲限）場廠之地點與設備者；3、洩露上述場廠生產數量、儲存、堆棧、運輸路綫及供應之詳細情形者；4、洩露公路鐵路之工程設備、運輸功能及沿途詳細情形者。（七）洩露飛機場、要塞、測量局、重要電台、軍需倉庫、軍訓機關及防禦工事所在地及內容者，本項解釋1、洩露飛機場、測量局、電台、軍器與燃料倉庫、高射砲器與砲位、險要關鎖之防禦工事之地點及設備情形者；2、洩露大規模軍訓機關之地點時間及人物財之實數者。（八）洩露戰役及與作戰有關之機密事項者，本項解釋：1、洩露戰役中我軍傷亡及被俘數額者；2、洩露未經證實被俘傷亡官長之姓名者；3、洩露被敵轟炸之街道名稱、機關名稱及軍事設施（飛機場、倉庫××物等）之損失情形者；4、俘虜含有秘密性之口供；5、各種會戰戰果之統計數字；6、我敵兩軍戰術上之優點與弱點之批評；7、地方匪患尚未剿潰足以動搖人心者。（九）洩露我敵後黨政軍教工作人員之姓名及活動情形者，本項解釋1、洩露敵後我方黨政軍教人員之姓名、住址及聯繫地點者；2、描寫各地敵後我方策動之內幕，易使工作人員不利者；3、洩露偽軍準備反正部隊尚未歸來者。（十）有礙糧政、役政與軍事上工役之推行者，本項解釋：1、對征糧負担、徵兵數額及壯丁與抗屬生活情形爲不確實之報導，足以影響糧政、役政推行及軍隊士氣者；2、×掠反戰文字者；3、離間軍民合作者。（十一）洩露戰時財政經濟情況足資敵人利用影響抗戰者，本項解釋1、未經政府公佈之國家歲出歲入之預決算詳細數字；2、法幣發行額及國家銀行[illegible]款放款之數字；3、淪陷區重要物資搶購之數量、種類及輸入路綫；4、[illegible]、油、鹽之主要儲藏地點，軍用物資之產量與供應；5、未經實施完成之經濟交通等建設之計劃；6、關於例談國防之擬議。（十二）洩露未經主管機關發表之各種會議、演習、校閱、集訓之日期、地點及參加人員者。

━中央社重慶卅日電━中宣部梁寒操部長於三十日記者招待會上，宣佈新頒之戰時出版品審查辦法及禁載標準。關於圖書雜誌審查，決定七月一日開始實行。其他各地可望於一月以後全部實行此次新頒之禁載標準數僅。十二條，每條之下，加以若干具體解釋。美國新聞禁載標準亦係採取此項辦法。標準極爲簡單，而每條下之解釋事項則力求具體。此種解釋事項，可隨時勢之需要隨時增删。

## 秦晤士報評湘境戰事
## 爲中國近年最慘痛挫折

「路透社倫敦一日電」倫敦泰晤士報軍事訪員檢討日本在中國的進攻和湖南攻勢之含義。他說：在世界那一部份同盟國打得不好，就是在中國。敵人在湖南的攻勢，現已攻破了長沙和衡陽，使敵人距廣州尚不到兩百英里，「形勢實在是嚴重」。他舉出下列理由支持其意見，即衡陽是重要交通中心和產米豐饒地區。相信廣州敵人正待命向北發動攻勢，藉以使南北連結起來，如此建立一條陸路，來補償海路所受的損失（因敵人船舶和其佔領下的海港遭受盟國的襲擊）。敵人的成功亦將割斷江西、福建與整個中國東南部。儘管由於各鐵路未連接起來而經常發生跳動，但日軍建立這個走廊却「形成中國近年來所遭受的最慘痛挫折之一」。該訪員繼稱：其次，美軍正使用着衡陽重要飛機場及其附近其他若干機場。因此這些飛機場的損失將有害於美國綠軍第十四航空隊，使敵人能防止盟國對日本本部轟炸的脅威。固然，美國空軍主要是依靠更西面的各機場，但如果目前依靠××退路以獲得供應的東面各機場若全丟掉的話，則盟軍對日本轟炸的路程將形加長。每個人都很清楚知道，中國軍隊因缺乏裝備，對付日本大攻勢，是感得多麼大的困難，但該訪員提出警告謂：「如果（很有根據相信）日本在湖南的第二次攻勢（相信這攻勢是對準着重慶本身的）因共產黨和重慶缺之合作而獲得方便，那末這只能認爲是一件很大的憾事。」因爲緬境英軍「正以很大犧牲作艱苦戰鬥，其重要目的之一，是重開通中國的陸路」。該訪員於結語中提出警告：「得出打通滇緬路將是爲時太晚這個結論，是何等悲觀呵！但是，人們不要忘記中國本身的種種困難。」

## 英報評湘境作戰失敗
## 主因爲國共關係無進展

「路透社倫敦二日電」「星期日觀察家」外交訪員宣稱：中國的民氣正爲日軍的新進攻所威脅。他說：日軍在中國東南部的驚人勝利，在重慶有令人感覺悲觀的影響。而這裏兩三週前由於盟軍在法國作戰的結果，情緒會顯然高漲。日軍佔領重要鐵路中心長沙後，現正向南進逼以與其自廣州北進的部隊會合；同時並沿自衡陽通廣西的鐵路向西南前進。外交訪員指出形勢的嚴重性稱：「事實上此表示中國喪失了重要交通線及糧食來源，並或將『最後地威脅重慶本身』。政治上，它的影響將證明更爲嚴重，因爲可以了解的，中國現對戰爭甚爲厭倦，此種厭倦由於其孤立感而日爲增強。同時，數萬萬居民於這麼大塊產米區的出喪失，將有飢餓的威脅，並且它的總的經濟及財政形勢極爲動盪不安。外交訪員認爲日本的勝利是由於兩個主要原因：第一是缺乏足夠的軍事裝備（這些裝備非中國人所能控制）；第二是國民黨與共產黨間的政治分裂，此點使數十萬中國軍隊不能移動，不然這些軍隊或可開往抗日」。實際上「第二個困難應當能爲中國人解決，但迄今在此方面尚無進展」。外交訪員結語稱：既然侵略者的威脅現在又形增長，新的努力將被做出以達到和解，因而國民黨軍隊及共產黨軍隊將合作起來抗日。

## 塞托紐斯
## 報導克恩戰局

「海通社柏林卅日電」塞托紐斯報導：雖然諾曼第戰鬥範圍與激烈程度均已擴大，但在星期四日情勢沒有變化。在戰鬥的焦點（現在克恩西南區域）能夠看出幾乎是前一日戰鬥的大概重複。英加軍隊在新來的美坦克師團支援之下，以極大的頑強，不顧損失，再度於卅日白天舉行進攻。他們再度得以加深他們的鋸齒缺口，越過奧登河，已隆村彼方數公里，並且擴大其兩岸的鋸齒缺口。而且在傍晚時分，英加軍在巨大的坦克反攻之下，被迫讓出新佔領區域的大部。英軍再度在爭奪格伏洛斯村的苦戰中被擊退繼從南方包圍克恩。計劃突破與倫河流域之舉在星期四日亦遭失敗。因此加爾瓦多橋頭堡壘東南前線的戰鬥在現在可以視爲停頓。德國坦克的戰鬥價值，在與英美坦克直接接觸之下，比較數量上佔絕對優勢的敵人最好坦克還更爲高。這一戰鬥價值可以說是如此巨大，以致敵人僅僅由於使用大砲與反坦克武器始能避免嚴重的敗北。星期五上午與登河的戰鬥復以新的猛烈性展開，蒙哥馬利顯願付出過高的代價佔領克恩，經常以新的部隊投入在強大砲火與攻擊機支援下舉行數次進攻，不能動搖德軍的抵抗，德軍在數地以刺刀擊退敵人進攻。昨晚美軍強行打開的一個不重要的局部缺口已由反攻即刻關閉。悉從區域敵人現在亦開始以步兵進攻卓堡區德軍陣地，卓堡區德軍正給予敵人無止境的苦惱。直至星期四夜敵人未能前進，事實是德軍砲台繼續轟擊悉從港區域。

參攷消息
（內部參考）
第五六五號
解放日報社 編
今日出版二張
卅三年七月四日
星期一

## 海通社傳衡陽方消息
### 敵將續向桂林推進

「海通社柏林一日電」東京消息：發言人週五（六月卅日）宣稱：據信日軍將南出衡陽，繼續向桂林推進。日飛機偵察所獲情報，日軍已在長沙以北集中坦克和裝甲車五百輛。此外，日軍中國軍第二十七師團亦已由滿洲調至長沙。該師團現已向南出發。發言人繼稱：重慶統帥部將努力從東西兩面進行側擊，以遏阻日軍前進。

### 敵大本營公佈華南敵軍北上

「同盟社東京三日電」七月三日十五時三十分大本營公佈：華南方面各部隊，為配合湖南方面作戰，於六月廿七日開始攻擊東南七戰區，沿粵漢綫北上。

## 合眾社論湖南作戰
### 將是敵大攻勢前哨戰

「同盟社廣州二日電」一日合眾社重慶電稱：據此次日軍的作戰目的，是欲佔領粵漢路綫甚重大攻勢的前哨戰，並欲對尼米茲攻勢的防衛戰。該社云：日軍欲佔領華南的縱貫陸上交通，氣勢咄咄向粵漢路南進，據消息靈通人士認為：日軍上述作戰是重大攻勢首在佔領華南敵後路據點的前哨戰，若包圍長沙後，將繼續向衡陽前進。日軍於打通粵漢路後，再攻擊現在孤立的福州、溫州等地。日本此次作戰，若從地理意義上說，還可認為以攻勢來對抗美軍的太平洋攻勢。

「同盟社廣州二十二日電」衡陽完全攻克是在眉睫，且一部部隊，已前進至衡陽南方，漂流向粵漢路上南下。美英通訊社與重慶報紙均齊聲哀鳴。二十四日重慶之路透社電稱：若日軍控制衡陽，再行南進，則粵漢路將完全被日軍控制。現在事態行將進入不容樂觀的境地。二十八日重慶合眾社電稱：現在日軍企圖打通粵漢路之事，已成不可動搖的事實。企圖打通時，將愈使重慶陷於窘境。同日重慶發行的時事新報社論稱：日軍不久將打通粵漢路，果如斯，則據說日軍已完成其目的。

「海通社柏林一日電」重慶訊，星期六此間時事新報告讀者，要求不要期待什麼奇蹟——也許日本會投降。該報反對重慶某報星期五所刊載的文章。這篇文章描述重慶中國在河南的失敗及由此而喪失土地的喪失，對總力戰並無意義，因為敵人無論怎樣總會投降的。時事新報指述這種照慶危險的烏托邦思想。美國方面所表現的這種理論，對增加重慶抵抗力量是不適宜的。

「同盟社東京三日電」粵漢路與以前我軍打通的平漢路及津浦路、隴海路成為中國四大鐵路之一。它是聯絡武昌、廣東，縱貫中國的大動脈。該路全長一千九十六公里，現在除了我軍佔領的武昌——岳陽一段外，湘潭、株州、衡陽、韶關的一段為四百七十五公里，一天火車來回四次。該路於一九一三年興工，一九一六年完成廣州——韶關一段，二〇完成武昌——株州一段，湖南因為資金關係，未能繼續建築。以後由於美國的投資，遂於三三年七月繼續建築，三六年四月建築成功。株州以南的一段，因為多是山地，因此感到極大的困難。許多隧道，和三中淥水、洣水、耒水三大鐵橋的工事是最困難的。一九三五年一年運輸旅客一百七十萬人及貨物一百十餘萬噸。

## 敵寇估領衡陽後
### 空戰優勢移入敵手
### 轟炸日本增加困難

「同盟社東京三日電」現在，我大陸派遣軍已佔領敵美軍的主要航空據點衡陽飛機場，並制抗戰中國第三工業部市衡陽於死命，並得佔領武漢以來的最大戰果。衡陽飛機場的掌握，改變了在中國大陸的航空戰略形勢，對今後的陸空軍有極大影響。第一就是航空戰略形勢的變更，注意美空軍以昆明為根據地，將兩條翼向中國南北伸展，北方是西安、漢中，與我華北華中佔領區相對峙。南方以桂林為根據地，穿過華中華南我佔領區中央，以直達福建以海岸。原來在空戰中，只要在國內有許多防禦基地又能確保機動的自由的話，則內綫作戰是中央位置的有利是絕對的。那以衡陽地區為例，敵人將戰鬥隊配置在該地，逐漸向我華中華南佔領區出擊，並伺機將轟炸機送至最前線，目的在轟炸日本。為了制壓敵人的這一企圖，必須用雙倍的力量對付敵人。為了避免浪費兵力，我航空部隊不得不從武漢地區向廣東，或向越南推進。但要捕捉敵人是很困難的。我航空部隊的勞苦亦絕難想像。此次由於衡陽飛機場的佔領，沿平漢、粵漢兩線的敵我空軍基地，處於最近距離的對峙狀態。過去敵人所掌握的戰略上的優勢，已移至我手，並獲得了戰果。此點已無容置疑。第二空襲日本的困難已經增加。六月上旬，美空軍司令陳納德似乎已預料到衡陽的命運，有將空襲日本基地移至西北地區模樣。從西北基地的對日空襲，其距離較遠，時間亦長，而且要通過我圈內，隨時隨地遭我戰鬥機與砲火迎擊故益發加重其困難。第三是敵空軍基地的軟弱無力與我威力圈的擴大。由於衡陽飛機場的失陷，使留於粵漢路東側之遂川、南雄、建甌等敵空軍基地，打斷了命運所繫的供應路，現在只有依靠空中供應。但與印、緬、中空運路是不同的。我方的攻擊非常容易，敵保持東部空軍基地之命脈，是很困難的。北粵漢路西方敵各空軍基地，當衡陽成為我之基地時，我轟炸機隊將以此處為基地，置貴州省的東部（一向得免轟炸）於我機威力圈內，將非常威脅其安全。

## 敵稱東南美空軍全面後退

【同盟社大陸某基地一日電】據情報稱，駐華美空軍喪失衡陽機場後，有湖南方面的飛機場及江西、廣西、廣東各基地企圖後退的模樣。零陵等機場幾未被使用。而江西省遂川、贛州、新城等機場的使用亦受到限制。現在桂林方面仍相當活躍。敵機集結於向來不大使用的柳州機場。但在桂林地區的敵機亦似乎正在準備疏散。據廣西方面回抵此間的人們說，敵人正在擴張韶關至柳州方面的道路，以便撤退遂川方面的基地。據說敵人正在動員韶關八步間約二百公里範圍內的民衆，不分晝夜修築道路。由此可說明敵人狼狽的情形。據說敵人要後退至桂林方面，該地西南的清鎮正在整備機場。敵人想把該地作為華南最前進的空軍基地而使用之。敵揚言要空襲日本本土，而由中國西南向海岸推進的第一綫基地，不得不後退至貴陽山地內。

## 桂林疏散各報停刊

【海通社柏林二日電】重慶訊：重慶政府已決定疏散廣西省會桂林的居民。同時，工業裝置以及公務機關亦將撤退。重慶權威報紙「大公報」桂林版已於星期四（六月廿九日）停刊。從星期六（七月一日）起桂林其他報紙亦告停刊。爾後各報將在新地方出聯合版。此間亦由桂林方面獲悉：該城擁擠着湖南、廣東的難民。川流不息的難民沿鐵道與公路由華中路過桂林。

## 偽華萊士訪渝要連想到西安事變

【同盟社南京一日電】南京國民政府發言人，於一日夜向全國發表特別廣播演說，題為「華萊士的訪問重慶連想到西安事變」。其演詞要旨如下：「重慶把華萊士訪問重慶看做天使降臨而感到快樂。它說着『華萊士實是魔術師，在他三巡之下解決了重慶一切的政治經濟問題』的夢話。現在蔣介石所處的環境與民國廿五年西安事變當時相彷彿。我們認為華萊士訪問重慶與西安事變時宋子文、宋美齡訪問西安相同。蔣介石在西安事變時被迫解決中共問題，而現在蔣介石被迫解決中共問題和美蔣合作問題。西安事變時，宋子文，宋美齡為了維持自己的地位，勸蔣介石與容共妥協，這不是基於國家的利益和正義感，而其結果蔣介石政府由於採取中共抗日的政策，引起中國事變。數年來蔣介石防止共產黨的猖獗，另一方面主張繼續進行盲目的抗戰以圖實現中國的獨立自主和中國民族的解放。但是他不但沒有實現這種主張，甚至亦不能防止共產黨勢力的擴大。抗戰仍無成功的可能性。現在共產黨的勢力極度威脅着蔣介石，這種情勢比西安事變時更加惡劣。如果蔣介石在西安事變時不接受宋子文宋美齡的忠告，將不會發生西安事變。現在華萊士正在重慶勸蔣介石實行國共妥協和美蔣合作。美國派遣華萊士赴重慶力說美蔣合作，並不是因為愛護蔣介石，實是認為中國還是牽制日本的力量，而利用這個力量來進行美國的對日戰爭。這是美國個人主義的想法，我們不能接受美國這種犧牲國民民族的要求。中國全體民衆聯起來驅逐華萊士和駐華美空軍，重慶欲完成中國的獨立和把大東亞從美英的魔手中解放出來，現在必需與美英斷絕一切關係，抑壓共產黨的暴動，停止對日戰爭，完成中國全面的統一。如果重慶有正義感，要維持中華民族的生命力，就有打倒美英的欺瞞政策，毅然決然地獲得主動的地位。」

## 大公報論戰後世界趨勢
### 是自由主義與共產主義相融匯的新民主世界

【本報訊】大公報於五月廿四日發表社評「世界趨勢與中國將來」一文。本文認為世界趨勢，將是自由主義於共產主義相融匯的新民主世界。因此，中國的將來，應該眞實民主化，工業化。不過，在本文中對共產主義與蘇聯給了某種程度上的歪曲。『在這次大戰以前，世界上有三種政治潮流相激盪，一是英美所代表的自由主義，二是蘇聯所代表的共產主義，三是德意日所共趨的法西斯主義。……將來，法西斯消滅之後，是不是會形成自由主義與共產主義相對峙的局面呢？我們可以先簡單答一句，『不會的』。依我們的看法，戰後的世界趨勢，將是自由主義與共產主義相融匯的新民主世界。……這趨勢，很明白的是：右者左傾，左者右傾，左右相交，綜合結果是大勢左傾化。世界趨勢告訴我們：中國需要民主化，需要工業化。這不是宣傳的口號，應眞實認識，眞實努力！』

最近大公報接連發表責難大後方教育的文章，第一篇是五月廿六日社評『談談教育』，其他都為響應的文章。

廿六日社評中稱：『……要力行幾點：一、講學自由、研究自由，這是師生涵泳及學術進步的前提條件。二、教育訓練人格化，切忌羼入壞人心術的鬥爭。三、多涵育，少干涉。能如此，我們相信必能學風丕變，而厚植國家民族之福。……近年來，教育變質，學術萎縮，不僅是戰時的反常，實在關係今後國家民族的興衰命運。』六月三日『大學教育及大學生活的改造』一文中稱：『我們的訓育工作，幾乎都是一個模型，順我者生，逆我者死，執着威脅與賄誘的法寶，一方面以記過開除相恫嚇，一方面以公費待遇懸私人恩怨來收買，禁令之繁，幾一舉一動皆有觸犯可能，甚至『羼入壞人心術的鬥爭』，滿佈黨羽，弄得整個學校陰森森的。而另一方面，許多驃悍之徒，三五成羣，橫行跋扈，打同學，罵職員，簡直不知集體生活的紀綱為何物，對於公物任意毀棄，消遙於茶肆酒樓之間，而訓育工作者反置若罔聞，不敢過問。……我們以為現在大學教育太重形式而忽略了實質，課程是被統一着，選課的自由大大的被限制，拘泥於上課的形式，而忽視了集體討論，一切生活瑣碎的事都被以『標準化』規定得呆呆板板，在大學生活中，看不見活潑的氣象，只有消極的制裁，沒有積極的制裁，沒有積極的領導。……所以，我們主張要澈底改革缺點，擴大優點，而且：第一、大學教育應採精兵主義，重質不重量。第二、我們必須佈置一個適當的學習環境，自然的刺激學術風氣的濃厚。第三、對於大學師生生活澈底改善，俾使有研究學術的餘勇。第四、我們以為大學教育的功能之一，是啟發學生生活理想，有生活的理想，然後一切現實生活中的缺點自然而然的會改善。第五、獎勵學術發明，國家研究院網羅第一流學者及其助手，給予研究學術上的一切便利。』六月四日星期論文『對於教育的最低限度的希望』一文中稱：『我們不但如「談談教育」所說的，希望「講學自由，研究自由」；我們還希望有批評的自由。因為一個經不起批評的學術與制度，也是經不起時代的淘汰的，所以聰明的校長及教師們所應憂慮的，不是青年思想的不一律，而是思想的附會，思想的膚淺，或其他類似的思想衰落徵象。』

## 掃蕩報說國共問題是家事 友邦對此意見愈少愈好

掃蕩報五月廿一日登有胡秋原寫的「對於最近友邦批評之感想」專論一篇。內稱：『過去友邦對我國評論，例多讚揚之詞；這半年來，則不滿之批評不少。……關於最近數月來友邦人士的批評，意見甚為複雜，就我個人所知以及已在我們報紙上零星披露的而論，大體可歸結於下列六項：（一）中國少數官吏不免於貪污，物價奇漲，政治效率不十分高。（二）中國言論管理過嚴，民治精神不足。（三）中國還不能說是一個強國。（四）中國有排外傾向，在戰後有變為法西斯主義帝國主義可能。（五）中國[illegible]一，而甚至只是一『地理名詞』。（六）涉及中國共產黨以及[illegible]國共問題。……第六項說到國共關係，中國人民希望有一天合理解決，而[illegible]也正在解決中。但我們願意說，這是我們的家事。因此，友邦對此意見愈少，將愈有利其合理解決。但[illegible]我們自己[illegible]表示我們政治的成年。近來友邦人士[illegible]在一個刊物[illegible]的意見，提議分中國為二部，這是鼓勵中國之分裂，果真如此[illegible]一『地理名詞』了。我相信，一國之內政治見解不同，[illegible]常事，[illegible]任何國家任何主義者不會對分治主義感覺興趣的。無論如何，中國是要統一的。因此，這一提議，恐只有提議者自己一人欣賞耳。』

## 第二戰綫的決戰尙在今後

「同盟社柏林一日電」江尻同盟社特派員發：反軸心軍在法國北部的登陸作戰，已經進入第四週，除了佔瑟堡以後，在地圖上並沒有可以看得出的進展。目前尙看不清楚的法國北部的戰局，其背後正孕育着帶着殺氣的戰機。檢討從登陸作戰以來三週間的戰況，無論在反軸心軍方面，無論在軸心軍方面，均可看出與當初想像的發展是相反的。德國方面對此會有下列的批評：第一在德軍方面，不利的發展是沒有能夠在海岸附近擊退登陸軍，亦沒有粉碎登陸軍對據點的佔領，而允許了敵部隊勢力的增加；其原因就是因德軍對於[illegible]，[illegible]二次[illegible]什麼地方，不能斷然的了兵力集中在[illegible]半島，[illegible]形勢的發展採取了謹[illegible]主義。第二對德軍有利之點：反軸心軍雖[illegible]三十[illegible]的兵力[illegible]登陸，但它不能夠充分的在前線展開，因[illegible]德軍的防[illegible]比較[illegible]有利的，可以防止反軸心軍橋頭陣[illegible]的擴大。這樣，德[illegible]什麼時候用比較少的兵力與之對峙。反軸心軍為將打破這一形勢，保持[illegible]比較[illegible]行動的自由，故以坦克大集團，全[illegible]從[illegible]被作[illegible]日幾乎沒有休息的機會[illegible]開[illegible]戰。三十[illegible]一度[illegible]德軍立即以坦克反擊，[illegible]入二公里，[illegible]前[illegible]德軍均行[illegible]。對此反軸心軍差不多已將[illegible]馬利的第二十二軍[illegible]全部用出，此外在英國東南岸待機中的部隊亦有出動形勢。一般估計同盟軍可能在[illegible]方面登陸，不然就是在哈[illegible]。第[illegible]方面[illegible]陸，以便[illegible]現在橋頭[illegible]相連接的橋頭堡[illegible]，[illegible]更加容易。在這些情形之下，[illegible]均[illegible]處於虛虛實實的關係之中，德[illegible]方面的作戰亦[illegible]漸[illegible]重。總之，第二戰場真正的發展尚在今後，將來的[illegible]如何，預測的[illegible]尚早。

## 瑟堡[illegible]全[illegible]破壞

【同盟社[illegible]林一日電】由於德軍的徹底破壞設施，[illegible]瑟堡港一時不能使用。據前線報導：[illegible]港口船舶的[illegible]況，已被封鎖。德軍[illegible]如何[illegible]，[illegible]報[illegible]如下：碼頭、停車場[illegible]水泥支柱，用八百公斤的[illegible]炸，因此被破壞[illegible]道。對炸毀大碼頭，[illegible]長。[illegible]二十米達，深十五米達的深溝。另外[illegible]地帶的貨車二輛，亦帶上停[illegible]上爆炸，堆[illegible]亦拋[illegible]貯水池中。其[illegible]部除敷以地雷外，[illegible]大[illegible]場，亦[illegible]被破壞，起[illegible]。[illegible]台，倉庫，亦被炸毀，[illegible]入[illegible]。於是瑟堡港的設施，全被炸毀，對於[illegible]國[illegible]說來，只是毀失了[illegible]的[illegible]。今後為了修理該港，將需相當時日，特別是[illegible]與[illegible]潮時，普通相差十米達，因此卸貨或應急的恢復作業，[illegible]。

【一路[illegible]盟[illegible]統帥部二日電】特別[illegible]起來的美軍，現正忙於打掃瑟堡和除卸德[illegible]用[illegible]各[illegible]船塢入口處的船隻。德國對於阻塞船塢入口[illegible]和破壞[illegible]頭的工作做得還好，而[illegible]內[illegible]乎未有遇什[illegible]組織的破壞計劃[illegible]盟[illegible]也[illegible]過到[illegible]們預料[illegible]會遇到的住宅問題。幾乎[illegible]一條留下在瑟堡的船都被擊沉了，最大的一條在三千呎長的海洋船塢入口處對面。防[illegible]也全被炸掉。盟國修[illegible]隊必須和超[illegible]廿六呎的海潮鬥爭，而在那不勒斯國人[illegible]二[illegible]呎的海潮鬥爭[illegible]工[illegible]海港[illegible]，已炸毀的過的[illegible]，[illegible]已被[illegible]成為一堆斜[illegible]不清的廢鋼。現美國的工[illegible]隊[illegible]迅速地整理中。

## 羅斯福說
## 戰局未可過於樂觀

【海通社柏林卅日電】羅斯福總統最頃[illegible]夜的警告美國人民說：「美國戰爭尚未[illegible]過分的戰鬥仍在前面。」[illegible]統反對過分樂，觀的警告是與馬歇爾將軍金氏海軍上將及安諾德將軍兩人自[illegible]要[illegible]，向[illegible]統提出的戰爭情勢之檢討有關。這一檢討似乎與樂觀差得遠。兩人宣稱：勝利的前途會被過分的樂觀所減少，戰爭實際上已獲勝利的觀念必須加以制止，美國工業應努力工作以補充廣大戰線上軍事物資的重大損失。

## 圍繞着美國選舉戰的矛盾

【同盟社東京二十九日電】當此決戰之年，還是[illegible]選舉戰，此事是[illegible]的悲劇。羅斯福的此種嘆聲似乎從決戰場的彼岸傳來，美國當開始歐洲登陸作戰，在太平洋進行正規攻勢時，將隨着選舉戰開始最大的國內政爭，現政府的反對派[illegible]共和黨[illegible]總統候選人的全國大會，正在開會中，七月中旬預定開民主黨大會[illegible]為開端，美國全土，將徹頭徹尾變成選舉戰的場所。四年前的總統選舉，圍繞着參戰與不參戰一點。此次的選舉戰，是圍繞着指導美國作戰的選舉戰，這裏包括一切決定此次選舉總統的性格的一切東西，英國、蘇聯及其他反軸心各國注視今次選舉的方向，共和黨不顧決戰時期，堅決進行激烈的選舉戰，都是因為這一戰是決定美國將來的重大轉機，與指導戰爭有關聯的中心問題，是應否支持羅斯福的國際干涉主義，彼指導戰爭的方向是沿着這個路線前進，即戰爭期中與英蘇兩國大團結——戰後門建立美英蘇合作的支配世界的組織，最近共和黨的領袖，相繼發言支持干涉國際，然而共和黨並不能由此而與傳統的孤立主義絕緣，不能如此。孤立主義將以反蘇，反英倫[illegible]形式，向羅斯福挑戰，而此等孤立主義者最憂慮的事情，是羅斯福對[illegible]的[illegible]態的政策，對蘇合作擺佈美國從戰事到戰後的命運，因此對此事的不滿與反對，將是今秋選舉總統中的真正爭論之點。今年的總統選舉，已超過兩大政黨間單純的政爭，亦可說是左派政黨國會，一般大衆與國會資本家的國內鬥爭。此次總統選舉超過羅斯福所想像的嚴重的國內鬥爭。有左右反軸心協助進行大戰的重大意義，故必須保持美國在決戰中的姿態。國際干涉主義是達成其：制霸世界的野心所必要的手段，而且是不可或缺的一部份，對[illegible]合作，（缺）而且是外交問題，同時亦是國內問題，此次的總統選舉因具有這些意義，因此美國奮起決戰，我們可以發現在正是站在抗拒美國前進的重大關頭。

參考消息
（只供參考）
第五五七號
解放日報 新華社 編
今日出版二張
卅三年七月五日
星期三



## 敵稱佔領清遠龍門 粵漢路南北相距二百五十公里

【同盟社華南前線四日電】渡北江之我軍，繼續北進，追擊向北江兩岸撤退之殘敵。三日黃昏，一部已衝入北江北岸之要衝清遠，並即佔領。另一部則於三日晨，進抵清遠北方，敵曾修築永久陣地，企圖頑抗，終取樂樂山與觀音嶺之堡壘。清遠於昭和十四年我大軍作戰時，曾被皇軍佔領。人口二萬八千人。

【同盟社里斯本四日電】路透社重慶特派員，三日報導稱：由廣東地區，沿粵漢路東側北上進擊的日軍，已佔領廣東東北一百二十公里的龍門。

【同盟社里斯本四日電】重慶來電，據前綫報導：配合從衡陽南下進擊，由廣東地區北上的日軍，表示了驚人的進展，北江北岸的清遠已在日軍的掌中。另一先頭部隊已逼近廣東東北六十公里的從化。至此由粵漢路南北追擊的日軍兩部隊的距離，已縮短至二百五十公里。

## 重慶紙慌粵漢路將被打通 已進出於衡陽南方

【同盟社廣州三日專電】皇軍現已進出於衡陽南方，繼續向粵漢路上猛進。皇軍現已大半控制連貫武昌、廣州及一千公里的粵漢鐵路，因是說，衡陽在湖南省不僅是俯瞰四方的湖南核心，而且是粵漢路中部的要衝，僅此，對於重慶說，粵漢路全綫已被皇軍制壓，亦是當然的事實。衡陽、廣州間僅有三百公里佔全綫的三分之一，以精銳皇軍的快速進擊，則將其控制並無任何困難。關於此事，即敵方最近亦不得不承認，美英電訊及重慶報紙，都是不約而同地呼聲強調衡陽的重要性；另方面則悲鳴粵漢路的打通，已迫在眉睫。即是說，皇軍一如敵方的觀測，於佔領衡山後，必將攻略衡陽。二十八日的重慶各報以電知悉此事之必將到來，遂報導重慶軍委會軍令部次長劉爲章揭載於掃蕩報的文章，暴露重慶軍的焦慮情形，該文稱：「現在日寇首在企圖打通粵漢路，這已是不可動搖的事實。打通全綫，今後容有很多困難，但如打通全綫時，將愈將重慶推入困窘的深淵中」。敵方現一齊認爲皇軍的行動爲打通粵漢路，拼命設法挫折日軍的作戰意向。實際上皇軍今後如重慶的觀測爲打通粵漢路而戰，關於此作戰意圖，雖當然不容預斷推測，但從衡陽通往廣州的道路，事實上是時間的問題，這是可以言明的。知悉衡陽危殆的敵軍，已自行有此觀測，皇軍將打通粵漢路。游蕩不定的民衆，亦已拋棄家鄉，開始離開鐵路沿綫四出避難。若皇軍於佔領衡陽後，一直投諸去廣州之路，則粵漢路的打通，絕無困難。

## 敵稱以粵漢路爲中心的戰局 將予『大東亞戰爭』以極大影響

【同盟社東京三日電】攻佔衡陽後，沿粵漢路繼續南下的我華中作戰軍，逼近粵漢路要衝衡陽。正當衡陽即將佔領之時，佔領香港後即枕戈未出動的華南方面軍，配合湖南方面的作戰，於六月廿七日突然開始行動，開始沿粵漢路北上。縱橫流於廣東北方的北江及其支流，因爲最近正下大雨，濁水滔滔不斷，我華南軍在作戰開始時，即克服這一水流的困難，到處突破敵防衛綫，繼續快速地進擊，作戰正順利進行着。敵第七戰區司令長官余漢謀，對我軍的這一進攻極爲動搖，戰戰兢兢的配置其指揮下的兵力，對我華南軍的猛烈北上，極爲狼狽。過去殲滅了河南地區第一戰區的我華北軍，並未結束其刀鋒，繼續以鐵鎚加諸第一戰區的殘存軍及第八戰區的胡宗南軍。上海方面又於六月十日以來，向第三戰區進攻，同時我華南軍又配合湖南作戰，開始北上。由此我軍在大陸此次的新軍事行動，已表現了雄渾壯大的規模與派勢。我軍作戰今後究竟如何發展，當然不允許敵人曉知，敵人非常恐懼。由於華南軍的北上作戰，敵人叫喊粵漢路危機，萬一喪失了粵漢綫，被日本軍打通的話，則中國大陸以平漢粵漢路縱斷幹綫爲中心，東西即切爲兩片。這樣大東亞戰爭的解決，至少亦要延長好幾年。不管敵人如何的預料，以粵漢路爲中心的戰局，將予大東亞戰爭以很大的影響，此點已無置辯餘地。由於我軍的河南作戰，平漢綫已經打通，敵人雖然發慮，但粵漢路的打通一經實現，則從北平連接廣東的大動脈，即被我軍掌握，抗戰的中國即被切爲兩段，東面有十一個省歸我陣營，這在客觀上對重慶抗戰力的影響是極大的。這不但使陸華美空軍的第一綫空軍基地完全無力，而且使尼米茲所主張的太平洋反攻，即其所指向的中國西南海岸，亦完全進入我掌握中，尼米茲的這一攻向已受到了嚴重的挫折，敵人在我軍進擊面前的醜態，亦是當然的。

## 重慶合衆社訪員報導 日軍新的進攻使重慶危機更加加深

【同盟社里斯本三日電】重慶之合衆社訪員報導如下：由於日軍新的進攻，已掃除消息靈通人士的疑問，即此次作戰的規模，是否將波及至中國。七月七日，中國事變將進入第八年度，但重慶現正面臨事變開始以來最大的威脅，予世界戰爭以嚴重的影響，是不可否認的。消息靈通人士認爲，由於日軍新的北上進擊，將使粉碎重慶的攻勢之危機，更加加深。

## 敵公佈湖南浙東戰果

【同盟社大本營前線基地四日電】五月二十七日湖南作戰開始以來到六月二十日止，我方的綜合戰果如下：敵遺屍三萬五千四百具，俘虜一萬一千三百名。鹵獲品重砲十門、野戰砲五十一門、機關砲二百二十九門、迫擊砲六十七門，輕重機槍六百二十五挺、步槍五千五百支、砲彈二萬四百發，其他各種彈藥、地雷等無算，擊落飛機三十一架。我方戰死一千五百零三名。

【同盟社上海六日電】我軍爲配合湖南作戰，六月十日自金華附近開始行動，二十六日攻佔要衝衢州，現正繼續猛進，急追敵第三戰區之野戰軍。作戰開始以來至七月二日止，判明的戰果如下：收容敵屍五千零八十具，俘虜六百六十四名。鹵獲各種大砲二十五門，輕重機槍一百三十一挺、步槍等九百三十支，各種彈藥約二十三萬二千發。

## 敵在北海登陸 將向南寧進攻

【海通社柏林三日電】重慶訊：據此間星期二獲悉，日軍已在粵省南部北海登陸。北海位於法屬安南東京台灣××附近。據此間推測，這一股登海軍意在由南面向南寧進攻。

## 敵同盟社報導一週戰況

【同盟社東京二日電】中國方面：地上作戰（河南方面）湯恩伯主力潰滅後，靈寶方面的牽制進攻及許昌西南方面對第五戰區軍的進攻，正在繼續進行中。至六月二十日的綜合戰果，敵死體包括俘虜在內，共達八萬有餘。（湖南方面）從粵漢路兩側南下的部隊，二十六日佔領美空軍根據衡陽飛機場，繼續從北、西、南三方面將衡陽完全包圍，二十八日一齊開始了總攻擊。（浙江方面）在上海方面待機中的我部隊，爲配合湖南方面的作戰，並於六月十日開始進攻，僅半個月工夫即佔領該方面的敵重要據點衢州，並繼續作戰。該期間內，我方獲得之戰果計敵死體及俘虜共四千餘。空戰：我航空部隊以破竹之勢，猛烈的協助地上部隊的進攻，不分晝夜的猛擊來襲敵機或進攻敵空軍根據地。當地上部隊佔領衡陽飛機場時，立即作爲我前線空軍根據地繼續活躍。但最近敵人空軍的活動仍可看到，最近數日來敵機出動每日平均一百架。（緬甸方面）地上作戰（巴勒爾方面）我方仍確保巴勒爾東方三公里的要點爾馬雅及四千（伊姆法爾北方地區）紛碎企圖打通伊姆法爾——科西馬公路的優勢敵人的進攻。（緬甸北部）連日大雨，我軍在廳俄爾南方地區密利都萬納附近，擊退優勢敵人的進攻。（怒江方面）宣傳第二次怒江大攻勢渡過怒江侵至我軍陣地前的雲南遠征軍，從作戰開始以來至六月二十三日，敵遺棄死體八千四百具，如加上陣亡受傷俘虜敵之損失當在二萬以上，其企圖已完全挫折。空戰：由於雨季的到來，空軍作戰已至低潮狀態。（中部太平洋方面）塞班島的戰況，隨着敵人兵力的增強而更激烈。愛斯里特飛機場已被敵人使用，我地上軍堅守塞班島上的加拉班市的塔甫周山繼續抵抗，予來襲之優勢敵以極大損害。最後塔甫周山陷於敵手，該島周圍海域，敵艦隊群、機動部隊、運輸船團來往遊動，我航空部隊配合地上我軍攻擊敵艦船，猛烈轟炸敵地上陣地與飛機場。配合着塞班島戰況的進展，敵機來襲的數目逐漸增加，特別是關島、雅浦島方面來襲更特別顯著。我航空部隊二十四日黃昏在塞班島西方海面，襲擊敵運輸船團，並將其一艘擊傷，該夜猛烈射擊塞班島西南方敵陣地及登陸地點軍需品堆積所，舟艇等。二十五日夜攻擊敵使用的愛利斯特飛機場與拉加班方面的敵陣地與軍需品堆積所，廿六日夜予塞班周圍的港灣以相當的損害；再度轟炸愛利斯特飛機場與拉拉賓器材堆積所。二十七日夜至二十八日拂曉，攻擊敵船團與戰艦群，空襲愛利斯特飛機場，十數處引起火災，軍需品堆積所亦中彈甚多並發生火災。二十九日在塞班島西北海面，擊傷敵巡洋艦一艘，我方飛機一架未返，敵機對我軍逆襲極爲猛烈。我航空部隊二十四日在小笠原南方海面，捕捉強襲上中的敵有力機動部隊，擊沉敵航空母艦二艘，擊落敵機五十五架以上。來襲大宮島的敵機數目亦逐見增加，從六月十一至二十九日來襲敵機共計二北予三百一十三架（其中擊落四百五十架，擊毀四架），我方在陸地與海上擊敵人，二十三日擊退來襲之敵機，同時我航空部隊立即偵察敵機動部隊，並在最近距離投彈甚多。至二十九日敵機動部隊接近大宮，我方立即猛攻，二十八日敵機三十架來襲，敵巨型機、艦載機向塞班島以外的內南洋各島的空襲亦極為强烈。（南太平洋方面）在拜阿克島登陸的敵人，其兵力已增加至一個半師團，拜阿克島的飛機場已落入敵人的勢力範圍內，敵人沿飛機場兩側前進，我方則一方面與敵激戰並妨礙敵人使用飛機場，新幾內亞北方一帶的戰……（掉數字），敵機來襲的目標，是新幾內亞西南端的索倫（譯音）方面，此點頗應注意。敵機對拉布爾的來襲亦極旺盛，敵機對卡比因，納馬塔尼方面的空襲亦極其頻繁，拉布爾島從二十二日至二十七日敵機來襲共計五百十一架（被我擊落四架擊傷三架），威瓦克島在二十二、二十四、二十五、二十七四日間敵機來襲共計二百九十架，二十四日敵P38，B24共三十架首次來襲索倫，索倫附近的索朗提格曼以及馬諾克瓦利方面亦發現敵機。這一連串的事實，表示了新幾內亞北方戰況的活潑，該方面敵機的動向，是與敵人在塞班方面的活動是一脈相連的，企圖逐漸前進。（北太平洋方面）六月廿三日，廿五日，廿七日夜間，敵機各數架，來襲千島北部，廿六日夜間，有十數艘艦艇强襲。（越南泰國方面）六月中旬敵機來襲越南十三次六一九高地，我砲兵部隊完全控制巴勒西及巴勒爾——提俄諾爾坡爾間的汽車路。（提森坡爾方面）廿三日札爾芬爾（偉森坡爾西方四公里）東南十五公里的敵陣地完全為我佔領，擊退反擊的敵人。又偉森坡爾西方六公里科依諾啟塔附近的敵人，經我猛攻後向偉森坡爾潰走。於此我軍逐漸加强了向偉森坡爾壓迫的矛頭。共計四十二架，泰國五次共十一架。

## 日寇揑造中太平洋戰果

【同盟社東京一日電】六月十一日至三十日我軍在馬里亞納群島及小笠原群島方面的戰鬥中獲得下列戰果：擊沈和擊傷敵艦船共四十八艘以上，擊落敵機六百六十六架以上。現在按艦種分述如下：戰鬥艦：擊沈二艘，擊沈或重傷一艘，擊傷二艘；航空母艦：擊沈二艘，擊沈或重傷五艘以上，擊傷六艘；艦種不明的軍艦：擊沈二艘，擊傷一艘；巡洋艦：擊沈四艘，擊傷四艘；驅逐艦：擊沈三艘，擊傷二艘；運輸船：擊沈二艘，擊傷十一艘；潛水艇：擊沈一艘。擊落敵機六百六十六架以上。

【同盟社東京一日電】大本營於七月一日十七時卅分發表：（一）六月廿四日我航空部隊捕捉和强襲向小笠原群島南方海面北上的敵機動部隊，擊沈敵航空母艦二艘，艦型不明的軍艦二艘，擊落敵機五十五架以上，我機四十六架未返防。（二）我航空部隊與馬里亞納群島守備隊的作戰相呼應，連日迎擊來襲的敵機，並將其擊退。同時攻擊塞班島敵軍陣地及附近海面的敵艦船。自六月廿日至卅日已判明的戰果如下：擊沈敵戰艦一艘，運輸船二艘，擊傷航空母艦二艘，驅逐艦二艘，運輸船五艘，擊落敵機二百十一架。

【同盟社東京一日電】上月二十四日，敵機動部隊於小笠原群島方面出現，我航空部隊予以攻擊，擊落敵機三十七架以上，擊沈艦類未詳之敵艦二艘，這事已由基地特電報導。一日，大本營發表，則是上述戰鬥的詳報與綜合以後判明的戰果，同時是馬里亞納群島海面我航空部隊與海上艦船收穫的綜合戰果（六月二十日到三十日止），即是說，十九、二十兩日，我聯合艦隊之一部，先制攻擊來攻塞班島方面之敵有力機動部隊，予敵重大損失；其後，敵機動部隊之一部，出現於小笠原群島琉璜島附近海面（距日本本土僅六百幾十海里），上述機動部隊以制式航空母艦二艘，特設航空母艦二艘為基幹，頗為有力，我航空部隊二十四日晨，捕捉北上中的上述機動部隊於小笠原群島南方海面，敵艦載機來襲琉璜島，仍然被我迎擊，予以激烈的攻擊，當敵機動部隊遭我航空部隊的先制攻擊時，敵機動部隊急謀南下企圖逃遁，我方則跟踪追擊，予以猛擊，收四倍戰果的攻擊，擊沈敵大型航艦二艘與艦類未詳者二艘，共計四艘。在我基地方面上空，我擊落敵機四十九架，在敵機動部隊上空，擊落敵機六架以上，共計五十五架以上。敵大型航空母艦該係制式航空母艦，又艦類不詳之二艘是特設航空母艦。通過這一戰鬥，我方未歸還者四十六架。開戰之初空襲檀香山時我方的損失，為卅九架。南太平洋海戰我方的損失為四十架，這樣想時，足見在此次戰鬥中，我航空部隊的勇士們是如何進行必死的攻擊，其攻擊是如何猛烈之極。另方面馬里亞納群島海面的戰鬥，繼續激烈非常。我航空部隊，則配合塞班島地上部隊的激鬥，擊退連日來襲之敵機，同時塞班島敵陣與附近海面敵之艦船，晝夜不停遭我激烈的攻擊。此次的大本營發表，是六月二十日以後到三十日止馬里亞納海面的綜合戰果。上述戰果中，包括二十三日大本營發表遺漏的部份，又我潛水艇亦出擊該海面，繼續活躍，在此戰果中，亦包括這一戰果，即我無敵潛水艇，在一千米達的近距離內，衝擊敵瓦斯滿型航空母艦，予敵以果敢的攻擊。

# 同盟社所傳
## 馬里亞納大海戰經過

【同盟社東京三日電】決定皇國興敗的空前未有的海上大決戰，以馬里亞納群島為中心展開了。最初的攻擊是在六月十九日晨開頭，我航空部隊即擊毀敵航空母艦數艘，此後進行夜戰，潛水艇的活躍，使戰果更加擴大，由於此次海戰，戰局日益重大。我聯合艦隊的一部，至六月××日，認為擊潰敵之時機已至，乃準備出擊。敵出動戰艦十數艘，制式航空母艦十艘，特別航空母艦十四艘，加上巡洋艦，驅逐艦，潛水艇等，合計達一百餘艘，實際上已出動太平洋敵海軍兵力的大半，依賴其龐大的數量，向我方攻來。從十一日到十八日，敵出動飛機一千架以上艦載機。轟炸我馬里亞納空軍根據地後，乃使水上艦艇接近塞島，砲艦開始射擊，至十五日乃在塞班島登陸。對於敵此種旁若無人的態度，我根據地守備隊，乃盡其全力，進行防衛。在此期間，我聯合艦隊的一部集結於××地，秘密進行作戰的配備，××日午後，我出動部隊的司令長官，發佈命令：『我部隊亦將上擊滅敵人的壯途，各自應盡力為之』。從艦長到兵士，乃各就戰鬥崗位，十八日未明，曾希望會敵，但時機未至，敵情雖已判明，但仍箭在弦上，一路向敵艦隊海面駛去。十九日為決戰之日，初曉，太陽即向南海投出光輝的光芒。今天實為太平洋戰爭開始以來大艦隊與大艦隊間會戰之日。稍待，我偵察機即發現敵機動部隊。開始接觸的敵人是在馬里亞納群島西方海上的第一軍（制式航空母艦四艘，戰艦二艘，其他十數艘），第二軍（制式航空母艦三艘，戰艦五艘，其他十數艘）及第三軍（制式航空母艦一艘，特別航空母艦二艘，戰艦一艘，其他約十艘）。關於敵人其他機動部隊的情況，也不斷有所報告。我方認為時間已至，乃出動我艦載機，騰入艦隊上空，一路向敵方飛去，飛出後便有猛烈的××襲來，若再隱數分鐘將不可能飛出去。因而第二、第三艦隊，相繼飛出，此時艦隊在鼓[illegible]聲下，亦一路攻去。保衛敵機動部隊的戰鬥機非常之多，準備了三、四排，因之突破敵防衛隊亦非常困難。我艦隊正在希望接近敵航空母艦並等待戰果的時候，×時××分攻擊隊的指揮官接到下列電報，『全機都在以決死的覺悟，向敵攻去！』，繼之，『已在敵上空展開激戰』。繼之，『擊中敵制式航空母艦一艘』。繼之不斷收到各種戰果的報告。判明擊毀敵航空母艦三艘，我方乃將此戰果廣播至艦上各個角落，士氣益加旺盛。午後，在距××公里的洋上，我又包圍了向航空母艦二艘、戰艦二艘及其他十數艘組成的敵機動部隊。我攻擊部隊乃立即加以攻擊，對此敵亦出動飛機向我方襲來，因之全艦隊乃立即準備對空戰鬥，太陽逐漸西下。×時×分左右，我守望哨在艦端發現敵機，報告在船的左邊××度，高度×千米，向我艦隊飛來（未完待續）

## 鐵托將任南軍最高統帥

【海通社柏林卅日電】倫敦訊，此間星期五宣佈：根據鐵托與南斯拉夫流亡政府總理蘇伯西克間之協議，鐵托授命為全南斯拉夫軍隊之最高統帥。但未悉彼得王是否接受（或接受至如何程度）這一協議。

## 英波簽訂協定

【路透社倫敦廿九日電】聯合王國政府與波蘭政府間之協定，於今日（六月廿九日）在倫敦外交部簽字。

## 德寇吹噓
## 六月來海空軍戰績

【海通社柏林三日電】在一九四四年前半年中，我海軍與空軍擊沉或擊毀敵貨船與運輸艦共四一三艘，共計二四二五三〇五噸，擊沉船隻一八四艘，共一〇七六三〇五噸。擊毀船隻二二九艘，共一三四九〇〇〇噸。六月份證明較前八個月有顯著增加。在六月份，我擊沉敵船五十一艘，共三一二六〇〇噸。敵人軍艦的損失在六月份也大大增加，敵卅六艘輕巡洋艦與重巡洋艦被擊沉或遭破壞。一九四四年前半年內，被擊沉或遭破壞的驅逐艦的數目，達一六八艘，僅在六月份便為四十四艘。

## 華萊士在蘭演詞

【中央社蘭州廿日電】今日晚谷主席及朱長官夜宴華萊士，谷致歡迎詞後，華氏致答詞，略謂：余於此間得睹貴國西北人民宏毅堅強之精神，甚感愉快。而於谷主席治甘能以政治之遠識從事永久之建設，尤深欽佩。此間土壤多與美國西部類似，蘭州附近土層之深厚，則為多年風沙所積成，自應以科學方法及堅決之毅力從事水土保持之工作。今睹此間植樹造林情景，殊感興趣，如長期試驗，當可獲得適宜之品種。華盛頓州曾有草園之設，今日中國西北似可用為參考。至谷主席所稱美國專家於此甚有貢獻，然余則以為改良方法能（不宜完全取法於美國，蓋各地情形則不盡同，而獨出心裁，始能研究當地所需要之方法。適才主席曾謂太平洋將有賴於中美英蘇之相互諒解與合作，余亦對此甚為贊同。中國於抵抗共同敵人之戰爭中，已有偉大貢獻，而余深望余繼續奮鬥，以爭取最後之勝利。並祝四大盟國領袖健康。

# 參考消息

（只供參考）

第五五八號

解放日報 新華社 編

今日出版二張

卅三年七月六日 星期四


## 重慶外國記者招待會上

## 張平羣對戰局不欲多言

## 一月中物價漲了百分之六

【中央社重慶五日電】外國記者招待會，五日下午三時舉行。梁寒操、吳國楨、張平羣主持。某記者詢以目前戰事情形，請爲約略說明，張答：敵人在海洋勢力日蹙之今日，不得不在崩潰前爲最後之反噬，我國已準備忍受任何程度之犧牲，維持我再接再厲不屈不撓之堅定立場。自六月二十五日至七月五日，此旬日中敵雖不斷增援猛攻衡陽，終未得逞。耒陽方面，雖據報有殘寇狂迴繞道而南，但該城亦仍在我手。湘戰我軍目標，不僅在保衛城市，且將予敵寇以慘重打擊。此外，目前不欲多言。某記者詢以最近物價情況可否見告，物價總指數如何？張答六月份一般物價情況尚穩定，漲數總指數據最近統計，約較戰前增加四百三十八倍，較之五月底所發表之四百十五倍，計增百分之六。此相對穩定原因有三：甲、政府管制之物品，除火柴外，仍照以往規定之價格發售，近來未再調整。乙、自豫省等處戰事復起後，物資多內流，日用雜物如肥皂牙膏襯衫鞋襪等售價，不僅未增，且有下跌者。丙、金融市場銀根緊，使商人急於脫貨求現。

## 海通社稱

## 美國對湘粵戰爭甚感焦慮

【海通社斯托哥爾姆五日電】據「達根」報紐約訪員稱：重慶的形勢引起華盛頓極大驚慌。他說：令人驚慌的軍事形勢以及副總統華萊士的旅行重慶及其他因素已成爲美國政界人士談話的主題。該訪員稱：必須認識到日軍攻勢的二大事件。一是，陳納德將軍，美第十四航空隊不得不放棄其衡陽附近之前哨，而日軍的前進正威脅着香港與廣州區域其他新築的空軍根據地，這將意味着美國方面巨大努力的失敗。更意味着必須收復其他空軍根據地，否則美轟炸機再也不能載重炸彈到日本去。此外，日軍的勝利攻勢將造成對中國沿岸的封鎖。倘若美軍試圖在中國登陸是不能得到華軍直接援助的。這些都是對於美國的直接影響。該訪員稱：『（不明）繼稱……自南京廣州陷落，戰爭第一階段結束之後，中國全部海岸均已被封鎖。日軍在湖南省的前進，無疑地使中國的飢慌爲之加劇，因爲百數萬中國人都是靠這一省的米生活，同盟國又不能給與援助。他們在橫越喜馬拉雅山運輸燃料及其他重要軍事原料方面業已遇到足夠的困難』，雖然如此，華盛頓的中國問題專家却繼續力言：重慶會堅持作戰到底。然而，鑒於重慶的困難形勢，便產生了這樣的問題：美國是否已真正採取一切措施以援助其盟國。（下決）

●

【海通社東京四日電】海通社訪員崇穆爾報導：帝國大本營現所宣佈的自廣州區向北面的進攻，明顯地表示新的大目的。此目的即廣州——漢口鐵路。日本今年在中國的一切行動目的均在控制交通綫，而北京——漢口——廣州鐵路聯結起來的利益是很顯然的。因爲日本船舶容量的困難形成了日本自南方運輸原料的艱巨任務。日本若能建立此自北京至廣州的大陸交通綫，則以往數年日本報紙一再提及的，聯東京與昭南的鐵路計劃將進入實現階段。另一同樣重要的目的是消滅中國東南部的美空軍基地。此點若衡陽失守（此點每小時均可望來到）實際即應達到，因爲駐於衡陽的日本戰鬥機無疑地能使衡陽——廣州綫以東基地上的美轟炸機化爲無效。廣州與衡陽間鉗形封閉的第三個結果，將消滅武器及供應的私運至重慶地區，此點在中國東南海岸仍爲可能。

【同盟社東京四日電】桂林受到南北西方面日軍怒濤般的進擊，似已陷於不可收拾的大混亂狀態。三日美國駐重慶特派員報導，其得自桂林的情報如下：現在從桂林的電報電話非常混亂，鐵路以其他交通機關亦已杜絕因此，不知日軍由那一方面進攻。同時流言蜚語傳遍各處。因此造成不可收拾的混亂狀態。市內充滿逃難的人以及要向郊外避難的人們。

## 敵稱侵陷永豐

【同盟社里斯本四日電】據重慶來電：重慶當局關於湖南戰況，三日公佈如下：衡陽各地點的戰鬥，從二日夜至三日，均異常激烈，日軍於得到大增援部隊後乃舉行猛烈攻擊，在衡陽北部、西部及南部，日軍的密集部隊，在猛烈的砲擊掩護下，反復猛攻重慶軍陣地，至三日夜，衡陽全地區，仍繼續猛烈的戰鬥。另外在湘江的東岸，此後日軍仍續有進展，在湘江西岸，從湘鄉向永豐進擊的日軍，於得到大增援部隊後，在三日午後二時，突入永豐，該市附近仍在開展激戰中。

【同盟社廣州四日電】準備就緒的華南軍，爲配合來自北方的殲敵戰，二十七日突然沿着粵漢鐵路，開始北進，皇軍這一亙及全中國的全面攻勢，使敵第七戰區（擁有在華美空軍的發動基地），現已遭受重大威脅。第七戰區司令長官余漢謀之第十二集團軍，一向對廣州周圍，採取馬蹄形的包圍形勢，其防衛的重點在南方，但由於此次皇軍的進攻長沙，企圖收縮兵力以便將戰線轉向北方，使其精銳部隊兩個軍急援長沙，但爲時已遲，長沙立即落於我手，使其企圖歸於畫餅。現在余漢謀則以防備韶關爲名，使其部下的第三十五集團軍北上，這樣，將使該軍司令部的所在地德慶（廣州西方），淪於無防備狀態的危險。又當前年長沙作戰時，我華南軍亦北上作戰，僞廣東省政府主席李漢魂，原計劃把政府機關由韶關移至該地西方之連縣，現似已使其從韶關逃避。這樣，高唱保鄉安民的廣西派李漢魂與保存自己勢力的命運，亦將隨着此次華南軍北上作戰的進展，被推赴刑場。

## 敵寇宣傳的大陸作戰的形勢與意義

【同盟社東京四日電】當河南、湖南、浙贛及由廣東北上的我大攻勢展開之時，陳納德於六月十六日指出：『很明顯的日軍是由北平聯結漢口廣東的大鐵路，建設保衛日本本土的西壁，這一建設如果達到，則東亞戰爭將要延長數年。』此次大攻勢，是在中國大陸的日美決戰，其本質包括了我軍在戰略要線的前進，重慶所依靠的這一駐華美空軍怪物，已由於此次的大攻勢垮台了，[illegible]部已被我割斷，在華北洛陽被我佔領，在華中衡陽被我佔領：遂川、贛州、南雄、建甌、玉山、龍巖等處，其至中心根據地桂林之間，均被我軍打入楔子，因爲美軍不得不從第一線潰地退却，桂林成了最前線。因此從建甌至門司的一千四百二十五公里距離的對日本空襲路綫，已經延長爲由桂林至門司的二千二百二十公里，對敵人今後空襲日本本土的企圖，增加了極大困難。陳納德所提倡的對日空襲作戰，已經發生了破綻，而且從今年三月以來，美空軍突然加緊擾亂日本本國與南方地域間的交通綫，並企圖向中國海岸出擊，上述的自由已被我軍此次行動所剝奪。新被佔領的衡陽飛機場，已經由我航空隊利用，密切的配合地上作戰。美空軍的中心據點桂林，距衡陽僅三百五十公里，成爲我戰鬥機隊的香餌，防禦重慶的第一綫都市，已處在我轟炸圈內，重慶距長沙亦僅五百餘公里，大抵相等於東京大阪間的距離，如果我大軍沿粵漢鐵路敷設陣地的話，則依靠距離之長而安心的重慶，必遭受從所未有的威脅。今年二月尼米茲亦吹噓：『余爲了在中國大陸建立美空軍的根據地，將率領艦隊橫渡太平洋。美國已感到需要盡可能地將陸軍空軍運輸至中國大陸。』率直的說明中國大陸作戰就是太平洋作戰的重要性。由於此次我軍展開大作戰，敵人想像的這一聯絡地點中國南部海岸，已失掉了彼等所期望的機能。此次我軍作戰的戰果，使尼米茲主張利用中國基地對日進攻的作戰破產。同時亦意味着配合尼米茲作戰主張從大陸與海岸兩方面作戰的史迪威計劃亦行崩潰。此次作戰的結果，形成了連接上海、漢口、廣東三角地區的包圍，在這一區域內盤據的敵軍，計有以顧祝同爲令司長官的第三戰區軍二十四個師，薛岳爲首的第九戰區軍第一、第二十七、第三十集團軍，以余漢謀爲首的第七戰區軍第十二集團軍，閩粵贛邊區軍，這些軍隊已因粵漢路切斷與內地失去聯絡，正如因平漢路切斷而失去聯絡的華北華中的[illegible]閩的邊區軍相同，今後的作戰力將行降低。由上海方面出動的我軍，已經佔領衢州，擊潰敵人的野兵力，今後我軍將確立一有利形勢，隨時隨地的可以進攻網中之敵。此次軍事行動在戰略的意義上當然很大，但對經濟上的影響亦應注意，我軍在此次作戰中，採取不奪、不燒、不犯的根本方針，由於中國民衆了解我軍的誠意，對恢復鐵路，保持兵站綫，民衆爲非常合作協助，在過去河南作戰中亦有此種傾向，只有這樣才能加强國民政府的政治力，奪國和平中國的地盤，在處理中國事變上是值得注意的，東條首相曾說：「現在大東亞及歐洲期望的攻勢移轉的戰機，已經開始了」，這一雄渾的說法在此次中國戰綫上即可看到。大東亞戰爭以此次作戰為轉機，政戰兩略光輝的展開，是必然的趨勢。

【同盟社南京四日電】國民政府，與日本政府聲明相呼應，於五日下午五時發表下列聲明：（國民政府聲明要旨）國民政府還都之目的，是為了獲得和平，建設獨立的國家，與日本共同担負安定大東亞的責任，因此國民政府參加大東亞戰爭，締結日華同盟條約，發表大東亞宣言，協助完成安定大東亞的任務。國民政府特別用極大的力量確保後方的安寧。英美利用重慶，設立空軍根據地，擾亂東亞的後方，如不剷除和根絕它，那末不用說確保東亞的安定，就是確保中國後方的安定亦不可能，這一確保後方的安定，與前綫作戰有同等重要性，今天日本政府發表了聲明，根據日華同盟條約與大東亞聯合宣言，尊重我國的自主獨立，完成日華永遠的善鄰友好關係。日本政府此次的作戰，完全是為了粉碎英美的侵略大東亞的企圖，並顯示下列宗旨：即不但中國民衆，甚至重慶方面軍隊，只要深明大義，脫離英美即可成為友軍，現在中國的民衆與將士們，應把握住戰局的進展、了解當前的職務，迅速的促進中國的統一，推進大東亞戰爭的完成與中國自由獨立的實現，發揮獨立國家的力量以安定東亞。

## 敵寇承認八路軍戰鬥力堅強
## 清豐戰鬥中敵損失很大

【同盟社某地四日電】五月廿九日，在河北省冀南道南端的清豐縣，與共產八路軍激戰後逝世的新民會日籍顧問及中國官憲壯烈殉職的情形，現已判明。即駐紮清豐縣的皇軍，為了進行新的作戰，遂於五月九日集結於某地，此時盤據於該地山岳地帶的冀魯豫邊區軍隊有蠢動的徵象，因此冀南道保安隊企圖制敵機先進行攻擊，即着手澈底掃蕩周圍地區。但敵軍四千已包圍該縣城，城內的守備隊的兵力雖居於劣勢，但仍拚命抵抗，但是子彈已經缺乏，而手榴彈亦只剩下數十個，因此到了十六日早晨縣政府以下機關決定遷至南樂縣，我方克服敵人一切妨礙，於十七日上午四時到達目的地。敵人知道我方轉移至南樂縣後，立即破壞城門，衝入城內，隨急進行掠奪虐殺的暴行，冀南道保安隊指揮部接到此項消息後，即下令動員各縣保安隊、指導隊等武裝團體三千人，出動殲滅八路軍。冀南道知事薛興甫，親自指揮作戰，河本定雄顧問亦參加指揮作戰。廿一日消滅南樂東北四公里某地的敵軍一百廿餘人，接着開始總攻擊。廿二日上午八時突入該縣城，廿四日至廿六日毫不停歇地追擊和殲滅潰退的敵軍，但是敵軍企圖乘機反擊，遂於廿九日夜又集中兵力五千一百人（附有大砲）包圍該縣城，敵人破壞城門，衝入城內，保安隊在各處與敵展開白刃戰，守備北門的肥鄉縣保安隊及守備東門北部的成安自衛團於彈盡時以牆上的亂石對付敵人，並以屋上的瓦打擊敵人，全體人員終於力盡，他們高呼中華民國萬歲的口號後全部犧牲。河本等日籍顧問即衝入敵陣實行突擊，打倒敵人後，即在敵前切腹自殺，現地某部隊接到急電後即急派救援部隊，澈底打擊城內的敵軍主力，使其四散，並收埋殉職者的屍體，我軍以斷然的決心掃蕩敵軍，連日擴大戰果，使敵人無法再盜動。在清豐事件中殉職日籍顧問有下列諸氏：河本定雄（河北省新民會參事，冀南道新民會顧問，高岡市人，現年卅七歲）。龜田稔（新民會河北省總會調查委員，新宮市人）。竹腰常三（新民會肥鄉縣總會顧問，長野縣人）。中島代助（成安縣總會顧問，[illegible]縣人，現年卅一歲）。北島薰（省政府囑託，技術監，在冀南道公署工作，佐賀縣人，現年卅二歲）。

## 津浦鐵路與淮南鐵路接軌

【同盟社上海一日電】津浦路與淮南路終點田家庵的一段新鐵路，最近已完全竣工，廿九日在蚌埠車站前的廣場舉行試車典禮。[illegible]的在於加強運輸，淮南炭及開發淮河沿岸地區豐富的農業資源。此段鐵路，全長達六十一公里，該鐵路沿着淮河直達田家庵，與淮南路銜接，可由淮南路直通至淮南炭坑的山麓。

## 德稱退出科威爾
## 紅軍在那爾瓦灣以北登陸

【海通社柏林五日電】在未為蘇軍察覺下，德軍統帥部退出科威爾城而未發生任何戰鬥。此為德國統帥部在南綫東北端戰術上有趣的行動，由於放棄了科威爾凸角（該凸角是在德軍今春猛烈進攻中形成的），該處戰綫已大為縮短。在此處整個陣綫，至今均未發生過戰爭。蘇聯在整個攻勢區的壓力除中綫外，過去廿四小時以全力繼續中。但蘇軍進展的步伐（速度）已大為延緩。蘇軍未能作任何新的重大進展。此步伐（速度）鬆弛的原因不應完全在德軍因調來新後備軍而減抗增強的上面去找。已前進很大距離的敵裝甲部隊至今未受到大量步兵支持的事實也說明了過去廿四小時的發展。在敵人坦克及先頭部隊之深後方，被迂迴的德軍正與蘇步兵主力作戰。德軍部隊更向×打開道路，從而並妨礙敵坦克的供應。敵人迂迴廿四小時的主要目標在維爾諾方向。首次戰爭發生於該城東北，距城據估計爲四十公里。德軍現已估計到敵人在維爾諾及杜那堡方向活動的增加。強大敵機械化及裝甲部隊集中於波洛赤克方向，顯然就是用以進攻杜那堡，最後，進攻里加。

【海通社赫爾辛基五日電】四日晨時，芬蘭灣那爾瓦灣以北蘇軍在芬蘭五個島上登陸。在反攻中，芬軍部隊掃蕩默蘭薩里及拉馬薩里島。蔡克薩里島激戰在進行中，該地戰事發展對芬蘭有利。芬蘭輕海軍部隊在德海軍艦艇支援下，星期二下午勝利地與蘇軍供應船進行戰鬥。與蘇方摩托魚雷艇及附有強大蘇空軍編隊的其他海軍船隻發生戰鬥接觸。敵人陸上砲台反覆阻撓。許多砲彈擊中敵人，但未見到確切的結果，因爲敵人消失在烟霧之後。雖然敵，人使用在戰鬥中大量飛機與摩托魚雷艇，德芬軍隊傷亡甚小。

【海通社柏林五日電】據德國軍事發言人稱，德軍在某些地點抵抗的增強及蘇軍進攻方向的未變，爲東綫中綫軍事形勢的特點。對於形勢更爲有趣者是，在明斯克作戰區，發言人申述此事實，即自明斯克向西後退的部隊帶回了一切重武器，並以最好的秩序作戰。蘇軍在東綫南陣綫攻勢的可能（此點久爲德方所預料到）在德軍目前軍事指導的計劃中並未被忽視。發言人繼稱雖然至今主要陣綫未發生戰鬥，但東綫南陣綫內地現更加活躍。

## 紅軍不斷投入新兵力

【海通社柏林四日電】普拉托報導：東綫整個中路仍爲敵軍統帥部復投入若干新的師團於戰鬥中以空前的非常活躍底場所。這些師團的一部份確實是由南路某處的戰略後備軍中抽調出來的，北路仍甚沉寂。敵軍正將其全力集中在中路上。對明斯克的包圍行動（在過去若干日內已看出來了，此包圍行動的結果，是此城德軍在星期一受到南北兩面的迂迴），就可說明爲什麼未經過任何大戰，德軍即退出了此城。由西南和西北通往此城的鐵路和主要公路，由於敵人的迂迴運動而告中斷。德國後備軍被調到能阻止敵包圍之翼側底更瘋狂前進的陣地，以便在明斯克以東從事激烈防禦戰的德軍，能在它們的保護之下向西撤退。這樣，敵人包圍德軍的希望遂告破滅了。德軍對由明斯克東西南一帶向巴蘭諾委啓方向推進的德軍之反攻，甚爲得手。它們佔領了斯托布朵。巴蘭諾委啓——明斯克鐵路綫被敵軍封閉。明斯克戰場以北、波洛赤克附近及其以西，戰鬥仍甚爲激烈。蘇軍在此處的軍事指導，不顧若大損失，刻正試圖打開沿杜味那河向杜那堡的道路。德軍已退出波洛赤克城。在此地亦如在明斯克，德國後備隊於事前在西北一帶建立砲火掩護網陣地，以保護德軍由波洛赤克撤退。敵人對波洛赤克以西和西北德軍新防綫的進攻繼續中。敵人是使用特別強大部隊和排列許多大砲舉行這些進攻的，但截至此時爲止，敵人的一切進攻俱被粉碎，並蒙受浩大損失。

【海通社柏林四日電】明斯克區域作戰的最典型特徵乃是戰綫的犬牙交錯。在蘇軍坦克矛頭後面很遠地方，德軍部隊組織成梯形陣地，跟着蘇軍步兵作戰並慢慢地向西擺脫。莫斯科統帥部以全力圖在明斯克以北及以南大包圍運動而進行力圖消除明斯克以東的德軍主力戰綫，並未得逞。德指揮及時調集坦克師截擊蘇軍包圍戰之北方矛頭委列卡與摩洛德赤諾附近及南方矛頭（巴蘭諾委啓地區）以阻止其猛攻，並然後以強力急急圍返。敵軍從委特布斯克向維爾諾方面向前進攻的右翼縱隊陣綫上，猛攻在列彼爾以西貝利辛河上游受阻。南路從日洛彬前進並通過巴蘭諾維赤向南（其進攻方向顯爲別洛斯托克）的陣綫上，德軍在斯路赤克以西獲得同等的勝利。退却中德軍被包圍的危險已在德軍掩護陣地中並爲後備隊之及時出動所打破。杜味那與博里普西特兩河間地區戰事尤烈，德近衛兵堅持抵抗即爲大標誌，他們不避對敵坦克前進矛頭進行近戰。蘇軍在此兩翼作戰中所能作之少量進展付出人力和物資方面的極大犧牲。杜味那以北敵軍一部顯然意圖突過波洛赤克進入拉脫維亞，正對德掩護陣地猛烈接觸中。波洛赤克城已落入蘇軍之手。該區戰綫並未擴大。整個北部前綫直至芬蘭灣爲止，正面平靜無戰事。自博里普西特至德涅斯特河口廣袤九百公里的前綫（指南部前綫）上情況亦同。

# 參攷消息

（只供參考）
第五五九號
解放日報 新華社 編
今日出版二張
卅三年七月七日
星期五


## 蔣介石發表「七七」告全國軍民書

【中央社重慶六日電】蔣主席於抗戰七週年紀念日，發告全國軍民書，其原詞如次：全國軍民同胞：今天是我們七七抗戰第七週年紀念日，我們全國軍民冒死犯難，悲壯劇烈的奮鬥，已達七年之久。回想七年以前的今天，蘆溝橋事變爆發，敵寇日本兇橫進犯，國家存亡繫於一髮，我們明知武器軍備工業經濟一切有形的戰鬥條件，皆不如人，然以國家的疆土必須保持，民族的生存，必須捍衛，獨立自由的尊嚴不容侵犯，公理正義不容淪喪，遂乃舉國一致奮起抗戰，誓以血肉之軀與裝備優勢的敵人相搏鬥，持百折不撓的信念，下犧牲到底的決心，毅然任世界和平的前衛，作反抗法西斯侵略的先鋒。經過七年的苦鬥，終於消耗了敵寇的兵力，粉碎了敵寇吞噬我國的野心，暴露了敵寇與其侵略伙伴擾亂世界的陰謀，打開了世界上反侵略勢力與侵略主義者的分明陣綫，樹立了世界人類正義不屈與精神制勝的典型。到了今天，整個反侵略戰局勝利的形勢，業已大定，軸心殘餘的日德兩寇，其最後慘敗的命運，必然無可挽回，而我們中國百戰艱苦的軍民，正在面對僥倖求逞的窮寇，在平漢粵漢湘桂各路沿綫上，作殊死的戰鬥，臨到這個紀念日，中正要為我全國軍民指出敵寇日本危機的深刻及其傾巢來犯的企圖之狂妄，指出整個反侵略戰局勝利必然的形勢，指出我們中國對整個戰局中的地位，更要喚起大家一致認清自身在國家民族對時代歷史的責任。

大家必須知道，今天的戰局不僅太平洋與東亞大陸已成為一體，而歐洲與亞洲戰局亦早已成為密切相關而不可分。任何一地的進展，即是我們反侵略盟邦共同的進展，任何一個戰場的成功，即是整個世界戰局的成功，反之任何一地的失敗亦即是世界戰局的失敗，這一點，在日德兩寇當然知之更明，他們在我們盟邦四面圍剿之中，總是想互相策應，互相援助，以作最後的掙扎，然而我們盟邦步驟一致，任務雖有分別，戰略實為一體，東西侵略惡魔，終無所逃於同歸覆亡的悲運。先就歐洲戰局觀察，過去一年之間自西西里島登陸以來，英美盟軍配合蘇聯夾攻納粹的力量，逐漸移上了歐洲大陸。綜合這一年來歐洲戰局最可稱述的三大成就，一為法西斯意大利的崩潰，二為蘇聯擊退納粹的重大勝利，三為最近西歐第二戰場的開闢。這三種進展互相配合，使希特勒顧此失彼，左支右絀，陷入於四面包圍的境地。英美盟軍審慎周詳的計劃與準備，於今證明，其所有攻勢從不輕動，而動必定成功。但是歐局的好轉，尤其是蘇聯一年以來英勇堅毅的戰鬥所造成。蘇聯英勇的戰鬥不僅已恢復其十分之九以上的失地，而且殲滅了納粹侵蘇的大兵團，更打擊了納粹頑強的戰意，這種驚人的戰績，必將在世界戰史上佔着最光榮的一頁。照現勢觀察，歐洲戰事的完全解決，必不在遠，納粹崩潰的命運，既已決定，而美英盟邦不待歐洲完全解決，已在遠東開始採取攻勢，所以就最近歐戰的發展來觀察全局，誠足令吾人感慰而興奮。

再就太平洋上對日寇的戰事來說，這一年以來美英盟軍從沒有一刻鬆弛過對日寇的包圍和攻擊。英國印度洋艦隊，曾發動對蘇門答臘北部的反攻，又大規模轟炸安達曼羣島的日軍基地，而美軍一方面在北太平洋收復吉斯卡，以後迭次對千島羣島發動空軍攻勢，其在南太平洋與中太平洋的成就，更為輝煌，尤其是美軍在西南太平洋方面反攻以來，戰無不勝，攻無不克，凡一度為美軍佔領的地區，日寇即無力奪回，而其最近在中太平洋上採用越島戰略，於突破日寇防禦戰的外綫以後，美軍越過了拉布爾、土魯克、加羅林各島，推進了一千海里之遙，而登陸日寇最後大門的塞班，日寇海軍意圖偷襲，竟因空中的慘敗不敢交綏而立即潰逃，從此美軍距離東京只有一千四百五十哩，小笠原羣島中的父島，已被襲擊，日寇在太平洋上的海上長城等於粉碎，藩籬盡撤，門戶洞開，海軍既深藏不敢應戰，空軍的被殲動以百計，而其鋼鐵工業中心地區的九州，又於同時受美國超級空中堡壘的轟炸，美軍如海上陸上都是犯了兵法上所謂『無所不備，則無所不寡』的大忌，我們正應該在他傾巢來犯的時機，發揚忠勇堅忍的精神，吸引他多數的兵力，盡量打擊，迫令陸續增援，使他的損失增加到最大限度。我們吸引他陸軍的兵力愈多，愈可以便利盟軍在他本土附近島嶼上的進攻，及早把戰爭帶到他三島的本土，所以我們今天在中國戰場上的防禦戰，其意義決不是消極的，而是最積極，也最有價值的戰爭。我們必須努力苦戰，戰到倭寇心臟部的崩潰，以促使其全體的死亡。

由於上面的說明，可以明瞭世界戰事的全局，可以明瞭日寇最後覆亡的必然，更可以明瞭我們中國當前的戰局與最後勝利關係的重要，我們自不可漠視當前我們戰局的重要性，然而我們國民絕不能以一時的進退得失，而動搖我們最後勝利的自信心。要知道我們抗戰開始以來，自始即以劣勢裝備抗禦強敵，我們所憑藉者本不在物質與武器，我們以一個農業國家工業生產素無基礎，武器補充本極困難，自從蘇德開戰及海運斷絕以來，盟邦雖竭盡全力熱心援助，但是以空中與公路有限量的運力，又決不能得到如何充分的接濟，如海運之能直達於各戰場者之所爲，然而我們苦戰七年，屢次摧挫強敵的攻勢，挺立不搖，以至於今，我們所憑藉的就是冒死難的革命道德與成仁取義的民族精神。我們的抗戰自開戰以來，就是全賴我們全國軍民同心一德，服從政府領導，擁護政府的國策，共矢抗戰必勝、建國必成的決心，無論環境如何變遷，而信心貞固如一，精神始終不渝，纔能得有今日的基礎。現在我們中國戰場的戰鬥，實爲對日決戰之開始，七年的抗戰，最後的成敗利鈍，就將決定於今日。我個人認爲我們當前所最需要者，尙不在武器與經濟，而無寧在道德與精神，我們建國未成，即遭侵略，物質建設本無基礎，所以工業落後經濟困難，生產不夠充分，都在意計之中，並不必引以爲愧。但是我們如果道德墮落，精神喪失，那纔是我們抗戰最大的危機，也就是我們民族最大的恥辱。我們抗戰愈到後期精神與道德的力量愈見其重要，只要我們精神旺盛道德堅貞，能夠再接再厲，屹立不搖，則任何艱危，必可克復，最後勝利，毫無疑問。今天以後戰鬥自將愈趨劇烈，然而我們空軍已居於優勢的地位，同時而且印度與緬境戰事正在順利進展，中印公路與滇緬交通恢復在即，國際運道開闢之時，由於物資補給的增加，必能使我中國作戰力量益加強大。瞻望前途，勝利的基礎，業已確定，而當前障礙的掃除，則有賴於全國軍民確實的努力，必須我們有愈久愈奮的決心，才能收此九仞一簣的全功。我全國軍民同胞們必須知道，這次敵寇的大舉蠢動，就是我歷年所預示的最後勝利以前所必經的歷程；而當前國內的戰局正是磨練我們革命道德與民族精神的試金石。我們愈在危險困難之中，愈要能堅定我們的自信，發揮我們愈戰愈強的精神。我們要知道敵人此次的蠢動，原是他迴光返照，不足爲奇。古人說：『道高一尺，魔高一丈』。今日敵寇窮兇極惡的態勢，就不過這一點，魑魅魍魎的窮伎，並沒有什麼眞實的力量。我們能看透這一點，只要發揮我們七年來一貫的抗戰精神，已足以制勝黑魔，何況我們盟軍對他向各方面共同進逼，日緊一日，敵寇實已處於四面楚歌的絕境。我全國軍民更須知道，勝利本不是輕易可以求得的，復興更不是可以沒有代價的，自古以來不論個人或國家，凡是因人成事的，決不能有眞正獨立的資格，凡是坐享其成的，將必受淘汰而無疑，所以我全國軍民必須一致摒絕僥倖依賴的心理，在這個最後勝利將臨的時候，必須秉持大無畏精神，貢獻眞實力量與純潔的報國赤誠，不論政府官吏軍中將士和社會民衆，都要自反自省，有缺點應坦白檢討，有弱點應切實改正，乘這個機會急起直追，補過自贖，精勵惕厲，力求進步，那麼當前局勢的艱危，正足以砥礪我們的精神與道德，不但抗戰必勝，而民族復興也必因此而奠立了確實的基礎。

全國軍民同胞們，我們面對着這樣偉大時代最重要的無過於集中意志，共同奮鬥，我們必須體念國家的艱難，痛感時局的重大，珍重抗戰七年來無數軍民先烈造成的功績，各矢精誠，同舟共濟，集中一切力量，爭取最後勝利，展開建國大業，應知我們此日多一分犧牲，即爲國家未來基礎增一分實力，凡我軍民務必堅定信心，加強團結，以發揮整個戰鬥的力量，我淪陷區的同胞，更要知道勝利在邇，解放有期，應積極奮起，隨時隨地牽制敵寇，打擊敵寇。須知當前這一階段，是我們抗戰已到最後五分鐘的時候，亦是我們國家民族百世盛衰興亡的關頭，務必集中其所有一切的能力，配合四方呼應的盟軍，以殲滅此窮途末日的暴敵。必須如此，才可以安慰軍民先烈之靈，也必須如此，才無愧爲頂天立地的中華民國國民。全國的軍民同胞們，七年苦戰的勝利在望，成敗興亡在此一舉，中正對我國家對我軍民負有領導復興的責任，對我陣亡袍澤與死難同胞負有雪恥復仇的責任，同時對我盟邦盟友更負有共同奮鬥貫澈勝利的責任，耿耿赤誠，終始一貫，勢必負其全責。

再作同樣的躍進，則小笠原與台灣即可作第二的塞班，所以日寇惶急萬狀，東京的廣播承認其本土的防禦綫已被衝入，高呼『戰局已入嚴重以上的嚴重階段』。從來主張隱忍自重的論者，也徬徨焦急，迫促其不肯輕試的海軍，出而作戰。敵寇今日不但他孤懸海外的陸軍絕無生還之望，而其國內岌岌危殆的現狀，也更有朝不保夕之勢了。

由於上面所述，我們軍民同胞可以察知世界反侵略戰局到今年實已進入了最後決勝的階段，而我聯合國對於最後決戰的整個戰略，早有詳密的商討，統盤的籌計，並同具貫澈的決心。歐洲第二戰場的開闢，太平洋上對日寇的環攻，以及中英美盟軍在印緬戰場上克復加邁、孟拱的進展，與滇西部隊之強渡怒江，直向龍陵，騰衝以與北緬的盟軍會師，都是我們盟國所縝密商討而決定實施的戰略，於今都已着着實行了。在這樣的戰局進展之下，日寇一面看到其自身在太平洋上海空防綫的脆弱，看到了他國內飛機船舶的生產量萬萬趕不上時間的需要，看到了從中國基地發動反攻的時機日益成熟，同時看到了歐洲方面戰局的激進，希特勒德國在三面圍攻下危機的迫切，在在足使其觸目驚心，於是東條內閣為轉移其國內的視綫，安慰其震盪的民心，遂乃悍然抽調其各路寇軍，向我國豫湘戰場作最後的蠢動。

豫湘兩地的戰事，實際上是一樣的，這就是敵寇所自稱的『打通大東亞交通綫』的一戰，也就是大家所熟知的他想要打通平漢路粵漢路的一戰，並且是他企圖貫通湘桂路，更進而妄想貫通到越南的交通路綫的一戰。敵寇這一次準備的久遠，蓄意的狂妄，可以說是第二期抗戰中未有的。自從四月中旬以來，為時不過三個月，而平漢路的鄭州洛陽與粵漢路的長沙各重鎮，相繼淪陷，我們不能諱言，敵人進展的急速，也不能忽視這次戰局的重要，我們前綫的將士現在正與敵寇血肉相搏於湘桂綫上與粵漢路上，戰事正在激烈的進行，我所要為我軍民同胞指出的，就是敵人之戰略和目的之所在，我們必須明瞭他的戰略和目的之所在，而後我們纔能確知我們努力的方向和對策，也纔能認識此後戰局的前途與結果，瞭然於最後勝利必歸吾人的至理。

敵人在最近半年來的戰略，就是東條所謂『陸主海副分區作戰』的戰略，這就是敵人要竭盡他的陸軍力量，來彌補他海空軍的缺陷，想以中國大陸上的進攻，補償其在太平洋上所受的損失，想以空間換取其最後掙扎的時間。他這一次大舉進犯的目的，可綜有三點：第一是要打擊我們中國的野戰軍，減弱我們反攻的主力。第二是要想破壞我們粵漢與湘桂沿綫的空軍基地，減少他本土所受空中反攻的威脅，而其最主要的還是在第三點，就是要打開粵漢與湘桂兩綫，為他在緬甸在越南在中南半島以及孤懸在南洋海上的各處寇軍，闢一條敗潰時逃生的退路。特別是塞班被美軍登臨之後，他本土與在南洋島嶼之間的補給運輸綫，如今更在我盟邦海空軍控制之下，而要趨於斷絕，所以他更不能不背城借一，對我中國戰場作更瘋狂的嘗試。我可以很肯定的說，敵人這三個目的，實際上是沒有一個目的能夠達成的，而且他如果有一個目的不能達成，就是他整個企圖的失敗，所以目前的戰局雖有一時的進退得失，我可保證我們軍事在根本上絕無危險，敵人今天的掙扎，實所謂困獸猶鬥，以前他的野心是想要吞滅我中國，而今天他的戰鬥目的只在苟延其殘喘。敵寇今日的狂妄行動，眞是日暮途窮，計無復之的最後一擲。我要告訴我們軍民的，軍事上所爭的，不外空間和時間，敵人要打通平漢綫粵漢綫的企圖。我在五年前武漢會戰完成消耗敵寇的戰略以後，早已為我軍明白宣告了，今天他在屢犯無成之後，開始這樣的蠢動。論空間他在太平洋上漏洞百出的防綫，日蹙千里，已經不是陸上局部的得失所能補償於毫末。論時間，我們盟邦反攻計劃的進行，更不是他猖狂冒進的拙計所能阻撓於萬一。他這次進犯平漢粵漢綫如果發動在五年以前，或者對我們是一種重大威脅，但是在五年以後的今日，整個形勢已完全不同，所以從全局來看，在時間上我們已佔得絕對的勝利了。試想他所要妄想打通的交通綫，是多麼遼長的一綫，照他的妄想至少要修築長達二千公里的新鐵路綫，這是不待軍事上的觀點，只憑常識推斷，而知其絕無可能的。他所要打通的交通綫，除了他從前已經佔據的一小部份以外，其餘的經過我們澈底破壞以後，他必須整理路基，重新修築，以敵寇處在這樣空軍劣勢之下，不但他修築的工程無法進行，即令築成了以後，也斷斷無法維持，這是任何人所能明瞭的。我可以說他即使再用上比現在加倍的兵力，而在這半年或一年之內，也決不能達成他這個狂妄的企圖。無論我軍在粵漢路以東還留有四十萬的兵力，在平漢綫以東也留有卅萬以上的兵力，隨時隨地可予以打擊，而且就在平漢粵漢與湘桂沿綫上，我英勇作戰的國軍當然更要竭盡全力和他搏鬥，寸土尺地，都要向他索取重大的代價，我們軍民配合始終緊圍其××，不斷圍剿、不斷破壞，決不讓他在任何一綫一點有安全佔領的一日。我全國軍民更須知道，倭寇今日在竭其忠貞，與我全國軍民生死一致，安危與共，以達我驅除殘敵，收復河山的初衷。深願我全國軍民同胞，共同一致，勵志自強，加緊奮鬥，以完成我中華民族抗戰革命的大業，建立我三民主義新中國，奠立世界永久的和平。

## 敵稱佔領耒陽

【同盟社廣東五日電】據到達此間的情報，進攻包圍衡陽中的日軍一部隊，沿粵漢綫南進，三日佔領耒陽，美軍並轟炸該處。

【同盟社湖南前綫四日電】由於我軍的猛攻，衡陽的命運，日益危殆。在此次作戰中，薛岳軍非常狼狽，雖企圖死守抵抗各個據點，然而在作戰上，無任何新的成就，雖[illegible]專心於城塞的防衛，但鄰近戰區對於薛岳軍的援助，非常冷淡。第六戰區的第七十三、第七十九兩軍，迫於中央命令，不得不出勳。但因時機已失，故意遲緩行軍，坐觀長沙的失守，因而遭受在寧鄉附近待機中的我側面部隊的强襲，並演了一幕潰亂的醜戲。第三戰區會出動了第二十五軍，由於浙江作戰的我部隊，佔領衢州，乃急將援軍調回，防衛自已的戰區。故各戰區相互間完全沒有協助，我分段包圍作戰，得以奏效。

【同盟社廣州五日電】我華南軍精銳部隊，配合湖南作戰，已開始新行動，茲就當面之敵佔區第七、第四戰區，加以說明。第七、第四戰區爲軍事上的要地，與昆明防衛管區、雲南遠征軍管區，同爲防衛重慶的外壁。在經濟上，則珠江江口一帶，是中國一等稻米出產地的穀倉地帶。在軍事上、政治上、經濟上，構成重慶抗戰力的重要一環。因此蔣介石於廣州失守後，拚命防禦此地。（第七戰區）——在長官余漢謀之下，現有兵力十五個師，約十五萬人，這一戰區的特點是，軍隊幾乎全以廣東省人構成，與第四戰區的夏威，同是鄉土軍的代表（此句電碼不清）。第七戰區由於廣州攻略戰，英德、大源作戰等，使作戰已相等低下，比之第六、第九等戰區，所受打擊尙屬輕微。因之，裝備兵員的素質，比其他地方軍稍佳，但已非昔日可比，每師兵員全約六、七千甚至五千。余漢謀爲日軍的進攻所威脅，乃實行强制徵兵，努力補充兵員，因此，兵員的素質已非常低下。（第四戰區）——廣西軍曾以三十萬的兵力，爲西南中國的隱然勢力，現有兵力僅五萬人，這一戰區，特別是西南派巨頭李宗仁、白崇禧、李濟琛，特別是李、白的勢力，迄今仍爲壓倒的勢力。李宗仁爲第五戰區長官，白崇禧在重慶充任軍事委員會委員。今日第四戰區司令長官，名義上是張發奎，但徒具空名，而事實上的支配權，爲白崇禧、李宗仁有力的舊部下之副司令長官夏威所掌握。其他則幾與廣東軍之第七戰區大同小異。據最近情報悉，以裝甲汽車爲主，已編成機械化部隊，隨着我軍湖南作戰的進展，將予在華美空軍基地的桂林以威脅，而當此時，重慶乃派遣白崇禧，協議美、蔣合作的防衛方案，以貨車運載與在昆明訓練受美式裝備的精銳部隊，使其担當防衛空軍基地。

【路透社倫敦五日電】今日日本通訊社稱，自湖南戰役以來，華軍戰死者達三五、四〇〇人，被俘者達一萬一千人。在同一時期內，日方陣亡者爲一、五〇三人。

【海通社上海六日電】廣西省城桂林根據重慶當局命令，已强制疏散。合衆社重慶訊：此舉係預料日軍攻勢的進展而作。市民必須離開城市。湘桂鐵路經湖南的一段已被切斷。

## 芬總理無恥狂吠
## 堅持進行反蘇戰爭

【海通社赫爾辛基二日電】芬蘭決心在德國方面對蘇作戰一節，爲芬總理林科米斯於星期日午政治廣播中所宣佈。他說：「芬蘭除爲其現在及將來而戰外，別無其他道路，不然，國家就必須投降。在考慮到德國慨然所給的幫助時，因此只有與德國同意下才能放下武器是芬蘭的責任。社會民主黨所採取的態度表明，所有階層在目前防衛戰中正如過去冬季戰爭中的一樣團結。掃除威脅芬蘭及分離人民的傾向，乃政府的決心。」林科米斯在其廣播演說中繼稱：「芬蘭在對蘇作戰中，抗拒優勢敵人的戰鬥需要幫助。願意並能够給此種幫助的唯一國家，便是德國；以前德國已以軍械及重要糧食援助我們」。總理繼稱：「芬蘭戰爭的勝利只有在德國幫助下才有可能。芬蘭必須保衛使生活過得有意義的一切東西，並且作爲一個自由的國家，只要還有力量，他們必須作戰到底。這種決心是與四月中旬國會一致通過的決議相符合的」。林科米斯繼即提及社會民主黨中的不同意見，這些意見不是關於繼續戰爭和德國武裝援助問題。據指出，雖然如此，社會民主黨各部長仍然留職，此點同時表明，人民各界進行此次戰爭的戰綫正如冬季戰爭中的戰綫一樣團結。總理對美國與芬蘭絕交表示遺憾。美國逐步使對芬蘭的正式關係惡化，這點不是芬蘭也不是芬蘭政府的過錯。「我們只有一個目的，拯救我們的國家和我們的人民。一切努力必須伸展至最高度以維持我們的自由社會秩序，從而確保我們的未來。芬蘭是個民主國家，我們不能妄改民主的原則。我們是、並將繼續是我們自己家裏的主人。上帝保佑我們的祖國。」

# 參攷消息

（只供參考）
第五六〇號
解放日報 新華社 編
今日出版二張
卅三年七月八日 星期六


## 日寇心勞日拙 竟公開發表誘降聲明

「同盟社東京五日電」大東亞戰爭爆發以來，已經二年有半，現在戰局愈益激烈，在太平洋海域，在印緬國境以及在中國大陸，為了粉碎英美侵犯和制霸大東亞的野心正在展開決戰。政府在此戰局的新階段，於五日下午三時發表聲明，向中外闡明帝國粉碎敵人野心的堅強決心，並涉及我國在此次中國大陸作戰的眞意，斷定帝國的敵人並不是中國民衆，亦不是中國軍隊，而彼是企圖侵犯與制霸大東亞的美英及與美國合作的人，重復强調了我國建設大東亞的道義性。聲明全文如下：大東亞戰爭爆發以來，帝國祈念大東亞的解放、安定及世界新秩序的建設，與大東亞的各國各民族相提攜，與歐洲盟邦相結合，為了粉碎美英的野心進行奮鬥，現在戰局無論東西兩戰場均進入決戰時期。太平洋方面敵人的反攻逐漸激烈，帝國陸海軍以全力擊滅敵人；另一方面，在中國大陸，英美逞其侵犯與制霸東亞的野心，帝國陸海軍制敵機先，在各處奪取敵人的基地，隨地擊滅敵人的兵力，以此粉碎敵人的企圖。

此次我軍在中國進行軍事行動的目的，就是在於粉碎英美侵犯與制霸的企圖，不消說中國民衆，就是與我為友而拒絕與美英合作的人，即使重慶軍隊亦好，都不是我們的敵人。

帝國所祈求於中華民國者，就是根據日華同盟條約與大東亞宣言，尊重中國的自主獨立，完成日華永遠的善鄰友好的關係，帝國處於目前的決戰戰局之下，將發揮皇國的精髓，向着獲得最後勝利的途上邁進。

「同盟社東京五日電」大東亞戰爭是由大東亞的天地掃除美英的侵略主義，保衛大東亞各國、各民族共存共榮的原來姿態的戰爭。由於皇軍在戰爭初期的戰果，而被驅逐出大東亞的美英迄未放棄其侵犯和制霸大東亞的野心，急欲在太平洋及印緬邊境反攻日本。另一方面，以利益引誘大東亞的叛徒蔣介石政權，使其繼續抗戰。美英圖謀使大東亞民族相爭，以實現其制霸大東亞的野心，但蔣介石毫不覺悟到這點，終於將政治、經濟、軍事等全盤的指導權交給美國，而完全為它的傀儡和走狗。今日美英侵犯和制霸中國大陸的野心不僅限於駐華美空軍及其他的軍事活動，亦不僅限於藉口援蔣，使其物資流入中國，而且最近美國副總統華萊士訪問重慶，而開始進行重慶延安調整關係的工作。由此觀之，美英在政治經濟各方面的野心亦日益明顯。美國強要原來根本水火不相容的重慶和延安結成統一戰綫，又要求蔣政權的民主化，這是美國用干涉內政的方法使蔣政權成為它的傀儡，使亞細亞人繼續進行同志閙的抗爭。如果把這種事態放着不管，那末，這就是等於對蔣介石政權把大東亞出賣給美國這件事情採取袖手旁觀的態度。帝國政府在五日的聲明中已言明：「敵美英愈益逞其侵犯與制霸中國大陸的野心。而我國此次在中國採取的軍事行動，其目的實在於粉碎敵美英侵犯和制霸中國大陸的企圖。」「今天的危機就是淵源於敵人這種的陰謀。但是帝國政府聲明說，『不消說中國民衆，就是與我為友而拒絕與美英合作的人，即使重慶的軍隊亦好，都不是我們的敵人』。這樣的態度是近衛聲明以來的帝國政府一貫的信念。這種信念逐漸在現實的政策中實現；而這種政策貫澈的時候，就有許多軍隊已由敵人陣營中跑來參加和平陣營；現在這些軍隊已成為國民政府的軍隊，而且起着重要的作用，現在正協助我們建設新亞細亞。這次的聲明比過去更進一步闡明，就是現在正與我國處於交戰狀態的重慶軍隊，只要不與英美合作，都不是我們的敵人，這一點是值得極大的重視。這件事情就是再度披瀝帝國明確的見解：「如果中國事變本身的背後沒有美英的陰謀，那只是亞細亞內部的即是說兄弟的打架。今天我們眞正的共同敵人只是美英」。帝國政府的聲明更提到日華關係，現在不必再說帝國根據日華同盟條約及大東亞共同宣傳，強有力地實施對華新政策。總之此次聲明太胆素直地明示：（一）此次我軍在中國的軍事行動目的，完全是在粉碎英美侵犯和制霸東亞的企圖。（二）因此中國民衆依然是我們的朋友，凡是拒絕與英美合作的人，甚至就是重慶軍隊，亦不是我們的敵人。而且首次說明我軍於四月十八日在中國大陸開始的河南作戰，以及以後的湖南作戰、廣東作戰，這一連串的軍事行動的目的，究竟是什麼？同時斷定：凡繼續與英美合作抵抗我國之人，均是匪賊的存在。在戰局的現階段，東西兩方均進入嚴重的決戰時期；而帝國與盟方德國及大東亞十億民衆互相攜手向最後的勝利邁進的時候，帝國從期望解放和安定大東亞的道義觀點出發，更加澈底地具體化對華政策而發出的此次聲明，使新作戰的根本意義更澈底，並予重慶以猛醒的機會，此點應加注意。

## 敵發出誘降之帝國聲明後
## 南京華北僞逆齊向重慶招手

【同盟社南京七日電】國民政府外交部長褚民誼，六日對於帝國政府的聲明，發表下列談話：日本政府於五日披瀝了勝利的確信，闡明此次作戰的目的，僅是擊潰美英對東亞的進攻，並不以不協助美英的重慶軍爲敵，日本對於中國的希望，已根據日華同盟條約及大東亞宣言，尊重中國的自主獨立，完成日華的善鄰友好，余在此已察知盟邦日本對於中國的眞意，因此國民政府乃發表聲明，闡明遷都的目的，並闡明應促進和平與全國的統一，蓋爲貫徹大東亞戰爭，使中國自主獨立，更進而使其發揮獨立國家的力量，謀東亞的安定，日華兩國乃發表此次聲明，中國人實應體會盟邦日本對於中國的眞意與希望，中國應作爲東亞的一員，分担防衛東亞的責任，藉以使日本以全力，迅速獲得大東亞戰爭的最後勝利，中國人希望以勇往的精神協助盟邦日本，以同生共死的決心，完成共存共榮的目的。重慶應迅速醒悟，投入和平政府，向着打倒侵略東亞的美英、復興中國、防衛東亞之途邁進。

【同盟社北平六日電】新民會中央總會宣傳局長陳朵平，六日回答日本政府的聲明，發表下列談話：日本政府闡明此次新作戰不但沒有破壞中日的友好關係的發展，反而促進了抗戰陣營的反省，予以收拾事變展開全面統一和平的契機。此種聲明使我們銘感於心。我國國民應從中國的立場更進至東亞的立場，不但要提高中國民族意識，團結中國民族的力量，而且要進一步發揚東亞民族的共同意識，團結東亞民族的共同力量，以推進和平運動。另一方面要澈底實踐同盟條約，達成東亞解放的目的。現在世界戰爭已進入空前激烈的階段，吾人應認清敵人與朋友，不能浪費我們保衛祖國的戰力，決不能因兄弟鬩於牆，而予敵人以可乘之機。現在日本政府以至誠對待我們的時候，我們應以全國人民的總力呼籲全面和平，予抗戰陣營以紳士的反省機會，使中日雙方的和平氣氛高漲起來，達到復興中國保衛東亞的使命。

【同盟社北平七日電】華北政務委員會情報部長管翼賢，六日特就五日日本政府發表之聲明發表談話闡明華北一億民衆的決心，該談話要旨如下：日本政府於五日發表聲明，強調大東亞戰爭道義的性格，表示了尊重中國獨立自主，擊碎英美侵略的決心，同時國民政府亦發表聲明，希望軍官民能實踐日華同盟條約及大東亞共同宣言的精神，凡我國民均應把敵人和朋友區分清楚，脫離英美的羈絆，使中國的獨立自主趨於完整。日本的態度是很明瞭的，現在正是處於重慶統制下的同胞的更生機會，應很快的和我們結成一體，相繼向獲得勝利邁進，以期中華民族的復興。

【同盟社東京七日電】大東亞省發言人，於七日「七七紀念日」之際向記者團發表下列談話：七七紀念日的前二日（本月五日），帝國政府所發表的聲明，闡明了此次中國大陸作戰的目標是在粉碎敵人美國制霸大東亞的野心，這件事件更具體的說，就是表示要粉碎敵人美國促使重慶在大陸進行對日反攻的蠢動，借此對付太平洋敵人的反攻，揭開我軍轉爲大攻勢的時機，並指出此時重慶應覺悟到其本來的亞細亞的性格，反省到美英才是大東亞共同敵人這個事實，但如果重慶作爲美英帝國主義的走狗，繼續彷徨於抗戰途上的話，那末到了戰後，中國本身亦仍不可能脫離美英的半殖民地地位，所謂「抗戰建國」將變爲「應戰賣國」、「抗戰亡國」。今日重慶政權內部眞正關心中國前途的知識分子，沒有一個人不憂慮這件事情。不必回顧英美侵略中國的歷史，只要看現在它們對待歐洲流亡政權的利己主義的態度，即可明瞭。敵美英到戰後是否有誠意履行其諾言。恐怕重慶分子對此點亦將抱着深刻的關心，此時重慶應反省可否使中國隸屬於美英制霸世界的主義之下。重慶現在應明瞭過去歷史的教訓，認識大東亞共存共榮的本義，反省中國正確的道路與方法，只有如此才能將東亞歷史上的一大污點蘆溝橋事件成爲轉爲劃的契機，才能使這一紀念日成爲大東亞建設的光輝的紀念日。

## 傳敵至衡陽撤退

【路透社重慶六日急電】空中偵察報告稱，面對華軍之猛烈反攻，日軍正自衡陽與洛陽前線退却中。（下缺）

【海通社東京七日電】美轟炸機約二十架星期三企圖襲擊廣州。襲擊的飛機一架被擊落。軍事設備無損失，居民有若干死傷。

【海通社柏林五日電】倫敦訊，『觀察家』外交訪員對日軍在重慶中國的突然勝利表示焦慮。據指出，自長沙南犯及自廣州北進的日軍的會合，無論在軍事上及經濟上均有重大影響，對於重慶，此表示重要交通綫及糧食供給來源的喪失。訪員稱，不僅如此，重慶本身亦被威脅。據他的意見，嚴重情形或將影響政治方面。關於此點他指出重慶中國現有某種程度的厭戰，此點他相信或將由於最近日軍在中國的勝利所引起的孤立感覺而加劇。

## 敵偽紀念『清鄉』三週年
## 汪逆精衛發表談話

【同盟社南京卅日電】汪行政院長於迎接清鄉工作三週年紀念日，發表談話如下：我乘清鄉工作三週年紀念日的機會，告我清鄉工作的同志和同胞：（一）自滿是失敗的因素，清鄉工作的主要目的有四點：（甲）肅正思想。（乙）掃蕩土匪和共產匪。（丙）維持治安。（丁）增加生產。三年來這些工作有成績，但不能自滿。尙待今後更大的努力。我們必須更前進一步。（二）妥協有害於革命。不消說重慶、共產匪、土匪，就是我陣營內的不良軍隊、貪污吏、富亭、奸商亦是有害國策、民生的心腹之患。因此必須打擊他們或使他們覺醒，不許有絲毫的妥協。（三）把着一貫的決心，不斷地努力工作。清鄉工作的使命不僅是確保一省一縣而且在於復興中華、保衛東亞。即對內確立復興中華的基礎，對外協助盟邦日本貫徹大東亞戰爭，圖謀東亞永久的安定。當清鄉工作進入第四年時，想到時局的艱難和任務的重大，應把極大的決心戰至最後，以便完成最後的使命。

【同盟社南京卅日電】宣傳部長林柏生於清鄉工作三週年紀念日（七月一日）發表談話如下：民國卅年夏，國民政府鑒於復興，建設的重要性以及保障治安和改善民生爲目前的重要任務，遂竭其軍事、經濟、文化等方面的總量，進行清鄉工作。現在已經過了三年，國民政府是在還都一年後實行清力工作，由於國府還都南京及締結日華條約，我們樹立了和平的基礎。但和平運動有無數內外的敵人，他們阻礙國民革命的進行。（一句話掉太多譯不出（但是抱着同生共死的精神努力進行後方的治安工作和經濟建設工作與推行戰爭的努力沒有絲毫的不同。因此清鄉工作有極大的意義。清鄉工作並不是一個階段或一個區域的工作，而是全面的革命鬥爭的工作。因此清鄉工作須有一貫的基本精神，汪主席說『清鄉工作就是清心』。而新國民運動的重點就是清心。今天我們必須深刻認識這一點。

【同盟社南京卅日電】作爲培養國民政府政治力量的規範，於昭和十六年七月、以蘇州爲中心展開的清鄉工作，至七月一日，即到了第三週年紀念日。雖在此短促的三年，對於貫徹大東亞戰爭下，給與中國的職務，如安定民生，滲透國民政府的政治力、增強生產等，均收到了預期以上的成果。清鄉工作剛一開始，便從點與點之間，發展成綫，綫更擴大到面，而更發展到新的面，在去年國民政府宣戰後，進而與強有力的行政取得聯系，清鄉工作已經實施的地區，有蘇中地區（第一、第二、第三期），鎮江地區，上海地區（第一、第二期），太湖地區（第一第二期），杭州、蘇北、廣州、漢口等地區，亦均有擴大。幾發展到國民政府治下的全地區。然此等全部地區，還不能完成了預期的目的，由於鄉村的再建，到達了中國的復興階段的，除了蘇州以外，才還有一部份。就工作內容來看，距完成向貫徹大東亞戰爭邁進的中國兵站基地作用，還需要作更大的努力。又國民政府於去年五月十四日在國防會議上解散了清鄉委員會、一切清鄉的事務，均直屬於行政院，此一措置使過去指定地區的一切事情，均特別加以取締，適用一般行政以外的東西，均由行政院負責實施，行政地區變爲國民政府治下最好的行政區等，在說明了國府政治力的眞正滲透，如清鄉地區決戰對策的確立、國民政治財政規範的確立等，均將發生預期以上的作用，清鄉第三年度，實在是走上平常化的一時期，在此一年農業生產力擴大了，田賦等租稅收入逐漸增加，竟超過事變前的狀態，由於治安的確立、民生亦名符其實得到改善，此等成功，在第四週年更有新發展的希望，作爲担負大東亞戰爭下重責的國府戰力培養的規模，將愈能發揮其威力。

## 同盟社宣傳
## 重慶對華萊士感到失望

【同盟社廣州六日電】華萊士之訪問重慶，畢竟不過給重慶以失望，這事一見美國駐重慶的某通訊員寄往美國的報說，內[illegible]然，[illegible]暴露報告如下：華萊士訪問重慶，為時極短，當他在重慶時，重慶的官民，皆捲入與奮與歡呼的漩渦，然而由於他的返美，使重慶頓感失望。當華萊士訪問重慶時，日軍正以猛烈的氣勢向粵漢路南進，平漢路已被打通，完全將重慶推入恐懼與危機中。為了挽救此危局，除了美國援助外別無他途，即是說，除了希望美國給以軍火援助外，別無他途，恰當此時，華萊士攜帶羅斯福的書信而出現，因之，重慶認為大批的[illegible]，[illegible]華萊士一同到來。但實際情形完全與此相反，因之，重慶被推入失望的深淵，亦不是無原因的。但亦不能說重慶的期待全無道理，美國的[illegible]，亦在[illegible]。[illegible]準備[illegible]援助，但是由於日軍加強封鎖中國沿岸，滇緬公路之未開，除空運外別無方法，因此今日畢竟不能符合重慶的希望，重慶的報紙現在誇大宣傳大量供給武器，是有希望的。這樣的宣傳亦是失望的原因之一，又華萊士來訪重慶，想亦能商妥驅逐日軍出中國大陸的具體方案，但沒有商妥這個具體方案時，則不得不更為失望。

## 同盟社公佈
## 半年來山東敵我作戰四百次

【同盟社青島七日電】自本年初以來，東部山東方面我各精銳部隊，到處展開殺敵掃蕩戰，顛覆重慶、延安兩軍的企圖（旨在擴大勢力）。今年上半年的綜合戰果如下，交戰次數四百次，交戰敵兵力八萬九百五百八十七人，殲滅敵設施：兵工廠九處、糧秣廠九處、被服廠二、紡織工廠二、區公署一、我方收容敵屍五千四百零四人，俘虜九百四十七名。

## 日寇承認
## 紅軍攻勢兇猛

【同盟社柏林六日電】紅軍在東部戰線開始一總攻時，德軍亦稍有驚慌，但與曼第登陸作戰一樣，已漸次判明紅軍的攻擊重點，德軍的防禦亦漸就緒，逐漸告安定，紅軍在初期攻勢時氣勢焰焰，其原因是，第一：德軍因處於被動的不利地位，必須廣泛地配置兵力，因之無論如何，不能不削弱防禦力。第二：由於自摩爾曼斯克之海上運輸與自敘利亞方面的空運，俾在蘇聯大量聚集自美國運來的坦克、飛機及其他兵器。第三：抓住德軍不利於零星抽調其後方預備部隊，故在後方一定的戰線上，集團使用預備部隊，以獲預期的效果，第四：中部戰線突出（或延長）四百公里以上，故需加以整理。其次，一見紅軍現在的動向，共有三個大的方向。第一個重點在拉脫維亞國境德文斯克附近，紅軍還未發動大的作戰行動，此處到里加附近為止，不過二百公里，作為通往波羅的海的道路，是最短的距離，而由此向北，進行突破作戰。第二個重點在維爾諾方面，紅軍的有力部隊，已突破立陶宛國境，距克里茲堡為三百公里的近距離。第三個重點是從明斯克西方，重貫摩洛德赤諾、巴蘭諾委奇兩地約一百五十公里之正面，中部戰線攻擊的重點，主要集中在這裏，又紅軍在南部戰線，亦開始猛烈活動，配合中部戰線的進軍，開始行動的徵候，不久將濃厚起來。德軍深知這一形勢，為有利地整頓作戰體制，於紅軍的攻勢前，四日自動退出科威里。試見反軸心各國關於戰局的論調，如每日郵報的哈特等，謂德軍已使反軸心軍的撒拗攻擊（欲奪取克恩市）歸於失敗，防衛成功，其最大的難關是在東方，每日電訊報之軍事評論家×××，強調東部戰線的重要性，稱：「不管怎樣，決戰將在東方進行，其他戰線處於次要地位」，德軍當局亦稱：西部戰線已成一時的餘燼，現在似正集中注意於東部戰線。紅軍拚命宣傳，自開始攻擊以來，已聚殲大批德軍，謂其為大戰果，但瑞典之軍事評論家布拉特福薩反駁稱：「紅軍老是反覆着公用的宣傳，除斯大林格勒外，大體上德軍皆能巧妙的逃救自己」，承認德軍後退作戰的成功。

## 傳斯羅邱將再度會談

【同盟社蘇黎世四日電】據來自英國的情報：美國總統羅斯福將於今夏訪問英國。又據星期日時報的報導：羅斯福的訪英，為使邱吉爾與斯大林再度會見。此一會見，大半在八月後開始。會談的內容多半為德黑蘭會談中關於決定的大綱如何給以最後的具體化。

【同盟社里斯本六日電】美國總統羅斯福曾於日前向英蘇中發出請帖，舉行反軸心國四國會議。但蘇聯迄未回答，六日美國務卿赫爾接見記者時談稱：關於蘇聯回答的遲延，不必重大視之。

# 參攷消息

（僅供參考）第五一六號

解放日報 新華社 編

今日出版二張

卅三年七月九日 星期日


## 同盟社宣佈 重慶假造敵撤退情報

【同盟社里斯本八日電】據重慶來電，重慶軍當局為裝飾七，七紀念日的景色，六日政府代言人乃大撤謊話，聲言由於重慶軍開始總反攻的結果，日軍突然從衡陽開始總退卻。又在河南洛陽，亦無日軍駐屯模樣。而路透社重慶特派員則報導重慶治下各地區，七日均舉行盛大慶祝，但八日午前零時的合衆社電報導稱：在湖南前線，完全沒有總退卻的模樣，路透社的報導更誇大了重慶代言人的聲明。

【同盟社華南前綫七日電】我精銳部隊，於三日佔領清遠縣城，截至現在已判明的戰果如下：敵遺棄屍體一百三十五具，俘虜三十一人，獲迫擊砲二門，彈藥筒一百廿個，輕機槍四挺，步槍四十九支；彈藥九千九百廿發，其他無數。

【同盟社廣州八日電】據大公報桂林版的報導，由於皇軍勢如破竹的進攻，廣東省北部的韶關正陷於混亂狀態。火車均滿載疏散民衆，市內的物價暴漲，市民多向韶關北部逃難，市內的運輸機關，由於多被徵用，市內的貨車，一輛價值廿五六萬元。乘客一名要運費八千元。另外，軍政當局，嚴命各縣武裝民衆，到處傳佈有日軍降落傘部隊降下，致人心惶惶。又據該報報導：廣西省各地由於電力不足關係，各地的警報機，均無法使用，非常狼狽的防空司令部當局，乃迅速動員湘桂發電所各水力電機關代表，討論緊急對策，決定在夜間除軍事機關以外，均一律停止送電，以救燃眉之急。

## 軍委會一週戰況

【中央社重慶八日電】據軍委會八日發表一日至七日一週戰況，湘省戰事仍在激烈進行中。自六月廿六、廿七日在衡陽市郊展開空前壯烈之攻防戰，至今已經十二晝夜之久，往復衝殺，斃敵達六千六百以上，而衡城仍在我英勇將士保衛中，雖時無恙。我向敵之側翼攻擊，已極為順利。至廣東方面蠢動之敵，在我軍猛烈迎擊下，亦未獲稍逞。又策應湘省作戰之浙東敵軍，則變受重創而回竄。茲將詳情分別述後：

湘省方面，衡陽市郊區之敵軍，於廿六日至卅日間分由西北南三面輪番突擊，均未獲逞，復於一日繼續增援，不斷向我猛撲，我守軍冒敵熾烈之砲火毒氣，咸不顧犧牲，沉着應戰，每將進撲之敵軍殲滅於我陣地之前，並對一再企圖由東岸強渡之敵，屢次予以摧破，敵之攻勢雖猛，但在我堅強抵抗下，未能稍越雷池一步，迄今戰鬥仍未稍戢。在湘江東西兩岸地區，我各路軍均按照預定計劃，於四日拂曉開始對敵左右兩側施行猛烈反攻，刻已先後攻入醴陵城內，瀏陽附近及攸縣之西北門。在湘江西岸，我分向湘鄉、湘潭及岳麓山等地攻擊，均有預期進展，現繼續在各該地區激烈戰鬥中。湘省全盤戰局，自進入本週來，我軍攻勢行為益形擴大，戰事亦日漸轉入於有利之態勢下進行，並使敵寇感到四面受敵，疲於應付之苦。

廣東方面集結於廣州增城，三水一帶蠢動之敵，六月廿八日分路北犯，曾於三日侵入龍門，但於四日即被我反攻克復。又侵至清遠近郊之敵，亦為我擊退，現在各該縣以南地區繼續鏖戰，敵我雙方均有傷亡。

浙東方面，策應湘省作戰之敵，於六月十日分路陷湯溪（十日），龍游（十二日），衢州（廿六日）等，但不旋踵即被我反攻，於廿八日、廿九、卅日先後將各該地攻克，至卅日晚，完全恢復六月十日前之原態勢。綜計血戰廿日，斃敵第七十師團第六十二旅團長橫山武彥少將一人，斃敵官兵四千餘，而獲得輝煌之戰果。

吾國抗戰至今，已整整七年，勝利之基業已建立，尤以最近湖南戰場，我前方將士之苦鬥，後方民衆之協力，充分表現我全國軍民再接再勵之精神，今後更將負起重大而艱巨之責任，不特摧破敵寇企圖利用內綫作戰，先擊敗我大陸國軍，妄想減輕我盟軍反攻之抗力，更進而配合盟軍全面反攻，以加速日寇之滅亡也。

## 日大本營宣稱 中央軍裝備戰力日益低劣

【同盟社東京七日電】皇軍進兵大陸，迄已七年。現在大陸戰場由於美空軍積極增強兵力及皇軍雄偉的進攻作戰，已成為日美決戰的場所。帝國政府在五日的聲明中，闡明大陸作戰的眞義，使對於抗戰前途抱着很大顧慮的重慶第一綫軍隊，受到極大的衝動。現在乘『七七』紀念日的機會，研究過去七年的抗戰使重慶曾受到多大的打擊，並展望今後的戰局。重慶中央軍在七年的長期戰爭中，每年均有很大的消耗。截至昭和十七年五月，已遺棄屍體二百餘萬，我軍繳獲兵器六十三萬餘件，即等於二百個師的裝備。因爲滇緬路被封閉，重慶更困難補充兵器，因此引起戰力的極度低下。據說最近中央軍改編後，共有步兵三百個師，騎兵十八個師，裝甲部隊一個師，總兵力大約有二百五十萬人，這跟數年前相比，那末在數量上相差不多，但在質量上極度低下。即事變當時，中央軍一個師的兵員有九千九百人，其裝備有步槍七千支，輕機關槍二百八十挺，重機關槍九十八挺，迫擊砲卅四門。本年三月，第九戰區的第廿軍三個師，平均的人員與兵器的數目如下：某師有兵員七千三百廿三人，每師的兵器有步槍一千九百廿二支，輕機關槍一百廿一挺，重機關槍卅九挺，迫擊砲十七門。某師平均有兵員七千人，步槍一千八百八十八支。輕機關槍三百廿八挺，重機關槍卅五挺，迫擊砲十八門，野砲山砲七門。因此兵員減爲百分之七十六，在兵器方面，只有輕機關槍增加百分之廿，步槍減爲六分之一，其他減爲三分一乃至二分之一。中央軍中只有印緬遠征軍是由美國的近代武器武裝起來，其他各戰區軍隊的裝備與上述平均數最相差不多。重慶軍事指揮部將作戰的單位由軍改爲師，三個師中着重武裝一個師，將其作爲第一綫作戰部隊，另一個師作爲預備軍，還有一師只是作爲補充兵員之用。但上述兵員，裝備是此次作戰以前的數字，我軍在各戰區的作戰已使第一、第三、第六、第九戰區消耗極大。全部作戰的綜合戰果尚未明確，但是在此次作戰中使抗戰的敵軍兵力四十個師消耗百分之四十，第一戰區軍的主力已潰滅。截至六月末日，我軍在湖南作戰中，已完全殲滅第九戰區軍十五個師，又使二十個師的兵力減爲二分之一。擊滅薛岳軍的大半。至於我軍進攻第三戰區所得的戰果，移至七月六日，已收埋敵軍屍體五千零八十具，俘敵六百六十四人。在第六戰區，目下正在各處擊滅敵軍集團。如果計算這種赫赫的戰果，那末重慶第一綫部隊的消耗實已達到龐大的數量。在正面戰場作戰的各戰區軍，其戰力正在加速度地降低，原來重慶把第一、第三、第八、第九各戰區軍作爲對日總反攻的基本部隊。其中已有三個戰區因爲此次作戰而受到致命的打擊。只有一個戰區即第八戰區未遭受進攻。但是該戰區副司令長官胡宗南豪語奪回洛陽，而將其指揮下的四個軍十萬人投入河南作戰，打得一敗塗地，重慶所依靠的最強大的戰區，現已受到全面的重大打擊，另一方面，隨着駐華美空軍的積極增援，重慶空軍亦在絕對受美軍指揮的條件下，逐漸被加强。推測重慶空軍現有飛機一百五十架左右，以重慶及成都周圍爲根據地，其兵力分佈於四川、陝西、湖南、湖北，只進行游擊式的出擊。其次，共產軍以西北爲根據地，形成大陸抗戰的一翼，延安政權管轄的共產軍與華北第十八集團軍約有正規軍二十五萬，華中新四軍約有十萬人。其巧妙的政治工作與執拗的游擊活動，依然需要加以戒備。但它已處在我軍『肅正區』的圈內，沒有極積反抗的力量。大陸敵軍抗戰的力量還有駐華美空軍，去年七月共有飛機四百數十架，此外還有以B29式飛機爲主體的第二十航空隊，其主力亦派至中國。六月十六日利用此種飛機二十餘架襲擊九州北部。此次我軍在湖南作戰中攻佔衡陽飛機場，使其受到致命的打擊。中國南部的空軍基地亦受到直接的威脅，同時中國西南的美空軍基地亦被孤立。中國南部及東南部的美空軍基地已處於我空軍控制的範圍內。於是此次作戰的結果，我軍確保第一戰區的重要據點洛陽，第八戰區的心臟長沙、衡陽，我軍在隴海路、平漢路、粵漢路一千餘公里內形成進攻重慶的陣綫，由北方乘機進攻第八戰區，在中部由湘潭控制湘黔公路。曾經作爲美空軍基地的衡陽現已成爲我機擊滅美空軍的基地，至此我方完全確立不敗的戰略體制，在扼住重慶西門的印緬戰綫，重慶軍及英印軍命脈所繫的印緬路將受到重大打擊。現在已形成由三方面進逼重慶的形勢。美國依靠物質的數量，在太平洋進行的反攻決不容輕視，我軍此次作戰的成功所樹立的戰略體制，一方面粉碎美國由太平洋接近中國沿岸的企圖，另一方面擴大和堅進我軍在中國大陸的戰略的橋頭堡壘，加强對蔣介石（他企圖保存自己的實力）的壓力，並擊滅其戰力。

## 敵在湘豫等地 大施懷柔與誘降政策

「同盟社湖南前綫六日電」此次作戰的最大特色之一，是皇軍之道義貫徹無遺。自然，過去亦是在嚴整的軍紀下進行作戰，但充分表現道義成爲指導全般作戰的中心，此次作戰尚是首次。派遣軍在大陸的戰場，雖是未曾有的嚴重與困難，但中國派遣軍作爲軍隊來說，是達到了最高境地。我們試觀此次作戰的數個過程，即在河南亦到處見到崇高將兵的姿態，即派遣軍立腳於道義的新姿態。在湖南作戰中，一如屢次所報導的，因道路全被破壞之故，故供應的困難絕難形容，馬的損失之大亦爲過去所未有，舉此一事，即不難想像供應是如何困難，甚至彈藥亦不能充分供應，加以糧秣不够使用的戰鬥部隊，完全現地自給，如此大的部隊只想現地自給，亦不繳獲一口猪（告將士書懇切具體，有云：購入物資時，一定支付相當代價，若農家無人時，則在容易發見的地方張貼徵發書，法幣仍可照常流通）。與作戰命令同樣，爲各部隊徹底執行與堅決遵守。雖進行如此大規模的作戰，亦能善自徹底執行，此爲某幕僚最近視察前綫之言。在去衡陽的漫長戰綫上，全未見到燒燬民房之事，即此一事，即可窺見徹底執行之一斑。（勿亂入民家）——過去苛刻的命令，在落雨的戰場上，亦復徹底遵守，由兵團長親自率領，整個作戰期間都露營樹下。總司令官聞此報告，因獲此良好戰果而欣喜非常。皇軍之此種精神，成爲『告中國民衆書』與『告將士書』一文，不僅僅可能使中國民衆不受戰爭帶來的苦惱，而且這一精神之精密，及於一切方面。例如爲緩和農民的經濟苦惱（由於通貨之變動），而承認可以流通舊法幣，或不許徵收稅金。對於農民的注意，實是無微不至。又對於重慶軍，亦不使用『投降』二字刺激對方自負心的話，甚至各方包容對方愛國的抗戰意識，將『投降證』改爲『志願停戰證』，這是因爲在大陸作戰的中國派遣軍，貫徹其最後敵人不是重慶軍而是美軍之言。實際上手執武器在大陸作戰中，只是美軍。這是皇軍之作戰道義化，派遣軍的道義性在新佔領地區，亦將在新的統治方式下，完全復活起來。

## 林柏生對重慶廣播
### 希望他不依靠英美

【同盟社南京七日電】國民政府宣傳部長林柏生，於本日的七七紀念日，特以『爭取自主的活路』，向重慶廣播如下：

重慶方面的諸同志們，我諸位同胞們，現在我認爲有這樣一種情況擺在目前，而各位與我們對此的心情，認爲決沒有什麼不同的地方。在長沙戰鬥中，犧牲了很多的人與我們的朋友，他爲不名譽的抗戰而犧牲了，在本年四月我發表的『再論我們的立場』中，曾提出了四個問題。第一個問題曾說中國之化爲戰場，則犧牲仍要繼續，不過三個月此便變爲現實。頂重要的一個問題——日本的態度，然而『日華同盟條約』及『遵重我國的自主獨立』的一字一句，已是不會變更的了。日本在此次日本政府聲明中，聲言『不以中國人民爲敵』、『僅爲粉碎美英侵略的野心』。又日軍最高司令官在其告士兵書中，曾謂：『諸君顧念與湖南民衆愛鄉之情，是沒有什麼不同的』。並列舉八項注意，作爲行動的標準。盟邦日本的心情，由此可知，這便是日本的根本方針。與此相反並破壞此方針的兇惡的美英帝國主義，則在企圖把中國化爲奴隸，離間日華，分離東亞。在這裏可能發生這樣一個疑問，即日本在締結同盟條約後，爲什麼還駐兵中國呢？對此我們要提出一個反問，即在同盟條約締結之時，重慶爲什麼不接受此方針，完成和平、促進統一，而把中國的領土，給日本的眞正敵人使用呢？第二個問題是歐洲的戰局，可能回轉至前次世界大戰的樣子，那麼對此將如何處理呢？在這個問題上，重慶很少主動的自動的東西，這就是重慶把自己的祖國，實給別人。第三個問題，是關於大東亞戰爭的意義，日本雖有兩次聲明，重慶爲什麼還與美英共同以日本爲敵。第四個問題，是共產黨已成燎原之火，對於此一問題，重慶各位當能比我們知之還深，尤不勝寒心者，是標榜民主政治，動員民衆，挑撥戰爭的美國，在過去十年間，雖企圖幫助爲獨裁政治所征服、喪失了民主精神的中國，剿滅共產黨，然而愈打共產黨的勢力愈大，蔣介石先生乃陷於進退兩難，維持現狀的狀態。雖然有打破之道，挽救東亞的途徑，但蔣介石先生爲什麼不尋找呢？在這裏有下列幾個問題值得我們注意：第一是戰十年來中國在外交上的痛苦經驗。第二是日華兩國的關係。雖然是日華兩大民族間的事情，大東亞政局的處理，雖然是東亞民族的事情，爲什麼還要仰第三者的鼻息，依賴他們呢？第三和平友好的最大保障是誠意與力量。我希望重慶方面的將士與同志們，認識現在時局的重要性，認識自己的祖國、盟友日本及大東亞，認識日本的力量與眞意，進而認識獲取吾人自主的途徑。

## 美國注意中國軍事形勢

【同盟社斯托哥爾姆五日電】隨着日軍在中國大陸作戰的進展，美國國內關於『對待重慶政策』的議論又呈活潑。『紐根斯日報』紐約特派員，舉出下列四點作爲美國國內最近特別注意的問題：（一）重慶政權現在所面對着的軍事形勢；（二）華萊士訪問重慶，對美國與中國的關係是否已作了特殊的貢獻；（三）對蔣介石獨裁傾向的批評；（四）對重慶的抗戰力量所能够期待的程度。但由於日軍在湖南作戰的進展，陳納德指揮的第十四航空隊在中國東南部的空襲日本的基地，遭受到供給及作戰上的各種困難，已被迫向後方撤退。尼米茲主張的所謂『從太平洋作戰突破敵陣以便在中國沿岸登陸』的計劃，因希望中國軍隊協助作戰已不可能，故今後將採取守勢。

「中央社昆明七日電」美十四航空隊司令陳納德將軍，我『紀念七七』爲抗戰七週年，特發表紀念詞，全文如下：『今天是日本對你們祖國開始侵略的第七週年，我們知道聯合國的海陸空軍正一步一步地拉緊了套在軸心國頸項上的圈套。

自從去年『七七』以來，我們已有很大的收穫，而現在我們已進入了可以直接攻擊日本心臟的地區，在過去的七年中，我們的中國同志勇敢奮鬥，能在未獲得充分的幫助以驅逐及殲滅敵人之前，使日人不得逞其征服之野心。

現在時期已將到了。

美國已開始進攻歐洲，德國正作困獸之鬥，德國一旦被迫無條件投降，盟國便可以全力對付東條和他的心臟，然而我們並不要等到那個時候，我們隨時看見敵人，都要予以重大打擊。

因爲這是激烈的戰鬥，因爲在這鬥爭中我們時常感到很大的困難，而我們中間有一些在中國的人，現在便開始感覺失望，對於數星期來愛說頹喪氣餒的話的人，我說你們不但不忠，而且極其無知愚蠢，時期已將到了，也許尙不要十二個月的功夫，我們便可把日本趕出中國國土外，使我們兩國得共享康樂與和平。

所以美國空軍人員與我個人，在此共祝我們在前綫作戰的同志的勝利，願明年『七七』敵人已永遠被驅逐出你們國土之外。』

## 德寇公佈盟軍攻歐損失

「海通社柏林六日電」攻歐一月之後，盟軍損失坦克二千輛，飛機一千九百架，戰船三十六艘，運輸船及貨、五十二艘。德軍界人士關於這一數字詳述如下：攻歐橋頭堡壘以內英美軍損失全部毀壞的坦克一一二二輛，此外許多坦克受創或失掉作用。據保守的估計，渡達法國北部時，八百至九百輛坦克因許多裝運坦克的船舶沉沒而告損失。盟軍損失的一千九百架飛機中，最大部份，即是一四五四架係爲空軍擊落。二百六十架敵機係毀隨軍部隊及護衛團以陸上作戰武器所擊落。其餘飛機係爲德國海軍部隊所由。海軍部隊及他們中間的空軍在攻歐第一月份擊沉驅逐戰船三十六艘，運輸船與貨船五十二艘，約計二十六萬噸。此外沉沒數百小型登陸艇。重創戰艦四十七艘，運輸船及貨船六十九艘，約計三十五萬噸。

## 德稱法海岸正在整編盟軍

「海通社柏林六日電」不同於科坦丁半島美軍前綫，在第利、克恩前綫，雙方目下正在作暫時的休息。截至目前爲止，此處所發生的最大戰鬥，尙不是像在非洲或俄羅斯草原所發生的坦克部隊廣大攻勢運動的戰鬥。克恩西南英國雖使用了極多物質，但仍被我國逐回到其原有陣地。敵人一待其部隊整編和補充齊全後，立刻就要再行進攻，這是不用懷疑的。砲火歷數小時不停止。這個戰鬥還不是明顯的陣地戰——因爲那樣戰鬥的主要支持者是步兵和大砲。據軍事訪員布雷拜爾博士稱：這個戰鬥是屬於上面提過的只有戰術的意義。作戰的雙方都是完全摩托化的坦克師團。但是它們是正在密列在狹小的一萬五千至兩萬棵灌木林中。但我近衛軍躲在地下室內，若敵人進攻，德國近衛軍就以其大砲和機槍火力予敵人以致命的打擊。在敵人不進攻時，德軍大砲對英軍進行猛烈轟擊。敵人目前所在的地方，仍是數週前的地方，所不同的，只是些另外的兵士，因爲第一、二批的兵士已在克恩德軍戰綫之前就殲了。

## 海通社報導南美革命浪潮

「海通社柏林六日電」紐約訊：紐約先驅論壇報華盛頓息：美當局顯然對於重病一樣現在流行於南美的血腥革命，毫不介意中。

該報記者報導：官方宣佈南美各國革命的混亂局面應視爲其本國的內部事件，顯示出美國對此事的冷淡態度。然而私人談論中，隨便承認現在的叛亂應視爲是反對那些國家極權領袖的反應。那些國家的統治人士僞裝出一幅民主的面孔。記者繼續稱：美國國務院不認爲這些國家的革命運動是由有組織的集團所發起的。據認爲支持這種說法更有用些，即騷動爲民主份子的自發行動。雖然說是似乎不會干涉，然而國務院使我們了解，這種革命運動的勝利（例如在古巴，由於被控有獨裁傾向的總統之『自願辭職』的結果）是對更民主的政權有利的。對於有一個自稱爲『中美各國民主聯盟』的僞民協會，無人會否認的。該協會目的在於五個中美國家的聯盟。咸信這一地下工作的會社正在敎唆反對其『獨裁者』的中美各國的社會輿論。記者在結語中稱：據美當局有資格人士意見：中美各國革命者之間雖然政治理想一致，但實無更密切的聯盟。在這些革命中僅賴於能夠攫取統治權及代替與壓倒獨裁者的強大的人物。第二個問題是在達到這一目的之後，是否能保持穩固。

參攷消息
（只供參考）
第五六二號
解放日報 新華社 編
今日出版二張
卅三年七月十一日

## 敵稱塞班戰役已達嚴重關頭

【同盟社中部太平洋基地八日電】塞班島我軍，依然對抗敵空、海、陸的進攻，繼續可泣鬼神的戰鬥，即是說，該島的陸上戰鬥，五日自北端特維來角（譯音）到南方六公里一綫，敵我激戰中，我後更向北方縮短戰綫，繼續血戰。現該島戰局處於嚴重關頭。另方面我有力挺進部隊深入塔甫周山附近，實行奇襲，似已震撼敵陣營。我航空部隊配合地上部隊的激戰，六日夜，攻擊該島方面敵軍，七日夜復冒着敵激烈的對空砲火，轟炸阿斯里特機場附近。我航空部隊在上述轟炸中，業已查明者，為北端特維來角地區敵我戰鬥，慘絕非常。又於塔甫周山山麓附近，敵不斷發射照明彈，勦與我挺進部隊間，展開激烈的白刃戰中。

【同盟社東京五日電】七月五日十七時大本營公佈：優勢的敵機動部隊，在飛機與艦砲掩護下，攜帶戰車，逐漸侵入該島東北部我陣地，敵我遂發生激戰。我部隊陸海一體，在以寡兵勇戰奮鬥中。

【同盟社東京五日電】塞班島的攻防戰，現在起正在非常重大階段一事，五日已由大本營公報加以公佈。自敵軍登陸以來，我軍即在猛烈的敵艦砲射擊，飛機的爆炸下，以至誠殉國的大義，猛烈抵抗敵軍的進攻。目前在該島北端六公里一綫，到處展開敵我兩軍的激鬥。從敵軍登陸以來，至現在為止，我方戰鬥經過如下：十五日晨，敵軍在猛烈的砲火轟擊下，佔領該島一角，我軍雖猛烈抵抗，但至廿二日，不得不退至加拉班市外塔甫周山至閉關西北一綫。廿三日以後，敵集中攻擊塔甫周山，我軍雖勇戰奮鬥，至廿六日該山頂亦為敵軍佔領。敵更以戰車為先導的有力的部隊，進攻東岸要點頓尼，至廿八日戰局更趨猛烈。在此期間，我軍不斷舉行逆襲，給敵以重大損亡。此後，戰綫逐漸向該島東北方轉移，我軍雖被控制於北端六公里阿楚哥山（譯音）南麓一綫，但全體陸海軍將士及在留的居留民一切強健者，皆一律站立第一綫，繼續決戰，其壯烈的姿態，將我民族的精神發揮無遺。其間予敵之損失極大，敵登陸兵力，為兩個至三個師團，已有一半被擊滅。

【同盟社中部太平洋根據地五日電】在塞班附近的敵機動部隊，其活動仍非常猛烈。四日在塞班方面我軍視界內，發現敵航空母艦數艘，又敵機的襲擊塞班島阿斯里特飛機場仍甚頻繁，敵我陸上的戰鬥，亦在猛烈進行中，戰局依然在嚴重階段。

【同盟社中部太平洋根據地六日電】五日約有一百二十架敵機襲擊大宮島，又該日午前午後，敵巡洋艦驅逐艦發砲射擊該島。又該日有廿架至卅架敵機襲擊拉特島，以廿架兩度襲擊馬里亞納羣島，以三十架攻擊帛琉島。在大宮島擊落敵機十九架。

【同盟社中部太平洋根據地六日電】四日襲擊大宮島的敵機，計有一百九十架，我部隊加以截擊，被我方擊落十九架。又五日襲擊雅浦島的敵機，被我方擊落五架。

## 日寇發表
## 美機襲長崎等地情形

【同盟社東京八日電】大本營發表（七月八日六時）七月八日二時許，敵機十數架由大陸基地起飛，侵入九州西部地方，我制空部隊立即阻擊，並將敵擊退，我方幾無損失。

【同盟社東京八日電】八日早晨敵機向九州北部的第二次空襲，敵人不顧前次空襲的失敗，又以三個五架至七架的編隊侵入我國上空，一隊由西方海上侵入長崎、佐世保，後即向北方玄海灘（福岡縣西北）方面逃去，其他二隊仍與前次相同，侵入我工業地區，一隊向東由山口縣上空飛去，一隊飛至西方向玄海灘方向逃去。我方在敵機出現一小時前，阻擊敵人的形勢已經完了，此次敵人空襲投下之炸彈極少，主要是使用燒夷彈。據八日上午八時各地的敵襲報告，在長崎敵人炸彈會投在西南海上，燒夷彈未發火者甚多，即燃燒者其中大部分已在消防隊出動之前即由鄰組防火班完全救滅。在枝光市，戶畑市僅二三處民宅焚燒一半，並無死傷。又侵入長崎方面的敵機中有B、20式機一架為我制空部隊進擊，在長崎縣木村塞志佐街擊落，（缺一句

【同盟社福岡八日電】敵機侵入我九州北部，雖長驅由海上飛來，但毫無效果，小型燒夷彈僅在某地區投下，毫未發生任何威力，八幡等重要工業地帶[illegible]遭受炸彈之損失，九州北部的生產人員仍然在保衛他們的生產。敵人鑒於前次的失敗，故此次投下油脂燒夷彈，採取混亂我防禦陣地的神經戰術，九州北部的損失，僅民宅有二處焚燒一半，這完全證明了我制空部隊的威力與民防空的勝利。

【同盟社東京八日電】駐華美空軍，於上月十六日晨，以「超級空中堡壘」B二九式空襲我九州北部，不但沒有得到效果，反而使參加機數的一半受到損失，[illegible]後即企圖伺機襲擊。本月八日[illegible]約二十機動航空部隊的B二九式機十數架，於八日上午二時許，分散爲單機或二、三機同九州的西部及北部地區進襲。我制空部隊深入海上阻擊，並向侵入之敵機作集中砲火射擊，敵機終受我制空部隊壓迫，其炸彈及燒夷彈之大部投在山中、海中及田地中，倉惶逃去。我方損害直至目下所判明者，僅民宅二處因燒夷彈發生火災，但因隣組的出動，[illegible]消防隊的到來，火災在燃燒了一半時即行撲滅。敵人曾於上午二時三十[illegible]、三十五分兩次，由洛杉磯[illegible]播稱：「美機B、二九轟炸佐世保與八幡[illegible]。據此敵人轟炸的目標爲佐世保與八幡製鐵所，但該兩地均無損失，而且門司鐵道管轄內的運輸機關亦未遭損失，敵機尙在我國上空時，敵人已從洛杉磯發出宣傳。同時與前次轟炸比較，其所投下之炸彈及燒夷彈之量亦極小。從上述諸點來看，敵人轟炸的目的完全是爲了牽制大陸作戰及進行神經戰的空襲。我們還受損失的輕微令人感到撤謊程度的原因，是因我制空部隊的活躍與接受上次轟炸經驗，只有如此即可達到民防空的勝利。

【同盟社東京八日電】華盛頓關於第二次轟炸九州的消息，還在敵機停留於我國上空時，即由陸軍當局很快的向記者發表，而且特別向重慶廣播，這一事實說明了此次敵人的空襲完全是爲了對國內對重慶獲得政治上的效果。此即敵人在中國大陸所建設的空軍基地，已爲我軍此次的作戰所蹂躪，並被驅逐至平漢綫、粵漢綫以西地區，這一形勢關係到駐華美空軍對美國國內及對重慶的面子問題，故強行對日空襲，被迫付出大的資本，而且在實行這一空襲前，駐華美空軍與美國本部擬定了宣傳的程序，然後才進行空襲，並這裏表現了對美國國內及對重慶的欺騙。

## 日寇驚呼、戰局仍須嚴重警戒

【同盟社東京六日電】大本營（七月六日十七時三十分）：來襲琉璜島與小笠原羣島之敵機動部隊，遭到我所在部隊射迎擊，已於七月四日下午逃竄，在此戰鬥中予敵損失：擊落飛機七十四架以上，我方損失飛機三十架，船舶五艘。

【同盟社東京六日電】本月三日來襲小笠原羣島方面的敵機動部隊於三四、兩日總共出動艦載機數百架攻擊琉璜島，四日總共出動飛機數百架反復來襲父島。同日敵巡洋艦驅逐艦等砲轟琉璜島。我軍竭其全力迎擊之，雙方展開激戰後，終於四日下午將其擊退。我機在這些戰鬥中共擊落敵機七十四架以上。我方亦損失飛機三十架及船舶五艘。由我方的重大犧牲觀之，亦可知道雙方在戰鬥中消耗的程度。敵機動部隊可說已由小笠原羣島方面逃走。但敵人來攻的企圖決不因此受到挫折，今後仍要派機來攻。但敵機動部隊仍盤踞於塞班島海面，因此戰局依然需要嚴加戒備。

## 同盟社口中的美艦隊的組織與實力

【同盟社里斯本一日電】據華盛頓美國海軍作戰部長金氏，關於在太平洋及大西洋作戰中的美國艦隊的構成公佈稱：現在從事作戰中的美國艦隊，統合過去的機動部隊，名之曰機動艦隊，根據其作戰的目的，其力量與艦隊的組織亦各不相同。八個艦隊的內容如下：（一）太平洋第三艦隊（中部太平洋），司令長官中將威廉。海爾賽；（二）太平洋第五艦隊（中部太平洋），司令長官大將來蒙德．斯普魯恩思；（三）西南太平洋第七艦隊，司令長官中將杜馬斯；（四）太平洋第九艦隊（阿留申羣島），司令長官中將佛蘭克．福萊徹；（五）中大西洋歐洲第四艦隊，司令長官中將喬納斯；（六）南大西洋第八艦隊司令長官中將亨利．哈尼特；（七）地中海第十二艦隊，司令長官大將哈爾德．史塔克；（八）歐洲第十艦隊（對潛水艇作戰），司令長官大將阿納斯特．金氏（兼職）。

【同盟社東京二日電】隨着歐陸第二戰場之開闢，無非說明敵美猛然增加其決戰的企圖，抽調尼米茲太平洋大半兵力，投諸太平洋。美國海軍自珍珠港慘敗以來，即專心致力恢復其海軍力量，據稱其現在的勢力，航空母艦六十五艘，戰艦二十艘，巡洋艦五十艘至六十艘，驅逐艦三百艘，潛水艇一百六十五艘。開戰以來美國戰艦的建造情形是：戰艦共六艘，即三萬五千噸之北卡羅林納號與華盛頓號的姊妹艦南達科他號，馬薩諸塞號，印第安納號，艇；巴馬號四艘，另一艘則爲四萬五千噸的大型戰艦愛阿華號、新澤西號，上述六艘俱被編入艦隊服務〔編者按：四萬五千噸的大型戰鬥艦尚有威斯康辛號（去年十二月下水）及密蘇里號（今年一月下水）〕。航空母艦則預定建造二萬五千噸至七千噸的航空母艦愛塞克斯十三艘，已服役的有：愛塞克斯號、勒克星敦（二世）號班克希爾號、約克敦號六艦。由一萬噸巡洋艦改造的小型航空母艦已有九艘進水，即『獨立』號、『普林斯敦號、『境維武德』號、『考本斯』號、『蘇然雷』號、『加波特』號、『蘭格利』號，巴坦號、『山猫』號，此外有商船改造的護送用的特設航空母艦約五十艘。美太平洋艦隊在司令長官尼米茲之下，總屬有中部太平洋作戰總司令斯普魯恩茲、東南太平洋艦隊司令謝洛夫、北太平洋海面海軍司令扁萊鐵等，海爾賽之南太平洋艦隊，因於三月底解散，過去海爾賽艦隊的作戰區域，編入麥克阿瑟的艦隊區域，艦隊分給尼米茲和麥克阿瑟，海爾賽則轉任尼米茲麾下的第三艦隊總司令。美太平洋艦隊以如此的人力配備，已以部份機動部隊，進行新幾內亞西部作戰，同時在塞班方面出動有力的機動部，深入我腹地，在艦載機的制壓下，採取絕對優勢主義，强行塞班島登陸作戰。

## 西歐德寇新任陸軍統帥略歷

〔海通社柏林七日電〕新任西部德軍統帥布魯吉元帥表示法國境內的活動極爲良好，因爲他有着兩次戰爭的經驗。布魯吉元帥現年六十二歲，第一次世界大戰期間爲上尉及空軍觀察員，開始從空中獲得法蘭西戰場的智識。當時他是爲數很少的觀察員之一。一九一八年他是凡爾登之役第一個在前綫受傷的德步兵部參謀官。一九四〇年戰役中他第二次來到法國。他作爲第四軍軍長突破馬奇諾防綫，並在滿•波克元帥統率下以强力突破索海峽。法蘭西戰場就是這樣被撕裂成兩半且進一步組織抵抗已不可能。論功行賞，布魯吉就在一九四〇年七月被擢升爲元帥之職。可是布魯吉在這次戰爭中最大部分時間是在東戰場，他在那裏指揮曾抵達距莫斯科最近之處的德軍。在一九四一年時參加別洛斯托克、明斯克、斯摩林斯克及威雅茲馬等大袋形戰役。在一九四二—四三那年冬季中，他以堅毅的防禦驅退蘇軍以數量上壓倒優勢所發動的進攻。

## 日寇捏造緬境盟軍損失

〔海通社東京七日電〕『朝日新聞』七月六日緬甸前綫訊，盟國自一九四三年十一月至一九四四年六月底的損失共約達三萬六千名，包括死者傷者被俘及逃亡者在內。在緬甸湖南戰綫，盟國在六月廿至卅日期間在魯河（譯音）損失死者二四八二名，若包括傷者，則將增至六千以上。日軍同時繳獲大量軍用品。

〔同盟社怒江前綫六日電〕我軍連日冒着大雨與泥濘，堵擊欲奪回滇緬路的雲南遠征軍的進攻。我軍將敵軍引誘至我軍陣地前面時，即予以殲滅的痛擊。上月廿日至卅日我方在怒江方面收埋敵軍屍體二千四百八十二具，如加上輕重傷的兵員，則敵軍在十日中損失六千人以上。此外我方繳獲山砲二門、迫擊砲五門、輕重機關槍四十挺，彈藥被服多數。

## 傳四强會議延期召開

〔海通社柏林七日電〕華盛頓訊，國務卿赫爾在星期四招待記者會上宣稱，關於創立戰後安全組織的四强會議，因蘇聯迄今對美政府的這個提議尚未表示意見故延緩召開。

〔海通社斯托哥爾姆六日電〕據『阿富頓』報莫斯科訪員稱，蘇方報界關於華盛頓對芬蘭所採取的措施絕未滿意。破裂外交關係是不够的。美國應對芬蘭宣戰並參加對芬軍事行動。僅宣佈美國將以『敵性國家』對待芬蘭是不够的。這種只是『幾句話』的宣告對芬蘭人不發生任何印象，除非這些話繼以事實的行動。

## 紅軍的海上坦克

〔同盟社斯托哥爾姆二日電〕『每日電訊』列寧格勒特派員報導稱：紅軍在前次列寧格勒周圍作戰中，會使用被人稱爲『海上坦克』的重裝甲砲艦。當時紅軍爲了對抗芬蘭灣的德軍巡邏艇隊，及生產『海上坦克。』這種砲艦，每艘即使受各種砲彈三百發的射擊，亦不會沉沒。

## 就國際金融會議 孔祥熙發表談話

〔中央社布里頓森林四日專電〕我國出席貨幣會議之首席代表孔兼部長祥熙，今日在招待記者會中稱：抵抗日本圖控制世界之侵略行爲已達七年，盟國參加對日作戰以前，中國單獨對日作戰亦達四年。中國已以其所積蓄及所能生產之資源，全國共同作戰。因戰事擴大，中國許多最豐庶之省份及生產中心爲敵所佔。敵軍所至，刼掠破壞，中國忍受其犧牲與困難。輔以太平洋戰爭發生後，敵人日益加緊之封鎖，遂使重要物品之供應日益減少，同時國內運輸亦因運輸工具及汽油之缺乏，與重要鐵路河流公路之遭受敵人佔領，遂發生障礙。戰時無一國能避免通貨膨脹，中國抗戰歷滿七年。貨幣方面情形之惡化尚不致如第一次大戰時若干國家。貨幣制度之犧牲，係爲中國所作犧牲之一端，對付通貨膨脹之最好方法，爲大量輸入物品。中國方盡其全力維持稅收，而中國稅收之程度適未爲國外所充分認識，不免使余感到驚訝。一九四四年預算中之稅收，估總數支出百分之五十二，但此項稅收標準，是否實現，猶有疑問。最近之戰事，尤損害稅收，例如最近河南戰事，即損害苛類稅收項下之約八二億元。再以田賦之徵實計算，一九四三年之收入，其價值超過支出之百分之四十强，其情勢與其他盟國相比，毫無愧色，其困難之處，在於主要生產區已爲敵所佔，而平均每一中國人民之餘款又甚小，故對人民直接發公債，以達到政府所期望之程度，不能實現；政府遂不得不大部依賴銀行之貸款，其結果必然增加購買力及促成物價之高漲。目前中國物價之波動頗不平均，外來物品遠較土地爲高。而在一國之內，米價及其他必需品之價格亦因不能迅速自產區運至消費中心，致參差不齊。據最近電訊：中國西部之農產情形甚佳，價格於新漲後已發見下跌，依過去三四年之情形而論，春季米價變動較劇，蓋產區之剩餘米不能在秋收前迅速運至不足之區，就匯兌率而論，吾人必須承認，戰時情形之特殊，任何貨幣之眞價值，皆難於決定。中國政府認爲：維持其貨幣之官定價格，必爲維持其作戰努力計劃之一部份。改變目前之情況，勢必傷害信心無疑。提高物價後之調整，現在尚難預測。中國政府感覺外匯因物價高漲遭遇之困難，故在兌換外匯時已給予津貼。中國政府因欲就環境所許，維持其制當匯，重視其貨幣之準備。英美政府所給之信用貸款，尤其當太平洋戰事爆發後所作之大餘信用貸款，對於造成此項目的甚爲有用。中國已償付若干貸款，如一九三八年二千五百萬美元之植物油貸款，及一九四一年之英美平準貸款，（計美國五千萬美元，英國五百萬鎊）皆已償還。中國雖將遭受更大之困難，但中國在戰後爲一戰勝國，其恢復幣制之希望，遠較廿五年前通貨膨脹之歐洲國家爲易，至白銀問題，中國政府願意追隨其他聯合國，中國自一九三五年以來，願與其他聯合國持同一立場，管制其幣制，穩定異常，直至日本發動侵略之後，方越常軌，中國政府願意佔用重建幣制時擬以白銀與銅爲輔幣，以恢復其幣制。中國展望戰後經濟上之大開發及擴充時期，其中於[illegible]發展鐵路使其現代化而外，且將建立大規模之工業計劃。余堅信中國經濟上之强大，當爲維持和平及改善世界福利之必要條件。久已爲人夢想所及之中國市場，余信當戰後四億顧客之購買力提高時，必能成爲事實。第一次大戰後孫總理曾提出其所謂『國際開發中國』之計劃。（按即實業計劃）可說明其甚重視與友邦合作之原則，利用外國資金，以開發中國之資源。孫總理之遺教，乃中國國策之基礎。余希望美國及其他盟國，在協助戰後中國之開發方面，負相當之部份。中國將保護外國之投資，至於美國之參加，中國期望太平洋彼岸之弟兄共和國，能有長期之友好與合，互相合作，中國將歡迎美國工具機械，美國資本，美國工程及技術服務。余信貨幣金融會議，能獲致協議，此即吾人不斷辛苦跋涉來此之原因。會議成功，願於每一人類有利。

## 中國工程師學會 美分會召開會員大會

【中央社紐約四日專電】中國工程師學會美國分會，於一日至三日假紐約大飯店舉行會員大會，出席全美各地我國工程師六百人，去年與會者僅三百五十人。記者獲悉中國工程師學會與美國化學工程師學會，美國電機工程師學會，美國採礦冶金工程師學會等已密切合作，籌商中國之建設計劃，並在技術方面促進中美兩國之友誼。大會會舉行會議，若干次美國各工程團體及其友人均被邀參加講演，並討論與當前有關之各種技術問題。大會結束之際舉行盛宴及交誼會，美國拉伐葉學院機械工程系主任錫頓，最近由華赴美之美電機工程學會會長范德及中國駐紐約總領事于焌吉就各種問題發表演說。

【合衆社華盛頓四日電】中國大使館宣佈，成立中國供應委員會以代替剛在撤銷過程中之中國國防供應公司，以處理租借供應事宜。該會並將擴充以進行關於戰後中國復興計劃之交涉事宜，該委會由中國大使魏道明任主席，毛邦初、江杓、黃汪清、劉瑞恆、王國華，譚紹華爲委員。技術部分由毛邦初主持實業與礦業，劉瑞恆主持醫藥，王國華主持交通。在宋子文博士離美期間處理中國國防供應公司事務之韓樂基博士稱：該機構之成立爲中美密切關係上之又一劃時代之標誌，因戰事關係雖使中國不能隨時獲得其所需之供應品，但中國之友誼與支持深爲感激。

【同盟社里斯本四日電】據華盛頓來電，重慶駐美大使館四日聲明：關於美國貸給重慶的戰火租借事務，過去均由在美國設立的國防資材供給會社辦理，此次決定取消該會社，另行設立國防資材委員會，委員長由重慶駐美國大使魏道明担任，其規模亦較過去擴大。

參攷消息
（只供參考）
第五六三
解放日報社 新華社 編
今日出版二張
卅三年七月十一日
星期二

## 烏克蘭前綫 紅軍發動新攻勢

一路透社倫敦八日電一德國新聞社軍事訪員哈麥爾上校今晚報導，蘇軍在喀爾巴阡入口處及維夫以東廣闊戰綫上發動攻勢。哈麥爾稱，「蘇軍至少正投入五個步槍師及一個坦克軍團進攻德軍陣地，努力做突破德方戰綫並痛擊東戰場南翼德軍。」

一海通社柏林九日電一星期日中午此間消息靈通方面稱，星期六維爾諾德軍在蘇軍強烈和集中的進攻仍得以維持其陣地。另一方面巴蘭諾委啓附近德軍陣地不得不退至較遠。又黎達城防衛者亦不得不向西讓步。科覺爾以西，蘇軍又進一步以步兵師及三個坦克旅作大規模突破，在長次戰鬥後，他們得以以一部坦克隊突入德軍戰綫，另一方面蘇軍被擊退了。突破德軍陣綫的蘇方坦克在德軍戰綫後方受德砲兵陣地及德反坦克部隊所阻，且在黃昏時已被消滅至更大程度，此間迄今所獲消息，蘇坦克六十七輛被消滅。

一海通社柏林八日電一普里珀特與德涅斯特上游之間地區，崔科夫軍隊試圖從過科威爾與塔諾波爾間德軍南面部隊之北翼，從而迂迴德軍南綫，以便在事後席捲該部隊。過去兩日迂迴活動以及側翼部隊積極活動已在廣闊陣綫上發展進攻——其軍力達一營。自德軍統帥部及時地從科威爾撤退德軍左翼（這可說是冷亡莫測的）後，蘇軍這些進攻並無一次成功。首先，蘇軍之迂迴運動均因德軍較入後備軍而遭挫敗。此間蘇軍不顧傷亡，猛烈進攻，令人相信蘇軍似意圖行將在此陣綫開始大規模攻勢，普里珀特與德維納之間沿整個中部陣綫，形勢無變化。各焦點繼續極猛烈之戰鬥。巴蘭諾委啓橋樑地區戰事尤形日益激烈，該處蘇步兵與坦克部隊從新試圖突破該城以東德軍鐵門陣地。蘇軍逐次反攻巳被此間使用的德後備軍之決然反攻挫敗。明斯克以西陸上德棵之形勢亦相同。該處激戰已發展到爲爭奪每一據點而戰鬥的極點。蘇軍逐次滲入摩洛德赤諾，但各次均被擊退。往北，摩洛德赤諾與納羅格湖之間，形勢較平靜。此湖北岸，蘇軍再度企圖迂迴德軍陣地，但由於未能越過德軍鐵門陣地而告失敗。 蘇軍損失慘重。維爾諾地區與坡洛赤克以西地區，蘇軍前進之衝力較小。各處蘇軍進攻均遭受慘重損失，且在達到德軍防綫之前即被擊退。一般形勢如下：明斯克沼澤區域，蘇軍先頭部隊以某種壓力實行進攻，但仍然表現出某種慎重，這或許是由於供應困難，汽油缺乏以及人力上的嚴重損失所致。這些事實以及等待遺落在後頭的步兵，或許使該處會有一段停歇，然而，對於蘇軍最高統帥部這麼重要的爲了最後目的之攻勢，無疑地尚未完結，但不久之後即將重新開始，對於這樣象徵：即杜味那地區巳準備再度大規模向維爾諾方向推進。

一海通社柏林八日電一自星期五晚以來激戰即在維爾諾附近進行着——至今仍在城外或在境界上，敵人以七個摩托化步兵師，四個裝甲隊力圖從東面、東北與東南而包圍該城。德軍防禦者拚命抵抗，並於反攻中迭次突襲。到很晚，防禦達到擊退各次進攻或在城市邊境截止之。激戰徹夜不息，天明時愈加猛烈，巳蘭諾委啓地峽，敵人亦繼續以毫無稍減的軍力繼續企圖實行包圍，但至今未達到其目的。中路大戰場北翼，敵人繼續在德文斯克方向施行壓力。維爾諾至德文斯克鐵路綫發生激戰，在繼次戰鬥中，德軍防禦者防止了敵軍越過鐵路綫。坡洛赤克以北，蘇軍亦對德防禦陣地發動數度較強大之進攻。各次進攻均告潰敗且損失重大，東綫南路北翼，數日來蘇軍表現較大活動，星期五戰事猛烈。蘇軍在科威爾的壓力尤爲猛烈。但各次進攻在到達德軍主要陣綫之前即被粉碎。

## 中路紅軍 到達寇遜綫

一同盟社斯托哥爾姆九日電一據前綫報導：在中部前綫的坡洛赤克、德文斯克中間的杜味那河，戰鬥非常激烈，紅軍已推至拉脫維亞國境上的特魯雅車站。

一同盟社柏林九日電一據前綫報導：東部戰綫科威爾西方地區紅軍一部，已渡過波蘭布格河到達寇遜綫。

一同盟社柏林九日電一目下紅軍攻勢的重點放在南綫的科威爾及中綫的維爾諾。德軍當局今日言明上述兩地區的戰況如下：科威爾以西的紅軍企圖向西方的儘布林城、西南的羅夫城突破德軍陣地。八日至少使用狙擊兵十個師，戰車三個集團反復進行攻擊。德軍與其激戰終日後，維持其陣地，德軍在長約十公里的戰綫上擊毀紅軍戰車一百七十二輛。九日晨該地區戰事又轉活躍。在維爾諾地區，維爾諾市內德軍守備隊與紅軍激戰終日，紅軍戰車部隊在該城西南形成了突破口。九日晨仍繼續進行激烈的巷，德軍退出維爾諾、巴爾諾委啓中間的愛爾黎達城。

【同盟社柏林九日電】德國著名軍事評論家沙夫上校，在柏林『波森日報』發表一文。題爲『東方的醜劇』，就東部戰綫的紅軍攻勢稱：紅軍在東部戰綫發動的新攻勢，德國人民均已知道了。這一攻勢，是從六月二十一日至二十四日間開始的，戰綫由委特布斯克至貝利辛南方地區，這就是在中部戰綫，形成了向東方的最突出的部分。敵人在這一攻勢中企圖獲取決定性的戰果，進行了大規模的準備，軍隊的集結亦在短期內完成，無論空軍、砲兵、坦克、步兵、騎兵紅軍均比德軍爲優，在這一攻勢中，不斷的補充其重大損失，戰鬥在五百公里長的地帶逐漸激烈，紅軍將進攻重點置於六個地區，企圖用這一進攻作戰擊毀德軍。德軍知悉這一戰鬥的重要性，陸空軍及供給部隊均密切聯合，固守陣地，德軍在此次激烈戰鬥中，並不企劃否認其所遭受的損失，戰鬥究竟如何的激烈？此從德軍將領三人在三十點鐘內完全犧牲的事實即可證明。德軍將士對於爲了粉碎敵人而盡其力量的指揮官，抱着絕對的信任，並繼續勇敢作戰。德國雖喪失了廣大的領土，但這些領土原來是敵人的領土，因此並不感到怎樣苦痛，德軍必須阻止紅軍的獲得地區，但更重要的是粉碎紅軍的大規模作戰企圖，並阻止紅軍的企圖影響到其他戰綫。

## 何應欽檢討戰局

### 不憂敵人之打通平漢、粵漢兩綫

【中央社渝十日電】中樞紀念週於十日上午八時在國府禮堂舉行，蔣主席領導行禮後，由何參謀總長應欽報告最近國內外各戰場情形，最後對全般戰局有一總括之觀察，認定敵人最近在我國戰場之蠢動，實有利於盟軍，且無異自速其潰敗之行爲。何氏謂由於全般戰局之日趨有利，故吾人更堅定最後勝利之信心。在歐洲戰場方面，德寇軍隊在東綫已陷崩潰毀滅之象，蘇軍進展神速，自開始進攻不到兩星期，已前進約四百公里，消滅敵軍二十個師團。意南德軍亦相繼北潰。而第二戰場之出現，納粹更走向滅亡之途。太平洋方面，塞班之登陸，馬里亞納之海空戰，九州鍊鋼廠及佐世保軍港之被炸，以及緬北滇西敵軍之敗績，在在均顯示日寇國運之日漸衰微。至於此次日寇在豫湘之蠢動，亦僅爲一最後之掙扎而已，終不能挽回其失敗之命運。敵寇此次蠢動之最大企圖，在求打通平漢、粵漢兩綫，破壞我空軍基地，並擊破我野戰軍，敵軍此種陰謀，不特於我無害，且在全般戰略意義上言，實對我有利。蓋目下同盟與軸心間之壁壘分明，全世界反侵略戰業已成爲一體，我國對日抗戰爲整體反侵略之一環。查敵人日本陸軍現有兵力一一六個師團（含混成旅），在敵本土(包韓台)者約十五個師團，在我國者約五十六個師團（關內卅三個半師團，關外廿二個半師團），在越、泰、緬、馬來亞、蘇門答臘者約十九個半師團，在太平洋者約廿五個半師團，由此可知敵人日本現被吸引於我國之兵力，約爲其全兵力二分之一。若敵軍爲打通平漢、粵漢兩綫，更行增集兵力於我國戰場，則勢必減弱其太平洋或敵人本土之兵力，而間接有助於盟軍之進攻。平漢鐵路由黃河鐵橋至信陽一段，計三百八十公里，鐵軌已折毀，此段地形較平坦，一年以內可能修復。至於粵漢鐵路岳陽至株州段及×衡至曲江共計三百八十餘公里，早已完全折毀。由曲江至株州一段，橋樑、山洞較多，如我軍施以徹底之破壞，敵人欲將粵漢全綫修復，至少須一年半以上。故敵欲打通平漢、粵漢兩綫，並修復通車，不僅需甚長之時間，且須增加六個至八個師團之守備，此項大軍，如其向敵本土或其他地區抽調，則於我盟軍之進攻敵本土及其外圍防綫，極其有利，故我在全般戰略上言，吾人實不憂敵人打通我平漢、粵漢兩綫之蠢動也。總之敵寇今日在軍事上，已完全處於被動，其失敗之命運已經註定，最近在我國中原及長衡之蠢動，更不外自速其亡。惟吾人勝利愈近，困難愈多，吾人前途之責任亦更艱鉅，是有待於全國同胞以堅定之意志，不屈不撓精神，共同努力，以期同舟共濟，渡過此最後艱苦階段，完成最後徹底之勝利。

## 英新政治家評論

### 日寇進攻及對中國的威脅

【路透社倫敦八日電】新政治家週刊評論目前日軍沿粵漢路之進攻（此進攻備遇『裝備很差及常常是營養不足的中國軍隊的微弱抵抗』）及日軍攻勢對中國

的威脅罷：如果日軍以目前之速度繼續推進，新政治家認為：日軍將能佔據由滿洲到華南的內地交通綫，從而很快地把中國切成兩半。報傳衡陽的陷落意味着盟國在中國的前進空軍基地的喪失，美國航空員會由該基地予中國以有效的援助。中國若干最富饒的內地省份（那裏有幾個非常重要的機場）受了嚴重的威脅。新政治家認為：要避免這嚴重威脅最好的希望是大規模增援空軍。新政治家繼稱：誠然，在中國外圍的陸海軍勝利有助於切斷日本最遠的前哨陣地。孟拱之攻克孤立了敵人在密芝那的守備隊，同時衛立煌的軍隊在滇西又獲有若干進展。美軍在塞班島的海空軍勝利，使他們得到有價值的根據地，利於今後對日本本土的空襲。這些較遠的勝利雖然很重要，但新政治家仍認為這些勝利對中國國內的軍事、經濟或政治形勢不能很快發生效果。經過七年的抗戰，蔣介石的領導仍屹然不動（雖然最近『對他的若干部長的批評越來越多』）。他最近在國共鬥爭問題上作了有用的讓步：取消禁止外國記者訪問共產黨區域的禁令。新政治家指出，這個政治上的小的改進，可能對中國的民氣有重要的作用，可能會產生這樣的結果，即中國一部份最有訓練最有經驗的游擊戰士可以解脫出來，此刻——在最需要他們的時候，他們受着牽制而不能活動。

## 張治中號召青年從軍
## 要建新軍練新人

【中央社重慶十日電】張治中號召全國青年從速響應第二期從軍運動，頃發表『青年的歷史任務』一文，略謂：一個新時代的展開，必然是青年運動與軍事教育的合流。優秀前進的青年生命，如滲透軍事組織、武裝思想、武裝行動，造成一股新生堅實的活力，必然的推動着社會向前猛進一步。我國抗戰已經七週年，打擊了兇暴的侵略，支撐住東亞的戰場，最後勝利必屬於我，已無疑義。但是戰爭經驗告訴我們，今日是科學戰爭時代，機械戰勝人力，高效率打擊低效率，新發明壓迫舊武器，無處不是科學的運用，無處不是科學的勝利。我們過去劣勢配備，不能立足於未來新世界；同時新配備必須有新軍人，倘若如舊時軍人的腐化生活，衰弱身體與錯誤觀念，担負不了重大的新任務，乃是無可否認的事實。抗戰必須同時建國，才能保證勝利存在。建國必須首先建軍，才能鞏固國防基礎。建軍實為我國當前刻不容緩的急務。本人以政治部長的地位，要高喊出建軍的重要性，望能早日完成此項工作，建新軍練新人。中國的新軍人應該是堅强耐苦的體魄，健全[illegible]道德，科學智識的素養，正確細密的思想，以及充滿活力，為國犧牲的精神，新人格，新精神，才能創造出新事業。但這批建新軍的新人，便舍我智識青年莫屬，所以本人以三民主義青年團書記長的地位，要高喊出全國青年趕快到軍營中去，担負起歷史所付予的任務。學生從軍運動是具體而微的建軍工作，現第二期正在普遍展開；同時同盟國陣營各綫發動反攻，敵我即入決戰階段，青年報國此正其時，望我全國優秀青年從速響應此項從軍運動，踴躍參加，堅苦卓絕，建立新軍，繼承前一代寫下更光輝而有意義的一頁歷史吧。

## 同盟社一週戰況

【同盟社東京九日電】（北方方面）無大變化。（中國方面）地上作戰：我湖南作戰部隊主力，沿粵漢路一路南下，現依然南進中，三日佔領衡陽飛機場，開始進擊粵漢路西方。廣東方面則自一日起到四日止，相繼攻克龍華墟、龍門、從化、淸遠等敵要衝。二十九日佔領台山，並繼續北進中。上海方面我軍在衢州方面進擊，作戰目的已達，返歸原陣（電碼欠清），在此作戰中，截至二日為止，我軍所獲戰果如下：我方收容敵屍五千零八十具，俘虜六百六十四名。鹵獲品：砲二十五門、輕重機槍××挺、步槍九百三十枝，各種彈藥無算。由於我軍在大陸作戰，敵空軍不能使用基地空襲我本土，被迫退往內地。（緬甸方面）敵軍企圖佔領科西馬公路，依賴其物資數量，來攻我陣，慕松附近東方五千七百九十呎高地，已於二十三日陷落敵手。在森坡方面則確保各要點，予敵之執拗攻擊以巨大打擊，敵之兵力逐漸增强，飛機的配合作戰亦已加强，敵之行動漸見活躍。法勒爾方面我軍，確保東北方高地——擊退敵之進攻。密芝那方面之敵，六月二十八日午夜起，開始猛烈反擊，二十九日則以五十架轟炸機前來反攻，但我軍陣地一步不退，予敵重創將敵擊退，敵企圖打開孟拱、密芝那公路，但我軍克服惡劣條件，確保要綫，趁敵之虛擊滅之，並予雲南方面之十二集團軍以打擊。（新幾內亞方面）拜阿克島一戰況：重要地點已為敵人佔領，我軍或以寡兵抵衆，或深入敵陣，或白刃衝鋒，妨礙敵之行動。至七月七日，敵在猛烈的艦砲射擊、轟炸的掩護下，在霍魯島開始登陸，該島似已為敵佔領。（所羅門方面）——六月二十九日到七月五日止，敵機來襲拉布爾者總共五百八十八架以上，我所在部隊士氣旺盛，予敵以激烈的迎戰砲火。（中部太平洋方面）——塞班島之地上戰鬥，敵我戰綫到處膠着，呈現混戰狀態，我航空部隊配合塞班島地上部隊的奮戰，連日猛炸停泊該島敵陣地附近海面敵艦。

六月二十二日至三十日止，已判明之戰果計有：擊沉驅逐艦一艘，巡洋艦二艘、驅逐艦二艘、運輸船二艘，擊傷航空母艦二艘，驅逐艦二艘，運輸船五艘，擊落敵機二百×十一架。敵有力艦隊仍巡邏馬里亞納海面，以特設航母、制式航母為基幹的機動部隊，活動於小笠原群島、琉璜島附近，大宮島附近，此外，敵機之來襲內南洋群島，皆以大型機來襲，隨着塞班島戰局的顯著轉變，敵機動部隊對塞克、雅浦、帛琉群島的行動，非常活躍，一日敵機以五十架至七十架的飛機，來襲大宮島，三日，敵巡洋艦數艘接近大宮島，施以艦砲射擊，三十架以上敵機來襲，敵機約四十架，並來襲洛泰島，三日敵機動部隊，出現於小笠原父島、琉璜島附近海面，戰鬥已歷二日。

## 同盟社自供 塞班島日寇苦戰

【同盟社中部太平洋基地九日電】塞班島之陸上戰況，現在臨於重大關頭，我將士以寡抵衆，揮動白刃，到處展開壯烈、激烈、可泣鬼神的白刃戰。狄寧島上我鐵砲台，為配合這一戰鬥，六日夜猛攻塞班島阿斯里特飛機場。我航空部隊八日未明並轟炸塞班島敵陣、機場及其他等地。尤以龍紅塔甫槽山西南側敵陣最為激烈。敵夜間戰鬥機與地上砲火猛烈抵抗。但我機排除敵之抵抗，瞄準投以炸彈。另方面六日午夜我航空部隊在塞班島東方海面，捕捉猛攻敵巡洋艦、驅逐艦隊。

【同盟社中部太平洋基地九日電】敵連日繼續執拗地空襲大宮島，六日晝間，敵戰鬥機、轟炸機、艦載機等約五十架來襲，被我所在部隊，擊落十六架，將其擊退，七日復以約七十架飛機來襲，由於所在部隊的奮戰，被我擊落八架，兩日中我方的損失，皆為輕微。

## 日寇尚嫌苦頭不夠 說美機襲九州是宣傳作用

【同盟社東京九日電】外務省情報局長岡崎一男舉出明確的事實，說明美國空軍轟炸九州北部的目的在於獲得宣傳的效果。他說：駐華美空軍於六月十六日、七月八日兩度空襲九州北部，顯然是為了宣傳而實行的轟炸。最明顯的證據就是這兩次美機到達日本本土後不久，華盛頓即公佈此項消息。第一次美機侵入我國時，正是日本時間上午二時十分至廿五分之間（美國東部標準時間為十五日下午零時十分至廿五分之間），倫敦廣播此項消息，當比華盛頓發表的晚些。日本方面於同日上午二時五十五分收到此項消息，只比敵機出現於我國本土上空晚卅分鐘乃至四十五分鐘。第二次敵機出現於我國上空的時間亦為上午二時十分至廿五分之間，而美方即於上午二時廿三分公佈此消息。即是說，此次美機侵入我國上空之時，美方即於同時公佈之。這證明美機出發時即預先告訴華盛頓估計何時到達日本本土，美方即於預定的時間公佈預先寫好的消息。因此它公佈的都是預先計劃好的。第一次，敵方公佈：『八幡製鐵所一帶受到殲滅的打擊』。但是這應改為『預定予以殲滅的打擊』，但是八幡製鐵所在實際上毫無損失。此次敵方公佈『轟炸佐世保的海軍基地』。但是事實是這樣的：美機只通過佐世保附近的上空，一個炸彈亦沒有投下。

## 戈培爾癡人說夢 妄談盟國政治錯誤

【海通社柏林八日電】戈培爾博士於最近一期帝國週刊撰文稱：儘管盟國的希望寄托在今年夏初，戰事已走入了窮巷。他指出：盟國預料的重大軍事事件目前還在形成階段，但迄今為止，盟軍並未獲得遠大效果，更不要說決定的效果。一般地講，盟軍太過低估計德國的頑動能力（原文不明）與潛在力量，從而夢想輕易獲得勝利。博士說：德國現在出產較前多的軍火彈藥。但德國仍保有充份的行動自由，以在不久之將來，把它的人力與物資，用在發明新的秘密武器。」博士並不認為戰爭只是時間的問題，而認為「沒有一個交戰國能無期地繼續作戰。不只是德國不能無期地繼續作戰，而且德國的敵人更加如此。戰爭傷害到一個民族的國民生活底根基，且在某個時候將會進入這樣一個階段，當時，下列的問題自然而然地被提出來，即有關的各國是否真有機會挺勝，或所需要的努力是否夠得上所希望的利益。對於保衛自己生命的國家，將不會發生這個問題；因為這個國家只能死亡一次。因此，我們的敵人在此次戰爭中所犯的最大錯誤，是強迫帝國為其生死存亡而戰和作鬥爭。在這個鬥爭中，德國不可能被擊敗，除非德國人民會有一天作這樣愚蠢的決定，放棄戰爭以換取完全毀滅。但是沒有人假定這種事情將會發生。

【路透社倫敦六日電】據德國新聞社稱：德宣傳部長戈培爾本日在德意志週刊撰文稱：「敵人最大的錯誤是以不生即死的鬥爭加諸德國。敵人如堅欲貫徹其經常之作戰目的，則敵人將發現雖咫尺之進展，亦須經過鬥爭。他們不能寄希望於我方之任何弱點或退讓，德國人民已證明準備犧牲一切，已經破斧沉舟之國家是最富危險性的國家，而臨危機時始能發揮最高戰鬥之力量。吾人今敢斷言，屢經憂患的日耳曼民族，今日定能發揮較其過去勝利之際之更大之力量。」

# 參攷消息

（只供參考） 第五六四號
解放日報社 新華社編
今日出版一張
卅三年七月十二日 星期三


## 敵攻佔衡陽外圍各據點

【同盟社湖南前綫十一日電】我作戰部隊對於以衡陽為中心的很多敵戰略據點，已完成大規模的雙重包圍，現更深入外側敵陣，開始新的進擊，即是說，我軍一部迂迴衡陽東北，四日晨兵不血刃，佔領耒陽，切斷粵漢路的退路，並迎擊第六十一軍（為急援第六戰區而北上），敵復向南方潰退。另一部隊自湘鄉一綫向西南前進，四日夜不流血佔領永豐，繼於六日未明，攻京渣江（衡陽西北三十公里），復向西進，攻略鬼子橋（衡陽西北三十二公里），九日攻略金蘭寺（衡陽西北四十公里），復繼續前進中，指向衡陽，繼續進攻其外圍部隊。

【同盟社湖南前綫永豐十一日電】湘鄉週圍我精銳部隊，突於六月三十日黃昏迅速向西南方進擊。快速挺進部隊冒着酷暑，進擊山嶽地帶之敵，二日猛攻敵第五十八師與十五師之增援部隊（依靠天險），於壯烈的山嶽戰後，殲滅約一個營之敵，敵遺屍五百具竄逃，我軍復跟踪追擊，四日晨完全佔領永豐。永豐位於湘鄉西南方約十公里，衡陽西北約八十公里處，四圍是圍繞着山嶽的天險要衝。由於我軍之攻略永豐，使衡陽更加陷於孤立狀態。

【同盟社湖南前綫十一日電】我精銳部隊，九日佔領金蘭寺（衡陽西北四十公里），現正繼續掃蕩週圍殘敵中。

【同盟社大陸基地十一日電】我航空部隊轟炸機隊，十一日晨，復猛烈轟炸衡陽城內已成甕中之鼈的殘敵，俯衝轟炸全部命中，城內立即自中樞場所燃燒大火，黑煙縷縷冲天。

【同盟社大陸基地十一日電】我轟炸機隊九日深夜，奇襲西南地區敵航空要塞桂林機場，衝破敵戰鬥機與對空砲火的激烈抵抗，炸毀飛機停留場所，燃燒大型機七架、小型機五架，機種不明二架。擊傷大型機四架，小型機十架。

## 國民黨加強四川防衛
### 中央軍在豫湘退避不戰
### 駐華美空軍從西北轉移

【同盟社廣州十日電】我大陸作戰，由於我華南軍的北上作戰，其規模日益擴大，而重慶已感到東西兩斷的危機，陷於武漢失守以來的最大的危機局面。綜合最近各方面的情報，重慶抗戰運命，現已擺在四川平原，形成了以西部中國為作戰中心，要加以要塞化的形勢，因而乃加強在華美空軍，以及在美國指揮下以四川為中心，北自山西，南至廣西、雲南作為外壁，北自四川北部，南至貴州作為內壁，構成兩大防衛，加強重慶內地要塞化，藉以增強防衛力量。在過去四川內部的防衛，僅有中央嫡系軍十一個師，旁系軍二個師，其重心則放在第六、第八戰區方面。重慶曾於去年十月頒佈今年的徵兵辦法，命令各戰區大量徵集從十九歲到四十五歲的男子，選拔其中優秀份子，使其受美國式的軍事訓練。此外並忙於動員學生，編制學生義勇軍。在此次河南湖南作戰，雖少微看到彼等的活動，然而進行主要戰鬥的，仍大部份為地方旁系軍。參加作戰的中央嫡系軍，僅不過有第一戰區湯恩伯軍的三十個師，與在雲南與我軍作戰的一部份軍隊。號稱精銳部隊的胡宗南主力，則按兵西北不動。第六、第九戰區的中央嫡系軍，大部份配在湖南至貴州一帶，坐觀友軍的潰退。此等足以證明彼等是在盡量地採用退避作戰，藉以避免兵力的消耗，專志於防衛。據聞最近在廣西成立了機械化兵團，在昆明成立了降落傘部隊。昆明軍管區、雲南遠征軍管區所屬的五十個師，大體均為美式裝備所統一，而美國供給的少量新式武器，則很少用於第一綫，大部份配備在保衛四川的軍隊中。另外在華美空軍，則從西南向西北轉移。上月十六日轟炸九州時，曾使用了第廿航空部隊。關中飛機場為了供轟炸日本之用，從去年以來，便動員六十萬中國人，秘密建造中國西北部最大的飛機根據地，跑道達二千五百米，可以收容超級空中堡壘式飛機，備有多數掩護壕及地上防空火器。此外並在西北各地配置大量短波電機，此由於中國東南部空軍根據地衡陽失陷，零陵、建甌、遂川等前綫據點，均在日軍制空圈內，彼等轟炸日軍的計劃，受到很大障礙，而不得不將空軍力量暫時從西南移至西北，藉以進行對日本的空襲作戰。

## 敵稱目前大陸作戰的性質 為準戰略的作戰階段

【同盟社湖南前綫六日電】目下在華北、華中、華南展開的大陸作戰，其規模的宏大為大陸戰史上所未有。作戰的性質與過去有本質的不同，即是說，第一隨着去年一月對華新政策之實施，中國派遣軍恢復野戰軍的本來姿態，已一年有半，而其本來的姿態在此次作戰中更明顯的表現出來。武漢攻略戰後，相持作戰五年有餘，此次打破此局面，移向準戰略的作戰階段，即完全擊潰被美英所利用的重慶軍勢力、粉碎侵入大陸的美國空軍，確立必勝體制的階段。這一期間的大陸作戰表現於「以戰養戰」，一方面包括適應國民政府建設要求的目的，另方面包括破壞敵軍需物資或經濟力的出擊作戰，切斷供應路作戰，或擴大清鄉地區與覆滅敵擾亂和平地區之根據地的治安作戰，幾乎全部有政治的經濟的性質；成為作戰要求的巨大要素，但此次作戰由作戰行動的迅速果敢來看，與過去多少包含政治經濟要素的作戰是不同的，已向準備戰略作戰改變性質。第二是：我強大的大陸兵力，仍在大陸，如在洛陽西方打擊胡宗南軍（蔣介石的精銳，迄未出現於日軍正面），完全圍殲湯恩伯軍等（事變以來因懼我軍痛擊，經常躲避主力），不管那次俱是大陸戰史上最高的戰果。如在湖南戰綫一舉奪取長沙、醴陵，可謂在大陸作戰所僅有。這種純粹戰略的作戰，是依靠峻嚴良好的軍紀貫澈的。現中國派遣軍以作戰加諸抗戰地區的民衆身上，將士的一切舉動，都是具體實現日華同盟條約精神的試金石。一如五日帝國政府聲明所稱，第一綫將士自不以中國民衆為敵，而與我為友放棄協力美英者，即為重慶軍亦不視為敵人。日軍的這一友邦愛，非常關心一般中國民衆，中國民衆的協力日軍，逐日濃化，中國事變以來，已滿七年，現大陸作戰相貌的改變，從一切意義上說，都握着戰局的關鍵。

【同盟社某地六日電】南方軍報導部長，鑑於激烈戰局的現階段，發表下列談話，要求活躍於南方前綫的同胞，一致奮起。其談話內容如下：中國事變以來已經七年，在南方各地區的同胞，應認識日軍在東亞擊滅敵人的作戰，同時就是對建設一個基於道義的自主獨立的新國家為中心的共榮圈。在中國，國民政府在我幫助之下，逐漸收回敵性權益，掃除一切敵性分子，現在正是建成新中國的絕好機會。應以全力傾注於皇國的協調。但重慶統治下的民衆究竟如何？遭受弱若無人的美國的壓迫與污辱，其生活的痛苦是很難想像的，而且英美不但不予蔣介石所哀求的軍事的經濟的援助，甚至亦不予精神上的援助，只是為了得到自已必要的東西，而把重慶作為一塊踏脚石。重慶方面人士對此亦有了解，現正不斷從其暗黑的迷霧中掙脫。皇軍此次作戰的戰果，就是使重慶政權的苦悶更加增大，並使其背後的英美，其狼狽與驚愕達到極點，帝國政府於本月五日為了使中外明瞭中國作戰的目的，特發表聲明，予堅決利用重慶政權的英美野心以一大打擊，同時更深刻闡明我們真正的敵人是美英。現在大東亞戰爭正處在最高潮的瞬間，國民在敵人面前應堅持必勝的信念，擊滅敵人美英，盡必死奉公之誠，站在大東亞十億民衆的先頭向建設共榮圈邁進。

## 華萊士認為中國軍事形勢嚴重

【海通社柏林十一日電】華盛頓訊，副總統華萊士自中國返美後於星期一與羅斯福作二小時的會談。會談後華氏向記者申述他與總統會就中國問題作了很詳細和重要的會談。華萊士說「中國的情勢很嚴重。」又說：「我的意思是說軍事的情勢」。華萊士在回答記者詢問時，證實中國問題為他與羅斯福會談的專題，而將來問題則副總統絕未提及。

## 中央社零訊

【中央社重慶八日電】三十二年度（即自三十二年七月一日起至本年六月底止）田賦徵實徵購徵借，截至六月三十日止，各省已報到徵購數字共達六千三百十八萬餘石，計超出原配額一萬餘石，此為政府實行田賦徵糧以來第三度超收。

【中央社西安廿八日電】普蝗飛陝，平民縣沿河各村已有發現。

【本報訊】中原戰事緊張時，胡宗南令青年團陝支團部成立戰時工作指揮部，共轄四個總隊分發沿河及秦嶺等地，担任情報、交通、宣慰、鋤奸、救護等工作。由胡宗南自兼指揮。現各地大隊部成立者已有五十餘處。又陝青年團要募集一萬只玻璃瓶供應前方，限兩月完成。

【中央社韶關電】第四戰區長官司令部為加強粵北一帶民衆組織，齊一步驟，共衛家鄉，特令各縣府、各黨部、各縣參會、國民兵團等合組民衆自衛委會，與駐防軍團以上之政工機關共同辦理組訓事宜。每區組民衆自衛大隊，平時受國民兵團管轄，戰時由防軍指揮，協同作戰，以鄉不離槍，槍不離鄉為原則。

【中央社桂林廿七日電】桂青年團利用各學校暑假之便，組訓湘北戰區復撤學生，以組織學生軍一，由總署派員主持。

# 參攷消息

（只供參考）
第五六五號
解放日報 新華社 編
今日出版一張
卅三年七月十三日
星期四

## 張平羣談湘戰

【中央社重慶十二日電】外籍記者招待會十二日下午三時舉行，梁部長寒操、吳次長國楨、張參事平羣出席主持。某記者詢以湘省戰況今日有何新消息？張參事答稱：本星期一國府舉行紀念週，何總長對此已有詳盡之說明，所可引伸一述者，即為湘省戰事現仍激烈進行中。日寇之所以未入衡陽者，乃出於我軍之堅強抗禦，迭予打擊，致使其欲入不得。美國空軍之協力阻擊，為助良多。此一戰區，可望不久有更令人奮興之捷訊。我國抗戰之現階段，尤如長徑賽跑之最後一程，愈近勝利目標，愈需加強吾人之努力，無論最近期間有何捷訊，我舉國上下決不低估在最後勝利前所應做之艱鉅工作。將來聯合國家對日發動大規模攻勢時，中國人將繼續努力，同予日寇以最後之痛擊，絕不稍存自逸之心理。

## 同盟社說重慶虛構宣傳日軍在衡陽撤退

【同盟社里斯本十一日電】重慶軍當局最近發出毫無根據的宣傳，謂『湖南的日軍於七七紀念日從衡陽實行總退卻，並即將開始反攻。』此種無根無葉的欺騙宣傳，卻為路透社駐重慶特派員所發出，並為紐約時報轉登，實不啻是演一醜劇。美聯社駐重慶特派員，回答紐約本社之詢問時，暴露了上述報導完全是一種虛構宣傳。記者並默認路透社的根據薄弱，但對這一虛構傳說的出處，卻未正式確認。因此所謂重慶要收復洛陽與長沙的報導亦未發出，其後亦證實了重慶的收回洛陽與長沙完全是虛構，例如在河南，即使重慶軍局部成功，亦不能使日軍總崩潰（又該特派員（一段掉錯）。但重慶當局直至現在尚未承認耒陽的失陷，但史迪威司令部卻間接的承認耒陽在日軍手中。

## 敵報湘鄉西南戰果

【同盟社湖南前線永豐十一日電】三十日黃昏，我精銳部隊復由湘鄉向西南方開始進擊。此時專事迴避之敵，旨在牽還湘鄉，二日誘起迫近湘鄉西方。我部隊監視敵之行動，迂迴敵後。三日未明，一齊開始猛攻，擊潰敵第十五師、第四十五師主力。敵為此急變，狼狽之極，立即陷於混亂狀態。一部敵人則向北竄逃。在此戰鬥中我方所獲戰果為：敵遺棄屍體約三百具，俘虜五十名。鹵獲迫擊砲一門，其他槍枝彈藥無算。

## 敵大本營公佈在華空戰戰果

【同盟社東京十二日電】七月十二日十五時大本營公佈：我在華航空部隊，連日出擊美在華空軍根據地，從七月三日至十一日所收到的戰果如下：擊落十一架（就中二架不確實），擊毀焚毀九十五架以上。在此期間，我方損失飛機七架。

【同盟社廣州十一日電】我大陸航空部隊，連日猛襲敵在華美空軍基地，獲得莫大戰果，並逐漸將在華美空軍壓向中國內地。據十日之重慶廣播稱：美第十四航空隊司令官陳納德，十日公佈在華美空軍的窮迫情形。另方面談其今後決心如下：在華美空軍絕不想落後於日本航空部隊，但時至今日，無論汽油與飛機，尚不能說是充分，故尚不能令人滿意，尚有缺陷，但一切完備時，將自中國大陸上空，掃除日本航空部隊。

## 敵華南軍當局談不打重慶專打英美

【同盟社廣州十二日電】帝國政府聲明，已將此次大陸作戰目的宣示中外，華南正喚起中國民衆巨大反響。十二日華南派遣軍與此呼應，發表當局談話，大胆率直地表明我軍對中國民衆與重慶軍的決心。（華南軍當局談）大日本帝國政府已於七月五日發表聲明，闡明在中國軍事行動的目的，始終在於粉碎美英進攻與制覇東亞的企圖。中國民衆自不用說，而與我為友，放棄協力美英的，即重慶軍亦非我敵。自我軍自邦顛斯灣登陸以來，不僅經常希求民衆的福祉與民生的安定，即對於重慶軍隊，亦不斷促其反省。幸而華南民衆，能善自洞察時勢的推移，不斷地向着建設和平地區邁進。但美空軍強奪華南各地機場，以此為基地盲炸各地，給民衆以莫大的損失。因此，中國派遣軍毅然決然，以擊滅英美為目的，在華北、華中、華南，展開一大作戰，華南軍担任一翼，二十七日開始行動，目下正在沿北江一帶前進中，現所到達連江一綫，韶關攻克在即。又另一部隊則向台山附近前進，確保該地附近。民衆看到我軍的真姿，紛紛自各方面來歸，協力我軍。然而一部份民衆自衛團，不了解我軍的真意要從事抵抗，故有殺我軍擊滅者。這樣的事不是我軍之所願，無非是不得已的措置。我軍今後更以帝國聲明爲基調，爲其實現而邁進。我軍前進之處，必將證實帝國的眞意，以與布局誤會事件的絕無。因此，中國民衆自不待言，而重慶軍隊亦必將放棄協力美英，而共同向建設大東亞邁進，此爲我軍深信無疑者。

【同盟社中國西南前綫小川特派員發】在廣東省的一隅，以「保鄉安民，停戰救國」爲號召而成立的國民軍，其總司令歐大慧，爲了配合此次華南軍的破竹攻勢，已參加此次作戰。歐司令官在前綫會對記者發表下列談話：我們黃色人種的互相斷殺，實是一大悲劇。我們對現在仍迷於抗戰的重慶，實不願拿起武器；但是爲了擊滅匪賊，驅逐英美勢力，又不得不如此做。我們響應「停戰救國」的號召，將放下武器的地區整備爲安全區，所謂安全區，意味着抗戰區與和平區的緩衝地帶，現在努力使這一安全區擴大，並使之發展爲和平區。現在我們在台山，新會，開平等綫已獲得預期以上的成功。今後亦決心與友邦軍協力繼續邁進。

## 「七七」七週年紀念 孔祥熙在美演說

【中央社布里頓森林七日專電】孔副院長在國際貨幣金融會議之抗戰七週年紀念會中發表演說，日本侵略東北後，集體安全之保障宣告崩潰，侵略者獲得鼓勵，卒至行起此次之世界性戰事。東北之淪陷，爲珍珠港與新加坡遭受襲擊之先聲，七年來之事件，充分證明軸心之貪婪無饜，以致全球受死亡與破壞之禁毒。世界之進步力量鑒於共同之危機，遂在蔣羅邱斯等政治家賢達領導下聯合一致，竭全力以阻撓侵略之狂潮。今者，破壞和平之罪魁，其橫行之日屈指可數。自由正義之目標，已獲實現之保證。此皆同心協力之結果。中國在此次規模空前之戰爭中，作戰最久，歷盡艱辛，備受犧牲，然迴顧七年之經過，又覺中國所受犧牲並非徒然，中國軍隊在其本土打擊牽制日軍，使澳印等地免受襲擊之禍。在全球性之大戰中，中國戰略地位，不應加以低估，蓋中國乃用以對日發動有效攻擊之最重要基地。余知諸君尚憶美國超級空中堡壘轟炸日本之事，而引以自豪。余知諸君今日確悉美機再炸八幡與佐世保時，亦必極感歡欣。此批美國轟炸機，所由起飛之機場，乃數十萬中國愛國男女工人以最簡陋之工具所築造。此亦日本之所以在華集中大軍，掙扎力戰，以必欲建立較强固之形勢，而消滅粵漢、湘桂、兩路沿綫之空軍基地爲已快也。中國軍隊之英勇善戰，一再表現於戰場。最近華軍在緬與美英友軍並肩作戰，爲其顯著者。吾人今日之最大障礙，如裝備之缺乏，但若一旦獲得適當之裝備，則效率必將大增，而能與盟軍並肩對日採取有力攻勢。第二戰場之開闢，將加速歐戰之結束。亦即間接加速對日發動攻勢，以肅清太平洋上之敵人，盟國愈速以供應品運華，則吾人獲最後勝利之期亦愈早。中國獲勝後，將本現代科學方法發展其資源，但目的非與其他工業國競爭，而在提高本國人民之生活。孔副院長於演詞結論中表示：聯合國必須建立國際合作機構，以解決各國際問題，蓋欲解決世界戰爭之原因，實捨此莫屬，聯合一致，處理共同問題之國家愈多，則其發生異觀之危險愈少。

【中央社紐約七日專電】我軍事代表團團長商震，今日在七七抗戰紀念會上發表演說後，即訪問唐人街與僑胞首領交換意見。商氏出席紐約市之我七七抗戰紀念會時，由摩托車警察保護，紐約市長拉加第亞在會場迎接。商氏於演說中重申我國作戰到底以迄獲得最後勝利之決心，並指出我軍士氣之高，與我對美邦交之篤。詞畢聽衆報以掌聲。中午商氏出席中國新聞社與環球貿易公司之宴，旋參觀中華公司，國民黨紐約支部，三民主義青年團紐約支部及唐人街等，俾向僑胞宣達中央意志。北美報紙同盟（專發特寫稿之新聞機關），今日以商氏之論文一篇，分發所屬各報，該文呼籲盟國立時援華，並提出警語謂：日軍倘完全佔領北平至廣州之鐵路綫，即能建立直達東南之陸上運輸綫。

【中央社布里頓森林七日專電】前我駐美大使胡適博士，今日亦發表演說，强調中國對友邦與同盟國之堅定信念。謂不惜七年來忍受長期艱苦。此次聯合國貨幣金融會議，倘能爲未來新世界秩序之具體證明，則中國之作戰即非徒然。

## 德國害怕盟軍新登陸

【同盟社柏林十一日電】德國西方軍當局十一日聲明如下：美軍將大部份空艇部隊殘存兵力，從諾曼第橋頭堡壘撤退，在英本國致力增强部隊，這一事實，業已判明，證明艾森豪威爾，大概企圖在法國海岸進行新的登陸作戰。

【同盟社柏林十二日電】據前綫消息：克恩地區，英國將十二個師的大軍投入十二公里長的戰綫，不斷進行猛攻。德軍以其較少的兵力阻止英軍的進攻，予以重大的損失。（中缺一段）克恩城內的德軍小部隊，仍然繼續進行頑强的抵抗。死守該城東南郊外的工業地帶，英軍於八、九、十，三天向克恩地區發射砲彈八萬發，投下炸彈二千七百噸。雖然如此，但是英軍還未確保該城。

# 參攷消息

（只供參考）第五六五號

解放日報 新華社 編

今日出版一張

卅三年七月十[illegible]日


## 敵在湘南
### 左翼迅速進攻
### 右翼進行殲滅戰

【同盟社湖南前綫十二日電】我軍在粵漢路西方地帶迅速進攻，九日奪取金蘭寺，與左翼部隊相呼應，繼續包圍衡陽，並壓迫衡陽東北地區，開始攻擊極度混亂的敵第四軍、第七十三軍團的殘部及四十八、十五兩師，目下正在展開一大掃蕩戰。於是左翼部隊的迅速進攻和右翼部隊巧妙的殲滅戰，對於湖南南端的戰局有決定性的影響。重慶首腦部極憂慮第六戰區軍的末路，本月三日，蔣介石對第六戰區司令長官發出下列悲痛的命令：『此次作戰關係國家興亡，深望上下一致獲得最後的勝利。凡是違反命令，無故後退者，一律根據連坐法予以嚴罰。』這暴露了敵人狼狽的情形。

## 粵敵進攻英德

【同盟社里斯本十二日電】駐重慶美聯社特派員，十二日夜關於重慶軍的戰況公報，報導如下：日軍佔領淸遠後，已在距淸遠四十公里的地區活動，並處於直接進攻粵漢路上要地英德的攻擊圈內。如果日軍佔領了英德，則南北兩個攻勢的鉗子，其距離即縮短至二百五十公里以下。重慶軍企圖在湖南日軍的側面作戰，並深入日軍後方以便阻止日軍的作戰計劃，但這並不能帶來決定性的變化。重慶軍當局由於廣東戰綫上日軍左翼的積極活動，再度修正其所謂『湖南戰局的危機已經淸除』的見解。上週重慶散佈的『日軍總退却』的報導，完全是一種欺騙宣傳。

## 敵襲芷江機場

【同盟社東京十三日電】大本營於七月十三日十四時卅分發表：中國方面我航空部隊，於七月十六日晨攻擊駐華美空軍基地——芷江飛機場，地上敵大型飛機二架及小型飛機四十九架被擊傷或中彈起火，我機全部安然返防。

## 各方要求蔣介石
## 追究蔣湯胡敗戰責任

【同盟社華中前綫基地十二日電】河南作戰有歷史意義的成功，是有賴於我國人物的戰力及卓絕的戰略、用兵之妙，此點自不待言。一方面是第一戰區內部的不統一，結果自行瓦解。關於此點，不僅受到重慶首腦部，而且受到反軸心國的痛烈批評與責備。蔣介石對於這一問題的裁決與處理，極爲內外所注意。據最近可靠情報指出，被認爲河南敗戰應負責任的人物，是第一戰區司令長官蔣鼎文，其次是副司令長官湯恩伯，第三是鄰接的第八戰區副司令長官胡宗南。重慶軍事委員會已向該三名發出嚴重誡告，同時派陳誠担任戰區總指揮。並爲了聽取實際情況，已將蔣鼎文召還重慶。而堅決主張追究三人之責任的强硬派，則決議將蔣鼎文交軍法會議處斷，湯恩伯、胡宗南則立即免除副司令長官職。這動搖了軍事委員會的體勢。對於這一要求，蔣介石以指揮湖南作戰爲理由，拖延處決，因爲上述三人均與蔣介石保持特殊關係，是嫡系中的嫡系。蔣鼎文是蔣介石的一族，在衛立煌調職後，即由陝西省主席升任第一戰區司令長官的要職。文治派的蔣鼎文，並沒有統率雄大軍隊的能力，特別是受衛立煌等別派將領的輕視。過去第一次鄭州作戰及晉冀豫省境作戰，均負有敗戰責任而被質問。湯恩伯以戰鬥的性格使蔣介石高興，遂被任爲第一戰區副司令長官，逐漸扶植其勢力，今春整編之時，取消了豫魯蘇皖邊區，而將其勢力編入副司令長官部，以四個集團軍及其直屬三個軍爲基幹，而與蔣鼎文並立存在。胡宗南是黃埔系的中心人物，在反共將領中佔重要的地位。他就任第八戰區副司令長官，作爲西北的偵台，監視陝甘寧邊區的延安政權。他得到蔣介石的絕對信賴。胡宗南的勢力遠超過第八戰區司令長官朱紹良。他指揮的三個直屬集團軍，無論在裝備上和兵員的質量上說，都是中央軍中最精銳的。查問會對蔣鼎文決定什麼處分以及追究湯、胡兩人的責任有何結果，要看蔣介石的裁決，因此蔣的裁決殊堪注目。蔣介石像這一次這樣特別强硬地追究三人的責任，可以說是在長期抗戰中對蔣介石的反感用另外的形式爆發出來。蔣介石借了再建國軍、整理雜牌軍隊的名義，使同族及親近者佔據軍政的要職，並加强宗派政權，由於不正當的譴責而被迫離開第一綫的地方將領以及給予空位子的元老們非常不滿。重慶統帥部內充滿這種不滿和反感，這首先表現爲追究蔣鼎文等三人的責任。緊接着河南作戰失敗之後，湖南作戰又遭受慘敗，因此薛岳等許多將領又將發生責任問題。蔣介石要怎樣處罰他們？因此可知戰敗的重慶將更加苦惱。

## 德軍決心縮短戰綫
## 第特瑪哀鳴紅軍佔優勢

【同盟社柏林十二日電】德軍當局十二日接見記者團，言及德軍在東部戰綫的戰略方式稱：關於德軍將在那一戰綫給紅軍的進攻以決定性的阻止，現在還無甚可說，但不管怎樣，顯然都能維持現在在東部戰綫的戰綫。在東部戰綫，德軍只有採取攻勢與組織新戰綫的兩條道路，但東部戰綫德軍在守勢的情況下，將不得不採取後一戰略。

【海通社柏林十二日電】據德國廣播電台軍事評論員第特瑪中將稱：從東綫中部抽調兵力以成立戰役後備軍，便是蘇軍在東綫勝利的原因。他說，德軍統帥部公報中每日提及的地名使東綫新的嚴重形勢毫無誤會之餘地。巴蘭諾維啓、摩洛德赤諾、黎達和維爾諾不是位在東方茫茫中的某地，而是位在我們的概念中，並且實際上其接近程度已足以使我們感到明白地擺在面前的蘇軍矛頭的威脅』。第特瑪指出：『這些事件怎樣能够發生呢，在今天僅能加以論列。他繼稱：『但是這些似乎業已可以確定，即蘇軍指揮部如以前一樣，又在德軍指揮部面臨許多嚴重問題的情形下，利用其人力與物資的過剩。德國再度面臨經常發生的情況：極大優勢的敵人能够在許多地方形成許多焦點，僅因爲這樣，敵人在比較兵力單薄的前綫地區能够僥倖得逞。因爲保衛者的戰役後備對於每一萬一的事變，不能時刻戒備，而不冒分散兵力之險。因此蘇軍在其新攻勢中，即進攻在戰鬥開頭幾天，極端缺乏有效的防禦力的地點。第特瑪繼續指出：恰是在去年嚴冬一切盛衰中，東綫中路證明爲戰鬥的中流砥柱。貝利辛河下游，委特布斯克汽車路上的勝利防禦戰證明在那裏作戰的各師團之堅定，發生了相等於依賴強固設防陣地之防禦方法的效力。而要組織更多這樣的堅強防衛，似乎證明：爲了其他更受威脅的地端而削弱中路——以犧牲中路成立東綫痛感缺之的戰役後備一點，是合理的。關於東綫的發展，第特瑪不同意這種想法？即認爲東綫的戰事顯示德國在強大敵人進路前的防禦危機。他宣稱：『這種意見必須加以反對。只須指出諾曼第橋頭堡壘的情勢，即足以說明甚至在進攻者方面最強的部隊與武器的集中時，亦證明不足亦粉碎德軍防禦。關於東綫可以說一切決定的因素都無疑的是不利的。但並不是經常如此。如果德國指揮部利用從每一戰爭事件所得到的教訓，這種情形不會重複。

## 鮑爾溫批評
## 西歐盟軍進展遲緩

【海通社斯托哥爾姆十二日電】紐約時報著名軍事專家鮑爾溫自承認盟國入侵第一月令人不滿的進程。旅行諾曼第歸來之鮑爾溫自倫敦撰文稱：盟國進展迄上週尾爲止是遲緩的，而且戰爭進程令人失望一事，亦非祕密。美國攻勢是極其緊張地發動的，人們對於這一攻勢原抱有極大希望，但卻令人氣沮的遲緩地發展着。鮑爾溫說：毫無疑義：盟國的預期未獲實現。『有利於我方戰鬥的夏季已過了一半，我們的計劃未獲完成』。鮑爾溫認爲美軍失敗的原因在於德國艱苦和機巧的防禦。德軍利用惡劣天氣和困難地形。一部分師團的軍官毫無經驗而且德國機巧地利用神槍手把問題弄嚴重了。鮑爾溫批評盟國統帥部所遵守的過分小心。與東綫戰爭相反，統帥部過分小心地把坦克投入戰鬥。『瑞典日報』訪員關於鮑爾溫的發現說：『美國社會人士顯然會對這種在領導報紙之一中的坦白論文表示驚奇。現在還不知道華盛頓關於這事說些什麼，但是下列感覺正增加着：鮑爾溫所要求的更大進攻可能在諾曼第××其他地方表現出來。

## 英保守黨
## 恢復青年團組織

【海通社柏林十一日電】倫敦訊：英國保守黨決定恢復其青年團，該團自戰爭爆發以來即停止活動。該團重新活動的理由，是使十五歲至卅歲的青年人不受『不良的政治影響』。並規定對皇室及帝國的愛國心，及給英國青年創造娛樂及消遣時間的可能性，是保守黨新青年團的任務。並指出：據調查獲悉，一九三九年總選時，在獨立工黨的一千萬票中，有五六百萬票是卅歲以下的人投的。

# 參攷消息

（民機參考）
第五六六號
解放日報 新華社 編
今日出版一張
卅三年七月十五日
六


## 美國星期時報論文
## 『蔣介石能支持到什麼時候？』

【同盟社東京十三日電】美國副總統華萊士訪問重慶已畢，似於十日返抵華盛頓。華萊士之訪問重慶，是一舉兩得的措置，即在實際上需要訪問重慶與加強羅斯福在內政上的地位，若是這樣，則在七月的民主黨大會上，華萊士或能完成鼓勵黨員的作用。以下試介紹美國雜誌星期時報六月一日刊載的題爲『蔣介石能支持到什麼時候？』的論文內容。【變爲戰爭參觀者的重慶人民】，華萊士旅行的動機果在何處，是另一問題，但在中國現地所見的中國問題與白宮書本文件上見到的重慶政府，無疑地是相當不同的。重慶絕不是特別幸福之宮，而是黑暗的憂鬱的場所。重慶還沒有像今年春天那樣，漂流着如此陰慘的空氣。重慶面臨着危險，但它不是期待中國統一與進步而繼續抗戰的首都，市民不是戰爭中的戰鬥員，而是戰爭中的觀客。重慶市內充滿了因愛國心或抗戰意識、或恐怖心而逃往內地的市民，他們都是長江下流的人們，其內心是切望返歸故鄉。由於日軍全面的封鎖，使重慶內地像墳墓一樣的沉靜，除了步行與馬車外，別無其他交通工具。數萬個人與動物，以每站轉遞方式搬運貨物，送往重慶內地。重慶……僅有酒精燃料的公共汽車，除此之外，一切交通全用人力。交通工具的凍結，即是生命的凍結。有的地方，稻米或亦豐收，但亦無道運輸，致地方上餓死者不斷發生。有的地方堆滿極多的苦力，但其他地方，則苦力竭盡全力進行勞作。來自美國的物質援助是不充分的，又不能打開唯一的緬甸公路。重慶地區充滿這樣不滿的情緒，即認爲美英不理重慶。美英人若清算其干涉重慶的主張，表示悲觀，那末重慶將要着急。【用香烟的火頭燒掉重慶法幣】。蔣介石作爲重慶抗戰的象徵，重慶的問題更前進一步。六年半戰爭封鎖的結果，重慶政權經濟、軍事的軟弱，爲中國事變以來所未見。重慶遭遇到十二世紀宋朝末期以來所未見的惡性通貨膨脹，最近美國送來卅噸的金錢，對抗這種惡性通貨膨脹。美國兵士用香烟的火頭燒掉重慶的法幣。但是受紙幣影響的只有重慶統治區四分之一個人民。一億六千萬農民過去不使用金錢過着生活，他們用自己有的東西交換需要的東西。在通貨膨脹的壓迫下，又有新的土豪劣紳。寶貴的運輸機用來運輸紙幣，重慶政權還沒有決心消除經濟上的腐敗。【反軸心軍的癌——重慶政權】經濟的困難是重慶政權面對着的最大難關。關於重慶與延安政權的相對，美國非常着急。延安政權與紅軍是蔣介石最大的敵人。蔣介石用五十萬的正規軍對付紅軍，他和延安代表林祖涵的談判不能簡單的結束。而其結果，反軸心軍只有進行軍事行動，才能追究重慶的罪過。因此華萊士訪問重慶的目的，在於確定重慶能否支持到那個時候。當然重慶將要抗戰到底，但是重慶被封鎖了，戰爭的失敗和通貨膨脹若使重慶政權衰弱，那末反軸心軍推行太平洋作戰時，將要碰到嚴重的難關。

## 重慶不滿美國援助

【同盟社東京十二日電】此次皇軍在中國大陸大攻勢作戰，一如最近帝國政府所聲明者，大陸作戰的新的性格極爲明瞭。儘管重慶及美國怎樣的宣傳，但我們通過這一個攻勢作戰可以看出重慶軍的實力，並沒有因美國的援助而加強。重慶當局及新聞界，雖宣傳得到美國的龐大援助，但亦開始表示對這些援助的不滿足。重慶宣傳部長梁寒操曾廣播稱：『此次作戰失敗的原因，完全是由武器資材不足，美國援助的不足，使前線士兵的裝備極爲惡劣』。他的這一說法亦表示了過去空頭宣傳的無效。重慶大公報對此點更有詳細的論述，它指出：美國對各國的軍火租借率，英國佔全體的百分之五十，蘇聯佔百分之二十一，而重慶則爲百分之二點二。羅斯福曾聲明對重慶援助物資的月額，比去年增加了十五倍。但大公報即加以反駁稱：『這完全是架空的計算，如根據羅斯福的這一聲明，則送至東亞戰區的物資，即佔全軍火租借額的百分之十二，但這一數量要分配給澳洲、印度及中國龐大戰線的五百萬乃至六百萬的兵力，因此無論從何種觀點看來，此種援助均不能說充分。』這一不充分的物資，又必須靠唯一的供給路印華航空路運輸，故其計算方式亦已變質，此即美國誇耀印華空運的運輸力，每月達一萬噸以上，從表面看好似很多，但從運輸物品的內容來看，完全是駐華美空軍所用的器材、汽油以及與此有關的日用品，和壟斷重慶地區經濟界的美元紙幣，所以僅相當於美國對外武器援助的百分之廿的對重慶援助，其大半尚在印度長期待機中，僅運輸美空軍的供給品，因而在大陸確實被供給的唯一勢力，是在華美空軍。例外被供給的重慶部隊，則又轉用給緬甸前綫。遠征軍是美國式的重慶軍，如衆所週知者，遠征軍支出的犧牲是非常大的。又在華美空軍原來的目的：（一）為了協助中國戰綫，重慶提供近於四百個的根據地，為此並不惜提供數百萬的人力資源。但此後在華美空軍的行動，完全是美國單獨作戰，對於協助重慶軍作戰，非常的少。此種情況，由於此次在河南作戰被暴露了。所以在湖南作戰開始以來，在華美空軍乃改變方針，展開了相當活潑的行動。雖然如此，然而很明白的，這是由於衡陽等重要根據地，逐漸受到日軍的威脅，而發生的自衛要求。總而言之，這不外是使重慶提供廣大的中國土地與人力、資源，藉以構築進攻日本的最後跳板，此外無任何國際的情義。換言之，美國並不是為了援助重慶，而是為了自己的作戰，才給重慶以援助。蔣介石政權，不是被美國援助了，而是自己葬送作戰的目的，變為美國的手足，求助於美國。援助的不足，固可以促使重慶當局的根本覺悟，但作戰的進展，更可以粉碎其妄想。

## 戈培爾伸出和平觸角
## 諾曼第德寇大舉撤退

【路透社倫敦十三日電】戈培爾頃在德意志週刊中撰文稱：今日舉世人士能預料戰局未來之轉變者，殊不多見。但無論為交戰國或非交戰國之人民，無不渴望戰爭結束，蓋其願望本可不訴諸武力而獲滿足也。

【合衆社倫敦十四日電】官方訊：德軍沿諾曼第戰綫廣四十二哩之西部，在其敢死隊掩護下大規模撤退。僉信聖洛、貝利埃及萊塞論落在即，英第二軍現正發揮軍力，準備向巴黎（克恩以東一百廿哩）發動新攻勢。

【英官方通訊社倫敦十四日電】雖然關於因為很多德國將領期望在最後失敗前投降而引起的政治危機的消息，尚未被證實，但無疑地德國已發生戰略上的危機。德軍計劃守穩蘇德前綫而企圖擊敗西面的進攻。但這計劃首先被蒙哥馬利的登陸勝利，其次被蘇軍當德軍將全力從事於西綫時立即技巧地進行的突破所摧毀。德軍所處的第一個困境是：藉以守穩東綫的軍力顯然已不夠，但還不能獲得增援。同時，已有十個師團調到西綫去，仍不能阻止蒙哥馬利軍隊的前進。意大利戰役的估價，現已很明顯——德國兩強大軍隊被亞歷山大擊毀或牽制在那裏，這些軍隊對西綫與東綫的戰役將是極有價值的。德軍所處的第二個困境是：德國裝甲部隊的力量正在克恩的激戰中被削弱，僅在過去三天中，在西綫使有差不多一師團坦克被破壞。裝甲部隊是現代戰爭的最後決定因素，羅麥爾是不會犧牲精銳的裝甲部隊，或者進行撤退，給蒙哥馬利部隊更多空間以資調動，並使戰鬥更有利於擁有坦克的國家。這兩條路對德軍都是不利的。德軍所處的第一個困境在數量上是很難解決的，第二個困境在軍事上由於蒙哥馬利將軍指揮的完全優勢，也是難解決的。

## 德寇無恥聲言克恩之失守在估計之中

【海通社柏林十日電】海通社軍事訪員塞托紐斯報導：在德軍在克恩西北、北及東北的陣地於週末為非常大量盟國軍艦的集中火力協同空中最猛烈的不斷轟炸系統地逐碼化為塵埃後，英軍及加軍最後地將於星期六夜進入克恩城廢墟，沒有疑問的，盟國方面充分認識到：他們此勝利僅僅依靠於聯合的及最大限度的使用兩大軍事武裝，盟軍於此實際上具有×××的艦隊及空軍。可以假定，該城的失守，是包括在德軍最高統帥部的估計中的。德軍在克恩周圍的陣地是被認可能長期的扼守的。值得注意的是，此次並未如一週前之軍在奧登南突破時的情形一樣，以現有的坦克後備反攻，以圖奪回失去陣地。在上次，德軍反攻可以在敵人軍艦大砲的射程外展開。但在克恩，反攻將直接引導進入盟國軍艦的射程內。沒有疑問的，此次未發動此種反攻，因德軍統帥部從一開始就認為：克恩丟掉的危險，比過早用盡現有兵力的危險要少些。再說，敵人只能緩慢地並在最大的人員及物資損失下進入城內。在克恩南郊，德軍抵抗星期一午仍繼續中。在企圖渡過橫貫城內的奧倫河中，敵人又受到最嚴重的損失。由於蒙哥馬利將軍集中其主要兵力進攻克恩，英第二軍在此戰綫的其他陣綫的努力是很小的。在格蘭維爾附近的奧登河與索爾河間及在通考蒙公路上，只發動過局部進攻，但所有這些進攻俱被擊退，並予敵重創。在諾曼第前綫的西部陣綫，美第一軍於週末使用最強大的部隊繼續進攻，亦在某些陣地有些進展，但既未能達到所渴望的突破，也未得到足夠的地方可予美軍更大的作戰行動自由。敵人進攻的重心又是在維爾河與唐特之間及加昂坦——貝利埃公路，此處美軍在最重大的損失下佔領了聖安德達伊城及桑特萊，大致進抵卡維格尼——特利貝荷——德森特一綫。敵人的目的無疑是：經貝利埃西攻至萊塞，以便向南方打破德軍在馬萊加根塞、喬治草原與西部海岸地的抵抗，因為在此陣綫，美第×××，實際上未能獲得形勢的任何改變，他們又能在伊薩城中獲得立足點，但未能獲較大利益，因為海伊與卡斯特山森林（仍在德軍手中）間的控制性高地，又同時為德軍扼固。敵在普列希附近及蒙特加登附近的進攻在傷亡慘重下失敗。

# 參攷消息

（只供參考）
第五六七號
解放日報
新華社 編
今日出版一張
卅三年七月十六日
禮日


## 軍委會一週戰況

【中央社重慶十五日電】據軍委會八日至十四日發表一週戰況：繼續進行中之湘、粵、滇西及緬北各地戰況，綜合概述如左：湘省戰事，六月下旬移至粵漢綫及其兩側橫廣約二百餘公里之地區內，展開激戰。敵寇於六月廿六日以來，傾全力企圖一鼓攻下衡陽，但在我忠勇將士堅強抵抗下，屢挫頑敵，血戰至今，已達十九日，敵寇雖曾付予最大之犧牲，終未獲逞，衡城在四面包圍中仍屹立無恙。於本月四日來，我向敵之翼側攻擊各部隊，均獲得相當進展。東至滲入耒陽以南之敵，刻被我分別圍攻。攸縣敵曾數度反撲，均被我擊退。西岸於七日攻克醴陵之我軍，現與增援復侵入城垣之敵激烈巷戰。西岸我軍於十日克永豐後，續向敗敵攻擊中。我空軍及盟空軍連日廣泛出動，對敵遍施轟炸，並協同我地面部隊作戰，九、十兩日所收獲之戰果，尤為宏偉。要之，敵寇愈深入，其將遭遇之抵抗愈強大，必須付出代價亦愈慘重。敵寇現對衡陽仍在增援猛犯，更形激烈之戰鬥，尚在展開中。粵南分路北犯之敵，企圖與湘省南犯敵會師，曾經十七天之猛烈搏鬥，我已將侵入龍門之敵擊退。惟清遠方面，敵增到後續侵入清遠縣城後，繼向北犯，已被我阻止於清遠東北及西北之小北江流域慘戰中。滇西怒江西岸，我軍連日向敵猛攻，已將騰衝外圍敵之強固據點先後摧毀，現已攻迫騰城東北及西北城垣。騰龍公路已為我軍完全控制，並將由芒市方面向我進犯敵擊退。困守騰城之敵，雖猶負隅頑抗，但已形成孤立，其命運之決定當不在遠矣。緬北加邁至孟拱公路上，敵人有組織之抵抗已告肅清。由加邁南下之我軍，已在孟拱城北十一公里處會師。向孟拱西面推進之我軍，已進展十四里半。沿鐵路東北推進之我軍，已到達密芝那地區。滇西緬北之戰事，已將近打成一片，而成相互呼應之局。各地戰鬥均在順利進行中。

## 敵論國共談判進行困難

【同盟社南京十三日電】據到達此間的情報，周恩來於數日前在延安接見記者時，發表重大聲明稱：延安政權與重慶政權的調整，仍在繼續進行中，唯雙方的主張，相距尚遠，故還未得到解決。延安方面在團結抗戰及實行民主主義的條件下，是願意談判的。重慶延安問題，是決定抗戰中國命運的關鍵。不待言者，我軍此次對華新作戰的迅速進展，對於重慶與延安的關係，也有重大影響。不消說，最近延安對重慶努力進行談判的重要因素，是美英蘇三國根據開羅、德黑蘭兩會談的結果，强迫蔣介石統一國內戰綫。與河南作戰同時舉行的西安談判，重慶代表王世杰、張治中與延安代表林祖涵間，曾進行具體的磋商，且一度決定妥協案。王張二人攜帶該案回返重慶後，便立即遭受到猛烈的反對，元老派、CC團、政學系等，對此無不非難。熊式輝、陶希聖並當面辱罵兩代表。繼之林祖涵到達重慶，在此種空氣下，重慶對延安的要求便非常苛刻，而延安自無答應的道理。林祖涵乃毅然聲言沒有討論的必要，而要歸返延安。此時重慶的反延安強硬派便將林扣留，表示對延安不惜一戰的態勢，但由於蔣介石不下命令，才釋放出來。美英所要求於重慶的，就是提供對日戰爭所需要的强固立足點，除此以外，沒有別的東西。因此它們不能不關心作為反軸心國戰綫下一環的重慶延安合作問題。美國的工人日報在七七紀念日揭載論文，說重慶延安的妥協是打倒日軍絕對必要的條件。美國副總統華萊士要求重慶對延安屈服。他訪問重慶，把調整重慶延安關係作為重要計劃之一，但扮演的角色儼然像延安的代辯者，而其結果不能獲得具體的成效。對延安政權來說，對日抗戰不過是一種手段，他們最後企圖獲取統一中國的支配權。對延安妥協就是延安政權蠶食重慶的地盤。因此不論怎樣要求，重慶是不會輕易地答應與延安妥協。目前形勢是對延安政權有利的。重慶延安的關係如何，姑作別論，但是只要重慶不擺脫其作為美英走狗的地位，它將要被延安拉着，繼續進行抗戰。

## 離延中國記者報導
## 洛川駐軍助民割麥

【中央社洛川十二日電】（遲到）記者團於十二日夕陽中入洛川縣境，第一印象即為士兵協助農民割麥，軍民一體，狀至歡洽。據第三區行政專員余正東及當地駐軍蔡團長稱：國軍部隊幫助人民工作辦法，尚不只割麥一端，他如耕地、鋤草、下種等農事，皆可向各鄉鎮之軍民合作社要求協助。該社為軍民互助之橋樑，以鄉鎮長為總幹事，另由部隊中派員協助。此項在各地普遍實行，非僅陝洛一地爲然。記者問蔡團長軍食互助其有×義務如何？農民接受此種協助有無酬報？蔡團長答稱：官兵衣民餉彈雖由國家供應，然飲水思源，無一不來自民間，吾人助民工作，義所難辭，何須報酬，故除茶水併揭外，別無供應。至分配兵士幫工次序，以忙時係先儘抗屬，次爲一般人民。

（按：中國記者是十二日離開延安的，當日晚到洛川，即發出此種消息，把在我們這裏看到的軍民互助的情形，加在國民黨軍隊身上。由此可見國民黨的技倆。故特登出以作參考。——編者）

## 渝文抗募集援助貧病作家基金

「中央社重慶十五日電」文藝界抗敵協會總會頃爲援助貧病作家發表募集基金緣起，略謂：抗戰七年，文化界同人堅守崗位，爲抗建宣傳我軍民以忠勇，曾不少懈。近三年來，生活倍加艱苦，稿酬日見低微，於是因貧而病，因病而更貧，或呻吟於病榻，或慘死於異鄉。政府當局雖屢廑垂念，時賜助援，而粥少僧多，實難廣廈蔭庇，苟仍任其自生自滅，則文藝種子漸絕，而民族精神之損失或且大於個人之毀滅。用特發起籌募援助貧病作家基金，由本會組織委員會妥爲保管，專作社員福利設施之用。一元不薄，百萬非奢，愛好文藝者當必樂爲輸將。

「中央社渝十五日電」凡實行食鹽公賣如重慶、貴陽、昆明、桂林、蘭州等城市，將逐一實施計口授鹽制，而以軍公爲首先實施區域。至於實施辦法，將由各消費合作社及各食鹽專賣店負責辦理，每人憑證購買食鹽一市斤。

## 敵朝日新聞特派員評歐洲戰爭接近決戰

「同盟社柏林十四日電」朝日新聞柏林特派員森山報導：德國宣傳部長戈培爾在某集會上高喊：『現在德國人民正面對着危機』。於是他更嚴格地要求每一個國民參加總力戰。他認爲德國尚未建成驚人的總力戰體制。從他的呼籲中可以窺見今日德國處境非常困難。在南面有意境敵軍的攻勢，在西面有敵軍在諾曼第的登陸，在東面蘇軍以驚人的速度前進。這顯然表示反軸心軍已開始總攻擊。看了他們攻擊的情形，就可以知道他們選擇走向柏林的最短距離，決心一舉而埋葬德國。德國早已知道敵人的這種意圖，因此不必戈培爾博士宣傳，每一個國民都徹底覺悟到今度是決戰的時機。歐洲戰爭在今年秋天以前，將達到頂點。縱使戰爭不能在今年內結束，但今後三個月或四個月的戰事發展，將決定歐洲戰爭的歸趨。『時間對德國有利』這種主張在很長久的時期中支配了德國的看法，今天再沒有一個人說這句話了。敵人既已尋求最終的決戰，那末德國不得不竭盡所有的總力進行反擊。德國的指導者們怎樣看現在趨於白熱化的戰爭，他們用什麼話向德國人民說明？在這個意義上說，戈培爾博士之言是有深長的意味。他把這個戰爭比作長途競走：『我們在眼前已可看到決戰點的白帶，競走已到了最終的階段，即是說我們無論怎樣苦痛，亦要咬緊牙關堅持到底。繼續生存者就會勝利，敵我雙方誰能活得久就可以決定勝利。強暴的敵人即在我們的背後追趕我們，以一頭之差，最初衝至決勝的白帶者就獲得勝利。』觀乎此種評言的方法，就可以知道現在戰爭是進到多麼緊張的階段。這不是修辭的比譬，而是逐漸迫近的實際感覺。由德國的觀點來說，現在的戰爭是不分勝敗，德國將在決勝點以一頭之差，獲得勝利。希特勒元首在去年一月卅日的演說中說：『我們在此次戰爭總結時，是死還是勝利。』生死的界限就是凡是違背神的意志者就要死亡。德國集中一切力量於此一戰。德國某從軍記者從曼諾第戰線發來電報，對於此次戰爭作如下的評言：『目下敵我戰爭的狀態正如兩個人在摔跤，德國雖然精疲力竭，但是稍爲休息一下。又調整其陣容，然後突然如閃電般的，開始猛烈的活動，進攻敵人，然後戰鬥又回復到最初的姿態。但是這個戰鬥將由敵人或我們來解決。這是因爲雙方都未動用主力。宣傳部長戈培爾亦說：『不久的將來，將開始進行決戰。』反德同盟軍現在正在距柏林一千公里的演習地點，從法國北部，意大利東部戰線包圍德國的鐵環將向內部壓縮，德國在過去兩年可說是採取後退的作戰，但它們在遠離戰當初的國境線進行戰。目前戰爭的大勢，在表面上似乎有利於掌握着進攻的主動性的反德同盟軍，但德國作爲內線的防禦者，在三個正面戰場中犧牲意大利戰場及東部戰場，而要奪回西戰場進攻的主動權。新作戰的基礎就是在新任總司令克魯格元帥統率下，調整新陣容的西歐德軍的戰力、作戰及相繼出現的新戰術武器。新兵器只要是報復的武器，那末德國作戰是針對着英國的要害，這裏不可否認的存在着政治攻擊的目標。但是決定戰爭的就是現實的戰場。德國在上次大戰時，可說是在前線勝利，而在國內遭受失敗。在這次大戰中，不能和上次一樣。決定國內的思想和生活的就是前線的戰況。現在的戰爭關連着歐洲各民族的命運，而正以愈益慘烈、悲壯的程度進行下去。

參攷消息
（只供參考）
第五六八號
解放日報 新華社 編
今日出版二張
卅三年七月十七日
星期一

## 同盟社傳：印度政界關於甘地提案的反響

【同盟社里斯本十二日電】甘地經過前後十日的工夫，與回教馬德拉斯州長反復協議結果，向回教徒聯盟金納．提出關於解決回印兩教徒糾紛具體方案。以該提案爲中心，遂在印度政界引起熱烈的反響，據孟買來電，自由派薩波普提出下列七項作爲打開印度政界僵局的方案：印度總督的不允許甘地會見國民大會派領袖，以及總督本人拒絕前者的要求，殊不妥當，但爲了打開印度政界的僵局，我希望（一）釋放國民大會派執行委員，並允許甘地與彼等接觸。（二）印度總督接見甘地。（三）甘地與金納會見。（四）甘地對於少數民族，盡可能的給以寬大條件，以便使各民族參加。（五）在新憲法未完成前。甘地應使各政派參劃各州的行政，組織類似的臨時內閣。（六）各政派爲了打開印度政局的僵局，均向印度總督，提出備忘錄。（七）希望甘地慎重檢討各種族目前的重大懸案，助長和好的氣氛，協助其解決。

【同盟社斯托哥爾摩十三日電】自從甘地提出回印糾紛的解決案以來，英國政界已提出對於印度政策的再檢討，據倫敦來電，十三日英國下院，保守黨魏拉姆斯蔡爾德，提出回印糾紛解決案，印度的勞工運動，飢饉等對策，質問印度事務大臣阿梅利，關於甘地的提案，阿梅利閃含糊其詞，非常冷淡地答道：『解決種族的糾紛，是回、印兩教間的問題。』終於艾登外相最近答應全面地討論印度政策，暫告解決。現於保守黨有議席的甘曼斯（很早以前爲駐緬甸的總領事），曾質問道：『現在印度政府與英國政府，究以何種比率，分担東亞戰綫』？阿梅利對此，亦含諾起來。據路透社電稱：『英國政府與印度政府的戰費分担，係根據一九四〇年二月在下院公佈的協定，根據上述協定，爲防衛印度而化去的戰費，從印度的歲入中拿出。對付印度領內日軍的戰費，當亦包括在上述範圍內，但據上述協定，對付日軍的最後的

## 華萊士向羅斯福報告訪華成果

【同盟社里斯本七日電】華盛頓來電，美國副總統華萊士，訪問重慶後，已於十日返抵華盛頓，該日立即進謁羅斯福，就重慶之行覆命，前後暢談二小時，會見完畢後，華萊士向記者發稱：『重慶軍事的形勢確實嚴重，余一方面向羅斯福總統報告余之使命，並對重慶內部的問題加以協商』。

【海通社安哥拉十一日電】安哥拉部分美國人士認爲，美大使返美不僅與美國對土國外交政策可能採取的新措施有關。據此間稱：某些國內的事件和利害關係使他回美。據傳他對紐約州長職位（現爲共和黨總統候選人杜威佔據）很感興趣。

## 英報評中國局勢稱重慶處於崩潰的邊緣

【海通社柏林十五日電】倫敦訊，目前重慶中國軍事和經濟的情況，嚴重到這樣地步，以致我們說重慶處於完全崩潰的邊緣，也不算誇大。以上乃是倫敦『騎馬隊』週刊所表示的意見。蔣介石的軍隊正迅速瓦解中。毫無疑問的，重慶目前的困境，英美幫助的不够，應負大部份的責任。除掉供應困難以外，重慶目前還正面臨着財政危機，其通貨膨脹的程度，可與第一次世界大戰後的德國相比。若干人士斷言同盟國之對重慶幫助的不熱心，是由於這個顧忌，即：使中國過於強大，對英美是沒有好處的，因爲強大的中國，就不允許外國資本家的剝削。如同盟國欲阻止的話，重慶中國通貨膨脹的趨勢顯然是可以遏止的，英美金融家的作爲對於目前重慶中國財政危機，應負很大的責任。這些金融家的眼光，實在是極其短視。嗣後該刊物提出警告謂：重慶中國完全崩潰後所產生的不幸形勢，將與一九四〇年法國潰崩後所產生的相同。

【同盟社斯托哥爾摩十五日電】英國週刊報 Caval-cade，於最近一期指出重慶的危機。該報稱：重慶現正陷於軍事危機中，英美兩國爲了自己的利益，將主力投入歐洲作戰，至於重慶並未放在他們的心頭，更因日軍逐漸佔領中國的重要地區，重慶更遭受到軍事的危脅，反軸心軍如不打破日軍對重慶的封鎖，則重慶政權究竟能支持好久？萬一同盟軍如在上述作戰中失敗，

則重慶的形勢將更嚴重。

## 同盟社摘引解放日報
## 評「長沙失陷後的危機」

【同盟社上海十四日電】美國特使華萊士訪華後，重慶不斷宣傳加强國共合作，延安方面對重慶作了痛烈批評，其批評的主要點是重慶軍在河南與湖南的敗戰，但應當注意的是主張全民總反攻的延安與依靠美國依靠武器的重慶在戰術戰略上的對立。中共機關報解放日報，於最近的社論中，以『長沙失陷後的危機』爲題，强調重慶的危機，亦說明了我軍此次作戰對抗戰陣營的威脅是極大的。其值得重視之點如下：過去數次的作戰，日軍用活潑戰術作戰，往往早去晚歸，一擊即行撤走，此次作戰則是在於消滅重慶軍與佔領交通要地，以此加强對重慶的壓力，要應付這一情況，必須改變政治上的獨裁政策與反共政策，但重慶舊的依然未變，軍事上的失敗，則歸因於物資與裝備的缺乏，河南的重慶軍有四十萬兵力，但不能對抗數分之一的日軍，湯恩伯的裝備比一切雜牌軍均優良，但頑強抵抗的是雜牌軍，湯恩伯所統率的數個集團軍則不戰而退，實際上損失已達二十四萬。試問這是否由於武器或兵力之故，這樣的軍隊即使供給以新式武器又有何用？不論河南也好，不論湖南亦好，日軍所看到的是重慶軍不戰而逃一觸即潰的姿態，如此不但不能消耗日軍，而且相反的消耗的是自己，所謂消耗論，唯武器論完全是一種空言，現在的危機決非這些遁辭所能逃避者，眞實的原因是由於國民黨統治人士的錯誤政策，國民黨的政策如不根本改變，則戰爭繼續下去必定失敗，野戰軍將遭受更大的損失，平漢、粵漢兩鐵路將被日軍打通，江蘇、安徽、浙江、福建、廣東、廣西各省將被日軍切斷，大後方抗戰根據地將大大的縮小，財源將更困難，國際的地位將日益低下，各種危機將會尖銳的表現出來，現在已是醒悟的時候了，國民黨應將今後的政策加以充分考慮。

## 湘籍難胞紛逃黔桂

【中央社桂林十六日電】桂省振濟會，以湘省過境難民爲數日衆，亟待救濟，擬在全縣柳洲等地設置救濟站，頃會同中振會第九救濟區，電請中振會撥發三百萬元，充救濟費用。

【中央社貴陽十六日電】黔省衛生處，爲加强對入境難胞之醫藥救濟，於獨山、都勻、黃坪、玉屏、鎮遠、貴陽等地，分別組織醫藥救濟單位，並加設病床一百一十張，組防疫隊三隊，救護人員來筑協助。

【中央社重慶十七日電】中訓團黨政軍人事管理人員訓練班，第八期自六月十一日開學以來，訓練期滿，於十六日上午舉行畢業典禮。到戴傳賢，段錫朋，胡庶華，王東原，黃仲恂，賈景德、錢卓倫，狄膺及本班教職學員共七百餘人。是日團長以事不能蒞團，特派[illegible]主任委員傳賢代表主持。

【中央社西安十六日電】陝省黨部主委谷正鼎，於上午十一時飛蘭，代表中央出席甘肅全省黨員代表大會，並監選執監委，聞谷氏赴會後，將在蘭小作逗留。

## 紅軍進入維爾諾後
## 波流亡政府又向蘇挑釁

【路透社倫敦十五日電】波蘭政府本日發表關於蘇軍進入維爾諾之聲明稱：波蘭政府保持一項觀點，即：戰爭期間除經有關各方之自由同意及善意許可，不得有領土變更情事。波方係在昨日及今日上午內閣會議之後始發表此一聲明。路透社按，維爾諾前在波蘭境內，一九三九年始爲立陶宛蘇維埃共和國之京城。

## 瑞典各黨派大團結

【海通社斯托哥爾姆十一日電】保守黨自由黨及農民黨已同意在很多省份，在行將到來的瑞典國會選舉中將力量聯合起來。衆信這一趨向團結的運動，將在全國各地展開。共產黨也企圖與社會民主黨聯合，但至今仍遭後者拒絕。

## 日寇捏造塞班美軍
## 損失一萬五千

【同盟社中部太平洋根據地十日電】自六月十日敵在塞班登陸繼續奮戰中的我部隊，戰局雖日趨不利，但鬥志則逐漸高漲，以白刃戰突入敵陣地，準備戰至最後一兵一卒，致給敵方的損失極爲重大。自六月十日以來，給與的損害已在一萬五千以上。

【同盟社中部太平洋基地十日電】敵機七十餘架九日來襲大宮島，來襲之敵機中，三十架轟炸我飛機場，其他數十架則攻擊我海岸砲台及陣地，該日敵巡洋艦驅逐艦數艘，亦向該島實行艦砲射擊。

【同盟社中部太平洋基地十一日電】小笠原群島方面我所在部隊三、四兩日迎擊來襲之敵機動部隊，擊落敵機七十四架以上，迫其逃竄，其後又判明：復擊落敵機十三架，擊毀十五架，這樣，三四兩日在小笠原方面，被毀落之敵機一百零二架以上。

# 密芝那方面日寇頑抗未已

「同盟社緬甸北部報導班員九日電」上月廿九日以來，向我密芝那北方陣地反擊的敵第四十二團主力與美軍一部約四百人，因我軍猛烈攻擊，已呈現總崩潰。本月二日最後的戰鬥中，敵之全部幾被我軍殲滅，我軍戰果計敵遺棄死屍一百二十五具，投降兵七十四人，輕迫擊砲三門，輕重機槍八挺，各種步槍八十七支，無線電及電話機各二架，各種彈藥二萬一千發以上。

「同盟社怒江前綫報導班員八日電」在怒江河畔與敵大軍肉搏攻擊中的我軍主力，進入七月，進攻力更形加强，隨處猛攻敵人，對此敵軍即進行第一次怒江反攻，死傷者已達二萬三千餘，敵人爲了實現奪回緬甸的迷夢，不斷的增加援軍，本月二日敵第二十六師第二百八十八團，以龍陵東南八公里之地點爲中心進行活動，擾亂芒市至龍陵間的交通，我部隊制敵機先，於五日昔晉突然挺進至敵人背後，六日拂曉向濃霧中的敵人陣地進攻，敵人未發一彈即向東北方逃去。又在芒市附近，被我有力部隊牽制的敵人，在我別動隊面前周章狼狽，並遭受我軍準確砲火射擊，殘敵已呈四分五裂之狀，到處屍積如山，我軍對殘敵不斷掃蕩，並不斷的獲得戰果。

# 同盟社所傳戰時各國鐵路管制

「同盟社東京八日電」正如我們屢次指出者，運輸在近代戰爭中是決定戰局的關鍵，我們說戰時運輸的體制發揮到何種程度即可表示一國的戰鬥體制加强到什麼程度？這種說法並非言過其實。各交戰國在此次戰爭中都竭其全力加强和確保運輸力。現在概括地說明德、蘇、英、美四國鐵道的戰時體制。「德國」：德國依靠自由的機動力極力發揮其內綫作戰的有利條件。因此它在戰前就特別講求對策，而確保運輸力。德國開始進攻波蘭時，在一星期中完全停止通常列車以外的一般旅客列車及運貨列車，幾乎，將其鐵道的全部機能集中於軍運上。當軍運告一段落時，又逐漸恢復客車和貨車。雖然如此，但是德國仍然嚴格限制旅客的旅行，而前往合併地域旅行亦需得到警察的許可。至於國內旅行，將士、軍屬與公務人員、工人有優先權，如有剩下坐位，才允許一般旅客買車票。至於遊覽旅行，當局張貼佈告，加以禁止。違反者則被罰款或受監禁的處分。關於運輸貨物，德國於開戰後，立即實施這個制度，即軍需品及特別指定的生活必需品以外的一般貨物，要得到當局的承認後，才可以運輸。「蘇聯」：蘇聯把一切交通機關置於國家統制之下，不時着重運輸貨物，帶有國家性的擴大生產的重要物資及生活必需品的物資有運輸的優先權。但是對德開戰時，統制更加徹底，禁止運輸經由西伯利亞的旅客和貨物，各地的長途急行列車幾乎都被廢除。客車的速度被降低爲每一小時三十公里。嗣後隨着戰局的進展，自一九四二年採取這樣的制度，即：一般旅客的旅行要得到許可，然而因公務以外的旅行不容易得到許可，一般旅客的旅行在實際上已被停止。一九四三年最高蘇維埃主席團命令全國鐵道實行戰時管理，而置於軍事當局的管理下。而其結果鐵道全部從業員於戰爭期間被視爲被動員的人員，而被束縛於鐵道運輸的崗位上，當局給予「交通上將」、「司機中校」、「車輛少尉」這一類的官銜。他們完全被編入鐵道特科隊。「英國」：英國鐵道與德蘇兩國的鐵道不同，而跟美國一樣，是按私有制經營之。當戰爭的時候都是首先採取措置，將其置於國家統制之下。此次大戰時，當英國宣佈與德國進入戰爭狀態的第三日，運輸大臣命令將重要鐵道及倫敦城內全部交通機關置於政府管理之下，至此，政府獲得統制各鐵道的權限。政府通過各鐵道公司的代表組成的鐵道管理委員會傳達命令，在實際上仍由各公司的幹部及從業員經管鐵道。這種統制仍有缺陷。該委員會於大戰發生後的瞬間，首先極度減少客車開車的次數，停止急行列車及遊覽列車，並減低一般列車的速度。此外廢除食堂車及大部份臥車，輸致地區的列車改爲單一的等級制度。另一方面爲了防空計，於戰爭爆發時即出現避難列車一千五百列以上。此種運輸告一段落後，即重着運輸貨物，但是仍然加緊限制客車。「美國」：美國參加上次大戰後的第九個月才由國家管理鐵道，在這次大戰中，因爲鐵道從業員的罷工，收回國家管理一星期，除此以外，美國鐵道迄未實行國家管理。各鐵道公司的利害各不相同，因此不願意由國家管理，只是通過鐵道協會，滿足國家的要求。由國家管理鐵道是很困難的，此次大戰發生後，由於船舶不足及節省汽車，因此鐵道運輸非常繁忙。同時紐約——芝加哥間的特別快車（紐約聯鐵道公司廿世紀的特別快車，賓夕法尼亞鐵道公司的[illegible]別快車）業已廢除。在戰時各國爲了運輸貨物，都是限制運輸旅客。美國亦停止遊覽旅行及奢華的設施。

# 戈培爾空嚷質量優勢

「海通社柏林八日電」帝國宣傳部長戈培爾在德國東部××二十萬人的群衆大會上講說宣稱：每一個德國人必須立志增加他對最後勝利的捐助，並盡可能減低其個人要求。這次戰爭是一個罕有的鬥爭，與過去的戰爭是不能相比的，因爲這事關係一國之生死存亡。他說：『德國業已預料今夏敵人之總猛攻，這次敵人在某些地方作戰中表現出來的物資上的優勢自然必須估計到。但是，在現有僅有歷史意義的決戰中，決定其結果的是質量而不是數量，是更好的理想與更高的政治道德而不是[illegible]發手段。因此，在這次戰鬥中我們不僅必須動員一切物資手段，不僅要供應我們的士兵以更好的武器，而且我們必須也要選而依據我們整個心力以應付我們前面的考驗，並且還必須片刻不容懷疑我們事業的正義的勝利，無論戰爭的各個不同階段中暫時似或會有的困難怎樣。過去數星期中空戰又一次成爲雙方的問題。』德新武器在英國人相信他們已經脫出了難關的時候打中了他們。『我們有着一切理由以最大的鎮靜及對於我國物質和精神的力量的自覺去看此後數月的發展。』

## 丹麥流亡政權與蘇聯建立邦交

『同盟社斯托哥爾姆十日電』流亡丹麥委員會，十日決定與蘇聯建立外交關係，並派遣共產黨員二名至莫斯科爲臨時外交代表，同時將上述宗旨通知英美兩國政府。

## 教王將接見奧爾曼斯基

『海通社柏林十日電』紐約訊：合衆社星期一自梵蒂崗城報導稱：教王庇亞士十二世在美國駐梵蒂崗外交代表泰萊請求之下，同意接見美國神父奧爾曼斯基。奧爾曼斯基最近曾訪問蘇聯，就教會問題與斯大林談話。當奧爾曼斯基與斯大林會面的消息傳出後，梵蒂崗人士要美國教會當局，責備奧爾曼斯基此次並被授權而擅自拜訪克里姆林宮。正如合衆社所揭露的，泰萊力圖使梵蒂崗與蘇聯政府言歸和好之中，促請教王接見奧爾曼斯基。該通訊社獲悉，奧爾曼斯基將首先向一個特別委員會報告他和斯大林的談話，這個特別委員會是在一九三〇年成立，以研究蘇聯與梵蒂崗的關係的。

## 羅斯福將接受民主黨選爲總統候選人提議

『海通社柏林十日電』華盛頓訊：此間政界人士一般預料六月十九日在芝加哥舉行之民主黨大會，將推選羅斯福爲第四次總統候選人，並且羅斯福將接受這一推選。而副總統推選的問題，則很不清楚。現任副總統華萊士一再被提及亦屬實。但如民主黨方面星期日宣稱：在黨內有反對華萊士蟬聯推選的強烈傾向。星期日提及另外的候選人：戰時動員局局長佔姆斯·伯奈斯，及最高法院法官維廉·道格拉斯。如果羅斯福接受第四次被推選爲候選人，預料他將對副總統的候選人發表某些意見。民主黨主席羅伯特·亨尼干對他與羅斯福之會談，保持沉默。然而已悉在此次會談中民主黨大會的確定計劃已擬訂。某些人士認爲副總統候選人問題，可能在華萊士與數日內返抵華盛頓之後再行發表。

## 捷政府將有更動

『海通社斯托哥爾姆十四日電』摩根日報駐倫敦訪員，預料捷克流亡政府將有顯著更迭。據悉：斯科達工廠前任總理與特拉塔將參加政府，任商業部長。現任商業部長涅米克將以貝奈斯政府代表身份前赴蘇聯，負責在將爲紅軍佔領捷克領土上成立捷克民政機關的事宜，一如斯大林與貝奈斯所訂立的協定所規定的。

## 瑞京舉行軍事演習

『海通社斯托哥爾姆十四日電』斯托哥爾姆將於下週某夜舉行新的夜間軍事練習。重新進行這種夜間練習，是全瑞典作戰準備已形增加的表示。

## 傳克羅斯退出意內閣

『海通社紐約十四日電』合衆社羅馬訊：由於克羅斯辭掉波諾米內閣之職，波諾米政府的潛伏危機不久就會嚴重起來。克羅斯和摩奧特兩閣員拒絕就職宣誓。合衆社又稱：波諾米政府將於星期六舉行會議，並將在其他事件之外，根據盟國建議，決定停戰協定將於何時予以公佈。

## 拉丁美洲零訊

『同盟社斯托哥爾姆十一日電』阿根廷陸軍部長貝倫，此次被任命爲阿根廷副總統。『紐約時報』駐布宜諾斯艾利斯特派員，十日報導如下：儘管最近美國政府對阿根廷陸長貝倫的演說表示不愉快，本月四日貝倫陸軍部長之就任副總統，完全是一種對美國的挑撥行動，但不能否認貝倫上校，由於他任勞工部長當時的社會政策，故受到軍人及工人階級大多數的支持。

『海通社柏林十一日電』倫敦訊：倫敦泰晤士報布宜諾斯艾利斯訪員描述阿根廷陸長爵·貝倫就任副總統之職爲對美國的『藐視行爲』。訪員指出：貝倫就任副總統之職，係在美政府對其六月七日的講演表示不悅之後不久。貝倫講演贊成經濟自足。泰晤士報訪員宣稱：貝倫是一能幹的而具令人激悅的姿態，但是一奸雄而富野心。

# 参攷消息

（只供參考）

第五六九號

解放日報 新華社 編

今日出版一張

卅三年七月十八日

星期二




## 敵對冀東我軍發動進攻

【海通社北京十七日電】日軍界人士稱，爲了使住在北京以東至滿洲邊境地區的七百萬中國人，重新過和平與安全的生活，現對活動於該地區的共產黨游擊隊，發動了軍事行動。

## 國民政府公佈保障人民身體自由辦法

【中央社渝十七日電】國民政府十五日訓令行政院、軍委會及其他直轄各機關，頒佈保障人民身體自由辦法，定於本年八月一日起施行。

## 敵稱在茶陵附近殲滅中央軍三個師

【同盟社湖南前綫十七日電】我軍毫不停歇地圍攻耒陽、茶陵附近的敵軍殘部，終於十五日黃昏澈底殲滅包圍圈內的敵軍三個師。我軍於十四日拂曉開始猛攻豪語奪回耒陽而北上的敵第二十六軍及暫編第五十四師，在清水塘、松柏亭附近完全包圍敵三個師，澈底殲滅之。我軍迎擊由東方出擊以期奪回茶陵的第二十軍主力，約殲滅敵軍一個師。據俘虜供稱：第二十軍是奉薛岳之命令大舉來襲，以圖奪回耒陽，但是他們在我包圍圈內完全被殲滅。

【同盟社東京十七日電】衡陽的失陷，僅是時間問題了。七月份的世界週刊，認爲衡陽的失陷，意味着湖南全省的失陷，同時也是重慶政權的致命傷，給以下列評論：湖南省的失陷，說明了下列的事情：第一是在江西、福建的美在華空軍根據地，全面的後退，廣西、雲南、四川敵各根據地，亦不斷受到威脅。因而企圖從中國本部．轟炸日本的美國野心，全被粉碎。同時由於第六、第九戰區的崩潰，將有三十個師，三十萬的兵力，因而無力化了。第二，在經濟上損失了生產額達一億石米的大半，以及喪失了河南小麥的重慶抗戰經濟，被迫迅速向四川衰退，生產額號稱佔全世界百分之九十的鎢，湘潭的錳，南部山嶽地帶的鉛等等的損失，此對患着抗戰資源不足的重慶，更把他拖入死地。粵漢、湘桂、湘贛各鐵道，洞庭湖水路的喪失，可以說奪去重慶僅有的殘餘的供路的大半，無論在經濟上軍事上，重慶都因而孤立了。從根底上，顛覆了重慶的抗戰體制，由於湖南作戰，重慶面臨着大危機的理由，便在這裏。

【同盟社湖南前綫高柳報導班員十七日電】我部隊於佔領茶陵的戰果中，……（掉二十多字）。薛岳驅逐中國農民抗戰，狀極悽慘，我軍對這些民衆，不取價値配給該等民衆食物，被重慶軍的暴虐所欺凌而逃至山中忍受飢餓的民衆，對我軍這一恩惠極爲感謝，民衆均認識我軍佈告的眞義，皇軍的敵人並非無辜的民衆。

【同盟社里斯本十七日電】隨着日軍在湖南、廣東兩戰綫作戰的進展，桂林的民衆陸續開始避難。據重慶路透社電稱，重慶政權當局正式下令桂林人民開始避難，並指令經營工業者及商人盡量將企業設備移往內地，不能搬走的重要設備，完全加以破壞，幫助市民避難的資金有三十萬元。據美聯社特派員報導，當局亦命令廣西省交通要點——柳州的市民避難。

## 孔祥熙稱 美不久將以大量物資供應中國

【合衆社華盛頓十六日電】中國財政部長孔祥熙頃表示美國不久將以大量之民用及軍用品供應中國，以加强中國之地位。孔氏此項表示，顯係與羅斯福總統舉行『最令人滿意』之談話後之結果。據孔氏向合衆社記者稱，諾曼第之形勢甚佳，盟國已可以更多之物資運往中國，現時稍對中國增加供應品，即可大增中國對日作戰之力量，因而縮短太平洋戰爭。對中國之供應品，包括布疋、藥品、汽車、卡車與其他運輸器材以及武器。孔氏認爲，可藉飛機運輸大量物資，使中國恢復活力，並謂：『有志者事竟成』。孔氏謂美國於一九四二年爲穩定貨幣，而借給中國之信用貸款五萬萬元，倘有大半未用。孔氏强調渠之主要目的，乃獲得更多之物資，而非更多之貸款，因中國之通貨膨脹，非僅起因於紙幣，且物資缺乏，亦爲主要原因。中國物價高，物資少，民氣低。如吾人欲中國有力作戰，吾人必須以物資援助增强之。中國如無物資，金錢即等於無用。物資乃一國制止通貨膨脹及進行戰爭之武器。合衆社記者叩問孔氏對於羅斯福總統所稱中國形勢嚴重一語之意見，孔氏答稱：「吾人亦可稱中國之形勢對於美國及中國均甚『危險』。因日本欲在大陸建立堅強之立足點，中國之最大敵人，亦即美國之最大敵人也。中美二國，具有共同之目標，即擊毀日本之軍事力量是也，吾人切盼摧毀敵人，吾人亦切盼貴國使吾人能順利達成目標，在緬甸及中國中部作戰之軍隊，固同爲中國軍隊，而緬甸之中國軍隊，即告成功，蓋因其獲有供應品也。吾人不能要求士兵赤手空拳與敵作戰，所謂世界之兵工廠，應以裝備供給之，英國及蘇聯如無貴國之援助又將如何。孔氏繼稱：『日軍最近在中國之進攻，乃一最後之掙扎』，目的在攫取交通綫，以將其掠奪之物資，運至本土。日本有兩項主要顧慮，渠知我方已修築多處機場，用以轟炸日本，渠亦知美海軍擊沉日輪甚多，海上交通現已無法維持。』孔氏強調澈底粉碎日本之軍國主義及建立世界安全機構之重要，並謂：『如四十四國可以合作，則全世界何以不能合作，在此飛機轟炸時期，吾人之必須採取若干措置，俾在未來之廿年或卅年間，不再發生戰爭，已屬至爲明顯。余自重慶飛此，僅歷四日，共六十三小時，吾人刻既已成爲毗鄰，即必須和睦相處。」

## 宋美齡赴南美任務 各方揣測紛紜

【同盟社上海十六日電】重慶外交部十五日公報，承認宋美齡於九日乘特別飛機從重慶出發，而於十三日到達巴西的里約熱內盧，並聲言宋美齡此行，完全係移地療養，未負有任何使命。關於宋美齡的病，已早有傳聞，美國副總統華萊士於二日從蘭州出發之際，曾在其聲明中，聲言宋美齡雖在病中，但仍熱烈給以招待，特申謝意。但對宋美齡的病，雖無懷疑餘地，然而爲什麽選擇了炎熱的巴西，遂發生了種種揣測，原來重慶巴西兩者的關係，自上月中旬，巴西大使西魯巴到達重慶，重慶方而於一日使駐墨西哥大使程天固，駐巴西大使陳介駛赴任地後，才算顯著地加強了友好關係。故不會是爲了與此等三流四流國家的外交關係，而使宋美齡赴巴西，並給以政治任務的。據十六日外國電訊，熱內盧市長提供該市外布羅科小島，作爲宋美齡的療養地。巴西此種措置，當是基於新任大使的要求。至於孔祥熙夫人及其他夫人，也要遠遠的跑到巴西，與其說暴露了他們的病的性質，還不如重視重慶經濟狀態的窮迫。據聞宋美齡還要會見出席反軸心國金融會議中的孔祥熙，致在美國方面，引起了種種揣測。美國時代週刊七月中旬號推斷稱，孔祥熙的渡美，其目的並不單純地出席金融會議，而是爲了向美國進行龐大的借款，用以解決重慶經濟未曾有的危機，而宋美齡此次去巴西，更助長了上述的揣測，不可否認的，重慶的情況，頗使美英急焦的。

【同盟社里斯本十三日電】里約熱內盧來電，宋美齡於十三日下午五時四十五分，突然乘飛機抵里約熱內盧。

【同盟社里斯本十三日電】據紐約來電，合衆社遠東部主任約翰・摩利斯，於十二日從紐約本社十二層樓上跳下自殺，原因不明。該人長時間駐在遠東，是與蔣介石夫人宋美齡有特別親密關係的人物，這是衆所週知的。與摩利斯自殺同時，合衆社傳蔣介石夫人突然於十三日從赴美途中到達布宜諾斯艾利斯。關於此點，『華盛頓×××』之記者皮亞生，於十三日報上報導如下（該項消息是由隨華萊士訪問重慶之人中得來）：蔣介石夫人在重慶的指導階級中，名聲是最壞的，又因爲沒有生孩子，與蔣介石的感情亦不好，宋美齡雖是蔣的××夫人，但蔣介石又一時復活了再娶二房夫人的念頭，這亦是前些時日宋美齡逃避至美國的重大原因之一。重慶傳說蔣介石將娶其將軍的姪女十六歲的少女爲妾。

以上三個事實是否與此有關聯，現尚不明，但美國人對這一問題，已發生相當的興趣。

【同盟社里斯本十四日電】華盛頓來電，駐華盛頓重慶大使館，就宋美齡訪問巴西，發表係因休養之故，該大使館之態度亦極冷淡，在這一不關心的情形下，宋美齡的行動更增加了美國人的獵奇心，重慶大使館發表如下：『宋美齡所以突然出現於里約熱內盧，完全是因發病之故，因此宋美齡不會訪問美國。』

## 漢奸張一鵬病死

【同盟社上海十六日電】國民政府司法行政部長張一鵬，因工作過度，損害健康，於本月八日便居家靜養，醫藥無效，遂於十五日午後逝世，享年七十五歲。

## 補正：

昨日本刊『同盟社傳：印度政界……』消息內，最後『對付日軍的最後的』下面脫落一行，特此補正於後：『全般戰爭，如何在英國與印度間分擔，尚不能言明。』

# 參攷消息

（只供參考）
第五七〇號
解放日報社 新華社編
今日出版二張
卅三年七月十九日
星期三



## 粵漢路南北兩路敵隱 相距二百五十公里

【同盟社廣東十七日電】沿粵漢綫從南北猛烈進擊的我各部隊，逐次縮小南北兩軍的距離。十六日重慶廣播稱：日軍之一部南下部隊，正沿粵漢路南下，現已到達耒陽。又從廣東方面北上之部隊，已到達英德地區。兩部隊的距離已接近二百五十公里。

【同盟社華南前綫十七日電】西川報導班自發，在粵漢綫西方山岳地帶展開壯烈作戰並繼續北進的我先遣部隊，於十一日晨在北江之支流連江進行敵前渡河，突入敵人所誇耀的英德防衛敵人陣地，向依靠該陣地的敵第一百五十四師及獨立第九旅奇襲，對保衛韶關的前衛基地英德從西方採取強壓體勢。另一方面我主力部隊在連江南岸山岳地帶，巧妙包圍敵第一百五十六師及第一百五十九師，予以猛烈攻擊，特別是第一百五十九師，經我猛攻後已遭受殲滅的打擊，敵人沿山路向西方潰退。至此連江南岸的敵人被殲滅，已迫在眉睫，要衛英德的佔領亦僅時間問題。

【同盟社華南前綫十七日電】我軍各部，在從化方面隨處痛擊當面之敵軍，十一日又圍攻繼續蠢動的敵第一五二師的一部，予以潰滅的打擊，使其無法再起，即敵人被我巧妙的作戰所引誘，從山岳地帶進抵從化一帶的盆地，實行威力的偵察，以圖探知我軍的企劃。我軍即於十二日黎明開始猛攻之，將鄧偉棠團長指揮的第一百五十二師第四百×十五團的主力約一千五百人，壓迫至小石、園洞谷一帶。突然被包圍的敵人，雖然感到狼狽，但是仍然進行頑抗，我軍展開果敢的決戰，此役斃敵團長以下三百四十一名，繳獲迫擊砲三門、輕機槍三挺及其他兵器頗多。

【同盟社大陸基地十八日電】我機密切配合華南軍的北上作戰，參加在連江（北江支流）南方進展中的大包圍殲滅戰，爆炸敵人。同時援助渡過連江部隊之進擊，破壞敵陣 連日繼續活躍。即是說，十一日渡過連江的部隊，排除敵隱依前面山嶽地帶之頑強抵抗，並進擊中。我航空部隊猛炸敵陣，粉碎敵之反攻企圖，另方面敵一百五十九師與百五十六師一部，被包圍於連江南岸山嶽地帶，企圖逃出我包圍網，向西方逃竄，當被我偵知，十四日以來，予以反覆猛擊，約三千之敵失去逃路，向山中逃竄，非常混亂，此中情形，由空中可以看出。

## 傳宋美齡害痲疹

【路透社里約熱內盧十八日電】據中國大使館聲明稱：蔣介石夫人對巴西共和國總統和政府的盛大招待深為感謝，該聲明並解釋蔣夫人巴西之行的原因。它說：「蔣夫人患神經質的疲勞過度所引起的嚴重痲疹病已有八個月。她在重慶的醫生勸她到巴西來；她現由巴西和美國醫生醫治，醫生堅主她應完全休息。」

【合衆社里約熱內盧十七日電】中國大使館頃宣佈蔣夫人刻正請巴西及美國醫師診治渠以神經過度緊張，致患之蕁麻疹。夫人患此病已歷八月，迄至在開羅會議時，即已染此病。中國大使館由巴西國民新聞社發表聲明稱，蔣夫人聽從在渝醫師之勸告來巴西就醫，刻已請巴西及美國醫生診療，諸醫生堅持診療期間，有完全休息之必要。

## 國民黨反共軍 進攻淮北新四軍

【新華社華中十三日電】自敵向平漢綫及長沙進攻以來，我新四軍一再呼籲團結，共禦強敵，不但未得友方之諒解，反而對我淮北根據地積極推進。上月二日，蘇魯豫皖挺進軍第一分區馬子固部下十七總隊司令胡子馨六百餘人，配合韓莊嶧縣四大隊副褚思渚部，在五河北岸曹莊等地，向我運河支隊迫近。同時山東之游擊縱隊司令張里元，亦由阜陽領子彈返回，張部之孫善洪支隊，又向我運河東北地區邊境迫近，企圖分三路向我運河支隊活動之中心區黃邱套（運河以南）進犯。同時與我軍數年來並肩作戰之蘇魯豫皖挺進軍運東軍區卅二縱隊司令韓治隆部下少數反共份子，近日不斷唆使其部下向我路北挑釁，旬餘來，已達六次之多。例如第一次五月廿日，韓部一連向我任府調侯三連發射三槍。第二次五月廿七日，我由路南返回之部隊，被韓部教導一營一連及保安中隊尾追，並用機槍掃射。第三次六月三日，我路南北去之部隊，已於朱家灣渡口，遭韓部三團三連襲擊。第四次，六月五日下午，駐朱古之楊茂寅部，向我運河支隊部駐地連放三槍。第五次，六月五日，韓之部下在新集子扣押和侮辱我採買人員。第六次，韓部呂家實楊茂實強拔我運交自種之蘿蔔，並毆打幫助韓棨的羣衆，然我們本袒忍爲國團結抗戰之宗旨，始終對韓部這種違反團結行動，除提出抗議外，未予還擊。我們希望一本過去團結精神，積蓄抗戰力量，我們希望韓治隆部下心存成見之反共人們，立即停止這種行動，尤希規勸胡褚鄭等部，各返原防，共同從事於抗戰偉業，放棄反共計劃。

# 同盟社報導

## 一週戰報

【同盟社東京十六日電】中國方面：（地上作戰）湖南方面，我南下部隊向古城衡陽繼續進行包圍攻擊，並繼續南下中。向粵漢綫西方繼續開展進攻的右翼部隊，九日佔領衡陽西北四十公里的×××，並繼續前進。廣東方面，北上部隊於十一日在粵漢路上要衝英德南方二十公里的適江繼續殲敵人。該方面之部隊，從作戰開始以來至十一日之戰果，計收容敵屍體一千××具、俘虜二百八十六名、砲五門、輕重機槍及步槍五百八十一枝。（空戰）我航空部隊與地上我軍密切配合，徹底的打擊駐華美空軍，連日出擊敵前進基地芷江、贛州、新城、遂川、梁山、淡竹，獲得戰果甚大，主要戰鬥計十一日在桂林擊毀燃燒二十八架，十一日在淡竹擊毀燃燒十四架，十二日在芷江擊毀燃燒五十一架，十三日在桂林擊毀燃燒八十九架，共計擊毀燃燒敵機一百八十二架。七月上旬，敵機來襲累計二百二十四次，出動飛機一千二百四十五架，從一日至十三日航空部隊所獲得的戰果，計擊落燃燒敵機二百七十七架。緬甸方面：（地上作戰）隨着敵人打通科西瑪——伊姆法爾道路後，敵人逐漸在伊姆法爾平地加強兵力，並企圖奪回烏克魯爾。已動爾伸森坡爾方面之敵人，逐次增加坦克與大砲進行反擊，我軍並阻擊從科西馬南下的敵新編第一軍與向孟拱進攻的敵人。（密芝那方面）該地我部隊到處向美式重慶第十四、第三十一兩師及美軍一部反擊，本六月我部隊出敵不意進行夜襲，計斃敵一百三十八人，俘虜七十八人，從五月十七日敵侵入此方面以來，五十天中敵人的損失，計陣亡負傷達一萬一千名。（怒江方面）我軍在騰越、芒市，龍陵之綫，予敵重大損失，敵反攻企圖被粉碎。空戰：我航空部隊七日及九日兩次空襲密芝那西機場，擊落敵機十二架（其中二架不確實），擊毀燃燒在地之巨型運輸機十六架及P40二十三架（在地飛機全部）。（中部太平洋方面）在重大戰鬥的塞班島，我所在部隊依據該島北端的馬傳山洞穴陣地猛烈反抗。敵人向大宮島之砲擊，日趨激烈。在塞班島奮戰之我軍逐漸整理戰綫，十日夜死守馬傳山洞穴陣地，與敵展開激戰，我航空部隊爲了配合地上部隊的猛烈作戰，連日出勤，六日夜在塞班島東方海岸，攻擊敵巡洋艦驅逐艦羣，七日夜空襲艾斯立特飛機場，敵人仍在艾斯立特飛機場增加兵力，……（掉數字），西北海岸有敵航空母艦、巡洋艦、驅逐艦三十餘艘活動，十日敵機數十架來襲，晝夜不斷的襲擊該島，塞班島的敵砲台亦配合砲擊。狄寧島的砲台亦奮勇作戰。向艾斯立特飛機場投以巨彈。在大宮島上，從六日至十三日之間，敵機來襲累計三百四十架以上（擊落三十三架以上）。另一方面，九日十三日敵人以戰艦驅逐艦巡洋艦開始了砲擊，連日猛烈襲擊該島之我軍海岸砲台飛機場。敵機來襲……（缺）逐漸熾烈。在雅浦島從六日至十日敵機六十七架來襲（其中擊落十×架）。敵在該方面巨型機的活動極旺盛，其原因是敵人在該方面的基地逐漸充實。（南太平洋方面）敵機向拉布爾的襲擊，逐漸活潑。（所羅門方面）從六日至十日，來襲拉布爾之敵機約累計六百九十四架，在卡比因從六日至十日敵機一百零七架來襲，在拉參布同一期間有十八架敵機來襲，布格維區六、七、八三日敵機三十架來襲，向布肯維爾附部我軍來襲之敵機則有六十架。（新幾內亞方面）六、七、八三日間敵機三十六架來襲××（掉）。（北方方面）七月十日夜，敵機來襲千島北部，投下炸彈與燃燒彈後即行飛返。

## 日寇捏造上月盟機損失

【同盟社東京十七日電】我陸海軍航空部隊，迎擊日趨激烈的美英機的反攻，繼續戰鬥，六月份共擊落敵機一千一百七十四架，燒毀二百八十六架，共計一千四百六十架以上。與五月份的航空戰果九百零八架比較，增加五百二十架以上。另方面，我寶貴的犧牲，六月份亦比五月份的一百十一架增加三百六十九架。各個戰綫來襲敵機總數共三萬二千餘架，與五月份無大差異。但其將近半數的一萬四千三百十三架龐大數量的敵機圍繞着塞班島攻防戰，集中於太平洋。敵對此面積僅七十一方哩的小島塞班，以戰艦羣爲主，集中動員優勢艦隊與龐大的空軍，加以猛攻。該方面我航空部隊敢於向美機挑戰，協力塞班島的地上血戰，進攻壓倒優勢的敵機，在該島海域，已擊落敵機八百九十七架以上，擊毀四十架。但我方犧牲三百六十九架中，大概包括過去於該海面空戰中犧牲的英靈。另方面，隨着塞班島攻防戰之達於高潮，使敵機來襲布肯維爾、俾斯麥、新幾內亞、班達海等南太平洋戰綫之敵機數目，一齊減少，反映了一種現實的情勢，即誇耀物量的敵機，其飛機的生產亦有限度，不得不採取局部集中主義。六月份的綜合戰果，予敵的打擊可謂相當痛烈。在其他戰綫，六月份敵機來襲中國大陸的數目，比五月份的七百七十八架，增為一千九百四十六架，隨着大陸戰綫我空陸一體的展開攻勢，敵機的蠢動亦趨激化。又六月份戰果中，並包括敵機來襲北九州時，被我方毀落B廿九式十一架的勝利戰果。

【同盟社中部太平洋根據地十六日電】雅浦島我戰鬥隊，十四日截擊來襲敵戰鬥機群，結果擊落敵機八架，十五日復擊落敵機四架。是日我方損失飛機二架。

## 日本海軍的命運

中央社七月十五日社論

日本軍閥富於模倣性而缺乏創造性。在一九四〇年納粹西綫告捷的時候，他們就一綫追蹤軸心，且相信德國海軍足以控制大西洋，而地中海必將成為『墨索里尼之湖』。他們便摩拳擦掌要在太平洋上與美國決戰。可是日本軍閥沒有看出德意海軍始終不是英美海軍的敵手。一九四〇年之夏，英國以海空軍襲擊意大利的托蘭多湖，停在港內的意大利軍艦大受損傷。一九四一年春馬他潘之役，意大利艦隊偶一出現於地中海，便受了英國海軍的襲擊，而一敗塗地。一九四一年之夏，德國俾士麥號擊毀了英國胡特號，英國發動了海空力量，搜索德艦，終於把俾士麥號打沉了。這三個戰役都是在軸心國氣焰熾盛而同盟國境遇艱難的時期，地中海與大西洋的制海權也還是沒有落到軸心國的手掌。這三個戰役還有一種深遠的意義，就是海上的勝利必須從冒險戰鬥中獲得。具體的說，海軍避戰尤是失敗，即令躲在海港的裏面也還是失敗的一途（軍艦是會銹在港內的）。這一種深遠的意義更不為日本軍閥所理解。

在太平洋戰爭的初期，日本海軍還沒有採取完全避戰的政策。自珊瑚海與中途島之役以後，他的艦隊就只有避戰了。這樣以來，日本海軍顯然踏上了俾士麥、托蘭多與馬他潘的舊路。六月十九日塞班與菲律濱之間的海戰，就是日寇的『馬他潘』。他的海軍剛剛出現海面，就受到了美國飛機與快艇痛擊了。七月七日佐世保的空襲，也不啻日寇的『托蘭多』。無論怎樣優良的軍港，總遮不住他。避戰的俾士麥還致在大西洋上開砲，日寇的長門與陸奧呢，只有在港內生銹吧？

日寇在太平洋上不用海軍決戰，並不能保全他的海軍。我們不必詳舉歷次戰役中日本軍艦的損失，我們只須指出日寇海軍高級將領自殺與陣亡的事件也就可以看出他海軍消耗的重大。最顯著的是山本五十六大將與古賀峯一大將，以日寇太平洋艦隊總司令官而相繼切腹。最近塞班之役又有長谷川中將與南雲中將隨日寇太平洋艦隊司令部的毀滅而陣亡。這一類的事件證明了海軍雖欲避戰而必然是在避無可避的零星戰鬥之中作不斷的消耗。

海軍避戰乃至於避無可避這種窘迫的境遇，是日寇在太平洋戰爭爆發之前預料所不及的。試舉牀尾在一九四〇年所著『三國同盟與美日戰爭』一書為例，他不但×想着日本海軍奪取夏威夷與封鎖巴拿馬的遠征，並且計算到中太平洋美日海空軍決戰的比率。他說：『如果美國軍艦沉沒五艘，日本只沉沒一艘。如果美國飛機損失五千架，日本飛機只損失十五架，……（缺），勝利是歸新日本的。』殊不知實際戰爭一旦開始，他的海空軍竟完全不是美軍的敵手。他的海軍每戰必敗，以至於不敢決戰。

現在美國第五十八混合艦隊正從塞班南向關島、北向小笠原而猛烈進擊。攻擊的烽火距離日本本土在五百三十浬至一千三百六十浬之間。日寇海軍雖不作大規模的決戰，而仍將繼續其消耗於避無可避的零星戰鬥之中。他躲在海港之內的軍艦，更將坐待超級空中堡壘的轟擊。俾士麥、托蘭多與馬他潘的先例，每天都為日寇海軍所追蹤，直到他全部艦隊毀滅或投降為止。這是我們可以斷言的。

## 同盟國對土耳其的外交攻勢

【同盟社布達佩斯十四日電】小田特派員報導：土耳其政府因腹背受美、英、蘇的壓迫——終於有參戰的樣子。但土耳其政府採取遷延辦法，即是承認參戰的原則，猶將進行交涉以便尋找有利的時機與條件。據安哥拉來電悉，英國的壓迫已因薩拉茄格魯外長的辭職與土耳其總理等的接近英國，告一段落，但嗣後英國政府，隨着與歐洲大陸斷絕經濟關係，要求提供軍事要地。英國大使之訪問伊諾奴總統與薩拉茄格魯總理，亦是為了貫澈上述要求。另方面蘇聯政府最近於發動對保加利亞、土耳其兩國的政治攻勢後，首先向土耳其政府抗議德軍之侵犯土耳其領海與領空並提出數項要求。據倫敦當報稱：要求的內容是將英土兩國間的同盟，擴大為美英蘇土四國同盟，使土耳其政府即時履行參戰義務。但據來自中立國的情報，蘇聯政府根據其獨自的觀點，要求土耳其政府提供海空軍基地以及紅軍通過土耳其領土。又每日郵報報導稱：蘇聯政府除要求土耳其政府關於通過達達尼爾海峽的特權外，並要求割讓臨接達薩姆的土屬愛琴海與地中海的若干島嶼。不管怎樣，英美蘇三國關於處理巴爾幹地方，必將拉攏土耳其政府，今後在對土耳其的外交戰上，必將更加白熱化。

# 敵國更迭海軍大臣

【同盟社東京十七日電】情報局於十七日下午五時發表：日前政府曾研究結集總力以應付目前重大戰局的方策，此次決定更迭海軍大臣，奏請任命吳鎮守府司令長官野村直邦海軍大將爲海軍大臣。東條首相於十七日下午二時入宮奏請日皇批准後，即於下午五時在東條首相侍立下，舉行升海相的親任式。親任式結束後，即發表命令如下：海軍大將，正四位勳一等功三級野村直邦任海軍大臣。海軍大臣島田繁太郎依願免本官。正三位勳一等功二級島田繁太郎特別受前官禮遇。

【同盟社東京十七日電】野村新海相退出宮中後，下午六時初次赴海軍省視事，入大臣室與島田前海相交接事務。

【同盟社東京十七日電】新海相野村於十七日下午八時在海相官邸會見記者團，談論此次更迭海軍大臣的情形及海軍對付重大戰局的牢固決心，略謂：此次更迭海相是因爲鑒於戰局迅速的變化，使軍令部總長完成總長的職務，大臣完成大臣的職務。戰局的發展非常快，因此要迅速處理的事情很多，海軍亦有牢固的決心應付戰局。希望國民一致援助海軍，無論任何國家，任何戰爭都會發生戰局的變化，而國民不必一喜一憂，以大國人民的風度，向最後勝利邁進。（中缺一段）信賴海軍，並激勵海軍，共同決心貫徹戰爭。

【同盟社東京十七日電】野村新海相正如其經歷所表示的，是軍令部系統的武將，大東亞戰爭事變前，曾在各國權益錯綜的上海，發揮能幹手腕；在軍政方面其手腕亦頗高，與近藤信松、高須四郎兩大將爲明治四十年的同期學生，在海軍中的老前輩、鹿兒島人，歷任潛水艇隊參謀，潛水艇學校校長，潛水艦隊司令官，對潛水艇事業貢獻極深，以幹練的德國通而著名，昭和十五年底赴戰火雲集的歐洲，在政治上軍事上曾有顯著活躍，其後曾在上海服務，歷任武漢、華北方面最高指揮官，遂補吳港長官，他的活動及於各方面，在今日的重大戰局之下，一億國民對新海相之期待極深。

【同盟社東京十七日電】野村海相略歷：鹿兒島縣日置郡（？）大利村洞薩馬郡人，明治十四年十一月兵學校畢業，同十一年十一月任少尉，大正八年十二月任少佐，同十一年八月駐在德國，同十三年十二月回國，陞任中佐，同十四年一月任潛水隊司令，昭和三年十二月爲大佐，任長鯨艦長，同四年五月，任駐德帝國大使館武官，同六年九月返國，十月任羽黑艦隊長，同八年任加賀艦隊長，同年十一月任潛水學校校長，同九年十一月晉級少將，任潛水艦隊司令官，同十年十一月任聯合艦隊參謀長，同十一年十二月任軍令部部長，同十三年十一月晉級中將，同十四年三月任駐上海海軍武官，同年十二月任華北方面海軍最高指揮官，同十五年十一月赴歐，同十八年八月任軍事參議官，同年十月任吳港鎮守府長官，今年三月，晉級大將。

【同盟社東京十七日電】島田大將於昭和十六年十月東條內閣成立時，便從橫須賀鎮守府司令長官升任海軍大臣，至今已滿二年十個月，在此期間，爆發了大東亞戰爭，建立偉大功勞，海相就任當時，日美形勢正非常險惡，島田海相更加強內部團結，對大東亞戰爭的爆發，作了充分準備。二月廿一日任永野元帥之後，以海軍大將的資格，就任軍令部總長兼任直至今日，此次由於辭掉海相職務，島田大將僅擔任軍令部總長一職。

## 英官方通訊社說
# 紅軍的勝利是由於西綫的牽制所致

【英國官方通訊社倫敦十六日電】上一月對於德國爲戰爭來最倒霉的一月。不僅盟國已達到其西方直接目標——在強固的海岸登陸、取得不可鄙視軍隊的屯留地及二大港口——而且在東方，蘇軍正予德軍從未受過的一次最慘重失敗。淺薄的觀察家或者企圖將此東方迅速的大規模前進與西方緩慢而遲不奇偉的戰事相比較。但是，關於二者的差別，軍事上是有充分的理由的。蘇軍在長二百哩或二百哩以上的，現在沒有敵人的戰綫，在他們面前，德國亦無後備可迅速改組其部隊。 甚至像維爾諾這樣重要的城市似乎僅爲不超過三個脆弱之師所防衛。另一方面，在諾曼第的英美軍隊仍偏處於狹仄地區內，後面不遠就是海，前面是困難重重的地帶——沼澤、小山、森林、河流——並爲數量足能勝任的武裝優良的敵人所設防與扼守。結果便是陣地戰，在此陣地戰中，此處進展千碼或彼處進數哩，均爲激戰的後果。按照德國自己發言人的說法，他們把西綫的潛在危險列在第一位。由於不能阻止英美的攻歐，他們集中力量於將攻歐部隊封閉在狹仄地區內，攻歐軍將於此地區爲有限的兵力所阻遏。但是爲了這樣，他們必須調後備軍至諾曼第——尤其爲坦克後備——否則這些後備已被開往蘇聯了。因此，德國在西方的暫時站住腳，是以東方的災難換來的。同時，由於盟國的海軍力量，盟國在西綫力的量正被逐漸建立起來，以準備最後的突破。

# 參攷消息

（只供參考）
第五七一號
解放日報 新華社 編
今日出版二張
卅三年七月廿日 星期四

## 外國記者招待會上 記者詢問戰況及人身自由保障法

【中央社重慶十九日電】外國記者招待會，十九日下午三時舉行，梁部長寒操，吳次長國楨，張參事平羣出席主持。某記者詢對於日本高級將領一再更迭之觀感，吳次長答稱，此足說明敵之局勢業已絕望。某記者詢以保障人民身體自由辦法之意義及其已在監獄中者將如何處置，梁部長答稱，過去所謂捕之罪犯，多根據特別法律，邇來發現窮鄉僻壤之警察及保甲長多有非法逮捕人民之事，政府有鑒於此，特頒佈此法，切實保障人民身體之自由。吳次長答稱，已在監獄之罪犯，將依法加以審理。張參事答稱，民國廿五年期間，我政府公佈一提審法，主旨爲非依法不得逮捕人民，被逮捕後得於廿四小時內提交法院審理，嗣以抗戰發生，暫停執行，今政府重申該法，實不啻爲民主政治前進之基石。某記者詢以戰事近況如何，衡陽日寇是否正準備新攻勢抑在撤退中。張參事答稱，目前日寇攻勢並非新發動者，自六月廿五日以來，即在繼續入犯，據吾人所知，現在日寇並不撤退，且日寇爲我軍壓力所迫，絕不致自願退兵。國內外尚間或存有一種錯誤思想，即每逢日寇在華撤退或受阻時，非視爲日寇自動撤退，則以爲有意停進，一若我國並未給予以打擊或抵禦者然。此種錯覺，必須澈底糾正，[illegible]自止，此次日寇歷二十四日之血戰，圖在衡陽得立足點，[illegible]抗禦而未逞。目前雖在城郊圍攻我守軍，但外圍我軍，又[illegible]予以包圍。在以往兩週中，我軍奮勇力戰，以逐漸縮小包圍[illegible]，不久可有報捷，即根據此包圍形勢之能依預定步驟逐漸完成。[illegible]日寇或係由於力維顏面之故，已增調大批援[illegible]及重砲掙扎突圍，我英勇將士藉美空軍之助力，正事苦戰，迭使日寇死傷慘重。湘省戰事現已進入最激烈階段，吾人不願預言戰果，所可奉告者，衡陽一城在我英勇守軍堅強抗禦下，決不容敵入。倘以遠大目光視察整個戰局，則日寇有如被驅迫於死巷之困獸，脫逃無計，負隅頑抗，以遲其最後之反噬。近來日本軍部一再更易首長，顯示其張皇失措，亦足見其潰退之日不遠矣。

## 敵佔領連江南綫 威脅英德韶關

【同盟社華南前線基地十九日電】我華南軍各精銳部隊，於上月廿七日，開始進攻第七戰區的重慶軍，目下正在各處展開巧妙的殲滅戰。敵軍完全陷於混亂狀態，即向北江西北前進的我軍主力部隊，已確保防衛韶關的第一綫——連江南方高地一帶的防禦陣地，有一舉攻陷英德，進逼韶關之勢。有一個部隊將敵第一百五十九師壓迫至連江南岸地區，目下正在展開殲滅戰。另一有力部隊在各處擊滅由廣州西北地區潰退的敵第一百十六師。在從化北方地區，自十一月夜至十二日晨完全圍殲敵第五十二師的一個團，幾俘敵兵數百人，並繳獲迫擊砲、輕機關槍、步槍、彈藥等，敵軍受到極大的打擊。這樣，敵前綫部隊遭我軍猛攻後，四分五裂。第七戰區司令長官余漢謀非常狼狽，於是拚命派遣增援部隊，監督各部隊的作戰，極力防衛第七戰區，並死守韶關。

【同盟社里斯本十九日電】重慶區下之湖南省政府，六月十八日在長沙失守之前即行撤退。據合眾社重慶電，該政府將移至湖南省西部之沅陵，並已在該處設立臨時辦事處。

## 關於解決英印僵局 甘地提出新方案

【同盟社東京十四日電】甘地曾向回教聯盟主席金納提出「回印對立解決案」，要求回教同盟協助成立新印度政府，向英帝國及印度政府展開政治攻勢，十三日在孟買發出下列的劃時代的聲明，提倡成立印度國民政府。該聲明稱：余認爲如不與會議派的執行委員會協商，則任何事情亦不能辦好，一九四二年英國克利浦斯提出提案之時，執行委員會所要求於總督閣下者與今天我的提案自有不同，我認爲現在由掌握全權的國民政府來管理印度民政是比較適當的。一九四二年當時我尚未想到這一問題；這一國民政府應由中央立法會議所選出的人物組成。此即在戰爭中，在上述的限制之下，宣佈印度獨立；印度副王（總督）與英國的國王是處在同樣的位置，「君臨而不統治」，由負責的閣僚來輔佐是有益的，在作戰上副王與軍司令官有絕對的權限，而在一般軍事上國民政府亦有進言與批判之權。國防部的權限由國民政府掌握，這是因爲國民政府關心保衛印度這一點，此種政府如果成立，則余將建議國民大會派參加這一政府。」甘地在上述聲明中，在所謂『戰爭繼續中』的條件下，改變了其過去驅逐英國出印度的主張，而代之成立一個完全掌握印度民政的國民政府，這是使印度走上完全獨立的中間階段。其實甘地的提案若被接受，當要預料到將要發生下列事態：（一）英國將承認印度的獨立；（二）即使在戰時，英國在印度的主權將成爲有名無實的東西；（三）僅有作戰用兵上的統帥權留在英國手中；英國在軍事上的地位將降落至如同駐華美空軍的程度；（四）兵站、供給、動員均須受國民政府的閣員——國防部長的指揮。（五）獨立後的國民政府將更加反英。無論從那一點來看，這對於想復活殖民地帝國並以印度爲根據地而再侵略大東亞的英國，是一件很棘手的事情。對於甘地的這一新提案，作爲『印度通』聞名的喬治．朱斯特於十三日在新聞紀事報發表反對意見稱：「我們不能將正在進行總力戰的國家的政治分爲一方是民政、一方是軍事。」甘地估計英國不能夠接受新提案，遂暫時收回其驅逐英國出印度的主張，使人得到這樣的印象，即：甘地的提案是很柔和的，在思想上打下了加强擴大印度的抗英運動的基礎，在此種意義上來說，……（掉）簡直是對英國的『第二顆政治流星彈』。

## 同盟社分析甘地提案的內容

【同盟社東京十八日電】甘地翁在十三日的聲明中，提出新的對英提案，該案的主要內容是：（一）成立印度國民政府（僅向選出議員負責）；（二）軍事則一任軍最高司令官，××則協力之；（三）立即予印度以完全的獨立。但是英國言論界却加以阻止，認爲根據現狀，分離行政與軍事是難以容許的。此次的甘地提案，在上述內容中的一二點，是與克里浦斯案不同的，克里浦斯案，是印度國民政府向總督負責，甘地的提案，則爲政府僅向被選出的議員負責，而不向總督指命的議員負責，這樣，總督不能根據其自由意思，直接干涉政府更迭及其他事務。（缺一句）至於第二點，克里浦斯案主張國防大臣爲英人掌握，甘地提案則主張國防大臣不直接參與軍事，而不管有軍需供應大臣的機能，對軍事協力。上述不同之點，特別重要的是第一點。即是說甘地案若被採納時，則總督將降爲等於各自治領高級專員的地位。法案拒絕權與政府更迭權，亦被剝奪。偶而一看，甘地案已是相當讓步與穩當的妥協案。但若把新提案解剖開來看，則在上述根本幾點，是包含非常自主與強硬的內容，實是出於甘地翁的深謀遠慮，即一步步地、確[illegible]印度的獨立，但一般認爲英國將仍尋找口實，繼續拒絕答應該案。

【同盟社蘇黎世十二日電】據倫敦來電，甘地正提倡成立以回印教爲基礎的印國民政府，甘地經過前馬得拉斯省長拉查昂勃拉．查理，向回教同盟提出提案，要求彼等協助成立國民政府，最近拉查昂勃拉．查理提案的發表，是爲甘地發表新主張準備了道路。甘地於十二日與英國『每日電訊』報代表約作三小時半的會談，甘地會說自己的新主張率直發表見解，甘地在出獄後才表示其意見，頗值得注目，甘地自身亦有參加該國民政府之準備，國民大會派亦將參加，並聲明這將於英國管理下者僅英印軍及印度的航空設備與港灣空軍基地等。根據甘地所言，全部國民政府，主要以國民大會派及回教同盟爲基礎樹立之，給以包括財政及經濟的民政權。另外設立國防部，其權限僅限於審議機能。至於軍隊的指揮權，則給印度總督及英印軍司令。在印度總督的地位，類似在英國的國王，在各州成立有指揮人民權利的州政府。據倫敦政界觀察，此與在歐洲『解放地區』皮軸心軍使政權與軍權分立，或民政地區與作戰地區分開的方針，頗相吻合。甘地可能是準備以此獲得溫和派及印度政界的支持。又在上述會見時，甘地並聲言今後絕無掀起不服從運動的意思，且強調上述提案僅不過是甘地個人的主張，並非代表國民大會派及在監禁中的該派領袖。對於甘地此種態度的表明，印度總督魏菲爾作何種表示，目前正爲各界所關心。

## 日寇利用甘地提議極力挑撥英印關係

【同盟社東京十日電】由於甘地翁恢復健康後有力的活動，使印度政界再度刮起旋風。旋風的中心，是『回印對立解決案』（編者按，見本月十三日解放日報第三版）。該案是因甘地翁爲了一舉清算回印對立而提出的。從甘地翁的立場上說（所謂印度獨立，是如何把已經獲得的獨立支持下去），回、印問題的解決，不是印度獨立後的第一課題，實際上是印度獨立的前提。若按回印對立的現狀說，印度縱使倖僥地賜以『獨立的好運』，印度亦絕對不能利用此好運。當甘地翁自二十一個月的牢獄生活解放出來時，明示毅然的態度，絲毫不怠，於致印度政界領袖慕克爾茲（譯音）之書信中，要求英國之離開印度。快身體恢復健康後，即着手解決回印問題。此次的『回印對立解決案』，並以前馬德拉斯州州長巴拉查里爲中間人（實發稱爲甘地翁的心腹，致力甘地、阿瑙協定），向回教聯盟總裁金納提議者，其主要內容如下：（一）回教聯盟支持國民大會關於要求印度獨立的立場，當過渡時期組織臨時內閣時，亦協力國民大會派。（二）今後任命特別委員會，劃定印度西北與東部回教徒地區，由人民投票，決定是否建立獨立的回教國。但給西北國境地區之印度人，選擇印度教國與回教國的自由。（三）當人民投票時，各政黨可表明該政黨的見解。（四）當回教國分離獨立時，關於國防、通商、交通及其他，亦締結特別協定，人民的移動，絕對建立在自發的基礎上。（五）上述規定，俟有當英國把全權與整個責任移讓給新印度政府，才有法律上的力量。通過以上規定，可以明顯看出的是：第一，在建立新印度政府以前的期間，由國民大會派指導整個局面。第二，新政府成立後，提議在極合理的基礎上，與回教徒談判。

領導新印度政府成立前的局面之指導方針，已在國民大會全國大會的決議中（一九四二年八月間的孟買大會前四個月，在阿拉哈巴德召開），非常明瞭、非常雄偉的表明出來。甘地翁提案的『回印對立解決案』，若忽視此背景，是不能理解的。阿拉哈巴德大會的決議，曾有如下規定：（一）首先使英國的一切勢力，自印度撤退。（二）在印度政界各派、社會上各個階級、全國各地方的協力下，組織臨時（過渡的）政府；（三）臨時政府最初的任務，在於使印度從現在世界上進行中的戰爭中中立開來。（四）繼之召集憲法國民會議，決定構成新獨立的印度國。

顯然『解決案』所爲回、印兩派的談判與手續，是以英國的撤退及印度從戰爭中中立爲前提。甘地翁一投石，即激起萬丈波瀾。即是說，偶而看來，此『解決案』有如極穩當的和協案，但實際上是邀請回教聯盟參加共同戰綫，希望在目前的時局下，使整個印度掀起强烈的反英蹶起，作爲提議獨立後合理調解的代價。（二）這對英國即是一强烈的政治攻勢，它衝破回印對立的牆壁，在全印度未曾有的基礎上，進行反英鬥爭。這是它的本質。英國政府與英印政府於甘地翁被釋後，曾暗自希望甘地翁埋頭於解決困難的回印問題，而不能集中其精力於反英鬥爭，但甘地翁在其堅決的抗英決心下，開始政治攻勢，被申論調合的回教聯盟，則一方面爲甘地翁提案的合理性所動搖，另方面還捨不得放棄過去的親英態度，還不能決定對『解決案』的態度，而表示異常的狼狽。十二日的路透社電報，曾報導當局的意向如下：『當局人士的舉止非常愼重，特別是驚疑甘地翁所謂的臨時政府中，印度教徒與回教徒的比率若何？甘地的「英人須撤退」的方針，如何與是否能爲回教聯盟接收，但關於英軍是否由印度撤退，英國政界一致的意見是：「英軍或始終留於印度，或完全撤退，兩條道路中只有一條」。在此報導中，顯然站在甘地翁政治攻勢前的英國：（一）或促使回教聯盟拒絕解決案；（二）或策動回教聯盟，脫化甘地翁的抗英方針；（三）解決案若很早地成立時，或出而干涉。（四）或再事逮捕甘地。不管怎樣，甘地旋風似將有意外的發展，因此，十三日阿梅利在下院的答辯，是値得注目的，有力的看法是：大概英國政府將不採取任何決定的態度。

## 同盟社供稱：東綫仍是德軍直接威脅

【同盟社東京十八日電】北法戰因繼續着一進一退的拉鋸戰，（缺）應該考慮到下列諸事：首先是東部戰綫的演變，對於德國來說，該方面不留是直接的威脅，北法戰綫雖亦如此，但仍需把主力投諸該方面（東部戰綫——譯註）。第二是美英方面將來的動向。美軍的巴頓（因毆打士兵出名）指揮的二十六個師團，現仍在英國南部。表示着這樣的情形，即不知將在何時何地登陸。德軍對之，必須充分地加以防備。美方的作戰企圖，可在英空軍的轟炸情形中明顯地看出，顯然在希待德方液體燃料資源的枯竭。英美的心思是：於澈底破壞石油出產地與精製設備後，慢慢向德方挑動全面的陸上大作戰，趁着德軍的燃料不足，而一氣將其（缺字）。德軍深知此事。因之推測現在若進行使用大量原料的機械化部隊大作戰，將來必復有莫大收穫，因此儘可能從敵機的轟炸作戰中，保衛燃料資源，另方面確保現有燃料，以防將來全面的機動作戰。德方最得意的裝甲部隊正規的活動，當可期待於將來，現在尚不能說德軍已用盡其主力，此事即每個德軍士兵都深知之。據外電傳稱，在北法戰綫不幸爲英美所俘的德國士兵，其意志的堅定，使英美當局亦禁不住詫異，士兵的自信由何處產生？不能單單依托希望的空言。對新兵器有莫大期待。最大的原因，可以從以上德軍作戰的企圖中看出。

## 傳蘇土進行談判

【海通社柏林十五日電】蘇聯副外委長維辛斯基似乎尚未到達安哥拉。盛傳：他正在土耳其京城參與談判，威街廉方面未予證實。但是，副外委長此種訪問土耳其並非不可能，威廉街發言人提到英美報紙之詳細報導，該報告警惕的譯對於預期中的土耳其政府決議的性質懷抱很大的希望。尚在討論中的與國條件已由這些評論表現出來，即中止與德國的經濟關係，在英土條約的基礎上與帝國停止外交關係，最後土耳其參戰。發言人稱：土耳其報紙允許此種關於土耳其事務的討論繼續下去而不加以抗議，乃是最堪注目的，因為過去在土耳其政策決定之前，外國評論家加以討論，土耳其報紙總是很憤慨的。威廉街對土耳其政府為什麼迄今還不接收盟國的提議未作任何聲明。然而，從發言人所說的話當中，可看出：威廉街正冷靜而鎮定地注視其發展。他解釋目前的談判僅僅是證實了他在路的談判中所說的觀點，即：在一個國家的每一退讓事件之後，隨之而來的就是新的壓力行為。這些行為接二連三地發生，螺釘的最後一轉已到了。因此，發言人將認為土耳其目前的種種事件是一種各非交戰國應加以注意的先例。

【海通社安哥十五日電】在德大使巴本離安哥拉赴博斯普魯斯海峽之薩拉庇亞地方德大使館夏季別墅後，其他軸心各國之使館首腦亦離安哥拉赴伊斯坦堡或其近郊消夏。日本大使栗原、匈牙利公使沃魯里及保加利亞公使巴拉巴諾夫均將於週末離此。土京政界人士解釋此嚴格依照外交慣例之事，為這些外交家所代表的各國政府在判斷土耳其政治發展時的鎮靜和信心的證據。即使似乎土耳其傳統的政治上夏季平靜無事已於此時在安哥拉開始，但預計在十月之前將結束這種平靜。此間人士顯然預計着屆時將有具有最大意義的軍事發展。但在此期間，政治和軍事的演變無論如何總要被加以最敏銳的注意，自英美努力增加影響土耳其政策傾向同盟國方面以來尤為如此。

## 美報批評攻歐盟軍遲緩 謂有喪失主動權可能

【海通社柏林十七日電】華盛頓訊，『星期日明星』報於批評蒙哥馬利的過度謹慎時稱：克恩之為盟軍佔領較攻歐計劃中所預見者遲卅日。繼稱：蒙哥馬利雖從未打過一次敗仗，但他在突尼西亞以及在薩勒諾常常是過於小心。該報稱，如果攻勢不迅速發動，盟國有喪失主動權並予德國高級統帥部以[illegible]準備防衛陣地的時間之危險。『每日新聞』亦論及同樣問題並稱：英國統帥部應對遲緩負責，據該調稱：英軍在美軍征服科坦丁半島期間僅佔領防禦陣地。

## 中美各國不安情形

【海通社柏林十日電】關於中美各國不安詳情已由路透社從哥斯塔黎加報導，而我們從那裏所得消息即甚少。據傳尼加拉瓜情勢完全曖昧不明。據說政府關於對付革命者的極大規模的行動已有決定，而且有巨大數量的政治鼓動家被捕。後者的數目為一百。馬拉瓜市街除了有機槍的國防軍巡邏隊巡查外，寂無一人。『新梯沙斯報』和『普列沙』報因罷工而未出現與讀者見面。薩爾瓦羅也繼續存在不安現象，政治情勢尚未澄清。人們對宏都拉斯的情勢表示焦灼，因為沙拉在人民會議上為機槍射擊。據說有許多人傷亡，但當局拒絕披露確數。危地馬拉各城警察與學生間亦經常發生衝突。衝突是反對臨時總統龐斯將軍的結果。龐斯被認為是烏爾比科將軍（他最近被迫辭總統職的傀儡。學生斷言卸任總統烏爾比科（他已隱居鄉間寓所）仍試圖影響國家政事。

## 波蘭又發表反動聲明

【海通社柏林十六日電】倫敦訊：蘇軍佔領維爾諾的事件，又惹得波蘭流亡政府於星期六發表聲明，再度強調其維爾諾所有權的要求。並引據以前所表示的觀點：在戰爭期內，任何領土的改變，除由有關方面的批准者外，不能承認。所謂『地下軍』亦發表另一宣言。除此之外，這一聲明論述了波蘭流亡政府與蘇聯間的許多問題。

## 教育部成立 御用教授團體

【本報訊】為了加強對教育界人士思想、言論的控制，最近教育部成立了一個御用的教授團體。據六月十八日重慶新民報載，教育部六月上旬召集重慶各大學校長、教育長、訓導長和負責國民黨黨務的學生談話，決定成立『大學教授聯合會』，作為本國學人對內對外發言的統一與固定的機構。該團體由朱經農、章益發起，以中央大學、西南聯大、復旦大學三校為核心組成之。此外教育部還通過了加強對學生的管理，核定各大學招生名額等議案。

# 參考消息

（只小[illegible]）
第五七二號
解放日報
新華社 編
今日出版二張
卅三年七月
廿一日
五 [illegible]

## 東條內閣總辭職

【同盟社東京廿日電】東條內閣於十八日進行總辭職。關於此事，情報局二十日將辭職理由發表如下：情報局發表（七月二十日）：大戰爆發以來，政府與大本營在緊密一體之下，對進行戰爭曾盡一切努力，當目前非常決戰時期，深感重整人心，協力以向完成戰爭邁進之迫切，以期廣泛覓求人材加強內閣，並用百般手段求其實現，但終未達到這一目的。因此政府爲了一整人心，使全國爲了向貫徹戰爭的途上邁進起見，認爲內閣總辭職極爲適當。東條內閣總理大臣，收集閣員之辭呈，於十八日十一時四十分入宮，將辭表呈遞陛下，在決戰下把事情弄到這個地步，使御心煩惱，實不勝驚恐之至。並要求在前綫後方向必勝邁進的一億國民寬赦政府之微力，同時爲了貫徹戰爭，深望不失這一機會，有更強力的內閣出現。

（公報）廢除保留中之情報局發表（即指上面的第一次情報局發表之辭職理由。譯者註）。請用下面的稿。

【同盟社東京廿日電】東條內閣於十八日實行總辭職，關於此事情報局於二十日上午發表辭職的理由。情報局發表（七月二十日）：大戰爆發以來，政府與大本營在緊密一體之下，對貫徹戰爭盡了一切努力，當此非常決戰之際，爲了振奮人心，以使全國向完成戰爭之途邁進起來，認爲實行內閣總辭職，讓政於更強力的內閣極爲適當，於是東條內閣總理大臣，遂收集閣員之辭呈，於十八日十一時四十分，進謁天皇陛下並呈遞辭呈。

【同盟社東京廿日電】東條內閣總理大臣，爲了一新人心，使全國向完成戰爭之途邁進，決心實行內閣總辭職。他收集各閣員之辭呈後，於十八日十一時四十分進謁天皇陛下，奉遞辭呈，並由情報局於二十日發表之（又保留中的情報局發表的正文——指前電——仍請繼續保留）。

## 敵已開重臣會議 決定小磯米內組閣

【同盟社東京廿日電】東條內閣總辭職後，十八日木戶內大臣曾被垂詢關於後繼內閣首班（總理）問題，木戶內府鑑於時局的重大性與責任之重大，特於該日黃昏，邀請前首相若槻禮次郎男爵，岡田啓介海軍大將，廣田弘毅，近衛文麿公爵，平沼騏一郎男爵，阿部信行陸軍大將，米內光政海軍大將及樞密院議長原嘉道至宮中徵求重臣之意見，以便使答覆不致發生錯誤。各重臣均率直的提出意見，經慎重協議後，八時五十分散會。木戶內大臣即根據上述重臣之意見，慎重熟慮能担當目前重大戰局的後繼內閣的首班問題。

【同盟社東京廿日電】木戶內大臣十八日進謁天皇陛下，就東條內閣總辭職後後繼內閣首班問題，接受陛下之垂詢後退出。

【海通社東京廿日電】日本內大臣木戶幸一侯爵召開重臣會議，歷時達五小時。

【同盟社東京廿日電】木戶內大臣被天皇陛下垂詢關於東條內閣的總辭職的首班問題後，即於十八日下午四時在宮內邀集前首相若槻禮次郎男爵等各重臣，請共就重大時局下能担當時局的後任內閣首班問題，開陳慎重意見，結果認爲朝鮮總督小磯國昭陸軍大將及米內光政海軍大將担當國政最爲適當，重臣會議完畢後，再度進謁天皇陛下，奉薦小磯陸軍大將及米內海軍大將爲後繼首領，於是後繼內閣組閣之大命授於小磯大將與米內大將。小磯總督於廿日上午十一時十五分急速由朝鮮京城出發，下午二時五十八分抵羽田飛機場，三時五十分與米內大將先赴宮中，五時十分拜謁天皇陛下，拜受陛下的「互相協力組織內閣」的大命，小磯國昭、米內大將乞求予以充裕時間後退下，小磯大將於五時五十八分退出，即至首相官邸拜訪東條首相。米內大將待下午四時召開的第二次重臣會終了後即可退出。他們鑒於激烈的戰局的發展，不失時機已着手組織清新的強有力的內閣。

【同盟社東京二十日電】二十日午後八時五十分組閣本部第一次發表：（一）小磯朝鮮總督，由於天皇陛下的詔見，於本日午後三時五十六分，入宮覲見天皇。（二）天皇陛下已下令命小磯陸軍大將及米內海軍大將協力組織新閣。

【同盟社東京廿日電】鑒於興敗的重大時局，已下命朝鮮總督小磯國昭陸軍大將及米內光政海軍大將組織後繼內閣。關於聯立內閣，如嚴格地講，在六十年的我國內閣史上，此次是繼明治三十一年六月三十日成立的隈板內閣（大隈重信，板垣退助）之後的第三次。此外在實質上成為聯立內閣的，還有明治二十九年九月成立的松隈內閣（松方正義，大隈重信）隈板內閣，完全是由政黨組成的內閣，於三十一年六月二十四日伊藤內閣總辭職後，二十五日元老重臣會議討論後，乃任命大隈重信，板垣退助二人協力組織內閣，三十日大隈伯任首相兼外相，板垣伯任內閣。除陸海兩相之外，內閣完全由政黨組成。

## 柏林注視東京局勢

【海通社柏林廿日電】柏林方面正以極大注意注視目前正在進行中的日本新政府的組成。威廉街發言人於星期四外國記者招待會上討論此問題時指出日本在政府中引用新人物以滿足天皇所提要求的習慣。這一形式係委班事件所引起。柏林方面歡迎日本盟友擬在極廣泛基礎上成立新政府之意向（據所獲消息）。如每一交戰國在巨大戰爭中所遭受之軍事失利要求，……。此間積極地認為日本政府之更動不僅為日本習慣之表現，且為日本擬以新人物加强努力對付英美之表示。

## 小磯米內傳略

【同盟社東京二十日電】小磯係山形縣人，年六十五歲，在陸軍士官學校與杉山、畑兩元帥及柳川前法相為同期生，明治三十四年任步兵少尉，歷任步兵第五十一聯隊長，參謀本部課長，陸軍航空本部總務部長，陸軍省整備局長，軍務局長兼陸軍次官，昭和七年任關東軍參謀長，昭和九年任第五師團長，昭和十年十二月補朝鮮軍司令官，昭和十二年進級大將，昭和十三年七月編入預備役，十四年四月經平沼內閣，十五年一月任米內內閣的第二次拓相，對外地行政極為熟悉，十五年七月以來任『滿洲移駐協會』理事長，十七年五月繼南次郎大將之後任朝鮮總督，對朝鮮兵站基地之建設盡力甚多。

【同盟社東京廿日電】在鄉軍人會副會長牛島貞雄中將（與拜授大命的小磯大將為陸軍士官學校同期生），就其舊友的出馬，談述如下：我和小磯君在陸軍士官學校與陸軍大校，均屬同期，少佐時代，在參謀本部共桌做事，此後我任陸大教官時，小磯君在陸軍省任軍務局長，因此可說在一塊幾乎渡過半生。小磯君沉默寡言，面孔好像很兇，但內心是非常良善的，反之有一副留意小地方的性格，經常回憶過去，在同事中間，被譽為非常有見識與想像力的人物，見解超俗，有想到或將慮到就一定去做的意志。所以像他這樣的人，會大胆地渡過超重大時局的。小磯君任朝鮮軍司令官時，有『朝鮮的虎』的稱號，人們對他都抱着很大的希望，所以小磯君從現役時代，陸軍次官，關東軍參謀長，朝鮮軍司令，在晉升上非常順利，即退預備役，也是職務繁忙，眞是一位到處不可缺少的將軍。同時他似乎還有豐富的政治素養，面孔雖然很兇，然而倒是一位圓滑靈活的門人。當此超非常時老友小磯身任總理，是很合時宜的，我們可以對他抱着大的希望。

【同盟社東京廿日電】米內大將略歷，岩手縣人，六十五歲，明治三十四年海兵學校畢業。同三十六年一月晉級海軍少尉，昭和十二年四月陞任海軍大將，其間歷任春日、盤手、扶桑、陸奧諸艦艦長、佐世保、橫須賀各鎮守府司令長官、聯合艦隊司令長官等職，昭和十二年二月任林內閣之海軍大臣，並繼續在近衛、平沼兩閣中任海相、同十四年八月，於平沼內閣辭職後辭去海相職，同十四年一月於阿部內閣下台後，拜授組織後續內閣之大命，成立內閣後僅六個月，於七月總辭職，嗣後作為海軍長老之一，在重臣間甚被尊重。

## 敵國生產無辦法 工業巨頭不滿東條

【同盟社東京廿日電】東條內閣終於二十日總辭職，辭職的理由很明顯的說是東條內閣的性格已經趕不上國民所燃燒的激烈的戰意，例如『日本鋼管』社長淺野良三在最近的談話中曾表示稱：『我作為生產責任者正在生產戰爭所必須的鐵與船隻，當然不能認為我已盡了自己的力量進行工作，我熱烈希望竭一切力量增產鐵和船隻。但好似有一種東西在壓擾着此種心情，為了能够竭盡全力進行工作，必須要有強力的政治。亦就是說要有一元的強有力推進生產的中核體。』國民的此種要求，已經發展到要求東條內閣下台。再舉一個例子，例如徵用女子問題，日本的婦女亦和瑪他交戰國的婦女一樣，熱烈希望站在總力戰的最前綫，但東條內閣過於撫護日本傳統的家庭生活，而不能回答國民的熱望，東條內閣施政的特徵是很勉强的動員國民的戰力，尚未認識到國民有決心忍受一切犧牲，貫澈這一戰爭，國民的戰意超過內閣的政治力量，這就是此種政變的原因，東條內閣的使命已經完了，並在國民的感謝之中下台，國民對於即將出現的內閣，希望是一個强有力的積極的政府。

【同盟社上海二十日電】東條內閣總辭職的消息，二十日很快傳到此間，內外有識之士早知東條內閣並非如國民所希望的那樣堅强有力，而爲過去的條件所糾纏，始終採取××的政策，其間並未回答國民的希望。此次的內閣下台，亦並不令人怎樣驚奇。在內外情勢非常緊急的情形下，此間於二十日午後收到內閣更迭消息後，金塊行情比之前日漲了二萬元，即由三十三萬元漲至三十五萬元，除此之外，幾未見到其他動靜，似在注視日本今後的動向，華人、外人的一致意見是：日本因未確立眞正的戰爭體制，故以此次政變爲契機，扶植國民內部燃燒的繼續戰爭的意志，由新內閣整備在軍事、政治、經濟一切方面都堅强有力的體制。又日本居留民看見祖國的重大局面，更爲衛起願整一切供獻君國，對臨海軍的國防獻金亦爲之激增，此種事實使第三國人感動良深。

## 『七年來的敵閣』（中央社輯）

【中央社重慶廿日電】美軍攻陷塞班，日寇全軍覆沒，東京震動天皇不安。東條政權於動盪中竭力掙扎，終於引起總辭職。此爲太平洋戰爭以來敵閣破產之第一次，而爲蘆溝橋事變以來之第五次。近衛職文麿第一屆內閣成立於一九三七年六月四日，嗣後甫逾一月日軍即對我國大舉侵略，敵寇原夢想三個月結束戰爭，而我國於南京武漢相繼撤守以後，仍繼續抵抗，戰局已成長期化，近衛內閣既不能『速戰即決』，乃於一九三八年十一月發表聲明，企圖誘和，此項陰謀經蔣委員長痛斥以後，完全破產。同時，日本革新派法西斯軍人又嫌其不够强化，近衛內閣於是崩潰。平沼騏一郎繼續組閣，平沼爲國本社首領，生平力主日本型之法西斯主義，並對德合作。平沼內閣係以軍人爲政治基礎，會召開數十次五相會議，圖促成德日意三國軍事同盟。此政策首遭其國內海軍界反對，而德國對蘇於一九三九年八月廿四日成立協定，予平沼內閣以霹靂一擊，使其四日後即告潰崩。阿部信行即時拜命組閣，嗣後一變平沼之方針，而對希特勒所發動之歐戰採取『不介入』政策。阿部內閣時代國內經濟危機開始嚴重，而外交亦無出路。一九四〇年一月中旬，即行垮台。繼起組閣者爲米內光政，米內內閣對於侵華戰爭仍然一籌莫展，對內既不能滿足陸軍方面革新派之要求强化戰時體制，對外未能確立日本外交方針，甫過半年，即告瓦解。於是近衛於一九四〇年七月下旬再作馮婦，組織新閣。近衛第二內閣對內推行『新體制』運動，解散一切既成政黨，組織『大政翼贊會』，以集中國內之政治領導。此一組織，時人目爲日本型法西斯政黨之誕生，對華則標榜所謂『收拾事變』。東條英機以中將入閣，担任陸相。爾日以後，近衛實行法西斯軍人之外交方針，與德意締結三國軍事同盟，以美國爲顯然之敵人。近衛第二內閣於美國經濟壓力之下於一九四一年三月開始對美談判，久延不決，七月一日一度總辭。近衛第三內閣成立於對美談判時，然亦未會成功，於同年十月中旬讓位於東條英機。東條內閣既經成立，吾人即認爲東方新危機之信號。果然，日本於對美進行欺騙談判時，奇襲珍珠港及新加坡，揭開太平洋大戰。東條內閣在三四年戰爭期間也會數度改組，一九四二年九月成立大東亞省，由青木一男担任大臣。一九四三年四月重光葵繼谷正之担任外相，東條於兼陸內兩相外，復兼文相。其他不管部大臣、農村大臣均已更迭。九月至十月二度改組，東條又兼新成立之軍需省大臣。一九四四年三度局部改組，以圖加强，終於在美海軍突進塞班與我陸軍堅守衡陽情勢下，宣告崩潰。

## 邱吉爾說：納粹推翻後德有成立共產黨政權可能

【路透社倫敦十八日電】邱吉爾首相本日於下院答覆詢問時明告議員稱：盟方於決定迫令敵人無條件投降政策，渠會料及德國工人推翻目前納粹政府而改立共產黨政權之可能，盟方對此業作準備。首相答覆另一詢問時稱：『余深信德國罪犯不能僅藉持有共黨信念而獲開釋之權利。』

## 希魔遭暗殺受傷

【海通社柏林廿日電】官方宣佈：有人企圖以爆炸物謀殺元首，元首未受傷，僅有輕微之火傷。並立即恢復工作。照規定時間接見墨索里尼進行德意會談。又戈林亦在元首處被接見。官方宣佈：受輕傷者有：約德爾准上將、科爾騰將軍、布勒將軍、波登沙茲將軍、科辛格爾將軍、斯圖夫將軍、及沃斯海軍上將、科爾普托塞爾海軍上將、普卡穆爾海軍上將。受重傷者有：元首親信斯奇米特中將、布爾德特上校、蘇爾格曼中校、同僚伯爾吉爾。

## 納粹否認有媾和想法

【海通社柏林十八日電】威廉街發言人星期二中午論及國外所傳德國與英美間或德國與蘇聯間所謂談判的謠言時，宣稱這些謠言經常每數月總要發生，且德國方面對此已不足為奇。他宣稱：『世界上沒有任何東西，能誘致我們放棄那戰爭必須由軍事方法贏得的決心和信心。』他又稱，德方之忍住東綫的某些挫折，便是德國這種不可挽回的決心之新鮮的證據。

## 英國官方通訊社 又說德寇抽調東綫部隊至西綫

【英國官方通訊社倫敦十二日電】今日倫敦方面獲悉關於德軍在各戰場兵力配備的動人情報。據估計德軍在法國的六十個師中，已悉有××個師在諸曼第。全部德國陸軍約一半（原文不清）可能在蘇聯邊界上。××裝甲師……（不清）……仍有中央戰略後備隊××××。在德國和奧地利有××師，不××××和沒有真正的野戰部隊。在意大利、巴爾幹、匈牙利的五十個師中，有四十六個師××××。此間認為在芬蘭可能有××××。德軍在東戰場總計約一百八十到一百八十五個師中，大量數目的兵力都很低下。此外，國內戰綫約十二個師，但其中有一些多少×××的（一句不清）。還有三個（原文不清）師在南斯拉夫（南國內尚有十二師偽軍）。偽軍部隊可靠性已大有改變，不僅如此，德軍師團中尚有一定數目的被徵的外國人，也是有重大意義的。這些事實可以得出這樣的理論，即德軍統帥部藉減弱他們在蘇聯戰場的軍隊以阻擾西方盟軍的攻入來進行賭博。昨日×軍事訪員在電訊中對倫敦皇家帝國議到此點，說『德國人決心把他們唯一的希望寄於予盟國遠征軍以毀滅性的打擊而且實際上已把這種希望付諸××。如果他們能夠××××，就會使×方戰事的決定確實延緩。他們在知道蘇軍正在準備有力攻勢的時刻調走了在蘇聯戰場的部隊。他們甚至調走了整個裝甲軍團到法蘭西。在原則上，這個戰略是正確的。當你像一個中間物一樣對從兩方面威脅你的軍隊作戰的時候，你就要集中你力所能及的一切力量去對付他們，並且要試圖儘可能迅速決定重要行動，採取如儘你所能使他方不至於對你傷害太甚的措施。但這件事要求很大的機巧的判斷。記者認為現在他們還次賭博就已失敗了。記者認為他們是大大失算了，因為蘇軍能在白俄羅斯舉行進攻，並且能夠利用流動部隊乘勝追擊。而且記者還認為那種失算將引起對他們最致命的結果。數星期前，他們宣佈西戰場乃當前唯一關係重要的戰場。現在，他們又一次承認東戰場為主要的戰場了。而且他也必然試着這樣做。但是他們是太遲了。當德軍調走時蘇軍就改進了。但真正重要的因素是蘇軍沒有利用速率作那麼多的第一線的力量。蘇軍在去年及今年初的攻勢中，不止一次地失去了機會，因為他們××運輸是那樣的××，裝甲縱隊會可能有包圍德軍全綫的一段的機會，但是他們常常不能夠延續至獲得援助的時間，因為步兵因運輸××而不能運動得足夠的快。唯一可能的解釋乃是蘇軍沒有使用出很大部分他們去年從盟國方面收到的大量卡車。可能××××他們自己的工廠××××。我們現在看到蘇軍不僅很少以公路運動而且××××××。蘇軍能夠在幾乎任何地方造成初步的突破。德軍現在必須以減弱其他戰場（或可能如挪威、丹麥、巴爾幹、法國等戰場）的代價去亂創一些後備隊來。記者認為敵人在退出法國前將試圖拚命猛攻。那值得他們這樣×××的就是這一個地方。我軍由於佔領克恩，就已處於較佳的地位去對付他了。敵人亦將試圖掩護其特別武器（即無人飛機）的基地以儘可能長久地空襲我國。（編者按，這個電報錯掉太多，本擬留待中央社的譯文，但迄今該社尚無此訊，只好將此電發表）

參考消息
（民供參考）
第五七三號
解放日報社編
今日出版二張
卅三年七月廿二日
星期六

# 德國國防軍將領發動兵變

【合眾社倫敦廿一日電】海通社外交評論員稱：德國重要陸軍中樞中有若干將校參加主持反希特勒之陰謀，渠等盼能通告全國『希特勒已死』。

【路透社倫敦廿一日電】英國廣播公司斯托哥爾姆訪員訊，據稱希特勒的軍事反對派領袖們『安置於德國某地』。他們中中包括凱特爾元帥、勃魯齊區與波克。據稱許多駐防軍司令會準備支持反對派，並報導在德國許多城市中德軍與黨衛軍間發生巷戰。

【合眾社倫敦廿一日電】德『新聞處副處長斯文德曼宣稱：前德國陸軍參謀長威格洛上將為謀叛者之一。據稱，現有根據證明『小部份暴亂者與敵國有所聯系』。海通社稱，在刺殺希特勒中，凱特爾未受傷。前稱重傷的希特勒的通訊員之一名伯爾吉爾者業已死去。莫斯科與由德國民族委員會電台號召德國人民『×××公開戰爭。每分鐘都是很寶貴的。你們的任務顯然是以任何手段粉碎希特勒及其集團……』。號召德國防軍將領向納粹黨開戰。伯爾尼與斯托哥爾姆來電稱，德國街上發生流血事件，但此種消息顯然主要係推測，而希姆萊的×××（缺字）此卓越戰略家很久以來即反對希特勒擴張主義者政策。遠在一九三八年，即與一羣將軍向希特勒建議，反對元首冒德國軍事及外交危險的辦法。此後若干將領被清洗，但×××仍留。由於在政與問題上與希特勒發生嚴重衝突，甚至提出辭職，但被拒絕。同樣亦反對捷克政策，最後於一九三八年十一月×日辭職，此後即消聲匿跡。

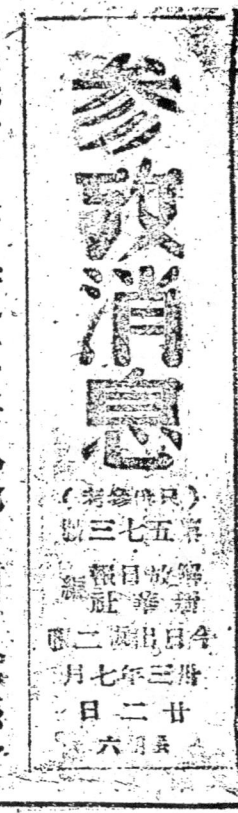

【路透社倫敦廿一日電】德軍電台今夜宣稱，戈培爾打破了最高統帥部軍官的『集團』佔領柏林政府機關的企圖。該電台稱：『構成為「大德意志」師一營的柏林保衛營營長雷穆爾少校接到率部佔領柏林政府機關的命令。他以習慣的軍人的紀律，執行了這些命令。雷穆爾接到的命令說：「元首已遭到了致命的意外，德國據報發生紊亂。行政權已轉入國防軍手中。」（原文未完）

【合眾社莫斯科廿一日電】蘇報刊載日內瓦來電二則，報導謀殺希特勒事，但未加評論。此消息傳遍莫斯科，引起不小的驚害，並被解釋為納粹政權開始崩潰的具體象徵。

【路透社紐約廿一日電】美聯社斯托哥爾姆來電稱：『今日越瑞典的旅客稱，德軍二師於東普魯士叛變，此興奮與所傳卒致爆發以炸彈刺殺希特勒之運動有關』。旅客復稱他同時獲悉，哥本哈根守軍中若干部隊已於星期三開往德國。

【中央社渝廿一日電】據柏林二十一日廣播：德新聞處副處長斯文德曼稱：吾人已獲得謀刺元首之『暴徒』與國外少數謀叛者有關之證據。

## 希魔等廣播

【合眾社紐約廿日電】據柏林廣播：希特勒今宣佈此次爆炸之炸彈，係陸軍上校史托芬堡所置。爆炸地點距希氏僅二公尺。史托芬堡為陸軍上將古德林之新參謀長（按古為德軍之坦克專家）。希特勒於演辭中促全國軍民勿接受『篡奪者』所發之命令，並宣佈此次事件之主謀者俱經消除。德航空部長戈林前亦發表演說謂：此次陰謀為在職之將領所為，此批將領曾成立新德意志政府。另據英國廣播公司轉播德海軍總司令鄧尼茲之聲明曰：德海軍仍堅持其立場，並接受希特勒元首之命令。

【中央社重慶廿一日電】據柏林廿日廣播：希特勒今發表演說謂，彼雖遇狙，仍安全無恙。演詞概要如次：余今日播講，因為（一）欲人民聞余之音而知余個人安全無恙，並未受傷。（二）向人民詳細報告此德國史上前所未有之罪狀。少數缺乏良知儲存野心之愚蠢犯罪者與愚蠢之軍官，曾進行消滅余個人及德統帥部大部參謀人員之毒謀。陸軍上校史托芬堡伯爵所置之炸彈，在余右側二公尺處爆炸。余之僚屬重傷數人，其中一人且已斃命。余絲未受傷，僅有稍輕微之震動與火灼，余認此適證明了上帝命余繼續追求余一生之目標。一若追求××之機。余茲可向國人鄭重申言，余個人之智慧良心凡盡職責之意念，蓋余固知戰爭不能避免或延緩。被篡奪者謠傳余已去世，渠等謠言之無稽已由此次廣播證明矣。此等篡奪者所代表之人士，為數至寡，此等人與德國武裝部隊完全無關，甚至與德國陸軍亦無關係。刻吾人必須將此項少數犯罪完全剷除，故余宣佈勿接篡奪者之命令，任何軍事部門任何團體之領袖及任何士兵，均不得服從此等篡奪者之命令。任何人均應有逮捕彼爲篡奪者傳播命令或對抵抗時將其殲滅之職責。希特勒元首隨後宣佈，渠已任命希姆萊爲陸軍總司令，古德林將軍爲參謀總長，並任命東戰場某名將爲古德林將軍之副手。希特勒元首表示渠堅信此項少數狡詐之陰謀必將剷除，德國內之氣氛，最後將爲之一新此乃前綫所必需者也。

【中央社渝廿一日電】據柏林廿一日廣播：希特勒下令任何人均不得接受『篡奪者』之命令。

【合衆社紐約廿日電】希特勒今自其總部廣播講，譴斥企圖將其暗殺之『軍官派』。希氏自稱播講的目的在使德人聽其聲音並獲悉此『德國歷史上所未見之罪行』經過。

【中央社渝廿一日電】據柏林廿一日廣播：德空軍部長戈林本日播講稱：『與史托芬堡伯爵同謀之數將領，將被槍斃，因彼等乃卑怯之徒，不配爲軍隊之統帥。感謝上蒼，元首此次得免於難，一如出乎神蹟。此等罪犯及篡奪者，正圖向軍隊發布虛僞命令，故余頒佈以下命令：德國境內之德空軍均由德空軍司令斯塔普上將以余之名義指揮，德空軍僅服從斯塔普將軍或余之命令，德空軍如奉命將予德國元首及希姆萊以最積極之協助。任何飛機如未得余與斯塔普將軍之允許，不得飛行。謀刺元首之叛徒，背棄誓言，肅清此等賣國者，吾人必可獲得新力量。』

【合衆社倫敦廿日電】據柏林廣播德（缺七字）今演詞中宣佈被革職之德軍將領將企圖『頒佈僞命以惑德軍』。戈林通令空軍發現可疑之命令時應立即以電話請示總部，以明眞僞。

【路透社倫敦廿一日電】路透社無綫電報告稱：今日德國海外無綫電台向亞非二洲廣播時，曾發現怪聲，廣播員每次停止作呼吸時，皆有怪聲發出。當廣播員報告暗殺希特勒之企圖時，怪聲即大呼希特勒必須下台。

## 德國國內反映

【海通社柏林廿一日電】羅森堡在『人民觀察報』特刊上撰文評元首遇刺之事實時指出：元首與幾百萬德國人的××××是不可分割地聯接在一起。元首於遇刺後立即恢復工作……並×××軍人們現在將更加緊張地作戰。羅森堡結語稱：證明×××元首，元首將領導日耳曼民族渡過目前之水深火熱而至未來，德國人民有權利要求這個。人民觀察報的社論指出，謀刺元首所選擇的時間顯示了人們是在怎樣準備了的。（中缺）『對阿道夫希特勒之襲擊只意味開闢第五條戰綫——針對德國最高統帥部之首腦與心臟』。（本電原文錯落甚多，節譯梗概，容有出入——譯者）

【海通社柏林廿日電】柏林『午報』因謀殺元首事出版特刊，內稱：『經過這個事件，德國軍隊與民族曾變得更强。自謀殺元首的儒怯企圖發生後，××小時已過去了，×方已採取若干步驟（缺半句）。』無疑地，現在這些份子將（原文錯漏）出誰並未不屈不撓地參加德國生死攸關的鬥爭。正如我們常常懷疑到敵人會進行煽動，他們現已談及有一派軍官欲想奪取領導權。倫敦與莫斯科在立即過份估計實在情形之下，（錯漏）閒談及從未眞正存在的不團結與不和睦。英蘇不相信，這只是一些××××局外人所舉行的。這些局外人隱藏在德國反對德國領袖們的決定，起着像制動機的作用，但實際上却毫無××的機會。正是因爲這個原因，他們在敵人支持之下試圖舉行這次事變。

【同盟社柏林二十日電】暗殺元首未遂事件，給德國國民以莫大衝擊，但希特勒元首再度獲得九死一生，反使全國國民相信是有神意，更加鞏固貫徹戰爭的決心。德國各報在廿一日的晨報上，大標題揭載元首行營關於本事件的公報，並在社論中，對此不逞的行動，深表憤怒。

【路透社倫敦二十一日電】今日德國海外新聞社報告柏林之情況稱：今日柏林民衆皆充滿常有之責任觀念安靜工作。柏林每一市民無論在電車、汽車、火車及街衢中皆談論德國最近發生之事件。報道在街上出現即爲大批之羣衆所包圍。

## 波克已被處死
### 希姆萊將發動肅清運動

【路透社倫敦廿一日電】據德國新聞社宣佈，參加謀刺希特勒計劃之波克將軍已不在人間。

【路透社倫敦廿一日電】德新聞處副社發表新聞處長桑德曼所發表之關於波克上將死訊之聲明稱：與謀刺案有關之波克上將之名，在報導德國國內陰謀案件之國外電訊中屢被提及，現一切叛亂份子均經消滅，德國領導權益趨强大。

【路透社倫敦廿一日電】德國新聞社於希特勒播講後稱：軍官叛亂業已完全失敗，×黨領袖或被槍擊，或已自殺。史托芬堡亦被槍殺。該社繼報告稱：現無任何意外事件發生。

【同盟社柏林廿日電】關於暗殺希特勒總統未遂事件，除簡單的公報外，別無任何情報，故僅明白元首行營所公佈的，企圖暗殺總統的計劃，因未遂而告終，此外更詳細的情況則不得而知，暗殺總統的計劃這是第二次，圖於犯人及背後關係者，當局可能於數日內公佈。

【路透社倫敦廿一日電】據德國國內廣播發言人稱，謀刺案發生後，曾略有混亂之象，未幾行刺主旨業已查明，但其確已失敗。

【合衆社倫敦廿一日電】希特勒親信陸海空軍及祕密警察，積極肅清圖於德國內×未遂之『叛變』將領及其他領袖後，希特勒似已又將德國控制在握。希姆萊已受命統率德國本部軍隊，並奉希特勒之命使德國內秩序恢復，更展開規模空前之肅清運動，俾將企圖顚覆納粹政黨及使德國退出戰爭之一切『叛亂』黨徒一網打盡。命令速即分發，軍隊及民間參加『叛亂』之一切嫌疑犯均逮捕或被殺害。德新聞社稱：陸軍已將若干叛變領袖處死，其他亦已自殺，叛亂陰謀業告完全失敗。

【路透社倫敦廿一日電】德國海外通訊社今夜（星期五）稱：在謀刺希特勒案發生後，政府將更爲極權化。通訊社稱：『錯誤謀殺元首的某些後果是不可免的。特別是政府的極權原則將更加以發展。無情的消滅一切兇手、破壞者及失敗主義者，不管他是誰與來自何方，此乃國家自衛生存之要求』。

## 德方公佈炸彈案詳情

【海通社元首行營廿日電】關於謀殺元首事，元首行營發表下列官方公佈：『星期四有人企圖用爆炸物謀殺元首。下列各位元首隨員受重傷：斯豪德特中將，布蘭德特上校，波爾格拉曼中校，合作者伯爾格爾。輕傷者如次：佐德爾准上將，科爾騰將軍，布布爾將軍，波登沙茲將軍，赫辛格爾將軍，斯科爾夫將軍，沃斯海軍上將，馮·普特科摩爾海軍上將。元首雖亦略被火炙了一下，並灼傷了幾個地方，但並未受傷。元首立即繼續工作，並『定了一個時間』接見意相進行商談。此事發生後，帝國元帥戈林很快就去看元首。』

【中央社重慶廿一日電】據柏林廿一日廣播：據外交部消息，希特勒被刺無恙後，曾與墨索里尼進行談話，外長里賓特洛甫亦曾參加。元首與墨索里尼公談完畢後，可望發表公報。

【海通社柏林廿日電】身受輕傷的波登沙茲將軍現年五十三歲，爲帝國元帥戈林最親密合作者之一。作爲一個職業軍人，他在第一次世界大戰的頭一天，即參加戰鬥，並在西綫受傷四次，然後他參加空軍。他乃第一次世界大戰時，列陶芬戰鬥機首領的首席副官。列陶芬逝世後，他爲戈林的副官。對於創立德國新空軍，他曾起了重要的作用。一九三八年，他升爲帝國空軍部的辦公室主任。他是元首與戈林間的聯絡軍官。一九三八年十一月，他曾被戈林派往倫敦，事前他曾和里賓特洛甫三年同住在倫敦。

【海通社柏林二十日電】此次謀殺元首事件中身受重傷的斯蒙德特中將，自一九三八年以來，即當『元首親屬部隊首席副官』。在希特勒一切軍政要務中，他是希氏最親密的隨員之一。例如在希特勒與英國前任首相張伯倫進行討論時，他亦曾參加。他曾作爲青年軍官參加第一次世界大戰，以後即留在百萬大軍裏。

【海通社柏林廿一日電】佐德爾受輕傷。他曾參與一九四〇年法國勝利戰役，因此被元首擢升爲砲兵上將。一月卅日，他被擢升爲准上將。他關於軍事情勢的演說，評論很多。佐德爾在這次演說中把盟國爭取勝利的希望叫做烏托邦，而且那次着重指出，元首本人是勝利的重要保證，其重要是自腓德烈托列大帝以來，從未有過的。

【路透社重慶廿一日電】德國新聞社今宣佈昨謀刺元首案凱德爾元帥並未受傷，受傷致死者乃一名貝爾吉爾之新聞速記員。路透社按：新聞報導之謂謀刺案發生時凱德爾在場者初次。

【合衆社倫敦廿日電】希特勒總部之炸彈案，就德方公佈之情形觀之，似係希氏隨從受傷較重。此或彼等於事件發生時，以身遮着希氏有以致之。希特勒遇狙受傷，據我們所知，以此爲第一次。德國新聞社迅速發佈事件眞相與希氏輕傷一節，其用意或在使日後其他方面傳出希氏傷重消息時亦不至引起深刻印象。此次事件發生於希氏總部，足示主謀者或爲不滿作戰之德人。德國法西斯之象徵一日消除，則和議或有可能。昨夜柏林與斯托哥姆間之交通阻斷，迄今晨七時半始告恢復，此與暗殺案或有連帶關係，此事甚或像昨日發生者。

【合衆社倫敦廿日電】柏林廣播電台控訴盟國謂，暗殺希特勒之陰謀，係盟方所爲。廣播詞如下：命運保護元首免遭敵人毒手，敵人當施暗殺方法，凡不能藉公正之軍事方法完成者，即一再企圖以暗殺方法完成之。又德國新聞社發電更正炸彈案，受傷者名單，原傳重傷之鮑格曼中將，係輕傷。海軍軍官方面，除前宣佈者外，亞斯曼海軍上校亦曾受傷。

【中央社渝廿一日電】據柏林廿一日廣播：行刺元首案曾兩度發生，但兩度均歸失敗，迄目前官方尚未宣佈行刺案之詳情，除官方聲明中宣佈行刺工具係爆炸彈外，別無若何有關刺客藏身地點及企圖性質之報告。官方聲明僅謂：元首及其隨員在辦公之際遇刺，其地點爲大本營。此外別無任何有關與出事地點之表示。一九三九年十一月八日慕尼黑酒店之行刺詳情，係出事後十三日方發表。此乃官方所以保持緘默之理由。此事件對德不但一，如一晴天霹靂，各國各報今晨皆以出奇之標題登載此。

『路透社斯托哥爾姆廿一日電』今日斯托哥爾姆晚報阿富頓報未證實消息稱：刺殺希特勒事發生於在上薩爾斯堡舉行者照例下午會議之時。爆炸係由延性炸彈所引起。該消息稱，希特勒得免於死，因爲他遲到兩分鐘，在炸彈爆炸時他正立於會議廳的門口

## 敵組閣本部連發七次公報 但新閣人選仍遲遲難產

『同盟社東京廿一日電』進行組閣工作繼續到本日早晨四時許的小磯大將米內大將，復於上午八時半強力的進行組閣工作，組閣準備工作可在二十一日完了。當此空前的重大時局之際，組閣本部與平時不同，其組閣方針是以完成戰爭，出現一個舉國強力的內閣爲目的。因此它進行重點的工作。另一方面，兩大將希望的組閣構想（計劃）正具體的實現，這一組閣已在舉國的支持之下，着着好轉，二十一日下午入閣候補即可在組閣本部出現，小磯、米內兩大將均以懇情合作的態度，慎重踏實的進行工作，以期組閣之完成。

『同盟社東京廿一日電』接近小磯大將之齋藤彌平太中將於廿一日上午九時接見記者團，談述如下：廿日拜受組閣大命的小磯陸軍大將與米內海軍大將，於退出宮中後，小磯大將赴總理官邸訪問東條首相，繼於參謀本部訪問梅津總參謀長，懇談後於下午八時返回組閣本部。米內大將在此間則訪問野村海軍大臣於官邸，下午八時十分入組閣本部，與小磯大將舉行重要談話，嗣後小磯大將於下午九時三十分走出組閣本部，訪問木戶內大臣、島田軍令部總長與野村海軍大臣，十二時五十分歸還，再度與米內大將，繼續談至今日（二十一日）上午四時二十分。小磯大將與米內大將始終是熱心地非常順利地進行談話。

『同盟社東京廿一日電』（組閣本部發表之一）組閣本部廿日午後十時公佈：小磯、米內兩大將，目前正在深思熟慮組閣事宜，今夜中沒有發表的事項。（組閣本部發表之二）小磯大將本日上午十時赴翼政會本部，訪問翼政會阿部總裁，進行懇談。

（組閣本部發表之三）訪問阿部翼政會總裁的小磯大將，十一時三十分返抵組閣本部，直至現在來訪組閣之人有南陸軍大將，左近司海軍中將。

（組閣本部發表之四）（一）小磯、米內兩大將，不顧徹夜的疲勞，相互協力，進行組閣事宜。（二）本日午後一時以後訪問組閣本部的，有翼政會

展爲日華基本條約。昭和十八年秋，在東京舉行關於建設大東亞的大東亞會議，但是戰局的激烈要求確立國內決戰體制，昭和十八年九月，企圖確立國

總裁阿部信行大將、藤原國務大臣、重光外相、石渡藏相、日本銀行總裁澀澤敬三子爵。（三）三時三十分以後的來者，有松坂檢事總長、宮田光雄。

（組閣本部發表之五）（二十一日下午五時）本日十六時以後，來訪組閣本部者如下：富永陸軍次官。

（組閣本部發表之六）齋藤中將談（下午六時半）：（一）本日下午五時以後，來訪本部者有翼政會總務會長前田米藏，（二）參與此次組閣之人如下：東京都長官大達茂、前內相湯澤三千勇、朝日新聞副社長緒方竹虎、『滿鐵總裁』二宮春茂、朝鮮指導者練成所所長齋藤彌平太陸軍中將。（組閣本部發表之七）本日午後八時半齋藤中將發表談話稱：組閣工作非常順利，逐漸接近於強力內閣的出現。關於內閣閣員及三長官，今晚即可銓選完了，於明日午前，當能將各位名單奉呈天皇陛下。

## 同盟社官佈 東條內閣經過

『同盟社東京廿一日電』東條內閣於昭和十六年（一九四一）十月十六日誕生以來，共二年九個月，是近來最長命的內閣。不久即向美英開戰，始終一貫的帶着進行戰爭內閣的性質。作爲政治家的東條首相，最努力進行的工作就是使國務與統帥更加密切，站在總力戰的立場確立舉國一致的體制以及團結大東亞。東條首相先兼任陸相，利用這種方式使國務與統帥更加密切，代替第三次近衛內閣以前的政府與統帥府聯絡會議的方式。其次，關於樹立舉國一致的體制，他於昭和十七年二月解除內相的兼職，任命湯淺爲內相，並進行議員總選舉的準備工作，實行了翼贊時代的推荐的選舉。選舉結束後，創設翼政會，以期與政府一致的活動。在此期間，大大縮減官吏的人數，並設立大東亞省，以國民政府經濟顧問青木一男就任大東亞大臣。昭和十八年四月，觀乎第八十一屆議會所反映出的空氣，實行內閣大改造，首相親自訪問大東亞各國及各地域，對華政策[illegible]內體制，設置軍需省，取消商工省、企劃院、與此相關聯，將鐵道、遞信兩省合併成運輸通信省，農林省改爲農商省，並這樣解決了多年的懸案。隨着中央行政機構的改革；亦整備地方行政機構；創設地方行政協議會。同時又實行行政査察制度，國務大臣藤原等屢次進行行政査察工作，對於增進軍需生產有所裨益。昭和十九年二月，閣議決定了『決戰非常措置綱要』，着手進行全國人民的戰鬥配置，還動員學生，整備不急不用的事業，集中全力次第實行爲防衛國土、增產食糧、軍需生產、動員勞動力所必需的施策。在此時期，特別值得提起的事情就是東條陸軍大將就任參謀總長，島田海軍大將就任軍令部總長，以往東條大將執行首相、陸相、軍需大臣的職務，沒有絲毫空閒的時間，他爲了使國務與統帥一元化，又就任參謀總長。但是戰爭使皇國面臨三千年來未有的重大局面，此次答應『結集總力、更有力地推行戰爭』的要求，遂實行總辭職。

参攷消息
（只供參考）
第五七四號
解放日報 新華社編
今日出版二張
卅三年七月廿三日
星期日

# 小磯內閣組成

【同盟社東京廿二日電】小磯陸軍米內海軍兩大將的組閣工作，正順利進行，至二十一日黃昏，主要閣僚之銓考已經完遂。昨夜深更，閣僚及內閣三長官之會議已經完了。二十二日上午決定將閣員名單奉呈陛下，至此大戰下的第二次戰時內閣，在大命降下後四十小時前後組閣即可完畢，二十二日上午即可待陛下之意旨舉行親任式。

【同盟社東京廿二日電】小磯陸軍大將及米內海軍大將拜受組織後繼內閣的大命後，即於廿二日上午決定閣員的人選，兩大將於下午零時五十八分離開組閣本部赴宮中覲見天皇陛下奉呈閣員名單。小磯內閣的閣員名單如下：內閣總理大臣：小磯國昭。外務大臣兼大東亞大臣：重光葵。內務大臣：大達茂雄。大藏大臣：石渡莊太郎。陸軍大臣：杉山元。海軍大臣：米內光政。司法大臣：松坂廣政。文部大臣：二宮治重。厚生大臣：廣瀨久忠。農商大臣：島田俊雄。軍需大臣：藤原銀次郎。運輸通信大臣：前田米藏。國務大臣町田忠治。國務大臣：兒玉秀雄。國務大臣：緒方竹虎。

【同盟社東京廿二日電】小磯內閣總理談話：此次不肖與米內海軍大將意外的接受組閣的大命，不勝恐懼，感激之至。現在戰局非常重大。只有國民大和一致擊碎激美英的反攻，才是渡過這個未曾有的國難的道路。政府在國內圖謀政戰兩略的緊密化、愈益加强運營國政的諸方策，毫無保留地完全執行爲貫澈戰爭所需的施策，以期必勝；對外，則堅持從來的外交方針，澈底實現大東亞共同宣言，貫澈征戰，以慰叡慮。希望各位國民信賴政府的決心予以協助，並認識戰局的重大，不要焦急，沉着冷靜的處事，各自站在自己崗位上，毫不懈怠地克服一切困苦，竭其全力爲國家服務。

【同盟社東京二十二日電】小磯首相於親任式終了後，進入首相官邸，下午七時半與內閣記者團作初次會見，並回答記者的問題：（問）決戰階段中，國政運營之根本方針爲何？（答）如果說結論由於我們都是皇國的臣民，因此首先要體會神意，藉以使之明朗活潑。過去皇國日本人，每當國難之際均協力團結一致，這是我們傳統的美德，一旦我們一致團結起來，即可流露出明朗活潑的氣氛，體會神意，和氣藹然的氣氛高漲的時候，戰意便可昂揚，增强生產亦可達到。在物資方面的基調，首先爲了確保最小限度的國民生活的必需品，必須官民一體互相協助，作最善的努力。（問）內閣運營的具體方策如何？（答）米內大將在我任大尉時即是朋友，而且是很好的朋友，網羅各有專長的人材爲閣員，而能和協一致，强有力的推行施策，雖甚困難，所幸此屆內閣都是我二人的故知，所以目前還沒有特別考慮到內閣運營的方策。（問）外交政策特別是對德國對蘇聯政策如何？（答）對於盟方德國，原來的緊密敦厚的關係將更加强，雖說東西遠隔，但外交政策將凝集在達到共同戰爭的目的一點推行之。對於蘇聯則仍如過去一樣。（問）關於行政查察制度如何？（答）不僅在行政上，凡一切政策上查察均是必要的，命令指示即使正確，但要將實行變爲很確實就須要週到嚴肅而且正確的監督。又從事查察之人及發佈命令之人，對於接受者必須予以感化力，查察者命令者，如不能使人信服，則不可能期望其實行，查察僅是周到檢討的一翼，所以查察是必要的，我認爲應當繼續。（問）關於國民再組織的問題意見如何？（答）翼贊會成立以來已有相當長的歷史，因此改組是可能，而要取消則甚困難。國民再組織問題，其方向我認爲必須歸納於大家協和。

【同盟社東京廿二日電】小磯首相組閣完畢後，於廿二日下午七時作就任新職的廣播演說，表示其願竭盡心血向着貫澈戰爭途上邁進的決心，同時表明其突破戰局的信念，最後希望一億國民的奮起。小磯內閣總理大臣廣播演說的要旨如下，不意，此次與米內海軍大將拜受重大戰局下的組閣大命，這實令人不勝感激之至，我將在國民大和一致的協助下，獻此一身突破難局，堅決的竭盡心血爭取大東亞戰爭的完全勝利，以慰叡慮。宣戰大詔已宣示征戰的眞義，至於國民努力的目標，則在開戰以來屢次發表的聲明中都已說到了，現在沒有重複的必要。但此時如果有事情要說的話，那就是現在有必要更加××（掉了）目前我們國民面臨國難的信念及實現這個信念的實踐力。即大東亞戰爭繼中國事變之後，在基於崇高的國體本義的國民傳統的道義修練上表現出顯著的進境，這對外體現在赫赫的戰果，對內體現在戰力的增強上面，直至於今日。但是虛心回顧國內體制的情形時，那末在國民古有道義的自覺和發揚方面還有努力的必要。我深信一億同胞如能回想肇國的由來，透澈了解國體的本義，在進途上闡明我們應做什麽，而且完成各自的本分，開拓打開新境地，一直向前躍進，那末就可以把握制勝的端緒。目前我們面向着的戰局的起伏，乃神意啓示我們皇國人民進行鍛鍊，以便使世界人類的前途更加遠大。一億國民都要澈底了解固有傳統的道義，抱着必勝的信念，戰鬥到底。這是在這個試練中取得勝利，保全國家光榮的唯一途徑。不肖不顧菲薄，站在這樣的觀點與國民一起對內昂揚道義，增强物質、精神的戰力，與盟邦取得更密切的聯系，以期向着達成戰爭目的邁進。

## 新內閣舉行首次閣議
## 各方對新閣評論

【同盟社東京廿二日電】小磯內閣於二十二日下午四時三十分在宮中舉行第一次閣議，小磯首相以下全體閣員均出席閣議。首由小磯首相報告大命降下至新閣成立的經過並致詞後，即決定新閣成立時向中外發表的首相談話內容及內閣三長官的人選後，即於五時卅分散會。

【同盟社東京廿二日電】前外相重光葵，在小磯、米內強力內閣內仍繼續留任入閣，作爲外相兼大東亞相，這說明內閣的更迭對帝國外交的根本方針，並無任何影響，並證明廣田、有田兩氏及外交界的元老、長老，皆强力支持重光外相，而且重光外相，以前對於大東亞外交即是有力的人物，是潛伏的推進力。現在決定由重光外相直接担當共榮圈外交，使帝國外交全一元化，此點是特別値得注目的。就任大東亞相後，使人感到帝國的外交已成世界外交與大東亞外交兩個系統。其間關於純粹的外交，仍由外務省主管之，但往往有議論的餘地，從而隨着內閣的更迭，外相之兼任大東亞相是必然之事。而其担任斯職之人，亦以重光外相担任最爲適任。但有關大東亞的外交與隨此而來的各種事務，今後益將複雜，因此，兩省的合併在現在階段中，應努力避免之。由於外相之兼任大東亞相，兩省政策的一元化，可以認爲是最適合於時宜的措施。

【同盟社東京廿二日電】陸軍的長老杉山元元帥負着全陸軍的希望，就任新陸相。本月十八日由於軍政與軍令的分離，梅津大將就任參謀總長。從而樹立强力、神迅、絕對安穩的體制。今日由於杉山元帥就任陸軍，陸軍最高首腦的陣容已完備。杉山元帥一個人就有陸軍三長官的閱歷，他做過教育總監兩次、陸相三次，這種閱歷確是不平常的。他和小磯首相是同期的學生，他和梅津參謀總長是這樣的：即杉山在林內閣及第一次近衛內閣任陸相時，梅津担任次官。因此陸軍在軍政、軍令方面得到絕好的人物。小磯首相指導最高的國務，杉山元帥指導軍政，梅津參謀總長指導作戰，這三者有機的聯系與其機動性愈益增大，至此已確立足以渡過重大戰局的最高體制。

【同盟社東京廿二日電】拜受合作組閣之大命的小磯、米內兩大將正順利進行組閣工作。强有力的舉國一致的內閣，將在二十二日成立，活躍於增强戰力第一線的鄉古內閣顧問、藤山全國商業經濟會協議會長，斯波造船統制會長，寺井船舶運營會總裁，澁澤「日銀」總裁，淺野「日本鋼管」社長，於二十一日分別發表下列談話：內閣顧問鄉古潔談强有力的政治力，略謂：我們所希望於新內閣者就是强有力的政治，大東亞戰爭爆發以來，已二年有半，雖然聽到了人力不足，物質缺乏的呼聲，但我並不以此爲然，而且認爲我國還剩有相當的人、物和力量。應該毫不遺留的總動員這一力量，並將其效力發揮至最高限度，並將其力量完全集中於戰爭，我們決不應將能夠拿出的力量保留起來，我們如果現在不拿出力量尚待何時，新內閣的根本施策就是着重與一億國民眞正地結合在一起，總動員一億國民的力量。全國商業經濟界協議會會長藤山愛一郎，談論果敢的實行力略謂：貫澈戰爭的要諦，在於飛躍的增强軍需生產，而其根本則是在依靠極大的推進力結集國民的總力。爲此政府與國民之間應該沒有間隙。强有力地實現「信賴的政治」，大胆率直的將時局實際情况告訴國民，提高國民堅强的戰意，把必勝信念凝結於軍需生產，因此官吏不能把民間經濟人完全看爲是追求利潤的，民間經濟界對於政府亦不能採取面從腹背的姑息態度。現在所要求於新內閣者，是調達民意的抱擁力與積極簡單的實行力。造船統制會長斯波孝四郎談論期待發揮戰力略謂：我們所期待於內閣者大體均相同，這就是眞正能夠團結國家總力的强有力的內閣，在運輸行政方面造船已經上了軌道並改組船舶運營會等，况應當改進的均有了改進，今後應用强有力的推進力劃期的增强運輸力以及使用足以完成飛躍的計劃造船的人才。這是很必要的，在這一重大關頭，决不是說此說彼的議論時代，此次强力的內閣誕生時，國民應無條件的向生產增强努力。「日銀」總裁澁澤敬三子爵談論把握民心的動向略謂：當新內閣組成之際，特別期待於內閣者第一就是疏通民意，此即關於實行各種戰爭方策，應把精神放在政策上面使國民有前進心；使其樂於工作，第二就是要有更好的糧食對策。『日本鋼管』社長淺野良三談論生產、行政的決戰化略謂：小磯陸軍及米內海軍兩大將的拜受大命，完全是異例的，故其意義極爲重大，由此，面臨決戰的陸海軍將更密切一致，實不勝欣快，我想這是新內閣根本的政格，民間人士所最希望的就是人力配置的再檢討與生產行政的眞正的決戰化，過去的勤勞動員是否缺乏適當的準備，看一下實際情況不能不令人懷疑，應當根本的加以再檢討，以動員國民的總力。其次就是行政機構的簡素化。過去雖曾進行過，但是還沒有決戰化的仍然不少，這一切必須趨得上明日的決戰。

【同盟社東京廿一日電】朝日新聞詳報：小磯米內兩大將拜受組織決戰期的後繼內閣的大命後，於二十日晚着手組閣，在這個嚴重的戰局下，担負着指導戰爭的重任的小磯米內的強有力的內閣絕對要求它是一個強有力的、而且能够得到人民絕對信賴的舉國一致的『人才內閣』；同時要以下列各條件爲基礎：（一）要具有能够動員國家總力（即不問軍官民，能够動員國民最後一個人的最後一滴血流增強戰力）的性格和××的內閣。（二）要有眞正意味的最高度政治力（要能够了解民心，提高其熱情，自發地積極地提高國民的戰爭意志和實踐）的內閣。（三）這個內閣要能信賴國民，相信國民的忠誠在許可的範圍內使人民知道戰力、政治及其他事情的眞象，並與國民相談，共同裁斷，使政府與國民之間未有間隙。（四）這個內閣要能調整國務與統帥，在形式上及內容上能够促陸海軍的合作，以適應決戰的現階段的情況。（五）這個內閣要以強韌的實行力，果斷的實行政策，俾能在推行作戰方面，發揮戰力至最大限度。總之，後繼內閣的唯一使命必須是能够在此決戰階段的重大戰局下結集國家的總力，強有力地推行戰爭，擊滅敵人。一億人民鑒於目前的戰局，都確信能够出現這樣的內閣。

## 東條編入預備役

【同盟社東京廿二日電】陸軍省發表（七月二十二日十七時）：此次發令如下：（一）陸軍大將東條英機編入預備役；（二）教育總督部本部長陸軍中將野田謙吾，任教育總督代理。

【同盟社東京廿二日電】東條英機大將就任內閣總理之際，根據陸軍將校進級令的規定，本應編入預備役，但由於兼任陸軍大臣，乃特別編入現役。此次由於辭去首相兼其他職務，乃失現役的自由。因之與繼任同時編入預備役。

【同盟社東京廿二日電】天皇陛下鑒於東條前首相、小泉前厚相、岩村前法相，後藤前國務相的功績，特給以前官禮遇。廿二日由情報局公佈如下：正三位、勳一等，功二級東條英機，正三位，勳一等小泉親彥、正三位一等岩村通世、正三位、勳一等後藤文夫，特給以前官的禮遇。

【同盟社東京廿二日電】由於米內光政大將的就任海相，前海相野村直邦轉任軍事參議官，廿二日海軍省公佈如下：茲任命海軍大將野村直邦爲軍事參議官。

【同盟社新京廿二日電】新任關東軍司令官山田乙三大將，於廿二日下午五時卅分抵新京飛機場，赴機場歡迎者有關東軍參謀長等日滿有關軍官民多人，與張國務總理握手後，即在飛機場與滿洲國皇帝陛下派來迎接的張侍從武官長會晤，經寒暄後即至官邸。

【同盟社東京廿二日電】天皇陛下隨着米內海軍大將之就任海軍大臣，特決定使其列入現官中現役，廿二日由情報局發表如下：海軍大將從二位勳一等功一級米內光政海軍大臣，現官中特別列入現役。

【同盟社東京廿二日電】與小磯大將一同拜受後繼內閣大命的海軍長老米內大將，以特旨使其復歸現役，親任海軍大臣，名符其實地建立帝國海軍的大國柱。預備役之海軍大將復歸現役，其例子是大正八年齋藤實大將復歸現役，親任朝鮮總督，因此如此次復歸現役就任帝國海相之事實，是敢於實行不見先例的異例（稀有之事）。因迫切感到時局的嚴重性，並可看出海軍對突破時局的偉大決心。而且米內海相協力小磯首相，拜受組閣大命與小磯首相的關係與在閣內的地位（曾爲前首相一重臣），是誰人都知的堅强有力。又與杉山陸相的關係，通過林內閣，第一次近衛內閣兩個階段，俱爲軍部大臣，從這一意義看來，陸海軍的密切協力，亦是絕對可期的。這樣，海軍將在米內海相的領導下，亦將鞏固堅決不動的團結，一直向着突破此重大戰局邁進。重臣米內海相的登場，不失爲此次組閣中最重大的人物。

【同盟社東京廿二日電】繼小磯內閣各閣僚親任式之後，舉行國務大臣緒方竹虎兼任情報局總裁的親任式，廿二日夕刻情報局公佈如下：國務大臣緒方竹虎兼任情報局總裁。情報局總裁天羽英二依願免本職。

【同盟社東京二十二日電】緒方情報局總裁於二十二日下午七時第一次內閣會議終了後，與內閣記者團會見，披瀝抱負如下：『我的素願是終身爲一新聞記者，由於許多原因担任情報局總裁，但仍願以很大的努力作一平常的新聞記者。戰局到了今天這樣的一個時候，思想戰的方面亦極重要。關於政策，更內閣會議已經決定了根本方針。（譯一段）』

【同盟社東京廿二日電】每日新聞詳報：在宣戰的大詔中已宣示此次大東亞戰爭的目的，而內閣的更迭只是指導政治方面的變化，我們只有向着達成戰爭目的的途上邁進。國民鑒於這個嚴肅的事實，應認識我國推行戰爭的體制日益強固，並決心舉國一致的完成自己的使命。但在國際方面來說，這次內閣的更迭對於大東亞各盟邦及歐洲各盟邦的影響如何？要說明這個問題，首先要充分了解我國政治的特點。即天皇親自執政的我國內閣的更迭與外國閣換指導者有本質的不同。因此東條內閣對各盟邦所採取的各種施策絕對沒有變更。大東亞宣言及防共協定中所規定的道路是皇國永遠的道路。反軸心軍將要把這次內閣的更迭，歪曲其真意，並將其作爲宣傳的材料，或向全世界散佈謠言。但是新內閣將於最近將來用事實證明這是不是謠言。

## 何應欽談敵閣改組

【中央社渝廿二日電】敵國東條內閣總辭職後，經小磯、米內二人之努力，新閣人選已於今日全部決定。中央社記者特於今日赴軍委會謁見何參謀總長，詢其對於敵新閣組成之意見，當承答覆如次：『自東條英機內閣總辭職後，一般人對於日寇未來之動向，紛作種種揣測，此種現象，實屬危險。蓋日寇以侵略爲其國策，決不因個人之進退而改變。日寇非至山窮水盡之時，絕不能覺悟，故國人對於日寇應有深刻之警惕，不可因東條個人之去職，而遽作日寇或將作無條件投降之幻想。至於東條去職之原因，實不止一端，惟主要者有二：一即太平洋戰事失利，盟軍日益迫近日本本土，且隨時有在其本土登陸之可能，東條束手無策，不得不以辭職了之。另一理由，即爲敵國上下認爲戰爭無望，厭戰高潮無法制止，反對勢力因之抬頭，令東條無法再繼續任職，故知難而退，（缺十一字）組成，即可明瞭。新閣中除與軍人無重要利害關係之外相及東亞大臣，仍由重光葵留任，主持財政之藏相借重財閥石渡莊太郎外，即陸相一職，則由前參謀總長杉山元元帥繼任，文相由素來反對東條政策之退伍中將二宮治重繼任。東條自兼之軍需大臣，由敵國實業巨子藤原銀次郎繼任。觀此數人之上台，新閣反東條之色彩，已極濃厚。查杉山元原任參謀總長，後被東條所排斥。二宮治重，曾任部隊長，後因反對東條而被迫退伍。二宮在日本軍中，頗有地位，但因受東條之壓迫，極不得意，此次出任文相，其意義自可注意。軍需大臣一職，由東條自兼，但結果因措施失當，造成日本產業界破產之現象，陷敵國於崩潰之境；故此次由實業界巨子藤原出任斯職，以求挽救危局。至於國務大臣三人中，一爲前憲政會領袖町田忠治，一爲前政友會領袖兒玉秀雄，該兩政黨自被取消後，久已不聞政黨之活動，今該二人再起，實堪重視。故東條之倒台，實由於內遭反對，外受威脅所致。此次內閣改組，日寇之侵略政策，當不因之急劇改變，但日本崩潰之命運，仍不能避免也』云云。

## 敵稱國共談判依然困難

【同盟社里斯本廿日電】關於重慶、延安間的和解工作，延安政權領袖周恩來一日會稱：重慶方面的提議與延安的建議，仍有相當懸隔。而據重慶來電悉，宣傳部長梁寒操十九日言明：談判之進行，不像預期那樣快，明示延安代表林祖涵與重慶代表間的會談，依然困難。

## 敵寇宣稱 對衡陽總攻擊開始

【同盟社湖南前綫報導班員十八日電】本月初旬以來，以包圍網將敵中心城市完全包圍的我精銳部隊，於十五日開始對衡陽的總攻擊，展開了一大殲滅戰。敵人的守城軍計有第十軍的兩個師，四十八師的反坦克砲隊及第一百五十一師的一部，我軍曾散發勸降傳單，並已等待了十日，皇軍神兵遂於某日奮然向不想停止抵抗的敵人，從城外各方面開始總攻擊，現正進行强烈的殲滅戰。

【同盟社廣東廿日電】以衡陽市街爲中心的敵我攻防戰，極爲熾烈，完全被包圍的城內的敵人，只靠空軍投下食糧保持餘命，該市的陷落已只是時間問題。重慶當局發言人亦承認此事，十九日下午發表下列聲明：『六月廿五日開始的日軍對衡的進攻，是在大陸連續進行攻勢的一部份，重慶軍在日軍猛攻之下，竭一切力量保衛該市，日軍不斷增加有力部隊，最近數日這一攻勢已達最高潮，衡陽的運命僅時間問題而已。』

【同盟社湖南前綫廿一日電】衡陽城內敵守備軍二萬人，完全被我二重的包圍鐵環，加以包圍。在我方猛烈的轟炸砲擊之下，敵最後的抵抗，已逐漸頹弱，但仍不斷舉行夜襲，敵並出動督戰隊，射殺自己的軍隊，致城內情況，非常混亂。

# 参攷消息

（只供參考）
第五七五號
解放日報 新華社 編
今日出版二張
卅三年七月廿四日
星期一


## 希魔發佈手令 宣告兵變已澄清

【海通社柏林二十三日電】元首以陸軍總司令的資格，於七月廿一日在謀刺案件澄清之後發佈下述手令：一小羣莽撞的軍官，爲了在國內掌握政權，會行刺我和德軍統帥部的官員。由於陸軍官兵之即刻的奮力干涉，這一叛亂集團在數小時內即被消滅或被捕。我從未想到會有其他的結果。你們現在正如過去一樣，在模範的服從與忠實的執行職務中，不顧一切英勇作戰，直至勝利歸於我們的結束。元首大本營，一九四四年七月二十一日，阿道夫·希特勒。

【海通社柏林二十三日電】宣傳部代表星期六日告外國報界代表稱：『國外宣稱柏林對終歸失敗的謀刺案秘而不宣，但實無可保守秘密者』。繼稱：然而詳情將於以後發表，以便不擾亂警察的偵察。嗣後發言人向外國新聞記者宣讀外國報紙上的極端矛盾而同時又是聳人聽聞的消息。有些這類消息，引起許多親身接近事變的外國記者及撰寫事變消息的外國記者之極大的高興。發言人指出整個事件在星期五晨即告結束，自英美報紙發表黨衛軍與陸軍部隊之間相互射擊以來，並無新的事件發生。這是不真實的，簡單的理由是任何地方未使用黨衛軍。英國廣播宣佈的柏林市內一千餘市民被捕的消息，亦屬同樣不真實。英國『交換電訊』宣佈：『戈林建立空軍集團用於國內陣線』亦屬不正確。可能是由於寫消息者對軍事事件毫無知識。華上將斯特姆夫指揮的『帝國』空軍隊並不新奇。這一空軍隊包括有駐在德國的戰鬥機及夜間戰鬥機部隊，以與英美空襲機作戰。『國內軍』的名詞亦無駭人聽聞的意思。國內軍簡單的包括幹部、徵集尚未調赴前線的後備軍及在訓練中的新徵兵士。外國報界提及的所謂謀刺案參加者的許多名字皆不正確，而真正參加謀刺者的名字卻未提及，簡單的原因是這些人在國外並不出名。謀刺者的名字大約將於以後與關於這一事變的官方聲明同時發表。

【德國通訊社柏林廿二日電】帝國勞工組織領袖雷氏，今日（星期六）中午在德軍備工廠中演說，宣稱用作行刺元首的炸彈係從英國輸入。雷氏說：『你們常常奇怪爲什麼我們在東線退卻和在意大利放棄土地。部份地還也是由於罪犯集團的緣故。這些情形將有所改變。』

## 敵翼贊會改組

【同盟社東京二十三日電】翼政會於二十三日上午十時召開常任總務會，十一時起召開臨時總務會，出席者計有阿部總裁以下各總務及政府方面之前田運輸通信大臣、島田農相、廣瀨厚相、緒方國務大臣。首由阿部總裁表明辭意，此次由於不得已的事情，希望辭職。繼由前田運通相亦申請由於入閣之故，申請辭去總務會長與××委員部長職。關此，於慎重協議後，全會一致予以通過，關於其善後措置，決定：（一）最近決定舉薦後任總裁；（二）在新總裁決定前，總務會長由常任總務金光庸夫代行，衆議院部長由該部次長三好代行。最後由遠藤協作。事務部長橋本清之助，因私人事故申請辭職，復予承認。正午散會，繼於下午一時起，召開衆議院部會，作同樣報告後加以決定。

## 敵酋重光等談話

【同盟社東京廿三日電】重光外相兼大東亞相於廿三日下午三時半，在外相官邸接見記者團，發表談話，指出新內閣的對外政策如小磯首相所言明者與以前毫無變化。並強調對外政策在於下列三點：（一）與同盟國及與國取得密切的聯系，互相協助，以貫徹戰爭。（二）徹底實現大東亞宣言和日華同盟條約的宗旨。（三）促進我國與各中立國，特別是鄰近各國的善鄰友好關係。其談話的內容如下：新內閣的對外政策如首相言明中所宣示者，乃繼承以往的政策，而且強有力的推行之。帝國的外交政策是不變的，我留任爲外相，並兼任大東亞大臣，就是明證。我欲在外政方面加強從來的方針。既然這樣，那末從來的政策是什麼？我們說從來的政策是很明顯的：第一、是與同盟國及與國取得密切的聯系，互相協力貫徹戰爭直至最後勝利，而加強日德間的合作關係特別重要。第二、徹底實現對華政策，以及帝國對大東亞政策，尤其是大東亞宣言及日華同盟條約的意旨，解放亞細亞，復興東亞。我們認識國際正義並實行國際正義，這就是聖戰之所以爲聖戰的緣故。而帝國進行戰爭的自由，亦在於此。第三就是促進現在還與我國保持友好關係的各中立國，尤其是隣近各國的善隣友好關係。這個戰爭在帝國看來，是爲了自存自衛，而不得已才進行的戰爭，它是由敵人挑撥起來的戰爭。帝國的目的在於向世界宣揚國際正義，跟各國樹立善隣友好的關係。以上各點是帝國通過議會以及乘各種機會屢次向世界闡明了的帝國的根本的外交政策。新內閣更加强有力地推進前內閣樹立的對外政策。我決心專心地與外務大東亞兩省的同僚同志，以及該兩省在海外的同僚同志共同的全面的實行這個政策。大東亞政策中最重要的，就是大東亞的心的結集，即實行能得到大東亞人協助的政治。關於對至於物的結集，我們推行的政策必須牢記大東亞各國相互間的利益。關於對外問題，我與總理大臣、陸海兩相接洽，完全獲得一致的意見，今後在對外政策與軍事一體的關係下，强有力地推進對外政策。

【同盟社東京廿三日電】杉山陸相於廿三日上午九時五十分首次到陸軍省，遂在陸軍省大講堂向全體職員訓話。然後接見記者團發表談話如下：欲渡過目前的困難局面，就需要更加鞏固軍民的團結，提高鬥志，進行英勇的戰鬥。此外應與海軍親密合作，以便發揮最大的戰力，擊碎敵人。而官民亦協助和支持我們，全國一億人民團結一致，向着必勝的途上邁進。今後要粉骨碎身，堅持必勝的信念，克服一切障礙，獲得最後勝利，藉以報答聖旨。

【同盟社東京廿三日電】新任海相米內光政大將於廿二日下午十時在海相官邸，首次接見海軍記者團，發表談話，披瀝其爭取戰爭必勝的決心。海相談話內容如下：此次在此容前嚴重的戰局下拜受組閣的大命，並被任爲海軍大臣，我痛感到責任的重大。如果要披瀝我作爲海軍大臣的信念，那末我只能說這次戰爭必定勝利。戰爭的要諦就是一切適應現實，並傾注全力進行戰爭。我們不能說因爲沒有賢材就不能貫徹戰爭，近代戰爭是總力戰，總力戰就是軍官民在各自的崗位上竭盡全力完成一個共同的目的。欲引戰爭走向勝利，就要全國人民團結一致，在一切部門發揮總力。眞正的合作亦不是一個人盲從另一個人的意見，如果同在一個家庭中的兩個人互助排斥，互助爭奪權利，那末我們不能說這個家庭是團結一致的。此次小磯大將和我拜受組閣大命，陛下命令我們合作，這實令人誠恐誠惶，無論做什麼事情，都需要很踏實地做平凡的事情，以便一步步地向很高的理想前進。在這個意義上說，我願意接受任何忠言，彌補自己的不足，以便竭盡全力完成任務，以慰叡慮。

# 日寇各報評論內閣改組

【同盟社東京廿二日電】（一）朝日新聞：東條內閣辭職的理由，如果認爲是爲了一新振民心，舉國向貫徹戰爭邁進的話，那末新內閣的使命是很明瞭的。我們在這裏試舉兩三個原則作爲內閣的參考：其一是對確立總力戰體制的期望。此際，一切軍官民應確立一億國民融洽無間的臣民之道。最近到處可見這樣的潮流，即動輒爲指導者的意識所左右，只顧自己不顧他人。但這對於振興戰力是最大的障礙，這是什麼緣故？這就是因爲各人都不能盡其本分。如果吾人不能盡其本分，則一億一心是不可能的。一億一心的源泉在於每個人，希望大家認識到現在洶湧於全國的潮流，實是發源於這個源泉。其二是調達民情的衷情：縱使戰事失利，神州官民決不會退縮。我們必需嚴守軍機，但是在這個限度外的事應使人民知道，欲使一億國民把戰爭看做自已的事情和自己的責任，其要諦是掌握民衆對於總力戰的心理。希望牢記上述二點，樹立組閣方針。使組閣迅速得到成功。

（二）讀賣新聞：大戰下的國民，是應該忍耐一切困難的，因此沒有一個人拘泥於私情而忘記了國家的大事。何況瓜達康納爾以來的戰況，未必對我有利。尤其是塞班島的失守，使我國人民的敵愾心更加增漲。一億國民均覺悟到爲國犧牲。我們應該把人民這種熱情結集在政治上，這就需要寬大的政治力。這不是演說和號令而是政治力浸透至國民各階層的末稍。我們需要發揚高度的政治力，我們必需有牢固的信念，克服萬難，將此種萬人的心變成決心，成爲一種力量，否則不能發揮國家的總力。我們要掌握民心和振奮民心，這是一切的源泉。這是取之不盡用之不竭的力量，全國人民都有牢固的決心貫徹戰爭直到最後一人。但是更要緊的就是要有足以集中和發揚這種決心的政治力。這樣，縱使戰事有些不利，人民亦不會憂慮。希望兩大將組閣時謹愼地注意這一點。

【同盟社東京廿三日電】【新內閣的意義】新內閣的意義第一是陸海軍指導者（這可稱爲貫徹大東亞戰爭的核心）陣容的整備。即由於確立參謀總長、軍令部總長、陸軍大臣、海軍大臣四個系統，形成統帥與軍政的全力的系統，以貫徹大東亞戰爭。當面對塞班失陷後的戰局新階段，參劃統帥與補助軍政，因爲都獲得適當的人才，都更充實其內容。在前內閣時由於新野村就任海相及梅津就任參謀總長，已走了新企劃的第一步。新內閣的戰意當可完成此種企劃。新內閣成立的第二個意義，就是一振人心及結集國家總力。

預料今後的戰局將愈加熾烈，敵人將要更猛烈的空襲我國本部，物資也要更加不足。在這樣的困難和物資不足的情況下，全體國民應樂於發揮總力，充滿着希望，戰鬥前進。國民完全信賴小磯、米內聯立內閣『新內閣的性格』由上面的情形說來，新內閣的性格已不言自明了。第一就是強有力的決戰內閣，它更加強其陣容，向着貫徹戰爭的途上邁進。第二是貫徹決戰的政治方式，即為了發揮國民總力，就要和衷共濟，使全體人民積極推行戰爭。但欲完成上述的事情，則內閣構成的方式就是小磯米內兩大將聯合組閣，由他們組成衷心合作的內閣。第二，當太平洋的決戰愈益熾烈時，為了使全海軍團結一致發揮帝國海軍的精髓，遂將米內大將再編入現役，擔任海相的職務。小磯大將的胆力與氣和米內大將的寬宏大量的性格相結合，就能使國民發現其最適當的戰爭指導者。

## 塞班失守，敵恐慌萬狀

【同盟社東京二十一日電】塞班島終陷敵手，實是我國有史以來的痛慘事。十九日東京各報，以大部篇幅，報導此恨入骨髓、擊滅美鬼的激奮之情稱：現在正是一億國民總蹶起、保持神州、向必勝突進之時。朝日新聞社論如下：從戰爭的全局看來，歷史上也會有過局部暫時不利的環境，任何的戰勝國在其通往勝利之路程上，都會逢到的。塞班島暫時陷於敵手，打擊雖絕非輕微，但我們必勝的信念，並不因此而稍有動搖。護衛神州的凜烈精神，只有愈鍛鍊愈強。我們前進的道路只有一條，這就是大正天皇說的，一億人民大家一條心，敵人也不能從容地進行作戰，它急於以有限的戰力強行作戰的結果，將有可能發生作戰思想的分歧。敵人的作戰場所離其根據地太遠，這暴露出敵人戰略上的弱點。正當敵人驕傲到極點時，我們應振作精神奪回以往論入敵手的重要地點，使攻守的戰勢急速變化。現在正是我們與大東亞諸國家諸民族團結一致，並與歐洲盟邦互相提攜、澈底擊碎敵人反攻的時候，首相這種決心就是我們一億國民的決心。

【同盟社里斯本二十日電】據華盛頓來電，美國政界對東條內閣總辭職極端重視，美國國務卿赫爾、陸軍次長柏德遜，均在二十日會見新聞記者時涉及這一問題，而前駐日大使（現任國務院東亞局長）格魯，甚至發表聲明，彼等均指出：日本的戰時體制，將由此次內閣的更迭而加強，美國人民對對日作戰的前途，決不可過分樂觀。美國務卿赫爾說：日本究竟產生怎樣的新內閣現尚不能預料，但我們必須覺悟到由於此次內閣的更迭，日本將重新製定最完善的作戰計劃並向前邁進。 陸軍部次長柏德遜說：由於日本此次內閣的更迭，日本將任用最有力的最勇敢的指揮官。日本的指導者即使重換，但美國人民不應忘記珍珠港事件以及以後所發生的事情，而向着擊毀日本的途上邁進。格魯聲明：日本內閣即使更換，其戰鬥到底的作戰方針是不會變更的，日本國民富有不怕死的傳統精神，美國人民如因日本內閣更換，而對戰爭前途產生樂觀的感覺，那末這不但是一種近視眼的想法，而且是最危險的一件事。

## 渝方論調——日本會早日投降

### 熱中盟國海陸優勢坐待勝利

【本報訊】最近國民黨的報紙大談『日本投降』及『海空優勢論』。茲根據所收到的報紙摘錄如下。六月二十三日重慶掃蕩報登有國民黨的日本問題專家龔德柏所作『海軍決戰與日本投降』專論一篇，其中說塞班島的海戰『可以完全決定日本的命運，太平洋形勢有急轉直下的可能』。他說：『自去年十一月下旬，美軍在中太平洋的進攻，使日本發生非常恐慌。……所以由天皇近臣，以至人民，甚至連軍事最高當局 都傾向早日投降。……但東條則不贊成此舉，日本國內有投降派與決戰派的鬥爭，形勢極為鮮明。』『鬥爭結果是決戰派勝利，這表現在二月二十一日日本參謀總長與軍令部長同時下野，由東條自兼參謀總長，海相島田兼任軍令部長。龔德柏認為東條準備在塞班與美軍進行空軍決戰與海軍決戰，『萬一僥倖勝利，則與中國戰場的攻勢相呼應。妄想向中國為政治的策動』。關於海戰，『日本若是照我們所像料戰敗了，那麼太平洋戰爭，有於一二個月內結束的可能。』這種在日寇敗戰的情形下，『像料這時候投降派將大大得勢，東條有充分滾蛋的趨勢，由他人（如近衛之流）出來主持投降，而太平洋戰爭即可結束。目前這種可能性非常之大』。時事新報於六月二十三日社論中說：塞班海戰『假定日本一戰而敗，則日本法西斯帝國，不久便將沉沒於太平洋』。重慶中央日報六月十八日社論『美軍登陸塞班島』中說：『這種形勢的造成，不僅使亞洲戰史翻過嶄新的一頁，並且可能使本來尚可拖延若干時間的亞洲戰事，急轉直下，省去許多應有的過程。』國民黨軍令部次長劉爲章於論『世界戰局與中國戰局』（六月二十六日重慶掃蕩報）一文中說：『日本軍閥看吧，同盟國東西兩戰場配合攻勢作戰，其進展正在互相競賽中，你們也許會在納粹毀滅之前，先上斷頭台』。中央日報六月八日社論『新時代的來臨』中說：『只要盟方再稍稍加緊其進攻的步驟，加增其對中國的軍需供應，一方掃蕩倭寇於海洋，一方面痛擊倭寇於大陸，那倭寇的無條件投降，就或者可以不待歐洲戰事的終結而實現。』六月二十日掃蕩報『再論塞班之戰』中說：日寇若『戰而敗，頂多不過提早投降而已』。

這種認爲日本會早日投降，並且熱中於盟方海空優勢的論調，大後方其他報紙曾予以駁斥。新蜀報於六月十二日社論中指出這些人是『一眼看到歐洲勝利解放的影子，便把它當做是亞洲勝利解放的影子，一心只想着有一天「美英遲還力會續有餘裕了，因而無數物資可以流向遠東，無量飛機可以佈滿晴空」……所以才做出「解放亞洲」戰爭要靠美英來打的結論』。新蜀報警告這些『傾漢形相，奴才臉色的人』：『我們決不能讓勝利的幻想冲昏了頭腦；我們必須把抗日反法西斯戰爭當作是我們自己的工作；我們決不能把武器想成是勝利的唯一條件。……抗戰的中心力量是靠我們自己的努力如何！』『新華日報批評這些『認爲遠東可以速勝』與深恐盟邦放鬆日寇，自己卻不加倍努力的人說：『今天問題的中心，是：中國應該如何在國際間共同決定之下，盡最大的努力？……怎樣扭轉今天中國戰場的局勢？』

## 同盟社宣稱
## 敵軍突入英德前衛陣地

【同盟社廣州十九日電】我軍於廣東省北部山嶽地帶，展開包圍殲滅戰。揚言死守韶關的重慶第七戰區軍，已陷於巨大混亂中。我軍於渡過連江後，沿着險阻的棧道，猛攻英德西方敵前衛陣地，十九日奇襲並佔領其據點九龍墟，在山嶽地帶追擊敗敵中。這樣，企圖死守該方面的敵主力第百五十四師、獨立第九旅，其企圖已很容易地被粉碎，狼狽不堪的第七戰區司令長官余漢謀，復自韶關方面抽調增援部隊，拚命督戰與保衛英德。據云已集結約五師的兵力，但我華南北上軍精銳，正不斷壓縮與殲滅敵人的包圍圈。

【同盟社華南前綫廿日電】從東西兩面，將放棄清遠縣城之敵，加以包圍，而於十二日開始行動的我精銳部隊，以大洞墟爲中心，已構成堅強的包圍鐵環。迄至現在的戰鬥，已擊潰敵一百五十六師的一個團，另以餘力向分水前進，壓迫千餘敵向西方退卻。此等部隊，在密切聯絡下，經十三日夕刻向分水墟東方推進，突破地雷網，到達沖口圍及水口，敵依據最近築成的工事，頑強抵抗，現正展開激戰中。另外該部隊之一部，於十二日晨，在小舍墟（清遠北方四十公里）渡過連江，現正繼續前進中。又在連江南岸山岳地帶推進的我軍，正在舉行中央突破作戰，已到達鷄張凡（清遠北方廿五公里）。又同時於十二日夕刻開始行動的另一部隊，向切斷敵退路的西方前進，將上思之敵第一百五十九師約一千人，向東方壓迫，正在展開殲滅戰中。因而在大洞墟、大夾田一狹小地帶，被我軍壓迫的三千數百敵人，在我軍包圍作戰下，不久即被擊潰。

【同盟社華南前綫廿日電】由於我軍以大塘墟爲中心展開一大包圍殲滅戰，敵軍三千三百人在我包圍圈內，左右徬徨無法逃跑，到了十六、十七日，一部份敵人退往豺牛墟，另一部份退往西方，我軍立即跟踪追擊之，擊傷敵第一五六師第四六八團團長，捕獲第一五九師師長及副團長的馬。我軍某部攻擊分水、幻山周圍的敵軍一千後，於十三日黃昏由北面及西面猛攻頑強的敵軍陣地，特別在分水、幻山北方進行肉搏戰，擊潰敵軍六百，其餘的敵軍向北方潰退。我軍某部迂迴分水、幻山西方，切斷敵之退路，在富石坑附近痛擊由廟坑經過大夫田向西方潰退的敵軍約二千。十五日陷入黃塘坑附近的我軍第二包圍圈內，完全成爲甕中的鱉，我方由西方澈底痛擊之，此役斃傷敵軍一千三百人，敵軍完全喪失戰意。我軍一部追擊敵軍直至九龍墟，攻擊敵行李隊，予以重大損失。

【同盟社華南前綫基地廿日電】木村報導班員發，我華南軍精銳部隊，連日展開廣泛的機動作戰，敵第七戰區軍逐漸陷於窘地，此即我進擊部隊，配合本月二日佔領廣東東北方約一百公里的龍門並北進的部隊，志在殲滅波潭墟（增城北方約二十四公里）、靈山（增城北方三十二公里）一帶盤踞的敵第一百五十三師主力，十三日夜半開始行動，從增江右岸地區北進，至十四日黃昏，佔領增城北八公里之要地，並進行增江的敵前渡河，並驅逐敵人向北方挺進。十五日拂曉，從三方面縮小波潭墟的包圍圈，敵人雖頑強抵抗，經我軍肉搏後，敵向靈山方面逃去，我軍毫不停息，以完全的包圍形勢，向靈山突進，十六日上午完全佔領靈山。

# 參攷消息

（只供參考）

第五八五號

解放日報 新華社 編

今日出版二張

卅三年七月廿五日

星期二

## 同盟社評日寇新閣

### 翼政會決定支持新閣

【同盟社東京二十一日電】組閣大命已降於小磯米內兩大將，此種聯立內閣的前例是明治三十一年六月二十七日大隈重信與板垣退助兩氏的組閣，距現在已有四十六年。當時政治情形是在日清戰役結束後，國威大大的提高，並且實行了金本位制，造成了我國經濟界的一大發展。同時亦發生了足尾銅山礦毒事件，及其他社會問題。對外則發生我夏威夷移民被非法送還的事件。隨着國力伸長，同時亦有相當多的苦惱，此時已進行正規的政黨運動，多年互相鬥爭的『進步』、『自由』兩黨，以『地稅增收案』為契機而情投意合，而於明治三十一年六月二十七日共同結成『憲政黨』。由於此兩大勢力的合流，使政府元老、閥族為之失色。但當時機敏的伊藤博文首相，却打破前例，使各元老滿意不得不組織政黨內閣的理由，並於同月二十五日於首相官邸招致大隈、板垣兩氏，率直的告訴他們說：『在當時的政治情形、國際關係等內外的嚴重形勢下，政府與議會衝突阻礙國務之運用，乃國家一大不幸。兩位閣下拋去舊來感情，重新組織一大政黨，為實施憲政而努力，這是令人欣喜的，因此，本人擬奉薦兩位閣下為後繼人選』，於是打下產生政黨內閣的基礎。從當時到現在，已歷半世紀，雖然同為聯合內閣，但與這次的場合根本不同，作為担當大東亞決戰的陸海軍長老，衆望的兩大將，欣然相攜，站在一億國民的進軍陣頭，其意義頗為深長。戰局愈激烈，陸海軍的密切當然將要更增加其強韌性。而對新內閣的期待，亦多是繫於此點。

【同盟社東京廿一日電】拜受組織後繼內閣大命之小磯大將，二十一日上午九時三十分，訪問阿部翼政會總裁於本部，申述與米內大將拜受大命，就擔當重大戰局，懇請翼政會的全面協力與援助，交換各種意見。總裁答應於翼政會各個機關同意後，再作回答。因此，翼政會於下午零時半召開臨時常任總務會，二時起召開臨時總務會，阿部總裁於報告上述事情後，舉行種種協議，席上由水野錬太郎顧問陳述意見：『回顧現下緊迫的時局，翼政會應給予全面的支援與協力。在翼政會內已有經調查而獲成案的各種政策，因此此際應使新內閣實現之，希望總裁予以申言與懇談之』。全體皆予贊成，決定全會協力的態度，入閣者的權衡及其他措置，決定一任總裁處理。於是，阿部總裁於同時五十分至組閣本部，會見小磯、米內兩大將，正式回答將協力組閣，派送入閣者。

## 日寇宣佈

### 塞班島守備隊全部覆滅

【同盟社東京十八日電】七月十八日十七時大本營公報：（一）塞班島我部隊，於七月七日晨，進行最後的總攻擊，一部且衝至塔南周山附近，勇戰力鬥，給敵以重大損害，至十六日全軍壯烈戰死。該島陸軍指揮官，陸軍中將齋藤義次、海軍部隊指揮官海軍少將辻村武久以及該方面最高指揮官海軍中將南雲忠一，均在該島戰死。（二）塞班島的在留僑民，均協助軍隊作戰，凡能戰鬥的人，莫不參加戰鬥，因而亦與皇軍同歸於盡。

【同盟社東京十八日電】關於塞班島的戰鬥經過，大本營陸軍報導部長，發表下列談話：茲就塞班島的戰鬥經過說明如下：六月上旬，敵有力的機動部隊出現於馬里亞納群島東方，十一日受到敵艦載機一百九十架之攻擊，十二日有二百數十架來襲：十四日該島西南海岸奧萊飛機場附近受到敵艦砲的猛擊。在登陸地點，發現有敵航空母艦十數艘、戰艦八艘、巨型運輸船七十艘內外。敵兵力非常龐大。十五日未明，開始猛烈的砲擊及轟炸，七時左右敵以三百艘以上的舟艇，企圖在奧萊附近登陸。我守備隊乃立即加以截擊，將該敵擊退。至正午稍過，敵復在斯坡米灣登陸，佔領一角，並逐漸加以擴大，我守備隊冒敵艦砲猛烈的射擊，繼續反攻，至夕刻進行肉搏，擊毀敵戰車十數輛。是日除我航空部隊擊沉敵戰艦一艘、巡洋艦一艘、擊毀巡洋艦一艘外，陸上砲火並擊沉或擊毀滿載敵兵的登陸用舟艇多艘。但依仗其數量之敵，仍繼續強行登陸，其登陸兵力達一個師團之多。十六日由於我方的猛攻，登陸地猶未能擴大立足點；該日夜我部隊從東方及北方進行夜襲，在斯坡米灣突入敵陣地，陷敵混亂狀態。十六日晨由於敵方猛烈的砲擊及轟炸，我軍乃被追後退。此後在敵方轟炸及艦砲遠射側射下，我方損失逐漸增加，至十六日不得已退至加拉班市外至蘭口灣中央一綫，而與來飛機場與阿斯里飛機場則於廿日歸入敵手。

另外待機擊滅敵艦隊的我聯合艦隊的一部，突然開始行動，對此南太平洋敵艦隊，則北上迎戰，故敵我機動部隊乃於十九廿兩日在馬里亞納發生戰鬥。關於此役戰鬥經過，我大本營已加以公佈，茲不贅述。該島由於缺乏井水，此後關於水的供給乃成一大難事。業已掌握制空權制海權之敵，其艦砲射擊與飛機的轟炸愈加猛烈，該島到處乃都受到敵方的威脅。而我方因自敵登陸以來，不眠不休地戰鬥了旬餘，傷亡逐漸增大。加之在敵探照燈，照明彈照耀之下，我軍的夜襲行動，亦大加困難。廿五日我軍被迫退出加拉班城、又塔甫周山麓一綫，因少處被敵坦車突破，陣勢更形險惡。廿六日夜，敵佔領塔甫周山的最高處，該地爲塞班島的最高點。廿八日，敵攻擊愈趨激烈，而我方的大砲至此不僅彈藥用完，且全被破壞。但勇戰善戰的我軍仍保持塔甫周高地南方及東南方的陣地，阻止敵軍全面的北上。至此戰局更形緊張，而我皇軍的本領，亦更藉機發揮無遺。有繼續戰鬥三日不稍休息者，如大津部隊以十六名兵士，突入敵陣地數處；殺傷敵一百五十餘人之多。類似此種勇敢行動，到處都有。

在此期間，我航空部隊與海上部隊，自六月廿一日以後，爲使我陸上部隊轉入有利形勢。連日舉全力轟炸敵陣地，物資集積所及敵飛機場。在塞班島週圍，即擊沉航空母艦二艘，運輸艦一艘，擊毀（可能沉沒）巡洋艦一艘，××艦（種類不明）一艘，擊毀敵陣地數處。自六月十一日敵機動部隊向我馬里亞納羣島襲擊以來，我航空部隊及海上部隊所獲之戰果，計（擊沉）航空母艦二艘、戰艦三艘，巡洋艦四艘，驅逐艦三艘，潛水艇一艘，艦型未詳二艘，運輸船二艘，（擊沉或擊毀）航空母艦五艘以上，戰艦一艘以上，（擊傷）航空母艦五乃至六艘，戰艦一艘，巡洋艦三艘，驅逐艦三艘，艦型未詳一艘，運輸船七艘，（擊落）敵機達八百六十三架。但未迫使敵人放棄其企圖，頗爲遺憾。

我作戰部隊十七日拜接天皇陛下之敕語，六月三十日再度向陛下之賜語，表示爲了殲滅敵人願最後戰至一卒。苦戰二旬的我兵力，損害極爲重大，而敵人兵力則逐漸加强，其陸戰隊亦達三個師團，逐漸向我陣地突破。

這樣，至七月四日止，整理戰綫，由塞班島東北部之塔那巴克二百二十一呎高地，緊縮至塔羅霍一綫，已無一門火砲對付敵之火砲，僅以肉彈阻止敵之攻擊，處於最惡的境地。翌日——五日，終於不得不收縮戰綫，收縮至馬比週圍地區，重傷不能挺身的將士約三千名，亦反覆與戰友一塊衝入，以至訣別。重要文件亦被燒毀。當夜下達最後的攻擊命令，按照此命令，六日夜約×十組的挺進隊深入敵陣，尋找敵司令部宿營地、大砲、飛機場等，予以炸毀，擾亂進攻敵陣。七日未明起，我傾舉全力向敵登陸點車蘭卡諾亞附近，進行壯烈的最後攻擊，使皇軍眞正達到陸海一體。該方面最高指揮官南雲中將、陸軍部隊指揮官辻村海軍少將，親立陣頭，不斷進行突擊，殺傷無數敵軍，其後憑依窟洞，繼續激鬥旬日，在洋上孤島之塞班染遍鮮血，紀念××萬歲與皇國的久遠，至十六日止逐漸戰死。此壯烈的激戰情形，根據我軍的偵察，亦能被確實認出。特別是在住僑民，如大本營已公佈者，積極協助守備隊作戰，凡能戰鬥者，均參加戰鬥，致與皇軍將士同歸於盡，衷心表示感謝敬重之意。即在敵方，亦承認塞班島的戰鬥，是在太平洋戰鬥開始以來，最困難的最激烈的犧牲最大的戰鬥，公佈至七月十日，共傷亡一萬五千名，不待言者，這個數目的後邊減少了一個零字，而實際數目當還過於此。又在最後突擊之際，更接到當地指揮官報告稱：陛下的肱股雖失，但任務已完全完成，如大津中隊長的奮鬥，實不勝枚舉，將士無不樂於戰死。此等好成績或來不及報告，即要倒下，除向將士的遺族致歉意外，最後謹高呼天皇陛下萬歲，在這裏我們感到了皇國的必勝，爲響應前綫將士的大義的呼聲，在驕敵日愈接近日本之際，我們誓死要更加發揮皇軍的傳統精神，擊潰此驕敵。

## 東條談塞班失守
## 實在令人驚懼之至

【同盟社東京十八日電】十八日公佈塞班島守備部隊全部戰死時，東條首相發表談話如下：六月十一日以來皇軍在馬里亞納羣島進行英勇的戰鬥予敵人重大的損失，但是塞班島終於落入敵人手中，使天皇憂慮，這實足令人驚懼。對於扭負着護持神洲大任而在南海戰死的我忠烈將士及同胞的英靈表示悲痛的哀悼。拜受宣戰大詔迄已二年有半，皇軍將士在此期間隨處展開雄渾的作戰，而一億同胞亦能克服一切困苦，各自在其崗位上貫澈大東亞戰爭。敵美英尤其是美國反攻的銳鋒愈益增高，它們終於突進至馬里亞納羣島。帝國確是遭遇曠古的重大局面，但是現在正是擊滅敵人決定勝利的絕好機會。此時我們為了護持皇國，只有一條路可走，這就是不要妄想，利用許多將士及同胞用鮮血換來的教訓，竭其全力迅速擊碎敵人，獲得勝利。這樣也可以報答大東亞戰爭初期死難的烈士。親手宣戰的大詔即已明示大東亞戰爭的目的。在帝國看來，大東亞戰爭是決定興亡的戰爭，解放亞細亞的聖戰，而在敵人看來，大東亞戰爭是奴役大東亞和征服世界的戰爭。這是自存自衛與達到野心的戰爭，解放與侵略的鬥爭。現在決戰的時機已經到來，現在還是我們與大東亞諸民族及歐洲盟邦互相攜手，徹底擊碎敵美英反攻的時候。真正的戰爭從今開始，一億國民應抱必死的覺悟，凝結三千年來光輝傳統的戰鬥精神，獲得最後的勝利，以慰叡慮。

「同盟社東京十八日電」南雲中將山形縣米澤市人，明治四十一年畢業於海兵學校，四十三年一月升海軍少尉，大正九年畢業海軍大學，昭和十年升海軍少將，此後歷任水雷船隊司令官，水雷學校校長等職，同十四年十一月升為中將，歷任海軍大學校長，前線司令長官，佐世保鎮守府司令長官，吳港鎮守府司令長官，十八年十月後任前線司令長官。

「同盟社東京十八日電」齋藤中將仙台人，生於明治二十三年十一月二十三日，現在五十五歲，大正十三年卒業陸軍大學，任騎兵學校教官，曾以騎兵第十四聯隊副，參加滿洲事變，建立了赫赫功勳，此後歷任騎兵第五聯隊長，騎兵第二十四聯隊長，內地兵團幕僚長，兵馬補充部本部長等職，昭和十九年任塞班部隊指揮官。

「同盟社東京十八日電」辻村少將靜岡縣濱名郡人，大正三年畢業於兵學校，同年十二月任少尉，昭和十年任大佐，十年任鹿島艦長，十三年任舞鶴部隊司令，十四年任舞鶴海港工廠部長，十六年升海軍少將，十七年任橫須賀海港工廠部長，此後調前線工作至今日。

## 同盟社報導
## 美艦隊攻略塞班的戰法

「同盟社××軍艦高部報導班員十八日電」過去二十四年的豪華塞班，已遭敵人蹂躪，在我們一億國民看來，確是沒有這樣慚愧的事情。我們一定實行報復。為了擊滅敵人，必須竭一切力量，甚至我們性命的時候，已經到來。當我們回想敵人來襲塞班的前後狀況，……其次為了準備擊滅敵人，我們試檢討敵人的辦法。敵人艦隊最近的勢力，有四萬四千噸級的戰艦『依阿華』、『新澤西』、『密蘇里』、『威斯康星』四艘，三萬五千噸級之『南達科他』型數艘（雖然建造了的有六艘已被我擊沉），再加以珍珠灣所剩的舊型艦，約有十五六艘。巡洋艦據推測已經服役者計有二萬五千噸超級重巡洋艦『阿拉斯加』級等二十五艘，驅逐艦三百艘以上，而且在太平洋上活動的潛水艦約有數十艘，同時此次成為進攻主要勢力的航空母艦有制式航空母艦十艘上下，一萬三千噸級的重巡洋艦改造的航空母艦十艘，飛機輸送用的機艦改造的特別航空母艦數十艘，護航隊用的航空母艦亦有數十艘。敵人以這樣大的兵力，在極為綿密的飛機偵察之後，侵至馬里亞納群島。敵人這一艦隊勢力的大部分，是大東亞戰爭爆發後迅速建造的，從數次海戰中可以證明：敵人接受每次海戰的教訓，極端的加強了對空砲火，提高每小時三十五海里的速度（如大風似的），並提高主砲的發射速度與發揮砲彈數量的效果。依靠優秀武器為唯一法寶的敵水上艦隊，以搭載機數最多的制式航空母艦與幾全部搭載戰鬥機直接護衛機動部隊的『重巡』改造的航空母艦為中心，形成一大輪形陣向我來襲，十一日到達塞班附近海面並進行攻擊，敵航空母艦群約有四群：有制式航空母艦及巡洋艦改造的航空母艦共計十五艘的優勢力量，制式航空母艦中的大部分，是被我軍擊沉的，……的二世三世。具有二萬四千噸乃至一萬八千五百噸排水量的航空母艦，可搭載戰鬥機三十餘架，俯衝重轟炸機四十餘架，雷擊機十數架，總共九十架以上。為了收容這一龐大的機數，敵人對艦載機機翼的折疊方法，放置方法均有了改善。無論那一方面，僅制式航空母艦的搭載機即有八百架，改造的航空母艦，可搭載二十五架乃至三十架的飛機，其全勢力達一千架以上。擁有這樣龐大飛機的敵人，於十一日以戰鬥機為主力，向我迎擊機隊挑戰。敵人不斷增加戰鬥機，試圖削弱我迎擊機隊的勢力，十二日十三日敵又送來轟炸機，十二之來襲約十次以上，來襲的飛機共計六七百架以上。下午一時，敵艦隊一部即接近塞班島，砲轟我陣地，在此轟炸期間，敵機動部隊即逼近塞班島一百餘公里的海上，我們可以想到這是為了收容被我擊傷歸還困難的敵機，並指示其回到航空母艦的方向。十四日，敵人有依靠別動特設航空母艦進行補充被擊落的艦載機的形跡。在塞班近海，出現小型南達科達型的新戰艦及數艘舊型戰艦、巡洋艦數艘、驅逐艦廿艘上下，運輸船約三十艘。十五日晨，敵運輸船七十艘搭載約一百七十艘的登陸用舟艇，徘徊左右企圖登陸。此時，敵一部份機動部隊，空襲小笠原群島、父島、琉璜群島，企圖破壞我空軍根據地。在此期間，我守備隊的航空部隊及潛水艇艦隊，進行攻擊，不斷收到戰果。敵人不顧犧牲，進行強襲的結果，遂佔領塞班島的一角。十九、廿兩日進行海戰時，在馬里亞納羣島西方海面的敵航空母艦帶領側式航艦及改造的航空母艦十數艘，載飛機千餘架來襲，敵勢可想而知，但其中被擊沉及擊傷五艘以上，加上十八日以前擊沉或擊傷的航空母艦四艘，總共九艘，故敵兵力乃顯著低下。雖然如此，敵仍頑強進攻，遂獲得航空根據地。此後敵機動部隊分散行動，空襲關島，小笠原羣島，妨礙我前進根據地，至此敵之目的乃得以到達。

## 德駐教廷代表討論和議問題

【路透社倫敦廿三日電】據悉，德國駐梵蒂岡大使魏才克曾與梵蒂岡諸高級主教討論和議問題，一般推測教皇擬利用德國之任何變動，以便出面干涉。僉信魏才克曾提供個人意見謂：教廷如不向蘇聯直接接洽，則此等和議勢將失敗。且謂德國政府若發生任何變動，其關鍵不在德國新領導人物爲誰，而在盟國之能否繼以談判停戰。一般認爲吾人頗有理由可信羅馬教廷昨晚鑒於德國局勢已十分嚴重，教廷國務卿須竭力準備在遇有可以斡旋於盟國及德國間之機會時，應有所努力。

【合衆社梵蒂岡廿四日電】權威方面獲悉，繼德國國內形勢發展後，教皇已於前週末伸出和平觸角。據悉教皇與紐約主教斯貝爾曼晤談三小時餘，出話之主要問題爲探討教皇所提立即停止歐洲戰爭的計劃。據指出，教皇經由德國天主教牧師所接獲德國國內真實情勢的消息，或較任何其他中立方面爲多，因此也就處於較佳的地位，獲悉推翻希魔的集團之活動的機會。

## 希魔遇刺事件續訊

【海通社柏林廿日電】兩次謀刺阿道夫，兩次失敗了。迄今爲止，官方還沒有顯示這次謀刺案的秘密。關於行刺的罪犯、地點或種類，目前尚無情報。但謂係用爆炸物行刺。官方聲明載明爆炸發自『元首行營』，但並未指出地點，因爲如衆所週知，元首及其隨員在一定時機工作的地方就是元首行營。又如在一九三九年十一月八日，慕尼黑『貝加斯登』謀刺案發生後，過了十三天才由警察偵查透露詳情，並對一切主犯及從犯的措施已採行後才公開發表，這便是這次緘默的理由。但這種緘默或將僅保持數天。行刺的消息在德國好像炸彈爆炸一樣。同時，當人民知道罪犯沒有達到他們的目的時，才喟然一嘆放下心來。星期五晨，各報以鉅大標題發表此項消息。在它們的話裏，反映出對行刺不遑的厭惡。報紙的評論說『上帝保護元首』。情報部副部長孫德曼宣稱：『德意志的敵人要謀殺元首——希爾什維主義的征服者、德意志人民的標徵以及德意志復興的中心。這些敵人欲試圖以犯罪的方法幫助他們進行戰爭了，但上帝並不主張元首遇害。德國人民稱[illegible]個流產的行刺，爲元首將在神力保護下完成其任務的象徵。』孫德曼稱：德官方注意如此事實：即此事恰好發生於盟國勝利前夕。如果他們從事謀殺，這就符合於盟國的勝利叫囂。『否則他們將不能贏得戰爭勝利』。對於這樣的事實，即北美記者德尼克波克爾已於數月前要求盟國政府謀刺元首，也可引起注意。一九三九年十一月八日，第一次行刺阿道夫．希特勒時，慕尼黑啤酒店地室炸彈在元首離去後才爆炸。當時死六人、受傷三人。行刺者裔治爾薩爾在君士坦士湖附近想秘密越過瑞士邊界時被捕。他在地室中化了一星期工夫在某一圓柱中秘密設置炸彈。該炸彈有時計裝備，能夠指定六天內使炸彈爆炸。據德官方聲明：對那次行刺發出命令及付給錢幣方面，爲英國情報機關。組織那一罪行的，爲×××，係流亡英國的德國人。同時，德國官方公告，英情報部總部領袖——皮斯及史托尼舍德上尉，在德意志邊界的文科地方爲德保安隊設計捕獲。

## 英官方通訊社評希魔遇刺事

【英國官方通訊社廿二日電】希特勒之被刺，現在不只有一個解釋。如謂此僅係宣傳運動，目的在於支持元首在德國羣衆中的威信，恐未必如此。更可能者是此種觀點：即此陰謀係人所週知，德國內部存在的意見分歧之結果。沒有疑問的，德國現有一個軍官集團——可能爲非常有勢力的集團——他們願意現在結束戰爭，從而使德國避免完全的失敗。但希特勒及其納粹黨首腦們是充分了解，他們的生命現在危險萬分，因此決心戰至最後一分鐘。至於在盟國看來，這一集團是同另一集團一樣壞的，因爲德國陸軍軍官的確不是人道的和平使者（製造者），他們僅僅相信，由於現在退出戰爭，德國今後將有更好的機會再事侵略。自一九三九年以來，今日戰爭消息首次在德國報紙中居於次要地位。但事實仍然是：過去廿四小時中西方的英軍已驅逐敵人東向『顛覆』後退。在東方，紅軍坦克已向華沙推進——沿着向德國中部的道路，而在南方，盟軍之進一步的進展，已加強亞歷山大將軍沿半島北上的進攻。戰爭消息必然不可避免地不久即將重新爲德國人民的主要注意力所在。德國的命運將不是爲德國陸軍軍官所決定，而是爲蒙哥馬利的坦克所決定。

## 更正

本刊編號，其間會有錯落，茲經糾正，今天應爲五八五號，以後按順序排列下去。

# 參攷消息

（只供參考）
第五八六號
解放日報 新華社 編
今日出版二張
卅三年七月
廿六日
三


## 敵稱攻入衡陽

【同盟社里斯本廿五日電】重慶廣播，重慶軍當局在昨日的戰報中公佈：攻擊衡陽的日軍，已突入衡陽城內，在該城北部地區已展開新的戰鬥。

【同盟社廣州廿四日急電】廿四日據重慶來電，向衡陽市外西南部進攻的皇軍，於廿二日深入市內西部，現正與重慶軍展開激戰中。

【同盟社里斯本廿日電】重慶來電，重慶軍當局十九日夜發表下列戰況公報：衡陽地區，日軍於十八日更向重慶軍各陣地進攻，在隣接舊城的新城，正展開激烈的戰鬥。

【同盟社湖南前綫二十日電】敵第九戰區的據點茶陵的進攻戰，與嶽麓山的進攻戰相似，該地區爲拔海九百公尺的羣山所包圍，形成一個要塞。敵人在茶陵北方配備第四十四軍一部，二十軍主力則配置茶陵，與醴陵方面的第十六、第五十八兩軍相配合，企圖阻止我軍進攻。我精銳部隊，擊滅茶陵北方之敵人，十四日拂曉開始向茶陵總攻擊，左翼部隊在敵彈之下渡過洣水，敵人在洣水河畔構築陣地，以數十挺輕重機槍數十門迫擊砲進行猛烈抵抗，並有美駐華空軍飛機數十架，轟炸我渡河部隊，企圖阻止我軍活動，但經我軍肉搏將敵壓倒，終於從東方衝入市街展開巷戰，十四日下午四時完全佔領茶陵。與該日從北方渡過洣水的我軍一隊取得聯絡，敵人被我猛攻後倉皇退走，軍需品之大部爲我軍繳獲。

## 同盟社一週戰況

【同盟社東京廿三日電】大東亞各戰域七月十六日到二十二日的一週戰況如下：中國方面：地上作戰——湖南方面：敵第十軍軍長率領之三個師（三萬人）賴其空中供給，在衡陽繼續殊死抵抗，我軍正繼續猛攻中。華南方面：華南軍精銳正於各處捕捉殲滅敵人中，渡過連江之部隊，已逼近英德，另一部隊則奇襲佔領九龍墟，復於山嶽地帶追擊敗敵中。第七戰區司令長官余漢謀，從韶關方面調派增援部隊，致力防衛英德。又自粵漢路東側北上中之部隊，十六日攻克廣州北方約一百三十公里的顯山。航空作戰——我航空部隊十四日奇襲廣西省淡竹飛機場，擊落四架，擊毀二架。十四日於衡陽上空，擊落二架，擊傷二架。十八日於華北霸王城附近，擊落三架，擊傷二架，十九日則捕捉來襲廣東西方之敵戰鬥機二十餘架，擊落五架，擊傷五架。又於湖南方面，與敵機十餘架交戰，擊落五架，擊傷一架。緬甸方面敵漸次以增強兵力、空中供應及其他，迫近我軍前面。怒江、密芝那等方面：我軍以寡兵很好地與優勢之敵交戰中。緬甸方面敵遺棄屍體（二月到七月十一日止）共三萬九千三百八十具，俘虜（投降者除外）一千三百八十三名。航空作戰：敵機之來襲，於進入雨季後，仍然激烈。自本年二月開始作戰以來，到七月中旬止，予敵航空部隊的損失爲：毀落燃燒飛機六百零九架，焚毀滑翔機二十四架。我方損失：自炸未歸還八十二架。中太平洋方面：敵機動部隊自塞班登陸以來，依然游弋於塞班、特尼揚、大宮島諸島週圍海面，幾乎連日攻擊我陣地。敵連日來轟擊特尼揚島，大宮島（按即爲關島），共二百架左右。特別是近數日以來，敵之砲擊轟炸非常激烈。敵終於二十一日晨，以兩個師左右的兵力，開始在大宮島西岸明石灣與昭和灣兩地區登陸，我所在部隊正在迎擊悍鬥中。又六月份敵機來襲中太平洋的數目，共二千四百四十五架。我方所獲戰果爲擊落八百九十七架，擊傷四十架。南太平洋方面十六日到十九日止，敵機來襲布肯維爾島、拉布爾、卡維恩之數目，各約一百架。對俾斯麥羣島之來襲，亦趨激烈。北方方面僅十八日夜，敵機一架來襲北千島。

## 軍委會一週戰況

【中央社重慶廿一日電】據軍委會發表七月十五日至廿一日一週戰況，此週戰事重心爲衡陽之保衛戰。孤城雄峙，屏障湘南，迄已屆廿五日，抗戰以來，尚無前例。我守城將士之英勇忠貞，已發揮我革命軍人大無畏之精神於無遺。當復再接再厲，屢挫頑敵，計截至本月十四日止，殲敵已達一萬四千餘。敵雖一再增援，戰事愈演愈烈，但仍未獲寸進。十三、十六兩日，敵雖一度侵入新街及市民醫院，旋即被我悉數殲滅，當日即將原陣地恢復。以目前雙方態勢觀之，衡城猛烈之戰鬥，仍將有增無已，我外綫各路部隊，對圍攻衡陽之敵，賡續猛攻，已將外圍多數主要據點先後攻克，現東西南各面我軍，已攻達郊區，距衡陽城僅二三或五六公里之地帶，與郊區之敵正展開更形激烈之惡戰。湘江東西兩岸，我敵在耒陽、茶陵、攸縣、醴陵、瀏陽、湘鄉、湘潭及長沙以西與西北等地區，仍激烈戰鬥中，我各路攻擊部隊，均有相當展，進收穫戰果至足令人興奮。廣東方面，分路北犯之敵部，除清遠西北地區我敵繼續激戰外，其次增城北犯敵與犯從化敵，均被我軍分別擊潰回竄。其他滇西方面，我攻龍陵、騰衝各部隊以及緬北方面圍攻密城與沿孟拱鐵路北推進之我軍，均獲得順利進展。本週倭國本土發生之重大事件，而密切影響我國戰事者，厥為東條內閣之總辭職。查東條於十七日會一度調整軍政之首腦部，似欲繼續掙扎，以維持其政治生命，但終為事實與輿論所不許，故其辭職，實為被迫而非出於自動，可知敵寇新閣以陸海軍並重，似有復集陸海軍之總力，以作背城借一之決心。故小磯米內當係決戰內閣，而尚非求和內閣，但我國七年之抗戰，實已鑄定倭寇悲慘之命運；目前美海空之優勢已成，而塞班對倭本土之直接威脅，亦將日事擴大。東條以一悍之才，已不能支撐危局，故其倒台，實為倭寇崩潰之先聲，小磯米內亦無術化劣勢為優勢，以求轉敗為勝也。

【中央社衡陽廿日電】二十日晚，衡陽城市郊區我與敵激夜激戰，包圍衡陽城郊之敵，全力向我外綫合圍，猛力反撲，我軍奮勇，將其擊退後，仍繼殺會合核心部隊，夾擊頑敵。

【中央社湖南前綫某地廿日電】此次敵犯湘境，因傷亡慘重，乃迫汪逆抽派工兵前來長沙助戰，其中有偽工兵團長王志貴，深明大義，不甘為敵偽利用，於本月七日，軍次新市時，突率所部全體官兵與武器向我某部，自動投誠，現已在某地宣誓。我除嘉勉外並給以某某名義，王氏正激勵所部，在湘北前綫協助國軍殺敵中。

## 中國記者返渝

【中央社渝廿五日電】中外記者西北參觀團廿五日下午五時零五分由寶雞飛返重慶，除外記者五人轉赴晉西北參觀外，今日到渝者有領隊謝保樵，副領隊鄧友德，本國記者九人及外記者一人。渝市新聞界人士多人曾赴機場歡迎。該團自五月十七日起程，行經萬里，歷兩月又十日，各團員雖風塵僕僕，而精神至為愉快，且體重均有增加。

【中央社重慶廿三日電】關於專賣機關裁併問題，財政部已決定現有之火柴專賣公司及煙類專賣局總機構予以裁併，並將部內之專賣司改組為專賣事業管理局，彙理行政與業務。其分區所設之火柴專賣分公司，煙類專賣局，食糖專賣局即行着手歸併為一，裁汰冗員，緊縮開支。聞最近期內即可實施。惟食糖改徵實物，由稅務機關接辦。川康區食糖專賣局已奉令裁撤，並由稅務所於七月×旬派員前往接辦，其他如桂、閩贛二區，亦已由財部通令即日將食糖部份移歸稅務機關接辦云。

【中央社加爾各答廿五日專電】國家藏委員會駐藏辦事處主任沈宗濂及其一行，自錫金出發，經過十日旅行後，已於七月十六日抵達西藏之亞東。亞東高一萬五千呎，為印藏通道之要衝。

## 孔祥熙談貨幣金融會議之成就
## 對美國批評詆稱是惡意謠言

【中央社布里敦森林廿三日專電】我國出席國際貨幣金融會議代表團團長孔祥熙談稱：會議係在戰後國際合作方面，建立一新紀錄，且對於未來世界和平亦有良好預示。孔氏稱在會議閉幕前夕特別接見中央社記者，彼對於此一國際會議之成就，極表欣慰。據稱：中國參加會議之目的，係在履行其促進國際合作之一部份任務，此一目的，業已實現。貨幣金融會議乃多次國際合作重要會議之一，中國希望能確立一項國際組織，以實現永久和平，俾全球人民能互相友好相處，無須恐懼遭受鄰邦攻擊，並能享受生活，追尋快樂。中國為協力達到此等目的計，已在此次會議中××讓步與犧牲。美國代表團之發言人以及其他與會國家，已[illegible]公開承認。孔氏又稱：對於美國政府及人民，刻有一種特殊之友誼。彼[illegible]出中國希望與世界其餘國家合作，不僅在覓取組織吾人之途徑，以恢復和平及繁榮，且亦以保證此項和平與繁榮可以持久。為達到此一目標計，吾人不僅應由本身觀點觀察事物，求取本身之利益，且亦應立己立人，各國應互信互助，尤須協助弱者與不幸者，吾人惟有此種展望，始能希望此後生活於和平之中，如無此種原則存在，此次會議及以後各次會議之成就，均將成為泡影。孔氏對於各同盟國之援助中國，亦表感謝，並簡單答覆美國對於中國之批評稱：若干批評或有事實根據，其餘多係根據惡意之謠言或誤解。吾人並不如若干友人所想像之完美，亦不如若干批評者希望使民衆相信之惡劣。中國亦如其他任何國家，自有其長處短處，然為促進國際合作計，吾人應勿彼此吹毛求疵，而應了解他人之問題，並助其解決。關於過去數日來德日兩國之驚人演變，孔氏稱：彼希望此舉能加速侵略者之崩潰，在此次戰爭中受難之國家能早獲恢復之機會。日閣之更迭，證明日本軍部之統治力量已見衰落。

## 彭師長致函段海洲 要求團結禦侮

【新華社華中十三日電】我新四軍×師彭師長、鄧政委，爲卅三師某部殘殺民衆，進攻我地方政府，慘殺抗日人員，致函段師長，要求團結禦侮，原文如次：海洲吾兄勛鑒，接奉五月廿九日惠書，展讀之餘，至感快慰，締蘘之議，既邀贊同，精誠合作，可期實現，弟等不覺爲抗日前途慶幸者再，吾兄憂時愛國之忠，亦可具見一二矣。不幸和好之音甫來，惡耗又頻四起，下街之役，民衆慘死者數十人，民房被焚者近五百間，羣情悲憤，莫可言宣，至進攻我區鄉政府，擄掠人民，慘殺抗日人員之事，亦復時有所聞，凡此舉動，均有違背吾兄來函之旨越。尤可駭者，貴部張克修團竟於本月廿一日經由邱集，和平進入漢奸老巢之張樓，一時貓鼠同眠，涇渭不分，吾兄清譽，頓遭詬訾，驟聆之下，深爲惋惜。嗣張克修團又於廿六日離張樓他去，爲之稍慰，然徒咋信宿之嘉賓，未聞挖究之壯舉，致猶不能解路人之疑，而爲白圭之玷者也。正此閒豫湘戰事日趨危急，國軍每不戰而退，國土則日蹙百里，每念國事，憂心如炙，吾儕同側戎行，宜如何奮起急進，以圖報效國家民族於萬一深，願重踐諾言，兩修和好，並嚴申綱紀，以慰人心，則弟等當盡捐私怨昔嫌，誓與吾兄共短長也。肺腑之言，諸希亮察，疑慮之私，尤望明教。專此即頌勛祺。彭雪楓、鄧子恢，六月廿九日。

【新華社華中十八日電】華中駐靈北一帶之國軍卅三師×部，除不斷向人民進攻與敵僞一起出擾搶掠外，更進行完全損傷人民民族自尊心及各種破壞抗戰的特務宣傳。他們向人民說我新四軍『攻打襲擊敵人，是故意引起是非』，誣我新四軍攻克據點、收復失地，是『強佔，不仁不義』。當我政府救濟爲敵僞搶劫燒殺後的人民時，他們誣說『這是造成濃厚的仇敵心理』，公開的號召民衆『鬼子來了不要打，打你不要還手，罵你不要還口。』他們更在泗靈睢龍河區一帶，發展一種名爲『關門道』的特務組織，引誘落後男女參加，集會多在深夜，弄得失足鄉民，夜晚不能睡，白天不能做活，還時時威脅羣衆，說『替共產黨新四軍做事，就是通匪』。

## 英國內頑固派 爲蔣介石辯護

【路透社倫敦廿二日電】泰弗亞（編者按：泰弗亞現年七十歲，自由黨領袖之一。會參加第一次大戰，戰後歷任勞合銀行董事長，並兼好幾個公司董事長。一九三七年到一九三九年，他任英政府財政專員，同時任上院自由黨主席，一九四〇年被封爲男爵，一九三九到一九四〇年一度爲皇室財務總管，一九四二年十一月參加英國議會訪華團，來華訪問。）和蒙羅（援華運動委員會著名會員）在本期『眞理』週刊所發表的信中，強烈地反駁英國極右派的『眞理』週刊上期社論所發表的反華論調。特別引起爭論的一點是『華軍大部分弱點是由於蔣介石的軍隊和共產黨的軍隊正進行慢性（指慢性病一樣的）內戰所致，大量最精銳的華軍從事於這種內戰』。泰弗亞說：關於進行中之內戰的謠言，『是從從得到完全錯誤的消息的人士那裏發出的』。我在重慶會見過指揮共產黨軍隊的某將軍，並曾與他長談。從他所說的話中看來，共產黨除了讚佩委員長本人及其信從者外，別無他話，蒙羅關於同一問題鄭重宣稱：在中國沒有什麼正在進行着的內戰。並勸『眞理』的編輯到中宣部倫敦辦事處和援華運動委員會去找事實。『眞理』週刊並因說及蔣介石政府在軍事與經濟兩方面均明顯處於絕望的困境』而引起泰弗亞的憤怒，泰弗亞對於這一點答辯說：『我一點也不相信。這種困境自然由於持久戰爭的困難所致，而中國地位的孤立也是一個大問題，但是當考慮到這一切時，我也看不出任何暗示蔣介石政府之崩潰的理由。中國最重要的人物圍繞着這個偉人（指蔣），他不僅作爲偉大領袖並作爲孫逸仙博士的天然承繼人而爲全中國所仰趾，而且的的確確幾乎被全中國所崇拜。當我們能用打開供給中國以與日本相等的武器的道路以消除中國的可怖困苦時，我相信中國將顯示出不次於任何國家的英雄氣概』。泰弗亞於繼續發表意見時，把注意力放到史迪威所指揮的華軍之豐功偉績上，並把中國人民和英國人民喻爲『不可戰勝的人民』。泰弗亞結語稱：『像我過去那樣去觀察中國人民的困苦時，就必會認識到中國政府所要完成的巨大任務，以及它偉大地抵抗和忍耐風暴。中國政府是一個過渡時期的政府，一部分是由普選和一部分由指派所組成的。它的目的是要在戰後組織徹底民主的政府，這種政府由於戰爭條件，目前不能組成。我們本國的政府現在畢竟因爲戰爭而不能是顯然民主的』。蒙羅的信引用『眞理』週刊社論的一部分，這篇社論說：『中國軍隊中的巨大弱點，不能完全用盟國實際上未能以充分的供給品和軍火運到中國來解釋』。蒙羅認爲這種說法給人們以一種虛僞的暗示，即暗示頗大數量的供應品和軍火實際上已運到中國，而所存在的證據則證明事實上並非如此。蒙羅於作結語時稱：『蔣介石政府在其與蘇聯及我國的關係中之困境只會被邏輯的策略弄得更加「絕望」，這個政策損害公衆對委員長的信仰，唯有他才能統一中國。』

## 日寇所傳
## 美軍在關島登陸經過

【同盟社中部太平洋根據地廿四日電】敵對中部太平洋馬里亞納的反攻，於進攻塞班島後，更展開了迅速的步調，以猛烈的轟炸砲擊，連日反復攻擊狄寧、羅特、關島等地，廿一日竟企圖奪回敵之要塞關島(即大宮島)，其經過如下：廿一日晨，敵軍在其有力的海上部隊掩護下，數十艘運輸船向關島西岸攻來後，立即分為二路：一路以一百廿餘艘登陸用舟艇於午前七時十三分在明石灣及八時左右以登陸用舟艇三十艇在昭和灣開始登陸，敵人的全部兵力，雖不明了，但截至該日夕刻，在明石灣登陸的有擁有水陸兩用戰車一百五十輛的一個半師團，又在昭和灣地區登陸的有擁有戰車五十輛的半個師團，合計兩個師團以上。我海岸守備部隊乃猛然加以截擊，僅在昭和灣地區，即立即擊毀敵投到的戰車三十輛，此外並擊沉或擊毀滿載兵員的多數舟艇。我軍雖然如此奮鬥，但敵軍仍繼續增加援軍，由於壓倒的敵砲射擊及飛機轟炸，我軍終未能阻止敵人的登陸。繼之我軍乃候至日沒，舉行壯烈的大夜襲戰，給敵以重大損害，然亦由於優勢的敵火力的阻止，未能將敵軍全部驅逐入海，雖甚微弱，敵終於建立起橋頭堡壘，艦隊司令部對此公佈稱：敵軍在登陸前，其對日軍陣地轟炸之猛烈，為太平洋開始作戰以來所未有；然日軍的抵抗，其頑強將與時俱增。

【同盟社中太平洋廿四日電】今晨伴隨運輸船的敵艦艇接近狄寧島，在艦砲射手的掩護下，利用小艇運輸軍隊在該島登陸，但遭我軍猛烈反擊後，敵戰艦一艘、驅逐艦二艘中彈起火，我軍的攻擊奏效後，敵立即逃走。

## 德評日寇新閣

【同盟社柏林二十二日電】在大東亞戰爭決戰下成立的小磯米內新協力內閣，予德國朝野以極大狂歡，德國外交部機關報於二十二日發表論文如下：由於塞班島日軍守備隊全部陣亡及美軍在關島的登陸，使大東亞戰爭走入決定階段，此即日本處於與德國同樣的地位，如果失敗則國家的存續極為危險，因此一定要渡過這一決定國家興亡的超非常時期，選擇忠實有能的人才以團結全國總力，擊滅敵人。

## 英方討論是否更換蒙哥馬利

【海較社斯托哥爾姆廿四日電】海通社訪員林德曼博士報導：諾曼第戰場蒙哥馬利將軍是否將為其他將軍所替代的問題，英京有關各界目前確正予以直言不諱的討論。『哥德堡商務日報』倫敦訪員報導：邱吉爾於滯留諾曼第之三日中，會與蒙哥馬利進行長時討論。蒙哥馬利將軍的任務是突破德軍防綫。若蒙哥馬利不能完成這項任務，則這項任務將由其他人物担任，甚屬必要，如在北非戰役時期中所造次發生的一樣。該瑞典訪員的報導很顯明的表示：邱吉爾的這次出行並不是邱吉爾得意視察戰區，而是直接由於倫敦各界人士對於諾曼第戰場發展日益感覺不滿的結果所引起。英國新聞檢查機關允許該瑞典訪員用北非戰役作為對照，是頗令人詫異的。這事使人想起一九四二年七月邱吉爾之戲劇性的訪遊埃及，在該次訪遊中，邱吉爾很隨便的撤換了奧欽勒克將軍，委任亞歷山大將軍替代之，並以蒙哥馬利副之。後來蒙哥馬利進而為亞歷山大的繼任人。在諾曼第，事情或不致於發展到那種地步，這部份是由於蒙哥馬利個人的出名，部份由於他獲有官方的支持，最後也由於他在這次戰爭中所表現的戰績。在英國人民和大部份兵士眼光中，蒙哥馬利是這樣的一個重大人物，以致統帥部是不能簡簡單單地把他搞掉。對於在法國沒有項大勝利所表示的普遍不滿，於蒙哥馬利像與欽勒克一樣被鑒出以前，將要大大地增加的。但令人注意的，是這種批評業已佔得一部份地位。上週末美國電台報告員首先不得不自克恩報導：公報中所提及德軍防綫之被突破，並未實現。這也推動英國報紙現在更公開地進行批評。在這些批評中最令人注意的，是李德爾．哈爾特在『每日郵報』上所發表的批評。他斷然地說到：除所有的評論都清楚地反映不滿意蒙哥馬利的戰術以外，是沒有一個人提到蒙哥馬利底名字的。盟軍在諾曼第的長期消耗戰幾未得到普遍的喝采。哈爾特繼稱：新的進攻戰術須予發表，應與陳腐的方法徹底地斷絕關係。『每日電訊』軍事訪員論及諾曼第戰事稱：突破之企圖歸於失敗，是由於英國坦克走的太快，其後面的部隊難於配合行動，步兵和砲兵不能很快的跟上，故坦克部隊時發現它們自己面臨着強烈的德軍砲火。以後蒙哥馬利把坦克撤了回來；因他深恐坦克全部損失，惟該員認為：若不顧重大損失，讓坦克進行突破，則隨後的步兵可造成不同的攻勢戰績。

## 克魯吉告西綫士兵書

【海通社克魯吉元帥總部廿二日電】西綫德軍克魯吉元帥頃對攻歐前綫德軍師團發表的公告着重指出西綫全體士兵對元首的無限忠誠。公告稱：『西綫的士兵們！去職軍官小集團進行卑鄙的企圖，謀刺我們的元首。元首萬歲！昨晚他還對德國及其士兵發表演說。罪犯已被清除，祖國已恢復平靜與秩序。國內的戰時努力及前綫的戰鬥，仍繼續進行着。我們聽到發生這一陰謀的消息時，感到憤怒與苦痛。對於我們，將不會有一九一八年的重演，或重複意大利的例子。對於我們西綫的士兵們，只有一個口號：以毫不動搖的決心與對元首的絕對忠誠，與敵人鬥爭！元首萬歲！德國萬歲！。

# 参考消息

（只供參考）
第五八七號
解放日報 新華社 編
今日出版一張
卅三年七月廿七日
星期四



## 中央社社論
## 評敵東條內閣的垮台

這是中央社廿二日的社論，前面缺了題目，觀其文是評敵東條內閣垮台的，文句也有錯落處。——編

者（上缺）數的歷史先例，可以證明作戰的一方陷於失望，必然有利於他方。東條內閣××、舉國上下陷於×望之中塌台，這個消息在我們反侵略的聯合國家方面，自然是歡迎的。

東條英機主政三年，中間也經過了好幾次的政治危機，他都以局部改組內閣的手段應付下去，就是最近三個半月的局勢，證明了東條最後的措施××無可救藥的錯誤。日寇至此已走進了失望的深淵，東條的罪已無可贖，東條的倒台乃是必然。

一九四一年十二月，東條於組閣兩月之後，以偷襲珍珠港的毒辣行爲，得發動了太平洋戰爭。他對於太平洋島嶼的戰術，是以空軍襲擊，陸軍佔領，海軍從事運輸。這一戰術在聯合國猶不及防的情況下，收了很大的效果。然而自××之中途島之戰，俾七麥之戰，以及美國的海空優勢漸次造成，日寇××××海軍避戰，而用陸軍死守，換句話說，唯有以陸軍的力量補救海空的劣勢，死守太平洋外綫的島嶼，希望以空間換時間。

在這種情勢之下，東條又面對的嚴重問題，無過日飛機的增產。東條內閣會竭盡他全國的人力與各佔領區的物資，甚至於消燬中小工業的機器，停止其他工廠的工作，一切力量向飛機增產而集中，今年四月至七月，就是計劃完成的時期；然而東條內閣全副精神所寄託的飛機增產，成就殊無可觀，無論在大陸或海軍，日寇既失的制空權，並不因他的飛機增產計劃完成而挽回於萬一。然而這還不能算是東條最大的失敗。日寇生產技術的低下，××資源的貧乏，各地運輸的不足，都是飛機增產計劃不可克服的客觀的困難，東條內閣自不能負其完全責任。

東條最大的失敗，他對於國際局面估計完全錯誤，以爲歐洲盟軍不至於很早即開闢第二戰場，即令開闢第二戰場，亦必吸引聯合國主要的兵力，適足以緩和太平洋上的戰爭。他又以爲美軍即令在太平洋上繼續攻擊，亦必仍在他的外圍諸島上作逐島的戰爭，他更以爲印緬的雨季一旦降臨，則東南亞一角的戰事亦將陷於停頓。他定下計劃，調集各路鐵軍，向中國戰場大舉進攻，企圖在極短的時間之內，輭化中國作戰力量，破壞中國的前進空軍基地，打通大陸的交通綫，以補救他海上運輸的不足，然後留下少數的守軍，抽出精銳的部隊來應付英美，特別是美軍在太平洋上的進攻。

殊不知事勢的發展，全出於東條意料之外，正值日寇在中國大舉進攻的時機，持有海空優勢的美軍，把馬紹爾與加羅林羣島上××的日本陸軍遺留在後面，一躍千里直取日寇內綫最重要基地××塞班×××。第廿航空隊從中國基地起飛，第十一航空隊從阿拉斯加基地起飛，向日本本土與附近島嶼作遠距離的轟炸；而湖南的戰事，更使日寇生力軍陷入我方的包圍。中美空軍的襲擊，衡陽守軍的惡戰，尤使他不勝其消耗之重與疲憊之苦。緬北的聯軍××密芝那城，佔領×中公路，並不×××而中止其英勇的戰××，他在大陸上之攻勢時×完成，他在海洋上抑××已被突破，戰爭猛烈逼近他本土的大門，海軍既無力酬答他國內『決戰論』的要求，陸軍又不足敷佈於綿長的戰綫上，戰守避三策喧爭於軍部之內，而投降就等於論亡，東京的軍政界充滿了憂天怨人的氣氛，而東條英機自然是衆怒所集的目標。

七年以來，日寇內閣因國際局面估計錯誤而失敗者，不止一回，對中國速戰速決的不擴大方針的失敗，使近衛第一次內閣垮台。軸心同盟商議不決而蘇德協定的訂立，使平沼內閣解體。蘇德戰爭忽然爆發，把松岡洋右的體量減少了七公斤，而近衛第二次內閣再組。這次東條估計錯誤而下台，算來是第四次了。這第四次的錯誤，實足以陷日本國家於『遺恨百年』的境地，所以大本營之內之參謀本部、海軍軍令部、陸軍航空司令部人事已經異動，而內閣也追踪更迭了。

日本軍人（缺五）裏面的×××，當他們有（缺）一定是動盪不定，一方面近衛×××事的掙扎，一方面更要警戒他政治的××。

## 朝日新聞
## 要求新閣加緊準備決戰

【同盟社東京廿三日電】朝日新聞社論稱：國民所希望於日後繼內閣者究竟是什麼？不待言就是強有力地進行作戰，粉碎敵人逼近的反攻並將敵人擊潰。爲了要發揮這一強烈的戰力，政府與國民的完全一致是非常必要的。爲此，政府首先應完全掌握國民之精神，傾聽國民從其忠誠與熱情中發出的呼聲，並吸收之。

在實際戰爭上有許多的困難，這些困難究竟如何克服；國民在現實面前對新內閣是抱着希望的。如何將國民的希望吸收在政策中間，指導國民希望走到更高的階段，這就是後繼內閣的重大使命，在此種意義上必須傾聽國民的意見。

（一）生產行政：當敵人已至我戰略要綫塞班的重大時機，軍需生產行政如仍是單純的××主義，則不可能粉碎敵人的總反攻，現在各方面所要求實行的大約如下：第一、完成作戰與生產行政的緊密一體的聯系，在東條內閣時代，東條首相身兼陸相、參謀總長、軍需大臣三職，企圖從人的方面使生產與作戰一體化，但是一個人的力量有限，因此要求成立直屬於大本營的總力戰的機構與適應作戰的物資動員極度的機動性。第二、以上述作戰與生產的一體化爲前提，必須澈底刷新軍需省的機構，並加强其運營。原來設立軍需省的目的，就是在包括的權限之上完成必勝的軍需生產，因此軍需省必須加强軍需生產的綜合計劃機構，一元的運營運輸、勞務、電力、燃料、資金等生產要素。軍需省如能與作戰密切聯絡，發展至本來的形態，不但發出訂貨和採購能够一元化，而且亦要求未移交軍需省的兵器艦船等軍需生產部門的聯系亦要加强。第三、與加强軍需省同時要擴大地方機關——軍需管理部的機能，但要進行各項工作，如迅速修理被空襲損害的工廠，……（掉）就必須予地方機關以强有力的權限。總此三點，凡與軍需生產有關的各省均須一體化，特別是陸軍省、海軍省、軍需省的一體化，成爲提高軍需生產的核心。

（二）生產金融：從以往的議論看來，大體已可明瞭增强生產的困難究竟在什麼地方。問題就在是否實行之。第一，應當實行的課題爲了最有效地利用現有設備，則必需以飛機工廠爲中心，排除萬難，實行二十四小時作業制。關於資材，如果從軍官民各方面供其資材並相互通融，那末可以維持相當時機內所需要的資材。總之，不應拘泥於價格或法令，應將手中所保存的資材拿出來。第二，必須迅速的確立防備空襲的各種生產體制，工場的疏散亦在實際所允許的範圍內加速的進行，在實行疏散期間，其他同類工場必須勵行二十四小時的作業以防止降低生產。警報發出時的生產計劃必須週密製定。關於確保所用勞務者必須講求充分的待遇與進行必需的設備。第三，現在財界所一致要求的就是合理的配置人的資源。在無前綫後方差別的總力戰的今日，軍的動員與產業勞務的調整，是最緊要的課題。第四，通貨膨脹的激化是財界最關心的事情。改善先付款的制度，國民儲蓄合理化等需要急速進行的工作很多。

（三）勤務：我們要求新內閣不拘泥於過去的辦法，立即實行具有非常決戰生產性格的勤勞政策。首先作爲勤勞動員行政的中樞的厚生省，必須具有勤勞省的性格。……（掉二字）暫時停止半年或一年的事業，一切的厚生行政都要集中於完成勤勞動員這一點上。同時必須確立勤勞動員的表化體制；換句話說，厚生省要動員國民至勤勞崗位上將其分配至工廠、事業場……。例如關於勤勞管理，是否可能採取措置使軍需管理部與地方廳的關係更加密切，地方長官負責指導與監督？必須加强和刷新徵用制，例如母工廠向子工廠的協助勞力，與其這樣做，倒不如實行以母工廠爲中心的企業集團的徵用來得好些。

（四）運輸：在運輸部門應採取的辦法已經實行，運輸的困難亦很清楚，其解決方策已經有了頭緒，現正要求在政治上强有力的推進之，確保陸運海運所必需的人員是目前先決的問題。因此，關於船員的動員及港灣運輸勞務及陸運勞務等，應考慮運用國民徵用令。

（五）一般行政：東條內閣所最努力的一點，就是如何的運營決戰政治及如何整備與決戰相適應的協力體制。因此，採取改變中央行政機構與行政機構簡捷化的措置，通過中央地方確立戰時××××。繼承舊有的形式，發揮融通性與協力性。因此希望於新政府者，首先是行政必須跳出『爲官吏的行政』的圈子，執行戰爭的人……………（缺），使政府與國民間毫無間隙，使行政順利的運營與決戰化至爲必要，因此，必須克服獨善的傾向，求得國民對政府的絕對信賴，而且戰爭政治當服從於作戰，行政上的措置必須明朗，對於國民必須率直的使國民了解實際情形。以此爲根本的行政才是最可靠的。

（六）政治：政界方面所希望內閣者是很多的，但其歸根結底是確立適應現下戰局的國內體制，並且再研討國民組織的一元化。因爲這是强力推行官民一體政治的基礎。

（七）國民生活：從國民生活的方面來看，所要求於新內閣者，就是國民生活中有潤滑的彈力性與强固的民生，要限制主要糧食——大米的配給當然困難，但應開發未利用的資源製造各種副食物，而副食物的問題其困難亦在運輸，最近此點比較好了，但更重要的是加强集貨機構；與確立集貨配給組織相平行的，就是一般物價對策必須根本的加以再檢討，形式上的低物價方式已經毫無意義，價格是根據物資決定的，以上所述應適切的加以活用。

（以下缺）

# 參攷消息

（只供參考）
第五八八號
解放日報 新華社 編
今日出版一張
卅三年七月廿八日
星期五


## 英報論中國嚴重局勢

【路透社倫敦廿四日電】蘇格蘭重要船城格林諾克的報紙『電訊報』稱：中國處境嚴重。該報提醒讀者稱：『在我們這一方面，我們必須記得戰爭不會以在西方摧毀納粹而告結束；在東方有巨大任務等待着我們，而日本將利用目前我們集中力量於歐洲時竭力使這一任務困難。』該報指出中國在河南、湖南之軍事困難，並提及全國所面對的政治與經濟困難。該報於述及通貨膨脹及關於中國政府中『法西斯傾向』的斷言時，認為『出於該國在多年戰爭重壓下搖搖欲墜、一切裂痕在他周圍的迸發，蔣介石的處境似乎極不可置信的困難。這並不是愉快的情勢，因為中國政府台，將在東方予我們以可怕之任務。』該報社論於結語時表示這樣的希望：即最壞的將被避免，期望『中國因以出名的治國方法將使她的領袖能夠使該國家渡過危難進入光明』。

【合衆社紐約廿四日電】時報和先驅論壇報都評論H・H・張所作蔣介石傳記。兩報評論的態度都是批評性的。勃蘭德・斯托威在論壇報上說：張先生是從對中國的過去之可以理解的驕傲觀點，以無可置疑的愛國心情來寫這本自傳的，但遺憾的是缺乏批評精神。人們從自傳中看到一個青年，他具一般人稀有的決心和吃苦耐勞的特殊能力。可是，卻少有能使人深信他是一個人間的人之事件。斯托威批評該書未詳細說及蔣的土地政策，而且作者對中國共產黨的責難，也缺乏證據。更令人惋惜的是作者沒有說出蔣介石本人對民主的態度，也沒有指出他在這一問題上將來的政綱可能是怎樣的。在該書中，委員長被描摹成沒有任何缺陷、過錯和缺點，這是令人吃驚的——這實際上不會使他的書有價值。蔣具有這種程度的顯著品質，以致中國國外人士須得把他作為完全可以相信的人類領袖來加以認識——這個領袖具有足夠的缺陷使他的成就為人理解並值得欽佩。而這本書中卻完全沒有這樣一位蔣介石。馬克・加因在時報中說：這本書不好。讀者逐頁期待蔣介石××出現是徒然的。在這本冗長無趣的傳記中，蔣的面貌仍舊曖昧不明，毫無生氣、毫無趣味，而且有時很沒有吸引力……阿諛有時達到荒謬無稽的地步。

## 張平羣答覆外籍記者
## 敵新聞並未對華試探和平

【中央社重慶廿六日電】外籍記者招待會廿六日下午三時舉行，梁部長寒操、吳次長國楨、張參事平羣出席主持。某記者詢以論傳中××已另改訂×否。張參事答：不確，且吾人尚未聞有改×之原×。某記者詢以日本新聞已否直接或間接向華試探和平？張參事答：據吾人所知，並無此項試探。

【中央社重慶廿六日電】國府廿六日令，特派潘公展為中央圖書雜誌審查委員會主任委員。此令。

## 渝軍事發言人否認
## 敵傳美方阻止衡陽後撤

【中央社重慶廿七日電】本月廿五日東京同盟社曾廣播『日本新聞』之社論，捏稱衡陽寇方電訊，謂我被俘士兵稱，我軍不願為美方捍衛有戰略價值之城市，並懷疑何故必須作戰；且謂當日軍壓迫甚急，美方以大砲阻止撤退等語。我軍事發言人頃就此事發表談話云：敵寇無法掩飾其敗亡厄運，恣意造謠，妒我盟國間之互助合作，即以此項毫無根據之謠言，已足證其心勞日拙。蓋敵寇無法戰勝同盟國家，覆滅之禍即在目前，故當衡陽挫敗，美軍攻陷塞班威脅其本土時，曾經向我發動和平攻勢，有所謂不與我國國民甚至我軍為敵，實在專為擊敗美英，類此之挑撥離間，更足見其用心實不值一顧。又據所稱之被俘士兵及美方阻止後撤等語，全屬子虛。我軍在該方面既無盟友參加陸上作戰，何得阻止撤退，足證其造謠明矣。再此次湖南戰役，我中美陸空聯合作戰，結果極為圓滿，所予敵寇之損失，至為重大。衡陽方面之戰事，尤能發揮盡致，敵寇此項謠言，用心所在，不問自明。

## 財部將辦黃金儲蓄
## 美大量布疋輸華

【中央社重慶廿七日電】據財政部錢幣司長戴銘禮氏說：政府為便利人民購儲黃金起見，最近擬舉辦『黃金儲蓄』一種，原則上業已大概決定，但詳細辦法刻正由四聯總處負責草擬，俟該項辦法擬就並呈財政核准後，即可正式公佈實施。

【中央社渝廿七日電】據主管方面消息，美國為加強中國之抗戰力量，最近曾允以大量民用及軍用物品供應中國，關於民用品中，有大量布疋及藥物，現正等待運輸工具輸乘。

## 閩迭發生盜賣試題案

【中央社永安廿七日電】此間風行印刷社於承印教廳今年暑期中學會攷試題時，曾被盜竊，祕密以鉅款出賣，經人告密，已查獲連城某中學一起，售得數萬元。教廳對此案正嚴予查究中。此印刷社歷年承接教廳印件，為該廳之特種印刷所，此案發生後，咸認對教育尊嚴，殊有不良影響。

【中央社長汀廿七日電】此間近亦發現盜賣試題案。廈門大學本屆招生試題，事前忽被全部偷漏，有人以鉅款收買，轉相交易，且發現於晉江、南平兩攷區。該校現正嚴密偵查中，原定試期展緩舉行。省立長汀中學亦發覺同樣事情，印刷工人兩名在逃，一名被押，將送司法機關嚴懲。

## 頑軍不斷騷擾淮北根據地

【新華社華中十八日電】華中日正面戰場戰事發生後，淮北新四軍第四師，即對敵發動攻勢，並向邊區周圍各友軍發出呼籲團結共同禦侮的通電，但尚未接到各方面的友誼答覆，而不幸事件却層出不窮。五月廿三日拂曉，友軍卅七師約八百餘人，突向我鹽北下街及劉大莊之民兵進行有計劃的圍攻，我劉大莊民兵十餘人，三次突圍，始衝出包圍。我下街民兵彈藥援絕，即用鐮刀石頭奮勇死拚，堅持十小時餘，終因衆寡不敵，民兵及民衆慘死卅餘人，民兵負傷十四人，僅少數突圍逃出，友方亦傷亡六十餘，民房復被縱火焚燒，燬數百間，我多數民兵均英勇自盡，極為悲壯。該處友軍，並大張旗鼓，用屠殺抗日民衆的手段，威脅杏山子一帶民衆，放棄抗日自衛的武裝。另友方耿聾子部，近傳決定以五個團向我邊區進攻，擬在蕭邱套及劉敦街之蔡湖，東林、官莊一帶增設據點，劉瑞岐及耿聾子各一部，於二十二日下午分別向我蕭銅地區進攻，進到莊里、吳集子一帶。在運北方面，十一日友方張里元部，趁運北孫業洪部積極在邊區活動之際，企圖進犯運北，控制我賈柳、斷河二區，策動配合偽軍進犯。黃生、鄭大砲、蔣思杰、張來切及胡子亭各部六七百人，於二十二日拂曉過路東，進駐運北曹莊萬莊一帶，已將我運支及運北交通切斷，並有數十人進到閘溯偽據點，企圖配合進犯我蕭邱套。此種不顧大局，不斷挑釁生事，殊值吾人警惕與注意。

## 蘇波簽訂協定

【路透社倫敦廿七日電】莫斯科電台本日宣佈：波蘭民族解放委員會已與蘇方就波蘭政府與蘇軍統帥部關係事簽訂協定。簽署儀式於克里姆林宮舉行。斯大林親自出席。協定包括條款十項，主要條款如下：蘇軍總司令於現有戰事進行之波蘭領土內，掌有最高權力；波蘭人民解放委員會根據波蘭憲法在波蘭解放區內，建立本身機構；波境任何區域軍事行動結束後，由波蘭負民政全責。上述區域內，蘇方人員由蘇軍統帥部管轄，波蘭軍隊由波方按軍法管理。財政及供應問題，將另由他項協定處理。

## 同盟社報導刺殺希魔內幕

【同盟社柏林廿五日電】慕尼黑會議（一九三九年）當時，担任德軍參謀總長的德軍高級將領路德伊斯．波克大將，對納粹黨的指揮戰爭深抱不滿，故蓄意找尋暗殺希特勒總統的機會。一陸軍總司令部副官史托芬堡上校，乘廿日訪問大本營之機會，在會議室裁毯下面安置帶有計時鐘的炸彈，這一炸彈於二十日下午一時許爆發，總統僅燒傷與打傷，此種安全實是一種奇蹟。總統隨從泰皮斯特，哈因利希，伯爾吉爾受重傷後死去，德空軍參謀長科爾騰將軍，德國作戰本部專任參謀布爾特少將亦受重傷後並在廿三日死去，其他同僚之中，伊斯米特陸軍中將、索爾格曼中校等受重傷，佐德爾上將受相當的輕傷，波登沙茲上將，科辛格爾上將，斯爾夫上將，沃斯海軍上將，普卡穆爾海軍上將受輕傷，儘管上述事件的發生，希特勒總統仍沉着的按照預定計劃與墨索里尼統帥會見。元首行營於事變後很短的四小時（下午五時四十分）即很快的將事件全貌發表，希特勒元首為了粉碎『元首已死』的謠傳，於二十二日夜半親向國民廣播，戈林元帥，鄧尼茲元帥亦代表德軍向國民廣播，痛烈抨擊此種不逞行動，並表示忠誠於元首之決心。據二十日夜第二次發表，陰謀團之主持人因暗殺計劃失敗，有人已經自殺，史托芬堡上校已被槍決，事件已經結束，卑怯的計劃已經失敗。波克大將的被處死，已從德國新聞處副處長斯文德曼二十一日的聲明中得到證明。波克大將是以具有東普魯士傳統的參謀資格出露頭角，曾對作戰著書頗多，像哈爾德上將等德軍現在的首腦，均受波克上將的訓導，因反對防共協定，於一九三八年里賓特洛甫就任外長後即行辭職，因其經歷頗為豐富，故此次事件的背景曾誇大宣傳，但由於德軍疾風迅雷的措置，德國人民始終保持冷靜，確信元首的安全乃是上帝庇佑，戰意亦逐漸加強。柏林市內中心部份廿日黃昏有軍隊出動交通要道，攜帶機槍手榴彈的德軍士兵，切斷交通，呈現可怕的景像，搜索完畢後，行人與警備隊又呈和藹的風景，廿一日以後國內完全平靜。

參攷消息
（只供參考）
第五八九號
解放日報社編
今日出版二頁
卅三年七月廿九日
星期六



## 同盟社傳
## 梁寒操談國共談判情形

【同盟社里斯本廿七日電】據重慶來電，宣傳部長梁寒操於廿六日接見外國記者團，發表談話，承認國共談判的困難。他說：五月重慶政府在西安與延安政權簽訂預備的協定，蔣介石為了解決懸案，遂提出下列各案：（一）承認中國共產黨在法律上的地位。（二）將第十八集團軍擴大為四軍團即十二個師，並置於重慶政府統轄之下。（三）邊區的政權繼續存在，以前在省政府管轄下，但今後置於重慶行政院直接管轄下。（四）將來舉行國民大會後，各政黨享有同等的地位。現在還未收到延安政權對於上述提案的復案。另一方面，延安對重慶政權提出十七項要求。該項要求與預備協定的原則不相容。現在尚須繼續努力，以便簽訂最協調的協定。根本的解決是很困難的，但是局部的解決也許是可能。

## 衡陽守軍為何積極作戰

【同盟社上海廿五日電】要衝衡陽的重慶軍，正進行前所未有的頑強抵抗，駐華美空軍正以全力——如出動重轟炸機與投下物品，向衡陽守備軍作從所未有的援助。大陸戰綫是日美的決戰場所，這一性格在此次衡陽攻防戰中作了最集中的表現。為什麼重慶軍開始這樣頑強的抵抗？因為我方緊密的進行包圍，所以敵人進行決死的抵抗，這種看法是沒有錯的。日軍的作戰目標，其雄渾的全貌已經清晰，現在如更失守衡陽，對重慶與駐華美空軍的意義至為重大，敵人深知此點，故決心死守衡陽。這種看法也是對的。重慶在此次作戰開始之時，過低的估計了日軍的力量，它誤認此次作戰亦是過去反復進行的反轉作戰（即一去即回之意），因此當初企圖用消極戰法與退避作戰保全其力量。但當其精銳部隊在西南中國要地衡陽肉搏之時，重慶的戰略不得不作一重大轉換，於是採取了不惜犧牲的積極的所謂『浴血戰術』。重慶所以不得不採取浴血作戰的原因，一是出於重慶內外的客觀形勢，二是因為重慶完全處於美國軍事的隸屬下，將中國作為對日反攻的西方據點，這可由美國的野心中看得出來。重慶的積極戰術與退避作戰，亦可從其過去的企圖中說明，重慶認為日軍如仍在長沙實行一去即回的戰術，則彼等將博得喝彩，但日軍不但沒有從長沙撤退，反而直趨衡陽，於是此重慶的戰爭指導的失敗沒有辯護的餘地。重慶的這一戰爭指導，不僅遭到其政敵——中共的責難，甚至重慶地區的民衆亦發生懷疑，因此公然的批評重慶軍事當局，因此它不得不採取猛衝的作戰。雖然國內的政治理由牽制着重慶的作戰，對外的理由主要的是對美國的顧慮，而且將戰力保存至戰後才是引導國際發言權與地位走向有利的唯一道路，但是戰局逐漸激烈，各交戰國展開最後決戰的時候，如與對於世界戰局的趨勢採取放任的消極態度，未必能將重慶地位轉為有利，特別是如沒有美國的援助則毫無辦法的重慶，為了獻媚於美國亦不得不採取積極的戰法，這可以看作是使重慶當局積極作戰的標誌。

## 同盟社稱
## 蔣宋集團不和

【同盟社蘇黎世廿八日電】當蔣介石所著『中國之命運』的論難一度停止之時，路透社突然又於今日提出問題，認為根據蔣著『中國之命運』，可以斷定蔣介石有下列企圖：昭告中國民衆，中國無論在精神上道義上都遠比西歐諸國進步，藉以煽起對西歐諸國的憎惡心，排出西歐的民主主義，宣傳由一黨支配的國家觀念。路透社為何於今日復又提出此一問題，其理由雖不明了，但在中立國方面，與路透社此一電報相關聯甚至預想到重慶政權的崩潰，甚至有的指出孔祥熙、宋子文、宋美齡、宋藹齡等宋氏一家拋棄重慶逃往外國的這一事實，而推測蔣介石亦或要在美國樹立流亡政府，此外還揣測蔣介石或將與親英美派宋氏一族絕緣，從而改組重慶政權。加之宋子文在重慶設立的為處理美國援蔣物資的公司，又於最近解散，故中立國人士把此事與上述的事情聯系起來而認為此事含有重要意義。

## 桂林大公報稱：
## 軍費支出不到全國歲出二分之一
## 稅務收入飽入私囊者十之八九

【本報訊】五月十九日桂林大公報發表了一篇題名為『打破經濟難關』的社論。該社論提供下述三點意見『供政府當局採擇』：第一、緊縮開支；第二、嚴禁中飽；第三、嚴懲貪污。

該社論在其論述緊縮開支中稱：『我們主張「一方面緊縮開支，另一方面改善國軍待遇，提高士兵生活。……現在我們的預算中真正用之於軍事國防的不過佔一部份，而大部分是行政費用。這理由不難了解，因為士兵的口糧是用徵實徵購直接給各戰區的，它與財政預算本不相干，而武器彈藥之自海外輸入者，可以由租借法案取得，不必支付現款。士兵的生活待遇，已降低至無可再低，用此軍費支出尚佔不到全國總歲出的三分之一。但另一方面……掛名冗員之衆多，公私機關之浪費，以及高級官吏之豪奢揮霍，直可令人咋舌。……』國民黨所謂『軍事第一』究竟是什麼東西，於斯可見。

關於貪污中飽，該社論稱：『據一般估計今日專賣機關與稅務機關之收入，歸諸國庫者僅十之二三，飽入私囊者約十之八九。最近貪污案件，迭有暴露，大者還數千萬，小者亦數十萬，然能公諸報端者，蓋不過萬之一二耳。據最近兩廣監察使署秘書室致本報函說：「廣東英德一縣年產糖量，據當地人士估計，約在十萬担以上，去年食糖專賣局英德業務所僅報銷糖總量四萬餘市担，所收專賣利益只四百七十餘萬，未及估計數額一半，即據該縣年產收糖專益應在一千萬元以上，今所收不及一半耳。」（見五月六日本報「來函照登」欄）又如最近糖局專賣憑證竟多印至五千餘萬元，柳怨人民覘憑證如私產，將憑證換取捲煙，運輸銷售。……我們相信，假如真正能做到剔除中飽，點滴歸公的話，國庫收入至少可以增加到五倍，人民的負担則不難減輕了一半。假定現在每年的租稅及專賣利益收入為二百萬萬元，剔除中飽之後不難增加為一千萬萬元。這樣我們可以完全用不到增發分文新鈔，所謂通貨緊縮也不成問題。且人民的負担減輕之後，物價亦可因此而平抑。因為政府二百萬萬元的稅收，人民實際所付出必在二千萬萬以上也』。

最後該社論論到嚴懲貪污，發出警告稱：『今日風氣之壞，貪污之盛，實屬無可諱言，若再諱疾忌醫，恐只有同歸於盡之一途。報載去年閩東大刀「會匪」事變，損失公私財產數萬萬，殺戮生命數千人，「會匪」以反對福安貪污縣長高誠學相號召，嘯聚數千衆，每陷一城，即首先綁架稅務人員，當場殺戮。幸福建劉主席措置得宜，剿撫兼施，並將縣長高誠學槍斃以平民憤，變亂得以平定（東南日報四月二十八日）。數月前桂南鬱林人民亦有憤殺專賣局職員之舉（見五月三日桂林各報聯合訪問盧廷幹談話）。倘政府對貪污猶加優容，則此種事變恐難免連續發生。星星之火，可以燎原，歷史事實，可為殷鑒。果真能有徹底肅清貪污的決心，人民有舉發貪污暴露黑幕的勇氣，大家一致來對貪污宣戰，則風氣一轉，人心振奮，我們相信殺一百個貪污，對國庫收入尤勝於加一百種新稅。……』

## 國民黨加緊剝削四川農民

【中央社成都廿八日電】糧部為加強川省徵實計，特設川省督糧特派員辦事處，並派財廳長石體元兼代督糧特派員。

【中央社重慶廿八日電】據息：社會服務處主任王克，廿八日乘機飛蘭，代表社會部參加蘭州社會服務處揭幕禮，並推進西北社會服務事業。

【中央社蘭州廿八日電】陝省黨部主委谷正鼎，十六日來蘭代表中央出席甘省三屆代表大會，監選執監委員，茲已公畢，廿八日乘專機返陝。

## 敵公佈河北省敵我戰績

【同盟社西門廿七日電】我現地部隊為了粉碎盤居河北省內匪賊的蠢動，殲滅敵之設施，繼續掃蕩戰中。最近四個月的綜合戰果如下：交戰次數二百零五次，交戰敵兵力二萬一千五百二十三人，收容敵屍三百六十二具，俘虜七百四十七名，擊毀敵設施三百七十一處；鹵獲品無算。

## 英軍事專家哈特不滿盟軍在西綫的進展

【海通社柏林廿日電】英國軍事專家哈特在每日郵報中稱：盟軍在諾曼第的進展為「使人失望」，這是近來英國報紙中抨擊盟軍在入侵戰場的戰術之又一個呼聲。哈特指出盟軍所採用的方法不是別的，只是掩護砲火繼以猛攻，此種戰術雖曾採用於第一次世界大戰，而從他們跟在後面盡人力的努力中並沒有意料中的成功。在意大利，樂觀的預計也已被摧毀了。德軍抵抗之加強已遠遠超過真正的德軍防綫，這樣德軍指揮部遂有充裕的時間準備本身的防綫。哈特宣稱：現在大問題是在於盟軍是否能完成堅實地增加壓力使敵軍防綫迅速破碎，或者是否將成為長期拖延的戰鬥，其中進攻者所用的兵力較防禦者為多。哈特宣稱，這是『我們問題的難點』。

## 德方報導盟軍諾曼第新攻勢

【海通社柏林廿五日電】普拉托報導：所期待的英美軍在諾曼第的大規模進攻已開始了。這大規模進攻，首先由美第一軍在聖洛西北發動。星期二清晨英第二軍之英加部隊亦在克恩西南開始進攻。英軍沿奧倫河以東布置掩護砲火的努力，與時俱增，預期敵亦將舉行進攻。布萊德雷將軍按照其慣用的戰術進行進攻，即首先以數百架四引擎轟炸機施行轟炸。繼則以短時的猛烈砲火形成掩護砲火，美軍即藉此掩護砲火進攻，並以強大坦克部隊作支持。及至星期二上午，布萊德雷所部只在馬利格尼地區，得到了一個小的突破，但立即就被我軍封閉住了。總之，美軍的進攻被擊退，並蒙受極其大損失。天氣繼續好轉一直到星期二為止。雲層更加消散，而至星期二午間時，天空就沒有一點雲彩了。這個好的天氣推動蒙哥馬利和吉普塞將軍在布爾奎布斯地區克恩以南舉行進攻。同時奧倫以東的敵掩護砲火似象徵：曾在該處未獲有進展的敵攻勢，將復行開始。德方偵察報告謂：至星期一夜敵的大規模進攻已告完成，而更其加強。

## 美特種艦隊出現帛琉附近
## 日寇驚呼戰局不許瞬間遲疑

【同盟社中太平洋基地二十六日電】二十五日下午敵機動部隊（以航空母艦若干艘為基幹），向帛琉群島附近海面出擊，其艦上機三十餘架，來襲帛琉島，我地上部隊立予迎戰，擊落其多架，我方損失非常輕微。又同日白晝，敵機數架並來襲雅浦島。

【同盟社東京二十六日電】大本營發表（七月二十六日十六時三十分）：（一）敵自七月二十三日晨起，企圖在狄寧島西北部與狄寧港登陸，我所在部隊當予迎擊，予狄寧港之登陸軍以巨創，將其擊退。西北部之敵登陸軍雖再度被我擊退，但同日正午左右，敵終於登陸，以後更繼續增強中，我部隊正竭全力，與敵激戰中。（二）七月二十五日上午，敵艦載機前後三次共二十餘架，來襲蘇門答臘薩班，同時數艘敵巡洋艦、驅逐艦與潛艇，接近該港港外，向該島陸上，我所在部隊予以迎擊，擊沉敵驅逐艦二艘、潛水艇一艘，擊傷驅逐艦一艘，大部份敵機被擊落，將敵擊退，我方損失非常輕微。

【同盟社中部太平洋根據地廿六日電】廿四日敵前後二次，企圖在關島蘇梅方面登陸，該方面的我部隊，於激敵之後，均將該敵擊退，敵首先以RST船二艘（戰車登陸用）及水陸兩用戰車廿輛，企圖登陸，我方擊毀RST船一艘，戰車十輛，但敵人復出動RST船二艘，然而由於我方的反擊，一艘立即被擊沉，其他一艘則遁走；又在阿普拉方面的我部隊，在南北二公路戰線上，在與敵展開激戰中。在該戰線右翼方面，以戰車五輛為先導，企圖突破我陣地，由於我軍猛烈反攻，擊毀敵戰車二輛，將敵人擊退。我陣地得以確保。又在昭和灣方面，猛烈砲擊敵一萬噸級的運輸艦，結果被我方擊中起火，負傷逃走。

## 同盟社驚呼
## 美軍向北挺進

【同盟社東京六日電】隨着塞班作戰的結束，敵軍進攻的速度越益加速，太平洋甚至印度洋的敵軍活動愈益活躍。即七月十六日塞班島我軍全部陣亡以來，敵人毫不停歇地於廿一及廿三日先後在關島及狄寧島登陸。廿五日以航空母艦若干艘為基幹的機動部隊出現於帛琉群島附近海面，艦載機卅餘架空襲帛琉島；同日印度洋方面的敵艦載機總共廿餘架亦空襲蘇門答臘島之薩班港；同時敵巡洋艦、驅逐艦及潛水艇亦接近於港外，向陸上開砲。我們要不斷注意塞班失守後接着發生的事件。由這一連串的事實觀之，敵人的企圖即已明顯。其企圖有下列三個，即：指向日本本土，企圖奪回南方資源地帶及切斷日本與南方的交通線。現在敵人的這些企圖合而為一，即向北推進，戰局不許瞬間的遲疑，現在應正視冷儼的戰局，大家總蹶起，繼進軍，以圖擊滅敵人。

## 同盟社所傳
## 各方評日閣更迭

【同盟社東京廿七日電】小磯內閣已於廿二日組閣完了，雄壯地向貫徹戰爭之途邁進，現在檢討敵國美英如何觀察和宣傳這次政變。美國比英國關心這次的政變，因而美國的評論也很多，評論大約可分為政府方面的和言論機關的兩種。而言論機關，依照例地照着歐美流行的形式，發表了一些觀念的累計的批評。所以，只注意到政府方面的也就夠了。合衆社、路透社、紐約時報、先鋒論壇報、芝加哥每日新聞、時報，均是大同小異地認為東條內閣的倒台是起因於日本的戰力的弱化，陸海軍大事更動是因為陸海軍意見的不一致，而不辨明事實，在寫字台上便寫起來了，並且接有利於自已的一方面去寫，全為想像論及觀念論所支配，這些東西在我們看來，都是可笑之至，毫不足道的。然而政府方面的意見，即如馬歇爾、尼米茲等接見新聞記者時的談話，比新聞通訊的論調還值得注意的。蓋彼等避免輕率的評論，聲言不看新內閣今後的經過是無法評論的。這表示了他們的慎重態度，他們採取這樣狡猾的態度而抑壓國內的樂觀氣氛，企圖給人們以這樣的印象即對日本似乎已有充分對策。據官方的意見，『新內閣是立即進行攻勢作戰？還是引誘敵人更接近本土，然後進行決戰？現在雖弄不清楚，但如希望在政變之後，有利於我們（美國）的情勢，便會展開。那是輕率的。我們不能忘記日本的聯合艦隊今日依然健在，至今還未與我們作戰』。既然這樣，那末。他們的方針，倒底是怎樣呢？在我們各種推論之前，是要牢記着英美當局是以冷靜的態度，在注視我方今後的動向。又重慶負責首腦何應欽則與此相反，他聲言於此次政變，日本軍部的力量將益加強固。如認為是日軍的崩潰，那便是大錯。其所以與美英不同的宣傳日本的危機，實是為了取得美英援助，而發出的悲鳴。所以值不得討論。實事上，小磯內閣

一七八

繼東條內閣棄已把國民强有力地引入戰爭，確立了戰時體制的成功之後，在敵人總反攻之前，於新內閣成立之時，即在國民緊張的情緒下，加强了戰鬥決心。這事實，不是已經鮮明地表示出新內閣的本質？

## 塞班佔領轟動敵國

【海通社東京十九日電】像野火一樣，塞班防衛者的英勇之死，星期二傳遍東京，舉行軍禮殯儀，繼以無綫電廣播等等，均表示目前形勢的嚴重。自星期三清晨以來，成千的日本人晉謁靖國神社、明治神宮以及東京帝殿的前階，為了紀念塞班英雄，他們都準備為祖國與皇室犧牲。在軍火工廠內，工人集會，當局增加努力。雖塞班離東京二千餘公里，然每個日本人都覺得戰爭已到了隔壁。塞班不單純是汪洋太平洋上的一個小島，而是日本最好的土地，此乃由於二十五年委任統治政權與日本殖民的勤勞經營所致。日本較大殖民地上的公民，在塞班戰事中，首次經受戰爭恐怖的影響。雖然日本各報並無撤退島上公民的消息，但據推斷，許多人民能夠離開該島。進一步的發展是什麼？如果美軍敢向北進攻日本本土，或繼續其迄今止，西方攻勢經由關島直撲加羅林羣島西部，則在佔領塞班後將發生決戰。但是不看一看中國大陸的事件，美軍或許不會進行這決戰。若美軍仟北進攻，則正如東條首相在星期二所說的，日本歷史上最有決定意義的形勢前途未卜，屆時國家的興衰，將付諸一擲。日本人為日本贏得戰爭的決心，比任何時為堅强。

【同盟社東京十九日電】國民各界代表聽到塞班悲報之後，發表下列談話，表明誓死擊潰强敵之決心（大日本產業報國會會長平生釟三郎），為什麼未能阻止了塞班島敵軍的跳梁呢？對於這一實事，一億國民實有冷靜地判明之必要。在我們生產界人士中間，就已經沒有美英式的追求利潤的個人主義思想了嗎？正是在現在，後方的企業者事業家，都需要充滿着——深深地惦念到國家危機的心情，這種心情也就是塞班的忠誠情緒。假使沒有戰勝，還有什麼金錢、名譽、以及立身出世呢？實業家若不改變這種想法，專用權力，也沒有什麼效果的。（畧）（東京大學教授中村）我等國民若不能想到自己的子孫，我們的後繼者，在數十年數百年之後，希望能讀到他們的祖先的光榮的戰鬥歷史，那麼我們就不應叫我們的子孫嘆息我們只會講漂亮話，倒是一個軟弱無能的傢伙，而竭盡一切的力量去進行戰爭。這一次塞班島的全軍陣亡，等於文永十年一××島的皇軍與國民的一齊玉碎。根據敵方的歷史記載，也稱讚我島上的國民，連婦孺們無不戰至最後一滴血。

【同盟社東京十九日電】高橋三吉大將談，余對塞班島之忠魂深表謝意，並祝他們的死後冥福。國民們現在正是以心血獻給神國日本進行決戰的時候，敵人美國侵入我內南洋，以航空母艦為主力企圖殲滅我聯合艦隊，因此今後的戰況可以想到更加激烈。塞班的決戰不斷的報導着，國民的血均已沸騰了。國民對於敵機動部隊在塞班登陸攻擊大宮島、琉黃島，但我聯合艦隊僅一部出擊，而未參加一舉殲敵的決戰之原因，究竟如何看法，這一原因實在一言難盡。我們必須認識到的是不論聯合艦隊司令官，海軍軍令部總長等擔任作戰的首腦，均……。為了對付敵人的總反攻，……（掉錯）。總之聯合艦隊正準備××神風與敵作戰。用一句話來說『正是神風前的一個沉靜』。敵人以充分信心打入該島，海空陸三軍合作集結全部力量，敵人的這一自殺，必有強大的供給綫遭受喪失，我聯合艦隊亦將打破這一沉默，但敵已逐漸鞏固其基地。復向塞班以北或以西進擊。要打倒敵人必須自己……這是古來的戰法。我聯合艦隊正泰然的等待戰機之成熟，國民必須加強聯合艦隊的力量，聯合艦隊長官亦需找尋最良好的時機與決戰地點。我們應繼承東鄉元帥的不可斷搖的精神。塞班島已陷入敵手，甚至像廿空襲日本本土已有相當的可能。連指導者亦和國民一起憂慮，而且已打破了精神的思想戰，為了對付敵人謀略的魔手，國民應發揮凛然的日本精神，以一切力量配置於戰鬥崗位。

## 傳維辛斯基將訪土

【海通社蘇黎世廿五日電】據瑞士通訊社自莫斯科報導，蘇聯駐安哥拉大使維諾格拉多夫向土總理薩拉茹格魯提出蘇聯對其在達達尼爾及在地中海利益問題上的立場。為了澄清兩海峽案問題，外次維辛斯基不久將赴安哥拉。莫斯科方面預計蘇土間所存在的問題可望早日作友誼解決，因為維辛斯基被認為是地中海問題的專家。

【同盟社里斯本廿五日電】據安哥拉來電，土耳其商船隊最近突由黑海撤回，據說土軍最近要在達達尼爾、博斯波拉斯兩海峽間的馬爾摩爾海面舉行大規模的防空演習，土耳其艦隊及商船隊參加此次防空演習。

# 參攷消息

（只供參考）

第五九〇號

解放日報 新華社 編

今日出版一張

卅三年七月卅日

星期日


## 英援華委員會等團體舉行會議討論中國局勢

【路透社倫敦廿七日電】由於最近在英國流行很多對中國的批評，在英國的中國忠實朋友們感覺到有採取適當的有效辦法澄清形勢之必要，以便加强與增進英國人民對反抗世界侵略七年餘的中國及中國人民之同情、善意、友好及支持（這些可能受到這種批評的影響）。爲此，援華運動委員會最近召集該會會員與英華國會委員會會員、聯合援華基金及其他在英國的中國團體的會員以及英國各政黨代表的會議。會議由委員會的主席馬格利·佛萊女士主持。此會議爲一小型會議，但很緊湊，代各方面的意見。到會者有負文化使命赴華甫由中國歸來的陀茲教授，英華國會委員會主席以及英國國會訪華團團員勞森，對中國深刻興趣多年從來未減退的陶尼教授，英國會委員會秘書約翰·杜格戴爾，自由黨主席魏佛利德·羅伯特。中國參加者中有中國宣傳部倫敦負責人葉公超，他以私人資格參加會議。討論自由而坦率。英國共產黨代表之參加討論，尤其是出人意外的富於建設性，因爲他堅主維持在蔣介石主席領導下的全國團結，雖然他强調中國根據孫中山三民主義民主化和取消對西北地區的封鎖之必要。但整個說來，會議空氣是友好與積極的——這是使會議的組織者大爲驚異的，因爲他們原來恐怕發生相反的東西，並從而會採取預防步驟，以防止可能發生的並可能損害會議的任何非建設性的言論。由於會議是不準備發表的，它的程序不能洩露。但可以提及討論中發生的某些結果及建議：某發言者主張嚴重注意中國，因爲它在世界問題中，尤其在戰後重建期間居於重要地位。因此，他提議應採用某種長期或短期的政策，以增進英人對中國的興趣及了解。另一人說，批評者們批評的超過限度了。外國之干涉中國內部內政問題恐將有害無益。英國人民願見强盛與民主的中央政府建立於中國，並望與共產黨間的爭執獲和好的解決。另一人嘗歡迎中國檢查制度放寬時，談及應給英國以來自中國的更多事實及情報，更多報紙訪員容閱關於中國（包括西北在內）報導之必要，更多醫藥救濟品運往中國之必要，但另一發言者提議由中英間代表各階層的普通人民更多交互訪問而不僅限於官場人士，以作爲增進兩民族了解與友誼的積極辦法之一。所謂思想統治、共產黨問題及有關問題，亦均加以討論，並被告以確實的情報。據悉，援華運動委員會意欲在需要時，常常舉行這類會議。同時，委員會正研究一切建議，目的在於執行委員會認爲在它權力範圍內的那些建議。

## 軍委會一週戰報

【中央社重慶廿九日電】據軍委會發表廿二日至廿八日一週戰況稱：本週國內戰場，戰事重心仍在衡陽之保衛戰，其激烈之程度，仍有加無已。自廿一日以來，郊區敵抽集强大兵力，連日向外綫西南及西北郊區不斷反撲，意圖阻止我外綫部隊之攻擊，均被我猛力擊退。在此七晝夜之反覆衝殺，慘烈異常，雙方傷亡慘重；尤以東南面敵在我猛攻下，死亡更大。我中美空軍整日出動，協力地面部隊作戰，其戰果極爲顯赫。現敵寇後方仍在整理交通，企圖增援，更形激烈之戰鬥，似將在衡陽區域再度展開也。此次我衡陽之保衛戰，我守城之忠勇將士，血戰迄今已達卅日，使名城雄峙無恙，不特爲抗戰以來最光輝燦爛之史實，其戰績將與名城永垂不朽；即敵寇於其廿七日晚間之廣播中，亦不能不承認『保衛衡陽之重慶軍，進行前所未有之頑强抵抗。中美空軍亦以全力施行轟炸，協力衡陽守軍，其熱心程度，亦爲以前所無』。並對何以『重慶』軍此次如斯頑抗之一問題，捏造若干不成理由之理由，以解釋並以欺騙其國人。但無論如何，敵寇之攻衡陽不下係事實，其已遭受意外之損失，亦係事實。吾人至此，不能不回憶前次長沙淪陷時，吾人曾謂『敵寇進入長沙並大事宣傳，……目前實無辯證必要，俟戰局發展至敵人受到慘重打擊時，方知其自吹法螺，將歸於曇花一現。』目前殆爲敵人開始受到慘重打擊之時矣。至於湘江兩岸各地續行攻擊之我軍，均獲得相當進展，曾於廿六日攻克耒陽，並將該縣以南敵之後路切斷。又於廿三日來擊退向安仁進犯之敵，斃敵甚重。我向湘鄉城垣攻擊，曾一度攻入北門內，現繼續戰於城郊。萍鄉方面，我敵在該城東北及西南約卅里至四十里之綫戰鬥甚烈。其他如茶陵、攸縣、醴陵、瀏陽以及湘鄉之永豐東南各等地，戰鬥仍激烈進行中。廣東方面，清遠西北敵曾一度增援北犯，侵入九龍圩，旋被我軍擊退，向南逃竄，我軍跟擊，斬獲頗重。清遠東北之敵，刻正在我圍攻中。是敵之企圖於粵漢綫會師已成夢想。滇西方面，我軍於廿五日對騰衝、龍陵、芒市等地發動猛烈之攻勢，已攻佔近郊若干重要據點，獲得順利進展。自我軍圍滇緬江。對敵開始攻擊以來，計自五月十二日至七月十二日，敵傷亡約七千三百餘人。對緬北方面，自去年十一月至本年七月八日，敵傷亡約三萬人。據英方公佈，緬中方面，自三月中旬至七月十六日，敵傷亡約四千一百餘人。阿拉干方面曼尼坡方面，自三月八日至七月八日，敵傷亡約三萬二千餘人。總計敵寇在滇緬印方面，自去年十一月至本年七月八日，敵傷亡約七千餘人，面之傷亡共約八萬零五百餘人，其損失亦可謂極度慘重。

## 同盟社報導
## 衡陽週圍展開第二次擊滅戰

【同盟社湖南前線廿八日電】我作戰軍以孤立了的衡陽為中心，展開大規模的變更包圍，攻略已成甕中之鼈的衡陽城，主要目標在於擊滅週圍的野戰軍，以待敵援軍的集攏。正如預先想到的，敵糾合敗殘部隊，企圖奪還衡陽。九十八師、第百五十七師、第百五十一師等自西與南方，衝入我包圍綫內，因之我方充分引誘敵人，到處將其擊滅。衡陽週圍的第二次擊滅戰，正在火熱進行中。即是說，擊破軍之一部隊，二十日窮追第百九十四師（集結於衡陽西方十公里處），追敵潰走，敵再度潛入白馬塘，二十四日黃昏，獲知敵在衡陽北方之蒸水河畔欲構築陣地，當即予以追擊，予以潰滅的打擊。另一部隊，則追擊第百九十四師，突破敵陣。廿一日晨到達新橋（衡陽西方十五公里），捕捉第六十二軍一部，並繼續攻擊中。又一部隊於十九日前進至衡陽西方十三公里處，擊滅第六十五軍之有力部隊。一部並進行反擊。廿一日黃昏於衡陽西方十公里附近，擊滅所在之敵。控制衡陽西南方之部隊，即制敵機先（敵第百五十一、第百五十七兩師欲攻我之背後），實行大迂迴，於衡陽西南八公里處捕捉猛攻敵人。敵第六十五軍一個團於衡陽南方，揚言奪還飛機場，廿三日集結於衡陽南方，當被我急襲。完全將敵擊滅。在東南方，敵五百餘名同樣欲奪還飛機場，亦被我急襲，完全將其殲滅。這樣，敵對衡陽城的援軍，徒自成為我軍好餌。我作戰軍的深謀勇戰，對第九戰區軍，行將獲得決定的戰果。

【同盟社湖南前線廿八日電】對於在衡陽城內繼續作最後掙扎之敵，我軍繼續縮小壓迫圈，逐漸迫近猛攻。外圍敵重要設備，完全歸入我軍手中，湘河東岸美空軍根據地衡陽飛機場，完全被我軍佔領。此外衡陽西南的軍政部糧食庫、西站停車場、湘桂鐵道衡陽發電場及南方的鋼鐵機所、汽車製造所等，亦於七日以來，被我南方部隊佔領。衡陽城地上的供給來源，完全被我實切斷。

【同盟社廣東廿九日電】由於我精銳部隊的猛攻，衡陽的命運日益危急。據今日重慶中央社電報稱，昨日蔣介石命令衡陽守軍死守該地。

## 駐華艦隊報導部長
## 敵談敵閣更迭

【同盟社上海廿六日電】中國方面艦隊報導部長松島慶三大佐於大東亞各民族起來協助日本擊滅敵美英時撰文稱：敵人關於此種我國更迭內閣的宣傳正如吾人所預期者，將其與太平洋戰局聯系起來，它舉出此次內閣更迭的理由如下：（一）東條內閣對於太平洋戰局感到要負責任，遂提出總辭職。（二）此次內閣的更迭意味着日本在敗戰的前夜，並要進行和平工作等。相信敵人這種說法的人很多，但亦有一部份認為日本的戰爭方針並不因而發生改變，因此需要加以戒備。敵人在政略戰略兩方面對日本進行熾烈的攻勢，敵人似乎把其最大的重點放在思想戰的效果上面。我們對此不需要作任何的言明。只要在今後的作戰中證明日本獲得多少戰果就夠了。關於此次內閣的性格，一億國民與其共生死。由此一億國民鞏固總聯盟的體制，特別是陸海軍的合作精神已具體表現出來。一億國民應至誠地協助之。一億國民都有這樣的信心：不論現在遭遇任何難關，都斷然地向着最後勝利邁進。

## 波流亡政府總理赴蘇
## 梵蒂岡支持波流亡政府

【合衆社倫敦廿七日電】據訊：波蘭流亡政府總理米科拉茲柯已偕外長隨莫赴莫斯科。（編者按：波流亡總理日前會晤邱吉爾）

【同盟社斯托哥爾姆廿七日電】據倫敦來電，流亡總理米科拉茲柯，二十六日與英國首相邱吉爾會見之後，偕同外長隨莫，飛往莫斯科，準備會見斯大林委員長，以討論與波蘭解放委員會的關係，此蓋為邱吉爾首相畏懼事態的糾紛，乃親自斡旋流亡波蘭政府總理會見斯大林委員長。在莫斯科談判的結果，當可決定赫爾辦政權，從流亡政府內吸入多少穩健份子。

【路透社梵蒂岡廿六日電】梵蒂岡內有資格觀察家相信：教皇將以一切可資利用的方法覓取東歐和平，此項方法包括下列一項，即如有機會，則與莫斯科直接會談，然教庭毫未修改其譴責共產主義政治制度之態度，惟人們相信此點不會是此項步驟之障礙。教皇已經重新聲明：教庭認為完全自由與主權獨立的波蘭國家的重生是歐洲安定的基本條件之一；但人們相信教庭已力促波蘭政府應竭力與莫斯科成立協議。

# 參攷消息

（只供參考）
第五九一號
解放日報社 新華社編
卅三年七月卅一日

## 敵稱在衡陽東 擊潰國軍十個師

【同盟社湖南前線基地平石報導班員三十日電】敵第四十四軍，第二十軍及敗殘部隊約十個師，為了援助在衡陽城內繼續抵抗的重慶軍，從二十五日以來即相繼集中，向衡陽西南方進攻。這一情形為我知悉後，我部隊即巧妙的進行夜間長距離的機動行動，將敵部隊誘至山險地方，在茶陵地方實行包圍，二十四日早晨以來至二十七日四日間，不分晝夜的用重砲火殲滅敵人，並將敵人完全驅逐。由於這一再度的鐵錘打擊，敵第四十四、第二十兩軍幹部照例的向萬洋山逃竄。企圖從東方馳往救援的敵十個師已被我粉碎四散。

## 敵機空襲柳州芷江梧州

【同盟社東京三十日電】大本營發表（七月三十日五時二十分）中國方面的航空部隊，於二十七日夜空襲在廣西省柳州，湖南省芷江敵機場，二十八日襲桂林飛機場，予在各機場之有力美空軍以極大打擊，我機全部飛返。

兩日之攻擊中，我方獲得之綜合戰果如下：（一）燃燒巨型飛機四十八架，小型三十五架，機種不明一架，擊毀巨型飛機十五架，小型二十架，共計一百一十九架，（二）炸毀燃燒敵機場設備十九處。

【同盟社東京三十日電】我轟炸機隊，復於二十七日夜，攻擊柳州與芷江的飛機場，突破敵猛烈的空中砲火，擊毀敵在地上飛機五十五架。我方無任何損失，全機安然返防。詳細內容如下：在柳州焚毀巨型機十七架，小型機十九架，擊毀巨型機五架，小型機五架。其他並有三處中彈起火。在芷江焚毀巨型機七架，小型機七架，擊毀大型機一架，小型機三架，其他二處被炸毀，一處被焚燒。我精銳航空部隊於轟炸桂林機場之後，復於二十八日夜，襲擊桂林西南飛機場，在地上的敵飛機，及飛全部被炸毀的敵前進根據地，並進行低空的攻擊殲滅狀態。該日午後十時十七分，侵入目標上空的我轟炸機隊，轟炸桂林南飛機場，地上飛機五十架被擊毀，此外並有數處中彈起火。另外一隊轟炸桂林南飛機場，擊毀敵地上飛機十架。我全部機均安然返防。

【同盟社大陸基地包報導班員三十日電】二十九日下午四時，我航空部隊，在戰鬥機掩護下，空襲敵華南方面的最前線基地廣西省梧州，命中機場跑道及附屬施設，使敵暫時無法使用，而我機安返。

## 鑾披汶內閣倒台

【同盟社曼谷二十九日電】泰國宣傳局於二十九日上午十時半，發表鑾披汶內閣總辭職的事實，七月二十四日由鑾披汶總理向攝政府提出總辭職理由書（理由書如下）本職（鑾汶披自稱）根據憲法第五十一條，經過國王之承認在國會休會期中公佈了十二件緊急勅令，並於六月二十日由勅令召開國民議會臨常會議，將十二件緊急勅令向國會提出，並根據憲法的章程要求國會討論。但在七月二十日之國會上，對普查班（譯音）市之升為特別行政區的勅令及七月二十二日國會上對碼頭建設的勅令，均分別否決，議會將上述議案的否決，對國家的安全與發展逐漸緊迫，這說明了在戰時國會大多數議員否決了政府重要而且正當的方策，上述亦表示了對於以本職為首的政府之不信任，因此根據泰國憲法的本義，本職與內閣官員共同提出辭職。

攝政府答稱：閣下與全體閣僚提出了辭呈，但徵諸貴翰中辭職的理由，違辭職在泰國憲法上是一種×法的手段，攝政府代表國王陛下協議之結果，一致認為閣下及貴內閣，在由戰爭引起的非常時局之時，應以勇氣克服一切困難、求得很好的推進國家行政，但根據閣下的理由及憲法上的本義，已經發生了辭職的必要，攝政府代表國王陛下，不得不承認閣下所希望的辭職，因此閣下與全體閣僚可以獲得辭職。

【路透社倫敦廿九日電】日本新聞社本日宣佈：泰國內閣已提辭呈。

## 美特種艦隊 襲擊洛泰島

【同盟社太平洋二十七日電】敵人向我中太平洋基地的進攻仍然極為激烈，二十五日下午，敵機十九架來襲馬里亞納群島的洛泰島，我所在部隊立即與之交戰，並擊落敵機二架。又該日深夜敵艦隊亦逼近洛泰島，並開砲襲擊。二十四日敵機B24式機三十架轟炸加羅林群島之特魯克島，我所在部隊與之交戰，敵機四架燃燒。

【同盟社中太平洋基地二十七日電】二十五日下午，敵機動部隊出現於加羅林群島帛琉島方面，並以艦載機向帛琉島轟炸，根據以後判明，來襲帛琉島之敵機約一百架，我所在部隊擊落擊毀敵機七架。

【同盟社東京二十七日電】南洋興發會社吉植三郎氏前此會視察關島與狄寧島，現已歸來，談述皇軍，在留日僑及島民在關島與狄寧島如何戰鬥，內其容如下：（狄寧島）距塞班島一哩半，寬約為塞班島的一半，共九十八平方公里。當一九三〇年初次開發時，完全是一無人島，現在全島無一空地，都已開拓殆盡。去年底有七千町步廣大的糖黍農園，一舉更換為薯、菜蔬工場，進入軍和在留日僑的食糧自給自足體制建立後，日僑已拋棄其多年來辛苦經營的營業，婦女亦參加為建設飛機場而流汗，担任修築防空壕，婦女並供給菜蔬，米的配給每天一合，水與塞班島一樣缺之，港灣能出入船舶。

（關島）比塞班島大四倍，有島民兩萬人，主要為薩摩洛人、克納科人。明石港、油港、都是些很好的良港，島內有類似狄寧島的山，所以是難攻易守的地形。我在該島的時候有邦人一百零五名，全都是皇國開發會社的社員、領導島民栽種大米，與修理飛機場，他們都是希望能做到米的自給，所以對於米的生產都十分積極。

## 日寇揑造 關島狄寧美軍損失

【同盟社中太平洋基地廿八日電】敵我兩軍在關島的戰鬥愈益達到頂點，現在作戰的中心集中於本田方面，昭和町方面的我軍亦集結本田方面，廿五日夜間我軍由本田方面開始總攻敵主力，而敵軍要竭其全力出擊，因此戰綫完全變成錯綜、悲慘的激戰場所。我軍於此役使敵人損失二千一百名，廿四日敵損失一千二百名。該半島方面的我軍於廿五日黃昏前使敵損失六百名，於是自敵人開始登陸至廿五日止，我軍使敵損失九千九百名。

【同盟社中部太平洋根據地廿九日電】狄寧島我守備部隊，廿五日晨猛攻企圖在××登陸之敵，已將該部敵擊潰，同日從十六時起，截擊擁有戰車的約一個師團之敵，現仍在繼續戰鬥中。戰綫暫時向南方移動，廿六日晨我方在由赤埃勞到東部的發信場地區，與敵對時中。廿四日擊退敵第一次登陸企圖時，敵傷亡一千七百餘名，廿四廿午後敵傷亡一千三百名，至廿六日拂曉的激戰，敵更傷亡一千二百人，故從廿四日以來，敵軍傷亡共達四千二百餘名。

【同盟社里斯本廿七日電】據珍珠港來電，西南太平洋艦隊司令部今日公佈：自狄寧島登陸作戰開始至廿五日止，美軍損失六百卅二名，內計戰死一百五十九名，負傷四百四十一名，失蹤卅二名。

## 諾曼第前綫 英第二軍攻勢受挫

【同盟社斯托哥爾姆二十七日電】第普斯指揮的英第二軍，於二十五日拂曉，在克恩地區開始大攻勢。但為德軍司令官羅麥爾將軍的巧妙機動作戰所阻，受了嚴重的挫折，交換通訊社及『泰晤報』之前綫特派員，二十七日報導：『英第二軍受到極其嚴重的損失』。綜合前綫報導，直至二十七日拂曉前，德軍奪回七十七高地八十八高地，一百一十二高地，一百一十三高地，英軍已被逐至開始進攻的地點，英軍坦克隊的一部被誘至德軍反坦克陣地，在數分鐘內即全部殲滅，砲兵亦遭受德軍迫擊砲轟擊，損失甚大。又聖洛地區之美軍，在過去二十四小時內，繼續猛烈進攻，敵人的活動僅是如此而已，但德軍反擊則愈激烈。

【同盟社里斯本二十八日電】聖洛西方及西南方美第一軍展開的大攻勢，終於突破德軍陣地，元首行營亦承認戰局的嚴重性，另一方面反軸心軍陣營則拚命宣傳此處將有激戰，倫敦路透社電，美國坦克部隊，在聖洛西方二十五英里之綫，突破德軍陣地，縱深推進了十五英里，二十六日晨以來，分三路向固坦斯包圍。

【海通社元首行營廿八日電】最高統帥部星期六午宣佈：在諾曼第登陸灘頭東部，敵人大規模的進攻於昨日已擴大。在聖洛以東的強大局部進攻（除小的缺口外）已被擊退，敵人的進攻部隊於摩陽與維勒波登二城以南的反攻中被擊潰。該處以西，敵人投入生力軍，於激戰後獲得向西南推進。在登陸灘頭西翼我各師團與追擊的敵人作戰，在固坦斯兩側地區擺脫他們自己。他們除佔領新陣地外，並擊退所有敵人的進一步進攻。在灘頭陣地附近有六千噸敵貨輪一艘被魚雷機擊傷。英摩托魚雷艇兩艘被德潛艇擊沉，其他若干艘於二十六日夜在哈佛爾附近被擊傷。我損失艦艇一艘。在法國地區，又有一八九名恐怖份子於戰鬥中被擊斃。對倫敦的報復火力在繼續中。

## 伊藤正德 談日海軍戰略

【海通社東京廿七日電】日本著名海軍評論家伊藤正德在接見同盟社記者時，發表日本艦隊除了六月十九日及廿十九日的馬里亞納海戰外何以未出戰的理由。伊藤着重稱：給予敵人以粉碎的打擊的時候尚未成熟。日本艦隊僅在仔細考慮一切條件之後，始行出戰。不加考慮就與艦隊舉行進攻的海軍指揮官可以是勇敢的兵士，但卻是愚鈍的指揮者。伊藤在結語中說：日本海軍的戰略目標是集中艦隊的戰鬥力量達到這樣的程度，即：在第一個及以後的戰鬥中都保證勝利。這種把智力、堅決的決心及忍耐聯合一起的戰略將達到日本艦隊的勝利。

【海通社柏林廿八日電】『德意志世界日報』提出了日本艦隊何時與在何處與美國及英國海軍交鋒以進行大海戰的問題。該報引日本海軍評論員井×的談話（據該談話，日本艦隊現採取保持海軍實力直至黃金機會到來的戰略），並得出結論說：大海戰的場所或將在容易到達日本基地的地方。『不用預測事變時，結論或可這樣做出：日本將在本土附近在其神聖富士山的眼睛下，進行決定性的海戰』。

## 羅邱將舉行新會談

【海通社柏林廿八日電】威廉街發言人星期四認為：羅斯福與邱吉爾即將舉行新的會議，是完全可能的。然而，他不相信會議會在倫敦舉行，因為這會被泄界人士認為是對付蘇聯的。並指出英美報紙目前充滿着對蘇聯歐洲政策的嚴厲的警告。發言人也不相信羅斯福會到諾曼第去，因為去了以後，他便不得不公佈美軍在諾曼第的嚴重損失。也認為會議不會在意大利舉行，因為那裏的政治形勢很混亂。

## 艾登責備希臘游擊隊

【路透社倫敦廿七日電】英外相艾登本日就希臘問題在下院發表聲明稱：如希臘境內之游擊軍堅決拒絕黎巴嫩協定，參加希臘政府，則彼等在此共同奮鬥之最緊要關頭，誠足妨礙希臘政策及軍隊之統一。游擊隊已拒絕批准黎巴嫩會議所簽訂之協定，並提出不合理之新要求，欲控制希臘境內之一切游擊軍以及海外之一切希軍，並以超過其實際力量之比例，取得希政府中之席位。英政府仍希望希游擊軍當此重要關頭，根據黎巴嫩協定，參加希政府。

【合眾社波士頓廿四日電】美國各大學國際戰後問題委員會，力言中國戰事之發展乃遠東和平之基礎。我們對其建設必須加以協助，萬不能加以指揮。該委員會稱：就美國四十五大學教職員調查結果，咸認為美國對於中國之工業與政治建設雖得示其途徑，然其政策之決定，無論何國皆不得加以干涉。該報告謂：吾人之協助必須基於友誼而不能出於干涉之態度。蓋中國深惡任何外力干涉，其發展若捨此一項勢必發生相反之反響。強盛友好而民主之中國，其發展乃全須阻止日本在他日或能再生之侵略，而實業之開發乃所以建立穩固的經濟基礎，俾促進中美及其他國家間之貿易關係。（編者按：此電係由中央社發出）

## 同盟社評論
## 波流亡政府命運不長

【同盟社蘇黎世廿七日電】當波蘭領土中部霍爾姆城新政權，波蘭國民解放委員會的誕生，在美英蘇三國關係上，又掀起了一個新波浪，故極為各方面所注意。因為蘇聯使新政權發展成為將來新波蘭政府，完全不顧追隨美英的倫敦流亡波蘭政府而進行磨擦。從新政權誕生的前後經過看來，紅軍的到達通過波蘭中境的布格河（是在七月十九日，四日後的廿三日，在莫斯科創設新政權波蘭民族解放委員會，並立即移至霍爾姆。新政權自稱波蘭唯一的合法的臨時政權，由委員長瑪維斯基以下各派代表廿名委員組成，根據其發表的宣言，述明該政權是立足於民主主義的原則，要恢復舊波蘭領土。聲言根據蘇聯、波蘭、捷克三國協定，只有創設有力的斯拉夫防衛壁壘，才能挽救波蘭，從此種成立的實際經過觀之，可以料想到蘇聯是在佔領地區製造自己的御用傀儡政府，扶植其勢力。既有此事實出現，所以流亡政府及美英的面子，一掃而光。以援助波蘭為名，英國參加了此次世界大戰，此後即庇護逃至倫敦的流亡政權，而美國亦與該政權繼續外交關係，即在去春蘇聯與波蘭流亡政權斷絕外交關係之後，英國仍把他當做將來的正當政權加以看待。故與倫敦流亡政府無任何關係的波蘭民族解放委員會，完全不是美英的意中物，因而自然不承認該新政權的存在。此新政權的出現，不外是蘇聯的政治攻勢，故倫敦的流亡政權，早就宣傳操縱解放委員會的，全是共產主義者，現在美英由於是蘇聯的同盟國，所以避免表明正式意見，即在將來也無法正面反對，故很有可能葬送這個流亡政權。

## 波流亡總理在德黑蘭

【路透社倫敦廿九日電】星期日觀察家報『經常消息靈通之訪員稱：波蘭總理米科拉茲柯正在德黑蘭，等待斯大林的直接邀請。該訪員說到邊界問題時稱：米科拉茲克現準備完全滿足蘇聯的要求。他將表示，波蘭政府準備接收寇松綫作為波蘇間的暫時邊界綫。他並將提議：展緩至戰後劃定永久邊界綫』。『米科拉茲柯亦將提議：蘇軍解放波蘭京城後，立即把波蘭政府移至華沙。波蘭政府到達華沙後，目前政府將立即按照波蘭人民的願望進行改組』。該訪員繼稱：現有種種象徵表示在倫敦波蘭領袖們現在涼改若干府日以前願容納親蘇份子於聯合政府中。

一路透社開維廿九日電一波蘭電訊社訊：昨日道經此間赴蘇之波蘭總理米科拉茲柯，曾於此晤及波蘭秘密運動之特別代表團，該團團長及波蘭社會主義黨領袖阿西斯齊歐斯基，其他團員有拉丁格博士（曾任波蘭已故領袖薛科爾斯基將軍之政治秘書，並為將軍之最親近同志）及塞爾德拉丁格爾氏，數月前曾以波蘭政府派赴秘密運動團體特別代表資格，離英赴華沙一行，彼等現在返英途中。代表團數月前始離波蘭，米科拉茲柯總理當自彼等獲悉波蘭情勢及輿論趨向之最近情報云。

一路透社羅馬廿九日電一據路透社特派員稱：關於羅馬教×對與蘇聯建立外交關係之可能意向，究竟如何，無法探悉。但據英權威方面之消息，在戰爭之初期，蘇方曾作此項接洽，但梵蒂岡則已拒絕其建議。

## 傳蘇土在莫斯科談判

一海通社安哥拉廿九日電一據悉：過去在安哥拉開始的以簽訂土蘇協定為目標的談判，刻又在莫斯科繼續進行。談判顯然是這樣進行：使草擬協定成為可能。對此，大家對下列謠言頗有興趣，該謠言為：料蘇聯某重要人物行將抵安哥拉。土蘇談判的物質基礎是什麼？預訂協定之是否可能，自然難於肯定地說，雖然達達尼爾問題無疑地起了某些作用。在莫斯科繼續談判，似乎亦足證實此重要事實：最近盟國與土耳其舉行的談判牽連二件事，第一，土英美的關係；第二，土蘇關係。然而，此關係在形式上或實際上與土英美的談判都是不一致的。此事似乎也重要：土蘇談判的結果在任何方面都不會直接影響德土關係。因此，首先是英美人士傳佈的論點：土耳其的接近莫斯科即意味着土耳其與德國的最後破裂大半是錯誤的。鑒於此種形勢，此間政界與外交界人士對土耳其之重開國會正以極大興趣注視之。

一海通社安哥拉廿八日電一保加利亞駐土公使巴拉巴諾夫於由索非亞到達此間後，馬上就為土總理薩拉茹格魯所接見，談話甚久。據悉，該項談話雙方均甚滿意。按保駐土公使曾囘國述職。

## 傳土耳其將與德國絕交

一路透社紐約廿八日電一美國國家廣播公司駐安哥拉記者稱：土京德外交人員亦謂土耳其當已決定與德國斷絕外交關係，前已傳聞對德經濟關係即將斷絕，外交關係亦將隨之斷絕。

一海通社安哥拉廿八日電一土政府即將改組之說，過去數日曾盛傳於此間。這些謠言尚得不到證實。此間外交界人士認為，即使有某些改變，亦很少有政府徹改組之可能。他們同時並不預料將任命新外長。

一海通社安哥拉廿八日電一此間自美國方面獲悉：美大使斯丹哈特大約不返回安哥拉大使館任所。斯丹哈特在現時及將來某些時候，將担任國內政治事務。為了物色一適合的繼任人選已採取初步的步驟。

一海通社安哥拉廿八日電一據悉：關於土耳其商船自黑海撤退的消息，英海軍計劃在瑪摩拉海舉行演習。土耳其海軍及商船隊將參加這次演習。

## 美特使兩訪西國

一海通社維希廿六日電一據中立國外交人員最後消息獲悉，波康、多諾凡將軍（羅斯福駐馬德里特使——譯者）最近兩度逗留馬德里。九星期前，這一位美情報局主任留馬德里二星期，並寓於其國人卡德威爾（馬德里電話公司董事）的家裏。後來又赴倫敦。數日前第二次抵西京，並再度在美國駐西大使館發展其秘密活動。多諾凡旅程與×××有關當無疑義。多諾凡是否在物色法國的另一個達爾朗或吉羅德？或者他是否在試着在其他地方重複貝爾格萊德的成功，當時反對南斯拉夫政府的軍事叛亂最後可追溯與彼有關。

一路透社倫敦廿八日電一據本日宣佈：波蘭總理及外長在赴莫斯科前，往外交部拜訪外相艾登。

## 日公使赴莫斯科

一同盟社莫斯科卅八日電一七田公使於今日下午抵莫斯科，俾與佐藤大使會晤，他在莫斯科逗留數日後即可返回路布爾。

## 紐約時報評 孫科著『中國的前途』

一合衆社紐約廿日電一紐約時報評論孫科所著『中國的前途』。評論者為哥倫比亞大學國際關係教授帕非。他說：『孫科是中國諸領袖之中最有思想的領袖之一，但絕非最有威望者……在中國算得上統治階級的人當中，有這樣廣泛的思想範圍、這樣熟諳世事，能這樣有效地討論現代思想的並不多。不管怎樣，即令有的話也認為保持緘默較為得策……。孫科直截了當地說，縱令中國在戰爭中是在反軸心營壘之內，她正不復為民主國家了。他把一黨專政的國民黨描寫為一個獨裁的官僚集團……凡密切注視中國事件的人，都知道孫院長所描述的尚未盡其言……。這本書是近代中國的最好象徵，而且作為透視戰後世界最重要及最棘手的難題之一，是值得一讀的。』

# 參考消息

（只供參考）
第五九二號
解放日報 新華社 編
今日出版一張
卅三年八月一日
星期二

## 土耳其政情緊迫

【同盟社布達佩斯廿九日電】土耳其的政情，由於美英兩國的外交攻擊，表示微妙的活動，最近則似更加緊迫。據安哥拉來電悉，土耳其政府二十九日禁止向愛琴海方面航行土耳其船，結果土耳其的對外海運幾乎完全停止。土耳其政府，近下令商船隊，黑海方面的船舶集結博斯普魯斯海峽之入口，愛琴海與地中海方面之船舶向馬爾摩拉海集結。另方面，在國內不斷動員壯丁。土耳其政府關於此等非常措置，說是因最近將舉行軍事大演習之故。圍繞着土耳其的風雨，近一兩日來告急起來。此事是不可爭辯的，土耳其議會將自八月二日起召開，與此同時，土耳其人民黨所屬議員亦將召開議員大會。

【海通社安哥拉廿九日電】德駐土大使巴本離開其避暑地特拉庇亞往晤土總理薩拉茹格魯。可能於星期六舉行會談，會談題目爲目前政治形勢。預計會談時亦將觸及關於土蘇可能訂立協定的情報。

【海通社安哥拉卅一日電】德大使巴本與土總理薩拉茹格魯間會談已延至星期二舉行。土耳其共和人民黨亦將於同日聽取政府關於政治形勢的報告。

【海通社安哥拉廿九日電】土耳其國會將於八月二日再度召開。鑒於目前的政治形勢此次例會具有極大重要性。同日土耳其人民黨國會黨團亦將開會並將無疑的成爲重要的政治情報之收受者。

【路透社倫敦三十一日電】德國海通社訊：柏林蒙塔古報稱：德土外交及經濟聯係如告斷絕，可能引起戰爭。吾人希望土國當充分明瞭其所作決定之重要性。土耳其因受盟國宣傳之影響，[illegible]事形勢之估計完全錯誤。

【同盟社里斯本三十日電】安哥拉來電，傳土耳其總理薩拉茹格魯預定在八月一日召開的共和人民黨議員席上發表關於外交形勢報告及土耳其政府基本方策的重要聲明。土耳其政界對這一聲明頗爲重視，共和人民黨所屬議員暑假休息已經完了，現已返安哥拉。

## 戈培爾發表廣播 追述德國兵變經過

【德國通訊社柏林二十七日電】帝國部長戈培爾博士今日（星期三）在全德電台上發表廣播講演稱：「七月二十日發生的事件及其所產生的後果，使我對德國人民負荷良深。現在宣佈這一可恥事件甚至是其最遠的背景已屬可能。我們無須保守秘密或對此事件加以粉飾。事件本身可以說明自己，因此，我僅限於事實的敍述。當上星期四午時，我從電話上得悉謀刺元首及其最親密的軍事僚屬時，我的感情極似全體德國人，當他們在數小時後聽到這一可怖消息時之感情一樣：我感到腳下的大地已在動搖。我與全體德國人民都已認清，如果這一謀刺成功，將帶給德國民族以何等不可想像的苦難。上天會未如這次清楚地向我們顯示它在保護元首和他的使命。自然我知道在元首行營工作的木匠們關於這一罪犯是不可能有罪的，去掉元首，對於德國工人或其他生活小康的德國人民能有什麼利益呢？星期四下午四時許，行刺元首未遂的兇手背後的賣國賊者小集團即開始佈置其陰謀了。斯佗芬堡伯爵同時乘郵航機抵柏林並希來元首已被刺殺及野心的罪犯們已可自由行動的虛誑消息，這些野心的罪犯曾想潛謀刺會引起極大的震驚。曾在短時間內佔領了班德勒街的『德國武裝部隊統帥部所在地』的技術設備的篡奪者、偽託保護帝國的政治領袖們，曾下令正在值星的柏林警衛營，包圍威廉街週圍的德國政府區域。但篡奪者的活動即因這些命令而告結束；他們忘記了柏林警衛營與其他德國武裝部隊一樣，是由狂熱的國社主者所組成。營長列默爾少校以閃電的速度鎮壓叛亂具有特別功績，他前來我處報告。列默爾用我案頭的電話機，即刻與元首行營取得聯絡，並與元首本人通話。會因在前線的特別功績獲得橡葉武士十字章的青年軍官在當時從元首處，受命以冷靜的頭腦進行最快的行動。元首命令：鎮壓篡奪者集團，逮捕一切罪犯！數分鐘之後，該營即撤離其政府區域的崗位，並在我的花園內整隊。我在列默爾少將的請求下向戰士講話，我所看到的憤慨與狂怒其[illegible]烈程度是前所未曾見過的。我將永不會忘記那一時刻。軍官與兵士都把[illegible]

一八六

[illegible]子彈，緊隨[illegible]時，從高射砲隊、空軍、黨衛軍以及柏林的警察打來電話，要求准許他們去鎮壓篡奪者。而只召柏林警衛營給以機會，以篡奪者自己的血去洗掉穿着德國兵士制服的篡奪者所造成的污點。班德勒街樓房的房屋未發一彈即被佔領，因為樓房內部的官兵業已行動起來。他們已解除篡奪者的武裝，並將他們禁錮於單間房內。篡奪者集團的頭子是一位以一切可能的機會破壞德國戰爭努力而著名的將軍。數年來已列入退休名單中的，而且因細故即患神經衰弱的一位准上將，據說是要他掌管帝國的行政機關。他當時是穿着平民衣服。另一名在很久以前因在東綫胆怯退却而被免職的、因而已剝奪穿制服權利的准上將，打算接受德國武裝部隊總司令的職務。斯托芬堡伯爵準備作『新政府』的政治顧問。此外，還有另外幾個低級軍官，未企圖作絲毫抵抗即被逮捕，軍事法庭即刻就地組成。那些顯係有罪的人犯即刻判處死刑，另外的被逮捕。警衛營的執法隊將罪犯槍斃了。整個事件即如此結束。不需要給予進一步的詳情，這是對於陰謀者可厭的恥辱。基本點在於下述事實：野心的罪犯小集團所圖謀的叛亂是污損了他們戰鬥中死亡的同志們的光榮，在戰鬥前綫後方的暗算已被陸軍自己鎮壓下去。無論是前綫的或國內的武裝部隊，沒有一個部隊會須臾動搖其對元首──德國制度、德國人民之忠誠。迄今尚未遇到他們的命運的篡奪者亦將獲得應得的懲罰。這一懲罰是由於全體德國人民特別是德國武裝部隊的要求。德國武裝部隊願意消除反動的落後之最後殘餘，依然固執着十七世紀觀念的那些份子，和不能饒恕元首給予平民之子以成為軍官的機會的份子，如果他們敢舉手反對國社主義國家或反對元首時，他們將被消滅。數月來我已注意到敵國的報紙幾乎是定期的宣佈敵人有些錦囊妙計。倫敦、華盛頓與莫斯科一再宣稱：德國將軍之間互相傾軋。他們提及的名字與叛亂圖謀時實際出現的名字相同。這便是篡奪者與敵人保持聯系並代表敵人動作的另一證明。此外非常重要的，是用於謀刺元首的炸彈是英國出品。斯托芬堡伯爵係與英國貴族有關係，並且當叛亂消息為衆所週知時，倫敦報界表示帝國終將崩潰的希望。如此說來，這一陰謀是在敵人營壘中設計的，雖然在德國陸軍中已有準備實現這一陰謀的可憐人物，然而他們是犯了極大錯誤。巴多格里奧的把戲絕就不能對我們玩的。我剛從元首行營數日訪問中歸來。凡我所見所聞的都證明元首得免於難真是極大的奇跡。斯托芬堡曾用皮包將炸彈帶進會議室，乘未被發現的時刻，將炸彈正正放在元首的腳前，站在元首後面的科爾丁准上將受重傷，已於星期六死亡。室內別的人們被爆炸力量擲出窗外，他們的制服皆被炸得粉碎。室內只有一地比較未被爆炸觸及，只有一地比較未受爆炸影響，那就是陳着砲兵地圖的桌子，元首即坐在桌子後面。桌子本身已被擲之房屋中央，但元首除了一點極輕微的擊傷，燒傷和前額的擦傷外，未負傷。我毫無慚愧的承認我相信歷史的邏輯意義。所以我從來不願懷疑，縱然我們的一切重担，最後我們終將勝利。上天祝福元首，因為有一偉大的將來在等待着他。七月二十日決非德國人民士氣衰頹的朕兆。在德國沒有一個聽到元首神奇的得免死亡的人會得到結論：現在我們能够懈怠我們的戰爭努力。相反的，我們一切人已懂得上帝顯示的神跡，它意味着現在我們應作更大的努力，為了我們的生存的贏得戰爭。這引導我從七月二十日事件中獲得這樣的結論：我們應該在我們殺出一條通達自由的道路之前，忍受一切重担與危險的痛苦。我們必須，並且勢將贏得戰爭。否則我們一切都要輸了。在這一為了生存的鬥爭中，我們應該無條件的集中我們的力量。

## 何成濬解釋保障人民身體自由執行辦法

【中央社重慶卅一日電】國府曾於七月十五日訓令行政院軍事委員會及其他直屬各機關，頒佈保障人民身體自由辦法，定期本年八月一日起施行，中央社記者卅一日特往訪軍法執行總監何成濬，叩詢該辦法之意義。何氏發表談話如下，查現頒保障人民身體自由辦法，原係根據約法及制定法規標準法令一種切實執行辦法，其重要宗旨，在取締非法拘禁人民，故有第二條『詢明誤捕或嫌疑不足，應立即釋放，不經取保手續』之規定。質言之，即（一）逮捕機關如無權管轄，應於二日內移送有權管轄機關核辦。（二）被拘人有申請移送及示知逮捕原因之權，逮捕機關不得拒絕。（三）由主管機關切實監督，責令逮捕機關按週具報。（四）各主管機關不特對於所轄機關嚴禁非法逮捕，即於管轄外之機關，有非法逮捕者，亦須普遍檢舉。××該辦法第六條第八條之規定，即衍即瞭。不過現值軍事緊急時期，情形特殊，某些機關有逮捕權，某機關無逮捕權，原非普通法律所能規定，必須政府查明通告，若是通告以外之機關，即絕對無逮捕權。總之，意在減少逮捕機關，嚴禁非法逮捕，以期人民身體自由得有保障。現行政院於七月廿七日召集司法行政部與本部有關機關會商，如何施行問題，不日即可核布。

# 參考消息

（內部參考）

第三九五號

解放日報 新華社 編

今日出版一張

卅三年八月二日

星期三


## 同盟社報導東綫近況

【同盟社布達佩斯卅一日電】小田特派員發。東部戰綫的現況是決定德國民族興亡的鬥爭，成爲東南歐洲關心的焦點，綜合該戰綫的情報如下：（中部地區）現在最惹人注目的是從別洛斯托克、布萊斯特、盧布林各方面向華沙的進攻戰。現正以維斯杜拉河爲中心展開激戰，軍事消息靈通的第特瑪將軍亦稱：『紅軍出乎德軍意料之外，在防備薄弱之處實行奇襲而獲得成功』。傳紅軍的目的是：（一）用中央突破建立直搗德國心臟的態勢，擾亂德軍的守備綫；（二）用奇襲粉碎德軍的戰力；（三）佔領華沙及其他波蘭的主要都市，造成解決波蘭問題的有利條件。但德軍亦派遣預備兵力增援華沙。譬如紅軍即使佔領華沙，但由於兵站綫延長及德軍抵抗增大的結果，必然使紅軍繼續向德國本土的進攻感到困難。因此一般估計紅軍在華沙地區作爲中部作戰的一個段落，等待諸變第作戰的進展再向德國本國進攻。（北部地區）波羅的海三國的德軍××，是紅軍夏季攻勢的第一個目標。預料中部以北地區紅軍將維持攣拗的攻勢，紅軍正不斷加强精銳的兵力。（南部地區）德軍認爲『紅軍可能首先出動至羅馬尼亞戰綫』，現在紅軍尚無開始大攻勢之徵候，但各方面不斷傳出『紅軍正在準備攻勢』的消息。今後紅軍的刀鋒將[illegible]向中部戰綫。事態對德軍雖屬嚴重，但東南歐洲各國絕對不認爲德軍可以被壓倒，而期望德軍用預備兵力構築新防綫與新攻勢。英國廣播公司的軍事解說亦稱：『德軍的守備綫絕未崩潰，德軍將依據哥尼斯堡——維斯杜拉河——喀爾巴阡山——多瑙河河口所結成的新的縮短了的防綫進行抵抗，此點需要警戒』。

【海通社柏林廿九日電】與戈培爾有密切關係的『前綫與後方』德國士兵報紙登載爲什麼德軍在拉脫維亞與愛沙尼亞東面邊界建立强固障礙陣地具有巨大意義的五個原因。第一，波羅的海堡壘（該處[illegible]稱此爲障壁）像防波堤橫在德國東面國界之前。蘇軍進攻此堡壘時將潰裂與消耗殆盡。第二，與阿塞爾和哥達島一起形成連結芬蘭陣綫的堅不可破的防綫。第三，稜堡以德芬海軍封閉芬蘭灣防止蘇海軍進入波羅的海。甚至潛艇都不能突破此障壁，同時對於德海軍亦作了卡累利亞戰場側面的庇護。第四，波羅的海堡壘內地的士兵，可由本國的產物供應，因而大大地減輕了交通綫。第五，波羅的海堡壘像古代的城牆一樣成爲愛沙尼亞與拉脫維亞人民防避布爾塞維主義的安全與避難地方。

## 德方妄言將轉入反攻

【同盟社柏林卅一日電】德軍當局三十一日言明如下：德軍在東部戰綫爲擺脫作戰，是爲了誘敵以地域，而贏得時間。人員、物資兩方面的總動員施策一一完成後，將轉入反擊。但德軍在東部戰綫的戰略退却，已達到接近守勢作戰的最後階段。迄今爲止，紅軍之所以能够進擊，是因符合德軍的作戰意圖，即與其說是紅軍的攻擊力，勿寧說是德軍將兵力集結後方之故。經過一定時日，紅軍亦必須休息一下，德軍將應用此時機。將在何處進行最後的一大會戰，斷然不能僅由紅軍選擇，德軍統帥部亦必然有發言權的。德軍統帥正靜觀東部戰況，德軍的士氣燃燒着旺盛的戰意，絲毫也未疏忽。

【路透社倫敦卅一日電】柏林訊：戈培爾所主辦的臨軍報撰稿人李茲爾本晚對德軍廣播稱：我們若不承認局勢確屬非常嚴重，不啻欺騙國人：我們需要更優良的武器、更多的忠勇鬥士、更需優秀的領導者，尤其重要的我們需要堅决而團結的戰鬥精神，設有人誤認可以放棄目前之戰爭，待諸異日重整旗鼓，則實屬錯誤。我們若能將此種後果分析清楚，甚有裨益。我們目前僅有二路可擇：繼續作戰以迄獲得勝利，否則即宜告全面失敗，其後果不僅將及於領導的國社黨，而全體德人亦將喪失一切。此次戰爭並無『光榮之投降』可求。是故吾人必須戰鬥到底。未來數月吾人更須咬緊牙根，以盡最後一分努力。吾人若於此時氣餒，即將陷入險惡之深淵，而不能自拔。

【路透社倫敦卅一日電】德方本晚廣播稱：戈林元帥偕海軍總司令鄧尼茲、本部空軍總司令史丹甫、統帥部參謀長約德爾元帥，同赴東普魯士之坦能堡，參加希特勒遇刺時受傷斃命的德空軍參謀總長科爾臘之國葬禮。

## 傳蘇聯向教廷建議建立外交關係

【同盟社里斯本二十九日電】羅馬電：據消息靈通人士洩露的消息，蘇聯政府已向梵蒂岡教廷提議開始外交關係，蘇聯政府於此次大戰開始時，首向教廷提出同樣提案。但遭拒絕。

一路透社羅馬廿九日電一關於梵蒂岡可能有意與蘇聯進入外交關係一事，聯尙未能有何新發現，記者自權威方面獲悉，蘇方會於戰爭初期即有此種提議，當時梵蒂岡方面拒絕此議。

一同盟社里斯本三十日電一貝魯特電：蘇聯駐開羅公使尼科拉．諾維科夫，三十日抵黎巴嫩，預定該氏將向該政府傳達蘇聯政府承認黎巴嫩政府。

## 羅馬尼亞與盟國議和破裂

一路透社倫敦一日電一據泰晤士報接獲紐約時報駐伊斯坦堡訪員電稱，代表羅馬尼亞與同盟國所進行的和平談判已告破裂，且似乎不會重開。派往土耳其與埃及的羅馬尼亞密使數人係由羅馬尼亞的一切黨派組成，包括共產黨在內。第一個和平使者史特里貝，向英美當局提呈羅馬尼亞的建議，英美方面即轉致蘇方代表，但莫斯科拒絕了這些建議。後來派了左翼民主黨人維諾伊安夫與蘇聯及英美方面談判。蘇方提出羅馬尼亞可重新合併外西爾瓦尼亞以及控制多腦河三角洲。羅馬尼亞則應放棄比薩拉比亞及北布科文納，並藉英美方面之助與德國破裂。據訪員稱 蘇聯要求羅馬尼亞應償付賠款，且非至賠款償付時蘇佔領軍不退出羅境。羅馬尼亞方面拒絕蘇方條款，談判破裂。

## 重慶實行計口授鹽

一中央社重慶一日電一財政部發言人，一日對中央社記者暢談實施計口授鹽制之意義經過及希望如次：『戰時物資分配，以計口定量爲最理想之方式，鹽既爲民生日用必需品，實行計授制度，實有必要，蓋以此制度實施以後，不僅能使分配合理，且直接可以杜絕囤積套購，間接可以袪除黑市，穩定鹽價。抗戰以來，湘贛兩區因鹽源不豐，早在三十年間即在該區各大城市首先實行計授制，經過情形一般尙稱良好，今年財政部爲進一步改善食鹽限價起見，會規定各重要食鹽消費市場，一律實行限價，並舉辦憑證計口授鹽制度。陪都爲食鹽限價重要市場之一，附近鹽源產量豐富，供應本無問題，惟以限價過低，年來食鹽有外來現象。現重慶鹽務分局經月餘之籌備，並得重慶市戶籍機關充分協助，已於八月一日開始實施憑證計口授鹽制，渠盼各級戶籍機關以後對於戶口異動，仍能隨時與鹽務機關切實聯系，俾此方法得以順利施行，爲各地樹立楷模。

一中央社渝一日電一財部發表該部新成立之專賣事業管理局及川康區專賣局人選，探誌如次：專賣事業管理局長劉鴻生，副局長徐六亮，方東。川康區專賣局長李銳，副局長閔文蔚，王憲至。原任專賣事業司長朱偉，簡調稅關務署副署長，並調簡任秘書侯書閣爲稅務署副署長。

## 中墨締結友好條約

一中央社重慶一日電一中墨友好條約除一般友好合作，派使及設領，條款上並規定下列各點：（一）兩締約國得在任何第三國人民間同樣條件之下，依照所在國現行移民法律章程及其他規定，自由出入彼此領土。（二）兩締約國人民及其財產，在彼此領土間，應受所在國法律章程之支配，及所在國法院之管轄。（三）兩締約國人民，關於其身體財產應享受所在國法律章程完全之保護，並得於任何他國人民享有相同權利之地方，享有遊歷居住作工及經營工商業之權利，並享有設立學校以教育其子女及集會結社出版祀典信仰埋葬及營墓之自由，但均須遵守所在國之法律章程。關於本條，此締約國之法律章程，不得有歧視彼簽約國人民之規定。（四）兩締約國間之其他關係，應以國際公法原則爲基礎，如兩締約國間有任何爭端發生而不能由外交途徑解決者，應交付調解及公斷。（五）兩締約國同意，從速另訂通商航海條約。

## 重慶學生軍現有七團四營

一本報訊一據新蜀報六月二十日息，國民黨軍政部兵役署長程澤潤招待渝市記者談現行役政和學生服役辦法時首稱：蔣介石，何應欽最近對於兵員問題的指示，爲減額增加待遇，以提高士兵素質，重質不重量，減少逃亡。次稱，現學生軍已有七團四營，一團在重慶，二團在成都，三團在北培，四團在陝西，五團在江西，六團在廣東，七團在昆明。四營現駐地點：一營在泰和，二營在萊陽，三營在資陽，四營在桂林。本年內準備擴編十團。末謂學生軍在國內只作基本訓練，到外國以後再受特殊訓練。

## 鄧錫侯要求樹立地方武力

一本報訊一六月六日，四川臨參會第二屆第三次大會開會時，川康綏署主任鄧錫侯發表講演謂：『建立地方秩序爲一切的先決問題，而聯合省縣參議會與地方士紳黨政軍民力量在樹立地方武力又爲建立地方秩序之首要。希望各界注意與努力樹立地方民衆的武力』。（摘自六月七日華西日報）

# 参攷消息

（只供參考）
第五九四號
解放日報 新華社 編
今日出版一張
卅三年八月三日
星期四


## 記者招待會上外籍記者問
## 美軍觀察組赴延政府有何解釋
## 張平羣說是觀察氣象搜集情報

【中央社重慶二日電】外國記者招待會上，二日下午舉行，梁部長寒操，吳次長國楨，張參事平羣出席主持。某記者詢以七月份物價管制工作進展如何？張參事答稱，上月份物價管制工作，其成績較歷來為佳，渝市七月物價零售總指數，約當戰前四百四十倍，較之六月份之四百三十八倍，所增僅千分之五。有若干物價，甚且跌價。一般物價之穩定，約有下列數原因：（一）凡受政府直接管制之物品，其價格決以不再增加或調整為原則。（二）全國各地大豐收，穀類及其他實物跌價。（三）政府把握大量存金，控制金價，阻止投機。（四）戰局好轉，一般民衆咸存勝利在望之信念，致令唯利是圖之商人，不敢囤貨居奇。某記者詢以聞美國駐華軍事代表團曾派員赴延安觀察，政府方面有何解釋？張參事答稱，該團派員，係分赴我國各地，不僅延安一處，其任務為：（一）促進陸空軍部隊之聯繫，如救援負傷或跳傘之航空人員等事。（二）採取有關之情報。（三）搜集氣象資料。某記者詢以我國向四國戰後和平安全會議所提計劃之大概內容，吳次長答稱，中國之計劃書，係由胡代表世澤提出，內容未便奉告。

## 國家總動員會議通過
## 各省管制物價及物資辦法

【中央社重慶二日電】國家總動員會議，一日常會通過：甲，各省管制物價及物資實施綱要。乙、戰時公營私營企業請求調整價格或政府補貼考核辦法。茲將兩原案錄次：

（甲）各省管制物價及實施綱要

（一）各省應遵照十二中全會決議，加強管制物價方案緊要措施，切實執行以達到平抑物價穩定經濟之任務。（二）各省間之物資，彼此須完全自由流通，省政府不得以任何名義，有禁止或妨礙出境事宜，其接近敵區之地域，為防止物資資敵起見，應遵照戰時管理進口出口物品條例辦理。（三）各省對於中央核定之徵實物資，應如期如量負責徵足，不得有藉口請求減緩或虛報徵齊情事。（四）各省應斟酌本省物資供需情形，力謀與他省物資之交流，藉收省際間調劑之效，由省政府統籌辦理。並應扶助正當商人之營業。（五）各省關於民生日用必需品糧、鹽、食油、棉花、棉紗、布疋、燃料、紙張，遵照中央規定，應實行限價，非經呈准核准，不得變更，其他議價物品，應擇要實行，其價格應比照限價物品，由省政府斟酌當地實際情況，自行核定。（六）各省現有之企業公司貿易公司及其類似組織，應該發展本省特種生產便利運銷為主，不得有任何操縱壟斷與民爭利之行為。（七）各省之銀行，應切實遵照中央頒佈各種有關銀行法令，經營業務，不得以任何名義及任何方式，直接或間接經營其本身以外之業務。（八）省際間之運輸交通，應切取聯繫，力謀陸運驛運水運之聯運，運價應互相協商統一規定，報請中央核准施行。（九）各省物價管制委員會，應力求充實健全，負物價管制協調聯繫責任。各驛處局對於管制委員會之決定，應切實執行，其工作列為考績之一。（十）各省應切實督導健全各同業公會，合作社之組織，協助政府實施經濟管制。（十一）中央駐在各省物資管制機關之主管人員，應參加省物價管制委員會，藉收中央與地方管制物資，相互連繫之效。（十二）各省對於物資生產運銷及物價變動情形，應按國家總動員會議規定之表格，限期報會。（十三）各省政府依據本綱要，擬定實施細則，呈報國家總動員會議備案。

（乙）戰時公營私營企業請求調整價格或政府補貼考核辦法。第一條，國家總動員會議為穩定物價，維護生產，兼籌並顧起見，對於公營私營企業，請求調整價格或政府補貼者，均依本辦法考核之。第二條，本辦法適應範圍，暫以左列兩款為限：一、已受或請求政府補貼者。二、請求調整價格者。第三條，本辦法所稱考核，分為左列三種：一、業務之考核。二、技術之考核。三、成本之考核。前項考核由國家總動員會議邀同四聯總處及該企業之主管機關派員會同辦理之。第四條，業務之考核，應特別注意下列各點

：一、業務是否合於國防民生之需要。二、經營是否合法。三、管理是否嚴密。四、人事組織是否健全。第五條，技術之考核，應特別注意下列各點：一、技術是否精確。二、設備是否充實。三、技工是否熟練。四、產品是否合於標準。第六條，成本之考核，應特別注意下列各點：一、成本計算是否合理。二、資產估價之實際情形。三、成本開支是否確實。四、賬冊表簿是否確實。五、資金運用有無浮濫。六、原料有無浪費。第七條，凡經考核之公營私營企業，如業務經營得法，技術設備優良，財務會計健全，而確因成本增高無法維持者，以准予調整價格或由政府酌予補貼，如經營技術管理不善，致其成本增高無法維持者，應由主管機關監督，於必要時得令其停止營業。第八條，凡受政府定期補貼之公營私營企業，得由國家總動員會議商主管機關，派員定期駐於該廠、礦、公司考核之。第九條，本辦法自行政院核准之日施行。

## 爭取美資本家垂青
## 孔祥熙大談歡迎外資保障利潤

【中央社紐約一日專電】孔副院長今在紐約首次接見記者，重申我們戰後歡迎投資之意。孔氏於備受紐約全市之盛大態度，與各記者談話。據稱，戰後中國對於美國所能供給者，均感興趣，尤以機器技術上之協助及若干農產品如麥棉等為最。孔副院長之談話，使各界對於戰後中國行將撤廢限制外資之疑慮，為之消失。據稱，中國政府於戰後僅經營數種利潤微小而又有關中國生存之重工業。中國戰後之工業化，大體可分為兩類：其一為政府企業，但中國政府歡迎一部外資，共同經營，或則給商人以對外直接借款，其利潤均由我方保證。其二，為私人企業，不論其為本國人或外人所經營或中外合資經營，但須遵守中國政府之法規，即可獲得充分保障。此與外國僑民在美經營工商業者之必須遵守美聯邦各州所頒登記與合資經營等法規，固無二致。中國戰後之工業化計劃，全部付諸實施後，其所需之資本，必將超過國際貨幣基金與世界銀行所能供給之數額。孔副院長提醒美人謂，中國乃美國投資與擴大市場之理想處所，蓋美國所最注重者，為貿易通商，而美國亦必須使其本身之工業轉動不息，以免戰後之失業與蕭條也。孔副院長又強調中國素為有信之債務人，其所欠美國者，均能如期償付，如以一九三三年之五千萬棉麥借款為例，中國雖在戰時亦能每年二次按期清償債務。孔氏至此，乃轉論戰後國際貿易之展望，略謂，戰後任何一國，不能建立關稅壁壘，而必須鼓勵自由貿易。孔氏旋提出美協助我軍之援助方式，（缺）所需者為武器配備，最近之緬甸戰役，可證明我軍獲得適當的武器後之戰鬥力。孔副院長招待記者後，即出席于總領事焌吉之歡迎會，紐約各界名流赴會者約千人，其中有紐約市長拉加第亞，及軍政工商界領袖等。又孔氏於今晨，曾視察中國銀行紐約支行，今晚孔氏將與共和黨要人威爾基氏共餐。

## 敵稱國民黨八個軍增援衡陽

【同盟社湖南前線一日電】敵揚言欲奪回衡陽，本月初旬以第四十四、五十八、二十、三十七、四十三軍，自醴陵、茶陵方面，攻我側面，對衡陽正面，則自南方使第六十二、第六十五軍、第一百軍北上。但我部隊對此已一齊開始行動，於上月二十日在衡陽西方八公里附近，急襲第一百九十四師主力，予以痛擊，現追擊竄逃之敵中。第一百軍之第六十三師，在衡陽東北方二公里半處構築陣地，我某部予以奇襲，予敵以殲滅的打擊。又另一部隊則攻擊第一百軍主力（侵入衡陽西北八公里附近）。這樣，衡陽周圍的殲滅戰，行將到達高潮。

【同盟社湖南前線一日電】敵第五十八軍主力進出於萍鄉，企圖攻擊我包圍衡陽的部隊後背，我精銳部隊引誘敵軍前進，於上月廿六日急襲萍鄉西方八公里的麻山並佔領之，另一部隊於廿七日佔領血溪（萍鄉東北廿公里），以斷敵之退路，並猛烈圍攻之。敵派新編第一六二師及第九十九師來援，我軍亦包圍敵援軍二個師，自廿七至卅日的四日中，獲得很大的戰果，敵軍長師長僅單身逃脫。至此第五十八軍及援軍二個師被消滅殆盡。敵第五十八軍被消滅後，蓮花——遂川公路完全被我控制。

【同盟社大陸基地一日電】三十一日夜，飛襲柳州的戰果，又在擴大中。除已經報導者外，復查明燃燒大型機一架、小型機一架，炸毀燃燒二處，因此在柳州，共燃燒大型機八架，小型機五架，擊傷大型機六架，小型機二架，焚毀五處。加上轟炸淡竹，則該夜的戰果，共擊傷燃燒敵機二十四架，另外並燃燒七處。

## 華北日軍編組搶掠隊

【同盟社北京廿四日電】華北日軍當局為了滿足軍隊的希望，最近編成野戰軍自己的增產突擊挺進隊。第一隊若干名於廿五日舉行成立典禮，並於是日立即開赴河南省某礦山，他們預定在礦山工作二星期，今後將派遣第二隊第三隊赴該場。

# 參攷消息

（只供參考）

第五九五號

解放日報 新華社 編

今日出版一張

卅三年八月四日

星期五


## 敵宣稱：
## 美陸上部隊馳赴衡陽助戰

【同盟社湖南前綫一日電】純粹的美國陸上部隊，夾雜着進退維谷的重慶軍，揚言死守衡陽，出現於衡陽戰綫。美軍爲衡陽失陷在即所狼狽，乃急劇以陸上部隊之一部，爲救援衡陽，最近已到達衡陽南方，其一部似已以飛機，竄入衡陽城內，發掘磁氣砲彈未爆炸的炸彈，不管那個都鮮明地刻有USA的記號。轟擊的方法，最近亦顯著變化，採取敵美軍在南方使用的戰法，即以砲彈的數量壓倒一個地區。數日前敵投擲於我包圍陣內的衛生材料與糧食——甚至牛奶、咖啡，都刻着美國軍需食糧工場的記號。而運輸這些東西的大型運輸機，每日達卅餘架，但即使這樣，還趕不上，甚至使用B38式、B24式，拚命投擲與運輸。可以明顯看出他對重慶軍的供應，是不可比擬的認真。又據另一情報：美軍將士若干名在衡陽城內不僅指揮重慶軍，顯然還擔當與我軍的戰鬥。這樣，衡陽現已必須由美國自身來保衛。後續之敵增援部隊按照命令北上，亦是時間問題。因此日美陸上部隊在大陸戰場的首次決戰，已近在眼前。

【同盟社湖南前綫二日電】我右翼部隊還自湖南前綫進攻江西，不斷予臨援第九戰區的第三戰區以一大威脅。自三十日以來，不斷殲滅據在萍鄉附近之敵，一直繼續南下。一日晨以主力將萍鄉南方七十公里處之蓮花完全佔領，敵人非常重視蓮花，因長沙陷落後，事實上成爲第九戰區的作戰指揮所，並爲第二十七集團軍司令部所在地。

## 敵清鄉失敗後
## 又在東江開展特務活動

【同盟社廣州卅一日電】在廣州週圍地區展開的清鄉工作，第一期地區之東莞、寶安兩縣的肅正討伐，業已結束，嗣即繼續推進強有力的政治工作。向來東江地區爲共產匪多年盤踞，共黨細胞組織伸展到農民階層，故政治工作之核心的清鄉督察專員公署，與肅正共匪相平行，展開政治工作圈的活動，獲得預期以上的成功。

## 敵傳桂林文化界
## 要求改革政治增強抗戰

【同盟社廣東三日電】我軍在中國大陸展開全面的進攻，不但使敵軍將士非常動搖，而且使文化界受到極大的衝動。據最近桂林大公報稱：由移住桂林的文化人形成的桂林文化界，在大公報、掃蕩報、力報發表『告民衆書』，這引起桂林各界極大的注意。該聲明指出此次皇軍進行的大陸作戰是向重慶進行攻勢，並暴露重慶抗戰體制的缺陷，最後指出日軍可以克服微弱的抵抗，打通聯結南北的粵漢路。該聲明說道，『此次日軍作戰是否於打通粵漢路、確保湘桂路後即可結束？我們應謹慎地觀察此次日軍的大攻勢。最近重慶統治區民心的動搖和瀰漫各地的敗戰思想以及逃避現實的態度到底是什麽緣故？我們在七年的抗戰中應該得到許多教訓，雖然前綫進行決死的戰鬥，但是後方是很亂，這暴露出我國抗戰體制的缺陷。軍事第一、勝利第一的口號面臨重大的危機。對將士的獻金却是由苦力和難民的腰包中掏出的，而貪官污吏未拿出分文。如果這樣的情況繼續下去，那末決不能阻止日軍怒濤般的進攻。粵漢路輕易地被打通決不是依靠日軍的力量，而是我們軟弱抗戰的結果。』

## 華中華南空戰激烈
## 敵誇大其空軍戰果

【同盟社東京三日電】中國方面的我空軍部隊，協助湖南方面的地上作戰，同時充滿擊滅英美的戰鬥意志。連日進攻敵人基地，獲得極大戰果。七月二十九日、三十一日及八月一日三日間向桂林柳州芷江等西南地區的敵基地進行猛烈攻擊，擊毀燃燒在上述基地集中的敵機一百一十三架，擊毀燃燒敵機場設備十六處，予敵人以殲滅性的打擊。從四月中旬以後，我航空部隊向駐華美空軍展開積極的攻勢以來，直至現在的戰果，敵損失飛機達九百八十四架。

【同盟社大陸基地二日電】我在華航空部隊於八月一日深更，趁着月明，一舉飛襲桂林、柳州、淡竹、芷江飛機場，投以巨彈，焚毀地上飛機七十三架。此外並炸毀燃燒六處，我方全機安然飛返。戰果內容如下：桂林：燃燒大型機十五架，小型機十三架，機種不明一架，擊傷大型機一架，小型機二十架。芷江：燃燒小型機六架，擊傷大型機一架，小型機九架，此外並炸毀燃燒四處。柳州：燃燒小型機四架，擊傷小型×架，此外並燃燒二處，淡竹

：炸毀停留飛機地區。

【同盟社大陸前線基地三日電】廣田報導班長發表。一日夜我轟炸機隊，再度飛襲湖南芷江飛機場，擊毀燒燬在地上之敵機十六架，炸毀燃燒軍事設備四處，予敵以潰滅的痛擊。

【同盟社海口三日電】七月二十九日，敵機來襲海南島，此事業已報導。根據其後查明，來襲敵機戰鬥、轟炸機共約六十架，我所在部隊浴着激烈的空戰，以對空砲火擊落六架，擊傷大型機數架，在此戰鬥中，我方未歸還機三架。

【同盟社大陸基地報導班員三日電】在華我航空部隊，二日夜利用月光襲擊安康飛機場（陝西省東南部漢水流域），捕捉北上之敵機，燃燒敵巨型機一架，炸傷小型機四架，我方未歸還一架。

【同盟社漢口三十一日電】七月三十日夜十時半，敵『霧鬪式』B24式飛機十架左右，侵入武漢地區，轟炸江岸地區約一小時半，但被我熾烈之對空砲火擊退，我方損失極輕。

## 國民黨部隊中
## 主管長官犯罪甚多

【本報訊】據重慶軍事委員會軍法執行總監部在六月二十七日全國軍法會議上的報告，國民黨部隊『以三十二年度統計數字比較，主管官長犯罪佔百分之八十五，士兵犯罪只佔百分之十五，官長比士兵犯罪多五倍半』。從同年度官兵犯罪性質觀察，『由於經濟上的原因，佔百分之五十以上，其中貪污罪一項即佔百分之四十，而士兵在貪污罪中竟沒有一案』。該部在檢查控告部隊方面，『六年來處理案件共計五萬二千一百九十二案』。案件中以『走私、勒索、强佔民物、縱兵殃民等類較多，由此釀成軍民不融洽的現象，殊爲遺憾。』

## 英軍事家評
## 西綫美軍進展遲延

【海通社倫敦二日電】著名英國軍事專家李德爾•哈爾特在每日郵報上關於科坦丁半島的戰爭進程稱：預期過高，斷言失當，美軍官方星期四日『完全突破』的發明，如盟方訪員描述科坦丁攻勢爲『閃擊戰之典型模範』的報導，毋距事實太遠。他們絕不正視美軍兵士面前的諸種困難。李德爾•哈爾特描述德軍抵抗爲『依然極其堅韌與頑强』。據李德爾•哈爾特意見：美軍在科坦丁半島的攻勢未達到其目的，雖美軍使用新的戰術。他指出：戰鬥由對戰綫之空中轟炸所開始，三千架飛機用於戰鬥，這是打破紀錄的數字。他們投落大量的小炸彈。企圖是保持敵人部隊受到一連串的爆炸，而且同時避免美軍前進爲炸彈坑所阻撓。李德爾稱：這一着是勝利的實行了，但美軍所未達到的是『至少切斷七個德軍師團。美軍前進不夠迅速，而德軍部隊能夠毫無困難的撤退。』

## 德方傳稱
## 切斷里加西南紅軍

【同盟社柏林一日電】德軍當局一日正午接見記者團時，言明如下：德軍的對策現已在全部東部戰綫表現出效果，特別在維斯杜拉河大灣曲部，德軍快速裝甲兵團已出動戰綫，在普爾軍姆斯拉（譯音）附近，特別獲得戰果，維斯杜拉河西岸之紅軍橋頭堡壘，四處已被拔除，僅剩下三條河交流點的橋頭堡，但德軍亦將與此橋頭堡對峙。紅軍從奧格斯特沃到東普魯士地方的攻勢，亦遭受德軍頑强的抵抗，紅軍雖於考那斯地區集結大軍，但並不能進擊，在沙伏里附近，德軍將紅軍約擊退二十公里，因此里加河西南與沙伏里附近的紅軍連絡，已被切斷。紅軍雖於那爾瓦附近投入三十個師，但紅軍的攻勢正在膠着中。

## 阿拜溫任泰國內閣首班

【同盟社曼谷一日電】泰國政府於一日夜用廣播發表了後繼內閣總理由阿拜溫少校繼任，同時發表了第一攝政亞次特殿下之辭職，該發表如下：攝政會議議長亞次特殿下，於七月卅一日辭職，國民議會於八月一日會議正式承認，並決議攝政由勃拉嘉特攝政一人充任，上述決定由國民議會議長簽字。勃拉嘉特以勅命任命阿拜溫少校爲鑾披汶辭任後的後繼內閣總理，上述任命由國會議長簽字。

【同盟社曼谷二日電】繼鑾披汶元帥之後，就任泰國新總理的阿拜溫少校，現年四十三歲，他在法國留學十年，昭和三年返國任交通部電訊科技師，昭和九年六月爲國民議會的官選議員，昭和十年皮亞巴本內閣成立時，入閣任不管部閣員，嗣後歷任代理經濟部長，代理教育部長，教育部次長，交通部長，司法部長，昭和十八年二月因與鑾披汶總理發生意見的分歧下野，昭和十五年他對於軍事通訊設備有功績，特別被任爲陸軍少校，在本年議會上被選爲副議長。上月廿九日議會投票選舉後繼內閣總理時，他以六十九票與廿九票的票數，壓倒前總理鑾披汶，新總理是技術部門出身的清廉的政治家，因此受人民絕對的支持，他就任新總理後，對日政策更加明朗化，我們期待更有力地推進泰國對日合作的總方針。

# 参考消息

（只供參考）

第五九六號

解放日報 新華社 編

今日出版二張

卅三年八月五日 星期六


## 海通社稱
## 美國與延安關係日益密切
## 日寇驚惶失措極端注意

【海通社北京三日電】海通社記者卡爾漢玆·亞勃劉爾根報導：美國和中國共產黨正愈益明顯地努力於建立華府與延安之間的諒解。此點從此間所收到的情報看來已可明白。據該情報稱，美副總統華萊士在訪華時未能使重慶與共產黨延安政權之間達到協議。據悉，蔣介石拒絕談判，深恐擴大延安的影響。蔣氏堅主中國共產黨在政治上及軍事上服從重慶政權。延安方面把這種態度描述爲利用對日戰爭以營其內部政治目的之私，即鎮壓共產黨。華萊士所能達成的一切只是蔣介石允諾不對延安進行軍事行動。但這種諾言似爲日軍在河南的勝利所促成。美國政府在努力欲與延安發生一些關係時，想到日本在華北軍事行動以及粵漢路方面所造成對美國的嚴重威脅，因美國在那裏建立了以轟炸日本本土爲目的之基地。美機空襲華北及滿洲國進一步透露出華府的意圖在於進襲對日本很重要的中國大陸的內地區域。正是爲了後面這一個目的，延安所控制的新的空軍根據地區域似已有特別重要性。美國對延安地區發生興趣受到那兒政治家的很大歡迎，因爲他們經常想請某些外國力量幫助以完成他們自己的目的。從與美國諒解中，他們期望着不僅迫切需要的輸送品，而且也是政治上的支持，他們希望蔣介石甚至受不到美方的正式承認。雖然後而一點現在幾乎還談不上，然而這種可能性是存在的，因延安對『民主的中國』之宣傳當亦將於將來在美國報界中引起同情。自然華盛頓對延安軍事上的脆弱極爲熟悉，此點在這一事實中即可得到說明，即延安僅願意於游擊隊一點。據所獲一切情報，美國與延安友誼關係尙未達到大的軍事合作協定。但鑒於延安所屬地區作爲轟炸日本的基地之重要性，則美國與延安間關係之發展，據華盛頓各重要報紙說，『已受到南京中國及日本方面最審愼的注意』了。

【海通社柏林三日電】重慶訊，政府發言人在此間招待記者會席上公告美方負責官員中軍事觀察家一行多人抵達中國共產黨所在地延安。發言人宣稱，美觀察家係蒐集空軍情報及照料在延安着陸的美航空員，同時並照料美航空員與中國陸上××合作事宜。

## 孔祥熙向美國要到一批布疋
## 要求增加空運噸位迅速運華

【中央社重慶四日電】關係方面息，現有大量布疋，儲存印度，急待飛機運華。我財部孔部長，爲此已與美方洽商，要求對華增加空運噸位，預料短期內便可全部輸進。又據主管方面稱，該布疋輸進以後，當局即將根據十二中全會決議，加強『管制物價方案緊急措施案』之辦法，一面吸收社會游資，一面依據糧布，以穩定國家之經濟基礎。

【中央社重慶四日電】教部會於本月一二三日，邀集重慶及附近各大學校院教授及專家，舉行大學課程討論會，分別就大學文理法師範等四學院課程，詳加檢討，由陳部長立夫、顧次長毓琇主席，對於各該院系必修與選修科目表，均已商就修訂草案，不日即可由該部明令公佈。是項修訂科目表，將自卅三學年度施行。又聞大學農工商等院科目表，不久亦將約請專家研討修訂云。

【中央社渝四日電】教育部人事最近略有更動，據悉：（一）社會教育司長劉季洪出任西北大學校長，遺缺由楊宙藍繼任。（二）蒙藏教育司長路美奐，已任組織部主任祕書，遺缺由該部主任祕書彭百川繼任。該部主任祕書職務，則由戰地失學失業青年招致訓練委會溫麟兼任。（三）中等教育司長常道直，被任爲教育研究委會主任委員，遺缺由大學先修班班主任曾紹繼任。（四）教部常務次長顧毓璘，已到部視事。

## 敵又宣傳
## 衡陽陷落在即

【同盟社里斯本四日電】重慶之路透社訪員，關於佔領衡陽事頃報如下：重慶軍當局每日黃昏照例發表戰報，但至三日深更，還不見發表，據最近來自衡陽的情報稱，對於重慶軍，戰況並無絲毫改善的徵候。日軍復自漢口地區，沿着粵漢路，以××部隊開向南方，加強對衡陽的壓力；重慶的救援部隊，在攻擊衡陽的外圍，但依然不能突破日軍的包圍圈，城內的守備部隊，現只依靠空中供應，故糧食與武器彈藥似已發生不足，死傷甚多。若增援部隊來不及到達時，則很難支持城內的舊市街。

一同盟社華南前線基地報導班員三日電一七月末以來，予重慶第七戰區以殲滅打擊的我華南軍各部隊，更在加強進攻體勢，敵人亦拚命保衛湘贛的前衛據點，其預備軍亦不斷的增援前線。此即將受到潰滅打擊的第六十四軍之第一百五十六師集結於遂江西南方地區，現正在整編中。而且敵人最重視的以英德為中心的粵漢綫地區，集中在東方的第六十五軍的第一百五十八師及第一百六十師之各一部，及新豐的獨立第二十旅及東南方博羅方面的獨立第九旅。更加強第一百五十四師的防禦綫，使之增援雜牌軍第一百五十四師及第九旅。佛岡方面敵人有第六十五軍的第一百一十八師。其東南地區有在七月上旬被我軍擊潰的第六十三軍第一百五十二師及第一百五十三師。敵人在該方約抽調八個師以上在前綫正面。按照上述，余漢謀是必死的保衛第七戰區，我軍不斷的進行肉搏，找尋一舉殲敵之機會。

## 德日評土耳其形勢

一海通社柏林三日電一土總理薩拉茹格奴關於土英關係所說的乃英首相邱吉爾數小時後論及同一問題時即說的語調上的不同，為威廉街發言人本星期四所強調。據他意見，邱吉爾當說及土耳其時暴露了缺乏尊敬。他的言論威廉街認為是證實了德國經常所表示的意見，即英國已取消了整個東南歐，並將它讓給蘇聯。他們顯然相信，以與德國斷絕關係開始的土耳其外交政策的新階段，將同時開始蘇聯勢力範圍對土耳其的擴張。據德國發言人稱，很重要的是，薩拉茹格奴在其講話中未提到蘇聯。牽涉襲擊德大使巴本的二蘇聯公民亦為土耳其政府立即釋放。此事實為威廉街認為說明了誰在幕後牽綫，即是說：蘇聯。發言人指出，蘇聯的最後目標是利用土耳其的軍事根據地。關於此點，發言人指出美國合衆社的倫敦消息，據此消息，土耳其或者必須同意將韃靼尼爾置於國際共管下。德國官方人士自然避免預料德國政府方面意圖如何做，他們僅止於指出，關於土耳其的發展會被最謹慎的注視。土耳其是否日益降為附屬國家，甚至為德國軍隊佔領，仍待××。發言人繼稱，瑞士已同意代管德國在土耳其的利益，可以推測，此中立國亦將照管土耳其在德國的利益。

一同盟社東京四日電一本月二日，土耳其與德國兩國即處於絕交狀態。自四月底土耳其禁止鉻礦向德國輸出以來，特別是英國強烈的壓迫，使土耳其的維持中立極感困難，並有人認為英國土耳其關係有到達決裂之階段。很早土耳其即依靠德國的工業製品、機械類、藥品的供給，經濟上的相互的援助關係，對兩國友好關係的促進有極大貢獻；但由於強烈要中立國參加自己陣營使戰禍涉及全世界的美英的高壓政策，土耳其終於不得不對德絕交，此實令人不勝遺憾之至。但在軍需重要物資對德禁運的今天，土耳其對德實行外交經濟絕交，對於德國的抗戰力毫無影響，而且對巴爾幹各國亦不會因這一絕交而引起對德國的不利事態。例如即使土耳其以其根據地供給英美，亦不能夠轉變巴爾幹的形勢。而且在土耳其以根據地供給英美時，蘇聯亦決不能坐視，因此今後英美蘇的關係，更附加上微妙的因素。特別是圍繞着同問題的英蘇間的對立，特別值得注意。所謂成為此次土耳其對德絕交的根據的英土條約，就是一九三九年十月的英法土條約，在該條約第二條上，曾規定：『一旦歐洲發生侵略行為，英法兩國被捲入的戰爭如在地中海亦爆發的時候，土耳其應友好的協助英國法國，並予一切的幫助與援助』。儘從條約字面上看可以想到土耳其應參戰的事態、在歐洲開戰後即已存在。因此該條約所規定的並沒有涉及變更日土關係的事項，此次的措置對通過蘇聯的歐亞交通路亦無影響。

一同盟社東京四日電一情報局第三部長井口於今日上午十一時招待內外記者團的席上，就土耳其對德國絕交一節披瀝下列見解：美英的一切強壓手段使土耳其放其寶貴的光榮的中立政策，土耳其於大戰後將近五年中，始終堅持中立政策，實是因為它拒絕將其國家主權作為他國推行戰爭的工具。熟悉美英干涉土耳其的實際情形的人們非常同情土耳其指導者及其人民對德絕交前，對於維持中立的苦心與努力。盎格魯薩克遜國家的政策的特徵就是為了維護自己的權益和實現自己的野心，不惜犧牲他國。當美英遇到戰局不利或者戰局嚴重時，必定採取一切辦法擴大戰場，並引誘他國參戰，在這意義上說，土耳其是美英策謀集中的目標，今日土耳其與德國絕交，顯然是被美英陰險的壓迫所屈服，恐怕美英還不滿足土耳其此次的舉動，而更進一步使其為他人從火中取栗。因為在美英看來土耳其的主權和領土不成問題，就是其戰略的地位及其國力亦須加以有效的利用。德國方面早已預期到土耳其對德絕交，且已採取方策對付情勢的變化，因此土耳其此次的舉動對於德國戰略並沒有很大的影響。該國將向着將來推行戰爭的途上邁進，但東西戰局的決定階段不久將會使我們明瞭戰爭的勝利是屬於擁護人類正義的方面抑是屬於不正當的壓制者方面。

## 納粹宣稱 東綫防戰已至最後階段

【海通社柏林一日電】德國軍事發言人星期一稱：德軍作戰略撤退乃是東綫防禦戰的最後階段。他指出：德軍擺脫運動的目的，主要是贏得時間。德軍統帥部放棄土地，藉以同時採取在人員和物質方面總動員軍隊的一切措置，以便後來打回去。軍事發言人指出：只要略微看一下地圖，就可明白目前前綫不僅可使德軍防禦力集中，而且在將來進行進攻時也可以集中。蘇軍之得能前進，不僅是由於其進攻力量，而且也是由於它們逼着德軍欲贏得時間為新的進攻集中兵力於更後方而不惜撤退的機會。據發言人意見，若德方於此時將帝國和內地的後備軍投入戰鬥，蘇軍的前進或已被阻止。在若干時以後，蘇軍也是要有休息時間的，那時，德方就可以得着利益的。將在何處進行最後巨戰，不能完全由蘇軍決定。德軍作戰指導也將要參加這種決定的。蘇軍統帥部很清楚戰綫愈接近帝國邊境，德軍戰鬥力也愈大。發言人於結論中稱：德軍統帥部正以冷靜的態度注視着東綫形勢，因為由喀爾巴阡山脈至波羅的海的德軍戰綫，沒有一處被蘇軍撕開，而仍是連綿完整的。無論在甚麼地方的德軍，仍是很嚴整的，因為它們還是充滿着最高度的戰鬥精神。爭奪華沙之戰前是在距城約十公里的弧形地帶中進行着。在德軍退出悉德列赤城以後，由東南和西北兩方前進的蘇軍已告會合。東綫三個作戰重心仍是：（一）維斯杜拉大河曲，在這裏，德軍使蘇軍欲渡過河流的一切企圖歸於失敗。（二）由考斯那出發的進攻，我軍也退出了此城，向東普魯士撤退。（以下缺）

## 希魔清洗國防軍將領

【同盟社柏林卅一日電】歐洲戰局由於美英在北法登陸，使世界的注意力集中於西部戰綫，但蘇軍在東部戰綫開始大攻勢，向柏林大道急進時，戰局重點似又轉到東部。南部戰綫敵之攻擊方面，處於不容疏忽的狀態，實處在決戰的沉悶空氣中，而當此將展開殊死的防衛戰時，由於暗殺希特勒元首未遂的事件，又傳出歐洲的危機。日前雷博士已看出危機在此，此際，吾人關於德軍的內情，有重新考慮的必要。德軍內部一向有兩個潮流。在過去景況好的時候，偶然地結合起來的一派當必須用最後的力量於決戰時要驅逐另一派，並變成敵之走狗，在戰友的背後揮動刀槍，這是如何可悲的事情。誰人皆可看出，在納粹政權十餘年的短時日中，要連根拔除具有長久傳統的舊軍閥的根是不可能的，但忍受至今的元首趁此機會，在巨大的決心下進行拔根塞源的工作，從軍隊內部來看，不純的東西已被排除整理，使兩個支流合為本流，命令系統已名符其實地變成一個系統。戰爭進入第五年，始有再建德軍的形式與組織。此時總統所需要的是信賴總統的青年將校和兵士。這些青年將校及兵士都在上次大戰後的政治革命中受過考驗的，現在有許多的歷史事實證明他們如何敬佩當時希特勒總統的活動。嗣後德國國際地位的提高當然是總統發揮其天才的手腕所得到的結果。團結在總統周圍的這些青少年是力量的源泉。這些青少年很欽佩總統的人格並非常信賴總統。這些將校和最近希特勒青少年義勇軍在諾曼第戰綫的活動都證明他們為國家効勞。此次排擊舊軍閥的結果，總統與軍隊直接結合起來，大家一致進行決定命運的戰爭。這裏值得注意的就是重新要求國內人民與前綫一樣，竭盡一切力量向前突進。德軍在諾曼第戰綫以少數兵力抵抗在數量上佔絕對優勢的敵人的進攻，由此觀之，再建的德軍在東部戰綫必能重整陣容，排除蘇聯的進攻，不久即可獲得全體的指導權。

## 德方評曼納林任芬蘭總統

【海通社赫爾辛基二日電】關於維蒂辭職的正式公報解釋：依照芬蘭憲法，芬蘭總統亦為芬軍最高統帥，但在戰爭期間可將此權力委諸一將領。維蒂總統就是這樣做的，他已委任曼納林元帥為芬軍總司令。然而，在目前困難的情況下，證明一切軍事與民政機關應集中於同一個人手中。維蒂總統即因此而宣佈辭職。決定辭職亦有一部份原因為：數年來担負最重的負担而艱苦的工作，其健康業已敗壞。鑒於在目前這種情況下，政府的總統選舉不能依照憲法規定的手續舉行，因此只能以直接命令委任總統。以曼納林元帥這樣的人被選為總統，其人格是全體人民所尊重與信任的，況且他已作為國家元首行使職權。政府曾問曼納林在此……是否願担任總統。（一句不明）呈遞國會之議案如下：第一，總統職辭，未經選舉雖然是違反憲法手續即直接委任新總統。第二，任命合法執行總司令職務的曼納林……。第三，曼納林元帥任期終了或元帥辭職或因某種理由不能執行總統職務時，新總統應按憲法規定手續選舉之。第四，總統曼納林元帥被授權於執行總統某項職務時有權發佈命令（缺）。此議案於星期二在芬蘭國會中一讀與二讀通過。此議案於星期三或星期四第三讀通過後即行生效。

# 波總理將與解委會談判

【合衆社莫斯科一日電】此間消息靈通人士相信，昨晚由倫敦抵此的波蘭流亡政府總理米科拉茲柯的前途，在未與蘇方討論蘇波問題之前，將首先與最近在莫斯科成立的波蘭民族解放委員會磋商。外國觀察家批評米科拉茲柯於尋求與蘇聯諒解問題上延宕太久，認爲倫敦波蘭政府使蘇聯殊感棘手，且米科拉茲柯必須首先與波蘭民族解放委員會成立某種協定。

# 敵同盟社一週戰況

【同盟社東京二十八日電】（一）北方方面：迎擊來襲千島北部之敵機，二十三日擊落、擊毀二架，二十四日擊落、擊毀二架。（二）中國方面：（地上作戰）湘南方面，在粵漢綫東方地區殲滅殘敵，二十四日佔領安仁，並捕捉企圖出擊的第九戰區的敗殘部隊。又對衡陽市街仍繼續猛攻，在粵漢綫西方地區，在金蘭市，白鶴舖一綫，擊潰來襲之敵，華南方面作戰亦順暢進行中。（空戰）在華我航空部隊，二十一日在衡陽上空擊落、擊毀敵機四架，長沙上空擊毀敵機一架，二十三日在華中戰場上空，擊落擊毀敵機七架，二十四日在衡陽上空擊落擊毀五架，二十五日在岳州常德上空擊落擊毀敵機七架。另一方面向敵基地的進攻亦獲得大勝利，二十四日進襲零陵，計擊落擊毀或燃燒敵機十八架。七月中旬僅我航空部隊所獲得的戰果，計擊落擊毀燃燒敵機共一百九十架，我方損失僅十一架。（三）緬甸方面：（地上作戰）敵人向伊姆法爾逐漸增強兵力，我對敵人的優勢兵力勇敢作戰，部份地區有激戰。緬甸北部方面，密芝那仍爲我軍確保，對由胡康向孟拱南下的敵新編第三十八師第二十二師及西非旅團，連日繼續激烈的戰鬥。從該方面作戰開始以來至現在，予敵之損失達五萬以上。（四）中部太平洋方面，塞班失陷後之第五日（廿一日）晨，敵在關島登陸。我所在部隊集結於阿加市南方地區，向該方面登陸部隊猛烈攻擊現仍激戰中。二十三日又迎擊在狄寧島登陸的敵人，我部隊確保該島以南的地區，與從北方侵入的敵一個師團激戰。與此同時敵機向西加羅林羣島及洛泰島之來襲亦極激烈。（五）南太平洋方面：敵機對拉布爾，加俾森的攻擊，仍然活躍。新幾內亞方面，在馬諾克瓦利海域，出現敵魚雷艇。（六）澳洲北部方面，敵人在該方面的晝間空襲亦逐漸增加，而且來襲之敵機是大編隊。在印度洋方面，二十五日上午敵巡洋艦驅逐艦數艘接近蘇門答臘之薩班港。開始艦砲轟擊，我所在部隊立即反擊，來襲敵機大部被我擊落，擊沉敵驅逐艦二艘，潛水艇一艘，擊毀敵驅逐艦一艘，敵終被我擊退。

# 教皇和平試探

【合衆社梵蒂岡廿五日電】由於教皇在據稱希特勒被驅逐後向雙方發出和平試探，和平機會自開戰以來從未如現在的光明。和平的全部癥結決定於兩個問題：（一）希特勒能否被驅逐掉；（二）設若新德國政府成立，盟國能否變更其無條件投降的無情立場。關於此點，消息靈通的梵蒂岡人士獲悉，教皇向斯普爾曼主教解釋稱：此點將爲最愚蠢的，即任何新德國政府，不論其如何渴望和平，只是不願條件的投降。據權威方面稱，教皇同時向斯普爾曼表示此希望，即和平應儘早成爲可能，俾蘇軍在軍事上或已戰勝德國並佔領大部德國領土之前，美國及英國能在談判中起積極的作用。

# 陝西省農會成立

【中央社西安一日電】籌備已久之陝西省農會，一日晨六時舉行成立大會，出席各縣農會代表五十四人，祝主席紹周、谷主任委員正綱，及各廳處首長均出席指導。社會部陸司長京士，代表谷部長致詞，大會期共三日，已收到各縣農會關於農務改善經濟建設事提案百件以上。

# 豫省主席就職

【中央社內鄉一日電】新任豫主席劉茂恩，一日在某地就職。

【中央社恩施二日電】湖北省銀行爲鄂全省唯一金融機構，其資金當初即收足三百萬元，年來迭經增加，已至一千萬元。現因業務擴張，需資更鉅，聞已決定再增資金二千萬元，共爲三千萬元。又湖北省平價供應處，資金初爲一千萬元，漸增至五千萬元，業務推至全省各縣，聞鄂省府最近又決定增加該處資金三千萬元，連前共爲八千萬元。

【中央社重慶二日電】中央文化運動委員會，近正籌編以華僑及盟友爲讀者對象之『偉大的中華』一書。編纂委員會由潘公展、吳鐵城、胡庶華、浦薛鳳等爲委員。

# 重慶罪犯多 每日犯法事件達數十起

【本報訊】據六月十四日新民報載：渝警察局長徐中齊向該市記者報告渝市近況中有謂：『本年四月，全市住戶一六六、九五五戶，人口總數爲九四四、八〇〇人（其中男性佔百分之六十一點七，女性佔百分之三十八點三。）有警士三、一二六人，平均每一警士管五〇戶，三〇二人。職業以商人最多，共一七九、四四二人，公務員佔第七位，共四九、〇八二人。自去年八月至本年五月，共發生違警案件四、七三七件，入犯一三、六五〇人，其中以妨害風化者最多，同期又發生重要案件七、〇三五件，破獲六。五三八件，破獲人犯一四、三九九人。其中盜案最多，共二、六五六件，煙賭案次之，平均每日發生盜案數件，毒案九件，賭博案四件。』

# 參攷消息

（只供參考）
第五九七號
解放日報 新華社 編
今日出版二張
卅三年八月六日 星期日


## 衡陽敵援軍到達總攻在卽

同盟社稱

【同盟社東京四日電】湖南前綫之戰，正以衡陽爲中心而展開。二十八日，蔣介石已向該地守備軍發出死守衡陽的命令，源源不絕地派遣第六、第九戰區主力到達該方面，但我軍奇襲敵主力之衡陽周圍，促成殲滅敵野戰軍的良機，漸次展開包圍殲滅作戰。該方面最近的戰况如下：（一）衡陽攻略戰——我軍以一部完全將敵包圍，並在衡陽周圍，捕捉擊滅第六戰區、第九戰區的主力，作戰正在順利進行中。我攻擊衡陽部隊的後方供應，最近顯有改善，一舉攻略衡陽的態勢，正在着着整備中。在古城衡陽城內的，是第十軍軍長方先覺指揮的三個師，依望空中供應與救援兵力的到來而進行最後抵抗。（二）湘江東岸地區——我軍確保醴陵、萍鄉、茶陵、安仁、耒陽等要衝，捕捉救援衡陽週圍之第九戰區軍主力，予以巨大損失，特別在醴陵附近，攻擊敵八個師的兵力（第三十集團軍軍長王陵基指揮之第七十二軍三個師，第五十八軍三個師、第九十九軍兩個師），共七萬至八萬人，予敵巨創，使其潰走。現在尚未就殲而竄逃於該方面的敵兵力，僅有一萬五千到兩萬的數目。又於茶陵附近捕捉攻擊第二十七集團軍軍長歐震指揮的第四十四軍兩個師，第二十軍三個師，第三十七軍兩個師，共計八個師，予以重創，使敵潰走。在醴陵正面，則出現七個師，計第二十六軍三個師，新編第二軍二個師及其他兩個師，但因瀏攻擊，使其進擊俱缺活潑。（三）湘江西岸：我軍確保[illegible]指揮的第三十七軍一個師，第一百軍兩個師、第七十九軍三個師，第六十二軍兩個師，共計八個師，收攏於包圍圈內，現正展開壯烈的殲滅戰中。（四）航空作戰——我航空部隊稽地配合地上戰鬥，逮捉美機，飛襲桂林、零陵、芷江、柳州、淡竹等地，獲得莫大戰果。七月一日到二十八日止，共擊落飛機四百八十一架。其後連續轟炸柳州與芷江，燃燒十一架。又於三十一日夜，再襲柳州、淡竹、梧州，焚毀二十二架，於是七月一個月的戰果，共達五百十餘架，建立在中國空戰以來的新紀錄。此種戰果立即反映於戰場，過去敵機之來襲交戰地區，一日平均一百架以上，但廿八日以後，減少三分之一左右。另方面大型機在西北地區的集中，須予警戒，當廿九日空襲滿洲時，我華北方面航空部隊，在霸王城附近擊落B29式一架，擊傷一架，又對於由此方面空襲我國本土與滿洲方面的企圖，現地部隊正在奮力對付中。

【同盟社衡陽城外五日電】衡陽的攻略戰，已達最高潮。被我大砲飛機的轟擊，使衡陽一帶的陣地冒烟，地上部隊不斷夜襲衡陽周圍的陣地，相機奪取之。三日早晨肉搏敵最強的陣地——高地和森林陣地，由於我航空部隊的活動，駐華美空軍只能在夜間投下物資給衡陽守軍。但是這些物資均投在我軍陣地內，我將士很高興地說：蔣介石送來了罐頭香烟。於是跑出戰壕。但是後來發現投下的東西不是罐頭香烟而是砲彈和迫擊砲彈。最近敵機與地上的聯系很差，幾乎每天都有物資投入我軍陣地內。

## 軍委會一週戰況

【中央社重慶五日電】據軍委會四日發表一週戰況，軍委會發言人談，在湘省湞西緬北各地戰事，仍繼續甚殷，茲將進入本週之戰況，綜合分述如左：湘省方面，衡陽郊區之敵，連日向我外綫部隊反撲，均未能獲。還於上週末迄本週來，復以全力向我內綫守軍猛攻，每晝夜往復衝殺不下十數次，但均被我守軍分別擊退，我外綫各部隊，尤冒敵熾烈之砲火，終日向敵猛擊，在東南西北各方面，我軍已到達五六公里之綫，戰鬥之激烈，仍有加無已。爲時已經四十日之衡陽保衛戰，使兵力近廿萬之敵寇無法進犯湖南，以達成其打通粵漢路之企圖，其功在國家，實足令人感激與奮。而衡陽城至今，仍屹如山立，其郊區四週幾成爲葬送敵寇之墳墓，其有助於我盟軍之最後勝利，裨益至非淺鮮。現敵似將不惜繼續增援，以圖最後之一逞，則我軍收復之戰[illegible]

、零鄉以及湘鄉城郊耒陽以北各地區，我敵繼續鏖戰中。滇西方面，我攻佔騰衡西南郊之最堅固亦爲敵最後抵抗之據點來鳳山後，繼續掃蕩騰城郊區殘敵，並於廿八廿九等日，擊退企圖突圍之敵軍。至二日午後四時，已攻入城東北及西南城內，與敵展開激烈巷戰。龍陵以東滾龍坡殘敵，現已完全被我肅清。又向芒市攻擊之我軍，亦續獲進展，此一戰場爲世界上極艱苦之戰場，叢山險阻大雨滂沱，我忠勇將士浴血奮戰，其間吾人固應感激衡陽之保衛戰，同時亦應歌頌騰衡之攻擊戰。

━中央社重慶五日電━軍息，據敵方八月五日公佈，敵某部隊長和爾少將，於午後在衡陽附近戰鬥中戰死。查和爾乃敵寇第一一六師團所屬之一二八聯隊長，已爲我軍擊斃屬實。

## 敵與『清鄉』工作配合進行 在江蘇安徽等地開始搶奪糧食

━同盟社上海四日電━國府清鄉工作的目的是使國府的地盤由點與綫擴大到面。自清鄉工作開始以來，已迄三年。華中的清鄉工作已達十一區，其面積達二萬四千六百十六平方公里。現在清鄉工作亦擴大至淮海地區。與清鄉工作相輔而行，國府亦開始進行鄉村建設，最近決定鄉村建設大綱。根據鄉村建設大綱，組織鄉村建設實施委員會；自九月一日起，以該會爲中心，在江蘇省江寧、崐山，安徽省慶縣，浙江省嘉興及上海特別市五個地區建設模範鄉村；中國經濟發展的基本單位是鄉村，因此鄉村建設計劃選定最具備條件的上述五地區爲實驗縣。集中一切指導力在上述之地區，進行建設模範鄉村的工作。根據實驗的成績，逐漸加以改善，並擴大實驗區的範圍，然後又一步步地鞏固清鄉工作地區，使其成爲培養國民戰力的基礎。最近華北直轄行政區的實驗區工作着着得到成功。在華北賦予行政長官以廣泛的權限進行實驗區工作，而華中實驗區工作的特徵就是以行政院直屬的鄉村建設實施委員會爲工作的核心組織，該委員會委員長特別由全國經濟委員會祕書長兼任之，並網羅產業界各方面的指導者爲委員。目前國府最大的重點和目標就是農業增產，因此建設模範鄉村的實驗縣首先要集中實行增產施策，此次國府建設鄉村的計劃是很切實的，這是國府自强的捷徑。當這種工作走上軌道，建設地區擴大之時，即可建設培養抗戰力量的基地，以便封閉美英的蠢動和瓦解重慶匪化地區。

## 今年聯合國日 在渝甚爲冷落

━本報訊━今年聯合國日在重慶極爲冷落，參加慶祝大會的人共只有五百多個，而且都是黨政軍各機關的代表，根本沒有老百姓和學生。主持大會的主席團是重慶市黨部主任委員楊公達，市長賀耀祖，警察局長徐中齊等。高級人員只有梁寒操一人出席並作講演，所講仍是要求美國援助等一套。外交部只舉行一個茶會招待盟國人士、政府官員、盟國使節軍事代表、文化界人士共三百多人，僅是茶點招待，沒有任何慶祝性的談話和致詞。

## 敵在上海 恢復食米配給

━同盟社上海三日電━上海地區華人食米的配給，決定自八月起，對×工場與勞務者，如過去那樣，每月每人最高十五公斤到最低五公斤；對於一般市民，則同樣於四．八公斤之外，配合小麥及其他雜雜穀二公斤，將自八日起實施。關此，上海大使館事務所，於三日發表下列當局談話：本年的麥收爲近年來少有的豐收，至於水稻亦因各地之適度雨量，預料作物必將非常良好。當此之時，由於最近皇軍在大陸作戰中的赫赫勝利，湖南及其他豐沃的米產地，已加入和平地區，反映這一情形的是上海及各地的米價逐漸表示低落的傾向。另方面，新作戰地等大米的收買，由於皇軍之絕大協力早已着手，繼續不斷地供給大量的大米，因此暫時處於停頓狀態的上海地區食米的配給，今日不僅見到復活，而且實施麵粉，雜穀的增配，給民衆生活帶來福音，實堪同慶之至。

## 鄂省主席赴恩施履新

━中央社恩施三日電━新任鄂主席王東原，於今日十六時許，偕民廳長羅貢華，由渝抵恩施履新。

━中央社渝五日電━川籍在渝之國民參政會參政員，四川臨時參議會參議員，重慶市臨時參議會參議員，四日下午舉行談話會，僉贊成以政府撥還川省之糧食庫券本息二五六萬市石穀，易款修築成樂鐵路。（一）川省糧食倉庫券，本息歸省部份，全部用作興築鐵路。（二）應修成樂路。（三）工款不足時，清理以前川漢路工款補足，或由政府另籌之。（四）催請川黔鐵路公司，早日完成成渝路。（五）關於用費，既爲民款，四川人民有監督管理之權。

【中央社西安四日電】陝省農會成立大會，今日舉行閉幕典禮後，即告圓滿結束。理監事均已選出。此次大會成立之具體成就，即爲通過農民組訓、農業經濟、農民福利、農會業務等要案六十一件，其中以實施農民補習教育，健全農會組織，改良農植及農民消費合作社諸案最爲重要。

【中央社興集三日電】中國國民黨山西省執行委員會主任委員韓振聲，書記長胡作礪，三日晨九時卅分在興集舉行宣誓就職禮，中央電派閻委員錫山監誓。

【中央社立煌五日電】此間近兩旬來氣候亢旱，室內溫度在華氏九十七度左右，以致稻田龜裂，各縣電省報災者，已有十二縣。

【中央社興集四日電】豫北蝗患，蔓延晉東南一帶，近已波及同蒲路以西地區，以新絳河津受災最重，沿呂梁山麓襄陵汾城及汾西等地，均已發現大批蝗蝻。省府除頒發除蝗辦法外，並曉諭人民，迅速防範。

【中央社桂林四日電】美新任駐桂憲兵司令畢德生，昨由昆來桂正式視事。

## 希姆萊充任國內軍司令 命令德人迅速增援前綫

【海通社柏林二日電】帝國黨衛軍領袖希姆萊於星期二以國內軍總司令的資格發佈命令如下：『七月廿日，我們元首及統帥阿道夫·希特勒任命我爲國內軍總司令兼軍備總監。今日（八月一日），三十年前我們德意志民族生存鬥爭開始之日，我首次向你們致辭。前綫和本國名正言順地期待着國內軍最大的成功。我們將既不使我們前綫指揮官也不使我國最親愛者——即兒童、妻子和雙親們失望。我知道國內軍將成爲忠誠和服從的模範。我命令，在駐軍中及其參謀部中，應完成其日常訓練或勤務以及軍備，工人如尚在其工廠中作工，應履行其職責。我要求每一個官兵及軍中一切成員，應絕無妥協和忠實地拋棄一切自高自大的利己主義，以及疲敝思想的那種罪惡精神。我要求一切無必要留在國內的軍官和士兵，應符合其願望而派到前方去，或者如因健康及年齡之故而不適宜於派赴前方，則應解除其軍役而到軍備工廠工作。我期望軍官們特別是文官們應使用一個特權，即履行更多的職務及工作更多小時，並在前方時應較普通兵士更加勇敢和堅定。切勿在我們效忠和信心中有所畏縮，切勿在我們服從時有所猶豫，應衷心誠實，不倦於我們的努力，自覺地執行我們的職責，我們已決定用我們的行動和成功去掃除七月廿日的恥辱並成爲元首及其帝國之納粹主義人民軍。』國內軍總司令黨衛軍領袖希姆萊簽字。

## 泰國新內閣組成

【同盟社曼谷二日電】被任命爲泰國內閣總理的阿拜溫少校，閃電似的已結束組閣工作，二日下午向勅拉基特攝政提出閣員名單，攝政已於二日下午四時以勅命正式任命各閣員並由宣傳局發表如下：攝政代國王陛下，以勅命任命下列閣員：總理兼交通部長兼財政部長阿拜溫少校，國務部長兼農業部長辛·卡蒙納汶海軍中將（海軍最高指揮官）、外交部長西塞納·索姆巴特基利（前駐日大使）、教育部長塔沃伊·汶瑪索特（前內閣祕書長前國務部長）、教育部副部長德尤恩·汶納克（留任）、司法部長兼社會部長基托·基塔瑪德伯托那·塞庫拉。

【同盟社東京三日電】泰國阿拜溫內閣的成立，得到了各方面的好評，特別是閣員中有大東亞戰前曾任駐日大使的西塞納外長，彼駐在日本達數年之久，對日泰關係的加强作了極大努力，此外並網羅了泰國海軍指導者、志士、國防部長等一流政客。而且與……（掉）前總理共同實行立憲革命的勃次汶大將，亦以不管部部長資格入閣，予人以極强烈的印象。鑾披汶內閣的辭職完全是因內政問題，其對外政策毫無變化。我們希望泰國舉國一致，根據日泰同盟及大東亞宣言，爲了擊滅敵人美英，實行其强力的政策。鑾披汶首相，決定總辭職，鑾披汶總理從就任以來，其對泰國國政的革新，國力的培植，功績極大。心因此次議會對政府的緊急勅令未表示信任，故爲了尊重議會意旨，一新民

## 西綫英軍 二哩內抗擊德軍一師

【英國官方通訊社倫敦三日電】諾曼第之新的前進更進一部的顯示出決戰結果常在戰鬥數週之後始克見到。一顯然的例子即是蘇軍庫爾斯克戰役結果成爲蘇聯前綫整個德軍的敗潰（但只是數月之後始如此）。今日可以看到英第二軍爭奪克恩之戰及以後在奧倫河上架設橋樑，造成美軍在西部與中部地區突破敵人左翼及英軍從考蒙的前進的條件。英軍在敵人頑强抵抗面前之前進係一偉大成績，刻悉已擊破德軍强大防禦系統的外圍。在戰鬥中田野間皆嚴重佈雷。軍事訪員稱：『我軍逐碼前進，克服敵人隱蔽的陷阱。』英軍面對敵人極嚴重的集中——二哩地內一個師團。比較觀之，在西部地區三哩一個師團，蘇聯前綫十二哩一個師團。同時英軍前進與美軍配合可以（一句不明）。然而盟國極重要的成

功為獲得運動的餘地。另一方面德軍以主力集中於克恩週圍。這樣搶奪一個或者兩個德國師團由克恩調至考蒙地區，德軍不抽空剝奪克恩區域的部隊，因為害怕英軍突破，這一突破將造成甚大的危險。但亦不能讓西綫美軍前進，因為那將最後的轉變右翼陣地的局勢。

## 日寇挑撥離間 誇張英國困難

【同盟社意大利北部二日電】綜合教廷方面之情報，關於英國陷入窘境的情緒列舉下列數點：（一）觀察諸曼第戰綫後的邱吉爾的報告，是充滿了悲觀，徵諸上月二十二日艾森豪威爾、蒙哥馬利的第一次總攻擊的失敗，使英、美在第二戰場中的消耗已到不能夠再負担的境地，戰綫已如德軍所預料的呈膠着狀態；僅靠發表的戰果進行欺騙，甚至已不能轉變國民的懷疑心。據按照教廷的公正觀察：登陸開始後，五十天內，英美在諸曼第戰綫的損失，兵力的死傷、俘虜、失蹤共計二十五萬，坦克兩千輛，飛機一千八百架，擊沉擊毀船隻一百六十萬噸。其在一個局部地區的消耗即如此之大。如再繼續下去則不僅總的戰略上要發生破綻，而且將在英美的重工業計劃上必然要遇到不可挽回的破產。（二）在國內，由於德軍日夜不斷的祕密武器無人飛機的襲擊損失極為嚴重，特別是不但使連結布利斯特爾灣，泰晤士河口以南地區的生產機能交通系統陷於混亂，而且從該地區向北部的人口疏散，亦隨着住宅的不足，農村物價的騰貴而成嚴重問題，因此開始追問政府的責任，同時主要是供給諸曼第戰綫的消耗，而從美國加拿大向英本國運輸生活必須品反而造成犧牲，此種生活不安使勞苦大衆對戰爭的將來發生了懷疑。（三）由於東部戰場紅軍進攻的速度所給予的不安與蘇聯在意大利中南部政治潛在力的加強活動，在佔領地區的企圖的衝突，此即佔領區內的疲弊混亂正成為共產主義的溫床，這亦就立刻成為加強蘇聯政治勢力的地盤。（四）以讓渡阿拉伯海諸島開始默認美國勢力浸透至加拿大，澳洲，新西蘭，非洲各殖民地甚至在西亞的勢力範圍內以對付蘇聯，但一步走錯即成為美國稱霸世界的踏脚石，而英本國亦將為美國的一個屬邦。

## 保國動向

【海通社索非亞二日電】如土總理兼外長所宣佈者，國民議會星期三以大多數票數決定斷絕德國與土耳其外交及經濟關係一節，索非亞並不感覺突然，因為此種發展在此間最近數日收到外國消息後，已被預料到。此間政界人士強調，保加利亞與土耳其的外交關係在土耳其此定決後，至少目前將無任何變更，尤其因為薩拉茹格奴未談及此點。此間宣稱，保加利亞各界的驚慌是沒有理由的。同一政界人士強調薩拉茹格奴演說中的一句話，即與德國的斷絕關係並不表示土耳其參戰。但被頗感興味注意的是，薩拉茹格奴未隻字道及土蘇關係，因此，此××土耳其的外交政策仍是一個謎。關於此點值得注意的是，保加利亞攝政接見總理巴格利安諾夫及外長德拉諸夫，無疑的，其時會討論各種可能性，它或者因為保加利亞的原故引起土耳其外交政策的改變。保加利亞報紙星期四顯著刊載安哥拉國會開會的消息，並摘錄發表薩拉茹格奴的演說，但對此事避免發表任何自己的評論。

## 美發生工潮

【同盟社里斯本二日電】紐約電，最近美國國內，再度掀起工人罷工的波瀾，及於全國。在底特律、費城各都市，頻頻爆發大小罷工事件。在罷工工場中，並有主要軍需工場。予美國軍需生產以相當大的影響。各地爆發的罷工情形如下：（一）費城交通工人罷工，二日參加人員達六千名，交通機關完全陷於麻痺狀態，市內治安混亂，市當局正在考慮實施戒嚴令。（二）底特律市之蒙哥馬利通訊販賣公司工場工人二千二百名，因工資問題，繼續罷工中。（三）底特律市通用汽車公司所屬五工場工人約七千名罷工，致不得不封閉上述五工場。（四）新澤西州特連頓之約翰勒．布林格公司工人四千七百名，亦繼續罷工中。

【同盟社里斯本三日電】據費城來電，費城交通有關的工人約六千名實行總罷工後，以望地為中心的許多軍需工場受到極大的影響。據當局估計：費城海軍工廠及海軍有關的軍需生產減少百分之七十五，陸軍當局估計B－29超重轟炸機的生產及其他陸軍有關的軍需生產亦減少百分之五十。罷工的原因是白種人反對新僱黑人勞動者，這表示人種鬥爭的激烈。二日黑人數百人拿着武器，短刀等進行鬥爭，受傷多人，被捕者達一千三百名。費城當局似乎要考慮全市戒嚴。另一方面戰時動員局長班斯二日向羅斯福總統報告：該城的事件已達到不可忽視的地步。傳羅斯福將於一二日中接收費城的全部交通機關或其他斷然的非常措置。

參攷消息

（只供參考）

第五九八號

解放日報
新華社 編

今日出版二張

卅三年八月七日

星期一

# 日寇設置最高戰爭指導會議

## 妄喊一億國民總武裝

【同盟社東京五日電】在決定民族興亡的重大戰局下拜受大命的小磯內閣，爲了克服深刻的時局，於組閣當初即注意加强陸海軍緊密的關係和統帥、國務的一體化。在組閣之時，在人的配置方面使陸海軍關係萬全無缺，另一方面愼重考慮關於辦立國務與統帥完全一體關係的新辦法，此次決定廢除大本營、政府聯絡會議，而設置最高戰爭指導會議，製定指導戰爭的根本方針，調整政戰兩略，並使其吻合。因此小磯首相、梅津參謀總長、及川軍令部總長於五日上午十時三十分一齊入宮覲見天皇陛下，將此奏陳陛下，乞其批准，至此小磯內閣在國務與統帥的緊密一體關係上，已完全沒有缺陷。今後帝國指導戰爭的最高方針完全由戰爭指導最高會議決定之。至此已確立突入民族決戰的政戰兩略不敗的態勢。於是小磯首相於五日下午一時在首相官邸舉行的閣僚懇談上報告此事，並於是日下午由情報局發表公報及小磯首相的談話。

情報局發表公報稱：此次經過陛下的裁可，設置最高戰爭指導會議以便製定指導戰爭的根本方針及調整政戰兩略並使其吻合。隨着最高戰爭指導會議的設置，即廢除以往的政府、大本營聯絡會議。又今後政府每星期定例地在大本營交換情報。

小磯首相於五日就設置最高戰爭指導會議一節發表談話如下：今日就設置最高戰爭指導會議一法奏陳天皇陛下，並蒙陛下的批准。陛下認爲構成最高戰爭指導會議，應形成一體，以期製定關於指導戰爭的最高方針及毫無缺陷地調整政戰兩略，藉以向貫澈大東亞戰爭的途上邁進。此實令人感激。不消說，當今日的時局嚴重之時，調整國務與統帥並使其吻合，是比什麼都重要。今日特別着重於此點。本日傾聽陛下的意見，可知陛下的關懷至何程度。我們不應拘泥於舊的一套，應正視時局，以期毫無缺陷。軍官民了解陛下之心情後，應團結得像一個人，大和一致，滅私奉公，向着大東亞戰爭完全勝利的途上邁進。

【同盟社東京五日電】政府五日拜受陛下御旨。廢除了過去的大本營政府聯絡會議，重新決定設置『最高戰爭指導會議』。確立了在製定戰爭指導根本方針上及政戰兩略的吻合調整上均能毫無遺憾的最高體制。邇來我國指導戰爭的根本方針，是在昭和十二年十一月成立的大本營與政府的連絡會議上調製，大本營與政府經過陸海軍大臣，除經常密切聯系外，並按照必要召開連絡會議，使大本營幕僚長與有關閣僚之間能無隔膜的交換意見，以期統帥與國務密切無間與戰爭指導之健全。這一方式正如『連絡會議』這一名稱所表示的，僅不過是使大本營與政府密切聯絡而已，東條前任內閣時，在本年二月二十一日爲了實際上將陸海軍大臣與大本營幕僚長歸一於同一人格，會議求推進加强連絡會議的措置。但隨着戰局的重大化，如將日益繁忙的軍政與軍令的軍務處理置於同一人格之上，實際上已極困難，東條內閣亦終於在七月十七日再度將軍政與軍令分離， 由島田大將專任軍令部總長， 野村新任海相，十八日進行參謀總長的更迭，由東條陸軍大將將這一重職讓予梅津美治郎。小磯現內閣亦當然踏襲這一方針，特別是小磯首相在『統帥包括國務是戰爭形勢新的姿態，爲此必須强力而且實質的進行政府統帥府的連絡會議』的決心下，爲了確立統帥與國務的一體關係，會進行新的構成工作，至本月二日島田軍令部總長與及川大將交替，新內閣的戰爭指導陣容，在陸海軍本身已經整備完竣。但按照小磯首相的統帥與國務調整爲基調，則確立此次的戰爭指導體制日益緊要，對這一要求的政治方式遂實現了『最高戰爭指導會議』。由於這一最高作戰指導會議的設立，我國指導戰爭的根本策案均決定於該會議，即以飛機爲主的軍需生產及其他的最高方針亦在該會議決定，已經製定的指導戰爭的根本方針，即由大本營與政府分別具體實行，究成了政戰兩略的必勝態勢。該會議與過去的大本營政府連絡會議同樣的爲從下所設置，而不是官制上的措置，而且亦不是由軍令組成。該會議與大本營會議、閣議的關係亦非法制的關係，而是立於政治的關係上。此即內閣會議雖然在法律上不受最高戰爭指導會議的拘束，但在政治的意義上說，當然要受該會議決定的拘束。如此在決定日本民族興亡的重大戰局下，應付戰局的必勝體制已經完成，又除該會議外，每週政府與大本營間尙舉行情報交換，政治上政戰兩略的完密佈置即告完成。小磯內閣組織國民進入決戰的構想，政治上已經完了，這一新機構的運營極爲各方注意。

【同盟社東京四日電】强敵美英的總反攻日趨熾烈，而太平洋戰綫的戰局亦日益激烈，政府爲了急速而澈底地實行必勝的施策，正進行各種準備工作。現在戰局已進入一億國民總武裝的階段。小磯首相以下各閣僚在今日閣議上就其方策互相交換意見，此次交換意見的結果，陸海軍及內務文部各省決定具體方策，將一億人民的戰爭生活集中於總武裝一點上。關於此事，小磯首相將於八日上午七時發表演說，並將廣播至全國各地，他在其演說中率直披瀝現在戰局的眞象，表明帝國向擊滅美英的途上邁進的決心，並要求一億國民的奮起。今後每月八日將小磯首相的錄音演說廣播至全國。

## 同盟社論
## 小磯內閣的課題

【同盟社東京二十五日電】新內閣決戰施策的方向由於內閣剛成立，現在還很難明確看出其輪廓，但戰局一刻一刻地重大化，在這種客觀的情勢下，政府必須大胆且愼重地決定貫徹戰爭的新施策，由於內閣的更迭必須一振人心，迅速轉變到舉國決戰體制。關於新內閣運營國政的根本方針，小磯首相在二十二日首次接見記者團時，明示在統帥與國務的完全一致上，注其全力於昂揚聖意與增强生產，特別是關於統帥與國務的密切，他說：『在目下激烈的戰爭狀態下，一切國務必須歸諸統帥，同時遂行國務時應明確認識統帥的方向，一切國策都應歸存於此。因此，應使從來舉行的政府與統帥府的連絡會議更强有力，更有內容。此點可說是新內閣決戰施策的基調。但是如何使之具體化，是最值得注目的。以此次政變爲契機，軍令軍政在人事上亦很清楚地區別開來，特別在國務中與統帥最有密切關聯的軍需省，設置專任大臣，因此連絡會議的人員構成，必將有大的變動。因此希望政府有盤算新計劃運營與統帥有密切關係的國務。關於政府的施策，當然要在全閣僚的完全諒解下，竭舉政府各機關的全力，向着確保統帥與國務親切化的方向前進。無論如何，當强力運營歸存於統帥的國務時，首相須有絕大的政治力。（缺一段），以藤原就任專任的軍需大臣爲機會，其作爲軍需生產大臣的性格，更加明顯地統率整個產業界，傾其全力，確保作戰部所要求的軍需生產。

小磯首相日前在其與新聞記者的一問一答中，關於應付決戰階段的新的國民組織問題，表明了他的暗示的態度。他答辯：『所謂翼政翼贊一體化的問題，當然是要被考慮的。這要從國民組織的再編成、國民的大和一致的立場來加以考察。』近衛第一次內閣時，爲了貫徹中國事變，建設東亞新秩序，需有國民組織俾能集中地發揮國民力量，基於此種觀點，他就使用國民組織再編成這個新語，喚起朝野的輿論。然而由於當時政府的指導理論缺乏統一，內閣內部也不一致，昭和十五年七月第二次近衛內閣才展開了所謂新體制運動，以前還未超出一進一退暗中摸索的範圍。小磯首相在第一次近衛內閣任拓相，對於上述運動當知之甚詳，而在其任朝鮮總督時，又親自統一了朝鮮的國民組織，結成了現在的朝鮮總力聯盟。因之，也可以說在這方面是內行的人。現在我國的國民組織，有唯一的政治結社——翼贊政治會及公事結社——翼贊會及其所屬的翼壯會。然而翼政會擁有四百四十餘名的議員，議會的運用是其重點。爲使其成爲政府的忠實的協力機關——在東條內閣支持下，成立於昭和十七年五月，與其說是純粹的政黨，還不如說帶着極大成分的議會政黨的性格，雖有近於三千名的各界的及貴族院的會員，並在政治上不受任何限制，但在各地方無組織，既不是能呼籲全國國民的强大政黨，也沒有推動國民的政治力與感化力。翼贊會與翼壯會與此相反，它們有下層組織，但沒有具備將國民對於國家革新的强烈意慾，浸透、上達中樞的强有力的自主的政治機能。上述三者在過去東條內閣時代可以說是站在各自的立場，担任其行政補助機關的作用，而至今日。戰局的樣相，已從序戰的大勝利，變化到塞班島失陷後的防衛國土的悲痛階段。故一億國民乃認眞地尋求如何動員總力，打倒宿敵以便決定祖國的命運。日本民族此種美麗的忠心與熱情，也就是使前東條內閣決心退位的最大理由。現在正在澎湃的，逐漸化爲國民輿論的國民政治集結體的一元化，應該解釋爲是全國人民在支援緊張的日美決勝中由其衷心發出的，要與前綫將士同樣地將其一切力量，貢獻給國家的一種熱望與要求，此時國民組織，實應是能成爲使每人對於其指導者，都絕對尊敬，毫不躊躇，服從他的命令與指揮，像軍人一樣的去完成任務的組織體。因之在翼政會方面，現在的總裁問題，無論如何是第一個課題。但是遺憾得很，翼政會有力的指導者們，對於成爲近代戰爭指導機構的國民組織，究竟有若何程度的理解與熱情，是令人懷疑的。欲完全清算舊政黨領袖的意識，發展到組織戰鬥的一國一黨，那末，其首先絕對必要的條件就是小磯內閣的英斷與强有力的支援。我們不能忘記此時所以需要結成强有力的新政黨、舉國一致的政黨的理由，並不是因爲擁護議會議員的舊緣和地盤，而是爲了能在戰場、工作中、工場、店院，最高度地發揮幾千萬的青年壯年的强烈的愛國熱情，使敵人的思想謀略不能沾染國土，確信最後的勝利，貫徹長期的征戰。

決戰軍需生產的要諦，一言蔽之，就是作戰與生產的緊密一致。藤原軍需相將此具體化時，當可表現出這一點。藤原軍需相首次會見記者團時曾言明下列數點：（一）我有抱負，但不想先說，而着重於實際效果。（二）處理事務，亦採取決戰的措置，觀察現地狀況後採取與現實相適應的施策。（三）至於陸海軍的調劑，期待陸海軍處理之。總之，欲實現軍需相的必勝生產，當以軍官民三者完全一致的合作爲根本條件，特別要首相以下全部閣員全面的協助軍需相。我們應由兩方面考慮飛躍地增强軍需生產，第一是根本改革軍需省，第二是將藤原軍需相的創意和計劃浸透於現在軍需省的施策中。

軍需生產必需向一元化的方向邁進，這是不容多言的。但是，在原則上說，軍需生產要一元化，兵器的生產亦採取重點的生產，只有這樣才能確立政略的生產體制。現在的軍需省可說是『飛機生產省』，陸上兵器及艦船的生產仍由海軍管理之。但是陸海軍應與軍需省保持密切的關係，使生產兵器的行政綜合地發揮其效力。飛機、艦船及陸上兵器的生產要統一起來，並根據作戰計劃，決定生產兵器的種類及其先後順序。只有採取這樣的措置，才能統一發出訂單和順利的調整價格。

軍需省成立以來，已八個月，以飛機爲中心，各種戰略物質的增產，亦反映其種程度的上昇綫，當是事實，但現當檢討其增產內容時，尙留下莫大的課題，亦是事實。軍需省亦必須改變形式，由建築模型變爲眞正的建築物，爲了加以改變，特別以軍民之絕對協力爲前提，即次一問題之行政的滲透力，而這是要大大期待藤原氏的籌劃與創意的，諸如以軍需會社法確立生產責任者的地位，確立設置模範工場制度的生產指導，勤勞管理制度，貫徹產業要員制度，技術者動員體制，機械工業的動員專用、簡易耕作機械的大量增產，强力的工業整備提高，空襲對策等，適向上述諸點的基本方針，雖在確立中，但還未獲得實效，諒以藤原軍需大臣的卓越才智與經驗，必能採取新的打開方策，希望其施策不是出諸局部的與部份的，而是從軍需生產的大立場來綜合的判斷。（一）對於生產，軍需省應將自己作爲生產省的立場明確化；而勤員省的工作應交給內閣，使官廳的立場徹底。這樣中央即可成爲企劃官廳，徹底的加强地方軍需管理部，將生產的實際事務交給地方。又塞班島被佔領後的生產施策，其重點亦起了變化，這就是要開發國內資源，徹底的利用大陸資源。關於工廠的重點活用，如工作機械製造工廠，不僅要製造工作機械，而且要直接製造飛機的零件部分器。在重點產業間，未動員的設備應考究積極活用的具體辦法。（二）勤勞對策工廠要月制，經過設立模範工廠制度，以限制工人及技術者的製品低下，並進行再配置轉換。一方面由於確立統察組織，勤勞體制已被確立，當對於動員徵用工、學生、女子挺進隊等國家的勤勞源泉更加依存之時，現在的生產責任體制必須加强，更必須確立從下層組織起來的勤勞體制，現在在『產報』指導下的工廠，在今天必須有實際的機能，使勤勞生產的國家大計明確化，總之今日的軍需生產，是與敵人相對敵，如單純的生產則毫無意義，敵人的攻勢絲毫不能輕視，而應正視現實，在生產上整備所能做到的體制，徹底的認識作戰即生產，而攻勢轉移的機會即可來到。

新內閣緊急的課題就是內政問題，（缺）換言之內政問題就是眞正動員國內一切機構及人力，以確保飛機的生產及確保主要食糧、資材、勞動力、運輸等，充分滿足作戰的要求。爲此，政府應以强有力的政治力的源泉爲基礎，很好地運用國內行政機構，以便徹底實現一連串的重要施策。政府的首腦或最高負責人有如船長、機關長那樣負責重大任務，而一億國民像船員一樣，要在自己的崗位努力工作，只有這樣，內政才能走上軌道。新內相大達就職時曾解釋說：『內務行政不說他是內務行政，但政府機構及職員必需動員來爭取戰爭的勝利。將來內務省縱使亂七八糟，亦不致於發生極大的困難。我們雖然不知刷新內務行政是什麼意義，但問題在於如何將多年來儲蓄的力量集中於戰勝這一點上。』正如內相在上面所說的，現在不許遲滯片刻的戰爭樣相亦迫使國內行政發生顯著的質的變化。在這樣的情況下，各省割據狀態和互相爭權奪利的現象是不許存在的。如由上述各點來檢討當前的具體問題，那末，第一，今後地方行政協議會的措置殊堪注目。去年七月東條內閣設置地方行政協議會，一言蔽之，設置地方行政協議會的理由是基於戰局的要求，極度發揮地方行政的效率，即隨着戰局的進展，地方上各種生產的主要性日益增加，另一方面地方行政事務非常複雜，因此加重地方當局的責任。同時行政事務要經過中央許可認可者亦日益減少，因此產生了適應地方實際情況的地方行政協議會。當初只運用地方行政協議會來處理問題，但在制度上並沒有得到解決。隨着經濟統制的加強，政府會三度將其權限移讓予地方，使地方行政協議會會長直接管理鑛產、營林、海運軍事業。地方行政協議會制度在事實上是加强權限，其大勢是向着廣域綜合行政即道尹制的方面前進。新內閣對於上述制度維持現狀還是更進一步確立道尹制的廣域行政，它必需促兩者之中選擇其一。問題是要研討協議會的功罪，大達內相亦說：『協議會會長都有一年的經驗，但大部份與最初的企圖相反，如果認爲有總比沒有好些、那末還是存在好些。但是認爲議會可以解決的問題，却處理錯了，如果規定協議會處理特定的適當的問題，那末協議會還可以存在。總之這些問題必需再加考慮和研究。協議會按地區的不同，其性格與使命亦不相同，不能要求劃一的。』總之，今後一定要再研討協議會。按地區的不同，協議會的性格與使命亦不相同。因此，按集團成立協議會是有意義而且亦會有功績。我們必需承認縣當局可以解決關於生產的許多問題。前內閣鑒於上述的事實，會在大阪、福岡、愛知等大縣設次長制，以圖加强協議會。這在事實上是道尹制的前提。嗣後實施經濟二部制，這亦說明協議會必然以何種方式轉爲農業行政機構。今後由於敵人空襲的更加激烈，在防空及防衛國土上亦可能發生突然的事件，在這些問題上，也需要再研討地方制度。第二是希望刷新中央、地方的人事，就中希望刷新地方廳人事的呼聲相當有力。前內閣的方針是不刷新人事，這種方針堅持了兩年半，因此發生許多的弊病，因此需要『一振人心』，而且希望充分地採取民間人才，發揮所謂『人才的機動力』，具體實現大和一致。（完）

## 小林政三任敵國翼政會總裁

【同盟社東京四日電】昨日翼政會臨時會員大會決定由推舉委員會委員四十八名（包括代理總務會長金光庸夫）詮敘後繼總裁，該委員會於昨日臨時會員大會散會後，立即舉行會議，推舉金光等六人組織小組委員會，做出詮敘的結論。該小組委員會於三日夜及四日上午繼續開會，協議的結果，一致認爲推舉翼贊會中央協力會議議長小林政三海軍大將爲翼政會第二代總裁是適當的。正午在本會召開全體委員會議，由金光庸夫報告小組委員會的經過和結果，全體一致承認其報告，並決定該小組委員會懇請小林就任總裁，於是金光庸夫等六人於今日下午訪問小林大將，代表翼政會全體會員懇請其就任翼政會總裁，經小林答應後即辭出。近日中將舉行臨時會員大會推舉小林大將爲總裁，在大會上將正式決定小林爲總裁。

【同盟社東京四日電】決定爲翼政會總裁的小林大將作一個政治家博得更好的批評，當他任海軍次官時，輔佐安保海相，充實空軍並確立第一次、第二次××（電碼錯掉）計劃。該時認爲只有野村吉三郎及小村能指揮海軍，海軍內部會重其才幹、經歷和德望。昭和十一年代替中川總督爲台灣總督。當時國際形勢非常複雜，作爲南進基地的台灣的使命重大時，他担任總督約四年，很好地完成其重大責任。他退官後過着逍遙自在的生活，去年六月被任爲第六屆中央協力會議議長，統率決戰國民總常會，本年七月已結束其爲期一年的任期，又被任爲議長，日前舉行第五屆中央協力會議各部門會議時，亦發揮其手腕。小林大將係廣島縣人，現年六十七歲，他的健康更勝過壯年人。

【同盟社東京五日電】小林正三大將被懇請就任翼政會第二屆總裁，經熟慮結果，業已決定答應，五月下午三時，在東京俱樂部會見金光代理總務會長等五名交涉委員，作了承諾的答覆，作爲運勞翼政會的新責任者，談述其所見如下：本人在政治上完全是外行，但想自己對國家容能稍事貢獻，故答應下來。會有這樣的意見，認爲會內此際應展開強力與必勝的國民運動，因此可發展地解消（解散）翼政會，與翼贊會、翼贊壯年團等配合，確立一個系統的新國民中心組織。正如衆所週知，翼政會是政府的行政補助機關，但還不能言其相同，然而更加明確劃分其職分是必要的，（缺一段），翼政會成立以來，已二年有餘，關於會之運勞，想此際主張刷新的人是很多的，因原樣下去是不可以的。同時我想關於對政府的關係，很多人想到此事，即是說，今日對戰爭指導者的政府，國民亦可率直地進言，只要是好的必須採納實行，畢竟政治是更須注以血液的，即使政府是好的，但從民衆方面說來，也許還有另外的看法也說不定，翼政會應從國民方面的立場，反映他們的呼聲，用以推進使戰爭制勝的政治。

# 參攷消息

（只供參考）
第五九九號
解放日報 新華社 編
今日出版二張
卅三年八月八日
星期二


## 路透社稱衡陽命運 決定於廿四小時內

【路透社重慶六日電】日軍已發動對粵漢路上的衡陽之全力進攻。該處二萬華方守軍自七月初以來即已被圍。其命運將決定於以後廿四小時以內。

## 敵又稱開始總攻衡陽 爭奪西南郊高地

【同盟社衡陽城外五日電】我精銳部隊於奪取衡陽外圍陣地後，於四日下午四時四十分由陸空兩方面，開始總攻衡陽城。我大砲首先轟擊衡陽城外西南角的强固陣地，然後我機轟炸學校的高地，而我工兵炸燬敵要塞，然後步兵向敵肉搏，各陣地展開猛烈的手榴彈戰。由於砲彈的炸裂聲與火烟，使衡陽城外的陣地地帶現出悽慘的狀況。衡陽於上月初旬以來，即完全被我軍包圍，並被迫進行最後的抵抗，嗣後由於我後續部隊的到達，佔領湘江飛機場、城市的一部份及確保渡口，即準備總攻衡陽。四日，皇軍突然開始總攻衡陽城，城內敵守軍爲第十軍的二個師，第四十八師所屬的反坦克砲隊，第一五一師的一部份共二萬餘人，敵軍以輕重機關槍連續射擊我軍，巧妙的進行反擊。駐華美空軍時常飛來衡陽上空轟炸我軍，進行執拗的反擊。

【同盟社衡陽城外六日電】攻略衡陽城的戰機，終於到來。四日下午四時四十分，以巨砲陣的一齊砲擊，開始總攻衡陽城。敵憑依學校、森林、寺院三高地與岳廟西南的既設陣地抵抗，我軍猛然降臨敵陣，開始總攻後，僅二十分鐘即漸次佔領高地，五時十分奪取學校高地的第一突出點，五時四十分佔領該高地的左右一帶，向森林高地擴大戰果，繼於七時五十分，完全佔領學校高地。此外我軍之攻擊各個陣地，已着着進行，一步步向敵之腹地推進。

【同盟社廣東五日電】重慶路透社於四日報導重慶軍事發言人的談話如下：衡陽城內的情況仍極混亂。由於在郊外進行月餘的白刃戰，重慶軍死屍遍野，甚至不可能移去這些屍體。重慶軍由西南及北面後續增援衡陽守軍，其先頭部隊現已進抵距衡陽四哩的地點。日軍已完成長沙、衡山及其南方的聯絡路，故最近日軍的攻擊將要更加猛烈。

## 敵發表湘江兩岸戰報

【同盟社東京五日電】我軍繼續包圍與攻擊衡陽，並到處捕捉痛擊敵野戰軍中（爲了救援衡陽，自第六、第九兩戰區來襲）。（一）湘江以東地區——我軍於萍鄉南方地區，澈底擊潰敵第五十八、第七十二兩軍後，更追擊潰走之敵，終於八月一日，佔領萍鄉南方五十公里處之要點蓮花，現繼續進行進擊中。又於安仁南方地區，我軍以巧妙的機動作戰，捕捉敵第三十七軍主力與第二十、第四十四兩軍各一部，展開殲滅戰。耒陽正面之敵，自七月二十八日起，其行動稍見活躍。我軍對敵之蠢動企圖，在予以有效的攻擊中。（二）湘江以西地區——敵自衡陽西方，使第一百軍出擊，並自西南方使第七十九、第六十二兩軍出擊，急於解除我對衡陽的包圍態勢。但我部隊到處將其捕捉。予以痛烈的打擊。（三）航空作戰：我航空部隊協力地上戰鬥，反復攻擊桂林、柳州、芷江等敵基地，每次俱將集結中之敵機潰滅。因此，敵機之來襲湖南戰區上空，已顯著減少。又最近粵漢路以東之麗水、遂川、南雄等敵前進基地，在我制壓下修理，幾乎不能使用。由於此次我陸空一體主動攻勢的成功，使敵機由此等東南中國基地空襲我本土，擾亂大東亞海運連絡綫的企圖，現已全被粉碎。但在華美空軍揚言將以中印航路努力供應飛機、各種軍需資材。敵一日使用一百五十架以上的運輸機，其運輸量每月達一萬八千噸以上。敵將憑藉此供應力，利用西北基地羣，虎視眈眈，强行轟炸我本土與滿洲，對敵之此種野心，須予以嚴密的警戒。

【同盟社湖南前綫五日電】協力湖南作戰中的我海軍部隊，七月九日溯湘江而上，向衡陽前進，繼續確保該水路，協力陸軍部隊，史無先例地奮戰着。該部隊自作戰開始以來，已四十餘日。水路的延長實達三百公里。敵懼怕喪失此水路，曾自空陸各方予以妨礙。七月份敵機之出擊湘江沿岸，達一百十數架。又於同月中被我軍處分的敵附設機雷，達一百餘個。

## 德方承認 布列塔尼美軍獲主動權

【海通社柏林五日電】克魯吉元帥總部訊：奧倫與維爾間德軍戰綫的拉直，解脫出大量德軍參加其他地區的戰事。克魯吉元帥可以用這些部隊在布列塔尼進行反攻。越過阿維倫契以南錫龍尼綫的美軍六個師團，必須估計遲到德軍强大反攻的可能性。侵歐前綫其他地區之情勢（或多或少）大致穩定。必須承認布列塔尼的情勢尙不能如此說，因該處之主動權係在美軍手中。現時德軍在布列塔尼前綫僅在進行拖延的戰鬥。德軍最高指揮部是否將發動反攻尙須留待以後見之。美軍無疑的將擴展其最初的勝利，但德軍最高指揮部定將竭盡一切力量粉碎美軍的計劃。

## 關島日寇退守明石街

【同盟社中太平洋基地五日電】我關島守備部隊，於十餘日的激戰後，於該島明石街東北方集結中。八月初起，敵對明石街東方郊外與春田山附近，以附有坦克數十輛的有力部隊，實行突進。該方面第一綫我守備部隊，予以迎頭痛擊，使敵坦克數輛不能行駛，予敵重創，特別是在春田山，來襲敵部隊的差不多半數被擊潰，目下仍正繼續激戰中。又敵於此戰鬥中，將黑人部隊、澳洲部隊驅使最前綫，美軍從後方督戰，採取慣用的手段。

【同盟社中太平洋基地四日電】關島我部隊於明石街北方低地之叢林中集結後，仍對春田方面敵之主力進行奇襲與夜戰，予敵重創。七月二十九日起，三天時間共斃敵一千四百五十名，傷敵二千三百名。敵自該島登陸以來，業已傷亡二萬八千四百五十名，蒙受巨創。

【同盟社中太平洋四日電】狄寧島我守備部隊，於該島南部對衝入我最後抵抗綫之敵，依然繼續非常悽慘的迎擊戰。七月二十九日到三十一日之三日中間，我軍予敵之損失爲：斃敵二百五十名，傷敵八百名，開始登陸以來敵之損失總計，共傷亡五千九百五十名之多。

## 美特種艦隊連襲小笠原 日寇叫喊嚴重警戒

【同盟社中太平洋六日電】四日敵機動部隊出現於小笠原羣島海面，並於上下午使用艦載機襲擊琉璜島及父島，我機立刻迎擊之，將其擊落十九架。五日未明敵機兩批各數架又襲擊琉璜島，我方將其擊落一架。同日敵大型飛機數架及艦載機八十架來襲父島兩次，我方將其擊落二架，五日晨敵巡洋艦、驅逐艦等艦艇接近父島並開砲轟擊父島。

【同盟社東京五日電】敵機動部隊再次出現於琉璜島、父島方面，以艦載機編隊，自四日上午以來，反復來襲轟炸，一部敵艦隊則於父島東方洋上行動中，總機動部隊復自小笠原羣島近海北上，接近本土，來襲的次數當不在少，對於空襲本土，須予警戒。對於小笠原方面，上月三、四兩日，敵以艦載機羣來襲，並以艦砲射擊琉璜島以來，恰好一個月，隨着馬里亞納戰局的嚴重，敵機動部隊的北上行動，將逐漸活躍起來，故必須予以警戒。

## 同盟社報導 一週戰況

【同盟社東京六日電】七日二十九日夜，敵機僅一架來襲北千島，但西部阿留申方面的海上部隊、地上部隊均有漸次增强的傾向，故其動向，須予注意。（滿洲方面）——七月二十九日，在華美空軍（主要以B29式飛機）來襲大連、奉天、鞍山地區，但由於我制空部隊果敢的迎擊。使其僅僅轟炸工場地帶之一部，即行逃逸。又於八月四日，B28式機數架來襲，企圖侵入鞍山、本溪湖、大連地區，但被我制空陣所阻，無所作爲而逃逸。我無損失。（中國方面）——地上作戰：在湖南方面，我軍一週以前起，即將敵完全包圍，予以猛攻，現更繼續捕捉爲來援而集結該地週圍之第六、第九兩戰區軍，殲滅該敵中。航空作戰：我航空部隊曾以已佔領的長沙，湘潭、衡陽各飛機場爲前進基地——協力地上戰鬥——僅在桂林、柳州、芷江等所獲對美軍的主要戰果，共擊落二十八架（內未證實者四架），燃燒一百二十二架擊傷七十九架，共計二百二十九架。我方損失：炸毀燃燒二十六架。七月一個月的綜合戰果，共毀落燃燒五百三十九架，又於八月一日，在桂林焚毀五十架，柳州七架，芷江十六架，二日在安康焚毀六架。七月下旬敵之來襲一百九十四次，共一千一百五十二架。

（緬甸方面）——地上作戰：敵對打通雷多公路的戰意，雖在此雨季的現在，依然旺盛，現繼續在怒江方面、密芝那方面展開激戰中。航空作戰：敵機對胡康南方地區特別是密芝那的襲擊激烈，連日超過九十架，對後方的來襲比較緩散，我航空部隊利用雨季中之停雨空隙，趁機進襲敵基地，繼續戰鬥中。

（南太平洋方面）——敵機對暫時消沉的拉布爾之來襲，更加增大，反覆地執拗轟炸我設施。敵於新不列顛、新愛爾蘭島方面，唆使現住民，襲我哨所，新幾內亞之敵進攻企圖，日趨積極，經曼諾克里、蘇朗、巴勃（譯音）等地，敵機在攻擊哈烏邁拉、安勃納（譯音）方面顯有進展。

（中太平洋方面）——狄寧島於南部地區激戰，在留民中十六歲到四十五歲的男子，編成敢勇隊，在第一綫奮戰。三十一日敵突入我軍最後防綫，關島則在明石街東北方縮短與整理戰綫奮戰中。

（馬里亞納）——二十五、二十六、二十七三天，敵機共八十六架來襲洛泰島，又夜間自海上砲擊頻繁。

（加羅林）——二十五日到八月二日止，來襲敵機超過一千四百架，就中二十五、二十六、二十七三天，敵機約七百五十架來襲帛琉島，約五百架襲雅浦島，連日以大型機襲特魯克。其間所在部隊於各地奮戰，在帛琉島於二十五、二十六、二十七三日中共毀落一百一十架，在特魯克則自二十五到八月二日止，毀落大型機二十四架。

（馬紹爾）——敵機對塔洛亞的來襲一度消沉，現又趨頻繁。二十六日起到八月一日止，共有一百二十二架來襲。

（小笠原群島）——八月四日晨起，敵艦上機數度來襲父島、琉璜島，所在部隊予以猛擊，據現在業已查明的，已擊落敵機十九架。

## 敵同盟社論歐洲形勢

【同盟社東京七日電】歐洲戰局的動向表示東部戰綫德軍的反擊逐漸激烈，全面的反擊的時期已經逼近。另一方面在西方戰綫，從阿維倫契的前進的美軍有切斷布列塔尼半島之趨勢，反軸心軍正在打破膠着狀態。與其相連系的政局情況，有土耳其與德國斷絕外交經濟關係、波蘭左右兩政權的調整問題、芬蘭總統的辭職，小國的政治形勢就像在洶湧波浪中的小船，不得不變動。

（戰局的動向）東部戰綫戰局的重心，是在華沙的攻防戰與東普魯士東方的戰鬥，德軍在華沙前面將防禦主力集中於維斯杜拉河兩岸，表示了反擊的態勢；但德軍亦承認紅軍已在維斯杜拉河西岸局部地建立橋頭堡壘，如果紅軍一旦威脅華沙背後，則德軍的反擊戰將要在西方開始。另一方面企圖向東普魯士正面攻擊的車尼雅霍夫斯基指揮的第三白俄羅斯紅軍，傳已逼近距東普魯士十數公里之處，現正遭受德軍猛烈抵抗。在法國北部戰綫，膠着狀態繼續了一個多月，現已由美軍在布列塔尼作戰而突然呈現活潑，反軸心軍首先在克恩方面突破德軍陣地，企圖一氣進攻巴黎，但因德軍的鐵壁陣容不斷遭受損失，已轉變其進攻方向，進行切斷布列塔尼的作戰，企圖從阿倫維契佔布列塔尼首都勒恩，更進出於聖那最爾，確保聖馬洛、布勒斯特、聖那最爾等布列塔尼的各港口及廣大的德軍背後的地方，以便從側面進攻巴黎。無論如何，由於美軍正面進攻有極大的進展，德軍極宜警戒。

（土耳其的絕交）　二日土耳其政府決定與德國斷絕經濟外交的關係，至於其原因，則土總理薩拉茹格奴在國會中報告稱：『英國政府要求土耳其與德在經濟外交上絕交，美國政府亦支持上述要求，土耳其政府在美國政府經濟上財政上的援助及供給軍需品的保證上，已得到積極的回答，故決定絕交。』此即土耳其政府在英國的壓迫之下，終於不得不放棄五年來所堅持的中立政策。土耳其此次的措置，在經濟上對德國並無任何影響，因從今年四月廿一日禁止對德輸出銘鑛以來，實際上德土間已處於經濟絕交狀態，德軍很早即已預料到這種事態。在政治的影響上，只要德軍駐屯在巴爾幹各國，決不會有直接的影響。將來所剩的問題，即是以根據爲供給英美，允許英美通過達達尼爾海峽的問題，但在這一問題上有微妙的英美蘇對立關係；而且土耳其亦深懼：如果將基地供給英美，則蘇聯亦要求同等的權利，因此意味着土耳其參戰的基地問題，決不會有很迅速的進展。

（紅軍活動的餘波）如洪水般地洶湧西進的紅軍攻勢，隨着接近德國本土而趨鈍化，在此以前由於紅軍已確保舊波蘭的一半，在里加附近，又切斷德國波羅的海軍的陸上補給，因此我們不能否認在該方面創造了部分的政治新形勢，此即由於紅軍佔領舊波蘭領土，又在舊波蘭設立了蘇聯的傀儡政權，這樣就從根基上動搖了在倫敦的波蘭流亡政府立場。流亡政府方面，由於英美的周旋，才被允許訪問莫斯科。米科拉茲柯已於三日與斯大林委員長會見，三十日之眞理報攻擊流亡政府爲『反動的一羣』。從這一事實來看，斯大林是否能接受流亡政府的一些意見，是很可懷疑的。曼納林元帥之就任芬蘭總統，是爲了處理同盟國的補給綫受到極端危脅的困難形勢，故以建國元勳的元帥的人格，把軍政兩略一元化這亦可以說是加强了芬蘭舉國一致的體制。

## 泰內閣完全組成
## 阿拜溫力言維持國內秩序

【同盟社曼谷三日電】泰國新內閣的閣員，二日已正式任命，除已經發表的閣員，更增加下列閣員：內政部長斯巴查拉查陸軍上校（前交通部副部長），財政部長西萊姆溫（泰國商業銀行經理），商業部長沙尼特汶（留任），工業部長魏基特海軍上校（前國務部大臣前艦隊司令長官），工業部副部長沙尼特汶（人民議會官選議員），交通部副部長普哈辛（內務省厚生局長），國務大臣巴霍溫。約丁陸海空軍大將（舊名皮亞巴霍溫前總理），約塔拉克海軍少將（防空局長），加姆菲蘭海軍上校（艦隊司令官），坎察納蕭特（國民議會民選議員）蘇拉第陸軍少將（民選議員），波拉薩馬汗（前內政部副部長）。國防部長查理瓦特．車利瓦特，庫拉卡母頓海軍上校（官選議員）。

【同盟社曼谷五日電】泰國新總理阿拜溫於四日夜向泰國人民發表廣播演說略謂：泰國同胞諸君！國王任命我（我得到議會的信任，而議會代表人民的意志）爲總理，正當我國處於非常的時期，我不能不顧人民的呼聲，希望國民亦遵從政府的政綱，希望國民諸君輔助克服一切困難，增進國家的福祉。政府的政綱大約可以摘要如下：本政府遵從人民黨完成立憲革命時公佈的六大原則，遵從憲法。它是國王的政府。本政府施行足以獲得人民同情的政策。本政府忠實於國王、憲法及人民並盡極大之努力施行廉潔政治，以圖增進國民的福祉與國家的進運。余將極力使政府担負更大的負担。本政府絕不採取强制的手段，雖然在很困難的情況下，亦圖謀改善國民的生活。軍隊與警察的將士諸君！諸君均有家庭與妻子，政府通過政府機關及國民議會，深知諸君家族的幸福或困難。議會與政府將盡力援助和保護諸君的家族。諸君當然要享受大衆所獲得的福利，官吏是推行國政的不可或缺的，政府亦努力使這些官吏得到方便。現在最重要的就是維持國內秩序，只要能夠維持秩序，才能使國民毅然決然地克服戰爭的危險。如果國內混亂，那末全國人民也要混亂，這樣，泰國人民所渴望的獨立亦瀕於危殆。我最後要强調：全國人民要一致合作，忠實於國家和人民，這是國家與人民克服困難的唯一辦法。

【同盟社曼谷三日電】泰國國會根據阿拜溫新總理之請求，於三日下午二時召開，阿拜溫總理發表了新內閣的六大施政綱目，國會對新內閣滿場一致表示親任，於此新內閣即正式成立。新內閣的對外施策，從下面即可看到，與前內閣毫無更改之處，與日本之提攜將更加强增進。據稱：本政府以與日本所締結的條約及協定爲根據，不僅維持兩國間過去的親善關係，更期望進一步的加强增進，對於其他各國亦根據與該國締結的條約與協定，實行同樣之政策。

【同盟社曼谷三日電】以阿拜溫爲首相的泰國新內閣，三日下午獲得國會之信任，這一集中泰國國民意志處於激烈大東亞戰爭之中的新內閣，具有貫徹其所信的決心。協同阿拜溫少校之泰國海軍中的元老巴霍溫大將就任不管部閣員，泰國海軍總帥辛中將任國防部長兼農業部長、及前駐日大使西塞納任外長，此外教育各部均換了新的姿態。這一新內閣在一千八百萬泰國民衆支持之下，獲得了實行力的源泉，正因如此新政府在其政綱上即闡明：爲了回答國民的熱忱，這一泰國國王與國民的政府有決心全國一致渡過重大的時局。亦正如政綱第六條所說的，在軍政全面合作之下與日軍相提攜，完成大東亞戰爭的決心，從這裏已可看到日泰兩國的前途是可期待的。

【同盟社曼谷四日電】泰國新內閣在三日的議會上，得到全體一致的信任，而一般民衆，對新內閣亦給予全面的支持。特別是在成功聲中明示『國民的政府』，此點給國民以預想以上的好感。又一日以阿拜溫少校爲首任命後，僅一日時間即組閣完畢，三日在議會上得到信任，這一閃電內閣對於民心的安定，給予不少的良好影響，而這絕不是『拙速』，閣僚的人物亦都是國民非常熟悉的長老，此事表示阿拜溫總理的政治力量，提高國民信賴之情，三四兩日雖爲泰國的國祭假日，泰文報數家報紙特發行新聞，祝福新閣的前途。

## 保首相接見蘇駐保公使

【路透社倫敦六日電】德海外通訊社稱：保加利亞首相巴格利安諾夫今日接見蘇駐保加利亞代理公使。

【合衆社安哥拉六日電】據可靠方面消息，保加利亞正藉土耳其爲媒介向同盟國提出其退出戰爭之條件，即要求同盟國保證其在戰前一九三九年之疆界，保持獨立。巴利安諾夫之政府，已準備以此爲基礎討論撤退希臘及南斯拉夫境內保佔領軍之問題。巴格利安諾夫已令保國駐土大使巴拉波諾夫要求土耳其向同盟國傳達此等建議。

## 土對德絕交事 蘇聯保持沉默

【海通社柏林五日電】莫斯科對德土斷絕外交關係，完全保持沉默。無論無線電台或報紙均未予以評論。威廉街發言人認爲這頗值得懷疑。經驗告訴我們，如果克里姆林保持沉默，一般地說它要求的就更多。柏林方面認爲蘇聯要求土耳其的根據地，特別是海峽中的根據地。德國外交部人士似乎知道土國許多人士反對將此種基地讓與蘇聯。發言人認爲這些有理智的人們深知：如果將手指給予蘇聯，蘇聯便將把整個手都抓住。英美是否也要求根據地，以及他們的要求是否會與蘇聯的願望相抵觸，發言人仍未予答覆。事實是：英國工程師們會在安塔利亞修築許多航空站。

# 參攷消息

（只供參考）
第五六〇號
解放日報 新華社 編
今日出版二張
卅三年八月九日
星期三

## 敵大本營公佈 佔領衡陽

【同盟社東京八日電】大本營發表（八月八日十七時三十分）包圍衡陽之我部隊，於八月四日開始勇敢攻擊，擊滅與駐華美軍共同固守衡陽的重慶軍四個師，本月八日佔領。

【同盟社東京八日電】我湖南作戰軍於攻克長沙後到衡陽攻略戰的戰鬥經過如下：

從追擊戰到奪取機場——中央進擊部隊於攻克長沙同時，並攻克長沙南方的株州，冒着大雨泥濘的惡路迅速前進，立即佔領衡陽北方六十公里處之朱亭。六月二十一日佔領衡山。二十六日復於衡陽週圍，在我疾風暴雨的進擊前，該飛機場企圖炸毀其各種設施，但由於我挺進部隊神速適切的活動，幾乎兵不刃血將其佔領。我航空部隊不稍休停，利用於該地鹵獲的燃料、彈藥，立即協力地上戰鬥，獲得莫大戰果。由於雄偉無比的突進作戰，與奪取死守衡陽外圍設施之機場而包圍衡陽。另方面與此平行，分東北方（醴陵、萍鄉）、東南方（攸縣、安仁、耒陽），西方（永豐及其週圍）三地區，巧妙地展開主力的突擊作戰。即是說在東北方，攻克醴陵的部隊更向東進，突破湖南、江西邊界之萬洋山脈，二十二日在萍鄉附近，擊退自第三戰區前來挑戰的第二十六軍部隊，於約十小時的激戰後，同日下午將其佔領。東南方地區則沿着萬洋山一直南下，我快速部隊趁着佔領萍鄉的餘勢，二十五日佔領攸縣，並繼續南下，攻克衡陽東南六十公里的安仁。七月三日攻克粵漢路要衝耒陽，切斷粵漢路。又於衡陽西方地區，七月四日攻克衡陽西北七十公里處之永豐，並攻克金蘭寺（衡陽西北四十公里），進出於白鶴鋪。

包圍衡陽作戰——一部部隊佔領衡陽飛機場後，從北、西、南方面，以完全包圍的形勢，使城內之敵軍完全孤立，第十軍軍長指揮之敵四個師，好容易以空中供應，供給逐日消耗的戰力；另方面盼望第六、第九戰區的主力自四週救援，殺至衡陽周圍，繼續抗戰。敵之戰意旺盛，在衡陽城週圍構築陣地，但一一被我軍擊潰，因之不能突入城內，加以死守衡陽決心頗爲強固之敵，將城內一切建築物變成碉堡，在其下縱橫佈下地下道，繼續着頑強的抵抗，如此爭奪一點一角的地步，敵我日夜繼續悽愴的手榴彈戰。其間，我後方供應線逐漸整備，重武器及其他攻城兵器不斷供應，攻略體制順利進展，我包圍鐵環在壓縮，終於四日黃昏，開始總攻，開始攻擊後僅三晝夜，衡陽城終落我手。

對救援衡陽敵野戰軍的大殲滅戰——這樣我各精銳部隊由粵漢路東側與西側地區，一齊南下突進，確保衡陽週圍各要衝，對按照死守衡陽之冒，從四週蝟集之第六、第九兩戰區軍，展開澈底的大殲滅戰，將主力約二十一個師的野戰軍一舉擊滅。

【同盟社湖南前綫七日電】敵人爲了增援衡陽，從各方面不斷派遣救援軍，我軍不失機會隨處捉捕敵人，獲得極大戰果，特別是從衡陽東面增援的敵人，在茶陵、萍鄉方面，曾受許多次打擊亦不顧忌，仍然不斷派遣後續部隊，這是由於相信戰區長官薛岳的『日軍反轉』的欺騙所致。從上月二十八日以來，在耒陽南方八公里小水鋪出現的救援衡陽軍的先頭部隊——第二十六軍第四十一師，暫編第八師，現在被我軍包圍於山岳地帶，刻刻逼近殲滅之命運。另一方面安仁的我部隊，又正包圍殲滅出現於東北地區的敵第一百三十八師，敵人增援衡陽的軍隊，在其外圍已被我悉數殲滅。

## 陳誠在西安出現

【中央社西安七日電】今從省黨部總理紀念週由戰區司令長官陳誠主持，參加者全市黨政首長教育工商界代表及士紳八百餘人。陳長官領導行禮後，即席致訓詞，題爲『如何推行三民主義』。陳氏除就民族、民權、民生主義與法西斯主義、民主政治及共產主義等不同之處詳加論列外，並對三民主義之精神究竟與其切合國情引據論證××××經驗以實踐心得反復說明，其結論力主普及教育，增加生產，合理分配，力行主義，方克實現大同之治。詞畢宣讀黨員守則。禮成。

【中央社重慶八日電】中央文化運動委員會將於八月廿七日教師節，發動遵師重道運動，會約請各有關機關學校團體商討進行辦法。

【中央社重慶七日電】國府七日令、戰時圖書雜誌原稿審查辦法，着即廢

## 三民主義青年團共有團員六十萬人

【本報訊】據七月九日新蜀報載：國民黨中宣部編『青年團之成長』中，關於青年團之發展和現在情況稱：『自民國二十七年七月九日團的中央臨時幹事會成立以來，該團發展分三時期：第一時期由二十七年七月到二十八年八月，爲籌備時期，恰値武漢危急，即以『保衛武漢』爲中心工作。武漢失守，中央團部轉湘遷渝，開始建立地方團隊組織，吸收青年實行組訓。第二時期爲建立期，由二十八年九月到二十九年八月。此期正式成立中央幹事會監察會，團員增至十六萬。第三時期爲展開期，由二九年開始迄今。此期修正了團章，頒發了各級團部指導方式，擬定了統一全國青年組訓的方案，及團員訓練方案，確定了黨團關係，確定了幹部政策，舉行了團員總考核，召開了全國幹部工作會議，及全國第一次代表大會。六年以來，全國已有支團二十五個，區團三十二個，分團七〇六個。其中設於後方各省者六二〇個，戰區者十五個，邊區者十一個，海外者二十六個，學校者五十一個，訓練團十九個，其他區域者十六個。團員總數將近六十萬人，共組成區隊六三五五隊，分隊三二、四五一隊。』

## 傳德寇陷伊爾加發 紅軍進展較遲緩

【同盟社柏林六日電】據前綫消息：今日德軍進行强襲的結果，奪回里加南方的要衝——伊爾加發。

【海通社柏林五日電】德軍發言人於評論東綫目前情勢時宣稱：蘇軍在東綫的巨大部隊向西方推進已不復存在。蘇軍僅在兩處企圖以强大部隊向西方推進。這就是在維斯杜拉河（瓦爾卡以西）的橋頭堡壘和東普魯士邊境地區敵人企圖在蘇達溫和斯查根地區於猛攻中進抵邊境。前綫其餘地區屹立不動。今天，爭奪華沙之戰與一週前的性質大異。德軍强大反攻使敵軍不能作任何進一步的推進。德國軍事發言人認爲：華沙面前之蘇軍現似已被迫轉入守勢。

## 希特勒成立審判叛將法庭

【海通社柏林四日電】元首行營星期五晚宣佈成立德軍榮譽法庭。它的任務是審判參加七月廿日謀殺元首陰謀的人們。官方公報如下：爲了迅速恢復它的榮譽，陸軍向元首提出此願望，即肅清××以及參加一九四四年七月廿日陰謀的最後一批罪犯。它希望罪犯交給人民裁判所。元首同意此願望，尤其因爲陸軍本身迅速而有力的行動將反對人民及元首的卑鄙[illegible]必須審查誰在任何方面涉及陰謀，誰應從陸軍中逐出，而且誰應首先被革職首元。指定凱特爾元帥，馮・倫斯特德元帥，古德林准上將，步[illegible]羅斯・斯皮赫德中將等參加榮譽法庭；步兵將軍克里貝爾・奇爾赫姆中將將之。元首保留對榮譽法庭像審判決之決定權。那些將爲元首驅逐的軍人是與那些着軍服的大德意志帝國成百萬誠實的兵士和那些効忠沙場的千百萬兵士沒有任何共同性，所以他們不受陸軍法庭的審理，而與其他共犯同受人民法庭的審判。同樣情形亦適應於在第一審中被從陸軍中斥退的軍人。榮譽法庭於八月四日由元首召集。希特勒於論及七月廿日案之背景與關係時，說，在判斷罪行時，人們不應忘記這些叛逆之破壞我國的努力和鬥爭不是僅從一九四一年起，而是從納粹主義秉政以來就如此的。叛逆集團爲數有限，但在影響上是重要的。（下缺）

【路透社倫敦六日電】德國海通社今夜稱：『意大利官方人士自威尼斯報導稱，刺殺希勒特的企圖亦圖刺殺墨索里尼，意大利政府發言人向外國報界宣稱，主持謀殺希特勒的同一德國軍界集團堅持稱，墨索里尼已較其所計劃者早數日抵德國。他們希望利用希墨會議時行刺。』

## 德寇希望 日本海軍忍辱負重

【同盟社柏林三日電】柏林地方報頃登載波爾曼・魯夫特博士的論文，題爲『太平洋上美國的攻勢』，評論日本海軍作戰。該文要旨如下：尼米茲艦隊的行動，較之歐洲大陸陸上作戰（缺）……。向馬紹爾、加羅林、馬里亞納群島進攻之美軍，於佔領塞班島後，不久又殺到關島，而小笠原群島似亦爲敵所窺伺者。如是敵行動目標，很明顯地在爲空襲日本本土，尋找長距離轟炸機的前進根據地。對於日本後方國民因敵機空襲的負担，過小評價固不可以，但過大評價亦屬錯誤。對於日本說來，敵機的空襲日本，其危險尚還不如對東中國海及南中國海的海上運輸的威脅。目前美空軍根據地距此尚遠，還沒有直接的距離。若美國艦隊能在海上或空中直接攻擊日本本部、香港、廣州、馬尼拉、西貢、昭南島的海上運輸綫，那麼，此時的日本與美國海空軍的主力，便有可能各竭其全力、發生正面衝突的大海戰。對於美國此種攻勢，爲什麼要以全力舉行大規模的反攻呢？蓋値得我們注意的，日本海戰理論的最高原則，是保證日本的生命，因而聯合艦隊乃有此一原則，即：只在比較近於日本本部的海上，才邀行大海戰。此蓋由於考慮到近代海戰難以避免的損失，以及軍船的不足。若日本艦隊遭受重大損失，則有駛至本國船塢修理的好處，反之在敵艦隊方面如受到同樣的損失，則無法修理。故敵人的損失必然要大。又日本僅有一個聯合艦隊，若日本聯合艦隊全軍覆沒，其補充需要數年，在此期間，海上聯絡路即被切斷。細長的都是些島嶼的日本本部的狹小的海岸，由於受到海上的敵方砲擊，即瀕於開放狀態。但在美國方面則與此不同，例如美國艦隊即令全部損失，尚有英國艦隊，縱使英國艦隊不參加戰鬥，因在美國廣大的背後地，有攻擊圈以外的安全地帶，所以也不可能從太平洋眞正的向美海軍進攻，因之，日本海軍採取了一九〇一年，東鄉司令官對於由波羅的海艦隊及黑海艦隊組成的大俄國艦隊的辦法，不僅不至非洲迎戰，且在近海進行演習，不作任何防備，俟至對馬海峽時，始舉行殲滅的追擊。這種誘敵至本部近海進行戰鬥的古時戰法，復將為日本用來對待尼米茲艦隊；但美國早已偵知日本此一意圖，故彼等此次進攻太平洋，看到日本將不會以主力舉行反攻，而自由行動起來，因而乃逐島作戰，接近日本本部。同時以上述同樣理由，可以以樂觀的立場，自由地構築進攻日本本部的前進根據地。所以決定太平洋戰局大勢的最大決戰，將發生於美國從前進根據地直接攻擊日本本部之時。不待言者美國最近建設根據地，是為了空襲日本本部。此對於日本後方，自為不愉快的實事，同時，還增加了相當的負担。然而，不可忽視的，企圖從前進根據地向日本壓迫，藉使日本國民憤慨，聯合艦隊將士焦慮，因而輕率出擊的美國的這一策略，我們確信日本海軍不會中敵人的奸計，而能選擇適當的時間與地點，與美國艦隊進行決戰，為了此重大時機的到來，而能隱忍自重，在沉默中有所準備，為了此時殲敵。日本將士當已決心與飛機艦船共存亡。

## 日寇焦急萬狀 要求立即改革軍需糧食生產

【同盟社東京六日電】由於太平洋戰局的急速轉變，決定皇國興亡的出血戰已迫在眉睫，而飛躍地增加軍需生產，應付戰局的必要性愈益急切。小磯米內聯立內閣成立以來已有半個月。目下政府正在考慮和研究新施策。由於戰局的緊急，不容一刻的遲緩，國民期待和希望政府大胆直率地闡明其政策。並表示出在政府雄壯的號令下，一齊進軍的熱情。此時應提出決戰生產部門的緊急事項作為展開新施策的一環。

欲增强軍需生產，首先所應採取的方策就是刷新生產行政。由於去秋軍需省的成立，我國生產行政已有劃期的加强。欲適應戰局的新階段，應該發現尚需刷新的部門。為此，首先要設立企劃機關以樹立和調整綜合國策。當面對着激烈的戰局時，促進作戰與生產的密切一體化乃當前的急務。隨着戰局的進展，欲採取機動的措置，敏速、正確地將此反映於生產部門則有待於位於行政各廳之上的綜合企劃機關的機密。這樣欲避免機構方面的弊病而創造綜合的企劃機關，應根據下列原則，即緊於作戰與生產的一體化為其使命，應於形勢許可時，將現在大本營政府聯絡機關加以法制化，設立事務局，將事務局大半的機能成為企劃機關。第二是迫切要求加强和澈底調整簽發訂單，軍需省成立的主要目的之一在於調整簽訂定單，當初希望全部原料、材料由軍需省調整之。現在還未充分實現這個希望。如果軍需省能夠完全調整原料、材料、那末艦船、兵器的生產行政縱使不合併於軍需省，而軍需省在事實上在全般的生產行政上增大其統制力，加强生產行政的一元化。第三、希望確立生產責任制。軍需會社成立已逾半載，隨着軍需管理部（與軍需會社形成表裏一體的關係）的整備，使該制度的運營有一新的轉機。生產責任制深為各方面關心的事情。今日生產責任者中仍有舊態依然地拘泥於自由經濟的觀念，而不了解國家生產的重要性。政府盡量對企業發出生產命令式生產指示，分明生產的核心，同時對於生產管理等追究其責任，需要使苟安的企業家覺醒，以上三點是刷新生產行政所緊急要求的施策的重點，希望當局急速實行之。

其次，軍事動員與產業動員有密切關係乃現在應付決戰階段的國民勤勞動員的中心課題。包兵徵兵適齡降低一年的徵兵年限延長學生出征等措置的施行，它對於生產方面有更大的影響。當現在勤勞動員的餘力日益減退時，今後勤勞動員計劃當然遇到更大的困難。但在現階段絕對要求加强軍事的動員。同時也要增强生產（此與軍事動員形成表裏一體的關係），因此要澈底加强勤勞動員以加强生產。現在處此決戰階段，全國人民都成為兵士或工人時，所期待於新內閣的勤勞動員方策的根本在於解決如何調整軍事動員與產業動員的問題。

希望政府所採取的食糧施策，第一是絕對確保儲備的食糧。我們必需絕對確保儲備的食糧，以備不易輸入食糧或歉收時，能夠長期地供給食糧。第二是確立綜合的食糧對策。以後政府已講求各種方策確保米麥等主要食糧。統制糧食品及雜食品的生產與配給還沒有收到極大的效果。主要食糧與副食品之間未有任何區別的綜合食糧計劃應早日樹立，並將魚類及雜食品等的需要量壓到最低的數量，而實行有計劃的配給。但其前提就是加强國家統制。

再次，看一看科學技術方面。對處決戰階段的技術方面的問題是迅速確立足以總動員我國現有的科學技術能力結集於必要部門的體制。現在在科學技術上應採取下列措置：（一）科學技術行政的一元化。欲發揮科學技術能力的總力，首先要統一目標，將其總力結集於此。爲此，需要一元化地運營關於科學技術的行政。當然，東條內閣亦會提出這個問題。東條內閣設立技術院，整備科學技術研究團體及設置研究動員會議。徵諸其實際成績，還不能說已經完全消除了亂立科學技術行政的弊病。爲此，研究者加重了其研究的題目，而生產者需要滿足多方面的要求。但是他們都感到不能充分發揮其能力。欲解決這一點，只有依靠行政的一元化來統一多方面的科學技術，這未必需要根本的改變機構，只要加强、刷新機構並澈底運營機構。現在政府將技術行政浸透至最下層是很重要的事情。（二）科學技術與生產直接結合起來。欲使我國科學技術的總力化爲主力，應該不斷地將技術與生產結合起來。現有的科學技術的能力立即動員來進行生產，並有效地使用之，同時應研究如何使科學技術有效地貢獻於生產。根據增强生產第一主義，特別要求採取措置，使科學技術與生產結合起來。（三）不論在重點地配置科學技術人員，工場的生產管理及指導勞務者方面來說，需要大量技術人員的迫切莫過於今日。因此欲增强國家的生產，緊急要求動員科學技術人員，根據重點主義再配置科學技術人員。

## 戰爭與工人階級
### 評日內閣改組

【中央社莫斯科三日電】最近出版之戰爭與工人階級雜誌由歷史博士艾傑可夫用回答讀者問題之方式發表一篇關於日本內閣改組之論文，作者以日本與其敵人英美富源、日本生產與經濟方面之弱點、最近日本塞班島軍事之失利，爲東條內閣傾覆之直接原因。希特勒歐洲機構所受之打擊與意大利法西斯政權之崩潰，均有損東京外交政策之威望。作者繼分析新內閣稱：其組織較前內閣廣泛，因新內閣包有舊政黨之政治家，新內閣之數大臣爲東條內閣之舊人，同時其中數人以前不僅一次出任要職，因此新內閣在國難時期已使用舊閣員之經驗。作者復提出新內閣之兩言云：『日本將繼續與德國完成共同作戰目的加强聯合。』最後作者云，『太平洋戰爭使日本陷於僵局，其更換政府即日本進行戰爭艱難作戰驚惶失措之證明

。』

## 土駐日大使即將赴東京

【海通社柏林五日電】安哥拉訊，土耳其新任駐東京大使莫蕭菲爾・戈克頤曾於星期五與伊諾奴總統會談。戈氏不久即將離土赴東京任職。

【海通社柏林四日電】威廉街人士今日稱：關於德土交換外交人員和人民的談判，已行開始，但尙未結束。關於交換途徑和人的數目，仍需雙方獲得諒解。據推測，這項談判是經由瑞士作爲保護雙方權益的國家而進行的。從政治見地來說，威廉街人士對於關於土耳其所已經說的，是沒有甚麼沒有增加的。發言人只叫報界注意若干外國報紙的評論，這些評論支持德國以下的論據：蘇聯乃是英國加諸土耳以壓力的幕後牽綫人。正如發言人所說的，由於土耳其的這個舉措而獲得利益的唯一國家，將是蘇聯。他特別提到『泰晤士』報和『巴塞爾新聞』的社論。該瑞士報稱：土耳其之於這個階段作其決定，並不是沒有危險的。護艦隊訪問海峽是容易的，但欲其離開海峽却是困難的。英國在東歐屈服於蘇聯之後，現又有一個英國在土耳其外交上的更重大失敗在進行中。

## 英官方通訊社力稱
### 美軍的成就是英軍的功勞

【英國官方通訊社倫敦七日電】……據報頭……試將攻歐日與今日蒙哥馬利的地位對比一下。兩個月之前，他面臨着雙重的問題：不僅開始全力攻勢的問題，而且亦爲找求給與運動地位的前綫問題。羅麥爾調集（坦克）拚命試圖力迫盟軍退入海中。此着失敗後他就企圖在最强大的一端——克恩陣綫堅阻盟軍兵力。這樣一來德軍左翼就危險地減弱了——這一綫由蒙哥馬利所據地展開，席捲整個左翼使美軍經××向西×××與英軍向巴黎的一綫上××。同時英第二軍努力於進攻德方樞紐點克恩，該處仍集中有敵軍主力。這樣今天儘管突破該綫之西，羅麥爾仍不能從東面轉移其兵力，英軍在東面的新進攻威脅德第七軍方面。當英軍距巴黎僅一百廿哩，美軍距巴黎僅一百卅哩之際，羅麥爾現正面臨着二百哩以上的前綫——蒙哥馬利就是這樣燦爛地完成了找求運動地位的第一個目標。同時，第二個並爲最重要的目標——消滅德軍——也正在着着實現中。諾曼第敵軍傷亡據最近估計爲二十萬，同時英軍將領稱：與諾曼第盟軍對壘的德方卅五個師中已有十三個師『完全被消滅』。這樣當愈益擴展中的英軍兵力已能在廣闊前綫充分利用之際，敵軍已經喪失了三分之一的初步力量，並正面臨當前更加重大損失的前途。

# 參攷消息

（只供參考）
第五六一號
新華社 解放日報 編
今日出版一張
卅三年八月十日
星期四


## 軍委會宣佈 衡陽情況不明

【中央社重慶九日電】據軍委會九日發表戰訊：（一）衡陽城內巷戰，現因通訊聯絡中斷，已入於不明。衡陽外綫我西面部隊，與敵經過至爲激烈之戰鬥後，已進至五里牌西側之綫。南面我復獲進展。東面敵向我猛烈反撲，我軍力予堵擊，在東陽渡以東地區反復搏殺，敵我互有傷亡。北面我與敵在望城坳、集兵灘之綫以西地區續行猛戰，雙方均有甚大之傷亡，但我仍獲得進展。我鹵獲敵迫擊砲兩門及機槍步槍等甚夥。（以下略）

## 敵稱完全侵佔衡陽 衡陽外圍擊潰國軍十五個軍

【同盟社衡陽八日電】南北四公里、東西二公里之衡陽城——西南部一帶連續數十米高的丘陵，北部則爲水田，東則爲被湘江之流所保衛的天然要塞，利用此地形，敵誇稱爲堅固的陣地。對此，我軍在等待敵戰力的消耗，窺伺戰機，終於四日開始總攻。敵於南方前面岳廟山（缺），因制衡陽城的死命，因此其反擊悽愴非常。我軍復以白晝攻擊與反覆夜襲，進行突擊，終於將敵潰滅，繼之一舉殲滅敵之大部（自其左翼學校高地、森林高地前來出擊），逼近城牆。另方面來自北方的攻擊部隊，漸次擊滅錯綜的武坪湖附近敵陣。一隊自西北角，在青山向衡陽中學方面進擊。另一部則自北正面，向城牆猛擊。此時西南方面部隊，已奪取天馬山、西禪寺高地（缺一句）。六日下午五時，磐×隊越過西門城牆，終於突入市內。這樣，該日夜南、西方面之敵陣俱被潰滅。又留於城內的一部砲兵陣地之敵，表示頑強的抵抗，對此，我航空部隊與××方部隊，一齊予以猛擊。突入市內的部隊，七日上午由西門到北碼頭方面，展開悽慘的市街戰，到處演着白刃戰，迫近市內中心地，繼續進行全市內的掃蕩戰。八日上午八時，終於完全攻克衡陽城。

【同盟社東京九日電】衡陽雖已陷落，但以該市爲中心的戰鬥，仍在激烈繼續中。即是說湘江東岸地區，繼續在茶陵、耒陽附近，進行活潑的擊滅敵野戰軍作戰。在湘江西岸地區，亦到處捕捉與擊滅約十個軍的救援衡陽軍。全般的說來，敵之戰意由於衡陽的失陷而大加低落，截至現在爲止，已給以毀滅性的巨創。敵部隊總計十五個軍，其中有第九戰區軍即薛岳的幾乎全部兵力（十二、十六、三十七、二十、四十四、暫編第二、九十九、四等軍），由第六戰區來援的七十四、七十三、七十軍、××、一百七十三、七十九、第一百四個軍、以及第三戰區的五十八、七十二，第四戰區的六十二各軍。

【同盟社湖南前綫八日電】衡陽危急後，敵第一百軍爲了救援衡陽守軍，企圖結集於衡陽南方八公里二塘附近，我軍知道此項消息後，即於三日追擊之，並在蒸水河畔捕捉來援之敵第七十九軍，予以嚴重的打擊。

【同盟社湖南前綫八日電】耒陽方面的敵軍於七月下旬以來陸續集中，以圖救援衡陽的敵軍。我軍各部於三日來包圍此等敵軍，進行白刃戰，擊潰敵軍，目下正在擴大戰果中。即耒陽方面敵第廿六、第九十九、暫編第三軍三個軍在耒陽南方八公里小水舖表示準備出擊的態勢，以圖救援衡陽。三日，我精銳部隊在五里泥（耒陽西北二公里）擊潰敵先遣部隊，由三方面壓縮包圍圈，於是與敵展開殲滅戰。五日夜，我軍一部渡過耒水，奇襲敵人背後，切斷敵軍後路，繼由四面猛攻敵人，現在殲滅敵三個軍已不成問題。

【同盟社湖南前綫八日電】我軍在萍鄉、醴陵展開殲滅戰後，該方面的我軍目下正在徹底掃蕩周圍的敗敵。二日以來，繼續與白竹（醴陵南方約四十公里）方面的敵第七十二軍有力的敗殘部隊展開殲滅戰。白竹附近都是山岳，因此我軍進攻是很辛苦的。目下正壓縮包圍圈，隨地擊潰敵人，擴大戰果。

## 衡陽介紹

【同盟社東京八日電】衡陽又名衡州、蒸陽、臨蒸，在湘江左岸，位於蒸水、耒水兩河合流點的上流，是經濟交通上的要地。湖南省政府於最近由長沙移至衡陽，軍事政治經濟的中樞機關均在此處，其繁盛超過長沙，是古來名勝之地。文人遊客來訪者甚多，有許多名勝。去年年底之人口爲三十四萬九千八百人，是湘桂、粵漢兩鐵路的分岐點，同時又是湘粵、湘桂、湘黔三重要公路的要點。是大米、小麥及其他重要農產物以及石炭、錫的主要產地。最近湘桂金融的活動亦特別活躍，是重慶金融的培養基地。在軍事上是美駐華空軍的前進基地的中心，現已為我軍利用。可以代表衡陽飛機場的滑走路，寬一百八十公尺，長一千五百公尺，完全是舖築起來。有許多軍政機關。在我軍第二次長沙作戰後，軍需工廠，全部移至衡陽，是重慶統治下的大工業都市，最近有一百數十處工廠。

## 外國記者詢問國共談判情形
## 張平羣談湘戰不在衡陽之得失

【中央社渝九日電】外國記者招待會九日下午三時舉行，梁部長寒操、吳次長國楨、張參事平羣出席主持。某記者詢問中央與中共代表林祖涵談判有何進展？梁部長答稱：談判尚在進行中，群情尚不能奉告。中央始終以最大誠懇寬容與忍耐謀談判之成功。記者問：衡陽戰事最近眞相若何？張參事答：衡陽守軍苦鬥逾一月有半，阻敵南進，並向敵索得死傷數萬之代價，使我外綫部隊以從容部署，逐漸將敵合圍。其浴血抗禦之英勇及其準備作最後壯烈犧牲之精神，實可歌可泣。今日湘省戰局之重心，已不在衡陽之得失，而在外綫部隊之環攻，此項攻勢，正在猛烈進行中，決不令受圍之敵輕易他竄。惟現代戰爭中，精神力量與優良武器同爲制勝之要素，僅有熱烈之意志，終難抵冷酷之鐵鋼，有盟方重兵器之大量接濟，我始可加速取勝。記者問：近聞中國境內有霍亂症流行，其事實如何？張參事答：據衛生署向行政院報告，本年五月間雲南鶴慶縣首次發現霍亂，繼之者江城、易門兩縣不過數起。七月廿日桂林亦有發現，截至七月卅一日止，該處共有七十五病例。其中十九例已死亡。本月初，貴州獨山、黎平兩縣亦有霍亂發生，但患者不多。此乃流行之概況。防治方面，各該區均已先期備有注射疫苗，並舉行飲水消毒，隔離治療及預防注射等事，且現已立秋，可望不致蔓延。記者問：緬滇公路行將重開，該路管理上以前國際間似有爭執，將來如何？通車後運何物品？張參事答：現在盟邦同心合力擊潰軸心，美英蘇中親善無間，四位一體，有何爭執可言。該路重開後，問題只在如何充分利用，究應如何管理，必易解決。至運輸物品，當然以軍需品佔先。

## 西綫盟軍
## 已消滅德軍十三師團

【路透社倫敦六日電】某英國著名高級將領今晚告路透社記者：『我認爲以後兩三個禮拜可能將是戰爭最危急的關頭。德國似乎將在許多地方遭遇最大的災難，而且可怕的時期就在面前』。將軍發表：盟軍在諾曼第的戰役幾乎恰切地依照數月前所擬計劃進行着。『我們假定攻歐日後五十天到達布勒斯特，這並不包括完全肅清布列塔尼半島之敵在內，這一工作需要攻歐日後六十天。這是二月以前的計劃。今天是攻歐日後的六十天，將軍支持蒙哥馬利的政策，這個政策是要在突破德國防綫以前建立巨大的後備隊。將軍說：『一方面這個政策是說戰役的初期可能較慢時，同時人們希望戰役後期可能較預料更快』。我們已與三十五個德國師團接觸。由於最近戰爭結果，已有十三個師團實際上已被消滅。從所餘廿二個師團判斷，每一軍正面對十一個師團。我們估計有五個裝甲師團對付我們，約三個對付美軍。有一件事情是確定的，德軍已決定企圖堅守樞紐地點和海港。這似乎是敵人的陰謀。敵人進入堡壘區，並準備毀壞地方。從海軍觀點看來，假如敵人失掉了布列塔尼的各港作戰價值，則對他將是巨大災難。敵人整個海軍戰略必將重起爐灶。他已將潛艇集中該處。而這些海港失掉就將完全顛覆他的海軍戰略。（下缺）

## 傳希魔已開始
## 組織祕密武裝

【中央社倫敦七日電】刻有種種跡象，顯示希特勒及其黨羽已知德國必敗，故乃開始建立祕密部隊及基地，準備利用歐洲及德國解放後政治經濟財政社會交通運輸混亂的時候，在德國繼續進行祕密抵抗。衆信日本亦將做效希特勒，採取同樣辦法。聞德國已開始在奧地利境內訓練游擊隊，準備作爲將來在德國及奧地利進行祕密抵抗的中心。希特勒的計劃是：一旦軍事上不能支持，德軍即退出東普魯士、波蘭、匈牙利、捷克、羅馬尼亞、南斯拉夫、保加利亞、希臘、意大利、法國、荷蘭、比利時、挪威及芬蘭，退出德國南部阿爾卑斯山區及奧大利，以貝茲加登（德奧邊境希魔別墅所在地）爲總部繼續抵抗。希特勒已命令在山中部署天然堡壘，有隧道相通，並儲藏大量食糧及燃料。希特勒並與佔領區諸傀儡合作，在各國作同樣之準備，一旦有組織抵抗停止，即在德國及被解放之各國發動祕密抵抗。但我們有充分理由相信盟國當局已洞悉希特勒此種奸計，並已採取必要對策。

## 被俘德將領
## 呼籲波羅的海德軍投降

【路透社莫斯科八日電】莫斯科無綫電今晚（星期一）稱：在蘇聯被俘的一羣德國將軍今晚呼籲被包圍的德國波羅的海軍隊投降。呼籲稱：『將領，軍官及士兵們！你們軍團的聯系已被切斷。像中路與南路的軍團一樣，你們正被命令進入毀滅的災難中。突破至東普魯士是不可能的。蘇軍深約九十哩的包圍圈正包圍着你們。所以你們唯一的正當的方針便是投降，避免無意義的殘殺幾十萬人，德國將需要他們去重建國家。沒有一個人願爲了希特勒已失敗的事業而作無用的犧牲的。』

# 參攷消息

（只供參考）
第五六二號
解放日報 新華社 編
今日出版二張
卅三年八月
十一日
星期五


## 軍委會公佈衡陽淪陷
## 守城指揮官情況不明

【中央社重慶十日電】據軍委會十日發表戰訊如次：（一）衡陽城內慘苦巷戰，由七日晨起至八日晨我官兵壯烈犧牲殆盡，終於是日淪於敵手，守城指揮官等情況不明。我外綫各面部隊復行猛攻，南面在甫子亭、官橋亭、姜家堰、大碧塘一帶與敵反復搏殺，雙方均有傷亡。東面在東陽渡、五馬歸槽一帶東側與敵往返衝擊，互有進退。北面我在望城坳迄集兵灘以西地區與敵進行至爲激烈戰鬥後，復攻克數重要據點。西面我於攻達五里牌之綫後，九日敵向我反撲，我軍迎頭猛擊，戰鬥猛烈異常。我擊斃敵五百餘。十日晨敵機一批向衡陽以西施行轟炸，被我擊落一架。（以下各地略）

【合衆社華盛頓九日電】美副總統華萊士頃致電蔣委員長，對衡陽守軍『長期而英勇』之抵抗表示敬佩。電稱：余相信衡陽之堅守，可能使中國西南部其他各受威脅之區域更趨穩固，並使日軍計劃遭嚴重挫折。

## 敵稱方先覺等投敵

【同盟社湖南前綫八日電】在我軍猛攻下不堪支持的衡陽城內的敵人，由於我軍從三方面突入市內，戰意迅速喪失，至八日拂曉，敵最高指揮官與士兵均舉起白旗向我從各方進攻的部隊投降。投降將領計有第十軍軍長方先覺，該軍參謀長蔡雨基，第三師師長周慶祥，第一百九十師師長容有略，預備第十師代理師長李拔夫，暫編第五十四師師長饒少偉等。投降降官之履歷如下：（一）第十軍軍長方先覺，江蘇省人，黃埔軍官學校第三期畢業，民國廿八年任第十軍第十師副師長，廿九年任師長，卅一年任第十軍軍長，於[illegible]，山東省人，黃埔軍官學校第四期生，民國廿六年任第三團團長（缺），民國卅年任師長。（三）第一百九十師師長容有略，廣東省人，陸大特別班第四期生，民國三十二年任師長（四）預備第十師代理師長李拔夫，湖南省人，，蘇聯七官學校，陸大第十二期生，民國三十二年任師長。

【同盟社湖南前綫小掘報導班員九日電】衡陽失陷後，被稱爲重慶抗戰據點及美國對日空襲據點的第九戰區，受到了慘痛的潰滅，該戰區司令長官薛岳據傳已失蹤。敵軍將領的末路亦只有悲痛而已。自稱在前綫督戰處在岳麓山陣地的薛岳，由於該陣地的陷落即很快的逃至長沙，其後即停留至長沙。代理薛岳之參謀長趙子立與担任直接防衛負責人第四軍長張德能，不顧死守長沙命令，彼等正在忖度『如奪回長沙自已的性命亦已完結』之時，現已被重慶召回交軍法會議，受到最近即可處斷的慘狀。因此由於衡陽的失陷，遂發生了第十軍長方先覺等與四個師長的投降。由於此次長沙、衡陽兩會戰，喪失了其指揮下部隊大部分的彼等將領之末路，是第九戰區總插曲的一篇。

## 衡陽陷落的意義

【同盟社東京八日電】皇軍各部隊爲了完全擊滅大陸戰場的美機，冒着酷暑，沿一千公里的前綫進擊，我軍攻佔洛陽、長沙後，現在又佔領粵漢路上的敵重要據點衡陽。此次大陸作戰的目的是先在美國把抗戰中國作爲據點，配合由太平洋進攻的野望之前，由我西部國防圈驅逐美機。此次攻陷衡陽有下列意義：（一）加强擊滅美空軍的體制。衡陽的失守，受到最大打擊的就是駐華美空軍，因此美空軍使重慶當局動員第九戰區軍及鄰近戰區可能移動的全部軍隊死守衡陽。同時美空軍亦動員其在中國的航空部隊向我反擊，於是大陸戰場展開日美兩軍爭奪衡陽的決戰。在此次決戰中，美機於衡陽作戰開始後即失去衡陽飛機場。但是敵人在距戰場極近的地方有許多完備的基地，佔着優越的地位，在飛機的數量上說，敵人在局部的戰場上空佔優勢。敵人雖然有許多有利的條件，但由於我機的襲擊，損失大半的飛機。雖然如此，但是敵人每日平均動員一百架飛機掩護衡陽守軍，援助解圍的敵軍或擾亂我兵站綫。敵空軍不能完成這些重要任務，而於四月以來遭受極大的損失，敵人不能挽狂瀾於既倒，就可以證明彼我兵力相差的程度。重慶對於美國空軍的活動有很大的期待，但在此一戰是美空軍在大陸戰場的試金石，而其結果使重慶非常失望。同時我空軍，更有信心克服不利的條件擊滅美空軍（缺一段）這些敵空軍基地直接受我地上部隊的威脅。美空軍必然由現地退却，只要美機[illegible]

部隊攻略河南後，已佔領縱深三百五十公里，寬一百至一百五十公里，總面積達四萬平方公里的領土，即可與九洲相比擬的廣大領土。我軍蹂躪敵第九戰區，同時制粵漢路的死命。使抗戰中國分爲東西兩部，湖南是抗戰中國的經濟中心，它有豐富的礦物和農產品，這些豐富的物產落入我們手中與以前制壓河南平原一樣，對於我和平地區的民生有極大的作用。上海米價的跌落就是一種具體的表現。在軍事上說，我軍制粵漢路的死命，使浙江、江西、福建的第三戰區孤立起來，同時也威脅第七戰區（目下我華南軍正在英德强壓之）的背後，根本混亂敵重要防衛體制。除了這些軍事、經濟的戰果以外，最值得注意的就是新佔領地的民衆積極幫助我軍修復被破壞的道路，清理市街及進行其他的建設工作。這證明皇軍不燒、不奪、不犯的三原則使中國民衆知道此次大攻勢的目的以及日華合作保衛大東亞的理想，作戰勝利了，而道義也勝利了，皇軍所到之處，都使沒有理由進行抗戰的重慶在精神上受到極大的影響。

【同盟社上海九日電】此間中國官界與經濟界，對皇軍的攻克衡陽，寄予莫大的期待，特別是抗戰重慶的政治、軍事重要基地的喪失與美空軍轟炸和平地區與日本的最重要據點之毀滅，予敵以莫大打擊，不僅如此，而且對日軍今後的行動，獲得牢不可拔的立足點，因此予以特別重視；而且在經濟方面說，過去送給美國的錫、桐油等戰略物資，亦落我手，對日本充實武力的貢獻誠大。過去由於佔領長沙，得移入湖南米，對青黃不接的上海米價，帶來莫大的良好結果。此次的攻克衡陽，將使湖南戰區更加安定，對今後上海經濟全般的良好影響實大，故寄予莫大的希望期待。

## 小磯首次演說
## 侈談神佑空洞無物

【同盟社東京八日電】今日爲大詔奉戴日。小磯首相於上午六時半在官邸捧讀詔書，接着發表題爲『謹愼地答襃大詔』的廣播演說達十分鐘，他指出一億國民前進的方向，並強調我們只有排除萬難向決戰決勝的途上邁進。其廣播要旨如下：……世界情勢業已大變，而皇國亦遭遇到曠古未有的國難。此時，不肖意外地拜受這個大命：『與米內海軍大將合作組織內閣』！於是進行組閣，遂於日前成立內閣，於是能盡忠（錯掉譯不出），這實令人感激之至。我就任首相後，於今日迎接大詔奉戴紀念日，更提高忠誠心，茲披瀝所信答復衆論。捧讀大詔後，如能按其中所說的做去，那末戰爭的勝利必屬於我，這是明如觀火。現在自戰爭爆發以來已有二十幾個月，敵人對於其抱懷的苦惱及國內外情勢的緊迫感到焦急和憂慮，因此表示了其侵入馬里亞納群島，一舉攻擊我本土的態勢，企圖於短期內決定勝敗。同時亦在新幾內亞方面徐徐前進，企圖威脅我本土與南方的交通綫。希望皇軍進行雄偉、果敢的作戰，而國內一億國民亦進行總武裝，遵照宣戰的大詔，結集總力對付敵人，粉碎其希望。

當此大詔奉戴日，願與一億國民更深刻地認識此次大東亞戰爭的眞正目的，更堅定必勝的信念。（掉一段）回顧祖先的偉業，迅速剷除禍根，確立東亞永遠的和平，以期保全帝國的光榮，按我們國民澈底了解我皇國國體的本義時，即可了解如古代皇帝在勅語中所說的：『皇國應將物質精神合而爲一，君國、君民一體，鞏固防務，防備外國的侵略以保護神洲，以便使皇室與長久的天地一樣，永久繁榮』。在神武天皇建國以來的二千六百年中，歷代天皇統率我祖先進行偉業，現在天皇陛下亦承繼祖宗的遺業，首先圖謀確立東亞永遠的和平；但是美英的希望除了利己以外沒有別的東西，它們阻礙我們完成祖先的遺業，使我們碰到不容易達成天皇意志的事態，甚至也難保敵人不進駐我本土。事情既然到了這個地步，那末結論是很簡單：即按皇祖勅語及此次大詔所明示的，只有毅然決然地結集總力，克服一切障礙獲得戰爭勝利。大詔亦已明示獲取勝利的鑰匙即『朕望陸海軍將士竭其全力，進行抗戰，百僚勇士努力執行其職務，衆庶各盡其本分，億兆一心，竭盡國家總力，以期達成征戰的目的。』按照勅語反省自己的時候，必可感到自己的工作還有缺陷，天皇陛下承繼皇祖的遺言，我深信一億臣民亦能完成天皇的大業，在其職務上完成被給予的使命。我確信若能立脚於這個信念，億兆一心，發揮總力，此一結果將表現驚動天地的一種絕對力量，扶植永遠的皇運，以此進行戰爭，必能完全獲勝，引導皇國的前途於永久的鞏固的安定。即如能按照大詔的精神，無論軍官民都將其一切貢獻給天皇陛下，大和一致，各在其本分使命之上，發揮其絕對力量，則人類最高的道義，必被確立，必會得到戰爭所需要的物力與神助，自然地會有力量進行英勇果敢的驅逐敵人的作戰，如是大東亞戰爭的勝利，始有把握，我確信此即必勝信念的本義，故極力提倡國民諸君把握此信念。

今日的戰局，非常激烈，前綫到處都在發生困難情況，但余認爲這是神靈，要使我等國民更堅强的一種大考驗，同時吾人亦應相信如吾人堅持必勝的信念，在此考驗中獲勝，即能得到天助神佑，即在獲得天佑神助之前，一定要經得起任何艱苦的考驗。不待言者，在政府方面，自然會將一切的犧牲，集中在貫徹戰爭遺點上，更將以最近設置的最高戰爭指導會議爲契機，迅速增强物力；關於安定國民生活的明朗化，認識到今後要盡很大的努力，國民諸君，要知道使戰爭獲勝，乃是維護光輝皇國的唯一道路，吾人應把一切的困難，當做神的考驗，完全戰勝之，統一在天皇陛下之下，把一切的努力，都貫注在戰爭的致勝。重覆言之，大詔上亦說到『信倚汝等的優秀的忠誠勇武』，事態已到達有賴於皇軍的勇敢作戰，後方一億國民武裝起來，集中總力爲粉碎敵人的希望，開始總進軍的時候了。今日實是應報答聖意的重大戰局，同時余相信，一億國民的努力，今日也還未到達最高峯。

## 米科拉茲柯離蘇 一週會談無結果

【路透社莫斯科十日電】波總理米科拉茲柯雖飛英時並未獲有協議，然已爲成立協議開闢途徑。同行者有倫敦波蘭會議議長葛拉布斯基以及隨從三人，將啓程提赴倫敦。此行雖不能謂爲成功亦未失敗。米氏表示會談可能在解放後之華沙恢復，蓋華沙爲波蘭政治生活的中心。我認爲該處最容易獲得協議。雙方均同意不作任何批評以造成敵對之情緒。

【合衆社莫斯科九日電】波蘭兩對立政府之談判已暫時中斷。米科拉茲柯準備遄返倫敦，與其閣員等會商建立一使蘇聯及爭執之雙方所滿意之臨時聯合政府。據悉，流亡政府中之和緩份子，贊成恢復一九二一年之民主憲法，並清除索斯柯斯基等份子。

【路透社莫斯科九日電】波蘭內閣總理米科拉茲柯及其同僚不日或將飛返倫敦。據接近米氏之人士表示，渠並未認爲事勢已無轉圜之餘地。

【路透社莫斯科十日電】米科拉茲柯總理將飛倫敦而毫不×××。全部人員（計有波總理、國會議長及隨員三人）將赴倫敦並且將要日以繼夜的飛行。一切有關方面都從上週交換意見中獲益匪淺，同時民族解放委員會與倫敦波蘭政府的代表們現均清楚認識爲造對合作所將貢獻的是什麼。我們迄今還不能說這次赴莫斯科的使團已獲得成功（缺）。米科拉茲柯於指出會談可能在被解放的華沙重新進行時說：『華沙是波蘭一切政治生活的中心，而且我認爲這是發現一致意見的更平易的道路。（下缺半句）

【路透社莫斯科九日電】據此間波蘭通訊社消息，倫敦波政府總理米科拉茲柯與蘇境波蘭民族解放委員會代表會談後，尚無具體結果，原因爲米科拉茲柯不同意承認一九二一年之憲法而放棄一九三四年之憲法。雙方或將延期再進行談判。

【海通社倫敦七日電】波流亡總理米科拉茲柯與盧布林波蘭民族委員會代表已直接會談。該會外交課長摩拉夫斯克和該會副主席代表該會出席會談。會談歷四小時，之後，即延至星期一再開。赴會雙方均保持緘默。消息靈通人士關於情勢指出：斯大林在他和米科拉茲柯的談話中，一直拒絕討論軍事問題以外的問題。與米科拉茲柯接近人士預測：蘇聯政府擬將政治問題延至蘇軍在華沙獲勝時始予討論，並造成對蘇聯與波蘭民族委員會有利的情勢。米科拉茲柯和他的友人的原意是在莫斯科談判改組倫敦流亡政府（其方法則爲引用波蘭民族委員會代表參加），但因無機會（特別因爲蘇聯報紙尖銳反對這種解決方法，說他『不值得討論』）而被摒棄。蘇報大概不是未得政府暗示而撰寫這種文章的。蘇聯報紙繼續攻擊米科拉茲柯及其內閣爲『反動的篡奪者』，而着重指出倫敦波蘭流亡政府只應有一個責任，即『辭職以讓位於波蘭民族委員會』。倫敦波蘭流亡人士認爲：在此種情況下，米科拉茲柯只有一個希望，即用所謂『全波蘭政府』的口號組織內閣。據美國『美聯社』說莫洛托夫已經同意這個口號，並且據說其目的在使波蘭流亡政府及盧布林波蘭民族委員會合併；而且規定流亡政府一切分子須對蘇聯友好特別是倫敦波蘭軍界人士尤其是索斯科夫斯基將軍必須被逐出。與波蘭流亡政府接近的人士誠恐這一口號的被利用，僅欲藉以拖延談判而已，這種憂懼因波蘭邊境傳來的下列消息而增大，即蘇軍在各處作戰中遇到波蘭部隊時，毫不客氣地解除後者的武裝和解散他們。

【路透社莫斯科九日電】波總理今於訪問克里姆林宮後，擬往訪英美大使。

【合衆社紐約八日電】據柏林廣播，企圖佔領華沙之波蘭游擊隊業遭德軍『順利消滅』，莫斯科今日訊，蘇方人士對倫敦所稱波蘭游擊軍於魯爾將軍指揮下，在波蘭首都發生暴動一節，表示懷疑，並相信此係波國防部長索斯科斯基欲迷惑世人視聽之企圖。

## 德寇所傳 蘇聯對土國態度

【海通社柏林七日電】德外部發言人於提及馬林特利氏在列寧格勒刊物『星』上所撰論文時宣稱：蘇聯方面首次發出關於大國與較小國家間的關係之直截聲明。大國的同盟在這篇論文中被認爲是各較小國家未來秩序的基礎，小國有供給大國以海空軍基地的任務，而且如有必要時還有供給軍隊的任務。發言人說及這篇論文也與蘇聯對土壓力已增有關，他說：塔斯社關於土德斷絕邦交的聲明證實了德國的見解。塔斯社的評論埋怨土耳其之所以與德破裂邦交，只是因爲它不願被孤立。塔斯社又說：這一決定在時間上來得頗遲。塔斯社認爲：此外，斷絕外交關係不等於土國參加戰門，而且土耳其也沒與德國的同盟者斷絕邦交。據德外交部發言人說：這一明表現莫斯科對土要求更有甚於此一步驟者。那就是莫斯科要土國參戰並給蘇聯以根據地。中立國報紙已經指出：土國已希望用與德絕交的辦法避免這種需要，而且希望因此得到英國的支持。但是德外交部相信：和英國的同盟更會引誘莫斯科把土國拖進它的勢力範圍，其情況正與過去已有過的波蘭相同。德外部發言人稱：蘇聯人不要任何中間地帶。他們要把芬蘭、土耳其、希臘拖進勢力範圍內。在希臘，共產黨的『EAM』團體已開始和由英國支持的總理裴邦德里奥爭執。德外部發言人指出：英美正散佈許多暗示性消息。他認爲英美通訊社所發關於保國的無數謠言就是這種暗示性消息。他們將使保國處於不符事實但合於盟國希望的境地中。發言人又稱：據傳：保外長離保京會見德駐土大使巴本於返國途中並一直伴其赴索非亞。巴本已離索非亞赴德或仍留該處以與保政府會談，則星期一午尚不能確定。

## 美英等八國商討戰後航運政策

【路透社倫敦八日電】英外交部今日宣佈：比利時等八盟國已對戰後航運政策商得協議，此八國爲比利時、加拿大、希臘、荷蘭、挪威、波蘭，英國及美國。法民族解放委員會會參加討論，丹麥列席。八國同意共同供應航輪，担任歐亞戰事結束後一切軍運及其他必要之航運，並以此輸送供應品救濟解放區及供應各聯合國。八國日後將再度開會，商訂細節，並決以此事通知有關各國。

## 費城罷工已停止

【同盟社里斯本八日電】據紐約來電，費城交通工人的罷工，由於陸軍接收全部交通機關以及發出最後通牒，工人方面終於失敗，而於七月停止罷工。陸軍的態度非常強硬，不與工人方面妥協，亦不答應不僱用黑人（僱用黑人爲罷工的原因），由於鎮壓而復工的工人中仍有不穩的跡象。電車及公共汽車都由軍隊押車，故市內的緊張尚未消除。費城的罷工雖已結束，但此次罷工波及美國各地，馬薩諸塞州（缺）從業員一千八百人於七日開始罷工，印第安納、賓夕法尼亞兩州亦發生交通工人小規模的罷工，甚至也波及加拿大的蒙特利爾，該市交通工人四千人發生罷工。

## 德寇懸賞捉拿謀刺首要

【海通社柏林八日電】前萊比錫總市長及前統制物價專員卡爾、戈爾德勒博士（他自七月廿日來即告失蹤，謀殺元首共謀者曾圖叫他做德國總理）尚未爲德國警察發現。德國各報星期四晚及星期五晨發表戈爾德勒的最近照片，及官方的簡短通告，再度要求能供給他在何處情報的一切人立即向最近的警察所報告。官方通告復稱，凡忽視向警察報告或有一點支持逃亡者將被懲罰。爲了戈爾德勒的捕獲，特懸賞一百萬馬克。

【海通社柏林八日電】目前人民法庭前對謀刺元首的軍官們的起訴狀是：胆怯的謀刺，企圖在國內發動叛變，目的是以武力奪取軍隊與國家以便投降敵人。

## 不委派工人日報軍事訪員到前綫上去克里格解釋

【路透社倫敦三日電】陸軍部大臣克里格爵士在關於委派共產黨報紙工人日報軍事訪員問題的辯論中提到印度國民大會黨。克里格在說了沒有一個工人能夠攻訐他對工人日報有個人的成見，『即使他們所寫的會用尖酸和也許是無禮是話調』之後，宣稱當我在印度的時候，我對國民大會黨——世界上最極權主義的團體之一——的政治方法習以爲常了。』共產黨議員加拉澈問：討論那樣事情並且攻擊國民大會黨有什麼用處。克里格反駁說他意欲用他自己的方法爲自己辯護。『如果我記得不錯，工人日報曾經不止一次利用我的所謂對國民大會黨的敵意作爲我的所謂對工人日報的成見的一個例子』。克里格在回答進一步的插言時說，工人日報刊載大量完全成爲國民大會黨機關報的言論，可是就在我在印度的時候，我感到不難於和我的敵手保持良好的私人關係。當我在印度時，我會受到譴責——又是被國民大會黨——與已故伊諾登勛爵與華爾特賴敦爵士聯成一起爲當時僅有的三個自由放任主義的信仰者之一。那種譴責是不正確的，但牠表示了沒有任何對極權主義的偏見。但除這一切而外，凡是看到五千哩外制裁意大利和慕尼黑的無效，以及在一個印度政黨（他們化了時間在多少不一致地侮辱英國和英國人剝削暴政，嘲笑他們這樣零落和衰弱）中而感到屈辱的任何人——我說沒有一個人有這樣的經驗能夠不引起對於一切形式的極權主義的熾熱的憎恨。克里格於是宣稱：不委派工人日報軍事訪員一事乃是內閣的決定。

# 參攷消息

（只供參考）
第五三六號
解放日報 新華社 編
今日出版一張
卅三年八月十二日
星期六


## 衡陽陷落後 日軍攻勢的方向

【同盟社里斯本十日電】重慶之合衆社訪員，就衡陽陷落後日軍攻勢的方向，報導如下：重慶及美國軍事息消靈通人士認爲：攻克衡陽後的日軍，雖現在未決定下一階段，但其方向於將來的兩星期乃至一個月中，可以回答的。在此可以想像得到的，對日軍現在有三個方向。第一個最有利的方向，顯然是新的進擊，即經廣西省的南寧，攻克在華美第十四航空部隊之主要前進據點桂林、柳州、到越南國境的某村。第二是繼續南下與進擊粵漢路，此乃湖南作戰當初的目標。第三，以衡陽之攻略，結束進攻湖南，甚至後退至極力的基地長沙。因粵漢路爲重慶軍所破壞，故再建該路或構築公路，是很大的事業，又若不使桂林及其他第十四航空部隊的諸前進基地喪失能力，則即使再建鐵路，亦將受該航空隊的不斷妨礙。最使重慶軍與美軍注意的，是日軍欲攻略桂林而向越南方面的企圖，這一作戰對日軍最爲有利，但同時亦是高價的工作，因之大概是不能實現的，而桂林、南寧公路是到南方去的最短經路，提供了一條陸上公路，即以鐵路附下馬來半島到昭南。很多重慶消息靈通人士，認爲美軍之進攻塞班與空襲小笠原羣島，反而使日軍決定進擊桂林。一部人士稱，衡陽的陷落對打通粵漢路，打開自東京到昭南的鐵路，有其貢獻。

## 敵稱衡陽之戰 俘國軍一萬三千

【同盟社東京十一日電】大本營發表（十一日十五時三十分）在衡陽攻略戰中所獲得之戰果，其已經判明者如下：（一）俘虜第十軍長方先覺，該軍參謀長、第三、第一百九十、新編第十、暫編第五十四各師長以下一萬三千三百名。（二）確實之遺棄屍體四千一百具以上（此外敵人自行處理者甚多）。（三）繳獲各種砲一百零一門，輕重機槍五百廿挺、步槍三千五百支，其他器材彈藥甚多。

【同盟社上海十一日電】衡陽的失陷，使重慶當局不能再在事實前掩飾，終於在十日夜之軍事委員會公報中承認，發表『該市已於八日陷入日軍手中』。在這一發表中稱：衡陽守備軍已全體陣亡，但守城軍事機關的命運則不明，這完全是爲了掩飾過去曾宣傳要戰至最後一個人的方先覺軍長以下參謀長各師長的全面投降事實、而採取的姑息的手段。

【同盟社衡陽十日電】第十軍在我之猛攻前，不能固守衡陽，終於掛起白旗，實行大陸前綫前所未有的大批投降，其與日軍的會戰，此次爲第四次。當第一次長沙作戰時，會在長沙北方的遭遇戰中，於激烈地戰鬥後潰退。在第二次長沙作戰時，再次作爲直接防衛長沙的軍隊，抵抗我軍，此次亦遭受毀滅的打擊而潰退。最近當去秋常德殲滅戰時，爲了救援常德城內的重慶軍，而還自衡山附近馳往救援，但於常德南方的山野，被我軍捕捉殲滅，落得三個師長戰死的慘敗，其後收集敗殘勢力，作爲重建的重慶軍。第十軍的裝備是優秀的，因與日軍數次會戰，抗戰意識是相當强，可說是代表的軍隊，但四次與日軍作戰，終於完全慘敗，軍長以下大批投降。

【同盟社衡陽十日電】敵軍長以下大批軍隊投降後，我方獲悉美軍殘忍的督戰情形。那據投降我軍的重慶軍士兵談稱，皇軍由空中及在地上散佈的傳單及投降勸告文，使重慶軍部隊了解皇軍作戰的目的。他們聽到湖南新佔領地長沙及各都市復興的消息後，日益動搖，重慶軍的背後，有美軍監督他們作戰，衡陽第十軍團編成一個督戰隊，由精銳武器武裝起來的督戰隊，率直受重慶最高當局的命令，進行殘暴的督戰工作。美軍督勵這個督戰隊，第一綫托去卡陣地都配置有督戰隊，如果重慶軍兵士經不住我軍的猛攻，而要逃跑時，立即被就地槍決。敵人又利用初年兵監督老兵作戰，老兵監督班長，班長監督排長，採取這樣的方式進行督戰工作。因此敵軍自兵士到師長都互相監督。此外還澈底追究責任。重慶軍互相殘殺，不管美軍進行殘忍的督戰工作，但是大批投降的敵兵都是偷偷地看我軍散佈的投降勸告文，並把該文保存在懷中。這對美國說來確是悲劇。

## 敵情報局第三部長井口 緒衡陽失守挑撥中美關係

【同盟社東京十一日電】當衡陽失守時，情報局第三部長井口於八月十一日招待內外記者團人士，發表談話如下：如果翻閱地圖一看，就明顯衡陽的失守在戰略上有何意義。衡陽在重慶看來是貴重的長路基地，向時如世界所周知者，衡陽是美空軍最大的前進基地，因此在華美空軍在此次衡陽作戰中，極力援助重慶軍進行作戰。美國在軍事上援助重慶，一方面是圖謀推進自己對日作戰的據點，另一方面是把它當做籠絡重慶的工具。但是由於衡陽的失守，重慶軍更向西方退卻，中國美空軍基地被消滅，損失戰爭資源和穀倉地帶，而受到致命的打擊。羅斯福總統認爲重慶的完全敗北引起對日戰爭的持久。日本爲了消滅在華美國勢力而對重慶進行的攻勢必然更要加强。日軍控制粵漢路必然能够縱斷中國大陸，這不僅意味着重慶的敗北，而且也意味着欲懷柔重慶的美國在大陸戰綫的失敗。美國憂慮中國大陸作戰的失敗並不是他同情重慶，而是因爲中國大陸的敗退與美國的失敗有直接的關係。原來重慶最大的錯誤是誤認爲世界戰局對軸心軍不利，而美英方面的勝利是確定的。但是在事實上說，這種錯覺是美英使重慶所得到的幻影，而其目的在於吸盡重慶的戰力。合衆國所誇稱的武器的生產力是造成此種幻影的工具。合衆國將武器送往重慶，而重慶接收此種武器，但是美國說明欲使這些大批的武器送往重慶，就要解除日本的封鎖，這樣，就要重慶軍作戰，於是重慶作爲美英的走狗，送盡寶貴的人命和它所剩下的不少的資力。這就是抗日重慶的姿態。

## 敵稱在華美空軍損失

【同盟社湖南前綫十一日電】以湖南作戰及衡陽攻防戰爲中心的在華我空軍與在華美空軍的空戰，始終極爲激烈。從五月二十七日到八月九日之間，我空軍部隊戰果，計擊落擊毀敵機六百五十四架（其中不確實七架）。在迎擊敵機中擊落擊毀二百一十五架。該期間敵共損失八百六十九架。

【同盟社湖南前綫十日電】我空軍部隊，九日拂曉在衡陽、零陵間，捕捉轟炸約一千六百之敵，予敵軍大損害，燒毀車輛十九輛。

## 陳誠到西安的意義

【同盟社廣東十日電】被罷免了湖南省主席一職的陳誠，係承襲衛立煌之後就任第一戰區司令長官，是蔣介石的心腹，陳誠的就任第一戰區司令長官，可以看作是重慶加强其北門及考慮到對延安關係所致。

## 查爾斯訪問重慶

【同盟社里斯本九日電】重慶電，在重慶的美國第十四航空隊司令部，九日發表如下：以美陸軍航空部隊參謀總長查爾斯中將爲首的軍事使團，於七月廿九月到卅一日，視察重慶地區的空軍基地三天，根據此發表，顯然航空部隊參謀總長查爾斯訪問重慶，尚屬首次。彼於上述發表同時，發出下列聲明：從印度越過喜馬拉雅山的空運能力已到盡頭，但若在北部緬甸方面開設新航路時，將將加對重慶的空運。



## 日寇公佈
## 美機襲九州與蘇門答臘

【同盟社東京十一日電】大本營發表：（八月十一日一七時四十分）八月十一日一時許，敵機廿架左右，各分數架來襲朝鮮南部、九州西部及北部及山陰地方，我制空部隊立即迎擊，並逼使敵人退走。戰果及我方損失現正調查中，我方損失可能極輕。

【同盟社東京十一日電】大本營於八月十一日十七時卅分發表：關於本日晨美機空襲我國本土一事，據嗣後的調查的結果，九州西部地方損失甚少，其他地方雖被猛炸，但是沒有任何損失。

【同盟社東京十一日電】在華美空軍於十一日下午一時分數編隊（各數架）襲擊朝鮮南部、九州北部，九州西部及山陰地方，即由成都附近起飛的敵機廿架左右於十一日上午一時分批襲擊朝鮮南部，九州北部，九州西部及山陰地方，我機立即迎擊之，使敵機逃走。來襲九州北部的敵機被我探照燈照射後，立即逃走，敵機在一個地區投下炸彈，民家數戶被炸起火，但立即被撲滅，因此損失微不足道，此次來襲也只是爲了宣傳。

【同盟社長崎十一日電】在我日夜保衛鄉土的制空部隊的鐵陣下，駐華美空軍仍不斷的侵入我國，十一日上午一時許，敵人戰鬥機隊以數架企圖侵入長崎，我獲悉敵機蠢動的制空部隊猛然向敵迎擊，高射砲隊不失機會的猛烈射擊，傲慢的敵機，在高度二千乃至四千公尺，採取波狀進擊，但在我制空部隊及高射砲彈的火網下敵機極爲狼狽，很快的盲目轟炸後即行逃去。另一方面活動在民間防空一線的警防團，警察警備隊，鄰組、防火軍均進入他們的崗位，由於敵機在某市投下了數千個燒夷彈，當兩處發生火災時，鄰組、消火班不慌不忙的以平日訓練，不斷的向熄滅火災工作。在我軍官民一致的防空下，敵機毫無所得逸去，敵機沒有能到我工場地帶的上空，完全證明了我防空陣地的迎擊敵人是如何的激烈。

【同盟社南方基地十一日電】日軍報導部長於八月十一日十一時發表談話如下：八月十一日三時五十五分敵機六架飛來巨港上空，投下炸彈及燃燒彈，我機立即迎擊之，並將其擊退。目下正在調查敵人的損失，但我方確實將其擊落二架。敵機空襲的方法很拙劣，我方只儲油處一處受損，此外沒有其他的損失。下午五時又有敵機三架來襲，立即被擊退。我方完全沒有損失。

# 参攷消息

（只供参考）
第五六四號
解放日報 新華社 編
今日出版二張
卅三年八月
十三日
星期日

## 軍委會一週戰報
## 誇耀衡陽保衛戰

【中央社重慶十二日電】據軍委會十一日發表一週戰況（八月五日至十一日）。軍委會發言人談：本週湘、粵、滇西、緬北各戰場之我軍，會充分發揮堅強之抵抗與旺盛之攻擊精神，此成功成仁諸將士之功績，使吾人永誌不忘。今特分別述之：湘省方面，衡陽經四十七日之慘烈血戰，已於本月八日陷入敵手，我守城指揮將領備況尚不明。郊區外圍我軍，仍加緊向敵環攻，在離城五公里至十五公里一帶地區與敵激烈戰鬥中。湘江東西兩岸我攻擊各部隊，均獲進展。兩日復克萍鄉，突破湘東頑敵。我克耒陽後，敵會一再反撲，均未獲逞。我攻醴陵、[illegible]花、茶陵、安仁、湘鄉、寧鄉、衡山等地，或挫敵反撲，或攻迫城郊，均有相當新獲。至由寧鄉、沅江會犯益陽城郊敵，爲我阻擊，戰鬥正殷。此次衡陽之保衛戰，歷時四十有七日，孤軍奮鬥，外援斷絕，在我國此次抗戰中無一先例。我軍以血汗造成之奇蹟，絕不因衡陽之淪陷而絲毫損減其光榮。敵寇之企圖乃在打通粵漢路，故不惜使用等於武漢會戰之兵力，以求一逞。但衡陽雄峙，屏障湘南，達一月又半，使粵漢路長達四百公里之距離，仍在我軍掌握。我軍之作戰指導，不在爭一城之得失，而在打破敵人之企圖，故衡陽之保衛戰，實已達成其最高之戰略任務。至於敵寇之傷亡，在其鹵獲文件中，亦自承認在七月一月中已達二萬五千人，是終衡陽之戰，至少必達三萬人。而整個湖南戰役，敵寇之傷亡，亦必在五萬以上，約當其總兵力之四分之一，其損失可謂（缺六）度慘重矣。九日，美副總統華萊士對我衡陽守軍示敬之來電，略謂：『衡陽之堅守，可能使中國西南部其他各受威脅之區域更趨穩固，並使日軍計劃遭嚴重挫折。』現衡陽雖已淪陷，但吾人仍可當之無愧，因經此四十七日之寶貴時間，我粵桂方面自可獲得充分整備之機會，而敵寇遭此慘重打擊後，雖仍不能忘情於打通粵漢路之企圖，恐亦須審愼考慮，或經相當時間之調整佈置與增援方能再圖一試，衡陽保衛戰之功勞在此，其引起世界人士之崇敬者亦在此。廣東方面，雷州半島遂溪一帶敵，於三四日來分路侵入廉江及化縣西南之新安圩，旋經我分別阻擊，於五日先後將以上各地次第攻克，當晚即恢復原態勢。滇西方面我攻入騰衝西南之部隊，連日擊退敵之反撲，攻佔西城垣上敵砲兵陣地五處。又芒市至龍陵道路已爲我分段破壞，一般態勢，頗爲順利。緬北方面我中美聯軍於三日完全攻佔緬甸北部第一大城之密芝那，打通孟拱至密城之鐵道。在雨季中竟收獲此次之戰果，雖費時二月餘，亦難能可貴矣。

## 衡陽以西
## 敵攻擊美機械化部隊

【同盟社湖南前綫十一日電】在華美軍，重視因衡陽失守而遭受的戰略打擊，以中印航路，使空運至桂林方面的機械化部隊向北、東前進，企圖奪回衡陽。九日拂曉在衡陽與寶慶公路上的演陂附近與衡陽附近，集結機械化部隊（包括坦克在內）與重慶軍七千的兵力。我精銳部隊爲了一舉粉碎在華美軍執拗的反擊，九日正午起開始行動，在衡陽西方地區捕捉美軍機械化部隊，予以猛攻，正壓制寶慶方面中。

## 方先覺投敵經過

【同盟社衡陽十日電】岡山報導班員發：我攻佔衡陽之××部隊長與敵將第十軍軍長方先覺的全面投降談判，是從八日上午十時十五分在衡陽市外南方四公里的仁愛中學舉行。該校高地被我軍佔領後，敵人戰意立刻失掉，遂於七日下午七時舉起全面投降的白旗，並正式請求派遣軍使赴我方談判。下午十時規定八日上午二時由我××部隊長與方先覺軍長在前綫中間地區會見。敵人至最後的無策可施之時，猶企圖遲延，但我軍確固的決心與臨機應變的姿勢，使敵人最後毫無辦法可施。上午七時（日本時間）方先覺軍長偕第一百九十師、預備第十師、暫編第五十四各師長，軍司令部副官高級將校十數名，從學校高地之北方走出鹿砦，越過火綫出現××部隊的前綫司令部，不久到達有白色之塔的仁愛中學。在此以前，我××部隊長偕××幕僚長以下進入仁愛中學，不久軍長即起來，參謀長、三師長亦到達。上午十一時，在作爲談判地點的防空地下壕內開始了談判。壕內隔以粗末的牆壁。××部隊長莊重的坐在屋的正面，方先覺軍長坐在對面，桌子兩方爲兩軍將領，中

[illegible]機發出的金屬[illegible]。當看到方先覺軍長時，是四十歲上下，身體高大，充滿着精強的氣魄，其紅色臉上的鬍鬚極濃，是天生的中國軍人的相貌。但從其兩足的抖擻看來，其心中的苦惱與急躁是掩飾不了的。××部隊長以粗重的語調稱：『本官以日軍最高指揮官資格，這樣的要求貴官』，廢除以前向日軍提示的七條投降條件，要求全面的無條件的投降，並嚴厲的追逼『立即回答』。聽到翻譯話語而點頭的方軍長，用低而清楚的語調回答『服從這一要求』，於此衡陽守備軍的立刻全面的無條件投降已經實現，此時已十二時，這時候敵機正盤旋於學校上空，愚鈍的駐華美空軍會不知道衡陽城內的重慶軍已展開其全面投降的歷史的一剎那。

【同盟社衡陽十一日電】岡山報導班員發。衡陽終於在八日懸起了白旗，該日早晨以來，很快就知道城內重慶軍勤務的美空軍，不斷的在城內上空偵察，在午從投降重慶軍的頭上予以重轟炸，直至昨日從空中投下糧秣彈藥協助重慶軍作戰的美機，現已同樣的向重慶軍投以巨彈。投降的俘虜一方面逃竄同時怒視美機。現在他們大概懂得美國究竟是為誰而戰。城內到處有野戰醫院，在很多的房間睡着負傷的士兵，他們得不到津貼，束手待斃的被遺棄着，這就是被美國督戰的重慶軍的慘憺敗戰情形。

## 雷州半島
## 敵攻佔安舖橫山

【同盟社華南前線十二日電】我華南軍精銳部隊，於四日擊潰敵第一百五十五師主力後，轉移鋒鋒，九日拂曉强襲敵南路挺進縱隊、第四百五十五團與保安團之一部八百餘名（現仍在雷州半島繼續蠢動）的根據地安舖與橫山墟，一舉將其擊潰。同日上午九時半，完全將其佔領。敵以安舖為據點，以民船集積軍需物資，或繼續不逞的蠢動，因此此次敵之毀滅，帶給雷州半島一帶住民以打魚之便（電碼不清），有莫大的意義。

## 敵機襲西安

【同盟社大陸根據地十二日電】我在華轟炸機隊，十一日進攻西安、漢中。此夜冒惡劣天氣出擊的我轟炸機隊，在西安焚毀敵巨型飛機七架，擊毀一架，格納庫均被炸毀，並有三處中彈起火。另外在漢中飛機場焚毀巨型機一架，一處中彈起火。

## 敵稱豫、魯、冀戰果

【同盟社洛陽十一日電】××部隊於河南平定後，片刻也不休息，連日冒着

[illegible]次，交戰敵兵力三千五百五十人，俘虜一百九十二名，被我方收容之敵屍三百八十一具。擊落P40式戰鬥機一架，鹵獲品：山砲三門、砲彈二百二十七發，重機槍八挺，輕機槍十四挺、迫擊砲三門，自動步槍一枝，步槍四百四十八枝，子彈一千四百九十發，擲彈筒四個，手槍二枝，手榴彈一千零十八枝，此外兵器、通訊器材無算。

【同盟社青島七日電】我××部隊精銳，冒炎熱天候，向魯東魯南的雜軍匪不斷掃蕩，七月中之綜合戰果如下：交戰次數五十六次，交戰敵兵力九千二十五人。我方收容敵屍體三百一十五具，俘虜六十一名，步槍一百一十六枝，其他甚多。

【同盟社石門十日電】河北省內匪賊拚命妨礙收買小麥工作，被我現地軍隊繼續進行肅正，其七月份的綜合戰果如下：交戰次數五十二次，交戰敵兵七千七百六十三名，覆滅敵設施四十四號，被我方收容之敵屍二百四十七具，俘虜一百四十名，鹵獲品甚多。

## 周逆佛海
## 赴東京謁敵酋

【同盟社東京十二日電】來訪中之國民政府代理行政院長，十二日上午九時，訪問小磯首相於官邸，敘說來訪之詞，九時四十分辭去。

【同盟社東京十二日電】重光外相兼大東亞相，十一日下午六時半在外相官邸招待慰問汪主席病情來訪之國民政府行政院代理院長周佛海一行。石渡藏相，有田外務省顧問及外務、大東亞兩省首腦人士亦出席，舉行懇談。

【同盟社東京十二日電】國民政府代理行政院長周佛海，十二日下午一時，於陸相官邸訪問杉山陸相，於寒暄與懇談後辭去。復於下午五時，訪問石渡藏相於官邸，懇談約一小時。嗣於下午六時起，出席藏相在該省主持的晚餐會，就中國金融情形，舉行懇談。

## 徐堪報告糧政近況

【中央社渝十三日電】中宣部舉行記者招待會，由梁部長主持，請糧食部徐部長報告最近糧政。徐氏稱：本年全國普慶豐收，川省尤為大熟，小春麥豆之豐收，為川省十數年來所未有，而秋收不僅稻穀豐稔，其他玉蜀黍、江苕、豆類、高粱等亦同。故本年春秋兩季之收穫，可供川人民兩年之食用。全川大熟，超過二十八年豐收之收穫量，而稻穀每穗顆粒多至三四百粒，普通亦二

百餘粒，爲自來所未有。四川糧價自五月中旬起，各縣糧價即形下跌。至其他各省，半年來糧價可分爲全面穩定與跌落及顯著上揚者兩類，前者如皖、贛、浙、陝、甘等省是。後者如滇、湘、桂等省是。但糧食係有季節性之産物，每至青黃不接時，自不免有所波動。三十三年度徵實借以及帶徵之縣級公糧，共徵麥九千五百餘萬市担。豫湘等省因戰事，已予減少。至地方積穀，本年度奉核定爲一千七百萬市石。必須於秋收後兩個月內辦足。全國官民均應切實遵辦。又本年度川省徵糧數額爲二千萬市石，雖較上年增加，今後糧食部決不在市場購糧，因過去購糧刺激糧價之弊甚大也。徐氏承認糧政過去缺點頗多，今後當謀進步。

## 同盟社廣播
## 美英記者看到的延安政權

【同盟社東京十一日電】一九三九年蔣共關係惡化時，共產黨政府支配下的陝甘寧邊區，便完全處在被重慶軍包圍的情況下，禁止一切外國人的旅行。因之此後約有五個年頭，中共地區的實際情況，沒有透露至外部的機會。本年二月，集駐於重慶的英美新聞雜誌記者，曾要求蔣政權當局，允許彼等至共產地區旅行，得到允諾後，遂於五月十七日，有六名外人記者，與中國新聞記者，以及重慶的官吏，一同從重慶出發，至此成爲世界祕密的中共地區，復又印下了外人的足跡。記者一行首先訪問陝西省會西安，此後至潼關視察黃河前綫，繼之至山西省參觀閻錫山的山寨，最後到達中共本部延安。截至現在，綜合外人記者的報導，其內容尚很貧乏，很少有新鮮的事實。引起視察團注意的，是共產地區所到之處，都是過着原始的穴居生活，以舊式的手工業與農業生產，維持其極低度的自給經濟。（洞窟的首都延安）關於首都延安的外貌，一外人記者報導稱：延安在數百年回教徒叛亂之前，是一個繁榮數世紀的都會，但由於上述叛亂，西北中國數百萬的生靈被屠殺，廣泛的土地被荒蕪，此後，延安城雖被再建，重新步入繁榮，但由於日本飛機的猛烈轟炸，全市化爲一片瓦礫，數世紀前築成的堅固無比的城牆，亦爲日本飛機炸得稀爛，只有城門孤影悄然地屹立於廢墟之中。然而延安的被破壞，並沒有使中國西北人民絕望，市民均撤退至城外，在周圍高達一千呎的山崗上，橫挖無數的窰洞，[illegible]開始其穴居生活，由此而構成了今日的一大[illegible]窟都市。住在窰洞的人們，還開闢了雞場、猪場、菜園、小孩子的遊戲場。政府的官邸，多是在窰洞內，或者窰洞的入口接着建築物。據說住在窰洞裏，冬暖夏涼。（紅軍的自給生活）並不僅是大部份的延安市民，過着這種穴居生活，駐屯在地方上的共產軍，似乎也多年被迫如此。他們並不出動於游擊地區，而是駐屯內地，過着半農半兵的生活。據聞這是爲了豐衣足食的自給自足。爲記者團作嚮導的延安軍第三百五十九旅旅長王震，談他部下兵士的日常生活如下：約有一萬餘人的我旅，從華北前綫調至後方的時候，延安本部命令我們到南泥灣去開始自給的生活，但到了這裏，都是荒涼的不毛之地，由於快到冬天，我們乃首先在黃土質的地方，開闢窰洞，建設住處，繼之伐木製造傢具用具，鋸木割草，削平地面，開始工作。我們在附近的破廟裏發現了梵鐘與燒香爐，乃加以鎔煉，製造鋤、鐮等農具。個人完全不懂農事，乃從部下選拔有經驗的士兵，在其指導下開始農作。我們上下一致，都爲生產穀物、蔬菜、家畜等而努力。爲了獲得種子與家畜的購買費，我們便把山上的杉樹、松樹鋸成木板，送到其他的都市去賣。醫藥的缺乏，雖然是最大的問題，但我們則以補給充分營養去保持士兵們的健康。初年度實在是在苦鬥中過去了。去年本旅充分的生產了必要的食糧、棉花、羊毛等，本年度則希望能更加富裕。（陰慘的穴居生活）由於穴居及增產食糧的關係，關於食住問題，似乎已做到最底限度生活的保證。至於剩下的衣料問題，因得不到外邊的供給，無論軍隊或一般民衆，均一律着用以邊區內栽培出來的棉花當原料所織成的棉布。在記者團訪問的旅部，窰洞內有造紙機、榨油機、織布機等。又在縫紉工場，還看到士兵都在用舊機子積極地製造衣服。一般民衆的衣料，均由工業合作社的織布工場供給。談到穴居生活，可以立刻想到濕氣、空氣、陽光等問題，那種不衛生的情況，還不僅限於中共地區，即在山西一隅建設新經濟體制的閻錫山政府，亦是如此。然而中共的穴居生活，長的有十年，短的也有兩三年的歷史。窰洞的大小，按其所住的家族的人數而有所不同。用來作爲營舍的窰洞，普通是廿五呎深，十五呎寬，收容士兵八人。燈火是使用植物油。這樣，自可明顯延安地區的生活是很陰慘的，決不像所宣傳那樣快活舒適。記者團訪問山西省閻錫山將軍時，看到窰洞內有電燈而感到驚異。（缺）（醫藥品的不足）共產黨地區最缺乏的東西是醫療器具和藥品類。因此記者團由重慶赴延安時，儘量攜帶藥品作爲禮物。延安輸入的藥品極少，而且沒有儲存的藥品，因此他們帶來的藥品被保存於醫院的金庫內。據說使用寶貴的硫磺劑時要經過全醫院討論後決定之。不消說使用麻醉藥和衛生。就是輸血，必要時亦由委員捐贈。更驚人的就是醫院既無掛號亦無手續，需要計算時間時，要點香或其他的方法。延安地區除了實行半農半兵即屯田兵制度以外，還普遍地實行集體勞動和變工。據外國記者說明，這不是由於政府的命令組織起來的，而是人民自願地組織起來的。關於教育設備，外人記者團大約已參觀了抗日軍政大學和陝北公學等，但是關於這方面的消息是寥寥無幾的。但記者團所關心的是中共當局利用野外劇來進行庶民教育。邊區人民中目不識丁的文盲極多，只能利用野外劇把時局中的重要事件的實情演給他們看，這是因為沒有電影和新聞片，所以只能使用這種幼稚的方法。這證明中共地區的事物比其他地方落後五十步、一百步。

## 同盟社報導四國會議展期內幕

【同盟社蘇黎世八日電】美國副國務卿斯退丁紐斯發表：決定十四日起在華盛頓召開之美、英、蘇、中四國會談，因蘇聯政府的請求，已延期至二十一日。此乃為給予蘇聯以充分準備的時間。但會談延期的背後，似乎藏有更加複雜的事情。即是說：美英兩國當初曾提議召開四國會晤一堂的四國會談，但蘇聯對此，以其與日本之中立關係為理由——拒絕與重慶代表同席。因此會談不得不如德黑蘭、開羅兩會議那樣，再次舉行美英蘇、美英重慶兩個三國會談。現在又必須答應蘇聯的要求，把會談延期一個星期。蘇聯表示參加此次會談，絕非表示積極的熱忱。此事即徵諸迄今只有蘇聯尚未決定代表，即很顯然。國際消息靈通人士認為：蘇聯稍待戰局更有些展開，而大勢對蘇聯有利時召開會議，完全操縱了美英兩國。四國會談雖然連開會日期都已決定，但已開始有這樣的觀測即認為將看蘇聯的態度如何，或亂七八糟地結束之。

【中央社倫敦九日專電】美國代理國務卿斯退丁紐斯宣佈：為使蘇聯有更多之準備時間原定四月十四日開會之四國安全會議改至二十一日開會，咸信結果尚可節省時間。此次係非正式之會議，故歐洲諮詢委員會所提之處理德國及其附庸國家之建議似不至正式考慮，同時據記者自各方面所獲印象，英國對該問題之政策雖已經結晶化，但仍異常廣泛，其所根據之三大原則如次：（一）任何戰後之新國際安全組織必須具有實力俾能成為有效之組織。（二）承認各大國在該組織中特別之地位與責任。三、應有廣泛之積極性與具有建設性之經濟措置，藉以消滅戰爭之原因。目前世界局勢使英國深信，除非所有國家準備付予代價則任何安全恆有危險，安全與和平之代價或屬甚高，惟據目前經驗戰爭之代價猶大過數倍。草擬章程與探察情緒均非維持和平之道，惟有使任何國際集體安全之組織具有實力始能保障和平。因此種組織始有覊絆侵略國家以及有效方法阻止其侵略行為之必要權力。故英國希此次會議不至困於種種次要之技術問題，如代表問題及各國之職權等，但毅然從事現實之工作擬定具體計劃，決定如何阻止侵略，並有何人負責阻止。英國外交部常務次官賈德干所率領赴華府之英國代表團中派有海陸軍軍事專家，對下列各問題覓得共同之答覆，其問題應為維持何種軍事力量以應付侵略，又此種力量應否為聯合組織，或由各國分別組織，有何具體方法保證各侵略國家實行完全及有效之解除武裝。此等力量有何永久基礎，可以實現國際法律與秩序。如不能對上述諸問題獲致圓滿之答覆，則將重蹈國際聯盟之覆轍。吾人必須承認將來一切決定與行動之主要責任均在各大國家，故此等國家在該組織中須有特殊之地位，雖將引起各小國之不滿亦在所不惜。據一般指陳，此種怨憤之心情理應因了解為對現實之狀況而消滅於無形，過去日內瓦國際聯盟以平等地位畀予各大小國家，當已令各小國深信此乃國聯失敗與無能之主因之一，因而造成人類歷史上最大之悲劇。最後，在今日變動不定之世界中經濟措置乃消滅戰爭原因之最積極及最具有建設性之因素。世界安全組織之聯合經濟勢力應以下列諸端為其主要目的：（一）提高全世界整個人民之生活水準；（二）規定及擴充國際貿易而不受過去一切限制與壁壘之影響。

## 傾覆西班牙政府的陰謀

【同盟社柏林八日電】據德國通訊社馬德里電報稱：最近在西班牙境內發現企圖傾覆佛朗哥政府的陰謀。陰謀團體的據點似在摩洛哥，惟該地陰謀團的黨羽已被當局逮捕。

【路透社倫敦九日電】德國海外通訊社今夜報導：「保加利亞外交部正式否認所謂保加利亞企圖與英美談判休戰」之報導。

# 參攷消息

（只供參考）

第五六五號

解放日報 新華社 編

今日出版一張

卅三年八月十四日 星期一


## 傳美軍暫不直取巴黎 先與英加軍配合包圍克恩區德軍

【同盟社柏林十二日電】登陸已達二個月，進入大機動戰階段的北部法國戰局，雖一時呈膠着狀態，但美軍即突破阿維倫契，另選進攻路綫，一部已迫近羅西爾河口軍港聖那展爾、切斷布列塔尼半島，其前動隊，則迫近聖馬羅、羅利翁、布勒斯特，又其他一隊以布列塔尼交通要道勒恩為轉軸，向東進行，佔領拉伐爾，勒蒙等，一舉完成進擊巴黎的大勢。十一日德軍公報，報導勒蒙北方已與敵有力機動部隊發生激戰，殊堪注目。蓋美軍曾放棄進攻巴黎企圖，而準備配合在克恩南方作戰中的加拿大軍，包圍德軍。今週在克恩至阿維倫契前綫，英國雖開始總攻，但僅向南擴大數公里，中央突破的企圖，幾全告失敗，然而攻勢再開是很明顯的。對此德軍乃以大戰車兵團側擊。衝破阿維倫契之敵，雖未成功，但進攻布列塔尼的美國機動部隊，其供給全由塞納灣登陸，設將此切斷，則突出的美機動部隊，必自趨滅亡。

【海通社柏林十二日電】據德國軍事發言人稱，法國更大空間內戰爭的揭幕可能為西歐戰綫大規模機動戰的先驅。目前形勢特點是：敵人企圖自南面沿羅亞爾河兩岸進至勒蒙來迂迴德軍戰綫。從後述城市開始，美軍正北向克恩前進，德軍此處陣綫屹立不動，有如城堡。據德軍軍事發言人意見，此顯為艾森豪威爾的計劃，即自克恩南向巴黎，同時美軍則向布列塔尼進攻。這計劃只有一半完成，即攻入布列塔尼將告成功。因此，盟國高級統帥部必須改變其原訂意圖，拋棄巴黎，向北向舊攻歐戰綫前進，以達到切斷駐於該處德軍之目的。據德軍發言人意見，大戰結果必然仍在未來。

## 英官方通訊社宣傳 英登陸艇及護隊的貢獻

【英官方通訊社倫敦十二日電】侵入諾曼第海灘陣地的詳細計劃中，沒有解決的問題中，中間最重要的是登陸艇的供給問題。衆信登陸艇幾乎全部係由美國建造，殊不真實。如果沒有英國的建造的合作，要舉行侵入歐洲的戰爭，會成為不可能之事。事實上，英國登陸艇的產量在一九四二年頭三個月是一九四一年同一時期登陸艇生產的四倍。一九四三年頭三個月的生產為一九四一年同一時期之十倍，一九四四年同一期間產量為一九四一年之二十倍。英國造船廠曾考慮到每一海軍建築的龐大要求。（一句數字不清）僅在大規模準備登陸艇的組成部份時，臨時加工及僱用建築工程師始使登陸艇產量增高成為可能。侵入歐洲的另一個未被充分讚揚的現象是巨大護航隊的組織，護航隊的組織曾經有效的維持登陸艦隊的構成，否則，登陸艦隊便不能達到如此的規模。在攻歐之後的三天內大批分別的護航隊集結於彼岸的許多地方越過海陣。自海灘陣地來往不停。八個護航隊中將及七五〇艘運輸艦在頭三天內供給登陸艇及其他艦船。這一數字包括海軍護航艦。

## 英國官方通訊社說 日寇放棄進攻是英國兩個聲明之功

【英官方通訊社倫敦十日電】東京無綫電很動人的承認：日本海軍完全放棄進攻的戰略，是英國最近發表了關於英軍加強參加太平洋戰爭的兩個聲明之具有重大意義的後果。東京發言人稱：日本最大的危險不是盟軍對本土的空襲，而是對海上供應綫的威脅，『日本只有一個聯合艦隊——倘一旦被擊毀——則它只好由敵人任意處置』。這是難以令人相信的承認：即日本海軍再不敢離開本國海面；首先因前幾天邱吉爾曾聲明說：東方海洋上的英國艦隊在今年年底將大大地加強，且英國強大的東方部隊已予主要地區的日軍陣地以很大打擊。顯然日軍已從這些海軍襲擊中獲得經驗教訓，現正拚命地進行防禦準備工作以對付迅速迫近的英國海軍的全力進攻。其次，委任福萊塞海軍上將為東方艦隊司令官被認為是證明：世界海軍戰略的重心已從西方移到遠東來了。這種轉移也是由於皇家空軍已完全控制了大西洋與英國本部海面來的。因此，今天一方面日本正全力與遠東英國海軍主力部隊及強大而有力的英軍作戰，同時它又面對着這樣的事實，即英國海軍力量——已證明是擊敗德國的大力量之一——不久將轉移到太平洋戰場。東京對目前形勢的種種反應，都很適當地表現在最近廣播時所用的杞憂者與失敗主義者的詞句中。

【路透社紐約十二日電】美國商界權威刊物商務週報今日撰文檢討東南亞洲盟軍之戰略稱：倫敦現對美軍在太平洋上發動的新攻勢予以關切。盟方兩年來雖以兵力及軍需設備運往印度，進行肅清緬境日軍，並重開滇緬路之綫：但日軍現仍控制孟加拉灣，實際言之，整個緬甸亦在其掌握中。美方觀察家對此案有認識，然迄今我們仍無支持美海空軍進攻菲島，及日本同時輔以大舉出擊蘇門答臘及馬來亞島之適當計劃」。

## 保政府聲明 保土關係不變

【中央社重慶十日電】柏林九日廣播，索非亞訊：保政府發言人本日在記者招待會上稱：保土關係不變。發言人並宣佈：保駐土公使巴拉諸夫已奉命將保政府關於維持保土邦交所作大意如此的聲明，送致土政府。

【中央社重慶十日電】據柏林九日廣播，安哥拉廣播宣佈：土總理薩拉茹格魯本日會召開內閣會議。

## 傳蔣將參加四國會談

【同盟社東京十二日電】桂林方面傳說，蔣介石將出席本月二十一日起在華盛頓舉行的四國會談。蔣氏赴美的理由如下：（一）以前華萊士副總統訪問重慶，完全不能滿足重慶的希望，嗣後對蔣援助毫無進展。（二）美軍只增加在華的軍事基地，如最近河南、湖南作戰所證明者，只用空軍援助，是不能擊退日軍，欲挽救危機緊迫的重慶，絕對需要增援陸軍。（三）不管美國的居中調停，延安政權的勢力與重慶的對立日益尖銳化。重慶在延安壓迫下，被壓得不能出氣。

## 中央社公佈七年來中國空軍戰績

【本報訊】據中央社電，十四日是抗戰以來第七個空軍節，該社公佈中國空軍及中美混合團七年來戰績。從廿六年八月十四日以來七年中，中國空軍作戰次數及成果尚不如目前之宏大。六年中作戰任務，，在出擊方面共一百四十三次，偵察十三次，防空一百廿四次。投送任務在當時尚少實用。所出動之飛機約二千三百九十二架，其中驅逐機一千五百一十六架，轟炸機八百七十六架。所擊落之敵機共二百卅八架，可能擊落一架，擊傷二架，擊毀敵機一百九十七架。炸沉敵艦廿二艘，炸傷敵艦卅七艘，炸沉敵航空母艦一艘，炸沉敵運輸船艇十八艘。炸毀敵卡車六輛，炸毀油庫一座。卅二年八月十四日起迄今一年中，除了中國空軍單獨執行作戰任務外，更組織了中美混合團。該社稱實際上中美混合團百分之八十仍為中國空軍人員。這一年來，共出擊七百廿八次，幾為過去六年出擊數之兩倍。執行制空任務者九次，偵察一百卅九次，亦超出過去六年總數十倍以上。其他防空七次，投送四十一次。所出動之飛機共五千一百四十一架，其中驅逐機四千六百卅九架，轟炸機四百九十三架，運輸機九架。擊落敵機一百廿架，可能擊落十一至十三架，傷九架，炸毀擊毀地面敵機一百四十餘架，傷一架。擊毀炸毀敵卡車、裝甲車、戰車、油車至少一千五百八十九輛，傷九十五輛。破壞火車站四處，毀火車機車廿五輛。擊沉炸沉敵艦三艘，各種敵運輸船艇至少九百七十三艘，傷二百七十二艘。炸毀敵陣地四十七處，破壞八十二處，炸毀敵砲兵陣地十三處，破壞十七處，另砲一門。炸毀敵高射砲陣地二處，破壞二處。炸毀敵機槍陣地二處。炸毀敵司令部九處。炸斷黃河鐵橋及毀各種橋樑十一座，炸毀擊毀軍火庫及各種倉庫六十九座。炸毀擊毀敵營房十二所。破壞二所。炸毀擊毀敵雜物九處。炸毀敵電台三座。炸毀敵工廠一所。毀車場五處。投下彈藥、零件、地圖、藥品三萬餘公斤接濟我守城友軍。斃敵六千七百餘人，騎兵三千八百餘人，另馬百餘匹。

## 朝日新聞評論 最高戰爭指導會的設置

【同盟社東京八日電】朝日新聞頃就設立最高戰爭指導會議，評論稱：現在在精神方面，最重要的是昂揚戰意。在戰器方面，生產飛機與艦船，則為燃眉的急務。但對於心與物，如粗枝大葉地加以分析而處理之，那是迷妄的辦法。戰意並不是能用特別的形式或訓練所能夠發揚的，而是要各自精勵業務，在平常的心情裏，或者血液裏湧現出驚人的士氣，又從增產方面來看，僅僅計較一機一艦的數量，那是相當危險的；如以數量為目標，則易生濫造之弊，太注意數量，質量一定會變壞，其原因由於太偏重了物質，便忘記了注入重要的精神。所以器具的製造歸根結底，還是心魂問題，蓋心與物原來不外渾然一體的東西，所以認為關於最高戰爭指導會議的重要使命之一——政戰兩略的內政，其焦點也在這裏。關於外政的重點，無可懷疑的，還是支持發育東亞諸國家諸民族，使其達到獨立自存，但這與過去的大本營政府間的聯絡會議不同，而是參劃統帥，輔助國務，希望其能渾然一體，製定關於指導戰爭的最高方針，以及使政戰兩略的調整萬無遺憾。指導會議既是全面地指導戰爭，故其所轄的範圍，決不止於政戰兩略、而能對內政外政，以識見與熱情加以運用，上將發揮。

# 参攷消息

（只供參考）
第五六六號
解放日報 新華社 編
今日出版一張
卅三年八月十五日
星期二


## 德方承認 攻歐決定性戰鬥或將開始

【海通社克魯吉總部十四日電】維伯爾報導：德國指揮部很久以來已承認艾森豪威爾包圍維爾與與倫之間德第五軍及第七軍的計劃。不用說馮·克魯吉元帥已準備了對策，據我星期六夜在總部得悉，估計整個攻歐戰役之決定性的鬥爭或將開始。我可以補稱：德方對一般情況抱以一定的樂觀。總部參謀部軍官所告我的一切即是典型。他稱：每一軍事行動的目的不是在佔領地盤，而是消滅敵人。然而艾森豪威爾距此尚遠，我們知道迂迴的威脅絕不是開玩笑，但是沒有人比較我們更知道這一戰役中的本質是什麽。

## 德記者稱 紅軍攻擊東普魯士兩翼

【海通社柏林十四日電】布留赫爾報導：許多蘇軍步兵師團與坦克旅團同時自東普魯士東南兩方發動之進攻，依然未獲得任何成功。莫斯科統帥部計及此點，已將戰役重心移向波羅的海區域更遠的西方，該處蘇軍師團在普斯科夫湖西南得以擴大目前所形成的凸出部份。蘇軍以四個步兵師及許多坦克旅團進行這一戰役，因而具有主攻的特點。蘇軍最初經常地轉移其進攻以試探德軍防綫的力量，當他們打開兩個更深的缺口時，他們便將全部後備投入缺口。情況一度危險，但最終由當地德軍後備所挽回，而稍微接近第一條防綫，後方的防綫已支持住敵人一切進一步的進攻，蘇軍向北方及西北方，向里加的突破已被挫敗。同時蘇軍在那爾瓦前綫舉行牽制性的進攻。最初進攻者前進數公里，但在那裏爲愛沙尼亞義勇隊所阻截，他們將蘇軍擊退至其原陣地。里加東南約二二〇公里之彼爾森以北，蘇軍亦圖向里加方向前進。蘇軍坦克在許多攻擊機分隊保護下舉行進攻，然皆被德戰鬥機所阻截與驅散。蘇軍雖然集中使用力量，只能打開許多淺的缺口，實際上這一切缺口皆在反攻中被消除。別洛斯托克西北，蘇軍調至十個新的步兵師團之後在西部方向對東普魯士發動新的集中進攻。最初敵人打開一寬四公里深一公里的缺口。然而這一缺口旋即被封住。考那斯至埃基干的鐵路綫之維爾科維什肯（德軍在上週曾在此地向東方前進，因而縮短戰綫），敵人在數日間隔之後又形進攻，然而不能改變情況。華沙及大維斯杜拉灣前綫情況亦無變化，雖然蘇軍較前幾日更爲積極，他們不能獲得任何戰役勝利。

## 同盟社驚呼 美國的戰略要嚴加戒備·

【同盟社東京十四日電】在華美空軍第廿航空隊於十一日第三次轟炸日本西部。洛陽失守後的瞬間即六月十六日敵機首先空襲九州北部，長沙失守後即七月八日敵機再度空襲九州，七月廿九日首先空襲滿洲南部，本月十一日第三次轟炸日本西部。不消說，敵人空襲的目的爲八幡山或鞍山，由此觀之，敵人企圖破壞我戰力基地的源泉。敵機要飛越我大陸佔領地，經過東中國海，同時由我機的奮鬥，始終不能達到其目的。但是河南、湖南作戰中使敵人遭受慘敗。敵機空襲我國本土使世界得到這樣的印象，即使世界認爲美空軍仍很健全。由其空襲的方法觀之，美國第廿航空隊亦可稱爲「宣傳的航空部隊」。在華美空軍的基地陸續被我地上部隊所奪取，另一方面由於我機攻擊敵空軍基地，其基地網不得不後退。

雖然如此，但是最近美國通過中印航空路增加相當數量的航空兵力。甚至傳說現地飛機的數量天天有增加。由此觀之，我們還不能立即斷定第廿航空隊永遠是宣傳的航空部隊。我們在緬甸胡康地區及怒江正面目擊美、加、重慶軍的出動。我們也知道美軍督戰的軍官困守衡陽。美國企圖按照安諾德、陳納德的路綫，使美國空軍制霸中國大陸的天空。另一方面進行工作，使重慶軍的指揮權由史迪威一手掌握之。

尼米兹攻勢和麥克阿瑟攻勢的當前目的都是要到達中國大陸。由此可以知道美國欲在中國大陸建設對日決戰的基地。同時計劃由四方面包圍日本。即美國使太平洋艦隊總司令尼米兹指揮下的第九艦隊司令佛萊徹由北方接近日本，第五艦隊司令斯普魯恩斯及第三艦隊司令海爾塞由東方接近日本。同時使麥克阿瑟進行北上作戰。英國使蒙特巴頓從西方直接進攻中國大陸，接近又使英國本部艦隊總司令轉任遠東艦隊總司令，使其與尼米兹合作，企圖用美英聯合艦隊的力量夾擊日本。在西方海面已兩度攻擊蘇門答臘島的產油部，其原因亦在於此。如果敵人奪取馬里亞納羣島後即在此建築外圍陣地，一舉攻擊日本本土。如果它們看到還不是適當的時機，那末它們將以其力量攻略中國。廿九日在夏威夷召集太平洋作戰會議的羅斯福對記者團說：『今後美軍將進行奪回菲島的作戰。』美國奪回菲島既是收復失地，那末它要把菲島作爲攻略中國大陸的一個據點，還需要一個過程。美國一方面企圖攻擊日本本土，但是另一方面非常關心中國大陸，這是因爲美國如果認爲可以進行短期戰爭，那末就北上，如果認爲要進行長期戰，那末在大陸建設最後的基地，切斷我國本土與南方大陸的聯系，然後破壞我戰力基地的源泉，然後進行決戰，它的作戰是根據這兩方面的條件。

美國要想在大陸樹立其牢固的地位，是它企圖以其武力支配戰後的東亞。英國發現美國這種計謀後，即於此時使福來塞出動至遠東，藉其艦隊的力量阻止美國對印度洋的壓力。世界的戰局不論東方或西方都已進入最後的決戰時期，在這個時候就不能焦慮或躊躇，我們不管是進行長期作戰或短期決戰，都要有極大的決心和周到的準備，向最後擊滅敵人的途上邁進。

## 同盟社報導 一週戰況

【同盟社東京十三日電】（北方方面）敵人向西部阿留申地區的空軍及海上部隊的加強，繼續進行中，與過去對滿洲空襲，十一日的空襲九州、山陰、朝鮮方面相配合，極應警戒。（本土西部及西南地區）在我軍攻佔衡陽予中國東南基地的空軍以嚴重打擊之時，敵人先後空襲滿洲並於十一日以飛機二十架內外分散來襲九州西部及北部，朝鮮南部，山陰地方。但爲我制空部隊所阻擊，除在九州西部受輕微損失外，其他地方多數爲盲目轟炸，毫未受任何損失。（中國方面）八日敵抗戰根據地衡陽終於失守，方先覺及參謀長師長一萬三千人被俘，其後又在衡陽附近捕捉敵五個軍十個師，現正進行殲滅中，粵漢線以東地區安仁方面出現敵第一百三十三師，茶陵方面又出現敵第一百五十師，我正在擊破敵人這一企圖。計劃奪取蓮花的敵人，以四個師進行反攻，我方確保蓮花附近的××，準備擊滅敵人的攻勢。在耒陽正面，從本月九日以來，向敵三個軍展開激滅戰。又在華南方面，從本月一日以來，在空軍協力之下，向盤據於雷州半島的敵一百五十五師開始行動，空軍則與地上部隊配合，向敵基地進攻或阻擊來襲敵機，連日極爲活躍，最近敵人在印（印度）中（中國）空運路的運輸，有飛速的進展，在戰場上空來襲的敵機亦日見增加，敵人的勢力決不容輕視。

（南太平洋方面）敵機對該方面我基地的來襲，猶如穿若無人的向我進攻，敵向物資倉庫，陣地設備轟炸，對此我守備部隊，每日瞭望天空，即使未發現敵機意志亦極強盛，現在呈現從新幾內亞方面各基地附近向摩爾汶克囂島（譯音）的趨勢已經激增，又敵機出現於巴答那俄方面的事實，可以令人想到最近羅斯福會出席在夏威夷召開的美國陸海軍高級將領會議，或許有新的決定。

（中部太平洋方面）狄寧島，敵人以機械化部隊爲先導，遂於七月卅一日突入我最後陣地，戰鬥在各處混戰，我軍隨處進擊敵人，關島我軍將戰綫收縮至明石街北方，我軍在整理後，將敵人誘致在東北方山陵地帶，予敵以重大損失。八日敵坦克部隊從數處向我陣地突破。敵我之間有部分激鬥，十日夜雷蓉島的我守備部隊，親睹敵艦猛烈向我兩島進行艦砲射擊，這說明了我兩島的部隊是向敵人實行射擊。

【同盟社東京十三日電】隨着敵人激烈的進攻企圖，大東亞各戰場的空戰亦進入激戰一途，英美動員全各戰場的空軍兵力亦形增加，七月中來襲機數如與六月中的三萬二千架相較，七月份則爲三萬六千五百架，增加了四千五百架，表示了敵人的作戰已逐漸依靠空戰，對此我空軍或向敵進攻作戰，或迎擊敵人，均曾誘出戰獲得了光輝的戰果，特別値得注意的是我方損失六月份爲三百六十九架，七月份則減少爲一百三十九架，較上月損失減少了二百三十架。這說明了我空軍部隊之光輝戰果與日夜激烈的戰鬥鍛錬。

## 勒奎里卡聲明 西外交政策不變

【中央社重慶十三日電】據柏林十三日廣播馬德里訊，西班牙外長勒奎里卡十二日就職時宣佈：西班牙外交政策，不致有任何變更，並謂他將遵守一人之訓令，謹愼行事，此人現正指揮全國政事，包括外交在內。他將繼續『和平』及『國際友好』的政策，並僅在以西班牙利益爲前提下，考慮此政策。按勒奎里卡爲前西班牙駐維希大使，十一日就任此職。

## 傳希起義水兵多人 爲英法庭判處死刑

【海通社柏林十日電】開羅訊，又有希臘海軍人員十二人（內有軍官一人）被開羅英國軍事法庭宣佈死刑，罪名爲參加亞歷山大港希臘軍艦上之兵變。因而因此罪名而被處死之人數已達四十名。另有八人被軍事法庭判處無期徒刑。其被參加兵變者企圖以其行動來幫助希臘共產黨游擊隊。

二三九

# 參攷消息

（只供參考）
第五六七號
解放日報
新華社 編
今日出版一張
卅三年八月十六日
星期三


## 敵大本營公佈湖南戰果

【同盟社東京十四日電】大本營發表（八月十四日十五時）（一）湖南方面之我部隊，攻擊蝟集於衡陽周圍的敵人，現正準備今後的作戰。（二）五月二十七日該方面作戰開始以來，至本月八日佔領衡陽這一期間之綜合戰果中主要者，計收容敵屍體六萬六千四百六十八具，俘虜兩萬七千四百四十七人，繳獲各種砲三百三十五門，輕重機關槍一千五百零五挺，步槍一萬三千六百六十六枝，擊落擊毀燃燒飛機八百六十九架。我方損失陣亡五千三百四十三名。

【同盟社東京十四日電】五月二十八日開始的此次湖南作戰，以敵人要鎮衡陽的陷落而劃了一個新的時期。由此粵漢路的打通，中國大陸縱斷鐵路的全綫打通，僅是一時間問題，上述作戰至衡陽陷落期間，我軍在湖南作戰的綜合戰果如下：敵遺棄屍體六萬六千具，擊落擊毀燃燒美駐華空軍飛機八百六十九架（內擊落一百卅二架，擊毀燃燒七百卅七架）。我方損失陣亡亦達五千三百四十三人之多。飛機自炸未歸還五十一架。從這點上來看，表示了雙方作戰的激烈。

【同盟社東京十四日電】八日佔領衡陽的我軍，更向衡陽周圍之敵繼續加以鐵槌，並作下期作戰準備與新的行動。我軍從五月廿七日在湖南省開始作戰以來，直至現在美蔣聯軍的戰略的心臟部——湖南戰野，展開了機動作戰。於佔領長沙、衡陽兩據點後，從根底上破壞了敵人的戰略態勢，而且予敵人人力物力的損失亦正如十四日大本營所發表的，達到極為龐大的數字。此次的作戰在粉碎美國從大陸對日反攻一點上，亦有重大的意義。此即配合尼米茲攻勢，令重慶軍對日作戰，並用與駐華美空軍的合作從東西夾擊我國的敵人企圖，已完全失敗。而且美國的在我軍精銳面前的蠢動，已在軍事政治及經濟上遭受了難以治癒的打擊。重慶政權在我軍從瓜達康納爾撤退後，即過低的估計了我軍戰力，認為日本沒有對華作戰的力量，繼今春河南作戰之後，即在湖南作戰開始之後，仍不覺悟，不相信我軍進攻衡陽，其作戰指導始終是迷於當前局勢的彌縫策，每當遇到我軍發揮戰力之時，即引起不可收拾的困難，而使損失累增。從十四日的大本營發表亦可看出，過去作為對日總反攻軍而在中國東南地區準備的重慶軍，其號稱裝備最良的薛岳所指揮的三十個師，已被我捕捉擊毀，再加以前次第一戰區湯恩伯軍的潰滅，使重慶抗戰陣營陷於『再起絕望』的窘地。在經濟上喪失了敵人稱為『如湖南豐收則華中可不必種植』的穀倉。在財政上則喪失了重慶稅收的百分之十。更由於鐵路水路的喪失，江西省的大米及粵漢地區物資的利用均被封鎖，可以預料重慶地區很快的就發生食糧困難，表示了重慶陣營的凋落。大陸作戰的戰況，由於我軍作戰的嚴正軍紀，民衆對之極為敬慕，而很快的趨向和平，一伺戰備準備完了後即可實現，隨着下期作戰的開展，重慶的苦惱將更加深。

## 同盟社戰報

【同盟社東京十四日電】（大陸戰綫）——衡陽地區：我軍於攻克衡陽後，繼續對蝟集衡陽周圍之第七十四、第七十九、第一百、第六十二、第三十七各軍計十個師、以及新來增援的第四十六軍主力與機械部隊等敵，確保戰略要綫，展開擊滅戰。另方面則準備今後的攻擊。（二）湘江東側地區——茶陵正面之敵為第一百五十師，安仁正面為第一百三十三師，這方面的戰況，無大變化。（三）耒陽正面地區——在欖橋舖附近擊滅第二十六、第九十九兩軍之一部中，戰況在對我有利進展中。敵暫編第二軍，企圖奪還耒陽城，執拗的繼續蠢動，於七、八兩日，被我擊潰於耒陽城與其北方地區，而四散逃遁。（四）雷州半島方面——我部隊連續進擊雷州半島之九洲江南岸地區，向壓制該半島內形勢前進：緬甸戰綫——怒江正面：我部隊確保拉孟（譯音），繼續擊潰優勢敵之攻擊中，我守備部隊以及重傷患者，皆持槍參加戰綫。全體團結一致，連日連夜，於陣地前擊潰執拗來襲之敵，依然在確保陣地中——六日起到九日止之激戰中，敵之遺屍為六百六十一具。鹵獲品：步槍子彈一萬發以上，我方戰死三十名。在騰衝，優勢之敵自九日晨起，在戰鬥、轟炸機十餘架支援下，一齊開始猛攻，我守備部隊於二、三米達至七十米達之至近距離與敵對峙，九日半夜於猛烈的空襲、射擊後，進行逆襲戰，擊潰敵之攻擊。九日，一部敵由城牆之破壞口，突入城內，但已被殲滅大部，我方依然確保城牆。新幾內亞戰綫——新幾內亞方面之航空部隊，十二日上午二時起至四時止，反覆攻擊拜阿克對岸之×島，排除敵戰鬥機、高射砲的妨礙，飛入飛機場，燃燒地上大型敵機十三架以上，炸毀燃燒機場設施八處。並炸毀跑道地點，敵飛機場爲大火籠罩，戰果莫大。

## 敵打通整個湘江水路
## 耒陽方面擊滅國軍

【同盟社青島十四日電】海軍水路警戒隊爲配合陸上精銳的進擊衡陽，爲由江上打開突擊路而奮戰，八月×日總於打開湘江整個水路三百四十五海里。十三日由漢口海軍根地發表戰果如下：帝國海軍部隊繼續沿長沙公路，打開湘江，八月×日已將湘江水路打通，五月二十七日以後處置機雷總數共七百七十六個。

【同盟社湖南前綫十二日電】耒陽方面我精銳部隊，九日、對八月初旬以來源源北上該方面之敵有力部隊，開始果敢的殲滅戰，目下到處捕捉殲滅潰亂之敵中。即是說，該方面之敵以第二十六軍之第四十一師、暫編第四十八師兩個師，自耒陽南方八公里之小水舖附近，北上衡陽公路。我部隊自三方面包圍敵人，特別是中央部隊以悽愴的夜襲戰，奇襲當面之敵主力第四十一師司令部，因此，敵完全陷於混亂，將由右翼方面馳往救援的暫編第四十八師，誤認爲日軍部隊，以猛烈的砲火迎戰，扮演擊潰該軍大半的醜態。現於周圍我部隊的猛攻前，對敵全軍的殲滅戰正達頂點。

## 敵機襲桂林柳州機場

【同盟社大陸基地十四日電】我在華航空部隊的精銳轟炸機隊，十四日未明，強襲桂林飛機場，冒着激烈的對空砲火，予以猛炸，燃燒其四架，計大型機三架，小型機一架，一處爆炸。全機從容飛返。

【同盟社大陸基地十四日電】我精銳夜間轟炸機隊，於十三日又空襲柳州，轟毀燃燒大型敵機二十二架。全機安然返回。

【同盟社大陸基地十日電】包報導班員電，我精銳轟炸機隊，九日上午三時卅分空襲江西省贛州飛機場，燃燒敵小型機五架，擊傷二架，其他卡車四輛，燃料彈藥所二處。該地之敵已顯示有後退模樣，僅有十數架小型機燃料彈藥遭我炸後，據測其未燃燒之資材已運往後方。

【同盟社大陸基地九日電】衡陽的陷落，將駐華美空軍打入失望的洞底。六月二十六日我地上部隊佔領衡陽飛機場後，狼狽達極點的亦是駐華美空軍。過去數年來，在衡陽建築了穩固地盤的駐華美空軍，堅決要求守住衡陽，命重慶的幾軍四個師在衡陽城內繼續作無益抵抗，並企圖奪回衡陽飛機場，從空中向我攻圍衡陽的軍隊進行反擊，並向城內投下食糧彈藥使之延長時間，並從印度用飛機運輸擁有美國式遠距離射程砲的美國軍隊兩個師抵達衡陽與重慶軍配合企圖奪回衡陽。但在勇敢的皇軍猛攻之下已毫無所措，終於衡陽陷落。由於衡陽城的陷落，作爲挽回戰局的江西、福建的前進基地，已與昆明、桂林方面的兩基地分離。同時號稱大陸第一航空要塞的桂林飛機場，已完成了它的使命而喪失了駐華美空軍前進基地的位置。衡陽城的失陷，將桂林航空要塞置於我軍壓力之下，故更有其重大意義。隨着桂林存在的意義已經喪失，美空軍遂在貴州××建設「第二桂林」，以便在中國東南部活動，同時亦向中國西北移動。對此我軍由於基地的西進，澈底的一機不剩的擊滅敵人，這一意識逐漸高漲。

## 美新聞處稱：
## 固守衡陽贏得時間

【美國新聞處十四日電】衡陽失守是一嚴重的打擊，但絕不是中國東部戰鬥的結束。日軍在東部重建鐵路綫之前，不能達到建立貫通南北的良好的內地交通綫，以抵消中國海上敵人運輸的損毀的目的。敵人××交通綫將遭受進攻。留多緬甸公路一旦重開，能夠用以運輸供應品以加強中國的抗戰。中國軍隊固守衡陽六週之久，已贏得這次戰爭中最貴重的東西——時間。在衡陽進行的戰鬥可以與緬甸及印度東部之勝仗併提。

【英國官方通訊社倫敦十四日電】中國軍一路正迅速向衡陽前進，並已抵該城西北三哩處。其他兩路則從南面向衡陽前進。正受着鉗形運動威脅的衡陽城內日軍，面臨着嚴重情勢。

## 海通社傳
## 羅邱可能在印度會談

【海通社斯托哥爾姆十二日電】關於羅邱新會談之謠，斯德堡商務日報倫敦訪員根據華盛頓消息稱：會議或將舉行於邱吉爾目前正在該處之意大利與羅斯福目前巡視該處之美國太平洋部份的中途。會議於印度之可能正被談論，並據推測，更重要的蒙特巴頓海軍上將高級統帥部戰爭行動的××將被討論。

# 參攷消息

（只供參考）
第五六八號
解放日報
新華社 編
今日出版二張
卅三年八月十七日
星期四


## 敵傳美機械化部隊三萬運華

### 對日攻勢將在中國大陸開始

【同盟社湖南前綫十五日電】宮森報導班員發。過去所傳說的美國地上軍的入華，現已證實，以衡陽的陷落爲契機，有高度裝備的這些美國機械化部隊，即企圖出現於前綫，印華空運的積極化，亦是在湖南作戰開始後的六月中旬。至六月下旬，在昆明、桂林、重慶各地均傳美國機械化部隊、砲兵隊、降落傘部隊已經入華。綜合最近之情報，這一數目已逐漸增加，均推測已不下三萬人。又據不確實消息，傳美國幾械化部隊不僅集結於中國西南部，而且進入七月後企圖將一個師派至西安，向華北戰綫活動。美國着手重慶軍的正規訓練，作爲對日進攻的第一綫部隊，這是去年的事情。這一正規訓練尚未達到所期的目的，美國陸軍自身的企圖出現於大陸對日準備決戰，就意味着要將中國大陸作爲大東亞戰爭的決戰場，同時亦說明了從六月以來積極的運輸部隊一事，表示了不久的太平洋攻勢亦將在中國大陸開始，此點極應重視。與美地上部隊的入華同時，應當重視的有設置美軍指揮部的形勢。重慶軍事委員會與史迪威司令部綜合進行編制美式機械化部隊，已經有三個大隊編制定了，一部已出動於戰綫。重慶軍裝備的高度化與美地上軍的入華，均在積極而且迅速的進行。自動步槍、輕重機槍、美式機關槍、勃朗寧重機關槍，反坦克砲、迫擊砲、七榴砲、重榴砲、坦克、火焰噴射器，遠射程砲、降落傘部隊等與許多的美聯絡軍官均編入重慶軍。另一方面，在印度教育中的重慶軍隊，已迅速的歸還重慶地區，施以操縱機械化兵器的訓練，並分散至各部隊，作爲美國式重慶軍的基幹。北伐當時是依靠蘇聯戰術，中國事變時是移向於××縱深戰術，現在重慶又逐漸採用美國式的戰術，中國大陸直至今日已成爲駐華美空軍的對日空襲基地而被關心，今後由於美地上軍的入國及重慶軍的美國化，而更帶有美決戰場的性質，此點亦必須注意。

## 海通社稱

## 盟軍登陸地點

【海通社柏林十五日電】星期二午英美軍從海上與空中在法國南岸三地方登陸。發生登陸的第一個地方爲土倫以東波爾姆附近，第二、加納與尼西之間，第三、聖·拉法爾地區。德保安隊立即發動反攻，與登陸部隊進行激戰。加納與尼西之間沿岸陣地許多地點刻正進行激戰。登陸詳情如下：經數日猛襲馬賽，土倫地區之後（星期一夜其猛烈之程度達最高峯），不久前即發見科西嘉海面之英美登陸艦隊迫近法國海岸。拂曉，第一批小股部隊在土倫以東，波爾姆登陸，但大部份已被擊潰。數小時後，約有一百架英美運輸機隨同運輸滑翔機迫近海岸，顯然是增援於波爾姆登陸正在激戰中的軍隊。同時，另一批軍隊從海上在加納與尼西之間登陸。強大盟軍轟炸機隊與艦上大砲之猛烈砲火援助與保護登陸。德岸防軍立即與之作戰。小股美傘兵在第三個地方聖·拉法爾登陸。另企圖在格利毛特港西北登陸，在德軍大砲轟擊下已告失敗。

【海通社柏林十六日電】法國南岸英美之登陸戰目前主要是在聖·拉法爾與德拉米角兩地點。正如德軍界人士所着重指出：在廣闊前線上的集中行動，還不能說似乎是敵人現在的目的在於佔領聖·拉法爾附近機場……聖·特羅貝茲灣，以便以飛機與海運登陸與集中援軍。而今已證實敵人從海上以及使用空軍的運動並不足以擴展六月六日塞納河灣地區之戰事。特羅貝茲灣德岸防砲猛轟英美運輸艦隊。敵空運部隊與降落傘部隊已降落於阿根斯河口。聖比尼角被擊中之登陸艦船迭次發生爆炸。運貨船已有數艘擊沉。他們受德岸防砲猛烈轟擊，並被向海岸擊退，且小部隊已被殲滅、俘獲首批俘虜。

【海通社柏林十六日電】據德方最後消息：法國南岸盟軍登陸戰正在進行中。目前，盟軍正試圖以新的登陸建立聖·拉法爾與波倫斯（兩地方相距約五十公里）之間的聯系。此外，他們還企圖在往東某些地方登陸。西面德軍防禦基地是在土倫的堡壘，而北面與東面則在高山上，各處之障礙物有力地截阻盟軍，阿根流域兩面高地正在進行激戰。許多地方盟軍企圖登陸已被挫敗，迫近……之船隻已被德岸防砲……。（缺）達蒂比斯角盟軍之活動僅限於轟擊。現在已發現盟軍登陸戰是試圖牽制……

# 德稱西綫包圍未形成

■海通社柏林七日電■德國新聞界關於諾曼第前線德軍被圍消息，與事實不符。每一實際軍事行動使『形成包圍圈』與『形成袋子』發生分歧。『包圍圈』名詞只有在包圍已完成時才用得上。但英美尚未得以使此種情況產生。另一方面，德軍並不否認，袋子已在決非諾曼第大部德軍所在之部分存在。就軍事意義說：袋子總是網開一面的。只有在這一面都封閉了，才變成包圍圈。在法萊士與阿根坦間（德軍仍據守的兩城），這種袋子的東面是開着的。這種特徵表現戰爭情勢。除此之外，下面的事實可以詳細加以證實：加拿大第一軍的××進攻（於星期一在廣泛戰綫上，由克恩公路，直達奧納河）發動，有空軍之特別援助浩大部隊又未達到預想的突破。在極嚴重的損失下，加軍僅有在法萊士西北及東北獲得長達三公里的進展，而直接由北方向法萊士推進的楔形前鋒，毫無進展。最猛烈的空中轟炸於星期二晨引起新的戰鬥，這種戰鬥目前仍在進行中。在奧倫以西，德軍勝利抗拒英第二軍的日形增大之攻擊。敵人已得以造成某些缺痕，但未在任何地點到達南德西端的羅利翁區，而直接進攻丁徹德列的美第一軍左翼，亦未到達羅利翁區，儘管有極猛烈的進攻。在丁徹德列西南直到巴昂坦——多姆方特，德國向東擺脫運動仍按計劃進行中。緊追我軍的美第一軍右翼被後衛與布雷區遭受嚴重損失。美第三軍（被用以進攻『袋子』南面）在對拉納區德國鬥形陣地及阿根坦以南鬥形陣地的新進攻中被擊退。但敵人的壓力在該處未減少。敵人越過阿根坦更向前進以達東北的努力（已爲德軍側擊所阻）大概會重新進行而且値得注意，因爲它們是敵人以某一形式或其他形式封閉袋子的決心。在翁熱和在布列塔尼的羅亞爾河之情勢無何變化。

# 朝日新聞論當前太平洋局勢

■同盟社東京十四日電■朝日新聞社論稱：敵美自馬紹爾羣島登陸以來，不出半載，又於馬里亞納羣島登陸，當靜觀其進攻情形時，不得不令人感到其速度實快。敵美顯然採取這樣的計策，即一方面直接擾亂我本土的增强生產，另方面向菲島方面伸展其立足點，以便切斷與我戰爭資源地帶南方之連絡。這樣，帝國必須在此斷然粉碎美軍逼近前來的進攻。在此令人感到，可說是決定皇國興敗的大決戰是一刻一刻地逼近。當此之時，小磯、米內强力內閣眞正以陸海軍一體爲基調，設置最高戰爭指導會議，在此，突入決戰階段的體制已經整備，而直接運營戰爭最高指導會議的政府、統帥府兩首腦部，將自施政方向的觀點出發，計劃轉半年來非出本營的守勢戰局爲總攻勢的一大方策，此乃吾人確信無疑者。當我們集結一億國民的眞正總力時，要阻擋皇國的前程是斷然不能的，近代戰的特點，是化學的大消耗戰，從而是一大生產戰，是一大供應戰，作戰的絕對要求是要求增加物資，同時又必然應從作戰實體廣義解釋的戰力之意義上來考慮，在此須建立作戰與物資生產力一體不可分的關係，亦即統帥與戰爭經濟的直接關係，統帥與國務不可分的吻合與調整是不可或缺的。而由這一觀點出發的作戰一經決定時，則國務應竭舉戰爭政治、戰爭經濟的全體，担當培養於推行作戰毫無齟齬的戰力，最高戰爭指導會議有如下的重大使命：第一：站在上述的見解，當決定帝國的最高戰略時，需國務方面的施政及全面的協力，第二：當最高戰略一經決定時，應担當迅速製定與此相適應的決戰國務的根本方針，在戰爭的現階段，不管那個，即一日亦不容空過。最高戰爭指導會議將迅速開始實質的運營，以期完成其重要使命。

# 敵論羅斯福太平洋會議

■同盟社東京十六日電■敵美以至英國以短期結束戰爭爲目的，在大東亞戰綫，亦傾注他們的全力，企圖自日本外綫各地一齊開始新攻勢。這一空氣正在刻刻逼近，證實這一事實者，是最近在檀香山舉行的太平洋軍事會議。自七月二十六日起，羅斯福在檀香山召集西南太平洋反軸心軍司令官麥克阿瑟，美太平洋艦隊司令長官尼米茲，太平洋第三艦隊司令長官海爾賽、太平洋地域陸軍司令李却遜、總統私人參謀長李海等，舉行他們所謂的『有開戰以來最重要意義的作戰會議』，共歷三日，繼於八月三日，羅斯福赴阿留申訪問北太平洋司令長官佛萊徹。羅斯福的這一旅行對於宣傳將來大總統選舉中之角色是合式的，可以想像是以總統本人着手統一廣大太平洋的各個戰綫，着手準備一大攻勢的連絡。據外電所傳——上述會議的主要議題是：（一）對日新攻勢作戰，（二）奪還菲島作戰。可以想像主要是計劃尼米茲向中國海岸出擊與麥克阿瑟奪還菲島的計劃。與此相關聯，美國報紙則稱歐洲戰局到達頂點時，對日大攻勢的時機將逼近，斷言該會議是歐洲戰局結束後，將把主力挪用太平洋戰局的證據。另方面邱吉爾在下院的演說中，聲言太平洋前綫的最高潮，將較預料的迅速到來。與美國在太平洋的攻勢有關的美英共同的太平洋作戰會議，據聞將於最近舉行。由此觀之，敵方的戰意與企圖，是很明顯的。從敵方過去的戰法上來看，其次將要到來的新攻勢，必遠過於我方所預想的兵力，或以意外的攻法，進行戰略的奇襲。可以料想到他們意外的實力。因之無論在海上或空中，可以選擇適當的時間與地點，毫無遺憾是發揮誘致攻勢之妙，把握着回轉的好機會。

## 同盟社稱：羅斯福巡視夏威夷 表示美國作戰要集中太平洋方面

【同盟社東京十四日電】羅斯福總統於七月二十日由太平洋岸的聖地牙哥軍港發表廣播演說，表示接受民主黨提出他爲下屆總統候選人以來即默無聲息。據最近美方發表的公報，他自聖地牙哥乘巡洋艦訪問夏威夷，自二十六日起在該地召開重要作戰會議三天，八月三日訪問阿留申羣島，他的行踪一方面表示是爲了競選進行宣傳，另一方面意味着美國的作戰努力眞正要集中於太平洋方面。訪問夏威夷的羅斯福召集麥克阿瑟、尼米茲、海爾賽、李却遜、總統私人參謀長李海、以及其他從事對日戰爭的各方面將領（幾乎全部）舉行開戰以來最重大意義的作戰會議，這個會議討論的主要問題如下：（一）日本無條件的投降問題。（二）對日新攻勢作戰。（三）奪回菲島的作戰。會議結束後，羅斯福在檀香山接見新聞記者團說明：『作戰會議協議了太平洋的新攻勢戰，但是現在不能說明何時開始新攻勢戰。太平洋美國艦隊的力量急速增大，而戰局的發展亦令人滿足。今後美英將開始進行奪回菲島的作戰。』聽了他的談話即可知道此次會議的內容。羅斯福離開夏威夷後，不是視察馬紹爾羣島乃到吉爾貝特羣島（奪回菲律濱島作戰的根據地），而是相反地視察阿留申，我們不知道這是意味着什麽，但是我們認爲他强調進行中太平洋作戰而奪回菲島，同時暗示亦將其攻勢的重點放在北方牽制敵人。羅斯福在其接受民主黨提出他爲下屆總統候選人的演說中，雖然說他鑒於戰時的職責，不擬進行選舉運動，但是他發表演說後，作此冒險旅行實是政治家的最好的選舉運動，他很重視這一點。

## 尼米茲說 馬里亞納基地化

【同盟社里斯本十三日電】火奴魯魯來電，傳太平洋艦隊司令官尼米茲，最近偕同幕僚二名，乘戰鬥機視察馬里亞納，馬紹爾兩羣島，十二日已返抵珍珠港。尼米茲歸還後會見記者團就太平洋戰爭今後的問題，特別舉出下列三點：（一）馬里亞納羣島的基地化，已迅速的進展，從各個方向使對日作戰成爲可能。（二）從距離的關係來看，對於日本不可能像在歐洲那樣的投下炸彈，爲了要擊潰日本，不能是單一的進攻方法，是要依靠空軍的轟炸與海上封鎖的聯係及海上艦隊的砲擊，這些均是必要的。（三）日本在糧食上依靠輸入，如用封鎖而能將日本國民餓死的話，當能更快的使戰爭早日解決。

【同盟社中太平洋基地十五日電】十四日敵B24式大型轟炸機廿二架來襲硫磺島，我機立即迎擊之，在空戰中將其擊落二架。其他飛機被擊退。十三日晨敵四引擎大型飛機廿餘架襲擊特魯克島，我機在空戰中重創敵機四架。同日下午敵機十三架來襲窩熊島，我機立即迎擊之。

## 海通社傳 英東方艦隊實力

【海通社東京十五日電】福萊塞海軍上將所指揮的印度洋上英國艦隊（此艦隊將從西面支持美軍太平洋攻勢）係由下列艦船構成：戰鬥艦十九艘，航空母艦八艘，巡洋艦驅逐艦及其他艦船三百艘並有潛艇約百艘。

## 意內閣將改組

【合衆社羅馬十四日電】聞意大利各方磋商，由第一次世界大戰中首相及出席凡爾賽和平會議的代表奧狄爾組織『意國集中內閣』，以代表波諾米的自由政府，已頗有進展。巴多格里奧被提名爲外長。此項政治運動與邱吉爾的抵達意大利同時形成。邱吉爾無干預意大利政事的證據，惟意大利各政治家均利用邱吉爾訪意的機會，任意預測。波諾米政府明日接管羅馬後，恐難繼續存在。反對波諾米政府者，以共和黨及民主黨爲首。該兩黨均爲未經盟國承認之政治集團。

## 英經濟學家週刊 主張對德提出『溫和的和平』

【路透社倫敦十日電】英國主要的週刊『經濟學家』在論述『對德國的條件』一文中，呼籲『溫和的和平』，該文稱：雖然確切的條件尚未知悉，無疑盟軍條件合計等於迦太基的和平。『經濟學家』稱：各小盟國半官方的聲明和宣言，謠傳及報紙消息皆預示附有賠款，領土兼併，人口轉移之和平。』據息東普魯士將由蘇波兩國瓜分，波美拉尼亞及西里西亞的大塊領土歸於波蘭，萊茵省割歸法國，一部歸荷蘭。某些區域，領土的兼併伴以數達千萬的德人之轉移。『經濟學家』宣稱：這樣還未消除戰爭的危機，而且必然有戰爭的危機。『經濟學家』呼籲『溫和的和平』包括懲罰戰爭罪犯，物質賠償，東方某些疆界的修正，（這使交換人民而不是移交人民成爲可能。）該週刊稱：在西方盟國的意見絕不願强行如現在所建議的領土處理。

## 艾登與波總理會談

【英國官方通訊社十四日電】艾登於波蘭總理自莫斯科歸來後，今日立即於外交部請他及波蘭外長衆大使共進午宴。他們進行了長時的討論。據自外交部方面獲悉，由於米柯拉兹科莫斯科之行的結果，波蘭政府將對蘇聯政府關係置於持久友好基礎上之願望業已得到新的證據。縮小困難固然不智，但認爲形勢中尚有有希望的因素。據悉，華沙形勢及盟國增加對波蘭保衛者援助的辦法，又彼進一步討論。

【海通社斯托哥爾姆十四日電】波蘭流亡內閣總理米柯拉兹科於星期一訪謁外相艾登，報告他在莫斯科與斯大林及在蘇聯建立的波蘭委員會談判的結果。羅姆和拉津斯基伯爵亦在場。瑞典訪員報導，在英國外交部中，曾建議以解散兩個波蘭委員會並任命臨時政府的代表以求取該兩相互競逐的委員會間的妥協。這一政府的目的應爲與斯大林主要要求之一一致，在波蘭人民中宣傳與蘇聯密切合作。

## 傳捷政府擬遷蘇京

【海通社斯托哥爾姆十二日電】哥德堡商務日報倫敦訪員稱，倫敦捷克流亡政府目前正準備遷至莫斯科。同時，倫敦方面又復估計戲高樂委員會在某時內將自阿爾及爾遷至倫敦。

## 張平羣答外國記者問

【中央社重慶十六日電】外國記者招待會，十六日下午三時在國際宣傳處舉行，梁部長寒操、吳次長國楨、張參事平羣出席主持。某記者問：關於華人在印存款凍結及傍凍一事，有何闡述？張參事答：據本人所知，我國人士及商號在印之印幣存款凍結，並非新發生之事件，兩三年來，即已如此，該項存款人倘有正當用途，可請由我國外匯管理委員會照章申請解凍提用，我財政部現已授權該部駐印代表處理此項申請案件，此外別無可談。某記者問：中國所設立之西南物資督運會，是否定有×，將如何推進工作，特別關於滇緬公路重開以後。張參事答：交通部爲提高西南公路運輸工作效率起見，特設西南進口物資督運委員會，內置委員九人，並有美籍名譽委員三人及美籍顧問一人，依據軍委會運輸會議所決定之物資運輸優先秩序，指揮監督空運到昆物資輸送事宜。將來滇緬公路重開後，該會並將督導該區一切運輸業務，以期配合軍事需要。某記者問：在中國戰場是否必須盟國軍隊在中國登陸作戰，方能擊潰倭寇？張參事答：此次乃一全球性之戰爭，英美加澳法波等軍隊正在歐聯合對德作戰，我軍亦與美英軍隊在緬聯合對日作戰，彼等合作之方式，係視如何方能及早取勝而定，盟軍是否將直接進攻日本本土，抑將先攻達中國海岸，協力驅逐在華日軍，亦視將來情勢如何演變及需要而定，倘需出於後述之一途，則我國自然歡迎盟軍參加此一戰區，有如英國之歡迎美軍抵英作戰。某記者問：孔副院長近在美國談及香港問題中英戰後可友好談判，政府有何說明？吳次長答：無說明。

## 交部設立 西南進口物資督運會

【中央社貴陽八日電】交部公路總局長龔學遂，於七日抵筑後，已與此間各運輸機關負責人洽商，在筑組設西南進口物資督運委會事宜。主委一職由龔氏兼任，兩副主委，我方由陳延炯，美方由奈南上校分任。委員我方五人，美方爲薛安上校及璧爾上尉。此項機構現正積極籌備，一俟各地委員抵筑後，即開成立會。該會主持西南公路、滇緬公路、川滇公路進口物資督運事宜，並謀解決以上各綫運輸困難，以期運輸工作能逐漸加強。龔氏在筑主持成立會後，將赴昆明等地視察各綫運輸工作。

【中央社貴陽十六日電】龔學遂頃對記者談西南進口物資督運委會之任務，據稱：（一）使運輸工具加多；（二）使運輸手續減少；（三）使運輸材料不虞匱乏。在此三原則下，力謀加強各運輸機關之聯系及解決各項困難與督導進口物資之運輸。至前傳將在筑召開加強運輸會議說不確，惟不久將在昆明召開督運會議一次。至督運會並不久設一地，係流動性，亦爲臨時性，其使命一若部隊中之督戰團。龔氏擬長川駐會，暫不返渝。

## 陳誠在西安招待記者 陝省本年徵糧四百四十萬石

【中央社西安八日電】某戰區長官陳誠，八日下午三時接見本市新聞界代表，參加者中央社及各報代表十餘人。陳長官對本戰區之軍事、政治暨緬北國軍進展情形均有說明。陳氏特別要求與論界對貪污事件之檢發及如何加強精神，集中意志，協助政府加以重視。談話時間歷三句鐘。

【中央社西安十三日電】本年陝省徵實數額爲小麥三百萬市石，徵借爲一百四十萬市石，大戶累進徵借糧廿五萬市石，業於上月初開徵，截至目前止，全省已徵起十二萬三千三百四十市石。

【本報訊】國民黨渝黨部改組，方治爲主委。

# 參攷消息

（只供參考）
第五六九號
解放日報 新華社 編
今日出版二張
卅三年八月十八日
星期五


## 敵稱重慶重整陣容對日決戰
### 衡陽周圍二十餘師進行反擊

【同盟社湖南前綫十六日電】敵以衡陽陷落爲契機而狼狽不堪，因而好像我軍建築於雄偉豪壯的作戰企圖上一樣，逐漸露骨地表明其意圖，即重新加入美軍地上部隊，拋棄以前的消極戰法，向着積極的對日決戰。據傳蔣介石最近曾於重慶召集各戰區長官，並與在華美空軍關係者一塊，擬就對日決戰施策。決定傾擧全力，集中於湖南戰綫。又蔣介石本人，八月二日曾秘密飛往桂林，採取陣頭指揮，致力重整陣容，以備來日全面的決戰。現於衡陽周圍，已有第一百、七十九、七十四、四十六、八十七、六十二、九十九、三十七、二十、二十六十個軍與新編突擊隊等約二十餘師的大軍來襲，執拗反擊，目下正與我軍之間展開激戰中。另方面美軍地上部隊的來援，亦以昆明、桂林等西南中國爲中心，加上機械化部隊，步兵部隊，降落傘部隊等，爲數不下三萬，加上在華美空軍的增強，美、蔣軍已結成一體，急於阻止我軍的進擊。若××日軍的進擊，則重慶抗戰的危機自不待言，而將挑選派遣精銳（缺一句），其緬甸遠征軍，亦將自背後受到威脅，予反軸心軍由西南到緬、印一連串的作戰影響，亦不在少，因而進行孤注一擲的決戰。蔣介石的意圖，即一見其最近的增援情形，亦是不難想像的。已自孫連仲之第六戰區派遣四個軍救援，自顧祝同之第三戰區派兩個軍，自張發奎之第四戰區派第四十六軍，自余漢謀之第七戰區派第二十六軍，前來救援（第九戰區自不必說）。第五軍並遠自緬甸遠征軍，利用機動力急劇往援，如此等等將介石的數節（或爲補習），因[illegible]進攻內地與打通粵漢路，敵除[illegible]動於我軍直[illegible]

美空軍自衡陽失陷後，以桂林、芷江、柳州爲正面基地，並利用西安、漢中等西北基地，並自八月初旬以來，中印航路的運輸量已增加百分之四十，因此正企圖活潑的反攻。而且與此相呼應，是美國地上部隊將必出現，但我中國派遣軍對此，當整備磐石的體制，更加發揮野戰軍本領之時將至，將予美國地上軍以最後的痛擊。

## 敵『派遣軍』聲明
### 此次作戰最後擊滅美、英及重慶政權

【同盟社南京十七日電】中國派遣軍的精銳部隊，從北、中、南三方面，在中國大陸展開雄渾的一大作戰，連結平漢、粵漢兩鐵路的戰略據點已悉數佔領，現在作戰已突入最後打擊在華美軍及重慶政權的階段，正當這個時間，中國派遣軍於十七日下午三時，就日軍作戰目的發表聲明，促請愛國的中國人，洞察中國存亡，東亞興亡的時局，爲了完成建國而一致奮起。聲明全文如下：

大東亞戰爭爆發後，美英喪失了侵略東亞的一切據點，退至東亞圈外，其後即進行執拗的陰險的策謀，在援助抗戰的美名之下，籠絡重慶政權，再度伸其爪牙於東亞大陸，逞其侵略制霸東亞的野心。我派遣軍爲了完成大東亞戰爭之目的，根據日華同盟條約，決然的擊滅大陸上一切侵略勢力，遂發動了一大攻勢，以期從桎梏中解放中國的國家與民族，邇來我派遣軍以道義的實踐作爲統帥的根本義，此次作戰開始後，即命令全軍嚴守軍紀，用仁義道德的實際行動告訴中國人民，使各自安居樂業，無論何時均根據『武嚴』、『仁寬』之精神。軍特別憂慮戰禍所及之處，使民衆困苦，田野荒廢，文物破壞，故我軍將戰禍限於極小限度內，並在復興建設上集中最善的努力，民衆亦極能理解我軍精神，親自協力，其成果亦極大。在各地已證明此點。但發戾的美英，用焚燒市街民宅或破壞交通機關妨礙建設，蹂躪人民的福祉，其登峯造極的就是殺傷無辜的中國民衆，遲延戰綫的復興建設。美英之專橫被協同的美名所隱匿，把中國的領土變成自己的戰場，把他國的領土變成焦土，亦在所不顧。如中國民衆的安寧，自不是他們的關心事。其卑劣、低級、非人道的獸性，實爲上帝所不容，實是以東方道義相連結的中[illegible]

事行動的目的，在於粉碎美英的侵略制霸的企圖，中國民衆自不必說，凡是放棄與美英協力而與我爲友者，即使是重慶軍亦非我們的敵人。」並善自闡明美英爲東亞共同之敵，東亞人應相互理解與提攜的帝國眞意，我軍應善爲尊奉實踐這一聲明；擊滅美英與東亞的叛逆份子，以期在中國的自主獨立下，援助三億人民的安居樂業。關於作戰地及其後方的保全與安定，應甚於此道義心，而暫爲自行負責的，這是根據道義心速謀撲滅戰禍，拯救民衆的流離困態，尊重民意舊習，促進鄉土、社會的更生與復興，願全中國先覺賢能之士與愛國的青年諸君，要洞察此中國盛衰，東亞興亡的重大局勢，樹立國家百年大計，勿使舉止錯誤，促進中日的合作與提攜，更進一步地努力奮鬥，以完成中國的獨立自主與統一建國。

## 梁寒操不同意周恩來同志的談話

一海通社東京十七日電—重慶訊，中國宣傳部長在記者招待會上拒絕對延安中共中央委員周恩來謂重慶中國的內戰危機尙未過去的談話加以評論。部長答稱：重慶政府所獲得之情報與周恩來的××××不同。

## 敵傳成都附近建築美機場風波

一同盟社太原十五日電—據最近從成都發出之情報，成都西南五十公里的新津的農民地主，因美國第二十航空隊在該地東南郊外建立飛機場，本來一畝地價値七八萬元之土地，在愛國美名下只以二萬五千元令農民供出土地，但過了幾個月仍不付款，農民地主三次大舉驅逐美空軍兵士，殺傷幾十個美國人，農民犧牲者亦很多，雙方的對峙日益激烈惡化，因此省政府遂派軍隊出動鎭壓。另一方面四川省政府主席張羣，親自出勤調查，但因省政府高壓的辦法及美空軍的横暴，民衆的不滿極爲高漲，民衆對於美空軍用一切辦法加强空軍基地的野心，極爲不滿。

## 日寇傳稱雲南遠征軍搶刼逃亡

一同盟社緬甸前線根據地十四日電—化爲美國傀儡、以大東亞爲敵的重慶雲南遠征軍，此次反攻之目的爲打通北緬甸援蔣路，藉以挽回敗戰的不名譽。號稱爲蔣介石左右手的陳誠因爲怒江作戰的失敗而於今年初辭職，於是任命衛立煌代理雲南遠征軍總司令，並選拔重慶軍中最精銳的將校担任幕僚，幫助衛立煌；同時以美國供應的軍需物資供給遠征軍，使其竭盡總力進行反攻，以圖奪回怒江之綫。由於我軍採取各個擊破的戰法，使敵人在兩個月中損失五萬人。但是蔣介石不顧這樣巨大的損失，堅決要奪回我戰略要點。最近使怒江以東的精銳部隊數個師强硬渡河，但是由於下大雨及我軍巧妙的作戰，使敵人遭受損失，加之，怒江的急流和高黎貢山脈的天險，使敵人的供應發生困難。由於常下大雨，患病者日益增加，但是藥品極少，因此士氣低落，若有機會就要逃跑。各地的游擊隊在這樣的情況下？亦化爲暴徒、任意掠奪，佔領區的人民說：「游擊隊不向日軍發射一顆子彈；而專門掠奪民財。」正規軍因爲食粮困難，亦借游擊隊的名義進行掠奪，而將其罪過推在游擊隊身上。在這樣的情況下，民心離反，他們陸續逃至我佔領區，敵兵逃跑和投降的人數亦日益增加。由前綫我軍俘獲的敵軍某軍官的談話可以知道敵軍首腦部是多麽狼狽。該軍官說：第七十六師廿六團第二營營長王某知道作戰要失敗時，立即逃跑。因此第二營非常混亂，軍官兵士等相繼逃跑以至於不可收拾的狀況。第七十六師師長知道這種情形後非常驚異，遂公開登廣告，誰能抓到這些逃兵即賞洋十萬元，不但第七十六師是這樣的，就是各地亦發生這種現象。

一同盟社里斯本十四日電—美國人被羅斯福的話語所騙欺，被驅赴遠征東亞，大部遠征軍的目的，是冒險與賺錢，但最近不僅不履行其諾言，即：允許志願兵的特科隊（在密芝那戰綫被稱爲史迪威將軍的「榜樣部隊」）於一且緬甸戰綫作戰結束時，使其重返美國，而且將傷病士兵調赴前綫。於是該部隊士兵之不滿終於爆發，發生完全敗壞軍紀的暴動事件，在東亞遠征軍的監察本部，久已查問此一事件，但不發表事件的詳情，然而這一事件忽然被美國政界人士視爲重大問題，據華盛頓來電悉，常務軍事委員長魯諾茲十四日以公文書信，向陸長史汀生要求聲明兩點：（一）調傷病士兵赴前綫的情形如何？（二）軍官以危殆爲藉口而募兵，是否妥當？

## 中央社報導滇緬路修復情形

一中央社昆明十三日電—記者頃循滇緬公路作一四〇〇公里之往返旅行，頃返抵此間。沿途得見滇緬公路修復工作，正積極進行。千百萬民工與中美工程人員並肩在各地工××方面，較之昔日暢通時猶有進步。滇緬公路爲一世界馳名之險道，凡行經此路者，莫不驚其工程之偉大險峻，今經中美工程人員協力展拓修整後，已成一康莊大道，並已拓爲彈石子路面，其橋樑涵洞亦均改爲永久性者。其有名之天子廟、麥莊、中口等坡道工程以及潞滄江兩岸之路面工程，在昔均認爲最艱險者，目前亦成爲平坦大道。據工程局負責人談稱：修整工程大部完成，其間得力於美方之協助及沿綫各地之民工者甚多。而保山縣境內一段路面，在上次緬戰時曾予以徹底破壞，此次奉命修復，保山以壯丁多調至軍中協助輸運糧彈，築路工程乃多由婦女兒童担任，彼等常背負嬰兒，自數里乃至數十里外之村鎮前來築路，故美籍工程人員，多喜稱此一段公路爲婦孺路。

【同盟社廣州十五日電】重慶由於衡陽淪陷，所受打擊至重，於是極力隱蔽其在大陸作戰中的慘敗，同時照例大標題地宣傳奪回密芝那、衝入騰越的成功，作爲唯一的樂觀材料，空喊『滇緬公路再開在即』。即是說，據重慶新民報稱，重慶交通當局已着手修理雲南舊緬甸公路，再建停車場、旅館、橋梁，目下正忙於恢復舊緬甸公路，業已發出指令，在再開該公路後一年之內，全部修完五千輛車輛。又鑒於過去管理道路的成績，滇緬公路再開後，該公路將置於重慶遠征軍的統一管理下。又據大公報稱，五十萬婦女與兒童爲了修理舊緬甸公路，已被強制驅使，因怒江東岸地區的男子，全部爲軍隊徵收之故。參加工事的大批美國技師，稱其爲『女子公路』。

### 敵加緊掠奪糧食
### 也要實行田賦徵實

【同盟社北京十二日朝日新聞專電】華北政務委員會自今春在二十縣試行田賦徵實，其成績非常良好。今春雜糧上市的時期，試驗縣的田賦徵實數量有極大的增加。明年小麥上市的時期，華北計劃全面地實行田賦徵實，目下正在進行準備工作。此次實行田賦徵實的有河北四縣，山東十五縣，河南一縣。華北政務委員會通過各省，決定與各縣實況相適應的稅額，在稅額內釐定每畝的徵實律，各縣的稅律各不相同，但是標準的稅律是一畝十公斤，分上中下三階段加稅。農民都懂得田賦徵實，因此他們格外高興。今後全面實行時，對於各方面將有良好的影響。

### 布列塔尼美軍
### 向東南前進

【海通社元首行營十七日電】德軍最高統帥部星期四午間公佈：諸曼第方面，加第一軍在第沃西地區法萊士兩側竟日繼續其強大進攻。我軍在雙方俱有重大損失和互有進退的作戰中，使敵人力求獲得的突破，歸於挫敗，現敵我正激戰中，我坦克部隊對由阿根坦地區出發繼續其進攻的美軍，發動反攻，迫其退向東方和東南方。敵機械化部隊正繼續蜂湧前進，東向塞納河中游及東南向羅亞爾河。特歐城經激戰後，淪於敵手。爭奪沙爾特和奧爾良的激戰，正酣戰中。布列塔尼方面敵在布勒斯特戰區的數度進攻俱爲我方集中防禦火力所粉碎。聖馬洛城砦內我守軍仍正英勇抵抗着。敵人雖進行猛烈轟擊，但我方砲台仍以其火力粉碎了敵人對城砦的數度進攻。法國南部沿海地區，繼續與由空中和海上日益獲得增援的敵人激戰中，經激戰後，敵侵入加納城內。

【同盟社柏林十六日電】德軍當局與反軸心軍對法萊士、阿根坦方面德軍的包圍作戰，言明如下：反軸心軍糾集美、英、加軍全力，急於完成在諸曼第戰綫的包圍體系，但儘管如此，迄今未獲成果，向東方的環擊，已自南北弄狹，則是事實，而反軸心軍對於完成包圍圈愈是拖長時間，愈能使德軍從其壓迫中逃脫，使反軸心軍的計劃遭受挫折。另方面美軍之由布勒斯特半島再度向東攻擊，充分說明反軸心軍在諸曼第的計劃，已歸失敗，在沙特爾與杜勒地區，德軍後衛部隊與東進之美軍，正展開執拗的戰鬥。

### 敵同盟社
### 縱論歐洲局勢

【同盟社柏林十四日電】杉山特派員報導：紅軍此次的夏季攻勢，與過去的各個攻勢不同，而是有總動員最後的兵力資材，一舉壓倒德軍，突然接近德軍要點的模樣。萬一華沙失陷時，紅軍的次一目標，顯然是一舉攻略柏林。如果紅軍此次夏季攻勢的軍事的目標在於佔領柏林，則其政治目標顯然是借此消滅納粹政權，將德國捲入社會動亂的漩渦。美、英、蘇在莫斯科會談、德黑蘭會談中，曾以『德國的無條件投降』爲目標，決定由東、西、南三方面夾擊德國的作戰大綱。蘇聯強要美英開闢第二戰場，而於見諸實現之現在，則抱這樣的謀略，即利用美英軍牽制德軍，而自已在美英之先，直接佔領德國心臟部，掃蕩納粹後，將以實力在德國建立親蘇政權。即一如現意大利波諾米政權一樣，慢慢地從背後擴大共產黨勢力。並還不應忘記蘇聯對巴爾幹與北歐亦抱有進行側面工作的野心。即是說在巴爾幹以捲起階級鬥爭的親蘇泛斯拉夫主義爲基調之『民族解放』爲旗幟，在南斯拉夫擴大鐵托勢力已獲得成功，在保加利亞，則使其承認設置蘇聯領事館。蘇聯這樣間接的浸潤，正在加速度地進行着。在希臘，則地下運動中的共產黨及其游擊隊，斷然壓倒保王黨與自由共和黨，蘇聯更加有組織的進行這些浸潤巴爾幹的工作。又蘇聯對於北方的芬蘭，則自行刻劃了此一謀略，即隨着紅軍西進與佔領波羅的海三國，將使瑞典代勞斡旋使芬蘭對蘇屈成。但果然德國自這些國家撤退時，芬蘭政府、開羅的南斯拉夫與希臘流亡政權的末路究將如何？則可由現在不得已訪問莫斯科的倫敦波蘭流亡政權米柯拉茲科的悄然姿態，如實地表明之。

另方面在美英，亦有獨自的『計謀』，使紅軍儘量吸引很多的德軍，在蘇聯內犧牲上制蘇聯之機先，控制德國，在德國佔領區，巴爾幹、北歐扶植英美勢力，並且在東歐構築防止赤色勢力西漸的堤堰，這是英美遠大的設計圖案。但諾曼第的戰局，和紅軍進攻情形相比，是遲遲不前，為了將橋頭堡壘向東方擴大，英軍在克恩方面毫不吝惜的投入雄厚的兵力與資材，而美軍找尋德軍防線的弱點，如同紅軍的戰術一樣，不顧前後左右的聯絡，橫衝直撞的向布列塔尼半島猛進，這可以看作是紅軍西進的猛威，使英美作戰部焦急的表現。

紅軍與英美軍的關係，是互相引誘又互相制壓對方之先機的巧妙的關係。這是起因於英美蘇在所謂『打倒納粹政權』的目標上是統一的，但嗣後的政治目標則完全不同。德軍對此同床異夢的東西兩方面的大敵則按照其預定計劃有組織的撤退，利用這一時期的充裕時間達成最後的防衛陣地，然後向紅軍進行攻勢防衛作戰，就中在華沙方面德軍的反攻最為激烈，甚至有顛倒攻防地位的形勢。在啓阿巴阡、東普魯士國境，紅軍的攻勢亦差不多陷於停頓，但是嚴重的危機仍然沒有絲毫的緩和。德軍為了進行最後的死守，將要出動其國內戰略預備軍的有力部份。因此除了西部特別是巴黎前面的防禦線外，全體來說德軍的防備有薄弱之感。最近數日來諾曼第戰線西部美軍的迅速進攻，亦是根據這一原因以及美軍在數量上佔優勢的結果。

由於此次德國澈底的總動員計劃，德國有百萬新兵開往前線，隨着今後西部戰綫全般戰局的明朗化，德國在防禦方面很有信心。我們只要想起古德林就任參謀總長時所說的有信心擊潰美英軍乃至紅軍的一段話就够了。我們相信德國能够生產充分的飛機，同時在戰綫的背後，由於希姆萊內長就任國內軍總司令及戈培爾宣傳部長就任總力動員總監，加强了納粹黨控制國內戰綫的力量。據希特勒元首的話，全國人民在聖戰的理念下，團結一致，渡過這個空前的國難。蘇聯於第二次世界大戰發生後，即提出愛國主義這個理念，團結內部，加强力量，現在德國相反地，不問身份和財產，提出社會主義的理念，即人民按其能力和服務的程度來決定其在國家中的地位。這對於振奮人心有極大的作用。但是由七月二十日的事變中可以看到有異己份子反對政府這種的戰爭與政治的指導原理。在納粹政權成立後受到教育的人們乃至對於第一次大戰以前的奢侈生活沒有經驗的青年及壯年有極大的熱情實踐這個理念。最近一個人操縱的魚雷艇在塞納灣內活動的事實即可證明這一點。

## 中央社報導 美英蘇戰後和平機構計劃

【中央社華盛頓十五日專電】刻距戰後世界和平機構會議的開會日期已僅六日，各方對於美英蘇政府有效維持戰後和平的計劃的報導很多，此等報導均未經官方證實，多屬推測性質。一般的推測刻均集中於英美計劃（英國計劃與美國計劃大體一致）及蘇聯計劃。茲將各方對於美英蘇三國計劃的報導摘要介紹如下：謂美國計劃內主張聯合國及其贊助國組織全體大會，每一主權國一票，全體大會之下設由八國組織之理事會，理事會中美英蘇中四國各佔一席，其他四國由全體大會指定之。『二等』國家每年輪流充任。理事會須負維持和平之責，有權使外交及經濟制裁無效，且於參加理事會各國特別大多數通過時，施用武力以之為維持和平之最後手段。此項『特別大多數』，規定將構成理事會行動之一有力之制裁機構，因其規定理事會欲訴諸武力，必須『四强』一致贊成，並有至少一個『二等』國家之附和。據紐約時報駐華盛頓記者的報導：美國計劃中除美英蘇中成立理事會外，並主張設立世界法庭。據紐約時報記者稱：蘇聯的計劃主張成立世界安全組織，並設立國際軍事航空隊，惟不贊成建立國際警察，認為該計劃不切實際。蘇聯主張各大國不僅應領導新安全聯盟，且應自各國召集自動投効的人員組織國際軍事航空隊，執行世界安全聯盟理事會的命令。紐約時報引證未指明的官方負責人員的話，說明蘇聯計劃的大綱如次（一）新安全機構之行政權，應授之於莫斯科宣言之四簽字國，四國中任何一國均可否決宣佈經濟或軍事制裁可能的侵略國的提議。（二）世界上所有愛好和平的國家，組織全體大會，每一國家均可派員參加國際軍事航空隊，別的國家亦可在理事會獲得數席，否決全體大會的行動計劃。（三）建立國際軍事航空隊，以執行『指導機關』的命令，惟四大國應有以其本身武力抵禦任何侵略的準備。（四）維持和平的責任不應由所有各國分別負担，而應授之於必要時有以武力維持和平的意志及力量的國家。（五）世界安全組織應集中力量於保持及維護和平，力避牽涉其他問題。同時美國務卿赫爾亦謹慎使國會全體不分黨派，擁護美國的計劃，所謂美國的計劃係由國務院與參院外交委員會民主黨及共和黨議員各四人協同擬定，本年五月廿九日完成，稍後即分別送交英蘇中三國政府。

# 参攷消息

（只供參考）

第五七〇號

解放日報 新華社 編

今日出一版一張

卅三年八月十九日

星期六


## 敵稱國共談判處於決裂邊緣

【同盟社上海十七日電】據到達此間的情報，重慶延安會議，由於雙方各自固執其主張，而有遭受到暗礁的模樣。交涉是由延安代表林祖涵及重慶代表張治中、王世杰之間進行的。交涉開始後至今已經過三個月，但雙方在基本問題上仍堅持自己的意見，如果雙方均不讓步，則交涉決不會和解。傳林祖涵已聲明：『如果重慶不撤回或修改過去的主張，則延安無再行考慮的餘地，而欲迅速返回延安。』重慶方面深懼美國的用意，故極力避免交涉決裂。宣傳部長梁寒操在十六日接見外國記者席上稱：『外傳林祖涵表示要回延安，這完全是虛構。』無論如何，交涉已處於決裂的邊緣上，這倒是可以肯定的。

## 敵談成都航空基地情形

【同盟社里斯本十四日電】敵B二九（超級空中堡壘）部隊的基地，是在四川省的成都附近，這件事情是在空襲鞍山之時，英美新聞記者開始使用成都之名作爲其發信的地址才知道的。但這一新設的巨大基地，不久即可受到我航空部隊的進攻。敵人是怎樣的防備日本空中的進攻呢？據合衆社通訊之基地電稱：敵人一方面完成這一巨大的基地，同時即預料到日本航空部隊的襲擊而加緊準備，在基地的周圍設有二層戰鬥機基地防衛着。外層由重慶的戰鬥機保衛着，內層有從駐華美國第十四航空隊中選拔的戰鬥機保衛着，稱爲『第三百一十二戰鬥機』的基地，由A·H·基爾科松准將所指揮，從此點來看，亦足以看出敵人一方面誇大宣傳對日本本土的空襲，同時又極力防範日本空軍的轟炸。其次B二九對日空襲最大的前提條件，是燃料、彈藥及其他空運燃料。據英國報紙之報導：最近一個月印華空運的運輸量，已達緬甸公路的最高運輸量——一萬五千噸乃至兩萬噸。又據路透社重慶電，六月中的空運量，由於使用B二九改裝爲運輸機，達過去的最高紀錄。又據合衆社重慶電，經過喜馬拉雅山的印華空運路，因密芝那的復活使用，使飛行距離縮短了百分之十五，更由於高度飛行的降低，使燃料與時間的節約成爲可能，敵人儘可能的改善空運量的事實，是應當承認的。敵人以中國爲基地的向日本本土的空襲，因距離、氣候等天然的障礙而極爲苦惱。美聯通訊社駐重慶特派員報導：『在建設B二九基地之前，去年十月卅一日蘇第萊特上尉，曾乘火箭式P三八式機，赴日本攝影偵察，衝過三千五百二十公里返抵中國基地。在此次偵察中最重要的任務之一，是每隔十五分鐘製作了氣象記錄，這就說明了飛行是一種氣象學的綫索，因爲主要的任務是偵察氣象，因此必須從二千呎的高度，橫斷中國海，在目標上空的攝影偵察，高度是在三萬呎以上。』綜合敵方之報導，距離與氣象成爲敵人空襲的最大障礙，而更由於我軍的佔領衡陽，美空軍基地全面的向內地後退，又予敵以大的損害。敵人雖在空襲的補給方面有了改善，但因轟炸距離的長遠而遭受嚴重失敗。但敵人一定從B二九的行動圈內的『宣傳轟炸』，更進一步作必死的努力，此點應當重視。

## 美雜誌揭載重慶統治區域饑饉嚴重

【同盟社里斯本十六日電】美國煤業雜誌最近曾登載旅行華南美人喬治·阿塔姆斯的通訊，介紹該方面極端嚴重的饑饉情況如下：我看到的華南重慶地區數百萬的民衆，都是瀕於餓死的狀態中。我曾訪問過每日要餓死二十個小孩子的孤兒院。餓死者的屍體，充滿了街道，當局雖然收容了很多，但結果仍是如此。與饑饉並存的還有疫病，特別是虎列拉非常流行，其悲慘情形，實非今日人世所應有者。因而該方面重慶地區的經濟的社會的各機構，都逐漸趨於崩潰。慘況雖然如此嚴重，但重慶政府僅令地方政府進行消極的救濟事業，食糧的運輸，僅靠水運與苦力，對於饑饉的救濟，實無補益。而這種少量的輸入糧食，由於價格太貴，一般民衆無論如何是無法染指的。

## 閩贛開始食糖徵實

【中央社南平十八日電】閩食糖征實，十六日開始。據悉閩省糖產年約四十八萬担以上，依照百分之卅征實，計算預計可得十萬担左右。此項征實食糖，暫准由原商以當地議價折價領銷，××全年收入可達二萬五千萬元。

【中央社贛縣十八日電】贛省食糖征實，奉令由稅管局核辦，自十六日起開始，並劃定全省為贛縣、南康、上饒、臨川、吉安五督導區，現贛南兩區督導員業已派定，餘三區正遴派人員出發督導。

【中央社南平十五日電】閩贛區食糖專賣局十五日結束，改辦菸類專賣業務，區局縮小，仍設南平。

【中央社泰和十五日電】贛省卅二年度征實征購，計征實三百三十九萬六千八百九十一石，徵購五百零九萬五千二百六十六石，合共八百四十九萬二千一百五十七石，達派額九成七強。又搶購十二萬五千二百廿三萬石，達派額九成五；短少數額加緊催徵中。

## 美國一週政局展望

【美國新聞處華盛頓十三日專電】美國政治記者佛蘭克林吉氏頃為中央日報撰述「美國一週政局展望」全文如下：

上週羅斯福總統自夏威夷及阿留申羣島歸來後，民主黨已從事競選計劃之完成。杜魯門及漢民幹（民主黨全國委員會主席）試擬之計劃，在羅斯福離華府期間暫行擱置。杜漢兩氏稱：他們於羅斯福讚許此種競選計劃之前，不欲有更進一步之行動。同時杜威亦自週末休假歸來，與共和黨全國委員會主席布勞尼爾會談，此為杜威競選準備之最緊急之措施。民主共和兩黨領袖，迄今尚未宣佈通盤競選計劃，此種計劃或於下週發表。共和黨代言人繼續解釋共和黨戰後和平政策，不厭其詳。協助草擬黨綱的共和黨參議員范登堡，於共和黨黨綱內寫道：共和黨黨綱『乃隨時為保持和平所需的精神及經濟外交或軍事的手段。』范登堡稱：用於共和黨黨綱內之名詞『和平力量』，其實際意義較『軍事力量』極為廣泛，因共和黨承認和平倚恃許多制裁，不只軍事力量而已，但最後須使用軍事力量。范登堡又稱：『和平力量』包括維持和平所需之一切力量，范氏稱：共和黨人承認武力為最後之手段，故不贊成此項『軍國主義者』概念。民主黨全國委員會利用此期間向民主黨各州委員會及全國其他民主黨工作人員散發若干小冊，作競選期間基本指南之用，小冊中的主要者名為：『全民正義』，附冊為『民主黨行政對全國正義努力成績報告書』，其他小冊為討論各種國內問題者。新澤西州共和黨州長艾治與杜威會談後發表言論稱：杜威認定『對於世界和平的未來一切威脅將迅速以國際行動消滅之。』艾治又稱：『杜威深知吾人必須不顧一切困難，擬定防止未來戰爭之國際合作計劃，此次戰爭必須為最後戰爭。杜威認為：此項問題有政治與經濟兩面，在政治方面：杜威贊成一強有力之組織，處理對於世界未來和平的一切威脅，另保持和平所需要的任何一致行動的力量。在經濟方面：杜威認為：我們必須與其他國家合作，促進貨幣的穩定，國際貨物與服務的廣大交換，及其他商業與經濟的進步，以防止戰爭原因暗中滋長。紐約州美國工黨大會上週開會，決定仍贊成羅斯福，杜魯門及紐約州參議員華格納再度競選。美國眾院參加維持和平之國際機構決議案起草人傅爾萊特，上週在阿爾堪薩斯州初選中當選為參議員民主黨候選人，其他各州於上週亦選定參議員候選人。康涅狄格州共和黨大會選定丹納哈再作參議員候選人，維爾蒙州共和黨人一致選舉現任參議員艾根為參議員候選人，維爾蒙州民主黨人則一致選舉維特爾斯為參議員候選人，與艾根對抗。

## 杜威反對以美英蘇中為基幹的戰後組織

【合眾社紐約州阿爾巴尼十六日電】杜威抨擊戰後計劃必須由美英蘇中以「控制世界」一節為煽動派的強權政治，杜氏述及行將開幕的國際戰後和平機構會議稱：我在獲悉各項報告謂：該會計劃使世界各國永遠受制於與會之四強時實不勝惶惑。我深望不容有此種反動的意念，支配此次會議，否則世界和平必遭破壞。

## 美參議員麥克凱勒要求美國佔有西印度等羣島

【合眾社華盛頓十七日電】美參議員麥克凱勒頃提議：美國永久佔有赤道與西緯卅度間日本所有的島嶼及委任代管島。麥氏的提案，主張美政府不得參加簽定不予美國以此等島嶼的任何條約或和平協定，並主張美國應取得百爾慕他及歐洲國家佔有之西印度諸島。麥氏的議案並要求總統與厄瓜多爾進行磋商，以謀取得加拿巴哥斯羣島（在厄瓜多爾以西海面），參院軍委會主席雷諾爾斯稱：此項議案的意見甚佳，惟堅持其範圍應予擴大，將佛羅里達州附近英屬拿騷及比斯尼荷屬的庫拉薩俄島，紐芬蘭附近法屬之聖彼爾島，及密克隆島，以及阿拉斯加附近北極海中蘇聯之蘭格爾島。參議員陳德勒稱：若干外國之島嶼必須獲得，因吾人如有此類島嶼決戰時自較安全。

## 盧森堡失蹤

【塔斯社戈特堡十六日電】瑞典日報息：丹麥海島波姆約姆司令官盧森堡，在謀刺希特勒案之後失蹤。據該報稱：盧森堡失蹤的理由是他拒絕重新作服從希特勒的宣誓。該報又息：自謀刺希特勒案許多參加者，被捕之後，十名德寇軍官自德國逃往丹麥，並隱藏在那裏。

# 參攷消息

（只供參考）

第五七一號

解放日報 新華社 編

今日出版一張

卅三年八月廿日

星期六

## 軍委會一週戰況

【中央社重慶十八日電】據軍委會十八日發表一週戰況（八月十二至十八日）。

軍委會發言人談：本週在湘省之衡陽外綫戰事，繼續甚殷。其南面敵，復由湘江東岸增援，渡過西岸，企圖包圍我對衡陽西南地區攻擊之部隊，已爲我阻擊於東江市以西之株木冲、石牛峯之綫，未能獲逞，刻戰鬥仍激烈進行中。至於湘江兩岸各地，戰鬥仍未稍戢。耒陽自十四日被敵攻入城內後，激烈巷戰，進行迄今，現該城仍有三分之一在我軍固守中。蓮花縣城十三日被我軍攻克後，續行掃蕩，現時北至萍鄉，西南至茶陵附近，已無敵踪。至茶陵、醴陵、寧鄉我已攻迫城垣。犯益陽敵，已被我擊退。其他如安仁、湘鄉等地戰況，仍在原戰地進行。鄂西長江南北兩岸，我軍於十四日發動攻勢以來，頗爲得手，其將影響敵之全盤作戰計劃當非淺鮮。本週來湖南敵寇…緩動態，顯在調整佈署，補充傷亡，積極增援，並將其主力逐漸移至湘江西岸，其將繼續蠢動，似在意中。但我則因衡陽四十七日之苦守，而贏得充分之時間與準備，枕戈以待，固無虞敵寇之來犯也。

## 同盟社稱國共談判已成僵局
## 梁寒操無理亂講要『追究責任』

【同盟社廣州十七日電】國共談判，雖經過重慶的努力，但至談判三個月的今日，仍未獲得任何妥協，此一僵局狀態，已不斷屢次指出。由重慶歸返延安的中共代表周恩來，最近更以中共代表資格，發言『中國爆發內戰的危機尙未過去』，對重慶發表了責難的『爆彈聲明』。這一實事說明國共談判的前途，殊堪注目。此一聲明詳細內容，雖尙未獲知，但日前中共機關報——解放日報，曾以『長沙陷落後的危機日益顯著』，指責重慶的衰弱，猛烈給以攻擊，今當此國共談判正在進行中，突然又提出內戰的可能性，其對於重慶的厭惡，殊爲明顯，也可以說中共是在乘因河南作戰失敗，長沙、衡陽失守，重慶軍事力量大加削弱之際，對重慶舉行政治攻勢。對於周恩來這一聲明，重慶宣傳部長梁寒操，十六日接見外人記者團時反駁稱：重慶政府所獲情報，與周恩來的聲明完全不同。我最近接見外人記者團時，僅謂國共關係已較開始談判時好轉。周恩來在延安發表的這個聲明，當是對我的談話的回答。關於周恩來發表與重慶政府的不同聲明，實應追究這一責任。』暗中攻擊中共的不正當。據聞中共代表林祖涵，也準備停止談判，歸返延安。重慶方面雖有此希望談判的態度，但國共談判，依然碰上暗礁，現在實進入重大階段。

## 同盟社傳
## 盟國對歐陸發動廣泛攻勢

【同盟社柏林十六日電】戰局帶來最後階段的綠相，同時謀略宣傳戰亦更加活潑，呈現着複雜奇怪的姿態，其主要角色當首推廣播。特別熱鬧的，是美英兩國向歐洲大陸的廣播，以向德廣播爲主砲，從對奧地利、對波蘭、對捷克、對法國等重砲到機關砲，打開一切種類的砲門，向歐洲內地輸送『聲之砲彈』。七月二十日暗殺元首陰謀事件以後，尤其置其重點於攻擊希特勒元首，適合機宜地播出曾經收音保存的元首舊有演說，指出元首的言論與現實的不同，拼命灌輸對元首不信之念，用心地收集與整理元首、戈林將軍、戈培爾博士等要人的演說，以資反宣傳之用。這是英國廣播局宣傳的秘訣。而設想最新奇、中傷造謠的，是所謂加萊廣播電台的廣播，即是明明是英國的廣播，卻假裝爲態，好像德國廣播似的，從而稱德軍之事爲『我軍』，稱美英兩國軍與紅軍爲『敵軍』，誇大地向德軍廣播不利的消息，如『敵軍於十五日拂曉在法國登陸，我軍不應在其優勢的兵力前抵抗，現已自海岸綫的防禦陣地，向內地總退却中』。美英採取極卑鄙的廣播戰術，使德國人於不知不覺中相信荒謬的消息。原來德國人是被嚴禁聽取外國廣播的，但難以收聽短波廣播的收音機秘密地聽取，乃是人之常情，所以美英兩國廣播電台乃藉此進行它的謀略宣傳戰。此加萊廣播電台，有吸引聽衆的各種圓滑管，其親切情形甚至把德國國內彩票中彩的號頭，都爲之一一廣播，眞不知從何處調査來的。無論怎樣，以廣播進行的謀略宣傳戰，只是更加激化，橫飛歐陸上空電波的宣傳戰之模樣是更加複雜。

## 第特瑪供稱

# 蘇德力量對比

## 七月份爲廿與一之比

【海通社柏林十六日電】德軍無綫電評論員第特瑪中將星期二日宣稱：估計東綫情勢時，若不認爲是確切的穩定之開端，便是估計錯了。蘇軍在暫時停止其大規模的攻勢時，尚未打出他最後的一張王牌。據第特瑪意見：然而戰鬥具有極端不同的性質。第特瑪說：（掉數字）今日東綫戰事發展尚未結束，而是恰恰在開始……。第特瑪在他的廣播中描述引導到東綫目前情况的發展。第特瑪說：當七月裏對於德國人有許多極嚴重的焦慮的日子。通東普魯士，進入德國總督轄地及越過彼斯奇德險關進入匈牙利平原的道路，似乎對蘇聯是四敞大開的。突破區域南北兩翼的德軍部隊如那時的情况，會被認爲被切斷或被推開。敵人數量的優勢是如此之大，德蘇兩方部隊的比例爲一與二十之比。德軍在許多地點用以擊退敵人最初的進攻的部隊，是具有次等戰鬥價值的部隊。這些部隊係從參謀處、運輸及供應部隊中搜括而成，大部份爲較每年級徵兵爲老的人員。第特瑪強調說：他們打的很好。但是僅在具有較大的戰鬥價值的部隊從其他地點調至之後，防禦始更爲積極。這些部隊基本上是進行延宕的戰鬥，而桑河，維斯杜拉河及涅曼河的國防綫未能支持住，雖然佔領這些防綫對於敵人亦甚艱苦。只有在從德國本土調來新部隊之後，情勢始有基本的改變，蘇軍已感到首次的基本的挫敗。第特瑪對於新建的在奧古斯特沃、維爾孜、維什背的東方邊界的工事區域，付以擴大的重要意義。這些工事區域已經受了嚴酷的考驗，而且已影響了戰鬥的發展。

## 傳芬蘭又在探求和平

【路透社斯托哥爾姆十三日電】芬駐瑞典公使柯里本堡在赫爾辛基逗留兩日後，已提前於今日返抵此間。柯氏在芬京會與芬新任總統曼納林元帥舉行多次長時會談。芬新任外長恩克爾與柯氏同行抵此。此間若干觀察家預料柯氏即將與蘇聯人士接觸。

【中央社莫斯科十二日專電】若干觀察家認爲：曼納林出任芬蘭總統以及芬蘭更迭，乃再度求和之先聲，然是項猜測之正確性如何，在芬蘭新政府於解決國難方面，已有何種成就，刻仍未悉。迄今蘇聯仍持緘默態度，眞理報本日檢討國際情勢又論及芬蘭問題，該報揭稱：外報謂爲芬蘭更迭乃德國造遭敗績以及芬蘭政府採取自殺政策之結果，然芬新政府是否將改變政策，刻仍未悉。

【海通社柏林十一日電】威廉街發言人於答覆詢問時稱：倫敦無綫電台所散播之謠言謂：芬蘭外長因準備與蘇聯會商已赴斯托哥爾姆一節，尚未獲證實。發言人指出另一英方報導謂：巴錫基維赴莫斯科亦不確，因同時亦有其他報導，據稱他去斯托哥爾姆。發言人進一步稱：英國報導謂曼納林元帥曾告駐芬蘭某德軍司令謂，軍事形勢如此嚴重，如果芬蘭利用每一外交可能性是可理解的云云，乃係杜撰。發言人強調稱：最近芬軍大的軍事勝利在芬蘭引起強烈而積極的反響。

## 前日駐意大使 談美之戰略

【同盟社東京十八日電】前駐意大使白鳥敏夫在最近一期的『盟邦評論』上，論述『戰局的概觀』。他認爲戰爭現在只是開始，勝敗決定於今後。他寫道：敵自瓜達康納爾島登陸以來，繼續攻勢，一直進出於馬利亞納，但這只不過是爲了空襲我本土，又得到一個小基地而已。在取得馬利亞納以前，美國在中國大陸有很多對日空襲基地。由於湖南作戰的結果，其大半也軟弱無力，其損失是不能以獲得馬利亞納來彌補的。馬利亞納以後敵人的作戰，雖不能預知，但是敵人縱使直接攻擊日本本土，或向非律濱推進，羅斯福已無足以向國民誇示的廉價獲得的東西，日本以往是在防衛洋上孤島而繼續不利的戰鬥，而現在敵人亦將暴露其有喪失這些日本已經喪失的孤島的危險。美國的辦法只是進行安逸的絕對安全的戰爭，例如一遇到拉布爾那樣的大島，即已不能觸犯，敵人不能攻取一個拉布爾，他們自已熟知能否取得非濱律。以往美軍欲佔領一個島嶼，要使用與該島全體的重量相四敵的物資，才能佔領之。但這樣愚蠢的浪費，即是美國亦是不能持久的。迄今爲止，試一算日美戰爭的總賬，則美國所獲的戰果比之日本，是如何的貧弱，那是一目瞭然的。無論日本與德國，在序戰中已獲得偉大的戰果。現在敵人的準備已完畢，於是前來逆襲，然而現在日本與德國在序戰中獲得的戰果的優越地位毫未喪失。戰爭是在今後，日本在後方的政治經濟方面，現依然留有和平時期的體制，故必需迅速地轉爲戰時體制，換言之，日本就是還留有餘裕的力量。現在的不利將爲將來的有利，因此這是樂觀的表現。

# 參攷消息

（只供參考）
第五二七二號
解放日報 新華社編
今日出版二張
卅三年八月廿一日
星期一

## 同盟社傳
## 紅軍攻勢又全綫展開

【同盟社柏林十九日電】紅軍已於華沙東北方面，開始大攻勢，自德涅斯特河下游到愛沙尼亞沼澤地帶的東部戰綫全域，正在展開激戰，於是戰局復告緊迫，目下戰局的重點爲：（一）華沙地區，（二）東普魯士國境，（三）波羅的海戰綫三處。綜合德軍前綫報導如下：（一）華沙地區之紅軍，在很多直接協助戰的飛機、坦克掩護下，已在該市東北方開始新攻勢，展開激戰，但德軍進行反擊，擊退紅軍，或已阻止其前進，（二）同時紅軍以大軍，在維斯杜拉河西岸橋頭堡壘巴拉諾夫西北方數處，突破德軍陣地，德軍轉入反擊，排除紅軍的頑強抵抗，反而進出於巴拉諾夫西南方綫，（三）紅軍在東普魯士國境的東北方立陶宛的卡爾瓦里亞，××中間，付出莫大犧牲，突入德軍陣地數處，但德軍立即將紅軍突破口堵塞，（四）在拉脫維亞的馬德納地區，紅軍已在數處向德軍陣地形成突破口，德軍轉入猛烈反擊，展開激戰中。

【同盟社斯托哥爾姆十九日電】在維斯杜拉河大灣曲部的山多米爾地區，約一百公里的戰綫上活動於維斯杜拉西岸的紅軍第一烏克蘭前綫軍部隊，企圖在該方面包圍德軍陣地，傳紅軍於該河西岸一帶』，「不顧左邊的要衝拉多姆而北上，十九日已到達華沙南方七十公里處，另方面羅科索夫斯基指揮之第一白俄羅斯戰綫軍，已自華沙郊外之××、××中間，開始新攻勢，企圖進出於華沙東北七公里至十公里一綫，另方面第三白俄羅斯戰綫軍，於支付莫大代價後，到達東普魯士國境二公里之地點，十八日以來，正在展開激戰中。據合衆社駐莫斯科記者沙比羅的報導，德軍正源源調遣預備兵力，拚命阻止紅軍的前進，路透社記者胡伯復報導：德軍正抽調五百餘架的俯衝轟炸機與坦克攻擊機，猛炸紅軍坦克，戰砲，東普魯士的戰局，已一刻一刻地增加其悽愴性。另方面立陶宛戰綫德軍裝甲大軍的反攻，十九日更加激烈化，似已使紅軍不得不後退，在拉脫維亞西南（電碼欠清）西南週圍，仍在繼續日以續夜的坦克決戰，已達三日。

## 美新聞處
## 世界戰局週評

【中央社特約美國新聞處十五日紐約電】上星期同盟國繼續對敵施行迅速和猛烈的打擊，軸心在全球戰場上的注定失敗也日見明顯，美英法等國強大部隊，在盟方海空軍強大協助之下已在法國南部尼斯馬賽間一百哩長的前綫登陸，以摧毀刻仍駐在法國的德軍。至於法境其他區域，布列塔尼的戰爭已入於掃蕩階段，盟軍前鋒以閃電式的攻擊，盛向法國內地湧進，其目標刻仍爲作戰上的機密。

意大利方面具有歷史意義的藝術中心佛羅倫薩已獲解放。

東戰場方面：蘇軍攻勢力已席捲波利斯拉夫與德羅和比茲間的大部油田，德國作戰機器的石油供應復受重大打擊。

被俘的德人重又籲請德軍投降說：『有效的防禦已不可能，你們的供應問題已無可救了』。

德國內部和平運動繼續展開，德方最近聲明也承認國社黨繼續使德國陸軍軍官蒙受恥辱。

太平洋方面的情勢已足以證明軸心不可避免的失敗命運業已注定，轟炸達佛是解放菲律濱又一步驟。超級空中堡壘又出襲日本本土的工業及海軍重鎮，長崎以及蘇門答臘的煉油廠。美潛艇擊沉的日本船艦已達六百七十一艘，可能擊沉的三十七艘，擊傷一百一十七艘。

太平洋上一方面對日本發動攻擊；一方面官方又宣佈羅斯福總統在珍珠港和太平洋上統率美國海陸軍的尼米茲、麥克阿瑟兩將軍會商聯系，對敵的進一步打擊，並重申太平洋戰爭的目的，即日人的無條件投降。

關島方面日軍的一切抵抗已於上星期停止，解放了日軍所佔領的第一塊美國領土，上星期的最初三日間，盟機轟炸達佛機場，完成太平洋上的又一計劃矣，這是日軍攫佔菲島以來美機轟炸菲島的第一次。

上星期又傳來消息說：以快速航空母艦爲中心的美國特種混合艦隊，消滅日本護航隊一隊，並攻擊小笠原羣島和火山列島，在海空聯合攻擊中，日方有巡洋艦以及平底船至少有四十七艘沉沒或可能沉沒或受創。此外又有日機十三架被毀，五架受創。美方損失飛機十六架，解放式轟炸機由馬里亞納南部機場起飛，在火山列島的琉磺島投降。

英屬新幾內亞德利紐摩河地區，日軍抵抗已於上週停止，敵死傷約一萬八千人。

怒江曼尼坡及緬北各前綫盟軍續有進展。怒江，前綫中國軍隊猛攻滇緬路上日軍主要基地騰衝，曼尼坡方面日軍，正自印度逐漸被驅回緬甸西部。

東京方面日本鑒於盟軍前進日益接近日本本土，已宣佈計劃「加強國內防務」。

## 保加利亞要求和平

「路透社倫敦十九日電」正當盟國在法國之戰中獲得勝利不可避免地日益迫近，保加利亞政府由其受空襲破壞的京城索非亞提出求和，倫敦方面對之並不感到驚異。柏林的衛星國數月來即拚命的設法脫離正在沉沒中的軸心之船。據安哥拉的可靠消息稱：索非亞要求土耳其居間與倫敦及華盛頓作和平談判，此外交步驟獲得蘇聯的同意，因蘇聯與保加利亞仍保持外交關係。蓋保加利亞人民有與俄羅斯人友好親善的傳統，故縱令其政府採取盡人皆知的反同盟國政策，蘇保的外交關係仍保持至今。第一個徵象是保總理巴格利安諾夫在保議會聯席會議的首次演講。他在演講中宣稱有決心排除一切和平道路上的障礙，預言盟國的勝利，指責前總理費洛夫因錯誤的思想將保國投入戰爭中，不提起對希臘及南斯拉夫的領土要求（按這些領土是希特勒贈給保國參戰的報酬，同時已由保軍加以佔領），宣佈停止迫害猶太人（據估計保加利亞人放逐一萬二千猶太人至波蘭，屠殺希臘人六萬人），對於設法解決國內各種經濟困難表示有信心，最後臆測盟國對保國不至太苛。第二個徵象是前保議會議長摩薩諾夫到達安哥拉。最後一個徵象是德國人業已不信任保國人，怕保國人會倒戈，因此他們已撤回所有供給保軍的坦克飛機及物資，撤回黑海海港瓦那、布加斯的所有船隻、海防砲，撤回德國平民及從戰略據點撤回技術部隊，留在保國的駐防軍僅約一師人。

縱然索非亞正以兩手緊緊抓住邱吉爾赴意前在國會報告戰局時所提供的良機，邱吉爾在報告中稱，保加利亞悔過自新猶爲未晚。因此保加利亞想設法減輕其因對希臘人及南斯拉夫人的罪行而應得的懲罰。猶憶蘇聯於六月間關於保國求和曾提出下列先決條件：將德人由保國驅逐出去，蓋三年來德國人即在保國各處及黑海各海港，將這些地方作爲其徒勞無功的進攻蘇聯的烏克蘭、克里米亞、高加索的海空軍根據地。據記者所知，英方的反應是表部，雖然，他們充分認識到作爲軸心衛星國第一個投降者的保國投降的意義（在上次大戰中保國亦是第一個投降者）。倫敦人士指出，悲慘的保國的卑劣統治者，「一直就沒有勇氣脫離正在沉沒的軸心之船，最後乃決定既離開船而又得勝利。對於戰勝者的同盟國，所謂保國求和，其價值並不大。」輿論界要求保加利亞無條件地投降，因爲他們認識到保國之決定投降乃是下列原因所造成的：國內經濟混亂及枯竭，害怕其親蘇人民的革命及害怕在和平會議中受嚴厲的處罰，蓋希臘人及南斯拉夫人必堅持要求嚴厲的處罰，因希南領土遭瓜分及佔領，其人民遭佔領該領土的保加利亞人的屠殺及不可言狀的苦難。

據可靠的中立國人士稱：巴格利安諾夫將保軍由希臘愛琴海岸撤退至上次世界大戰後的保國領土，即馬利提亞與馬利奮河之間，包括德阿格齊港（土保希之間）倘此不可能，則他建議由蘇英美聯合佔領該領土，到和平會議時再作決定。此外他下令停止對南斯拉夫游擊隊的作戰行動，同時與鐵托進行談判。

## 傳維希態度微妙

「同盟社柏林十九日電」德國外交部當局，十八日正午，就以法國戰綫的貝當元帥爲首的法國政府之動向，聲明如下：「法國政府充分考慮戰況的發展，將適應戰局下決斷，此點是無可置疑的，但該政府是否已下重大決斷，則現在不能發表」。

## 敵同盟社揑造四國會談的矛盾

「同盟社蘇黎世十六日電」美、英、蘇、重慶之四國會談，預定自二十一日起召開，英國與重慶的代表團，已抵華盛頓，而蘇聯只任命駐美大使格羅梅科爲代表團主席，而代表團是否已自莫斯科出發，則迄今尚無絲毫音信，因此甚至傳出會議又將延期的謠言。但另方面，英國與重慶方面，已與美國開始接觸，如新蘇黎世日報華盛頓電訊甚至報導：上述三國間已獲得更大意見的一致，並報導：英國首席代表賈德幹，對於羅斯福署名之和平保障案，已代表英方予以承認。然而圍繞着這一和平保障案，美英與蘇聯有莫大的意見分歧，此種見解在消息靈通人士中頗爲有力。據另說，蘇聯關於「保障案」的照會，前已到達華盛頓，並已被美國務院有關當局加以研究，自然至今尚未公佈其內容，但華盛頓人士相信，它在本質上大概與蘇聯紅星報登載的社論相通的，紅星報的社論要旨如下：「保障和平的責任，不能爲六十個或六十個以上的各國政府所分担，亦不應被漠然無人格的組織所担負，而應委任給有實力推行此工作的强國。從而列強以防止「將來攻擊」爲目的，僅在他們相互間締結條約。又如創設國際警察案，在不牽涉到軍隊的範圍內，只是一種幻想，我們的目的應說法爲了處罰挑撥戰爭的國家而設立國際空軍，有數百架軍用機對付侵略國，在非常時可威嚇其國民，無論何時亦可轟炸其軍事基地或目標。』又傳蘇聯方面的提案，是所謂列強對於軍事、經濟制裁的失效，這樣的提案應有拒絕權，即是說列強由此可以保護自行製造的國際空軍的威脅，不會被轉到自己的頭上，關於和平保障，蘇聯對美英一向的主張即設立國際警察則攻其最困難處，蘇聯除了在這個問題上與美英的意見不同外，關於處理德國案件，亦將表示更大的矛盾。關於此事，合衆社莫斯科電報稱：『蘇聯方面似乎畏懼美英兩國政府爲了均衡歐洲勢力，或將從自己的經濟利害觀點，對蘇聯的對策表示極度的反對。』

## 中央社報導
## 三國會議佈置情形

【中央社華盛頓十六日專電】預定本月二十一日舉行的戰後世界和平機構會議的一切準備業已安排就緒，此間外交界人士本日均以樂觀的心情期待，由此可能產生一維護永久和平機構的歷史性會議，可能產生似國際聯盟的組織。官方人士本日聲稱：美英蘇會議將歷時三週，會後美英中代表舉行的類似會議相繼舉行，一週可望結束。根據目前規定，各國出席會議代表每日會議時間爲上午十時三十分至十二時三十分，下午三時三十分至五時三十分。會場設於『頓巴敦橡樹』的維多利亞的音樂廳內。『頓巴敦橡樹』乃華盛頓名勝之一，一九四〇年後即爲哈佛大學所有，用充該校研究館。該區佔地七百畝，歷史遠溯至一七〇五年，歷屬華盛頓城的名門，先後曾六易其主。會議全部期間將由軍警嚴密警戒。記者一行本日參觀會議所在地，由招待人員導往會場，音樂廳內置有馬蹄形大桌一張，可備卅座，與會代表將環桌而坐，美國代表議席居中，英蘇代表坐於兩側。美英中三國會議時，美英中仍坐兩側，美國代表將以最下層的餐廳作其辦公室，蘇聯代表將於二樓五間較小房間內辦公。據招待人員稱：美英中三國會議時，中國代表將於蘇聯代表原用的辦公室內處理公務。法國名將拉華葉德將軍於一八四四年間曾一度來此，頓巴敦橡樹研究館內滿置關於其他國際會議的歷史書籍、統計圖表及照片，過去世界的成敗，在此一覽實令人肅然生感。與會代表將在會所用餐，但不住宿，屋內頂樓亦將設秘書室數間，美代表團的主要工作將於國務院進行，其他代表團則將於各國大使館進行主要工作。赫爾國務卿將於大會開幕典禮中致歡迎詞：各國記者可列席旁聽，大會開幕後與會代表將遷入會場。英蘇中新聞發佈官員，如情形許可將會同發表每日會議公報，但有關會議的新聞不得事前發佈，按此一規定貨幣金融會議原已採用。官方發言人強調稱：此一首次非正式會談，目的在使各國代表發表並交換意見，會商期間有關事件自不得公開發表，迄今猶無任何決定。與會代表可望商得提供各政府的協議，批准後即將送交其他聯合國家研究，詳情屆時始可發表，然美英蘇及中英美會議結束時將各發表長篇公報。迄今送於會中通用之官方語文，猶無決定，蓋此次會議原非正式的會談。

## 美孤立派報紙攻擊英國

【同盟社里斯本十八日電】據紐約來電悉，『芝加哥論壇報』、『紐約每日新聞』、『華盛頓先驅時報』各報，素以支持孤立主義著名，最近頻頻揭載稱：在此次大戰中，美國比英國是專門担負了戰爭的担子，特別是在諾曼第戰綫，最具體地表現出來，英軍所分担的地域，沒有什麼激戰，而美軍則担當最危險地域的戰鬥，但親英主義的紐約時報等，則攻擊道：在戰爭災禍中而有此種主張，擾亂反軸心陣營的團結，結局與自在前綫作戰之美軍將士的背後攻擊最好的朋友一樣，在親英、反英兩派報紙間，演着醜惡的亂鬥。

## 敵稱駐華美空軍的弱點

【同盟社大陸基地三浦報導班員十六日電】美國對東亞的最高戰略是獲得中國大陸。衡陽失守後，美國這個最高戰略已告失敗。敵人經常保持數百架飛機拚命增加供應，但是敵人在作戰中爲什麼吃了大敗仗？現在要根據最近收到的各種情報研究美空軍的弱點。曼徹斯特導報駐重慶特派員評稱：『衡陽的失守是重慶軍的劣惡、美空軍的誤算及只靠數量而不顧質量和內容的結果。路透社駐重慶特派員亦稱：『美空軍在數量上遠超過對方，但它不能由日軍手中完全奪取大陸制空權的重大原因是器材的不良，駕駛員質量的劣惡及中印航路的不良。』他們都感質量的缺陷。例如敵機投下的炸彈中不爆炸者極多。日前向華南第一綫陣地投下的P五一式炸彈兩枚都不爆炸。調查的結果知道是美國組製的炸彈。日前在廣州郊外降落的敵運輸機，以木材作爲銅的代用品，因此着陸時一受震動都完全分裂。其他第一綫飛機如P五一、P四〇、P三八、B二四、B二五各式飛機都是大量生產時組製的飛機，每當作戰時就暴露其性能、器材的弱點。據俘虜說，美國派往中國的飛機師只經過七小時的訓練，最多也只受一百廿小時的訓練，他們比我國滑翔機的駕駛員還差得多。因此當然比不上我們老練的飛機師。至於中印航路的運輸狀況，由於此次進抵阿薩密的駐印美空運部隊的援助，才運輸汽油、器材二百噸供給駐華美空軍。最近美空軍參謀長諸爾悲鳴：運輸隊由於在空中發生事故及遭受日軍的攻擊，犧牲極大。由此可知中印輸血路並不像宣傳的那樣完善。消費大量汽油的B二九式飛機除了出擊的日子以外，就代替運輸，運輸大量汽油，這說明了運輸機（供應大量消費的汽油）的不足。

【同盟社里斯本十八日電】紐約來電：『生活週刊』報於最近登載從印度至重慶的空運路影片，並有詳細的報導，就慘淡的空運路的犧牲評論如下：經過沒有道路的山岳地帶從印度至重慶的空運路，完全是從空中到地獄的道路，由於重慶政權嚴格的檢查，一切均不能發表。過去二年間在該空運路上，有很多的美國飛機駕駛員殘死，該空運路的犧牲較此次戰爭中任何一條非戰鬥空路的犧牲爲大，比戰鬥航空隊的九個部隊的損失尚大。

## 同盟社報導 豫境國軍混亂不堪

【同盟社鄭州十九日電】戰事結束，河南平野已開始建設，在禁止募兵、禁止兵士無故進入民房的河南地區內的民衆，已在過着新政的快樂的日子。但在與此相反的敵方地區內，則充滿了一敗再敗的殘兵。由於兵員、食糧、彈藥的極端缺乏，他們便強制地徵用徵募，民衆對於重慶軍的憎惡與厭棄，現在可以說達到頂點。然而重慶軍自己，其實也在苦惱着軍紀的敗壞，與民心的背叛。另外在內部諸將領間，則不斷的互相傾軋。以下便是敗戰敵戰區的實際情況。（對於民衆的榨取）重慶軍對於民衆的榨取，是在日趨嚴重，而其方法也是在日益澈底。在河南省中部南陽一帶，已徵完了明年度即民國三十四年度的田賦及其他諸稅收，由於已把這些用完，還要從八月份起，開始徵收三十五年度的田賦與稅收。又在××、××方面的敵軍，目前正在強制徵收。每畝地一百五十斤麥，二百元現金，實際上這裏都是山地，平均每畝還收不到一百廿斤，其榨取竟到這種地步，實不亞於要把民衆吃掉。又駐紮新野一帶的敵第十二軍，由於在六月末自動從×州開始移動，氣憤的湯恩伯，乃以武力阻止該軍移動，此一戰鬥結果，雙方死傷數百名，經劉汝明第五戰區第二集團軍長的調解，才算平息。根據重慶的嚴重要求，該軍首腦已被判叛亂罪，但此一事件的起因，發生於對第十二軍的待遇不良，對此抱着不滿的團長級幹部，乃想脫出而隸屬第五戰區，雖無命令也自動移動了。第十二軍的兵器彈藥，非常缺之，兩月來幾乎全未補給。（苦於募兵的民衆）重慶軍的徵兵辦法，是每家男子有兩人徵一人，有三人徵二人，即在實施法規敵地區，亦被強制實行，在已受到打擊的現在，仍要加強實施，每保強制徵募十五名壯丁，信陽、確山各方面的民家均異口同音地告訴了皇軍此等實事，如果當了壯丁，便全部驅使抵當砲火，因之當了壯丁，便意味着死亡。設若逃走，便殺死他的家族，受此暴虐徵兵荼毒的民衆的哀話，實不勝枚舉。目前第六十九軍雖已在湖北省棗陽、隨州強制徵募，還沒有到預定的半數，自屬當然。（軍民的不睦）對暴虐重慶軍的憤懣，待機爆發，民衆襲擊敗殘的重慶軍消除平常之恨的陰謀，屢見不鮮，第八十五軍（軍長吳紹周）的軍紀，非常混亂，加上掠奪行爲與無限制的徵發糧食，使民衆處於暴動的前夜。又第四十一軍駐屯於襄陽、樊城，掠奪暴行達到極點，因之乃竭舉全力，處於自衛抗爭的狀態。因之敗殘兵於城牆周圍，構築寬十五米達，深十米達的交通切斷壕，在防備皇軍的進擊之前，已處於困窘的狀態，防備民衆的襲擊。

## 敵報晉魯戰果

【同盟社太原十七日電】山西現地軍七月份關正討伐戰果如下：收容敵屍一千零二十具，俘虜二百三十六名，鹵獲品無算。此中亦包括協力我軍的中國軍的戰果，而其中李部隊、楊部隊的剿匪戰，均獲得光輝戰果。過去本地居民或與敵匪一同逃往，或採取旁觀態度，現則爲自國軍隊的勇敢與軍紀所感動，亦都全面地前來協力，此種傾向，殊堪注目。

【同盟社濟南十八日電】山東省的皇軍部隊，冒近年來罕有的酷暑，專力於警備討伐，完全粉碎敵匪的夏季反攻企圖，七月中之綜合戰果如下：交戰回數一百三十五次，交戰敵兵力二萬二千一百八十四人，殲滅敵施設二處，俘虜一百四十七人，我方收容屍體九百零六具，繳獲步槍輕機槍甚多。

## 同盟社傳重慶改革機構

【同盟社里斯本十八日電】在日軍進攻河南、湖南的作戰中遭受大敗的重慶，似已開始改革軍政（從來的懸案）。美聯社駐重慶特派員十七日報導這是中國事變爆發以來的大改革。他報導軍政改革的要點如下：（一）各戰區司令長官沒有政治的權力（原文爲與政治權利分離）；（二）各部隊的再教育；（三）按比例增配食糧及其他物資；（四）澈底淘汰軍的構成單位（師團），將其充當預備兵力；（五）在學生中實行徵兵。

# 參攷消息

（只供參考）

第五七三號

解放日報 新華社 編

今日出版一張

卅三年八月

廿二日

星期二


## 傳紅軍發動攻勢

### 華沙東北與雅綏方向

【同盟社柏林十九日電】十九日之元首行營公報，公佈紅軍於華沙東北方轉開攻勢，加上進擊東普魯士，使東部戰綫的戰雲復又告急。紅軍於六月二十二日，在喀爾巴阡山麓到普斯科夫湖南方的漫長戰綫上展開攻勢，現已進展至攻略華沙與侵入東普魯士的激烈階段，但由於德軍拚命的反攻，已逐漸將其阻止，戰綫暫時獲得安定。但根據數日來的戰况觀之，紅軍之再度總攻必將到來，紅軍在此次夏季攻勢中的企圖不在於擴大恢復地區，而在於捕捉與殲滅德軍主力，這事根據七月份的作戰經過觀之，亦是很顯然的。紅軍出動二百個步兵師、五千輛坦克，連續地進行追擊，使德軍屢屢碰到絕望的危險，但即使那樣，德軍仍不配置預備軍於防備綫上，而專門採取擺脫作戰，一直到東普魯士邊境，才開始阻止紅軍的前進。最近的前綫報導稱，德軍增强預備兵力，以備紅軍之再度攻擊，但這一情況只不過預告暴風雨之必至。因之紅軍的意圖，果否堅決向哥尼斯堡與里加灣突破，或以攻略華沙爲主要目標，或完全變換方向，移其重點於冬季戰以來繼續膠着的南部戰綫上，而向巴爾幹地方前進，這是不容預斷的。但無論如何，將來紅軍的大攻勢，恰將給予東部戰綫決戰的機會。

【同盟社柏林廿日電】德軍當局今日言明如下：（一）東部戰綫中部地區的德蘇兩軍在華沙東北開始進行激戰，該方面的紅軍在砲兵及空軍攻擊一小時以後，即在廣泛的戰綫上開始攻擊。雙方傷亡甚大。紅軍在一個地帶突破德軍陣地。目下該地正展開激戰。其他兩個突破口被德軍反擊後，已被封閉，紅軍的救援作戰已告失敗。（二）十九日雅綏地區紅軍的攻勢規模極大，最初紅軍使用步兵進攻，失敗後即使用有力的戰車隊在一個地點突破約二公里，目下德軍正在進行反擊。

## 希魔授予曼納林十字勳章

【中央社重慶十九日電】據柏林今日廣播：德元首以機落鐵十字武士勳章授予芬蘭總統曼納林元帥，另以武士十字勳章授予芬蘭陸軍參謀總長漢里區。此項勳章將由德軍總司令季德爾於訪問赫爾辛基時帶往。

## 印督魏菲爾

## 無理拒絕甘地建議

【中央社新德里十九日專電】印督魏菲爾於八月十五日覆函甘地，拒絕甘地建立向中央立法會議負責的印度國民政府的提議。魏氏謂：欲使國民政府向中央立法會議負責，除修改憲法外，更無他途，而戰時殊無修改憲法之可能。甘地於目前經由英國記者首次發表組織國民政府全權處理民政之提議，隨後甘地於七月廿七日正式致函印督說明他的『具體』建議。甘地於其致印督函內稱：他準備勸告國民大會執行委員會明白宣佈：由於形式之改變，六月決議所冥想的民衆不服從運動，已不能提出，如英國宣佈印度可立即成立一國民政府繼續向中央立法會議負責，而在財政上不予印度任何負担，國民大會願在作戰努力中盡力合作。魏菲爾拒絕甘地此項建議謂：英政府渴望印度問題獲致解決，惟甘地的建議，殊無作爲與英政府談判的基礎的可能。魏氏指稱：甘地的建議與國民大會主席阿沙德於一九四二年提交克利浦斯勳爵的建議相似。拒絕甘地建議的理由，與當時拒絕阿沙德的建議亦復相同。魏氏繼稱；我必須說明在戰爭結束前，國防及軍事行動的責任，不能與其他責任分開。在此期間，英政府及總督必須繼續負全責。至於印度的戰費問題，主要係英政府與印度政府間的問題，惟現行的財政措置，只有在任何一方提出要求時，始能開會研討修正』。魏氏請印度教回教及重要少數派的領袖，與根據現行憲法成立並行使職權的過渡時期政府合作。魏氏謂：印度教徒回教徒及各重要份子對於新憲法成立的方法，必須在原則上獲致協議。以上即本日同時在英美及印度發表之甘地及魏非爾最近的往還信札的內容。魏非爾稱：在印度諸領袖間，較現時更爲合作前，他不能爲力。

## 克利浦斯稱

## 英國要恢復戰前出口貿易

【路透社綍爾法斯特十八日電】英飛機生產大臣克利浦斯今夜於此間發表廣播演說

後，英國經濟之穩定，自爲世界渴望和平之人士所關懷。英國如果不能恢復其戰前出口貿易，並在『令人滿意之速度』下急遽增加百分五十之出口貿易，則不能維持其戰前之生活標準。我們至少有三點理由增加出口貿易，並於同時生產我們所能生產的物品，以供國內市場之需：（一）維持我們戰前生活標準；（二）予我們作爲世界和平支柱的國際地位以堅固的基礎；（三）提高教育、衞生計劃、住宅標準的基礎，此種標準我們已計劃完畢或正計劃中。戰後最初數年內，我們必須暫時並慎重減低我們的消費標準，以便以更高的速度重建我國，及使我國仍爲強國時所必具備的出口貿易。此種局勢，絕非我們不以計劃及組織即可獲得者。和平時期與戰時需要同樣充足的準備，此種嚴格之要求，勢須我們對我國工業方法再加考慮。

## 日本統治塞狄二島的狀況

【中央社狄寧島特派員廿日電】馬里亞納羣島在技術上雖非日本領土，但事實上日本開發治理諸島實與日本領土無異，實際上馬里亞納羣島除少許之技術問題外，乃日本之領土。英國根據一九一七年三月秘密簽訂之『若干協定』已承認太平洋中赤道以北所有之德國領土均歸日本。法俄兩國於第一次世界戰爭結束前亦承認此項秘密協定，因而實際上已允許日本合併馬里亞納、加羅林羣島及馬紹爾羣島。惟因美國之反對乃成立妥協出國際聯盟將諸島授予日本，稱爲『「丙類」委任統治地』。日本應遵守若干義務，惟此等義務總被日本漠視。日本人在馬里亞納之殖民活動，或可供給吾人以研究材料。太平洋戰爭爆發後，日本人在新佔領區之活動，可能仍沿襲其馬里亞納尤其塞班及狄寧之作風也。在美國進攻塞班數月前，南洋廳之區域行政官數十人，開始逐漸撤退之事實，即說明此等官員可能被調至其他之新佔領區。日本開發塞班及狄寧之主要方法，爲輸入琉球及朝鮮。殖民地的人民，琉球人得以免費乘船南下，惟須簽約永不歸回，當局並予移入人民以土地，此項土地即成爲他們的財產，惟此等土地均爲零星小塊，一如沖繩島之情形，與日本本土迥異。入境之朝鮮人，僅爲蔗田工人，南洋開發會所，南洋×××會社，及南洋貿易會社之奴隸。日方並以低微之工資，雇用土著之察莫羅人及外來之加羅林人；所有察莫羅人、加羅林人、朝鮮人及琉球人都不極端厭惡日人，此等人民每年之收入除納稅外，僅可維持生活，他們沒有收聽廣播之機會，也不能閱報。故在六月十日航艦飛機首次炸該地前，對於戰爭毫無所知，日人初時亦未料美軍在狄寧登陸，直至美戰鬥艦隊砲轟海岸陣地時，日人始知登陸戰即將[illegible]，乃開始向人民作種種荒謬宣傳，謂美軍如至，將姦淫婦女，屠殺兒童。[illegible]美軍[illegible]全部佔領狄寧島後，若干殘敵尚待肅清，若干居民因誤信日人之宣傳，竟有自行將其妻女殺死者。目前之工作當爲如何喚醒日軍佔領區之人民，使其明瞭日方宣傳之完全荒謬無稽。

## 英援助華沙地下軍

【路透社地中海盟軍總部十九日電】據自華沙歸來之英國重轟炸機飛行員談稱：華沙發生大火，濃烟蔽空，飛機頗能以之爲發現目標之助，按照機會向刻在華沙作戰之波蘭地下軍，投擲軍火及軍需品。

【路透社倫敦廿日電】波蘭地下軍總部今日公報稱：德軍藉空中轟炸與重大砲之轟擊後，繼續其坦克進攻，現已在華沙之若干地點突破波軍防綫。

【路透社倫敦廿日電】波蘭電訊社發表波政府駐華沙代表報告謂，華沙東南部現有大火，德軍挨戶放火，居民圖加撲滅者立即槍斃。德軍在華沙以西約十哩處集有大集中營。波蘭男子及婦孺之被拘於該處者約七萬人。

## 杜威赫爾商討戰後安全

【中央社重慶十九日電】綜美新聞處訊：紐約十八日電：美共和黨總統候選人紐約州長杜威本日已接受國務卿赫爾之邀請，商討戰後安全問題，並已指定其外交顧問杜勒斯代表他參加此項會談。杜氏曾於十六日發表其對於外交問題的意見稱：『我爲各方對於即將舉行的四國會議的若干報導，深感不安，此種報導顯示此項會議準備使世界各國無論大小，均永久受制於參加此次會議之四國之強制力量。』赫爾乃於十七日向杜威保證美國從未準備建立四國軍事同盟以強制世界其他各國。赫爾稱：杜威州長所表示的恐懼『毫無根據』。國務卿隨後並邀請杜威赴華盛頓以非黨派的精神研討安全問題。杜威於本日致國務卿的覆函中稱：『鑒於歐洲戰爭的進展，深信我們應加緊努力建立一持久的和平，故我們極願對此盡力合作，使其結果完全爲兩黨共同的主張而獲得美國人民的一致擁護。』杜氏函中介紹杜勒斯稱：『杜氏一生致力於外交上的建設行動。他深知共和黨候選人的意見，且爲我完全信任的人物。』一般推測爲，杜威本年十一月果能當選，恐即以杜勒斯爲其國務卿。

## 昆明成立教導第七團

【中央社昆明廿一日電】滇軍管區部奉令籌辦教導第七團，於八月一日開始登記；十八日起檢查，點驗合格者達三百餘人，已委楊世森任第一營營長，登記日期延至九月初入營時止。

【中央社興集廿一日電】晉省經濟管理局，分別集訓經濟幹部，已達三期。根絕黑市亦列爲課程之一。該局根據歷次集訓檢訓總結，特決定補救辦法，包括改進生產技術、減低生產成本、嚴密查緝及靈活調配等項，並頒佈根絕黑市。教育經導檢查辦法八條，統飭各地實行。

# 參攷消息

（只供參考）
第五七四號
解放日報 新華社 編
今日出版二張
卅三年八月廿三日
星期三


## 敵政府發言人稱 國共諒解不可能

〔海通社上海廿日電〕重慶與延安間的商談儘管美國的壓力，僅有緩慢的進展。日本政府發言人描述此一事實為兩黨間的諒解『顯然不可能』。繼稱，此點雙方均有過錯。延安共產黨方面要求重慶承認民主政府形式，同時重慶方面堅主目前商談應僅限於軍事及地方施政問題。另一個『爭端』為延安方面要求建立六個軍團共五十萬人的共產黨大軍。這個軍不包括所謂共產黨八路軍在內。但重慶所欲允諾的一切僅為四個軍團。

## 國府授蘇武官以雲麾章

〔中央社重慶廿二日電〕蘇聯駐華代理武官維中上校，奉召回國述職，我國政府以該武官來華五年有餘，致力於中蘇邦交，頗多貢獻，軍委會何總長於八月二十二日在軍委會禮堂代表國民政府，授贈特種領綬雲麾勳章，以獎賢勞云。

〔中央社西安二十日電〕陝青年團，二十日起在翠華山舉行全體幹部工作會議，會期三日，由劉健羣指導，二十二日午閉幕。

〔中央社成都廿一日電〕川省府近指調六九縣財政科長及稅收處主任，來幹訓團受訓。又蓉市已定為辦理戶政及人事登記示範區。

〔中央社重慶廿二日電〕軍政部兵役署長，由徐思平繼任。

## 敵稱納爾遜來華意義

〔同盟社里斯本二十日電〕華盛頓來電，羅斯福總統於十九日發表下列聲明：『戰時生產局局長納爾遜及隨軍少將赫爾利，此次以總統的使節資格前赴重慶。赫爾利是協商軍事及軍需供給問題，納爾遜是協商經濟問題，兩氏最近即從華盛頓出發，並在重慶逗留數月』。美國政界消息靈通人士認為：這是由於羅斯福視察旅行太平洋戰區的結果，亦是充分再度認識同盟軍的對日作戰中，中國大陸所佔地位的重要性，以及考慮到由於此次日軍在中國作戰使重慶陷於危殆的結果。又傳赫爾利將任蔣介石的軍事顧問留重慶。

## 在我軍不斷打擊下 華北偽綏靖軍作戰疲於奔命

〔同盟社北平廿一日電〕華北綏靖軍為了達到『剿匪建國』的使命，日夜與皇軍配合一齊作戰，從一月以來至六月底的綜合戰果如下：交戰回數二百八十六次，交戰敵兵力十二萬六千八百零九人，收容敵屍體五千一百八十四具，俘虜二千七百五十二人。繳獲輕重機槍十六挺，步槍三千一百八十五枝，其他兵器被服糧秣被服甚多。

〔同盟社北平廿二日電〕華北製鐵會社二十一日在北平飯店召開股東大會，討論田尻社長逝世後的後任人選問題，當選定『日鐵』董事中央總局長稲田庸雄担任。

## 美機百架襲九州 敵稱這是正規轟炸的開始

〔同盟社東京廿一日電〕大本營發表（二十一日上午六時）本月二十一日零時許，駐華美空軍約二十架左右，再度來襲北九州及中國（日本地名）西部地區，我方損失極輕微。

〔同盟社東京廿一日急電〕大本營發表（八月二十一日十七時）：關於二十日黃昏空襲九州與中國（譯註：中國非我國，乃日本的地名，以下同）西部地方，其後判明其主要情形如下：（一）來襲敵機數約八十架；（二）擊落敵機二十三架；（三）我方迎擊飛機損失三架；（四）衝撞敵機而壯烈犧牲者如下：陸軍曹長山田守，陸軍軍曹野邊重夫、陸軍兵長高木傳倉。

〔同盟社東京廿一日電〕敵機於廿日黃昏與同日深夜，二次襲擊西部九州、中國地方西部，但我制空部隊勇敢奮鬥，予以巨創，將其擊退，根據其後之調查，戰果更為擴大，擊落敵機實達廿三架，同日因與敵機壯烈相撞，擊落三架，其中包括一架一舉擊落二架的戰史上破天荒的壯舉。這樣，美機來襲中之八十架，約喪失十分之三，且未獲得任何成果，全遭失敗，並且在確實擊落廿三架之外，擊落而未證實者，更似相當之多，推想不能飛返基地之敵機，已達相當數目，而我方於迎擊戰中除損失三架外，僅有若干飛機中彈。在此次空襲中值得注目的是，與過去的盲炸不同，攻擊要地，以期根本破壞戰我力，竟敢向我本土防衛陣，自正面表示挑戰的態度。（一）敵來襲機數第一次第二次合計，共約百架，動員其在華機動部隊的主力。（二）由於薄暮、深更有計劃的反覆來襲，以期戰果的確實與巨大。（三）第一次空襲部隊，不進行近於無效的分散侵入，像過去兩三次夜間空襲那樣，而是一塊投下數彈，以連續轟炸的正規隊形，企圖侵入要地。如此等等，不管從轟炸的規模、戰法與攻擊隊形看來，俱預先覺悟到我機激烈的迎擊，而且顯然他們是抱着自信來空襲的。從美陸軍部不事先發表以期慎重一點看來，可以推測敵是以此次的攻擊，作為正規空襲日本的出發點，而對其成果寄以莫大的期待，企圖制壓我本土防空部隊，一舉破壞八幡及其他重要設施。此一大胆的野心，由於我軍的善戰，已將其徹底粉碎，但從大陸空襲日本，實為美國根本戰略之一環，因此，顯然由於此次的失敗，敵機空襲日本的企圖今後將更激烈化，可以說以此為契機。以敵之空襲日本西部的企圖為中心，敵我的航空決戰行將進入正規階段，但在皇土上空，有使一生二十殺的悲願流芳百世的無敵神鷲、生產戰綫則與此力齊步邁進，如斯則本土週圍的海域將成為百萬美鬼的墳墓，這是可以期待的。

「同盟社福岡廿一日電」敵機第四次空襲九州又受到重大損失。今日侵入八幡地區上空的敵機遭我制空部隊反擊後倉惶投彈。此次轟炸所引起的損失與第一次空襲相[illegible]，「日鐵」的熔鑛爐仍健在。

## 敵稱B二九式機隊強大

「同盟社東京二十二日電」美機於八月二十日白晝空襲後，復於同日深夜到二十一日拂曉連續來襲，極其顯然的，是在於破壞我戰力基地北九州生產陣。綜合由於此次連襲而獲得的各種情況，則有如下諸點：首先歸到大型機的充實，連襲的大型機約動員百架，則其背後的預備機，顯然可以預料到已準備數百架對日空襲的飛機。繼之則可以判斷出，有必要的集中企圖。其次是以成都為中心的基地羣，已除却過去的基地性質，現已變成中繼基地乃至前綫基地，可以推斷出：第二十航空隊以B・二九式機為主的對日空襲基地，是印度基地，關於此次空襲，可以判斷出敵編隊機羣是由印度基地出發，途中為了補給少量的燃料，一度在成都基地羣降落，再進襲北九州。由此觀之，可以指出在現在對日空襲的情形下，在華美空軍的實體是在華美空軍，成都飛機羣縱無一架大型機，但九州全士却在敵機之突擊圈內。總之，敵軍一方面在繼續大量生產B二九式機，另方面始終利用其漫長的後續距離，避開我在華空軍的攻擊，而直接自印度出發，這一情形，今後將更使對日空襲激烈化，企圖一舉並徹底削減我戰力。因之，認要法視敵人這一新的動向。

「同盟社里斯本廿一日電」據B二九機根據地合衆社記者，廿日夜發出的經美軍當局檢閱的電報，認為此次空襲，是第廿航空部隊最大限度的攻擊規模，同時承認了轟炸機隊的損失重大。報導內容如下：第廿航空部隊，對於日本本土，進行了亞洲航空根據地過去所未有的最大的攻擊，在廿四小時內，竭其最大的攻擊力進行攻擊的第廿航空部隊，已經四次到達日本本土了。此次廿日夕刻及廿一日，對於北九州中國西部地區的空襲，隊長特倫特・薩達准將，決定以最初的白晝攻擊，向防衛日本本土預備兵力挑戰，目標為八幡重工業。第廿航空部隊，則計劃着以白晝轟炸，削弱此中樞部。攻擊隊於廿日午後，飛至九州上空，突入日軍最猛烈的高射砲火網，日本追擊隊，以非常的高度與速度，向強大的轟炸機隊猛襲，一追擊機常向一轟炸機猛衝，以兩機均隕落。轟炸機隊亦加以截擊。日本航空部隊的機數，出乎意料之外的龐大，至轟炸機隊飛回時，由於目標地區為濃煙籠罩從上空已認不清該地區。第廿空軍部隊在此次轟炸中，駕駛員與轟炸機，遭受重大損失，由此可知日本的航空部隊，是在如何地防衛本土。

## 敵外相廣播
## 重提對華新政策

「同盟社東京二十一日電」重光葵外相兼大東亞省大臣，於二十一日下午七時，由東京中央廣播電台以「關於我國的大東亞政策」為題發表演說，向大東亞十億民衆，強調帝國的大東亞政策是使東亞重返其本來姿態的政策，而且大東亞戰爭在大東亞人看來是自覺的戰爭，並闡明日本對於永遠束縛東亞，無限制的榨取東亞的敵人暴力，決心以大東亞宣言的精神，為了帝國及東亞的自存自衛而戰。演說要點如下：（一）帝國的大東亞政策，已由我對華新政策具體實現。對華新政策就是我國東亞政策的基幹，對華新政策從去年一月即強力的推行，現在已無遺漏的地方，不平等條約已代之以平等互惠的日華同盟條約，並約定在和平實現之時，日軍即立即撤退。在中國的我軍作戰目的，並不是對着重慶政權，而是在於剷除英美勢力，此點已甚明確，由於對華新政策的實行，我國的東亞政策亦在不斷的進行，這就是展開這樣的政策即隨着東亞從多年英美的束縛中解放出來之後，東亞各自看出其作為東亞的真正姿態。大東亞政策就是將東亞面目看的很清楚的政策，同時大東亞戰爭就是大東亞自覺的戰爭。現在大東亞各民族爾家，已經獲得了此種自覺。中國泰國已獲得解放，緬甸，菲島已經獨立，這完全是此等國家志士努力的結果，亦是帝國所企求的地方。（二）昭和十八年十一月，在東京召開了大東亞會議，製定了大東亞宣言，該宣言上所要具體實現的五個原則，就是要尊重大東亞各民族國家的自主獨立，並以這些國家民族的協力親和爲目的。大東亞戰爭給予東亞八民以兩個很大的教訓，第一個就是對於自己力量的信賴，第二個是發揮大和精神，亞洲人不相信任何外人的甘言和允諾，而且亦覺悟到自己的希望只有依靠自己才能實現，在天命只有自助才能實現一切。此外的教訓是所謂大和精神，這不只限於一個大東亞地域，而且世界和平的基礎，在此亦開始獲得安全，大東亞宣言，眞正可謂建設世界和平的憲章。（三）敵欲永久束縛與榨取亞洲，首先以消滅亞洲急先鋒的日本爲目的而挑戰，這一戰爭對日本與東亞來說，是欲罷不能的戰爭，現在他們企圖爲所欲爲地處理世界的將來，獨佔與支配之，並使其互相對立，因他們在今日進行世界戰爭，同時已在準備下一次的世界戰爭。（四）這一戰爭是正與邪孰勝的戰爭，這之間，戰局有一進一退的現象，自屬當然的事，但隨着敵之前進，一步步地闖入其地，給我以可乘的機會，正義的戰爭，必將以勝利結束之，這是古今的鐵則，此次帝國雖已更迭內閣，但將始終堅持過去的外交政策，在與盟邦緊密的協力下，以更加強力的舉國一致的體制，勇敢地貫澈這一正義的戰爭，同時決心有力的推進正義的政策，即大東亞政策。

## 敵同盟社一週戰況

【同盟社東京廿日電】中國方面：我軍於攻克衡陽後，繼續擊潰蝟集於衡陽周圍之敵，敵正在努力構築陣地，補給彈藥與整備××中。在湘江東側，特別是第五十八軍企圖奪還醴陵而來襲，但正被我所在部隊擊潰中。八月上旬敵機來襲總數共一千零七十三架，同期間僅航空部隊戰果，即毀落燃燒一百四十九架。又於華中方面，自五月廿七日湖南作戰開始以來，至八月八日攻略衡陽止，空軍戰果共毀落燃燒一百六十九架，並協力地上作戰，被擊潰之敵兵力共二萬三千餘人，況毀船隻二百三十二艘。緬甸方面：在獵孟、騰越方面，由於我部隊的奮戰，已予敵不顧死活的怒江第二次總攻擊以痛擊，自十日已使其停頓不前，但敵自十二日起，又在砲兵支援下重新開始攻擊，目下敵我正展開激戰中。怒江正面八月旬的戰果，業已確認者共斃敵二千一百四十八具。又八月九日夜半，獵孟守備隊，以挺進隊潛入敵砲兵陣地，破壞山砲二門、迫擊砲二門、重機槍三挺，重創敵人。中太平洋方面：（一）馬里亞納諸島狄寧島上的陸上戰鬥，已混戰兪旬，我守備部隊已集結於該島南部，進行猛烈的攻擊，予敵以巨大損失，但我方似亦有不少傷亡，其後更憑依各局部地區的地物，頑强地繼續戰鬥。十五、十六、十七三日夜，俱自海上艦艇，交錯着數十發照明彈，但由于夜間强襲，皇軍仍繼續縱橫奮戰。在關島方面，亦繼續激戰二旬，戰線錯綜，該方面照明彈亦連日交錯，忍受着不多的食糧彈藥，反覆英勇奮戰，由於該方面敵海上艦艇的××，所見數目近已減少，來自海上的壓力已有若干減退。（二）小笠原諸島、馬里亞納羣島敵基地，正逐漸在警備中，可以想像得到P24式飛機將不斷出現於該方面。南太平洋方面：所羅門羣島特羅基納北方約三十公里之卡勒科巴附近自七月二十七日以來，附有輕迫擊砲之敵攻我陣地，我部隊予以反擊，終至八月二日夜止，完全將其擊退。又於特羅基納西方七公里半之拉爾馬附近，自七月下旬以來連日反覆着激烈的攻擊，我部隊於八月七日拂曉，猛攻並包圍該敵，截至現在爲止已被確認之戰果爲：斃敵六十八名，破壞重機槍三挺。我布肯維爾各部隊，在極其困難的情況下仍士氣高漲，繼續力戰奮鬥中。（二）敵機之來襲拉布爾，一向是重炸市街家屋，近來亦開始●拗的攻擊該島週圍各地，但本週是特別減少。又美軍在該方面武裝附近土人，使此等土人隊蠢動於我陣地附近，今後此種例子尙會屢見不鮮的。（三）我航空部隊於十二日拂曉，反覆攻擊拜阿克對岸俄維島，燃燒敵大型機十七架以上，炸毀地上設施八處，此外並炸毀跑道地區。

## 維希政府他遷

【同盟社柏林十九日電】德國外交部當局，十九日正午言明如下：（一）法國政府●於目下的情勢，正考慮自維希他遷，或已遷移，也未可知。但詳細的情形，將於廿一日報告。現在賴伐爾總理，已自巴黎出發，又德大使阿培玆，亦已偕同館員離開巴黎。

## 泰晤士報評斥甘地建議

【路透社倫敦十七日電】倫敦泰晤士報於本日（星期五）社論中稱：「最近印度總督與甘地間的數次書信往返，對於解決印度政治僵局的幫助，恐甚少。」該報聲稱：甘地在其七月廿七日的書信中，已極力表示其在月初接見記者時所作的建議，應認爲係確定和具有建設性的建議。但這些建議，甚似一種爲其本黨的利益而訂約的企圖。一切要求都是國民大會的要求，甘地本人顯然尚未擺脫這種幻想，即國民大會黨與印度民族主義是屬同樣的東西。這種態度與其具有建設性的欲與印度回教徒及其他少數民族利益獲致諒解的企圖之間的矛盾，業已在其報紙上表明出來。甘地呈送給印度總督的建議並未顯出承認：除國民大會外，其他黨派對於那些建議也必有重大利害關係，或承認它們的提出是在與金納進行談判的前夜，若該項談判幾得成功，則必對之進行重大修改。甘地似堅信他是為印度說話。如是若他能這樣操縱談判，則魏菲爾所須對付的，是他及仍被拘禁的國民大會執行委員們。若他也有權為少數民族說話，則形勢將大為不同。論及魏菲爾的答覆時，泰晤士報稱：魏菲爾的建議，是從對的出發點開始，實際上甘地已在他關於與印度土邦的允諾的談判而給予金納的建議中默認了這點。苟甘地本寬大，容忍和妥協的精神，遵循着這個方針，則他或可完成巨大的任務。而在完成其任務中，他將有權，期望得到英方的積極幫助。若甘地為印度着想而不光為國民大會黨着想，則政治僵局很快就可以結束」。

## 杜威論德日戰後問題

【合衆社紐約州阿爾巴尼城廿日電】美紐約州長杜威認為將德國人魯爾區國際化，乃維持世界未來和平的主要步驟。杜威稱：魯爾乃一極易燃燒的建築物，此項建築物於廿五年中，兩次燒毀，犧牲生命甚大。如何使魯爾不再為軍火生產地，乃一主要的和平的目的。有人問杜氏：他主張如何阻止德國再建立工業中心？杜氏答稱：此項工作，並非不可能，亦至為艱巨。國際機構應經由委員會阻止德國再建新軍火工廠。使魯爾失去作用的另一辦法，為將該區所有工廠及礦場之股份權分與比、法、波蘭及荷蘭及受德國侵略的其他犧牲者。杜氏繼謂：此項問題，過於重大，決非任何個人或任何團體所能解決。同時杜氏宣佈威爾基已同意與杜氏的外交顧問杜勒斯會晤，杜勒斯即將會晤國務卿赫爾，於「超然派」之基礎上商討美國參加國際事務的問題。威爾基稱，他樂以意見告知杜勒斯，數年來我即深切關懷小國在任何大國或大國全體軍事同盟中不可免的悲運，惟我所不願我盟國間產生吾儕阻礙國際會議成功的印象。威爾基繼謂：過去十日，他已詢問華府當局，美國政府在即將舉行的四國會議中，是否準備堅持保障小國的地位？我已獲得有力的肯定保證。杜威稱：至於如何永久解除日本武裝，乃一完全不同之問題。該處的軍火生產工業，歷來僅供日本使用。故此項問題，應如是處理：第一步，由戰勝國組織委員會，稍後由國際機構的委員會負責，使日本僅生產和平時期用品，我們於採取此項初步辦法後，再擬定應付此項問題的永久辦法。防止德日再行備戰的工作，應與組織國際和平機構之工作分開。此兩項工作，均應立即進行，且應設法使每一工作，不妨礙他一工作的進行。

## 華沙暴動已被壓服

【同盟社柏林十六日電】德軍當局十六日公佈華沙市發生大暴動，展開猛烈的市街戰，但已在短時間內，為德軍壓服。

【路透社倫敦十六日電】據波蘭電訊社接獲來自波蘭祕密軍隊之前綫消息謂：波軍雖缺乏軍火，但在華沙之戰中仍能保持主動。在若干部份彼等已突入德軍據點，佔領若干軍火庫。德軍對於在聖拉加魯斯醫院中之傷病士兵概予屠殺。

## 國民黨社會部强制工人入工會

【本報訊】據六月八日華西日報訊：國民黨中央社會部，為加强對人民的統制，將發展職業團體組織，列入三十三年度的施政計劃。其具體規定如下：一、各省應將原有各級農會各業工會及工商業團體組織調整健全，並厲行強制入會。二、川閩贛湘浙粵等省應將漁會組織調整健全，並厲行強制入會。三、川滇粵鄂康寧青等省將未組織的縣鄉農會完成三分之一。四、普遍發展各業工會，成立各業總工會等。重要城市都設工會聯合會。五、本年完成縣級中醫師公會。六、積極策動新聞記者公會及各級教育人員組織。

## 軍政部通令各縣加强自衛隊組織

【本報訊】據七月十二日華西日報載，軍政部頃通令各省，飭各縣市加强自衛隊組織，鞏固地方自治，節省國軍駐防兵力。規定要點五項：一、已組織自衛隊之縣市，應盡量充實其武力，不准支差，未組織之縣市，應酌量編成。二、地方或中央之機關倉庫，各縣市自衛隊應盡自衛之責，以節省國軍駐防兵力。三、關於縣市之治安，自衛隊應負全責警衛。四、自衛隊隊員每年須歸休二次，每次須歸休三分之一，不得收容中籤與應受徵召年次內之國民兵。五、自衛隊由縣市國民兵團，節制指揮師管區，切實掌握。

# 參攷消息

（只供參考）

第五七五號

解放日報 新華社 編

今日出版一張

卅三年八月廿四日 星期四


## 外國記者招待會上 梁寒操說盟軍應佔領日本本土

【中央社重慶廿三日電】外國記者招待會廿三日下午舉行，梁部長寒操吳次長國楨、張參事平群出席主持。某記者詢，對於美羅斯福總統所提佔領日本本土主張之態度，梁部長答稱，吾人對於羅斯福總統所提佔領日本本土之主張，表示同意。日寇言行之不可靠，羅斯福總統於其最近廣播詞中，亦曾申明矣。故盟國於擊敗日本後，須繼之軍事佔領以保證日本之忠誠履行盟方為正義所加之條件，解除武裝。日本軍國主義之興起，由於日軍自有史以來，從未失敗，以致造成其無敵於天下之狂妄錯覺，吾人以為使日本人民明瞭現代戰爭之殘酷現實，並使其恢復××之最佳方法，厥為由盟軍佔領其從未被攻入之領土，以打破其狂妄之錯覺。某記者詢，對於戰後國際機構會議之觀感，吳次長答稱，此會議實不啻為莫斯科會議一補充會議，中國極表擁護，蔣主席在過去不斷有所宣示，主張設立國際組織，故中國極願與同盟國同心合作。某記者詢以傳聞英國將貸款一千萬鎊作中國發展航空之用，政府方面對此事之可能性有何申述，張參事答稱，吾人亦曾聞及此項傳說，謂英國航空工業界，正考慮對華貸款一千萬鎊，以助成中國戰後國內航空之發展，但吾人迄尚未能從主管之財政交通兩部，獲有任何確訊。某記者詢，中國戰後利用外資及外國技術之範圍如何，已否有新頒條例實施，張參事答稱，中國雖富有資源及人力，對於戰後實業建設，尚缺乏資本及技術，此為衆所週知，是以中國極歡迎外人投資及技術協助，此在中國工業化過程中，至關重要。孔副院長抵美後，曾將此事屢向報界宣述，列舉要領，故目前本人無可贅述。關於利用外資之新條例，數項重要原則雖經決定，其條文尚在商討，且須經立法程序，方可付諸實施。

## 羅隆基主張 生產手段公有

【本報訊】羅隆基氏六月十六日曾在雲南大學『民主系統講演會』中，講『中國需要什麼樣的民主？』。他說，民主的要義，就是人是目的，而不是工具。所謂『自由』『平等』，就是保障人達到他本身目的的必要條件。國家是保障這種權利的，因此，人民必須把這個工具拿在自己手上，也就是說，國家必須由人民自己來管理。』講到中國需要什麼樣的民主。他說：『這種民主，必須建築在『政治平等』和『經濟平等』之上。在政治上，必須保障人民有言論出版的自由，思想研究的自由，集會結社的自由，人民居住的自由這些基本權利。在經濟上，必須做到『生產手段公有』。中國戰後自然要走上工業化的道路。可是我們總不能化了很多的代價，再把人家從一七八九年開到現在覺得要不得的東西再撿起來。那是不劃算的。中國現在最有錢的幾個人，他們的名字大家都聽得很熟了，要是戰後財權、政權仍然集中在這些少數人身上，就算能夠走上工業化的道路，也不會實現真正的民主政治。在這一點上，我們當然不是抄襲蘇聯，但蘇聯的經驗，是值得我們參考的。』最後他說：『現在我們大家都談民主，一定要弄清楚，我們究竟需要什麼樣的民主，才覺得上當，至於究竟需要那一種民主，那是要由人民自己去選擇的。』

## 同盟社傳 重慶實行軍政分治

【同盟社上海廿二日專電】重慶此次改革軍政是此次我大陸新攻勢予以重大打擊的必然結果。蔣介石於十九日命令各戰區司令長官、集團軍總司令及省主席自今年九月一日起分離地方的軍政，此事殊堪注目。應認為該訓令的着眼點是加強重慶的中央集權，其直接的目的是在下列各點獲得效果：（一）防止各軍成為軍閥及離叛重慶。（二）促進邊疆各省的中央化。（三）增強國民黨組織。（四）宣傳正式的民主政治等。即重慶各省主席幾乎都是將領。隨着戰爭的失敗，重慶政治力的滲透必然翻成地方軍閥化的傾向。更隨着我對華政策的浸透，當然也可以預期到地方反蔣的傾向。不消說，蔣介石要努力阻止這種情勢。現在討厭蔣介石的軍司令官有江蘇的韓德勤，安徽的李品仙，湖南的薛岳，山東的牟中珩，河北的馬法五，雲南的龍雲，寧夏的馬鴻逵，西康的劉文輝，青海的馬步芳，新疆的盛世才等。我佔領地區——江蘇、安徽、湖南、山東、河北各省偽省府雖然沒有什麼大問題，但雲南的龍雲以下邊疆各省是頗堪注目。如果按樣執行蔣的命令，那末邊疆將領的勢力圈將被剝奪。於是，隨着各省軍政的分離及各省政府實行的新縣制，各省政府為重慶政權即國民黨勢力所佔據。隨着重慶政治力浸透於地方，確實也想在田賦徵實、物價、物資的管理等抗戰經濟政策上有新的效果。此次的措置不管只是形式的東西，但是極力宣傳這是回答對民主政治的希望，並充分考慮到在國內及美英方面所收到的效果。

## 敵傳衡陽陷落在大後方的反響

【同盟社太原廿三日電】駐華美空軍前進據點衡陽的失陷，予抗戰重慶以致命的打擊，重慶各報對此特別重視。指出由於衡陽失陷及於大陸戰綫的影響。國民日報稱：『有着可以與斯大林格勒相比較的防衛設備的衡陽，其所以陷落的理由是因武器之不足，其最大的理由是由於同盟國沒有適切的援助』，控苦美國消積的態度。掃蕩報亦露骨的批評軍事當局稱；『經過四十七天的保衛戰後，衡陽失陷的事實，不僅予我們心理上以極大刺激，而且在戰術上是重大的敗北』。最近中央國立大學學生某，予致其山西友人之信中，涉及衡陽失陷前後抗戰重慶的實際情形，傳重慶現在是分飢餓的公務員與耽於自暴自棄快樂的兩類人，該信如下：長沙被陷以及衡陽的失落，使重慶民心受到極大刺激，有產階級的人們，穿着價值七千元的洋服，唱歌喝酒，過着自暴自棄的生活，窮人無舉炊之食而徘徊於路上，在重慶市內可以看到飢餓者的悲慘情形，這倒一點不足奇怪，衡陽失陷後，重慶各報均有相當的大的批評，重慶商務日報稱：『在衡陽防禦中重慶所付出的犧牲極大，這更促進了軍事當局的無力，現在重慶省略結婚典禮而同居的男女日益增多，同居廣告使奢靡的市場為之一振，重慶政府最近為了維持道德，此一廣告已禁止刊登，這種現象所以產生的原因，歸根於物價騰貴，一個政府的官吏，如果不積蓄半年的津貼，就不够最低的結婚費。

## 傳陳誠代替胡宗南

【海通社北京廿日電】據日本方面報導，蔣介石已將反共將領胡宗南撤換而代以親共將領陳誠。此間認為此次變更由於胡宗南軍的任務在於封鎖延安共產黨政府而更加值得注意。胡宗南將軍曾被委以西安（在延安南面三百公里）總部副司令長官之職。相信陳誠將軍將繼續努力使重慶國民黨與共產黨保持較密切的聯絡。

## 雲南省臨參會要求擴大臨參會職權

【本報訊】據七月廿七日雲南報息：雲南臨時參議會第二屆第二次大會開會時，參議員陳賡雅曾提出擴大省臨時參議會職權案。在其提案原文中有謂：『在訓政時期，對於臨時參議會的職權，係根據二十九年九月廿六日國民政府公佈「省臨時參議會組織條例」之規定，僅限于補助省政府，對於促進地方自治，審核省預算，檢舉違法官吏，及接受人民請願與建議等權，均付缺如，殊失議會精神。』關於其體辦法他提出兩項：第一，由雲省臨參會呈請省政府轉請行政院核示，並由省參會代電各省參議會贊助，一致呼籲。第二、省臨參會應擴大的職權如下：（一）促進省政設施和地方自治之權；（二）審查省的預算決算之權；（三）接受人民請願和建議之權；（四）檢舉違法的官吏之權。這個提案當經臨參會議決交駐委會研究辦理，後經駐委會幾次討論，並邀請在昆省參議員參加，最後決議照案辦理。現已由該會呈請省府轉行政院核辦，並代電各省議會一致呼籲。

## 國民黨強迫四川民衆今年『儲蓄』四十萬萬

【中央社成都廿二日電】本年度川省担任勸募鄉鎮公益儲蓄總額為四十萬萬元，其分配標準，業經省務會議決定：一、分配對象，從一戶着手，全川各縣共分十三等級，高等級縣應担任一萬萬元以上，最低級縣份，不得少過二百萬元。二、分兩期徵集，首期為本年七月至九月初，繳解總額二分之一。二期十月至十二月，全部解清。

【中央社蘭州廿二日電】蘭寧公路，為聯絡甘寧綏三省之主要交通綫，交部於本年初，撥款二千餘萬元計劃興修，自五月一日開工後，測量設計工作，短期內即可竣事。工程方面，亦在積極進行，並發動蘭州、皋蘭、靖遠、海原各縣市民工，以義務勞動方式，加速趕工。

## 魯西我猛擊敵寇

【同盟社濟南廿二日電】延安系匪賊約五千人，盤居魯、豫邊境，自八月初旬以來，即在附近一帶開始蠢動，憑藉絕對多數的兵力，反覆執拗襲擊各縣保安隊的小分屯隊，五日，該匪團主力約三千人，包圍同望之皇軍警備隊，以各種武器前來猛擊，該警備隊僅有高安阪雄軍曹（千葉縣人）以下××名，但敢於向百數十倍之敵反擊，對敵匪不分晝夜的猛襲，百發百中，予以反擊，未休息亦未吃飯，奮鬥八日，予敵巨創，至於敵人擊退。我們該警備隊所獲戰果，已被確認者為斃敵三百名，傷敵三百以上，但我方僅輕傷一名。

# 參考消息

（只供參考）

第五七六號

解放日報 新華社 編

今日出版二張

卅三年八月廿五日

星期五


## 同盟社宣傳
## 重慶延安間關係更趨對立

【同盟社里斯本廿二日電】延安重慶兩政權糾紛的和解交涉完全陷於僵局，由於延安方面的態度强硬，交涉已有決裂的徵象。據延安來電，最近周恩來會見延安通訊社時，公佈交涉的全部經過情形及重慶延安雙方提示的要求，特別是延安方面所提要求的詳細項目，這樣才明顯延安方面所看的和解交涉的全貌。他說明如下：五月初延安派遣代表林伯渠赴西安，而重慶代表王世杰、張治中上將亦抵該地，林祖涵立即表明民主主義化的要求，而重慶代表提議由中共與外國有關的軍事的諸問題開始交涉，於是林祖涵要求立即使共產游擊隊參入重慶軍，應將其編成六個軍，而重慶代表只同意編成四個軍。此外，林祖涵要求中國共產黨應成爲合法的政黨，恢復言論的完全自由及停止封鎖共產地區等，但沒有任何結果，這樣，西安預備交涉未達到意見的一致。於是兩代表同意其分別提交重慶和延安的各中央委員會的備忘錄中詳細寫入會見情形。該備忘錄中未包括重慶宣傳部長使人這樣相信的任何協定。其次，在重慶進行正式交涉時，延安的中央委員會於五月廿一日將解決最緊急諸問題的廿二條提案送交林祖涵，促其轉交國民黨中央委員會，上述提案所包括的最重要的條項有下列三點：（一）立即要求重慶政府採用民主主義的政治制度及保障言論出版集會的自由和個人的自由。（二）重慶政府承認中國共產黨及其他一切愛國黨派和團體的合法地位，同時要求保證釋放一切愛國的政治犯。（三）重慶政府應有效地保障實現地方的自治行政。剩下的十七條提起國民黨、共產黨兩黨間未解決的諸問題，其中關於游擊部隊的組織，中共的要求是現在縮小成五個軍總共十六個師，而要求重慶發給武器彈藥醫療品及糧食。關於地方的自治行政，則要求重慶承認各自治政府，這些政府是指陝西、甘肅、寧夏及華北華中華南各地由民衆選出的政府而言，對共產地區的軍事、經濟的封鎖應該停止，必須立即停止其對共產軍將士的一切攻擊，發給第八路軍及新四軍由同盟國援助的糧食、武器、彈藥及醫療品中應得的部份。破壞黨、軍及間諜的活動和反共的煽動必須停止。必須恢復重慶、西安共產黨系統的無綫電台，雙方以上述要求爲基礎，進行交涉，但未有任何成果，重慶屢次避免觸及延安的根本要求，另一方面要求其接受重慶自己的計劃，即在戰後一年後實行立憲政治藉以開始民主化，這樣，重慶拒絕現在的一黨制度換成民主主義，因此重慶與延安之間迄未成立任何協定。國共兩黨的論爭還是繼續着，因此尙未消除內亂的危險。中共最近邀請重慶代表來延安繼續進行交涉，企圖過渡到深刻的論爭，但是這也沒有成功。因此一切和以前一樣，毫未改善。但是發生變化的地方就是重慶與延安的對立恐怕將比以往更加尖銳以及兩黨比以往更抱着不妥協的態度。但是這並不是意味着國共兩黨實際衝突的危險已緊迫。

【同盟社里斯本廿三日電】重慶延安兩政權自五月以來的長期的和解談判，由於兩方面的主張根本不同，乃碰到嚴重的難關。紐約時報駐重慶特派記者廿二日報導，兩政權政治上的不睦，由於此次的和解談判，反而較過去更加惡化。略謂：延安政權代表林祖涵，及蔣政權代表王世杰、張治中，經過兩個月的談判，僅不過證明了重慶與延安的立場，仍有很大的不同，重慶方面主張在中國不能有兩個政權，同時所有的軍隊，都要歸重慶政權統率，而延安政權則提議中國立即實行民主政治，作爲和解的基礎，但重慶方面則仍固執其以前公佈的戰後實行民主主義的政策，根據林祖涵的說明，延安政權有約十七萬軍隊，要求重慶給以十八個師的武裝，但重慶政權僅給十個師的裝備。又重慶主張有權命令延安共產軍，離開佔據地區到任何必要的場所作戰，而延安則提議重慶應承認地方各政權的合法地位，所謂這些地方政權，是指邊境各地區及幾乎全盤的中國被佔領地區，潛藏在日本後方的政權而言。一部份觀察家認爲現在延安對於問題的解決，不如一二年前熱心。但於河南與湖南的軍事失敗，重慶軍隊更加削弱，延安與蘇聯的關係，並不像普通人所像想的那樣深。例如在延安也正如一部份人所懷疑的，於其等待中國內部的助力，還不如等待外部的助力，這蓋由於延安處在與內外取得聯系的很好的戰略地位。重慶與延安在政治上的不睦，當由此而更加惡化。

## 新疆國民黨部隊 又侵外蒙邊境

【同盟社北京二十二日電】去年十二月，重慶軍企圖不法越過蘇聯領土，發生國際糾紛，其後判明又在西北邊境，爆發蘇聯、重慶的武力衝突，即是說，根據最近到達此間的情報，本月五日在迪化北方邊疆，重慶第四十二軍與蘇軍發生衝突，以至蘇聯空軍轟炸迪化油田。蘇聯與重慶的此種對立，隨着重慶政權西北工作的進展，德蘇戰綫的演變以及在華美空軍的擴充西北基地等，今後將更加呈現複雜微妙的樣相，故頗堪注目云。

【同盟社廣州廿四日電】美英蘇三國於廿一日開始了三國會談，並拒絕了重慶列席。據廿二日的合衆社電，重慶機關報中央日報，在其社論中透露重慶之不滿如下：四國會談分兩次召開，實遺憾至極，現在有關各國，為了進行其目的而採取此種措置，這在將來必須修改。

## 美紐約時報稱 中國應有必需限度的民主

【美新聞處紐約二十一日電】紐約時報社論『中國的困難』中要義如下：

今日在盟國力量的機體之中，只有一個弱點。敵人只有在華東有所進展。甚至就在那裏……中國軍隊在陳納德將軍的航空員協助之下，抵抗敵人圍困六週之久，而且現在正努力作戰以收復失地（衡陽）。但由於若干原因（缺數字）。中國人在其第八年的戰爭中是很疲憊的。他們很可憐的缺乏必需的裝備……。最後，他們的國內不團結。雖然曾一再作了一些努力，重慶政府及華北的所謂共產黨政權仍未能使他們的分歧調和起來。在重慶區域內已發生冷漠甚至更壞的現象。

（該社論在此處摘引愛金生的報導，其中提到政治形勢的惡化與放鬆一黨專政及組織聯合政府的需要。）

重慶的檢查機關放過了這些（愛金生的）評論，這證明中國的獨裁還不完全像歐洲的獨裁。但事實仍然是中國還沒有民主。我們不能要求中國必須有民主，正如我們不能堅持要求民主作為與蘇聯合作的條件一樣。但是我們對中國人民的欽佩與友誼使我們希望他們能在××與武斷的統治之間找到令人欣幸的折衷。說不定那天一個晴朗的早上，我們的軍隊會在中國海岸登陸。假如他們是來到一個統一的國家，那裏有着自治的廣泛基礎，則他們的任務就會更容易地完成。

## 海通社稱 蔣介石調軍防守湘桂

【海通社北平廿一日電】海通社訪員稱：據悉，縱然[illegible]識到日軍在湖南的進一步進攻將造成重慶軍事抵抗的危機的蔣委員長，已採取軍事上的對策。因此，蔣介石最近在重慶召集各戰區司令長官（據說美駐華高級參謀人員亦參加）的軍事會議中已通過決議，用一切辦法會集最強的軍隊於湖南前綫，因為日軍進一步的勝利前進，不僅將從背後威脅緬甸的遠征軍，而時將影響反攻緬甸的計劃（內緬甸與印度的大規模行動都是在湖南方面獲得支援的）。嗣後，蔣介石於八月二日飛往桂林，據報命令卅來個師團在衡陽周圍地區進行決戰，該處雙方已在激戰。同時與重慶密切合作的三萬美軍（由機械化部隊步兵與降落傘部隊組成）已集中於昆明與桂林附近，該處亦為進一步增強的美空軍底中心。同時，陝西省及西北其他作戰根據地亦在準備中。

## 海通社評納爾遜來華

【海通社華盛頓廿一日電】據此間政治觀察家意見：派遣納爾遜與赫爾利赴重慶中國之主要原因，在於美國對蔣介石對日作戰的絕望形勢深感憂慮。納爾遜為戰時生產局局長，赫爾利少將為前美駐紐西蘭公使與羅斯福駐中東之私人代表。『先驅論壇報』稱：現在他伴隨納爾遜至遠東作為蔣介石的軍事顧問，這是在尼米茲海軍上將與××將軍赴太平洋期間獲悉關於缺乏軍事原料的消息之後，這已由美參謀總長馬歇爾與羅斯福返此後所證實。上述人士以為羅斯福可能仍有其他目的。此間宣稱：羅斯福顯然意欲××納爾遜數月，因為納爾遜正計劃從新開始生產平民貨物，至少是生產一定的數量，此計劃遇到陸海軍長官以及生產局理事們的強烈反對。納爾遜不在之際，其他代理人威爾遜接管戰時生產局。他亦不同意其局長的計劃，據說羅斯福已於星期日與威爾遜作長時間商談。威爾遜於商談之後，在招待記者席上宣稱：羅斯福要他立即加強軍事原料的生產，其意見首先是與納爾遜的計劃相反。

【海通社華盛頓廿日電】羅斯福已派軍事及經濟顧問協助蔣介石。軍事顧問為赫爾利少將，經濟顧問為納爾遜。二人將留在重慶數月，與蔣介石討論各種問題。

## 紐約世界電訊報 評納爾遜來華

【美新聞處紐約廿一日電】紐約世界電訊報稱，中國的基本需要是政治及軍事的統一。紐約世界電訊報社論摘要，總統決定派遣納爾遜及赫爾利少將作爲其私人代表赴重慶是一個賢明的舉措。此二人是美國兩個著名的排解萬難者(缺一句)。甚至作爲美國關心中國的痛苦的表示，此二官員之訪渝也是將被歡迎的。友誼態度是有裨益的。但友誼的姿態及善意的諸言所能完成的終究有限。對中國來講尤其是這樣。因此希望納爾遜、赫爾利此行還帶有其他的價實際的目的。作爲戰時生產局局長的納爾遜，是與其他大同盟國有巨大不同的美國及盟國經濟問題的專家，納氏的豐富知識與經驗對蔣委員長必有直接的價值。赫爾利將軍——商業家、律師、前陸長——曾經在太平洋、蘇聯、非洲及中東解除許多困難，使事情將以順暢進行。中國的經濟困難及軍事形勢日益嚴重。經過長期與侵略者作戰之後，中國在最好的情況下還是很窘迫的。但雖然中國人民作了巨大的犧牲及英勇的抵抗，重慶政府猶未能達成互相衝突的政治軍事派別間的基本統一。中國最困難的問題不能由納爾遜與赫爾利解決，而只能由中國諸領袖與納爾遜赫爾利解決。

## 英保守黨戰後政策組提出處置德國綱要

【路透社倫敦廿二日電】保證德國不再進行侵略戰爭的熱烈建議已提交英國政府，這一建議係由保守黨戰後政策組所準備，該組以保守黨領袖約翰．華德勞爵士、彌爾尼．克萊本．翰德爵及其他諸人爲首的八位議員與三十九位下議員所組成，同時威信盟國政府正在研究英美蘇三國組成的歐洲諮詢委員會預期德國無條件投降時所計劃的休戰條件。倫敦方面認爲選擇這一發表的時間根據刻在法國已接近高潮的德國軍事災難是極爲重要的。戰後政策組的備忘錄列舉主要項目四款：第一、德國的分權；第二、戰爭的罪犯；第三、戰爭的潛在力；第四、賠款。

第一，德國的分權：德國帝國應分開，而普魯士的政權視爲侵略挑撥者的領袖，其權力減至『招致災難的霸權不再成爲可能的地步』。需要建立的自治國家爲巴代利亞(德國南部)、薩克森(德國東南部)、奧登堡(德國西北部)、巴登(德國西南角)，而需要脫離普魯士統治者爲萊因闕、西法利亞(德國西部)、漢森(德國西南部，省會爲佛蘭克福)漢諾威(德國西北部)什列斯威格——荷爾斯頓(席德蘭半島南部)，及舊漢斯諸城領土。這樣。普魯士的人口便由三千九百萬減至一千三百萬。盟國佔領德國直至使一切自治國家重新發展他們地方的愛國主義認爲足够的時期爲止，而對避免他們重落入普魯士統治下的可能性採取保衛的步驟。對在普魯士霸權之下重建集中帝國的任何企圖已指定了經濟的及其他的懲罰。

第二，戰爭的罪犯：一切戰爭的罪犯應由民族的軍事法庭或協約國的軍事法庭迅予審判，而一切避於外國庇護之下的戰爭罪犯，應實行引渡，保證其不可能逃脫懲罰。沒有人會在技術上逃脫懲罰，因爲處理懲罰係道德的與法律技術的兩方面。在上級命令下犯罪行爲辯護僅以之爲減輕懲罰，而不能免除已判定之罪刑。戰爭罪犯的懲罰被堅持爲休戰的首要條件，但不似上次大戰爲和約的條件。

第三，戰爭潛在力：德國工業生產及資源的一切形式應歸盟國管制，而一切戰爭設備與戰爭有關的輸入應被廢除、停止和禁絕。德國的經濟恢復應由德國人自己進行，但必須等候盟國以德國的勞工、物資與資源恢復在德國蹂躪下的許多國家之經濟恢復的集中努力之後。因此，德國的勞工將用於德軍蹂躪的任何一個國家，而德國的貨物、牲畜、礦產、原料、航運、火車、車輛統交盟國管制以援助這些受蹂國家的恢復。敵人的一切運河、水路皆置於國際管理之下。德國的農業土地、農莊、樓房及裝備應交出賠償盟國被蹂躪的土地，例如荷蘭的氾濫。

第四，賠款：對於物資賠償爲不可能的一切情形，諸如強迫的勞役、虐待、監禁及對俘虜的虐待，或爲國死亡，以及對被偷竊，任意損毀，及無可補償的財產的賠償，實行財政賠償。德寇勒索的賦稅，罰款及其他徵收統由德國歸還。德國的一切專利權與領權皆歸盟國利用，而德國的一切工廠技術交出以賠償爲德國劫奪的盟國工廠技術。德國在中立國的一切資金(納粹首領特別是在拉丁美洲、瑞典、瑞士、西班牙所祕密的存款)應一律交出來。一切賠償皆由德國關稅，運輸，航運，鐵路，電車，等收入作抵保。

## 路透社稱巴黎尚未完全佔領

【路透社廿四日電】盟國遠征軍總部盟軍現在任何時候、均可使巴黎的解放(爲柯寧將軍過早宣佈廿四小時以上)成爲現實。最高統帥部今夜發表下列聲明，在某種程度上澄清了關於法國首都陷落(盟軍迄今的最大勝利品)的混亂局面：『巴黎法國內軍曾與德軍於首都成立某種休戰的協定。原意是讓德軍退出，但顯然地他們改變了主意並以毀壞一切相威脅。巴黎法人要求援助，我們現在正給他們那種援助。盟軍今晨開始向巴黎前進，但尚不悉他們是否已進入首都。當他們進入後，最高統帥部將發表公告』。目前形勢是：德軍仍在首都並仍在其入口處。法國內軍佔領巴黎大部份。他們佔領如此之多以致他們感覺他們已把它解放，但德軍否認休戰並拒絡撤出。官方宣稱，法國第二裝甲師（師長爲勒克勒克將軍）已進入巴黎之說，並未提交與盟軍最高統帥部或爲其檢查所通過。路透社按，英國廣播公司昨日公告（該公告爲阿爾及爾電台轉播）謂：巴黎已被解放之說純係根據柯寧將軍的公報，該公報頌揚『巴黎人民在解放首都中』所起的決定作用。美陸長史汀生今日在盟軍總部公告前，於華盛頓招待記者會上講話時，承認巴黎解放爲確實。

## 波爾多登陸各方傳說不一

【合衆社倫敦廿三日電】據法西邊境未證實消息：盟軍本日已在比斯開灣波爾多附近登陸已與兩週前傳說已抵羅亞爾河上南特美軍會師。

【路透社華盛頓廿三日電】軍界人士對於外傳盟軍在波爾多區及比斯開灣其他地帶登陸事頗表懷疑。據指陳波爾多及比斯開灣其他港口均非盟軍在法作戰所必須者。盟軍統帥部似不肯在該處犧牲其可在法境他處作更有效利用之船隻與人員。一週前傳有美軍一支自南特南下，其後情形如何迄無所悉，今日或係該支美軍向比斯開灣推進。

【海通社柏林廿三日電】德國有資格人士宣稱，小部美軍於聖朱安．德．呂斯附近（法西邊界附近）登陸。登陸爲法國游擊隊所支援。盟艦在登陸前猛烈砲轟聖朱安．德．盧斯沿海陣綫。德海軍沿海砲台砲擊登陸行動。聖朱安．德．盧斯爲比斯開灣的遊覽及打漁港口，在法國邊境城亨達伊以東數公里。

## 頓巴敦會議第二次情形

【中央社華盛頓廿二日專電】據美國代表團之新聞專員稱：英美蘇三國代表在今日舉行的二次大會中各將其政府對戰後世界和平機構大綱的意見闡述完畢，詳情則未予發表。據該員稱：會中除對若干要求說明的詢問外，並無討論。斯退丁紐斯、賈德幹及葛羅米柯各自宣讀其政府的意見。上下午舉行之兩次會議皆由斯退丁紐斯主席，每次皆歷約二小時。三國在華府的代表於今晨舉行二小時的會議後，發表公報稱：英美蘇三國代表團團長於八月廿一日下午在頓巴敦橡樹聚會，推選斯退丁紐斯爲會談中的永久主席。斯退丁紐斯如缺席時，葛羅米柯大使與賈德幹將輪流担任主席。他們決定在開會之初先討論蘇代表團所提出關於世界組織的一般原則。八月廿二日上午聚會中，蘇聯代表團提出其對於維持國際和平安全的機構一般原則之意見。以此項公報提交新聞記者之美代表團發言人未洩露蘇聯計劃之內容，但告各記者謂：葛羅米柯對三國代表逐段宣讀其計劃時，間或有詢問而暫停，以闡明若干點，並對若干問題留待以後討論。蘇方計劃的宣讀歷時五十分，而提出之詢問費時約廿餘分鐘。據發言人稱：三國計劃雖前曾交換，且經過非正式的討論，但三國代表團長昨日決定於會議開始進行之後，各以其計劃提交全體會議。當今晨之會議在中午結束時，三國代表團之團長總商會約半小時，發後美代表團中之若干代表會舉行會議。發言人並推測其他兩代表團團員亦舉行會議，但他不透露會議之性質。發言人未說明次日及以後數日會議的議程是否已決定，但說會議將分成小組委員會以研究三國所提出建議的各方面，並隨時以其談論報告大會。

【合衆社華盛頓廿二日電】即英美蘇三國在目前會議中已同意將來新國聯的所在地，因預料重返日內瓦之議將遭強烈反對，其理由甚多。瑞士在此次戰爭中始終中立，亦爲反對之一。因多數在歐洲之聯合國將反對以新國聯設於聯合國以外之國境內，最近之建議乃是意外相史佛卓伯爵所提出，主張設於埠姆港，但其地點久爲南意兩國所爭的領土。

【合衆社華盛頓廿二日電】頓巴敦橡樹戰後國際和平機構會議已正式接受美英蘇關於戰後國際機構之計劃。美國參議院已開始討論此項問題，足見共和及民主兩黨議員均認爲必須從速建立以武力爲後盾的世界機構。參議院外交委員會主席康納利（民主黨）稱：此次會談的結果，將爲一重要之十字歧途。未來之世界趨於和平抑或戰爭，自繫於此。共和黨領袖范登堡參議院稱：保護和平是美蘇中英四國臨時之責任，而非其永久之責任。范氏主張應有一可以道義、經濟及軍事行動以保護和平之國際機構，切勿懷疑軍事力量乃最後之手段，但必須有此武力，以備不能使用其他方法時之需。三國會議係秘密性質，故公報僅稱蘇聯代表葛羅米柯於上午開會時宣讀蘇聯之計劃。中間會停頓數次，以答諸代表之詢問。英美兩國之計劃將於今日下午會議時提出。

【美新聞處華盛頓廿二日電】芝加哥太陽報二十一日社論摘要：在今日開始的頓巴敦會議中，主要盟國的任務在於進一步執行莫斯科公約中所規定的巨大計劃——建立持久和平的初步基本世界組織。美英人對其國家在準備此會議中所起的作用感到應有的驕傲。美國孜孜不倦地工作了數月以製訂目前美國所召集的會議的具體計劃。我政府主張於秋季召開聯合國全體會議，這是很好的。（缺）所需要的是一個大家同意的計劃，因而爲了向理想的目標前進，需要某些妥協。（缺）各種情況預示頓巴敦會議會有很好的進展，然會議對聯合國和平及自由的目標毫不動搖。

紐約時報廿二日社論摘要：會議的任務之完成，需要極大的友善、辛苦的工作及清楚實事求是的思想。

# 參攷消息

（只供參考）
第五七七號
解放日報
新華社 編
今日出版二張
卅三年八月廿六日
星期六


## 羅王號召與蘇聯停戰

【路透社倫敦廿四日電】德國通訊社今日稱：「羅馬尼亞國王米契爾於公告中號召羅軍與布爾塞維克侵略者停戰。羅馬尼亞國家元首安多萊斯哥元帥已爲羅王及親英美政客與反動阿諛者賣國集團的卑鄙背信行爲所排斥。愛國者國家集團業已組成以反對國王。外表上在曼尼烏領導下由國王建立起來的所謂民主政府（但在實際上是共產黨領導的）已把國家出賣給莫斯科。羅馬尼亞全境均發生騷亂。愛國者國家集團已站在運動的前列起來反對國王及其叛黨，並發表告羅馬尼亞人民及陸軍書，號召爲自由及生存繼續與布爾塞維克主義作戰。羅馬尼亞國民政府呼籲原文爲：「羅馬尼亞人，我們子孫和羅馬尼亞國家的將來生命已處在最嚴重的危難中。在××後，羅馬尼亞士兵數年來曾英勇地保衛羅馬尼亞的土地。作爲小黨諂媚者及小撮賣國賊柔順工具的米契爾國王已排除了國家元首安多萊斯哥，並致力於可恥的出賣我們全體，把國家出賣給布爾塞維克。國王米契爾允許和平。但實際上此和平只有表示羅馬尼亞爲紅軍佔領，從而羅馬尼亞的布爾塞維克化和羅馬尼亞人民的被排除與消滅。羅馬尼亞新國民政府號召你們在任何情形下都不要忠順與服從賣國賊米契爾國王及其者馬利拉王朝和布加勒斯特狡猾商人腐敗集團的命令。」

【路透社倫敦廿四日電】德國新聞社訊：羅馬尼亞已爆發戰事，羅馬尼亞「國民軍」業已組成，並呼籲全國繼續作戰。

## 傳保加利亞將與盟國媾和

【合衆社安哥拉廿二日電】保加利亞外交部長德拉格諾夫今在國會發表演說稱：保加利亞極擬與美英兩國媾和，馬其頓與色雷斯理應屬於保國。保外長又告國會稱：保已自南斯拉夫撤兵，且不欲與希臘作戰。

## 波流亡政府報導華沙反德戰爭情況

【路透社倫敦廿四日電】波蘭國內軍總司令波爾將軍於關於華沙戰事的公報中報導：「舊城中的激戰繼續中。游擊隊已佔領工程學院的主要大廈。大砲與迫擊砲火力及空中轟炸竟日繼續中」。

【合衆社倫敦廿四日電】華沙方面愛國者公報稱，德軍在猛烈進攻下正從華沙地區退却，並正自華沙城以東普拉加地方撤退其裝備，此點係由蘇軍強大部隊重新發動進攻所致。

【路透社倫敦廿三日電】據此間波蘭人士訊：波總理米科拉茲柯所擬波蘇協定草案之要旨，已於昨夜送交華沙之波蘭地下運動諸領袖，徵求彼等意見，其答覆可望於兩三日內到達倫敦。隨後波蘭內閣即將開會決定將此建議以備忘錄方式送交蘇政府。

【路透社倫敦廿二日電】本日波內閣開會時，諒將討論波總理米科拉茲柯所草擬送致蘇聯政府之備忘錄，且將對此有所決定。聞備忘錄中提出蘇波協定之基礎，並表示米科拉茲柯準備組織代表波蘭所有政黨（包括擁護波蘭民族解放委員會之新政府），此項備忘錄經波內閣批准後，即將遞交蘇政府。

【路透社華盛頓廿二日電】波蘭血統美國人代表大會總部今日公佈：該會已呼籲羅斯福總統援助華沙地下運動的人民。該代表大會自稱：共代表六百萬美國公民。

## 蒙哥馬利文告 戰爭結束在即

【英國官方通訊社倫敦廿一日電】蒙哥馬利將軍今日在致其指揮下一切部隊的個人文告中（據諸曼第軍事訪員所摘引者）稱：「八月十一日，我曾向法國西北部的盟軍官兵講過話。我說過，我們必須消滅給我們很大困難的德軍。我們必須一下永遠消滅掉它，從而加速戰爭的結束。今天，十天後，這件事已完成了；在法國西北部的德軍已遭受決定性的失敗。敵人員與裝備以及其在所謂諾曼袋形的毀滅實令人吃驚，且仍在進行中，得以逃出的任何敵軍部隊將在數目中不能再行以完好的條件作戰，而且還有許多的襲擊在等待着逃竄的敵人殘部。勝利是確切完全而具有決定性的。

作爲軍人而言，我們全體都想向盟國空軍致敬。我很懷疑戰爭史上曾見過空軍有這樣的機會或這樣很好的利用這些機會。駕駛員們的勇敢而光輝的功績引起我們最大的敬佩。沒有他們的協助，我們軍人便不能獲得勝利。既然艾森豪[illegible]，選出[illegible]，[illegible]美國[illegible]軍，我可以代表英帝國一切戰士講話並可以對美軍在七月廿五及以後『攻入戰』開頭階段中的勇敢作戰素質，表示我們的崇高讚佩，而且我們以無限的熱誠注視他們在右翼亘輪殺至巴黎門下時期中的偉大成就。我們從未和比這更好的軍隊一道打過仗。

作爲盟軍司令及在艾森豪威爾將軍指揮下的陸上部隊最高司令，我可以讚美東翼英、加、波軍的作戰素質及戰鬥中的頑強性。他們無情地與敵人作戰，並在整個大戰期間，予敵以重大傷亡。但是，的確的，誰做這件事或那件事是毫無關係的。問題只在於它是真正爲整個同盟國聯合部隊所完成就行了。同盟國適當的格言應是：『一人爲大家，大家爲一人』，而這就是我們的格言。我願對大家響應號召的態度表示感謝。

法國西北部及塞納河南的勝利表示德國在法國軍事統治完結的開始。需要做的事情還很多，但現在做的將更容易了。今後應做什麼呢？在予法國西北部德軍以災難後，敵人仍可調動的部隊須予以摧毀。在知道其法國西北軍隊遭受了什麼後，這些軍隊現在很少可能前來迎擊我們，因此我們將去追擊它們。『戰爭之神』給了我們勝利。全世界各戰綫的消息都非常好。戰爭的結束業已在望。讓我們在破記錄的時間內完成任務吧！』

## 美國一週政治展望

【美國新聞處廿日華盛頓電】中央社訊，美國著名政治記者佛蘭克林台氏頃爲本社撰述『美國一週政治展望』如次：

美國總統競選運動，本星期發生了一個空前的轉變，因爲兩黨領袖眼見美國人民望有一個切合實際的國際戰後合作機構，且其情緒甚爲熱烈，所以極力避免在競選時，發生任何意見。

共和黨大總統候選人杜威本月十六日發表正式聲明，表示其深恐各大國在擬定戰後和平機構時，忽略了小國的願望、權利和特權。從那一天起，便有一串事實，保證可以充分討論美國的外交政策，但不使其成爲競選時爭論的問題。

十七日國務卿赫爾正式答覆，力言杜威的恐懼毫無根據，並邀其討論外交政策。同時名作家克羅克復在消息靈通和素有勢力的紐約時報上發表論文，檢討美國過去數年來的外交政策，且指明其對小國的權利一向關心，結論是杜威不必杞人憂天。

但如果兩黨領袖還未是沿襲美國傳統的作風，在總統競選運動時，以各黨利益爲重，則杜威必已拒絕赫爾的邀請，而以此顯然差異的意見作爲競選的理由。杜威卻並不這樣，他竟接受赫爾之邀，並指明杜勒斯做他的代表，去和赫爾會談。杜勒斯是紐約城名律師、國際問題的專家，在實際草擬和平計劃方面，著有悠久和卓越的成績。

十九日杜勒斯接受杜威的意見，準備與赫爾會晤，並招待記者（杜威也出席）對戰後佔領德國和日本及建立永久之和平機構各節，表示其個人意見，且謂：他倆人相信應在競選時討論外交政策，因爲這是民主國家確定其意圖的唯一方法。

政治觀察家，大都看出赫爾和杜勒斯在羅斯福與杜威之間所做的聯絡工作，即無異於保證將來競選時，必將討論外交政策，但特別着重於闡明外交政策，俾選民可以從大處着眼，而避免以武斷的態度擁護任何一方。

至於在野黨總統候選人之被邀討論極端重要的政策，在歷史上幾爲創舉，而該候選人之接受邀請，同樣也是創舉。

通常可以想像得到的是：兩黨都想在選舉時獲勝，而且向例是在野黨拒絕負擔任何責任，只希望執政黨鑄成種種錯誤，以便其在政治上可以用爲攻擊執政黨的工具。

同時民主黨正式發動競選運動的準備，也已經完成了。密蘇里州參議員民主黨副總統候選人杜魯門會於十八日與羅斯福總統會晤，並宣佈將於本月卅一日在其密蘇里州的誕生地發動競選演說。

杜威宣佈其擬於九月七日在費城演說，八日在肯塔基州的路易斯維爾城演說。兩黨已在紐約設立全國競選運動總辦事處，並已開始指派各地辦事處主任，積極的競選運動，通常自九月開始。選舉的日期是十一月七日。當選者明年一月廿日就職。

截至現在爲止，還沒有什麼大規模的競選運動。政府觀察家相信將捜羅各方對執政黨不滿意的事實，這是民主政治制度中常見的現象，所以執政黨的進退，常視選民意見之向背爲轉移，至少在理論上是如此。

一九三四年哈丁競選時，就是用這種方式，結果共和黨在民主黨當政八年後而重握政權。但在一九四〇年民主黨雖已當政八年，而一般選民仍拒絕選舉共和黨人爲總統。以上兩個例子，一個證明這理論，一個反駁這理論。既然如此，那麼推測到今年的情形，大抵會變成個人隨意選擇的問題。

## 杜勒斯的活動

【合衆社紐約廿二日電】杜威的外交顧問杜勒斯已開始舉行若干次重要之會議，藉以融合杜威反對派之意見，並加强杜威本人之政策，包括戰後保護小國利權之政策在內。二十二日會於威爾基就保證將來不在發生戰爭及共和黨對於一般國際問題之意見會談，達九十分鐘。雙方俱稱：會議不帶政治及黨派色彩。會議結果，威爾基是否即支持杜威，現猶未知。杜勒斯今日赴華盛頓，以與參院的外交問題專家范登堡、奧斯汀等專家進行會商，預定廿三日充任杜威之正式代表，會晤赫爾商討美國之外交政策。

## 敵同盟社傳 印緬戰綫的內幕

【同盟社里斯本十七日電】紐約來電，以揭露紀事而著名的皮亞遜，在十六日之赫瓦特系各報的『華盛頓巡事車』欄，再度發表了暴露印緬戰綫反軸心軍陣營的內幕的一篇文章，該文內稱：日軍在伊姆法爾開始了攻勢時，該方面之英軍不能支持日軍的進攻，為了救急計，遂從重慶派遣數千士兵至印緬戰綫，因運輸機的不足，士兵們必須像罐頭似的堆在飛機裏，而且這條空運路須經過喜馬拉雅山的高度，在數萬呎的高空飛行，而且更不可能給這些兵士裝備氧氣吸入機，因此在空運中途有許多是死去了，即使還活着的兵士們，亦在到達印度目的地的時候已人事不省，用人工呼吸才慢慢的救活，即使給予糧食亦需休息一個禮拜。此等重慶軍，因該方面的困難的森林戰，其戰鬥力不能發揮到像英印軍一樣。關於此點有兩點特別應注意的，其一是與其說是援助重慶的空運路，不如說是重慶援助反軸心軍的空運路，其二，但將裝備糧食發給重慶軍，重慶軍亦可變為有相當戰鬥力的軍隊。

【同盟社緬甸前綫基地廿一日電】騰越方面的敵人於十五日黎明在有力的飛機大砲轟擊的掩護下，進攻我陣地正面，彼我展開混亂的激戰。除了騰越南門附近的一部份敵人外，我方已將全綫的敵人擊退。自十四日至十六日敵遺屍四百餘。我方戰死四十八名，在拉孟方面，敵人亦於十四日以後攻進我軍各據點，我方將其擊退。十四、十五兩日敵遺屍九十五具。我方戰死三人。在龍陵方面，我軍於十六日在陣地前擊退向東南及東側陣地進擊的敵軍，該市北方及西方，敵人砲兵隊的攻擊逐漸熾烈。是日敵六百名由孟昌街方面出擊，經過激戰後，我方將其擊退。十五、十六兩日該方面敵遺屍六百九十具，我方戰死十三名。芒市周圍敵軍的活動於十六日以後日益猛烈，是日敵約四百來襲北區，我軍猛攻之，雙方激戰的結果，敵遺屍廿具而退卻，我方戰死六人。

## 同盟社所傳 美第廿轟炸總隊的陣容

【同盟社里斯本二十日電】B29轟炸機編成的第二十航空隊司令，於本月十三日已經更換，由李梅少將就任。李梅過去是第八航空隊司令，以英國為基地，指揮B24、B17等重轟炸機隊，向柏林、漢堡等德國的各都市舉行大空襲，一般所傳對日空襲亦將選用其經驗，是可以推測到的。綜合各種史料，B29是以印度為後方基地，以西北重慶地區為前進基地，構成了龐大的戰略基地。此次大陸作戰所給予敵方的威脅，使敵人笨重的巨型機的安全地點感到不足。敵人必須忍受所謂『廣域基地』的不利條件。為了要維持這一廣域基地，而且要繼續對日本空襲，實際上就需要龐大的人員與物力。例如假定現在第二十航空隊所屬的機數有三百架的話，登乘員一架飛機就需十二人，尚有指揮官，編隊長的同乘席，定員為十三人，因此乘員即為三千九百名；登乘整備員每機四十人，共計一萬二千人；如再加上司令部、通訊隊、氣象隊、給養隊、警備隊、攝影隊、運輸隊、對空兵器隊、××隊、電波兵器隊、對空無線電隊、苦力隊等以及由P47編成的『B29保衛隊』、工廠修理人員等等，則B29三百架飛機要出動的話，總計需要十五萬人。燃料如果一架飛機以發動機兩千馬力，續航時間為十五小時計算，則一架飛機需要一萬五千公升汽油，三百架則需四百五十萬公斤汽油，如出動十次，則需四千五百萬公升汽油。炸彈一架飛機以二噸半計，三百架出動十次，則需七千五百噸，這必須有本國生產順暢與海上空中的運輸力量為不可缺少的條件。這樣龐大的敵人陣容，就是誇大其可怕物力的敵人亦好，要進行這一準備亦不是一件易事。同時，現在要空襲日本必須進行這樣程度的『强拉硬湊』。

## 路透社論納爾遜來華內幕

【路透社倫敦廿三日電】新聞紀事報廿一日發表駐紐約訪員G、尼羅德來電稱，總統特使納爾遜行將離美赴華，某些美國人士為此實為巨力戰時生產首腦實際上放逐出國。訪員繼稱，羅斯福總統星期六公告說：納爾遜將率領經濟使團赴重慶，此一公告包含重要的措辭，說『他們逗留數月。』納爾遜的友人對此種性質的使命何以能需離國還麼久一點有懷疑之意，並暗示『軍火首腦』正爲華盛頓方面審慮周密地加以撤免。他們這種說法的理由不必追溯很遠即可找到。納爾遜最近所宣佈的美國工業復歸和平時期事業的綱領，陸軍和海軍方面對此並不贊成。戰事生產局在其局長不在期間將由副局長查里·S·威爾遜掌管。而威爾遜則會與軍事當局站在一起，相信復歸計劃是過早的。

## 僞菲島內閣改組

【同盟社馬尼剌廿四日電】羅勒爾總統爲策應最近的時局，決定加强內閣，本日午後二時菲島政府情報局公佈如下：任命司法大臣特弗羅·西遜爲內務大臣，土木交通大臣金特印·巴萊德斯爲司法大臣，參議院參議賀塞波斯爲土木交通大臣，書記官長波德羅·塞比特爲經濟大臣，經濟計劃院總裁馬奴爾·羅哈斯給以大臣待遇，外交次長阿米利·阿布里爲書記官長。

## 同盟社稱開戰以來美軍人力損失

【同盟社里斯本十八日電】華盛頓電，根據美國陸海軍兩部之共同發表，開戰以來至七月二十九日止，陸軍兵員損失爲二十四萬四千七百七十五名，至八月十七日止，海軍海兵隊與沿岸警備隊損失，爲五萬四千六百九十九名，共計損失二十九萬九千四百七十四人。

【同盟社里斯本廿日電】據華盛頓來電，羅斯福總統已下令，接收因勞工聯合會所屬機械工人的罷工無法進行生產的舊金山附近的船舶製造機關的五個工廠，機械工人的罷工不但未停止，反而更加擴大，因此總統命令福爾斯特爾海長接收罷工工廠九十九家。

## 美報評印局

【路透社巴爾的摩爾廿一日電】巴爾的摩爾太陽報社論評述魏菲爾勳爵拒絕會晤甘地一事稱，甘地知道印度各黨間尚未達到協定一類的東西。可以確定他對大回教少數民族『巴基斯坦』的要求已作了類似很大讓步的東西。但他尚未與金納商談他的計劃。且據悉，甘地的讓步雖然表示超出過去國民大會黨態度之外的很大進步，但仍未能滿足回教方面的極端觀點。換句話說，似乎可能像過去有個時候一樣，與其說甘地爲了眞正相信能與總督談判立即自由，不如說着眼於策略上有利條件而行事的。事實似乎是這樣，即當日本總退卻時英國幾乎沒有任何現實的需要去改變他們在日本在亞洲和太平洋作戰中致幸運時期所採取的正當（如果可以說是堅定的話）的立場。

## 我國與各盟國易貨購料借款情形

【本報訊】六月九日商務日報載我國歷年與各盟國易貨購料借款情形稱：二十八年三月，我國首與蘇聯成立易貨購料借款協定，由蘇聯以價值五千萬美元的軍需器材供給我國，我國則以蘇聯所需之羊毛，皮革，茶葉等農產品分年繳還，抑價抵償應付之本息，因不以現金貨償，故以易貨爲名，二十九年以後，連年與英美蘇三國簽訂同樣性質之協定，其償付辦法雖不相同，實質和精神完全一致。茲誌歷年各項借款如下：

一、二十七年三月中蘇第一次信用借款爲五千萬美元，週息三厘，年限五年，用以購買蘇聯工業品，其償付物爲農業品，至三十一年十月底前：已付本息四千四百二十萬美元。二、同年七月中蘇二次信用借款五千萬美元，購買物與償付物同第一次，至三十一年七月底前，已付本息二千三百五十萬美元。三、二十八年六月中蘇三次信用借款一萬五千萬美元。週息三厘，年限十二年，已付利息一百四十三萬美元。四、二十八年二月中美第一次信用借款二千五百萬美元，週息四厘，年限五年，用以購美工業品，以桐油償付，三十一年三月，已提前償金本息。五、二十九年四月中美二次信用借款二千萬美元，週息四厘，年限七年，用途同前，以錫爲償付物，現尚欠本息一千九百八十三萬二千萬美元。六、二十九年十月三次中美貸款二千五百萬美元，週息四厘，年限五年，現尚欠本息二千五百九十一萬美元。七、三十年二月中美四次信用貸款五千萬美元，用以收現金與購美工農品各半，以錫鎢爲償付物，於三十一年十月前，已付本息二百五十三萬八千四百美元。八、二十八年三月中英第一次貸款十八萬八千磅，週息五厘，年限四年，用以購買滇緬路車輛，三十一年六月底止，已付本息十四萬一千磅。九、同年八月二次中英借款二百八十五萬九千磅，週息五厘，年限十四年，卅一年九月底，已付利息十三萬五千三百四十五磅。十、卅年六月中英三次借款五百萬磅，週息三半厘，年限二十年，卅一年四月止，已付利息四千四百六十五磅。總合已償付之本息約合國幣十八萬六千一百九十二萬元，尚欠本息[illegible]七十一萬七千七百九十三萬元。至於戰後的金融借款，購機購械欠款及其他外債，尚不在此列。

# 參考消息

（只供參考）

第五七八號

解放日報 新華社 編

今日出版二張

卅三年八月廿七日 星期日


## 孔祥熙在美參院演說

## 驕稱中國早已實行民主

【中央社華盛頓廿四日電】孔副院長，本日於美參議院發表演說，表示中國政府及人民對美國政府國會及人民於過去艱辛歲月中，所予中國以協助之謝意，並保證中國對美國倡導之世界合作政策之衷心支持。渠强調稱，我政府爲執行民主計劃並確言中國現正向完全發展爲一近代民主國家之途中邁進。孔氏於十二時卅分（東方戰時時間）抵達參院議廳，樓廂座席內之參議員及列席聽衆，均表以熱烈之歡迎。孔氏由參議員戴丁斯、參院外交委員會重要議員葢柏、參院多數黨領袖希爾、參院少數黨領袖懷特及參院外交委員會主席康納利陪往，外交人員席次到有我國官員多人，駐美大使魏道明，駐巴西大使程天固，駐加拿大大使劉師舜，商震將軍，朱世明，毛邦初，蔣廷黻，郭秉文，劉峙等均在座。孔氏發表演說前，首由康納利氏代爲介紹。演說要點如次：主席先生及參議院議員諸君：敝人承邀，今日來此向諸君致詞，誠感榮幸，若干時前，君等曾以同樣之殊榮，畀諸蔣主席夫人，余等均知此一榮譽，並非個人之榮譽而爲我國國家之榮譽，敝國謹向君等表示謝意。我中美兩國經常保持友好之關係，此於國際歷史中罕見其匹者也。我中美兩國傳統友誼，於舉世騷亂之中，益趨密切無間，於反抗暴虐兇殘惡勢力之共同奮鬥中，結爲休戚相關之戰友。最近貴國副總統華萊士曾赴敝國訪問，羅斯福總統今復派遣赫爾利少將及納爾遜兩氏赴華，商合重要任務，彼等及其他貴國要員之赴華聘訪，至有意義，尤足表示貴國對我之堅定友誼。本日我在

此願再言及我國人民對貴國總統國會及人民所予我貸款及租借物資協助之感激無已，凡此協助，對我至有助益，我若干困難均賴此安然渡過。貴國國會之自動取消在華治外法權，修正貴國移民律中涉及中國國籍人士之條款，並足指明貴國之友誼及目光遠大之政治風度。孔氏次述及我國人民之作戰努力，及我國之戰後和平目的，孔氏稱，我單獨抗戰之時，即獲蘇英美各盟邦之物資協助，對此感慰莫銘，且受此鼓勵，益堅定勇敢與敵作戰，一切犧牲在所不顧。蓋中國堅信決無與敵妥協之可能。一九四一年十二月間，日寇對珍珠港發動無恥之偷襲，香港馬來亞荷屬東印度緬甸及菲律賓相繼迅速淪陷後之最黑暗時期，日寇即曾向我提出多次和平試探，附以最其誘惑性之條件，圖誘我停止當時之戰鬥，然我絕未動搖，亦未屈服，仍然繼續抗戰。日軍一百萬之衆被我牽制於大陸戰場，以故日本軍閥乃不得以此兵力（缺）歐洲戰爭勝利可期，吾人加倍努力，及早澈底擊滅日本，實際爲已露曙光之和平爭作籌劃，此其時矣。至此，孔氏盛道美國於計劃和平之偉大任務中，表明遠大之目光及卓越之領導。孔氏稱，美國在過去數月內，於全力作戰之時，曾召開多次國際會議，計劃：（一）賑濟受戰事蹂躪國家之食物生產與分配。（二）謀軍事之穩定及（三）經濟之建設及世界之發展，此類會議已指出國際合作之道路，但最重要者爲吾人必須組織和平，而於人對人之殘殺，必須阻止，使文明能得存在。此刻華盛頓正在舉行一種會議，設計世界安全機構，關於此事孔氏稱，中國與偉大盟邦之思想均屬一致，吾人準備以所有之一切，支持適當組織之世界機構，以維持和平。余有權代表中國之政府及人民，在此說明舉凡有關國際合作之事，吾人對美國之政策，均誠意贊同。吾人深信美國之政策，向係根據中國人民所向珍視之公正之訓。孔氏於此提出或有人見詢，將來戰事結束後之中國，是否可以（缺），逐漸發展爲現代之民主國家，中國國策乃根據普通所習知之孫中山先生之三民主義，即民族民權與民生主義，此主義與美國偉大總統林肯之不朽名言所謂民有民治民享之政府相同，世界所有愛好自由之理想與期望，實皆包涵於此類之中。因中國人民相信國民政府力能而且定決意實現孫中山先生所奠定之民國，當中國進行（缺）之數年中，彼等皆擁護國民政府及蔣委員長，即在戰爭期中，必然趨向以權力集中於中央政府時，中國已引用並實行若干意在使人民準備實行代議政府之措置。國民參政會，提倡地方自治，政府之新縣制，及國民黨中央執委會之決議在戰事結束一年以內召開國民大會，製定永久之憲法，實現全

國代議政府皆是。孔氏稱，中國所希望者，厥爲世界之自由與安全，中國具有悠久之民主傳統，孔子世界大同之理想及孫中山先生所採用者，渠不僅欲領導其人民建設一共和國，且領導其奮鬥以實現世界大同，所有人民之天賦權利，均可獲得保障，並能享受其努力之結果。聯合國家現有一獨特之機會，可以向此理想共同努力，惟有在大能事小，强能示弱時，和平與民主方能實現。總而言之，則爲『你們中間誰要爲大，就必作你們的用人，在你們中間誰願爲首，就必作衆人的僕人』。（按馬可福音第十章第四十三及四十四節）。孔氏演說，歷時五十分鐘，聽衆於孔氏演說結束時，一致起立並鼓掌。孔氏演說後，由參院外交委會邀請午宴，與宴者計有參院外委會主席康納利，及其他委員十四人；其他美國權要之與宴者，計有國務院遠東司長格魯，衆院外委會主席勃魯姆等，中國人員與宴者，則有魏道明、商震、劉峙、毛邦初、及朱世明等。

【中央社華盛頓廿五日專電】孔副院長於今日中午拜訪羅斯福總統，晤談歷一小時，以蔣主席之函件一封遞交羅斯福總統，並向其致謝派遣納爾遜及赫爾利少將赴華。對於函件之性質及羅斯福總統對蔣主席來函是否有答覆，孔副院長拒絕說明，僅謂：中國正向前邁進。孔副院長又謂渠曾向羅斯福總統致謝其最近赴太平洋之行，對於在太平洋區作戰之軍隊士氣大有裨益。按孔副院長之訪問羅斯福總統爲渠赴美以來之第五次，但自總統由太平洋上旅行歸來後，此尚爲第一次。美國副國務卿斯退丁紐斯，今在卡登飯店歡宴孔氏。

## 敵稱美將在邊區設空軍基地

【同盟社上海廿六日電】五月西安會談以來所傳說的國共兩黨調整關係的談判，暴露了該談判已碰到難於飛越的火牆鐵壁。現在研討西安會議以來的談判經過及雙方的主張如下：（一）延安要求將四十七萬七千人的共產軍編成五個軍十五個師以及與中央軍同樣的給養，而重慶只承認四個軍十二個師，但命其由現在駐紮的地點移駐他處，且要求解散四個軍十二個師以外的軍隊。（二）延安要求承認陝甘寧邊區及各游擊根據地的民選政府爲合法的地方自治政府，而重慶只把陝甘寧邊區作爲陝北行政區直屬於行政院，使其遵守重慶的法令，拒絕延安繼續執行所謂民主施政、民主法令，要求將各游擊根據地的民選政府移交各省政府管理。（三）延安要求實行民主政治，承認各黨派合法的平等地位，釋放政治犯，撤廢對邊區的軍事封鎖和經濟封鎖，公平分配外國的援華物資，特務工作人員停止反共活動等等，而重慶抹煞這些要求，只說將來召開國民大會後，各地方政府享受平等的地位。觀乎上述三個基本要求的對立，即可知道這是兩黨社會性格根本不同的緣故，因此妥協是不容易的，雙方互相警戒對方的行動，而狂奔於獲取民衆。但是民衆由於七年餘的抗戰感到厭惡，而愁望和平，這是他們不可克服的苦惱。在目前的形勢下，延安積極進行政治攻勢，而重慶拚命阻止黨內反獨裁份子、反美份子流入中共。但是狡猾的美國亦將其魔手伸入延安，要求在陝甘寧邊區設立美空軍基地，而向來缺乏空軍的延安乘此機會，以建設自己的空軍爲條件，答應美國的要求，而美國更企圖完全控制西北公路。

## 敵稱重慶極力補充兵員增調軍隊防敵南進

【同盟社湖南前綫廿五日電】小堀報導班員電，大陸戰綫現已成爲大規模的消耗戰，重慶軍不僅加强其兵器，裝備，訓練，而且採用了增加『量』的辦法，並稱採用出血作戰，用『量』阻止我軍的向內地進攻，美蔣軍的必死反攻應當予以注視。直至現在敵人所受的損失，計殲滅十個師，潰滅十七個師，第九戰區常備的廿一個師已經潰滅，其他戰區來援的十一個師亦徹底的被打擊，對敵人是一空前的大消耗戰。不論打擊與潰滅，敵人均企圖再起，但對這一消耗戰感到兵員補充困難的敵人，以第十、第六戰區兩戰區內的民衆爲基礎，實行『預備師制度』，採用此種新的補充兵員的制度。最近判明這一制度，完全忽視訓練裝備教育，僅是將人數湊齊以便編成師或師團，此種徵兵完全是一種以保甲爲單位的强制徵兵或者是强拉，總之是要在量上保持現有兵力。長沙失守前，在長樂街附近被我殲滅的第三十七軍指揮的第九十五師，在衡陽失陷後，又出現於安仁附近，在長沙附近受到打擊的第二十軍的第一百三十四師亦出動於衡陽附近。其他出於『預備師制度』的再出現亦達十數個師。即使作戰仍可從後方補充兵員，目下在衡陽附近敵人會集中了十數個師，與我軍展開激戰，在第九戰區內，除其他戰區來襲之部隊外，有三十個師蠢動，但敵人完全是烏合之衆，這些再出現的部隊，究竟不是我對戰軍的對手，而應當同情的是替英美作戰的重慶軍所動員的民衆。

【同盟社廣東十五日電】敵人重慶從失去衡陽後，對我軍之今後動向極爲注意。認爲粵漢綫即將打通的重慶，對皇軍之南進僅認爲時間問題，故努力防衛桂林梧州等地。據最近到達此間的情報，廣西戰區司令長官張發奎，於月中七旬為了保衛桂林，在廣西綏靖主任公署內，設置桂林城防衛司令部，委任集團軍副總司令韋雲淞任司令職。彼在防空疏散委員會的協助下，實行強迫疏散，發行疏散證，並糾合青年團，戰時服務總隊，一切均由軍隊，隊員實行。另一方面，軍事委員會廣西××總隊，在桂林，梧州，平樂等地設立辦事處，進行收容難民及物資等工作。西南輸入物資督軍委員會，把集中於桂林附近的物資疏散至他處。又文化人不斷的移駐在桂林，經常非難重慶的政策，大多數市民對這些文化人是抱同情的，檢查當局，以皇軍進攻時機，深惧文化人之動搖，連日檢查市民證，或監視各種團體之行動，並嚴禁市民集會，予民衆以極端的彈壓，重慶當局對皇軍進擊的風聲鶴唳的恐慌情形，遭到市民的嘲笑與反感。

## 路透社評
## 羅國投降

【路透社倫敦廿五日電】倫敦方面對青年國王米琪爾決定接受蘇聯停戰決定頗為驚異，因為一直到記者寫此稿時，倫敦與莫斯科關於羅國投降尚無所知。此事使此時間推測米琪爾自己對親納粹獨裁者安多萊斯哥發動政變。今安多萊斯哥的確實去向不得而知，但據說是已逃到德國去了。但所有的人都一致認為米琪爾的決定在一夜之間改變了整個巴爾幹的形勢，使之在戰略上有利於盟國，並且使軸心國在整個東南歐的危險處境更加嚴重。同時此事對東南歐亟謀脫離正在沉沒的軸心之船的其他軸心衛星國，勢將產生更深廣的反響。

米琪爾從布加勒斯特的無綫電台的廣播宣稱：接受盟國的和平條款，以塞納蒂哥（據說是安多萊斯哥的死敵）為首建立新的全國民主政府，其中包括四個政黨的領袖：自由黨領袖布拉塔納、農民黨領袖馬尼烏、共產黨領袖巴特拉斯卡奴、社會民主黨領袖珀特勒斯哥。羅馬尼亞是聯合國的同盟者，決定自己的命運並與敵人作戰；所有公民必須團結在國王周圍；否認一九四〇年八月卅日的維也納判決（在該判決中里賓特洛甫將羅馬尼亞的外西爾瓦尼亞割讓給匈牙利，作為獲得匈牙利的援助的賄賂）。柏林廣播狂吠着[illegible]以對羅馬尼亞人民的威脅，說出了柏林已認識到米琪爾改變態度所造成的危險。柏林廣播稱，安多萊斯哥上了米琪爾以及一小羣『羅馬尼亞巴多格里奧份子』的『卑怯叛賣行為』的當。實際上柏林在於在羅馬尼亞造成混亂，轉移羅馬尼亞軍隊去對付擁護和平政黨的大多數人民，促人民擁護軍隊的法西斯份子，擁護柏林所建立的傀儡政府。

在該處形勢明朗化之前，倫敦方面有各式各樣的反映及情感：一方面完全認識到米琪爾的決定對盟國在巴爾幹的戰略地位有巨大的不可思議的可能性，另一方面完全知道企圖離開將沉之船的羅馬尼亞的投降絲毫沒有什麼值得欽佩或崇高的地方，而且此次投降是經過長期猶豫、不連貫的談判之後，以及蘇軍向加拉茲進攻改變了所有情況之後發生的。倫敦方面同樣知道，布加勒斯特之決定媾和，是想站在勝利方面及想收回外西爾瓦尼亞促成的。猶憶今年四月間羅馬尼亞為蘇軍的大踏步前進所驚恐，並為莫洛托夫聲明蘇聯無任何帝國主義前的或推翻國家目的的賢明宣言所鼓勵，會派斯蒂爾比到開羅進行單獨媾和的談判。英美要求斯蒂爾比必須保證同意蘇聯的條件，因為受羅國罪惡行動損失最大的是蘇聯。這些條款由蘇聯提出而得到英美的同意。但以後南綫戰事沉寂起來，於是羅馬尼亞也緩和了和平談判。最近邱吉爾在羅馬與南斯拉夫的鐵托及希臘的巴邦德羅斯總理會談，影響了整個巴爾幹的形勢。

羅馬尼亞的倒戈，將會有巨大的政治及戰略意義。在政治上它使希特勒在中歐與南歐的衛星國機構崩潰，影響歐洲的每一部分。此事影響德國的民氣，它使保加利亞的形勢不穩，即是說對莫斯科中立而與西方盟國（指德國）交戰。它打開芬蘭的眼睛。匈牙利將為更加聾聵的唯一國家，以便保持外西爾瓦尼亞。戰略上它為紅軍打開經喀爾巴阡山進入中歐的道路，以及越過多瑙河盆地與亞得里亞海的城市聯接起來，從而切斷德軍在羅馬尼亞（約有卅個師）、保加利亞（兵力不悉，但為數不足道）、希臘（約五個至六個師）的供應綫。希特勒現只有這兩條路：進行自殺的抵抗或實行災難的退却以轉於敵對的領土內並不斷為追擊的紅軍、游擊隊所困擾，可能並受到在達爾馬提亞登陸的另一部盟軍的打擊。

## 華府各記者
## 不滿三國會議新聞政策

【中央社華盛頓廿三日電】華盛頓記者團本日發表強硬抗議書，反對國務院關於戰後世界和平機構會議發表新聞之政策；然迄本晚深夜為止，國務院仍未改變態度。會議進行兩日以來，所傳出之消息極少；然本日之紐約時報則發表長篇之專訊，詳述其所謂美英蘇三國之計劃，因此採訪會議消息之記者乃要求政府官吏開放現行之祕密政策，各記者認為此種限制惟有引來猜測與謠言。美國代表團之新聞專員並謂因此次會議頗為重要，故必須保持相當程度之祕密。當記者詢以紐約時報本日之報導是否爲會議有害時，彼拒絕答覆，然英代表團新聞專員則謂，彼希望能與其他兩國之代表僅就未來發表會議消息之問題擬定比較自由之辦法。須係以官方資格發言，故一般認爲此一聲明乃表示英代表團並非祕密政策之倡導者。本日下午代表杜威往訪赫爾交換關於現行三國會議見解之杜勒斯稱：彼與赫爾會論及祕密政策，然彼倆人深信彼縱令不與赫爾談及此事，關於會議進行亦將有更多消息發表。杜勒斯並在實際上證實紐約時報所載之美國計劃係屬正確。據告記者稱，彼與赫爾所論此事較爲詳盡。

【海通社林柏廿五日電】華盛頓訊：國會即是說民主黨與共和黨對於盟國頓巴敦橡樹林世界安全會議的決定的注意的努力日復一日的更加顯露出來。這一種傾向在杜威政治顧問約翰·佛斯特爾·杜勒斯的聲明中亦顯露出來。他在新聞界招待會上宣稱：他不僅與國務卿赫爾舉行第二次會議，而且與著名的共和黨國會議員舉行一系列的會議。他說：這些會議是必須的，因爲它企圖「試行非常新的美國政治生活，並且打破新的根據。」杜勒斯這一聲明引起華盛頓政界人士巨大的激動。咸信政府正以極大的努力避免國會反抗的重演，國會在一九一九至一九二〇年，曾通過退出國聯的決議。

【海通社柏林二十五日電】頓巴敦橡樹林盟國會議上第一批講演的內容，柏林方面業已獲悉，其中包括講演者某些意見的分歧。威廉街發言人認爲：表現三大列强態度差異的事實將在進一步會議進程中發生。柏林認爲當和平尚未到來的時刻召開世界和平的安全會議，純屬無稽之談與狂妄之態。目前的軍事事件對於戰爭絕不是決定性的，因此，會議是在錯誤的基礎上開始的。威廉街發言人說：華盛頓將迅速發現暫時的事變尚不就是勝利，那末會議必須重開。柏林認爲頓巴敦橡樹林會議的眞實目的是屬於宣傳性質。

【路透社華盛頓廿四日電】中國政府已向美國國務卿赫爾提出中國所擬世界和平機構之計劃，此係以舊國聯盟約之各要點爲根據。據中國官方人士方面稱，中國駐美大使魏道明本星期初會偕同財政部長孔祥熙以中國之計劃提交赫爾。僉信此項計劃極近威爾遜總統以國際行動維持和平與安全之觀念。中國在第一、第二兩次世界大戰之間乃一恪守國聯盟約之國家。

## 傳希臘共產黨參加開羅希政府

【海通社柏林廿日電】開羅訊：星期六下午此間公告，希臘共產黨派遣代表參加此間希臘流亡政府內閣爲部長者將不是三人而是五人（起先同意者爲三人）。此五人所掌管的部如下：財政、農業、交通、經濟及勞工。將任上述各部部長的名字尚未發表，惟均爲「EAM」組織的領導人。預計他們不久即將抵此。

## 美專家抨擊杜威言論

【中央社重慶廿日電】據美新聞紐約十九日電，美著名專欄作家克洛克十七日在紐約時報撰文稱：紐約州長對於諸大國可能控制（缺廿字）作進行頗爲順利。他雖指出可能發生之障礙，惟官方之意見似以爲會議之結果將證明他的憂慮毫無根據。杜威說他要將（缺文）先發表×乃他的權利及責任。華盛頓方面所××爲盟國代表或將因杜威之談話而認爲美國參政黨對於戰後計劃意見紛歧。國務卿赫爾前會以最大努力防止此點。他希望他的成功。將成爲四國會議之基礎的美國備忘錄，前會交參院兩大黨諸領袖研究，他們的意見並無任何根本差異。國務卿於英國出席四國會議代表團團長賈德幹聲明英國之戰後和平計劃，大體與美國一致後，更爲樂觀。國務院於研究蘇聯在四國會議前送至之計劃草案後，更相信三大盟國之意見並無嚴重之衝突。杜威所憂慮者似爲四大強國以其龐大之軍備控制世界。凡會研究美國備忘錄者無不知杜氏之憂慮是否有何根據，或備忘錄中對於小國代表在理事中之重要作用是否有充分×定，區域委員會成立後，各小國在會中對可能引起戰爭之糾紛，可以實施壓力，則小國之作用將更形擴大。美國戰後安全計劃之×綱係×自羅斯福總統，總統與國務卿，多次擁護大西洋憲章之原則，大西洋憲章會明白宣佈各國人民均有權選擇其本國政府之形式。其主權，及自治權之被剝奪，應予恢復。此恰爲永久暴力統治之反面，總統堅信：四大盟國中任何一國，均無足以產生杜威所斥之暴力政治之任何侵略計劃。

## 英國反動份子進行和平運動

【海通社柏林十八日電】倫敦訊，據星期五晚「晚報」稱，「談判和平委員會」主[illegible]九月三日在特拉法加廣場舉行的綏靖[illegible]示威，已爲內政大臣摩利遜所禁止。委員會會計劃於此示威大會上發表呼籲。據悉委員會現在將在海德公園舉行計劃中的示威，按英國習慣，該處內政大臣無權禁止示威。

## 傳盟軍會在馬比亞島登陸

【路透社倫敦廿五日電】東京本日廣播稱：盟軍昨晨在新幾內亞西北馬比亞島（又名聖大衛島）登陸，惟已被擊退。日方通訊社本日稱：蘇門答臘昨日兩度被襲，把東守軍亦兩次出勤抵抗。

# 参攷消息

（只供參考）

第五七九號

解放日報 新華社 編

今日出版一張

卅三年八月廿八日

星期一


## 紐約時報所傳美英蘇的戰後安全計劃

【中央社華盛頓廿三日專電】紐約時報本日發表其華盛頓訪員發表的長篇報告，列舉美、英、蘇各國計劃的詳盡草案綱要。據該記者自稱：這一報告係得自一未肯宣佈姓名但係絕對可靠的方面，上列報告發表後，引起華盛頓外交方面人士之深切注意，但國務院發言人拒絕加以否認或證實。其記者對此聲明不滿。英美蘇三大國家建議成立世界和平機構包括一個由全體大國組成的大會，一個由美英蘇中四大國家主持之會議（其主要權力及責任在阻止並消滅侵略）及一個國際司法法庭及秘書廳。美國的計劃建議大會應行政院之要求，協助其使各國支持行政院之行動，助其發生力量。大會每年集會一次。會址或將設於各國首都，逐年輪流舉行。行政院由美英蘇中四國永久代表及其他國家代表七人聯合組成。行政院主要職掌爲以和平方法解決國際糾紛，並維護世界各國之安全。四國永久代表於行政院中可獲與其供給大多數財力、人力與擊毀可能發生之任何侵略之武力等義務相當之權力。此一綱要並規定新聯盟機構內之會員國家應負遵照行政院通告供給武力與便利之義務，此外並強調：凡此武力與便利必須根據規定各國供給武力與便利的數量與類型之一般協議而徵用。該計劃一再提出下列原則，即：武力僅可於一切調解仲裁方法無效，並僅用以支持美國自立國以來即予推動之正義原則與公正計劃之條件下，始得使用。另一提議提請立一永久安全及軍備委員會，負責監視軸心國家不得武裝。此委員會將施行德國戰敗後英美蘇三國於柏林成立指揮佔領武力之停戰委員會所負責處理之工作。該計劃亦建議行政院應可向會員國家要求取得下列各項之協助：（一）可能發生的任何糾紛之一切情報，（二）對任何潛在侵略者加以共同外交壓力，（三）制止侵略之集體經濟、商務及財政壓力。行政院應可請一切會員國家對遭受侵略之任何國家予以救濟。至於國際法庭，美國計劃則建議採取區域制度，區域法庭當先處理其特別區域內所發生之任何爭執。

傳說中之英國計劃規定新世界和平聯盟應爲『一自由聯合的獨立國家之機構』，該機構應簡單而具有彈性。英方計劃一再指陳，他們無意再犯作有甚多特別領土之約束或圖對侵略加以過份深切之解釋。安全將以四大國家之信額、信心及誠意爲基礎，而不以保護一切會員國家領土完整之××決定爲基礎。美國願獲保證如下：（一）一切會員國家應竭力合作，維護國防和平與×××議爲此目的應×××，（二）不作會員國家領土完整之保證，（三）不作會員國家政治獨立之保證。關於英美計劃均贊同×××無條件下使法國於擬定中之聯盟，蘇聯應得永久代表之地位。英方提議法國應恢復其大國地位，美方則謂『俟法國成爲一經法國人民自由選擇之政府後始可』。

蘇聯之計劃強調大國於世界機構內之特別地位、莫斯科宣言中之平等條款。該計劃授權由大國控制的世界會議用以阻止並消滅侵略。每一大國有一否決權。此外，該計劃並強調大國需要成立某種協議，各方基此協議負責供給武力，以爲此一新『和平機構』之後盾。蘇方計劃並建議成立『國際軍用航空隊』，該隊由會員國家之人士混合組成，執行行政院所作之決定。紐約時報稱：此間官員承認蘇方計劃中之此一建議，但似不信蘇方將對此堅持。蘇聯計劃之其他建議爲世界會議應集中全力討論安全問題，而不涉及其他有關方面。蘇方計劃，對安全會議有所建議外並建議其他個別會議處理政治、社會及經濟問題。

## 論美戰時生產向和平生產的轉化

【美國新聞處二十二日紐約電】美國研究院總書村尼爲中央社撰述每週專文稱：戰時生產局十五日宣佈其『就地核准』辦法，以爲美國工業自戰時生產恢復平時生產的一項步驟。按照是項辦法，私人廠家刻已可以請求准許恢復製造民用物品或增加其在戰時所經准許的定量生產。

戰時生產局各地分支局百餘處，刻已有權可准許具有戰時生產所不需要之人力機器與原料之私人廠家，開始生產一百二十五種以上民用必需品中之任何一種。此等物品之大部份如：冰箱及鬧鐘等，在戰爭期間均減少生產至最少限度，餘者如鋁鍋真空清潔器等，自珍珠港事件後不久以來，即完全停止製造。

此一辦法之宣佈，頗令美國若干人士相信：民用物品，數月內即可大量出，產。實則不然，恢復民用物品生產之門，雖經正式打開，然不過開放數吋。第一戰時生產局准許民用物品生產的每一命令中，均包括有一項基本限制，即不得在任何方面妨礙戰時生產。任何民用生產，均不能利用製造聯合國家所需軍火之原料與工人。

『就地核准』辦法本身，在此一方面即包含有明確之限制，其最重要者，乃申請准許製造民用物品之每一廠家，必須獲得戰時人力動員局之准許。目前各地均設有特殊區域生產機構委員會以查核當地之人力需要，此等委員會對於任何申請將有實際上之批駁權。

以故就實際而論，吾人如認爲『就地核准』辦法，表示美國將開始大規模之工業復員，誠爲大謬。不然，陸海軍及戰時人力動員局仍扼守此一門戶，民用物品僅能獲得最少量之增加。在是項辦法之下，無論供國內應用，抑輸出海外，均無法獲得相當數量之民用物品。

可注意者，乃政府本身並不認『就地核准』辦法爲一項重大之工業復員措施。官方人士承認如欲眞正使美國恢復消費物品之生產，決非此一辦法所能奏效。

且戰時生產局物價管理局以及其他機關，確已開始計劃第二步措施。此在實際上將爲全國工業復員之（缺十八字）式，擬訂戰時契約，削減超過一定數額（例如百分之四十）之廠商，將奉令立即進行其復員計劃。彼等自然而然可以獲得優先權與協助，俾能獲得原料與機器生產派定之物品。然彼等必須以民用物品生產情況之按月報告送戰時生產局，以斷定其是否妨礙戰時生產。

就廠商而論，其戰時契約之削減，少於指定比例者，或亦須個別提出復員申請，俾彼等之權衡戰時生產，不致蒙受不利影響。

吾人如以上述復員辦法與本週宣佈之『就地核准』辦法作一比較，即可看出後者無意使美國之戰時生產眞正轉變爲平時生產，美國人民仍無法大量獲得其在戰時所失去之物品。戰時生產局本週所採取之復員措施，實屬微不足道。美國仍爲一偉大之兵工廠，戰時生產仍能獲得全部權利。

## 敵論美國在中國活動

【同盟社上海廿五日電】美國拚命驅使重慶進行對日作戰，它（指美國）除了空軍部隊外，還有使機械化部隊及地上部隊進出於中國大陸的模樣。最近又將其魔手伸向謀略方面，積極擾亂和平地區的工作，據最近到達此間的情報稱：本年五月安徽歙縣組織了中美訓練班，該訓練班約有五個中隊，第一中隊進行爆炸訓練，其他各中隊訓練特種工作二個月，由美人四十餘名組成的指導班擔任指導訓練的工作，這如實地說明了美國執拗的野心。

## 蘇聯布爾塞維克雜誌評太平洋戰局

【中央社莫斯科廿三日專電】本日出版之「布爾塞維克」理論及政治月刊七月號，以「太平洋戰爭」爲題，詳論太平洋戰局以及日本與其所遭遇之困難。該文稱：日方雖竭盡一切方法，以圖克服困難，然仍將無法獲得成就。作者先詳敘西南太平洋及緬甸之作戰活動，繼而描述日本現行在我國攻勢的目的，作者稱：各戰場日軍均已轉採守勢。日軍自一九三八年底以來，所控制者僅平漢、粵漢兩路之起迄點，且無法利用此等戰略據點。美英在太平洋上之攻勢已威脅日本與南洋佔領區間之交通綫。塞班之陷落更使此種威脅於嚴重。日本統帥部準備應付海上及空中之封鎖，以故，乃企圖在亞洲大陸建立陸上交通，以運輸一切必須之供應品。目前中國戰場雖陷於孤立，然亦可望與太平洋戰場聯成一 。盟軍總部已聲明盟軍將在中國海港登陸，然後始能對日本從事大規模之作戰。作者又稱：日本在中國戰場之部份成就雖能暫時改善日本在中國之作戰地位，然不能改變全面之不利情勢。太平洋戰區美軍登陸部隊已逾百萬，澳軍有八十萬，紐軍廿萬，印度方面亦有二百萬，而日軍則不過百萬，另有不可靠之偽軍隊三四十萬，然則日本何能抵抗優勢之盟軍耶？同時中國境內之日軍亦無法抽調。中國大軍正予日軍以嚴重威脅。日本在中國所遭遇之危機將見增長，其對方已在各戰場加強活動。

## 敵國六日召開臨時議會

【同盟社東京廿五日電】政府決定奏請天皇陛下召集臨時議會，以便使官民團結一致，堅持必勝的信念，應付非常的時局。現正進行各種準備工作。今日閣議正式決定奏請陛下於九月六日召開臨時會議，會期爲五日。小磯首相於同日下午三時半進宮覲見天皇陛下奏陳此事。下午五時由情報局發表如下：『政府在今日閣議上決定奏請召集臨時議會，召集臨時議會的日期爲九月五日，會期爲五日』。按此次召開臨時議會的目的是向國民明示政府對於決戰的決心及決戰施策的大綱，並要求國民紳士的協助政府實踐之。鑒於戰局的現狀，特別希望提出臨時軍事費預算案。

# 参攷消息

（只供參考）

第五八〇號

解放日報 新華社編

今日出版二張

卅三年八月廿九日 星期二


## 敵稱湖南作戰中 國民黨損失兵員廿二萬六千

【同盟社湖南前綫廿七日電】由於日美決戰的日趨激烈，重慶兵員兵器的消耗，亦因之日益增大。根據我作戰軍當局的發表，截至八月上旬，僅湖南戰綫，敵損失的兵力，計遺棄屍體六萬六千四百六十八具，俘虜二萬七千四百四十七名，此外傷斃合計約廿二萬六千四百人，從兵器彈藥可裝備十個師，其精確數目，今日尚難統計。參加此次作戰的敵方總兵力，計四十五個師，兵員約四十萬人，故實際消耗在總兵力半數以上。但重慶方面則隱蔽此確實事，並過大地宣傳我方的損失，十八日重慶軍事委員會代言人接見外人記者時，聲言日軍廿五萬之中，被殲三萬六千餘名，我方的損失，如與敵方相比，實微不足道。如常已報導者，彼等已採用補充此等消耗的最後手段，即在第九、第六兩戰區內，設立後備師，根據此種制度，敵急造的師團，完全談不到什麼訓練與教育，其大部份均無法與我軍交戰，僅不過能在後方搞游擊隊。

【同盟社上海廿八日電】據重慶來電，在我軍攻佔長沙時，任該市守備軍司令的第四軍軍長張德能，不顧蔣介石的死守命令，對作戰懈怠，要害岳麓山失守後，又將長沙陷落。因此軍法執行總監部，特會同軍事最高機關代表審理中，最後決定處以極刑，二十五日執行槍決。

## 第九戰區的作戰計劃

【同盟社湖南前綫二十五日電】報導班員發，（掉一段）在該市東方五十公里安仁附近，爲了切斷敵後方聯絡的我××部隊的挺進隊，僅很少的××名，襲擊敵第三十七軍的司令部，繳獲文件甚多，其中有『絕對祕密』的『第九戰區反攻作戰計劃』，這一計劃一定是軍長、參謀長等人擬定的[illegible]第九戰區司令長官薛岳曾集合各軍長召開『對日反攻作戰會議』，並有詳細的十數份地圖，可以知道該戰區作戰的全貌，對以後我軍的殲滅作戰貢獻頗大。其配付番號爲『給××』，右方有『第三十七軍』之字，圖面上因手汗已髒損，地圖的許多地方已經破爛，可以知道敵將領是如何的企圖保持祕密。我們現就敵人的作戰計劃加以檢討。從作戰計劃來看，確實是相當的週到綿密，正如我方屢次所主張的，暴露了敵人此次作戰的根本經緯，使他們確信勝利，輕視我野戰軍戰力，反轉作戰……（掉）。其範圍亦是『從新牆河至長沙南湘潭的極爲狹小的地方，斷定時間亦僅兩個月。我們可以看到以抗日英雄自任的第九戰區司令長官薛岳的方針亦頗爲豪壯雄大。其「企圖判斷」是認爲日軍將分爲數路進攻，逐漸南進以包圍長沙，對此重慶軍用「伴動作戰」殲滅之。此與將各方面進攻的日軍主力引誘至長沙外圍，等日軍力量用盡時即採取反攻，進行反包圍。』戰鬥可分序戰：（一）新牆河初期消耗戰，（二）汨羅江二期消耗戰。決戰：（一）瀏陽河畔激戰，（二）長沙磁鐵保衛戰，（三）湘江沿岸反擊防禦戰，（四）長沙外圍包圍殲滅戰。追擊戰：（一）撈刀河初期追擊戰，（二）汨羅江二期追擊戰，（三）新牆三期殲滅戰。敵兵力動員的數目爲十四個師，彈藥六百六十四萬發儲存於醴陵等六個地方，並存有小麥七萬四千大包，食鹽二十九萬六千斤，但這些現均被我利用。又我軍最苦惱的機雷，直至湘潭有兩千五百個，其所安置的地方，這一計劃中均一一明示，今後我軍的損失完全可以消除。

## 敵軍佔領麗水

【同盟社東京二十八日電】（大陸戰綫）上海方面之我軍，於六月十日配合湖南進攻作戰，予第三戰區以極大打擊。六月廿六日佔領第三戰區的中心據點衢州，其後二月間即監視顧祝同軍之動靜。八月廿二日再度從金華南方開始新行動，隨處擊潰敵人的抵抗繼續南進，二十七日已很快的佔領金華南六十公里的麗水城，並繼續南進。麗水是駐華美空軍在中國東南部的前進基地，同時亦是第三戰區的重要據點。（緬甸方面）在急於打開雷多公路的美軍督戰下，被驅使的重慶軍，反復向我怒江一綫陣地出擊，我守備部隊以寡兵勇戰奮鬥，予敵以重大損失，現正死守各要地，此即拉孟正面之敵，於十八、十九、廿日三日進行預備砲擊，二十四日晨即開始大攻勢，我守備部隊立即迎擊敵人的進攻，展開寸土必爭的戰鬥。又騰越正面的敵人，十六日毀我[illegible]

際經兩晝一夜的激戰後，十九日便敵暫時受到挫折。至二十日，敵人在三次猛烈的砲擊掩護下炸毀城垣，敵人一部曾突入城內，被我守備部隊擊退。二十一日敵四度反擊，在十數架飛機掩護下，實行集中砲擊後，從突破口衝入城內。儘管連日連夜的惡戰苦鬥，我守備部隊的士氣極爲旺盛，以寡兵迎擊敵人，從十三日到廿日的臘越攻防戰綜合戰果如下：敵遺棄屍體至少亦有八百具，我方亦犧牲一百餘人。在龍陵方面，敵人於十八日黎明以三千發砲彈射至我軍陣地後即大舉來襲，我守備部隊以手榴彈刺刀向敵衝殺一小時，敵被我擊退，十九日晨敵人再度來攻，至廿一日三日間的砲擊後，突破龍陵北方的我軍陣地，我守備部隊迎擊敵人，現正繼續激戰。

【同盟社廣東二十八日電】據重慶中央社電稱：重慶軍事委員會公報發表湖南、浙江、廣東三方面的戰況如下：（一）衡陽地區，二十六，二十七日兩日繼續戰鬥，特別是從湘鄉向西南方活動的日軍，二十六日活動於永豐東方，現正與重慶軍激戰中。（二）浙江方面，日軍有力部隊於二十六日已活動於武義南方十七公里的地點，（三）又在廣東方面，雷州方面，廉江敵我雙方展開激烈戰鬥。

【同盟社大陸某基地二十七日廣田報導班員發】我在華空軍二十五日夜間，突襲敵人作爲轟炸我國本土前進基地的遂川、贛州兩飛機場，全彈命中敵機場跑道，其他設備全部破毀，所謂以遂川、贛州兩飛機場爲中心，以新城、南雄、吉安、建昌各飛機場爲衛星的××飛機場，約在武漢地區與廣東地區之間，作爲敵人向華中華南兩方面蠢動的據點，佔絕好的地位。在此次湖南作戰開始前，曾大修工事，作爲桂林和機場的前進基地，或作爲B29的「中繼基地」。

## 同盟社稱 美報重視在華日軍的動向

【同盟社里斯本廿五日電】紐約時報駐重慶訪員就湖南戰況，報導如下；在重慶，並不認爲日軍已放棄東部中國全域作業的徵候。日軍在長沙作戰以來，擁有巨大兵力，若日軍無意再向南方進擊，則前此已自萍鄉、經萍鄉，以至復退至東西馳騁之南潯鐵道一綫，但日軍卻不顧在華美軍第十四航空部隊無間斷的妨礙與攻擊，不斷完成向南奔跑的各個公路，並把兵力的重點從湘江東側移至西側，表示向桂林、柳州進擊的態勢。日軍若於佔領粵漢路後另向南方進擊時，則將在雲南省封閉美軍航空隊，美軍航空隊在雲南的攻擊力，將被相當削弱。從此點來檢討美軍在中國大陸登陸的計劃，則美國海軍與陸軍部隊將無以接近地區爲基礎的飛機得力地點與重慶正規軍的掩護，而不能在中國沿岸登陸。美國太平洋艦隊司令部自重慶軍方面，能否期待若何程度的援助，無疑是早已算定。在目前的情形下，將不能寄予太多的希望。太平洋機動部隊壓倒的火力，或能以最少限度的犧牲，能在任何地點登陸也未可知，但在現在東南中國的情形下，有不少令人迷惑不解的局面，日軍在廣州地區擁有充分強大的兵力，但日軍的北上進擊，並非與兵力相稱的那樣全面，迄今爲止，遂不圖謀完全佔領粵漢路，衡陽的重慶守備部隊曾抵抗四十七天，第十四航空部隊亦擾亂日軍的供應綫，（缺一段）。重慶的抵抗與第十四航空部隊的妨礙，今後仍將擺在日軍的前進路上，然而日軍在五月開始的攻勢，對於日軍說來，是最重要的作戰，重慶的一切軍事力量，若都封閉於雲南、四川等西南各省，則將使日軍能夠比較自由地組織全部東部中國的防禦。在此種意義上，日軍的次期作戰，將是日本本土防衛環重要地區之試金石。

## 對赫爾利納爾遜來華 國民黨抱很大希望

【中央社重慶廿八日電】羅斯福總統宣佈派赫爾利少將及戰時生產局長納爾遜來華，晉謁蔣主席商討軍事經濟消息傳出後，我各界人士，堪爲歡迎，且深信美國對於我國抗戰大業之援助，將益增強。負有重要使命之赫爾利，納爾遜兩氏，業已首途，短期內即可抵渝。中央社記者，廿八日晨往訪經濟部翁部長文灝，就詢納爾遜來華之觀感。翁氏稱，納爾遜爲美國經濟界最負盛望者，仰且爲羅斯福總統，（缺）個人之幹才，羅斯福總統今特派其來謁蔣主席，商談經濟問題，此可充分證明羅斯福總統援助中國經濟建設之決心，本人以經濟部長資格，對納爾遜先生此來，深表歡迎，並抱有很大之希望。翁氏又稱，中國戰時及戰後經濟，需要徹底而大規模之建設，確爲一刻不容緩之舉，納爾遜與蔣主席之會談，對於中國經濟之前途，必有莫大之裨益云。

【中央社西安廿八日電】陝臨參會議長李元鼎逝世後，蔣主席曾弔唁李氏家屬，並匯贈賻金三萬元。

【路透社華盛頓廿七日電】中國財政部長孔祥熙宣稱，蔣介石夫人患病沈重，數週前來到美國，以便進行「急需」的治療。

【中央社雲和廿八日電】諜軍委會浙江新聞檢查處發表，根據本年七月關查，浙江全省新聞事業概況如下，報社八九家，通訊社二九。其中對開報七家，四開報三〇家，每日發行份數六七八二六份，平均每三六〇人得閱報紙一份。

—中央社筑廿八日電—青年團黔支團部幹事長黃宇人辭職照准，遺缺由韓文煥補任。

## 建築成都機場 當權者乘機發財黑幕重重

—本報訊—不久前為築成都空軍基地，四川各縣農民被徵赴役的達四十萬人，他們在極短時間內，完成了艱苦偉大的工程，而得到盟國人士的很大讚揚。但當權者乘機又發一筆大財，黑幕殊多，茲介紹各方報導和評論如下：

國民公報六月廿九日載美紐約時報駐華記者愛金生氏一文，認為與中國農民的可驚貢獻相反的『惡劣方面』是『中國軍閥社會』的無責任心和『非法牟利』。愛金生氏說：『我們已變成了他人從事難以相信的非法牟利的犧牲者。我們所需物品的數量被外間曉得後，價值馬上暴漲。約在六星期內，軟木料每尺由七十五元漲到八百四十元；硬木料自七十元漲至四百五十元；每千片瓦自六千元漲到二萬元；石灰每斤自一元八角漲到五元；每千片磚從一萬二千元漲到四萬元。』愛氏指出『經費問題尤其不斷引起波折，美國飛機從印度運輸中國紙幣到這裏，由中國財政部支付。但紙幣來得還不夠快，……在（合同）沒有付現的時候，物價已漲，於是舊合同又要依新價重訂。有時飛機雖然運到了一大批紙幣，可是當地管理支付的人員要奉到重慶的命令才能撥款。短期借款的利率極高，甚至留下款子作一二日的使用，亦極有利可圖。美國人懷疑的，一切延遲實際已經準備好的款子的支付，是否完全毫無其偏私情事。』另一方面，愛氏指出，民工每日只領到工資十五元，伙食要從家裏拿來津貼，還要自備路費，這樣民工家庭又付出了建築機場經費的半數，愛氏說，當時中美『對於勞工的處置，也意見互異。』

為此，盟國政府重新拿出一大筆超工費作為四十萬民工的補償，可是當權方面仍競圖分肥，醜態可掬。

七月十九日華西日報題為『民工的報酬歸民工』的社論裏寫道：『若干縣份所得……超工費，少則數百萬，多則數千萬，這樣一筆錢就……一縣來說，總算是相當可觀，正因為是這樣，所以發生了如何處理的問題，有的主張拿來辦地方建設，有的主張拿來補助地方教育，意見極為紛歧，甚至引起許多爭執，以致無法處決，將來還可能發生許多糾紛。……總而言之，不外想這筆錢要經過自己的手用出去，實在是司馬之心，路人皆見，果真這樣分配了，其結果對建設對教育，也不會生出好的影響來，這是最堪注意的一點！』最後該報希望國民黨政府『注意這是一個大問題，應通令有此項超工費之各縣，一律不准挪用，而應公平分發各民工，而且要考慮到發行的方式問題，不容有中飽暗侵之情事，務使民工血汗之代價，落於民工之手。』又據六月十二日華西日報載，建築機場曾無代價徵收大量土地，以致貧苦的自耕農與佃農，無法維持生計。四川省府所頒『特種工程被徵土地貧農救濟法』僅有：（一）優先購買土地，准免與被徵同額土地的契稅；（二）優先開墾公荒；（三）優先佃種官有耕地；或勸私有地主佃予耕地；（四）一、二項所需款項要經省府地政局擬具計劃書及貸款合約，向中農行土地金融貸款項下洽借等項。

## 大後方人民負担 三年來增加一倍

—本報訊—據六月八日商務日報及去年十一月穎政月刊息：三十三年度全國田賦徵額：徵實四二、二一〇、〇〇〇市石；徵借三四、七二〇、〇〇〇市石；累進徵借八、〇〇〇、〇〇〇市石；縣級公糧一〇、七九〇、〇〇〇市石。（按：國民黨於本年三月二十八日頒佈『戰時土地稅條例』和『土地增殖條例』採取累進稅制。由於歷年以來，田賦累增，負担分配極不公平，貧農、佃農甚至一部份中小地主都無法生活；而土地集中的趨勢，愈形嚴重，譬如在四川地主佔地約佔全耕地面積百分之五十六強，在川西甚至佔有了百分之八十二。嚴重的社會危機擺在面前。國民黨企圖用累進稅制，在大地主身上打些主意以救急）合計九千五百七十二萬市石（其中穀稻總額七千九百四十四萬市石，麥子一千六百二十八萬市石）。徵實實施省份計四川、湖南、江西、雲南、廣西、貴州、福建、廣東、湖北、浙江、西康、安徽、河南、陝西、寧夏、甘肅、綏遠、青海、新疆等十九省。田賦收入歷年增加的情形如下：三十年度徵實徵購共約五四、一九八，八〇九石，卅一年度徵實徵購共約六五、七五九、五八二石；卅二年度徵實徵購共約六八、八八〇、〇〇〇市石。因此，三十三年度人民負担較三十年度增加將及一倍。（該兩年施徵省份為十九比二十一。）至於歷年徵收佔總產量的比率則為：三十年約佔百分之八；卅一卅二年約佔百分之十。以上數字尚不包括稻穀、雜糧。代購、採購，和各種攤派等，若合計起來則人民負担已達收穫總量百分之五十以上。

【又訊】國民政府最近決定地方田賦機構歸地方政府管轄，省財政廳內設田賦管理處，縣政府內設田賦管理局，但田賦仍屬中央財政系統。由於最近豫湘戰事失利，原定田賦徵實額七千四百萬石將有變動，戰爭區域省份將略減額數。詳情現正在商討中。

## 波流亡政府造謠 謂蘇軍逮捕波軍官

【海通社柏林廿五日電】倫敦訊：波蘭流亡政府所控制的『斯維特』無綫電台星期五公告，與紅軍共同作戰的波蘭軍官爲蘇方逮捕。據此消息稱：波蘭第卅四師（原文不清）師長坡特拉斯卡已被××。此外，據波蘭無綫電消息，某指揮官及市長及工程師多瓦洛夫等均被捕。維夫地區與蘇軍共同作戰的波軍領袖已受其控制。

## 德方稱：羅國投降 不妨礙德軍基本的作戰方針

【同盟社柏林二十四日電】美英蘇三國與羅馬尼亞政府的休戰條約，似已簽字。廿三日以來，雅綏正面的羅馬尼亞軍幾未作任何抵抗，紅軍昨日已一舉向東南方前進一百五十公里，裝甲部隊甚至一舉突入維也納協定決定的外西爾的尼亞新國境特劃部，表示將切斷德軍在雅綏東方退路的趨勢，因此該方面瓦德軍，正碰到包圍的危機，但因上述部隊相當有力，當能協力匈牙利方面的德軍，突破包圍進行反擊。羅馬尼亞叛逆政權稱：不承認維也納協定的國境綫，因之羅馬尼亞軍或將進擊匈屬外西爾瓦尼亞亦未可知。匈牙利政府亦預料到此種情勢，正集結主力於該方面。另方面此種傾向更加濃厚，即瑞典政府已停止向德國航行船舶，企圖節省美英兩國的兵力，加強外交包圍陣，以便於短期間結束歐戰。外交情勢極度緊迫。又由於羅馬尼亞政府的脫退，轟炸德國本土的基地比之在意法兩國，是更加接近，損害無疑對德軍是一巨創。但德軍最高統帥部，完全計算到反軸心軍的這一企圖，故決心一邊在大德意志領域內節省兵力，一邊繼續抗戰，因之上述諸事態，想不會對德軍作戰的根本方針給予嚴重的刺激。

## 英共再度向工黨提議聯合競選

【海通社柏林廿六日電】倫敦訊，新聞紀事報外交訪員稱：英國共產黨再度向工黨交涉規定在下屆選舉期間的聯合政策。工黨將在九月中會議時決定此項問題。共產黨在致工黨函中宣稱『如果社會主義者、共產主義者、職工運動人士及無黨派工人繼續合作聯合對法西斯鬥爭並建立新的進步的政府是可能的話，那末實不能理解有什麼基本的原因可以阻止在英國作目標的合作。』工人與較進步人士之間關於聯合目的及團結的極大願望實有一個遠大的思想上的一致。

【海通社柏林廿八日電】倫敦訊：副首相阿特里偕共外交部國會祕書喬治．赫爾抵達阿爾及爾。

## 海通社報導 法共準備長期參加法重整工作

【海通社柏林廿六日電】阿爾及爾訊：共產黨準備長期的參加法國之重整。佛羅利蒙德．波奈星期六於記者面前發表關於此點的聲明。波奈爲阿爾及爾國務委員會的委員並爲共產黨週刊『解放』的編輯（發行於阿爾及爾）。波奈稱：他希望共產黨的活動將不引導至階級鬥爭。該法國共產黨人稱：如果法國大實業家放棄其特權，此點是可以避免的。

【海通社斯托哥爾姆廿四日電】瑞典共產黨正在瑞國南部各地擴展其勝利的活動。該地迄今爲止共產黨影響很小甚或沒有。在選舉期間，五金工人職工會代表大會將於下月開會，在六個代表中，共產黨已獲三席。

## 德國各報紙 指出日本的有利形勢

【同盟社柏林廿六日電】德意志世界日報海軍記者加敦少將，廿六日爲文討論太平洋戰况稱：對日本的反攻作戰，現在已發展至空襲日本本部及台灣的攻勢，利用重慶的空軍根據地，從陸上根據地進行攻擊，由於日軍的到達衡陽與加大對桂林的威脅，重慶美空軍的反企圖，將有被粉碎之虞。另外美海軍由於兵站綫的延長，作戰日趨困難，日軍不惟準有以陸上爲根據地的空軍，其艦隊且距本國甚近，從上述各點觀之，可以說日本已具備了勝利的必要條件，日本自存尋找決戰的機會，但日本國民的戰鬥決心，則是勝利的決定要因。

參攷消息
（只供參考）
第五八一號
解放日報 新華社 編
今日出版二張
卅三年八月三十日
星期三

# 賣身投靠的結果

## 盛世才丟掉原官調任農林部長

【中央社重慶廿九日電】新疆省邊防督辦兼新疆省政府主席盛世才，呈辭本兼各職，行政院會議業予照准，乃特任盛氏為農林部部長。茲誌行政院會議決定如下：（一）新疆邊防督辦兼新疆省政府主席盛世才，呈辭本兼各職，應予照准，任命吳忠信為新疆省政府委員兼主席，吳忠信未到任前，派朱紹良暫行兼代。（二）農林部部長沈鴻烈，另有任用，特任盛世才為農林部部長。（三）新疆邊防督辦公署裁撤，所有駐新各軍隊，歸軍事委員會直轄。（四）新疆督辦公署裁撤後，該署應辦事宜，改歸新疆省保安司令部接辦，所有人員由該省保安司令部任用。

（按：吳忠信安徽人，老同盟會員，國民黨中央執行委員與政學系頗接近，曾任安徽省主席，貴州省主席，調任新疆省主席以前，任蒙藏委員會主席，達數年之久。）

【合衆社華盛頓二十八日電】中國孔副院長稱：納爾遜及赫爾利之訪華，乃他與羅斯福總統數度會商之結果。彼等之出使，乃在覓致中美所能合作之方法。

【中央社重慶廿九日電】人民身體自由辦法，業經國民政府公佈，並於本年八月一日施行，其實施事項，已經核定通行，茲誌於後：（一）保障人民身體自由辦法第一條第二項所稱，有權逮捕人民之機關，業經通告如左：甲、依照普通或特別法令有權逮捕人民之機關，一、最高法院×審署，二、高等法院及分院，三、地方法院及分院，四、縣司法處或設治局司法處，五、兼理司法之縣政府或設治局。乙、依照特別法令及保障人民身體自由辦法第五條規定之範圍，得逮捕或核准逮捕人民之機關，一、軍法執行總監部，二、戰區司令長官部，三、衛戍總司令部，四、省保安司令部，五、戒嚴司令部。丙、依刑事訴訟法第二百零八條至二百一十條執行司法（缺），憲兵×得逮捕人民之機關及人員（缺）官長及警察，三、憲兵官長及憲兵，四、依法令關於特定事項，得行司法警察官之職權者。丁、在三十三年十一月十二日特別刑事訴訟條例實施以前，各地有軍法審判權之軍事機關，有逮捕人民之必要者，僅申請或通知當地有權逮捕之機關逮捕之。二、各機關在保障人民身體自由辦法施行前逮捕之人犯，應即將人犯姓名、性別、年齡、籍貫、住所、受捕地點、逮捕時間及逮捕原因詳細造冊，分別層報行政院及軍事委員會備案，其無權逮捕機關所逮捕之人犯，並應立將人犯移交有權申告依法核辦，在該辦法施行後，因發現無權逮捕機關逮捕人犯者，依辦法第七條規定懲處。聞以上辦法，業由行政院會同軍事委員會通飭所屬一體遵照云。

【中央社重慶廿九日電】國府廿九日令：（一）任命徐思平為軍政部兵役署署長此令。（二）軍政部軍務司司長王文宣，另有任用，王文宣應免本職此令。（三）任命方天為軍政部軍務司司長此令。

【中央社湖南前綫廿九日電】前次奉令辦理長沙緊急疏散之城防部隊長楊繼震等五人，或賣放船隻，或利用軍事交通工具販運商貨，或利用職務權威亂扣疏散物資，人民受害不淺，薛司令長官據報，即派員分途偵察，搜集證據，業將為首人犯逮交軍法會審，判處死刑，並於廿七日在湖南前綫某地執行槍決，諸誌三軍，懸為殷鑒。其槍決主犯名單如次：（一）楊繼震，第四軍第五九師第一七七團團長，並担任長沙緊急疏散時之城防部隊長。（二）潘孔昭，第四軍軍部副官處長。（三）劉田卿，第四軍軍務處長。（四）夏德遠，第九戰區兵站總監人員，派充當時長沙緊急疏散時之船舶管理所所長。（五）陳繼虞，第四軍軍部副官處中校職。

【路透社紐約廿九日電】中國財長孔祥熙今日稱，蔣夫人的病不重。他又說蔣夫人目前在巴西養病，她到美國作進一步的療養。

## 英報論中國局勢

【路透社倫敦廿八日電】公正的權威週刊『經濟學家』近一期鄭重的社論『太平洋的勝利』中說到中國是盟軍對日作戰進展中脆弱的環節。該報說，太平洋勝利的模型已在過去三個月中決定地建立了，其主要的工具乃是美國的太平洋艦

「迄今用於戰鬥中的最可怕的戰爭引擎之一」。經濟學家檢討美國在中太平洋的前進，暗示尼米茲的將來綱領中，包括首先是菲律濱，其次爲在華南登陸，然後即將攻下台灣，而且日本與其南方征略地將被切斷。該文繼稱：「可是在這一點上，戰事的發展將不僅依靠美國艦隊，而且也要依靠以中國大陸爲根據地的空軍活動」。爲完全封鎖日本起見，盟國必須用中國根據地起飛的空襲以摧毀日本對內海的控制權，去補充海上的前進；日本對內海的控制權使日本本部諸島與他們在滿洲和華北的工業人力的主要根據地獲取有效的聯系。職是之故，經濟學家表示關心於日本的佔領衡陽以及敵人對韶關的壓迫，說「要保持在中國的有效的根據地就需依靠中國繼續不斷的和有效的抵抗日本侵略者」，目前日本意欲消除美國在中國濱海諸省的空軍根據地，而且「迄今戰事已進至對日方大爲有利。如果中國東南部根據地喪失的話，則將更加需要建立在對滿洲和日本空襲距離以內的其他根據地了。」該報憂慮這類形勢，繼稱：「中國的弱點不僅在軍事領域方面，若干政治問題使中國的情况很不穩定。雖然蔣介石政府與共產黨之間仍繼續保持着關係，可是卻並未達到一致。共產黨不願放棄軍事和行政自治的要求。而另一方面蔣介石也不願改變其斥責自治爲叛亂的通告。經濟學家認爲這種決定阻礙着盟國空軍根據地的建立，衡陽的喪失已使這種空軍根據地具有戰略的必要性了。該報宣稱，「美國將碰到一個非常微妙的情勢，如果他們設法在共產黨控制地區建立前方空軍根據地的話」。「重慶政府的威信，由於今年夏季軍事上的失敗，已多少有所減低了。在國民黨本身內部，有某些反對現政權的反對派，而且軍事上的失敗經常會帶來分散的各省地方軍閥主義的復活。現在幾乎絕不應該再有一刻增加這種不穩定狀態了。反之，在中國大陸上保持根據地之必要，使這一點成爲極其緊要，即重慶政府的威信必須加以支持且強或提高之」。經濟學家認爲，華萊士、納爾遜、赫爾利的訪華，將幫助達到這個目標，但結論說「無論如何，中國在勝利的鏈索中仍歸還是一個不確定的環節，而且其內部的脆弱和不團結可能使盟軍的完全勝利延緩數月。」最後該文討論到蘇聯在遠東戰爭中的地位，說「如果可以確定蘇聯在歐洲勝利之後把軍力投入遠東戰場的話，關於中國根據地的問題就會比較少緊急些。」經濟學家認爲，蘇聯如不參加，只是延緩而不是阻止盟軍對日的勝利，但指出蘇聯爲遠東最重要強國之一時宣稱，沒有蘇聯即不可能成爲堅實的和平，而且「邱吉爾愈相信日本的失敗將緊跟在德國失敗之後，羅斯福和尼米茲愈相信『迅速的完全勝利，則奠定太平洋和平的基礎，也就愈加成爲當務之急了。』」

## 豫南敵西犯泌陽

【同盟社里斯本二十八日電】重慶軍當局二十七日就河南省皇軍之新行動，發表情况如下：漢口與長江北方的河南戰綫，久已沉默的日軍，突然再度開始新行動，從平漢綫向西方進擊，到達要地泌陽東北方四十八公里及東方四十公里之處。

【同盟社華南前綫廿八日電】北江西岸之敵重慶軍，日前曾遭受我華南軍殲滅的打擊，四散逃亡。最近復圖蠢動的敵第一百五十六師三個連，在清遠西郊蠢動，廿四日拂曉我開始向該部敵猛攻，至夕刻完全將該部敵擊潰，此役戰果如下：敵遺棄屍體二百六十五具，俘虜七十八，獲重輕機槍七挺。

【同盟社大陸前綫廿九日電】嚴重注視敵行動中的我機隊，廿八日襲擊柳州，敵六機中彈被焚，一機被擊毀，我機全部安然返防。

## 晉省官軍犯罪 五個月中三千案

【本報訊】晉省本年實施「全面檢舉」，一月至五月份檢舉案件逾三千案，內關於不顧人民痛苦，扣留款餉不發者十九案；關於兵農編組，瞞齡瞞丁者一百十八案；關於任意攤派，偏倚不公者一百六十九案；關於軍隊擾民者三百三十三案；關於便探敲詐，欺壓人民者五案；關於部隊僱要糧秣，不按手續者四案；關於支差不公者三百二十二案；關於幹部貪污者四百三十二案；關於劃分份地不公者九十案；關於其他不合理不公道者一千九百六十七案。上述數字，係中央社電稱，由此可見晉省軍官犯罪之一斑。

## 關於羅國政變德發表聲明

【路透社倫敦廿七日電】德國通訊社稱：德國最高統帥部今夜（星期日）發表對羅馬尼亞形勢的聲明稱："部份羅軍由於羅馬尼亞存在的混亂狀態已停止對蘇軍的一切抵抗。此發展使蘇軍可於多處經德軍防綫打開道路前進。德軍已被孤立於普魯特河下游兩岸，現正面臨蘇軍的大舉進攻。他們正進行英勇抵抗以便退至德軍新戰綫，此戰綫現正建立中。"

【路透社倫敦廿八日電】德國通訊社今夜稱：布加勒斯特戰事正進行中，該城幾已完全爲德軍包圍。此等部隊正爲羅軍進攻中。通訊社繼稱：羅馬尼亞全境鐵路及其他交通均告停頓。

【路透社伊斯坦堡廿六日電】自一九四〇年至一九四三年以羅馬尼亞問題專家之資格任職於伊斯坦堡英大使館的英軍官蔡斯特倫，昨日自布加勒斯特乘屬於羅馬尼亞空軍之專機飛抵此間，蔡氏於一九四三年耶誕夜以降落傘降落羅馬尼亞南部，負有與安多萊斯哥磋商之某項秘密使命。

## 海通社傳 盟國將撤職蒙哥馬利

【海通社斯托哥爾姆廿七日電】華盛頓外交界人士又在討論更換法境盟軍統帥的可能性。據『每日新聞』駐紐約訪員稱，更換這一最重要的統帥之職的問題或將在邱羅下屆會晤時討論之。華盛頓方面似乎相信，蒙哥馬利將軍將不再留任盟國陸軍總司令一職。該報指出亞歷山大將軍將為其繼任者。但瑞典訪員又說，美國方面甚願布萊德雷將軍任法境統帥，因為美國對作戰努力出力最大。

## 盟國停戰條件 已提交保加利亞

【路透社倫敦二十七日電】路透外交訪員獲悉：盟國停戰條件將於短期內提交保加利亞政府。他認為停戰條件已電告穆杉諾夫。保加利亞電台廣播之聲明中，未提及保加利亞自希臘及南斯拉夫被佔領區域實行總撤退，但是，這是盟國方面認為具有至要意義的條件。保德關係之破裂應繼之以保加利亞解除德軍武裝。莫斯科刻已證實國王米琪爾業已接受的蘇方對羅馬尼亞停戰條件與四月間提出者相同，這一停戰條件已獲得英美政府的事先同意，並且邱吉爾稱之為寬大的條件。條件符合於所預期者，最有興趣的一點是鼓勵羅馬尼亞人進攻匈牙利，以便恢復在維也納仲裁下被攫取的外西爾瓦尼亞之半。羅馬尼亞必然響應此種鼓勵。實際上，據悉羅馬尼亞已與其匈牙利敵人之部隊進行戰鬥。

## 路透社報導 保投降條件已擬就

【路透社倫敦廿五日電】路透外交訪員尼爾報導：據我獲悉，關於保加利亞的休戰條件，英美政府在預料到現在發展的形勢下若干時前即大體擬就。這些條件自然已遞交蘇聯政府，今日的形勢是：三同盟國的磋商正進行中。一旦在此磋商階段完畢後，條件即將通知保加利亞政府。

## 同盟社稱：美英蘇爭奪 近東的飛機根據地

【同盟社柏林二十七日專電】美英蘇三國為謀在近東一帶扶殖勢力，最近均在傾注力量在此方面獲得屬於本國的飛機場。據最近到達此間的報導稱，各國飛機根據地勢力在該方面的分佈情形如下：在敘利亞與黎巴嫩，共有三十五處飛機場，其中之一屬美國，（缺），一處在英國的支配下，巴勒斯坦方面的飛機場，全為英國所有。在埃及，則中央飛機場及其他若干機場，係在美國的支配下。埃及當局僅有一個飛機場（此句電碼不清），其餘幾全為英國所獨佔。在伊拉克，則巴格達的飛機場在伊拉克當局的支配下，其他二十四個飛機場，均在英國手中，伊朗有三十二處飛機場，有二處屬美國，十二處歸英國支配，其他則全在蘇聯的支配下。在阿拉伯，美國有兩個重要飛機場，而巴林島的各個飛機場，都在美國的管理下。至西部亞洲、阿拉伯方面的美國勢力，還不及英國勢力，但雖然如此，美國勢力優秀飛機根據地的擴充（有最近代的設施），正在逐漸驅逐英國勢力。美國設置長途飛機根據地的計劃，正在努力的推進中，說明美國想以掌握航空網幻想制霸世界的動向，這是值得注目的。

## 美英與印度

【合衆社華盛頓廿七日電】美國政論家皮爾生廣播稱：前羅斯福駐印特使費立潑斯，最近所以自倫敦艾森豪威爾將軍之幕中奉召返國，係由於英國政府之堅決要求，蓋費氏主張印度獨立也。費氏於對羅斯福之報告中（缺十六字）認為英國雖提出相反之論，然此確係吾人之事，蓋吾人實任對日作戰之主要職責云。皮爾生謂此一報告洩漏後，英國即要求費立潑斯離倫敦，然表面上仍謂係『私人理由』。皮氏謂邱吉爾艾登對於費立潑斯關於印度之意見觀感相同。

【路透社華盛頓廿七日電】國務院本日宣佈：印度政府與美國政府之代表，最近曾在美國就戰後民用航空問題舉行多次初步與試探性質之會商，雙方均認為應採取一切可行之措施以促國際航空事業之迅速發展造福世界人民。

## 近東之英美關係

【海通社柏林廿六日電】紐約訊，紐約州參議員羅伯特・F・華格納向英政府發出緊急呼籲收回『可恥的張伯倫白皮書』，根據該白皮書猶太人移居巴勒斯坦受到限制。參議員說，白皮書受到譴責決非過分，因為牠與一切法律相形之下愈加明顯，且其影響已使猶太人至於『可怕的死亡』。

【中央社開羅廿六日電】據埃及進步報本日自有資格人士獲得之消息，伊拉克攝政阿都利拉因不滿於美國對於巴勒斯坦問題之態度，已撤消原定見解之計劃。該報並謂攝政希望不久訪問英國。按前自貝魯特傳至此間消息，謂前任總理紐里安賽德將伴同攝政訪美。

# 各國科學技術者的動員

【同盟社東京廿五日電】大戰的物質戰、科學戰的性格是更加明確，科學技術者的動員，成爲走向勝利的決定要素。交戰各國對於如何有效地把科學家們的智力戰力化，都在付以莫大的努力。在我國動員科學家的各種措置，亦逐漸走上正規，官廳方面爲了增加飛機，業已公佈關於動員技能者的勸令，學術研究會議亦集中研究作戰與生產，現在試看一看德國、蘇聯及美、英（以科學技術的優越地位作爲攻勢的基礎）等各主要交戰國戰時科學技術動員態勢，當可窺見現下激烈的科學戰之一面。

（德國）——一切企劃與動員，都統轄於四年計劃局長官戈林元帥的絕對指揮下，科學動員亦由於公佈航空管理法（根據一九四二年的元首命令），其重點即置於航空科學的動員，科學人員担任斯職，其後於敍比亞氏就任生產部長後，研究所的指揮權與動員科學者從事生產的權限，乃移讓給該部長，以敍比亞氏爲委員長，最近會組成委員會（由陸海空軍代表者與軍需工廠指導者構成），從此便淵淵出產B號等新兵器，此外並有研究指導者會議與納粹技術局等，各地方並有支部細胞組織的研究機關系統，德國第一流的國民組織，亦在科學界密佈如網。

（蘇聯）——作爲研究機關的，有學士院，以及直接附屬各人民委員會的學士院，這是進行各項基礎研究的機關，採取應用研究，並綜合地使其戰力化的組織。

（美國）——一九四〇年六月德英開戰後，才着手科學技術的戰時動員。以各部部長爲委員，成立國防研究委員會（N・D・R・S），直屬於國防會議，以朝野的科學者爲中心組成，哈佛大學校長科南特任委員長，着手科學者的戰時編制，但由歐洲戰局的進展，此種組織趕不上需要，因而不久便又把總統的咨詢機關——緊急管理局（O・E・M）吸收到國防研究委員會。陸軍大將李密德、海軍少將巴埃爾等均作陸海軍代表，參加該委員會，與作戰採取密切聯系。至此美國的戰時科學技術動員的最高司令部，得以成立。翌年爲了强有力地統轄研究，在OEM（具執行權的研究行政官廳）下面，成立科學研究進行會（OPRD），前年則成立生產研究進行局（CPRD），於是能夠從研究到生產，强力實施一連串的指導行政。

（英國）——大體上蹈襲前此大戰時的組織，科學工業研究局在樞密院之下，直屬於樞密院，是動員科學家的中心機關，此研究局接受科學工業研究委員會（以樞密院議員爲會員）與諮詢評議會（由科學家、專門家構成）的指令，幫助與指導科學家的動員與研究，在此研究局下面有著名的皇家研究所等，相當活躍。民間的研究所則不甚振作。只是布利斯脫等兩三個飛機公司與電氣公司方面的民間研究所，在非常活躍地工作着。隨着戰局的進展，已成立了科學技術諮詢評議會、英國科學研究評議會等三個機關，但活動的情形，尚不明顯。

# 敵同盟社評 大東亞的三個事變

【同盟社東京廿六日電】與日本小磯米內決戰內閣的成立同時，大東亞各地有三個政治的變化，第一是泰國內閣的更迭，第二是維希政府以全權賦予越南總督，第三是菲島政府的改組。貫穿於這一連串政治變化的性格都是加强東亞的決戰體制。就泰國來說，前總理鑾披汶退位後，於上月來組成的阿拜溫內閣於本月二十四日任命泰國軍的元老——巴霍恩上將爲泰國軍最高指揮官，使其成爲三軍的最高首腦，並任命前總理鑾披汶爲國政顧問，完成國政的改革，使決戰內閣的性格更加明顯。阿拜溫新內閣是決戰內閣，可由鑾披汶內閣倒台的理由中找出理由。鑾披汶內閣要遷都以及建設佛都，議會認爲這在泰國人民看來，是不急的事情。因此鑾披汶內閣倒台。新內閣的產生是爲了加强戰鬥，八月六日新內閣公佈六大政綱中提出協助日本完成戰爭亦是當然的事情。越南一向爲對日合作政策日益加强，由於兩國的談判都要經過法國政府的承認，因此手續的繁雜徒費時間，且有阻礙完全諒解的傾向。由於此次德古總督掌握全權，一切的交涉可在現地速斷速決，因此不會有誤解的現象。我們期待日越兩國的關係更加親密，並迅速地完全推行越南在東亞決戰中所負担的任務。另一個事實就是越南初次斷絕其與歐洲的聯系，確保了足以實行越南自身政治的態勢。這在某種意義上說，越南才回到東亞。越南這樣的變貌是日本所期待的，而其結果，越南對於增强東亞的戰力當然有偉大的貢獻。在菲島就是羅勒爾總統兼任的內政、經濟兩部長均任命專人，企劃院總裁羅哈斯作爲國務大臣而入閣，至此菲島內閣才完全整備其機構，由此可知羅勒爾總統將這個政府變爲決戰內閣的決心。特別是羅哈斯的入閣更加强化了舉國一致內閣的性格。這表示菲島政府決心團結全國人民防衞大東亞，完成在敵前展開的工作，整備了應付決戰的態勢。

# 参攷消息

（只供參考）第六二二號
解放日報 新華社 編
今日出版二張
卅三年八月三十一日
星期四

## 湖南敵軍今後動向如何？重慶發言人說要打廣西

【同盟社上海廿九日電】不消說重慶，就是急着進行對日反攻的美國，亦審慎注意日軍攻略衡陽的動向，並對其動向有各種各樣的推測。無論重慶或美國都認為日軍下次作戰的目標，是依靠湘桂鐵路突入廣西省，向桂林、柳州進攻，另一方面，南下打通粵漢路，這大概是確實的。雖然這樣推測日軍的行動，但美國和重慶在皇軍這樣的威脅面前，各自根據自己不同的想法，擊虛避實和進行策謀，即重慶軍事發言人曾於最近招待記者會上宣稱：『湖南的日軍目下正將其主力結集於湘江西岸地區，其目的第一是擊潰現在移住衡陽西南的重慶軍，並準備沿湘桂鐵路進擊廣西省會桂林』。關於其對策，他說：『盟軍企圖在中國東南部登陸的計劃並不因日軍在湖南的作戰，而遭受挫折，盟軍如果實行登陸，那末重慶軍可以向沿岸地域進擊。』依靠美國的重慶欲掩飾衡陽失守的創傷，因此大大地宣傳緬甸北部及怒江前綫的戰況，以圖使人民忘記湖南的敗戰。最近似乎誇稱積極進行衡陽周圍的反攻作戰，特別是積極攻擊宜昌周圍的日軍陣地，這自可明瞭重慶這樣宣傳的目的和它的眞意何在。重慶內心急於消除因衡陽失陷而引起美國對重慶的惡感並促進其加強援蔣或是促進尼米茲接近中國海岸的計劃。而美國方面早已看穿重慶宣傳的目的。路透社及美國的報紙都認為此次重慶軍在漢口南部地區（以宜昌為中心）開始行動的目的是防止華中日軍增援湖南南部作戰中的日軍以及防止其開始進攻桂林的作戰。缺乏戰車和重火器的重慶軍，像攻宜昌這樣，已經成為堅固要塞的都市是不可能將其奪回的（缺一段）移住湘江東西兩岸以圖救援衡陽的重慶軍到處遭到日軍攻擊，現在其主力約十個師配備於以衡陽西南為中心的永豐、金蘭之綫，它不但未能奪回衡陽，反而構築陣地，整備防禦態勢，應付日軍下次的攻勢。重慶的所謂反攻宜昌只不過是要得到宣傳的效果，於是由全盤看來，重慶沒有積極的戰意。因此不管重慶怎樣宣傳反攻，但是大陸的戰事沒有多大變化。敵人害怕日軍下次攻勢的威脅。紐約時報早已有悲觀的論調，該報寫道：『如果日軍開始攻擊桂林柳州，那末駐華美空軍不得不潛伏於雲南內地。』美國企圖犧牲重慶使其由大陸配合太平洋反攻日本，其憂慮與焦急是很深刻的。

【同盟社大陸前綫根據地廿九日電】自敵賴以反攻的重要據地衡陽陷落以來，在華美空軍第十四航空部隊，在西南中國部用以安置主力的根據地群，完全瀕於崩潰的危機。此後該方面的敵空軍，乃一方面積極進行空中的截擊戰，一方面在本國努力調整反攻體制，從本國大量運輸燃料、彈藥、資材等。關於反攻據點的調整，因加重了我方的壓力，乃改變過去中樞前進據點——桂林、柳州的性格，由於此等地點變為前綫根據地遂進而調整反攻據點，藉以策應新的地位，所以在衡陽失陷後，敵第一綫據點被迫後退，而上述工作，可以說是敵為應付我方之壓力。我精銳航空部隊，鑒於上述敵動向，乃於廿八日夜，轟炸敵柳州據點。

## 敵機利用月夜偷襲各地機場

【同盟社大陸基地廿九日電】我在華航空部隊利用月明——開始襲敵的夜襲，即是說，二十七日夜飛襲零陵、芷江兩飛機場，零陵因月陰之故，戰果不明。在芷江，燃燒大型機一架（缺一句）。二十八日夜，復往襲恩施、梁山、柳州三飛機場，恩施有二處起火燃燒，梁山戰果不明。在柳州，則捕捉集結之敵機，燃燒大型機六架，擊毀大型機一架，我方俱安然飛返。

【同盟社大陸前綫基地三十日電】我夜間轟炸機隊編隊，繼二十八日夜空襲柳州後，更於二十九日夜空襲桂林，攻擊出擊飛返之敵機，空襲陷於混亂之敵基地，以強有力的火網，一舉將其擊毀燃燒，除擊落二十一架外，並有一處大爆炸。

【同盟社南京二十九日電】二十九日下午零時五分左右，在華美空軍P四十式機四架，侵入蕪湖上空，遭我航空部隊與地上砲火的猛烈反擊，立即擊落其一架，擊毀一架，其餘二架則倉惶潛逃。又在擊落之敵機上有美國將校一名，利用降落傘落於長江江面，當被我捕獲。

【同盟社東京三十日電】陸軍省航空本部員森正光中佐，就B二九的性能證明如下：敵超級空中堡壘已數次從中國大陸來襲，這一飛機正與敵人的宣傳相反，並不是怎樣了不起的東西，我制空部將敵人的此種飛機名之爲『笨蛋』，意味着一個沒有腦筋的巨人，所以此種稱呼是很確當的。每次來襲的時候，在二十日即送來廿餘架的禮物，其端緒現在亦完全明瞭，是如何的粗糙，其器材多半是代用品，特別是發動機極爲惡劣，因爲鋼管的組織障礙經常發生，而不斷的發生故障迫降落亦是基於這一原因。B二九的飛行員共十一人，廿日即毀失三百名的乘員，其中高級軍官亦有多人。損失飛機還沒有什麼問題，但損失了這樣多的人，敵人亦會感到頭痛的。B二九的體積甚大，其所需用之汽油亦極龐大，在中國的基地僅因費用，供給即很困難，而必須從印度滿載汽油，中途尚須在成都附近添加汽油始能飛出。冒犯這樣的作戰困難出擊，使敵亦不得不考慮到將被擊落或殺害。

## 盛世才的種種

「合衆社重慶二十九日電」新疆省或中國的土耳其斯坦，東隣外蒙古，南接西藏，西與蘇聯的喀薩克斯坦爲界，是一國際紛爭的地區，在過去一百年內充滿了種族鬥爭、屠殺、政治暗殺與囚禁等。新疆的領土當法國領土之三倍，居住着十六個種族，喀薩克與維吾兒族爲土著種族，漢人、俄羅斯人、蒙古人爲移民。自從二十世紀開始以來，三個中國的專制督軍接連統治着新疆及其五百萬人民。三個統治者都是以恐怖主義著稱，而每當政權易手時，每次都發生暗殺、屠殺及大批囚禁。中國舊式軍閥楊增新統治新疆十七年，至一九二七年始下台。在新疆，「七月七日」意思是流血的日子，一九二七年的七月七日楊增新在酒席筵前被想取他而代之的部下樊耀南所刺殺。而兇手樊耀南第二天早晨即死了，因爲他自己又爲另一野心家金樹人所暗殺，而金樹人在刺殺這一兇手之後，便成爲新疆的督辦七年於茲，直至一九三三年，維吾兒族與白俄移民舉行叛亂，殺死他的弟兄，並將他驅逐了。金樹人的參謀長盛世才利用白俄移民軍隊將維吾兒族及通古斯族的叛亂鎮壓下去，於一九三三年同樣的統治着新疆省，直至本月他的政權勢力迅速衰落爲止。盛世才較之過去一世紀他的一切前任督辦，是新疆的一個嚴酷的統治者。盛世才是一個極端的愛國主義者與民族主義者，但在思想上他是一個社會主義者。盛世才是一軍事人才，能在司令部運籌帷幄，亦能在第一綫率部作戰，同時當他統治新疆十二年的初期與俄人縱橫折衝時，亦是一機警靈敏的外交家。十四年前當他自首都南京赴新疆時，他是蔣介石的部下，在個人方面盛世才極端尊敬蔣介石，但在民族政策上，十二年來屢次無視中央政府的命令。新疆距重慶甚遠，因此在戰時，中央政府因忙於對日作戰，對他的違抗命令會在一個時期內置無辦法。一次當政府與中國共產黨發生爭端時，盛世才採取親共的態度。盛世才在其統治新疆的十二年中，曾舉行二、三次驚心動魄的逮捕。第一次係在一九三七年的寒冬深夜，將新疆副督辦維吾兒土著何契阿尼亞茨及其他省政府高級官員，邀他們赴宴時加以逮捕。在那一次筵會上，消費了數百瓶美酒，如盛世才款待威爾基和美副總統華萊士之盛宴一樣，佈置了土著人的舞蹈與歌曲。是夜筵會遲至午夜以後，筵罷酒闌時新疆省城迪化已全爲白雪覆沒。翌晨迪化醒來時，讀到盛世才之機關報「新疆日報」，宣佈十二名高級官員，內有前夜參與盛世才筵會的副督辦何契阿尼亞茨被捕。機關報宣佈他們的罪名爲「國事犯」。事實上只是盛世才懷疑這些土著領袖圖謀另一叛亂。優秀的中國作家、新聞記者杜重遠是盛世才兒時的朋友，而且是盛世才在新疆的宣傳者，作家杜重遠所寫的論文集都是讚揚盛世才的。三年以前，在一次對酒傾談前後，杜重遠即被逮捕了。雖然全國知識份子紛紛營救，而杜重遠直到現在仍在獄中。獨裁者盛世才督辦之官方聲明謂：『杜重遠「秘密參加汪精衛政權」。真實的情節從未發表，但消息靈通人士相信只是另一懷疑老朋友和作家的忠實的案件。兩年以前當盛世才的弟弟爲其妖艷舞女的妻子所暗殺時，盛世才本人亦嘗到了苦頭。這一嬌艷媚人的女人據說是某國的間諜，她奉命刺殺盛世才的弟弟，因後者對某國的利益有害。自他的弟弟死後，盛世才的「外交關係」破裂了。當他統治新疆的這個時期內，第一次訪問重慶即是新疆國際氣氛變化的直接結果。自從盛世才返回中央政府懷抱以來，國民黨已在新疆設立分黨部，而三民主義亦在此邊遠省份首次被宣傳了。然而盛世才的政策和方法還不完全符合於自由中國近代政治傾向。記者確知舊式的野心的軍閥將迅速地從煩擾中亞的動亂的政治水平綫上消失了。兇手督辦盛世才現年五十二歲，是一東三省人，濃眉重鬚。他在迪化的宮殿是亞洲防衛最嚴的司令部。他的庭院與花園的各個角落遍佈機槍窠。日間衛兵站在他住宅的屋頂上値崗。夜間當他行動時常伴以十二名全副武裝的衛兵，表示他對刺客的警戒。盛世才有三個兒子和兩個女兒，妻子是迪化新疆省立女子學校的勤勉的校長。盛世才患慢性胃病。一九二七年畢業於東京士官學校，這使他學得了軍國主義。除了日本之外，曾於一九三八年聘問莫斯科，作了一次遊覽與考察的旅行，在一九三三至一九四一年期間是俄國親密的朋友。蘇聯塔斯社關於他們軍隊與外蒙軍隊自從去年十月迄今年三月間的衝突之報導依然被禁止。他的專橫方法使他成爲許多有勢力的土著人及新疆流亡領袖們的敵人。

## 同盟社口中的
## 更迭盛世才的風波

【同盟社東京卅日電】據重慶來電，重慶政權正式公佈調任新疆省主席盛世才爲農林部長，而任命蒙藏委員會委員長吳忠信爲新疆省主席。此舉如作爲新疆重慶化的企圖來看，殊令人尋味。對於北方爲延安政權所危脅的重慶，新疆是它唯一通蘇聯的道路，又沿西蘭公路可以與中國中部，中央亞細亞發生聯系，因而此次省主席的更迭，可能給重慶蘇聯間的關係，以某種程度好轉的機會。而駐重慶外人記者乃迅速報導新疆軍不斷與外蒙軍發生衝突，是此次更迭的理由。據傳回教對策與對蘇關係是統治新疆的關鍵，盛世才十年前平息回教五馬的叛亂後，便實行其獨立的統治權，原來新疆由於邊疆關係，中央的政治勢力常是達不到的，因有此特別性，所以新疆的反中央色彩，逐漸加强，直至今日，中日事變發生後，喪失沿海地方的重慶，乃不得不開發西北，作爲活路，最近數年來，新疆省雖迅趨中央化，但有盛世才的存在，終會阻止重慶的野心，因而這一次的更迭，完全出諸强迫，暗示着兩者正面的衝突，但重慶此一强迫，能否使盛世才屈服，殊成疑問，要看今後的發展。然而新疆對於蘇聯，有特殊的地理條件，雖一時傳聞新疆在蘇聯化，但最近盛世才不斷與蘇聯發生衝突。在重慶方面，雖有意藉罷免盛世才以改善對蘇聯的關係，但擁有兵力，及有過去歷史的盛世才，是否就屈服在重慶的一紙命令下，殊成疑問，反而尚有很大可能發動實力，以戰爭回答重慶，不過能否使盛世才屈服的關鍵，不在於重慶的實力，而要看蘇聯的態度如何，設若盛世才屈服重慶，那麼今後的新疆，不僅要中央化，尤其是要蘇聯所希望的蘇聯化。

## 外國記者問
## 盛世才被免職意義何在

【中央社重慶卅日電】外國記者招待會，三十日下午三時舉行，梁部長寒操與吳次長國楨張參事平群出席主持，某記者問中國政府與荷蘭、瑞士、瑞典及葡萄牙四國談判廢除在中國特權之情形如何？吳次長答，中國政府現正與荷蘭政府在倫敦舉行談判，希望獲得成功。此項談判成功後，相信瑞士、瑞典及葡萄牙三國，將自動取消在中國之特權。某記者問最近新疆省主席盛世才調任農林部，意義何在？張參事答，此可視爲我國內部行政上通常之人事更動，我國政府久持內外人員互調政策事例，並數見不鮮，如前行政院張副院長羣，外調至川，前實業部吳部長鼎昌，外調至黔，前中央訓練團王教育長東原，外調至鄂，又如前粵省陳主席濟棠，魯省沈主席鴻烈，經先後內調爲農林部長，前閩省陳主席儀及贛省熊主席式輝，亦經分別內調供職中央，此種內外互調辦法，在我國外交人員方面，尤常應用。某記者問，八月份物價情況如何？張參事答，八月份物價自大體言之，可稱極爲穩定，無甚漲跌，米價仍趨低落，至蔬菜水菓，因天久缺雨，與季節關係，稍見漲價，其他物價大概仍與七月份相若。八月份渝市物價零售指數只較戰前基數增四百四十一倍，較之七月份之四百四十倍，所漲甚微。所可注意者，全國各地除貴陽等一兩處外，食糧價格均趨下跌，甚至有跌至六七折者。至其他雜貨之所以未能如米價之下跌，則因目前存貨，均係以前米價昂貴時所製運囤儲者，例如豬肉即係出自以前食料價高時喂養長成之豬隻，又如煤亦自係以前高價人工所採掘者，其價格自因成本關係，自難猛跌，倘現狀能相當延續，則將來之一般價格，當可趨跌。

【中央社蘭州卅日電】新省改組後，朱長官紹良，今晨專機由蘭飛返迪化，代新省主席。徐恩曾，盛世騏偕行。

## 國家總動委會調查
## 各省物資產運銷及物價管制

【中央社重慶廿九日電】國家總動員會議，廿九日舉行常會，通過「各省物資產運銷及物價管制調查聯系辦法」，以便策進各省積極進行，藉收實效，茲誌該辦法於左：（一）國家總動員會議，爲謀各省動員業務及管制工作之協調，及確切明瞭各重要地區物資產運銷之實際收效起見，得派員分赴各省從事調查聯繫事宜。（二）國家總動員會議，對各省及各地區動員及管制業務之聯繫調查，得邀請主管部會同派員進行之。（三）調查人員之任務，以調查聯繫爲限，應就所得，條陳意見或報告，報會核定施行，不得對地方政府或任何機關直接有所主張。（四）關於各省聯繫，應注意下列各項：一、促進各省管制工作與中央管制工作之配合一致。二、促進省與省間管制工作之協調。三、促進省際間物資之流通。四、促進省際間公路水路驛運之聯繫，及運價之協調。五、簡化省際間貨物檢查機構。六、解釋中央動員業務法令，並宣達管制實施辦法。（五）關於物價之調查，應注意下列各項：一、現行稅率及徵稅手續與各地物價之關係。二、現行檢查制度及檢查手續與各地物價之關係。三、現行交通管制辦法與各地物價之關係。四、現行各種物資管制辦法與各該物品價格之關係。五、各重要集散市場及消費市場物價之實況，及形成物價波動之主要因素。（六）關於生產之調査，應注意下列各項：一、工業以紗布、麵粉、電力機器、鋼鐵、酒精及代汽油、造紙、火柴、水泥、酸鹼、橡等項爲主，注意如何爲有計劃之生產，使其產銷均衡，如何改良其技術及設備，使其產品合於標準，如何改善經營及管理，使其成本減低。二、礦業以食鹽、焦煤及鐵爲主，注意如何有計劃之生產，使其產銷均衡，如何改良其技術及設備，使其產品合標準，如何改善其經營，及使其成本減低。三、農業以糧食、棉花爲主，注意如何控制較大集散市場之來源與去路，以期供需均衡，價格穩定。四、農業生產貸款及工礦貸款，有無轉移用途情事，其所得結果，較預期之成果如何。（七）調查人員所住地方，地方政府應予以適當之協助，如有調查公私企業賬簿之必要時，該企業不得拒絕。（八）調查人員，所有薪給及差費，由國家總動員會議發給之，不得接受任何招待。（九）調查地點，暫就左列各省及其重要市場：一、四川，二、雲南，三、貴州，四、陝西，五、甘肅，六、廣西，七、湖南、湖北，八、河南。（十）本辦法由國家總動員會議常務委員會核定施行。

【中央社重慶卅日電】中國新聞學會與重慶各報聯合委員會，二十九日開會決定，於九月一日上午九時假中宣部大禮堂舉行九一記者節紀念會，並已柬請有關機關長官蒞臨指導致詞。又同日下午七時，中宣部聯誼晚會，藉資慶祝第一屆國定記者節日，並放映電影助興。

# 德古宣佈獨裁
## 與日寇評論

【同盟社西貢廿一日電】越南政府廿日以政府聲明的形式，公佈本國政府已將全權委給德古總督，聲明要旨如下：鑒於與本國的正常聯絡，有中斷之慮，因而乃賦給我以廣泛地必要的決定權，此種局勢事前早已料到，而一九四三年×月十八日法律之公佈，即由於此，上述法律第九十條，規定與本國政府斷絕電訊時，給我以特別權限，該法律依據憲法第十二條及其附則，已經總理提交閣議通過。該法律規定如下：第一條，法國本國與越南間斷絕聯絡，在斷絕期間，關於應由本國政府承認的各必要事項，有總督決定施行之。（下略）

【中央社重慶廿二日電】據西貢廿二日廣播：越南總督府今日向越南人民廣播，維希政府已自昨日批准越督德古有實施一切臨時措置之大權，總督府之廣播聲明如下：越督德古已簽署政令着即實施一九四三年二月十八日維希政府所頒有關於移轉臨時大權之法令，維希政府已決定授越督德古以絕對大權。

【同盟社東京廿二日電】隨着法國戰事的緊迫，在越南賦予德古總督以事實上等於元首的獨裁權。我國人民均理解與同情此事，認爲這是當然的處置；另一方面，以往越南不論情形如何，都依靠法國政府決定其對外政策的大綱。由於此次的處置，我們可以指出今後越南政府與本國的動向與本國一切的關係，可以自己決定其對外政策。此事殊堪注目。即今後越南的動向都要看越南當局的認識與判斷來決定。關於這一點，我們對於德古總督閣下（他們知道越南在大東亞決戰中的地位）集中一切力量於加強日越合作關係這個方向是沒有懷疑的餘地。鑒於越南向來的情形，特別是在此時有完全封鎖不順份子暗中活動的必要。而其一例就是廿二日中部日本新聞在其社論上說『不許越南有達爾朗的存在』，是單是表明我國民對於越南的關心和毅然的方針。該社論要旨如下：維希政府鑒於歐洲戰局的複雜化，遂賦予越南總督德古以事實上可與越南元首相比的獨裁權。這是因爲美英進攻法國的速度很快，而預想到今後維希與越南間的電訊及其他通訊機關杜絕乃至中斷的場合，遂採取上述措置，這是當然的處置。維希政府雖然沒有正式的公佈，但它非正式的聲明，使日越合作關係毫無變化地持續下去；因此越南當局的措置極爲妥當，這是日本所歡迎的。但是另一方面如果達觀越南政情的全貌，那末德古總督的日越合作的方針未必百分之百的實現，這實是憾事。即越南政府內部或政界存在着這樣認識不足的徒輩，他們忘記越南介在於機會大東亞決戰下的大東亞的一角，這個嚴肅的事實，而乘着世界戰局一弛一緊的（缺數字），我們甚至不能忽視越南存在着與大東亞共同敵人美英及重慶相勾結的不道德的官吏這個事實。我們向來指出和警告關於這些妨礙份子的策動。當現在德古總督被賦予總裁權時，應嚴重指出這一點，大東亞戰爭是大東亞民族解放的戰爭。而越南包括在內是很自然的，我們不能忽視越南叛逆份子的存在亦是言論的鐵則，我們再重複地說，不許越南存在着達爾朗份子。我們對於越南當局的日越合作方針表示容同，同時鑒於這件事情的重要性，故敢進一言。

## 更正

本刊號碼自八月九日起有重複，自今日起改正爲六二二號。

# 参攷消息

（只供参考）
第六二三號
解放日報
新華社 編
今日出版二張
卅三年九月一日
星期五




## 鹽阜區新四軍
## 救出美飛行員五人

【新華社華中廿八日電】本月二十日，盟軍轟炸日本本土歸航途中，有一飛行堡壘失事，行至我蘇北鹽阜區建陽縣附近降落。計有美飛機師賽伏愛少校，與勃朗上尉，斯太爾美克中尉，勃茨中尉，國勃朗台治少尉等五位國際友人。經我新四軍黃師鹽阜獨立團努力營救脫險，於二十四日由該團護送至黃師師部，上午七時自團部出發，賽伏愛先生等四人步行，斯太爾美克因足部受傷睡担架，沿途軍民夾道歡迎，中午至東溝鎮，全市男女都緊急在他們休息的飯店前慰問，飯後賽伏愛先生等出現在洋台上，下面歡呼聲與掌聲雷動。賽伏愛先生向群衆致謝說，他們有生以來，沒有受過如此熱烈的歡迎。東溝農會送來大批香烟梨子西瓜，以示慰問之意。他們最歡喜西瓜說，中國的黃瓤西瓜和美國紅瓤的一樣，頃刻他們騎上師部前來迎接的馬，斯太爾美克先生改趁黃包車。將近某村，遠遠看見中蘇美英國旗飄揚在天空，主力部隊、民兵、農救會、兒童團的隊伍拖長達三里，賽伏愛先生等在隊伍前勒馬徐行，表示謝意。而馬在一片歡聲呼聲掌聲中，偏不聽話，賽伏愛先生便在馬上高呼謝謝中國朋友。至師部駐地外半里，吳法憲主任親自率隊歡迎，賽伏愛先生等下馬，吳主任向他們一一握手問安，賽伏愛先生向全體同志致謝，特別感謝師中幹隊爲他們作的歡迎歌，我們沒有想到在中國黃海邊上有這樣一塊自由快樂的土地。在休息中，賽伏愛先生談及出事經過謂，廿日晚，當完成轟炸任務回來時，在上海東部海邊外一百五十里處，操縱發生故障，當時不敢在冰上降落，怕不能獲救，也不敢在鹽上降落，怕在敵後被俘，不得已第一批六位降落海上，飛機繼續西行，第二批一位降落某僞據點旁，第三批即與勃朗等四位，降落在我建陽縣境，最後飛機起火，賽伏愛降落於同一地區。賽伏愛先生此次是第四次轟炸敵本土，他說我每次經過此地，都很担心，早知道這裏是新四軍地區，我們一定很放心了。吳主任告訴他南至上海，北至連雲港，西至武漢，東至於海，都是新四軍地區，敵人據點周圍都是新四軍，他們非常高興，立刻建議我軍與第十四航空隊建立關係。他們說氣候對於飛行具有極重要意義，而此地氣候他們不知道，當時師參謀長洪學智從三里外趕來，告訴他們現各地軍民正竭力尋找並營救另外七位友人，他們都伸出大姆指說，頂好頂好。晚上中外友人談笑至夜，毫無倦意，各地軍民紛紛來電話慰問，並將舉行大規模的歡迎會云云。

## 敵稱湖南敵軍又開始前進

【同盟社里斯本卅一日電】合衆社重慶特派記者報導湖南戰綫的新局面稱：重慶軍當局卅日夜聲言陷佔衡陽後的日軍，已將湖南戰綫的兵力整頓完了，並開始新的前進。據此日軍於二十八日進攻該市西南方十七公里的重慶軍陣地，乃與截擊的重慶軍展開激戰，至二十九日仍在繼續中。

【同盟社東京卅一日電】（中國方面）湖南方面我部隊，於確保各要所後，正在實施預定作戰計劃中。在衡陽週圍約有十個師的敵人，在構築縱深陣地，企圖奪回衡陽。爲此，我軍乃繼續進行殲滅作戰，爲策應此陸上作戰，以衡陽飛機場爲中心的我航空部隊，乃連夜襲擊敵空軍根據地。（緬甸方面）爲配合緬甸前綫敵方打通雷多公路的計劃，而向北部緬甸怒江正面進攻之敵戰鬥，日趨激烈，我守備部隊乃迎頭截擊，確保了各個要所。敵向臘孟、騰越、龍陵的總反攻，非常激烈，着着向我陣地追近，我軍乃以猛烈砲火向敵反擊，敵反攻正遭受挫折。（太平洋方面）在中部太平洋方面，狄寧島及大宮島的奮戰，業已三旬，我皇軍勇士，仍在以寡兵繼續激鬥。死守該兩島。此外敵軍對其他島嶼的襲擊，亦日趨激烈，我守備隊均給敵以猛烈打擊。在南太平洋方面新幾內亞及其他諸島，敵機的來襲，日趨頻繁，特別是敵機的襲擊摩鹿加羣島，殊令人注目。

【同盟社浙南前綫基地三十一日電】我精銳部隊於八月二十一日，突然自浙東前綫基地出發，分爲左右兩翼，突破金華南方山岳地帶，不顧大雨滂沱與酷暑，猛攻所在之重慶軍，二十七日上午零時三十分，左翼支隊終於排除防衛麗水縣城的第三十二集團軍、第八十八軍所屬新編第二十師的猛烈抵抗，衝入縣城，將其完全佔領。

【同盟社上海卅一日電】上海陸軍報導部長出淵於卅日接見記者團發表談話稱，由金華方面進擊的我軍，猛攻距金華六十公里的麗水，終於廿七日佔領了。麗水是駐華美空軍前進據點之一，因此這對駐華美空軍（以前失去其據點衡陽）說來無疑地是一個重大的打擊。由於麗水落入我軍手中，建甌及其他接近麗水的駐華美空軍基地顯然減少其存在的價值。目前我航空部隊擊零陵、芷江、恩施、梁山等駐華美軍基地，予以重大損失，這個事實以及日軍迅速攻略衡陽，麗水等基地遂使駐華美空軍陷入恐怖的深淵，敵機為了挽回其頹勢，作最後的掙扎，因此最近頻頻襲擊和平地區。敵人對於敵機的發動進行不斷的宣傳，似乎誇示其所獲的戰果。日前空襲上海暴露其宣傳是多麼愚蠢。駐華美空軍的基地遂不斷被迫撤退至內地，因此中國民衆看穿駐華美空軍的紙老虎的日子，已在不遠。

## 汪精衛尚未病死
## 周佛海訪日後返滬

【同盟社上海卅一日電】行政院代理院長兼財政部長周佛海，訪日之旅程已經完了，昨日（三十日）返抵上海，三十一日發表下列訪日感想：此次的訪問日本並非正式訪問，主要目的在於探問汪主席之病與業餘的休息，汪主席病的經過極為良好，到秋季即可恢復。余到達日本之時，正值新內閣成立不久，即乘此機會與新舊負責當局與朝野會談，各負責人均互相密切談話。日華關係不因新內閣的成立而變更，而日既定的方策今後更要切實的實行。關於決戰體制下日本官民的努力，實佩服之至。貯蓄券與日圓之比率一事，上海方面傳說將有變更，但余相信決不致變更，而堅持既定方針還是國民政府的方策，亦是日本政府的政策。應從責任××××（掉數字）。在與小磯總理石渡重光葵會見時，（掉一句），不論如何，已聲明堅持既定比率，此次貯備銀行與「日銀」借款的成功，一方面加强了貯備券，同時亦是與日圓堅持比率的證明。

## 汪偽「中共問題」專家說
## 中共勢力發展驚人

【海通社南京三十日電】海通社訪員特倫德爾報導：當重慶繼續急於避免對延安問題作客觀聲明之際，南京正在事實上承認此新力量增長的情形。我在與若干著名中國共產黨問題專家歷次談話過程中獲此印象。（缺）他們指出，在美國壓力下重慶之允許記者去延安，已使記者們失望。這點的確應當歸諮於重慶的檢查制度，因新聞記者所獲的結果，沒有關於下列如此重要問題的情報，如延安對莫斯科的關係，與重慶協議的可能性，延安的潛在力量或延安對日本的態度。另一方面，美國記者的坦白報導中未含有延安統治人士政治及軍事意圖的任何東西。在南京和平運動範圍內，南京××考慮中共的重大作用，將是必要的。重慶反對華北的反延安運動是否會繼續一點，此間尚不能明白答覆，因為各方消息互相矛盾。據現有消息，很明顯可以認識到：延安勢力已在許多地區佔據上風。例如除陝西、甘肅、寧夏地區外，在河北、蘇北、皖南及浙東也是如此。延安勢力更向沿海地區伸展也是可以看到的。重慶關於延安問題的解決仍為×××××。另一方面，重慶軍事當局斥責延安人民，說他們在抗日戰爭中驚人的實行規避。鑒於對重慶的此種緊張形勢（此種形勢由於延安與美國間的和解而更為複雜），汪精衛的和平運動則向中國的統一邁進。並強調稱：因為只有這種統一，戰後重建中國的基礎，才能建立起來。

## 重慶對戰後國際組織計劃之建議書

【合衆社紐約卅一日電】紐約時報華盛頓訊稱中國建議設立國際警察歸戰後世界和平機構行政院指揮，以防止並遏制侵略之備忘錄，已提交英、美政府，並已在出席頓巴敦會議之若干代表間傳觀。該報謂，中國之計劃，較英美之計劃更進一步，且與蘇聯之建議成立國際空軍相似。中國之計劃明白規定，國際警察應由世界和平機構之行政院指揮，經費由世界和平機構供給，並建議國際警察最初或逕由國際空軍組成之，惟不主張世界各國僅憑國際警察以對抗未來之任何侵略行動，而提議世界和平機構之會員國，尤其美蘇英中四大國，提供定量之正規武裝部隊於行政院，由行政院指揮對抗可能之侵略行動，此乃其與美英蘇三國之計劃相同之意見。該報謂，中國之計劃，主張行政院主要負防止侵略之責，而全體大會之主要職責，則為諮詢性質。另外並成立國際正義法庭及秘書處，中國之計劃較美英蘇三之國計劃均為詳盡，在若干方面，並主張予小國以更大之權力，中國之計劃特別闡明侵略之定義，並有如何制止侵略之具體建議。中國之建議中，規定行政院應首先以外交壓力，其次以經濟壓力，第三以軍事壓力加諸侵略者。惟未如美國計劃中規定實行軍事制裁，需要若干票表決之明確。中國計劃中之建議，僅謂需行政院理事國三分之二包括常任理等國之一致贊成為實行軍事制裁所必需，惟未特別規定需若干行政院非常任理事國贊成。該報謂，中國之計劃，乃惟一坦率說明世界各國須接受『各國家及各民族一律平等』之原則者。中國並建議行政院及全體大會秘書長之要職，應由行政院之非常任理事國之小國人員充任。紐約時報謂，中國計劃中最有趣之一點，為其較美英蘇三國之計劃均更與國聯盟約相似，在若干處甚至採用盟約之措辭，其中並引用久經討論惟甚少施用之盟約第十九款，該款規定已不適用之條約，得重新考慮。

## 四川松潘縣長被民衆擊斃 北碚民衆反對勒索搗毀警署

【本報訊】最近大後方報紙透露有幾則四川民衆擊斃縣長搗毀警署的消息：一，四川松潘縣長汪一能六月某日率部到該縣夷漢雜居區『督查劃煙』數千『煙民』武裝『抗劃』，圍困汪縣長於歸化，激戰兩晝夜，汪部彈盡糧絕，被俘後，『煙匪』們用亂刀將他砍死。四川第十六區專署聞訊，會派副司令員葉嘉賓馳援，葉也被擊傷。現又派四川省保安處第二指揮部副指揮前往『督劃』。（華西日報八月一日三日四日）二，四川墊江縣縣參議員劉海濤下鄉『督導糧政』，途中被『暴徒』狙擊殞命，『暴徒』逃逸。（華西日報八月一日。）三，本年六月二十八日，重慶附近北碚文星場一老人，拿了三張記明人數的門牌到北碚買了七斤半鹽回去，被合川水上警察北碚分駐所的水警查到，認係販賣私鹽，將老人拘留起來，私刑拷打，勒索二千元。因老人托人帶信派保無結果，七月一日，又遭毒打，於是老人呼寃，引起鄰居街場的公憤，一千多過路人把該分所搗毀。（七月十二日新蜀報社論。）上述這些事件眞相還不清楚，但大後方民衆在國民黨敲搾勒索下無法生活，不得不起來進行反抗的鬥爭，則是當局任何誣衊的言辭都掩蓋不了的。

## 同盟社報導 德國與保加利亞還在繼續談判

【同盟社斯托哥爾姆廿九日電】蘇聯外交人民委員會廿九日公佈稱：在目前局勢下，保加利加的中立宣言，是十分不充分的。蘇聯政府承認上述宣言的這一報導，與事實完全不符。另外德國駐索非亞公使，廿八日返國與外長里賓特羅甫商討對策，彼將根據商討結果，再與保加利亞開始談判，所以環繞着保加利亞政府的國際情勢，現在尙不明朗。

【同盟社柏林廿八日電】據索非亞來電，保加利亞政府，於廿六日宣言保加利亞恢復中立，該中立宣言，主要說明對德蘇兩國，均保持中立。要求從前綫潰退，或轉移陣地的軍隊，通過保加利亞國境時的交戰國軍隊，一律要解決武裝。同時對於現在駐紮保境內的四師德軍，要求於數日內退出保加利亞國外。該宣言完全符合目前該國諸傳總理希望能不參加大國間的戰爭，而恢復中立的聲明。保加利亞此舉，蓋由於受到羅馬尼亞國王米琪爾屈降蘇聯的刺激，同時鑒於紅軍進至多腦河口，有南下進攻保加利亞之勢。據聞：保加利亞曾於數日前急派以民主主義著名的政客姆謝諾夫至土耳其，在安哥拉會見英美駐土大使，說明保加利亞希望對美英停止交戰狀態。而美英則提出保加利亞要交出保舊希臘領土馬其頓及舊南斯拉夫領土，此外解除保境內德軍武裝等難題。姆謝諾夫於二十六日歸還索非亞，與當局討論對策，此一交涉結果如何，明後兩日當可明朗。故自羅馬尼亞叛變後，蘇聯對保加利亞的壓力，更加增大，而保加利亞則希望能與蘇聯妥協，避免戰禍。另外在蘇聯壓力下，保加利亞可能接受美英某種程度的要求，但反軸心國是否能像保國所希望的尊重該國的中立，誠屬疑問，該國今後恐尙要遭遇若干苦難。另外德國對保加利亞雖尙未公佈正式態度，但羅馬尼亞、保加利亞兩國妥協後，德軍需自動從巴爾幹、黑海沿岸退走。而此等地區則進入蘇聯勢力範圍內，在此種局勢下，很明顯地美英要更加焦慮，據聞：邱吉爾此次再度訪問羅馬，便是準備以某種形式，在亞得里亞海，巴爾幹諸國建築英美勢力伸展的橋頭堡壘，並任命亞力山大為南斯拉夫方面反軸心軍司令，要求南國游擊隊司令鐵托給以協助。

## 波流亡政府的地下運動支持者 提出蘇波關係折衷意見

【路透社倫敦廿八日電】路透社外交訪員獲悉：波蘭政府頃收到地下領袖對米科拉茲柯提議送交蘇聯政府之備忘錄的簡單意見。據悉，這些意見在原則上是有利的。預料在明日（星期二）再度閣議後，備忘錄將立即提交莫斯科。據稱，備忘錄首先提出戰後蘇波永久合作的基礎，包括兩國間的同盟。邊境問題將留待戰後於歐洲總範圍內作最後解決。其次，由米科拉茲柯在華沙成立新政府，共產黨將如四個民主政黨在目前波蘭政府中所處的同樣地位參加此政府。如此，由莫斯科支持的波蘭民族解放委員會將參加新政府。第三，憲法問題於解放後由人民投票解決。

【路透社盧布林廿八日電】辛摩斯基將軍今夜於盧布林向外籍記者稱：波軍及蘇軍在華沙以南卅哩維斯杜拉河西岸建立橋頭陣地。辛氏並謂：據其所獲情報，德軍在對愛國者於華沙之巷戰中，已炸毀並焚燬華沙城三分之一，並有居民廿萬人遭德軍擊斃。

【合衆社華盛頓廿八日電】波駐美大使塞查諾斯基，今以波蘭流亡政府之願請書一紙轉交國務院。波政府要求盟國與中立國政府以及教廷通力阻止德國屠殺華沙之大批波人，據傳德軍將其防區內之波人全部驅至華沙西南五十五哩之普魯斯科鎮，該處已設有大屠殺場一所。被迫前往普魯斯科者，已有十五萬人，內多為婦孺老者，彼等無飲無食。德軍之目的顯在今後數日內將全部屠殺。

## 傳貝當賴伐爾被捕

【中央社重慶廿四日電】據法新聞處訊：伯爾尼廿二日電，據悉：貝當已被德軍逮捕，十八日晚，德軍將貝當別墅先行包圍，然後侵入寢室，命其立刻前去貝爾佛特。

【路透社倫敦廿七日電】據悉賴伐爾已被德國政治警察逮捕，至於何地則未悉。貝當元帥已在政治警察保護之下乘車抵摩維亞德之別墅，他們似很疲之，海軍將領德古及前維希陸長布里杜亦被羈於摩維亞德。

## 英承認波蘭國內軍為波蘭正式部隊

【路透社倫敦廿九日電】英外務部本日宣佈：英政府頃接多數報告指陳與我共同敵人積極作戰的波蘭國內軍隊士兵，現受德軍事當局不合戰事規定及習慣的待遇。英政府有鑒於此，今特正式宣佈：承認波蘭國內軍隊乃波軍所屬之一作戰部隊，波蘭國內軍奉命遵照戰事規定，執行軍事行動。德方對波軍採取報復手段，則違犯其本身所受約束的戰事規定。英政府鄭重警告參加此種報復行動或對此負責的全體德人稱：你們為此乃危險行為，來日將受應受的懲罰。

## 芬蘭又伸出和平觸角

【英官方通訊社倫敦二十九日電】芬蘭公使們又經過斯托哥爾姆方面與蘇聯政府取得接觸。是否他們的接觸將比從前的接觸獲得更積極的效果，還值得懷疑。但某些觀察家指出：曼納林元帥職掌政權及羅馬尼亞與保加利亞的背叛軸心國，成為芬蘭可能最後決定採取行動的象徵。然而除了蘇人芬人上次不是完全無益的討論的那些問題外，蘇人芬人，不會再有更多的東西討論。

鑒於芬蘭還沒有像羅馬尼亞所採取的任何決定的步驟，因此傳芬蘭已改變思想，仍值得懷疑。

【海通社赫爾辛基卅日電】此間星期三宣佈：前芬蘭財長唐納已被邀參加芬蘭國會外委會。

## 敵同盟社報導一週戰況

【同盟社東京廿七日電】（一）北方方面，敵機向千島方面的來襲，機數日見增加，而且白晝來襲日見增多。（二）本土西部地方於八月二十日黃昏及夜間，駐華美空軍，向我九州及中國西部空襲，來襲敵機百餘架中，被我制空部隊擊落二十三架，此外擊落之十數架尚未證實，敵方損失在二十數架之上。敵人遭受此種損失，倉惶退走，更在大陸上空有被一氣被擊落的危險，在海上亦有相當數目被擊落。（三）中國方面，（地上作戰）湖南方面的我軍，確保各要地，繼續擊碎周圍之敵。（空戰）從十七日至二十二日間，在戰場上空迎擊來襲之敵機，擊落擊毀敵機十四架。（四）緬甸方面，怒江戰綫的我部隊，確保各要地，分別擊退來攻之敵，該方面八月十二日至十九日間已證實之戰果，敵遺屍體二千八百具。（五）中太平洋方面，甲、馬里亞納羣島、狄寧島、關島的奮戰已經達三旬，皇軍以寡兵激戰，兩島連夜打出照明彈，繼續白刃戰。在狄寧島，二十日及二十三日，敵人猛烈轟炸我陣地，同時敵艦艇亦從海面長時間的進行砲擊，戰場已成為皇軍奮戰的決戰場。在關島儘管食粮彈藥怎樣缺乏，皇軍仍在該島北端陣地活動，現正繼續激戰。乙、敵巨型機對馬紹爾、加羅林羣島的來襲，極為激烈，我方每次獲得勝利戰果。丙、敵機二架於廿三日來襲小笠原羣島，千葉羣島，擊落其一架，十七日B24式機十九架來襲琉璜島，擊毀三架。又廿二日B24式機四架來襲南鳥島。（六）南太平洋方面：甲、敵機向新幾內亞方面摩納灣的進攻，相當有力。乙、摩鹿加羣島及所羅門方面，敵機來襲情形無大變化。我部隊迎擊敵人並獲得相當戰果。

【同盟社中太平洋基地二十七日電】狄寧、關島兩島上空，二十五日夜有照明彈數十發互相交作，在濃煙之下的我部隊，現繼續展開白刃戰。

【同盟社中太平洋基地二十七日電】二十五日敵機十數架來襲洛泰島。

【同盟社西南太平洋基地二十七日電】敵機向新幾內亞西北及摩鹿加羣島的來襲，繼續極為激烈，二十六日，敵機四十架襲新幾內亞摩諾爾，襲巴布奧、蘇朗各二十架，襲民塔那峨島達巴歐（譯音）二十架，敵機數架並分襲哈爾馬黑拉島，西里伯斯島美那多，塔寧巴爾羣島，泰姆拉基、堂康貝（譯音）島。

參攷消息
（只供參考）
第六二四號
解放日報 新華社 編
今日出版二張
卅三年九月二日
星期六

## 華北敵酋岡村去職 岡部繼任北支陸軍最高指揮官

【同盟社東京一日電】此次北支方面陸軍最高指揮官岡村寧次大將，決定轉任某要職，其後任人選於九月一日由陸軍省發表。（陸軍省發表）陸軍大將岡部直三郎補北支方面陸軍最高指揮官。（履歷）岡部最高指揮官爲廣島人，曾任駐荷蘭大使館武官，參謀本部課長、兵團幕僚長、技術本部長、軍事參議官、陸大校長等職。

【同盟社東京一日電】岡村寧次大將於昭和十六年七月繼多田駿大將之後，任華北派遣軍最高指揮官，直至現在，在任計達三年之久，適應着大東亞戰局的激動，很好地完成了他對各項施策的領導。當此次我大陸作戰開始後，中國戰局有了新的進展之時，岡部大將任最高指揮官，對於華北將有很大的貢獻。

【同盟社東京一日電】岡部最高指揮官與蔭佐中將同爲廣島縣人，昭和十八年二月榮升大將明治廿年十八歲時，畢業於陸軍士官學校第十八期的砲兵科，與山下大將、阿南大將爲同期的同學。陸軍大學畢業後，任俄國、波蘭兩國公使館武官，返國後任陸軍大學幹事，過了長時期的外國生活、昭和十三年寺內元帥任最高指揮官，華北派遣軍編成時，在該部隊工作約一年之久，即從涿州保定第一次會戰（十二年十月）中經濟南、青島攻陷戰、山西肅清戰、至徐州會戰，均有彼從中策劃。此後的二年，任部隊長活躍於華北第一綫，昭和十五年十二月歸國，任陸軍技術本部長，十七年十二月任軍事參議官，兼陸軍大學校長，此次復出馬征戰華北疆場，此對於岡部大將說來，可以說是很適合於他活躍的地方。

## 敵稱完全佔領麗水

【同盟社浙江省南部卅一日電】我精銳部隊，突然於廿一日從浙東前綫根據地出發，分左右兩路，向金華南方重要山岳地帶推進，冒炎熱猛攻重慶軍，廿三日午前零時三十分左翼部隊，迅速擊潰防衛麗水縣城的第三十二集團軍、第八十八軍新編第廿二師的猛烈抵抗，突入縣城，完全將該城佔領。

【同盟社大陸前綫卅一日電】二十九日下午零時五十分，敵在華美空軍戰鬥轟炸聯合機隊來襲某處，我戰鬥機隊立即予以迎擊，擊落敵戰鬥機P四十式三架、P51式機一架，擊傷P40式四架，P51式一架，擊傷轟炸機B24式四架，敵轟炸機因遭我猛攻，乃倉惶在鄱陽湖上空逃遁，我方亦有二架未歸還。

## 新四軍黃師 歡迎美機師賽伏愛等

【新華社華中廿九日電】美飛機師賽伏愛先生等於二十四日到達我新四軍黃師後，師部派人佈置了一所精美的住所，內有臥室、會客室、餐室、浴室等，壁上有世界地圖及歡迎盟國戰友的標語。第二天（二十五日）晨他們進行整理修飾，附近的老百姓紛紛以家中僅有的上等食物，如雞、鴨、雞蛋等送來慰問他們，勃朗台治先生一一向他們道謝。中午在華日本人民解放聯盟蘇北支部同志，攜帶着他們自己生產的雞鴨一籃，列隊前來慰問；中日美人士歡聚一堂，以親密的國際戰友之情，五相問好。賽伏愛先生詢問了他們來華的經過，及新四軍的生活工作情形後，乃問美國飛機轟炸日本他們的感想如何？日本友人一致興奮表示：第一次聽到盟機轟炸日本的消息後，即趕製大批宣傳品告訴被迫來華作戰的日本士兵，日本軍閥崩潰的日子更加迫近了。至此松田同志問美國飛機是炸日本人民還是炸統治階級的？賽伏愛先生回答：『我們決不炸日本人民，主要的是炸日本軍事工業，如鋼鐵、焦煤等類，我們認爲那怕是炸毀一片鐵，也可以使日本法西斯少製造一顆子彈。』松田同志等乃代表日本人民感謝美國空軍戰友，希望全世界反法西斯人民更加親密合作，消滅法西斯。下午中美友人拍照，以作紀念。第三天（廿六日）上午他們參觀師衛生部衛生學校及傷病醫院，一進病室傷病員即扶病支起身體歡迎，賽伏愛先生一一請他們躺下休息；繼參觀藥房、手術室，均加讚揚。他們沒有想到在敵後如此艱苦的物質條件下，醫藥用品缺乏，而一般醫務工作人員竟具有如此堅強的自信心進行治療工作，實在難得。黃昏在廣場上休息，形成了一個小規模的晚會？中美友人共同唱歌跳舞，其中以年青的勃朗台治先生最爲活躍，他學會了扭秧歌舞，並把歌詞抄下準備帶到大後方去唱，歌聲直達深夜始止

[illegible]

## 大公報社論
## 要求國民黨改革內政

【本報訊】七月二十五日重慶大公報社評爲『世變紛紛中的我們』，這一篇社評，向國民黨建議，現在世界都在迅速進步，而獨有我國進步太少，今後應努力求進步，掃除垃圾，改革內政，兩黨問題解決早日實現。文中稱：『世界滔滔，儘多現實主義者，儘管我們過去曾大努力，假使在最後五分鐘表現得差了，則將來在現實主義者的眼裏，我們就要吃虧。回想太平洋戰爭初期，英美輿論是如何的恭維我們，而到今日各方面都在打勝仗，友邦言論却在紛紛責備我們的這個那個了。這情形，就含着一個順逆消長的消息。……我們不僅需要使勁打仗，更需要以打仗的精神去爭取和平的勝利。……平心而論，我們不是不努力，實在還嫌努力不够！我們不是無進步，實在還嫌進步太少。『以不變應萬變』，是蔣委員長提示抗戰國策之必不變，而不是說連內政帶外交都停着不動。……如何掌握我們國家的勝利地位？老實說，就完全看我們在最後階段的努力與進步的程度如何而定了。稍稍掃除一些垃圾，我們的內政很可能改革；十一中全會早有政治解決共產黨的決議，應該可能求其實現；外交上還有較弱的環節，更必要以進取的精神求其補强。內政外交，雙管齊下，活潑進取，努力進步。以此增强內政彈力，以此掌握外交大勢，更以此加强了戰力，我們纔可以擺頑敵，應世變，……必須爭得抗戰的勝利，並取得和平的勝利！』

## 陳誠發表反民主言論

【本報訊】青年日報載『研究主義與實行主義』一文，這篇是陳誠在西安省黨部擴大紀念週上的講話，內中對當前民主政治運動發表了如下的意見：『說到民權主義，我們看到當前國內種種不同的言論與錯誤的行爲，……須知總理當時之所以提倡民權，其主要的目的，一方面在指責聯省自治的不能行；一方面在批評歐美民主主義的不澈底。……凡屬純正國民，只要不反革命，皆可直接參加政治，管理政府。這較之今日歐美各國流弊叢生的代議政治，其優劣不辯而明。乃本黨竟有少數同志，不加深思，數典忘祖，一聞人家『評我們不民主，即便隨聲附和，自相聚訟。』

## 重慶紀念新聞記者節

【中央社渝一日電】中宣部梁部長，一日在記者節紀念會中致詞略謂；吾國[illegible]民主，[illegible]下傾煌之一頁。唯民權愈發展，新聞事業愈重要，記者地位愈崇高，而記者亦愈當以爲道德門，死生以之的精神向前邁進。梁氏並再提四點勗勉新聞界：（一）希望新聞學會諸君以學術上不斷求進步，尤盼全國優秀份子，大量湧入記者群。（二）希望記者在本身崗位上精益求精，提高報紙水準，創立休假制度，俾能旅行或進修工作，必更有效率。（三）希望記者養成健全輿論之風氣，健全之輿論，促社會進步，吾人今日非革命前夕，而當革命成功前夕，要進步健全之輿論。（四）希望記者學會會員及全國報紙數量，五年後十倍於今日，十年後百倍於今日。

【中央社渝一日電】成舍我一日在記者節紀念會中演說謂，勝利即將到來：中國新聞事業前途極可樂觀，惟今後中國新聞事業應建立何種制度，爲一極堪重視之問題。中國今日所循者，似英美式，唯英美之新聞事業多操縱在資本家之手，無鉅額資本不能辦報，平民欲思赤手空拳創立報紙爲民衆喉舌，勢不可能，將來中國新聞事業，不能不建立制度，倘今日不加預謀，一旦戰事結束，政治野心家挾其最大之人力財力，到處辦報，彼時壟斷言論，求民主者不能民主，爲害匪淺。成氏特提出一新辦法即『資本』與『言論』分開，資本家出錢，專家辦報，人民發言，政府協導，投資者按股分得利潤，如普通公司組織，另由股東代表、讀者代表、公法團體等組一言論編輯委員會，決定言論政策，如此方能產生眞正輿論云。

【中央社渝一日電】胡政之一日在記者節紀念會中演說，檢討新聞界現狀及其困難略謂，西人稱報紙爲精神食糧，一日不可或缺，然我國報紙因內容貧乏，不能反映整個社會現象，復以本身耳目不健全，將不能代表輿論，甚至於與輿論脫節，够不上稱爲精神糧食，此爲一大缺點，同業應加倍努力，謀本身之進步。抗戰期中吾人言論紀事自由雖受限制，爲國家民族利益計，願意恪遵嚴格檢査法，今日新聞檢査標準，亦極具體，但希望執行機關，切實遵行法令，尊重新聞界應有之言論紀事之自由，則眞正輿論得以發揮與運用，促進抗戰建國任務之早日完成。

## 傳美軍兩師在廣西

【海通社東京廿七日電】鑒於數量日增的徵象，美軍與日軍編隊將於短時間內在中國西南部對戰中遭遇。深恐華軍所遭受的挫敗可能影響美軍在太平洋上的戰略，美統帥部決定以美軍編隊加強華軍並從而增加重慶的作戰力。最近日大後息指出，在桂林柳州據說已駐有美軍傘兵師一師。此外在桂林尚有美機械化師一師，而重慶第五軍（蔣介石的唯一機械化部隊，並會在雲南前綫作戰）現在似在河南。該軍完全由美方物資所裝備並包括有兩個師。柳州和桂林各距廣州三百五十及四百公里。

## 胡文虎到廣州

【同盟社廣州廿八日電】馬來華僑領袖、在大東亞戰爭爆發後，在香港協助我聖戰的胡文虎氏，爲向已有多年地盤的廣州發展，已進行種種準備工作。爲完成此目的，廿三日訪問廣州，連日訪問陳廣東省長等中國當地首腦人物及我華南軍最高指揮官等當地軍官代表。在南方各地西南中國一帶有很大勢力的胡文虎氏，毅然從華僑的立場，向華南進展，殊堪注目。

## 傳蘇英美三國 戰後安全計劃分歧不少

【合衆社華盛頓廿八日電】英蘇美頓巴敦橡樹林國際和平機構會議代表於週末休息之後，在第二週之會議上討論對將來如何保持和平問題所提出之不同方案。上週會議除研究並解釋三國對於國際和平機構意見上之分歧外，成就較少，大部時間均用以研究蘇聯之計劃或備忘錄，因其中牽涉之困難頗多。會議之情形本週可望發表較多。聞三國之首席代表現正研究美國務院給他們的新聞界關於會議之新聞政策的抗議。

【合衆社華盛頓廿八日電】美副國務卿斯退丁紐斯本日宣佈美英蘇三國出席頓巴敦橡樹林會議首席代表將於明晨聯合招待記者，顯示自一週前會議開幕以來最嚴厲之新聞政策可能解消一部。同時共和黨參議員勃里奈在參院抨擊美政府之國際安全機構計劃，謂此項計劃擬議之行政院及全體大會機構將成爲「大國政治之基礎力量」。較小之國家只能旁觀而不容置議。全體大會將成爲一輿論會，除討論及勸告外毫無權力。所有之權力均將集中於行政院，而行政院復操之於四强之手。勃氏引用羅斯福總統致出席頓巴倫敦樹林諸代表函，並指稱：總統曾用人身代名詞「我們」，倘此代名詞乃在進行中之事物之象徵，則我們遭不能不×大國政治且爲大統治者政治，並非美英蘇中之政治，而乃四國之首領×，代理民主黨領袖李斯特爾駁斥勃氏謂：在未悉會議結果前即批評此次會議，實屬不當。衆信巴黎解放及法境德軍潰退後，出席會議之各國代表對法國未來國際地位有多加研討之必要。

（頭缺三十五字）開始參加會議。鑒於蘇聯與日本之現有關係，刻決定不、使中蘇兩國代表同時參加會議。蘇聯代表團本日未迎候顧氏者當係基於同一理由。惟美國首席代表斯退丁紐斯及英國首席代表賈德幹均親蒞機場熱烈歡迎。中國駐美大使魏道明大使館人員及于斌主教均前往歡迎。美方赴機場歡迎顧氏者有前任駐日大使格魯，助理國務卿師氏，赫爾國務卿之特別助理賀恩、柏克等。顧氏下機後空軍軍樂即奏中美國歌，顧氏並檢閱×一隊與歡迎者一一握手。顧氏稱：「返回美國甚咸愉快。諸君咸知余此行係爲參加世界和平機構會議者，此次會議對於戰後世界安全至爲重要。」顧氏係自紐約乘陸軍運輸機來此，航程歷四十五分鐘。

## 關於東歐戰後形勢 英美同意蘇聯意見

【海通社斯托哥爾姆廿九日電】據紐約時報駐中東訪員報導：西方列强已完全接受蘇聯在東歐的邊界要求。訪員寫道，起初這些要求會遭到美國方面的反對，但莫斯科仍舊還是勝利了。這些要求的目標在於恢復蘇聯一九四一年的領土，並建立若干强大的邊疆國，以從西面獲取領土去補償蘇聯的損失。訪員續稱：波羅的海諸問題現可認爲已告解决，因爲倫敦和華盛頓已確定地同意蘇聯的意見。西方列强也同意蘇方對芬蘭的條件，其中包括極大的賠款，這是迄今爲止談判中的最大障礙。邱吉爾和羅斯福也已接受蘇方對波蘭問題的要求，這個問題曾經是最苦惱的問題。蘇方的計劃中規定波蘭取得一部分東普魯士及一部分上西里西亞用以賠償其東方領土的損失。羅馬尼亞問題將由廢除維也納仲裁解決之。華盛頓業已同意，雖然美國方面經常宣稱，邊界問題應在戰後以全民投票解決。訪員結語稱，蘇聯對匈牙利興趣較少，但似乎可能莫斯科方面將對三角條約的役現感到興趣。

## 美國的戰後機構計劃

【同盟社里斯本二十四日電】二十一日在華盛頓郊外召開的美英蘇三國會議，已由三國代表分別提出關於戰後機構的具體案，據紐約來電，二十三日之「紐約時報」，發露美國在三國會談中提案的內容，該消息是自可靠方面獲得者。美國政府雖不承認這件事情是美國提案的內容，但徵諸政府的聲明，大約亦近於眞實，美國提案的內容如下：（一）國際安全保證機構，由反軸心國全部代表組成之，總會主要的是由大國組成的理事會，司法裁判所，書記局組成。（二）總會每年一次在各國首都召開，援助理事會的行動，並予以實效性，在總會各個國家均有一票的投票權。（三）理事會由十一名委員組成，美英蘇重慶以常任理事國資格佔四席，其餘七名委員，由其他各國任命。常任理事國在理事會上的發言權，爲了防止侵略國，在使用武力的時候，各國所拿出的費用，按武力額數的比例決定。（四）理事會主要的是解決各國的糾紛，但爲了防止侵略，亦可使用武力，武力的制裁發動，由理事會的過半數決定，但必須有四常任理事會的贊成投票。

## 海通社報導匈政府已改組

匈牙利斯托傑政府已辭職

【海通社布達佩斯廿九日電】星期二晚官方公告稱：霍爾第已同意斯托傑政府之辭職，並任命拉卡托斯准上將爲總理。前政府若干部長仍留職。查泰仍爲國防部長。其他留職者爲內政部長臘勒索斯，財政斯夸勒，農業部長尤利塞克，尤氏將兼任供給部長。前斯杜爾維森堡軍團長赫葉元帥被任命爲外長。前司法部次長弗拉達爾被任命爲司法部長，前高等法院院長拉科夫斯基被任命爲教育部長，前商業部次長馬爾科斯被任命爲商業部長，前布達佩斯工商會祕書長邱萊被任命爲工業部長。

【同盟社布達佩斯二十六日電】布達佩斯政界對羅馬尼亞的脫離軸心，發表下列見解：羅馬尼亞的可能叛變，早些時日即已預料到，萬一該國屈服於蘇聯政府的壓迫，企圖奪回根據一九三九年維也納會議割讓予匈牙利的外西爾瓦尼亞的話，則匈牙利將以武力死守。

## 敵柴山兼四郎任陸軍次官

【同盟社東京三十日電】陸軍次官富永恭次中將與軍事參議官兼兵器行政本部長木村兵太郎中將，此次轉任某要職，關於其後任人選，決定由柴山兼四郎中將任陸軍次官、現兵器行政本部總務部長菅中將任兵器行政本部長、菅中將之繼任人選，由伊藤鈴次少將陞任，三十日已由內閣與陸軍省發表：柴山新次官是輜重兵科的異材、部內稀有的中國通，少佐時代爲張學良的軍事顧問，滿洲事變以來，大部份經歷在大陸渡過，中國事變爆發時，在當時之杉山陸相下任軍務課長，與現參謀總長之梅津次官等，以廣博的學識，慎重處理事變，由於此次的就任次官，陸軍的首腦人員可謂業已完備。又前任次官富永中將，自去年三月以來，在未曾有的大戰下，輔助極爲繁忙的東條兼攝陸相，達一年半，對我決戰體制的確立有莫大功績，這是值得大記特記的。木村中將調任後，鑒於軍器與行政互相關聯的重要性，兩將軍的歷任，自是當然的順序。（內閣辭令）陸：軍中將柴山兼四郎任陸軍次官，（一等），陸軍次官從四位勳二等柴山兼四郎，特被賜予親任官的待遇，陸軍次官富永恭次，依願免本官；（陸軍省發表）此次表發發如下：陸軍中將菅晴次，補陸軍兵器行政本部長，陸軍少將伊藤鈴次，補陸軍兵器行政本部總務部長。

【同盟社東京卅日電】柴山新次官爲茨城縣人，陸大畢業後，爲參謀本部部員，輜重兵監部部員、陸大兵學教官，其後應中華民國政府聘請前赴中國，任帝國分使館武官、輔佐官，作爲參謀本部附，前往歐洲，昭和十一年三月三日在杉山陸相、梅津次官之下，歷任軍務局軍務課長、輜重兵監、現地兵團長等職。菅新兵器行政本部長爲東京都人，首任技術本部部員，爲研究軍事駐在××，歷任兵器局課員、兵器局重砲課長、兵器局長、兵器行政本部總務部長。

## 德方吹噓 德國將繼續打下去

【海通社柏林三十日電】「不論在何處與時間多麼長，我們將打下去。我們打下去以便保衛我們國家的土地及歐洲概念下的大陸。」此警語爲德新聞司副司長孫德曼於星期三爲戰爭第六年所發表者。（上缺半句），其時英國××德國並擴大德波戰爭（後者爆發世界大戰之前四十八小時）。在數年攻勢中，德國的敵人突破若干處的外圍防綫，××××。在未至現在以前，敵人會面對其主要××。自一九三九年來，德國即清楚認識，此次戰爭爲德國人民的生死鬥爭，此鬥爭沒有減弱而是更爲激烈。德國人民的困苦經驗們××××德國的敵人，他們尚未突破××。（缺一句），德國只存在一個感覺，寧願決死戰鬥而不願淹沒於布爾什維克主義中。（下缺）

## 戈培爾叫囂 德國進行新的總力戰

【海通社柏林二十七日電】帝國專員戈培爾博士所命令的新的激烈的總力戰措施，諸如關閉帝國內一切劇院，實行每週六十小時工作制，禁止假日等已成爲星期五德國各報討論之主題。羅馬尼亞國內之發展在星期五德國各報的新聞欄內佔次要地位。各報在社論中強調新的激烈的總力戰措施將爲陸軍及軍火工業解脫出數十萬壯丁。各報亦強調德國已決定集中其每盎斯的力量進行全力的戰爭努力。柏林人民觀察報評論新的總力戰措施的社論中稱：「一年內沒有劇院，較一生中沒有藝術機關更好」。該報熱烈歡迎這些措施，稱之爲「根據國社黨的原則，戰爭重擔的公平分配。」其他報紙亦在社論中強調說：德國願意將戰爭的需要置於其他一切考慮之前，所以德國人民決定爲了使戰爭勝利作最大的犧牲。

參攷消息
（只供參考）
第六二五號
解放日報 新華社 編
今日出版二張
卅三年九月三日
星期日

# 豫南三萬農民暴動

## 反抗國民黨軍隊橫征暴斂

### 敵寇稱快大事挑撥離間

【同盟社華中前線一日電】不堪重慶軍苛求的農民約三萬人，以平漢路信陽西方約五十公里之天河口爲中心，一齊武裝暴動，一面高呼防衛鄉土，一面與第五戰區軍四個師，開始浴血的激烈鬥爭，暴動在逐日激烈中，說明是一値得注目的事件。即是說，七月二十一日，在信陽西方約五十公里之天河口、高城、間縣鎭與桐柏之吳城鎭及附近幾村，約二萬七千餘名農民，以宗教團體黄學會首領王川爲指揮官，一齊舉行武裝暴動，強襲駐紮於天河口的暫編第二十八師，於殺傷士兵二千餘，奪取輕機關槍與步槍後，復於各地與重慶軍發生衝突。第五戰區司令長官李宗仁爲此暴動所狼狽。同月二十五日原駐棗陽的第六十軍第一百八十一師暫編（缺）、洛陽店第四十五軍，第一百二十五師、第一百二十七師四個師（此句電碼欠清）鎭壓暴動，於是，在信陽西方激區，已發展成農民和重慶軍全面的武裝衝突。當重慶軍終於將上述間縣鎭奪取時，附近各村莊全被付之一炬，逃走之十七歲以上四十歲以下的壯丁，全被執行屠殺，於是憤慨莫名的農民均齊集山中，爲了防衛鄉土而決心抵抗，連日正在反覆進行激烈的反攻中。農民參加暴動的人數日益增加，農民暴動的直接原因，是五月以來第五戰區鄂北挺進隊向該地區的農村，苛刻地徵兵拉伕，如每甲徵兵四名到六名，每保則強制徵募四名婦女，分派於修築、勞役，其苛刻性絕於言語。因之激起農民猛烈的反感，不能坐視鄉土的荒廢，遂採取最後手段，決心與軍隊抗爭，重慶各戰區軍已於河南作戰中遭受痛擊，現在是在如何苦心恢復其龐大的戰力損失，致力兵站及補給的擴充，而根據上述暴動，亦可窺見一斑。特別是該地是所謂接敵地區，因此也可以看出：我大陸作戰的正義性恰好適合農民的心理而增加其對重慶的反感，如此等等，我大陸新作戰的影響，在此亦可看出。

【同盟社太原一日電】重慶軍因於河南、湖南、雲南各個戰線，消耗兵力至大，因此爲了補充起見，自今夏以來，曾實行強制徵用學生，據最近到達此間的情報悉，由於這一強制發動，致學生當中的不安與動搖漸趨顯著。在七月，湖南大學學生曾發生大規模的聯合罷課，於大肆搶掠校內的貴重物品後，放火焚毀校舍十四間，並展開反對徵用的示威運動。這一糾紛迅速擴大，其他學校發生學潮的空氣亦見濃厚，使重慶當局狼狽之極。

## 國民參政會將開幕

【中央社重慶二日電】國民參政會第三屆第三次大會，定六日開幕，各地參政員已陸續抵渝出席。自八月卅一日開始報到，截至一日晚止，共有一百二十三人，達全體參政員之半數，日來正對大會提案分別交換意見。本屆參政員包括區域及職業代表共二百四十五人，此次會期共兩週，前六日爲政府各部門及憲政實施協進會與經濟建設策進會之報告，中間休息一日，後七日再開審查會六次大會六次，『九一八』下午舉行休會。

【中央社重慶二日電】國民參政會第三屆第三次大會主席團，定三日下午招待各參政員茶敍，交換意見，並推定大會主席與參政員致詞之代表。

【中央社重慶二日電】財部爲督導本年川省田賦徵實工作，已將全省一四一縣市，劃爲川西北、川西、川中、川東四督導區。

【中央社桂林二日電】桂市民衆自衛隊，一日正式成立，由市長蘇新民兼總隊長，即日開始訓練。按蘇新民爲桂軍退伍師長，敍少將級。

【中央社重慶二日電】關於利用外資問題，自孔副院長在美發表談話以來，頗爲一般人士所重視。頃聞政府方面，已由財政、經濟、交通、外交各部，及有關單位，擬訂具體計劃，頗爲詳盡，刻正呈由政院核定中。據悉，在必要時或將成立專門機關，管理此事。

【中央社重慶二日電】本市七工商團體發起組織之壯丁服務社，業於上月正式成立，並選出潘仰山、章乃器、蕭同茲等二十七人爲理事，康心如等九人爲監事，諸理監事已於二日上午十時舉行就職，並召開第一次理事聯席會議，除推定常務理監事外，並決議成立征募委員會，計分九大隊，並組織慰

□□四個，於最短期內分向各鄉鎮慰勞受征壯丁。

## 朱紹良抵迪化，盛世才將赴渝

【中央社迪化二日電】新疆省政府自經國府明令改組後，暫行兼代主席職務之朱紹良氏，業於八月三十一日飛抵迪化，二日正式視事，並召集僚屬有所勗勉。又奉令裁撤之新疆邊防督辦公署，亦在趕辦結束。盛前主席世才，曾於一日以新督辦通令全疆所屬一體知照。盛氏不日即啓程赴渝，就任農林部長新職。

【中央社西安一日電】西安市政府，一日正式成立，市長陸翰芹上午到府視事。按西安市府係普通市組織，直轄省市，行政區亦已重行劃定。

## 敵主力進攻寶慶

【同盟社廣州一日電】據重慶來電悉，我軍於攻陷衡陽後，不斷準備次期作戰，已於二十八日，開始進擊該市東南方十七公里處之重慶軍陣地，戰鬥不間斷的繼續至二十九日。另方面我軍向長沙、衡陽間之鐵路沿線出擊，為了掃蕩前來迎擊之重慶軍，急遣一部隊北上。又我强有力部隊向衡陽西方進擊，以便攻略湖南省西方之空軍基地寶慶（衡陽西北一百三十公里），故最近將在該地區，展開一大決戰。

【同盟社里斯本一日電】美聯通訊社駐重慶特派員，就湖南戰況報導如下：日軍在粵漢鐵路全線的攻勢，重慶軍極力企圖牽制日軍向湖南戰線增援，重慶軍在宜昌週圍的作戰，已三週以上完全無結果，誰都看得清楚，以現在重慶軍的裝備與兵力，是不會奪取宜昌的，重慶亦許可由此多少達到牽制作用的目的。日軍正向衡陽的西南方進攻，該方面有蔣介石的最精銳部隊兩個師，在湘桂鐵路兩側，日軍之目的是在除去重慶軍對衡陽的妨礙。

【同盟社□前綫二日電】八月廿二日開始行動並佔領麗水的浙江方面作戰部隊，截至八月廿八日，已獲得下列戰果：敵遺屍六百七十具，俘敵六十九人，鹵獲重機關槍七挺，迫擊砲三門。我方戰死四十五人。

## 軍委會一週戰況

【中央社重慶二日電】據軍委會發表：八月二十六日至九月一月一週戰況如次：本週仍繼續進行之湘鄂滇西各地戰鬥，與豫浙粵敵之小規模之竄犯，茲分述如左：

一湘省方面之衡陽外圍戰鬥仍繼續進行，惟戰況無大變化。僅上月三十一日敵□在□縣西北及耒陽以西發動小規模之攻勢，似在企圖解除衡陽西南我軍之威脅，現經我軍猛烈堵擊中。湘江東岸我圍攻茶陵部隊，已於上月二十九日攻入城垣，刻正與敵巷戰。又我某有力部隊，向株州衡山間之粵漢鐵路進攻，至上月二十六、二十七日間，先後攻克沿綫上濱湘江東岸（缺四字）田×、泗洲站三要點。其以北之昭陵敵，亦在我圍攻中。敵自湘潭至衡陽之水上運輸綫，已感受阻礙，我另一部隊向西岸長衡公路間之中路舖附近突擊，頗有斬獲。其餘醴陵、安仁、耒陽各地及永豐以東各地區，戰鬥仍極激烈。

鄂西方面我向宜昌週圍攻擊部隊，已進至距宜昌東北約十八里至廿五里之綫。又向當陽方面攻擊之我軍，與反撲之敵激戰於該城之西北郊。鄂北之鍾祥、京山附近，我敵仍猛烈戰鬥中。

滇西方面，攻入騰衝城內與攻擊龍陵城區之我各路軍，逐屋爭奪，連日擊破敵之反撲，均獲有相當進展。騰衝現僅西北一角，尚在敵手，攻克之期，當不在遠。

豫南方面，廿二日我向信陽以北明港之敵攻擊，廿三日確山駐馬店之敵亦分路西犯，被我迎擊，未能獲逞，刻仍與我戰於沙河店及竹溝東端之綫。

至於浙東之武義敵，於十九日南犯，為我擊退後，於廿三日復由武義桐琴市繼續分路南犯，至廿七日侵陷麗水，刻在城南郊對戰中。粵境雷州半島之敵，於廿三日由遂溪北犯，突入廉江縣城，與我守軍展開巷戰，旋於廿四日晨我援軍增到，猛力反擊，敵受重創回竄，我跟蹤追擊，至晚即恢復原態勢。

【中央社湖南前綫某地一日電】醴陵我軍卅日於擊破敵頑强抵抗後，又迫近南北兩城，南面在南正街與敵巷戰，北面亦衝入城內與敵激戰。

## 敵傳播孔祥熙販洋布賺錢的消息

【同盟社廣東二日電】據廿九日延安政權的通訊社——新華社的電報，孔祥熙此次赴美的使命，除了出席國際貨幣會議以外，還與美國訂立契約，每月由美國輸入洋布二千噸。該電訊還指出這是一部份政府要人賺錢的手段，而加以猛烈的非難。該電訊內容錄下：（內容與解放日報所登者一字不差故不譯。）

## 敵稱蔣介石的部下將來都要遭遇張德能樣的命運

【同盟社東京二日電】重慶□內□□□張德能以□長沙失□，被□□□□□死刑，已□

據二十八日重慶廣播，第四軍軍長因長沙失守被判處死刑，該軍長雖奉命死守長沙，但不能完成其任務，因此，於數日前被處死刑。張德能無法抵抗我精強的皇軍，就因爲這樣的理由被處死刑，這可說是預告蔣介石麾下將士今後的命運。張軍長係廣西省開平縣人，現年四十四歲，在雲南講武堂騎兵科畢業，昭和九年四月任第四軍第五十九師的團長，同年五月任第五十九師副師長，昭和十五年五月任第四軍副軍長，去年十一月任第四軍軍長，他始終跟第四軍在一起，直至今日。他是有能力的少壯軍長，第四軍是重慶的精銳部隊。自中國事變以來參加上海會戰、武漢會戰及三次長沙作戰，尤其是在第一次長沙作戰時重慶捏造戰勝的消息，並總動員新聞、雜報把當時長沙警備司令張德能描寫爲英雄。第二次長沙作戰時，由於我軍撤退，第四軍比其他的軍更加機敏的追擊我軍，因此又被稱讚。而此次長沙失守由第四軍軍長一人負責是很不妥當的。第四軍是絕對不能抵抗我軍壓倒的戰力及至妙的作戰，因此戰區司令長官薛岳根據過去長沙作戰的經驗，決心死守長沙，而且親自統率主力軍企圖攻擊醴陵附近至瀏陽方面我軍主力的側背，但我軍出乎敵人預料之外，以有力部隊在瀏陽附近捕捉敵主力，使其潰退。不胥而戰，這樣就不可能死守長沙。加之，突破敵左翼的我軍有力部隊攻略益陽，另一部隊在長沙下游渡過湘江，由西北方南下的部隊，强襲長沙防禦陣岳麓山，至此長沙的命運已註定。由此觀之，長沙失守的責任不在第四軍軍長，顯然應完全歸罪於戰區司令長官薛岳指導作戰的錯誤。但是重慶完全同意薛岳的戰略。本來重慶沒有美國援助，就不能樹立對日作戰計劃，即在困難時，亦要求駐華美軍聯合作戰。美國看到全盤的情況不利時，並不進行積極的聯合作戰。於是蔣介石埋怨美國，又爲了向美國分辯長沙失守的責任，終於決無罪的張德能。張德能被處死刑是美國的傀儡——重慶對美國付出的犧牲。這不啻預告蔣的部下今後都要遭受與張德能同樣的命運。

## 殺人的電波兵器

【同盟社斯托哥爾姆三十一日電】關於德軍當局對新兵器充滿自信的聲明，在斯托哥爾姆軍事消息靈通人士中有這樣的觀測：新兵器大概是電波兵器化或其他電波兵器，它有這樣的力量，即能夠使飛機的發動機停止發動，能使發動機爆炸，或能使在搭載飛機上的炸彈爆炸。果如此，則反軸心軍將不能使用其空軍，將爲德國空軍的一家天下，正如德軍的聲明所稱，新兵器將使全盤戰局發生變化。若以此新兵器而能使發動機停止發動，則亦能使克坦坐以待斃，如此則反軸心軍蒙受的打擊，將是不可測量的。

## 傳羅邱斯將會談

【海通社斯托哥爾姆卅日電】在英國長期間歇後，政治戰似又提到第一位了。據瑞典方面所獲倫敦消息，邱吉爾從意大利返國或謂將進行各種政治商討及步驟。「每日新聞」相信邱、羅、斯不久將會晤。據稱，倫敦方面認爲關於使德國問題最後明朗化乃是主要的問題。倫敦政治觀察家也注視地中海問題。意大利或將被包括在英國利益範圍之內，有如希臘和南斯拉夫一樣。預計國會將促請政府在九月廿六日（九月廿六日爲夏季休會的最後一天）或前較早日期召集國會會議。但此間相信，政府寧願安靜地完成其討論。

## 路透社報導 華沙暴動內幕

【路透社倫敦一日電】倫敦已接到各方面人士（包括華沙方面）關於華沙暴動的報導，在這些報導的照明之下，日來籠罩着華沙悲劇的秘密之幕大部份已揭開。華沙的悲劇開始於紅軍威臨華沙之門時（八月一日的暴動），暴動結果造成了波蘭城內數十萬英勇波蘭人的犧牲，而這些波蘭人的唯一熱望是不惜任何犧牲消滅侵略者，但竟被政治棋客利用棋盤上的小卒，於是此事乃引起倫敦方面對此過早的沒有配合的暴動應由誰負責的爭論。爭論的遠因是加丁屠殺案以來的蘇波爭執及外交破裂所引起的基本分歧（缺一句）政治××偏袒到這樣一種程度，以致今天問題多少還影響蘇聯與英美關係的協調。

事實大致上是這樣的：七月卅一日以前，華沙暴動的詳細計劃已交給莫斯科。波蘭總理米科拉茲柯（缺）通知蘇聯關於即將發動的暴動。當紅軍逐漸進抵華沙郊外布拉加時，華沙乃發生暴動。此暴動由波蘭抵抗運動總司令波爾將軍領導，據說波爾將軍是奉波蘭政府代表的命令暴動的，但這位代表事先不和紅軍或英國當局商量，自己負責地指示八月一日爲華沙暴動的日子。華沙人民見到搖搖欲墜的德國人拖泥帶水的情況非常高興，雖然暴動是不合時機的。但紅軍長驅直入後，在華沙前綫維斯杜拉河東岸而遇到希特勒四個精銳裝甲師團。於是蘇方從外面援助暴動不得不延緩。

那時在莫斯科的米科拉茲柯認識到，斯大林雖已許諾援助暴動使抵抗堅持下去，但蘇聯的戰略不能僅僅因援助華沙暴動而變更。因此便產生了複雜的政治問題。波蘭及其擁護者從華沙宣布他們將堅持到最後一個人來爭取維蘭納及羅夫——蘇波外交爭執中未解決的城市。是以莫斯科不願援助華沙波蘭人，因爲他們的領袖當時的態度後來被斥爲「不符合於對蘇聯的友誼態度」。以後，倫敦波蘭政府的波軍總司令索森科夫斯基到梵蒂岡謁教皇後，梵蒂岡機關報說，華沙是道德的考驗。莫斯科還記得，希特勒由七月廿日的刺殺案脫險時，教皇曾去電致賀。因此莫斯科懷疑下令華沙暴動的領袖們想比他們在蘇聯的競爭者（指波蘭解委會）佔先，在紅軍佔華沙前偷偷地先佔領華沙。最後英美的反蘇份子責難紅軍在暴動一開始便停止向華沙開砲——但新政治家週刊駐渡布林隨軍記者駁斥這個責難是個謊話。

當英美知道蘇聯不願援助暴動，乃從意大利機場派轟炸機讓英勇的飛行員冒很大危險載供應品給被圍的波蘭人。接着美國要求使用蘇聯基地作穿梭飛行。但蘇聯拒絕，正如以後在蘇聯的波軍總司令吉梅爾斯基所指出的，其根據是從空中投下的一切供應品，都落入德國人手中。

那時在華沙城內發生了可怕的事情，優勢兵力的德軍把暴動局限在幾排房子裏去，而暴動者在缺乏武器的條件下英勇地堅持下去。後來德國人給居民發出最後通牒，叫他們出西門投降，凡逃命者予以優待。約有七萬人照那樣作法走出來，但在他們離開華沙時，便被投入可怕的集中營內，死於飢餓及疾病中。同時希特勒開始有計劃地毀滅整個華沙，焚燒房屋，用機槍掃射救火的人民，把那些扶老攜幼躲在地下室裏的人炸死，把糧食和自來水的供給切斷。作爲波蘭國內不團結、政治上互相競爭以及在開始暴動時不與盟國當局配合行動的代價，華沙的廣大居民正在最可怕的情形下被消滅着。

## 邱吉爾電賀華沙起義

（路透社倫敦卅一日電）英首相邱吉爾致波蘭人民書中曾謂：世界人士莫不注視華沙城內爭自由之英勇戰鬥，波蘭人民已贏得世界各愛好自由國家之崇敬，五年來波蘭人民在納粹暴徒極野蠻之虐待下，始終未稍動搖其勇氣，國內外之波蘭人民咸抱一致之決心，繼續與聯合國合作對德國侵略者作殊死戰，波蘭軍隊在最後之決戰中已建有殊勳，而今後仍將繼續有所建樹，此最後一戰不僅將解放歐洲，且可能使强大獨立之波蘭重建於世。

## 美國一週政局展望

（紐約美國新聞處廿七日電）美國政治評論家佛蘭克林撰述美國一週政局展望稱：美國一週來的事故，確在表示共和黨領袖擬使未來的總統競選運動中不致牽涉美國參與世界安全機構一項特殊問題。此舉並非表示美國民衆對於政府的外交措施將無任何討論，而係表示兩黨目前及將來在美國是否將參加世界機構，必要時以武力保障和平一項根本問題上，決不致意見相左。

共和黨總統候選人杜威，已派主張實權世界和平計劃的外交問題專家紐約市律師杜勒斯爲代表，與赫爾國務卿從事討論，因赫爾不僅爲美國外交政策的負責製作人，且爲現任總統兼民主黨總統候選人羅斯福的代表。

赫爾與杜勒斯已於上星期從事會商，並發表正式的聯合聲明稱：「赫爾仍保持其一貫立場，即以爲美國人民認爲未來和平一項問題，不屬於政黨範圍，必須完全與政爭分離」。杜勒斯代表杜威聲稱：「杜威亦兼有同樣見解。」聲明又稱：根本問題的意見一致，「並非禁止我們對於達到持久和平的方法，從事完全公開與不涉黨派的商討」。

競選期間欲完全避免外交政策的討論，即令我們希望如此，亦顯爲不可能之事。希望共和黨採此態度，實等於希望該黨提供保證贊成羅斯福政府十二年來在外交上的每一行動，且亦表示我們將失去使民衆獲得知識並注意外交問題的最佳方法，諺云：眞理乃辯證之產物，此語尙適用於今日。

同時從事更積極競賽之時，亦將屆臨。杜威即可完成其在全國各地從事講演旅行之計劃，預定前往者有太平洋沿岸中西部及東北部諸州。他不致在南方各州從事競選，因南方各州向爲民主黨的勢力範圍，幾成爲無可變更的現象。羅斯福仍持原定計劃，即不作通常意義的競選，大致將發表廣播演說。

兩黨均表現其對於軍人投票，已更爲注意，因在兩黨票數相差不遠的若干州，必能由軍人投票決定其背向。據美聯社的調查，軍人投票約佔總票額百分之九，非軍人投票約四千三百萬，軍人四百萬。

缺席投票，例如離開本州之軍人所投之票，如何計算，各州可以自行決定。通行辦法，乃軍人先行申請投票，由本州將選舉票郵寄與他們，然後再由他們寄還本州的點票委員會。如州內無缺席者，獲得選擧票之規定軍人，可要求獲得聯邦之選擧票，以運用其投票權。

十一月七日選擧結束之後，須待數日，其結果始能揭曉。此次恐須等待更多時日，俾能收齊軍人的投票。加以計算票數係在各州計算，總統候選人能獲得某一州的大多數民衆選擧票，即可獲得該州選擧總統代表之全數選票，後者共有五百三十二票，由各州按照人口分配。

# 參攷消息

（只供參考）
第六二六號
解放日報 新華社 編
今日出版二張
卅三年九月四日
星期一


## 芬蘭總理宣佈 要求德軍退出芬境

【路透社倫敦二日電】芬蘭總理哈克塞爾今晚（星期六）於其向芬蘭人民廣播中稱：「今天芬蘭國會已討論芬蘇恢復和平的問題。他說：「軍事與政治形勢需要我們去嘗試與尋找解決。四月間形勢還沒有這麼壞，但由於蘇軍六月攻勢的結果，我軍不得不撤退我們的軍隊。軍事形勢對德國也變得惡劣了。德國必須使用其一切有用的力量以防衛其祖國。德國許多部隊已不再相信勝利。因此德芬關係中已開始了一個新階段。德軍行將喪失芬蘭灣南岸。從德國的觀點看來，芬蘭戰綫已經是不重要了。一九四一年的德芬協定是軍事的而不是政治的。德國要我們繼續與俄國戰爭，希望德國給予我們足够的援助已是不可能了。維蒂總統本人應負與德國協定的責任。他的協定已不再有效。由於正改變的軍事情勢與人民要求和平的願望，政府考慮再度接近蘇聯政府乃是它的責任。我們在八月二十五日於斯托哥爾姆詢問蘇方他們是否準備接受芬蘭進行停戰談判的代表團。芬蘭政府已要求德國撤退其軍隊，而德國業已同意。這就是現在的局勢。現在我們已向回返和平前進了一步。我們不知道蘇方將提出的條款，但他們沒有要求無條件的投降。表示我們要求和平的願望，我們已走了第一步。某些人反對此舉，但是讓我們中間不要有爭論。我們必須一致的擁護曼納林元帥和政府。今天的決定意味着犧牲，犧牲的程度我們尚不知道。但是對我國沒有太大的犧牲。」

【路透社斯托哥爾姆二日電】據可靠消息稱，芬蘭內閣及國會已決定與德國斷絕外交關係。又據赫爾辛基訊，芬蘭政府已通知德軍稱，他們必須於九月十五日以前完全離開芬蘭。據稱，此爲蘇聯政府於莫斯科接待芬蘭和平代表團的預備條件。

【合衆社斯托哥爾姆二日電】蘇政府於一日深夜命令所有波羅的海之芬蘭船隻速開往附近之芬港口或中立國港口。瑞典觀察家相信芬國即將與德絕交。此事可能於本日國會之特別會議上對外宣佈。

【海通社赫爾辛基卅一日電】閣員巴錫基維力闢所謂××和平運動的謠言。他力稱這些把他的名字和所謂計劃和平運動連在一起的謠言是毫無根據的。他力稱尚未被委以此項使命，且未預料將被委以任何使命。他將由赫爾辛基赴其在首都郊外之私邸，於該處他將××。

## 波政府將改組 允許共產黨入閣

【路透社倫敦卅一日電】波總理米科拉茲柯在招待記者席上宣佈：波政府已以備忘錄送莫斯科建議改組波蘭內閣，准共產黨加入，並締結波蘇同盟。米氏謂：此備忘錄業經波蘭政府要員一致贊成。其要點可分數項：（一）改組波蘭內閣，使農民黨、社會民主黨、國家民主黨、基督教勞工及波蘭工人黨（即共產黨）均派同業的代表參加新閣。（二）新閣仿英國制度設立戰時內閣，參謀總長亦得以顧問資格協助此戰時內閣。（三）廢除波蘭軍總司令職。（四）新閣由總統任命。（五）一九三五年頒佈的憲法未經國會修訂前仍予保留，新內閣應儘速準備國會的選舉，國會結束後組織新國民會議，其黨派代表的分配一如內閣，國民會議等於臨時國會。備忘錄內建議解決波蘇關係的基礎及解決邊境問題的程序。米氏未述及此點的詳情時謂：吾人起草此項計劃時純基於上列數動機：（一）急欲波蘭獲得全面獨立及自主。（二）建立永久而親善的波蘇邦交，包括戰時及戰後的波蘇同盟。（三）藉波蘭基本問題的徹底解決，以建立國際合作的基礎，吾人的政策除基於與蘇聯的友誼外，尚欲建立於波英、波法、波捷永久同盟的基礎上，而尤應建於波蘭與美國最親密的關係上，俾共同抵抗侵略維護世界和平。此波蘭政府所批准的計劃係配合國內前所採用之政策，使波蘇關係有圓滿解決的基礎，並使全波蘭民族與蘇聯能基於彼此尊重獨立及自主的立場，密切合作，我以爲此項計劃倘爲蘇美英政府所資助，而吾人又能獲得此政策可實際而順利應用於波蘭的保證，則徹底而順利的解決必能實現，而吾人當可瞻望未來的幸福而忘卻過去的痕跡。米氏稱：若波蘭民族解放委員會贊同波蘭政府的建議，將赴華沙俾與各政黨磋商，而最後以選民選出的各候選人名單呈交總統，以便早日入閣。

## 傳保加利亞開放黨禁

【海通社索菲亞卅一日電】保加利亞反猶太法律已爲保加利亞政府

在目前修改，並停止執行。共產黨活動已不再像最近以前那樣被反對。因此，共產黨黨徽日益可見於街道上。

【海通社索菲亞卅一日電】索菲亞無綫電台宣佈：保外長德拉加諾夫於星期三午後接見蘇駐索菲亞代辦第米特里·喬治維奇·賈科夫列夫。

## 美時評家皮爾生批評英國作戰不力

【路透社紐約卅一日電】時論家皮爾生在紐約每日鏡報上撰文說：一年前邱羅在魁北克會晤並公告主要戰事之一，即爲『重獲緬甸，經過中國突入日本。』皮爾生講到在場美國指揮下其他對日進攻還超過計劃提前執行時，提出問題：爲什麼這個戰場沒有進展。『以印度作根據地的蒙特巴頓所指揮的戰事是要獲得某些目標，同時？我們的進攻也有相當的進展，以集中對付日本。美國的專家們說到印度堅持緬甸戰事的各種條件。他們研究過迄今尚未發表過的蔣介石致羅斯福的一封信』。皮爾生說：在那封信中『蔣給羅斯福提出對英國的樸素的勸告』。這封信是由宋子文外長於一九四二年七月廿八日遞交威爾斯副國務卿的。該信的若干部分如下：『印度人民長時間來希望美國採取公正與平等的立場。關於這點我敢冒昧向你陳述我個人的意見，從印度人民看來，他們的目標在於獲得民族自由。國民大會與其說受法律的控制，毋寧說是受着感情的支配。他們所稱佩的美國應該起來作爲第三者，加强他們的信心，就是說正義是有的。這樣印度人民將參加戰爭。否則他們將以與對英國的感情同樣地對着所有聯合國家了。（一句不清）。大英帝國爲維持其威信及保護其利益起見，應該表示勇氣，以袪除目前形勢的原因去清算其決議。如果非等到反英運動爆發不改變形勢的話，英國想加强現存的殖民地法律的企圖必將使混亂和騷動擴大。壓迫愈大則反抗也愈大。我希望美國勸告英國和印度，爲了人類的福利並以聯合國家的名義，去找求合理的滿意的解決之道。我們的戰爭目標和共同利益使我不能仍舊保持緘默。』

## 教皇演說

【路透社倫敦一日電】教皇本晚經梵蒂岡電台對於全世界發表廣播演說稱：人類已因一種追尋血淚之思想而備受恐怖的威脅。人類均希望戰爭結束時其所處環境能有改善。戰後具有合作精神的人士必須在國際社會中担負任務。此次戰爭將推翻生活之一切方面，並產生新思想。故戰爭結束時各種思潮之間即將發生猛烈傾軋。基督教理想處於此等趨勢中，必須保證社會的前途。此次戰爭帶來不幸飢饉與浪費，故我們須作最大的努力以挽回狂瀾。一切國家均希望自力更生。我們現願請此次戰爭中其經濟力量未受重大耗損之一切民衆，予意大利及其他國家以所需要之協助。我們所希望者無他，即大部份基督教民衆應獲得和平、安全與繁榮。我們希望此次戰爭中各國所表現之慷慨仗義亦能繼續於未來。一切國家無論大小均向和平邁進。教皇演說歷卅二分鐘。

## 敵同盟社分析 B二九式機的性能與產量

【同盟社東京一日電】以B29式飛機爲主體的戰略空軍出現於東亞戰綫已有二個月半，但迄未獲得顯著的成果。美國誇大B29式飛機的活動，另一方面亦努力生產同型的B32式飛機，極力動員由這些超型轟炸機編成的戰略空軍，急速的積極進行對日攻勢，欲使短期決戰更加具體化。如果仔細研討敵戰略空軍的實體與動向，即可指出它有許多弱點，脆弱的方面，特別是需要相當的時間才能完全動員美國所企圖動員的戰略空軍，於是結論是B29式飛機不足怕。現在具體的加以研討。

『防禦力的弱點』：B29式飛機按長距離飛行，搭載大炸彈的數量、高速度飛行、飛行高度、强大的防禦力等五點來設計的。現在根據學理與經驗研討之。如果將其作爲戰略空軍的主體，就有許多弱點，防禦力有極大的弱點。上月二十日來襲九洲北部、中國(日本)西部的八十架中確實被擊落二十三架，被擊落而未證實者十架以上，二十餘架被擊傷。這個事實即可說明此點。機體大就成爲攻擊的好目標，大型轟炸機依靠高速度使其不成爲攻擊的目標，在戰鬥機說來，捕捉大型飛機是比小型飛機更加容易。形狀的增大對防禦方面有利。在空戰中，大型飛機的運動絕對不利，只有依靠其裝備的火力驅逐戰鬥機。B29式飛機設計充分考慮此點。但是一旦被彌補，也要如我航空隊勇士所說的，『機體的裝甲雖厚，但是若能擊中要害立即被擊落』。其次，B29式飛機不能實行高空投彈。該機來襲我方時，飛行的高度最高的是四五千公尺，但是它經常保持二千公尺的高度。還是處在戰鬥機高射砲攻擊的範圍內，因此其攻擊力受到限制，即是說B29企圖精密地轟炸工場、鐵道、港灣等要受到妨礙而不能得到滿地的效果。這是其弱點所在。更由於續航距離遠，所以搭載炸彈的數量亦有限度，在高空利用有限的炸彈實行精密的轟炸，自然不容易得到很大的成果。上述兩點表示B29式飛機和進行戰略行動時，除了續航距離以外有許多弱點。由於對付B29式飛機的武器，例如有優越性能的彈丸的出現，削弱B29式飛機的性能。B29式飛機是不可輕視的，但是決不足怕。

（設置基地群的困難）——設置B29式機的基地群，必須從B29式機的性能來考慮。它不能在這樣的地區建設基地，即因有遙遠的後續距離，因而接近戰略目標遭受妨礙的地區，要在後方比較安全的地區，才能設置基地。然而如此則戰略目標與基地群的後續距離太長，炸彈的搭載量又大為減少；因之不能進行有效的轟炸，而且後方地區也未必安全，又被敵機積極的攻勢所威脅。高山又多，此事首先遇到設置基地的選擇上的困難。第二十航空部隊已在成都地區構築根據地，但我連續進行的大陸作戰，已切斷或佔領在華美空軍的基地網，故自信安全的B29式機戰略空軍基地，亦將發生動搖。這一事實說明選擇與維持基地群的困難。

其次是B29式機，不像其他飛機那樣，能以飛機特有的機動力從一個基地很容易地移動到其他基地——換言之，它沒有選擇基地的自由，這是因B29式機需有這樣的地上組織，即在跑道方面至少要有三公里到四公里的距離，而且在一地只能行動二十架。又為了要完成地上組織，需用龐大的勞力。此種基地群設置的困難，極為限制了戰略空軍的行動。敵人用戰略空軍，進行所謂「穿梭轟炸」乃至「三角轟炸」，例如即是用來往於中國本土塞班的轟炸戰法，現在所以未實現的原因之一，就是因為設置基地的困難而限制了B二九的戰略行動。

（可怕的燃料消費）B二九需用很多的汽油，試計算一架B二九從成都出發來襲九州北部再返回成都的時候，時速為四百五十公里，往來飛行於九州北部成都間約四千八百公里，如在九州上空停留一點鐘，則所需用汽油量實際上須用十四噸。如以一百架計算，則需一千四百噸。據現在敵人的報導：印華空運路一個月的運輸量，最近據傳為一萬噸，一百架飛機起飛所帶的汽油至少需用五天運輸，即使一個月完全運輸汽油，最好亦只能有六百架飛機起飛。但現在的印華空運路，由於大陸戰場之激烈，不但要運輸大砲、彈藥、醫療器材、卡克，而且還要運輸美國地上部隊。想到這一事實，B二九的燃料補給完全不是一件容易的事情。從印度直接出發，在成都漢中作為中間供給地而來襲我本土，僅在印度成都間那完全是高地，至少亦需要三噸半乃至四噸的汽油。更加以要超過喜馬拉雅山，根據敵人的形容稱之為「從空中到地獄的道路」，要通過這一公路，如考慮到資材的損失，乘員的疲勞，則從印度的進發，比從中國進發尚壞。

（敵人最苦惱的乘員）敵人供給的困難，不僅是汽油的問題，尚有大量消耗的修理用及預備的零件，而且更大的困難在乘員。B29的乘員平均為十二名，如果擊落三十架，三百六十名乘員就要到地獄中去。如果是其他的飛機，其依照航空兵器的安定程度，即可進行戰術行動，但像B29超級的轟炸機，一担任戰略轟炸的任務，其乘員的技術非常低劣，不能勝担任。關於此點正如安諾德所說：「要發揮B29的威力，要看將來乘員掌握技術訓練的如何」。從此亦可看出他的苦惱。

以上B29素質的惡劣，基地設置的困難，供給困難三點，是阻礙着以B29為主體的戰略空軍的强力動員，此點敵人至少亦會認識到。儘管存在着這樣一種限制，但敵人美國對戰略空軍的價值卻作如此評價，企圖首先以量整備戰略空軍的進攻的態勢。

（B29的生產量）僅就B29的生產力來看，六月以後生產的標準機數，至十月的生產機數，預定為兩千架。其現況如依據美國當局的聲明，傳「包括B29的四引擎重轟炸機的生產額，已達預定目標」。又七月一日美議員稱：「美國在七月中生產B29一百一十架吧」。這暗示了未必能完成預定的月產額。這件事情從最近美國聲明其他機種B24、P47C46的徹底進行減低生產，及增强B29、B32的生產，可以知道美國的動向是大量生產超級轟炸機，亦說明了這一生產是一件不容易的事情。例如二千架飛機即使能夠生產出來，則預備機作為練習機需要半數，加之為了要克服供給的困難，正如傳說所稱已出現B24所改裝的運輸機，這是必須使用的。結果第一線所保有的飛機，必須在一千架左右。敵人美國如將這樣程度的第一線保有機分散配置，是否能成為有效果的戰略空軍？參照着制約戰術的戰略空軍的三條件，而且在擊落率比較大的現狀下，這一希望還距離甚遠。因此敵人美國要重視戰略空軍在對日戰略上的作用，如無一定的時間，即有不能發揮戰略空軍本來使命的苦惱。這「時間」，對於敵人說來是苦惱的時間；但對我們說來，正是完成擊滅敵人態勢的好機會。

## 同盟社稱更換盛世才 為重慶向蘇聯的媚態

「同盟社里斯本三十日電」美聯社及紐約時報駐重慶特派員，就重慶政府之更換新疆省政府主席問題，作如下報導。（美聯社報導）「重慶政府之所以更換新疆省政府主席，意味着對蘇聯表示友好，這是蔣介石的國民黨，從一九二七年在南京成立政權以來最重要的省政府主席的更換。前任主席盛世才，多年在新疆省佔着一個半獨立性的地位，此次將彼强制的取消，意味着重慶政權在新疆省的地盤已經加强。盛世才的政策特別是對蘇聯國籍人士的方針，是成爲損壞重慶與蘇聯關係的嚴重威脅。蘇聯所支配的外蒙古政府，會經責難盛世才部隊越過外蒙古國境，並恫嚇如果再度發生這樣的事件，將採取强力的軍事行動。新主席吳忠信是國民黨出身的官吏，他將採取忠實執行重慶命令的立場。（紐約時報報導）：盛世才的辭職，一般認爲將改善蘇聯與重慶的關係，舊式軍閥之一的盛世才，從一九三三年以來即統治着新疆省，並不理會重慶的意見，自己獨立的去做，而現在在重慶逐漸依靠其主人。十一年前盛世才爲了開發新疆的資源，與蘇聯締結之協定，其結果該省的重要地方如迪化由蘇聯技術家開發油田及進行其他工業醫學農業，多年間依靠蘇聯的色彩，逐漸逆轉，遂於一九四二年春四月要求重慶政府援助，表示對蔣介石的忠誠，但最近他與重慶的關係，因對蘇問題而惡化，所以此次被免職，由此蘇聯與重慶間所存在刺激的一個因素已經除去。

【同盟社上海卅一日電】重慶政權決定在新疆省主席吳忠信抵任前，令第八戰區司令長官朱紹良代理，據云朱紹良於三十日晨，已自蘭州搭機飛抵迪化，朱紹良自去年以來，已將其一部份部隊移駐新疆，加緊進行中央化工作。故重慶此次的攻取新疆工作，可謂是由於朱之活動得力。

## 海通社評盛世才去職

【海通社上海三十日電】新疆與中亞細亞各蘇維埃共和國間的特別經濟協定（它遠超過允許給蘇俄的特權，尤其是伊犂區），一切土耳其斯坦專家均預料爲吳忠信將軍任命爲新疆新督辦的結果。二十四小時前辭呈已被重慶政府接受的盛世才將軍已抵蔣介石的首都並將任農林部長之職。據重慶的說法，他的辭職是因爲他的專制辦法爲莫斯科所批評並爲重慶認爲是在近代中國中不適當的。至今任蒙藏委員會主席的吳忠信將軍（他自一九三八年來即有解決中國北方邊境問題的機會）已被重慶特別指示對蘇維埃亞細亞運用友誼政策。他的前任盛世才督辦遠在一九三三年即開始親蘇政策並聘請蘇聯專家至肥沃的××盆地（中國最老公路的××）之工業、農業及醫藥機關中。東土耳其斯坦與塞米巴拉丁斯克間小規模邊境貿易一直繁盛到一九四二年，此後新疆督辦由於有趣的××策略的原因（至今此等原因尚無所悉）改變其政治方針。他向蔣介石保證他的絕對忠誠，但認爲與蘇聯關係的迅速惡化是不可免的。這些就是盛世才辭職及新督辦和緩政策的原因。

## 僞報評盛世才去職

【海通社上海二日電】南京官方機關報「新中國報」於評論新疆省督辦盛世才的辭職及其爲吳忠信所代替時稱：此爲計劃使邊省新疆中央化以及作爲防止共產黨勢力擴張的另一步驟。該報繼稱：在此重慶於整個湖南面對着軍事失敗之時，新疆的中央化表示出蔣介石在整個中國西北建立抵抗基地的願望以及認識到美副總統將中國後門變成大門的希望。該報預料重慶中央軍將開入新疆以便完成對共產軍的大包圍。該報結論指出，新疆省政府之改組對於蘇聯及美國關係以及重慶、延安間關係的影響如何，頗可玩味云。

## 敵稱桂林大混亂

【同盟社廣東二日電】廣西省會桂林似乎更加動搖。三十日重慶廣播，認爲日軍必然進攻，並報導桂林混亂的情形如下：桂林市民幾乎全被編成義勇隊，又特別編成傷兵看護團。九月一日起全市的所有車輛均被徵用，廣西省政府極端統制市內糧食品的移出。另一方面由於日軍進攻衡陽，許多商人及一般居民來桂林避難，商業非常混亂，但是乘戰爭的機會發財的奸商的潮流完全無法制止。

## 國參會主席團招待到渝參政員

【中央社重慶三日電】國民參政會大會主席團，三日下午在軍委會大禮堂招待來渝各參政員茶敘，主席團張伯苓等及秘書長邵力子、副秘書長雷震全體出席，參政員到劉炳琳、李璜、張君勱、傅斯年、褚輔成、章士釗、林祖涵、董必武等一一二人，諸參政員對大會議程之排列等事，均表示意見。又該會第三屆第三次大會，距開幕期尚餘兩日，截至三日晚止，報到之參政員共達一五八人，已佔全體人數三分之二，三日晨，蓉昆兩地參政員，續有分別乘機抵渝者。

【中央社貴陽三日電】黔鄉鎮公益儲配額，全省共爲四萬萬元，筑市配額一萬萬元，餘三萬萬元由各縣負担，並限三十四年一月底完成。

## 豫省臨參會要求查辦貪污巨案

【本報訊】據七月廿八日大公報豫訊：「豫人正擬具呈國民參政會，檢討豫省政治，並請將過去軍風紀第一巡察團，豫魯監察使署，監察院等大員向中央控請整飭貪官污吏及不法軍人之積案速予解決，以肅官方。其中關於中央撥給一萬萬平糶基金爲李漢珍等人營私，省參議會一再要求，希望中樞能予查辦。」

# 參攷消息

（只供參考）
第六二七號
解放日報 新華社 編
今日出版二張
卅三年九月五日
星期二


## 各參政員各項主張

中央社報導

【中央社重慶四日電】國民參政會自廿八年成立迄今，已歷三屆，過去開會九次，去年召開之第三屆第二次大會，蔣主席曾親臨致詞，昭示政府決心準備實施憲政與促進經濟建設，當經決議分別組織憲政實施協進會與國民經濟建設策進會，前者直隸於國防最高委員會，後者仍爲國民參政會下之一機構，一年以來，該兩會均能善盡職責，以協助政府推動此兩項要政。中央社記者連日訪晤各參政員，談及本次大會「中心議題」時，大都認爲仍不外促進憲政與經濟建設問題，蓋二者均爲立國之根本也。各參政員認爲一年來所表現之事實，如放寬新聞檢查標準，廢止圖書事先審查以及頒佈保障人民身體自由辦法命令，均可視爲政府準備實施憲政之具體表示。惟當此世界戰局之趨好轉，軸心潰滅即在目前之際，吾人爲迎接未來勝利，在政治方面自應百尺竿頭更上一步，以增進效率。十二中全會宣言曾宣示將健全各級民意機構，酌量擴大其職權，參政員中對此頗多主張，現已有提案一件，主張修改民意機構組織法，予國民參政會及省市縣臨時參議會檢舉失職官吏之權，如遇有公務員貪污瀆職或違法侵害人民生命財產自由，各級民意機構均得揭發事實，向司法機關檢舉。爲明了政府施政重心所在，一部參政員主張國民參政會有初步審核國家預算權，俾能藉此對政府之政策有所批判與建議。至於地方政治之改進，尤其來自湘桂兩省之參政員，深感軍民合作之重要，此後必須努力加強，俾使各方均能切實配合。其次爲軍事問題，當此準備反攻之際，大部參政員認爲建軍問題極端重要，其準備提出之建議，爲實行新兵役政策，提高士兵待遇，按人發給實物，並加強政治教育，尊重士兵人格。關於改善征兵辦法，關係充實兵源與提高士兵素質者甚鉅，歸納一部參政員之意見，在辦法方面爲改善待遇，減少征額，實行年次征兵，厲行政訓合一，優待在營軍人眷屬。此種辦法過去或爲已經規定，惟問題要在使各級機關能切實執行耳。最近政府將湘戰不力之軍官多人處以極刑，各參政員均認爲此係政府明智之舉，蓋唯有「信賞必罰」，三軍始能奮勇効命，故僉期政府今後對於有功之士優於獎勵，其有虧職守，作戰不力者，應嚴予處罰。經濟問題，最近國民經濟建設策進會曾擬有意見書，呈送領袖，對當前經濟問題，提出一綜合性之建議。在渝之參政員，對於政府最近管制物價，執行貼補政策均表贊揚。昆明參政員數多準備提出請政府緊縮通貨，別籌的款，彌補預算不足案。辦法中對於抵補預算不足，建議厲行徵收過分利得稅，一律提高至百分之六十，以一年爲限，實行財政租賃所得稅，籌辦殷富捐等項。接近淪陷區之某一參政員於談及搶運物資問題，主張由政府統籌辦理，勿令商人個別經營，造成競爭市場，而貽物價高漲之弊。本屆大會各地參政員雖因交通關係，到會者不如歷年爲多，其提案或亦將比例減少，然各參政員對於會期之由十日延長爲十四日，均表欣慰。記者所晤的各參政員中有一共同之認識，即當此愈接近勝利之際，亦爲吾人愈艱苦之階段，對於當前國家各種重要問題，均願各本所見，貢獻政府，以求提早勝利之來臨，奠定建國之基礎。

【中央社重慶四日電】國民參政會第三屆第三次大會，六日上午九時在軍委會大禮堂舉行開幕典禮。此爲該會自二七年成立以來之第十度集會。聞此次大會討論之議題，將爲政府交議之三四年度國家施政方針，及各參政員所提之對於加強民意機關職權，建軍，改進兵役以及經濟、財政、金融各項建議。本屆大會共爲十四日，六日上午舉行開幕典禮時，蔣主席將親臨致訓，下午大會爲軍事報告。在開會之前五日，尚有政府之經濟，國家總動員會議、糧食、財政、教育、內政、農林、外交、社會、司法行政、交通各部門之報告，中間休息一日，俾各參政員閱讀報告及提案。後八日除審查會外，將開大會八次，較歷年大會次數爲多，所有議案，當可從容討論。

【中央社重慶四日電】參政員四日報到者計有張瀾、李洽、張作謀等十五人，連前已達一百六十六人，連同主席七人，總計報到人數爲一百七十三人。

【中央社重慶四日電】本次參政會大會政府交議案件，已收到卅四年度施政計劃一案。至政府各部門之工作報告，已均送達。

## 熊式輝報告
## 民國卅四年國家施政方針

【中央社渝四日電】中樞紀念週四日晨在國民政府禮堂舉行，蔣主席領導行禮後，中央設計祕書長熊式輝報告民國卅四年國家施政方針，分施政計劃與綱領兩部份。施政計劃共九十五條，內關於國家總方針者四條：（一）軍事——本軍事第一、勝利第一之旨，一切施政均與密切配合。（二）政治——健全並發展各級民意機構，促進地方自治，厲行法治，奠定憲政基礎。（三）經濟——注重穩定物價，貫通內外運輸，加强控制物資，擴大徵收物，穩定財政。（四）復員——繼續計劃與準備復員工作。又關於各院施政方針者十三條，行政院各部會員方針七十八條。其次計劃綱領分各院及各部會署與國府主計處三部份，有九十一單位，一百九十七項目，經呈送蔣主席核定，分成最重要、重要、次重要三等共七十條詳列項目、目的、經費、去年成績預算等事項，共需經費三百十餘萬萬，內事業費佔百分之九十三强，行政費佔百分之六强；分配於糧食部門者約一百四十萬萬，經濟五十萬萬，交通四十五萬萬，財政廿一萬萬，衛生十四萬萬，賑濟十萬萬，其餘及於其他（共需經費一段，中央社來電要删去）。檢討此次擬定明年國家施政方針之優點有二，即有計劃與條理清晰，緩急判明，而缺點亦有二，如機關對計劃政治之習慣未養成，因此陳報未盡週密適切。又國家收入預算未報，將計劃與預算分割為二，不知計劃與預算乃為一體，否則計劃、預算、財政三者脫節，計劃仍成畫餅。總之為本黨、為政府、為時代需要，吾人均須努力實現計劃政治，使方針、計劃、預算與行動環環扣緊云。旋即禮成。

## 沈鴻烈電盛世才促駕

【中央社渝四日電】農林部長經中樞調盛世才接充後，原任該部部長沈鴻烈頃特電盛氏速駕。

【中央社迪化四日電】四日晨此間之廣大紀念週，由於朱長官紹良領導舉行。朱氏即席報告，首對最近國際及抗戰形勢作一詳盡分析，次就後方軍民應行努力各點，有剴切指示。旋以代理省主席職務名義，對此次省府改組經過有所報告，詞中對盛前主席十餘年來主新政績，多所讚揚。並謂盛氏今後入參中樞，貢獻必多。會後勗勉僚屬仍本過去苦幹實幹精神，安心工作，同時努力進修，充實知識，加速完成新疆之建設。

## 湘省府增設兩行署

【中央社嘉禾四日電】湘省府決定增設安化、洪江兩行署，加强各該區行政效率，由省委陶履謙、譚道源分別主持，人員均由各區處調任，短期內可籌備成立。

【中央社重慶四日電】國府四日令：（一）任命許復、沈[illegible]興為江蘇省政府委員。此令。（二）任命王學素為浙江省政府委員。此令。

【中央社渝四日電】中常會四日通過派邵委員華為湖北省黨部主任委員。

【中央社西安三日電】中央團部舉辦之東北青年訓練班，頃在陝招生，投考青年一律以東北籍為限，連日以來，報名應考者頗為踴躍。

【中央社重慶四日電】據關係方面悉，全國商聯社刻正積極籌備，成立會十月間舉行。

【中央社重慶三日電】湘省義民連日到渝者源源不絕，重慶市政府為救濟義民起見，特指定郊外南岸兩大工廠暫行收容，由湘災籌賑會撥款暫行供給食用。其中義民染有疾病者，並由衛生局派醫師前往分別診治，秩序甚為良好。又兩湖義民救助委會第一次委員會議二日舉行，會議決議加强人事，展開工作。會後該會主任委員孔庚即赴賑委員會請示救助來渝義民辦法。據該會負責人表示，現該會正積極展開工作，進行義民組訓及教養事宜，凡來渝義民，持有賑濟委員會配遣站證明文件或桂林、貴陽等地兩同鄉會出具之證明者，均可至該會登記，即予以招待。

## 美國空軍上校賽伏愛
## 談對華中根據地印象

【新華社華中二日電】美國空軍上校賽伏愛上校（前電誤為少校）等脫險後，和我軍共同生活已有一星期。上月廿八日晚，新華社蘇北支社及鹽阜報記者前往訪問，美國戰友以非常自然的態度說出了他們的印象。賽伏愛上校說：「過去只聽說敵後有新四軍，總以為數目很少，地區很小，在敵後打游擊一定是黑夜活動，白天不敢出來。現在看到新四軍有這麼多的正規軍，這麼大的地區，在白天一樣活動，做了很多偉大的事情，實在高興。我們願意把這裏的情形告訴美國人民」。又說：「我們到達印度有死氣沉沉的感覺，這裏却不同，有一種欣欣向榮的氣象。你們軍隊也好人民也好每一個人都在笑，從他們的臉上可以知道他們的生活是好的，精神是愉快的」。奧勃朗隊長、斯太爾美克中尉等說：「你們這裏大家的意見都是一致的，軍隊和人民的組織性很強，事情做得很週到，我們認為是一件極小的事，你們都做得很認真，這種精神令人欽佩」。韓某中尉說我們來了幾天，每天所吃的菜都不同，太好太豐富了，特別是參謀長請客的菜，過去無論在中國在美國都沒有吃過。而你們自己平常卻吃的很苦。勃朗台的少尉更喜歡根據地，他整天和中國朋友唱歌跳舞說笑話，他說：「下次我的飛機經過你們上空的時候，我一定向下面喊你們的名字。」說着便用手套在嘴上叫起來了。談話達兩小時，涉及很多中美戰時生活問題，他們一致表示懷疑的兩點：（一）新四軍是這樣一個能打仗的抗日軍隊，為什麼沒有美國援助的現代裝備？（二）根據地建設這麼好，為什麼外面不知道？關於這樣的問題記者不願在我們熱忱而純樸的國際友人面前多所解釋，可是希望以後能有改進，不再讓外人所懷疑而已。

## 同盟社評 巴爾幹局勢

【同盟社斯托哥爾姆廿八日電】隨着蘇聯在巴爾幹攻勢的進展，蘇聯對美英的對立更加微妙，據安哥拉情報，圍繞着處理保加利亞問題的對立更加尖銳，此即保加利亞企圖在蘇聯的支持與諒解下避免本國成為戰場，而美英則要求在希臘登陸成功時能通過保加利亞領土，並畏懼蘇聯支持保加利亞的要求，美英更怕所謂斯拉夫同盟在地中海的活動，並畏懼改變保加利亞。羅馬尼亞國境問題為蘇聯的意圖所左右，德國對於反軸心國此種微妙的對立，即加強匈牙利、斯洛伐克的防備，形成巴爾幹的內線防衛綫，並使黨衛隊的精銳已經過奧地利到達斯洛伐克。對匈牙利亦從奧地利××（電碼錯）增派大批的預備兵力。凱特爾參謀長已允許再派××個師團。紅軍企圖從羅馬尼亞南部與南斯拉夫之叛軍鐵托部取得聯絡，對於紅軍此種企圖已使匈牙利成為保衛巴爾幹的支柱，而起着很大的作用。據傳里賓特洛甫外長、路倫茲中將等要人已訪問布達佩斯，與匈牙利指導人物協商；更傳凱特爾參謀長最近亦預定訪問布達佩斯。巴爾幹的戰局，以保衛匈牙利斯洛伐克為中心的動向頗為濃厚。

## 敵同盟社 一週戰況

【同盟社東京三日電】一週戰況：（北太平洋方面）敵機襲北千島方面，仍甚頻繁，（南太平洋方面）敵機之積極進攻新幾內亞島西北部、哈爾馬黑拉島及菲島民答那峨，以及不斷襲擊新幾內亞西北部，遙相呼應，殊堪注目。（中部太平洋方面）狄寧島的加羅里納斯，及大宮島（即關島）的北端陣地，仍在繼續激戰中。敵投射照明彈，竭力防衛，但由於敵機已能使用大批島飛機場，不斷向我洛泰島南方據點猛襲。二十七日敵艦砲射擊馬紹爾群島的魏克島，中部太平洋的戰況，與南太平洋方面敵之此種動向，聯係觀之，殊堪重視。

（中國方面）空戰——我航空部隊，自上月二十五日以後，配合陸上作戰，復又展開活潑行動，頗樹戰果，對於印度中國間的敵空中運輸，以及以印度為根據地敵B29型機的警戒活動，需要吾人極端注意。又在華美空軍對我國與南方間的海上交通，雖曾一時斂跡，但自八月以來，復又積極展開活動。廿七日兩架，卅一日十數架兩度來襲台灣，另外二十七日有敵機二，架侵入滿洲國鞍山地區。由於目前襲擊北九州地方時遭受重大損失，故此次恰悍投彈後即遁去。又敵方雖廣播二十九日有多數敵機從成都出發空襲我八幡地區，但全無此事。可見二十日敵機來襲時，精神上受到積大打擊。陸戰：我大陸作戰軍，目前正在衡陽周圍、浙江、武漢方面，展開對敵之大殲滅戰，三方面的作戰均極順利。（緬甸方面）怒江方面敵之攻勢，於上月十五日以來，復又猛烈轟炸或砲擊我方陣地，企圖突破我防綫，但由於我守備部隊的勇敢戰鬥，均被擊退，並給以重大傷害。

綜觀這一週的戰況，中部太平洋是膠着狀態：新幾內亞西北部則呈示極堪注意的現象，即敵機積極襲擊哈爾馬黑拉島及民答那峨島，如將此與敵巨型機或中型機出襲班達海聯接起來看，不難看出敵方的企圖是在加強對菲島的反攻以及搗亂我南方資源地帶。總之敵美這種不管喜歡與否，一定要分散地使用勢力，殊堪注目。（一）從中部太平洋方面進行作戰的主力，為海上艦隊與航空兵力，而今後需要維持較過去更大的勢力。（二）從新幾內亞西北方面向菲島的進攻作戰，需要某種程度的基地航空兵力，在這方面如何使用麥克阿瑟兵力，是成問題的。設若以菲島為故鄉的麥克阿瑟軍受到致命的打擊，那麼便是南太平洋戰局發生根本變化的時候，此時即是素以物力自豪的美國，也要向英低頭。

## 海通社報導 保國未必接受中立條件

【海通社柏林一日電】談判保加利亞中立願望的保加利亞專員接到英美通知說：關於此問題的決定只有在與蘇聯協同一致下才能達到。此答覆威廉街人士認為極為有趣。如衆所週知者，保加利亞未對蘇作戰，僅與英美宣戰。雖然如此，英美都不能獨立地決定停止戰爭狀態，而必須首先得到保加利亞享有正常外交關係國家的同實。據威廉街發言人稱：蘇聯在此問題上所起的作用表現在塔斯社星期四所發表的一文中，此蘇聯通訊社的『外交訪員』指出保加利亞政府的要手段，虛僞及迷惑輿論，並做出結論說：『保加利亞這些虛僞手段的必然失敗將爲紅軍證明出來』。此文爲威廉街解釋爲蘇聯如何看待它在東南歐的地位及它不想考慮英美願望的聲明××。保加利亞的例子是對那些想從英美方面找到保護的國家及政府將得到什麼的又一證明。保專員莫山諾夫不得不停止他週前在土耳其的談判，因爲條件必須首先在英美蘇間求得解決。莫山諾夫現正在赴開羅以進行新談判的途中。塔斯社的文章柏林政界人士認爲是對開羅的提案。保加利亞專員可能於該處接到承認保加利亞中立的條件，但保國政府是否接受在開羅交給他的條件，柏林認爲頗爲可疑。

## 英國建議成立聯合國歐洲問題委員會

【中央社華盛頓二日電】紐約時報專訊：英國建議設立一『聯合國歐洲問題委員會』，以指導並聯系不久即將在歐陸從事停戰救濟工作之各盟國委員會。此一建議已送交華府之戰後和平機構會議，已由英美蘇三國與會代表即予以考慮。建議係擬於在德、意、羅及其他附庸國之盟方委員會以一般指示。紐約時報此項消息此間任何官方均未予證實。英國並建議由美蘇英法以及其他歐洲同盟國成立及×××，英國各自治領亦應在委員會中佔一席位，蓋彼等準備對警衛歐洲有所貢獻。然紐約時報×認此一委員會究竟爲戰後和平機構之一部份，抑係獨立與暫時性質，則尚未悉。

## 非利浦斯：論美國對印政策

【路透社紐約二日電】衆議員卡爾文·D·翰森向衆院委員會所提議的決議中所提到的[illegible]康·非利浦斯的一封信，已刊於紐約之美國雜誌，該信稱：『假定印度被認爲我們將來對緬甸與日本戰役的重要根據地，我們將在我們的週圍與其有一個冷談而敵視的印度，勿寧有一個同情的印度，這似乎是具有頭等的重要意義。我們在對日本進行戰爭中似乎具有首要的責任。英國企圖進[illegible]國惠更多的努力，並無顯明例證。現在印度人民僅在法律的意義上參加戰爭，因爲種種理由英國未經正式咨詢印度領袖，甚至印度的立法，而宣稱印度係在戰爭中。印度人感到他們在政府中沒有發言權，所以沒有進行戰爭的責任。他們感覺他們無所爲而戰，因爲他們相信所宣言的聯合國戰爭目的不適用於他們。英國首相事實上已宣佈大西洋憲章的各條款對印度是不適合的，因此，印度領袖開始認爲大西洋憲章只是爲了白種人的利益，這就非是不自然的。目前的印度軍純是僱傭的，而僅從尚武的種族內所抽出的印軍一部已被用於實際的戰爭，而這些尚武種族的兵士僅代替印度軍的百分之三三。史迪威將軍已表示對情勢的焦慮，特別是關於印度軍官之萎靡的士氣。一般輿論對戰爭的態度甚至更壞。疲憊，冷淡與苦難，由於飢荒條件，生活費用的高漲及繼續的政治僵局之結果，已形增加。當印度在政治上分爲許多各種不同的黨派時，一切黨派有一個共同的目的——從英國統治下獲得最後的自由與獨立。對於我們不幸被殿捲入的這一格外不能令人滿意的情勢，似乎只有一個解救的辦法，這就是改變印度人民對戰爭的態度——使他們感覺到，允許他們對聯合國担負責任，並且準備給予他們這樣作的一切便利，要印度的發言權將在世界的復興工作中發生作用。現在的政治條件不准許在這方面有任何的改進。設若英國再度失敗，現在是最好的時刻，他們應努力改進這些條件，並且重建在印度人民中間的信心：印度的將來獨立將被承認。空話是無效的——空話只能加重目前的情勢。現在是英國行動的時候了。他們能够以英王並印度皇帝之隆重宣言作到這件事，即是印度將於戰後特定的時期達到印度的獨立，並且在這方面，作爲信心的保證，臨時代議的聯合政府將在中央重建，並將一切有限的政權交與它。總統閣下，我深深感覺由於我們在印度的軍事地位，在這些事情上我們應有發言權。當我們單獨的設想在對日鬥爭起主要的作用時，英國說這不干你們的事，是不對的。如果我們不管，而只是接受英國所說印度情勢不干我們的這種觀點，那末我們必須準備印度內部情勢的各種不同的嚴重後果，這由於失望與苦難以及數萬萬殖民地人民反白種人情緒之結果可以發展。亞洲人民諷刺地視這次戰爭爲法西斯與帝國主義強國之間的戰爭——在這種意見上我受到其他外交與軍事觀察家的支持。英國對印度的寬大態度會改變這種非所願的政治氣氛。然後印度本身可以預期更積極的支持我們對日之戰爭努力。而以憂懼與懷疑視英美集團的中國會認識我們真實爲了更好的世界而戰。被日本征服的殖民地人民可以有希望地感覺到他們較返回到他們舊的主人治下有更好的可希望的東西。總統閣下：這樣的態度對於亞洲頹喪萎靡的士氣將不僅產生巨大的心理刺激，推進該戰場的軍事行動。而且亦將對各族人民——我們自己的人民以及英國的人民——有一積極的證明，即這次戰爭不是強權政治的戰爭而是一切人民的戰爭。

# 參攷消息

（只供參考）
第六二九號
解放日報 新華社 編
今日出版二張
卅三年九月 七日
星期四



## 敵沿湘桂鐵路兩側進犯

### 謂在「攻擊重慶的最後動脈」

【同盟社上海四日電】衡陽陷落後僅三星期餘，我精銳部隊已瞄準抗戰重慶的動力基地西南中國，在湖南南端再度展開一大攻勢。衡陽失陷後，重慶以由第四、第六、第七各戰區出動的部隊與敗殘的第九戰區軍為主，集結精銳於衡陽西南方地區，揚言要進行奪回衡陽作戰，已在該方面蠢動，以便恢復衡陽失陷的面子與維繫美國的信賴。但所謂奪回作戰，實際上是畏懼日軍向桂林方面進擊，乃在連結寶慶、祁陽、常寧一綫，構築防衛零陵、桂林的第一綫陣地。但我精銳部隊已整備完善的體制，對雜以連結衡陽、寶慶、祁陽的二十萬重慶軍，再度予以痛擊。重慶軍事委員會於三日夜的公報中稱，沿湘桂鐵路西南進的日軍，已到達祁陽東北方三十七公里之地點。與此相呼應，自衡陽西北方出發之日軍，已進出於距寶慶四十五公里處。另一隊則殺至耒陽西方之常寧。據此，我精銳部隊已自左右兩翼與中央三方面，強有力的楔入敵陣，使重慶憑依的第一道防綫，已從外綫瀕於危機。重慶合衆社電對我軍巧妙之極的戰法，亦放出感嘆之聲，稱日軍又將與初期河南、湖南作戰同樣，分其主力為二部份，確保湘桂兩側地區，繼續兇猛的進擊。這樣，在我大攻勢的面前，敵陣營已表示動搖的徵候。路透、合衆、美聯社及重慶的外國訪員，三日一齊強調此次攻勢的重要性，對戰局的演變表示莫大的關心。我軍此次攻勢在於攻擊重慶的最後動脈，其目標只是重慶重要的抗戰地盤，而對於美軍來說，則是在華美空軍的根據地，若敵防衛失敗，則將使美國對於進行的反攻作戰發生巨大裂痕。關於此點，重慶合衆社電亦稱：『日軍在此次作戰中，將使用最精銳部隊與最優良的武器，直接向在華美空軍挑戰，但在華美空軍為了其生存的名譽，將戰鬥到最後』。暗示此次的戰鬥，將變成日美的決戰場。

【同盟社里斯本五日電】美聯通訊社駐重慶特派員，報導在湖南省南部作戰中的日軍，已經通過常寧向祁陽方面猛進中。該報導稱：日軍從衡陽西北的各據點正向西南方挺進，一隊已到達衡陽西方百餘公里的邵陽（寶慶）東南方六十公里的地點；另一隊到達邵陽東方四十公里之地點，正受重慶軍的阻擊。又企圖向東方進擊的重慶軍當局，亦發表常寧於三日陷落，以後又更正謂常寧仍在重慶軍的手中，並確認日軍已經迂迴該市，侵入西方二十公里之地點（距湘桂鐵路上的要鎮祁陽二十九公里之處），目下正在該地激戰中。另一方面，在耒陽、安仁、茶陵各郊外正繼續激戰。在湘江東方，日軍所確保的上述三個縣城，是很強有力的據點，對於日軍主要作戰中所起的作用，就是能將重慶軍的妨礙行動，減少至最低限度。

【同盟社里斯本四日電】據合衆社重慶特派記者報導，重慶軍司令部公佈稱：日軍從湘桂鐵路正面壓迫重慶軍，從北方及東方的包圍部隊，大體在向衡陽西南方的祁陽推進，日軍已有一部到達距祁陽三十二公里的地點。祁陽距空軍根據地衡陽還不到八十公里。

【同盟社大陸前綫根據地五日電】一日我軍開始對衡陽西側敵大集團軍進行殲滅作戰以來，進展非常順利。向衡陽西南方進攻中的我部隊，三日到達長士街，同時佔領白×鋪及潛山峯，現仍繼續進攻中。

## 衡陽西南 敵追殲國軍二十個師

【同盟社湖南前綫三日電】由於衡陽的陷落，使西南中國陷入重大局面，敵第六、第四、第七各戰區糾合的二十個師的大軍，為了挽回此種局面，正在衡陽西南地區蝟集，窺伺反攻的機會。我各精銳部隊對此敵之大軍，忽然於廿九日拂曉，開始大殲滅戰。即是說，左翼進擊部隊自耒陽西方八公里處之八冲峯出發，一舉將敵擊滅，並繼續猛烈進擊中，一日已攻克×潭市，迫近衡陽南方五十公里之要衝常寧東方六公里處。常寧之敵第三十六、第三十七兩軍，已陷入巨大混亂中。又自永豐出發之迂迴進擊部隊，正在擊潰約五個師之敵（為第一百軍、第七十九軍、第七十四軍），並於三十日上午，奪取衡陽西南三十公里處之青樹坪，刻正在追擊敗敵，迫近界嶺。又自衡陽進擊的右翼部隊，二十九日奪取查江，三十日奪取龍興橋、孔公拗，一日攻克衡陽西方三十公里之東冲口，急追當面之敵第八十七軍兩個師。另方面中央進擊部隊則自衡陽南側，開始行動，至二十九日黃昏，已進出於衡陽南方廿公里之鐵公舖、城基嶺、西山一綫。這樣，北起永豐南連常寧的一百公里沿綫，穿過此秋日將至的湖南山野，我軍再次開始猛烈的進擊。

【同盟社湖南前綫五日電】以六千機動部隊為中心，沿湘桂公路進攻的廿個師的重慶軍，除一部份外，一日以來，已向祁陽方面退却，因而皇軍乃展開了一大追擊戰。重慶軍雖企圖誘敵至有利戰場，與皇軍進行決戰，但皇軍諸部隊在重慶軍總退却剛一開始時，便一舉猛烈追擊。由於皇軍已到達常寧東南方。敵重慶軍從南方退却的企圖，全被粉碎。又一日拂曉佔領松樹井的我部，二日晨更佔領進至均婁塘，而進至大家灣，擊潰企圖側擊皇軍的重慶軍。

## 敵稱第三戰區已移駐福建

【同盟社浙南前綫四日電】隨着湖南作戰與自廣東方面進行的北上粵漢路之進展，使江西、浙江、福建各省全被拋下。顧祝同指揮的第三戰區軍二十四個師、一個旅共約十五萬人，狼狽非常，其在積極防衛其戰區，但由於我軍屢次的進攻第三戰區作戰（與湖南作戰相呼應），使其防綫陷入極度的混亂，即是說當我湖南作戰之初，第三戰區軍以防衛江西省為其主要任務，然而我進攻衢州與此次我軍攻略麗水的行動開始後，敵即迅速撤退防綫，轉向死守福建省。在該方面，有在華美空軍在東南中國最後前進基地——建甌、×州、龍岩、泉州、福州、永安等地。第三戰區軍自中國事變以來，即在浙江、江西、福建三省侵佔地盤，由於前年春我軍的浙贛作戰，遭受痛擊，其後即專心努力恢復戰力，並充當在華美空軍在東南地區窺視我本土最前綫基地的衛兵作用，然而其後由於我軍的廣德作戰與衢州作戰，再次蒙受打擊，特別在今年六月進攻衢州時，担任防衛第三戰區中樞部浙東地區的第二十五集團軍、第四十軍遭受致命的打擊，而蘇天才指揮的第二十六師，亦放棄向來的游擊戰術，僅能進行集團的抗戰而趨潰滅。嗣於衡陽迫近危機時，担任防衛南昌、鄱陽湖週圍地區的第九戰區管下之新編第三軍與第五十八軍，蝟集於衡陽方面，同時第三戰區之第二十五集團軍第二十六軍，亦向衡陽方面移動，於是，顧祝同為了挽回其指揮下各軍隊的勢力，乃於本年七月中旬，命第二十五集團軍向浙江、江西邊境移動，以謀恢復該集團軍的戰力。並使第二十三集團軍向江西省東部弋陽移動，以六個師防衛鄱陽湖、南昌週圍，第三十二集團軍則以主力四個師的國際突擊隊，在麗水縣城西南方六十六公里、浙江福建的交通要衢碧湖設司令部，在其附近開設西南幹部訓練團，大量訓練幹部與兵員。據情報悉，該訓練團並有美、英人若干名參加，教授游擊戰術等，並在附近設爆藥與兵器等製造所。又據云：最近第三十二集團軍司令部與西南幹部訓練團，已移駐福建省北部浦城，這樣，顧祝同正在努力維持、補給與大量養成其軍隊，但前次衢州作戰後，繼又進行此次的進攻麗水作戰，使第三戰區的中樞瀕於崩潰，第二十五、第二十三兩集團軍移駐江西，第二十二集團軍亦敗退至福建省內，浙東、浙南兩地區全被放棄。顧祝同的第三戰區長官司令部，亦移至福建省之建陽，這樣，事變以來迄今尚未捲入戰火的福建戰區，現已成為第三戰區的主要根據地，走上大陸戰綫。加上尼米茲窺視東南中國海岸的野心，故今後的動靜是值得注意的。

## 張平羣答外記者 湘戰失利毫不影響政治經濟

【中央社渝六日電】外記者招待會，六日下午三時舉行，梁部長、吳次長國楨因故未出席，由董副部長顯光、張參事平羣出席主持。某記者詢以中國西南部軍事失利，於政治、經濟兩方面有何影響？張參事答稱：蔣主席昨在參政會致詞中，曾謂中國戰場之最後決戰今方開始，亦即為最後勝利前最艱苦階段之開始，並勗勉吾人再接再厲，一致努力，以克服難免之艱苦挫折，最近湘省戰局之逆轉，即為此種挫折之一，僅屬軍事上之失利，毫不影響政治。國人抗戰到底之信念，堅定如初。我國昔以軍事之素質裝備較差，國勢未振，致引起日寇之野心覬覦，而有此次戰爭。此戰鬥條件之艱危，固素為國人所共識、共諒者也。湘戰當愈促使吾人強化對敵武力，並與盟邦更密切合作，而盟邦之加強援助，為吾人此刻所更渴盼。至就經濟方面而言，則湘省向以豐產米煤著稱，其餘量尚可運供後方，今一部陷於敵手，至為可惜。所幸全國豐收，失彼得此，足資挹注。湘省煤產，過去以供給湘桂鐵路為主，今鐵路車輛受阻，煤之需要亦大減。且我係農業國家，尚未構成一全國性之經濟系統，則各省均可自成為獨立的經濟單位，自給自足，是以各個經濟單位間之暫失聯系，尚不致有妨一般人民通常之經濟生活。某記者詢以戰後如何處置日本問題？董副部長答稱：中國對於此問題之態度，蔣主席在[illegible]

年元旦告全國軍民書內曾述及。與羅斯福總統討論戰後日本國體之情形時，蔣主席有謂：『這個問題，我以爲除了日本軍閥必須根本剷除，不能再讓其起來預問日本政治以外，至於他國體如何，最好待日本新近的覺悟份子自己來解決。如果日本國民能起來對他們的禍首軍閥而革命，推倒現在侵略之軍閥政府，澈底消除他侵略主義的根株，那我們就應該尊重他國民自由的意志，去選擇他們自己政府的形式。

## 同盟社稱
## 蔣在參政會演詞

【同盟社里斯本六日電】蔣介石於五日舉行的國民參政會議上發表演講，率直承認了最近的不斷戰敗與經濟上的危機。同時強調國內政治、軍事統一的必要。認爲此乃打開局面的唯一方法。對於延安權政，則間接地促其反省。演講要旨如下：現在中國的戰爭已進入決定階段，吾人並不否認過去半年中間，在軍事上吃了敗仗。同時也承認吾人的抗戰，現在是處在非常困難的時期。重慶遇到了經濟上的困難與供給上的困難，而最近數月此等弱點更加顯著。吾人不應隱蔽此等實事，反而應該加以糾正。爲了獲得勝利，中國的統一殊爲需要。設中國在軍事上不能統一，則不可能達到勝利。設吾人的政治工作不能統一，則國家的再建設不得成功。吾人不能容忍與此統一相違反的一切東西。

## 敵在豫陝鄂皖邊區
## 成立所謂綏靖公署

【同盟社鄭州二日電】河南作戰完了後，特決定成立豫陝鄂皖邊區綏靖公署，以李雨霖爲主任，進行該地區的綏靖工作，地址在平漢綫的許昌。九月一日在鄭州舉行成立典禮，該日下午三時由河南現地軍當局發表下列談話：此次設立豫陝鄂皖四省邊區綏靖主任公署，隨軍中將李雨霖爲主任，在河南，陝西，湖北，安徽四省進行綏靖工作。軍對該公署抱有極大希望，同時以全力援助之。（李雨霖中將履歷）滿州國錦州省人，本年四十七歲，奉天講武堂步兵科第六期畢業，入東北軍任張學良的部下，民國廿七年多赴重慶，任軍事委員會中將參議，其後二年間即在重慶，對中央部重慶的空虛實狀表示煩悶。大東亞戰爭爆發後，在國民政府宣戰時即來南京，任國府軍事委員會參議，××武官，在××綏靖公署，從事招撫工作。

## 保國請蘇休戰
## 傳紅軍進入保境

【合衆社紐約六日電】索非亞廣播頃稱：本日上午保政府已向蘇聯請求停戰，並謂：保外長於蘇聯對保宣戰後不及七小時即向蘇請求休戰，但距蘇方在廣播中報告對保宣戰之消息，僅四小時。

【路透社開羅六日電】此間消息靈通人士預料保加利亞停戰協定或在莫斯科或在索非亞簽定，因蘇保兩國刻尚有外交接觸。進行蘇保交涉之蘇聯將以經過情形隨時通知英美。

【路透社倫敦五日電】據保加利亞電台發表另一重要聲明稱：德國因保加利亞嚴守中立，並依海牙公約解除越境德軍之武器。故於四日對保加利亞採取報復行動，保加利亞軍隊遵照昨日午後國務會議之决定，已發起抵抗。該國務會議仍繼續舉行。

【路透社倫敦六日電】德國新聞社今夜稱：蘇軍已開進保加利亞。

## 傳蘇芬代表
## 正商訂和約中

【合衆社倫敦五日電】莫斯科訊：外交界人士推測蘇芬議和代表正致力商討議和協定，諒將保留一九四一年邊界，並予芬蘭及早復興經濟之良好機會。蘇方停戰條件可望出乎意外之寬大，德國今已處於潰敗邊緣，列寧格勒已轉危爲安。故蘇方對於芬蘭自易採寬大態度。上述溫和條件如經實施，即將證明蘇方所稱其對波羅的海區域所採政策之基礎，乃安全與穩定爲不虛。

【中央社重慶六日電】據柏林四日廣播斯托哥爾姆訊：官方於四日晚宣稱瑞典應芬蘭之請求，將代管德境之芬蘭權益，至於德在芬境之權益，據此間瑞使公稱，瑞政府不擬爲芬境德僑之保護人。

【合衆社斯托哥爾姆五日電】芬蘭陸軍當局斥蘇軍違反停戰協定，繼續攻擊芬軍。芬蘭當局並申明迄五日八時，即芬軍停止開火廿五小時後，蘇軍步兵在南綫大部份區域之行動。

【合衆社倫敦三日電】莫斯科廣播稱：昨日蘇政府已通知芬蘭，蘇方準備於芬蘭前綫南端停止軍事行動，以接待芬方議和代表團。

【路透社斯托哥爾姆四日電】東綫芬蘇兩軍所同意休戰之時間，爲今晨八時（格林威治標準時間）。

【路透社斯托哥爾姆四日電】據瑞典北部邊境卡萊蘇安多消息：芬境德軍第一批已撤離芬蘭，裝運德軍之摩托車輛，越過芬挪邊境者正絡繹不絕。

【路透社斯托哥爾姆三日電】據今夜自通常可靠方面傳至此間之消息：芬境德軍總司令雷加里克將軍，本日曾訪芬總統曼納林元帥，向其保證德軍將在九月十五日前退出芬蘭。估計雷氏所部芬境德軍共十六萬人，包括九萬遜步兵，二萬薩托化步兵，七千航空人員，七千裝甲部隊及陶德勞動隊員三萬人。

## 索斯科夫斯基私發手令 傳有被撤職可能

【路透社倫敦五日電】外相艾登本日在倫敦外交部接見波蘭總理米洛拉茲柯、外長陸莫、及總統拉基維茲。據悉係討論波蘭統帥索斯科夫斯基今晨所發之手令，因該項手令在倫敦造成極惡劣之印象。波統帥責備英國盟邦未予華沙波蘭本國軍隊以充分之援助，而棄守該城。索氏發出手令事前未與波內閣商議，盟方可能給予華沙地下部隊之援助為量雖少，然其協助範圍，波政府及統帥事實上已獲得充分之通知。至索氏手令中所云盟方在華沙上空一月內飛機僅損失卅七架之說，殊為不確。關於盟方援助華沙之飛機損失數量，還較此為大。此事後果如何，尚難臆斷。索氏或將辭職，今日下午波蘭內閣會議後所能獲悉者，或可較多。現料米科拉茲柯正計劃組織戰時內閣，其中或將廢除波統帥一職，而代以參謀總長。對英方處於咨議性質之地位。

【路透社倫敦六日電】路透社倫敦外交記者報導：據波蘭方面消息，波蘭內閣今日下午集中注意力於華沙的情勢，及在波爾將軍部隊危急之際，依然存在的給予幫助的可能性。波蘭地下軍挫敗是由於未給予波爾將軍以確實的援助，這種援助無論在何種理由下，都應給予波爾將軍。關於此事已反映到政府內部。許多部長認為政府應對地下軍之挫敗給予實際的解釋，並應辭職。關於這一特別爭論已徵詢地下運動諸領袖。

【路透社倫敦五日電】波蘭國內軍總司令鮑爾將軍昨日發表報導華沙戰況之公報稱：據波蘭電訊社消息，本月四日拂曉後，敵軍即以飛機大砲向城區供水廠轟擊，主要發電廠被毀，全廠乃無電力供應。波軍被迫棄守舊城時，所有軍隊均經撤出，武器配備輕傷士兵及俘虜亦經撤出。

【路透社倫敦四日電】波軍總司令索斯科夫斯基將軍頒予「波蘭國內軍」之手令稱：華沙人民現被「棄置一方」，此一神祕而悲劇之始，絕非波人所可理解，尤以鑒於盟方擁有如此戰力而不能一助為然。盟方盟軍有各式飛機萬架之多。今一月內於華沙上空損機二十七架，飛機及駕駛人員之××英倫之戰役則損失「百分之四十以上」，波蘭人民如死於廢墟之下，或因受消極之漠視，而為大屠殺之被害者，舉世良知，則將沾有亘古未見之恐怖罪惡。

## 盟國某要員稱：德並未要求投降

【合衆社倫敦五日電】某高級軍官否認布魯塞爾無線電台摘引「尚未證實的外國方面消息」，說德國已向盟國投降的報導。該軍官稱：德國投降本是我們作戰的目的，但迄今我們所知，並非確有其事。

## 同盟社估計：羅邱會談的主題

【同盟社里斯本三日電】對於預料中的美英會談，已迅速發生種種揣測，但一致認為在對日作戰中，美英兩軍的協力問題，將是該會談的主要議題。華盛頓合衆社報導稱：關於從歐洲戰場，如何將陸海空軍運輸至亞洲戰場的基本工程，將被此次會談提出討論。又在此次會談中所涉及的戰略問題之一，將是如何規定必要的陸海空軍間的比例。據美海軍專家的見解：美海軍加上一部份英海軍，以及美英兩國的空軍，就可能擊潰日本。又關於援助重慶的問題，已將被羅斯福及邱吉爾所討論，羅斯福認為他日前會派遣戰事生產局長納爾遜及軍事代表赫爾利赴重慶，可以得到重慶的協助而殊樂觀，但邱吉爾則有不同的見解，故可能檢討到美國過去援蔣的各種努力。此外華盛頓消息靈通人士認為美英兩國與印度的關係，亦為討論題目之一。據彼等見解，英國對印政策如與對費里浦斯的批評聯系起來看，美當局的不滿，將由此而表面化。

## 英人論東北問題

【路透社倫敦四日電】遠東問題著作家，及布利斯托爾大學非駐校教授佛利特斯於今日在倫敦世界問題學院講演時，預料在打敗日本後，關於誰控制滿洲將發生麻煩。關於中國揚言重新佔領滿洲一節，他說：「如果說中國對那裏所發生的事件將有什麼影響，僅是空說而已。很可能的中國將返回此階段，那時認為它是一個中央化的國家將是空想的」。他預料蘇聯將保持站在遠東戰爭之外，直至美國及英國向着戰勝日本之路已走上了很長一段而後止。但蘇聯對任何和平解決將起極大的影響，因為誰控制了滿洲誰就將控制着日本。佛利特斯於論及由蘇、美、英、中聯合管理統治滿洲的可能時說：「這種統治形式從未是很成功的，或將只有更快地導入不調協。」

## 傳安多萊斯哥等押送蘇聯

【中央社重慶六日電】據柏林六日廣播安哥拉訊：羅馬尼亞前總理安多萊斯哥及前陸軍部長潘遜錫將軍，均於二日被捕，羅馬尼亞警察藉蘇軍之協助包圍兩氏寓所，兩氏已被蘇方押送至敖德薩。

# 參攷消息

（只供參考）
第六三〇號
解放日報 新華社 編
今日出版二張
卅三年九月八日
星期五


## 敵國八十五屆議會舉行開院式

—同盟社東京七日電—迎接大東亞戰爭第五年的第八十五屆臨時議會於天皇陛下親臨下，於貴族院議場嚴肅地舉行開院式。是日天皇陛下於上午十時四十分，由宮城乘汽車赴貴族院，十一時親自蒞臨議場，舉行開院式。全體議員向天皇陛下行敬禮後，小磯首相向天皇陛下奉呈勅語書，陛下拿着勅語書，宣讀伏渥的勅語。至此，第八十五屆臨時議會的開院式即告結束，陛下在各議員歡送中，於十一時十五分出議事堂動身回返宮城。

—同盟社東京七日電—天皇陛下在開院式時下賜勅語如下：『朕現在此舉行帝國議會開院式，告我貴族院及衆議院各位：朕深喜外征之師勇戰奮鬥，隨處擊敗勁敵，大大宣揚威武，而大東亞之建設迅速進展，我國與友邦之締盟亦愈益強固。然而敵人之反攻愈益熾烈，戰局日益危急，今日正是竭其總力決勝的時機。卿等宜身先萬衆鞏固團結，粉碎敵人非分之望，以扶翼皇運於無窮。朕命國務大臣向帝國議會提出有關時局之緊急議案，卿等宜善體朕意，和衷協議以盡協贊之大任。』

—同盟社東京七日電—在緊急決戰中，闡明斷然決心的第八十五屆臨時議會的第一日（七日），在舉行『開院式』時陛下賜以優厚之勅語，在今天掛起了決勝的旗幟，慨然奮起發揮一億國民的總力。貴衆兩院大會已於今日開始，衆議院於上午十一時三十八分開會，決定勅語奉答文的起草委員，下午再開大會等待貴族院大會的完畢。另一方面貴族院於下午一時半召開大會，議決勅語奉答書，選舉德川邦憲為臨時議長，並決定全院委員長及常任委員，小磯登壇闡明一般施政方針，首相披瀝其對擊碎強敵反攻的斷然決心，具體的說明小磯內閣所主張的適應決戰的對內對外的諸方策。繼首相的施政方針演說後，杉山陸相、米內海相登壇分別作戰況報告，在其報告演說之中，很有力的表示了：實現擊滅英美的日子已決不在遠。至此貴族院即提出感謝皇軍的決議案，由島津忠重說明提案理由，立即進入對首相演說的質問。大河內正敏（研究會）起立，就增強軍需生產及空襲對策問題進行質問，由小磯首相及有關大臣回答後散會。休息中之衆議院，待貴族院散會後，第三度召開大會，同樣有首相的施政演說及陸海兩相的戰況報告，其後即提出對皇軍的感謝決議。由井野碩哉說明理由，滿場一致通過，臨時議會的第一日遂告結束。

—中央社渝七日電—據東京六日廣播，此次日內閣召開第八十五屆臨時會議，其中心議題將為喚起全國人民於戰爭到達嚴重時期之現階段加強作戰信心。此外尚有一重要特點，即於未來數日會議間，除有關臨時軍用預算外，將不提出任何法案。此次議會開會時間計五日，為期已較平常之臨時會議為長，因過去此項會議之時間僅二日至三日之久，此次延長開會時間係內閣接受翼贊政治會之建議，採納設立出席國會次官之制度，相信內閣已採納此項步驟，蓋承認翼贊政治會為全國人民代表之中心機構。此外並由該會採取各種步驟，俾內閣與人民能於戰時作有效之合作。此項辦法實施後，內閣將發表政策，准許人民自由作×性之建議，同時小磯首相及內閣各長官將負解釋之責任。翼贊政治會並決定恢復議員之質問權。按此項權利自七十七屆議會後即行廢止。

## 小磯演說 高喊昂揚民氣

—同盟社東京七日電—首相演說要旨。不肖能有機會參加第八十五屆帝國議會，披瀝政府的所信，實是我最大的欣幸。天皇陛下於本日開院式時，特別下賜伏渥的勅語，不勝感激之至。我與諸君謹愼地奉戴聖旨，忠心耿耿地推行決戰下重大的職務，迅速達成戰爭的目的，以慰叡慮。我想今日處在決定皇國興敗的重大戰局的關頭，應該隨着皇祖皇宗的神靈，堅持世界上無與倫比的皇國的國體，愈益闡揚悠久的光輝歷史，並與一億國民共同保持堅強的必勝信念，大和一致，傾注總力，斷然於最近採取擊滅英美的舉動，堅決使運營國務與貫徹戰爭的目的相吻合，以策應第一綫皇軍的壯圖。

現在戰局眞是危急，皇國的興敗懸於今日，欲打開此危局，即應使運營國政的根基統一於完成大東亞戰爭的目的，文武相應，圖謀統帥與國務的密切吻合，以期強有力的戰爭指導毫無缺陷，這也是當然的事情。而目前設置最爲戰爭指導會議的原因亦在於此。今後運營國政要在這個會議上綜合統帥與國務，然後決定根本的方針。並根據這個方針決戰地開展一切施策。

適應目前戰局的決戰施策的第一點是昂揚戰意與確立必勝的國家體制。而昂揚戰意必需以徹底振作國體觀念爲基調，這是不言而諭的。突破任何苦難，堅持萬邦無比的國體，須機灼熱的決戰就是必勝信念的源泉，而強固的國體觀念將是最偉大的戰力。如果沒有完全疏通民意，就不可能昂揚戰意。政府處此決戰的階段應使國民周知國內外的實際情況，使其提高對於戰爭的共同責任感，共分憂國的事情，並信賴國民的忠誠，傾聽其關於戰爭的公正論調，俾使一億國民有共赴國難的風氣。爲了確立必勝國家體制所應實施的各種施策還很多，而重要的事情是不要拘守成規和拘泥於舊的一套。應該毫不躊躇地實行適當而有效的措施，打開阻礙生產的隘路。這樣可以一振人心，求得同胞完全的協力，並且更加留意振作國民道義。當要求同胞完全協力時，應把朝鮮台灣作爲皇國有力的一部份，使其各自發揮各該地域所保有的特點，以便對於皇國的興隆與達成戰爭的目的有所貢獻。以前朝鮮台灣人民作爲特別志願兵而獲得成果，而現在又施行徵兵制，現在已有許多同胞參加聖戰，盡其挺身奉公的至誠，這對於國家實足慶幸的事情。同時必須充分考慮其待遇。

重要施策的第二點是增強戰力。傾其一切足以立即化爲戰力的國力集中於急速增強決戰戰力，尤其是航空戰力上。掌握戰局的主動性，使緊迫的戰局有利開展的關鍵實在於此。要求從事軍需生產的同胞發奮努力的必要性莫過於今日。即決戰施策的重點放在這裏，將一切的人力、物力、金錢用來增強戰力，對於當前的決戰還沒有有效地化爲戰力的諸設施及產業活動應加以糾正，絕對要求指向於重 產業。以前着着採取必要的措置。欲增強戰力特別是增強航空戰力，當然需要增產軍需物資；而確保與充實海陸運輸力量亦是緊要的條件。政府極力打開隘路，使這些向上的對策毫無缺陷。

第三個重點施策是增產食糧及安定國民生活。在戰爭期間，保障國民最低限度生活的緊要性，自不待言。以往，同胞在相當窮困的生活條件下，很忍耐地努力完成戰爭的目的，這是我們健全的國民性所招致的結果，這實令人不勝感激之至。

重要施策的第四點是勞務與國民動員的問題。面對着這個重大時局，不論老弱男女，不許國內有一個游手好閑的人和一個旁觀者的存在。一億國民全部配置於走向勝利的戰鬥崗位，向着完成自己的使命邁進，這是盡人事聽天命的緣故。企業家、公司股東、技師、員工、農民、漁夫都作爲產業戰士，抱着國民皆兵的精神和自願應徵者的心情，各自站在自己的崗位，盡力服務，並發揮其最高效率。只有這樣，才能與在彈雨中不顧生死的將士相呼應，使其不愧爲皇國臣民。政府對於徵用制度及勞力的分配與管理加以研討，以圖調劑與改善之。同時講求一切方策，決心徹底動員國民的勞力。

重要施策的第五點是加強防衛國土。以前敵機數度空襲本土西部地方時，官民一致很好地担負防衛的責任，使損失減至最小限度。這使人感到有此依賴而能安心。但是將來不論敵機怎樣來襲，官民均應提高熾烈的鬥志，向防衛工作邁進。目下的急務乃防衛和保護重要產業設施和徹底加強重要都市的防空，並且應該很好地想出新的辦法確立與實際情況相適應的防衛體制，這是很重要的。現在正着着整備疏散都市人口的工作，並且獲得實際的效果。此外，關於確保空襲時期的國民生活及加強防空組織、防空訓練，均在周密的計劃下實施之，以期毫無缺陷。

重要施策的第六點，是動員與活用科學技術。戰爭現在完全呈顯着科學戰的樣相。因此，政府現在爲了統一運用陸海軍科學技術，迅速把適應戰局的日本式科學技術變成戰力，以及迅速圓滑的大量生產決戰兵器，除了設置特殊的機構外，「並獎勵在民間計劃與創造新兵器，講求措置」，將其吸收和反映於上述機構中。由此，全日本的科學技術已迅速變成戰力，在科學技術方面，整個後方技術協力戰爭的體制已臻完璧，對其結果有莫大的期待。

最後，與上述國內施策相呼應，皇國的戰時外交是與盟邦德國的提攜將更密切，與大東亞的與國協力一致，傾其總力爲遂行戰爭而邁進，同時與各中立國家，今後仍將努力保持友好關係。盟邦德國雖在頗爲變遷的困難情況下，亦相信其最後勝利，而繼續善戰搏鬥，誠不勝令人敬佩之至，相信若着眼戰局，更加發揮其潛在力，則戰勢有利之日當不在遠，在此謹懇禱其成功。大東亞各個國家、各個民族，雖在目前的戰局中亦毫不動搖，反而隨着戰局的演變，不斷加強其體制，自覺其完成復興大東亞使命的必要，與皇國團結一致，戰鬥到底，實衷心令人感奮。日滿兩國的關係是一心一德，不可分離，現在是更不待言。日華兩國的關係，亦在同生共死的盟約下更加鞏固。皇軍在過去七年多的歲月中，在大陸南北繼續勇戰奮鬥，皇國的眞意是重逐美英的侵略勢力，從他們百年來的壓迫中解放中國，互相提攜建設基於道義的大東亞。此種眞意已逐漸滲透於中國民衆中，日華的提攜將更密切。至於說到泰國，前此曾一度更迭內閣，以阿拜溫氏為首的新內閣，仍然根據盟約，堅持為完成戰爭目的而邁進的方針。其所以如此，可謂說明大東亞團結的鞏固。緬甸國已迎接獨立一週年，在巴茂國家代表熱心指導下，舉國一致，克服許多困難，健全發達，貫徹戰爭的決心熱烈旺盛，前途誠為有望。菲律賓國最近亦將迎接獨立一週年，由於羅勒爾總統的陣頭指揮，對於戰時食糧、治安等問題皆有善處，不斷在整備戰時體制，實在應說已是一强有力的盟邦。對於自由印度臨時政府主席博斯以下關於印度獨立的殊死奮鬥，衷心致以敬意，自然皇國今後仍將予以强有力的支援，協助其達成獨立目的。其次說到東印度，帝國於去年曾根據當地居民的意願，令其採取參與政治的措置，其間，各地的當地居民皆能善自了解帝國的眞意，始終一貫為貫徹大東亞戰爭而繼續努力不懈，現地軍政的協力，亦是非常可觀，鑒於此種情形，帝國為了確保東印度民族永遠的福祉，特在此聲明將來將承認其獨立。如上所述，帝國政府當堅持過去對大東亞地域的政策到將來，今後更將强有力地展開共同宣言的精神，用以回答大東亞各國、各民族的信賴。這樣，以皇國為骨幹的大東亞，在堅强的必勝信念下更將團結一致，集中物質、精神兩方面的一切力量，向着復興大東亞的聖戰邁進，如是確信必能粉碎美英的野心，炫耀皇國萬古不滅的世界理念。（完）

## 敵陸相報告

【同盟社東京七日電】陸相戰況報告要點。在太平洋與中國大陸兩方面，均在迎接敵人猛烈反攻，現正有史以來的激戰，繼續着未曾有的激烈戰鬥。以下想就各方面戰況加以說明：在中南部太平洋方面，新不列顛布肯維爾等島，我陸海軍部隊正予敵人以痛擊，確保拉布爾周圍及其他要地。在塞班島全體勇戰力鬥，終於用自己的身體築成防衛太平洋的一道防波堤，尤滿着悠久的大義。又在該島的許多同胞完全協助加强該島的防備，與我軍共同生死，發揮了皇國傳統的精神，對此實只有感謝與感激而已。但終於不得不交諸敵手，實使我們非常惋惜。其次在關島與狄寧島，據該方面所在最高指揮官報告，我方之將士的士氣極為旺盛，朝夕奉誦勅諭，把這一勅諭看作一種莊嚴神令，在塞班島、關島、狄寧島，我軍給予敵人的損害，即據敵人的發表亦達三萬人。在新幾內亞、安特科普附近的敵人，在有力的機動艦隊掩護下，逐漸向荷蘭蒂亞、沙爾米、拜阿克、奈爾福島、與子島等處。而我各方面的部隊，克服了許多困難，反復果敢的進行攻擊，予敵極大威脅。在緬甸方面，今年二月殲滅從馬玉山侵人的有力敵人。更制敵人之機先，向伊姆法爾、科西馬方面進攻，佔領要地，敵人損失計死傷三萬人，繳獲未毀大砲約一百門。在政略上亦使敵人受[illegible]獲得極大戰果，現正復歸原體制。在怒江方面，以寡兵勇戰奮鬥，以[illegible]方為據點，反復果敢向敵逆襲。於侵人卡薩附近的敵空艇部隊以極大[illegible]將敵向北方壓迫。對從胡康正面侵入的敵人猛烈的展開反擊，予敵人以極[illegible]渴失，目下在密芝那南方一線，準備進行下期作戰。在緬甸方面給予敵人的損失，根據敵人的發表，從今年年初以來，陣亡負傷約八萬人，因作戰生疾病者約三十數萬。其次在中國，四月下旬開始了平漢綫的沿綫作戰，五月二十五日攻略長沙、五月下旬開始了粵漢綫的作戰，八月八日攻克衡陽。這一作戰使駐華美空軍擾我海上交通的企圖及對遠距離轟炸機B29的活動增加了困難。對本土防空的貢獻是很大的。此次作戰中直至今日我方有七千三百五十五十人作了寶貴的犧牲。而所獲得的戰果亦甚大。我方收容的敵屍及俘虜約十七萬五千人。繳獲砲七百五十門，機關槍三千挺，步槍三萬七千挺，使重慶動搖，同時亦使美英極為狼狽。在北九州及滿洲，敵遠程轟炸機前後有五次來襲。我制空部隊奮戰的結果，擊落敵機三十多架。

其次談到航空作戰的概況。去年年底在大東亞出現的美英空軍的第一線兵力，約為五千架。其中在所羅門羣島，俾斯麥羣島，新幾內亞東部方面之空軍，估計約有一千七百架。我軍在此種情況下，常與數倍之敵人交戰，但我陸軍航空部隊，共擊落擊壞敵機一千餘架，特別是因兵力，運輸能力，基地能力的關係，在我國戰力的發揮上不得不受到許多限制，實是非常遺憾的。緬甸正面的敵人約有飛機八百架乃至一千架，我陸海軍航空部隊，寡兵勇戰，從去年底以來即擊落敵機五百三十架，擊壞敵機二百架。在中國敵人飛機的總數約七百架，其中B29至少亦有一百數十架，對此我陸軍航空部隊，反復實行强襲或奇襲，從去年底以來，獲得了擊落敵機五百架、擊傷敵機一千架的大戰果。千島方面，我陸軍配合海軍與敵機四百架作戰，從去年底以後，陸軍的「空」、「地」兩部隊的戰果，計擊落敵機二千一百架，我方損失自炸飛機六百零四架。總之敵人從太平洋及大陸兩方面的反攻，極為猛烈，正是擊破强敵的時候，帝國陸軍當以上下一致，突破一切難關，盡自己的力量擔任保衛皇國的責任。現在敵人有許多不利的條件，而我方則正相反，掌握了戰略上的有利形勢，因此陸海軍在密切的行動下，激底的團結現有戰力，特別是由於國民各位努力以得的結晶航空機的活躍，確信能夠有擊滅敵人的光輝行動，向着勝利的前途邁進，以期安慰聖靈，並回答國民的期待。

## 敵海相報告

〔同盟社東京七日電〕海相報告戰況要旨。在中部太平洋方面：自二月上旬，馬紹爾的一角爲敵人佔領以來，敵方強大的機動部隊，更侵襲馬里亞納、加羅林、南島等島，至六月中旬，塞班島終被敵軍佔領。繼之敵復在大宮島（關島）、狄寧登陸，我軍當起來迎戰，現正在激戰中。新幾內亞方面之敵，逐漸將其根據地向西方推進，經荷蘭蒂亞、安特科普，五月下旬終於進攻拜阿克島，至八月上旬更進至新幾內亞西北部。我根據地航空部隊與當地的陸海部隊在上述各戰役，無不以寡兵竭盡全力勇戰奮鬥，給敵以重大損害，特別在馬里亞納方面，我軍勇敢無比的奮戰，以及當地居民的忠烈，實感天位而泣鬼神，與此相配合，馬里亞納方面我聯合艦隊，及海上部隊，雖配合出擊，計劃一舉擊潰敵軍，惜未得實現。更爲遺憾者，由於我空軍兵力的後續不足，未能將敵機動部隊殲滅，進而奪回馬里亞納制空權，掃蕩敵登陸部隊。在此期間，敵潛水艦非常活躍，我方確實擊沉敵潛艦達一百零三艘之多，就中效果最大的，計擊沉四十一艘。另外我潛水部隊，在廣泛的海洋上，極爲困難的情況下，完成了它的重要任務。此間計擊沉敵航空母艦二艘、戰艦一艘、巡洋艦一艘，擊毀者尚二倍於此，此外還擊沉廿四艘敵船舶，合計十八萬噸。總之關於本年初以後的戰況，率直地說：我方雖在各方面獲得些局部的戰果，但就大局而論，很遺憾地有些不振現象，同時還要估計到今後可能更甚於此，然而情況雖然如此，但如正視敵我精神物質兩方面的優劣，看破敵方所有困難弱點。我帝國海軍在今後的作戰，仍有各種致勝之方策。在今日的戰局，不問陸軍或海軍，爭取制空權均爲其進行作戰必不可少的條件，故要求迅速充實精銳的飛機，余認爲在一億國民協助之下，必能滿足第一綫部隊的要求，以便使彼等奮戰。余深感興奮者，即我聯合艦隊在豐田司令長官統帥下，士氣非常旺盛，均充滿着擊潰敵人的信心。

## 納粹的夢囈

〔路透社倫敦四日電〕德國今日（星期一）正式號召大規模的游擊戰，作爲盟國威脅德國本土的答覆。該號召由德國新聞處副處長孫德曼在戈培爾『衝鋒』報上所發表的文章中提出。該文爲德國通訊社反覆廣播數次，內稱：「當戰綫與我國人民在國內建立的防綫合而爲一時，戰爭將以完全不同的形勢進行，因爲德國人民的內心在燃燒，他們的拳頭是強有力的。這將是人民戰爭，而人民是不可征服的。如果蘇軍和美軍進入德國領土時，每個村莊、每座小山、每塊稻田、每一農莊都將是抵抗窠。工人與農民將離開車床與犂耙。老人與青年必須很高興的進入保護祖國鬥爭。敵人將找不到一堆德國糧食吃。沒有一個德國人的將給敵人情報，沒有一個德國人伸手幫助它。在敵人來到時，每條大小道路都將被毀壞。敵人除了仇恨與毀壞外將什麼也找不到，人民將奮起反對想盜竊他們土地的那些人。」

## 華沙發生戰事

〔合衆社倫敦三日電〕據此間波方人士報告：地下軍正在華沙以南五十七哩之拉多姆以全力抵抗德軍，拉多姆地下軍已與自東面向華沙推進之蘇軍合作，然未悉是否已與華沙之波軍取得聯絡。爭奪華沙之激戰在繼續中，無重要變化。據德公報稱：舊城區之游擊軍已遭驅逐，惟波方稱其軍隊仍據守該區，並已佔領聖瑪利教堂及市政廳之一部分。倫敦波方人士稱：華沙方面之報告，顯示波京爲德軍有計劃之行動焚燒破壞殆盡，破壞行動若長此繼續，華沙城將不復存在。大華沙之百分之八十包括舊城及新城區之大部分，已遭摧毀，敵繼續施行破壞，該城已不堪居住，必須遷都他地。

〔合衆社倫敦四日電〕華沙波軍實力正在迅速崩潰中，勢將被迫於四十八小時內放棄該城，波蘭國內軍總司令波爾於發表空前悽慘之公報稱：舊城區之波軍抵抗力經三十四小時之激戰與蒙受重大損失之後，已被壓倒侵略之德摧毀。

## 德派遣密使挑撥盟國關係

〔路透社伊斯坦堡四日電〕最近歸順盟方之德黨衛軍旅長兼土境德國新聞社社長費亞拉報告盟方當局稱：日本仍力促蘇德諒解之實現。

〔路透社伊斯坦堡二日電〕德國在土耳其的大陸通訊社社長費亞拉（他同時爲納粹黨中及黨衛警衛軍中有勢力的一員）已逃出納粹陣營，並在接近土耳其的美國當局後，已被帶至中東盟國境內。據悉，費亞拉曾予盟國最有價值的情報。作爲大陸通訊社的社長，費亞拉是直接奉納粹外長里賓特洛甫之命而來的並被此間德人認爲是德駐土大使巴本的副手。

# 參攷消息

（只供參考）

第六三一號

解放日報 新華社 編

今日出版二張

卅三年九月 九日

星期六


三一〇

## 敵大本營公佈攻佔零陵

【同盟社東京八日電】昭和十九年九月八日十七時大本營公佈：在衡陽周圍準備次期作戰中的我諸部隊，於八月末復又開始行動，不斷擊潰各地敵軍。九月六日佔領零陵飛機場，七日晨攻陷零陵縣城。

【同盟社東京八日電】八月八日佔領衡陽後的我部隊，對在美國督戰下企圖奪回衡陽的敵人十數個師，給予猛烈打擊，並準備下期作戰。八月底，我精銳各部隊，分別開始行動。六日晚間佔領駐華美空軍重要據點零陵，七日早晨佔領零陵市街。零陵飛機場，同遂川與寶慶、衡陽、淡竹、芷江等地，成爲敵人桂林地區航空基地羣之一。由於不久以前衡陽的失陷，此次零陵的喪失，使敵人的桂林地區航空基地，完全陷於半身不遂狀態，其有機的性能亦被粉碎，逼使駐華美空軍主力不得不向昆明基地羣後退。又在江西省一角保持餘喘的贛州、遂川等敵前進基地，經衡陽、零陵之陷落，其供給路亦被切斷，遭受到自行滅亡的命運。雖然駐華美空軍以昆明基地羣爲立足點，妨礙牽制我大陸作戰及在我佔領區進行零碎的轟炸活動。另一方面又以成都基地羣爲據點，用B29式機向我本土空襲。不論如何，衡陽零陵的失陷，減低了駐華美空軍的力量，其對全局的戰略意義是極大的。

【同盟社東京八日電】零陵距衡陽一百五十公里，去桂林二百餘公里，爲湘桂公路中間的要地。縣城西臨瀟水，東背丘陵，南北長，構成一橢圓形，有七個城門。大西門、正西門附近是熱鬧的麥、米、桐油等的販賣地。瀟水、湘河兩水會流於衡市內。沿瀟河有在華美空軍飛機場，爲美軍在大陸的前進據點。

【同盟社湘南前綫八日電】我精銳部隊在衡陽西方之山岳地帶，擊潰敵第七十四軍、第十軍的抵抗，一直向西方進擊。七日拂曉在距在華美空軍前進基地寶慶二十五公里一綫肉搏，向着寶慶城，猛烈追擊中。這樣，除了第二十四集團軍根據地之芷江外，殘存於湖南省唯一的美空軍前進基地寶慶，現在其運命已全被控制。我追擊部隊現在排除敵地上部隊與在華美空軍的頑強抵抗，並繼續進行順利的進擊。

【同盟社大陸前綫基地八日電】我在華航空部隊配合衡陽西側之地上快速部隊，四日飛襲柳州、建昌敵飛機場。在柳州排除敵大型機的妨礙，燃燒並破壞敵地上大型機與小型機，擊落敵戰鬥機十架，此外並焚毀敵燃料庫。在建昌則炸毀跑道與飛機場南面之地上設施。

## 犯湘敵兵力二十五萬

【本報訊】據軍委會八日戰訊稱：「敵寇此次進犯湘省，使用兵力至爲龐大，經文件證實者，計有第三、五八、六四、六八、一一六等師團，第五、一七等混成旅團，合計十一個師團。此外之特種部隊計有第三戰車師團之一個旅團，另一個戰車大隊，自動車聯隊，七二大隊，五獨立砲兵聯隊，五獨立工兵聯隊，三獨立輜重車大隊，一鐵道聯隊，二架橋材料中隊，二兵站地區青上兩個通信隊，一個軍船船隊，廿五個民船中隊。合計約有兵力二十五萬人。」

【路透社重慶七日電】日方正以廿五萬人之兵力向廣西省邊境進發，據公報稱，該部日軍包括坦克旅團一，×，××營×，裝甲團七，獨立×××五。

## 海通社評論 蘇保宣戰原因

【海通社索非亞六日電】關於蘇聯對保宣戰的原由，本社記者獲悉有趣味的詳情如下：星期三記者自可靠方面接獲關於季米特洛夫與保國左派反對黨之間談判的詳情，這是蘇聯對保宣戰的前奏。季米特洛夫爲巴爾幹問題專家，三星期前他曾通過居間人物通知保加利亞共產黨人尼高拉．彼特科夫．尼茲契夫博士及坡茨喬夫博士，說蘇聯必然要求佔領整個保加利亞並建立合作主義的國民政府，藉以推進蘇方朝着達達尼爾、愛琴海及亞得里亞海方向的戰略行動，左派反對黨被請求採取主動。他們就在最近數星期向攝政會議提交備忘錄三通，在備忘錄未向廣大公衆提出之前，即已使巴格里安諾夫內閣看到太不順利而不得不辭職。又穆拉維也夫新閣也面臨左派反對黨繼續不斷的抵抗。特別是已被解散的農民黨內之共產主義一派，藉助於宣言和備忘錄提出論辯說，保國現政府決非全體人民的喉舌，除非它與蘇聯締結聯盟，解散國會並對德宣戰。更進一步他們成立人民政府，保加利亞脫離反共產國際公約及三角公約，廢除反猶太立法並與鐵托合作。若干極端派甚至要求菲洛夫教授及基利爾親王應脫離攝政會議——星期三眞理報在可能異的論辯中也作了這個要求。同時季米特洛夫又使保加利亞左派反對黨知道，蘇聯政府深願參加英美與保國在開羅的和平談判，或者欲三強與保國在莫斯科舉行會議。當紅軍進駐多布魯查時，穆拉維也夫內閣必須開始急劇的反德方針，並如保國自己力量不可能這樣做時，則應以宣戰爲過渡的橋樑。季米特洛夫的論辯就是這樣。由於其舉行休戰談判的願望，穆拉維也夫已經渡過這橋樑了與季米特洛夫開始與保國左派反對黨談判同時，駐索非亞蘇聯代表基爾沙諾夫向斯特芬大主教提交蘇聯公使館方面的財政援助，作爲重建於三月卅日被英美炸彈毀去的正教教堂之用。基爾沙諾夫又建議，致堂重建後應由莫斯科方面所派的牧師任事。這個計劃遇到索非亞教會人士方面順利的接受，但由於蘇聯對保宣戰行動中所發生的戲劇性的發展，使牠初期的作用失去了不少。

## 關於歐戰的和議

「中央社重慶七日電」柏林七日廣播安哥拉訊：保加利亞閣員四人昨參加長時間之閣議後，往訪蘇駐保代辦，要求提出蘇方之休戰條件。

「路透社倫敦七日電」爲了排除四十八小時以來關於和平的謠言，記者由可靠方面得悉，德國人到目前爲止，未作任何種求和步驟。德國人只能向最高統帥艾森豪威爾將軍一人求和，而最高統帥所將接受之唯一求和建議，是無條件投降。且此無條件投降必須是德國野戰軍司令提出的。不會有任何談判，作爲停戰的序幕，同時不會與希特勒或他的納粹同僚有任何交往。

「海通社日內瓦六日電」巴黎無綫電，第一個維希政府部長麥克斯・波那爾被捕，波氏爲賴伐爾內閣的供應部長。

## 巴爾幹局勢與蘇土關係

「海通社伯爾尼六日電」「伯爾尼日報」評論蘇聯對土耳其之不客氣時寫道：莫斯科消息靈通觀察家咸預計現在巴爾幹勃發的暴風雨不久將蔓延至土耳其。過去數星期及數天中，蘇聯對土的態度很明顯的已更加嚴重。該報稱，因此，如果蘇聯在最近將來這樣或那樣地公開表現其不客氣態度，實不足怪。

## 傳德保絕交

「合衆社倫敦七日電」柏林廣播稱：保加利亞與德國斷絕關係。交換通訊社安哥拉訊稱，保加利亞對德國宣戰。較早的索非亞廣播稱：保加利亞已無德軍，在規定期限內未投降的德軍已被解除武裝及扣留。據稱保加利亞駐伯爾尼公使館接到通知，保加利亞與意大利法西斯共和政府、哥羅蒂亞及斯洛伐克斷絕邦交。

## 波蘭地下軍戰報續訊

「路透社倫敦六日電」波蘭國內軍總部公報訊，在華沙作戰的波蘭國內軍稱：強大的敵軍自舊城區起一哩半之前綫發動攻擊，以城中心爲目標，，已遭擊退，敵損失甚重。

## 傳希臘組成全國團結之政府

「路透社開羅五日電」希臘總理巴邦德里歐剡已組成全國團結之政府，該政府已否認希臘國內由德國授意組成之「保安隊」，並頒無綫電及以飛機散發的傳單，直接向希臘民衆呼籲，以免本國內部自相殘殺。

## 顏露爾上將論敵國議會

「美國新聞處華盛頓四日電」前美國亞洲艦隊司令顏露爾爲撰述每週專文稱：日本議會定九月六日開始召開特別會議，此事發生於小磯新國防內閣成立不久，顯係政府似利用此次會議爲宣傳工具，使一般民衆能獲知目前日本所遭遇情勢之嚴重。議會最近數次會議之目的，與其爲立法，毋寧謂爲宣揚政府在作戰方面之目標。議會的眞正作用已隨軍閥對政府之逐漸加强控制而消失。

代議政治在日本之政治經驗中，本爲一種新鮮事物，故從未能在日本建立強固的基礎如民衆能在衆議院參與政事，必能防止軍人的獨斷專行。

日本議會在一八九〇年舉行第一次會議，最初頗表現日本民衆積極參政的精神。一八九四年參議院會圖彈劾內閣，結果內閣獲勝，立法機關之有效反抗亦告終結。一九三七年，已故議員濱田國松竟敢攻擊軍部，違反明治天皇所定軍隊勿干預政治之禁戒，結果廣田內閣竟因此倒台。濱田事件並未改變日本之政治途徑，然確表明勇敢的個人亦能經由衆議院予政府以強大壓力。

此次會議中可能有若干議員以意外的坦白批評政府的政策，這些批評言論將一本小磯的意旨，即增加人民對於戰局的警覺。如此次會議中有這些批評政策的言論，必經過愼重的控制與計劃。控制思想是日本近年來的一貫現象。政府必將設法製造幻想，以滿足民衆的願望。

我們可以斷定，日本領袖的演辭必採守勢。自從前首相東條去年在議會中發表演說以來，此種趨勢日見明顯。

如日本人民欲再在國際間成爲受人崇敬之一員，他們須在國內建立代議政府的可行制度。日本人民惟有用此方法，始能同世界各國表明其能對政府有發言地位，必不願遵從軍人所確定的侵略途徑。代議政府制度在日本不能推行，即因未具施行之先決條件，即令予以適當運用的機會，我們亦不能保證其在未來期間是否能行。日本人民經過一次軍訓××完全失敗之教訓，並瞭解其現行之領袖誤國家之後，或可產生自治之精神，亦未可知。如彼等未來期間達到此種政治水準，議會方能眞正成爲政府之助手，而不致爲空洞之宣傳工具。

## 參政會上各參政員紛紛詢問財政經濟報告

【中央社渝六日電】翁文灝六日上午在參政會席上報告經濟，對去年十月至今年六月底之工礦業務，作一較具體之說明。翁氏首指出工礦業在（電文不清）工礦業生產指數，仍照常發展，是爲經營時期，但自卅一年以迄今日，因運輸困難與物價高漲關係，工礦業遂進入艱苦支持時期。惟經濟部對於工業當盡力扶持。提倡與管制，以應需要。工礦業主要產品屬於生產用品者，爲煤、鋼鐵、機器、電工器材、水泥、鹼酸等類，屬消費用品者爲棉、紗布、肥皂、紙張、麵粉等類，前者（缺一句），目前隨工業困難而銷路特艱。後者則以我國人口衆多，社會消費量大，當不愁銷路。經濟部對於生產用品之管制特重扶植，其主要實施辦法，計可分爲供應廉價動力，分配適當煤炭，定製工業機器，增加化工生產力，促進液體燃料生產，供應外國特種器材，分配必需材料，週轉資金，推動新創事業，協助戰事遷建等項。關於定製成品一項，翁氏稱：對於後方之六百餘家機器工廠，凡屬正當廠商，必予扶植，分撥資金一萬萬元，交由工礦調整處向各廠家訂購產品，惟限制其規格，使產品標準化，且分別門類，向各廠定貨，使之專業化。談及後方工礦業年來之成就，翁氏指出，一年來紡織機增加約一萬錠，麵粉機五十餘部，蒸氣抽水機四百一十餘部，經過試驗後，其成效與舶來品相較，能力高者達百分之九十。此外完成工具機兩千餘部及各項收發電報機、銅線、燈泡、變壓器等。化學工業產量之硫酸，一年來較上一年增加三百廿餘噸，鹽酸增五十餘噸，純鹼增加一千餘噸。其他消費用品如棉紗、麵粉、肥皂、紙張等皆見增。水泥無甚出入。毛呢增加數量頗多。論及當前鋼鐵救濟，翁氏謂：刻對於鋼鐵之出路，計劃中採代各煤礦建造輕便鐵路，以加強運輸力。關於戰後工礦計劃，翁氏謂其重要之點在：（一）籌劃戰後工礦建設；（二）調査淪陷區情形，以爲接收準備；（三）關於友邦資金、機械、技術及人才之匡襄。凡此各點，政府當事人員，責有攸歸，自當認眞辦理。

【中央社重慶七日電】參政會七日上午之第四次會議中，由財政部政務次長俞鴻鈞報告一年來之國家財政，極爲詳盡。各參政員於俞氏報告後，紛紛提出書面及口頭詢問多起，爲大會三日來最熱烈之一幕。因時間關係，於下午第五次會議中繼續詢問。今晨會議係於八時許開始，李璜主席，祕書長邵力子報告出席參政員已足法定人數後，即由俞鴻鈞次長報告。俞氏首稱一年以來，勝利確已在握，但國民經濟因受戰爭影響不免有凋敝之象，因而影響及於國家財政。政府在財政方面之措施，仍秉既定政策，堅苦努力，特別關於田賦徵購徵借，務求做到公平、除弊、便民、省費之原則。關於稅務稽徵，務求簡化手續，增加收入。關於專賣事業，務期把握物資，控制價格。關於公債籌募，務期普遍公平，以符『有錢出錢』『錢多多出』之旨。公私銀行切實改進，以期調節金融，過去辦理結果，並未認爲滿意，但確係本此方向努力。繼就增加稅收，分別對直接稅、貨物稅、關稅及土地稅爲詳細之報告。直接稅簡化稽徵，取消貨運登記，藉以便利商民。貨物稅接收糖專賣，改辦統稅徵實，刻已開始辦理。關稅方面，增設邊疆通外要口之關卡，裁併內地不必要之支關，以收經濟戰之效。土地稅則次第開辦地價稅與土地增值稅，並改進契稅制度。以上各種稅收，年來均有鉅額增加，且歷年均超預算長收甚多。次對財政部管制各種物資，逐項報告。卅二年度田賦征實，截至本年七月底止，共收起六千三百餘萬市石。卅三年度，方在開始籌備開徵，至其業務，並已遵照上次參政會建議各點，分別改進。專賣事業辦理迄今不及三年，收入逐有增加，大約自二倍至六倍不等。現在食糖改辦統稅徵實，菸類則採標賣辦法，火柴產銷均較平穩。鹽專賣利益及戰時附稅收入情形，均尚良好，惟附徵國軍副食費，收數與概算相差較遠，正就其原因所在，設法改進。專賣機構現已照上次大會建議，力加裁併，除鹽務方面於卅一、二兩年先後裁併約三百處外，菸類及火柴專賣現亦合併，爲專賣事業管理局及省區局。俞次長並對專賣實際情形，多所檢討，指出其應再加努力各點。關於花紗布之增產配銷，關於國際貿易之種種措施，以及關於貨運管理局向淪陷區搶購物資，報告中亦列舉其數字，嗣對籌募債款有所報告，特別特本年五月簽訂之中英財政協助協定，英國貸給我國五千萬鎊及中英租借協定，作較詳細之敘述。關於內債之籌募，俞氏聲稱：以前未能完全做到有錢出錢之目的，檢討病源，深盼輿論宣導。然後又報告卅二、三兩年國庫收支實際情形，並列舉各項詳細數字。俞氏對一年來國庫撥款手續之改進，亦有報告，此當爲中央及地方人士所共同注意者。繼此則爲督導自治財政，如縣業地方攤派及撥助地方稅款等項皆是。關於金融方面，俞氏敘述健全金融機構之重要，計至本年六月底止，督促成立註冊之縣銀行達二八〇家，商業銀行增資者五六家，莊號合併改組爲銀行者十家。而勒令不健全之商業銀行停業清理者，亦有分支行七七家。督導銀行運用資金一項，列舉出四行貼放之各種數字，並列舉各種監督指導。而於運用美借黃金，則報告最近舉辦之黃金存款及法幣折合黃金存款極爲詳盡。此外俞氏報告上年來財政部加強人事，嚴懲貪汚之統計稱：經辦之二六〇案中撤職者廿八案，免職者十六案，記過者廿六案，申誡者八案，通緝者五案。繼此則報告財政金融復員計劃要點，最後俞氏稱：尚有一事極關重要，即孔兼部長奉派參加國際貨幣（掉十餘字）會者四十四國，我國所攤攤額爲美金五億五千萬元，居第四位，其結果將與我國國際地位之提高及戰後幣制之穩定與資源之開發，有莫大裨益。

參政會四次大會報告後，各參政員之提出書面詢問者甚多。俱由參政會副秘書長雷震分別宣讀，其中包括對於災款及貧瘠省份賦穀及儲蓄配額應予減低，詢問外匯之發賣手續與請求公佈外匯發售數字，設關卡收稅之標準與苛擾之取締，花紗布管制之業務，如收購棉花之弊端，棉花收購價格與生產價格，應予合理調整，棉花貸款之利率過高，花紗布管制局之開支龐大，以及業務機關人員之待遇優厚。金融方面有管制商業銀行便利僑匯與詢問黃金運售及發售有獎儲蓄等。此外尚有物資收購與搶運辦法各項。口頭詢問者有傅斯年等。

當以時屆正午，乃經決定下午繼續詢問，並請俞次長答覆。下午之第五次會議，由江庸主席，繼續財政口頭詢問，計有公務員經營商業，肅清貪汚，金融管制，關務積弊，財政政策問題，戰時消費稅，對外貿易等項。俞次長對各問題一部即席口頭作答，並將全部詢問以書面答覆。惟其中有已詳細講查者，則於近期送交參政會駐會委員會。俞次長答覆畢，大會秘書處繼續宣讀五日軍事詢問未完之書面詢問案，並進行有關軍事之口頭詢問。一時彭革陳、王寒生、陳逸雲、王立明等參政員均爭相發言，會場情緒甚爲緊張。新由河南趕來赴會之郭參政員仲隗，復以中原會戰所見所聞，向大會作生動之報告，聽者莫不感動憤懣。總共對軍事提出詢問者尚有許孝炎等參政員，詢問範圍多着重於中原會戰失職軍官之懲處，官兵待遇之改善，加速日寇滅亡之準備，改進兵器之研究，以及新兵服務工作之加強等問題。何部長應欽除對若干有關軍事機密予以保留者外，餘均針對詢問事項，詳作口頭答覆。至七時半始散會。

【中央社重慶七日電】六日參政會，上下午兩次會議，對政府各部門報告均經決議交付審查，參政員中對於經濟部提書面詢問者有黃肅方、王經三、黃炎培等十七人。對民營事業之扶植，工商業代表之派遣，利用外資，戰後工業計劃等，均曾提及。提口頭詢問者有周炳琳等四人，周氏特別提出各部會長官於報告時，應着重於政策方面。翁部長之答覆：關於政府整個施政方針，非經濟部一部所能答覆，如欲明瞭，可另定期會同各有關部份作一說明。工商會議係私人團體出名召集，其主張與美政府無關係。我國代表係先由工商團體推定二十五人，再經政府圈定，並非指派。翁氏嗣對於代表人選之地位加以說明，證明對於出口貿易亦注意及之。經濟部年來對國營、民營事業同時並重，決無偏廢。利用外資問題正在研究。對於國家總動員會議之工作，提出書面及口頭詢問者有盧前、孔庚、傅斯年等十七人。關於八種日用必需品限價、經濟檢查制度、人力動員、第二次全國生產會議議決各案、補貼政策、動員全國婦女、物價管制等案辦法及實施情形，政府補貼政策可否推行於重慶以外地區等問題，均曾提及。張厲生祕書長答覆各詢問，均有詳細說明。關於緊縮信用，限制銀行業，已開始辦理。至於貪汚案件，絕不包庇，如係事實，必依法嚴辦。對於糧政之詢問有毛韶青、鄧飛黃、唐國楨，對於納糧辦法，食米配發，改善米質，戰區糧食之運濟，糧食運費，均曾提及。王雲五氏並提出防弊問題，促請政府時刻特別注意。當時徐部長即時答覆，詳細說明一切，並表示凡有弊端，必將切實改進，而於防弊，亦自極爲注意。

# 參考消息

（只供參考）
第六三二號
解放日報 新華社 編
今日出版二張
卅三年九月十日
星期日


## 敵稱佔領東安、新寧

【同盟社湖南前線九日電】我精銳部隊向着廣西省境，進行大追擊戰，七日已完全佔領零陵城。我快速部隊與此相呼應，已攻克接近廣西省境之要衝東安，並突破湖南、廣西兩省境的峻險。八日上午佔領零陵西方七十八公里處之要衝新寧。另一部隊則沿着湘桂公路進擊中，業已接近省境。廣西省內之要衝全縣（零陵西南方八十公里），其陷落已在指顧之間。

【同盟社湖南前線八日電】我快速部隊正在急追潰亂之敵第四十六軍，五日未明已佔領湘桂鐵路上之要衝祁陽。其時我攻略部隊，在城內鹵獲龐大的母機，此母機係敵自衡陽移來的。因敵預料到衡陽城將成廢墟，而向西方移動。但因我攻略祁陽眞是急襲般的迅進攻擊，使敵無移動與破壞的時間，便落我手。而幾乎全部是美製母機。

【同盟社大陸前綫八日電】衡陽西方約一百三十公里處之零陵飛機場，終於陷落我手。零陵與衡陽同樣，都是在華美空軍的前綫基地，在此兩三年中，在衡陽上空不斷進行激烈的空戰。飛機場在零陵市街北方約十五公里處。湘江東岸，該飛機場之跑道，長約一千五百米達，原來是一戰鬥基地，爲了壓制武漢地區而建設的，但最近業已擴充，B25式等轟炸機，亦使用此處。我機之轟炸零陵特別最激烈的，是自去年××以後。以戰鬥機或戰鬥、轟炸機聯合編隊，數度攻入零陵上空，當時敵利用零陵，作爲衡陽的背後飛機場，即是說，當我機進擊衡陽時，敵機早已逃避至零陵，同時有向衡陽前進的×××式活動，若不爲衡陽攻克零陵，則不能收殲航空擊滅戰的效果，我機曾不斷飛襲零陵，獲得相當的效果，但我方通過戰鬥隊、轟炸隊、偵察隊，亦有寶貴的犧牲。現在在零陵犧牲的英靈，亦可以完全得到滿足，零陵的陷落，更加增加桂林交通要塞的威脅，桂林之喪失存在價值，已經成爲決定的東西。零陵與桂林之間，相距僅一百六十公里。對於失掉衡陽、零陵的桂林來說，其不久到來的命運，將是在華美空軍前進根據地的後退。而湖南、江西、福建、廣東、廣西各省政府前進基地的分崩離析，亦將成爲決定的東西。我大陸作戰的凱歌，正在空中與陸上演奏。

## 軍委會一週戰況

【中央社渝九日電】據軍委會發表九月二日至八日一週戰況稱：繼續進行中之湘省戰事，自進入本週來，重心已移於湘桂路沿綫，我各路軍分別阻擊，連日與敵展開極激烈之血戰。敵寇右翼已侵至寶慶東南縣境，左路在零陵東北地區，中路則在湘桂路之冷水灘附近，正面南北長達百餘公里，戰鬥之猛烈，刻正有加未已。我向湘江東岸地區及敵後攻擊某部隊，除猛攻醴陵、茶陵、安仁、耒陽等地外，對敵之水陸運輸補給綫，亦時予嚴重之威脅。查敵寇在長衡兩次會戰，傷亡已達五萬以上，現復繼續蠢動，企圖向西南深入，以求最後之一逞，其將遭受之打擊，必較前更爲慘重。我桂中健兒正枕戈以待也。至於鄂西，我攻宜昌、當陽、荊門，鄂北我攻鍾祥、京山等地之敵，連日激戰，我各部隊戰績甚爲良好。浙東武義敵侵入麗水後，續犯青田，刻爲我堵止於該城北附近激戰中。又滇西方面，我攻入騰衝城內及攻擊龍陵城區，我各部隊連日均獲相當進展。五日以來，我另部復突入騰城之北門，該城之克復，已爲期不遠矣。

## 敵報導美機襲鞍山之役

【同盟社東京九日電】美軍空中機動部隊，八日來襲滿洲國鞍山與本溪湖。但中國方面航空部隊曾於其往返途中，遭我猛擊，被我毀落十五架。首於來襲途中，在海州附近捕捉美機，於壯烈的空戰後，被我擊毀八架，其中四架放出黑煙，向南逃遁。歸途復捕捉於彰德上空，擊落其中三架，另有二架遭擊毀。在上述迎擊戰中，我航空部隊全機飛還。又同日B29式機轟炸機隊，與進攻滿洲同時，分成數個小的編隊，企圖對新鄉、鄭州、邯鄲、德縣等作『陽動出擊』，但被我航空部隊擊落一架，擊毀一架。這在八日夜的華北派遣軍發表中已報導過，戰果合計共擊落兩架，擊毀十一架以上。

【同盟社北平九日電】以B-29式爲主體的美國第二十航空隊，與八日襲擊南滿洲鞍山、本溪湖同時，更於該日上午下午兩次各以B92式爲主體的飛機數架，來襲河南省新鄉、鄭州、邯鄲，山東省德縣。關於上述，華北軍於日下午九時發表如下：（一）八日通過華北軍管區出擊濟南的美軍轟炸機，約有八十架左右，其中確實返回者有四十六架。（二）B二九式若干架來襲彰德，鄭州，德縣，邯鄲，日華人民及房屋等均有破壞。我方戰果擊落敵機一架，擊毀一架。

【同盟社新京八日電】駐華美空軍以B二九式為主體的飛機百架以上，八日下午侵入南滿洲，敵機九十八架襲鞍山地區，另八架襲本溪湖。我制空部隊立即迎擊，猛烈反相作戰，敵機受相當損失，乃盲目轟炸，不論鞍山與本溪湖，製鐵廠的熔礦爐與主要設備毫無損失。僅附屬設備與一部分市街有若干的損失，已由工人徹底的修理，這一計劃正在進行中。我制空部隊因與敵在戰鬥關係，八日下午七時即確實將敵機三架擊落，現調查仍在進行中。我對空砲火的效果一旦查明，將比現在為大。

## 參政員一二一人要求討論
## 政府改善官兵及公教人員待遇辦法

【中央社重慶九日電】九日晨參政會八次大會通過臨時動議，請財政、軍政兩部將政府改善官兵及公教人員待遇之具體辦法，提交本會討論案。此案簽名者計有黃宇人等一百廿一人之多，為參政會歷屆提案鮮少有之現象。當張伯苓主席將此案付諸討論時，原提案人黃宇人並加以簡單說明，即經全場無異議通過。茲將該案原文錄左：

（提案全文）近數年來物價飛漲，前線士兵待遇低微，飢寒交迫，骨形菜色，時有餓莩。各地大中小學教職員及各級奉公守法之公務人員，亦因薪津微薄，朝不保夕，仰事俯畜，均感不濟，其生活之艱苦，非身處其境者殊難想像於萬一。年來政府雖有改善，但徒增多名目，而於事實仍屬杯水車薪，無濟於事。反觀財政部所主管之金融及花紗布管理等機關，則以一般低級之職員，其薪津等項每超過其他各部之部次長，其工友之待遇，亦較軍隊中之上將為優。同在國民政府所屬之機關服務，而待遇如此懸殊，箇中理由令人莫測。抗戰以來，人謂軍事第一，而軍隊之高級將領其收入不如金融等機關之工友。而數百萬與敵浴血苦戰之士兵，其生活水準更不如後方大戶人家之豬狗。古今中外不平之事，殆無有過於此者。政府對於目前官兵及公教人員，明知其不足以維持其最低限度之生活，而不予以有效之改善。潔身自好之士，除改業外唯坐以待斃。而一般奸狡之徒及意志薄弱者，則營私舞弊，上行下效，無惡不作，影響所及，致使軍紀官箴，日益廢弛，社會風氣，日益敗壞，此實為目前最嚴重之問題。本會前數次大會，對於改善官兵及公教人員待遇，曾通過同工同酬，同地同酬兩原則，但如石沉大海，毫無反應。此次大會據軍政部何部長及財政部俞次長之報告，政府對於官兵及公教人員之待遇，正在擬計調整辦法。為集思廣益計，擬請政府將該項辦法提交本會此次大會討論。是否有當，請公決。

【中央社重慶九日電】重慶參政大會討議請財、軍兩部將政府改善官兵及公教人員待遇之辦法提交本會討論一電中，提案全文內「而數百萬與敵浴血苦戰之士兵，其生活水準更不如後方的大戶人家之豬狗」一句，應予刪去。

## 徐堪報告糧政
## 去年舞弊案達千件

【中央社渝六日電】徐堪六日下午在參政會中報告糧政。首述全國今年豐收，繼述糧價錯：今年一至五月，糧價猛漲，但自五月起，西北麥價開始下跌，五月以後，以米為主要食物之省份，糧價亦普遍下跌。四川四十八重要糧食集散地，有落至百分之五十者。米價低者，每一市石約在二千元，高者約四千元。北方之麥亦多在千餘元一市石。近兩個月各地糧價皆有普遍劇跌。川省今年預產糧食三百萬石後，又以小春豐登，大春亦樂觀，故川省糧價因以劇跌。現糧食增產委員會並提倡多耕現節約，以期增產。論及今年度征實與征借事項，本年會同田賦機關擬定辦法，呈奉核定。目前除雲南配額未確定外，其他各省已多數開征。徐氏坦白檢討一年來糧政所遭遇之困難與解決辦法謂：前者為運輸困難，故在運費方面花費甚多。此外為機構中權力不集中，此點今年川省已加改進，各省亦謀改進統一。而軍糧之需要，亦已解決。關於除弊方面，徐氏謂：年來對此極為認真，如有發現，即送交軍法機關。去年一年之舞弊案，共達一千件。關於善後救濟問題，徐氏謂：對我論陷區收復所需之糧食，業與善後救濟署接洽，將來分期撥送救濟我國。目前糧食部已着手辦理準備工作。最後徐氏特別指出明年糧政方針，已列入國家施政方針。

## 孔祥熙在美認論

【合眾社華盛頓七日電】孔副院長在美國報人俱樂部發表演說稱：美國人士批評中國之政治經濟及軍事情勢，其一部份乃因為誤解與缺乏認識。孔氏承認若干批評有一部係屬正確，然有一部份則係由於彼輩別有用意者傳出證誤之消息所致。中國從未以絲毫租借供應品移作對日作戰以外之用。吾人能控制通貨膨脹與穩程度之事實，應使吾人獲得更高之評價。孔氏稱：中國政府不能使任國家在軍事、經濟、社會上統一遭受破壞。有人謂中國非民主國家，然中國政府已定於戰爭結束一年後召開國民大會，通過永久憲法。中國政府必將履行此一諾言。孔氏論及中國軍隊之作戰效率問題時稱：中國軍隊如能獲得大砲與戰車，其作戰精神實不下任何國家之軍隊。

【中央社重慶八日電】據美新聞處訊，華盛頓七日電，孔副院長今日在美國報人俱樂部發表演說謂：中國準備參加德國失敗後維持和平之世界機構，中國鄭重聲明，在奠定和平方面，將與盟友作充分之合作。中國於聯合國全體組織中願負起本身之責任，執行保持和平之計劃，藉以確保「全球之和平與人類之友善」。吾人知戰局已轉對聯合國有利。太平洋敵人全部覆滅之時間已爲時不遠。吾人知吾主力量向日本心臟進攻之時，日本亦將如納粹之避免其全部失敗。對日作戰之軍事行動範圍，或較對德之戰爲大，但其規模當不至超過對德國之戰，値茲全球即見光明之一日，吾人必須有確保世界安全之計劃，此爲中國遵守其先哲與國父孫中山先生之遺教而始終悉力以赴之。

## 黃金運渝

【中央社重慶九日電】國家銀行九日由飛機運到黃金一批，聞仍按定價照常供應。今日黑市金價已跌至二萬元，尚有續跌之勢。

## 保國內閣改組　索非亞羣衆反德示威

【路透社倫敦九日電】索非亞廣播電台宣佈：以前總理喬吉也夫爲首，組織新保加利亞政府。

【中央社重慶九日電】據柏林八日廣播，索非亞宣佈：保加利亞參謀總長費利波夫將軍，與陸軍總監雷貝卡將軍均被免職。

【路透社倫敦八日電】索非亞廣播稱：今日蘇軍由多布魯查邊境進入保國，政府已下令不准抵抗蘇軍，並予蘇軍行軍上以各種便利。蘇軍將領托布金將軍已宣佈蘇軍不欲與保國人民或軍隊作戰，蘇軍唯一之職務厥欲擊潰德軍，故保國政府必須與德國斷絕關係，並與盟國合作。該廣播並轉播托布金將軍之宣稱：保政府必須將保境德軍交付蘇軍作爲戰俘，保境之德軍艦艇亦須交出，上述條件履行後，始能談及停戰。保政府已接受各條件，保國各地已宣佈戒嚴。

【海通社索非亞九日電】當以喬吉也夫爲首的新保加利亞政府正在組成時，索非亞斯拉文多廣場發生羣衆示威遊行。一羣羣的示威者拿着許多旗子上書：「紅軍萬歲！斯大林萬歲！」的標語。示威之後保加利亞新政府發表告保加利亞人民書，要求官員、職員及工人維持秩序。由於宣佈戒嚴，索非亞居民不許於二十點鐘後出門，各種車輛都被政府沒收。

## 重慶當局的新欺騙　公佈「控告官吏進呈」辦法

【本報訊】重慶當局爲了平息民怨，最近想了新的欺騙辦法，規定所謂「控告官吏進呈」辦法。（華西日報，八月九日）其要點如下：一、呈具人須具正式呈文，附具副本一份，填以姓名、年齡、籍貫、職業、住址、簽名蓋章，貼足印花，親呈或郵呈，但不得用快郵代電。二、呈文內須列舉事實，不得以空泛無據之辭呈訴。三、呈具人須有舖保於呈尾加蓋核銷圖記或戳記，註明地址及何項營業，其用團體名義者，由團體代表人簽名蓋章，註明團體設立地點，加蓋鈐記或圖記，具呈人須隨傳隨到，如避而不到，應由舖保負完全責然。四、以上一、二、三條之規定如具呈人未經遵辦，一律不予受理。五、控告不實或藉用他人名義簽押及造證據者，依刑法規定定罪。「控告」的手續這樣複雜嚴苛，自任樂於嘗試的人[illegible]是不多的。而且稍一不愼，就有大禍臨頭。如最近有一個雲南魯甸縣小學校長高運仁，到昭通控告該縣縣長徐獄東，徐卻派人追到昭通把高捉了起來（新華日報七月十八日）。這是在國民黨頒佈保障人身自由條例以後的事情。

## 蘇美英與羅國　舉行休戰談判

【同盟社斯托哥爾姆八日電】莫斯科來電：美、英、蘇三國與羅馬尼亞政府之休戰談判，八日於克里姆林宮，在外交人民委員部委員長莫洛托夫主持下舉行。英國大使卡爾與美國大使哈立曼，均作爲代表出席參加。

## 蘇布爾塞維克雜誌　論太平洋戰爭

【中央社莫斯科八日電】蘇聯布爾塞維克月刊八月號載阿法普之論文「論太平洋戰爭」要點如下：（一）日本以爲今夏盟國將用全力於法國，故美軍登陸塞班實出意料之外，且日軍在華大舉進攻，需用一部份飛機，故未能在該島一帶集中較大之空軍。美軍遂獲得勝利。日本部及菲律賓均受威脅，日本北部諸島亦有美軍登陸之可能。（二）緬北華軍及美國聯軍本年戰績優良，日本如失去緬甸，則其在亞洲東南一帶政治上地位將受重大影響。（三）日本本在各戰場均取守勢，僅獨在華大舉進攻，其目的在打通大陸交通綫，以預防海上封鎖。現華軍正在反攻。（四）從而華軍始終不放棄主動。中國戰場向係孤立，現日益有與海外聯絡之希望。蓋盟國有意利用中國海口也。（五）日本在華雖有局部進展，亦不過一時之現象，雙方作戰之力量比較對日本不利，且愈久愈不利。納粹德國受蘇聯與盟軍之打擊，對日本影響殊大。現太平洋盟軍已達四百萬。日本在此一戰場只有日軍一百萬及不可靠之附庸軍隊三、四十萬。而在中國戰場之日軍不能移動，日本海陸空軍需工業亦遠不如盟國。（六）日本新內閣對於如何防止日本海岸發生戰爭之問題，無法解決。

## 法解委會解散抗德部隊

【合衆社巴黎八日電】法民族解放委員會決定解散法國各抗敵部隊之司令部，及其參謀部後，戴高樂將軍領導之民族解委會，首次與法國各抗敵部隊發生衝突，重要抗德組織之一——全國軍事委員會，抗議此項決定謂：此舉將使法國不復能以大規模參加作戰。

## 敵國本年度預算 純計七百六十三億元

【同盟社東京七日電】政府五日閣議，決定於第八十五屆臨時議會提出的追加預算，計臨時軍事費二百五十億元，並一般會計三億八千五百萬元。臨時軍費除供行將到來的本土決戰之用外，並作為加強防衛大東亞共榮圈的財政措置，使其毫無遺憾。關於一般會計的追加預算，則是為了維持決戰下的國民生活，確保緊要的糧食，以及為準備今冬的增產木炭的經費，特別是為了增產食糧。除上述外，還決定作為次年度預算以外的契約，支出六億三千萬元，食糧、家庭燃料方面的追加支出約為十億元。在這裏政府決定了確保國家生活的基礎，十九年度臨時軍事費追加額算入目前第八十四屆議會的三百八十億元的決定事項，故十九年度的臨時軍需共為六百三十億元。如與十八年度的二百七十億元相比，則增加了三百六十億元。為了把國民總力集中到戰爭的國家財政，在這裏毫無遺憾地顯示出了它的威力。財政的膨脹，也表示了國家經濟的伸張的餘力，故在這個意義上，此一次的膨脹預算也可以說是政府企圖用以誘導增強軍需生產的施策之一。如從財源方面檢討此次臨時軍事費的內容，就中的一百八十二億圓是從南方開發金庫及其他大東亞各地借來的。大東亞戰爭的戰費，是共榮圈的共同財政，在這裏可以看出各地居民熱烈的協力心的表現。在國內募集的六十八億之中，有五十二億是發行新公債，其餘的十六億由政府的雜收入補足。第八十四屆議會決定十九年度發行公債二百八十五億圓，故加上此次的五十二億，共為三百三十七億圓。但今年實際發行的公債，至八月末才九十六億圓，故今後還有發行二百四十一億的餘力。如上述，那麼增加發行的國債的消化，還要放在三百六十億的貯蓄目標上（該目標會作為供給擴充生產資金的動員計劃）。根據大藏省的發表，第一半期貯蓄，已有三百六十億圓全額百分之三十的一百零五億圓的成績。又在第二半期，估計可能突破目標的百分之八十，故由於此次政府資金的迅速增加，更加豐富了國民的貯蓄力。而貯蓄將更有好的成績，特別是各產業戰士的貯蓄成績，正在日益上漲。故現在三百六十億的貯蓄目標決非最高的而是最低的目標。其次關於賦稅的收入，由於一般國民所得的增加，十八年度的歲入剩餘金有把握地可以剩到八億元，一部並可充當一般會計追加歲出的財源，故十九年度的稅收，當然會有十數億元的增收。我國每人的稅負擔，比世界任何一國都低。又稅收的增加，也表示了我國財政的健全。由於此次的追加預算，本年度的預算總額為：臨時軍費六百三十億元，一般會計及特別會計二百零五億元，共計八百三十五億元，就中如去掉重複的數目則為七百六十三億元，故與昭和十八年度統計三百七十億元相比，增加三百九十三億元。如上述由於國民儲蓄的增加，國民所得與納稅的增加，我國財政是毫無問題的。

## 泰國新設國防會議

【同盟社曼谷七日電】泰國政府前此會廢除最高指揮官的制度，新設國防軍總指揮官，已任命巴特．巴霍恩．約丁上將就任此職，因此國防軍的陣容已經整備，同時廢除軍事評議會（過去最高司令官直屬之諮詢機關），新設國防會議，作為其代替物，以期密切政府首腦部與軍統帥部的連絡，政府已向七日之國會，提出設置國防會議的方案，國會已全體一致通過。此國防會議以總理為議長，國防部長為副議長，以及由國防軍參謀總長、陸海空軍各隊長及其他五名組成，作為泰國國防的最高指揮官而運用。

【同盟社曼谷六日電】康溫．阿拜溫內閣，繼軍首腦部的陣容加強後，現正準備增強內閣閣僚，五日以勅令任命如下：不管部閣員勃拉．納卡文。不管部閣員薩馬敏，任內政部副部長。工業部化學局長普拉修普．汝納克任社會福利部副部長，陸軍上校魯安魯安．維拉尤特，烏汶縣選出議員勃溫，普利巴特，前國防部長現空軍司令官少將卡普提巴利特．魯克特齊坦均任不管部閣員。

# 參攷消息

（只供參考）
第六三三號
解放日報 新華社 編
今日出版二張
卅三年九月十一日
星期一


刻正成立以米哈依洛夫教授為首的議員團，而此議員團將與蘇聯進行和平談判。

【路透社莫斯科九日電】此間電台今夜廣播：蘇軍在保加利亞已停止攻擊。

【路透社倫敦九日電】德國新聞社某軍事記者今夜稱：蘇強大摩托化部隊三隊，以裝甲部隊作前導，進入保境。一路由塞里斯特利亞向南推進，一路由柔爾柔及士爾努——馬格里勒西南推進，佔領索非亞以東之×××西鐵卡及亞魯巴科納達。塞利斯特利亞之蘇軍即係奉命迅向愛琴海岸推進。

【合衆社莫斯科九日電】蘇軍進入保境後未遇抵抗。斯大林元帥於昨晨令第二及第三烏克蘭前綫蘇軍開入保境。蘇軍迅速推進，在入夜之前已沿一百四十哩之前綫前進二十至四十哩。保軍未予抵抗。是日下午六時，保京宣佈保已對德宣戰，遂使保國處於同時與盟國及軸心國作戰之畸形地位。蘇方尚未答覆保加利亞停戰之要求，惟稱，蘇軍及保軍互相友好。同時蘇軍繼續沿多瑙河作扇形推進。

## 保新閣組成
## 紅軍停止前進

【路透社倫敦九日電】索非亞廣播稱：保加利亞新政府於前總理喬吉也夫領導之下組成。【海通社布達佩斯九日電】索非亞電台所宣布的保新內閣全部名單如下：總理喬吉也夫，外長斯泰諾夫，陸長伯列學夫，教育部長米卡爾切夫，不管部長波波夫，工務部長斯迭凡諾夫，司法部長尼切夫，財長斯××諾夫，商業部長混科夫，農業部長巴夫洛夫，鐵路部長德山斯基。此外新內閣發表法令任命萊切夫為衛生部長，費法切夫為社會福利部長，前陸長馬利諾夫少將為保軍統帥。

【路透社倫敦九日電】保加利亞本晚廣播稱：部長會議已派代表團立即起程與蘇聯烏克蘭第三軍長托爾布金將軍會見，以便訂立最後條件，停止蘇保間之敵對狀態，重建兩國外交關係，並討論兩國軍隊合作，驅逐保境之敵。部長會議並決定自今日起恢復憲法所保障之一切政治自由及權利，並撤銷妨礙人民自由之一切法令。保宣傳部長賈薩科夫廣播稱：保攝政十一人中薩利爾親王及米卻夫中將已被免職。加澀夫教授及巴夫洛夫已被任為攝政。部長會議已決定禍國殃民者一律逮捕。一九四一年一月在職之一切內閣部長以及第廿五屆議會全體議員均在內，財產一律充公。此外，煽動或實施誤國行為者一律逮捕，其財政充公。

【海通社索非亞九日電】作為保加利亞攝政委員會委員之一的費洛夫教授辭職後，另有兩位攝政者即薩利爾親王和米卻夫已被革職。他們的革職是由宣傳部長卡薩科夫（前為保駐貝爾格萊德公使）宣佈的。新任攝政的為加澀夫教授和巴夫洛夫。宣傳部長更進而宣佈：自一九四一年一月一日以來就任保內閣的一切閣員俱已就捕。他們的財產亦被國家沒收。新的喬吉也夫政府

## 蘇羅停戰協定

【路透社倫敦九日電】安哥拉廣播：羅馬尼亞農民黨領袖馬尼烏稱：蘇羅簽訂停戰協定之內容如次：（一）羅以比薩拉比亞及布科文納交還蘇聯；（二）羅允許蘇聯通過羅境，並以運輸工具供蘇聯應用；（三）羅向蘇聯賠償其戰費；（四）蘇聯軍事行動期間控制羅境未被佔領之地區；（五）蘇承認維也納協定之不公平，並予羅國對於外西爾瓦尼亞之要求以全力支持（路透記者按：匈羅談判決裂後，德調停雙方爭議結果，羅以外西爾瓦尼亞一半割讓於匈）。

## 芬蘭總理報告和平談判經過

【同盟社柏林三日電】據赫爾辛基德意志通訊社電報，芬蘭總理哈克賽爾於三日發表演講稱：芬蘭國會曾於二日舉行會議，討論與蘇聯恢復友好關係問題，由於政治上軍事上最近發生了顯著的變化，芬蘭政府於週到的準備之後，乃於八月廿五日在斯托哥爾姆詢問蘇聯大使，為談判與蘇聯停戰及和平條件，是否準備接見芬蘭代表，至八月廿九日收到蘇聯政府回答，該回答會由蘇聯政府商諸英國政府，並得到美國的同意，回答內容如下：芬蘭政府與德國政府斷絕關係，並要德國政府於二週內從芬蘭領土內撤退德國軍隊，在履行上述預備條件時，蘇聯政府並準備在莫斯科會見芬

繼代表，討論休戰條件與和平條件。芬蘭政府收到蘇聯政府上述的回答後，即更加確信必需採取措置，俾與蘇聯政府成立協定。國會承認上述決定通過信任政府的案件，德、芬兩國的關係是以前內閣決定的芬蘭政府不能單獨簽訂和平條約爲基礎，但是我認爲由於嗣後的事態，這個決定已失去效力。而且以上的決定是前任總統以私人的名義做出的，德、芬兩國的協定未付議於國會，因此這種條約未經國家正式承認，由於以上的理由，德、芬兩國的協定對於新總統沒有拘束的力量。但是我們不能不承認：德國政府根據上述協定給予芬蘭的軍事援助，對於安定芬蘭戰綫有極大的作用。我們不知道蘇聯政府將要提出的條件，此次芬蘭政府所想的假定中的危險性是不能加以輕視。芬蘭人民中有一部份人，認爲此

## 戴高樂合併國內軍

【路透社倫敦九日電】法國內軍已開始與法正規軍合併。民族解放委員會陸軍部長狄蘭漢巡視巴黎之法國內軍軍營，並告士兵稱：他們將被併入正規軍。狄蘭之聲明似與倫敦若干報紙所載消息相牴觸，蓋後者載稱：戴高樂已決定解散法國內軍之司令部及參謀部。抗敵會之全國軍事委員會，已對該項決議提出抗議。關於法國內軍究歸其目前統帥者指揮，抑將其軍官與士兵分散於各軍隊，以消除國內軍地域上及政治上之結合性一項問題，諒已引起不同之意見。倫敦之法軍總部重申該部未聞關於戴高樂與抗敵會衝突之消息。

## 波地下軍投降德寇

【路透社倫敦九日電】德國通訊社軍事評論員海姆爾上校說：今夜（星期五）繼華沙起義完全潰敗之後，在首都以北作戰的波蘭軍現已放下武器，並無條件的投降。

## 宇垣視察僞滿華北華中

【同盟社東京八日電】宇垣一成大將預定於十二日，偕貴族院議員坂西利八郎中將，由東京出發約一個月視察滿洲及華北華中。

【同盟社北平七日電】岡部北支軍最高指揮官，七日下午七時，在官邸邀請華北政務委員會委員長王克敏及在北平之中國要人十二人，並有各部隊長，進行各種懇談。

## 何應欽在參政會上報告軍事 辭言戰敗含糊其詞

【中央社重慶六日電】參政會五日下午三時，舉行首次會議，軍政部何部長作軍事報告：

何總部長首稱，自上次開會迄今，一年以來，我國抗戰已進入最後階段，亦可謂最艱苦階段。歷七年又兩閱月之全面抗戰，我雖以軍備薄弱，然已在國內各戰場攻守兼施，隨時予敵以重大消耗，並牽制其大部兵力。同時我駐印軍及遠征軍，配合英美盟軍，採取攻勢，圍殲緬北及滇西之敵人，將來海口打通，中印公路開闢，以後使國軍能得到應予需要之裝備，相信抗戰大業，能順利完成也。

述及一年來軍事之重要設施，何部長則就：（一）軍隊之整理與訓練。（二）兵員之徵補。（三）軍需糧秣之補給。（四）軍風紀之整飭。（五）軍隊之保健與傷病官兵之醫治。（六）榮譽軍人之安置。（七）兵站運輸及通訊之實施。（八）中印空運。（九）戰時各項檢查之改進等九項，分加說明。據稱，今後整軍建軍方針，仍以採精兵主義與緊縮原則下，改善編制，加强裝備，提高素質，俾能增加戰力。對過去役政之辦理未能盡善，政府特別注意，盡力謀法改善，更不惜以嚴刑峻法，懲處舞弊人員。惟以辦理兵員關係方面甚多，故因難問題亦甚多，今後仍待與各主管機關切實聯繫，相輔並進。

關於士兵生活及衛生方面，如衣着、給養、營房、行軍途程、醫療以及家屬之優待，其改善情形，何部長均有詳細之報告。

關於報告軍需糧秣之補給，說明官員給與之迭次調整情形後謂，軍政部爲維持官兵營養，曾擬增加伙食費，但以數目過大，政府爲顧慮人民負担，如何籌措，尚在研究中。何部長在此特向各參政員鄭重宣稱謂，保持官兵必須之給養，實爲增進軍隊戰鬥力之最重要條件，諸公當國民代表，增進國家能力，以提高國家在國際上之榮譽，實須全國國民共同努力，而尤願諸公之切實協助，爲政府解決此重大困難也。

何部長繼續報告一年來我軍作戰概況謂，自上次開會迄今，我國內戰場與敵作戰大小戰役凡三八〇五次，亦於去年十二月下旬以開闢中印公路之目的進攻緬北之敵，已連續攻佔胡康、孟拱河谷及密芝那。何氏復就敵情近況，如敵軍陸軍之動員，兵力判斷，空狀況，海軍狀況，就所得情報加以分別報告檢討。

旋就一年來重要戰役，如德國會戰，緬北作戰，反攻騰、龍作戰，中原會戰，湖南會戰等戰役經過報告後，並加以檢討，指出常德會戰顯我將士忠勇

三一九

，予敵以致重打擊，卒使敵狼狽潰退。緬北作戰該方面戰果豐碩，為抗戰以來所僅見者，原因固於我將士用命，而英方對我駐印軍之物質補給，及盟空軍兵力與技術之協助，均能圓滿達成我方要求，同為戰勝之主要條件，於此可見現代戰爭，精神固屬重要，而其需要物質與技術力量之配合，實為戰勝力之重要條件。遠征軍反攻騰龍作戰，以該方面地形險峻，江流湍急，且在對岸敵軍監視與火力壓制之下渡江作戰，其艱苦情形，可以想見。賴將士忠勇，進展迅速。對於中原會戰及湖南會戰，詳細說明其失利原因，及今後之措置。同時並申述我中美空軍對此戰役之協力，尤其對衡陽我軍之補給，於我軍戰鬥進行上貢獻甚大。

次述及空軍作戰情形，自卅二年八月至卅三年五月間，此一年來賴我空軍將士之努力及美國飛機之援助，現各戰場之制空權，均已次第入我掌握。何部長發表結論，以為根據最近世界戰局，敵之覆滅當為期不遠，最後勝利必屬吾人，然際茲勝利前夕，吾人之責任確為艱鉅，顯著之例如軍隊補給，高度工業生產，完善之交通運輸以及官兵待遇問題，雖為實際之困難，然統帥部責任所在，今後自應更加悉力以赴，以完成早日勝利，尚期各位切實贊助，以期共成。

## 參政員多人批評政府社會及司法行政工作

【中央社重慶十日電】谷部長九日上午在參政會席上報告社會部工作，內容係補充該部書面報告，偏重施政方針及工作效果之說明。首述職業團體之發展與健全，據稱，保障農民利益及扶持農會發展，為國民政府一貫之施政，該部對農會方面曾修改農會法，並訂頒『加強農會基層組織及基層業務辦法』，對農會經費及業務，均有詳確之規定。自去年九月至今年五月止，增加省農會九個，縣市農會一百一十四個，鄉區農會一千六百六十六個，會員共增七十六萬九千餘人。工會組織一年來共增加各業工會四百一十五個，會員四十萬零四千四百廿六人；關於國營事業工人及國外海員組織情形，亦曾報告。工商團體的組織，一年來增加省商聯會三個，縣市商會二百零六個，各工商業工會一千七百一十五個，會員共增五萬五千一百八十九單位，各省市商職會已成立十五單位，並已依法籌組全國商聯會，預定年內成立。十二中全會和全國行政會議，均曾決定『完成職業團體組織作為實施憲政的基本工作』，今後職業團體參加各級民意機關的代表，政府規定僅以各團體從人業為限。次述社會福利的設施及實施情形謂，全國已設救濟院所共有一千一百一十單位，收容受救濟人共十五萬一千七百三十八人，惟大多數尚欠健全，現均逐漸整理。全國共有育嬰育幼的設施，已達五百一十幾院，所收容兒童已達十八萬名左右。此十八萬餘收養的兒童不過是不幸兒童中若干的一部。此外貧苦兒童的醫治問題，該部曾訂定陪都貧病兒童抗屬子女免費治療辦法，委託各醫院或醫務所免費診療，醫藥各費，均由社會部付給，自去年推行以來，十個月當中，共計免費門診的病童一萬三千七百一十四人，免費住院的病童共二千三百一十九人，惟推行尚未達到普及的境地。該部已草擬了兒童法草案，現正在立法程序中推行。勞工福利一為建立制度，一為確定經費，自職工福利金條例及職工福利社辦法頒行以後，而勞工福利已漸順利的展開，在產業工會方面，凡較大的工廠均相當的完善。至於工廠礦場安全衛生的檢查，亦在積極推行中，一年來檢查工廠礦場共五百五十九家，最近已推行至滇黔陝各省，此外並將參加此次聯合國救濟善後會議及國際勞工大會情形，報告甚詳。其次谷氏說明年來該部推進合作事業三項方針，關於推廣縣各級合作組織，一年來頗有進展，至本年六月止，合作社數增至十七萬三千三百廿八所，社員增至一千五百一十九萬一千八百廿三人，股金增至五萬零一百五十一萬七千一百三十三元。至於合作業務之發展，一年來農工業生產合作社及消費合作社發展均速，至本年六月止，農工業生產合作社，增至六月一千七百四十社，約增加百分之五十二點一。消費合作社，增至三萬五千零四十三社，約增加百分之六十六。一年增加的數字，均超過歷年累積數半數以上。至合作金融之建制，各種應訂法規，業經大致完備，合作金庫條例，國民政府已明令公佈，一俟籌措資金，中央合作金庫即可成立。復次述及人力動員之推進謂，推行義務勞動，現各省市已積極準備實施，其已列入施政計劃者，有河南、廣東、福建、陝西、湖南、湖北、四川、重慶等省市。其餘各省，刻正分別籌辦中。至管制及節制人力等方面，勞動局執行法令亦漸見成效，工資的限制，係遵國家總動員會議決定的原則辦理。綜合言之，一年來產業工人的工資經限制後較稍穩定，職業工人的工資，變動較多。而工資增加之比數，究較物價增加之比數為低。如今物價低落，工資自可隨之減低。谷部長報告畢，各參政員紛紛提出詢問，馬乘風認為今日之義務勞動，多加於自耕勞動者之身，而未加諸四體不勤五穀不分者，實屬憾事。以義務勞動用着裝飾門面，要不應當。

隨炳琛則將在昆明見路斃之事，提出報告，以爲社會救濟機關，對此不予救濟處理，其人類最低之同情心，實已泯滅殆盡。而重慶都郵街一帶有青年館、勵志社、社會服務處等三組織之存在，究竟青年館與社會服務處發生若何關係，究對民衆作何實際工作，周氏之詢問激起全場之掌聲與同情。許德珩對勵勞總會出納人員舞弊事，亦提出詢問，並望社會部能於重慶設立神經病院。江一平詢問社會部是否可將掃除社會病態如拜金主義、依靠權勢列入三十四年度施政計劃之中，積極推行。其他對於調整租田關係，健全合作社，勵勞工作應與前方配合，工業合法之擬定等諸問題，均有人提請社會部考慮，全部詢問約二十五件，均經谷部長一一口頭答覆。

【中央社重慶十日電】司法行政部謝部長冠生，於九日下午參政會九次大會中，報告司法行政工作。據稱，該部主管單位計有二、七〇〇餘處，就其性質可分爲兩大類，其中一屬審判，一屬監獄，本部之施政方針，審判方面在力求減輕人民訴訟人之拖累與痛苦，監獄方面則盡量推（缺五字），業從事生產。根據此兩項方針說明，審判方面卅二年度全國各法院及縣司法處所收案件，計民事三一五、一八六件，刑事二〇一、二八二件，已結民事三一四、八七八件，刑事一九八、六七六件。收件總數皆在五十萬件以上。至於拖累辦法，計有（一）推行公證，（二）厲行調解，（三）簡化訴訟程序，（四）充實司法機構，（五）推廣巡迴審判，（六）增設公設辯證人，（七）推進平民法律，扶助實施辦法，（八）推廣訴訟程序詢問處，（九）編訂通俗法律叢書，（十）改革自發道德。 在以十項之外，謝氏又提出兩點，一爲法權收回後各種設施，一爲特種刑事以移歸司法機關辦理之準備，此二者或已在積極辦理，或正準備施行。報告監獄方面，全國監犯常在五六萬人間，司法犯佔三分之一弱，餘如軍事或行政機關積壓人犯，至於監犯口糧，自前年七月起，發給實物現額爲每人每月二斗一升，監所房屋上年會請款一、二〇〇萬元修建，因單位甚多，只能擇要辦理。本部會通令各地法院設立監所協進會，由法院首長與縣政府、黨部、參議會、商會等團體代表共同組織之，以謀當地註所之改良。論及司法人員之培植問題謂，關於法官之儲備，由考試院每年舉行考試及辦理兩種訓練，以期充實人才。謝氏報告後，參政員陳石泉、王雲五、黃炎培、劉王立明、黃鐘嶽、褚輔成、左舜生、羅衡、彭革陳等提出書面或口頭詢問。孔庚、黃炎培、陳霆銳、陶玄、傅斯年、江一平、王曉三、劉蘅靜等多人提出口頭詢問，其所詢問之點，特重於保障人身自由辦法。王雲五氏謂此項辦法，已實行月餘，未悉司法行政部是否已根據該法第八條之規定，將八月內所轄機關拘捕人犯之案件，加以調查，有無違法越權情形。王氏促請此事應迅速辦理。如有違法情事，應立予糾正。另一問題則詢以糧食部長表示，擬請在該部設立特別法庭問題。黃炎培氏則由法治論及保障人身自由辦法之制定，表示意見，促進政府注意。陶玄參政員舉出宜賓子弑其父一案，檢察官遲遲起訴，而法院審理，又輕輕將兇手釋放，此中原因自令人疑竇叢生，在宜賓爲人民談論中心，此種不公正之處置，殊足減低法治尊嚴。傅斯年參政員係來自宜賓，不只證明陶玄參政員所述之正確，且當場面交謝部長各種證據，希望事不宜遲，迅速派員前往詳細調查。褚輔成參政員問檢察官有無自由以檢舉貪污。江一平亦期望加強檢察官職權。陳霆銳氏詢以何以不召開全國司法會議，以研討各種問題。對於戰後婚姻問題，參政員劉蘅靜女士提出詢問，司法行政部是否注意及此。詢問遂仍繼續進行，至七時許以時間已晚，遂請謝部長用書面答覆。當宣告散會。

## 同盟社利用盛世才被撤職企圖挑撥中美蘇關係

【同盟社北平七日電】重慶政權，最近罷免盛世才，並以吳忠信爲後繼人。據到達此間情報，在吳忠信未到達此間，先由第八戰區司令長官朱紹良代理，朱於二日到達迪化後，即召集現地軍政各方面首腦訓話，同時下命解散盛世才的新疆省邊區防衛軍。據上月廿九日合衆社報導，重慶罷免了妨礙與蘇聯友好關係的盛世才，就是除去了橫在反軸心國間的危險。盛世才從代替了金樹人統一新疆以來，有至今日在軍事上經濟上均仰給於蘇聯，因此不能認爲盛世才的存在即可使蘇聯的關係惡化，結局此次的措置，是鑑於蘇德戰況中的蘇聯的優勢，不久即將向新疆活動，故重慶根據美國的先下手的意旨，强行更換了省政府主席。但在新疆生活很久的盛世才，是否能由這一紙命令而拋棄他的職位呢？尚是一個疑問。盛世才的兩萬多軍隊的土著勢力，亦不準備接受朱紹良的解散命令。在新疆省內只有李鐵軍率領的中央嫡系第廿九集團軍兩個師，不至要發生一些波折。不論如何，此次盛世才的遭罷免，並不是單純的罷免一個邊疆省主席的問題。而是美國對新疆、甘肅爲中心的西北油田的關心與重慶壓煩蘇聯再向新疆活動的一種先下手的辦法。表面上是加强與蘇聯的友好關係，實際完全是一種對抗的企圖，今後發展形勢值得注意。

# 參政消息

（只供參考）

第六三四號

解放日報 新華社 編

今日出版二張

卅三年九月十二日

星期二


## 參政會分組審查提案

【中央社重慶十一日電】參政會之議案二〇一件，連同政府各項施政報告，已於十一日起分七組開始審查。此二〇一件議案中，有政府交議之卅四年度施政方針一件，及各參政員之提案，關於軍事國防者廿七件，關於外交國際者十三件，關於內政、地政、蒙藏者五十件，關於財政經濟者五十四件，關於教育文化者卅四件，關於物價物資者十五件，關於司法行政、社會救濟，醫藥衛生者七件，各組審查會於晨八時分在新運服務所，勵志社、參政會秘書處舉行，到會之參政員極踴躍，發言亦至熱烈，每一議案均經認眞研討，以期向政府盡量供獻意見。其中第四組包括政府之財政、經濟、交通、糧食、農田、水利六部門之施政報告，各經過詳細研究後，另推定審查委員歸納各參政員意見，起草報告。其他各組亦均將政府施政報告先行審查，然後逐項研究各提案。審查會上午由八時至十二時許，下午由三時至六時許始散。十二日起上下午仍繼續召開審查會，又邵秘書長力子，十一日下午三時，茶會招待記者，對發表大會新聞，交換意見，至四時許始散。

【中央社重慶十日電】參政會第三屆第三次大會經過六日來之會議，政府各項施政報告，已全部聽取完畢。分別交付審查。十一日起，即照預定日程分七組審查議案，十日晨八時舉行之第十次會議，由莫德惠主席，爲政府報告之最後一項。教部長陳立夫主席，將一年來教育情形作一簡明之報告，各參政員於報告後，提出之書面詢問卅三件，口頭詢問者十三人，對於教育上各種措施或提供意見，或作具體建議，發言甚爲熱烈。惟因時間關係，各項詢問一部由該部長口頭即時答覆，一部將作書面答覆，總計六日來各次會中，每當政府報告完畢後，各參政員皆本知無不言言無不盡之意，紛紛發言，爲本屆大會一大特色。今日之會，時間一再延長，直至十二時四十分始宣散會。下午休會，明晨即召開審查會，本次提案約二百件，定十一日晨八時在新運服務所分七組審查，計第一組爲軍事國防部份，召集人爲李中襄、胡霖、王雲五、杭立武，審查委員呂雲章等。第二組爲國際外交部分，召集人左舜生、董必武，審查委員席振鐸等三十二人。第三組爲內政、地政、蒙藏部份，召集人胡庶華、雷沛鴻、張邦珍，審查委員劉健章等二十七人。第四組爲財政經濟部份，召集人許孝炎、范銳、陳豹隱，審查委員趙太保等四十二人。第五組爲教育文化部份，召集人傅斯年、張君勱、葉溯中，審查委員錢公來等三十一人。特一組爲物價物資部份，召集人冷遹、黃炎培、鄧飛黃，審查委員高廷梓等十二人。特二組爲司法行政社會救濟醫藥衛生部份，召集人孔庚、陶百川、江一平，審查委員章士釗等八人。

【中央社重慶十一日電】參政會此次大會到渝出席之參政員，甚爲踴躍。截至九日止，已到一百八十二人，十日由桂飛渝者有康紹周、石磊、尹敬謙、何人豪四位。尚有王吉甫、楊蔭南、吳滄洲三人尚在來渝途中。共計出席者可達一百九十人以上。

## 周鍾嶽報告內政

【中央社重慶八日電】內政部周部長鍾嶽八日在參政會席上報告內政首述有關地方自治之各項工作：據稱新縣制實施以來，最重要者爲完成地方自治條件及各級民意機關之設立等問題，地方自治條件業經本年全國行政會議決定最低標準九項，行政院並規定於三十四年年底爲止限期完成，現正督促各省努力推進關於自治經費，其來源莫如鄉鎮造產，截至本年八月底止後方各省實施鄉鎮造產者共達七百三十七縣市，成績相當可觀。自治幹部之訓練培植截至三十三年底已訓練一三七九八二人，三十三年度半年各省訓練人數已有報告者約計十萬五千餘人，但各省所需各級幹部總數約爲五百八十三萬人以上，現在所訓練之數字相差尚遠，現本部已採取各種有效辦法，以加強訓練速度提高幹部人員素質，並將三年訓練計劃中之工作，延長一年辦理，所有未能訓練足額之人數，統限於卅四年底一律完成。已受訓人員，現規定本年度內完成。各縣鄉鎮保幹部訓練，甲長訓練則於明年度內完成。在建立民意機關方面，十一中全會決議，各縣參議會、鄉鎮民代表會及保民大會，應限於卅三年內一律成立。該部正積極推動中，截至卅三年度七月底止，已完成籌設臨時參議會者有十七省，（尚有重慶一直轄市），已成立縣臨時參議會者，有九二四縣，已成立鄉鎮民代表會者，計有一萬五千七百零三鄉鎮（湖南、夏兩省數目尚未列入）。已成立保民大會者，計有卅三萬二千六百八十九保（西康、甘肅、寧夏三省數目尚未列入）。如根據各省所報之籌設縣各級民意機關計算，則本年底可能成立之正式縣參政會，有廣西之一百縣、湖北之卅九縣、浙江之廿七縣、四川之廿六縣，共達一百九十二縣。可能成立縣臨參會者，在浙、皖、贛、鄂、湘、×、康、豫、陝、甘、青、閩、粵、滇、黔、寧等十六省（廣西因未將成立正式縣參議會故除外），將達九百十×縣。可能舉行鄉鎮民代表會者，在上述十七省中將共達三十×萬三千八百二十二保，以此進度而觀，各級民意機關明年度內定可完成。周氏次言戶籍行政，據云，登記人口戶籍，實爲庶政之樞紐。一年以來，舉辦戶政省份已有廣東、湖北、江西、雲南、湖南、陝西、甘肅、浙江、安徽、西康、貴州、廣西、福建等十三省，已辦戶籍者總共四百零二縣，預計至本年年底止，後方各省當有七百五十九縣推行戶政，明年內戶籍行政更可積極進展。關於警察行政，周氏稱，充實警察教育實爲重要工作，自廿五年警官學校改組成立以來，截至本年七月底止，共計已訓警官四千一百八十六名。在校受訓中者約二千餘名，本年度更增一千名。不平等條約廢除後，外事警察需用亟急，中央警校添設外事警察後，已畢業兩期，現仍繼續辦理，現各省市之警察局並設有精通外國語文之祕書，內政部以警官警員甚感不敷，曾分設西北、東南警官訓練所，並制定鄉鎮警察人員實施訓練辦法，由各省警訓所設班訓練，現各省市警官訓練所共廿一所，截至目前止，共計受訓學警約二萬名，受補習警官教育者共約二千五百名，至戰後不復員共需警官長警約一百萬人，現有之警官長警共十一萬餘人，甚感不敷，現已於該部戰後復員計劃中規定加緊招集辦法。其他如整理保安團隊亦爲警政之重要工作。周氏對報告禮制，行政關於制定禮制工作會訂有吉×軍賓嘉五禮綱目惟範圍過廣尚未能定，其他對於寺廟監督推行公墓亦正推行。中此外關於營建行政周氏亦詳加報告，最後周氏報告禁烟行政謂，禁烟問題最重要者爲禁止在外華僑吸食鴉片之問題，周氏因對我英國與荷等國協議禁烟，詳爲報告，據稱美國對於協助遠東禁烟具有決心，卅二年十一月英荷兩國復自動向我國宣佈廢除鴉片專賣制度並完全禁吸鴉片，於是最感繁難之南洋僑胞禁烟問題，當不難隨戰事之進展而順利解決，周氏報告畢即行詢問，周部長對於各項詢問允調查詳細後再作書面答覆

## 溫州陷入敵手

【同盟社東京十一日電】大本營發表（九月十一日十六時）從浙江省金華附近開始行動的我部隊，擊潰該地一帶之敵人，向甌江進擊，九月九日佔領溫州。

【同盟社東京十一日電】八月下旬開始行動的我部隊，擊潰顧祝同指揮的第三戰區軍繼續南進，八月廿七日佔領該方面的要地麗水，其後即進行下期作戰的準備，九月上旬態勢已完全妥當，旋即進行攻擊，九日即很快的佔領浙江省南部的要地溫州。這一期間，敵人曾在從金華經麗水到達溫江的道路兩側山岳地帶構築縱深地帶，繼續進行蠢動，我軍隨處將敵擊退，奇襲渡過甌江，直進抵溫州並將溫州佔領。溫州是第三戰區的重要基地，而成爲重慶軍的重要軍事據點，同時亦是美國最近企圖將該地變爲切斷我南方運輸路的基地，乃至作爲在大陸建立橋頭堡壘的策源地。此次我軍的這一先發制人的進攻，使敵人美國的企圖完全失敗。

【同盟社華中某基地十一日電】我軍於攻克麗水後，正沿着甌江向海岸方面進擊中，我軍擊潰敵新編第二十一師、三十師的抵抗，並繼續進擊，至九日上午九時，攻克溫州縣城。

【同盟社湖南前線十一日電】現正於連貫湖南——廣西邊境之五嶺山脈之展開激烈的山岳戰。進擊廬洪市，我精銳部隊，八日夜偵知第九戰區參謀部所在地（逃入五山嶺脈叢林地帶），乃於九日未明，強襲與包圍該敵，俘虜第九戰區之作戰主任、參謀以下高級幹部人員七名，斃敵六百，予以殲滅的打擊。並鹵獲迫擊砲、電報機、無綫電機等。七十九軍的很多指揮通訊器材，差不多與此同一時間被繳獲。另一精銳部隊亦奇襲七十九軍司令部，獲得赫赫戰果。這樣敵第九戰區作爲最後依賴的指揮中樞部已被奇襲，隨着第七十九軍軍長以下幹部之毀滅，最後的殘存兵力都被粉碎。

## 蔣介石與赫爾利繼續會議

【合衆社重慶十一日電】赫爾利將軍及史迪威將軍，今日與蔣委員長商談軍事問題。事後赫爾利稱，會談「有圓滿的進展」。納爾遜則與若干外國洋行之代表會談，以後又與全國資源委員會電力處長陳中樞會晤。路透社會傳史迪威將軍已啓程赴美，惟今晚史氏仍在渝。

【中央社渝十一日電】根據美國租借法案，當局擬派遣技術人員一千二百名赴美實習，就中以六百名實習工礦，四百名實習交通，二百名實習農業，關於派遣辦法，現正由有關機關商訂中。本年內或可實現。

## 魁北克會議 傳曾邀斯大林元帥參加

【路透社魁北克十一日電】官方稱，斯大林對邀請他參加魁北克會議，已予拒絕。斯大林說，由於對德作戰，所有他的同事一致認為他不能離開。

【合衆社倫敦十一日電】外交界人士相信魁北克會議上所將討論的主要問題之一，乃是美國欲與英國共同負起德國投降後對魯爾流域工業區的管理。外交界人士相信蘇美英已在德黑蘭會議上同意戰後管理德國的計劃，其中規定美國佔領德國中部南部——主要是農業區僅有若干小的工業——蘇聯佔領德國東部一直到奧得河，英國則佔領西部，包括西北的工業區及大海港不萊梅、漢堡。目前據悉美國要求英美共同管理德工業區。據悉小國家參加管理德國之問題亦將予以討論。衆信總的計劃中規定在柏林設最高管理委員會，艾森豪威爾為其中委員之一。倫敦泰晤士報建議包括下列數人為委員：朱科夫、穆菲、麥克米蘭、維辛斯基。

【同盟社里斯本十日電】魁北克來電：英國首相邱吉爾偕同陸海空軍司令，於十日抵魁北克。加拿大總理金氏，亦相繼抵魁北克。羅斯福亦將於一兩日內，偕同三軍司令前往魁北克。因此將就歐洲的政治處理與太平洋反攻作戰，進行協會。太平洋反攻作戰是會議的重要議題，這徵諸史迪威争劇由重慶前赴美國，亦很顯然。除此以外，與蘇聯的關係無疑是羅斯福、邱吉爾頭痛的根源。美英兩國對於蘇聯政府對巴爾幹地方的政治外交攻勢將如何插手，是一很大的問題。最後在美英兩國間，還有成為不愉快論爭對象的印度政策。陳德勒上院議員揭舉的火勢，越發不可收拾，美國的印度聯盟主席辛格等，甚至提出英國人最討厭、美國人歡喜的提案，即希望派遣一種調停委員會赴印度，此委員會由美蘇兩國與重慶代表構成。

## 關於各小國權利問題 傳蘇英美意見分歧

【中央社華盛頓九日專電】紐約時報稱：關於國際和平機構會議，蘇方代表團不滿之數項建議，該團現已另獲蘇當局之指示，而此即為該會（原定今日閉會）第一階段延期結束之主要理由。該報稱：需要繼續討論之主要點即關於各小國在擬議國際機構中所負任務問題。美英蘇已同意各國在新國聯的權力必須與其防止抗拒侵略的能力成正比例。直至今日已證實：出席頓巴敦橡樹林會議美英蘇代表團對於小國之責任問題，尚未獲得完全相同之定義，該報並稱：三國解釋僅有程度上之差異。蘇代表團認為，如以較多的權力給予小國，則擬議的國聯勢力將受損害，而英美代表團所爭辯者，是他們認為：如忽視小國的權利及感情，則新國聯之效力將大受損害。三國代表團皆拒絕接受威爾遜的觀念，即各國在新國聯之職務均須平等以及所有議案均須一致通過之原則。另外發生之差異即四強以外之小國雖有若干權力，該報另稱：蘇代表團建議予小國在新國聯行政院之職務比美或英代表團準備給予者較為次要。美英代表團認為彼等不能予行政院每一永久理事要求否認權，同時又拒絕以單一之否認權予行政院其餘理事。此項觀點已由蘇代表團長葛洛米柯轉達蘇當局。

【中央社華盛頓九日電】頓巴敦橡樹林會議尚未結束，然美國國會已準備詳細研究四國協定，預料未來數月間參衆兩院必有冗長與激烈之辯論。目前國會中尚有若干反對力量存在，預料四國會議以及其後之聯合國會議所通過之任何協定，在美國國會中必有若干修改。然以有效力量為後盾之世界機構及世界法庭等原則必可獲得通過。

## 敵衆議院通過追加預算

【同盟社東京八日電】八日之衆議院本會議，於上午十時二十七分，由內崎副議長宣佈開會，衆院質問的第一人松村謙三登壇，發出質問的第一聲，松村就下列五項，叩詢政府所見：（一）政府對國民的態度，（二）首相關於統一政戰兩略的決心，（三）政府對於確保軍需與食糧生產的施策，（四）防衛國土的方策，（五）關於確立物價政策的方針，最後他說：「國民即對於任何政事，亦有欣然響應的決心，因此敢問政府的決心」。小磯首相答稱：「（一）不消說，政府應期待國民的忠誠心，但若無國民對政府的信賴，是不能期待這一點。政府始終在謀疏通民意，因此，期待國民全幅的協力。（二）最高戰爭指導會議，正在周到的準備下，適當處理之，此最高方針，貫徹到各部的末稍，確信能達到所期望的目的。為達到此目的，正在慎重考慮設置綜合機關。（三）政府甚盼使生產適應作戰，官民一體，扭當軍需生產的增強。現正實施交換與交流資材、勞力等，在增產基本物資飛機方面，已獲得相當的成果。對於物資動員、國民動員，亦在毫無缺陷地採取臨機應變的措置。（四）加強空襲對策是一重要問題，但即萬一有損害時，準備立即能採取必要的措置。（五）關於糧食政策，政府是以國民之心為心，為增產食糧，決心率先而適當地站在陣頭指揮。確保滿洲國的食糧，不僅解決了我國的食糧問題，而且實是促進滿洲國的發展。因此政府對於確保滿洲國的食糧，寄於莫大的關心，故對於滿洲國的發展，不惜予以支援。（六）關於物價政策，今日是迫切需要加以研討，希望由於官民的協力，整備關於物價對策的機構，確立根本對策，有以善處。最後今日實爲超非常時，我正在專心致力，担當打開困難，用以回答衆心。此時岡田議長就議長席，報告貴衆院奉答文經過，並朗讀陛下再度下賜的勅語。繼之進入第一讀質問。安藤陵就下列各問題發出質問：（一）關於統帥與國務的吻合和强化。（二）言論政策與發揚戰意。（三）文教政策。小磯首相答辯稱：（一）打開戰局的道路，只有皇國把握着主導的地位，爲此即需陸海混然一體，只有使最高戰爭指導會議可以達到此目的，故準備策應着第一綫將士的出發，有力地推行政策。（二）就其本質而言，統帥與國務是獨立的，所謂密切吻合，是指在機能上互相吻合而言。（三）適時的適切的外交政策，自必是十分必要的，關於外交問題，最高指導會議也有適用的源泉。（四）其次關於國務軍正協力一致，融洽無間的體制，我可斷言今日已是混然一體了。在各種具體施策方面，已在推行適當的協調施策，關於確立此後混然一體的關係，今後尚準備作更大的努力。（五）爲了發揚戰意，我亦認爲有調整言論的必要，爲此政府將採用使言論明朗的重要政策，並謀其實現。（六）關於動員學生，我將盡最大的努力，回答各方面的期望。

午後零時廿五分一度休會，午後一時半召開預算大會，首先提出全部預算案，由石渡藏相說明提案理由後，並由陸海軍當局特別說明與臨時軍事費相關連的軍事情形。大田正孝對此有所質問後，一致通過上述各預算案。至此後舉行衆院大會，立即緊急提出追加預算案，勝田委員長報告後，全體一致通過該案後散會，將其送交貴院討論；散會後更舉行預算大會，木崇武太雄，有田純次郎、松永敏男就軍需生產，國民動員，詢問政府施策的方針，展開了熱烈爭論。另外建議委員會於午後一時開會，逐次審議調達言論等五建議案。

【同盟社東京八日電】七日小磯首相在貴族院大會所作的演說，予各方以極大期待，外交官席上除德國大使史塔瑪，中國大使蔡培，菲島大使瓦爾加斯大使外，尚有新奇的蘇聯大使館的伊凡諾夫、克魯勒木金兩書記官，亞來克桑夫陸軍武官等人耐心的旁聽，一般旁聽席上尚有菲島、爪哇、蘇門答臘、緬甸、馬來、泰國等地之留學生三十名，

## 波蘭南部 紅軍發動攻勢

【路透社倫敦九日電】德國新聞社本日稱：波境蘇軍已在柯維爾斯諾區發動攻勢。蘇軍在發動攻勢之前，先以大砲發射猛烈之砲火。蘇軍大規模使用坦克車作戰，其攻勢已獲初步成功。

【合衆社莫斯科九日電】蘇軍進入外西爾瓦尼亞平原卅哩之地，刻距布達佩斯僅二百餘哩。柏林廣播稱：蘇軍已在波蘭南部發動新攻勢，進攻德國之西里西亞工業區。

【路透社莫斯科九日電】蘇軍前哨部隊曾越過邊境進入普魯士，惟旋被退出，是役俘獲德軍多人。

## 小磯廣播

### 大詔奉戴日之際

【同盟社東京八日電】小磯首相在第三十三次大詔奉戴日之際，於上午六時半奉讀大詔的錄音廣播之後，以『當此大詔奉戴日』爲題，發表下列廣播。（廣播要旨）：當迎接第三十三次大詔奉戴日之際，欲披瀝所信之一端。天皇陛下對於前內外之時局極爲懸念，在前次地方長官會議時曾賜以優渥之辭，昨日並出席第八十五屆臨時議會，再賜優渥之辭，對此誠只有感激，正如勅語中所指示的，戰局危機，以國家總力決定勝利的時機正在今日，此已不必多加論述。當此決定皇國興敗的重大時期，政府應盡極大的努力爲一億同胞共同奉公，以符聖旨，我相信同胞諸君亦能按照『朕望人民各自盡其本分』之勅語，克服一切困難，向職域奉公之方向邁進。余在昨日的議會上曾論及決戰施策六條，這一施策並非特別新鮮的東西，而是從過去經過不同的機關所實行的各種政策的重點部分，政府所以要提出這一政綱，就是因爲相信今天正是對敵即將進近大門的重大時機，護衛金甌無缺的國體，扶翼天壤無窮的國運的道路就是圖謀高度地迅速實現上述政策。但問題就在於這一政策的迅速强力的實現，政府擬依靠日益增大的國民力量達到目的，應當覺悟到現在不得已而發生的各種困難。今後仍將累積起來。我希望同胞諸君都抱着像現在這樣程度的困苦即可在美英之前獲得勝利，實在是太便宜的心境。我可以斷言軍官民大和一致，上下一體，堅持必勝信念，迅速的使軍需生產與糧食增產達到最高峯，發揮技術上的創造性，確立不讓敵人踐踏（即使是一寸一尺）的武裝體制，一億國民以堅固無漏的體勢，向勝利目標推進，乃今日急務中的急務。

# 參攷消息

（只供參考）
第六三五號
解放日報 新華社 編
今日出版二張
卅三年九月十三日
星期三

## 魁城會議結果 傳將通知蘇聯

【路透社魁北克十一日電】斯大林會被邀請參加邱吉爾首相和羅斯福總統將在此間舉行的會議，但斯大林因迫於親自督策蘇軍勝利，故辭卻邀請。惟此間已悉魁北克的一切××均將提到莫斯科。

【中央社重慶十二日電】據美新聞處訊，華盛頓十一日電：白宮總書歐爾利三日語記者，美總統與英首相曾請斯大林元帥參加魁北克會議，斯氏覆函致謝稱：『當今蘇軍在極廣泛之前綫作戰，且逐漸加強攻勢，個人已難分身離蘇聯國境或暫時放下指揮軍隊之職務。我的幕僚亦以為然。』歐爾利稱：羅邱兩氏均希望斯氏能參加會議，但亦充分了解斯氏因職務關係而不願分身來此殊為恰當。

【路透社倫敦十一月電】邱吉爾首相及羅斯福總統已獲悉斯大林元帥可能現在前綫。

【海通社蘇黎世十一日電】據蘇黎世新聞駐華盛頓訪員星期一黃昏報導：二屆魁北克會議的主題無疑的將為太平洋戰爭問題。主要的將討論到準備一更積極的對日戰事。訪員又稱，除英美外，其次加拿大、澳大利亞、紐西蘭以及法國西和荷蘭等艦隊亦將參加作戰。迅速從歐洲運輸英美軍隊至遠東的計劃不久以前業已擬定。訪員認為英美方面顯然準備在太平洋作長期的戰鬥。

【海通社斯托哥爾姆十二日電】魁北克會議的目標，自其第一次公告起即隱藏在模稜的消息和情報後面的玄奧之謎中。所謂會議純粹為軍事性質的斷言，似可在英方代表團的成分中證實，英方代表團主要人物係由陸海空三軍參謀長及運輸大臣所構成。另一方面，該會議『純粹為軍事性質』一語又為前週末此間獲自倫敦方面的消息所駁斥，該消息特別強調波蘇問題的重要性。路透社[illegible]北克會議不是純粹軍事性質，據稱預計艾登及赫爾以後將抵魁北克。斯大林堅決拒絕參加會議一點也是有意義的。斯氏拒絕參加可能即為斯氏願望不讓任何人探測出他的諒解所引起的真正結果。另一方面，莫斯科方面知道近來英美人士中對他們並無改進，這是蘇聯對波蘭問題及其他事件的態度的結果。無疑的會議首先將討論戰略問題，特別是關於對日戰爭方面，而政治問題則僅放在第二位。不僅如此，而且還可以確定地說，莫斯科的態度將是一切政治討論中最重要的因素，無論斯大林的拒絕被認為是一個嚴重問題與否。至於西方列強將來進行對日作戰問題，蘇聯的態度也不是不重要的。其他重又出現的問題則為莫斯科是否及何時準備合作。事實仍為邱羅如不考慮克里姆林態度即無法處理歐洲問題。莫斯科方面在保加利亞事件中所採取的措施，當時在二十四小時之內即把政治和軍事上的主動權從西方列強手中取過來，是很特出的。魁北克會議所面臨的主要問題無疑的乃是莫斯科的態度問題。

【中央社重慶十一日電】據柏林十一日廣播：倫敦訊：據英半官方通訊社消息：英外相艾登美國務卿赫爾將參加魁北克會議，該會即可開幕。

## 敵同盟社一週戰況

【同盟社東京十日電】（北方方面）從一日到五日止，敵機來襲架數共十六架，來襲機數雖少，但連日執拗的攻擊與南方戰況相配合，須加警戒。（台灣地區）三、七兩日各有數架敵機來襲，但毫無所獲而逃遁。（滿洲地區）八日下午一時半左右，B29式機數百架來襲鞍山與本溪湖，九日下午一時半過後，復以×架來襲鞍山地區，我方雖有若干損失，但對工作並無妨礙。（中國方面）我部隊於六日夜，攻克美空軍重要基地零陵飛機場，七日更將零陵市控制手中，繼續進擊中，戰鬥已在極順利地進行着。浙江省東部我軍，於上月下旬攻克麗水後，繼續擊潰敵新編第二十一師、新編第三十三師之一部，溯着×江南下，九日已進抵要港溫州西北二十公里處，現正繼續進擊敗敵中。（緬甸方面）怒江前綫之敵，上月二十日起，在空軍配合下，猛攻我軍陣地，但我軍能善以寡兵，固守各個陣地，繼續悍鬥。我精銳增援部隊，正逐漸抵達該方面，在騰衝地區已突破一部份敵包圍網，現正擴大戰果中。（中太平洋方面）關島、狄寧島的戰況，其後局部地區的戰鬥非常激烈，敵似已整備塞班島基地；大型機之來襲小笠原群島方面，連日更有激化的傾向，該方面並有敵機動部隊的活動。中部太平洋戰局加上內南太平洋戰局，是需要注目的。（西南太平洋方面）向新幾內亞北岸西部的敵基地航空兵力與出現於菲濱、帛琉方面之敵機動部隊的航空兵力可相呼應，繼續激烈的空襲。戰鬥於拉布爾周圍、新愛爾蘭島、布肯維爾島等處之我軍，士氣繼續旺盛，正確立糧食及其他現地自給自足的體制，繼續作戰中。

## 敵評歐洲戰況

【同盟社里斯本十日電】守備西部戰綫之德軍，九日忽然開始猛烈反擊，予美第三軍以巨大損失，美軍於渡過摩塞爾河後，企圖向西格弗利防綫前進，現在似在展開悽絕的裝甲戰。麥次週圍戰鬥非常激烈，敵方合衆社的前綫報導亦承認：德軍的火力已凌駕諾曼第戰綫，德軍的戰綫全長二百七十公里，已被大大加强，現正在繼續激烈的抵抗中。據元首行營關於西部戰綫戰況的公佈稱，舊比國根特南方與哈塞諾（譯音）西北方之敵方橋頭堡壘，由於德軍數次的猛烈反擊，已被粉碎。又突破馬斯特里齊（德國國境附近）南方德軍防綫的反軸心軍，已被擊退。東部戰綫於過去二十四小時內，令人有已由那柳河下游地區移至略爾巴阡地區之感。紅軍以裝甲部隊與步兵爲主力，企圖突破戰綫，但德軍力戰勇鬥，已將紅軍擊退。在意大利戰綫，則於亞得里亞海沿岸地區，仍在展開激戰中。據德方前綫報導稱，英軍曾付出莫大犧牲，在亞爲力諾南方前進至康卡諾谷綫。但不久已被德軍擊退。

## 德軍撤出芬蘭的困難

【同盟社柏林樽井同盟社特派員四日電】芬蘭政府終於離開德國最眞實的與國，落到戰綫的後面。但芬蘭自獨立之日起，即與德國保持堅强的精神團結，故給予兩國國民的衝擊實大，四日德國各報關於蘇、芬兩國的單獨媾和，亦如羅馬尼亞政府的場合一樣，不予以痛烈的攻擊，對於芬蘭來說是意味着一種自殺行爲，而表示遺憾。原來芬蘭政府從獨自的立場，與蘇聯開戰，其後對於遂行戰爭，德國政府不特予以一切支援，借予軍火自不必說，並給以最大限度的經濟支援，澈底完成盟邦的義務，此事即徵諸六月德外長里賓特洛甫與芬蘭外長李斯特的協定，亦很顯然。如斯托哥爾姆來電，亦認爲芬蘭國民的道義心對於蘇、芬媾和，顯然很難給以全面的同意。預料在成立休戰協定前，尚有很多的困難，就中圍繞着要求駐在芬蘭的德軍司令部在九月十五日前撤退事，不知將發生若何事態。當面的問題是根據六月協定，德軍配置於維堡戰綫的進退問題，但若紅軍進駐芬蘭時，則恐以首都赫爾辛基爲中心的芬蘭南部，將變成戰場。六日協定以前，德、芬兩軍在芬蘭戰綫的分担，會有明確的劃分，赫爾辛基（譯音）以南爲芬軍的分担地區，從此到北冰洋一綫，爲德軍的分担地區，德軍如其說答應芬蘭政府的要求，於九月十五日前撤退全軍，有技術上的困難，不如說爲了確保貝柴摩的礦山，絕對不能放棄面臨北冰洋的戰區，這是不說即很明顯的。作爲輸出港的基爾克涅斯（譯音）港的要塞化，在過去一年中有顯著的進展。因此預料芬蘭戰綫的戰爭，今後將採取對此兩營陣攻防戰的形式而展開。

## 參政員質問陳立夫四十六點

【中央社重慶十一日電】教育部長陳立夫於十一日上午在參政會席上作教育報告，對年來教育上一般情形及各級教育推動實況，敍述其詳。

陳氏前曾赴各地視察。據稱，視察結果，各地教育普及現象甚顯。惟今有六十五萬以上之小學教員，七萬五千以上之中學教員，以及一萬餘大學教授在艱苦情形下從事教育工作，實堪欽佩。且未有一校前來訴苦，尚爲難得。現各縣繼續教育，僅佔百分之二點五，最高百分之四，然教育並未因之而被人忽視，且仍在不斷發展。

述及全國學生情形時，陳氏謂，截至今年年底止，有小學生一千八百萬人，中學生方面至今年暑假止，約有一百萬零一千人，專科以上學生至今年一月底止，共約七萬三千餘人，較戰前增加百分之七十五。學生較戰前增加百分之五十。國民學校學生亦較戰前增加。

至於經費數目，全國教育文化費用，僅廿七萬萬元，單用於教育者，僅十四萬萬元，而其中十七萬萬元是用於教職員吃飯上面。眞正教育經費則僅七萬萬元。眞用於高等教育者僅一萬萬五千萬元，戰前高等教育經費，有三千萬元之數，由此可以概見現在教育上所感之困難。

陳氏繼論及一般學校紀律問題。據稱，一年來後方一三三個專科以上學校中，鬧風潮者僅有四校，教育部均已設法解決。其餘一般情形尚好，惟值現在社會道德日益墮落之時，學校固應有轉移風氣之責，若說學校絕不受到社會風氣之影響，似有困難。

說到學校營養問題，陳氏謂，去年十月間曾將學生伙食費調整一次，最高者至二百元，現又加以調整，最高者已加至四百五十元，普通亦爲三百七十五元，其增加之標準，係依當地公務人員生活補助費四分之一計算。倘以後補助費加減，學生伙食費自當隨之而加減，伙食費之微小，自不能完全解決學生營養問題，但在國家財政困難情形下，已感負担困難。

就國民教育推行狀況言，在後方十九省中，已有二十五萬六千餘校。據三保兩校之程度。而四川廣西，且達到一保一校，山西超過一保一校，教部現正令各地就已有校數充實內容，故國民教育之發展當無若何困難。中心小學多擬充實內容，六十五萬國民學校教師中，有三分之一畢業於師範學校，餘多為中學畢業生，未離開教育崗位。年來師範學校特別發展，全國已有師範四百五十所，學生十萬九千餘人，較上年增四十七校，一萬七千餘人，師範生待遇亦正逐漸改善，現各省並有短期師範訓練班之設，去年寒假，各省訓練者約五萬人。至於成年補助教育，則似難與理想相合。三十二年度後方十九省市受補習教育者，僅為八四六萬餘人，為數甚少，今年强迫教育辦法通過，當可逐漸發展。

中等教育方面陳氏謂，找不到好教員，實為目前中等學校之困難。去年師範學院畢業生，已有一千三百餘人，分發服務，今年分發實習者，亦有一千餘人，今後中學程度，當可逐漸提高。現有一百萬中學生中高中者佔三分之一，初中者佔三分之二。至於高等教育，政府政策是不加單位，就僅有學校充實內容，一年來僅增專科以上學校二所，一般情形照常。學術獎勵繼續舉辦，獲獎者年有增加。至於國際文化合作問題，該部正積極推動，如交換教育，交換學生，聘請講學等，仍在進行。前舉行之自費留學生試考，錄取學生因交通及種種關係，暫停出國，據陳部長謂，此實為一暫時措施，以後仍將出國，其時期當不致太遲，且美國亦盼我國能派工礦交通農業等人才出國訓練也。

最後陳氏對社會教育概況加以說明謂，教部現正作禮制樂典之訂定，禮制初稿雖已完成，一時尚不能實用，樂典方面亦未普及民間，將來想利用教育電影幻燈片及收音機等，對民衆施以道德教育。他如補習教育法，正在立法中。昆明重慶等地已先試行補習教育，成績甚好，至於邊疆教育，華僑教育，戰區學生分發之救濟等，陳氏均有詳細說明。去年已有六萬五千餘戰區學生分發就學，今年至七月底止，至少有五萬二千餘學生需要分發。戰區學生救濟經費，最近即將增加，救濟工作當更加强。

陳部長報告畢，各參政員紛紛提出詢問，計達四六件之多。參政員詢問多着重於自費留學生何時出國。準備戰後復員人才。大學生考試。經過中學會考之學生，可否直接升入大學。小學教科書之編纂內容。戰區學生之救濟。私立學校收費太高。學生成績低落，體力衰退。教師待遇菲薄。學校量增質減。掃除文盲。發展邊疆教育。學生貸金審核不公平。男女教育應平等，以及尊師重道運動之推行等問題。其中一部份當經陳部長口頭答覆，餘待書面答覆。至十二時四十分散會。

【中央社重慶十二日電】參政會各組審查委員會，經過兩日來之開會，各項提案已大半審查完畢。十三日之議程，上午仍為審查會，下午三時舉行第十一次會議，其主要議題為討論政府交議之卅四年度施政方針，十二日之各組審查會，仍於上下午分兩次舉行，由各召集人輪流主席。對於各項提案，均作縝密之研討。又一部參政員，以湘桂粵戰事關係縮短擊潰日之時間甚大，將向大會提出動議，致電激勵前方將士，並動員後方一切力量爭取勝利。

【中央社渝十二日電】參政員楊蔭南，十二日由昆明乘機抵渝出席大會，截至十二日止，報到之參政員已達一九三人。

## 中央社說美報捧蔣介石
## 自欺自擂恬不知恥

【中央社紐約十一日電】舊金山紀事報頭論蔣主席在參政會開幕式之演說稱，蔣主席在參政會之致詞，證明其具有偉大之領袖風度。蔣主席之『吾人決不否認過半年以來軍事的失利』一語，更見其言詞之坦率。日軍雖在中國地面部隊及中美空軍之抑抗下，繼續侵襲湘境若干重要地區，然中國人民實反映蔣主席之信心，中國人民咸知此為最困苦艱辛之時期，惟援助必將來臨。蔣主席在其致詞中實表現有卓越之領袖風度，蔣主席深知其人民之氣質，故不僅予渠等以鼓勵及信心，且督促渠等不斷改進。蔣主席提醒其國民，中國所需者為統一，指揮下之統一中國促進憲政及開始穩定經濟及發展經濟。蔣主席稱，一切缺點弱點都隨着時間而產生而暴露，我們於此不僅不可加以諱飾，而且必須盡量揭發，盡量檢討，方能求得進步。此語對於任何國家均屬賢明之政策。

【中央社蘭州十二日電】新任農林部長盛世才，十一日偕交次徐恩曾由新飛抵蘭。此間長官司令部及甘肅省政府，於昨晚今午分別設宴歡迎。盛氏對中央社記者談稱，本人才能淺薄，此次調長農部，頗感隕越，惟本人出自農家的會研究農學，對於農業多感興趣，本人認為建設三民主義新中國，農林實居重要地位。今後自當秉承中央意旨，竭力以赴云。

【中央社重慶十二日電】自大批黃金由印運抵渝市消息傳出後，黃金價格逐漸降低，十二日聞已落至一萬九千元。此批黃金運到後，××星期六以前售出之期貨一律付現。據悉，過去由農行售出黃金期貨，總數約達二萬兩，自本星期一起，照定價一萬七千五百元出售，惟買戶不多。

# 海通社說國參會上的風波

「海通社上海十一日電」蔣介石信徒對蔣之批評已變成公開斥責以『輕浮樂觀』。此種情勢，在『國民參政會』最近會議中清楚顯露出來。此次會議於九月六日召開，準備討論兩週。此參政會原爲對重慶政府傳達民意的機關。此次會議爲『國民參政會』歷史上風波最大的一次。會議首由蔣介石致開幕詞，但立即引起嚴厲的批評。陸長何應欽亦受到極不友好的待遇。財長孔祥熙遭受猛烈攻擊。整個說來，政府被斥爲到處腐化。最後，有經驗的顧問林虎氏公開斥責蔣介石『輕浮樂觀』。蔣介石之拒絕××提議亦引起不小的憤激。共產黨一聲疾呼地參加對蔣介石及其政府的批評。延安共產黨所發表的聲明強調此事實，即蔣介石關於統一的要求是此種統一並不存在的最好證明。此評尤其不滿蔣介石威脅之詞，即如果他對重慶中國繼續無限制的控制遭受威脅時，將採取極端辦法，甚至冒內戰之險。

# 傳敵已竄抵全縣

「同盟社東京十一日電」合衆社駐重慶特派員報導稱，佔領零陵後，更沿湘桂鐵路向西南方進擊的日軍，已經突破湖南廣西省邊境進入廣西省內到達全縣。該電訊原文如下：史迪威司令部十日發表公報稱：『由湘桂鐵路向西南進攻的日軍，已經越過湘江侵入廣西省，到達距桂林一百餘公里的全縣』。全縣是中國西南部份防衛組織的要地，重慶軍司令部毫未涉及全縣地區的戰鬥，但對日軍向其他地區的進攻則已承認。

「同盟社麗水十一日電」由於浙東作戰的結果，顯然可以看出：該方面的美英勢力，深深侵入到重慶軍中，即是說，很多的步槍子彈大半是美國製造的，汽車的車胎亦是美國造。現在行動於浙東地區的國際突擊隊，是一種特殊部隊，由英美軍八（大東亞戰爭爆發後從香港與上海逃亡的）與福建省海岸地區的民軍構成，美英人幹部都兼任美英派遣軍事代表團團員，担任重慶軍的部隊顧問與教官之職。守備麗水縣城第二十一師第六十三團在潰走之前，曾埋三百多個地雷於公路，城門週圍與城內重要機關週圍——即是說，美英將在東南亞洲的軍事連系，由美國供給物質與空軍，英人担任指導，重慶則充當大小兵員。

# 守麗水城軍官被槍決

「中央社雲和七日電」守備麗水城之我×師×團，作戰不力，一晝夜之間，即將該城失守，使有利之軍事預定計劃，不能實施。除該團團長彭孝儒陣亡外，×部營長趙楚皓、朱恩施兩員，隻身逃命，業經緝獲，六日於前綫某地執行槍決，以示嚴整軍紀。

「中央社重慶十日電」蔣委員長嚴禁軍官尅扣軍餉，已有手令，由軍政部轉電各地部隊知照。原文如下：「國家對於將士之薪給，必須按月清發，任何人不得以任何藉口，移用分文。過去竟有少數部隊，積欠薪餉至數月之久不發，影響官兵生活，殊堪痛恨。電到仰迅飭各部隊將×月份以前之新餉，限九月十日以前一律清發具報。九月份起，各月薪餉限當月內清發，並由各單位主管將發放日期（缺廿字）五日前電由軍政部備報，中正親閱，如再延各主管及軍需主管人員，即交軍法審問，以對扣軍餉論罪。

# 鹽城胡垜新四軍

## 血戰營救空中堡壘

「新華社華中五日電」八月廿日的夜裏，美國的一架空中堡壘在胡垜（蘇北鹽阜城西八十里）敵據點西兩英里的[illegible]下墜落了，飛機在僞化區開始下降滑行，撞斷四棵桑樹，帶倒一架風車，冲過一條河，最後停止在根據地邊緣的稻田裏。

此地區是漢奸活躍的地方，敵人隨時可來，夜見放哨的民兵很快的在河邊佈上哨位，把飛機週圍戒起來，遠遠地高喊：『美國同志快出來，不要怕，我們是新四軍。』

飛機頭燒着熊熊的烈火，他們不敢接近，怕被炸彈打傷了。

駐地廿里外的新四軍鹽阜獨立團，看見飛機墜落的火光，立即命令他第六連營救，漆黑的夜微風夾着細雨，田野泥濘爛滑。部隊迅速的進行，「濮通」一聲，什麼人跌倒在水田裏，趕快爬起來，追上前邊的黑影，沒有人掉隊，沒有人說話，大家用最快的步子和敵人競走。

飛機快降落時，汽油就像下雨似的滴下來，據點裏敵人看得很清楚，近藤中隊長立即帶着七十多個鬼子，四十多個偽軍來搶，但是鬼子怕新四軍，叫偽軍在前面搜索，偽軍也怕新四軍，慢慢地向前走，兩英里路直走到天亮。

九點鐘，戰鬥在飛機以東一百米遠的河邊開始了，敵人分四路衝來，以擲彈筒，機關槍一齊發射，英勇的六連顯然是處於劣勢的，八十個人分散在二里長的戰線上。眼看着十幾個敵人已衝過河西岸上。忽然手榴彈一連串的爆炸，敵人爬下去了，戰士們上起刺刀衝上去，用肉體擋住背後的空中堡壘。戰鬥越來越激烈，雨也越來越大，鄉村沸騰起來了，槍聲鼓聲喊叫聲震動原野，成百成千的民兵區隊老百姓在雨地裏從四面八方向槍響的地方集結來打鬼子，救美國人，大家一條心。

這時敵人受到另一列隊伍的包圍，趕快縮回頭，跌跌滑滑的竄回胡垜去。

結果我們犧牲了三位戰士，一位同志負傷，搶救了空中堡壘和裏面的重要文件。

# 参攷消息

（只供參考）
第六三六號
解放日報 新華社 編
今日出版二張
卅三年九月十四日
星期四

## 張平羣大言不慚 說日軍在湘進展不要緊

【中央社渝十三日電】外國記者招待會，十三日下午三時舉行。梁部長寒操，吳次長國楨、張參事平羣出席主持。某記者詢以目前中國戰事情勢，觀察日寇進犯西南將達何地步。張參事答稱，（一）日寇最近進犯中國西南，並不能達成其致勝之任務，不過於失望中窮事騷動，不求有所成功，但求有所動作而已。（二）日寇在華愈深入，則軍隊之補給線愈長，所需防守兵員亦愈多，備多則力分，現日寇已無足數之兵力從事大規模企圖，倘日寇於兩年前出此情形，或有不同。今日所能左右日本國（缺十餘字）一個艱辛的過程。（四）日本可能於軍事失敗時放出和平試探空氣，但此並非日本有誠意投降，其目的乃在盟國鬆懈對日之作戰努力。同盟國對日本此種政治陰謀，自應隨時加以警惕。（五）日寇今日猶妄想自亞洲大陸挽救其垂亡之命運，自很明顯。中國自當盡一切可能之努力，以阻止日本此項企圖之實現。當歐洲戰事結束後，同盟國集中力量於太平洋，以期合盟軍全力擊潰日本之時，日本此項企圖，必更決無實現之可能。

【中央社重慶十三日電】西南進口物資督運委員會，為加強運量，十二日會召集各運輸機關商討分配運量事宜，各機關自動願意担負之運量，均較前增加，甚至百分之百者，足徵各運輸機關對於服務軍運之熱忱，預計規定運量，將益增加。同時該會為鼓勵各商車加緊搶運起見，會擬定獎命、獎旗、獎狀、獎章四種辦法，現已由該會撥出國幣一百五十萬元，專獎九月份達到任務之商車。

【中央社重慶十三日電】新任農林部長盛世才，十三日下午一時二十分由蘭州乘機抵渝，交次徐恩曾同來，前往機場歡迎者有吳秘書長代表孫芹池，[illegible]，何總長應欽，張秘書長厲生，吳主席思信，林主任蔚文，周主任至柔等數十人，盛主席下機後，即逕赴主席官邸，謁晃蔣主席報告一切。

## 討論卅四年度國家施政方針 參政員多人指責其空洞

【中央社重慶十三日電】十三日為國參會開會之第九日，進入討論議案階段。政府交議之卅四年度國家施政方針，於十三日下午三時舉行之第十一次會議中，業經各參政員作初步之研討，發言者皆作建議性之批評與提供具體之意見，情況熱烈，當經決定，根據十三日各參政員所發表之意見，交付各組於十四日上午分別審查時，作為參考。參政會十三日議程，上午仍為審查會，各項提案已大部審查完畢。下午三時，舉行第十一次會議，出席參政員一百四十人，主席王世杰、祕書長邵力子、副祕書長雷震。主席首宣佈將政府交議之卅四年度國家施政方針先交大會討論，然後再付審查，並先由國防最高委員會代表熊式輝加以說明，熊氏首述此項方針之綱目以及編製之依據，嗣將內容加以闡述與解釋。據稱，第一部總綱，係為國家之總方針，內容共列四項，即軍事、政治、經濟、與復員是也。此大部為承接去年之決議而成者，惟今年整個戰局，必有迅速有利之發展，因此吾人「在軍事方面」，必須有勝利愈近，危險愈大之警惕。故須加強全國總動員，貫澈軍事第一勝利第一之原則，加以軍隊整理與建設，改善役政及官兵待遇，務使一切供應，前方優於後方。政府各部長之一切措施，社會各階層之一切行動，必須更密切與軍事配合，以提高戰鬥意志，充實戰鬥力量，達到愈戰愈強，爭取最後勝利之目的。「政治方面」，係完全依據國民參政會第三屆第三次大會所通過之卅三年度國家施政方針決議案而草擬，以實施憲政，奠定建國共礎為宗旨，而其準備工作之完成，實為刻不容緩之事。最重要者為成立各級民意機構，擴大其職權，並加緊辦理地方自治。而下列二者，亦為進入憲政之條件。第一、宜完成一切法治之重要措施，整理現行法令，刪繁就簡，鄭重頒佈，嚴格執行。公務人員尤須率先守法，始能樹立法治規模。第二、各級行政機構重加檢討，明白釐訂其權責，分別調整，不因人而變更，並確實安定公務人員之生活，信賞必罰，綜覈名實，庶幾行政效率得提高。「經濟方面」，以應軍民需要，穩定物價為總目標。第一宜力謀增加農工礦生產，並促進戰時工礦業之合理發展。第二宜加強國內外運輸，儘量減少內地檢查站所及簡化其手續，使國外與淪陷區之物資，得以儘量輸入國內，貨物得暢利流通。第三宜擴大徵實之範圍與數量，掌握或控制多量物資，以資配給與調劑。第

四、財政之措施，務須與經濟政策密切配合，切實整飭稅收機關，力謀減少徵收行政費用，杜絕一切流弊。凡徵稅募債及儲蓄，皆應加重富戶之負担，同時加强管制金融，嚴禁銀行爲變相囤積居奇。貼補公用事業，穩定其徵費價額。至於「復員方面」在繼續完成各部門復員計劃，進行各種準備，並配合國際善後救濟工作，次第推進。於淪陷較久之東北與台灣之復員，尤應特別注意，以上爲總綱之情形。分目方面，一般政務與各部長政務共九七條，內部充分表現組織性，可謂上述貫通，前後銜接，左右配合。而所謂概括性者，即除此施政方針外，各部會尚有施政計劃及××之復員計劃等施政方針，僅作概括之敍述而已。「討論情形」：熊氏說明後，即開始討論，各參政員相率發表意見者達廿六人，語多指摘內容尚嫌空洞，子目與總綱有未能呼應之處，且缺乏確實性肯定性與比較性。「補充說明」：熊氏釋於中間休息時，復作一補充說明，據稱，除此項施政方針之外，尚編有一施政計劃，對各院各部會主計處均包括在內，對於中心工作以及預算，均經詳細排列，熊氏在此會將糧食，經濟，農林，衛生，救濟，財政等各部門明年預算數字，加以報告，說明其並不缺乏確實性與比較性。各參政員繼續討論發言者多屬客觀之批評，如當此集中力量反攻之時，報告內容或能充分表現意志集中，一致準備反攻，尤其財政爲然。而經濟部門中亦未說明當前工業應如何配合軍事作用的積極性等。今日發言者之衆多，爲九日來所少見，俱經祕書處詳細紀錄，送於明晨之審查會中，以作參考。在第十一次會議中，水利委員會及衛生署之答覆詢問案各一件，均經印發參政員。主席首提出關於大會出席及表決人數之解釋一案，根據參政會議事規則第四條「國民參政會開會時有參政員過半數之出席，始得開議，有出席參政員過半數之贊成，始得議決」。此條意義，經通過作如下之解釋：「開議」二字係指大會每次會議開會，每次會議開議時之人數，須有現有總額之過半數。至於表決，不因開議時出席人數減至參政員現有總額之過半數以下而中止。一切議案，如有在場人數過半數之贊成即得成立。「臨時動議」又有臨時動議兩件，一爲李中襄等提，現在湘桂大戰日趨激烈，粵境戰事亦在展開，擬由本會致電前方案士誘勉慰勞，以勵士氣案，及何人豪等提請加强東南國空交通，以利抗戰將，均經先交付審查，七時十分散會。

## 曾養甫報告交通狀況

【中央社重慶九日電】交通部部長曾養甫，八日在參政會席上作交通報告，略謂，一年以來，交通事業無論屬於工程建設、運輸調度、設備補充令器材籌儲、人事配備等各方面，無不受戰爭演變與經濟影響，艱苦之程度實亦與時俱增。本部對此艱巨任務，在爭取軍事勝利與經濟作戰兩大原則下，加强服務精神，克服當前之困難。

關於一年來工程建設之成就，曾氏舉出新築之鐵路一九七公里、公路一、四三〇公里、車道三三一公里、修復公路五九九公里與改善工程及橋樑涵洞等。開闢國際驛運綫約三、四〇〇公里、水運航綫約三、九〇〇公里各種器材修復有輪船與木船等若干艘。郵政方面，增設局所三、一三九處、新闢郵路四、四二〇公里、恢復郵路三五一公里。電訊方面增加局所一二七處、新建及整修報話綫共一五、二二一公里。

述及運輸量如公路、鐵路、航空、驛運均有增加。至於各種業務之改進，如水運聯運、指揮民營運輸、確立驛運政策、辦理特別快運郵件四項，曾氏認爲現階段交通事業所遭之困難有兩端，一爲材料工具之限制，二爲物價波動收支不能平衡，曾氏指出現行駛之鐵路機車，尚有一九〇四年製品，汽車亦多係一九三五年製品，當此全面抗戰中運輸繁重數十倍於往昔，憑藉此陳舊之少數工具，担當如此任務，尚勉爲應付者，堪以告慰。

氏繼將本年豫湘兩次大戰對於交通事業之損失與員工搶運及遇難犧牲情形，作一報告。對外傳西南各鐵路造成黑市車票等情，據稱已派員嚴查辦法。曾氏旋就鐵路，公路，水運，空運，驛運，電政，交通器材等項業務，就工程效能與其改善作一詳盡敍述。關於交通器材，近一年內着重於設廠製造，同時並設法加强空運運量，以期兼顧並籌，俾得適應艱鉅。最後曾部長提及交通復員之準備，舉出：（甲）擬定交通技術標準。（乙）擬定復員復興計劃。（丙）促進國際合作。（丁）培養交通專門人才四項。凡此均在詳細研究，以期將來逐步實施。

【中央社重慶六日電】國家總動員會議祕書長張厲生，六日在參政會就該會議一年來之工作情形分（一）一般動員工作，（二）物價管制情形及（三）今後對物價波動所取對策等，分別報告，極爲詳盡。據稱，該會議今後工作重心在把握時機，求取物價之長期穩定及農鑛工商各業之漸趨均衡。其最重要者有下列數點：（一）首要防止糧價回漲，並促使各種物價及工資各按其生產程序所需之時本比例跌落。（二）普遍健全同業公會及商會等團體之組織，以爲戰時協助政府實施經濟管制，在戰後實施計劃經濟之基層機構。

國家總動員會議已擬定「發展並健全工商團體組織辦法」。（三）厲行考核公營私營企業，其業務是否爲國防民生所必須，經營管理是否盡善等，以爲發展正當產業，提高生產效率之依據。國家總動員會議並已擬具「公營私營企業，請求調整價格，政府補貼考核辦法」頒布。（四）省與省間交通之聯系及物資之流通，該會議已擬具「各省物資產運銷及物價管制實施綱要」頒佈施行，並將派得力人員分赴各省加強聯系，以期中央與地方動員及管價業務之調協云。

## 掃蕩報說盟國大軍即調遠東
## 明年夏天對日作戰即可結束

「路透社重慶十三日電」掃蕩報今日稱：「在二三月內，盟軍或將由柏林坐船駛向東京。不言而喻，盟國海軍在其強大空軍掩護下，將經過蘇彝士運河出現在印度洋，於是整個戰略形勢將改變。盟國總的海軍力量以五與一之比超過了日本的海軍力量。在一二月之內，將發生侵入菲律濱及仰光的海島戰，作爲進攻日本的先聲。預料明年夏天對日的戰爭就可以結束了。」

## 英國對邱羅會議的看法

「路透社倫敦十二日電」倫敦方面認爲魁北克邱羅第十次會議有兩個主要目的：第一，設定盟國對日總攻勢的大計，以能迅速的、全面的、有效的置日本於死地的方式，把盟國軍隊從歐洲戰場集中到太平洋戰區來。第二，對德國失敗後所引起的、並有效地有助於重建管理被解放的歐洲各國之恢復工作的政治經濟問題，作最後之增删。此間指出，在歐羅巴戰爭的現階段，情況已有很大的改變，因此北克必須考慮完全不同的問題。據倫敦消息靈通人士稱，魁北克的主要任務在於把盟國軍隊，從世界的一端即歐洲向另一端即太平洋轉移的複雜的環節，通統配合成一個順暢的計劃。英國人似乎最急切於強調他們欲履行英國方面的保證，英方保證以展開依照主導戰略戰術所作武器和人員的壓倒威力，進行不拖延的戰爭幫助摧毀日本。倫敦方面普遍的感覺有如艾登最近所指出的：英國有一大筆賬要和日本清算，要爲新加坡復仇，要恢復和解放英國人在遠東的威信、領士和權益，並且需要顧到太平洋上不列顛聯合國的四個成員的安全。將來如何處理日本的問題將在魁北克加以檢討，不是不可能的，但這個問題的決定必需也有中國參加，而如無蔣介石委員長的協議就不會對此有何決定。斯大林拒絕參加魁北克會議一點，此間認爲係蘇聯尚未準備談到對日戰爭的表示。戰時運

輸大臣李蒸斯勳爵之宴會，表示還懷問題將包括轉移戰國強有力的軍隊及裝備供應。在歐洲戰場，德國失敗後將引起許多軍事、政治和經濟的問題：將來如何處理佔領德意志以及德人進行地下抵抗的可能性，構成了魁北克面前的問題，雖然休戰條款早已準備就緒，而且歐羅巴顧問委員會亦會劃定英美蘇三國軍隊佔領地區。關於佔領德國的技術性詳細問題之解決，包括佔領期限之久暫、佔領德國各部份地區的軍隊比例之多寡——這一切或將在魁北克有所修正。又有一可能性，即魁北克或將發佈共同號召德國軍民投降，並共同警告所有中立國家切勿庇護戰爭罪犯納粹領袖在他們領士上找到庇護所。英國自由派人士表示，魁北克在考慮到歐洲將來時，將會很好利用時間而遣出聰明的和平，歐洲的將來的問題包括戰後安全計劃，在確定德國已成爲民主國且德人已認清戰爭得不償失之後，重新允准德國加入國際社會的問題，聯合國善後救濟署不應成爲一混雜物，戰爭的因子應加祛除而非阻止，這是極緊要的，當實行從一個地區至另一個地區移住人口時，廢除種族歧視是應該強調的，更理想主義的則在於使歐洲對戰爭厭倦與醒覺二者互相調劑之必要，將來的歐洲應該出現爲這樣一個歐洲，其中經濟的合作和政治的聯盟將使民族主義成爲不合理並使國界成爲無關重要。其他的歐洲問題尚有：蘇波長期的衝突可能有危險的後果，使三大強國間產生誤會以及掀起波蘭內戰。邱吉爾訪意後，意大利或可希望獲得幫助以應付糧食燃料的嚴重缺乏，並可能適應意國領袖們的願望，以在對德戰爭中參盡其責做到用意大利的努力（力）作爲償付的代價」。

## 同盟社傳
## 西綫德寇抵抗日增

「同盟社柏林十二日電」德軍當局十二日對西部戰綫的戰況作下列聲明稱：（一）在西部戰綫德軍遭有若干成功，例如比利時安特衛普各地敵軍之攻擊，歸於失敗，該地附近亞爾琫運河北岸敵橋頭堡壘被粉碎。在南錫北部俘擄若干敵軍，此等雖還不是決定性的成功，但已表示出西部戰綫開始發生變化。關於德軍的向盧森堡後方撤退，可以說是德軍避免分散必要的兵力，而積極準備把已有的防衛力量，全部投入決戰內。（二）目前戰綫的戰鬥，對德國說來已成爲神聖的戰爭，僅就能夠看出的新式防衛方法而言，戰爭可能無限的延續下去。另從後方已集中起來的新器材來看，過去五年來的戰鬥可以說是很多戰鬥的頂點（最近克恩的作戰，也不過如此）。德軍在上述各時期，無不顯出其抵抗力量的增大，不論敵那一部份國土部隊，都將要嚐到最近集結的德軍威力。（三）又敵

部家於今天到達西部戰綫上敵軍任何抵抗地點。故敵軍現在尚不知道德軍究在何處佈置了防綫，僅由德軍防衛力的差別是看不出的。（四）向北進方攻的英軍、加拿大軍，到處遇到從加萊、敦刻爾克向阿爾運河後方撤退中德軍的頑強抵抗。（下缺）

【同盟社里斯本十二日電】（西部戰綫）盧森堡到摩塞爾河谷的戰鬥，日趨激烈化，攻防戰非常激烈。主要戰場似正漸次移向盧森堡市西北方，艾森豪威爾司令部在十二日的日戰公佈中，亦稱：反軸心軍在摩塞爾河谷，遭遇到德軍的頑強抵抗。在柏爾次克東北方，亦同樣在苦戰中。

【同盟社柏林十一日電】據德國通訊社報導，德軍降落傘部隊，現正猛攻亞爾培運河北部敵軍橋頭堡壘，已奪回格爾。另外掃蕩摩塞爾河東岸美軍兩處橋頭堡壘，其一已被壓縮，而企圖在姆松渡過摩塞爾河的美軍，亦正被擊退。

## 對盟國要求德國投降
## 納粹先作精神準備

【海通社柏林十二日電】斯契雜德報導：柏林方面所獲消息證實：許多外國報紙推測：魁北克羅邱會議意圖在擬德國人民投降的要求書。此投降要求書原定於去年末德黑蘭會議上決定。然而，使英美驚異的是，已經證明：對德國各城市，首先是對柏林的全力空襲，並不能恐嚇德國人民。此外，德國報紙數日來會報導此種處置業已計劃就緒，盟國宣傳遵循威爾遜的十四條方針有所作為。據推測數日後德國報紙又將廣泛地提及此問題告訴德國人民，在此危急的戰爭期間英美政府希望堅持紛碎德國人民的抵抗意志。此刻柏林方面還不知道今後英美的宣傳攻勢是怎麼樣的，然而可以指出：從他們的要求無條件投降看來，開始的時候英美不可能有威爾遜所有的東西。 茲有一切象徵表明：今後數日間德國報紙將把威爾遜的十四條以凡爾賽條約與這十四條之間的完全矛盾很着重地介紹給國內讀者。根據德國負責方面的意見，要求投降可能成功，這種機會正像德黑蘭會議期間那麼少。目前，德國人民已經大可由下列情形表現出來的運動而確信無疑了：即每個人都在咬緊牙關，每一個人都以堅決的面孔手握步槍或鋤頭或其工作地方的工具。這種精神已由十七歲大的希特勒青年奔入志願軍師團或東面各省居民大批的從事於建築新防綫所表現出來了。認為：德國每一個知道形勢嚴重與危急的人民羣衆都有二種思想：第一，敵人以其炸彈毀滅城市，倘使失敗，德國人民所遇的情況必遠比一九一九年在凡爾賽所遇者為惡劣，第二，這次戰爭的決戰仍將到來，為此戰爭，德國能夠使用剛成立的新師團，以及全體青年，他們懂得如何揮動鋤頭與鐵鍬。高級政府官員語記者稱：這幾星期中在德國實際上已成立了數百萬新軍。

## 法抵抗委員會
## 要求澈底改組法臨時政府

【路透社倫敦十二日電】觀察家報特別訪員稱：在政治上法國仍在變亂狀態中。戴高樂與法國各政黨團體間的爭執，益明顯。領導地下運動的全國抵抗委員會，對戴高樂的政策表示不滿，並通過一動議，要求澈底改組臨時政府。若干政治色彩的報紙亦要求民主憲法及代議政府。但戴高樂迄今拒絕作大規模的更動。目前的糾葛的象徵之一，乃是××各政治團體由法國內軍招募××××。臨時政府顯然害怕此種招募方法可能引起危險的政治緊張。另一方面法國××的改組不是一件容易的工作。戴高樂的軍隊及法國國內軍是否能使新軍隊團結在其週圍的唯一可能的核心。（下缺）

## 英官方通訊社報導：
## 華沙國內軍仍在抵抗

【英國官方通訊社倫敦十二日電】據倫敦方面消息稱，自意大利基地起飛的英美飛機於九月十日夜飛抵華沙，並投下武器與供應品。波蘭地下軍總司令波爾將軍發表下列公報：「一般說來，形勢無重要變化。在市中心，逐屋爭奪的激烈巷戰繼續中。敵人派來破壞隊，於仍在我方手中的各屋宇下埋設地雷。敵人空軍活動據報已減少」。現又開始廣播並於星期一為倫敦收到的華沙廣播台「閃電」稱，波國內軍第二師進攻克拉科省德軍後方。該師部隊擊潰敵機械化部隊數隊，炸毀鐵橋一座，公路橋數座。

【路透社倫敦十一日電】今日波蘭國內軍總司令部之總部公報稱：最近一月在華沙舊城作戰之波軍損失百分之八十，波軍軍官之犧牲人數尤為重大。

## 美政論家李普曼
## 要蘇聯參加擊敗日本

【中央社紐約十二日專電】魁北克會議為美國人民視綫中心，現已公認羅邱正在討論擊潰日本。大家所關切的問題是在即將加強之亞洲攻勢中，中英蘇究將居何種地位。此項問題曾經前鋒論壇報政論家李普曼於今日論魁北克會議與對日之戰中掘要評論，他說：對日之戰若未能得英中蘇之全力參加，則勝利必歸落空，而和平亦將受威脅。魁北克行將決定之問題乃如何使擊敗日本之工作無須盡由美國担負，而由聯合國之共同行動，予以實現。戰爭之長短及其代價與世局之安定及頓巴敦橡樹林會議計劃之實現，全賴乎羅斯福總統、邱吉爾首相、斯大林元帥、蔣委員長四領袖對聯合國在太平洋戰略之一致，正如德黑蘭會議對於歐洲作戰計劃龐大而穩妥者然。因此李氏暗示羅邱於魁北克會議之後將與蔣委員長、斯大林元帥會晤。

# 參攷消息

（只供參考）
第六三七號
解放日報
新華社　編
今日出版二張
卅三年九月十五日
星期五

## 敵寇抵全縣

【路透社重慶十三日電】日軍現已進入廣西省邊界，並正分兩路集中進攻全州。湘西方面戰事正在寶慶以東十一哩處進行。

【海通社紐約十三日電】『紐約先驅論壇』報認爲中國軍事情勢，已不可挽救。該報續稱：情勢已無改善希望。羅邸年前在魁北克任命蒙特巴頓爲太平洋盟軍統帥，被認爲完全失敗。該報復語稱：蒙特巴頓將大部時間消耗於結束各軍事指揮官之爭執中。

【海通社上海十二日電】BM陳報導：日軍在湘省的勝利作戰，所給予重慶損失的意義，可由一部份數目字，很好的表示出來。由這些數目字就可看出中國這一部份土地是如何肥沃，原料是如何豐富。據一九三〇年統計，湘省產米地區爲七百五十餘萬畝，每年產米七百萬噸，但目前這個產米地區的百分之七十已落入日軍之手。此外，湘省每年尚出產棉花四萬噸、茶十萬噸及麥草四萬噸。且湘省亦富於礦產，計每年出鉛六千噸、錫一千四百噸，錦五百噸、金一萬三千（？）盎斯，錦二萬噸（佔全世界總產量百分之六十）。湘省亦爲重慶的主要工業省份。由於重慶軍迅速地自湘省撤退，許多最重要工廠，完整無損地落入日軍之手。由於這些原料資源的丟失，美國交原料給重慶的唯一保證，實際上是已完蛋了。因此可料到：在目前華盛頓是較不願意支持蔣介石。

【同盟社廣州十三日電】我精銳部隊已突破湖南、廣西省界，衝入廣西省內現正繼續進擊中，已到達防衛該方面的大門全縣，在日本的進擊面前，重慶的狼狽情形似已達到頂點。即是說，根據十二日每日電訊重慶訪員報導，白崇禧（重慶軍的副參謀長與防衛桂林的最高責任者）近數日來，焦慮戰局的嚴重，大聲疾呼，强調危機的緊迫。又軍事參議院院長李濟琛（與白崇禧同爲西南派的巨頭），據云亦在進行廣西全省的武裝計劃，又據云甚至居住桂林的英國軍人，早已聞風撤往內地，重慶軍的重傷病員，在各縣收容極多，據云已在此次日軍的迅速進擊前，移往貴州方面。

## 參政員多人
## 繼續批評卅四年度國家施政綱領

【中央社重慶十四日電】參政大會各參政員對熊式輝之施政報告，多有詢問，茲誌如次：周炳琳氏認爲在總結中，已看出今年政府施政之認識與其重心所在，就其總綱所列者，一爲加强全國總動員，二爲整軍建軍，改善官兵待遇，前方優於後方。經濟方面維持軍民需要，穩定後方物價，此三者如以聯繫，則知此項方針重心所在爲軍事第一。惟就各部門工作而論，則彼此間缺少配合，如經濟政策與財政政策未能配合，實施整軍建軍以及改善待遇，在在需款，而在財政方面對於如何籌款，籌款若干，均無說明。要知國家財政是量出爲入，在此抗戰期間，不急之務，自必緩辦。周氏指出就總綱看，雖承認有組織性概括性，但缺少確實性，則無可諱言。王雲五氏論及此項方針，認爲較歷年大有進步，尤其總綱中皆爲吾人平日所欲聽與所欲言者，惟以總綱之國策與各部門之子目，未能盡相符合，王氏舉出總綱中『務使前方優於後方』，字眼可說極爲具體，但在各部門中提及改善官兵待遇，只有空洞之語句，故希望對此有更切實之說明。其次在總綱中，曾提及齊理現行法令，刪繁就簡，唯在一般政務中，立法部門則現行法規應繼續予以整理，其有未合修正法規制定標準法及整理現行法規原則之規定者，尤應從速補充立法程序，此在字面言之，即有彼此不能呼應之感。而經濟財政之配合，在子目乃與總綱亦未能彼此呼應，王氏更認爲在施政綱要中，尤其欠缺者，爲對於保障人民身體自由，未提到隻字，而監察部門，亦只有每年說的『彈劾、糾舉』一語，如何彈劾糾舉，均未詳述。最後王氏以爲在全部方針中，實難發現其重點何在，因其未能將預算數字列入，亦未用百分數說明，使吾人無從加以衡量輕重，因是希望可否將此項主計所及之數目字，加以列入。劉蘅竹氏認爲此項施政方針，少了一項保障，使全部能做得到而不落空，故預算應予編入，俾不至有『巧婦難爲無米之炊』之感。黃炎培指出既說明調整機構矣，而財政部門中尚管理外銷物資，此本爲經濟部權責，希望責有專屬，不因人而變。更惟於閱讀全部方針後，令人感覺如讀一篇空洞之策論，要皆無獨列入之故也。黃氏最後以爲文章壞亦無妨，惟事情要辦得好。繼端升據其內容批評爲缺乏切實性、肯定性，如軍事方面講精兵主義，但未具體說明須精到如何程度。其次沒有比較性，如兵役機構之調整，去年會提及，今年亦復如是，但究竟役政較去年有進步否，亦未提到。但施政方針雖明知側者爲其工作中心，而實際全未能把握，如今日皆知爲軍事第一，而各部門均未配合軍事第一作一切有效措施，遂至軍事第一僅爲口號而已。胡秋原認爲此項方針之編製，無明確之政策。如財政上並未說明如何應付此廣大需要，遂致此一計劃去年可用，今年可用，明年亦復可用。一爲缺乏重點，全篇可謂包羅萬象，而實際上使人無從討論。此外傅斯年謂當此之時，細閱全篇內容，未能充分表現意志集中、力量集中，一致準備反攻，尤其是財政，此爲革命的財政，應打破難關，使收支平衡，亦未提及。薛明劍認爲經濟部門中未說明其郵重點，專注重於消極的工業救濟，而未說明當前工業應如何配合軍事作用的積極性。李中襄指出在軍事部門未提及空軍與海軍，促請注意。胡健中論及蒙藏委員會工作，以未能明了其主要使命而遺憾。而方針中所列之工作，第一項宣揚中央意旨，使蒙藏同胞對中央一切政策與措施澈底了解，中央宣傳部即可担負此項任務。第二項之協助地方推進公共衛生、社會福利、教育及交通事業，亦屬各有關部門之職責。第三項爲訓練蒙藏事務人才，並獎勵有志青年學習蒙藏語文，此亦爲教育訓練機關所舉辦者，故謂此未免過空泛。

【中央社重慶十四日電】國民參政會各項提案，至十四日已全部審查完畢，關於政府交議之卅四年度國家施政方針，業經各組審查。參政會十一次會議討論時彭參政員革陳等廿六人之意見，詳加審查，以便送交大會討論。十五日議程，上下午分開，十三十四兩次會議議案，將在上午討論。

## 雷法章報告農林行政

【中央社重慶九日電】農林部雷次長法章，八日上午在參政會席上報告農林行政，首稱農林部施政方針分爲增進戰時生產，準備戰後復員，及計劃戰後建設三個主要目標。增進戰時生產之重心，在配合軍需國防，適應當前需要。計劃戰後復員與建設，乃使農工商業相互配合發展，爲國家定百年建設大計。雷氏繼述戰時生產五大要政：第一、增進糧食生產，注重防災除害，應用優良技術，增加產量。本年各省雨水調勻，多慶豐收，小麥收成尤佳，至七月份止已增產二千餘萬市担，預計全年生產數字可達四千七百餘萬市担。第二、爲增進棉花生產，注重擴充面積，推廣良種，預計可擴充棉田面積至一千九百餘萬市畝，較去年增加三百萬市畝。至於皮棉總產額，可增至三百餘萬市担，較去年增加七十四萬六千餘市担。第三、爲發展小型農田水利，本年度農林部自辦示範工程，及協助各省自辦與修工程，均可按照計劃完成，受益農田當在三百萬市以上。第四、爲改進畜牧，防治獸疾、注重繁殖，推廣優良品種，增產牛羊，製造血清，防治牧畜疾病，均可如計劃完成，較之去年頗多進展。第五，爲推進墾殖事業，農林部現有直轄墾區八處，墾民榮軍合作計七萬一千餘人，其墾荒地四十一萬餘市畝，並督導各省增墾荒地，預計在三十萬市畝以上。現正積極籌備邊區屯墾，以供復員時期之用。述及戰後復員及建設計劃，雷氏謂，復員時重在物資的儲備，經費的運用，與人才的動員。建設計劃則以沈部長手訂的『戰後農林建設計劃要綱』爲根據，以達到『充實國防力量』，『提高人民生活』，『促進工業建設』『發展國外貿易』爲目標，預定在戰後廿年內，分四個五年計劃，建設完成。最後雷氏檢討農林政策及工作謂，沈部長歷年來之主張，以發展農林事業必須將各省之農林機構統一，經費增加，並充實基層幹部人員，使農林行政實驗推廣，三者打成一片，農林牧墾各類業務，化而爲一，並與工商教育配合發展，齊頭並進，庶可達到富強康樂之目的。雷氏報告後，各參政員均提詢問多起，以時間關係，改爲書面作答。

## 沈鴻烈任黨政考核委會秘書長

【中央社重慶十四日電】黨政工作考核委員會秘書長陳儀，自奉命担任中央訓練團教育長後，事冗難以兼顧，茲悉蔣委員長已另派前農林部長沈鴻烈担任黨政工作考核委員會秘書長職務，已由國防最高委員會令派云。

【中央社重慶十四日電】財政部鹽務總局暨黃海化學工業研究社會同組織之西北鹽產調查團，曾於去年七月間由渝出發，前赴新疆從事鹽產調查工作，上月任務完成，已遄返重慶。頃據該團團長孫學悟談：新疆省鹽產概爲天然結晶，就結晶地形言，有池鹽、山鹽、灘鹽三種，池鹽以北疆之達板池及精河池所產者爲最著。山鹽及灘鹽，則均產於南疆。山鹽以溫宿縣之拜城最多，僅就積聚地面之鹽山估計，鹽量達三萬萬公噸以上。灘鹽則沿天山脚而結集，產地甚廣，取給極易。鹽質方面，以池鹽爲最優，山鹽次之，灘鹽最次，然與人民發生最密切關係者，厥爲灘鹽。至於管理方面，目前北疆各大鹽池均佐設立管理機關，南疆方面則僅賦項下附加鹽稅，取用從不加以限制云。

## 傳紅軍進入色雷斯

【路透社倫敦十三日電】據德國通訊社訊：保境蘇軍已進入色雷斯。

## 紅軍進攻華沙近郊
## 英國支持波爾部隊

【路透社倫敦十三日電】今日蘇軍以全力進攻華沙近郊，予波京城內愛國者以直接支持。此點係由波軍指揮波爾將軍公報中宣佈，公報稱蘇機痛擊華沙附近德軍，該城入口處德方三個據點遭受蘇方斯托摩維克機低空襲擊。（下不清）

【路透社倫敦十三日電】英國外相艾登，本日會晤波總理米科拉茲柯及外長陸其。

【路透社倫敦十四日電】華沙情勢集中於盟軍與波爾將軍的關係上。在華沙作戰的波爾的愛國軍隊今日由於波蘭政府發表波爾將軍對運送供應品至華沙的英國空軍戰士之謝函，及波蘭政府同時發表關於空軍給予波爾將軍援助之詳情，以表示波蘭人『對英政府在最親密的合作中已送與正在送往華沙的援助之感激』的聲明，而且有了新的轉機。波蘭政府這一聲明等於實際上駁斥了波軍總司令索森科夫斯基在上週的××命令，至少是駁斥了譴責英國給予華沙援助不够的命令。波蘭政府的聲明中鄭重提及英政府在九月十一日對敵人虐待華沙市民警告敵人的聲明。波政府聲明結語稱：波蘭政府確信其英國[illegible]盟將繼續盡其一切力量以保持供應華沙軍事需要與市民供給的兩方面。波蘭政府的聲明與地中海盟國空軍指揮部的公告同時，該公告稱，皇家空軍飛機×日夜間在極困難的條件下飛行將及兩千哩之後，對華沙的戰士又投下更多的供應品。這樣表示英國統帥部未接受蘇聯所說這些供應品投下毫無用處的爭論，並且沒有讓索森科夫斯基的挑撥使英國與波蘭的事業疏遠。波蘭政府的聲明，顯然是代表米科拉茲柯穩和派企圖在索森科夫斯基的極端反蘇的一派與盧布林之『民族解放委員會』極端親蘇的一派之間遵循一條取悅西方同盟的方針。盧布林之『民族解放委員會』在此間依然以某些保留被視為較其主張者或者更少代表波蘭人的情感。雖然基本的困難依然如下（以下電文錯落），波蘭政府以其今日發表的聲明判斷，（顯迅速×××）而索森科夫斯基對之無可辯解，只能由波總統拉捷維茨撤職。拉捷維茨似乎已分担他的許多反蘇觀點。除了一切公開的共產黨之外，此間一般的對於波爾將軍的軍隊亦予以同情，並且贊成英國不顧蘇聯的仇視態度給予波軍以援助。另一方面，盧布林委員會要求返回一九二二年之波蘭民主憲法，反對一九三五年之專制憲法。拉捷維茨與索森科夫斯基之波蘭政府的地位大部份取決於英國（原文不清）甚至咸信此間波蘭人中間之穩健派的份子他們自己本默認返回早日的憲法，減少總統與總司令之權力，授權於人民，但是不願此步驟暗示，如盧布林聲明所顯示，完全服從於俄國所建立的委員會。

【海通社柏林十三日電】倫敦訊：倫敦波蘭流亡政府仍然堅持波蘭革命者起義的失敗是由於沒有莫斯科的援助，波蘭流亡政府發表的聲明着重指出：起義會及時通知斯大林。力言：況且載有可以投擲武裝給波蘭起義者的地方名單已於八月十日電告莫斯科。此情報曾經由許多電報加以補充，八月三日即已將爆發起義通知了斯大林。而且，波蘭流亡政府總理米科拉茲柯從莫斯科回來之後，曾二度要求斯大林毫不延緩地援助波蘭起義。

【路透社倫敦十二日電】波蘭政府本晚宣佈，英國南非及波蘭人員所駕駛之飛機，自八月一日以來，曾以百噸以上之武器以降落傘投與華沙波軍。

## 敵同盟社傳
## 盟國攻日戰略

【同盟社東京十三日電】邱吉爾與羅斯福，已於十日在魁北克開始討論太平洋的反攻作戰，誠如合衆社所指出的，反軸心軍反攻的鋒頭，將首先對着菲島。但菲島的登陸作戰一旦舉行，只要一看西南太平洋地圖，便可明瞭至少需要一百萬兵力的反軸心軍，除了新幾內亞外，沒有此種龐大兵力的跳板。故尼米茲的攻勢，勢要經馬里亞納、加羅林羣島，向帛琉特別是雅浦進攻。又羅斯福所以於七月下旬訪問珍珠灣，並召集西南太平洋司令麥克阿瑟、中部太平洋司令尼米茲、太平洋第三艦隊司令海爾賽、太平洋戰區陸軍司令李却德等進行協議，對此，外間此種解釋殊爲正確，即不外根據上述觀點，確定在太平洋反攻作戰中，美軍應負的作戰計劃，而持此計劃在此次魁北克會談中，規定英軍從西方反攻的作戰計劃。邱吉爾曾於八月二日在其戰局報告中，諾言英國的遠東艦隊至本年年底將有顯著的加強，但誠如美參院議員陳德勒的苛薄非難，即英國在遠東反攻作戰不甚積極。對於此種論難，即邱吉爾也止有要求由英軍担負收復東印度作戰的選一妥協辦法。總之，反軸心軍雖往返於太平洋五千哩的供給線上，但仍將依賴其優越的物力，綜合地進行下列各項作戰：（一）奪回菲島，（二）切斷南方資源地帶與日本本土的聯系，（三）開展中部太平洋攻勢，（四）反攻東印度及緬甸，（五）以B29式飛機，進行戰略的轟炸。對於美英此種共同急着結束戰爭的日軍，即不論在菲島、中國、甚而日本本部，都隨時隨地準備着進行決戰。敵人美國愈接近日本的戰略陣地，將愈加明瞭今後的困難，而這恐怕就是舉行這次魁北克會談的眞正動機。

【海通社紐約十三日電】「紐約先驅」報於魁北克會議開幕之際，對盟國對日戰爭發表極嚴厲批評。該報指出：由於有關方面的相互拮抗及缺乏團結，致使對日方法缺乏協同動作。盟國方面有着國際性的及普遍的妬忌性拮抗。該報於結語中稱：把對日戰爭認為一個單一行動，此其時矣。

## 傳蒙特巴頓將辭職

【同盟社東京十四日電】據重慶方面情報，印緬華美軍司令史迪威，目前已啓程返美。該氏之抵美自是為了出席魁北克會談，討論對日作戰問題，但應該參加該會談的蒙特巴頓，於今卻…………（電文缺），此事殊令人尋味。最近蒙特巴頓頗不景氣，關於此中原因，如衆所週知者，係由於重慶方面的密告。而蒙特巴頓對此的不愉快，已很露骨地表現在他於倫敦接見記者的談話，回顧過去自蒙特巴頓就任以來，幾乎沒有做任何事情，而他僅有的主觀的樂觀的攻勢，已被日軍的××作戰粉碎，反而增加了他的不名譽，即是伊姆法爾作戰，由於日軍撤退，纔收復了密芝那，因而對於他的不名譽，決不會有任何補益。但蒙特巴頓的不活動，並不是由於蒙特巴頓的無能，而是由於英國的政策，蓋英國為了要讓美國流血，自己坐享其成，而保存其戰力，乃是極其明顯的事實。故美極不滿意英國的這種狡猾，而史迪威的返國，將更加助長美國對蒙特巴頓的不滿，在這裏由於美國的利益，與史迪威個人的利益，有一致之可能，故史迪威再返重慶之日，很有可能消滅蒙特巴頓這個西南太平洋司令官的位子，而英國恐怕還要再度屈膝，把太平洋的作戰責任，拱手讓給美國，在這裏可憐的只有蒙特巴頓，龍陵一戰，已證明了史迪威的無能，繼之而來的，仍是悲哀的命運。

## 日寇强壯胆色 說B廿九式不足畏

【同盟社東京十四日電】針對着B29的弱點進行攻擊的我航空部隊的進攻技術，已逐日提高，其結果使我空軍的迎擊戰術亦用新的方式而更加強。在本月八日B29空襲滿洲之時，我軍用「四個階段戰法」，擊落擊傷來襲之敵機數的一半。此即先斷其來路，然後在滿洲作戰，更擁塞其歸路，最後更襲擊成都附近的降落地點，以將敵人擊滅。這一戰果綜合共四十架，過去B29襲擊日本本土所受的損失為五十架，在展開有組織的迎擊戰一點上看是值得注意的。由此次美第二十轟炸機隊，僅出動二次即損失飛機九十架以上，從前次空襲日本本土以來至此次空襲滿洲，其間敵人即休息三個禮拜，如加上此次損失，則今後敵機之再度來襲當更需要一個長時間。照於前兩次的戰果，如按照上述情形下去，則不久敵人的損害將超過它的補充能力。敵人如三禮拜一次，四禮拜一次來空襲，則與敵人的戰略「短期內決戰」是相矛盾的，敵人方面亦不得不講求對策。敵人如進行這樣的轟炸，則其轟炸所獲得的效果，將被高度工業國的恢復方面歸於零。B29極力在印度及中國內地保衛其安全，但亦由此次我空軍轟炸成都基地羣的成功而成泡影。B29汽油的浪費，使現在由印度的運輸量尚不能解決，到達從印度飛出即不能飛回去之狀態。我方對此的戰術，即設許多的關口，展開一有效的交通網。美國從陸地的對日空襲只有依靠B29。因此我方將活躍此種手段，其效果正如上述，雖然在B29的數量衆多的條件下，仍是不足畏的。

## 敵實行跟踪轟炸 夜襲成都機場

【同盟社東京十日電】九月十日，大本營公佈：我航空部隊於八日擊滅滿洲之敵機後，復於該日夜進攻敵B29式機根據地成都機場，已判明獲得下列戰果：擊落六架（內一架不確實），擊毀六架，擊毀廿八架，合計四十架，我六損失六架。

【同盟社東京十日電】敵B29式機來襲南滿，我機於其來途中及鞍山上空予以迎擊，同時為了攻襲成都附近的B29式機基地，曾進行周到的準備而待機出動，我航空部隊趁此良機，於八日午夜，冒着當時惡劣的天候，排除敵戰鬥機的激烈抵抗，一齊殺向敵機降落後的成都附近一帶敵基地羣，九日上午三時半到四時止，反覆轟炸新津與彭山兩飛機場達三十分鐘，向着跑道地區B二九式機巨體投以巨彈，獲得大本營所公佈的戰果。又另一隊亦於同一時間，攻擊雙流、廣漢、中興各飛機場，予以痛擊，但該方面因天候惡劣之故，不能確認戰果。美機在成都週圍，建築B29式基地，此次是對B二九式機建設以來的首次進攻戰。敵在華美空軍由於我正在進展中的粵漢路的進攻作戰，已失掉衡陽，零陵兩飛機場，使其桂林基地羣與贛、遂基地羣趨於無力，現在即以成都、昆明兩基地羣為據點，進行對日航空作戰。而對其B29式機策源地成都基地羣，寄於莫大的期待，現已遭受到我機的威脅。此次我軍之攻襲成都，有其重大的意義，在日美航空決戰上，劃一紀錄。

參攷消息
（只供參考）第六三八號
新華社 解放日報 編
今日出版二張
卅三年九月十六日 星期六

# 林伯渠同志在參政會上
# 報告國共談判經過
## 大會通過組織考察團來延

【中央社渝十五日電】國民參政會第三屆第三次大會開會以來，各參政員對於中共問題商談經過，至爲關切，會由王參政員雲五，胡參政員霖向主席團建議，請政府派員到會報告關於中共問題商談經過，並希望林參政員祖涵亦能作同一之報告，此案提出後，立爲政府所接受。遂於十五日上午舉行之第十三次會議中，由林參政員祖涵出席報告，下午第十四次會議中，由政府代表張部長治中出席報告，此項消息傳出後，使十五日參政會兩次大會中來賓及旁聽席上爲該會成立七年、十次會議中向所未有之盛況。下午張部長報告後，原提案人王雲五、胡霖兩參政員，並先後起立說明，希望強調國家之需要統一與加强團結，嗣由大會主席團提議，由本會組織延安視察團，全體參政員熱烈贊成，其切望早日解決之情緒，表現無遺。十五日上午舉行之十三次會議，由莫德惠主席，首討論內政、外交、國際與物價物資之提案。休息後，即由林參政員祖涵報告，至十二時始散。下午舉行第十四次會議，由吳貽芳主席，由政府代表政治部張部長治中報告後，並討論主席團提議及教育文化之提案，至六時半散會。

【中央社重慶十五日電】參政會大會，於十三、十四兩次大會中，聆悉林參政員祖涵及張部長治中關於中共問題之報告後，即於十四次大會中，由主席團提議「請大會決議，組織延安視察團赴延安視察，並於返渝後，向政府提出關於加强全國統一團結之建議，並推薦冷參政員遹，胡參政員霖，王參政員雲五，傅參政員斯年，陶參政員孟和爲視察團團員」，經付表決，在場參議員共一百四十人，贊成者一百卅八人，以絕對大多數通過。冷、胡、王、傅、陶五參政員，在教政界、出版界、新聞界多具時望，且無黨派關係，全體參政員相信五氏必能完成使命，以加强全國之統一團結，均咸報以熱烈掌聲。

## 參政會通過之各提案

【中央社渝十五日電】參政會十四日下午三時第十二次會議通過各案，發表者錄之如下：

（一）褚參政員輔成等四十一人提，請政府改善徵兵辦法，以充實兵員，並提高素質案，決議本案修正通過，送請政府切實辦理。（二）但參政員懋辛等二十四人提，爲請建議政府改善役政案，決議本案修正通過，辦法：（1）送請政府切實注意，（2）（3）（4）（5）送請政府採擇施行。（三）陳參政員逸雲等二十六人提，改善兵役辦法，加强抗戰力量案，決議本案修正通過，送請政府施行。（四）張參政員炯等二十一人提，澈底改善兵役，以利抗戰，而安國本案，決議送請政府採擇施行。（五）李參政員芝亭等二十九人提，請迅速調整陝省軍事給養標準，以輕民負案，決議本案修正通過，送請政府切實辦理。（六）李參政員芝亭等二十九人提，陝西撥補二戰區軍糧運雜等費，賠累過鉅，擬請中央改發代金，由二戰區自行採購案，決議本案通過，送請政府斟酌辦理。（七）薛參政員明劍等二十八人提，擬請由本會發動各地民衆團體及各界人士組織新丁（壯丁）服務社案，決議本案交本會駐會委員研究推行。（八）林參政員慶年等卅一人提，請中央設立台灣軍政機構，加强準備收復工作，並速定台灣施政大計案決議通過，送請政府切實籌劃。（九）何參政員葆仁等三十二人提，請提早擴充海軍，鞏固國防，以維東亞永久和平案，決議通過，送請政府採擇施行。（十）韓參政員兆鶚等二十四人提，請嚴明賞罰，並加强軍民合作，以利抗戰案，決議本案通過，送請政府切實注意。（十一）李參政員中襄等二十三人提，擬議於江西設置戰區，或將全省劃隸於一個戰區管轄之下，以配合現階段之戰事形勢，對轄區之國軍充實征訓，準備大反攻之要求案，決議本案通過，送請政府參酌辦理。（十二）王參政員宇章等二十五人提，請政府訓練裏地作戰部隊，準備收復北方失地案，決議本案修正通過，送請政府參酌辦理。（十三）張參政員冉屏等二十四人提，實施保障人民身體自由辦法，應請政府注意督導與檢舉之普遍案，決議本案通過，送請政府辦理。（十四）馬參政員景常等二十五人提，國民參政會關於憲法決議案將來由中央交國民大會審查案，決議修正通過。（十五）馬參政員景常等二十六人提，修正五五憲草案，決議本案送交憲政實施協進會研究五五憲草時參考。（十六）馬參政員景常等二十八人提，凡已成立臨時縣參議會之省份，其臨時省參議會應改爲正式省參議會，變更選舉方式，並加重其職權案，決議本案通過，送請政府辦理。（十七）王參政員曉籟等廿七人提，澈底澄清稅吏，以裕國庫，而便商民案，決議本案通過，送請政府切實辦理。（十八）王參政員隱三等卅六人提，再請縮小省區，俾易治理，並可根除封建思想案，決議本案送請政府參考。（十九）徐參政員炳昶等卅三人提，實施民主監察制度，俾民意機關或與論機關盡量舉發貪污違法殃民案件，以整肅吏治建議案，決議本案修正通過，送請政府切實辦理。（廿）黃參政員炎培等廿二人提，澈查中國茶葉公司，類預謠報，並嚴辦職員舞弊案，決議本案通過，送請政府澈查嚴辦。（廿一）唐參政員國楨等卅九人提，爲促進婦女參加各部門工作，以增國力，而利抗建大業案，決議本案通過，送請政府切實辦理。（廿二）奚參政員倫等卅人提，擬請組織漢奸罪行調查委員會案，劉參政員鳳竹等廿二人提，請政府頒佈東北四省僞官吏贖罪條例，以安人心，而促反正案，兩案合併討論，決議本案通過，送請政府參酌辦理。（廿三）張參政員之江等卅九人提，請政府廣開賢路，登用人才，以杜徇私，而免倖進案，決議修正，送請政府參酌辦理。

## 參政員的改選 名額亦將擴大

【中央社重慶十五日電】第三屆參政員任期，至本月底屆滿。據悉，政府決予以改選，並擴充名額及職權，關於改選，限於三四年一月底完竣，名額由二四〇名擴充至二九〇名，此增加之五十名，以三五名分配於已成立臨時參議會之二九省市，加強民選成分，其餘一五名，則分配於遴選人員，即丁項應由中央遴選者。關於職權增加審議國家總預算之權一項，又將原有之調查權，予以充實。此外，並將自第四屆起將駐會委員會委員擴充至三十一名，俾健全其分組委會，以執行建議，調查及審議預算等權。又第三屆參政員之任期，雖於本月底屆滿，但其任務則延至第四屆參政員召集之日爲止云。

## 敵侵佔全縣

【同盟社湖南前線十四日電】我快速部隊正以破竹之勢，突破廣西省境峻險西進中，十四日上午一時衝入全縣，排除敵九十三軍兩個師、五十三軍一個師的頑強抵抗，將其完全佔領。

【同盟社湖南前線十四日電】我精銳部隊終於十四日上午，完全佔領廣西省北門要衝全縣。九月七日攻克在華美空軍基地零陵之諸部隊復以主力在黃田舖（零陵西方五公里）與東湘橋，擊潰敵第四十六軍。並繼續猛擊中，終於突破廣西省界，殲滅盤居於黃沙舖，大結間之第九十三軍，急追敗敵。十一日正午已佔領要衝大結。敵第五十二軍一個師控制大結，全縣峻險，前來反攻我軍，被我擊潰於江水舖、並趁着當時的月光進擊，十三日下午十一時，終於粉碎全縣外圍陣地，十四日上午一時，完全將其佔領。一部我軍以政擊全縣爲主，爲險峻的山形所阻，敵賴此天然要隘，以重武器由山上迎擊，在華美空軍亦執拗的猛炸我部隊，但我精銳部隊克服地形上的困難，攻克全縣。全縣城沿着湘水，距省境八十公里，爲湘桂鐵路之要衝，它是連絡湖南、廣西兩省的樞紐，是廣西省北部軍事、政治、經濟上的一個中心地點，特別在軍事上作爲防衛在華美空軍根據地桂林的前進據地，其重要性非常之大。

【同盟社湖南前線十五日電】我攻克零陵之部隊，於十三日拂曉，攻克道縣（零陵南方七十公里）。

【同盟社浙東前線十四日電】我軍已於浙東山野開始新行動，現在「掃蕩」溫州週圍之暫編第三十三師殘敵，並繼續向東南進擊。第三戰區之敵毫無鬪意，我軍之進擊繼續迅速展開，麗水又落我手，並已爲我方所用，因之只有使敵人的戰意日趨低下，作戰開始以來迄今，共斃敵一千八百零三名，俘敵九十五名，鹵獲品：迫擊砲三門、重機槍十三挺、輕機槍二十五挺、步槍一百九十五支，這主要是麗水方面的戰果，若加上溫州方面的，則戰果當更巨大。

【同盟社浙江前線十四日電】甌江南岸的我部隊，以一部奪取黃石山（溫州東南十八里）附近的敵人陣地，更於十日下午渡過甌江向北方前進，我另一部於十二日拂曉向港頭（溫州東北四公里）之敵進攻，繼續由盤石向崎頭村公路前進。

大摩塞爾河東岸陣地，似正於四十哩的戰綫上，在十一處設置橋頭陣地，但各橋頭堡壘之間未有足夠的連絡，德軍在該方面的反擊特別激烈（

【同盟社柏林十三日電】元首行營十二日對各地戰況公佈如下：（西部戰綫）（一）反軸心軍在哈爾特北方及從維爾赤（譯音）向亞琛的突破計劃，在德軍猛烈反攻下，均被粉碎。（二）美軍現已在摩塞爾河上流渡河，向麥納維爾（譯音）進攻中，塔甫舍特（譯音）已展開激戰，又敵仍繼續向（電碼不明）德軍陣地壓迫。（三）敵軍雖七次反復攻擊，但未有任何進展，在布勒斯特的主要地區，德軍仍在頑強地抵抗敵軍的連續進攻，在路利安地區，德軍的反攻，已將敵擊退，並給以重大傷害，在意大利法國邊境，敵局部軍行攻勢，均被擊退。（意大利戰綫）（一）反軸心軍在阿爾諾河北方雖數次來襲，但均被德軍用突艇部隊擊潰。（二）沿亞得里亞海岸，德軍已在加斯特與里赤間築成防綫。（東部戰綫）（一）在外西爾瓦尼亞南部地區，已擊退敵軍大規模的攻擊，並毀敵多數戰車，但紅軍仍在繼續猛攻。（二）華沙東南方，仍在繼續激戰，紅軍在數處突出成功。（三）芬蘭中部地區，紅軍雖數次企圖包圍退却中的德軍，但均未成功。（四）在羅馬尼亞、保加利亞國境西方，德軍構築防衛，頗有進展。

## 同盟社口中的納爾遜赴重慶之目的

【同盟社東京十五日電】本四日日，羅斯福私人代表納爾遜及赫爾利的訪問重慶，其目的是在向中國大陸求得美國軍需產業的轉換與復員問題的解決。換言之，美國是以犧牲中國以防止其經濟帝國主義的崩潰。此次大戰開始以來，美國的國家工業佔全國工場總資本家的五分之一，如不估計到戰爭結束時這一龐大施設的銷路，則有再出現一九三〇年的悲劇的可能，這是美國的實際情形。因此美國企圖將國內的資本，技術及設備移至中國，亦可以看出在美國國內成為不安的納爾遜的銷路亦寄托於此。美國向中國的經濟活動其目的只有一個，這就是用中國民衆的膏血的代價來維持美國國民的高等生活。

## 大後方公教人員鹽、布辦法

【中央社重慶十二日電】中央公教人員每人每年發給棉布三市丈之辦法，十二日行政院會議已予修正通過，茲據記者探悉該辦法要點如下，發鹽辦法：（一）中央機關及學校之職教員，以國家總預算普通歲出發給公粮及生活補助費者，概以本法發粮。（二）發給食鹽之價款，由鹽務總局轉請國庫撥付。（三）鹽務機關因辦理供應公教人員食鹽所增之費用，由國庫負担。（四）本辦法自卅三年十月份起施行。發布辦法：（一）中央機關及學校之教職員，依國家總預算普通歲出發給公粮及生活補助費者，概依本辦法發給棉布。（二）交通困難運輸不便地區，得按核定躉售價格，改發代金。（三）前項棉布定為後方生產之漂白布，各機關學校不得選擇。（四）花紗布管制局，彙集各機關學校預布證，以正聯按照發布時之××躉售價格，向國庫清庫布款。（五）本辦法自卅三年度施行。

## 同盟社稱西格佛利攻防戰開始

【同盟社里斯本十三日電】英國第一、第三兩軍作戰於比利時東北部到法國東部，似已對西格佛利綫外圍陣地開始大攻勢，加以過去數月來空軍的活躍，西部戰綫戰鬥的決戰色彩非常濃厚，現在反軸心軍從六個方向逼近德國國境，前進最快的是美國第一軍，該軍由比利時，荷蘭國境之馬斯特勒支附近戰至盧森堡，該軍的先鋒部隊已於兩處到達德國國境，指向科不林士，特別是由凡爾維伊（譯音）開始行動的美軍，迂迴德軍構有堅強陣地的陵堡，突破奧芬，已到達諾特建（譯音）特別是擊[illegible]戰綫之美軍以薩爾布律根為目前的作戰目標，努力擴

## 限期已滿德軍尚未退出芬蘭

【路透社斯托哥爾姆十三日電】此間政界人士預料芬德戰爭或將於兩日內爆發，大部德軍尚留芬蘭北部，本月十五日限期以前恐無撤退希望。

【路透社斯托哥爾姆十五日電】今日赫爾辛基官方公告，昨晚芬軍大砲向企圖侵入芬蘭灣中部及波羅的海諸國沿海芬屬荷格蘭島的德方艦船。德船九艘沉沒或着火。

## 海通社傳英報稱法閣左傾

【海通社斯托哥爾姆十三日電】每日電訊報星期二對新組成的戴高樂內閣表示懷疑。該報懷疑出席內閣中的「成分很複雜的分子」能否友愛相處及順利合作。內閣「確係左傾的」。但該報認為此種傾向與法國總的政治潮流相一致。「紐約時報」亦認為法國政治情勢是「令人嫌惡的」。共產黨工作人員（或譯共產黨工人）（在所謂巴黎周圍地帶中的）數度沒收工廠並自行管理之。武裝的馬基部隊正防守這些工廠。該報認為：戴高樂政府雖係循馬基要求而更迭，但顯未滿足他們的要求，在結束時

詭報之結論稱：戴高樂與馬基代表們將發生新摩擦與糾紛。

## 同盟社評歐戰洲況

【同盟社里斯本十三日電】整個西部戰綫的戰門，日趨激烈，反軸心軍沿荷蘭國境至貝爾福的地區，長達六百公里的戰綫上，向德國國境推進，嚴陣以待。而德軍則以西格弗里爲其第一道防綫，著名的萊茵河爲其第二道防綫，但突破該方面的德軍防綫，將是難中的難事，德軍雖在比利時到處紛碎敵方的進攻企圖，但德軍仍於最近命部隊向××後方撤退，以便避免分散兵力，以全部防衛力投入決戰。十三日德軍最高司令部對西部戰况公佈如下：敵軍從比利時哈塞爾特與佛維爾地區向西格弗利綫進攻的計劃，已爲德軍的防衛所挫敗，在盧森堡北方的戰門，過去數日內德軍毀敵戰車一百四十二輛，獲高射砲四十門，摩塞爾河上流利維爾（譯音）附近仍在激戰中，關於東部戰綫東普魯士龍木查附近的戰門，日前會報導已進入決戰，此後因整理戰綫關係，德軍已退出該城，此對於身担兩大正面作戰的德軍，自屬當然的措置，在意大利戰綫阿爾諾（譯音）北方，德軍防衛軍勇敢作戰，已將敵軍擊退，在亞得里亞海地區，已於十三日完成防衛綫，敵方的進攻已被擊退。

## 敵橫須賀鎮守府司令易人

【同盟社東京十五日電】當此太平洋戰機波動航空決戰日益緊迫之際，海軍省進行更換航空本部長及橫須賀鎮守府司令長官，以便進一步加强航空決戰。此即野村直邦大將轉任某要職後，其後任一職由塚原中將任橫須賀鎮守府司令長官，又塚原中將調任後，其航空本部長一職由戶塚道太郎補任之，並於十五日由海軍省公佈。塚原、戶塚兩中將，其閱歷一如其所表現者，兩氏均是培養海軍飛機的長老，大東亞戰爭爆發，即在前綫任艦隊司令長官，發揮了必要的作戰手腕，此次的人事調動，表示了海軍省迎接即將到來的航空決戰的決心，兩氏的活躍是可以期待的。海軍省公佈（九月十五日十六時三十分）（一）海軍中將塚原二四三補橫須賀鎮守府司令長官，又海軍大將野村直邦轉任某要職。（二）海軍中將戶塚道太郎補海軍航空本部長。

## 小磯與張逆景惠交換廣播

【同盟社東京十五日電】本日爲承認滿洲國十二週年紀念日，小磯首相及張國務總理特於午後七時廿分發表交換廣播演講，以茲紀念。在廣播中小磯首相以偉大的氣魄，表明了保衛大東亞的決心，而張國務總理則誓言今日只有報答親邦日本多年來的情義，並强調日滿一體。（小磯首相廣播要旨）自昭和七年滿洲國創建以來，至今已十有二年，在此短促的時間，滿洲國所以能有今日的興隆，實有賴於貴國官民的非常努力，在此謹表深切的敬意，大東亞戰爭已進入第三年半，敵人並進攻到大東亞共榮圈，故形式日趨激烈，帝國已在尋找機會，希望能以一大攻勢，取得最後的勝利。又對仍堅持過去的方針，發揮大東亞共同宣言的精神，同時使其具體實現，在此期間，貴國在精神與物質兩方面積極援助帝國，特別是以軍需物資、食糧等，大量供給內地，帝國一億國民對此深爲感激，不待言者，當此迫近激烈決戰之際，只有以復興大東亞爲其共同目標的大東亞共榮圈各國民族、密切團結一致、發揮其總力、才能擊潰頑敵、完成勝利的宏願。滿洲國民諸君！決戰日益迫近，尙希諸君能與吾人爲迅速擊潰美英而奮擊悍門，同時祈禱貴國日益達展。（張國務總理廣播要旨）由於日本盛大的援助，及我官民一致的努力，滿洲國乃於今日得以列入先進國家，具備了完整的龐大的國力，現在大東亞戰爭日趨激烈，從各方面都可看到多難的東亞前途，故負有××大東亞的政治使命的滿洲國，痛感其責任日益重大。報答親邦日本多年來的情義，只有竭盡我充實的國力，與日本團結一致，向貫徹大東洲戰爭之途邁進，時局的危機，無過於今日者，天皇陛下，對此頗爲懸念，曾於上月二十三日地方長官會議上指示『戰局危機，皇國興亡決於今日』而我皇帝陛下，亦於八月三十一日特別召集本官及行部總務長官，指示要使國民認淸日本的興盛，即是滿洲的興盛，日本的滅亡即是滿洲國的滅亡，而日滿的興亡，也是全東亞的興亡。故要集中一切力量於聖戰的貫澈，我四千五百萬國民接此帝旨，益將努力增强戰力，擊潰美英，藉以回答聖慮。現在滿洲國以籌劃的戰費，都已集中於增强戰力擊潰美英上，而全體國民亦已團結一致，全力加以推行。盡人事者始有天佑，本年的豐收，將是我建國以來未曾有的豐年，故日滿的食糧問題，將無任何不安，而完成其大東亞糧食根據地的使命，又在礦山或者工場方面，已展開了擊潰美英增產必勝的總進軍，此官民一體的戰鬥勢態，正是我滿洲國現在的姿態，當此紀念日，對於親邦盛大的情義與援助，僅衷心地表示謝意，同時希望能與日本國民一身同體，共同爲擊潰美英而邁進。

# 参攷消息

（只供參考）
第六三九號
解放日報 新華社 編
今日出版二張
卅三年九月十七日
星期日




## 在國民黨苛政壓迫下 豫南民衆暴動真象

【新華社鄂中十五日電】因爲河南一戰丟掉中國整個中原，後方民衆恨入骨髓。據來人談，桐柏、隨縣、唐縣、應山、泌陽、信陽諸縣民衆，因反對不抗日光害民的軍隊，聯合數萬人，繳了湯恩伯幾個師的人槍，眞是令人痛心疾首。

舊曆五月二十七日夜，在桐柏南山四十里沖以王川爲首，集合七千餘人，將葉家山頭至天河口一帶駐防之第五戰區第一游擊隊總指揮何國生指揮下之兵工、機槍、衛隊各種均繳械，其部屬某司令王貫五被殺，曹文彬所轄之李大隊士兵損失大半。軍事當局聞變，即派六十九軍二十八師前往清剿，任意屠殺，凡年在十歲以上的男女，均不能幸免，被屠殺者達五千餘人，血流成渠，造成抗戰以來軍民相殘之最大慘劇。該地人民以當局如此殘忍措施，人人自危，除一部份人民逃到我區避難外，強悍者不約而同，蠢起反抗，將二十八師全部繳械，師長被殺，現已聯合達十萬之衆，走一處吃一處，現住四望山西吳家大店、汪溪店、天河口、應家店等山中各市鎮上，所提出口號是『反對軍隊派勒壯丁，反對不抗日的軍隊』，其旗幟爲白地黃邊，中寫『天一』二字，臂章爲農民救國軍。

他們起來的原因，據談：『主要是勒派太兇，老百姓收的不够繳給軍隊，今年又是旱荒，湯恩伯軍隊每保要七十名壯丁，老百姓覺得一切都完了，政府不但不救他們，反加屠殺，他們只好自己起來救自己。』

## 敵在廣西的進展甚速

【同盟社湖南前線十五日電】竹本報導員發，我有力的南下部隊與突破廣西省境部隊相配合，九日晚渡過瀟水（由零陵附近分出的湘水支流），沿零陵—道縣公路，向敵第二十九軍，暫編第五十四師，保安隊進攻，十三日佔領連塘（零陵南方五十公里）。另一方面，我迂迴進擊的先遣隊，十三日拂曉突入道縣縣城，經激戰後將其佔領。又與此相配合向零陵西南方進擊的我有力部隊，十三日晨攻克沿省境一帶的都龐嶺山脈上的戰術、交通要地永安關。另一隊於十一日很快的越過省境，同日即佔領廣西省北部要地鹿鳴、四板橋。至此廣西省境一帶的[illegible]落於我手，我軍已完全建立了對廣西省進攻的戰略體勢。又道縣位[illegible]江岸，是北向零陵、衡陽供給物品器材的重要地點。

【同盟社華南前線十五日電】我華南軍各有力部隊已集結北江右岸地區，不斷在整頓體制，以備次期作戰，九日拂曉沿四（會）、清（遠）公路，開始堂堂的進擊。當時華南的新戰場，處於三十度以上的盛暑天氣，而且道路被懼我進擊之敵徹底破壞，故進擊的勞苦絕於言語。但雖然處此惡劣條件下，將士的士氣足可衝破青天，繼續破竹的進擊。開始進擊以來爲時不過三日，我精銳部隊即已於十一日下午，進擊至敵一百五十六師的重要防衛據點四會縣北方（清遠西南約十五公里），與頑強抵抗之敵激戰後，於同日下午六時三十分，一齊衝入並確保該地。主力則追擊向西南方逃竄之敵，四會縣城是位於北江支流綏江沿岸的要衝，守備該地的一百五十六師一部，在七月初旬連江江畔的殲滅戰中，會遭我軍痛擊。

## 敵承認山東我軍猛攻敵寇

【向盟社北京十五日電】由於我臨沂軍精銳部隊在此次山東作戰（昭和十九年夏）中的猛烈，敵人完全暴露其貧弱情形。（一句電碼錯譯不出）向天下表示自挖墓穴。（暴露延安軍的衰弱）：最近延安系統的山東軍區把亞細亞、歐洲兩方面的戰局判斷爲有利於自已，於是拋棄從來的精兵主義，而狂奔於擴軍工作。因此山東軍區司令羅榮桓代替過去數年領導山東陣營的政治委員朱瑞，掌握一切的領導權。去年八月排測山東軍兵力爲二萬五千，而最近號稱約有六萬的兵力。並由渤海地區逐漸進出於魯中地區，由正面向無敵的皇軍挑戰，甚至豪語要奪回青島、濟南等大都市和破壞膠濟、津浦等鐵路。但是在此次作戰中暴露其軍事力量的貧弱，以往的英雄現已逐到損失其領導權的悲運。（澈底破壞山東軍區的戰力）：原來濱海軍區是山東軍區龐大的軍區。該軍區土地肥沃，可以幫助其他軍區，它成爲供應魯中山岳根據地有希望的供應圈。但是由於我軍在此次作戰中的剔抉、閃擊戰，幾乎完全殲滅其戰力的設施，同時其龐大的戰力物資都歸入我軍手中。

【同盟社魯南前綫十五日電】在山東之我部隊，與中國方面的各武裝團體配合，八月初旬一齊開始行動，將敵人壓縮於魯中、魯南、蘇北三角平原，殲滅敵人。下旬以後，追擊向東南部濱海地區潰走的敵人，在日照、莒縣平原一帶包圍山東區主力，繼續澈底掃蕩敵據點，摧毀延安軍濱海根據地，直至今日所判明之此次作戰戰果如下：交戰回數一百三十次，交戰敵兵力五萬七千三百三十人，我方收容之敵屍體二千四百八十五具，繳獲步槍九百九十八枝，平射步兵砲一門，輕機槍五百八十一枝，手槍一百零九枝，迫擊砲四門，土砲二百六十一門，其他甚多。

【同盟社太原十五日電】山西省現地軍各部隊的八月份綜合討伐戰果如下：交戰回數二百零五次。交戰敵兵力二萬二千七百九十二人，俘虜二百二十八名，主要繳獲品迫擊砲一門，重機槍一挺，輕機槍十挺，擲彈筒四個，自動步槍五枝，地雷三百五十二個，手榴彈七百一十五個。

## 魯豫等省敵我作戰激烈

【同盟社青島七日電】不斷進行討伐肅正的某某部隊，八月中之綜合戰果如下：收容敵屍體一千二百三十五具，俘虜二十八人，其他繳獲甚多。

【同盟社洛陽八日電】河南方面陸軍部隊八月份的綜合戰果如下：收容敵屍七百四十七名，俘虜二百三十一名，擊落敵機二架，鹵獲品：各種火砲六門，砲彈八百四十七發，輕重機槍四十二挺，擲彈筒三個，以及其他無算。

【同盟社泰州十一日電】河南我軍，在黃河以北壓制延安軍，並在河南新佔領地區澈底掃蕩敵匪。八月份的綜合戰果如下：（括弧內係延安軍的數目）參加作戰的敵兵力約一萬五千（約三千五百），交戰回數：五十四（七），我方收埋敵屍九百七十具（三十三），俘虜：九百零七人（九十），鹵獲品：迫擊砲九門，平射砲一門，機關砲六門，重機槍十六挺，自動步槍八挺，自動步槍彈八千二百五十發，步槍一千一百三十一支，步槍子彈四千一百零八發，飛機二架及其他勝利品多數。

## 敵又造謠稱「納爾遜要求延安屈服」

【同盟社廣東十六日電】據來自重慶的情報稱，美特使納爾遜，最近與重慶首腦及延安代表祭征一起進行會談，協議戰時及戰後西北地方的經濟計劃以及現時供給的軍需品問題。據傳納爾遜在會上慫恿延安方面將八路軍新四軍置於重慶軍事委員會直接指揮之下，並說：不然，延安軍將很難獲得軍需物資援助的保證。

## 日寇公報 盟軍在帛琉、摩羅泰兩島登陸

【同盟社東京十六日電】大本營發表（九月十六日十七時）：（一）九月六日起，敵有力機動部隊出現於西加羅林羣島西方海面，配合新幾內亞方面之基地航空部隊，空襲雅浦島、帛琉羣島、菲島、西里伯斯島與摩鹿加羣島，以一部艦艇砲擊雅浦島與帛琉羣島，至九月十五日晨，敵企圖在帛琉羣島與摩鹿加羣島登陸；（二）帛琉羣島我軍迎擊企圖在帛琉島登陸之敵，雖再度被我擊退，但至下午敵人終於登陸，嗣後逐續增強中，我部隊正竭盡全力，與敵激戰中；（三）摩鹿加羣島我軍，迎擊企圖在摩羅泰登陸之敵，雖在激戰，但一部敵人已在該島南岸地區登陸。

## 敵酋野村出任海上護衛司令長官

【同盟社東京十六日電】海軍省發表（九月十六日十四時）此次親補如下：海軍大將野村直邦補海上護衛司令長官。又海上護衛司令部，是在去[illegible]月十四日成立，担當保護海上的一切任務，必要時可將艦船部隊附屬[illegible]令部，初任司令長官是現軍令部長官及川古志郎大將，野村大將爲第[illegible]任。

【同盟社東京十六日電】新任塚原橫須賀鎮守府司令長官履歷：塚原中將是山梨縣人，明治四十一年十一月兵學校畢業，昭和四年十一月任大佐。歷任「大井」、「赤城」艦長，航空本部總務部長，昭和十年十一月晉級少將，十二月任××司令官，之後任聯合航空隊司令官，此間……（略），在大東亞戰爭中極爲活躍，昭和十七年二月，補航空本部長前後約歷二年，致力於增強海軍的航空戰力，本年三月兼任軍事參議官、軍令部次長，航空本部長，七月免去軍令部次長職，專門担負航空本部工作直至今日。其同期生有

吳港鎭守府司令長官澤本賴雄大將及在塞班島壯烈戰死的那雪忠一中將。

【同盟社東京十六日電】新任戶塚航空本部長履歷：東京都人，明治四十三年海軍兵學校畢業，昭和六年十二月任大佐，歷任『那智』艦長，『立山』航空隊司令，聯合航空隊司令官，昭和十二年十二月晉級少將，昭和十四年十月，任航空戰隊司令官並再度任聯合航空隊司令官，十六年十月晉級中將，大東亞戰爭爆發後，十八年二月月任練習航空總隊司令官，其後即轉任前方某要職直至今日。曾參加空襲成都重慶共七次，其功勳已由中國方面艦隊司令官授與獎狀，其同期生有艦政本部長杉山六造，三川軍一中將等。

## 敵情報局長又談東亞和平

【同盟社東京十六日電】情報局第三部長井，國在今月東京新聞發表論文，言及重慶的態度，並主張東亞眞正的和平只有依靠以日本中國爲中心的大東亞諸民族的善隣團結互助，才能實現。他說：假如像重慶所希望的，日本成爲一個弱小的國家，那末亞細亞各國將會怎樣？那就是拆去從正面阻止美英侵略東亞的防壁，全亞細亞光明的消滅，亞細亞諸民族永遠繫於美英的鐵鎖下，而中國不是首先成爲美英吞食的汚穢食物？重慶所提的要求建設國際海空軍基地，駐屯國際軍隊的計劃案，不是招致這樣意外的結果：即請求英美在大東亞（包括中國）的要衝，設立軍事基地，並駐屯軍隊。重慶與美英蘇爲伍，陶醉於所謂成爲戰後機構之支柱這樣的美英政治的鴉片中，這等於自挖墓穴。應該看淸東亞眞正的和平和安定只有通過以强大的日本和强大的中國爲中心的大東亞民族的善隣、團結和互助，才能實現。

## 宇垣大將抵偽滿

【同盟社東京十六日電】宇垣大將一行視察朝鮮已畢，十六日上午由京城搭機飛抵此間，竹部總務長官等往迎於飛機場，與之交談，宇垣大將於參拜忠靈廟及其他聖域後，赴軍司令部訪問山田關東軍司令官，舉行懇談。

【同盟社東京十六日電】宇垣一成大將，因視察旅行滿洲中國，十四日晨偕板西利八郎中將及祕書二人，乘機由東京赴京城（朝鮮），同夜宿於京城。

## 偽滿概況

【同盟社新京十四日電】昭和七年九月十五日，日本先於各國正式承認建國伊始的滿洲國，從那時起，迄今已十二年。現滿洲國正集中總力增强戰力，向大東亞戰爭的完全勝利邁進，用以報答友邦多年的協助。皇帝陛下於八月三十一日，曾召張國務總理與竹部總務長官，賜以訓諭，謂『日本之興即滿洲之興，日本之亡即滿洲之亡。日滿的興亡決定大東亞的興敗。須盡一切手段，集中於貫徹戰爭一點』。這正是最明顯地表示今日滿洲國的決心。聖慮之深，實令人感激之至。政府的各種施策，又集中在增强戰力一點上。在農村中，收割期行將到來，預料將比去年更爲豐收。在礦山工場方面，爲了擊滅美英正實行生產必成的體制。下面是滿洲國的躍進情形：

（國防治安完善無疵）國軍自實施國兵法以來，在實量方面業已提高，比較精强，飛機隊、高射砲隊、江防軍、汽車隊、工兵隊等特部隊裝備的充實，實爲驚人。另方面關於確保國內治安，除了一部匪賊侵入與滋勦於接壤華北的熱河方面，皆稱良好。至於警察，亦除了熱河方面，全無武裝警察的必要，因之正由武裝警察向『智能警察』轉換。然而隨着戰局猛烈的進展，顯然滿洲國將是美英侵入的直接目標。但國內防衞體制已大爲加强，而政府的防衞對策自不待言，包括日、鮮、滿籍的協和義勇隊與協和青年團，亦作爲防衞滿洲的支柱，担當着防衞國土的一翼。

（增强戰力）關於增產農產物，去年度曾是空前未有的豐收，其供出情形亦超過計劃。確保國內粮食自然不成問題，並向日本、華北增送。預料今年亦能有超過去年的豐收，增產的目標數量，比去年度更能增加一成，將完成大東亞食粮基地的使命。爲了增產食粮，正在計劃於今、明兩年新開二百四十萬餘町步的耕地，其一部份已結下豐收的禾穗。在礦工業方面其最重點是放在開發鐵礦、電力、石炭與輕金屬上，去年度的鐵礦生產，已完全預定計劃的對日運輸量，本年度亦正在竭盡官民全力，爲增產超過去年度的數量而邁進，又鑒於航空決戰規模的熾烈，正在加緊增產輕金屬，利用礬土頁岩，獎勵滿洲國獨自的生產技術。至於它的來源——電力，正由世界上有數的大發電所水豐、豐滿兩大發電所，無限制地供給着，今後其飛躍的開發，大可期待，當進行增强戰力時，爲了採取迅速與適宜的措置，已設置官民一體的緊急增產推進本部』，爲打開隘路而講求速決的方策。這樣建設與增產，幾乎完全賴於國內的勞力，一部份則由肩負下一代的青年們所担負。

## 同盟社金融時評

【同盟社東京十六日電】以臨時軍費面中心的臨時議會的意義：在緊迫的決戰爲前，九月六日在敵前召集的第八十五屆臨時議會的意義，極爲重大，這種意義的重大可以具體地從政府提出的議案僅是臨時軍事費這一點表示出來，並傳其他關於增產食糧的追加預算亦已提出。但其額數是不能與臨時軍事費比較的，因此此次議會的特色可以很適當地由其稱爲『臨時軍費議會』這一點表現出來。五天的大部分時間是用來討論臨時軍事費問題，這倘屬過去沒有過的例子。這五天時間的費用相當於平常的五十天甚至五百天，由此可知此次議會上所提出的臨時軍事費在我國決戰經濟上所佔的比重有多大。要對此次議會的特色作一適當的了解，必須清楚此次臨時軍事費及追加預算的特色。可能從下列各點求得臨時軍事費的特色：第一是金額的巨大，正由於後述的理由，則不難推測到其金額巨大這件事情。第二隨着戰局的變化，國內費化爲臨軍費；決定今年度臨軍費三百五十億元的當時與今年的形勢已經一變。特別發生了新的事態需要支付歲出，而這種歲出未計入敵人進攻塞班以後決定的三百五十億元的本年度的臨時軍事費中。這就是本土防衛費。小磯首相在前次地方長官會議時的演說中，指出『敵人亦有可能襲擊本土及在本土登陸』，請求官民能夠覺悟有所準備。在這樣的推算下，與其說本土接近戰場，無寧說本土就是戰場，而且是主要的戰場，爲了在這樣戰場作戰，其所用的費用就是臨時軍事費。如此本土一但化爲戰場，以及總定其爲戰場時的費用，當然要變爲臨軍費。

## 傳德芬開火

【合衆社斯托哥爾姆十六日電】據可靠消息，芬德軍隊在利特卡發生衝突。該處德軍由××撤退後，企圖埋設地雷。據悉其他芬蘭海港包括朱納堡及烏魯亦發生類似事件。德國人在機場放置延時爆發炸彈，毀房屋多間。惟衝突仍爲小規模，未發生傷亡。芬蘭北部之情況不明。唯一具體的跡象爲：芬德緊張關係日增，芬蘭平民紛紛逃入瑞典境內。據息德軍封鎖芬瑞邊境（缺）。

【合衆社倫敦十六日電】瑞典通訊社稱：芬軍迫使荷格蘭德島德軍投降，因而對德國得了第一個勝利。據稱蘇機協助芬軍分三批襲擊入侵的艦船隊，轟炸在島上得立足地的德軍。德軍七百人（中受傷者二百人）已被俘。芬蘭人與蘇聯停戰後第十一天始與德軍作戰。衆信芬德不久即將正式宣戰。

【路透社斯托哥爾姆十五日電】瑞典通訊社本日自赫爾辛基發出消息稱：芬蘭公報宣佈德軍之攻擊荷格蘭德（芬蘭灣內一島嶼）並被擊退一事，乃芬德已入於戰爭狀態之意。據斯托哥爾姆傳稱：芬蘭之最後通牒雖於今日深夜到店，德軍則猶未自芬北撤退。芬政府即將於今日召開緊急會議，以研究對付德軍之措施。芬方究否將正式對德宣戰，各方頗爲懷疑。惟瑞境人士估計芬軍既定於深夜以後解除德軍之武裝，則芬德之戰殆不可免。荷格蘭德係進入芬蘭重要據點之一，德軍之攻克正示德方深懼蘇聯船隊將衛入波羅的海。

## 古柏抵巴黎

【海通社巴黎十三日電】如所報導的出任英駐法大使的古柏已於星期三抵達巴黎。

## 德寇揑造紅軍損失

【海通社柏林十四日電】據與戈培爾密切聯系之德兵報紙『前鋒報』稱：紅軍對德作戰三年來（一九四一年六月廿二日至一九四四年六月十日）其損失達三千一百萬人。包括：在德軍手中之蘇軍俘虜五百六十八萬六千人，陣亡一千二百萬，不適於再作戰的傷兵二千九百萬。這樣德報紙總結總損失爲三千一百萬人。同時，蘇軍在物資方面損失如下：坦克九〇、一六八輛，大砲八、八四四門，反坦克大砲三、五二八挺，高射砲四、三二三尊，飛機五〇、一三八架。此外還有數百萬火器與大量彈藥。

## 西班牙ABC報汚衊蘇聯遠東政策

【路透社馬德里九日電】今晨（星期六）ABC報在題爲『亞洲聯盟及西方基督教世界的利益』的語氣強烈的社論中稱：『日本對西方的危險和蘇聯對西方的危險一樣嚴重。』該文力言，日本的反共聲明毫無價值，僅僅爲了要使西方相信而已。社論並着重指出蘇聯不斷增加其與日本之貿易，同時雖然據說蘇日之間有分歧，但他們的關係未嘗有所變化。『這奇特的聯盟之原因何在呢？日本的「大東亞共榮圈」的意思是什麽呢？』社論答道，日本想在物資上及精神上獨霸東亞。蘇聯則想在物質上及精神上獨霸其餘的亞洲。日本把它的外交政策針對着西方基督教世界，美國及拉丁美洲。蘇聯則把它的願望的焦點集中於中東及東歐。亞洲帝國的威脅是基督教世界從未而遇過的最大的危險。日本之侵入葡屬帝汶島使我們心痛。『日本之佔領菲島使我們的靈魂受傷。當我們聽到日本對西班牙語言及天主教文化作戰時我們義憤填膺。那政策暴露了野心的亞洲決心要根絕歐洲文化及基督教生活意義。

# 参攷消息

（只供參考）
第六四〇號
解放日報 新華社 編
今日出版二張
卅三年九月十八日
星期一


## 敵攻入肇慶

【同盟社華南前綫十七日電】向廣東地區猛攻中的我精銳部隊，於十六日夕刻，攻入敵第三十六集團軍所在地肇慶，現正在繼續掃蕩殘敵中。

【同盟社華南前綫十六日電】十日佔領高明的我部隊，更分兩路向西北前進，在數處捕捉敵第一百五十八師之一部。十四日上午九時，突入俯瞰肇慶的物千嶺、江邊山的第一道防綫。七時三十分佔領西江南岸的金渡（肇慶東方七公里），因此敵第三十五集團軍的前衛據點肇慶一帶已爲我火力所控制，肇慶的陷落當在眼前。在此之前我先遣挺進部隊，在肇慶對岸南方約六公里的窯橋擊西北方，與第一百五十八師所屬機槍連一百人交戰，計斃敵七十、俘虜十七人，繳獲機槍四挺。敵完全被我擊退。

## 敵襲西南各空軍基地

【同盟社大陸基地十六日電】包報導班員發，我防衛大陸的精銳夜間轟炸隊，從八月下旬即利用月光，猛烈攻擊敵西南前綫基地羣，從八月廿八日至九月十六日，利用月夜向敵攻擊的次數，計柳州六次，桂林一次，贛州三次，淡竹二次，湘桂鐵道上的雒容一次。被燃燒擊毀之敵機共有五十五架，如按照地區劃分，計柳州燃燒十六架，擊毀十架，共二十六架，桂林燃燒十四架，擊毀七架，計二十一架，贛州擊毀六架，其外並擊毀六處。淡竹燃燒二架，有兩處炸毀，共計燃燒擊毀五十五架。

【同盟社湖南前綫十六日電】竹本報導班員電，敵人企圖擾亂我軍向第四戰區猛進部隊的後方，共四十四師聲稱奪回常寧（衡陽南方六十公里），九日即在常寧南方活動。常寧方面的我部隊，於十一日拂曉，不待敵人集中即開始先制攻擊，同日夜向敵包圍，敵不支向南退去。

## 軍委會一週戰況

【中央社渝十七日電】軍委會發表一週戰況。軍委會發言人談本週戰事：在湘省方面，向寶慶進犯之敵，在我軍節節阻擊下，曾遭受甚大死傷，敵復一再增援進撲，於十三日來與我在寶慶城東及東南約十二里之地區內戰鬥繼續進行。分三路沿湘桂及其兩側向桂林方向進犯之敵，刻與我各軍在全縣迄資源道縣之綫激戰甚殷。敵寇此次之蠢動，早在吾人意料之中，我軍正嚴陣以待，固無虞其貿然來犯也。滇西方面，我軍於十四日上午[illegible]時擊破敵最後之抵抗，完全克復騰衝城，此爲我軍強渡怒江後之一大收獲，其對於龍陵之攻略，可增加鉅大之壓力與便利。滇緬路之重開，亦可縮短若干時日矣。再緬北我攻陷密芝那之我軍，已有一部越入國境，於九日在騰衝附近與我滇西部隊會師，從此緬北滇西兩戰場已鎔合爲一，國內國外陸地上已聲息相通，此亦偉大成功也。其他廣東方面，我攻清遠、台山，已將該兩縣城完全克復。又浙江青田以東敵，九日陷永嘉，與我續戰該城附近。青田城仍在我固守中。

## 同盟社一週戰況

【同盟社東京十七日電】（一）航空作戰（西部阿留申方面）十日及十二兩日間，敵機十七架來襲千島北部，敵機遭我擊落三架，一架受創。（中國方面）本月八日首次空襲成都附近的敵基地羣，予以猛烈襲擊，使B廿九式暫時不能活動。在華中方面，長沙、湘潭、零陵等敵人的飛機場，已被我軍利用，因而該方面的空軍轉爲對我有利。（南太平洋方面）本月六日以來，加羅林羣島附近發現敵有力機動部隊，該部隊與新幾內亞基地的空軍相配合，連續空襲我雅浦，帛琉、摩鹿加羣島、西里伯斯、菲律賓，至十五日敵人在帛琉羣島的彼留勒島登陸。敵機動部隊及由基地起飛之飛機，向菲律賓南部，民答那峨島，摩鹿加羣島，哈爾馬黑拉島，西里伯斯島北端，×××島方面進攻，此種進攻，從九日以來更形激烈，十日敵機一百三十架來襲菲島中部、十二日敵機二百架來襲菲島中部之宿步（譯音）島，十三日敵艦上機十數架來襲呂宋島，敵人機動進攻的趨勢極應注意。又哈爾馬黑拉島北端之摩羅泰島，敵人於十五日以多數登陸船隻，在該處登陸。敵人對新不列顛島之拉布爾、愛爾蘭島卡比因的空襲，雖仍然激烈，但每日機數不等，其規模已逐漸縮小，敵機來襲之減少極爲顯著。（二）地上作戰（中國方面）沿湘桂鐵路向西南前進的我部隊，跟蹤追擊殘敵，九日突破廣西省境，十三日佔領道縣、全縣，繼續向廣西省內地進擊。我華南方面的精銳部隊，九日夜開始行動，由西江西岸向敵人清剿。浙東方面，我航空部隊已利用麗水飛機場，九日佔領溫州之部隊，正在該地區掃蕩暫編第三十三師。該方面從作戰開始以來，至九月十四日所獲得之戰果，計收敵屍體一千八百零三具，俘虜九十五人，其他武器彈藥甚多。（緬甸方面），敵人以六個師之兵力包圍怒江方面的要鎮龍陵，我軍待精銳部隊到達後，即進行果敢巧妙的反擊，九月十日遂勝利解圍，目下在龍陵東方地區包圍猛攻敵第十集團軍四個師。（南太平洋方面）摩鹿加方面摩羅泰島的我軍，正與登陸之敵激戰。

## 德寇廣播我關於物資分配意見

【德意志通訊社上海十六日電】關於魁北克會議與納爾遜、赫爾利之重慶訪問，中國共產黨電台廣播稱：『同盟國所給與重慶中國的作戰物資，在重慶和延安之間的分配，不應光以重慶軍隊和共產黨軍隊的軍力作其標準。重慶在軍事上是無能的。重慶軍隊腐敗到了這種程度，以致不能担當其抗戰的任務。而共產黨軍隊在對日的鬥爭中，則起着決定的作用。延安現擁有五十萬正規軍，兩百萬民兵，同時在中國境內的勢力範圍其有八千六百萬人民。共產黨游擊隊活動的區域，佔整個中國海岸綫的二分之一以上，即北起天津南迄廣州。』該共黨聲明結語稱：『目前在魁北克與重慶的會議，應牢記住這些事實。將來同盟國給與中國的貸款、武器以及其他物資，應按重慶和延安的抗戰成績而加以公平地分配。』

## 參政員主張財政部長不得任銀行董事長

【中央社重慶十七日電】參政會十七日上下午均開大會。政府交議之卅四年度國家施政方針審查意見，亦經修正通過。十七日上午八時舉行第十六次會議，張伯苓主席，首討論政府交議之改善部隊官兵生活，籌撥專款來源，諮詢大會意見，並請贊助案。嗣討論軍事國防案件多起，對於整軍、建軍以及軍民分治案，均有意見送請政府採擇。此外並討論財政經濟案件多起，其中建議政府限制財政部長不得兼任銀行董事長或總裁一案，會有辯論，經決議送請政府辦理。至十二時廿分散會。下午三時召開第十七次會議，江庸主席。褚輔成等八十參政員動議對於蔣兼院長昨日在大會上關於軍事、外交、政治、經濟各方面之報告，請大會決議擁護。並請由主席團草擬決議文。嗣討論卅四年國家施政方針審查報告，各參政員紛紛提供意見，加以修正通過。休息後通過大會對於蔣主席報告之決議文。旋討論關於財政經濟工作之一部提案，至六時廿分散會。

## 修正國民參政會組織條例

【中央社重慶十七日電】國府十六日令。茲修正國民參政會組織條例公佈之。此令。

國民參政會組織條例。第一條、國民政府在抗戰期間，為集思廣益，團結全國力量起見，特設國民參政會。第二條、凡具有中華民國國籍之男子或女子，年滿三十歲暨第三條所列（甲）（乙）（丙）（丁）四項資格之一者，得為國民參政會參政員。第三條、國民參政會置參政員總額二百九十名，其分配如左：（甲）由曾在各省市（指行政院直轄市而言）公私機關團體服務三年以上，著有信望之人員中，共遴選一百九十九名，各省市所出參政員名額，依照附表之所定各省市參政員，不以具有各該省市籍貫者為限。（乙）由曾在蒙古、西藏地方公私機關或團體服務三年以上著有信望或熟諳各該地方政治社會情形信望久著之人員中遴選八名（蒙古五名、西藏三名）。（丙）由曾在海外僑民居留地工作三年以上著有信望或熟諳僑民生活情形信望久著之人員中遴選八名。（丁）由曾在各重要文化團體或經濟團體服務三年以上著有信望或努力國事信望久著之人員中遴選七十九名。第四條 國民參政會參政員之選定，以次列程序行之：（一）前條（甲）項參政員由各省市臨時參議會用無記名連記投票法選舉之，以得票較多者為當選。政府召集國民參政會時，各省市臨時參議會如在休會期間，且因例會期間尚遠不能於國民參政會召集期限前完成前項選舉時，其選舉得以通訊方式行之。（二）在臨時參議會尚未成立之省市，前條（甲）項參政員由各該省市政府會同各該省市黨部，按其本省市應出參政員名額，加倍提出候選人，送請國防最高委員會彙提中國國民黨中央執行委員會選定之。（三）前條（乙、丙）兩項參政員分別由蒙藏委員會、僑務委員會按照應出參政員名額加倍提出候選人，送請國防最高委員會彙提中國國民黨中央執行委員會選定之。（四）前條（丁）項參政員由國防最高委員會按照應出參政員名額提出候選人，提請中國國民黨中央執行委員會選定之。第五條、國防最高委員會設置國民參政會資格審查會，置審查委員九人至十一人，並指定一人為主席，執行左列審查事宜：（一）對於依第四條第（1）項規定當選之人，如發見其資格與本條例之規定不符時，得提經國防最高委員會核定取消其當選資格，以各該省市得票次多者補充之。（二）對於依第四條第（2）（3）（4）各項所列候選人如發見其資格與本條例之規定不符時，得提請國防最高委員會核定取消其候選人資格。第六條、在抗戰期間政府對內對外之重要方針於實施前，應提交國民參政會議決。前項決議案經國防最高委員會通過後，依其性質交主管機關制定法律或頒佈命令行之。遇有緊急特殊情形，國防最高委員會委員長得依國防最高委員會組織條例以命令爲便宜之措施，不受本條第一二項之限制●第七條、政府編製國家總預算，應於決定前提交國民參政會或其駐會委員會作初步之審議。第八條、國民參政會（電文錯誤）政府。第九條、國民參政會有聽取政府施政報告暨向政府提出詢問案之權。第十條、國民參政會得組織調查委員會調查政府委託考察事項。前項調查結果，得由國民參政會（或由國民參政會授權於調查委員會）提請政府核辦。國民參政會或其駐會委員會對於政府某種施政事項之××，認爲有調查之必要時，得提請政府調查，向國民參政會或其駐會委員會。報告國民參政會或其駐會委員會於聽取報告後，得提出建議請政府核辦。第十一條，國民參政會參政員之任期爲一年，國民政府認爲有必要時，得延長之。第十二條、國民參政會每六月開會一次，會期爲十四日，國民政府認爲有必要時，得延長其會期或召開臨時會。第十三條、國民參政會休會期間，設置國民參政會駐會委員會，由國民參政會主席團及參政員互選三十一人組織之，其任務如左：（一）聽取政府各種報告；（二）促進業經成立決議案之實施並隨時考核其實施之狀況；（三）在不違反大會決議之範圍內，得隨時執行本會建議案暨調查權。第十四條、國民參政會在該會參政員總額二分之一以上出席，即得開議。第十五條、中央各院部會長官得出席於國民參政會會議，但不參加其表決。第十六條、現任官吏不得當選爲國民參政會參政員，但各地方自治機關及各教聯××機關服務人員，不在此限。各省市臨時參議會現任參議員，不得當選爲本省市參政員。第十七條、國民參政會置主席團，由國民參政會選舉主席五人至七人組織之，其人選不以參政員爲限。國民參政及其駐會委員會開會時，由主席團互推一人爲主席。第十八條、本條例未盡事宜，由國民政府另以命令定了。第十九條、本條例自公佈日施行。但第七條、第十條第三項及第十三條，均自第四屆起施行。

（參政員名額表）甲項一九九名，四川、湖南、浙江、廣東、安徽、山東、河南、湖北、江西以上各出十人。江蘇、河北、陝西、福建、廣西、雲南以上各出八人。貴州、甘肅以上各出六人。山西、遼寧、吉林、新疆、重慶市以上各出四人。察哈爾、綏遠、上海市、青海、西康、寧夏以上各出三人。黑龍江、熱河、南京市、北平市以上各出二人。天津市、青島市、西京市以上各出一人。乙項八名，蒙古五人、西藏三人。丙項八名、海外八人。丁項七十五名，由中央遴選七十五人●

## 路透社怪報導
## 蔣完全放棄寡頭統治

【路透社重慶十六日電】路透社記者趙敏恆報導。中國現在正在進行革命——其意義也許正像一九一一年建立中華民國的革命那麼重要。倘若不是目前歐洲、太平洋的戰爭完全掩制着世界人士的注意，報紙必以大塊篇幅刊登現在中國發生的這些重大發展。蔣介石已完全修改其內政外交政策。完全拋棄原先作爲寡頭統治的獨裁，拋棄其[illegible]控制的政策，蔣介石今天是履行公衆意見的政府的新政策。今天，他給人民提供了一切事實，讓人民自行決定以代替過去所施行的不讓人民知道內政。人民能夠自由地發表他們的意見，而這些意見一般地都被接受並執行起來。今天，中國報紙正享受着前所未夢想過的自由。對外國發電訊的檢查業已放寬到這樣的程度——幾乎只要事實是準確的，甚至有時候有所傷害的電訊也被通過。共產黨問題向來是禁止的，而今已讓民衆公開討論。國民參政會（中國臨時國會）將有彈劾的權力與審查政府預算的權力。現在重慶開會的國民參政會與中國報紙都在公開譴責某些高級政府官吏與軍官的腐敗與過錯。許多官吏刻已被捕等待審查。某些政府官員的賬目與工作正在被檢查。官員們正在自危。中國兵士將破天荒第一次得到公平的待遇。由於輿論的指摘，士兵的薪俸與待遇將加以改善。據稱：士兵的月薪似乎已提到一千元——約增加二十倍。雖然據悉今天日本的先頭部隊距桂林只有三十英里，中國人對軍事形勢並不驚惶。中國高級當局語路透社訪員稱：國軍將在桂林進行有效的戰鬥，該處華軍正在準備頑固的防禦陣地。最近蔣介石致邱吉爾的書件以及盛世才將軍的免任新疆督辦表明：中國已加強努力與英蘇保持友誼關係。

## 敵在蚌埠、杭州設『綏靖主任』

【同盟社上海十五日電】國民政府經此次最高國防會議，決定安徽、浙江兩省長分別兼任蚌埠、杭州綏靖主任。這一決定是爲了加強蘇、浙、贛三省的治安，因而爲各方所注目。據此間中國政界消息靈通人士稱：傅式明就任建設部長外，新就任浙江省政府主席的項致莊，在此以前曾任蘇北綏靖主任，掌握着江蘇北部地區軍政兩方面的指導權。又兼任蚌埠綏靖公署主任的羅君强，本是文官出身，曾在中國軍隊中具有極優良裝備的稅警團任副團長。項致莊的後任人爲孫良誠，彼在新四軍蠢動的蘇北地區，掌握着軍事及政治指揮權，關於孫良誠的老練手腕已爲人所共知之事，今後在軍政一體下，華中的治安就益可觀。

## 海通社傳 太平洋盟軍統帥人選

「海通社斯托哥爾姆十七日電」美國輿論對於誰將被任命爲太平洋盟軍統帥大感興趣。可任此職之人選，爲美國海軍艦隊總司令金氏海軍上將，太平洋總司令尼米茲海軍上將，及麥克阿瑟將軍。這不是指揮官中間競爭的問題，而是嚴重的戰略考慮的問題。據斯托哥爾姆日報紐約訪員報導：例如尼米茲海軍上將主張對日本三島本土舉行大膽的進攻，而重慶中國將作爲枝節問題主要是由空軍加以援助。另一方面麥克阿瑟堅持其以奪回菲律濱，隨後在中國登陸，目的在逐漸包圍日本之老的更謹愼的計劃。如果決定採取對日本本土之直接的進攻，無疑的僅有海軍上將可以選擇作爲統帥，美國海軍將首當其衝。那麼是金氏或尼米茲被選擇作爲統帥便僅具次要的意義了。

## 敵寇狂呼決戰時機成熟

「同盟社東京十七日電」在戰機徐徐開動的菲島南部，至十五日該地區之戰況正一如所預料者，敵人已在帛琉群島及摩羅泰登陸，這一場苦戰說明了它將是以麥克阿瑟軍爲主力在菲島進行作戰的前提。其目前的目標是將菲島南方水域置於自己的制空制海權下。但敵人美國必須愼重考慮的問題，即今後所進行的菲島作戰，是太平洋作戰中的主要作戰，它與過去不同，已經不是轉入下期作戰的中間階段作戰，因此帛琉群島、摩羅泰島的登陸，帶來了極爲濃厚的決戰色彩。

## 戈培爾掩蓋對魁北克會議的驚恐

「海通社柏林十四日電」『我們堅定地決心要用一切想像得到的辦法，來保衛德國及其生存，即使我們思想的最深處，我們也從來沒有想到卑怯的投降』。這就是帝國宣傳部長戈培爾最近於『帝國週刊』著文對於魁北克會議的回答。『不管發生什麼事情，世界人士終將看到德國屹立不動。在這危急的戰爭階段中，當敵以威脅或虛僞的婉轉取媚的態度來對待我們的時候，德國人只有完全鄙視的感覺。我們驕傲的是：直到現在我們還控制着這次戰爭的一切危機，而沒有人能夠使我們喪失這堅固的確信：未來情形亦將如此。』（缺數句）

「路透社倫敦十六日電」德國軍事發言人於奧斯陸電台向斯堪的那維亞半島德軍講話時稱：『今後數日將發生此次戰爭中某些最具生死存亡意義的決定。即將展開的戰爭將使此次戰爭中所經歷的一切爲之遜色。我們之中只有最堅強者才能勝利。』

## 波流亡政府地下軍司令宣稱蘇軍援助華沙暴動

「路透社倫敦十七日電」波蘭國內軍司令波爾將軍公報稱，他所指揮的波蘭國內軍與羅科索夫斯基元帥所部蘇軍間的作戰合作，業已建立起來。公報稱：『在華沙市中心，我們採取主動，大規模戰鬥繼續中。在佐里波伊城郊，敵人採取守勢。城北，敵人企圖肅清環形公路以便通車。由於九月十五日此區戰鬥結果，我們喪失若干土地。蘇戰鬥機及高射砲阻止德蓉克機轟炸華沙。自九月十三日夜間以來，我們即每日收到蘇空軍於市中心投下的武器與糧食。在華沙以北，敵人企圖以浮橋渡過維斯杜拉河。』

## 同盟社傳 美陸海軍的對立

「同盟社里斯本十四日電」華盛頓來電：塞班登陸作戰之際，曾以海軍部隊司令官擔任登陸部隊最高指揮官，而取消了陸軍登陸部隊司令官，這一事件已在華盛頓引起陸軍與海軍間的深刻對立。這一事件更加深了陸海軍關於登陸作戰戰術理論的分歧。陸軍對登陸的意見，是：先建立橋頭堡壘，然後再從後方運輸充分的兵力與軍需（特別是火砲），具備此條件後再行前進。而海軍的意見是：在鞏固橋頭堡壘後，即使有相當的危險亦應立即開始前進。這一作戰最初兵力的損失亦許很大，但是能夠很快的控制敵軍。塞班登陸之際，登陸地點的中央部由陸軍部隊擔任，其兩翼則由海軍部隊登陸，但儘管兩翼的海軍部隊如何活動，中央的陸軍卻不前進，因此遂罷免了戰鬥中最中心的陸軍登陸部隊最高司令官。

## 博斯針對印回團結進行挑撥

「同盟社緬甸某地十五日電」自由印度臨時政府主席博斯，於十三日由緬甸某地向祖國印度國內的同胞廣播，要求國內外的同胞勿爲英國的奸策所欺騙，勿演分割印度的悲劇，應攜起手來迎接勝利。廣播演說如下：現在國內的印度同胞及會議派之中，均有人被敵人的宣傳所欺騙，認爲將來聯合國可獲得勝利。余深知希望與英帝國主義妥協的人們，是受了英國所用『國民大會與回教聯盟之間如不能和解則不可能與英國政府解決問題』的欺騙，彼等所以希望與回教聯盟和解就是爲了與英國妥協，彼等企圖容忍巴基斯坦（分裂運動）亦是這樣一個原因。如果有人認爲國民大會與回教聯盟之間的合作可以使英國讓步，則是傻瓜的想法。回教聯盟的想法乃是要把印度分割給回教徒與印度教徒，而再按照英國的想法將印度奴隸化。在愛國的印度人看來，如果彼等是××，則不問回教徒，印度教徒，基督教徒，拜火教徒均應統一起來。印度實際上是不可分的，余相信只有使印度人不相信巴基斯坦，才是眞正的印度人，我們反對印度的分割，我們什麼時候均決心爲了一個自由統一的印度而戰。

# 參攷消息

（只供參考）

第六四一號

解放日報 新華社 編

今日出版二張

卅三年九月十九日

星期二


## 蔣介石在參政會上報告

## 仍强調所謂「軍令統一」

【中央社重慶十六日電】蔣主席十六日上午以行政院兼院長的資格，出席國民參政會，對一年來軍事、外交、政治、經濟等經過與政府以後的方針，作詳盡的報告。茲摘要錄誌如下：（一）關於軍事者，提及一年來作戰的經過與豫湘戰役的經過，以及執行賞罰的經過（從略）。嗣又提及從去年年底以來，早就預料到我們中國戰場在今年將遭遇一個最艱危的局面，不斷的告愬我們的軍民，而現在正是在這個最艱危的期間。但是大家知道，我們是在革命期中的國家，只要篤守三民主義，不失革命精神，本此主義與精神，以執行我們的政略與戰略，則軍事上縱有一時的挫折，必能轉敗爲勝，轉危爲安。再則我們的軍事情形，不能以過去獨立抗戰時代的眼光來判斷。現在全世界戰爭既是整個性的戰爭，中國戰場之勝敗，自然與其他戰場的勝敗相一致。況且我們今天的戰場形勢，和抗戰初期大不相同，只要我們西面的戰綫天天發展，後方的基礎着着加強，就必能確保勝利的基礎。然而我們必須十分警惕，十分努力，以打擊敵人的企圖。現在要盡一切可能的努力，來加強我們戰鬥的力量，首先有三點必須做到：（甲）軍令必須統一，任何軍隊必須遵守國家的法紀，聽命於軍事委員會的統一調遣。（乙）要增加部隊官兵待遇，提高士兵的生活，至少與後方國民一樣。這一筆款項相當大，政府不想增加發行，擬從下列二項設法：（一）核實縮編軍隊，汰除冗劣，騰出節餘費以挹注其一部。（二）今年全國豐收，要勸導一般地主富戶捐輸餘糧，能達到二千萬至三千萬市石之數，以充軍用。我相信一般地主富戶，愛國愛鄉決不後人，這是對於神聖抗戰最後勝利的最大貢獻，這個數額是不難籌足的。（丙）要盡量發動知識青年從軍，充實部隊內的下級幹部。國家在此緊急戰時關頭，要先其所急，使知識青年效命於戰場。因爲知識青年有知識、有自動判斷的能力，所以隊伍中增加一個知識青年，就不啻增加了十幾個不識字的普通士兵。衛國是神聖的義務，希望知識青年能發揮其愛國的熱誠，踴躍從軍。（二）關於外交者，提及莫斯科四國宣言和開羅會議商談的經過（從略），提及華萊士先生來華和這次赫爾利、納爾遜兩氏代表羅總統來華的使命（從略）。最後强調要加强美英蘇中四國的協同一致，要增進中蘇的友好關係。自從莫斯科宣言發表與開羅、德黑蘭兩會議以來，中國政府無時不以增進中蘇邦交爲方針，這不僅是中蘇兩國的需要，也是我們聯合國反侵略達成共同目標所需要。現在政府已將足以被認爲阻礙的因素加以調整，中蘇兩國的邦交更有轉趨密切的希望，而且政府必定照此方針努力改進與友邦蘇聯的關係，增進中蘇兩國的友誼。（三）關於政治者。外交的基礎在內政，任同國家如果內部不能統一，決不能取得國際上應有的地位，獲得眞正的獨立自由。我在貴會這次大會開會時所說：『國民革命的目的，在求得國家的統一』這一句話，十分重要。我相信只要我們大家都以國家民族利益爲前提，以擁護國家統一爲根本，一切開誠佈公，就沒有不可解決的事情。這次參政會大會，一方面批評政府，一方面擁護政府，無時無刻不想提高國家地位，各位的精神和態度，使我非常樂觀。以我們這一次參政會這樣熱烈的愛國精神，無疑的可以引導我們中國走上眞正民主的道路。參政會是戰時民意機關，是在革命期中的臨時議會，照這次大會中所表現的坦白熱烈團結一致的精神，決定可以保證我們中國不致有分裂或紛亂的危險，也不會再演成民國十三年以前爲人民所鄙棄的國會的覆轍。這次參政會眞可以說是一次劃時期的會議，從這次會議以後，使我更增中國必能實現民主的信心。關於參政會民選名額的增加，以及職權的擴大，政府已經頒佈命令，政府決定將預算的初步審議權昇予參政會，並增强參政會的調查權。同時我個人還在考慮提早結束訓政的問題，使國家的事早日讓國民大家來負責。我們只求中國國家基礎得以確實鞏固，只求我們國民眞正能夠善用民權，在我個人是決沒有黨派和局部利害得失的觀念的。我只覺得我們對國家應該負責，不能徒務虛名，使起政治的紛亂，造成像法國大革命以後的暴亂政治，以增加人民的痛苦。在此一前提之下，我是迫切希望能提早還政於民，實行憲政，

[illegible]過去實有努力不够之處。這幾個月以來，政府認定財政政策必須與經濟政策相配合，關於這一點，政府已在實行，而且國家總動員會議也在切實執行其管制物價的職責。所以最近這個月以來，一般經濟情形較前穩定，還希望參政會和經濟建設策進會各同人共同努力，協助政府提供意見，以確立經濟的穩定與促進經濟建設的開展。不久的將來，盟邦接濟我們軍用、民用的物資，必將隨空運力量的加强而大量增加。於此要附帶報告的，就是我們法幣的現金準備有極充足的數量，我不斷親自注意，一定使我們法幣的發行，保有法定數額以上的現金準備，以保持法幣的眞正價值。（五）最後要提到中共問題。政府一貫秉持去年九月間決議政治問題應以政治解決的方針，我認爲政治解決的基礎，在於擁護國家統一，尊重國家法紀。我們任何國民，都應該發揮其愛護國家的一片忠誠；而政府應該以大公無私的態度，就事實上公平衡量，以求得各個問題最有利於國家的解決。大家都知道政治以法律爲基礎，無論個人與軍隊，都不能離開法律和紀綱，這是國家立國的基本。要知道遵守法紀和尊重國家統一，對於提高國家地位與爭取抗戰勝利，有莫大的關係。凡是愛國的國民與爲國負責的政府，應該是任何成見都可以捐棄，任何私利都可以犧牲，而絕不可有絲毫妨礙國家統一，毀壞國家法紀的行動。在遵守這個共同信條之下，任何問題，任何意見，只要有利於國家，有益於抗戰，政府沒有不儘量容納，使問題能順利解決的。關於中共問題商談經過，昨天林參政員祖涵和張部長治中已向貴會報告其內容，貴會也已有決議，我覺得林參政員在會場的報告，其觀點與主張如何，姑不具論，但其態度很好，我甚爲佩慰。政府對於中共的要求，其具體部份可說已大部份容納了。例如陝北邊區行政區域和組織職權等問題，可以說已經照從前林彪師長所提的完全容納。餘下來的具體問題，只是十八集團軍的問題，我今天向各位表示兩點重要的意見，第一關於軍隊問題，中央政府提示案本已准其增編爲十個師，如果因爲兵額多，實有困難，就照林彪師長所提的增編爲十二個師，亦可以斟酌的，只希望十八集團軍不要再擅自擴充編制，更不可在正規軍以外，另立其他支隊等名目，就地籌餉派款。政府只求軍政、軍令統一，就原來中央政府提示案以外增加一師兩師是沒有什麼不可以的。第二、關於餉械問題，十八集團軍依照中央政府核編以後的部隊，其軍餉械當然與國軍一律待遇，絕不歧視，該軍一經完成依法核編的手續，就一定照常接濟其應得[illegible]我們參政員可以調查有無偏頗之處。我們中央屢次表示，只求軍令統一，政令統一，除此以外絕無所求。所以待遇一律，還要希望眞正做到法紀一致。因十八集團軍必須實際服從軍事委員會調遣作戰的命令，才能表示十八集團軍眞是效忠於國家，眞是效忠於抗戰，也必須如此，才不負七年來抗戰的犧牲，才對得起死難的軍民先烈。關於這個政治解決的方案，各位參政員有何意見，儘可提供政府參酌。總之，我們參政會成立以來，以這次大會精神最熱烈，成績最良好，各位在會議中間，一面批評政府，實[illegible]政府，同時擁護政府，協助政府。主要的精神完全在提高國家的地位，增强我們抗戰的力量，秉此至公至誠，純粹爲國的精神，發揚光大，我可以確信我們國家的前途無量，我們參政會的前途無量。

## 參政會上 莫德惠致閉幕詞

【中央社渝十八日電】莫德惠主席於十八日參政會閉幕式致閉幕詞，略謂：本會第三屆第三次大會開會兩星期，今天已是休會的一天。回憶本屆第二次大會是在九一八第十二週年紀念日開幕，這次舉行休會儀式又在九一八週年紀念日，其意義實爲深長與重大。在這次會議，有値得我們指出的，政府各部會長官在出席報告或口頭答覆的時候，都很開誠而詳盡。關於錯誤的地方，更有坦白接受××糾正的襟懷。這一點很値得我們重視。我們認爲這是民主政治的一大進步，希望政府能儘量接受我們的建議案。尤其於改進賦稅政策和整飭官箴兩點，要特別注意，盡力實行，以慰全國喁喁之望。尤其値得指出的，就是這次大會決定組織的延安視察團，我們會記得會有個川康視察團，又有個赴英訪問團，這兩個組織，一次是對內協助抗戰建國的大業，一次是對外實行富有意義的國民外交，兩次都對國家有了貢獻，而且貢獻都很大。這次延安視察團爲國家治亂興衰之所繫，全民矚目，舉世關心，該團的五位同仁，素爲社會所景仰，同仁所推崇，相信在全國的殷切期望中，必都能不辭辛勞，竭盡忠智，完成這歷史永久不朽的偉業。回想我們每次開會，都有莊嚴重大的表現，我們曾經通過擁護抗戰建國綱領決議案，擁護持久抗戰國策決議案，擁護蔣委員長九一八宣言決議案，表示朝野一致的決心，內以集中志力，外以糾正觀聽，終於對內對外都已發生了極端滿意的成果。這次開會，我們又通過了改善官兵待遇的建議案，其重要性也與以前各案完全相同。我們現在最迫切的要求是提早最後勝務的完成，因此我們必須以最大的關切與努力，改善我們官兵的待遇，使他們都能得到較好的生活，這是我們的良心表現，但決不是「表現」而已，我們必須發揮我們的所有力量，喚起國人協助政府。國人會明的（電文恐錯）本案的實施非錢莫舉，但一提到錢，就必須取之於民，這一點如不爲大家所理解，則我們的這一提案便完全失掉意義。最後相信在不久將來，失地必完全收復，淪陷區的同胞必會與我們協力同心，在政令軍令絕對統一之下，完成三民主義的民主政治，建起康樂而強盛的新中國，來保持世界永久的和平。

## 參政會通過 加強中蘇合作案

【中央社重慶十八日電】參政會十八日上午第十八次會議中通過「加強中蘇合作案」。大會以爲中蘇兩國爲保障亞洲和平之柱石，苟非兩國國民有相互之了解與密切之合作，不能貫澈此重責大任，因此特建議兩項辦法，請政府力促其實現。其辦法一爲請政府依據既定方針，從速加強中蘇兩國之合作；二爲請本會主席團與政府協商，於適當時期組織國民訪蘇團，赴蘇聯訪問。參政會此次大會所收到之關於加強中蘇合作之提案，共有魏參政員元光等二十九人一件，王參政員冠英等卅六人一件，榮參政員照等廿二人一件，經審查將三案合併於十八次會議中討論時，決議將上項審查意見無異議通過。

【中央社渝十八日電】參政會駐會委員會選舉結果爲褚輔成、林虎、孔庚、王雲五、冷遹、左舜生、董必武、杭立武、李中襄、王啓江、張君勱、陳博生、許孝炎、胡霖、錢公來、郭仲隗、江一平、王普涵、許德珩、李永新、羅衡、陳啓天、朱貫三、胡健中、黃炎培等廿五人當選。

## 同盟社轉播 我對參政會的批評

【同盟社上海十七日電】目前在重慶舉行中的國民參政會，會期已過大半，特別在十五日的會議，根據參政員的要求，重慶延安兩代表會報告了國共談判經過。一部份外人記者雖迅速將此認爲這是趨於和平解決的表現，但據延安電報，延安政權於十一日通過其機關通訊社——新華社，對於此次各部長在參政會的報告，全面地並猛烈地加以非難，大肆攻擊重慶。從過去雖然延安政權誹謗重慶政權，但亦盡量避免攻擊蔣介石這一事實看來，上述報導竟攻擊蔣介石在參政會的演講一節，殊堪注目。由此觀之，重慶與延安的關係，前途尚有許多波瀾。會議第一日，蔣介石發表了難以捉摸的開會演說，致在參政員中間引起不滿。又軍政部長何應欽，當此河南湖南兩次作戰大敗，全國國民極爲憤怒之際，仍還用謊話欺騙世人。關於今後的方針，則夢話連篇，說唯一的希望是在將來打通中印公路，以便供給重慶軍以必要的裝備。並聲言增加將士供給問題。由於消耗太大，故關於如何加以調劑，目前尚在研究中。又財政部次長俞鴻鈞，避免說明財政已瀕於破產，並披瀝其信念說：財政部在徵稅及徵收田賦或強制收買時特別根據公平、除弊、便民（原文爲防民）、省費的原則。但所有參政員均猛烈攻擊政府的腐敗政治。一參政員特別攻擊內政部長周鍾嶽稱：有人事關係，即可在政府部內謀得妥當的地位，即警察機關，平日那樣橫行霸道，所給與國民的痛苦，實難以形容。又河南省參政員郭仲隗報告其河南作戰見聞，說到重慶軍不戰而潰時，會場的憤怒情緒達於頂點。

【同盟社上海十七日電】據重慶來電，在重慶開會的國民參政會，決定由五人組成調查團，前往延安調查共產地區的實際狀況。團員包括大公報總經理胡霖及商務印書館總經理王雲五二人。該調查團調查共產地區間到重慶後，當提出建議。

## 海通社傳張治中報告

【海通社重慶十八日電】張治中將軍在國民參政會的報告中宣洩：蔣介石與中國共產黨之間拖延甚久的談判，已以蔣介石承認共產黨的要求而告結束。代表蔣介石政府與中國共產黨談判的張治中將軍宣佈：政府已決定承認下述共產黨的要求：解除對共產黨的封鎖，釋放一切政治犯，承認共產黨地區，增加共產黨軍隊至十個師。中國共產黨軍隊在將來是否服從於蔣介石所任命的將軍之指揮，抑或關於重慶所發的命令仍保持其獨立性，在報告中並未宣露。據稱國民參政會五位代表將於短期內往訪延安共產黨總部，並觀察華北共產黨區域。

## 敵公佈「掃蕩」山東

【海通社柏林十九日電】此間官方公佈：中華民國與日本軍隊剿正聯合進攻山東中共根據地。由八月一日至九月十五日大戰鬥過程中，計斃中共黨人二千四百八十五人。日軍另繳獲步槍九百九十八支，機關槍五百八十一挺，及大批其他武器與軍火。山東中南部與北部許多根據地之敵人已被肅清。

## 同盟社評論 魁北克會議與蘇聯

【同盟社斯托哥爾姆十八日電】魁北克會談最主要的議題，是反軸心軍的對日作戰，甚至也商議到任命太平洋反軸心軍最高統帥問題。反軸心軍將其兵力集中於太平洋戰爭之前，必須處理對蘇關係，這是很明白的。而蘇聯一面觀望反軸心國準備精力與日本作戰，一面恢復自己荒廢的領土，乃至爲了抓强自己的國家，不守常規任意行動。這是美英顧慮的最大因素。同時，在這個時候將要傾其全力把蘇聯拉入對日戰爭，這也是不言而喻的。斯大林在蘇日中立條約面前，當然拒絕參加美英所說的計劃對日作戰的魁北克會議。美國仔細議論斯大林在其拒絕參加會議的通牒中所使用的語句，以圖抓住斯大林的態度。有的人認爲斯大林不提出對日中立條約，而只提出對德作戰忙碌作爲其拒絕參加會議的理由。又有人說：『斯大林的通牒是非常冷淡的薄情的，沒有表示一句親愛的話語，這是斯大林無意放棄對日中立條約的證據』。無論如何，美國無疑地打算將蘇聯拉入對日戰爭中，關於此事，紐約市的『美國』雜誌在十三日的社論上寫道：『美蘇同盟是單方面的，現在已到了必須弄清是否只對蘇聯利益有作用時才有效力，而對美國利益有作用時就失去效力的時候』。

## 海通社稱：蘇聯要控制達達尼爾海峽

【海通社柏林十四日電】倫敦訊：據倫敦『每日簡訊』安哥拉訪員稱：蘇軍在保加利亞的推進，引起了土耳其很大的懷疑和憂懼。該訪員認爲：蘇聯政府，對於東南歐與達達尼爾海峽的地位，迄今尚默而不透露其計劃與意圖。這不得不引起這懷疑，即：莫斯科現仍切望控制達達尼爾海峽。

【海通社安哥拉十七日電】代表特拉培桑特之國會議員哈塞德・卡克爾被任命爲土耳其外長。努拉里哈××被任命爲財長，以代替因病辭職的福阿特・阿克拉里。迄今爲止，外長一職係由副首相薩拉茹格魯兼任。

## 美軍破壞桂林基地 傳向柳州撤退

【同盟社大陸基地十六日電】由於此次我軍從華南、華中的攻勢，使敵人的前進基地完全徹底的遭受破壞，由於我航空部隊的强大壓力，敵中心基地亦陷於危殆。據我偵察機的撮影報告，桂林基地的一部施設已早被破壞，其東南飛機場跑道似已設有地雷設備，大坑在一百八十米達的間隔掘有七處，並傳又有一部跑道破壞。在七月下旬以來的航空擊滅作戰中，敵人雖遭數次打擊仍繼續補充供給，當我空襲轉入大規模之際，敵人此種毫無自信的防衛與狼狽情形，實能令人笑死。

【同盟社某地十八日電】廣西方面的敵空軍前進基地萃，在我軍隊配合華中、華南的迅速進擊前，動搖之色益濃。據我空軍偵察，中樞基地之桂林機場已開始破壞，以謀『航空要塞』的自行破壞。試觀該方面敵空軍基地萃的情形，大略如下：桂林共有三個飛機場。計該市西南方十三公里處一個，該市南方七公里處一個，該市並有一個。此中敵一向以西南機場爲主要基地——『航空要塞』的稱呼，是誇耀該基地的形容詞。但敵已破壞上述飛機場的道路，而剛剛新設的東南機場，其運輸路掩體地區亦已破壞，南方機場現亦無使用的象徵，且其飛機不過十架。另方面與此相反，柳州飛機場卻在迅速增强，由此看來，敵飛機基地已不斷自桂林移向柳州。現在當我夜襲柳州時，敵對空砲火的强烈爲過去所未有。桂林的航空要塞將陸續撤至柳州，殆屬確實。另方面淡竹飛機場，似仍用爲戰鬥機的機動基地。但據來自地上部隊的前綫情報稱，該地的器材已開始運往後方，準備逃跑。並且值得注目的是：江西省贛州與後方的連絡線，雖而臨被切斷的危機，但迄今爲止，敵仍在繼續撒拗的蠢動。在長江水域與華南海面破壞我台灣方面交通綫的企圖，仍將始終不會放棄。總而言之，敵雖已自行破壞航空要塞，但想仍將憑藉柳州，進行最後的反攻。事實上敵之白晝來襲戰場附近，正隨着敵人情勢緊迫而益趨激烈。

【同盟社大陸根據地十七日電】我轟炸機隊於十七日未明急襲柳州飛機，有兩處中彈起火。

## 敵稱迫近梧州

【同盟社大陸基地十八日電】根據我偵察機隊的報告，我軍一部沿西江西進，已突破省界，猛進至廣西省內，肉搏於華南方面美空軍最前綫基地梧州。即是說，我軍一部沿西江左岸向北迂迴，衝破險峻的山岳地帶迅速進擊，攻克廣西省內懷集，並經過該地西方六十公里之信都南方，十七日已逼近梧州東北方卅公里處。

【同盟社里斯本十八日電】美聯社重慶訪員就日軍進擊桂林方面作戰的進展，加以報導稱：日軍爲了配合沿湘桂鐵路的南下進擊，已自廣東省西北部開始行動，日軍共分四隊，沿西江、綏江，向西進擊。其一隊已突破省界，進入廣西省內，並向懷集縣進擊中。合衆社則稱：自廣東省進擊的四隊日軍，已將殘留於中國大陸東西兩端的間隙壓縮爲一百九十公里。路透社則謂：桂林的攻防戰業已開始。不管那個，都敍說敵陣營的狼狽情形。

# 參考消息

（只供參考）
第六四二號
解放日報 新華社 編
今日出版二張
卅三年九月廿日
星期三


## 敵在西江殲滅國軍

【同盟社華南前線十八日電】由於我軍突然佔領肇慶，喪失了西江最大的戰略要地之敵，因而非常恐慌。蓋自今夏以來，敵方總以為我軍的企圖在於打通粵漢線，因而使西江流域地區的第三十五集團軍北上，配備在英德、連江口一帶，忙於保衛韶關。我軍乃乘機於九日黃昏進攻敵弱點西江流域，敵軍因而極為狼狽，迅速呈現潰亂狀態。在肇慶方面，敵軍雖企圖阻止我軍的進展，但我軍在與沿西江溯行的海軍部隊保持密切聯系下，從東南北三方面逐漸形成對敵的包圍態勢，到處包圍擊潰敵軍，進展異常順利，於攻克四會、高明、開平等要點後，復於十六日夕刻擊潰敵第三十五集團軍指揮下的一萬人，一舉佔領肇慶。同時我軍更派出有力部隊，窮追向德慶、封川方面潰退之敵。肇慶為甕西江的廣西省的前衛戰略據點，今肇慶被我軍佔領，事實上等於西江流域的南北兩軍，已為我制壓。敵雖以德慶、封川為前衛，企圖沿梧州一綫，阻止我軍西進，但由於我軍已壓制西江北岸，完全切斷與韶關的聯系，因而失掉增援希望的敵第三十五集團軍（約有兩個師），完全失掉戰意，路於混潰狀態，更加速了殲滅的機會。

## 肇慶敵續犯新興

【同盟社華南前綫十八日電】我別動挺進隊配合壓制肇慶對岸一帶之我精銳部隊，自西方向其外圍北進，現已突破險峻的山岳地帶，追擊敗敵，十五日進擊肇慶對岸之新江口。另方面自合水墟（肇慶南方二十公里）西進之部隊，於十七日上午十時，自靈渡過新興江，完安佔領該江西岸之腰古墟（新興北方十公里，敵第一百五十八師第四百七十四團駐屯地）。又在對迂迴部隊，於十二日攻克鶴山，向西北挺進，十七日黃昏亦進抵新興縣（肇慶南三十五公里（東方十公里一綫，表示衝入新興縣的態勢，於是新興以東之西江南岸地區一帶，已完全為我軍控制，敵正向西方逃竄中。

【同盟社華南前綫十三日電】在此次新作戰中，有很多新的事實出現於我們的眼前，這些新事實即在過去八年來的大陸作戰中，亦未見過。如國民兵團，自衛團，挺進縱隊等一連串的動員軍。他們與當面之敵的正規軍，到處成為我軍的犧牲物。在西江流域，即在廣東省內亦完備集團村自衛制度，每村設有自衛團體，在各自的家鄉拿起武器。從自衛團到國民兵團，從國民兵團到挺進縱隊，逐漸接近正規軍體制。國民兵團的團長，由各縣縣長担任。團員則身着黑色便衣，持有少數步槍以及三人兩枝手槍。在形式上則稱廣東省軍管區各縣戰時國民兵團，設司令部於韶關。西江流域的中心在肇慶與高明，國民兵團的組織，設有最高指揮部的機關部與為警備城內而組織的第一國民兵團（約六十名），把各鄉鎮分成五區，與其下層組織的自衛團取得連絡。國民兵團以各縣為中心，自衛團則担任各鄉村的自衛，一個班十五、六名。挺進縱隊則更使上述的國民軍軍隊化，因之其裝備與兵力幾與正規軍無差別。作為其外圍的民軍組織，則有協力在華美空軍的『誘導敵機攻擊員』，為擾亂後方地區而祕密潛入。在各縣則有臨時民衆武裝團，並有戰時服務團，旨在擾亂後方供應。

## 傳艾登赴魁北克 攜有重要情報

【同盟社蘇黎世十九日電】魁北克會談於十六日已經結束，與這一會談相聯而特別惹人注意的問題，是英國外長艾登突於十四日出現於魁北克。艾登的此次出現，不僅使會談有關人士，而且使美國輿論亦為之一驚。因為艾登公開說不參加此次魁北克會議，所以此次參加會議引起了衝動。交換通訊社由魁北克發出的電報，相信艾登給邱吉爾及羅斯福帶來了極重要的情報，所以他不能用打電報的方法讓邱吉爾、羅斯福知道，只有親身將情報直接帶去。關於這一問題的情報，現在究竟如何尚不明瞭，但認為還是『具有世界歷史的重要性』，亦並不是沒有理由的。會談將因此而更引起世界的注意。又據其他之報導，一部份消息靈通人士之意見，認為可能是由蘇波問題已極端惡化，有人認為艾登攜有與德國問題相關聯的，關於歐洲形勢中極可惹人注意的事件的重要情報，各方對此不斷有所揣測。

# 日寇評太平洋戰局

## 決戰前夜的戰機

【同盟社東京十六日電】太平洋戰機從本月六日敵機動部隊出現於帛琉方面水域以來，已日益在激烈的動盪。敵機空襲帛琉、雅浦及菲島的激烈程度亦與日俱增。其情況已孕育着決戰前夜的戰機。敵人對日作戰的目的，是企圖經過三個階段：（一）切斷我國本土與南方共榮圈的連絡。（二）獲得連續轟炸我本土的基地。（三）侵入襲擊我本土，以達到其最終目的。此次敵機動部隊的出現正是走向第一階段（切斷我本土與南方共榮圈連絡）的第一步。從六日以來敵艦上及陸上起飛飛機向雅浦、帛琉、菲島方面的互相配合的激烈進攻，就是上述計劃的具體表現。亦是麥克阿瑟、尼米茲聯合先佔領雅浦、帛琉等西加羅林群島的要地，再與經過哈爾馬黑拉的一路相平行前進，以佔領民答那峨的計劃。其動向極宜警戒。但我們亦應知道在敵人此次出現中，亦包含着許多危險與弱點，所謂危險就是已突入我們的航空威力圈內，所謂弱點是敵人航空綫的漫長（以下掉）

## 聯合艦隊等待機會擊滅敵人

【同盟社東京十七日電】狄寧島和關島的戰鬥仍在繼續的時候，敵人已在帛琉島、摩鹿加群島的摩羅泰島登陸，敵人強硬地進迫我要衝的速度是展開一大決戰的前提條件。我們只有燃燒着必勝的信念，等待擊滅敵人的良機。優秀的海軍人員高橋三吉海軍大將談論國民在此時機的覺悟，他說：『聽說敵將麥克阿瑟逃出巴坦半島時曾說一定還要回來，這是我們已經預料到的事情。現在他正在按他說的話做去。敵人將塞班握在手中，更由關島西進，進抵雅浦島和帛琉島。我們將眼睛轉到南方，就可看到敵人由新幾內亞經摩鹿加北上，這兩路敵人都指向着菲律濱。他們似乎正是按着屢次所說的日程前進。敵人欲控制菲律濱，完全切斷我國本土與南方圈的海上聯絡，一億國民應該明察聯合艦隊司令長官豐田像神一樣的冷靜，圖謀對此敵人有一轉機的心情。英國某軍事評論家這樣評論美國逐島作戰說：「由菲律濱進出於中國大陸，並逐漸進逼日本本土的作戰，縱使能夠到朝鮮半島，但在眼前還有比多維爾海峽寬五倍的朝鮮海峽。德國在敦刻爾克趕跑英軍，勢如破竹，但是終於不能渡過多維爾海峽是因為英國艦隊的存在。敵人縱使付出很大的犧牲，進抵朝鮮，但是只要日本聯合艦隊存在的話，那末它的勝利可以說還是前途遙遠，擊滅日本聯合艦隊是走向勝利的捷徑」。但是我們對敵人也可以這樣說，敵人的艦隊姑置勿論，就是在理論上說，如能粉碎以飛機為主力的敵人，那末我們就容易奪回我們已失的島嶼，開闢走向勝利的道路。即聯合艦隊賭着國家的存亡，期待進行決戰。聯合艦隊司令官長選擇良好的時機與地點，伺機一舉擊滅敵人，他長是處在像神道樣的境地，勿被前進的敵人所牽引，但亦不能為國內的呼聲而動其心。不能誤斷敵人的兵力，並且完全清楚自己的兵力，果敢地打擊敵人。其任務的重大恐怕是日本人民中最大的。孫子說：『知兵之將可司民命，可定國家安危』。我們不能為敵人反攻的激烈所迷惑，際此時期應給予聯合艦隊必要數量的兵力。

## 日本依據內線要塞

【同盟社斯托哥爾姆十六日電】十四日太晤士報揭載論文評論與中太平洋美軍攻勢及魁北克會議相關連的東亞戰局，略謂：目下在中國大陸進展中的日軍攻勢將是加強內線防禦的一種手段。日本的內線防禦綫與日本在戰爭初期獲得的地域相比，當然是小的，但是內線的物資是豐富的，而且亦遠離反軸心軍的最前綫基地，極有利於防守。因為日本在菲律濱有多數的飛機；至於燃料，則爪哇、蘇門答臘、婆羅洲的油田仍在日軍手中。因此日本決心在依據內綫要塞集中全力進行攻勢防禦的意圖下，將損失限於最小的限度，為此，不必集於布肯維爾、新幾內亞戰域，在這個攻勢防禦中，菲律濱多數的飛機勢將起有力的作用。防禦繫於海空兩軍的行動。至於其所必要的燃料，無疑地正貯存着石油。由大局看來，在新的防禦戰略上，荷印是比菲律濱更加重要的因素。問題在於魁北克會議如何應付，今後幾個月日本在中國大陸採取攻勢，在太平洋一步步後退而急於完成防禦體制。

## 帛琉等地戰況

【同盟社東京十八日電】在帛琉群島之彼勒留、安高爾兩島與摩鹿加群島之摩羅泰群島，敵我決戰日趨激烈高潮。敵於有力機動部隊與新幾內亞基地航空軍隊的全面掩護下，不斷增強兵力。但我所在部隊燃燒着滅敵的戰意，極盡善戰苦鬥。敵方亦承認我將士的奮戰，十七日晨舊金山廣播電台廣播稱：帛琉群島的美登陸軍未獲進展，而遭受日軍向所未有的頑強迎擊。日軍在一日之中，曾反覆進行激烈的反擊達三次之多。概觀各方面的戰況，有如下述：（一）帛琉島：敵在艦艇軍不間斷的艦砲射擊與有力航空隊的掩護下，拚命增強新兵力，以謀打開戰局。但我軍連日予以猛烈反擊，依然將敵登陸軍阻擊於該島南端附近。該島南端一帶的地形，已成爲這樣的激戰場所，即由於敵所消耗的彈藥與我軍果敢的猛擊，地形已大爲改觀。自十二日敵準備登陸開始轟炸起，到十七日下午止，我軍在帛琉島及其週圍海面所獲戰果，計擊沉巡洋艦、驅逐艦、潛水艇、掃雷艇、艦類不詳各一艘，轟炸(並擊沉)登陸用舟艇六十一艘以上，使敵坦克一百五十餘輛不得行駛；擊落飛機二十六架(內未證實者五架)，擊毀七架。敵第一次登陸的坦克集團一百五十輛，在三天的戰鬥中已全遭覆滅，足見由於我之奮戰，敵人是遭受到如何劇烈的打擊。(二)安高爾島：十二日起，敵對安高爾島亦進行艦砲射擊與空中轟炸，以謀控制我軍陣地，至十四日晨，復以舟艇隊偵察海岸東部登陸地點，如此等等敵之登陸企圖，非常露骨。該島我所在部隊則在凝視敵人，防備敵之登陸。敵人終於自十七日上午九時起，在砲擊與轟炸的掩護下開始登陸。我守備部隊正在全體一致，進行殊死的猛烈反擊中。敵在該島的損失，亦與帛琉島同樣巨大。(三)摩羅泰島：於該島南端登陸之敵，漸次鞏固地點，似已着手建設飛機場，但摩羅泰島我軍，正竭舉餘力進行反擊，妨礙敵擴大地盤、建設飛機場。

## 小磯妥稱轉入攻勢

【同盟社東京十九日電】現內閣第二次地方行政議會會長的會議，於十八日在首相官邸舉行，首由小磯首相致詞，强調下列三點。(一)迅速實施臨時議會通過的重要諸施策和公開允諾的事項。(二)官吏應留意不要拘泥於法紀的細節，俾能不妨礙生產，同時助長與一億同胞共同邁進的空氣。(三)適應地方的實際情況，務要注意行政的實效。繼由石渡藏相關於臨時議會通過的預算，島田農商相關於與農商省有關的預算，廣瀨厚相關於實行預算中的勞務問題，二宮文相關於疏散學生問題等，分別加以說明之後，繼由各會長發表意見與希望，最後仍由小磯首相致詞謂：務要使一切東西都化爲戰力，而毅然進行決戰，轉入攻勢，掌握戰爭的主動性。

## 敵航空兵器總局長稱 飛機生產較去年增加兩倍

【同盟社東京十九日電】決定皇國興亡的決戰已逼近眼前，一億國民武裝起來。今日迎接五屆航空日，其意義特別重大。是日軍需省航空兵器總局長官遠藤三郎中將，向記者發表熱烈的談話。長官就我國飛機生產現狀，確言在量的方面已比去年增產二倍强，在質的方面亦具備這樣的優秀性，即與敵所誇耀的B29式機作戰能將其擊落。並强調『飛機是決戰兵器』一點，熱望直接參加生產的產業戰士與一億國民，應爲增强航空戰力而邁進。遠藤長官談話如下：(航空兵器是決戰兵器)決定戰爭勝敗的兵器，不消說需要有足夠的數量。任何卓越的新式兵器若數量不多則不能決定戰爭的勝負。從而完全不能出敵意表製造大量立即趕上今日決戰使用的兵器。自然，少數的兵器亦能出敵意表。收穫局部的奇襲效果，但很難引到決定的勝利。而德國的『V』一號飛彈亦是如此。大國與大國的戰爭正如摔跤一樣，很堅決的奇襲亦不能得到最後的勝利。小磯首相亦在臨時議會上言及：『掌握戰局主動性、有利展開緊迫的戰局的關鍵，實爲航空戰力的增强』，飛機實是決戰兵器(貫穿在增强航空戰力中的戰友的愛)：飛機在日新月異，不許一刻猶豫，必較敵人爲早運輸新機到前綫去。從一架飛機來說，飛機的零件多的達數十萬，由零件種類來說亦有數萬種(缺)，飛機在數量方面，比去年此刻增產二倍强。至於質量方面亦是衆所週知的，無論在晝間戰鬥抑夜間戰鬥中，具能很好地擊落誇稱世界頭等優秀的B廿九式飛機。具有上述良好性能的飛機，正在大量地生產中。在提高性能的反面，製造是非常困難的，此難製的飛機，比去年亦增製二倍强。但門外漢亦能製造此種飛機。我們應向這些生產人員致崇高的謝意。

## 敵朝日新聞評 滿洲事變十三週年

【同盟社東京十九日電】歷史常在其發展的過程中求得法則，滿洲事變的世界意義，所以能廣泛的一般爲人所理解，爽快的說是在大東亞戰爭爆發之後。亦可以說由於大東亞戰爭，人們才加深了對滿洲事變的歷史的必然性的了解，中國事變的性格亦因而單純化。××的爆炸聲是對以美英爲主體的舊世界作業的一個炸毀作業，這只有在今日始變成一般的常識。要使滿洲事變歷史的必然性能爲一般人士正確的了解，必須要經過滿洲事變後直至大東亞戰爭爆發十年的歲月。只有在歷史的發展之後才可以發見發展的規律。滿洲事變以前的世界，在歐洲爲凡爾賽體制所表現者，在亞洲表現爲華盛頓體制，均爲美英的霸道主義所統治的世界。滿洲事變是對美英統治的最初敵對的反擊，由此舊體制的一角首先崩潰，現狀維持圈的一環已被破壞。在亞洲的一擊，在歐洲遂刺激了屈服在凡爾賽體制下的德意兩國，促進了德意兩國的蹶起。如此美英的霸道主義，遂以滿洲事變爲契機，面對着强力的變革運動。滿洲事變是世界維新戰爭的序幕戰，這一事實根據其後歷史的發展，任何人均可知曉。大東亞戰爭並不是從昭和十六年十二月八日爆發，而在昭和六年本月本日已經開始。同時要在東亞一角掩着新的理念，建立道義的世界，滿洲國遂作為東亞民族興隆的具體實現者登場。滿洲建國是以我國為中心的世界新秩序建設的開端，滿洲國已成為東亞興隆的光輝的尖兵。而政治就是要回溯於進行此種工作的精神。所謂『新的政治如不首先盡忠於道德，則不可能前進一步』的康德的傳言已開始在我國實現。我們就手頭最近的事例滿洲國加以觀察。滿洲國是民族協和、五族共存共榮的樂園，因此過去異民族間可以看到的統治，榨取、被榨取的關係已完全消除。為了達到互相發揮特徵的國家目的而協力，國民的生活亦已安定，現正進行有力的正確的勵精圖強。大東亞各民族各國家，已經學習到這一實際教訓，因此在大東亞戰爭爆發的時候，大東亞各民族各國家均能領會大東亞戰爭是一生死存亡的鬥爭，他們用一切力量為了完成戰爭而協力挺進。作為大東亞共榮圈試驗國的滿洲國的發展姿態，必須是明日的大東亞共榮圈的姿態。滿州事變以來的十三年，經過了如同數十年數百年的激烈變化，對英美霸道主義的鬥爭將是困難而且長期的。當今日迎接滿州事變十三週年紀念日之際，我們切望大東亞各民族各國家應學習滿州事變的教訓，和我們一齊用自已的血，爭取獨立與繁榮，使滿州事件成為創立已經開始進軍的道義世界的節日。

## 宇垣抵北平

【同盟社北平十九日電】宇垣大將於十九日乘飛機由新京抵此間。

【同盟社新京十九日電】於十六日抵此間並與各方面不斷進行懇談的宇垣大將，於十九日午前離此間，飛往北平。

## 德寇稱盟國給瑞典壓力

【海通社斯托哥爾姆十八日電】盟國對瑞典的新壓力已迫近。還可從赫爾星期一在華盛頓的聲明推知，他宣稱：英、美、蘇政府因瑞典運輸物資給德國，又對瑞典施以強大壓力。

## ●八月份美國飛機產量

【同盟社里斯本十六日電】據華盛頓來電：美國戰時生產局六日公佈稱：八月份中共產飛機七千九百三十九架，未能達到八月二百二十八架的預定數量，此蓋由於改良了飛機的形式，由於生產重點放在B29式的重轟炸機。今後的生產數量，仍會減少，九月份預定生產飛機七千九百三十四架，此後每月準漸減少百分之五。

## 路透社說華沙波軍繼續着戰
## 英美蘇三國都給予援助

【路透社倫敦十八日電】波蘭內軍總司令波爾關於華沙戰事今日發表公報稱：我軍在市中心積極行動，進攻河兩岸的敵人，從而打破敵人組織堅強防綫的企圖，並迫使它在那條戰綫上作戰（蘇軍在維斯杜拉河東岸所佔據的布拉加城郊與市中心直接相對）在此地區，由於蘇方大砲的支持，我軍在進攻中獲得若干進展。敵人受創慘重。華沙以北，波軍在佐里波伊區擊退敵進攻，德軍損失坦克廿四輛，進攻大砲若干門。

【英國官方通訊社十八日電】飛行堡壘今日運送準備與華沙波軍後，降落於蘇軍防綫後方。前此英空軍空運供應品至華沙並返回其自己基地。最近蘇空軍亦投裝備予城市備受壓迫的愛國者，他們自蘇軍佔領普拉加來即與對河蘇軍保持接觸。

【路透社倫敦十八日電】波蘭京城中的民族團結會議向邱吉爾、羅斯福及斯大林發出呼籲，要求他們給華沙人民以更多援助。這個呼籲說：『本會熱烈要求不斷投下武器、軍火和糧食，永遠的空中掩護和轟炸德國侵略中心。沒有迅速而有效的援助，將會造成災難的』。

## 國軍在綏蒙活動

【中央社綏西某地十六日電】我有力部隊，近在敵後積極活動，十二日晨曾向中公旂廣凡三百里面積之敵同時襲擊，敵軍雖憑藉工事頑抗，但經我軍英勇衝殺，卒於是日午刻將該旂新舊王府卜爾哈川君等據點攻克，殲滅敵甚衆。該地之烏蘭察布盟盟長兼偽蒙軍第八師團長兼中公旂札薩克林沁森格及前烏盟盟長巴崇多爾濟亦均同時來歸，投効祖國。我軍並在川君擊毀敵指揮官中島太郎一名，俘獲敵特務機關長及指導官、翻譯官等數名，戰利品無算。

【中央社綏西某地十六日電】中公旂被我完全攻克，烏盟新舊盟長林沁森格、巴崇多爾濟均返祖國，敵在大青山、閻山、狼山背後之惟一根據地及西犯陰謀，至此均被粉碎矣。

【中央社陝壩十六日電】（遲到）綏境蒙政推導長官公署為加強推進蒙政，特召集後套以內各旂部隊長暨各機關首長舉行工作聯席會議，十八日開幕，會期三日。副長官致訓詞，望各蒙旂確實推進戶政與稅政，並嚴密保甲組織。

# 參攷消息

（只供參考）第六四三號

解放日報 新華社 編

今日出版二張 卅三年九月廿一日 星期四


## 梁寒操談國共談判
## 咬住「政令軍令統一」不放

【中央社渝廿日電】外記者招待會二十日下午三時舉行，梁部長寒操、吳次長國楨、張參事平羣出席主持。某記者詢對於參政會中討論中共問題之觀感。梁部長發表談話如下：此次國民參政會對中共問題的討論和決議，足以反映全國人民對此問題的關切。就各參政員發言所表示的態度而言，全國人民迫切希望中央政府與共黨接納人民公意，澈底諒解，推誠合作；但尤希望國家軍令政令的統一。蓋全國人民本過去二十餘年內戰痛苦的經驗，深知政令不統一，不但不能建國，抑且不能從事抗戰。中國國民黨十一中全會以政治方法解決此問題的決議，就是根據全國人民這一種心理決定的。政府對此問題所持之態度，就六月五日提示案及張王兩先生覆中共代表林祖涵先生各信中，都可窺見梗概。政府唯一顧慮之問題，厥爲軍令政令之不統一。蓋此一意見不能實現，勢必大大減損對敵反攻之力量，並深懼惡例一開，又使中國陷於分崩離析之局面。除此以外，政府對共黨更無其他之苛求。此次參政會組織延安視察團，團員名單已經公佈，或爲知名學者，或爲名記者，或爲實業家，但俱爲無黨無派的公正人士，希望由他們的考察建議及協助，可使問題在最短期內得到公平合理的解決。茲有附帶之聲明兩點：閱九月十六日各報及十七日新華日報，見林祖涵先生在參政會上關於中共問題之報告詞中有云：梁部長有次在談話上說是商談停頓，實屬不確。本人在歷次談話會中，提及中共問題商談中，從未用『商談停頓』詞句，僅謂『會談繼續進行中』，或『商談雖不若預期之速，若謂商談全不順利，則頗不確』。諸君可以覆按。林氏同一報告詞中，又有『七月廿六日梁部長又發表英文談話，共有四點，說是此次談話一部份是解決了，一部份則是不能解決的』。亦與本人談話原詞有異。當時本人爲應各外國記者多次之請求，對中共問題商談之趨勢，曾作一概括說明。曾謂『××今日之局面下，中共問題可望得到相當之解決；而於短期間內尚不易得到澈底之解決』。並未作如林氏所云『一部份則是不能解決的』一語。此亦諸君可以覆按者。某記者詢以目前中國軍事一般情勢是否嚴重？張參事答稱：我國目前軍事情勢，確趨緊張。早在本年五月底長沙戰事初起時，政府發言人即宣稱，日寇在豫湘兩地之蠢動，含有狂妄野心。六月間又稱倘日寇兵力能深入我國，必更西進。吾人近來雖未強調情勢之嚴重性，但實已早見及此。政府深願國人對日寇之每一攻勢，提高其警覺，但並盼能力持鎮定。在戰時一切不應有之張皇宣傳，皆適中敵人之詭計。日寇以後無論如何掙扎，已不能挽回其最後崩潰之趨勢，此則前已言之。吾人既繼續抵抗，並竭力撐持，一待盟方之以全力赴援，則最後勝利之獲得，自無疑問。桂林地勢特殊，軍事佈置完畢，敵人來犯，必予痛擊。

## 王雲五就國共談判問題報告後
## 說軍令統一實在不成問題

【中央社重慶十六日電】參政員王雲五、胡霖，於十五日下午聽取關於中共問題商談經過之報告後，向大會發表意見。王氏略謂，今天聽了林參政員和張部長的報告，我把它們歸納起來，最重要的問題也是問題癥結所在的地方，只有兩個：一是政權公開，一是軍令統一。政權公開是中共所提出的，其實不但是中共所主張，我想全國人民也同樣的主張，而國民黨和政府也是一再宣佈他們還政於民的決心。軍令統一，是政府所提出的，當然這也不但是政府的主張，也是全國人民的主張，就是中共也是贊成的。因爲中共四項諾言的第四項，也是明白申言十八集團軍願意在軍委會管轄之下，接受軍委會指揮。在林師長彪的四個條件之中，也有服從中央的字樣。在西安中共代表所提的意見中，也有這一條。今天還聽到林參政員懇切坦白的申言，中共決心實踐四項諾言，這就是說軍令統一也不成問題，今天已由林參政員口中懇切地表現出來了。在這兩大原則之下，一個政權公開，一個軍令統一，雙方都願意，都沒有異議，從這兩個原則之下去求解決，那有不能解決的問題。此外，對政府方面，我願意提出下列兩點：第一剛才聽張部長報告，政府對這個問題的解決，確實是採用寬大的政策，我個人很希望政府在寬大之中，更能寬大一點。第二現在即使不能實行眞正的憲政，但是希望能够進一步向憲政的路上走。對於中共方面，我們也有兩點意見：第一中共所提出的各項意見，有許多在原則上我都贊成，但是我個人的意見，很希望中共在實際上能够有事實的表現，剛才張部長的報告說，軍令統一是一個大問題，照我在上面的申述，這個問題實在不成問題，不過我們很希望多多在事實上表現出來。第二，我很希望雙方商談之後，能够一個結子一個結子的解開，不要一個沒有解開，又增加另一個。關於條件問題，我還沒有把這些資料細細看過，不過總希望結子不要增加。胡霖略謂，今天上午林參政員的報告，下午張部長的報告，非常確實。參政會同仁都是在中國政治界多年的戰士，到參政會報告要以公開坦白的態度，因爲理論宣傳到參政會沒有用。政治界戰士的參政員，不是宣傳可以動搖的，每一位都有獨立判斷，我們不是審判，但都有判斷能力。本席並武斷的說，不僅是參政員有判斷的能力，抗戰以來一般老百姓智識程度增加很多，所以老百姓也不是可以欺騙，不是强論與空詞好聽的話可以欺騙的，一定要看事實根據，這一點本席感覺慰快，就是今天能够知道許許多多事實，我們將根據這些事實——文獻，作詳懇之研討，同時本席在今天會場裏，有一個感想，就是雙方的意思，雙方的報告，各有重點，政府要求政令軍令統一，這個不僅是政府的意思，可以說四萬萬五千萬人公共的意思。中共的要求是促進民主政治，這個也不僅是中共的意思，而是四萬萬五千萬人民的意思。假如立刻實施憲政，這個「立刻」就要有相當的時間，因爲必須經過相當的過程。同時政令軍令的統一，也是絕對不是很快的可以做到的，中共舉出許多事實，這也是不能抹煞的。但是我們知道，中央並不是要立刻集中待命，中間有伸縮的餘地，雙方如都能拿出誠意，能够講通，中共問題是不難解決的。現在彷彿看到雙方的意見距離很遠，但是中央聲明絕不願意破裂，願意根據原來的意思向前走，政府方面剛才張部長聲明，也說政治解決的方針決不變更，還是繼續下去，所有中間枝節的問題，如果我們就事論事，用政治解決，就要用快刀斬亂麻，我們不失望，更沒有絕望。要知道民主政治最重要的就是忍耐，我們不是求痛快，一定要忍耐，以參政會來講，同仁都是對於政治相當努力的，如果雙方用得齊，我們願意以國民的地位來幫助，我想同仁一定不吝爲國家努力。

# 敵稱在中國大陸
## 建立了大戰略體制

【同盟社廣西前綫武本報導班員十九日電】我作戰部隊突入第四戰區和廣西省，省會桂林的前進防衛據點均落入我軍手中，確立了擊滅第四戰區的體制。由於我作戰部隊突入廣西省，我軍自四月開始河南作戰，以及嗣後湖南作戰中，所建立的北自洛陽，南至廣西北部，橫亘×千公里牢固不動的大戰略體制，成爲我國的重要基礎。有了這種基礎，就是進行百年的大東亞戰爭，亦會必勝不敗的。此次作戰確立了這種體制，現在展望此次作戰的特徵，作戰進展的情形，彼我甚於此種戰略體制的影響，其將來的前途。此次作戰的特徵：（一）此次作戰，在其作戰地區的廣大，其規模的雄大，擊滅交戰兵力的巨大，這幾點上是令人驚異的。給予反軸心陣營極大的威脅。（二）此次作戰，表示出依靠我們不可計量的實力。可以在我們所願意的時期和場所進行任何的大規模作戰。這次作戰顯示日本眞正的威力。（三）我們在大陸的主要敵人不是重慶，而是駐華美空軍。在衡陽失守前後，日軍在大陸已進入決戰階段。（四）我軍的作戰行動始終是以道義爲依據，而其結果，中國民衆欣然集中協助我方。由重慶的桎梏中解放出來的民衆通過再建家鄉的工作中，着着增强用來保衛東亞的戰力。此次作戰，對於敵國陣營的直接影響，大約有下列各點：（一）正面防衛重慶的第六戰區和第九戰區完全被破壞，而支撑重慶心臟部的第四戰區直接受到重大的壓力。更由於華南日軍出動，配合浙贛路路地區我軍的活動，使第三、第七兩戰區都受到重大的打擊。特別是作爲防衛重慶的核心而存在的第六戰區和第九戰區，都用盡第二綫的兵團。因此抗戰陣營現已處在全面崩潰的前夜。（二）大陸的宿敵——駐華美空軍在北方盤踞西安、漢中以西的地區。在南方，衡陽、零陵等一系列的重要基地被奪取，而且自我大楔子打入之日，即將其分爲東西兩部。中國海沿岸各地域在事實上已經沒有力量，困守於西南的美空軍的機能大概已減低。這次作戰，將使美國太平洋攻勢破產，這使我軍楔入作戰的戰略價值更有決定性。即敵將尼米茲豪語要發戒太平洋島嶼至中國大陸的交通路，企圖使大陸成爲日美決戰的主要戰場，並預言中國大陸的登陸作戰。縱使假定它們萬一依靠其物質力量，在中國大陸開始進行登陸作戰，但是由於此次湖南作戰的結果，美國以接近重慶的地區作爲基地，如果沒有飛機來援，將與我作戰部隊的堅陣發生正面衝突。物量的××，只有在戰門面被局限的島嶼，才能發揮其威力。但在中國大陸可以擴大戰鬥面，甚至彼認爲絕對的空軍威力亦會減少。由敵機一日出擊廿五次（總共有飛機百架），還不能阻止我軍進攻衡陽的事實觀之，亦可以明瞭此點。因此可以看出，現在在中國大陸進行登陸作戰，完全是空談。但是主張在中國大陸進行登陸作戰的空談家做出結論說：欲使日本屈服，就必需擊滅中國大陸的日本陸軍。然而敵人終要得到太平洋攻勢不能使日本屈服的結論。由此可知敵人是很失望。

## 合衆社重慶訪員等報導／日寇切斷中國大陸進展迅速

【同盟社里斯本十九日電】重慶合衆社特派員十九日報導：向廣西省東北部分南北兩路鉗擊的日軍已更有進展，將中國大陸切爲兩段的間隙已逐漸縮短。該報導稱：日軍由[illegible]東向西北方前進，其目標爲零陵南方九十五公里的灌陽，並通過佔領懷集，將桂林東方及桂林東南方兩部隊的距離，縮短爲一百四十四公里。日軍的進擊，使重慶統治地區與東部及東南部沿岸隔離起來，把直至今日能夠進攻日本運輸路綫的美空軍根據地的配置綫壓縮回去。這是日軍進攻的一個主要目的。重慶軍司令部的廣播，承認從道縣進攻的日軍，已到達永明及陳納德的重要基地江華。

另一方面，路透社電訊稱：重慶軍發表通過道縣的日軍南進部隊，曾被重慶軍一度阻止，其後更向南前進，其企圖爲從東南方包圍桂林。從廣東省西端突入廣西省的日軍，現已到達梧州北方的信都。

又美聯社電報稱：重慶軍司令部雖未正式承認，但已有不確實消息傳出日軍迫近桂林附近。

## 湘粵南北兩路敵 相距一百七十公里

【同盟社里斯本十九日電】合衆社駐重慶訪員報導從湖南、廣東向廣西前進的南北兩路日軍部隊逐漸會合稱：日軍隔斷中國大陸計劃中所餘的間隙，現在僅有一百七十餘公里，此一間隙是在桂林東方一百十餘公里的永明，至廣州西北一百三十餘公里的懷集之間。美軍在桂林苦心經營的飛機場，已被破壞。向桂林進攻之日軍左翼，已攻克永明。另一部隊則已從廣東進攻，突破廣西省境佔領懷集。上述一百七十餘公里的間隙設一旦丟掉，則從滿洲南至中國海的交通綫，將全被日軍控制。日軍隔斷中國大陸的結果，可以實現其東京至昭南間的直通鐵路的計劃。

## 桂林準備巷戰

【海通社上海十七日電】廣西省城桂林刻正準備巷戰，因在華中繼續攻勢之日軍已日益迫近該城，而援軍業已會集日前攻克之全州城（桂林以東）。此間截取美聯社訪員報導稱：居民已退出該城，各街道已築起綿石的障礙物。據美聯社駐重慶訪員報導稱：該城周圍高地陣地已架起重砲。日本訪員關於湘桂邊境形勢之前綫報導稱：一切戰略重要地點均在日軍手中，預料數小時即可攻入廣西省。涉及全州的佔領，由日方消息得悉：日本騎兵與機械化突擊隊進行如像在衡陽那樣的運動。他們迂迴重慶軍隊，然後突然出現於背後，該處重慶軍隊仍在忙於建築工事。全州位於湘桂鐵道以東約×英里，日本把該鐵道作爲戰略陣綫。該城有鐵道側線以及桂江聯繫桂林。沿廣州——賀縣路（廣州以北）日軍已開始攻勢，協助進攻桂林，業已越過懷集。這就是說：廣西與廣東之日軍先頭部隊相隔僅一百五十英里。倘使此二軍隊會師，重慶控制的中國各省即將被從北至南分爲兩半。

【同盟社里斯本十八日電】路透社駐重慶特派員，十八日就廣西省戰況及重慶軍防衛桂林之情形報導如下：日軍之機械化部隊，已從廣西省平原向桂林猛進中，但防衛桂林的重慶軍主力尚未接觸，重慶軍正構築防衛工事，桂林市民的疏散已經完畢。日軍在裝備上佔有絕對的優勢，日軍進攻似必須獲得砲、坦克及飛機的增援，但另一方面亦有對重慶軍有利的地方，這就是日軍的供給綫，已延伸至四百八十餘公里，從長沙到廣西省境的公路上，及一切交通綫的兩側，均有重慶軍不斷的活動。在桂林週圍，有數百巨大洞穴的高地，這些高地的任何一個，均可作爲天然的防衛要塞。

## 桂軍向我黃（岡）東進攻

【新華社鄂中電】桂軍又襲擊我新四軍貢東之部隊，正當第二次大山寺磨擦事件爆發之前三天，桂軍又曾襲擊我岡東部隊。我新四軍黃岡部隊，自六月以來，爲配合正面作戰，積極打擊敵僞，攻下敵據點孔埠、徐家河等處。桂軍則不但不配合我軍，打擊敵僞，反不顧正面戰場之危機，竟喪心病狂，和敵僞配合來夾擊我抗日部隊。茲在三台河圍殲我轉戰大江南北的抗日健兒，接着又襲擊我二區地方部隊。八月十九日拂曉，桂軍五二團以絕對優勢兵力，又襲擊我迴龍地方部隊。我爲避免自相殘殺，不爲親痛仇快，略事掩護抵抗，即行後撤。我戰士兩名在掩護我部隊撤退任務完成後，卒以彈盡力竭，寡不敵衆，乃被桂頑俘去。我戰士慨質問桂軍爲何放着敵人不打，偏打我抗日新四軍？桂頑在羞怒之下，竟將兩名戰士活活殺死，公理何在！此種殘暴罪行，當受正義人士之唾罵與制裁。

廣西頑軍開到岡東個把月，老百姓所受苦痛，不堪言狀。到陶店後，就修築碉堡，不管民衆收割忙碌，每天放着黃穀不能割，都要去做工，那個不去就要殺那個的頭。還規定每保送八棵長樹（一尺五寸圓周），三棵小樹和三百廿口缸。每保每天伕子八十名，每保每天菜一百五十斤，柴四百斤，油二斤，鹽二斤。廣西頑軍到那一保，就是十桌八桌由花戶湊柴、米、油、鹽，吃好的。在甲長家裏煮便飯他不吃。有一次，某灣一甲長給他們煮粥吃，廣西頑軍說：『你把我們當豬待』，於是發怒，把雪白的粥倒在地下，羣衆恨罵他們：『爲什麼雷不打這些強盜啊！』一月中間，岡東老百姓已經出了數不清的購槍費、擦槍費、情報費、撫恤費、慰勞費、電桿費、保甲費、鄉公所辦公費、鄉公所招待費、眷屬米等等。最新奇的是碉樓本是強迫老百姓做的，還要勒索碉樓費。以上這些捐稅，都一個也少不了。最近他們把捐稅名詞用完了，想不出什麼名目，只是到處下條子。在陶店八保陳家咀陳明森家，已下了八萬元的條子。孫福一家下了六萬元。在耀公鄉一家已下了十萬元。這些人家就是把今年收穫的糧食都賣完，也繳不了。現在岡東的農友們，都在喊着『我們再也難活命了！』

## 豫東國軍敵況

【海通社柏林廿日電】據中國報紙載稱，重慶軍四團共一萬三千人（內有何凱先（譯音）中將）打破其[illegible]誓約，並參加南京政府的軍隊。此四國軍隊駐於河南省之東部。

## 尼米茲廣播 即將進攻菲島

【同盟社里斯本十八日電】據芝加哥來電：美國太平洋司令尼米茲曾於十八日從太平洋某地，向目前正在芝加哥開會的美國在鄉軍人年會發表廣播演講稱：美軍將於最近開始進攻菲島，這一支進攻的部隊，將由麥克阿瑟指揮。目前進攻帛琉羣島及其他都是對菲島作戰的準備工作。除進攻菲島作戰外，美軍尚準備進攻日本，就中可能包括中國大陸甚至日本本國。但美軍應覺悟到現在還未與訓練優良的日本陸軍主力接觸，而對日作戰的前途，依然是遼遠的。

## 日德法西斯 續評魁北克會議

【同盟社東京廿日電】羅斯福、邱吉爾的魁北克會談，已於十六日午後閉幕。羅斯福大體如我們所預料者在接見記者時聲言：『關於行將到來的對日大攻勢，美英及一切反軸心軍間，已討論妥當。對德作戰何時結束雖尚不知，然而一旦結束，我們即將竭盡全力殺死日本』。對他們說來，魁北克會談可以說是劃了一個相當大的階段，即根據美總統祕書歐爾利發表的意見也可看出該會談涉及了（一）迅速結束對德作戰的方策，（二）美英荷加拿大戴高樂聯合對日作戰的準備問題。自然在這兩個大問題之外，如對波蘭方策、對巴爾幹方策似已被協議，甚無疑問，彼等是急於迅速結束對德作戰。（缺一句）敵美英會不斷舉行首腦會談，而加強外交謀略這在實際上也是他們作戰的一部份。美英與蘇聯雖合作對德作戰，但是如果歐洲作戰持久則英國將不了解爲何作戰，因而其焦急可說是已達到極點。此一姿態已現顯於邱吉爾的魁北克談話。而艾登的急忙去魁北克，以及勸告對德和平、緩和對德處理案等的傳說亦表示其焦急。關於對日本的大攻勢，邱吉爾所以聲言『誹謗英國不以全力進行對日作戰，是過火的』，無非是討好羅斯福，表明到了這個階段，英國要討好美國的態度，無可懷疑的，此次會談擬訂了具體的對日攻勢計劃，又在會談完了後，兩軍首腦間仍將繼續討論詳細的作戰案。然而在反軸心國對日作戰會議上，經常失掉體面的是重慶，因而照例地在此次會談中，對於應該成爲對日作戰主角的重慶，也冷淡地加以處置，僅聲言要把會談經過報告給重慶。又在此次會談中，美英亦曾懇請斯大林委員長出席參加，但斯大林以戰局微妙與忙碌爲理由，拒絕出席。在對日作戰中，美英爲獲得蘇聯的協助，絕不會放鬆對蘇聯的工作，因而我們也不應忽略美英在討論對日作戰的招牌下，拚命商討對蘇聯的謀略。

【海通社柏林十八日電】關於魁北克會議最後的內容不充實的公報，並非柏林方面很感興趣的來源。柏林方面深信：討論的東西比公報中所提到的要多些。顯然的，會議並未涉及政治問題。雖然艾登參加會議足夠證明會上曾討論到外交政策的種種問題。威廉街發言人稱：無疑地，德國與德國人民投降，也是討論的題目。而公報本身却集中在太平洋的戰爭的問題上。威廉街方面認爲：這與行將到來的總統選舉有關。美國特別是西部各州的廣大人士長期來即要求太平洋的戰爭應佔第一位。顯然的，選舉運動的晴雨表使羅斯福認爲利用這公報來安慰西部各州的投票人，是很聰明的事情。在公報中可以找到邱吉爾本人詼諧地提到英美某些意見的分歧。威廉街稱：邱吉爾的詼諧，只隱藏了英國害怕美國不僅想作戰，而且想爲他們自己在太平洋獲得戰利品。

# 參攷消息

（只供參考）
第六四四號
解放日報 新華社 編
今日出版二張
卅三年九月廿二日
星期五


## 敵稱緬北國軍內調 敵重視中印空運路

【同盟社湖南前綫二十日電】高柳報導班員二十日發。據最近傳說，蔣介石將調在緬甸北部作戰的昆明軍管區、雲南遠征軍管區所屬機械化美式重慶軍至中國作戰。美式重慶軍的總兵力，計擁有卡車的快速機動部隊達五十個師。據蔣吹噓已準備有一齊運輸三十個師的車輛。在此之前，即在昆明怒江戰綫上進行大量移動，現在在舊緬甸公路沿綫，集中有運輸十個師左右的車輛。在航空作戰方面，預料在印度的美第十航空隊將用於中國戰場，但亦如史迪威所想像的，僅是玩弄空話而已。只要回想美空軍在緬甸北部的活動即可充分證明。因此我們如果做一結論：十九（指昭和十九年）夏秋兩季的作戰，是使緬印、北緬、中國的三戰場結爲一體，因而形成了縱貫亞細亞大陸東南角半月形的單一大陸戰場。從緬印國境至華戰場實際上六千公里的大陸戰綫動脈，因最近中印空運路的擴充而受到威脅。本年三月，打破了過去舊緬甸公路每月最高運輸量的中印空運路，由於巨型運輸機的增加，後方工廠，航空、保安施策的加强，克服了一切缺點，現每月繼續上升，八月的運輸量約爲三月的二倍。我們對中印空運路迅速增强，所以必須重視的理由就是因爲：敵人在緬甸北部屢次使用的空艇部隊作戰，可能亦大規模的積極的用於大陸戰綫。因此中國戰場與印緬乃至緬甸北部戰場，已經分爲兩個獨立的平面，而聯結這兩個平面的綫就是中印空運路。所以必須改變過去的看法。敵人美國在太平洋已深入我心腹，以此橫衝直撞的物質力量攻勢的激烈程度，將這條綫變爲平面。美軍更與擴充空中動脈相配合，更企圖打通公路，並極力企圖夾擊我軍鐵鉗的騰越。此外並由雷多、保山兩方面進行活潑的空運路建設工事。大陸統一戰場的形成，就是中國戰場的急激的『美化』，亦是依靠物資的『決戰場化』。敵人美國一方面將大規模的軍隊與物資動員至前綫，同時將驅使重慶軍至戰場，強迫的進行對日出血作戰。最後的決戰，現已接近大陸。

## 西江敵陷雲浮 謂距桂林七里半

【同盟社華南前綫廿日電】攻克敵第一百五七八師根據地肇慶，並在西江南岸一帶包圍殲滅敵軍的我精銳部隊，此後更繼續西進，於十七日渡過新興江，十九日拂曉，包圍敵第一百五十八師據點雲浮縣，至該日正午，我先鋒部隊突入該縣城，繼之各部隊，亦相繼攻入，完全加以佔領。現正在窮追向西潰退之敵，並有一部到達雲浮縣西方十公里處。

【同盟社里斯本廿一日電】駐昆明美空軍司令部合衆社特派員電稱：日軍向華南最大要衛桂林的進攻，更向前推進，已逼近該市七里半。又右翼的先頭已抵桂林九里之處。

【同盟社大陸前綫基地廿日電】包報導班員電，敵人已迫不得已用自己的手將建築的桂林要塞破壞。桂林航空要塞現在究竟呈現何種相貌？據偵察機的攝影及其他方面的情報，我們可以大概的看一下。在桂林的南方、東南方、東北方三處，有敵人的飛機場，其中西南方飛機場爲該地區敵人的主要根據地，設備頗爲完全，現在將西南飛機場稱爲第一、南方飛機場稱爲第二、東南方飛機場稱爲第三來將其狀態概括一下：第一飛機場，機場跑道（主跑道）長二千米達，寬一千六百米達，在其東面有長一千五百米達寬一千米達的補充跑道。前述之主跑道的周圍，設有相等於縱直徑（長方形機場中的最長一條直徑）的大圓形誘導路（飛機降落後即離開跑道按此路進入掩體），在誘導路上有大小無數的掩體群。主跑道西南方的高地，就是所謂航空要塞的心臟部，在山中險峻的地下壕內，設備有很完全的無綫電台，燃料彈藥庫等。第二飛機場，機場跑道長二千二百米達，寬二百米達，有主跑道，其誘導路像蝙蝠窩似的伸向西方山中，在山中挖有險要的天然掩體。第三飛機場有長二千米達寬九十米達的主跑道，跑道的西方設有數個半圓形的誘導路，在誘導路上又設有小誘導路，如同連結大小無數圓形的結節。在上述飛機場的附近，設置有許多燃料彈藥庫，衣糧廠，修理廠，資材庫，形成與過去航空要塞之美名，完全相反的形勢。

## 敵大本營公佈滇西敗戰

【同盟社東京二十日電】大本營發表（九月二十日十六時）。緬甸方面，怒江西岸地區我軍，正迎擊約十六個師的重慶軍，英勇奮戰中。該敵於五月中間以後，憑依獵孟、騰衝、龍陵等要衛，渡過怒江，企圖打通滇緬公路前來進攻。各方面的戰況與戰果如下：（一）獵孟、騰衝守備部隊，各予數十倍於我之敵以巨大損失，粉碎其攻勢。但獵孟守備部隊於九月七日、騰衝守備部隊於九月十四日，終於全體壯烈犧牲。（二）在龍陵附近，該地守備部隊擊潰十餘倍於我之敵人攻擊，而新抵戰場的主力部隊，於九月三日發動攻勢，擊潰該地週圍之敵，將敵壓向東側地區。（三）五月中旬迄今已查明之戰果（敵傷亡人數）：▲孟週圍約一萬五千人，騰衝週圍約二萬人，龍陵週圍約三萬五千人，其他地區約三千，共約七萬三千人，我方損失：陣亡約三千九百名。

## 全縣守將槍決

【中央社柳州廿日電】第九十三軍軍長陳牧農，奉命固守全縣，不料於敵寇臨境之際，竟擅自放棄陣地，貽誤戎機，最高統帥部極爲震怒，下令將陳氏槍決，今日已在前線執行。

【中央社昆明十九日電】糧食部長徐堪，總務司長楊峯志，財部田賦管理委會主任委員關吉玉，十九日午聯袂自渝抵昆，與滇省當局就今年度滇田賦徵實借數額問題，有所商談。

【中央社昆明廿日電】糧食部長徐堪廿日語記者稱：此次來滇主要任務，係與滇省當局就今年度滇徵購配額問題，有所商討。昨今與龍主席及陸兼處長作初步晤談，結果至爲圓滿。滇田賦、糧政兩機構亦決遵中央法令併爲滇田賦糧政管理處，由民廳長陸崇仁兼任，定十二月一日正式成立。

【中央社西安廿一日電】陝主席祝紹周今離省赴東路各縣巡視，約兩週後可返省。

【中央社西安十九日電】陝西省訓練委員會今正式成立，由祝紹周自兼主委，全省訓練工作將由該會主持。

【中央社柳州廿一日電】桂林掃蕩報總編輯鍾期森，由桂乘疏散車赴後方，車過蘇橋兩車相撞，不幸與其父同時殉難。

【中央社迪化廿日電】鈕永建在伊寧作一週考察後，廿日晨飛返迪化，日內或有南疆之行。

## 憲政實施協進會上
## 黃炎培促提早實施憲政

【中央社重慶廿一日電】憲政實施協進會廿一日上午九時假軍委會會議室舉行第四次全體會。到會員張伯苓、莫德惠、吳貽芳、王世杰、李璜、孫科、吳鐵城、陳布雷、張厲生、熊式輝、梁寒操、張道藩、洪蘭友、張君勱、胡霖、黃炎培、褚輔成、王雲五、孔庚、董必武、邵從恩、黃右昌、林彬、吳尚鷹、左舜生、傅斯年、周炳琳、蔣夢麟、錢端升、李中襄、達浦生、薩孟武、燕樹棠、張志讓、陳啓天、錢公來、梁上棟、江一平、李永新、及秘書長邵力子，副秘書長雷震等。由召集人孫科、王世杰分別主席，討論議案九件中，對於健全地方基層機構等問題，各會員均熱烈發言，作詳盡之研討。蔣會長於十二時半蒞會，與各會員共進午餐。席間蔣會長向各會員殷殷諮詢一切，並謂參政會議決有關實施憲政案件，希在會議中詳研實施辦法。旋致意各會員鼓勵知識青年從軍。中樞對於知識青年從軍，其待遇與遠征軍同，將來並擬予以提高。餐畢各會員於一時四十五分繼續開會，討論提案。迄下午三時半散會。茲將報告及討論事項誌次：（報告事項）（略）（討論事項）（一）錢會員端升、周會員炳琳提，人民個別的及團體的表示意見之權利，應再予充實以利憲政之實施案。張會員志讓提，建議政府修改戰時出版品禁載標準，以擴大言論自由案，兩案合併討論。決議原則通過。交常會研究詳細修正實施辦法。（二）黃會員右昌提，建議政府制定訓練縣公民行使四權方案，俾訓練與實際運用並行案，決議本案送交常會斟酌處理。（三）傅會員斯年提，並注意地方民意機關之土劣勢力案。決議本案針對時弊，請政府切實注意，並將各會員意見彙送請政府一併注意。（四）黃會員炎培等提，蔣主席在國民參政會報告可能提早實施憲政以後，本會應加强加速工作案。決議本案除已有決定者併案辦理外，交常會及各考察區辦理。（五）李會員璜等提關於公教人員之職業問題案，決議送交常會審議處理。（六）燕會員樹棠提調整基層司法以蘇民困而勵憲政案。決議由本會組織委員會詳細研討，擬具改進辦法，送常會斟酌處理。推江一平、錢端升、林彬、黃右昌、洪蘭友、張志讓、周炳琳七會員爲委員。由洪會員蘭友召集，並請原提案人參加。（七）國民參政會移送第三屆第三次大會建議案二件：一、馬參政員毅常等提修正五五憲草案；二、達參政員浦生等提爲促進憲政擬普及憲草研究以喚起民衆注意而利憲政推行案。決議送交常會。

## 同盟社稱參政會要求
## 沒收貪官奸商在美財產

【同盟社里斯本十九日電】據重慶來電，國民參政會於十八日提出下列一案，即要求政府與美政府進行談判，沒收貪官污吏及奸商在美國的三億元存款。

## 宇垣晤岡部王克敏

【同盟社北京廿一日電】逗留北京的宇垣大將，於廿一日下午五時赴華北政務委員會訪問王克敏委員長進行懇談，然後參加王委員長招待的會餐會。

【同盟社北平廿日電】來平之宇垣大將，於三十日下午五時偕板西利八郎中將，訪問岡部華北派遣軍最高司令官，經種種交談後，並出席最高指揮官所設之宴會。

## 敵修復黃河鐵橋

【同盟社平漢路某地廿日電】連貫北京與漢口的平漢路，其中大黃河以南與鄭州之間，被我軍進攻的重慶軍所破壞，即鐵軌被拆掉，路基被破壞。但河南作戰予此被破壞的平漢路以更生的欣喜，在再現連貫北京、漢口、廣州的中國縱貫鐵路上。負有重大的作用，四月十八日大黃河作戰後，鐵路隊的勇士們肩負重大使命，挺身於完成大黃河架橋工事，排除在華美空軍撤拗的妨礙，保衛長達×公里的大橋樑。而打通平漢路最感到困難的地方即大黃河的架橋作業，正在逐日進展中。黃河南岸通往鄭州的鐵路復向南伸展，每天以×公里的速度在迅速建設。七月初首次行駛的列車，於沿路民衆的歡呼聲中，由鄭州向××前進。從八月到九月，建設工作在不休停地繼續着。這樣，半身不遂的平漢路，其姿態的健全比以前更好。其完成安定中國民生與大東亞一太動脈的使命之日，將不在遠。

## 希臘要求保軍撤出希境
## 傳芬蘭與匈牙利等絕交

【英官方通訊社摩沙諾夫廿日電】開羅訊：保加利亞休戰代表隨同其軍事顧問列佐夫離開羅赴索非亞聽取保加利亞新政府的新指示。現還不知道保加利亞與盟國的談判是否將在開羅進行。倫敦希臘當局明確否認傳希臘政府代表一方面與威爾遜將軍另一方面又與保加利亞簽訂協定的消息，且根據該協定，保加利亞將繼續管理他們所佔領的希臘領土，一直到希臘正式接管時為止，希臘決無簽訂或甚至想也沒想過這樣的協定。此外還可指出：聯合國能與保加利亞簽訂任何協定的第一個重要條件，便是要保加利亞軍隊從其所佔領的希臘、南斯拉夫領土上立即撤退。

【路透社斯托哥爾姆廿日電】瑞典新聞社駐赫爾辛基特派員稱：芬蘭政府已與匈牙利、哥羅提亞及斯洛伐克斷絕外交及領事之關係。

【合衆社斯托哥爾姆廿日電】據權威方面消息：蘇芬停戰條款規定後，移動級在進行中。而蘇聯管制委員會請委員突於昨晚飛抵赫爾辛基並將首都中心之旅館完全利用，該委員會擬在芬蘭設立分會。據悉將包括英方之委員而無美方之委員。權威方面訊：該委員會將令因此兩次被創之國家，完全與外界隔絕為時至少兩月。據悉芬蘭瑞典間之全部船隻交通業已停止，自芬蘭前往他處之旅客已被完全管制。

## 德寇供認西方壁壘無用
## 吹噓強大德軍將阻止盟軍攻勢

【海通社柏林廿日電】「德意志世界日報」於一文中稱：如果敵人相信德國為了使盟國的進攻意圖陷於停頓，而僅依靠於西方壁壘，那麼它是誤解了德國戰爭的基礎、方法與實質，尤其是在戰爭的現階段。該報繼稱，在一九三九年，西方壁壘一反以前的任何常規，曾是最現代化的建築。西方壁壘在那個時代已達到了它的目的。但就在那時，德國已不再相信設防工事，因此種戰爭體系把任何工事僅看作基地。德國是够靈活來從過去五年戰爭的經驗中得出後果。在西方壁壘地區，現在結集有強大的德軍，正是在這個地方將得出決定的答案來。

【海通社柏林廿日電】倫敦訊，英國廣播評論員維伯特・佛拉薩於對東線形勢的著名評論中星期二宣稱：在綿延東綫的中心沿維斯杜拉河、華沙附近、東普魯士邊境及波羅的海國家，德軍均證明了德國防軍仍以很大的穩定與力量有組織地作戰。德軍得以阻止蘇軍在維斯杜拉河上的橋頭堡壘。雖然不久以前，好像蘇軍將首先進入德國領土，但東普魯士邊境仍在德軍控制之下。在波羅的海國家中，德軍得以使沿海道路暢通。德國人力的此種表示不應加以忽視。

## 日寇闢謠

【海通社東京二十一日電】日本政府發言人星期三日在記者招待會上駁斥自「消息靈通方面」傳出的謠言，根據這一謠言，葡萄牙政府已修正對日關係，並且正在考慮破裂外交關係，及派遣一萬葡萄牙兵士解放帝汶島。發言人強調下述事實，即日本對葡萄牙之誠篤友好關係已為日本對帝汶島葡萄牙委員會之和睦態度所證明，該委員會係在戴・大布爾瓦隊長領導下由澳門派至帝汶島。值此時際，政府發言人否認紐約所傳德國要求日本調解蘇德之間休戰的消息。所傳日本轉向美國與英國要求議和的謠言亦不屬實。發言人着重說日本為德國之忠實戰友，絕不背棄德國，並且直至美國與英國在戰場上被征服絕不放下武器。

## 波傘兵援助華沙

〔路透社倫敦廿一日電〕德國通訊社今日稱：波蘭突擊隊傘兵已爲「大量英美轟炸機隊」投擲於華沙。通訊社繼稱：所有傘兵均於光天化日下投下並在仍飄浮於天空中時被射擊。

〔英國官方通訊社廿日電〕由於蘇聯戰鬥機及高射砲掩護結果，連續未遭德軍空襲之第二日，波爾自華沙發出報導稱：蘇大砲及空軍繼續轟擊德軍在華沙區的抵抗陣綫。德軍正減少其大多數強固據點中的守軍，但在城郊若干處發見有德國新的機械化部隊。美空中堡壘星期一之遠征在華沙居民中引起熱誠。情緒已大爲改進，尤其是市中心北部，此處美空軍所投下之大多數供應品均被起拾。

## 美總統已下令部份復員

〔同盟社里斯本十九日電〕羅斯福總統，十九日致聯邦預算局長哈樂頓·斯密斯之書信中，指令爲了準備戰爭結束，政府各機關應進行復歸於平時體制。該指令要點如下：聯邦預算局應將龐大的政府戰時各機關加以整理，使之恢復平時體制，現在就有開始準備的必要。雖然歐洲的戰爭尚未完結，對日作戰何時結束尚未能估計，但開始準備調整政府機關的時期已經到來。當然恢復平時體制的工作的大部份，是在對日作戰終了之後付諸實行，但在進行時必須考慮下列三點：（一）整理戰時成立的機關及整理永久機關內部的戰時事務，（二）減少因戰爭而異常龐大的政府官吏人員：（三）行政機構的簡易化。

〔同盟社里斯本十九日電〕據華盛頓來電：由美英兩國技術家新聞記者組成的使節團，根據本國政府的訓令，爲調查普羅業什特油田被害情況以及關於今後恢復工作的進言，曾要求駐羅馬尼亞紅軍當局，至該地視察，但被紅軍當局拒絕，禁止接近油田地帶。

## 海通社評 攻德可能遲緩

〔海通社倫敦十九日電〕哈特在「每日郵報」的評論中寫道：「盟軍的眞正考驗正在開始。」據英國軍事批評家稱：德軍得以從法國撤退的部隊，其數量較盟軍所假定者爲多。這些撤退出來的部隊和從德國所新組成的部隊已經給德國以據守其他邊境的可能，這就不僅可以拖延盟軍活動，甚至給予最後防禦的可能。哈特更進而預料：如德國爭得時間並從而設法調來更多師團，則盟軍攻勢問題將變得更困難。這並將使早日結束戰爭的希望遲緩下來。盟國的問題並沒包含有時間與空間在內，但毋寧以時間對付空間。哈特認爲：盟國社會人士慢慢深信：戰爭將進入冬季，且可能超過冬季。

## 英拒絕羅遜王居留英國

〔中央社重慶廿日電〕據柏林十九日廣播馬德里訊：據接近英大使館人士消息，羅馬尼亞前國王加洛爾，親自向英國請求准許其遷居倫敦或英國其他任何城市，俾可就近注視羅馬尼亞未來事態之發展，英王答覆云：羅馬尼亞國王米琪爾曾作同樣請求，且已予以首先考慮，故英國似不可能同時接待一國之兩位君主，米琪爾諒於數週內可抵英，現僅待蘇聯軍事當局之允許即離羅首途。

## 同盟社稱 美人對蘇的疑慮

〔同盟社蘇黎世廿九日電〕魁北克會議將美國輿論轉至東亞問題是當然的。從此，蘇聯政府對於東亞的意圖如何就成爲他們主要的論點，這是不能忽視的。以下是其種種的論調，其內心對於蘇聯的意圖，疑神疑鬼地抱着不安，這是值得注意的。首先，一般的見解認爲斯大林委員長的主意是暫時仍與過去一樣，對於日本繼續嚴守中立，盡量使東亞戰爭拖長，借此逐漸增長蘇聯對於東亞的力量。美國輿論認爲蘇聯對其歐洲的隣國——波蘭、羅馬尼亞、保加利亞採取獨自的態度，而與盟國——美英的主意沒有關係。蘇聯亦有極大的可能在東亞採取同樣的方策。就是說蘇聯在巴爾幹各國特別是在保加利亞採取的辦法轉用於東亞。有的認爲：『羅斯福要求蘇聯更積極地幫助美國』，有的認爲：『有時可以用停止軍火和借法適用於蘇聯來威脅它』。有的卻相反地認爲：『此時在戰後問題上，給予蘇聯某種程度的諾言也是不得已的』。總之，美國報紙一般的論調對於蘇聯現在的態度表示失望和不滿，同時希望今後要改變。不管如上述的美國對蘇的見解如何，斯大林委員長不出席此次會議是證明他還無意變更對日政策。但是隨着今後歐洲戰爭接近結束的階段，美英特別是美國對蘇要求增至何種程度，將成爲將來外交界議論的中心問題。

## 蘇外部中國司司長 李法諾夫將來華

〔中央社莫斯科十九日專電〕蘇聯外交人民委員會中國司司長李法諾夫，即將奉命前來我國。李氏識中文，前曾訪華，在上海等城市逗留數年，深稔我國情形。對我國甚爲同情，素即致力於中蘇良好關係之建立。李氏任中國司司長已歷四年。年約卅五歲，健壯有力，乃蘇聯青年外交家之一。此等外交家刻已有代替老外交家而爲駐外大使之趨勢。李氏最近即將啓程前來我國，此行將在我國逗留數月。蘇聯駐華大使潘友新已出醫院，刻在莫斯科郊外某療養院調養中。

# 參考消息

（只供參考）
第六四四號
解放日報 新華社 編
今日出版二張
卅三年九月廿[illegible]日
星期[illegible]

## 美聯社電稱

## 要使蔣介石下野

### 重慶軍由史迪威指揮

【同盟社東京廿二日電】最近重慶政權對外宣傳稱：『重慶將與美、蘇聯相並列（按電文無英國——編者），成爲戰後支配世界的四大强國之一。』重慶的要人們，很自負的認爲此事已差不多爲英美所公認。但對歐洲戰況感到滿意的美、英首腦人士，正當對日作戰已進入協議階段時，卑顏老猾的羅斯福、邱吉爾的向[illegible]在其與日本進行决戰的大事業前面，不能始終沉迷於外交辭令，而已露骨地開始處理在美英對日作戰中重慶能做多大貢獻？能否驅使蘇聯參加對日作戰？如果可能的話，採取何種方法等問題。此種空氣已立即貫穿於美國言論界，最近數日來，美英兩國的輿論圍繞着魁北克會談的總[illegible]問題，用不客氣的話語，論述蘇聯與重慶在對日作戰所起的作用，以引誘蘇聯。特別是十八日美聯社的華盛頓電訊，發表了一篇大膽無敵的論文，其內容：（一）爲了防止重慶脫離反軸心國，並防止對日包圍陣的大漏洞，有必要將重慶軍的指揮權掌握於史迪威手中。（二）爲了要使蘇聯參加對日作戰，就要擁護延安政權，動員延安軍作爲對日作戰的一翼。（三）爲了加强延安政權，使延安政權與重慶聯立，就不得不使蔣介石下野。最近美國對重慶的工作，特別是美國從華萊士訪華以來，突然表示對國共合作的熱心，犧牲重慶提高延安的地位，其眞正用意究在何處？是很清楚的。

【[illegible]】[illegible]

行的談判的目的，以爲把重慶中國變爲美國的保護國。『阿坦漢達斯』報駐倫敦訪員報導：根據紐約電……上述消息俱謂：『美認爲形勢實在是不妙。若干年來爲中國宣傳喂養的美國公衆開悉下列消息，殊爲震驚：第十四航空隊被迫破壞其在廣西的根據地，因爲美國在該省的全部作戰努力受到了危險。甚至許多美國高級官員對於盟軍必須在中國解决的問題，也只有些模糊概念。中國軍事形勢是這樣令人失望，以致許多美國較高級軍官刻正計劃親自訓練和裝備大量中國軍隊。此外，華盛頓尙流行着一種意見，即：若欲阻止日軍前進，則美國人現在必須被授以指揮在中國作戰的全權。關於此，提到有成立美國軍官參加中國聯合政府的可能性。史迪威將軍將爲這種參加人之一。目前史迪威只是一個中國政府的顧問，但據稱他較任何人都更加熟悉中國的軍人。

## 羅斯福稱

### 對中國軍事形勢不滿意

【路透社華盛頓廿二日電】（上缺幾段）羅斯福稱：中國軍事形勢是不滿意的。但美國官員正與蔣介石將軍密切合作。他解釋稱：當談到事件的不滿意狀態時，他首先是從軍事觀點上說的。

【海通社馬德里廿日電】卡薩萊斯星期三自華盛頓拍電給『新聞』報稱：時光過去，美國公衆失去了關於日本將受盟方迅速前進而被打敗的希望。中國方面的可驚消息（在新聞檢查取消後，這種消息已更多更多地源源而來）引起軍界人士極大關心，此間恐懼中國國內混亂情勢將引起新的戰事。過去僅在邊疆地區開始行動的蘇聯，現在繼在以蘇聯飛機、坦克及其他武器供應中國共產黨。另一方面還有一種威脅，即在日本影響之下，中國人或將被引導到分裂，而這是對盟方計劃不利的。

【德國新聞社柏林廿日電】據交換電訊社紐約消息：美國公衆對美第十四航空隊被迫放棄廣西省根據地，妨礙對日空中攻勢一事，特別感到煩惱。納爾遜和赫爾利訪華之行，因而就獲得其重要性。據從該處的首次消息說，他們有兩個特別使命。這些使命表示赫爾利少將關於訓練和裝備中國軍隊調歸史迪威將軍指揮一點將與蔣介石達到協定。納爾遜則在討論加緊供應物資赴華的措施問題。

【海通社柏林廿一日電】紐約訊：紐約先驅論壇報撰社論論述重慶中國形勢。該報着重指出在重慶中國境內，重慶中國軍隊與美軍以及中國人民在目[illegible]

滅了美國在重慶中國的各前進空軍根據地，並正在他們將來能粉碎盟軍在中國海岸登陸的企圖的各地點鞏固自己的地位。該報繼稱：日軍正行控制一條由北迄南縱貫整個中國的新的交通綫。該報於結語中指出：盟軍中的許多困難將於蘇聯積極參加對日作戰之時得以消除。並謂：目前盟軍只能在緬甸加強其努力，期望蘇聯人終將成爲理想的。巴爾的摩太陽報強調謂：目前重慶中國較以前任何時爲弱，而林德雷於每週新聞雜誌上撰文稱：重慶中國不僅衰弱而且日漸腐爛中。林德雷指出：蔣介石七年來對日作戰的聯盟正在破碎中。美國飛機越喜馬拉亞山運至重慶的這樣多的作戰物資，是被中國人藏着和浪費着，大部份租借物資並未到達中國軍隊的手裏，而是被中國人偷偷的賣掉。

一同盟社里斯本二十日電一由於皇軍在中國戰綫確實的進擊，似已使重慶的戰略地位益加危急。據重慶來電，重慶政權代言人張平羣，至二十日終於做下列聲明：現在的大陸戰況對重慶非常嚴重，這是不能否認的。重要軍事據點——桂林的地位亦已告急。但重慶軍正在極力鞏固桂林的防備。另重慶軍在中國大陸的地位已非常惡化，此事即在反軸心陣營中亦久已承認。敵方舍不斷宣傳要開始對日大攻勢作戰，因此非常懼怕肩負大攻勢重要一環的重慶喪失抗戰力，而從抗日戰綫上脫離。訪問重慶的納爾遜所以如此意外地迅速返國，是因向羅斯福及政府首腦報告重慶的地位已嚴重至刻不容緩，並勸告積極援蔣爲燃眉之急。

## 喪失桂林基地羣後 美軍將改變戰略

一同盟社廣州廿一日電一在華美空軍已知不能挽回桂林的危機，因而着手破壞其經營半載的飛機場，再次將主力撤往昆明。第十四航空部隊的合衆社訪員，亦悲痛地說：美軍含痛撤退桂林基地羣（在中國交通與戰略上非常重要），是此次戰爭最大的一次失敗。陳納德稍停於基地的黑煙前（以炸藥破壞），即行訣別而去。暴露敵人的莫大恐怖與狼狽。美國稱桂林爲「天之要塞」，對重慶民衆表示傍若無人的舉動，現一錢不值而放棄。美國的這一計謀，固然須予警戒，但不可爭辯的事實是：在華美空軍已不得不在戰略上來一大轉變。美軍已喪失桂林地區基地羣第一線基地的衡陽、零陵，而寶慶、梧州亦復瀕於危機，心臟部的桂林，現已完全失掉中樞基地的機能，因之剩下的細胞基地，其神經全被切斷，處於半身不遂的狀態。桂林基地羣的飛機場羣，曾被誇稱爲武器與科學的精華，現已慘淡地離開大陸戰史。這樣在華美空軍終於放棄由近距離轟炸日本本土，欲大量補給B29式機，從大陸全綫逃往內地。美軍已改變其作戰計劃，將過去敵後方基地之成都及其基地羣，作爲前綫基地，同時說明在致力懷柔延安政權，以便取得西北地區之基地羣。

一同盟社廣州廿一日特電一由於此次我皇軍絕妙的作戰，在華美空軍根據地桂林，現已遭受了重大威脅。爲了空襲日本本國，在華美空軍曾於本年三月把作戰據點從昆明移至桂林，以桂林爲軸心，在芷江、寶慶、衡陽、臨武、柳州、英德、南雄、鏡山、梧州、南寧、百色等地飛機場，設置大陸上衛星式的航空要塞。同時由於介乎以建甌爲中心的最前基地羣與以成都爲中心的西北基地羣之間，在補給或進攻上，均起着重大作用。在桂林有西南、南、及東南三個鼎足形勢的飛機場，並築有三公里到六公里的無數的遊動路。在東北方的屏風山，除備有電波探聽器之外，並在山腹掘洞，構築格納庫。三機場的主要跑道，且可起落B二九式飛機。截至今日爲止，美國僅在桂林的經濟損失，實已相當龐大，而爲此使用的重慶勞力，也在數十萬以上。使用着重慶之血的美國，不僅在這裏以全力建築飛機場，同時還設立訓練重慶軍隊的機關——美式參謀學校，藉以放下美國制霸大陸的基石，伸張其野心，因而美國的愁慮實不無掩飾。設若桂林喪失，美空軍將被迫轉移據點全面地後退，而陳納德的戰略，亦因而澈底被粉碎，其心痛情況可想而知。

## 重慶設法延緩危機

一同盟社上海二十二日電一前後進行兩禮拜的重慶參政會，完全暴露了抗戰中國所鬱積的內部矛盾的尖銳化。■蔣介石在其演說中，力說抗戰最後的勝利及國家再建的基礎在於國內的統一團結。此點因國共相對所形成的國內統一的困難，而成爲抗戰中國的最大弱點，亦可以說這是重慶內政上的一個瘡物。國共交涉從今年五月以來，相互在抗戰與國內統一團結的面目之下開始接觸，但雙方在自己腹中均包括着爭奪中國政權，因此雙方的相對是不可能消除的，其理至明。過去每當交涉陷於決裂之際，延安方面則提出實行民主主義與憲政。重慶方面則提出軍令政令之統一，作爲握手的前提條件而不相讓步。雙方並機變的進行宣傳。蔣介石在參政會席上，就所謂交涉遲滯的主要原因——十八集團軍問題，提示了軍事與供給兩方面的意見，但亦是以軍令的統一爲前提條件，所以談不到是解決方策。參政會閉會後的對策，現尚不清楚。此外，在參政會上曾討論了許多的重要案件，但每一案件均在立即動搖着抗戰體制的根本，包藏了重大危機。重慶對此究竟如何處理？重慶政權明年度的施政方針及計劃案內容現在尚未發表，但從參政會對政府的提案加以判斷，不難想像重慶將以（一）密切加強對英美蘇的外交關係；（二）實行新幣制制度；（三）逐漸實行民主立憲以逃避危機，進行抗戰施策，但僅是一種逃避的政策而已，因此亦只能延緩危機。所謂『新幣制制度』，是對目前經濟形勢的一種應急措置。又所謂『向民主立憲前進』，可從此次會議中觀察，乃是不得已緩和國內矛盾與不滿的辦法。重慶儘可能延緩抗戰體制的崩潰過程，在此期間密切與美英蘇的關係，以轉變國內的關心，利用國際形勢打開這一危機。

【同盟社東京廿二日電】重慶舉行的國民參政會，由於露出些民主主義的動向，以及通過了各種民主主義的提案，所以外表看來似乎可以變為一個自由民主主義的議會的樣子，其實這也都是事實。華盛頓方面對於參政會的這一趨勢，有一種過火的觀察，即認為其結果將發展到蔣介石的下野。但在今日，蔣政權——蔣介石與國民黨——的勢力，還不是那麼薄弱。自然，蔣介石式的這個在三民主義旗幟下有了廿年歷史的國民黨，恐已勢難挽回其實力。另外，對於延安共產黨政權的力量，也不容輕視，其背後有蘇聯的間接支援，故最近更展開了政治攻勢。而此次參政會的動向，說明這兩種勢力的妥協已有某種程度的結果。同時也要看到成為誘導上述妥協媒介的美國勢力及美國輿論所給與的影響。蓋在此次參政會的背後，錯綜着蔣與國民黨，延安勢力和美國干涉這樣三種勢力。蘇聯勢力的特點，是不直接參加而專門通過延安。英國雖然也抱着實利的關心，但早已採取藏在美國背後的形式了。那麼經過這三種勢力相互鬥爭的這次參政會獲得最大利益的，首先要算是延安政權，其次為與美國直接接觸的重慶政權內極少的一部份人。這一事實說明了什麼？這在國際上說，就是蘇聯影響的增大，即意味着海洋國家的美國與大陸國家的蘇聯，在圍繞於重慶的競爭上，大陸國家也佔了一份。美國對抗這個大陸國家蘇聯的辦法，只除了美國在重慶統治區保有陸上的根據地別無他途，而美國所以不要求英國償還舊殖民地給重慶，就是為了想使用這個英國中國根據地的緣故。美國必定親自要求獲取中國大陸上的基地。

## 林老董老表示 歡迎參政會視察團來延

【中央社重慶廿二日電】據廿一日新華日報稱：林祖涵、董必武對該報記者表示，彼等代表中共中央歡迎參政員冷遹、王雲五、胡霖、傅斯年、陶孟和五氏赴延安視察。

## 美國一週政局

【美國新聞處十七日紐約電】美國政治評論家佛蘭克林·台氏撰述美國一週政局展望如次：

美國總統競選運動，上星期進行不遺餘力。杜威正作由東海岸至西海岸之旅行講演，號召各方反對及批評羅斯福。選舉日期，距今尚有兩月，羅斯福必須於廿三日在華府予杜威以答覆。上星期羅斯福總統整週均在魁北克與邱吉爾舉行會議，暫與國內之政治問題及政治舞台隔絕。

杜威於競選演說中稱：『羅斯福之政府中全為倦怠與好爭論的老人』，未能解決內政問題，符合國內大多數民衆之需要，且未能解決工業與軍隊復員之問題。羅斯福總統對於此等責難，究將作何答覆，各方正紛加猜測。

杜威及其副手布瑞克對擁護羅斯福杜魯門之工業團體協會政治行動委員會，集中攻擊。杜威之專車，已於上週末抵太平洋岸，隨行之政治評論家以及新聞記者達六七十人。他們對於杜威之競選策略，頗表困惑，因杜威之大部時間，均在各州各城與共和黨領袖舉行會議，僅發表少數演說，且極少在公共場所出現。通常總統在作全國旅行時，均係每日發表簡短演說，並盡量設法與民衆見面。

紐約時報記者十六日自蒙大拿州發電稱：杜威係藉無綫電發表廣播演說，一般均認為其廣播演說，頗有努力。

杜威經歷若干大都市時，並未停留，然預料他稍緩將重返芝加哥、底特律等大都市，從事競選。布瑞克已在上週末開始全國旅行，他亦將訪問此等大都市。杜魯門不久亦將開始旅行。

美國礦工聯合會上星期在俄亥俄州之辛辛那提城舉行全國代表大會，譴責羅斯福政府，對於杜威則略加推崇。此種行動為該會主席路易士極力促成者。路氏為羅斯福總統之政敵，一九四〇年之選舉，曾圖擊敗羅斯福，[illegible]然大會中之若干代表，均謂他們將選舉羅斯福，且杜威迄今為止亦未表示彼是否歡迎路易士之『擁護』。有資格之政治觀察家一般均認為路易士自與羅斯福以及工業團體協會決裂以來，已失去力量與威望。

此外足以代表數週以來之政局發展者乃美國東北部傳統上屬於共和黨之緬因州舉行選舉國會議員以及州郡官吏恆早於其他各州，共和黨候選人恆以絕大多數當選。杜威聲言該州之選舉結果，足為全國選舉之預示，民主黨人則謂總因州並不能代表全國，因羅斯福迭次當選時，該州均傾向共和黨也。

衆議院將於十一月全部改選。自上星期佛吉尼亞州民主黨衆議員哈里斯辭職以來，民主黨在該院之勢力已減至百分之五十弱，民主黨刻有二百十五席，共和黨二××席。民主黨自一九三二年以來，即控制該院，（缺六字）然實際上因共和黨與極端保守之南方民主黨員獲得暫時協議之故，民主黨亦偶有失去控制地位之情事。

選舉中尚爲一項未知數，且可能極關重要者，乃軍人之投票。各州郵政寄出之選票以千萬計，其分配及計算選票之方式亦各各不同，如在全國選舉中兩黨候選人之票數極相接近，則何人當選總統，可能延至軍人投票完全點清之後，始能決定。而若干州之軍人投票，尚在選舉日二三星期後，始能點清。

傳各方對於選舉結果之猜測，仍有利於羅斯福，然共和黨謂競選結束後，情勢即將變更。

## 傳紅軍與波爾所部會師

【合衆社倫敦廿二日電】波蘭當局發表公報稱：蘇軍已渡過維斯杜拉河與波爾將軍在華沙之愛國軍隊取得聯絡。

## 救濟總署會議中國民黨代表要求救濟

【中央社蒙特利爾廿日專電】聯合國救濟善後總署第二次理事會議自十八日開會以來，即集中力量討論歐洲之救濟及善後計劃。中國問題在德國戰敗前或六個月後第三屆會議舉行前或將不予立即考慮，惟聞本年中國救濟計劃之預算不久將在華府提交聯合國善後救濟總署署長李門。本次會議不討論會員國要求之詳細計劃，而僅討論此項機構之一般廣泛原則。同時中國參加救濟善後總署之技術人員五十人刻已抵美，並將立即受處理戰後中國境內救濟工作之訓練。本日會議中，討論之最重要問題爲歐洲難民之供應品之標準問題。聞中國出席會議之代表堅持此項供應品之標準必須與給與中國難民者相等。聯合國救濟善後會議已接到救濟香港、馬來、緬甸、越南及荷印之預算。菲律賓則正待美國作最後決定。蘇聯代表對於波蘭及南斯拉夫之問題，在此次會議上担任重要職務。會上因意見之不同，致有若干遲滯情形，惟官方發言人本日表示會議當有迅速進展。此次會議定廿五日結束。

## 美國的經濟轉換問題

【同盟社里斯本十九日電】歐洲亞洲的戰局表面上是對反軸心國有利，則開始使反軸心國煩惱。關於這一問題的議論最近亦呈活潑，這就是說美國人民非常憂慮：當戰爭已迅速的接近結束，如果龐大的美國軍事生產沒有銷路，則美國的經濟前途將如何辦理？現在美國經濟界的人士要將戰爭經濟局部地轉入和平產業，但對這一問題，經濟界人士的意見並不一致，而且成爲軍需生產指導者間發生對立的原因。這裏應當注意的是美國個人企業的有關方面，已發出對美國經濟的將來不安定的呼聲。美國方面亦不能夠隱蔽對戰後經濟悲觀的預測。例如美國商務部內外貿易局的調查報告書說：「戰後美國將有二千萬人失業。」又聯邦準備局，在八月份的報告書中，向實業界發出警告稱：「美國戰爭經濟的膨脹，已超過限界」。綜合上述各種情報，在經濟景氣已經過去的今天，美國的經濟究竟如何變化？關於此事，消息靈通人士曾作如下估計：直至現在從事軍需生產的美國的大企業與經濟部門，必須大加縮減，其結果飛機生產將迅速減縮至過去的百分之五，造船工業將減至現在的百分之十。特別是飛機，是鋁的最大需用者，在此種關係上，鋁的生產因而減縮，鐵、鋼鐵、母機等生產，亦不可避免的要遭受同樣的命運。

## 傳邱吉爾赴莫斯科

【同盟社里斯本二十一日電】英首相邱吉爾於魁北克與羅斯福會談結束後，已斷絕消息。茲據情報悉：他爲了會見斯大林委員長，目下正於赴莫斯科途中。

## 同盟社稱三國會談將告流產

【同盟社里斯本十九日電】華盛頓電：在華盛頓頓巴敦橡樹林舉行的美、英、蘇三國會談，當初預定計劃進行，應於九日結束，繼續轉入美、英、重慶三國會談，但迄今仍不能結束，特別是最近英國代表賈德幹前往加拿大，幾致未進行議事。因此，在華盛頓政界一部份人士中，觀測三國代表間已發生重大意見的不同，而其結果美英蘇保障戰後安全的會議或將得不到具體的結論而告流產，此種意見日益有力。三國會議雖不知究因何種原因碰到暗礁，但赫爾國務卿於十九日接見新聞記者時，因記者團就此問題揪拗地提出質問，故不得已很難受地答辯稱：「這種會議可能有因不甚重要的問題，發生意見的不同，但是爲了調整這些意見，需要相當時日。因而完全不能預料，會議將於何時結束」。

# 參攷消息

（只供參考）
第六四六號
解放日報 新華社 編
今日出版二張
卅三年九月廿四日
星期日


## 美國白宮宣佈中國形勢危急

【德國新聞社阿姆斯特丹廿二日電】今日美白宮招待記者會上報告，中國形勢已公認危急。

【美國新聞處廿二日電】基督教科學箴言報十九日社論「中國的狀況」略稱：蔣介石本人已囑咐過，一切有事實根據的消息均可從中國不受新聞檢查而放行。現在當中國軍事的命運不是在其輝煌成績中光榮奪目之際，委員長表示了這種力量。緬甸的情形確是日益見佳。而且目前美軍橫渡太平洋的前進定將予長期受難的中國人以對於他們希望的確實支持，這種希望即盟軍將及時在中國南部海岸登陸，並大舉擊退日軍至其本島。但邱羅陸海軍首腦在魁北克必已現實主義地考慮到，當盟軍在該海岸登陸時，他們必須面遇什麼。

【美新聞處十七日電】巴爾的摩爾太陽報十四日社論略稱：我們聽說魁北克會議論題大部分為對日及太平洋戰爭，真的，在這些日子，當我們對太平洋上敵人的主力進攻日益增漲之際，討論日本問題當是最合時宜的。現在，在日本的島嶼中集中着強硬的、危險的、帶有威脅性的軍事力量。在亞洲大陸上，南面有中國政府一方面英勇抵抗日本，但另一方面與有力的中國戰士們（他們一般的被稱為中國共產黨軍隊）並不協調一致。

## 敵稱佔領德慶

【同盟社華南前綫廿一日電】現在窮追從四會、肇慶方面潰敗之敵（第五十九、第一百五十六兩師之一部，約一千人）的我軍，廿日夕進至西江左岸要地德慶側背，至夜間十一時突入該市市內。德慶最近為敵第三十五集團軍司令部所在地，在廣州西方三百廿八公里。為防衛廣西，阻止我軍進攻的前衛陣地中樞，佔領此

地在軍事上有極大意義。

## 同盟社傳蔣令死守桂林柳州

【同盟社廣東二十日電】據重慶情報，傳蔣介石已命令桂林柳州兩地區的警備司令，堅決死守守備地區。上述中國西南最大航空基地的桂林柳州，在日軍進攻之前已瀕於危殆，此種情況蔣介石本人亦已承認，同時蔣介石亦知道不可能守住，遂強制的令廣西軍阻止日軍，採用犧牲廣西軍保存其嫡系軍的毒辣手法。過去曾將第四軍長兼長沙警備司令張德能及其他將領，以敗戰責任之名處死刑之事例甚多，桂林柳州兩警備司令官，將忍受此種悽慘的戰鬥，其踏着陣亡或死刑的前車之轍的命運，正日益明顯。現在廣西軍首腦之間，對蔣介石此種冷酷辦法的不滿與反感的空氣，正日益激化。

## 桂林的喪失影響尼米茲登陸計劃

【同盟社里斯本廿日電】合衆社隨美軍第十四航空部隊記者指責喪失桂林根據地，不僅會影響美空軍的活動，即對尼米茲進攻中國大陸的計劃，亦會發生重大影響稱：由於第十四航空部隊放棄桂林根據地，對於橫斷太平洋並在中國大陸登陸與陸軍握手的尼米茲海軍，便喪失了一個前進的重要跳板。本預料日軍於佔領衡陽之後，沿粵漢鐵道向廣東方面進攻，但出乎意料的向桂林進攻了，沿中國主要鐵道湘桂綫，開始進攻西南，此一進攻開始於八月卅一日。根據第十四航空部隊的報告，日軍現距桂林還不及四十八公里，兵力約有數萬。其主力沿湘桂綫前進，另以別動隊掩護側面，留在後方的重慶軍亦被包圍。另外日軍並於九月十日從廣東省開始向西進攻，業已深入廣西省，其兵力相當強大。據美消息靈通人士稱：上述日軍的兩大進攻，均甚迅速，其攻勢且逐漸加強。日軍一部先鋒部隊在可能通過的地方，並使用小型坦克。日軍的進攻，非常穩健，僅遇到輕微的抵抗。日軍確已在東北方與東方突破桂林防綫。根據上述形勢，從桂林撤退的第十四航空部隊，一方面掩護殘留在後方的重慶部隊，一方面積極搗亂我軍的供應綫。但日本空軍，幾每夜都空襲退至柳州的第十四航空部隊據點。一般人士均認為即使從廣東方面進攻的日軍不進攻柳州，然而桂林一旦失守，東北方進攻的日軍，亦將給柳州據點以重大威脅。

## 龍陵敵又採取攻勢
## 敵謂擊潰國軍十師

【同盟社廣東二十二日電】據重慶來電，關於中緬國境方面的戰況報導如下：芒市（龍陵西南二十公里）方面的日軍，二十日下午突然採取攻勢，以數個部隊向該地北方及東方猛進，目下在芒市東方十三公里處展開激戰。重慶方面的數個重要地點，已被日軍奪取。

【同盟社怒江前綫廿日電】企圖奪回龍陵的敵第十一集團軍，由於我軍轉入攻勢，僅在半月內，即迅速陷於潰滅狀態，呈露敗色。敵新編第三十九、第廿八及其他第一、第七十六、第八十七五個師，曾於七月十七日聲言要在怒江舉行總反攻，爲一舉奪回龍陵，開始其包圍攻擊。但由於我軍近距離的殲擊，敵新編第三十九師迅速潰滅，其他四個師亦遭受了重大打擊。在我皇軍猛烈打擊下，敵派來的四師增援部隊，亦立即潰敗。自我軍轉入攻勢，至九月十五日爲止，在龍陵周圍，予敵之兵力損失已達××之多，使敵十個師兵力的半數，陷入不能再起的境地。加上奪回龍陵的野心遭受挫折與我之擊滅，敵第十一集團軍的混亂，現已達不可掩飾的狀態。

## 騰孟日軍全部被殲

【同盟社怒江西岸前綫鈴木・藤井報導班員廿日電】滇緬路上的我最前綫據點騰孟的守備隊，在敵人火砲轟擊下，與六十倍於我的優勝敵軍進行壯烈的戰爭達四個月之久，我軍孤立無援地進行英勇作戰，死守陣地直至一兵一卒，但是到了九月七日終於全體殉職。我軍在此困難的作戰過程中，因爲彈藥缺之，曾以小石代替手榴彈打擊敵人。八月九日以××人組織決死隊炸毀敵砲兵陣地，獲得預期的戰果。在八月中旬以前，敵遺屍六千五百九十一具，我方雖獲得飛機供應的武器彈藥和糧食，但是由於戰爭的消耗，我方兵力只有部隊長以下四十人，因此放棄夫部山陣地繼續進行最後的戰鬥。九月五日終於斷絕通訊聯絡，某部隊長打給上司的最後一封電報說：「由於考慮到通訊聯絡的斷絕，故預先報告戰況。四圍的形勢非常緊迫，正如屢次的報告所說的，人員、彈藥、糧食很缺乏。在此最後關頭，將士們不顧生死嚴格執行命令，竭盡全力進行英勇的作戰，但由於將官指揮的拙劣和無力不能滿足上司的希望，這實是憾事。」嗣後我軍將士終於全部陣亡，我軍在此四個月中使敵人損失一萬七千人以上，這等於我方一人殺傷敵兵廿五人，使蔣介石慨嘆：騰孟日軍守備隊英勇奮鬥的精神是值得全中國軍隊學習的。他讚美騰孟我軍的武勳。

## 敵稱雷多公路建築困難

【同盟社仰光廿日電】重慶軍雖然犧牲七萬餘人，但仍然積極打通雷多公路，該公路乃中印航路必經的地方，亦爲阿薩密鐵路的終點，該公路以武斯基亞爲起點，沿旣設的鐵路通至東南的雷多，更由雷多東南下，經過新比陽胡康地區的山岳、森林地帶，沿塔那諾河下行，通至馬因坎、卡斯因、莫加溫，路程長達四百八十公里，然後進入密芝那經八莫、騰越、龍陵，然後利用舊滇緬路通至昆明。該公路全長一千八百公里。現在雷多—莫加溫間已局部完成了汽車路。胡康地區因爲雨季(缺)除了夏季以外，無法使用。美軍亦考慮到這種惡劣的地理條件，拆掉印度不急用的鐵路，準備建設雷多—莫加溫間的鐵路，以後又計劃敷設密芝那—昆明一段的鐵路。胡康地區到了雨季，積水頗深，要用筏子往來於道路上，大部份是森林，這實是原始的地域，氣候、水土很壞，有很多的毒虫，由於不斷發生瘧疾而引起的勞動力的消耗，以及水災等天然的妨礙，亦須加以考慮。美軍利用機器的力量，另一方面動員中印豐富的勞動力，不顧一切犧牲，必定建設該路。縱使動員一切力量，每天亦難建築一公里以上，縱使每天能夠建築二公里，就要花費二百四十天才能建成雷多—莫加溫間四百八十公里的公路。同時密芝那—昆明一段是我軍作戰的地域。因此密芝那—八莫—騰越—龍陵—保山一綫與密芝那—八莫—那姆坎—芒市—龍陵—保山一綫同樣是沒有建成希望的。敵人計劃的第三條路綫是由密芝那直接連結騰越、保山之綫（三百公里），但是高黎貢的高峯，怒江和湄公河的水是自然的障礙物，因此現在立即着手建設該公路，最少亦要三年始能完成。

## 敵機襲西安新市戰果

【同盟社東京廿二日電】我機於廿一日上午襲擊西安、新市。在西安空戰中，擊落敵P四七式飛機三架並擊毀地上敵P四七式、P四〇式飛機六架。在新市與敵P四〇式飛機卅餘架作戰，將其擊落一架。同日下午，敵機來襲霸王城附近，我方將其廿八架中擊落和擊傷九架。故廿一日在華北的綜合戰果是擊落敵機十架，擊傷敵機九架。

【同盟社大陸基地二十一日電】報導班員電：駐華美空軍二十一日以數

機轟炸機二十八架的聯合編隊，來襲黃河鐵橋附近。該處之我戰鬥機隊，以少數飛機奮力與敵機交戰，擊落P四七式機二架，P四〇式機四架，擊傷P四七式一架，P四〇式機二架，共擊落擊傷敵機九架。我機安返。

## 豫東陳文新部一旅長投敵

【同盟社鄭州十五日電】豫蘇鄂皖四省邊區綏靖公署自九月一日在許昌成立以來，對該邊區內的敵人陣營之影響極深，很快的就有敵方之一將領參加我和平陣營。此即汜東挺進隊（總司令陳文新）、第二旅旅長兼第四團團長，在此次河南作戰時，即感到抗戰的無意義，當皇軍進攻時，決不顧上級之命令，採取靜觀不動態度，當看到綏靖公署成立，即決心偕部下四個團約一萬三千人參加和平陣營。該團長於綏靖公署主任李雨霖中將，同爲東北軍系，經此次參加我和平陣營，使汜東挺進隊的兵力已陷於自然崩潰狀態。

## 傳紅軍向土邊境前進
## 蘇境有德將七十名

【海通社伯爾尼廿一日電】巴塞爾新聞論巴爾幹及近東的形勢稱，紅軍向土耳其邊界前進以及英美通訊社同時關於達達尼爾問題蘇方對土耳其的要求之和善的公告，是和蘇聯對其他近東問題表示强烈興趣一點符合一致的。在過去一星期中，莫斯科首次開始了與敘利亞、黎巴嫩及伊拉克三國政府的外交關係。

【路透社莫斯科廿二日電】此間電台今日稱：現共有德國將官七十名居於蘇聯。

## 蘇報斥芬助德軍逃跑
## 路透社稱芬閣改組

【合衆社莫斯科廿一日電】蘇方報紙一致譴責芬蘭協助德軍逃出芬境，破壞休戰條件。蘇聯紅海軍報稱此事實難忍受，並要求芬蘭須絕對無條件履行全部休戰之條件。蘇消息報稱：每日每時之光陰皆極珍貴。

【同盟社莫斯科廿一日電】駐在芬蘭之德軍將計就計，從芬蘭撤退成功，此事非常刺激蘇聯。二十一日之蘇聯各報，均一齊抨擊芬蘭政府的『違犯休戰協定』，各報評論要旨如下：（紅艦隊報）稱：芬蘭政府不顧休戰協定，竟援助德軍退出芬蘭領土，對此實無法容忍。因而蘇聯要求要嚴格地並無條件的履行一切休戰條款。（消息報）芬蘭政府××××××（電碼不明）協助德軍從容地退出了芬蘭領土，蘇聯國民不能忘記。芬蘭政府多年來利用其地理位置，不斷威脅蘇聯西北國境。（眞理報）據柏林廣播稱：德軍在芬蘭政府協助下，已退出芬蘭領土，因而蘇聯政府要求芬蘭政府，立即履行休戰條款。

【路透社斯托哥爾姆廿一日電】赫爾辛基官方宣佈：卡斯特霖現繼赫克澤爾職爲芬蘭總理，恩克爾爲外長，比幹門爲社會福利部部長，其他人員無變動，卡恩二氏不屬於任何黨派。

【海通社斯托哥爾姆廿二日電】此間自赫爾辛基方面獲悉：對芬休戰協定蘇方監察委員會第一批人員已於今日抵達赫爾辛基。該批人員由約十二位蘇方委員構成，由前蘇駐芬公使與洛夫率領。

## 美孤立派反對國際和平組織

【合衆社華盛頓廿一日電】反對美國參加國際和平組織的首要人物參議員惠勒，在參政院發請求批准頓巴敦橡樹林正在擬訂的安全計劃時，預示那兒有『一番鬥爭』，他宣稱：在最後和平條約尚未簽字以前，要擬就新國聯的模型是『可笑的』。又說，該項計劃交參院批准時，是否能獲得必要的三分之二的多數票，現在還未能確定。他斷言『這要看美國人民在有機會看到計劃內容時作怎樣想法而定』。惠勒促請『我們應該搜一點，直至確切知道英國和蘇聯的帝國主義的願望是什麼爲止。』

## 敵國設置地方防衛本部

【同盟社東京廿二日電】政府鑒於緊迫的戰爭，爲了宣傳我國本土的空襲及其他非常事態，認爲地方第一綫行政必需在廣泛的地域保持相互緊密的聯絡，並採取綜合一體的有機動性的運營，俾能採取善後處置，因此在全國九個地方設置地方防衛本部。大達內相在廿二日閣議上說明設置地方防衛本部的綱要，並得到決定。於是內務省立即通知各地方行政協議會會長、知事執行此項決定。地方防衛本部所相當的地域及其機構陣容大概以現行九地方行政協議會組織爲基礎加以組織。本部設於地方行政協議會所在的都廳，府縣。只有山口縣鑒於下關門地方的特殊情形，遂劃歸中國地方防衛本部與九洲地方防衛本部。本部長由地方行政協議會會長知事擔任。地方廳中幹別有深刻關係者，則按地方的實際情況，成爲構成員，而有關地方的軍司令部，鎭守府，警備府等的參謀長亦可作爲參預，參加地方防衛本部，使相互聯絡更加密切。

## 菲島傀儡「政府」對英美宣戰

【同盟社馬尼拉二十二日電】羅列爾總統於二十三日上午十時，在馬來飯館嚴肅地發表了對美英宣戰佈告：菲島國民在過去外國統治下的整個時代，爲了保護自己的自由與獨立，繼續不斷努力，爲了達到這一目的曾兩次發動戰爭，不斷的進行革命，一九四三年十月十四日，達到了菲島多年所企求的自由與獨立，共和國總統特向全世界各國聲明親睦與融和的政策，特別是請求美合衆國不得在國土上再度進行戰事，不得使菲島受到災害與損失。但美國及英國不顧這一要求，從空中向菲島的若干地區進攻，侵犯我共和國領土的安全，更殺傷菲島市民、破壞菲島人民的財產，使現在菲島已不得不處於擁護自己的獨立與捍衛自己的領土的境地，菲島共和國爲了保衛獨立與捍衛領土，與日本締結了以互相尊重主權與獨立爲基礎的日菲同盟條約，現在菲島共和國總統羅列爾，特發表宣言：從一九四四年九月二十三日上午十時，菲島共和國與美國及英國進入戰爭狀態，當此戰局日益激烈的今日，我衷心要求全菲島人民支持政府，向國家表示其忠誠。儘管我們現在體驗辛酸困苦，甚至最近的將來要遭受辛酸痛苦，但我們應堅固的團結起來，擁護菲島的自由與獨立。

【同盟社東京二十三日電】帝國政府於二十三日下午一時十五分就菲島對美英宣戰一事，發表下列聲明。情報局發表（九月廿三日下午一時十五分）（帝國政府聲明）：菲律濱國政府，已向美國及英國宣戰，當此大東亞戰局日益激烈，而且即將迎接決戰的今日，一千八百萬的菲律濱國民，爲了擁護菲島的光榮獨立，保衛祖國的本土，有理由拿起武器，此事在菲島的宣戰佈告中業已闡明之。帝國對此實亦抱有同感。菲律濱自去秋實現了光榮的獨立以來，羅列爾總統即站在國民前列，內則不斷整頓內政，外則與帝國及東亞各國密切合作，現更悍然站在擊滅美英的前綫，至此大東亞各國民族，已大和團結一致，從事於解放東亞的聖戰，實有史以來所未看到的盛事，而東亞的復興亦可指日可待。帝國政府衷心期望菲律濱國維持光榮的獨立，今後將更與該國加强聯繫，根據日菲同盟條約，不惜以一切協力與援助給予菲律濱，並進一步完成戰爭。擊滅敵英美，以期向大東亞建設之途前進。帝國政府於此特向中外表明其所信。

## 美任命駐波蘭流亡政府顧問
## 英機續向華沙投擲彈藥

【海通社柏林廿日電】華盛頓訊。羅斯福任命東歐問題專家拉福爲美駐倫敦波蘭流亡政府顧問。拉福現在哥倫比亞，不久即將由波哥大啓程赴倫敦。拉福曾任美駐貝爾格萊德公使，直至一九四二年時爲止。他在波哥大職務的繼任者，將爲前美駐拉脫維亞和愛沙尼亞公使約翰・C・威爾基。

【路透社羅馬廿二日電】英機廿一日曉曾作七百五十哩之往返飛行，自意基地起飛投下軍火及供應品予在華沙作戰之波蘭軍隊，此係英空軍之第六次投擲供應品，其中計有在意前綫獲奪之德彈藥，以及適用於波國軍隊對德作戰之槍枝。

## 傳格萊葉返北菲
## 將担任地方長官職

【海通社德黑蘭十九日電】阿爾及爾政界人士稱：法國第一屆臨時政府的兩位共產黨部長格萊尼葉與畢勞，因內閣改組失去部長職位後返阿爾及爾。他們將担任殖民地行政機關的工作。又據說其餘的前任兩位部長特羅昆爾與魁列請求担任法國地方長官的職位。

# 參攷消息

（只供參考）
第六四七號
解放日報 新華社 編
今日出版二張
卅三年九月
廿五日
星期一

## 美巴爾的摩太陽報說 國民黨支持不到歐戰結束

「美新聞處廿三日電」巴爾的摩太陽報廿二日社論，題『中國趕不上時間』，略稱，日軍向桂林前進以及美國空軍基地的破壞放棄，與目前其他戰場頻傳勝利的消息相反，構成了同盟國事業中一個嚴重的挫折。更糟的是日軍一路正從北面南下，據說現在與從廣東上溯的另一路相距已不及百哩，而該兩路的會合將切斷自滿洲國以迄南海的整個中國東部。如果不能設法阻擋住日軍，則可怕的前途即爲：當我水陸兩路並進的部隊向西進攻，終於光復菲律濱並向中國登陸的時候，他們就會發現日軍已佔有了海岸。這就是意味着登陸基地將以強力、或以相當大的代價奪取之。桂林的逆勢，造成對中國在戰爭中的地位作新的和現實主義的評價。據報華盛頓軍方及外交方面官員已嚴重的担心，深恐中國不能堅持到歐洲戰爭結束之時，不能堅持到我們能自由地給中國運去大量的援助品的時候。目前危機之大小，被利用作爲強調指出中國的缺點的機會。現在已經在說這些缺點了（有些過去是私下流傳的），如中國工業生產以可驚的速率下降，中國摩托運輸情形非常惡劣，有極危險的通貨膨脹，徵收賦稅的腐敗，文官太多，重慶政府內青年的血液不够等。某些將領不願作戰，因爲恐怕失敗，並因而失去面子。蔣委員長的國民黨與共產黨之間的內爭又起，而且公認重慶政府使用二十萬至三十萬軍隊封鎖華北共產黨地區，這些軍隊如果不作這樣用，就可有用於對日作戰的。這不是一幅美麗的圖畫。可是這也不是什麼新的東西。由於全世界對中國英勇抵抗日本七年之久的欽羨，在這兒，其內部的弱點是被很普遍地不加注意的，雖然這些弱點早成公開祕密，在東方已遐邇皆知了。事實是中國抗戰的特點在於抗戰是儘管有這些弱點而進行的。至於說我們對中國的幫助，迄今爲止還是比珍珠港以後，我們忙於動員我們的資源準備反攻而僅僅堅持西南太平洋戰爭較多一些而已。在這點上我們還是趕上了時間。在中國是否能重複那樣的勝利還是一個疑問，但是保證是愈加少了。

## 美國華盛頓郵報 要求改組國民黨政府

「德國通訊社日內瓦廿四日電」「華盛頓郵報」社論稱，「不能再維持重慶政府的現狀」。該報指出，現在更加清楚地表明，史迪威將軍在宣稱空軍只有在其基地爲強大陸軍所充分保護才能作戰時，他是對的。該報稱：重慶的中國人已不能給予此種保護。繼稱，改進軍事形勢的先決條件是重慶中國的更好組織。該報認爲：爲此目的，重慶中國政府必須在廣泛基礎上予以改組。美副總統華萊士在最近訪問重慶時，極力主張容納中國共產黨參加政府，這已不是祕密了。該報繼稱，赫爾利將軍現在亦將繼續此努力。

「德國通訊社亞姆斯特丹二十四日電」「紐約先驅論壇」報於評論重慶中國形勢中稱，蔣介石將軍接見納爾遜及赫爾利少將的結果，不應期望有生產奇蹟，該二人係奉命將重慶中國現有的工業力量致力於戰爭努力。該報繼稱，兩美人無疑的將提出一些建議，此等建議如被實行，將有所裨益。但眞實情況是：中國立刻可用的工業力量是微不足道的。重工業在沒有日本人的中國部份幾乎是不存在的。該報結語稱：在挽救亞洲大陸危難軍事形勢的任何行動中，此種不快實情必須予以承認。

## 敵駐華特務頭子吉田說 蔣介石將與日本安協

「新華社華中廿三日電」正當蔣介石孔祥熙高唱『日本已無害於中國』之際，最近曾視察華北及日本拜受第一流日本政治家與現在當局重大使命後返滬的敵寇駐華特務頭子吉田東祐亦於本月初在敵特主持的僞中報上連續三天發表所謂『重慶政治觀』的長篇論文與蔣孔異口同聲地高叫『蔣介石已不再怕日本的金融資本壟斷中國的企業了，他相信日本不可能征服全部中國，唯此時所怕者，是戰後的美國與戰後的蘇聯，而在選擇與日本安協的道路。』這不曾從反面證明了國民黨當局的『日本無害中國論』乃是敵寇異常歡迎的論調。吉田在這節論文開始時就聲明這是『日本當局』的意見，而且是最新的『情報』，因此更值得注意。他闡揚蔣介石的法西斯思想說：『蔣介石只要像在「中國之命運」一書中所說反對英美的自由主義，而擁護中國的國粹主義，他與親英美派間的思想出入，當然是不可以道理計的。」據他說：『重慶政權內部的國粹派，即何應欽領導下的黃埔系，陳立夫的CC團，張羣領導下的政學系一部份（政學系的另一部份則附和於親英美派）等很清楚地知道如果法西斯取得勝利，他們自己的專制獨裁政權，也將被打倒。同時他們對於大戰結束後以四大強國的勝利以奠定世界和平，也毫不以為然。』因為『他們認為無日本則無中國（指他們的獨裁政權），這批國粹派對日本並無不可解的仇恨，反而蔣介石，何應欽都是對日本明治維新歌功頌德的國粹派，不拘何時都想要和日本妥協。他們認為中國和日本是能真正妥協的。甚至認為中國加上日本的力量，可以對抗英美及蘇聯。』因此在國際反法西斯勝利的巨浪下，這批所謂『國粹派』正『覺得可怕。他們認為免除這一可怕的唯一方法，就是與日本妥協，與日本以牽制英美』。也就是企圖以所謂包括日本的『五大強國』代替四大強國。接着吉田着重指出所謂『國粹派也就是蔣介石「中國之命運」的信徒，他們的意向，是有理由同時當蔣介石的意向的。』他特別指出何應欽與孔祥熙這兩個所謂『國粹派』的領導人物，極力稱贊他們為『反共親日』的『能手』，至於蔣介石孔祥熙等高唱的『召開國民大會』『準備實施憲政』吉田認為乃是『一種烟幕。在這裏只是裝腔作勢的一種民主主義政策，也無非是環境逼迫，不得已而然的表示，心中却是憤慨萬分。蔣介石會明目張胆再三聲明，在抗戰時期，如不實行專制獨裁，則無法統治中國。歸根結底，他還是準備和日本妥協的。』據他說重慶當權者『蔣與日本妥協——這一決定時期，逐漸迫近了。情勢日益緊急了。重慶政權在不久的將來，非作最後的決定不可了。』

但是中華民族的命運，是不可能被獨裁的當權者所出賣的。連敵特吉田之流也不能不被他新近在華北華中所見到的敵後抗戰軍民的鐵的意志與強大力量所震恐。他說『中國共產黨領導下的抗戰武裝，是決不妥協的。中共隨時都準備着與妥協的重慶進入完全武裝對立的狀態……那時上海固然不必說，就是中國北部，也恐怕都將由延安政權來接替。重慶政權洞若觀火地知道，對於中國施行政治，延安遠勝萬倍，而且中國共產黨全是出類拔萃的卓越政治家。』他又引證敵駐杭州領事（米內山庸夫）的一段話：『蔣介石的個人勢力在統治着抗戰中國，這固然是事實，但同時不要忽略抗日心理的基礎，並非是蔣介石而是另外的一件東西，具體一點說，就是大衆的心理。再進一步說，就是民族心理。』因此在洶湧的爭取民族解放的浪潮和中共領導的堅強武裝前面，吉田不得不對敵寇及獨裁者作出悲觀的結論說：『決定中國命運的乃是以黃帝子孫為無尚光榮的中國人民。中日問題決非單純蔣介石國粹派等所能夠決定的……中國目前的時代，蔣介石是不能強制施行中國民衆所不願接受的政治的。蔣介石縱然願意面向日本方面來，但也決不能把中國民衆拖過來與日本提手言歡。如勉強這樣作，自己即有被國民驅逐的危險。』

## 同盟社稱 美國對重慶失望

『同盟社東京廿二日電』我軍於攻克衡陽後，復攻陷零陵，並進抵嚴重威脅桂林的最近處。另方面我一部華南派遣軍已衝入廣西省內，使桂林遭我南北兩方面的重壓。美空軍已拋棄重慶軍，實行全面的撤退，它破壞桂林地區基地群的各種設施。因之重慶軍大肆批評美空軍採取的態度，而其戰意愈加低落。雖然如此，但美國政府與輿論，還在露骨地攻擊中國抗戰的不力，如華盛頓某報竟痛加非難稱：『即使在歐洲戰線勝利已經在望，但不容諱言：盟邦重慶政權却在逐漸陷入深刻的窘境』。此次的大陸作戰，將完成分離大陸的漫長路線。若能完成此作戰，則在華美空軍很難在鐵路（指平漢鐵路、粵漢路而言——譯註）以東地區建設前進基地，美國同時尼米茲的『向中國南部海岸登陸』，亦將遭受作戰上的根本困難。美國在大陸的作戰指導方針，常是使重慶軍自我犧牲地進行作戰，自己則儘可能避免危險，此事自不待舉出桂林這樣的新鮮實例證明之。然而，重慶到了今天才表示不滿，實令人笑死。皇軍總攻衡陽時，城內的重慶軍揭着白旗投降時，美空軍突然轉變方向，以城內的白旗為目標，實行低空轟炸。而表示出悲慘的場面。重慶當局當已聽到這個事實。商討對日總反攻的魁北克會談最初完全不顧重慶，而目下在頓巴敦橡樹林舉行的戰後問題會議亦以美英蘇為主體。此次會議結束後，才舉行美英重慶的會議。美英熱心地使重慶停留在聯合戰線。（下缺）

## 同盟社稱蔣介石迫於形勢 將在廣西集中軍隊決戰

『同盟社上海廿二日電』我精銳部隊突破湖南廣西邊境，不斷奪取湘桂路上的敵軍據點，距桂林只七十公里，同時由於華南日軍由南方展開楔入作戰，配合北面的進攻，攻略中國西南部的作戰已進入正規的階段。日軍在進攻廣西的作戰中所表示的迅速進擊的情形，亦使重慶的外國新聞特派員報導日軍迅速進攻和事態嚴重的消息。即十九日重慶合衆社電訊稱：南北兩路日軍的距離已縮短為一百四十公里。這將重慶支配的東部地域從東南沿岸地域隔離起來。日軍企圖從東南包圍桂林，迫使以往可以用作襲擊日本艦船的美空軍基地後退。該電報悲鳴日軍切斷中國大陸的成果及美空軍必然的後退。他們自製的樂觀論於一朝一夕之間立即消散。美將聯軍對於事態的危急極爲狼狽。於是豪語「將日本炸成焦土」的美空軍司令陳納德不得不將其苦心經營的桂林空軍要塞自行破壞，而後退至柳州，佈置最後抵抗的陣地。據悉由於蔣介石嚴命死守桂林，全部市民已撤退，該市迅速成爲要塞。他們拚命鞏固防衛陣地，應付緊張的戰事。重慶大公報報導，重慶軍陸續將其有力的大軍集中於該處。又傳蔣介石欲將目前在北緬及雲南作戰的美國式的機械化部隊轉用於廣西方面，最近這些機械化部隊陸續回到中國，桂林一帶即將展開大陸空前的一大決戰。

## 國民黨對美宣傳稱 放棄控制留學生思想

【中央社紐約廿三日電】據中央社記者所悉，反對我國所謂「思想控制」最力之哈佛大學『美國防禦委員會』指導委員會，頃通過決議，對我國之決定重派留學生出國並取消美國評論家之所謂『思想控制』條例，表示慶賀。決議案稱：哈佛大學美國防禦委員會指導委員會，歡迎中國政府之聲明，即擬定辦法，使中國學生，能在一種情況下，到美國求學，使彼等能有一切便利，獲得受教育之機會。吾人深信此一計劃，係符合中美兩國之理想與最佳統傳。

## 三青團發動 智識青年從軍

【中央社渝廿二日電】青年團重慶支團部爲遵奉團長本月十六日在參政會上號召發動智識青年從軍，改良國軍素質，以增强反攻力量之指示，決積極發動川東南各地智識青年踴躍從軍。據悉該支團業已指派高級幹部及視導人員分三路出發，計第一路沿長江至巫山。第二路沿漢宜公路入川北各地。第三路沿川黔公路至酉陽秀山各縣，宣導各地智識青年響應團長之號召，踴躍從軍。

【中央社昆明廿三日電】滇鹽務局昆分局，定十月一日起舉辦全市計口授鹽，會同市府於九月三日起特請西南聯大學生六六八人，協助調查全市戶口，至十七日止，調查完竣，全市計有四五、九一五戶，二五七、八〇一人。

【中央社湘南前線廿一日電】湘省府頃將戰區或臨近戰區各行政督察區之專員及各縣縣長，一律改派軍人接充，指定每一行政督察區縣長負責發動轄區各縣迅速成立人民自衛隊，配合國軍作戰。並開第二區，已派×人兼安仁縣長，第五區謝××代兼益陽縣長，其他郴縣、宜章、茶陵、湘潭、衡山、永興等縣，亦均派員（下缺數字）。

【中央社渝廿三日電】外交界息：外交部駐新疆特派員吳澤湘，奉命調部，遺缺由我駐蘇大使館參事劉××繼任。

【中央社蘭州廿三日電】蘭市中中交農四行及儲匯局，頃已開辦黃金存款，按照牌價每市兩折合法幣一萬七千五百元。

【中央社泰和廿四日電】省黨部自新任主委陳肇英抵泰視事後，人事略有更動。執委會發表徐際唐兼長組訓處，前遇鴻兼長宣傳處，秘書長由胡鈍俞暫行兼代。監委會推匡昇字爲常委，各科室人事亦在調整中。

## 四聯總處劉攻雲談稱 推銷美布兩三個月內可實現

【本報訊】重慶商務日報訊：八月廿五日重慶的工商界討論鄉鎮儲蓄會上，四聯總處秘書長劉攻雲稱：「最近物價已有跌勢，正是穩定物價千載一時良機，總動員會議最近通過重要決議案，認爲平抑物價必由兩途：（一）將輸入美布配銷城市及鄉村，吸收鄉村餘資，此事預料兩三月內可實現，可吸收大量法幣回籠；（二）加緊推行鄉鎮公益儲蓄，在年底前，完成二百二十九億元計劃。此二步驟完成後，政府可以減發通貨，使財政趨衡，於平使經濟情況趨於穩定。」

又訊：據中央社九月十七日電：國民黨所謂『加强合作社組織』以推銷美布的工作業已開始，四川正在成立『合作工作隊』，先在二、三、十一、十二四專區『巡迴工作』，待有成效，再行推廣。

## 皖東國民黨反動派 進攻新四軍羅師

【新華社華中十八日電】我新四軍羅師巢北部隊，前爲配合正面戰場作戰，積極向敵僞進攻，曾於六月五日收復五十頭，六月廿七日收復土山孜，六月廿八日收復西山驛，而國民黨反動派一七一師，見我節節勝利，即趁我向敵僞據點活動時，在梁園一帶集結兵力，向我西山驛地區大舉進犯。計：（一）當我六月廿八日收復西山驛之次日，該軍即集合三百餘人，由梁園出動，將西山驛以北之上黃、下黃、前黃、後黃、土山梁、大卜家、小卜家、土山周等處村莊搶掠一空。（二）七月十二日，分三路向我西山驛部隊進攻，其第一路五一一團第一、二兩個營，由梁園出動，經胡城西南包圍西山驛。第二路有五一二團第二營及第三營兩個連，共二警出馬集出動，經土山孜直撲西山驛，三營兩個連則埋伏在梁園西南之路口，阻止我部隊向北轉移，並切斷我南北交通。第三路五一三團第三營，配合巢縣常備隊兩個中隊，由拓集出動，經烟燈崗進抵小崗嘴一帶，企圖待我部隊向該處轉移時，在此殲滅我部隊。我為顧全大局，避免衝突，當發現該軍向我軍進攻時，即向小崗嘴轉移，遭遇該軍埋伏，我當場犧牲第二大隊副周樹桐、排副韋典五、事務長夏炎三名，傷八名，被俘四名。

該軍於七月十二日佔領西山驛後，即在該鎮附近一帶大肆姦淫擄掠，以殘暴手段，鎮壓羣衆，捕捉我軍抗屬，拆毀我家屬住宅，我巢北負責人宣濟民同志家中住宅房屋拆毀無餘。我巢北支隊二大隊教導員丁殖民同志十餘間房屋全部拆毀。他母親的棺材被抬走，小王集街及附近油坊一座，則被拆房子卅餘間。民衆被捉住用刺刀刺死的有八人。該軍佔西山驛後僅三天內被其劫掠之村莊，即有小朱家、大朱家、澗白、徐小丁家、大小英集、大小韓、大陽、大夏、張沖、下全、上全、竹園等處。又八月十二日晨，國民黨反動派十縱隊一部三百餘人，附追擊砲二門，輕重機槍十餘挺，向我皖中含和腰埠地區進犯，並在腰埠大高家（腰埠北）、箱城集（腰埠西北四里）建立碉堡，有向我繼續進犯模樣。

## 同盟社一週戰況

【同盟社東京廿四日電】一週戰況：（一）中國方面：地上作戰：華中、華南我軍各部，繼續窮追敵軍，猛烈進攻。十三日佔領道縣，十四日佔領全縣。十八日我軍突破道縣南方的江華、永明及全縣南方涼亭一綫，繼續向桂林急速進擊。華南日軍於廿二日攻陷梧州。空戰：我航空部隊密切協助地上作戰，並襲擊西安、柳州、贛州等敵軍基地，使此等基地的使用受到拘束。此外又攔擊來襲的敵機，自一日至廿一日擊落、擊傷和焚燬敵機九十四架。（二）緬甸方面：我軍開始猛攻，包圍龍陵的敵第十一集團軍八個師，給予敵軍重大打擊，使其向北方潰退，於是龍陵於九月十日完全解圍，已與該地周圍的我軍守備隊（斷絕聯系已有兩個月）取得聯系。我軍使雲南遠征軍於五月以來的進攻受到挫折，並壓迫和猛攻之。（三）中太平洋方面：敵軍於十五、十七兩日先後在帛琉羣島的彼勒留島及安高爾島登陸。這與摩羅泰島的登陸相配合，使美軍突入菲律濱作戰的態勢更加明確。此次作戰的意義在於尋找距菲律濱島民答那峨約六百浬的帛琉以及摩羅泰島登陸，建築空軍基地，利用陸上航空兵力對抗菲律濱島的我航空兵力。敵人豪語雖有航艦百艘的艦隊大航空兵力，而仍出此一舉，足見敵軍戰法的慎重，在反面也可以說明敵人不敢使用艦隊的航空兵力向我強有力的基地航空兵力進行長時間的作戰。（四）菲島方面：二十一日敵有力機動部隊利用航艦飛機共五百架，分兩次空襲馬尼拉周圍地區，由於我機的攔擊，受到很大的損失。嗣後我方預料敵機又將來襲，故嚴陣以待。這說明敵人逐漸推進和整備陸上基地，同時亦表示敵機動部隊以西加羅林為中心進行活動。但是各地我軍予以迎擊，各個擊碎敵航空兵力。

## 同盟社稱彼勒留島斃盟軍五千

【同盟社東京二十三日電】帛琉羣島方面的戰況如下：彼勒留島方面，我軍仍然確保機場北側的高地及該島南端的陣地，並繼續進行英勇的作戰，使敵人受到很大的損失。敵人大砲飛機的轟擊，到了二十日已逐漸減少，敵人確實苦於砲彈、炸彈的缺乏。登陸的敵軍在此一星期中遭我不分晝夜的肉搏和猛襲後，極度疲勞，現在不採取積極的攻勢，似乎等待精銳部隊的增援。敵軍於二十二日下午轟擊機場北側的我軍陣地，企圖破壞我軍陣地，我方殆無損失；我軍果敢的防止敵軍前進，該夜進行果敢的肉搏和攻擊楔入敵軍陣地，並繼續震撼敵軍陣地。敵人除了最初登陸失敗的當天即十五日外，自十六日至二十一日的八日中，敵兵戰死者最少亦在五千人以上，坦克被擊傷一百二十輛以上，野砲被破壞九門，加濃砲被破壞十餘門，掃海艇被擊沉一艘，潛水艇被轟沉一艘，運輸船中彈燃燒者三艘，五十噸級的登陸舟艇被擊沉一艘，五百噸級登陸舟艇被炸傷二艘，此數尚未包括十五日被擊沉的滿載敵兵的登陸舟艇六十艘。安高爾島方面：我軍在敵軍登陸以來的六天激戰中，使敵軍受到很大的損失。現在還在敵軍飛機大砲猛烈的轟擊下，繼續以少數的兵力與優勢的敵軍進行決戰。特別是廿一日晚上可以望見該島各地敵軍發出的照明彈，這說明我軍壯烈地楔入敵軍陣地，攻擊敵軍，予以重大損失。

【同盟社西南太平洋廿四日電】正如過去已報導者，我航空部隊於廿二日早晨在菲律濱東方海面捕捉和攻擊敵有力的機動部隊，予以相當大的損失。嗣後判明的戰果如下：（一）敵大型航艦二艘中彈數枚受傷，中型航艦一艘中彈，甲板上的飛機約廿架被焚，重創中型航艦一艘，搭載的飛機數架被焚，另有巡洋艦一艘中彈受傷。（二）我機五架未返防。

# 參考消息

（只供參考）
第六四八號
解放日報 新華社 編
今日出版二張
卅三年九月廿六日
星期二




## 敵同盟社稱 貴州根據地正佈置中

【同盟社大陸根據地廿五日電】第一道防衛陣地正被粉碎之敵，當此以桂林爲中心的第二道防綫又頻於崩潰，柳州受到嚴重威脅時，不難想到敵又在貴州省附近開始其第三道防綫的佈置。據最近敵方的報導，證明上述估計正確的事情頗多：（一）以貴州爲中心大規模增設電話線。（二）建設由貴陽通至內地的道路。（三）設立以促進貴陽昆明方面的運輸業務爲目的的機關，以貴陽爲中心的電話線業已普及七十九縣延長至二萬八千餘哩、增加電話機九百三十架。另外關於道路的建設，業已着手修理滇緬公路雲南省內的一段，在寶山地區並動員十萬婦女從事該項工程。據聞美人技師均稱該公路爲婦人公路。又重慶交通部爲增强西南的運輸能力、並成立西南軍用物資督運委員會，該會委員共九人，此外只置美人名譽委員三名，美人顧問一名。

## 傳國民黨五個軍集中桂林 西江敵佔封川及都城

【同盟社湖南前綫廿四日電】隨着我軍由湖南、廣東兩方面的迅速進擊，湘桂鐵路受到嚴重的威脅，因此敵人更加狼狽。蔣介石害怕桂林失守予嗣後戰略的決定的打擊，所以似有決心付出重大犧牲，死守桂林。最近顯然將其兵力集中於該方面。即有美國式裝備的第九十三軍、第五、第五十二、第七十六各軍（第一級兵團），由四川雲南增援該方面，這些軍隊與第卅一軍都集結在桂林、柳州地區。又傳重慶軍機械化部隊及重砲部隊亦參加作戰，這是不可忽視的。敵人巧妙地利用桂林附圍無數的花崗岩，要將其變成半要塞，欲在我前面構成砲彈幕。其背後配備了空運部隊。美國陸上部隊不斷增强兵力，尋找突擊的機會。而我軍擊滅敵人的體制非常牢固，迅速强壓敵軍，我軍雄衛的作戰，將獲得新的戰果。

【同盟社里斯本廿五日電】美聯社駐重慶特派員於廿四日報導稱：重慶軍事委員會確認由湘桂鐵路上的全縣進發的日軍，已到達桂林東北八十公里的灌陽，並言明該部由這方面向西南前進，企圖由東北方包圍桂林。

【同盟社華南前綫根據地二十四日電】沿西江兩岸地區西進中的我部隊，二十四晨佔領梧州東三十公里的封川，及梧州東南方四十公里的都城。由於我軍佔領上述兩地點，廣州、梧州間的西江水路交通，全爲我軍控制。

【同盟社華南前綫基地二十三日電】西方戰綫的皇軍與由東北、東南兩方面進擊的各精銳部隊相呼應，獲得後援部隊後，立即轉爲攻勢，重慶所依靠的駐華美空軍在皇軍快速進擊的面前，自已破壞最大的基地——桂林，迅速敗退至內地。如果我軍席捲廣西，那末西南防衛體制的基礎已被動搖。以白崇禧、李宗仁、李濟琛爲中心的西南派將領喪失其唯一地盤，處在脫離抗戰陣營的命運。西南派各將領對於防衛廣西的態度，隨着我軍攻勢戰的進展，益趨複雜微妙，而蔣政權在政治上的動向，亦堪注目。

【同盟社大陸基地廿五日電】我精銳空軍，沿着西江繼續破竹的進擊，密切配合華南軍，尋求逃竄之敵，到處出動，予敵痛擊。即是說：我俯衝轟炸機隊於廿三日黃昏，發見敗敵五百，潰向羅定縣城（梧州南方九十公里）東北八公里附近之大路頂山中，當投以巨彈，將敵殲滅。廿四日晨，即攻擊該地東方五公里附近羅定江上潰逃中的敵船二艘，當被我機擊沉，約二百名敵人殲滅水中。又於同日黃昏——敵兵約三百名自羅定西方約二十公里處潰逃，被我反覆追擊，將其完全毀滅。復於二十五日晨，再次攻襲該地附近，焚毀燃料庫，此外並攻擊數百敗敵，予以巨創。

【同盟社浙江前綫二十三日電】浙江省方面作戰中之我軍，自十九日夜半起在溫州南方地區，攻擊敵第三十三師第一團與浙江保安隊第四團約二千人之兵力，追敵逃竄。在此戰鬥中，我方戰果爲：斃敵一百一十五名，俘敵十二名，我方損失計陣亡一名。

## 豫湘失陷糧食徵借不足 國民黨加强雲南徵糧工作

【中央社重慶廿五日電】糧食部長徐堪上週奉命赴滇洽商糧政，業已公畢回渝。據悉，現當三十三年度新糧開徵在即，所有徵糧及軍公各糧配額，均需商定，經徐部長赴昆與龍主席面商，當決定：（一）滇省本年度徵實額爲穀一百五十萬市石，徵借額爲二百一十萬市石，共穀三百六十萬市石。（二）滇省軍糧需數黃額，另發滇軍米四十萬大包，每包價格仍照以前定價辦理。（三）中央公糧三十萬市石，省級公糧四十萬市石，各國立大學員生食米六萬市石，全數由徵糧項下撥發。（四）滇省糧政賦政機構，決定照中央核價辦法合併改組為田賦糧食管理處，龍主席提請以現任田賦管理處處長陸崇仁担任，中央已同意，即由部提請政院任命陸處長，並定於十月一日就職。（五）雲南糧政局局長段克昌辦理糧政二年餘，備著勞績，對於滇省糧政及軍糧交撥業務，甚為熟悉，經財糧兩部呈請派為雲南督糧特派員。（六）昆明市糧食之調節及糧價之平抑，徐部長在昆已與陸處長妥定辦法，滇省本年收成尚佳，軍公民食可無問題。

【中央社重慶廿五日電】憲政月刊社今舉行第九次座談會，研討『土劣勢力干涉地方政治問題』，由該社黃炎培張志讓主席，發言有達浦生、董時進、李亞安等人，當就（一）土劣及其他勢力與地方政治之關係。（二）此種勢力干涉地方政治之情形，應如何予以糾正。（三）糾正方法，應以何種方式向政府建議三項，分別發言，或列舉事實，或提出具體建議，討論頗為詳盡。

【中央社重慶廿五日電】國府廿五日令：（一）兼河南省保安司令李培基，免去兼職此令。（二）兼湖北省保安司令陳誠，免去兼職此令。（三）任命劉茂恩兼河南省保安司令此令。（四）任命王東原兼湖北省保安司令此令。（五）財部秘書魯佩璋，另有任用，魯佩璋應免本職此令。（六）任命魯佩璋為財部國庫署署長此令。（七）任命難述韓署財部鹽政司司長此令。

## 國民黨對蘇聯又一媚態

【中央社重慶廿五日電】據美新聞處訊：舊金山二十四日電，此間華僑報紙『少年中國』日報社論稱：我國抗戰初起時，蘇聯供給我國軍火之數量，多於美英兩國所供給者之總和，此乃盡人皆知之事實；蘇聯受德國攻擊之後，為加強其本身之防務起見，乃停止接濟吾人，其處境自可諒解。自是蘇日兩國因各有在作戰上之要求，遂於『妥協』，此自蘇聯方面而言，實僅為保障其西伯利亞邊境安全之一法而已。中蘇兩國在遠東有綿長之共同疆界，吾人實應竭誠合作，華萊士副總統訪華時，曾強調中蘇合作之重要性，此舉實足以表現美國政府之整個態度。我國外交自從抗戰軍興以來，恆以戰敗日本之根本需要為基礎，吾人與蘇聯之關係，自非例外。蔣主席於最近之國民參政會中，曾堅稱加強中蘇友誼關係之必要，吾人與反軸心國家合作，乃既定之國策，當此軸心國瀕於衰竭之際，與太平洋有關之聯合國家均可乘此機會合作，此舉必有助於促進該區域之和平與秩序，並為戰後國際和平機構奠定強固基礎。

## 國民參政會對交通決議案

【中央社重慶廿四日電】國民參政會第三屆第三次大會，對政府交通報告決議案：交通當局在過去一年之困難環境中，對於中會預定施政方針及大會上次之重要議決案，凡力之能及，尚能付諸實施。尤以最近豫湘兩戰役中，各交通機關工作人員於倉卒間，配合軍隊之行動，作緊急之措施，如搶運物資，趕修工程，拆毀道路等，都不避艱險，完成任務。惟際此戰事緊急，勝利在望之時，各項交通事業之推進，及戰後復員之準備，尤須加重努力，迎頭趕上，僅就研究所得，分別提陳如左：（甲）關於運輸部門者：

（一）鐵路建設，關於天寶鐵路既於明春可望完工，切望把握時間，加緊趕修，不使再有延誤。黔桂路未完工程，亦宜加工修築，俾能早日完成，以應軍事需要。（二）中印公路為當前最重要之國際路綫，宜於可能開工之日，加速趕築，務求在最短期間，打通全綫，以利中印間之運輸。（三）中印公路打通後，各路運輸勢必陡增，尤以西南公路自霑益至都勻一段及川滇東西兩路工程改善與設備之增強，均宜早日籌劃，加緊進行，務使在中印公路打通前，將應行改進各點佈署妥當，俾與國際運輸量切實配合，以利交通。（四）現時東南與後方之交通，日益艱難，應請政府從速開闢東南航綫，以利交通。（五）欲求運價低廉，必使運輸通暢，而通暢運輸，必須致力於運輸綫設備之改善，及聯運業務之推廣，如此既可減少客貨之阻滯，並可縮短運輸時間，運價減低，物價亦可因之減輕。（六）各項交通器材，不可或缺，凡國內可能製造者，宜儘量加緊製造，以彌補外貨之缺乏。（七）川江航運失吉事項，年來時有發生，今後務望對於各輪船機件之標準，員工之技能，及乘客人數之限制，均應更加嚴格注意，以策安全。（乙）關於通訊部門者：（一）電訊材料，無論戰時平時，均甚重要，凡國內台廠可製造者，宜加速擴大生產，凡國外可能購運者，尤宜儘速內運存儲，以備反攻及復員之需，遇軍事緊急時候，特別儘先搶護。（二）一般人民通電，在不妨礙軍事進行之條件下，希能使其迅速與準確。（三）中央及地方各機關所設專用電台，經歷年取締，已有成效，惟現存者仍不在少數，務希再行減併，嚴格稽者，以防奸宄利用。（四）淪陷區內郵電員工，爲數甚多，凡查有失業及無附逆嫌疑者，希設法將其內移，以備復員之需。（丙）關於戰後交通建設復員問題：（一）戰事結束時，各淪陷區交通事業之接收與整理，亟宜作整個之縝密計劃，釐訂詳細辦法，俾將來接收時，有所依據，而免淆亂。（二）戰後復員及復興，均需大量專門人才，此時亦宜設法儲備。對於富有經驗之技術員工，尤宜設法安定其生活，勿任其離散改業，以備復興建國之用。（三）今後國家建設，賴在政府與人民合作。關於戰後航業政策，鐵路政策以及航空政策等，均宜釐訂詳細辦法，早日公佈，以便人民按照規定經營，俾交通建設，因人民之參加，得以迅速發展。

## 國參會批抨國家總動員會過去工作

【中央社重慶二十四日電】國參會第三屆第三次大會，對國家總動員會議報告決議如下：（一）過去物價管制工作，未能收預期之效果，推其原因，實由於有關各部門未能切實配合，作有計劃之推行，今後應力求改正。（二）總動員會議，過去管制工作，未能推行盡善，今後應加強總動員會議職權，尤應對有關各部門積極指導與密切聯繫。（三）各省管制物價機構，現實未能盡其管制物價之責，已成駢枝機關，總動員會議，應嚴密考察考核加強其工作。（四）過去管制物價，只於中央及各省會重要地區，略有推行，其餘各地並未收任何效果，影響物價殊爲重大，應加改正。（五）貼補政策，半年以來，已有相當成效，此後應再求普遍公允，並切實考核被貼補企業之業務。（六）財政政策與經濟政策應互相配合，本會曾有建議，政府至今未能切實推行，如國營貿易中桐油生絲等產量，日益減少，是其明證。（七）過去捐稅（尤其戰時消費稅）及專賣管制，商民交困，應力求簡化合理，以免苛擾。（八）抗戰以來，人力發動實屬不够，近來各地時有拒役拒徵風潮，即可證明。今後應努力宣傳開導，以符全民動員之旨，但不宜有法外之苛擾。（九）爲改善士兵及公教人員生活起見，應謀供應其生活所必需之物資。

## 國參會對粮食水利工作之意見

【中央社渝廿五日電】國民參政會第三屆第三次大會，對政府粮食報告及農林水利報告之決議如左（粮食報告決議案）：聽取粮食部書面報告，並聽取徐部長口頭報告，深覺粮食部過去一年間在各種困難艱鉅情形之下，對於粮政執行，粮價之穩定，軍工粮之供應，民食盈虛之調節諸端，尙能努力從事。惟查粮食儲運關係極大，同人等來自各方，觀察所及，頗覺各地因倉廒不敷，粮食之損失至鉅，運輸未能迅捷，粮食之供求亦不盡能適合，均宜嚴飭各省速謀改進，此外應切實加以注意者，尙有下列數項：（一）粮食品質關係國民健康，今後粮食運輸應儘可能多運黃穀，其必須運米者，對於保存應力求改進，勿使霉爛。對於粮食加工，不必全由地方包辦，至地方公益費，可由政府酌予貼補。（二）民食供應，對公教人員應盡量發給實物，貧苦市民應予平價供應，至一般市民，亦應採調劑辦法，由政府儲備大量粮食，調節供需，穩定市場。（三）對於違法失職之粮政人員，今後仍希嚴爲懲處，尤應事前多方防範，標本兼施，以期根絕。（四）目前全國粮價下跌，應盡量設法長期穩定，以安定民生，支持抗戰。（五）今年全國雖慶豐收，但來年粮產豐嗇未可預料，仍應積極增加生產，節約消費，寬爲儲備。（六）湘豫兩省爲南北粮食產量較多地區，皆被敵擾，影響殊多，粮食部應有更完善之補救辦法，並應迅速實施，爭取時間。（農林及水利報告決議案）：我國之經濟基礎，在於廣大無垠之農村，戰後工業之促進，對外貿易之強化，皆植基於此，而農林建設，又以水利工作之隆替爲轉移，此次政府對本會提出之農林及水利報告，對於粮食棉絲之增產，農業推廣，以及漁林畜牧水利諸設施，尙能擇要施行，尙有若干意見臚列於次：（一）農林經費，據上年度預算，在中央爲二萬七千萬元，若善爲運用，當可略有成就。但後方十九省市之地方農林經費，合計僅爲五千萬元，政府似宜寬爲籌措，俾赴事功。（二）農業之增產，除改良種子，防治病蟲害，及保持土壤，改良肥料等外，尤應於基本上先行注意農場經營之改革，及農具之改良（包括介紹新式農業機械，改良吾國舊有農具）。俾收工欲善其事，必先利其器之效。且現時政府正謀鋼鐵業之救濟，如能大規模製造適用農民使用之農業機械，一面得以大量消納過剩鋼鐵，一面得以發展農村經濟，誠屬一舉兩得之道。（三）耕牛爲我國農作之主要工具，抗戰以來，所蒙損失甚大，政府應切實注意耕牛之繁殖與推廣，尤宜及時注意復員時耕牛之儲備與分配諸端。（四）我國戰後外銷物資，仍將以農產爲大宗，政府應切實注意是項外銷農產物品量與質之改進。（五）歷年大型小型農田水利，賴有銀行貸款，頗有成績，惟以物價逐步上漲，工程預算日益增鉅，銀行頭寸有限，應付維艱，加以各方權責手續未盡協調妥善，遂致現時不但新工不能舉辦，即眞正在進行中之工程，亦多停頓，自有及時切實改進之必要。全國行政會議既有另籌財源之議，應即妥擬實施辦法，切實執行，並就各方權責與手續方面，再加研究改進，務求能以迅速解決當前之困難。（六）水利工程，必須先有各種正確水文資料，方可據以設計施工。歷年水利工作未能大量展開，多以此故。現抗戰勝利日益接近，戰後水利工作至繁且鉅，政府對此基本工作，雖已注意，但距普及周密之程度尚遠，亟應加速充實改進，庶戰後工作不致因此而展緩。（七）按水利法所列水利事業之範圍，包括頗多，政府已經設施，僅爲其中之一部份，似未能全面兼顧，此自爲戰時事實之所限，抗戰勝利之後，水利建設關係國計民生至重且大，而黃河長江等主要河道之管理與建設，尤關重要，應由政府責成水利委員會注意全面水利事業之整理規劃，以期戰後迅速展開，免蹈以往枝節散漫應付之覆轍。

## 英方抨擊史迪威戰略

【路透社倫敦廿四日電】新聞通訊本期直接抨擊史迪威將軍。該刊爲銷路很廣的政治週刊，爲斯蒂芬．金赫爾海軍中校所管理（他現爲獨立黨國會議員，前爲皇家駐華海軍軍官，並著有『西方文明與遠東』及『今日之中國』二書）。新聞通訊以前時常登載使人憂慮的中國『消息』，此次關於魁北克會議的整個一期，均集中於討論遠東戰略，並提出各方對遠東作戰有三種意見：（一）海軍封鎖說；（二）轟炸說；（三）陸上進攻說。後者主張主要的代表據稱即爲史迪威。新聞通訊企圖打倒所有三種理論，而提出其自己的建議，此建議即進行一系列的海陸戰以收復仰光、新加坡，繼即收復蘇門答臘、爪哇，獲取鄰近日本的基地；最後佔領台灣及中國大陸基地，自此可以海軍及空軍進攻日本。該刊特別譏笑陸上進攻之說：它舉出中國的脆弱爲說明此態度的主要理由。文內稱：『過去三年來，我們即警告讀者關於中國的脆弱，我們覺得我們有責任需要這樣做，雖然我對中國人民及其可敬的傳統亦抱有很大的尊敬與欽佩。無疑的，中國將有一日再度成爲偉大而統一的國家，但今天它的經濟是混亂的而且正受嚴重威脅，同時它分爲兩個武裝的營壘——國民黨與共產黨。中國除了不能生產近代戰爭的任何重武器及裝備外，這些經濟上及政治上的弱點，使它軍事上是很弱的。』因此，新聞通訊說，如果盟國企圖將日本的失敗大部份寄託在從中國所武裝起來的中國軍隊身上，他們將得到失望。並且以此作爲進一步的論據，新聞通訊．繼續說：『蘇聯對蔣介石政府的態度是成問題的，蘇聯不喜歡重慶方面對外蒙與新疆的擴張主義政策，莫斯科最近並透露出來，蘇聯不願國民黨把盟國送給中國的武器及供應品放在那裏的×××。坦白的說，英國或美國任何人都不可能說蘇聯在今後數年內對目前中國政府的態度怎樣。新聞通訊最後論及中國內地陸地交通的限制，即使雷多公路開放也好，它說：『這條新路在完成後也只有極有限的供應品能經其運輸，而在我們具有通重慶的公路時，我們完成了什麼呢？看一看地圖，我們距華北海岸還有多麼遠！同時考慮一下，此數百哩的距離間也沒有任何充分的交通線，尤其是在山岳區。同時想一想，在中國境內的百萬日軍。在開闢至中國陸上道路中盟國將得的唯一某些收益，將爲對中國人民的心理影響。根據這些理由，新聞通訊稱：如果史迪威的戰略被採用，那將是『滑稽可笑』的。並稱：史氏猛烈反對東亞總部的幾乎每個領導人物（美國的與英國的），爲此戰略而鬥爭。

## 納爾遜返美

【合衆社華盛頓廿日電】戰時生產局局長納爾遜已由中國返美。攜有蔣主席所批准之將中國工業力量用於對日作戰之計劃。據該局發言人稱，納爾遜一二日內將與羅斯福總統晤談，在晤談以前，暫不發表任何談話。據說納氏曾攜回其向蔣主席所提出及已經蔣主席接受之建議，其中心問題不外在使中國能以更多之力量用於作戰努力中。納氏希望年底以前再返中國，但尚無確定之計劃。納氏曾稱：他已目中國政府獲得良好之合作，並相信中國決在工業方面竭盡全力以貢獻於對日之戰爭，納氏係乘軍用機返國，途中共費六十三小時又半。

## 救濟總署多數代表不同意蘇聯建議

【合衆社蒙特利爾廿三日電】聯合國救濟善後會議的官員預測本次理事會將延至廿六、廿七日，主要待解決之問題爲蘇聯所提此次戰事受苦最深、作戰最力的國家有接受救濟品的優先權，但多數代表對此項提議多批評態度，認爲此事將妨礙總署行動的自由。聞蘇聯代表已向莫斯科方面請訓。總署署長將赴歐洲籌劃實際工作，或先在意大利開始。

## 傳保國與希民族解放陣綫簽訂協定

【路透社索非亞十七日電】（遲到）：保加利亞政府與希臘民族救亡陣綫組織已簽訂關於馬其頓與色雷斯的協定。保加利亞同意將這些地區的行政交給希臘民族救亡陣綫組織，但保加利亞軍隊仍在其邊境內『幫助希當局進行對該區德軍作戰』。希臘民族救亡陣綫則保證保加利亞人民的各種權利，直至日後決定將他們送回保國時爲止。路透社大陸觀察家今天寫道：因爲傳保加利亞與希臘政府簽訂這協定的消息是從中立國各首都來的，但希臘政府正式否認簽訂這種協定。並繼稱：所傳的保加利亞與民族救亡陣綫間的諒解，也不是眞的事情。

參考消息
（只供參考）
第六四九號
解放日報
新華社 編
今日出版二張
卅三年九月
廿七日
星期三

## 敵侵佔羅定縣城

【同盟社華南前綫廿六日電】沿西江南側西進的我有力部隊，於廿四日午前八時，完全佔領羅定（雲浦西南六十公里）。雲浦、羅定間的山地是華南產錫的著名地區，特別在大青山小青山，除每年產五百噸外，並出產錫，與雲浦同爲一大出產地。另外向鬱林南窮追潰敵的我挺進隊，於廿五日正午在廣西、廣東省境通門府，急襲敵陣地，給敵以重大打擊，並獲山砲二門、捷克機關槍十二支、無綫電通訊器一架，此外彈藥無數。敵遺棄屍體六十四具，我方無損失。

【同盟社湖南前綫廿五日電】與佔領桂林地方要地全縣同時，我軍更在衡陽西北擊潰敵第二十四集團軍的第一百軍及第七十四軍，一齊向衡陽、寶慶公路進擊。我各部隊從本月初旬以來，即將該方面敵主力陷於資江西岸，已經不可能逃走的敵第五十七師，逃入寶慶城內，前面受我軍猛烈的壓迫，後面遭受第一百師的督戰，遂進行反攻，這一期間正嚴重監視敵人之動向，並準備作戰中。我各部隊對逃入資江西岸險峻山中的第一百師主力，進行大迂迴作戰，將敵之退路切斷，在寶慶、祁陽地區即將開始殲滅戰。二十三日由新寧方面開始新行動的我有力部隊，不予敵人以對抗時間，一氣北上，二十四日拂曉活動於武岡附近（新寧西北三十五公里），以寶慶城爲中心的敵人唯一依靠的後方聯絡路要地——洞口之被我佔領，已在指顧之間，現我部隊正以洞口爲目標北進中，至此寶慶周圍的敵人，因我軍大胆的迂迴作戰，已遭遇到後方聯絡線被切斷的危機。這一出敵意表的北上切斷作戰，使守備寶慶的敵第五十七師及第一百師受極大的騷動。

## 敵稱將進攻柳州

【同盟社大陸基地二十五日電】我夜間攻擊隊於連續進攻敵反攻基地柳州時，於投擲必中的巨彈同時，並散發傳單，闡明我軍的作戰目的爲擊滅美空軍，寒透敵之心膽。傳單稱：我華南派遣軍爲了攻略美空軍基地柳州，正在進擊中。若美空軍撤往內地，繼續蠢動時，則我軍不論何處，皆將追擊而擊滅之。對於重慶軍，不變更過去的所言，即不協助美軍的不以爲敵。——華南軍最高指揮官。

## 敵襲溫州西南渚浦山

【同盟社浙江前綫廿六日電】溫州方面我軍於廿四日早晨急襲渚浦山（溫州西南四公里）附近的敵新編第廿一師第六十一團，敵××（缺）一百零三人之後，立即潰退。我方戰死三人。

【同盟社浙南前綫基地二十五日電】我軍夜襲麗水並毫未流血進入溫州，在中國西南美蔣的兩大根據地已被我軍消滅，我軍已移駐溫州城內及其周圍，現地部隊長並就此次作戰意義發表下列談話：（現地部隊長談）我軍佔領麗水，其後並佔領傳說敵人設有飛機場的溫州，此對浙東方面的美空軍活動，影響極大。從麗水到溫州的路上，是抗日的標語已較我們過去所看到的逐漸減少。說明了接近日本本土的地區，及在華中駐屯軍勢力範圍內的地區，中國民衆已不響應重慶的號召，而希望和平，實不勝愉快。到處所看到的敵人的戰鬥意志，亦高低不一，試舉一個例子，在進行夜襲麗水之時，在麗水城郊敵我進行手榴彈戰，敵人企圖最後守備縣城，被我下士官所俘虜的敵幹部，即將所攜帶的手榴彈拉開，與我下士官同歸於盡，這是敵人可稱讚的場面。駐華美空軍的頑強的活動亦應加以注意，各地的前綫士兵，均希望很快的得到飛機，甚至一架也好，此與我們的想法完全相同。從移駐溫州地區之後來看，在開始進入溫州後，重慶進行所謂「清野戰術」，居民將一切物資不留一件的貯存起來，但隨着日子的過去，居民雖然仍發生部份的不安定，但看到我軍秋毫不犯的現實後，遂抱安居樂業的希望歸來之人，日益衆多。

## 敵駐粵海軍掃清西江水路

【同盟社華南前綫廿六日電】敵人企圖阻止華南軍新作戰的進展，於西江要衝肇慶東方的羚羊峽一帶，敷設機雷，並投以各種浮游機雷與水中，拚命防禦西江。十二日夜，我海軍溯江部隊自某地附近開始行動，配合華南軍的猛進，十七日已突破羚羊峽敵機雷網，與進擊水路上空之美機，演着壯烈的對空戰鬥，二十三日已打開德慶東方十五公里處。羅定江口附近之水路，並向德州溪上游前進，開始行動以來，已打開六十餘浬的水路。其間在陸軍的協力下，獲得下列戰果：（一）處置機雷約六十個，（

二）滲流機雷一百零四個，（三）浮游機雷三十四個，（四）火藥六箱，（五）大小船錨九十個。

【同盟社華南前綫廿四日電】我軍於二十日攻克德慶時，曾繳獲敵野戰倉庫，及器材，倉庫現正在調查中。關於被服及其他軍需資材，繳獲的數量頗爲龐大，計有鋼盔四千頂，毛布二千四，便帽四萬五千個，蚊帳一千件，大衣五千五百件，套衣五百件，冬季大衣一萬一千件。

## 新疆省政府人員大批更動

【中央社渝廿六日電】政院第六七四次會通過任免事項決議案：（一）任命田昆山、楚明善、尙傳義爲蒙藏委員會委員，並將原任該會委員克興額免職。（二）湖北省府委員兼敎廳長周伯謹呈請辭職，應免本兼各職，任命錢雲階爲湖北省政府委員兼敎廳長。（三）新疆省府委員兼民廳長李溥霖，委員兼財廳長彭吉元，委員兼敎廳長黃如今，委員兼建廳長林繼庸，委員兼祕書長安文惠，應免本兼各職。委員邱宗濬、李英奇、乃孜爾、呂榮普、紀元章（加倫木汗）邱毓芳，應免本職。任命鄧翔海爲新疆省府委員兼民廳長，彭吉元爲委員兼財廳長，許道溪爲委員兼敎廳長，余淩雲爲委員兼建廳長。周昆田、張宣澤、阿奇燈、阿西木、劉秉德，太平加里木汗、於達爲委員，曾少魯爲祕書長。（四）河南省政府委員兼建設廳長湯子珍呈請辭職，應免本兼各職，任命楊道天爲該府委員兼建廳長。（五）任命李金丙爲寧夏政府委員。（六）簡派四川省政府民廳長胡次威，兼任該省縣參議員選舉監督。（七）任命陸崇仁兼雲南省田賦粮食管理處處長。張培光、楊天理爲雲南省田賦粮食管理處副處長。（八）任命段克明爲雲南省督粮特派員。

【中央社重慶廿六日電】政院張祕書長厲生，廿六日晨接見記者時，指示欲使明年度國家預算獲得有效控制，目前必須澈底管制物價，故自今日起至明年三月之物價，總動員會議將嚴加注意。記者叩以最近將來管制政策，張氏稱，總動員會議現擬草擬一方案，檢討工業政策及農業政策，並縝密研究如何使財政經濟取得有效配合。此後再參酌交通農林及粮食等中心工作計劃，決定方案之動向，一俟草就後，即於十月十日左右召開總動員會議全體會議，切實討論方案。

【中央社貴陽廿五日電】筑市定十月一日實行計口授糧，警局已將戶籍調查竣事，授糧證亦經製就。

## 同盟社口中的
## 重慶內部的深刻危機

【同盟社上海廿四日電】此次抗戰中國的參政會，討論各種重要問題，政府關於軍、政、經濟各部門的報告，暗示出抗戰七年來重慶抗戰體制內部醞釀着的深刻危機。重慶關於此次參政會的消息因爲受到嚴重的檢查，所以很難知道具體的情形。研究各種情報，可以約略說明如下：在經濟部門因爲物資不足和物價統制的激化，各種的施策碰到未曾有的困難。經濟部長翁文灝說，由於大東亞戰爭以來交通的困難和物價的奔騰，內地產業受到重大打擊，本年內地礦業工業遭受到空前困難的時候。在財政部門，內地通貨膨脹和物價問題成爲質問和攻擊的目標。參政會通過了希望政府設立關於管理外國借款和美國輸入的金塊的督察委員會，禁止財政部長兼任銀行總裁等案。這說明了重慶官僚的腐敗和一般社會道德低落的遠像。軍事部門的困難，隨着此次我軍的大攻勢，愈加激化，這是不言而喻的。蔣介石在參政會發表的兩次演說中，都强調在軍事上進入最困難的階段。特別不能忽視的就是軍政部長何應欽强調所謂「精兵主義」與粮食部長徐堪關於粮食的報告有關聯。即如徐堪警告不管本年度內地一般的豐收，而粮食的情況還不容樂觀，正如徐堪所警告者，何應欽的精兵主義的目的在於整備抗戰軍的態勢，以適應河南湖南穀倉喪失後的情況。新行之兵役法，亦根據精兵主義，將其重點放在徵收適合美式訓練與新式武器的知識階層上，以備對日決戰。蔣介石亦說：「一個學兵比得上十個農兵」。但其反面，亦可說是暴露了此種情形，即由於我軍的大規模作戰，使重慶失掉了穀倉，終於很難全面地供應龐大的重慶軍，由於强制收買，才能確保粮食。重慶嫡系軍尙且如此，因此內地一般民衆的困難情形，可說在想像以上。隨着物價的暴漲與通貨膨脹的激化，因而民心的頹廢與道德的低下，自勿用贅言。

## 南北漢奸記者
## 成立僞中國新聞協會

【同盟社上海廿五日電】根據中國戰時文化宣傳綱領，由中國系報紙四十六家及日本系報紙十一家組成的中國新聞協會，於廿五日上午十一時在外灘工商聯議會舉行成立大會。國民政府宣傳部長林柏生，大使館岸情報部長，松島海軍情報部長，三品陸軍情報部長（出淵部長代理）及有關各機關代表及新聞通訊社代表百餘名均參加大會。首先推選前北京政府財政總長李思浩爲會長，華北申報社長管翼賢、中央電訊社長郭秀峯，上海申報社長陳彬龢爲副會長。大會通過下列宣言後，正午由陳市長林部長在華懋飯店設宴款待出席大會的全部人員，下午五時散會。

## 國民黨在美發展組織

【中央社重慶廿三日電】據海外部訊，駐美總支部最近策動國外海員組織海員分會，經積極籌備，舊金山中華海員分會已正式成立。紐約方面積極籌備中，最近亦可成立。波士頓亦有華籍海員四百餘人要求駐美總支部派員指導組織，該部書記長黃伯耀最近即可啟程前往指導。

【中央社重慶廿三日電】據美新聞處訊，聖地亞哥廿二日電，聖地亞哥聯合日報日前曾首次刊載美境中國空軍受訓之特寫一篇內稱：中國空軍工程師廿一人在聖地亞哥統一飛機製造公司研究美國飛機製造之種種技能，他們軍齡多在廿五歲與卅歲之間，在中國空軍中之階級多為中尉或上尉，曾在中國大學中獲得工程學位。在統一飛機製造公司中之廿一名中國空軍工程師，乃中國工程師在任何美國飛機製造廠中之最多者。此外在美國東部十五家工廠中，尚有中國工程師六二人。他們來美係根據中美兩國政府成立之協定，其任務為在美國諸轟炸機製造廠工作，並學習轟炸機製造之理論與實際。統一飛機製造公司之華籍工程師，除自中國軍隊中領得之薪餉外，復在該公司經常領取薪水與普通雇員無異。

## 蘇軍已在芬北與德作戰
## 蘇保協定將在土京簽字

【路透社紐約廿三日電】據此間收得芬蘭廣播稱：芬軍統帥部宣佈，蘇軍已在芬蘭北部與德軍作戰。

【中央社重慶二十四日電】據柏林二十三日廣播，據斯托哥爾姆訊，赫爾辛基訊：芬蘭議會本日已三讀通過十九日在莫斯科簽字的停戰協定。

【路透社安哥拉廿三日電】土耳其通訊社本晚消息，蘇聯代表團大致不久即可到達安哥拉。此間消息靈通人士深信，其目的在參加同盟國與保加利亞間之停戰協定簽字。

## 芬內閣改組完成

【海通社斯托哥爾姆二十三日電】赫克澤爾政府辭職之後，芬蘭總統曼納林元帥已任命最高法院院長烏爾霍．約那斯．卡斯特倫為芬蘭總理。根據卡斯特倫建議其餘被任命的部長如下：外長卡爾．恩克爾，副外長伊爾馬里．阿爾瑪斯——馬爾托拉少將，司法部長馮．波恩男爵，內政部長希里萊，副內政部長埃米爾．維克多．魯卡，國防部長瓦爾頓，財政部長昂尼．阿爾弗里德．希爾托寧，教育部長卡萊．考皮教授，農業部長卡里考斯基，運輸部長薩洛瓦拉，副運輸部長發里，工商部長克里斯森．塔基，社會部長埃里萊，副供給部長雅魯．與拉。

## 索森科夫斯基將被解職
## 波流亡政府內部鬥爭尖銳

【路透社重慶廿三日電】波內閣一致通過解除卸職之波國防部長索森科夫斯基任波軍總司令。內閣之決議已由米科拉茲柯總理轉呈波總統，現候總統之決定。內閣之決定為此間波蘭民主黨與極端國家主義派長期鬥爭已達高峯之結果，前者之領袖為米科拉茲柯總理，他贊成與蘇簽定友好之協定，願與在蘇之波蘭民族解放委員會合作。後者反對向蘇聯及盧布林之波蘭讓步，以索森科夫斯基為領袖。索氏就總司令之職後，對於波軍可能發生重大影響。

【路透社倫敦廿五日電】波蘭內閣關於撤換反蘇波軍總司令索森科夫斯基提出一致建議後，關於撤換之事繼續遷延，於是波蘭領袖之間的緊張關係日益明顯，而蘇聯所主持的盧布林民族解放委員會則從而加強了。目前的對抗，是保持一九三五年憲法的結果。根據該憲法，總統拉茲克維茲有絕對的權力指他『僅僅對上帝及歷史負責』，並且，即令內閣決定撤換總司令，他有權力拒絕撤換。盧布林的波蘭人所反對的，正是這個憲法，其根據是該憲法顯然不民主。但總理米科拉茲柯則主張至少暫時保持該憲法，其根據是該憲法是他的政府掌權的基礎，而且是德國佔領波蘭之前，波蘭人民名義上同意的最後一個憲法。（缺）米氏與蘇聯談判之所以有很多成績，主要應歸功於他個人的民主觀點的不可爭辯的完整性。米氏復引拉茲克維茲致薛科爾斯基將軍之信，以之減弱了對一九三五年憲法的反對，拉氏在該信中許諾，不使用他的獨斷權來對付內閣的意見。但現在有越來越多的跡象，拉氏將不履行這個諾言，其作法可能不是乾脆拒絕撤退索森科夫斯基，而是提出條件，特別是提出要求允許反蘇的右派——『國民黨』份子參加內閣。此外據稱他堅求任命安德斯將軍為索森科夫斯基的繼任者。安德斯現在是意大利波軍總司令，他是以前波蘇發生糾紛後拉氏把他從蘇聯調至中東的，因此他不會比索森科夫斯基更為蘇聯及波蘭左派所歡迎。此間會提出的另一個可能當波軍總司令的，是華沙地下軍領袖波爾將軍。他以前雖然關於供應問題曾與蘇聯發生衝突，但現在似已與羅科索夫斯基元帥接觸，並與紅軍協同作戰。因此二者之間，波爾比安德斯合適。同時從英美努力幫助他的鬥爭加以判斷，英美及廣大階層較溫和的波蘭人都會歡迎的。然而基本的困難仍為總統不願在致薛科爾斯基的信中所默許的廢棄而堅持某種程度的行使其憲法權力。在總統以索森科夫斯基撤職的代價，要求國民黨份子參加內閣之討價還價中，據說米科拉茲柯現已提出反要求，即必須保證符合於民主手續（這業已促起內閣、尤其是總理的對蘇聯的和解政策）。所以形勢的關鍵仍為國民黨代表願否接受這種與其黨以前的路綫相反的保證，但此保證將無疑地不僅為許多波蘭人士且為英國外交部（它曾一貫表示對米科拉茲柯的政策之極强烈的支持）所要求。如果他們拒絕了，那麼總統也拒絕撤換索森科夫斯基或指定為人所接受的繼任者，或最令人滿意地把總統專制的職位空起來，則目前的危機似將達到最後的絕境，使得盟國無法繼續支持目前的波蘭政府，於是乎，或者轉過頭支持盧布林委員會，或者目前政府及總統的權力被溫和的份子所否認，結果一九三五年的憲法就解體了。

【路透社倫敦廿五日電】路透社外交訪員稱：索森科夫斯基將軍被撤銷其波蘭軍總司令之職後，波蘭內閣行將改組。據稱：波總理已對總統堅持要求於總司令撤職後接着改組內閣一層讓步。波蘭諸領袖現正討論內閣相當廣泛的改組問題。

【路透社倫敦廿五日電】波蘭電訊社稱，波蘭政府收到波蘭電訊稱：德軍企圖在離開波蘭之前，殺死集中營的一切波人。繼稱：波政府已通知各聯合國政府，以便與各國政府考慮採取何種步驟以防止此『可驚計劃』的執行。它們要求盟國戰爭罪行委員會派代表，當場調查德軍在波蘭所犯的罪行。

## 法國內軍被合併
### 法共要求建立民軍

【合衆社盟國歐洲遠征軍總部廿五日電】法國內地軍總司令柯寧稱：現合併於法正規軍之武裝內地軍，共達五十萬人以上，柯氏稱：內地軍阻止或挫敗布列塔尼半島及法國東南部之德軍，並迫德軍退出內地軍控制下之城市，使盟軍獲得交通自由，並便利盟軍勇敢向前深入。柯氏稱：現有內地軍廿萬人志願繼續作戰，直至德軍失敗為止。

【德國新聞社伯爾尼廿四日電】合衆社巴黎消息：法共政治局號召法蘭西共產黨人支持建立『民軍』以保衛『政權』。

## 意共影響日益擴大
### 解放區政情混亂

【德意志通訊社米蘭廿五日電】據羅馬所發表的消息稱：在意大利佔領區裏，已正式承認四十個政黨的存在。據『意大利新聞』里斯本訊：波諾米政府對於各政黨間的鬥爭與糾紛的束手無策，與羅馬目前的政治形勢有關。目前政府的主要困難是在工人中的不滿日益增加。現在盟國管理委員會允許政府每天增加一點（小數點）五里拉的工資，這種幾乎可笑的增加工資（它絕不能補償物價的昂貴）據說是因工人中的極大憤懣而引起的。據說：在最近幾天中，在羅馬與佛羅倫薩大街的牆上都貼着傳單，上面寫着這樣的話：『首相萬歲！』『法西斯主義萬歲！』。日益增加的失業、饑餓與一般的窮困大大增加了佔領區各地嚴重的政治緊張形勢。因『政府顯然無能控制形勢』，共產黨的勢力影響便不斷增長。共產黨代理人到處活動。

【德國新聞社廿四日斯托哥爾姆電】據『人民日報』稱：意新聞記者唐·史圖爾卓和美國天主教雜誌『佛羅利達天主教』同具一種意見，說英美替意大利共產黨開了道。該記者本人和所有意大利人對同盟國幫助的信念，現已完全衰退，因為在盟軍佔領一年之後，情況只有更壞。意大利人民失望了，而且他們對於將來沒有任何信心。記者結語說：因此，如果青年們都驟入共產主義的軍隊裏，殊不足奇。

## 德酋鄧尼茲
### 預料德投降後的後果

【海通社柏林二十五日電】德國海軍司令鄧尼茲海軍上將對威斯特發里亞北海區域之男女人民講演當前的問題。他說：在這次戰爭時期內德國工人迄今所做的成績在歷史上是空前的。這些成績或者列入這次戰爭中最大的偉業之中。這一切成績皆係不顧由於敵人空襲所造成的嚴重負担與困難所達到的。鄧尼茲海軍上將指出下述事實，唯有德國工人能夠表現此種英雄主義，沒有一個兵士或人民中間的任何一個人不深深地感激德國工人。鄧尼茲海軍上將論及德國海軍活動稱：德國海軍，特別是潛水艇的偉業，迄今是無與倫比的。敵人暫時的優勢不能絲毫改變這一事實。德國海軍司令說：一件事是確定的，德國海軍的精神是未被擊破的。水手們結合成空前所未聞的力量。鄧尼茲海軍上將說：這次戰爭沒有損失是不能進行的。然而這些損失產生了新的英雄主義與新的力量。鄧尼茲海軍上將遂後清楚地略陳：如果德國投降，對於德國人民會發生什麼事情，鄧尼茲海軍上將說：我們的兒童永不會說我們會是胆小鬼，而他們必須忍受我們胆怯態度的後果。鄧尼茲海軍上將說我們必須團結一起，德國工人為我們的武器而工作，而我們的兵士正在戰鬥。我們必須狂熱地追隨元首，作一個共本身把對祖國的熱情，與廣大智識及鋼的決心團結一致的人。鄧尼茲海軍上將說一個較諸命運更强的領導將最後達到勝利。

# 參攷消息

（只供參考）

第六五〇號

解放日報 新華社 編

今日出版二張

卅三年九月廿八日 星期四


## 同盟社估計 國民黨對國共談判採「拖」的政策

「同盟社里斯本廿五日電」本月十八日閉會的重慶國民參政會，任命黨派色彩較少的參政員五人組成調查團，作為重慶延安和解與妥協的方策。該調查團將於最近赴延安，調查共產地區的實際狀況後，擬向重慶政權提出建議案。紐約『時代』雜誌駐重慶特派員以兩派代表在參政會的報告為基礎，估計交涉的前途如下：延安和重慶的交涉主要是軍事問題。延安主張將四十萬正規軍（作為對日作戰的部隊），編成六個軍十六個師，而重慶認為這個數字是個問題，只承認編為四個軍十個師。而且要求被公認的部隊於特定的時期內集結於特定的場所，而其他的部隊予以解散。延安要求承認已被組織的各地方政權，而重慶不同意。關於兩者的對立，蔣介石在參政會上的演說這樣說：延安如能服從軍令政令（原文為軍事的及政治的命令），那末重慶政權對於延安的要求作最大的讓步，而這種要求包含着承認第十八集團軍改編為十二個師以及關於軍餉、武器、醫藥品等的供給，與重慶軍同等待遇等等。參政會進行各種必要的準備工作恐怕需要一個月以上，進行交涉又需要一個月，整理現地調查的結果大概還需要一個月以上，因此最少在三個月中，將要發生別的大變化。

## 敵稱『大陸決戰論』盛行美國

「同盟社東京廿七日電」最近在美國流行着『中國大陸決戰論』的論調，這一主張的內容就是：要完全擊潰日本，必須在中國大陸與日本陸軍進行決戰。此種主張表面上好似很簡單，但實質上包括了美國可怕的企圖，我們對這一事是不應忽視的。最近的美國廣播，在對重慶的着着失敗表示各種提懼後，報導：『美國的最高司令部，希望美軍在完全使用中國人力之前進抵中國大陸』。這一報導正等於暴露了他們隱藏在『大陸決戰論』後面的企圖。所謂『完全使用中國的人力』正暴露了美國的陰謀，這一陰謀是使中國人拿起美國製的武器，作為抵抗日軍的盾牌，利用中國人的出血成就擊潰日本的野心。

「同盟社東京二十七日電」中國大陸的我航空部隊，從九月十一日至九月二十日，連續轟炸美空軍根據地，予敵人重大損害，十日內我空軍出擊回數，計柳州四次，西安三次，贛州二次，安康，丹竹，桂林各一次。十日內擊落敵機十六架，燃燒擊傷二十一架，共三十七架。

## 敵對桂林採迂迴戰術

「同盟社廣州廿五日電」重慶軍事委員會於二十五日的戰況公報中亦稱：日軍之攻擊寶慶外圍，益加激烈，從北、東、南方面繼續猛攻。又於湘桂鐵路方面，仍在界首及連貫其西方鹹水一綫，繼續戰鬥中。東北邊境永明、灌陽之日軍，亦並肩向西南前進，並承認在西江方面，日軍自容縣北上進擊，已有很大進展。又稱怒江戰綫日軍之反擊，似亦強烈。二十三日，日軍猛攻龍陵南方與芒市東方的重慶軍陣地。特別在芒市以東，日軍數次以激烈砲火，猛烈反攻。又重慶之合衆社訪員，亦就廣西戰況報導如下：重慶軍事當局言明：兩個日軍進擊部隊自湘桂鐵路東側各據點，企圖迂迴通過桂林。日軍復自北方繼續南下進擊。另一部隊則佔領桂林東北方一百四十公里處之道縣。日軍並攻克西南方四十公里處之永明，繼續南下進擊。又於廣西省東南部，日軍已佔領容縣，二十三日復向北方進擊，進攻戰略要衝丹竹。另方面，湘桂鐵路沿綫之日軍，距桂林只有六十餘公里。大概將等待增援部隊的到達與供應綫的再加強，而重新進擊。路透社自重慶發出之電報，亦稱日軍的左翼企圖迂迴桂林。繼之史迪威軍的公報，亦稱日軍騎兵部隊，自容縣向航空基地丹竹方面進擊，說明該方面的日軍部隊，復向西北方前進。

「同盟社華南前綫廿七日電」我有力部隊克復西江南岸重要的山岳地帶，繼續圍殲敵第三十五集團軍，至二十六日，終於相繼突破廣東、廣西省境，擊潰所在之敵，正向某處衝擊中。

「同盟社廣東廿七日電」重慶來電，重慶軍事委員會，二十六日發表下列公報：（一）寶慶外圍的日軍，從東、北、南三方面包圍寶慶，二十五日仍對重慶軍陣地猛烈進攻。由新寧北上的日軍亦於二十五日到達武岡以東地區。（二）由灌陽南進的日軍，二十五日佔領灌陽西南二十公里的黃牛堰，永明方面的日軍別動隊亦向西南前進，並到達永明西南五十公里附近賀東省現的龍虎關，目下在激戰中。（三）由西江南岸進擊的日寇二十四日佔領羅定。

## 各屆國參會的人數與成份

【本報訊】茲據時事新報九月八日發表的一篇『從比例上看參政會』，再加上我們的一些材料，茲將歷屆參政員的人數與成份作一簡略的介紹如下：

第一屆參政會從一九三八年七月到一九四〇年十月，其總人數爲二百名，計各省市八八名，佔全人數百分之四十四；蒙藏及僑民各六名，各佔百分之三；『文化團體』一百名，佔百分之五十。時事新報說：『從這個比例看，各界及各黨派代表所佔比重最大。』事實上，即就第一屆國參會成份看，國民黨員還是佔大多數的。但當時，各黨派的代表都被容納了，雖然人數不多；此外，地方實力派、金融及實業界、士紳及名流也被容納了進去。

第二屆的成份（自一九四一年起到一九四二年二月）開始有了很大變動。總的人數增爲二四〇人。按其類別，表面上省市參政員只有九〇人，只佔百分之三十七點五，而『文化團體』則有一三八人，佔百分之五十七點五，但實際上『從上次省市代表轉文化團體項下的參政員有三十四人，參加的新參政員有三十二人』，故其實際比例是：省市『代表』一五六人，佔百分之六五，蒙藏華僑人數不變，比例降低了，即各爲百分之二點五；『舊存文化團體』人數僅有七十二人，佔百分之三十。新參加的人數則達到八十九人之多。一方面，第三黨的代表章伯鈞被排斥出去了，救國會派被削弱了（張申府、杜重遠都落了選）；另一方面則加强了國民黨的包辦。

第三屆，從一九四二年到今年九月止，總人數仍舊，但按照修改了的組織法，比例大大變動：省市人數增爲一六四人，佔百分之六八點四（時事新報說：『這一屆最顯著的一點，就是省市參政員已佔了一個壓倒的多數』）；蒙藏及華僑代表各增二人，各佔百分之三．三；『文化團體』只剩六〇人，即只有百分之二十五了。舊有的『文化團體』落『選』者佔上屆百分之六十之多。這一屆，國民黨把各黨派中的兩個派：即救國會派（沈鈞儒、鄒韜奮、陶行知、王造時、史良都落『選』了）；和『社會民主黨』的楊賡陶都排除了。其他黨派及非國民黨或非其嫡系人士皆被重大削弱：共產黨吳玉章；國社黨羅隆基、張東蓀（該黨尚存二人中之一的梁實秋已與該黨關係很淡）；鄉建派的梁漱溟；進步華僑領袖陳嘉庚；非國民黨嫡系的政界元老顏惠慶、施肇基等，名流張肖梅、陳陶遺、周星棠、李仙根等，東北元老國民黨員馬愚忱、王卓然等，以及其他。這就削弱了進步的及中間勢力在國參會中的成份，更加强國民黨的包辦。各黨派及無黨派的只有四六名，不及百分之二十二；但國民黨及接近國民黨者則爲一六五人，佔百分之七十八强；其中CC派及接近CC派者則達六十七名，則又佔國民黨內各派的最多數。

第四屆依據國民黨政府九月十六日命令：已定明年一月選出，總人數增加五十名，分配各省市一九九名（較上屆增加三十五名），佔百分之六八．六；『文化團體』七十五名（增加十五名），佔百分之二五．八；蒙藏、華僑人數仍舊，比例則降落，各爲百分之二．八。

## 英議員加姆斯說 日寇隨時可佔重慶

【路透社倫敦廿七日電】保守黨國會議員加姆斯上尉（以前曾任馬來亞民政官員及東京英國大使館武官）在他自己選區的地方報紙上發表一文，嚴厲非難中國目前的戰局。加姆斯（他被譽爲國會中最激烈的英國帝國主義者之一）在銷行不多的『時事』報上寫道：『在目前，中國沒有多少戰事』，並謂中國實際上並沒有牽制大量日本駐防軍。作者說：『日本假若需要時，大致上什麼時候都可以佔領重慶。我不知道他們爲什麼不這樣作』。他說：在這幾年的戰爭中，有個時候他曾經認爲盟國必須依靠强大的××才能打敗日本，但現在他已不那樣肯定了。『對日的戰爭進行得這樣好，以致我們可能先使用××空軍以及僅僅佔領中國海岸就可以給日本以致命的打擊』。關於他認爲『極令人不安』的中國政治上的不統一，加姆斯說：『目前重慶政府絲毫沒有裝着它是民主的。新聞受到嚴格的檢查：那裏有祕密警察，同時政府表現着我們稱之爲『强烈法西斯的傾向』。政府與西北諸省的共產黨之間有基本的分裂。我認爲從一般的意義及理論的意義上說，把後者當作共產黨是胡說的。在我看來，毋寧說他們是不同意蔣介石的一個派別，這個派別希望到一定時候，能奪取他的權力。他們很有力量，很有組織，而且供給了一部份中國軍隊最優良的軍人。他們與蔣介石的聯盟，最好也不過是一件令人不安及不穩固的事，而且也僅僅是在日本侵略的威脅下才造成的。當這（缺）統一存在（缺）。基於此點，加姆斯對（缺）表示担心（缺）中國將是（或更確切的說：仍然是）極權主義。』

## 軍委會戰訊發佈組 發言人更換

【中央社重慶廿七日電】軍事發言兼戰訊發佈組組長曾還集，呈請辭職，業經照准，遺職由軍令部派高級參謀張東泉少將擔任。

【中央社西昌廿六日電】西康寧屬靖邊司令鄧秀庭，係夷族領袖之一，月前病故，繼任人選已由夷族中人推定其子鄧德亮繼任，副司令主任參謀則分別推定孫子文、呂士鈞担任。當呈報川康邊防軍總指揮部暨西康省政府，並據劉主席文輝電准轉呈中央云。

【中央社渝廿七日電】連日黃金由印運抵渝者甚多，除過去中國農民及中國國貨兩銀行所售出之期貨，均已相繼付現外，並開始出售現貨。中秋即屆，各方均需現款，故雖有現貨，買戶並不踴躍，目前黑市已完全消滅，各銀樓亦有現貨應市。

【中央社重慶廿七日電】司法行政部，對於加強檢察制度，已擬有方案，呈由行政院核示中。該院下週並將召集各有關方面，詳加研究。據悉司法行政當局，爲備欲加強檢察制度，除檢察官須對憲警有指揮權之外，尚應具有獎懲權。其次目前每一檢察官每月受理案件幾皆在五十件以上，已感十分繁重，如欲其多注意自動檢舉工作，似有未能，故在檢察官額數不能增加前，應使各種案件自訴多於檢察。又關於貪污案件，雖歸軍法審判，而法院檢舉過去兩年來在各地亦不乏其例。主管當局決定仍督促其厲行。

## 美布第一批運抵中國

【合衆社昆明二十六日電】據當地報紙載息，孔祥熙博士與羅斯福會議之後，第一批租給中國的洋布，已由駝騾與馱馬運抵中國。該布之一部份將由當地商人出售，以穩定物價，其餘一部份，則分配於政府職員與教員之間。

## 敵寇傳稱 盟軍準備大舉攻緬

【同盟社緬甸前綫二十五日電】敵正自中國大陸，待機反攻日本本土，而急於再開援蔣路綫，現正集結大軍於中、印、緬邊境，憑藉龐大的物量，日夜不斷激烈地反攻緬甸方面。緬甸方面陸軍最高指揮官木村兵太郎中將，二十五日發表談話，表明擊潰敵人反攻的堅強決心說：最近東亞的戰果正在急趨激烈，決戰之機迫在眉睫。我緬甸派遣軍的責任，亦一天天重大。但新生緬甸國安若磐石，將痛擊頑冥的蔣介石，並進而支持印度國民軍，助其完成獨立的志願，以便獲得大東亞戰爭的最後勝利。吾人的這一偉大目的，瞬刻亦不動搖。在此謹向不幸中道犧牲的許多殉國英靈致以崇高的弔意，同時誓言將竭盡最善的努力，完成所負重任，以安英靈。

## 美情報局長稱 擊潰日寇並非易事

【同盟社里斯本二十五日電】隨着歐洲戰場作戰的進展，在反軸心國內，對大戰前途似有各種樂觀的見解。據華盛頓來電稱，美戰時情報局二十五日在關於太平洋戰爭的報告中，曾言及對日戰爭的現階段，它作爲美國陸海軍、國務院及經濟有關人士的意見，率直承認太平洋戰爭是一非常困難的作戰，即在將來，亦要求莫大的犧牲，並警告稱：根據美國太平洋戰爭中採取的作戰計劃的現狀看來，欲擊敗日本尚需極長的歲月。這是陸海軍、國務院與經濟有關人士一致的意見，是以正確數目字爲根據的見解。即使於擊敗德國後全面地進攻日本時，要完全打倒日本，亦非易事。至於說到日本國內之崩潰，不管從那點來說，都是不能期待的。此事正如前駐日大使格魯所再三再四警告於美國國民者，不管戰局將如何險惡，但日本即使忍飢受餓，並將戰鬥到底，日本期待以長期戰爭，使反軸心國疲勞達到極點。日本的指導人士，亦欲拖延戰爭，以便消耗反軸心國擁有的軍事力量，資源以至戰鬥力雖確優於日本，但日本自此次大戰爆發以來迄今，尚未全面開發其佔領地的資源。日本現在的生產力，幾與大戰爆發前相同。若靈活運用佔領地的資源，則生產力將更增大。

## 敵稱英輿論 抨擊史迪威的戰略

【同盟社斯托哥爾姆廿四日電】據倫敦來電，英國「新聞通訊」雜誌揭載論文，與魁北克會談相聯，研討反攻東亞的作戰，該論文斷定海上封鎖，戰略轟炸以及史迪威主張的陸上進攻三案都欠當，而提倡水陸兩面作戰即奪回仰光新加坡及蘇門答臘、爪哇兩島，逐漸將基地推近日本本土，最後在台灣及中國大陸確保基地，由海、陸兩面攻擊日本本土。特別對陸上進攻一案指出重慶的衰弱，加以苛刻的批評：中國的近況由於國內經濟失去均衡，所以面臨嚴重的危機。不僅如此，國民黨共產黨兩大陣營正處在分裂的情況下，而且不能生產近代戰爭所必需的重武器和裝備。由於這種經濟上、政治上衰弱的結果，重慶在軍事上愈益衰弱，因此反軸心軍萬一只提供武器給重慶軍，企圖主要依靠重慶軍擊滅日本，那末這無疑地要令人失望。縱使打通雷多公路，也只能運輸有限的物資。隨着雷多公路的開通，反軸心軍的利益只是對於中國人的心理的影響。徵諸上述理由，即可知道採用史迪威的戰略是非常愚蠢的事情。加之，史迪威雖是東南亞反軸心軍副司令，而他不顧美軍及英軍代表全面的反對，主張自己的戰略，這種是滑稽的狂言。

## 敵稱彼勒留島盟軍損失一萬二千餘人

【同盟社中太平洋基地廿五日電】彼勒留島我軍守備隊自敵人於十五日開始登陸以來，拚命反擊之，殺至廿二日黃昏，敵傷亡二萬二千四百人。陸上敵軍戰意的低下，日益顯著，敵人逃入堡壘內，並使坦克在後方待機，完全採取防衛的方針。

【同盟社西南太平洋基地二十五日電】二十三日白晝，敵水上艦艇（內有大型艦）接近摩羅泰島附近，其一隊並砲擊陸上。

## 華沙波軍與蘇軍傳已保持通訊聯絡

【英國官方通訊社倫敦廿六日電】華沙波蘭將軍指揮部公報稱：波軍與維斯杜拉河東岸的蘇軍指揮部維持經常的無綫電通訊。波蘭觀察員時常指示蘇軍大砲射擊。華沙南郊，敵人部隊從戰鬥前綫之運動愈形增加。夜間，蘇軍與德軍砲兵之間發生激烈戰鬥。蘇軍表現了確定的優勢。在城市中心，波軍部隊已佔領德軍抵抗點。德軍砲兵正轟擊該區域之各個地區。僅存的橫跨維斯杜拉河之奇爾比茲橋樑已被毀。佐里波茲近郊德軍正沿維斯杜拉河兩側的『外層』構築戰壕。一排戰壕正對着蘇軍陣地，另一排則面向波軍陣地。莫科托郊外，德軍步兵在砲兵掩護砲火與俯衝轟炸準備之後，德坦克支援開始主要的進攻。在鄉村間敵人正在凱里斯區域重整其部隊，鋼甲與砲兵部隊正向詹伯基爾方向移動。波蘭軍隊正進攻敵人運動的部隊。

## 德寇通訊社說華沙已被毀滅

【路透社倫敦二十五日電】據德國海外通訊社本晚稱：華沙業已毀滅，其毀滅之程度無一城市能出其右。自普拉加工業區趕來之蘇軍，未能阻止該城內暴動之失敗——華沙因此暴動而告毀滅。該城現除一片瓦礫外，別無他物。

【路透社倫敦廿五日電】本日波蘭國軍總司令鮑爾發表公報稱：華沙一般情況仍無大變化，本晚蘇德間有猛烈砲戰，華沙波軍與蘇軍總部隨時以無綫電保持聯系。蘇砲隊常由波軍官指揮，摩科多南郊德軍於大砲轟擊及飛機俯衝轟炸之後，由坦克車隊妥協助步兵大舉進攻。

## 德寇第特瑪評西綫戰局

【海通社柏林廿六日電】『改造戰綫』，這是第特瑪中將在今日廣播中所提出的警語。他在廣播中着重指出，英美統帥部雖然在八月間有着有希望的形勢，但卒未能分裂德國的戰綫。在荷蘭戰場上特別是如此，在那裏襲擊者被猛烈、嚴重的防禦戰鬥牽制得這樣久，以致他們未能得到任何作戰上的結果。第特瑪說，今已證明德軍編隊的戰鬥力和德軍統帥部的精力，並沒有被過去數週的失利所影響。誠然敵人陣營中得意洋洋的評論家們，預言盟國的勝利即將到來，戰爭很快就要結束，他們這樣作法並不是很不對。但今天這些評論家們不得不承認形勢已經完全變了。敵人在安亨、尼美根及愛因德荷文區域由空中丟下強大軍隊，這些軍隊將與在繆斯與些爾德河之間進攻之編隊合作，希望藉此分裂德軍戰綫。此外必須渡過瓦爾河及勒克河，同時必須戰鬥以打進荷蘭堡壘的內部。敵人目前正力圖增援其在尼美根周圍的中部登陸區域的軍隊的事實，證明了這個由空中降落的作戰的目的已大大加以限制了（縮小）。尼美根的戰事尚未結束。此戰鬥的最後結果，無疑將使敵人大失所望。德國的戰綫並未被分裂。在極南端，由法國西南及東南安全退的德軍，已經在上摩塞爾經由上都布至瑞士的汝拉山脈建立了新的戰綫。此新戰綫具有有利的地形，且已證明其甚為穩固。最近德國人主要所扭發的作戰地點，是德國古城亞琛及其附近各地及由艾弗爾南部至摩塞爾，以及麥次區。亞琛及艾弗爾戰綫大致標明了德國西部防綫的形勢，此防綫至一九四〇年以來，第一次成為戰事的重心。美軍由那穆爾、色當等地向北德國邊境地區迅速進展。由於德軍必須在極廣闊的戰綫上以較弱的部隊作戰，故德軍的防禦僅僅是一種延緩敵人前進的性質。但至少德國可暫時阻止美軍前進（缺）。殲滅越過艾特爾納克西南前進的敵人，是在此處的一個顯著的勝利。（缺）改造了西面戰綫，從這裏將對敵人進行有決定意義的防禦。（缺）輕易得勝的時期也已經過去了。（下缺）

## 同盟社稱太平洋美軍不滿美人情緒

【同盟社里斯本廿二日電】隨着最近歐洲戰局的發展，大多數美國國民都採取了戰爭大體已告結束的態度，因而給仍在太平洋戰區繼續與日軍苦戰的美軍前綫將士，以極大影響。

最近視察太平洋前綫的合衆社特派記者在二十二日發出下列電報：不管機動部隊的砲擊與轟炸，美軍所受的損失甚大，幸而現在未曾失敗，因之在美國國民之間，滋長着擊潰日本是很容易的一種情緒。太平洋前綫將士，很不滿意美國國民就要慶祝歐洲戰爭結束的這種態度。認為後方國民注意歐洲戰局的進展，而對太平洋戰爭等閑視之的態度是不對的。特別是不滿意那種擊潰德國之後，便很容易擊潰日本的想法。

# 參攷消息

（只供參考）
第六五一號
解放日報 新華社 編
今日出版二張
卅三年九月廿九日
星期五

## 合衆社傳 中國政府將改組

【合衆社重慶廿八日電】作爲最近國民參政會的結果，重慶正盛傳政府醞釀徹底改革，由宋子文出馬擔任新的自由主義領袖的作用。另一方面，財長孔祥熙及陸長何應欽則遭受尖銳的率直的批評。消息靈通人士復稱：在政府和解共產黨之行動中，共產黨人將出現於改組中，至少佔有一個、甚至兩個部長職位。財長遭受猛烈抨擊之原因爲既任政府職務，同時又爲中國全國四大銀行的總經理，國民參政會因此通過一決議，要求禁止財長同時担任四大政府銀行之領導職位。何應欽將軍數月來即爲批評的主題，被斥應負中國軍隊在日軍夏季於河南、湖北、湖南進攻中失敗及軍隊中存在貪污腐化人員的責任，國民參政會對此會大肆批評。

## 同盟社說 孔祥熙何應欽將下台

【同盟社廣東廿八日電】據重慶來的消息，重慶政府不得不在此數個月內實行改組。據說：這種見解很有力。現在部長中沒有威望而不得不辭職者將有孔祥熙和何應欽。此次改組論的動機之一，就是目前國民參政會非難政府。在參政會上，財政部長孔祥熙被當做貪官污吏的頭子，而受到非難，因此他的辭職是有根據的。關於軍政部長兼參謀總長何應欽的革職，其內幕並不簡單。重慶發出的同一消息稱：此次改組論的背景是美國認爲重慶欲分担對日作戰的責任、必須更迭統帥部（原文爲軍首腦部）。何應欽是自主抗戰的巨頭（編者按：事實上是親日派的巨頭），在依存美國的人們說來：他是一個瘤。如果美國對重慶內政有發言權，那末何應欽的存在，無論使重慶變成形式的存在或與延安合體上說，他都是一個障礙物。因此他不得不去職。然而由我們看來，何應欽是小『蔣介石』。蔣介石的立場是掌握軍權，向美英獻媚而保持面子，何應欽既是一個障礙物，那末，美國亦不是不能以同一理由（即基於『欲使重慶分担對日作戰的責任，就必須更迭』這個信念），強要蔣介石去職。

## 同盟社稱 桂林各報攻擊軍事當局

【同盟社廣東廿七日電】桂林呈現了崩潰前的混亂狀態。特別是一向妄信美英的力量，鼓勵抗日的桂林言論界非常狼狽，因此忽然轉而主張打倒美英。最近廣西日報揭載題爲『時機業已喪失』的社論，首先非難美軍不戰而退，另一方面攻擊戰區首腦部的無策。大剛報及掃蕩報亦攻擊當局。這完全暴露桂林文化界的動搖

## 國參會大會 批評政府司法、社會、賑濟等工作

【中央社重慶廿八日電】國參會第三屆第三次大會對於政府司法、社會、賑濟、衛生四項報告決議如下：（一）司法報告決議：勝利在望，建國伊始，國人對於司法改良，莫不諄諄注意。關於卅三年度之司法行政部工作報告，共分九項，條縷分析，尚稱完備，其中尤堪注意者，爲第（五）項，處理民刑事件之督導，第（六）項審理特種刑事案件之籌劃，及第（九）項司法人員之訓練與儲備。關於第（五）項人民對於訴訟程序之遲緩，民事執行之拖延。關於第（九）項造就司法人才，必須質量兼顧，才德並重，庶可收儲才之效。至人民身體自由保障辦法，已由中樞頒佈，爲中國憲政過程中之一大進步，司法當局對之不但僅爲消極之執行，更須予以積極之維護，此尤爲同人等所殷殷期望於本年度之司法當局者也。（二）社會報告決議：本會審閱行政院社會工作報告，並聽取谷部長口頭報告，深悉一年以來當局對於社會工作銳意求進，努力弗懈，舉凡人民團體量與質之增進，社會救濟工作之整理，各項社會運動之推行，以及社會服務事業之擴展，在在均較去年爲進步。惟同人認爲仍有數端，尚待考慮改進者：一、農民佔全國人口百分之八十以上，而現組農會與會員人數，爲數過少，不僅在質的方面要求改進，在量的方面亦應力圖擴展。尤有進者，以往人民團體之組訓工作，其重點似多偏於繁華之城市，而疏於普及鄉村。各業團體之重要負責人員中，尚有不屬於實際之從業者。今後應請加以糾正。二、合作事業，在抗戰期中有長足之發展，但因資金不足，物質貧乏，形同虛設。今後應請從速成立中央合作金庫，充分籌撥資金，俾資金流通。至社會上有少數變相之合作機構，不事生產，囤積牟利，尤應嚴予取締。三、社會福利

與救濟事業，除政府積極籌設外，請儘量發動社會，作不懈之努力。關於農工福利，戰區兒童收容教養，街頭不良兒童之感化，與童工苦力之改業，棄嬰之收養等，尤應予以特別注意。四、社會服務之工作，年來雖向農村發展，漸著成效，但範圍仍屬不廣，尚未達到預期之理想，今後應請努力以赴，俾更普遍發展，惠及一般平民也。（三）賑濟報告決議：關於賑濟工作，其在一年來所表現者，如難童教養，施診施藥等項，均能按照預定計劃分別實施，而辦理敵後救濟，搶救各地難民，招致愛國志士，××技能訓練諸端，（卅二字不能譯）今後施政之參考，××××遇被敵×戕害流亡者，仍數見不鮮，未聞賑濟機關（缺七字）。其與國防民生關係至大，現階段軍事趨勢，沿海區域實屬可危，×盼迅予籌劃應（十二字譯不出）。二、所屬各級機構（有八字不能譯），未能開展，兒童教養院設備不充，未克儘量收容，亟盼設法予以調整補充，俾宏救濟。今後工作應改消極於積極，化消費為生產。閱報告關於輔助難民生產之類，殊少表現，切盼予以密切注意。三、救災如救火，貴乎迅速，處理尤要普遍深入，關於配放賑款，××更應（十三字譯不出），如豫湘寇禍，鄂粵蟲荒等災，撥款數不多，施賑亦嫌遲緩，深望賑濟當局寬籌款物，派員施放，庶收功效。四、查往年所撥賑款，地方××××肆意移作他項用途者，×殊與中央賑濟本旨抵觸，今後對於各類振款，應由賑會嚴加審核，監督用途，務期款歸實際，杜絕流弊。（四）衛生報告決議：讀行政院工作報告衛生報告，知年來尚有相當進展，殊可欣慰。惟機構與設施等等，其目的在求民族健康之發展，與人民疾痛之解除，今後盼更能力求其切合實際。茲有更待改進者，列舉如下：一、推行公醫制度，應從速培植醫藥衛生人才，並對於醫藥器材，儘量增產。二、對於各縣市鄉鎮衛生，應健全醫藥組織，充實經費及設備，使能切實推行，疾病之預防及醫療，與環境衛生，婦嬰衛生，衛生教育等工作，以保民族健康。三、衛生×××委員會，對於國產藥品及醫療方法，應力求××化，並充實其設備，以利研究。四、關於邊疆衛生醫藥，應積極推行。

## 同盟社傳
## 重慶新設兵役部

【同盟社廣東廿七日電】據重慶中央社電，重慶最高國防委員會在廿四日的特別會議上，決定新設兵役部，隸屬於軍事委員會和行政院，。該部可於最近正式成立。這是一種彌補迅速消耗的抗戰力量的窮餘之策。

## 敵捏造截擊B二九式機戰果
## 前後數目不符露出馬腳

【同盟社東京二十八日電】大本營發表（九月二十八日十六時）：我航空部隊於九月二十六日，迎擊來襲南滿洲之敵B29式機於要地上空及其往返途中，並立即於該夜冒着惡劣天候，飛襲成都附近基地，當即捕捉與攻擊飛返着陸之敵機。截至現在為止，查明其綜合戰果如下：擊落八架（內未證實者八架），燃燒七架，擊毀二十架，合計三十五架。我方損失：被毀一架。

【同盟社鞍山廿八日電】廿七日，在華美空軍主力約七十架，來襲鞍山，當被我××航空部隊迎擊，我機果敢地進行反擊與攻擊，毀落其六架以上。日南上尉指揮的戰鬥機隊，當接獲敵機侵入渤海灣的消息後，遂鼓起翅膀，於四面八方尋求敵機，當開足馬力發見前來侵襲之敵機羣時，冒着敵機的火網，猛予衝擊，敵機因我機的衝擊，始則徘徊猶豫，嗣又被我陸上發射的煙幕所阻，因而滿身瘡痍。敵僅於投擲炸彈後，逃逸而去。但又被我戰鬥機隊跟踪追擊，由於我之猛攻，使敵機一架復一架，於冒出白煙後墜落。

【同盟社大陸基地廿七日電】廿六日駐華美空軍的B29式飛機空襲南滿，而我機在華北方面截擊之，擊落敵機六架，擊傷九架，共十五架。其中有一架被我機衝壞落地，我機亦受傷。但該機人員安然返防。另一方面我轟炸機隊憤激敵B29式飛機的出擊，遂於該夜冒着惡劣的氣候，夜襲成都機場，炸燬地上敵B29式飛機七架，炸傷地上敵B29式飛機七架。地上設備三處（其中二處似係存放飛機）中彈起火。我方又以一部份飛機轟炸梁山機場，炸燬敵小型飛機一架，炸傷小型飛機三架。總共炸燬炸傷敵B29式飛機十四，小型飛機四架。我機均安然返防。因此廿六日的綜合戰果除了滿洲基地方面的戰果（擊落擊傷B29式飛機六架）外，擊落、擊傷及炸燬敵B29式飛機廿九架，擊傷和炸燬小型飛機四架。這樣敵人誇耀的B29超級轟炸機隊又受重大損失後，立即敗退。

## 敵寇狂肆吹噓
## 菲島東部海空戰

【同盟社菲島根據地廿六日電】以多艘航空母艦為旗艦，配備以主力艦、巡洋艦、驅逐艦的敵人大機動部隊，曾於廿一日至廿二日，接近菲島東方海面，出動七百架艦上機，數度大規模地攻擊馬尼拉市。截擊該敵的我馬尼拉制空部隊，於廿一日擊落敵機三十架。廿二日攻擊敵機動部隊，造成戰史上未曾有的以戰鬥機隊白晝闖入敵陣的戰例。以下是指揮官關於廿二日我機的戰鬥情況：我等廿二日的任務，是强襲接近馬尼拉市的敵機動部隊，作爲擊滅敵機動部隊的手段，決定採取肉博戰。戰鬥機乃在翼下裝好保險炸中敵人的炸彈，向東方海面飛去。有兩架我機共同從落着雨的濃雲空隙中間，發現了敵機動部隊，因而我等便聚精會神地去偵察敵機動部隊的全貌，不久發現敵巡洋艦、驅逐艦、從七八艘增至十二三艘，連主力艦的大砲也看到了。就中的『虎之子號』（華盛頓薩拉特級制式航空母艦）的巨體，還浮動着。分爲三羣的敵機動的部隊全貌，至此已完全弄清楚了。我等乃首先接近輪型陣正中的巨型航空母艦，向飛行甲板投下大量炸彈，繼之第二次全部命中，並且還投到艦橋的附近，因爲目標是航空母艦，甚至愛惜一顆炸彈，所以在第二次投彈調整之後，在飛行甲板上炸開了大坑，最初的投彈，即迅速在甲板上引起了大火，敵人的輪形陣，遂很快的亂的不像樣子。輪形陣潰爲一字形後，繼之變爲く字形退走了，至黃昏時，我機二架、三架相繼歸來，根據彼此的交談，戰果是很大的。

## 納粹公報稱 殲滅荷境盟國傘兵

【德國新聞社柏林廿七日電】在荷蘭中部着陸的英軍編隊之完全被殲滅，結束了敵方以跳傘部隊在萊茵河口德方陣綫後方登陸的方法，欲打開西面門戶，進至德國的大規模運動戰。德統帥部已得重獲主動權。英軍的潛在力已大爲減弱。九月廿六日自空中運到的英美增援部隊，已被迫在英第二軍所據地區着陸。英軍滑翔機主力編隊又在維赫爾以北地區受我軍所制，同時該地區已爲德軍佔領。該部敵軍全部，在尚未能舉行抵抗之前即爲德摩托化部隊迅速截擊，而失去作用。敵新的空運部隊在尼美根以南及安亨西南地區着陸，爲德摩托化高射砲陣地襲擊遭受重創，而未能減低德方集中作戰的壓力。

## 英上院辯論處理德國問題 克蘭波恩說德國人民不能辭其咎

【路透社倫敦廿六日電】范西塔特勳爵關於戰後對德國的處理問題今日於上院展開辯論，並提議一切同盟國（不僅大國）均應於戰後佔領德國。他說，此爲使德國尊重那些生存很久以來即被野蠻地侵犯之國家的最好辦法。法國與波蘭應當參加。乞徹斯特主教要求注意斯大林所聲稱的德國與希特勒國家間的區別。斯大林曾謂：蘇聯並無摧毀德國之意，因爲此事之不可能一如想摧毀俄羅斯一樣。他們所能做到而且必須做到者，是摧毀希特勒國家。斯特拉波基勳爵稱，工黨相信，和平解決必須勿受情感的影響。賽爾希稱：『在佔領德國每件個別事件中，懷疑與不信任（而不是信任與信賴）將須爲我們的指導原則。』殖民地大臣及上院議長克蘭波恩於答覆辯論時宣稱：英國美國與蘇聯不可避免地必須肩負佔領德國的主要重担，但英政府將同情聯合國家中會參加對德作戰之國家亦應在戰爭結束時派出一部份佔領軍之意見。聯合國一切成員均參加佔領德國是行不通的。而領土被蹂躪、人力被徵發的國家必須首先關心安定他們自己的國內。克蘭波恩並不認爲德國人民整個說來都能免除過去廿年或卅年中所發生不幸事件之咎。德國人民讓希特勒政權獲得權力並用以迫害與統治和平的鄰邦，德國人民默許，在某些情形下同意對淪陷國家猶太人及人民所犯的可怕暴行。德國人民仍狂熱地作戰以保持希特勒政權。現有日益增多的象徵表示，已經見到失敗的德國參謀部已開始準備如何贏得第三次戰爭。現尙無確切把握可說德國人民在時機到來時不會如羔羊一樣隨其領袖進入戰爭。這就是盟國將盡最大力量俾使德國完全不可能從事另一次戰爭的緣故。

【路透社斯托哥爾姆廿七日電】德國報界對摩根索所擬德意志計劃引起猛烈反應。典型的標題爲『摩根索比克里孟梭還要壞』。『苛酷的和平』的消息正被用以向德國人民發出『警告，如果他們不能抵抗到底，則前途不堪設想。』

## 德日意同盟四週年 東京柏林遙相哭泣

【同盟社東京廿七日電】茲値日德意締結同盟條約四週年紀念日，小磯首相於二十七日致希特勒元首及墨索里尼統帥以下列賀電。首相致希特勒元首的賀電：際此日德意締結同盟條約四週年紀念日，我能够確認德國民族以及德國人民，陸海空軍將士在此次決定歐洲興亡的戰爭中，能團結在貴元首的周圍，並以極大的決心向着貫澈戰爭邁進，這實令人感激不已。我乘此機會祝貴元首健康，並對日德意三國及其盟邦各國的最後勝利披瀝牢固不動的信念。首相致墨索里尼統帥的賀電：際此日德意三國締結同盟條約四週年及意大利共和國成立一週年紀念日，我謹向閣下表示衷心的賀意，並向貴國國民及陸海空軍將士團結在閣下周圍，以極大決心向着貫澈足以決定意大利民族及歐洲興亡的這次世界戰爭邁進，表示審愼的敬意，我乘此機會祝福閣下健康，並對日德意三國及其盟邦各國的最後勝利披瀝牢固不動的信念。小磯首相又向德外長里賓特洛甫及墨索里尼兼攝意大利外長發出賀電。

【同盟社東京二十七日電】希特勒元首，二十七日接到小磯首相的賀電後，覆電如下：當迎接日德意三國條約成立第四週年之際，余承認日德兩國現正對共同敵人，進行最激烈的防衛戰。日德兩國國民是不可分離的戰友，並確信能完成此次英雄的戰爭。今特向閣下表示衷心之敬意。

【同盟社東京二十七日電】重光外相於日德意三國同盟四週年紀念日，二十七日下午零時半起，在外相官邸召開紀念午餐會。招待史塔瑪德國大使、普林齊皮意大利代理大使、維克匈牙利公使與王滿洲國大使、蔡中國大使、莫恩緬甸大使、維齊特泰國大使、瓦爾加斯菲島大使等大東亞各國代表。我方有小磯首相以下政府首腦人士以及與三國同盟有關人士多名參加。重光外相致詞後，由史塔瑪德國大使與普林齊皮意大利大使致詞，披瀝向共同戰爭邁進的堅強決心，一新三國同盟之誓。下午一時半，此意義深刻的會議宣告結束。（重光外相致詞要旨）——現在美英急於結束戰爭，正舉其全力在東亞戰場，進行反攻。但他們倚以武力是不能獲得勝利的，因此大肆利用謀略——他們慣用的手段。最近在歐洲，有一兩個國家已成其犧牲品，實屬遺憾！這是最值得注目的，是隨着戰爭進入決戰階段，敵人支配世界的野心更加明顯。他們爲了實現其對被征服的國家的野心，將毫不躊躇地消滅被征服國家的存在。他們今日竟公然以征服、支配與監視他國爲戰爭目的。投降失掉理想的敵人，其命運是如何悲慘，這已爲最近的很多例子所明示。我們今日爲了實現同盟條約的崇高理想，正在進行決定生死的戰爭。解放亞洲、復興與保衛東亞，即是建設世界和平，實現人類的幸福。菲律濱國遭遇到外敵的侵略，已毅然參加戰爭，使聖戰的意義更加明顯。我們的目的在於實現國際主義，使世界各民族、各國家各得其所。從而誰人亦不排斥，誰人俱將協力，這樣來樹立基於和睦與協力的世界和平。勿庸否認：戰局確是呈現決戰的樣相。同盟諸國正在面臨巨大的考驗，遇此考驗，我們陣營的必勝信念是更加堅強，殊甚令人的欣慰。特別是德、意及其與國人民的勇戰奮鬥，使我們衷心敬佩之至。

【同盟社東京二十七日電】史塔瑪德國大使，二十七日於重光外相的紀念午餐會上，致以下列答詞：敵人現在由於政治上、軍事上的原因，傾其龐大的兵員與物資，急於進行決戰。與此相反，德國與各盟邦國民皆充分認識時局之決定的性質，繼續進行光明正大的戰爭，德國不管將付出若何犧牲，亦將傾其一切國力，繼續戰鬥；決心與果敢的盟邦日本相提攜，斷然掃除對歐洲與東亞和平的威脅。日軍正在亞洲大陸與太平洋上勇戰悍鬥，戰勝困難，此事會爲××所見聞，際此戰爭進入最有決定性的階段，迎接意義重大的四週年紀念日，特重述決心：盟邦各國將以忠誠與協力的精神更加親密團結，向偉大的共同目標邁進。

## 德日兩外長交換廣播

【同盟社東京二十七日電】重光外相當二十七日日德意三國條約成立四週年之際，特於本日下午七時半，由東京廣播電台與德外長里賓特羅甫舉行交換廣播：今日世界的戰局已進入決戰階段，德意兩國人民在敵人英美急於結束戰爭的攻勢面前，戰鬥意志益加提高，一致團結，以必勝的信念全力戰鬥，日本人民對此實不勝敬佩與感激。帝國亦隨着戰爭的日益激烈，決心亦日益增強，日本人民中沒有一個對戰爭的最後勝利表示懷疑。隨着戰爭的進入決戰階段，敵人英美的支配世界的野心亦日益明顯，這是一件應加注意的事情，其前提條件就是抹殺軸心國家的存在。我們爲了實現同盟條約的崇高理想而從事於死活的戰爭。我們的目標是要實現使世界各國家各民族各得其所的國際正義，世界永久的和平，只有在此種基礎上才成爲可能。在被強制進行的戰爭中，要補償人類所付出的犧牲，只有一條道路，就是實行同盟條約的崇高理想，這是我們一貫的信念。現在敵人的反攻極爲激烈，而且敵人所常用的慣技，政治的謀略亦將加強，日德意三國將與東亞的其他盟邦加強團結，深刻了解此次戰爭的眞義，不論遇到任何困難，均有決心戰至最後勝利到來爲止。

【同盟社柏林二十七日電】德國外長里賓特羅甫，二十七日與重光外相交換廣播演講，其演說要旨如下：現在日德意三國及其同盟諸國，正在各個戰綫展開激烈的防衛戰。但在戰爭的現階段，要求三國盟國的將士與全國國民，忍受最大的信念與進行殊死的努力。『締盟』之用語，就是以一切力量與一切手段進行鬥爭之謂。在我們陣營中，不分男女，都抱着强韌的心情與對勝利的熱望，進入此決定性的鬥爭階段，而且他們已發揮未曾預料到的力量。即使這一力量，支配情勢或發生任何事態，我們亦斷然堅持自己的立場，決心爭取最後勝利。

## 寇丁稱對日戰爭不能迅速獲勝

【同盟社里斯本二十五日電】澳洲坎塔拉來電：澳洲總理寇丁於二十五日廣播稱：與日軍作戰中，不能迅速取得勝利，回憶非洲北岸與諾曼第登陸作戰消耗的龐大戰力，可以想像在對日軍的總反攻中，需要如何龐大的國力。反軸心軍若傾注全力，進行該方面的戰鬥時，則澳洲政府比之過去二年半，必須提供兩倍、三倍的物資與兵力。

# 參攷消息

（只供參考）
第六五二號
解放日報 新華社 編
今日出版二張
卅三年九月三十日
星期六

## 敵陷寶慶、丹竹

【同盟社東京廿九日電】我中國派遣軍，復又建立大功，攻下在華美空軍基地及重慶抗戰據點的寶慶（湖南省）與丹竹。我華中方面軍，一方面進攻桂林，一方面另以有力兵團進迫湖南省內敵殘餘據點——寶慶，而於廿七日完全佔領該地。寶慶與其西方的芷江，同爲美蔣兩軍在湖南省內的殘餘據點，有飛機場爲桂林基地羣的一翼。另外與此遙呼進攻的我華南軍，於廿七日夕時佔領在華美空軍的有力據點——丹竹。由於在大陸上猛烈展開的主動攻勢，衡陽、湘潭、零陵等地，相繼爲我軍佔領，敵曾企圖以丹竹、寶慶、柳州、芷江四飛機場爲桂林基地羣的輔助基地，積極地再建中國西南部基地體制。現在不僅丹竹、寶慶兩飛機場陷入我手，同時柳州、芷江兩飛機場亦受到直接危脅。故桂林基地羣至此完全瀕於毀滅狀態。反之對我空軍則又增加了兩個前進基地，此對於今後的空戰，實非常有利，定有所貢獻云。

【同盟社東京廿九日電】丹竹在桂林南方一百五十公里，是一重要地方。衡陽、零陵爲我軍佔領後，便與芷江、柳州、寶慶同爲桂林航空要塞羣的一有力基地。飛機場在東北郊外，有近代設備。最近敵更以此爲據點，擾亂我香港海南島方面的海上運輸。

【同盟社湖南前綫廿八日電】我精銳部隊於二十七日拂曉，開始總攻敵第百軍據守的寶慶城，以奔流之勢進攻敵人，撲滅敵側防重武器、迫擊砲陣地，並繼續激烈的陣內戰鬥，達十四小時，××部隊首於上午八時攻克南正面城牆，自東面猛攻中之精銳部隊，亦於正午攻克該城牆，於是寶慶城主要陣地中樞，已落我手。守備寶慶城之敵五十七師，其命運終被決定，接着各部隊蜂擁而至，殺至城內，繼續進行壯烈的市街戰，下午二時完全攻克寶慶城，五時掃蕩城內完畢。另方面資江西岸之敵第一百軍主力，見到第五十七師被殲在即，已完全手足無措，隨着我軍包圍形勢的壓縮，使敵陷於巨大混亂中。因懼我切斷後路，現已開始退却，敵第百軍主力被我圍殲的時機，正在刻刻逼近中。

## 軍委會一週戰況

【中央社重慶廿九日電】廿九日軍委會發表一週戰況，軍委會發言人談，茲將本週湘境寶慶與湘粵桂區以及滇西龍陵等地戰況分述如左：湘境寶慶外圍激戰，迄今已達廿餘日。自廿六日來，我敵戰鬥益形猛烈，我守軍咸能沉着應戰，堅強抵抗，使連日屢次進撲之敵軍遭受最大之損傷，刻我敵仍在城郊地區激烈鏖戰中。湘桂邊境湘桂路綫戰鬥仍在界首以北進行，惟戰況無變化。粵桂邊境沿西江南北分路西犯之敵，侵入梧州，羅定、容縣後，復向西北進犯，刻爲我阻擊於藤縣東北平南之丹竹西南各地區。又我向敵右側背之廣寧、懷集、信都等地攻擊，頗爲得手。滇西我克騰衝及松山後，繼於廿三日佔領平戛。怒江前綫之重要目標，悉爲我軍掌握。龍陵城南我軍，擊退敵之反撲，於廿五日克三關坡，並有一部攻入龍陵，城內與敵巷戰，城西南郊我軍復攻佔五座山頭，龍陵之完全攻克，已僅爲時間問題。

## 重慶記者招待會上外記者問 何以國民黨政府又准留學生出國？

【中央社渝廿七日電】外國記者招待會，廿七日下午三時舉行，由董副部長顯光、吳次長國楨、張參事平羣出席主持。某記者詢以蘇聯外交人民委員會中國司長李法諾夫來華之意義，吳次長答稱，李氏之來華，純係例行外交公務性質，亦爲兩友邦間常有之事，李氏前後曾數次來華，對中國情形甚爲熟悉，我政府正準備歡迎。某記者詢以國民參政會已決議請政府承認韓國獨立，中國政府是否即採取承認步驟？吳次長謂，在開羅會議宣言中，對韓國之獨立已有保障，開羅會議以後各關係國家，對韓國獨立問題不斷商談。某記者詢以何以中國政府今又准留學生出國，張參事答稱，去年底舉行自費留學生考試，計取錄三百廿七名，本應早已出洋，旋因交通稽滯，復以戰時事事有關部門需才甚多，各及格員生多實際參加工作，故政府決定暫緩出國，現因本年畢業新生可以接替彼等工作，英美各大學又以獎學金名額給予我國學生，歡迎前往進修，政府爲顧念國際文化交流與儲備戰時及戰後建設人才計，乃允許以前及格之學生，陸續出國深造，並即將由教育部舉行選派英美留學生實習生考試。

## 蘇聯遠東部部長將訪重慶

【同盟社里斯本廿七日電】據重慶來電悉：重慶政權外交部次長吳國楨，於二十七日接見外國記者團時，宣稱蘇聯外交人民委員會遠東部部長尼古拉·李凡諾夫，將於最近訪問重慶。訪問的目的，是爲了直接提出强硬的照會，因正如共產黨領袖周恩來的强烈聲明所說的，重慶政權對延安方面的要求只限於嘴上說一說而沒有誠意。

## 德國通訊社稱 美國和蔣介石矛盾重重

【德意志通訊社斯德哥爾姆廿八日電】據『阿福頓報』華盛頓訊：美駐華軍事指揮官與蔣介石之間存在着種種重大困難。美國要訓練中國軍隊以保衛其寶貴的機場（這些機場刻已全部喪失）；另方面在蔣介石則要美國增調軍隊去保衛。美國指揮官考慮無須如此，因有數百萬中國人，蔣介石亦拒絕史迪威關於建立更大的中國軍隊進攻緬甸的提議，而只允許徵募與訓練幾個師團。蔣介石刻亦以建造已喪失之機場的法案提交美國。在美國人方面已要求蔣介石改組中國軍隊，與蘇聯談判與消除通貨膨脹。美生產局長納爾遜剛由中國歸抵華盛頓，已向羅斯福報告中國情況。

## 重慶將設立戰時生產局

【同盟社里斯本廿七日電】重慶來電，重慶外交部次長吳國楨，二十七日接見記者團，就與美國戰時生產局長納爾遜會談一事，發表聲明稱：『納爾遜會提出許多提案，均經過蔣介石的贊同，其內容在未獲得羅斯福同意前不能發表。』最近重慶政權的軍需生產，日益低落，各種軍需物資必須經過喜馬拉雅山，因此納爾遜建議重慶政權亦應設置如同美國的戰時生產局。

## 國參會大會 對地政及蒙藏委員會工作決議案

【中央社渝九日電】國民參政會第三屆第三次大會，對政府地政與蒙藏報告決議如下：（甲）地政報告決議，兼閱地政署過去十月之工作報告，以整理地籍，確定地權，規定地價，及保障佃農爲施政之中心目標，正確辦理，尙有成效。惟仍有數點尙希注意：（一）土地行政之權，須求統一，如土地陳報、清理荒地、管理土地使用等項，均應劃歸地政機關辦理。關於此點，本會第二次大會之審查意見，業經指出，政府迄未照此調整，因此土地行政之工作，似尙未能圓滿進行，尤以土地陳報，流弊百出，毫無成果，今後亟應劃歸地政署辦理。（二）土地測量登記，經緯萬端，工作至爲繁重，關於經費人才以及推行步驟，舉辦之始，先須有充分之準備，舉辦之際，尤應有縝密之考核，地政署對此籌劃欠周，亟應及早補救。（三）限制地租保證佃農土地法，原有明文規定，但執行有年，成效殊鮮，考其原因，固由於地方政府辦理不力，然條文義深，使佃農不易了解，實爲主要原因之一，今後宜將該法重要條文，譯成白話，廣爲宣傳。（四）關於扶植自耕農，尙在試辦期間，推行地方，不過二三十縣，且成效極微，蓋以戰爭時期，政府能力有限，普遍推行××貸款×農購買土地，不過爲使『耕者有其田』之一種辦法，政府似應更求有效辦法，以期逐步達成扶植自耕農之目的。（乙）蒙藏報告決議，查蒙藏委員會之設施，應注意改進政治，以提高邊胞自治能力，促進經濟建設，以改善邊胞生活，發展文化教育，以啓迪邊胞知識，及溝通省縣蒙旗地方上之情感，以促進其團結，茲提供左列各點，尙希注意：（一）應切實遵照『邊疆施政綱要』，積極通知，詳採實施計劃，與有關機關密切配合逐步實施。（二）伊盟事變起因，完全由於地方軍政當局之措施，如軍墾等事，忽略當地土著人民之利益所致。此種錯誤，如不改正，則邊地糾紛，難以消除，而影響國家政策，故今後一切有關邊事計劃，與邊疆設施；應顧全當地土著人民之利益。（三）勝利在望，戰區蒙旗復員工作，亟應早日準備規劃。惟茲事體重大，情形複雜，決非少數人所能勝任愉快，必須網羅熟諳蒙情及蒙藏人士，共同研究設計。（四）蒙藏事務，在過去有關各機關競相辦理，而對於同一問題，每多意見紛歧，而深切了解之工作，尙嫌不足，以至×項×免有扞格之處，今後邊務機關相互間必須密切聯系，意見必須劃一，步驟必須統一，俾一致努力，達成開發邊疆建設邊疆之目的。

## 迅速擊潰日寇的初步研究

——中央社九月廿七日社論——

究竟應該先向什麼地方進攻，才能夠迅速擊潰倭寇，這是英美和中國軍事專家的當前課題。面對這課題的許多專家，究將如何決定，雖非我們所能逆知，而其必適用下列三原則於答案之中，則絕無疑義。這所謂三原則就是第一對倭寇的心臟地帶作猛烈的攻擊，第二截斷倭寇軍事的經濟的大動脈，第三從倭寇手裏奪去它可用以加强戰鬥力量的時間。但各專家的答案雖必以三原則爲基礎，然何處是倭寇的心臟地帶，何處是倭寇軍事經濟的大動脈，我們須於何時開始大規模的攻擊，才能奪去倭寇可用以加强戰鬥力量的時間，這就還是問題。

在這一問題中，我們本不願參加業餘軍略家的紙上談兵，去引起眞正軍事專家處念的紛亂，但經驗既使我們感覺若干軍事專家的設計，有時或不免百密一疏，我們便不得不一談紙上之兵，以供各軍事專家的參考。

上面所談的百密一疏，可於大陸戰場得一鮮明的例證。本來美國海空軍從太平洋指向中國海岸西攻，中英美聯軍從緬境作開通中印路綫的進軍，在華美空軍則一面配合我陸軍作戰，一面以中國爲基地去轟炸倭寇本土，（缺八字）將因此而×集陸和東南亞路綫的最後掙扎。沒有算到爲了兼顧供應美空軍和中國陸軍，而薄弱的空中運輸力，不足以加强中國陸軍的裝備，也沒有算到東北倭軍，在一定的情形下面，南下作戰的可能，結果計劃的其他部分，未能一下收到最大的效果，且施於大陸戰場的一部，却遇到了多方阻礙。就中（缺六字）之一，是缺乏良好裝備的我軍對於因反應上述計劃而集中的大量寇軍的瘋狂掙扎，僅能盡其節節阻遏之力，不能發揮如衡陽守禦戰更大的效果。追咎既往，刻尙×××，俾能懲前毖後，毋蹈覆轍。××計劃對日反攻的魁北克會議，已圓滿結束，來渝會商大陸作戰計劃的美總統代表赫爾利，已在與我最高當局從長協議之中，中印緬路綫唯一障礙的騰衝寇軍，已告殲滅，××得覩××××××軍在××進攻已經佔領（缺四十字）任何的漏洞×××××計劃都能成爲事實。

總反攻的計劃，必須包括下列的三點：第一先取小笠原羣島，打開東京第二道的大門。東（缺卅字）倭寇的心臟地帶，每一個日寇的精神，都繫於東京，一顆射入東京的××××或一顆擲到東京的炸彈，都可以毀損一切×××××打到小笠原，東京便愈在大規模轟炸的航程之內，橫濱港和橫須賀要塞也受到軍艦大砲的威脅，這不僅可以使倭寇每日担心王子軍火製造廠和無數飛機坦克機械零件工場被炸；還可以使倭寇担心東京的電力廠停止發電，王子造紙廠會無法產紙，這一下它的心臟縱不完全停止跳動，也有逐漸麻痺下去的可能。心臟麻痺的結果，四肢將癱瘓無力，在大陸和東南亞的寇軍，固必迅速潰退，即在東四省，台灣和三韓等處的寇軍，亦必然日形頹喪，同歸於盡。

第二、西方急攻菲律賓，北方進攻千島，東南在緬甸發動新攻勢，還可以切斷倭寇侵略的經濟的大動脈。菲律賓在西太平洋的重要性不消說了，千島是倭寇北方大門的鎖鑰，佔領千島，可以控制三韓和倭寇的北海道，還可以威脅與我國東北交通的路綫。至於緬甸，則一方是倭寇用以掩護星洲和越南泰國的護牆，另一方面則係英美與中國交通的樞紐，如果盟軍能在緬甸採取大規模的攻勢，從緬甸逐出寇軍，再伸出兩鉗，進迫星洲和越南，那就不但可使東南亞寇軍眠不貼席，同時也鞏固了我們自己的交通綫，鞏固了我們自已從陸地驅逐東南亞倭軍入海的基地。

第三，儘管目前亞洲大陸和海洋，雖都有戰爭，但在英美未能舉全力向倭寇進攻的期間，時間還是倭寇的。如令倭寇利用這時間來鞏固其佔領地區的據點，來生產其所缺乏的飛機，縱令其鞏固據點生產飛機的成效未必能如其所預期，但多少總可以拖延其垂死的命運，增加我們反攻的損失。爲了不使倭寇拖延戰爭，並減輕我們自己的損失，第××××項的攻勢有××發動的必要，因爲對於小笠原、菲律賓、千島和緬甸的攻勢，且經展開倭寇便會陷於心臟麻痺，四肢癱瘓的狀態，失去可以從容鞏固據點製造飛機的時間。

至於盟軍發動反攻之際，我們中國在大陸究應發動怎樣的配合攻勢，其所需要的物質助力一問題，又將如何解決，則我最高當局與盟邦領袖間籌之已熟，自無待於我們的辭贅，我們所敢告世人者，只有一語，我們中國縱一時陷於苦戰，但終必能再接再厲，忍耐勝利前夕最後五分鐘的任何痛苦與犧牲，而毫無怨艾。

## 日寇評論美英蘇三國會談流產

【同盟社里斯本廿七日電】美、英、蘇三國自八月廿一日起，在頓巴敦橡樹林舉行會談。現美英兩國代表與蘇聯代表間，已發生意見上的深刻對立，而陷於僵局，遂於廿八日宣告閉會。美國首席代表即副國務卿斯退丁紐斯，廿七日就會議的流產發表如下：美英蘇三國關於國際機構的會談，已有滿意的進展，但關於全部問題，意見還未完全一致，乃決定於廿八日停會。美英兩國代表則於廿九日起，與重慶代表開始談判。消息靈通人士認爲會談流產的原因是當調停與美英蘇中有關的國際糾紛時，當事國是否有投票權這一點發生對立的意見。由於美英蘇三國會談的流產，那麼繼之舉行的美英中會談，以及預定在本年內舉行的反軸心國全體會議，均將毫無意義。

## 傳保京蘇軍統帥部限令英美軍官廿人出境

【路透社索非亞廿日電】（遲到）在索非亞十餘天的英美軍官約二十人，於星期日晚在接獲索非亞區域蘇軍指揮部於二十四小時內離開保加利亞的直接命令之後，乘車赴土耳其。蘇聯軍官乘別的車與英美軍官至土耳其邊界。

「海通社柏林廿七日電」路透社報導：保加利亞京城蘇軍總指揮迫令約二十位英美軍官出索非亞境。威廉街發言人認此爲『一引人注意的大事件』，發言人並於星期二午間指出：路透社雖否認這些軍官負有官方使命。但英國其他各界人士所說的，却與這相反。發言人認爲：不管怎樣，這些軍官在蘇軍佔領索非亞城以前，即在該處。及他們之被驅逐到土耳其乃活鮮鮮表示蘇聯繼續不讓外國觀客接近其主要地方的策略，這是不庸置疑的。發言人指出：倫敦電台雖確言蘇聯政府對於盟國軍官的這種待遇，已表示道歉，但對這些軍官何回返保加利亞，却隻字不提。

## 紐約時報說蘇將對日宣戰
## 日寇極力挑撥盟國戰爭合作

「合衆社紐約廿九日電」紐約時報週刊頃稱：上週自權威方面獲悉，德國一旦被擊敗後，蘇聯即將對日宣戰。

「同盟社東京二十八日電」美國新聞界於嘲笑在維斯杜拉河畔的紅軍後，說：在兩禮拜前即開始的波羅的海紅軍的攻勢，證明了蘇聯仍在進行『僅是自己的戰爭』。蘇聯不管反軸心軍如何揣測，始終不參加他們所說的『到柏林的田徑賽』。隨着東部戰場的移向巴爾幹，所謂蘇聯的『祖國戰爭』的口號，不知道在什麼時候便要消聲匿跡，代之以『彼得戰爭』的口號。此即彼得大帝的戰爭色彩日益濃厚。羅馬尼亞，保加利亞已屈服於蘇聯膝下。匈牙利、捷克斯拉夫、南斯拉夫亦……。這些均是爲了要達到彼得大帝以來的制壓巴爾幹的宿望。如果蘇聯控制了保加利亞，更將觸手伸至希臘的話，那末達達尼爾、博斯普魯斯兩海峽，即成爲蘇聯的袋中之物。蘇聯如更將芬蘭的波爾卡拉拿到手中，則斯堪的那維亞亦可獲得自由，美英和蘇聯的並行狀態，就是如此，究竟今後能否像過去那樣平行下去，今後或有可能發生衝突

## 波爾將軍
## 汚衊蘇聯放逐波蘭地下軍

「英官方通訊社倫敦廿七日電」波爾將軍已披露其眞名爲科摩羅夫斯基中將。星期三他以波爾——科摩羅夫斯基名字由華沙發表公報。他說：『敵人正於城中心擴大防禦陣地與挖隧道以建立各街道之間的地下交通。在摩科托夫，敵人正努力要排除我軍防綫。激戰在進行中。在格里波茲，我們接獲蘇機於夜間投落的武器彈火』。英國對於波蘇的政策成爲下院更關心的問題。昨日艾登先生於提到對邱吉爾的重要聲明提出質問的人時稱：英國政府已詢問蘇聯政府關於這樣的報告：奉波蘭政府命令與蘇軍協同作戰的波蘭地下軍當中有些什麼人被蘇聯當局放逐了。艾登先生說：蘇聯政府初已通知我，他們認爲這些報告與事實是不符的。他們說：『蘇軍前進時所看到的幾乎一切波蘭軍隊，現都隨同蘇軍對德作戰』。外相繼答稱：此事實已比我們波蘇盟國間的關係更引起英帝國的關心。這些，不僅在盟國之間的××與××當中，而在調查問題的困難當中也是一些微妙的問題。我們必須以××與保留的態度對待這些問題。我們的責任業已光榮地全部担負起來了。邱吉爾……『趁此機會向波蘭國內軍與華沙人民的英雄主義與不屈不撓的精神致敬……，他們經受了五年的壓迫，已以其全力戰鬥了將近二月，要把德軍驅出波蘭首都。英政府對一切有關方面經常說明，因距離太遠未能担負起命令與援助波蘭起義的責任。同時英政府大事斡旋以增進共同作戰與合作……且不顧極種可怕的實際困難，以軍需品供給波蘭國內軍。英政府得悉華沙起義開始的時候，立即向蘇聯政府表示其希望，即雖然此種合作尚未達到，然而他們將盡其所能地予波蘭起義以援助。當時，蘇軍正在華沙以東與東北對強大德軍激戰，但當……的時候，已與華沙波蘭總司令建立了直接聯系，他們輸送供應品給波蘭守軍，與××供應他們並有飛機協助之。這援助深爲波蘭總理與華沙軍司令所歡迎，當時，儘管有鉅大的實際困難，而遇着重大損失……（缺數句）此機隊向華沙投落大量供應品（其中一部份是英國運來的）之後，即由蘇機護送飛往蘇聯的基地。這些勝利的共同作戰，支持了波蘭軍的英勇抵抗，使他們能這樣有效地進行解放他們祖國的首都。

## 路透社稱：
## 甘地、金納談判失敗

「路透社孟買二十七日電」甘地及金納會談實際上已告失敗，談話將於今日停止，屆時甘地金納之間函件可望發表。

「路透社孟買二十七日電」甘地與金納之會談破裂後，金納發表簡短的聲明稱：『余未能達成感化甘地之任務，深以爲憾，故吾等決定發表我兩人間之會議經過，吾人希望公衆不致因此失望，並信此非吾等努力之最後結果。

「路透社倫敦廿七日電」今日結束之英國工黨會議，發表宣言，其結論中有云：工黨會議對印度在此次反侵略戰爭中所作之貢獻表示欽意，已在會議中留下紀錄，相信印度在此次戰爭中應獲得充分自主之政府，希望英國及印度社會之領袖能協力合作，俾促其及早實現。此外並希望自由之印度能決定持保爲不列顛聯合國中之一員。

# 參攷消息

（只供參考）
第六五三號
解放日報 新華社 編
今日出一大張
卅三年十月一日
星期日


## 中蘇文協招待參政會駐會委員

【中央社渝卅日電】中蘇文化協會卅日茶會，招待參政會駐會委員，並邀文化界人士參加，表示對參政會新通過加強中蘇邦交案極力贊助。經坦白交換意見，咸主加強中蘇聯繫以完成中蘇英美四國之緊密團結。該會決將今日各方綜合之意見，報告參會駐委會，建議政府早日實施。今日並邀美蘇盟友與會，蘇對外文協代表多洛費也夫演說時，對中蘇友誼之加強，表示歡迎云。

## 美助國民黨整頓西南公路

【中央社渝卅日電】西南公路綫之運輸量，兩月來經中美兩方力加整頓後，已較前增加三分之一以上，此乃西南進口物資督運委員會龔學遂主任委員對記者之談話。龔氏於兩月前赴筑，會同中美兩方委員主持物資督運工作；在此期間，並邀集各主管部門負責人員，隨行視察渝筑昆、獨曲綫路綫，歷程三千餘公里。沿途對司機、技工及護路工人予以懇切慰問，公畢，於廿七日晚偕同該會美籍委員赫爾等來渝述職。中央社記者往見，承稱自西南進口物資督運委員會成立迄今，運量日漸增加，將來更可逐步增加。該會對於運輸改進之點：（一）動員所有車輛，代車主解決一切困難，儘量使其全部開動，以應當前需要。（二）簡化行車手續，過去每一車輛開行，輒受若干次重要之檢查手續，今則統一辦理，只須經過一次檢查，即可直達目的。（三）改善裝卸手續，使過去費時數日者，今只費數小時，即可竣事，因此之故，每部酒精車行駛××一次，往返只須八日，前此至少須十二日。至於汽車整理所須配件，分別規定合理價格，過去商車零件酌量予以收購，零件國內缺乏者，分由美方代為運輸，以應短少。此外，又在沿綫各大站，中美兩方各派技工一人，在站工作，遇有中途機件發生障礙，可立予修復，在另外一方面，則各車商亦無不各本愛國熱忱，竭盡所有力量，以貢獻於國家

開玩笑，鬧得越荒唐粗魯越好』。趙說那位英國記者實際上是一個德國猶太人，『他裝腔作勢想比英國人更英國派頭些，』『他永遠穿着戰地記者的制服，但拒絕到前方去。

關於英美攝影記者，趙寫道：『他們自己把自己描寫為胡亂、粗魯而且像土匪。一開口就談起女人。十個裏頭有九個沒有進過學校，沒有讀過書或受過教育。』

中共報紙新華日報評論該書，說該書是『惡意的』，並提出問題：該書是一年以前寫的，但該書竟在被攻擊最厲害的若干記者在華北共產黨區域作五個月旅行後正在歸來之時出版，這難道僅僅是偶合嗎？』

## 敵驚叫B三二式機來華

【同盟社東京廿六日電】敵人美國為了轟炸日本，又將B32式運至中國。在美國國內，B32與B29正在重點的增產。為什麼敵人要同時用B29與B32兩種飛機？敵人轟炸的目標是什麼？一千架乃至兩千架的連續轟炸有無可能？關於上述特請求陸軍省航空本部工務課長飯島正義大佐，加以解剖。B32的性能不能詳細的知道，所以不能明白地說，但是我想大體與B29相同。不論從那一點說，用它決定勝負是很好的。B29來襲九州以來，因被我擊落甚多，所以沒有自信心，於是B32式登場。波音公司擔任生產B29式飛機，統一公司製造B32式飛機，並且任其互相競爭，俾使飛機更好。這是政府的計謀。其次的問題是以印度為根據地以成都附近為中繼根據地，其最大的原因是燃料的供給，要將充分的燃料運至成都基地來，是一件極困難的工作，因此企圖由印度裝滿燃料，而由成都補充不足的一部份，而且協助運輸炸彈及其他物品。另一方面成都附近暴露於我航空部隊强襲之下，以及完全沒有修理工廠，一遇修理必須飛至印度，空運能力尚未達令人滿意的地步，因此所謂『整備』是一個很嚴重的問題，決不能偷懶經費，例如平時欲保持一千架飛機出擊，就要常備三千架飛機，如不修理補充則三千架飛機將自然消耗殆盡。成都似無修理工廠，據傳正在建設中，但這並不是那樣簡單就能建設起來。為了要解決這一問題必須飛越一千公里的山嶽，而返抵印度的喀喇蚩，加爾各答，因此敵人如以B29來襲日本、滿洲，最多為一百架乃至二百架。戰略轟炸的原則就是於被炸地區未恢復前進行連續的轟炸，敵人是否有此實力，誠屬疑問。即指導轟炸九州的第十九航空部隊前任參謀長韓塞爾准將，亦承認截至現在B29式機在作戰中，受到很大損失。又B29式不能經常空襲日本的另一原因，當供應不甚充分，因而B29式便不能每

。各車行駛與載重噸位，均有規定，但無不超越其定額。惟目前尚有一部失修車輛，因缺於資金，未能整修，亦將設法貸予資金，以期加强運量。

【中央社重慶廿九日電】國民政府九月十九日令，派王占祺襄理外交部駐雲南特派員職務此令。

【中央社蘭州卅日電】甘二屆臨參會第二次大會，自十三日開幕，歷時十七日，除聆取谷主席及政府各廳處施政報告外，共開大會十四次，通過提案五十餘件。卅日上午九時，已圓滿閉幕，決議案有關當前要政者如下：（一）修改田賦科稅。（二）通過徵借糧額九十萬石。（三）籌辦壯丁安家費。（四）戰時特別費籌支辦法。（五）管制各項募捐。（六）組織人民慰問團，以及健全縣級民意機構等案，均經該會詳細研討，獲有具體之結論。

【中央社韶關卅日電】閩省府以南路、西江各縣距省府所在地過遠，推行政令每感鞭長莫及，最近已呈准行政院設立南路行署，派省委胡銘藻氏兼任，胡氏已於廿八日抵信宜。

【中央社渝卅日電】關於大戶獻糧一事項，據糧食部（缺七）辦法草案規定，以力能獻糧十市石者爲起點。×指糧戶收益，除去各項徵課食用以外，尚多餘糧，其力量能以十市石以上之糧食捐獻者而言，並非指有十市石糧食收入之糧戶，即須令其捐獻也。外間所傳以收益十市石之糧戶爲對象，實屬誤會。

## 趙敏恆在國特指使下 造謠誣衊重慶外國記者

【合衆社重慶廿八日電】今天在重慶，各處書攤及書店裏出售一本新書，描寫英美在中國戰時首都的記者，該書所用詞句，在任何有法律保護個人不受毀謗的國家，都可以激起訴，並很容易地可以得到幾百萬元損害賠償費。該書的作者是湯姆斯·趙（趙敏恆），他是路透社在中國的經理，而且是路透社在全中國的唯一記者。該書描繪英美記者的全面圖畫，把他們描寫成一羣住在宣傳部所建的記者宿舍的一羣醉漢，每晚各房傳看淫書淫畫渡夜，他們裸體的躺在宿舍院子裏，設徹夜痛飲的夜會，在這種夜會上打壞傢具及毆人之事司空見慣。趙指名描寫約牛打記者說：每一記者都爲其他所有記者所痛恨。關於其中一記者趙寫道：「他沒有才能，但卻自命不凡。假如他被暗殺的話，記者宿舍裏的所有記者都大有嫌疑」。關於另一個記者，趙寫道：「他在重慶只喜歡兩件事——喝酒和打撲克他。從中午一直喝到第二天[illegible]上三點鐘。他喜歡

日出動，這些都是敵人的自白，但另從客觀情況來判斷敵人的弱點，那也是當然的事情。蓋成都基地在我航空部隊行動半徑內，這是敵人的致命傷。綜合各種條件，不管敵如何吹噓，在最近還不會有[illegible]，然而不能因此就安心了，應該看到百架敵機的來襲還是很頻繁的。[illegible]於敵機的轟炸目標，不外是軍事設備與供給綫，從敵機的空襲八幡與鞍山，益加明白其轟炸目標是我製鐵所，在最近期間當以破壞我製鐵工業爲其轟炸目標。敵八幡鞍山以外各地的製鐵所亦不應大意。其次必然會把目標轉到航空工業，一般的常識是航空工業易於破壞，不易於恢復，德國爲毀滅英國航空工業會轟炸過零件工場，而現在美英轟炸德國的也是此零件工場，而現在美英轟炸德國時也是此零件工場，此零件工場如被破壞，其他工場即能生產，但也不能生產飛機了。但是美國人是最怕死，所以招僱大批重慶的青年駕駛員，送至印度或美國，給以駕駛B29式機的訓練，使中國人駕駛B26式機轟炸日本與滿洲國，因而重慶實應該反省這一事實，即以鮮血助長美國侵略的爪牙。

## 路透社報導 蘇聯準備長期戰爭

【路透社倫敦廿八日電】莫斯科訊：蘇聯一般人民對於戰爭何時結束並不過度樂觀，渠等認爲數週甚至數月中戰爭尚不能結束，蘇聯已準備必要時再經歷戰時冬季，蘇聯人民每思及戰爭何時結束，未有不同時思及實施德黑蘭決議之輝煌方式者，蘇聯人民均決心捕獲希特勒後予以公開審判，希特勒如隱藏中立國，此間認爲應不惜以最强烈之手段將其逮捕，今日蘇聯人民咸認爲德國應負流血及痛苦巨債之責，蘇聯盼望諸大國戰後負責維持和平。蘇聯希望在影響其本身安全之接壤諸國之事務上，獲有巨大之發言權，在經濟方面，蘇聯準備利用英美所能給予之一切協助。

## 斯羅邱會議 十一月中旬或可開始

【海通社斯托哥爾姆十日電】：據瑞典人由倫敦獲悉：羅斯福、邱吉爾、與斯大林的會談最早可望於十一月中舉行。倫敦方面咸信三國政府只有在美國選舉之後才能達到一致意見。例如：『達根斯報』由倫敦得悉，考慮到英國以及美國的極端紛亂，而×××政治如此依賴於美國的國內情況，但是選舉總統的結果自然必須等待。倫敦方面業已討論這樣的可能性：倘若與期望相反，羅斯福沒有中選，會發生什麼事情呢。許多觀察家認爲：即使如此，亦將舉行會談，因爲新政府

是在明年三月以前才接管政府職務，無論如何，關於此事的決定全繫於美國。

## 傳美國計劃中的剝奪日寇屬地意見

【合衆社華盛頓廿七日電】據悉美方計劃以日本以前及目前所控制之太平洋一切島嶼爲戰後之艦隊及空軍根據地，計劃詳情尚未宣佈。然據合衆社所悉，日本除本部四大島以及鄰近各小島外，其餘一切屬地將盡予剝奪。傳海軍部認爲美國對於馬紹爾、加羅林、小笠原、馬里亞納等羣島等地獲得主權，至少亦應獲得控制地位在其他遠東要塞六處以上，並希望合理使用中國以及遠東其他各島之根據地，一般咸信蘇聯將控制千島以及庫頁島南半部，中國收復琉球與台灣。

【同盟社昆明本廿八日電】據西南太平洋戰綫合衆社電據聞美第六軍司令沃爾塔．克留格中將，於其接見合衆社特派記者時，復又警告逐漸彌漫於美國國內的樂觀論，指出對日作戰的困難。表明對後方國民過火想法的不滿。美第六軍爲麥克阿瑟的一翼，將來在對菲島作戰及其他方面的作戰中，會發生重大作用。該中將稱：美國國民應該停止其關於戰爭結束日期的那種主觀臆猜的觀察。我們正在與時間做鬥爭，故不可能算出戰爭結果前的日數。目前認爲日本是處在不利的戰局中，也許是錯誤的，我們雖以預言在何處和如何打敗日本，這是因爲難於預測的要素非常多。若日軍將其全部兵力集結在一個地方那麼我們便可以龐大兵力集中攻擊之，然而我們打的不是那種仗，而是在廣闊的戰場上，把兵力分散成很多的小部隊攻擊據有堅固防地的日軍，這是異常困難的事情。

【同盟社里斯本廿七日電】據華盛頓來電，美海軍部長廿七日接見記者時談稱：海軍現在大規模製造對日作戰用的『特種攻擊運輸』與『攻擊貨船』。此特種船舶，有一種特別構造，可以直接把能立即作戰的兵團及其裝備，從美國本國運至太平洋作戰地點，根據現在的計劃，平均每二日能使五艘此種特種船舶進水。

## 美國各界人士評論甘地金納談判破裂

【路透社倫敦廿七日電】此間一向同情印度之人士，聞悉甘地與金納之談話破裂後，頗表遺憾。但一致希望仍能覓得解決此困難局勢之道。

【路透社倫敦廿七日電】倫敦今日關於甘地與金納對於巴基斯坦問題未能成立協議一節，表示意見如下：斯特拉波爾吉勳爵稱：這事誠然是不幸的，過分？政治評論家H．N．布雷爾斯福德稱：「每一個人對會談已經失敗表示惋惜，但直到我知道更多的理由，我不想對此事發表意見」。著名工黨同情者勞倫斯稱：「我確知，我發表本國許多人的感情，對印度兩位卓者的政治家迄今未能達到協議的消息表示惋惜，直至詳情公佈前，不能判斷協議的失敗是否是最後的，我們僅希望以後將覓得某些方法以便對爭論的問題，作新的更有成效的處理。哈爾德、拉斯基編輯與教授拒絕發表聲明。

## 索森科夫斯基辭職 傳波總理將再訪蘇

【合衆社倫敦廿五日電】索森科夫斯基將軍已解除波軍總司令之職，由波國內軍總司令波爾繼任。波政人士稱波氏之繼任爲對蘇友善之表示，因若干時以前，蘇方曾要求解除索氏職務。

【路透社倫敦卅日電】波蘭長期危機之勝利解脫（至少是一部分），由於拉茲克維茲總統之罷免索森科夫斯基總司令，並任命科摩羅夫斯基中將（即華沙地下戰鬥者之領袖波爾將軍）爲波軍總司令，今日似已確定。此表示拉茲克維茲不管他明顯的個人傾向如何，已決定屈服於以米科拉茲柯爲首之波蘭內閣。某些觀察家並相信，此將爲明確聲明的先驅，該聲明將同意向已故辟科爾斯基所作的聲明：總統未照顧內閣決議時間不行使其一九三五年憲法所賦予的獨裁權力。索森科夫斯基之免職，無疑地不僅使左翼波人及唯一支持他們的蘇聯人高興，而且使英美的政府人士高興，後者一貫支持米科拉茲柯之政策以求得與蘇聯取得協議而不顧倫敦某些有勢力波人（其中索森科夫斯基爲××）的激烈反對。現以盧布林爲中心的蘇聯所扶植的波民族解放委員會，對於此發展之反響如何，尚待今後證明，但米科拉茲柯溫和態度在這個事件上的勝利，無疑將加強倫敦波蘭政府的權力，並減少此間右派極端主義者與蘇境左派極端主義者間的磨擦，此等左派若在索森科夫斯基仍然留任時，總是具有有效的目標可以反對。（缺一段）米科拉茲柯甚至能否與紅軍及盧布林委員會成立協定，尚待今後證明，但反蘇死硬份子（以索森科夫斯基爲代表）之被取消，顯然爲第一個重要步驟，並且作爲它的直接結果，或可期望展現如米柯拉茲科在最近莫斯科之行中所能[illegible]定，而此協定無疑地將獲得英美之支持。

【路透社莫斯科三十日電】波蘭民族解放委員會代表之抵此，引起關於他們與米科拉茲柯恢復談判可能性之推測。但波蘭民族解放委員會官員，對米但亦不應灰心失望，因為還可以找得到其他解決的辦法。目前英國政府應居於主動，派遣如克里浦斯之人，再到印度去。我們必須不斷地努力。甘地和金納終究只是兩個人，我們應想到大英自治領及其億兆人民，因此我們須再行努力。印度國民大會會員洛斯和阿克巴爾・漢，代表委員會發言稱：「我們對甘地未能完成與金納會談的使命甚覺失望，但我們相信已露端倪的印度獨立問題，是不會只因一部份回教徒領袖所提出的不合乎民主原則和實際之要求，而被擱置不問的。目前世界上正發生着許多重大事件，儘管很少人進行徒勞無益的反對，但印度人民將善於應付難局而在甘地領導下向獨立邁進」。國會議員索倫森稱：「我原以為延期這樣久的會談，將綜合歸納於一點。我只能期望有更大的力量在向成立協議方面努力。並不是所有回教徒都擁護金納的，正如不是所有印度教徒都擁護甘地一樣」。全印回教委員會主席阿赫爾・薩稱：我們虔誠祈禱着印度政治舞台的會談，能獲有和解的結果。但是我們不應忘記，我們回教徒——我們敢代表在大不列顛的百分之九十五的回教徒發言：我們是始終反對巴基斯坦的，因為我們是要一個統一而非分裂的印度」。激進民主黨代表阿克・比萊稱：「產生這種結果是不可避免的，而且是國民大會與回教聯盟之間之性質與對抗所已包含的。凡對印度問題有深刻研究的人，對於甘地、金納會談之陷入僵局，實際上都已預先料到。（缺一段）辦爾温爵士稱：「我們對於甘地與金納會談的失敗，殊為遺憾，但我們應了解問題的困難是在雙方觀點間存在着這樣的一些基本矛盾。除非那種解決是給各方面以平等的代表人數和防止一部分人支配其他的人的可能，則印度將來問題的解決是不能令人滿意的——不僅不能令人作為各少數民族權利保管人的英國滿意，而且也不能令印度人滿意，除非國民大會黨認識到這一點，則印回雙方欲成立協議，顯然是不可能的。」

【路透社倫敦廿八日電】此間著名的同情印度者，今日下午聞悉甘地金納會談破裂的消息，表示深刻的惋惜，但一般希望依然可以從困難局勢中覓得方法。印度同盟秘書克里什那・麥米農告路透社記者：「根據現有的不充分的情報，不可能提出意見，關於目前局勢沒有結局很少懷疑，領袖們無疑地將覓得出路。」毛德・羅登博士稱：我與本國的許多人一樣，聽到會談破裂的消息，甚為驚駭與失望。不可能不希望會談重新舉行，因為他們雖尚未代表整個印度，無疑代表了印度人民最大的兩派。如果他們能夠達到協議，想會給予其他協議以推動力。希望印督現在看到他的方法而進行干預，是否

科拉茲柯計劃中莫斯科之行，否認有任何知悉。他們對波蘭民族解放委員會代表訪問莫斯科之緣因，亦××××，但謂摩拉夫斯基於勾留期間或將接見新聞記者。

## 敵稱西綫盟軍消耗日益顯著

【同盟社柏林廿八日電】西歐德軍司令部當局於二十八日言明如下：艾森豪威爾在過去十日損失將士三萬人，由荷蘭安亭至瑞爾福附近的瑞士邊境七百五十公里的戰綫上，有二百五十萬的大軍，在史無前例的戰爭中互相對峙着。這條戰綫最近形成下列六個戰區：（一）荷蘭戰區。（二）安亭周圍地區。（三）艾菲爾地區。（四）盧森堡邊境地區。（五）南錫、留奴縲爾間的法國邊境地區。（六）瑞爾福地區。關於安亭地區的戰鬥，英國自稱這是此次大戰的決戰。這恐怕是他們轉移人民對於其他戰區攻勢的關心。德軍不成問題，要重視薩爾南部的作戰及瑞爾福關口的爭奪戰。自諾曼第西進以來的第五十日，艾森豪威爾能否斷言現在正在進行機動戰，而且答覆是否定的，巴頓、布萊德雷、蒙哥馬利等反軸心軍司令官們知道摩德爾元帥及佈拉斯科維奇元帥是比自己更優越的將軍。反軸心軍損失的數目日益增加，反軸心軍在許多地區前進的速度尚不及法國機動戰當時百分之一，甚至在某些地區進攻軍被迫退卻。

## 敵國鐵礬土缺乏

【同盟社東京廿八日電】隨着最近戰局的演變，南方鐵礬土的輸入日益感到困難，已有一部份人士對於前途表示悲觀。昭和九年我們利用國內的原料明礬造鋁，而不需要依存於鐵礬土。今後南方鐵礬土輸入雖然困難，但是絕對不能成為其基礎。老實說，今日我國鋁工業正處在正確的轉換期。代替鐵礬土的製造原料主要是礬土頁岩，現在朝鮮、滿洲、華北正在增產礬頁岩。在現地處理的旗幟下，「安東輕金屬」、「朝鮮電工」、「華北輕金屬」等會社均已開始創業。內地的淺野水門汀會社，小野田水門汀會社，東洋蘇打會社等亦被動員來增產鋁原料。以礬土頁岩為原料的工廠如富山縣工場亦加以擴充。此外內地亦開始利用粘土，全面的活用國內原料，此外又利用濃厚的苛性蘇打法製造精礬土。各會社均以礬土頁岩直接電解法製造鋁原料，這樣我們不必憂慮決戰戰力——飛機的鋁器材。

# 參攷消息

（只供參考）
第六五四號
解放日報社
新華社 編
今日出一大張
卅三年十一月二日
星期一

## 敵向梧州以西前進
## 轟炸柳州連縣

【同盟社華南前綫一日電】廿三日攻佔羅定的我軍，越過高山進攻敵第卅五集團軍逃入的地點——泗綸（羅定西北五十公里），擊潰敵第一百五十八師的一部及泗綸國民兵團。廿七日下午一時廿五分佔領泗綸，現仍繼續前進。另一有力部隊於廿七日下午七時突入梧州西南五十公里的迴龍，並追擊敵人向廣西內地前進。沿西江南岸前進的部隊攻略鬱南後，突破省界，於廿八日進抵梧州西南十五公里的大歧墟附近。這樣各部隊均深入廣西內地，震撼敵陣。

【同盟社大陸基地一日電】我轟炸機隊於一日未明進攻柳州機場，實行低空轟炸，炸燬大型飛機一架，擊傷大型飛機一架。因爲天氣不佳，不能確認其他戰果。我另有一架飛機未返防。

【同盟社大陸基地一日電】我俯衝重轟炸機隊於卅日黃昏襲擊廣東西北部的要衝——連縣，炸燬兵營六棟。連縣是韶關廣東省政府的移住地及江西、廣西兩基地聯絡路上的要衝。

【同盟社華南前綫卅日電】由於美軍採取焦土戰術，梧州城已成爲廢墟，當敵人退却時，不論軍事設備或者是住宅區都被完全破壞，幾乎沒有剩下令人滿足的建築物。碼頭地區亦受到敵機的轟炸，今天雖然下大雨，但是大火尚未完全熄滅。西江南岸的機場堆積着許多材料，欲着手加强飛機場，但是敵人害怕我軍空陸兩軍的進攻，所以破壞跑道。我軍佔領梧州機場時，我航空部隊即降落於該機場，並開始進行復興工作。同時我宣傳隊已開始向回返市內的民衆發給良民證，並繼續進行恢復治安及城市的復興工作。

## 同盟社一週戰報

（陸上作戰）

【同盟社東京一日電】（一）中國方面華中、華南兩方面的作戰，均甚順利。華中方面廿七日佔領寶慶。華南方面廿八日佔領丹竹飛機場，廿

始登程。

## 頓巴敦會議第一階段結束
### 三國代表發表演說

【美新聞處華盛頓廿九日電】世界和平機構會議會談結束後各代表團團長作簡短的演說。美代表團長斯退丁紐斯稱：自我們開始此項籌備會議以來，倏已六週。在此短促之時期中我們所完成之事項較一般人想像中所能成就者尙多。大致言之，我們的成就實各代表團長如英外次賈德幹及蘇大使葛羅米柯及其他與我們共同工作人員誠懇合作之結果。我個人對此種合作的精神深表欣慰與感戴。此種合作心理曾產生一種和諧與善意之良好精神，充滿整個會議期間。我們對於業已完成之事項，實有充分之理由表示樂觀。於短促之六週中，對於維持和平與安全之國際機構之根本與必需（缺字）此項原則對於指導我們××之每項措施，關係至大。余深信合作之精神已使我們之國家於戰時團結一致××××世界各國愛好和××政府獲得協定。蘇聯駐美大使葛羅米柯稱：自八月廿一日起至今英美蘇三國（缺十三字）重要問題。今日我們已有根據可表明，會談進行極爲良好。余僅代表蘇聯代表××××。英代表團團長賈德幹稱：余感謝主席適才代表吾人全體所發之言，余同意此間所已（缺九）大部份對於初期會談之最後成功，甚有貢獻。余更願望斯退丁紐斯先生領導此次會談之方式，稍進一言，渠證明如何以禮貌及忍耐配合幹才×××任主席，得以使會員順利進行。排除×××見。余信此乃未來之甚佳預兆。余並願向秘書處表示謝忱。對於美國政府×××招待甚爲感謝。（本電訊爲中央社轉播，錯掉甚多，只得發參考消息）

## 敦巴頓中英美會議開始

【中央社華盛頓廿九日電】頓巴敦橡樹林世界和平機構會議之第二階段終於本日正式開始。美國務卿赫爾及英外次賈德幹均發表演講，對我軍代表團表示熱烈歡迎。赫爾及賈德幹均特別承認我國人民之英勇抵抗及長期作戰，並表示深信我國對於戰後安全機構定能作有價値之貢獻。大會儀式與第一階段大致相同。下午三時（東方戰時時間）三國代表團在赫爾及斯退丁紐斯率領下進會場，赫爾國務卿座於「K」形桌前端中央，其右爲孔副院長、顧大使及魏大使，其左爲英駐美大使哈里法克斯，英外次賈德幹及美副國務卿斯退丁紐斯。記者及攝影記者百人左右，亦參與本日會議。我國代表團之其他團員包括胡世澤、商震、毛邦初、浦薛鳳、張忠紱、宋子良、劉鍇等

九日佔領丹竹城，現仍繼續進攻中。桂林地區敵飛機羣，已完全喪失機能，致給在華美空軍以重大危脅。又佔領溫州我部，已確保該地附近諸要點。而佔領麗水之我軍，因已完成目的，撤退至原防地。（空中作戰）我航空部隊除協助華中、華南陸上作戰外，並担任要地防空任務，或出擊西安、柳州、芷江、梁山、成都各地，制止美空軍的蠢動。從廿一日至廿八日，計擊毀或焚敵機一百廿五架。桂林附近敵重要據點，均已喪失機能，最近幾未見敵機出現衡陽。（二）滿洲方面。廿六日有敵機七八十架襲擊鞍山、大連、本溪湖地區。敵機之空襲南滿，連八月的四日、廿七日，九月的八日、九日、廿六日、廿七日（包括二三敵機的偵察來襲），前後達七次，出動飛機一百八九十架。（三）緬甸方面。該方面我部，於三十一日龍陵解圍之後，於廿日前後，突然向芒市東南方平戛採取攻勢，於廿二日擊潰自六月中旬以來敵方的包圍，與力戰奮鬥的平戛守備隊取得聯系。在此期間，該地守備隊傷亡敵三千以上。（四）太平洋方面（帛琉島）。在該島登陸敵約有兩個半師團的兵力。其一部於廿五日在哥爾德魯科登陸，廿六日在瓜達布斯登陸。我軍在東山、觀測山、水府山等中央高地，連日與敵猛戰結果，敵方損失異常重大，敵方幾乎需要每日用病號船運輸傷兵。是役敵出動數十艘航空母艦，就中包括十數艘制式航空母艦。（安高爾島）該島登陸敵兵力約有半個師團，我守備隊憑據西北高地仍在與敵激戰中。（摩羅泰島）登陸敵兵力約一個多師團，敵橋頭堡壘寬七公里、深七公里，我軍則分散密林中，猛攻進攻之敵，給敵以重大傷害。又我航空部隊，連日轟擊敵登陸地點，自敵登陸以來至廿五日為止，在此期間計擊毀敵巡洋艦一艘，巨型運輸艦一艘，焚毀中型運輸船一艘，擊沉潛水艇一艘，登陸用舟艇三四十艘。另外並給地上敵軍以重大傷害。（五）菲島方面。襲擊該島的敵艦上機，每×××出動四百架，但最近已逐漸衰退，不見有大規模空襲。該島海面敵一部航空母艦，於廿二日晨已給我空軍趕走。不過敵方進攻該方面的企圖，仍不能輕視之。

## 吳忠信赴新疆

【中央社渝一日電】新疆省主席吳忠信偕民廳長鄧翔海、建廳長余凌雲、秘書長曾小魯、省委周昆田及秘書、隨員等二十二人，於一日上午十時三刻由渝乘專機飛蘭州轉迪化履新。吳氏於廿五年六月接任蒙藏委會委員長。迄今八年，間曾一度赴藏，此次赴新則為其西北之行之第三次。氏主持新政後，蒙藏委會委員長職務決羅良鑑代理。吳氏原定九月廿八日動身，因氣候不宜飛行，故延至一日

，坐於桌之一側，另一代表朱世明刻在國內，本日不復參加。赫爾國務卿首先朗誦事先備妥之簡單聲明，歡迎我國代表團，復介紹顧大使稱之為「偉大之外交家兼政治家」。顧大使當即宣讀渠之聲明，歷時十分鐘。英美代表及聽眾即高聲歡呼。賈德幹之聲明僅歷七分鐘即告完畢。全部經過僅半小時。演講之後，赫爾國務卿宣佈中英美會議第一次正式會議定於十月二日上午十時半（東方戰時時間）開始。是日斯退丁紐斯與顧大使及賈德幹將於開會前半小時即行會晤。聞賈德幹即將返回倫敦復任外部常務次官；渠離此後即由哈里法克斯大使代渠為英國代表團團長。此間英國大使館日本問題專家桑森姆亦被派為英國代表團團員。據非官方意見：自頓巴敦橡樹林會議第二階段諒將歷時一週或十日。採訪本日開會式新聞記者對於顧大使聲明印象甚深。顧大使在聲明中曾坦率指出我國在戰後國際合作中之地位。本日會上孔副院長及英駐美大使哈里法克斯均未演講。本日宣佈頓巴敦橡樹林會議第一階段已告完畢之英美蘇聯合聲明至為簡短。斯退丁紐斯宣稱：第二階段會議完畢後，將發表較詳細之公報，予會議之決定以較詳細之披露。本日公報僅謂：此等會談甚為有用，足以助成對於機構之一般輪廓，尤其維持和平及安全所需之機構之建議獲致一般協議。公報繼謂：三國代表團正向各該國政府報告，各該政府於考慮此項報告後將對此項問題同時發表聲明。

## 赫爾致開幕詞

【中央社華盛頓廿九日電】赫爾國務卿演說全文如次：「茲值吾人會議開始之際，余謹為羅斯福總統向君等表示賀忱。余等兩人並深望君等之辛勞能獲成功。余等特向優異之中國代表團謹致歡迎。貴代表團所具偉大之智慧及在國際政治方面所獲之經驗，不惟反映貴國政府對此問題之重視，抑係保證中國對此會談之貢獻將成為熟而可實施之意見。自兇暴之敵人首舉征服之端，吾人即對中國人民歷年所受之重大困難與犧牲備致關切。吾人對於偉大之中國人民作戰之堅毅與勇敢，從未忘懷，且時予各種密切之協助。中國人民對最後勝利之信念從未動搖，且於人類之必得獲致自由迄猶堅信。吾人實深感愉快。彼等之英勇貢獻及吾人與夫吾身致之盟國之共同努力，已予吾人全體人民以完全勝利之保障。吾人得以決然並順利準備正義曙光之新時日，實至堪珍視。前一階段之會談將以此等精神完成。余特於此時代表羅斯福總統及本人，就英蘇政府經其英明之代表賈德幹爵士與葛羅米柯大使及其他代表所作之重大貢獻，再伸感激之意。余深信吾人既經完成之優異工作及即將著手之工作，將使吾政

府間完全諒解，且將使全世界愛好和平之民族所熱望之更大諒解，更易獲致。吾人皆知此次會談之成功結束，僅為設置吾人盼將成立之國際機構之初步工作。吾人若欲從事和平之獲致其他步驟，自應從速採行。吾政府諸代表於此階段會談終結時，將作之聯合建議，將迅予擬定，俾吾人民及其他愛好和平國家之人民得為完全公開之討論。須知吾人所欲建立之機構其力量實未能大於全世界消息靈通之羣衆所作擁護之力量。吾人亦希望聯合國全體會議可早日召開，俾此次會談所作之倡議得以實現。吾人對此全般之商議萬勿忘懷全世界萬千之人民正望得予自由安全之下獲一生存之機會。吾人偉大之目標須為創立一足以維持國際和平與安全及增進人類福利之環境，並須設立一可使此等目的作有效實施之機構。

## 顧維鈞演說

【中央社華盛頓廿九日專電】我國出席頓巴敦橡樹林戰後世界和平機構會議首席代表顧維鈞氏本日下午在中英美會談開幕式發表演講全文如次：美國政府佈置自前舉行之連續初步會談，以謀建立一國際和平及安全體制，良值慶幸。此乃一九四三年十月卅日莫斯科四國宣言中所定之偉大目標，而此等討論復構成實現吾人遠大目標之另一重要步驟。諸商之一部已進行完畢，並已產生豐滿之結果。本日之會議乃另一部之開始。此一部將尋取意見一致之建議，先由簽字國政府批准，再推及於其他聯合國，藉以完成第一階段之工作。我中國人士一如國務卿閣下及吾人之英美同僚，對於吾人當前之工作至為重視，吾人將參加此項工作，竭力使之成功。

今日世界之慘禍乃缺乏安全之所致。我國則為其第一個犧牲者，惟因我國深感長期抵抗侵略及因之而遭受之災難及犧牲之痛苦，故吾人對於新國際之起而有效維持和平正義，特表歡迎。吾人熱望發生此項機構不僅因吾人過去之呼籲及警告未獲應得之反響，亦因吾人忠於吾人愛好和平之傳統也。吾人自始即深信集體努力保證國際和平及安全之必要。吾人之共同經驗使吾人關能明瞭在反抗暴力及野蠻主義之聯合鬥爭中產生如是輝煌成績之意志統一及無保留合作之精神，對於吾人努力建立持久之和平體制，同時必要。

舉凡愛好和平及自由之國家，無論其大小及力量如何，在任何行將建立之安全機構中均有其地位。吾人相信在性質上應有普遍性，俾所有各國最終均被邀參加與獲致充分及永久之成功計，新制度必需各國普遍參加為其會員。各會員對於保障國際和平及安全應負之責任，或因其本國資源而有所不同，惟莫斯科四國宣言重申之主權平等仍應為新機構之基本原則。



實有最先完成吾人共同目標之義務。中國代表團今日能與英美兩國傑出之代表研究此最重要之問題，深感榮幸。吾人深信吾人以合作之共同意志，對於吾人理想之信心及分担責任決心，定可完成吾人之工作。

## 賈德幹演說

【中央社華盛頓廿九日專電】英國代表團長賈德幹演說全文稱：茲當吾人與中國友人開始會談時，吾人俱了解彼我之間已有甚大部份之同意。余信吾人皆感覺所欲解決之問題之重要性與複雜性，但吾人皆知中國代表將以全力及善意使問題獲得解決。吾人得與世界文明最古國家之代表會商，甚感欣慰。中國雖飽經艱困，但為其生活方式，文化基礎之道德觀念，仍得維持不墜。余信中國代表對於維持戰後世界和平安全機構必能有偉大之貢獻。中國已準備負起其在歷史地位上與因其廣大及勤奮之人口及七年與殘暴而糾纏不清之敵人英勇抗戰所造成之責任。中國為莫斯科宣言簽字國之一，其已表明態度願參加世界機構。吾人之間所交換之文件，表示吾人不僅在主要目標上已獲得同意，且在實現此項目標之若干方式細節上亦已達到大量之同意。吾人咸望樹立所有愛好和平國家共同參加之大會，附以較小之行政院，共同參加並設置效率甚高之國際法庭。吾人咸願新組織之基礎樹于吾人文化所繫之道德觀念上，吾人亦一致承認所負之責任須與力量相當。吾人之任務即在尋求運用力量之方法，庶使於一切國家皆獲得最大之利益。世界所遭遇之恐懼及艱苦使吾人獲有意志與力量，使吾人得克服一切困難。世界人民遭受艱難最甚者無過於中國。彼等正如英國人民所知在災禍之邊緣上立屹不動。現吾人皆知為何可怖之艱險所威嚇者不僅為彼國，而為整個世界之未來，為每一男女幸福之所繫。余希望危險與痛苦之記憶能使吾人促成世界空前之統一。吾人如能同意為此目標而共同工作，吾人當能以共同之經驗創設達成此項目標所必須之一項制度。如無此等共同之目標與運用方法，則制度無論如何完善，需要行動時亦無必要之力量。

## 敵稱蒙特巴頓返英
## 係協議東南亞戰略計劃

【同盟社斯托哥爾姆廿九日電】據倫敦來電：傳說東南亞盟軍統帥蒙特巴頓，目前在倫敦與邱吉爾首相及其他人物協議戰略計劃，及東亞英軍統帥的特殊問題。徵諸邱吉爾在下院的演說，可以明瞭在魁北克會談時，美國羅斯福及其他美軍代表對東南亞盟軍的作戰頗為不滿，關於東亞作戰，蒙特巴頓與其副司令史迪威的意見不一致，這已經是週知的事實。觀乎過去蒙特巴頓曾帶着倫敦會世界上愛好自由之民族均一致認爲所有國際間之糾紛均應以和平方法謀取解決，任何會員國訴諸武力均應加禁止，除非新機構授權該國以新機構之名並根據其已宣佈之意志及原則而行動，任何破壞和平或威脅和平之機構均應，以各種措置禁止或預防之必要時，得採取軍事行動，和平既爲世界之最高利益，又爲所有民族幸福之所必需。故吾人認爲應以最大努力保證和平之維繫不墜。

惟吾人堅信提議中之機構與執行此項首要職務計，必須有充足之武力，聽其指揮，必要時得以迅速使用。根據過去之經驗，吾人相信施用必要措置之計劃應由適當之機構事先擬定，並應隨世界時勢之變化不時加以修正。吾人認爲此種措置作爲阻止實在或潛在侵略之有效工具，在執行上必須迅速，並具有必然性及明確性。故必須有免除在最後、×十日諸商或辯論之規定。因根據過去之經驗，在最後一分鐘猶奉行諸商或辯論，必然造成遲延因而使已甚危急之局勢益趨嚴重；惟世界非靜止不動者，國際生活一如其他區域之生活，必須生長發展。故吾人應使新情勢要求之調整有以和平方法求其實現之可能。爲便利必要之和平解決計，新制度之基本工具中對此應有所規定。此對於國際法亦然，因各民族間之往還日趨複雜，各國之共同利益日益增加，指導其行動之原則及法規亦須加以闡明修正及補充。余以爲其他團體未有如提議中之新制度更有權威或更有適宜之担任此項工作者。

保障國際安全固乃人類全體幸福及和平發展之一必要條件。吾人尚須以積極性及建設性努力加强和平之基礎，欲達此目的，必須減少國際不和及衝突之原因。故吾人相信新機構將對具有國際影響之經濟及社會問題，亦應加以研究解決。新機構應提出各種措置，建議會員國採納並隨指導及協調專門從事此等工作之各國際機關，值×××繼續貢獻各種新奇事物以及技術，不斷供各種成就之時，思想及知識之同情交換，對於促進世界各民族之社會及經濟幸福實屬必要。同時，吾人亦應共同努力，以教育文化合作之方法，促進國際諒解，而根除猜疑之起因。余以上提供之意見，實反映我國政府及人民之共同意見。余希望此等意見與諸君之意見亦均一致。吾人來此參加會議，不僅欲提出吾人之見解，亦欲開懷傾聽其他代表團之高見。吾人深爲合作之精神及促進吾人共同事業成功之希望所鼓舞。此項新機構乃所有愛好自由民族之共同希望。吾人對於彼輩今爲自由而英勇犧牲之人民及人類全體，

---

談的結果返抵錫蘭島司令部，而此次又赴倫敦一事即可看到美英圍繞着東南亞盟軍的對立，相當尖銳。

## 眞理報評遠東戰局

【中央社莫斯科卅日專電】眞理報本日發表一文，論述日本軍事與政治之困難。作者首稱：太平洋戰事表明戰爭已益逼近日本（缺一字）之下確已轉入守勢，戰爭。開始日本軍人均抱一種幻想，認爲佔領若干土地，即可使敵人氣餒，而使戰爭自然結束。然是項過於冒險之理論，已證明對於日本之戰略有惡劣影響。美國作戰工業發展極爲迅速，日本無法望其項背。迄今爲止太平洋戰爭主要方面仍爲海軍與空軍之戰爭，日本艦隊與飛機之損失，遠逾其補充能力。日本現存之工業根據地極爲狹小。技術工人缺之，財政又極困難，以故日本在對美英之戰爭中，乃居於極困難之軍事形勢，以及軍需省並未增加軍事工業之生產至預期之效果。目前英美之根據地已益逼近日本海岸，美機轟炸日本工業中心即將居臨，空中攻擊將日趨激烈，且日本本島有遭穿梭轟炸之可能。此等（缺）之理想以震驚之客觀理由。不久之前，日本報界尚認爲利用中國東北四省之作戰工業，將使日本獲得在太平洋戰爭比較安全之經濟後方，然自美機轟炸鞍山與瀋陽之後，此一幻想已成泡影。日本雖仍據有極多佔領區，其政界人士認爲彼等可以利用該地之原料延長戰爭，然事實已證明佔領區並非能予充分利用，日本之暫時殖民地遠在東南亞，與其本國相距遙遠，且因盟方在海空兩方面居優勢，戰局突然轉變，以故日本已不能利用此等殖民地之原料，以發展作戰工業矣。此外日本並未擁有充分之生產設備與財源，使石油之提煉及橡皮之生產保持戰前水準。日本商輪之巨大損失，已粉碎日本利用一切原料之企圖。太平洋戰爭已逾二年半，日本已日漸感覺戰爭之壓力。軍部在過去數年來肩負戰爭之重任，其模仿法西斯形式之結果，已使議會活動之發展完全停頓，目前之戰局已使以（缺）軍事法西斯制度者感覺失望，戰爭不僅逐漸緊張，且日益不利於日本，英美攻勢日益增强，且漸逼近日本本島，促成本年夏間日本之政治危機。塞班之喪失，使日本報界深感悲觀，對於東條之領導均表不滿。東條內閣亦因此倒台，然現行之小磯政府亦未表現徹底改變以前政治途徑之任何明顯跡象，日本已遭遇嚴重困難，當此戰爭日益逼近日本本土之際，日方宣傳乃常提及歷史，證明日本乃不致毀傷者，以提高民衆日益減弱之信心，彼等提及十三世紀神風覆滅元船五千艘之故事，然此種祈求祖神之助，決不能使民衆安枕無憂，太平洋戰局已於日本益見不利矣。

# 參攷消息

（只供參考）
第六五五號
解放日報
新華社
編
今日出一大張
卅三年十月
三日
星期二


## 海通社稱敵正忙於最後攻擊桂林的準備
### △滇西日軍撤退至猛卯▽

【海通社上海一日電】羅斯報導。隨着日軍由各個方向向桂林推進的進一步發展及由於最近消息，根據這個消息，將介石的精銳部隊正由其他戰區調至廣西……………是表示在中國戰場行將發生大規模決戰。據說，在中國軍隊內，有一部份屬是於美國軍官訓練和指揮的軍隊。重慶政權認識到：桂林的命運……關此不可忽視的，廣西省認為是將來對日反攻的跳板。目前日軍正忙於進行在對桂林作最後攻擊以前的改編和加強其部隊的工作。同時其他日軍部隊佔領了重要根據地寶慶，因此向桂林進軍的日軍底右翼，得到了安全的保障。據重慶官方稱，日軍左右翼相距只不過六十英里。曾經一次會合的日軍，將控制香港和滿洲國間的陸上通路。現有種種象徵，顯示日軍立意要在桂林以南切斷湘桂鐵路，這可由日軍正向恭城（桂林東南約四十七英里）的推進這消息，獲得證明。雲南戰場方面，過去一週除龍陵戰綫有活動外，其餘皆甚沉寂。日軍顯正設防位於緬甸公路上的猛卯城。據說，日軍主力已由平戛主要陣地（在薩爾溫江河曲，龍陵東南）撤退至猛卯。為掩護這些撤逃運動起見，日軍曾在龍陵及猛卯附近對重慶軍陣地進行多次進攻。據英方稱，日軍之在龍陵公路上八莫附近集中，乃表示日軍可能準備來日對薩爾溫江的冬季攻勢或可能是阻止在雲南前綫和緬甸北部重慶軍的永久聯繫。

【同盟社怒江西岸前綫一日電】由平戛撤退的我軍，已於九月廿七日夜到達某地，執行新任務。當敵第九師，第七十六師於六月二日渡過怒江反攻平戛時，我軍即在陣地前面攻擊之，每日使敵軍損失一二百人。雙方互相對峙，戰局陷於膠着狀態。七月中旬，敵人更將新編第卅三師投入戰場進行撒拗

』。納爾遜現已返抵美國，赫爾利仍留重慶，監視重慶是否實行美國所提的要求。納爾遜一方面提出上述美國政府的要求，並向蔣介石約定供給消費的物資，以抑制重慶的通貨膨脹。最近重慶政權在美國的直接援助下，可能發表工業化的長期計劃。這一長期計劃的根本內容是二十年前孫逸仙所立案的，其最主要的內容是發展中國大陸交通。

【同盟社廣東廿九日電】據到達此間的延安電訊，傳延安的中央辦公廳，十八日在中央大禮堂招待各部隊優秀代表及中共中央黨部要人，西北局，留守兵團各負責人。毛澤東、朱德等在延之中共首腦均前往參加。席間毛澤東申斥重慶稱：『現在八路軍新四軍及華南人民部隊，吸引着在華日軍的六分之五，而國民黨僅吸引着六分之一。湖南、河南兩戰綫的日軍如入無人之境，形勢至為嚴重。中國之有今日，是因中共軍支持着抗戰的局面。』

## 重慶不滿邱吉爾演說
### 謂美援蔣物資並不豐富

【同盟社里斯本三十日電】英國首相邱吉爾二十八日在下院演說時，曾談及『儘管美國對蔣的援助是非常的充足，但重慶軍仍繼續敗北』。這一句話給予重慶很大的反響。三十日中央通訊社報導重慶政界對邱吉爾演說的不滿如下：邱吉爾在那一種意義上說美國的對蔣援助是『非常的豐富』？這實令人難以了解。重慶對於美國對蔣援助的物資數量如與蘇聯的援助比較，簡直是不值一提。重慶對於美國的援助雖未到謝絕的程度，但絲毫未感到『非常豐富』，而且美國人自己亦恐怕不會感到這一援助額是非常豐富。

## 敵稱王世杰出任
### 外交部駐雲南特派員

【同盟社上海一日電】重慶來電，重慶政權於三十日召開最高國防會議，任命王世杰為外交部駐雲南特派員。由於最近美空軍及陸上部隊的來華，昆明的外交事務日趨複雜，重慶與美國之間不斷發生衝突，因而派王世杰處理這些問題。

【同盟社東京二日電】據到達北平之情報，最近在西安發生了美空軍士兵槍擊中國憲兵的事件，引起中國人的極大不滿。八月廿四日，在西安阿房宮電影院，中國憲兵因人數已滿拒絕美空軍士兵入場，美空軍士兵遂以手槍射擊。但重慶當局還全是支持美國人的態度，並指示無條件的解決。一般民衆充滿了對美反感，同時釀成了重慶內部的對美反感。

## 皖中桂軍通敵反共
### 我繳獲其作戰命令

【新華社華中廿九日電】桂軍一七六師及安徽第八挺進縱隊，現正積極勾結敵偽，準備夾擊我院中地區新四軍。該

的攻擊，該地周圍一帶成爲決戰的場所。我守備部隊在此期間因爲下大雨，便在戰壕中生活四十四日並進行作戰。他們聽到臘孟、騰越的戰友全部犧牲的消息後，更充滿爲戰友復仇的心情。該部於撤退之前共斃敵三千名。

## 興安危急

【同盟社廣東二日電】據重慶來電，駐華美空軍史迪威總部於一日發表的戰報中，確認華南美空軍的前綫機動基地丹竹已落入日軍手中。但該晚重慶軍委會發表的戰報，仍然掩蓋事實。它聲稱沿湘桂鐵路南下的日軍主力，目下進出於興安北方界首，九塊田附近，而承認興安的危機愈益緊迫。

【同盟社大陸前綫一日電】在華美空軍司令陳納德，曾命令其部下：『遭遇日機時，一擊之後即行退却，必以三架攻擊日機一架』。這無非說明敵在我之銳鋒前，戰戰兢兢地進行戰鬥。下面是從空軍戰士的話中，述說富有創造性的空戰情形：最近的空戰，首先開始於雙方的高位爭奪戰，繼之進行白刃戰。誇稱有俯衝轟炸性能之敵，企圖自高位一擊而逼近之，但反爲我旋轉性能優越的神鷹所反擊，遭受我追擊。這是現在空戰的實際情形。空戰的射程距離，普通約二百米達，但沒有胆量的敵人自五百米達或一千米達，即亂七八糟的以機關砲猛射，並逼近前來，根據彈道的方向，敵人在向右撤退，或向左逃竄，而我機即追擊逃竄的敵機。我機未進入射程內，就不開砲，這是敵我不同之處。

## 重慶修中緬新公路

【同盟社上海一日電】據中央社報導，重慶政權已開始建設保山——騰衝——密支那的『國際路綫』，這一三百餘公里的道路，如果稱爲公路，實際上完全是虛名。過去這條道爲『猿路』，即使用美國所誇耀的技術與資材，亦須一年時間（最低限度）。要再開舊滇緬公路——重慶獨自所築成的道路——只有修開這一條『猿路』，因爲從龍陵到緬甸均有日軍駐守。重慶所拚命吹噓的『滇緬鐵路的復活』，表現了重慶的苦悶。

## 納爾遜訪渝之行 要求蔣阻止日軍進攻

【同盟社里斯本三十日電】紐約來電，二十九日發行之美國經濟雜誌『商業週刊』，就總統特使納爾遜及赫爾利訪問重慶的美蔣交涉內容報告如下：『由於重慶軍沒有防衛作戰能力，致使駐華美空軍被放棄轟炸日本的最後根據地。美國政府鑑於此種情形，遂要求蔣介石停止國共間的爭鬥，用重慶最優秀的軍隊阻止日軍的進攻

部等勾結敵偽聯合反共，早在去年即獲得有確實證據，以下文件即爲去冬十一月，該部等集結五六千之衆，大舉進犯我巢湖地區時，我軍由俘虜問該縱隊二支隊支隊長鄭其昌（後已放回）身上所繳獲的作戰命令。現特發表於下，證明桂軍竟作出此種認賊作父之行爲。文中之龍炎武爲第八挺進縱隊司令，李皎爲一七六師之團長，劉子清爲偽軍四師十團團長，陳俊之爲偽皖中清鄉第一團團長。

巢南地區剿共指揮部作戰命令第一號。命令。十一月十九日下午八時於歐家橋劉匪指揮部。（一）奸匪新四軍第七師率巢無獨立支隊爲基幹約二千人，盤據於銀屏山及石澗埠、檀樹衖、×家橋間。其警戒部隊在桂林咀、花山、毛公山之綫山地。預測其主要陣地在尙禮崗——笑泉口迄龍吼山之綫山地，或在檀樹衖四周山地。奸匪七師之沿江支隊約八百人，在襄安、盧江以南江邊及桐東各處竄擾，不能前來應援。又江南支隊約八百人，主力在長江南岸，其一部在無爲以東、長江北岸之地區，限期前來應援。又和含支隊在淮南路東之和含地區，根本不能西來援應，且我皖東曹師及十挺柏承參部，正向和含匪攻擊中。（二）泉塘鎭、襄安、無爲、開城橋、黃泥河、東關、秋頭、巢縣、散兵、鎭埠山、高林橋各處均有極少數之薄弱敵偽修築工事，貯藏糧食，判斷在實行第一步計劃時，決不會妨害我軍行動。（三）巢縣偽軍劉子淸部及長臨河陳俊之部有來信報告，表示劉部由巢縣向石灰窰迄散兵鎭之綫山地堵擊偽軍，陳部則由長臨河渡巢湖由散兵鎭以西地區登陸，向大任家山堵剿匪軍（在銀屏山西北約二里）。（四）本剿匪軍以最積極掃蕩之行動，擊滅銀屏山奸匪第七師主力之目的，決於明日（廿日）拂曉由盛家橋向東前進，是日掃蕩至毛公山、尙禮崗、笑泉口迄龍吼山及西部山之綫。廿一日進展至石澗埠、銀屏山、歐家橋間地區。（五）（中略）（十三）爲具體之作戰部署（從略）。另左十七項希各轉飭遵照實施爲要。此令。左令鄭支隊長其昌。指揮官龍炎武印，副指揮官李皎印。

## 敵內閣顧問結城將來華

【同盟社東京二日電】內閣顧問及大東亞省顧問結城豐太郎，爲了視察中國產業經濟，將於下月初旬偕中村豐一公使、日本銀行理事柳田誠一郎及其他人員赴華，預定視察一個月。結城與現地各方面的有力人士開誠佈公地進行懇談，期待這對於促進日華提攜與合作有很大的貢獻。

## 美國一週輿論

【美國新聞處紐約廿八日電】九月廿三日羅得島州普洛維登斯城晚報社論的摘要。當進攻馬尼拉及其造成的損害使我們對於美國海軍和向日寇復仇的驚人的表演感覺滿意時候，我們千萬要記到中國的黑暗形勢。千萬要以現實無情的事實，抑制我們過度的樂觀。日本在太平洋正受着第一等的海軍的打擊，但是在中國大陸，日本陸軍正加强並鞏固它的地位，來應付我們在中國尋找灘頭陣地的日子。中國越來越弱了。

中國的形勢眞是黑暗的。戰場上的中國軍隊，現在只用勇氣打，別的東西是很少的。他們裝備着舊式的不充足的武器，我們只用空運給了他們一點點的援助，供應品少得可憐。陸上運輸斷絕了，我們從海上向中國打，我們打得好，但是我們到了中國時候，我們還要遇到許許多多的困難。

廿五日紐約州瓦特爾城日報社評摘要。盟國顯然遇到了中國內部的艱難的任務。中國八年的戰爭中疲累了。通貨膨脹破壞了財政的安定。從沿海城市遷至新地的工業，發展遲慢。重慶政府和中國共產黨的裂痕加寬了。中國是個偉大的國家，它的前途是有希望的。必須使中國在遠東的地位强固而持久。美國準備盡力援助這個飽受打擊的國家。

廿七日米蘇里州傑費遜城首府新聞社評的摘要；美國航空母艦，海軍和空軍對菲律濱不斷的重大打擊的成功，和向菲律濱的接近，表示日本的最後失敗不至長時延宕下去。美國的武力長驅直入西南太平洋日寇佔領區的心臟，擊沉日寇船隻百多艘，毀日寇飛機五百多架，破壞了日寇機場，建築了我們自己的新的降落場。這一切都增加了日本軍閥的憂慮。日本焦灼的眼睛注視着歐洲的發展。小磯和米內知道現在毀滅着德國的兵力，不久要轉而對日。他們目前的焦慮是可能的菲律濱登陸，最近美國海陸空軍的活動的成績，更是至關重要的。我們在北方的兵力×××沒有××就可以推知那兒中止防禦工程的原因。第一、當日本的兵力在那兒時候，我們會打破它的登陸企圖。第二、美國不在那兒保持最强固的防禦工事，却把那兒的實力增加了。所以我們必須推斷那兒的攻勢戰鬥，是世界盟國全面戰略的一部份。

索斯喬治在最近一期的自由雜誌上寫了一篇文章，摘錄如下：美國與廣闊的太平洋世界，息息相關。我們想到安全和我們現在的苦惱時候，我們就想到一九三一年的『滿洲事變』，燃着了十年之後爆發的『日本進攻美國』的爆竹。我們尋找海外貿易和新市場時候，我們將注意於工業化的歐洲，對於

過去二十四小時內發生了兩件政治事件……巴爾幹政策的重大變從……（一）、蘇聯政府將南斯拉夫主權給與鐵托；（二）艾登在下院宣稱：按照英國意志保加利亞軍隊在希臘和馬其頓必須……據莫斯科電台稱：鐵托已准許蘇軍進入南斯拉夫領土。民政……和蘇軍於戰事結束後，退出該國。發言人宣稱：『鐵托允許克里姆林宮這樣做，等於滑稽，因爲大家都知道，鐵托只是莫斯科的×××。不過蘇聯將主權給與鐵托，而不給與彼得王或南斯拉夫流亡政府，這是個至爲重要的政治事件』。威廉街人士認爲最有興趣不過的事情，是艾登在下院而不是在索非亞要求保加利亞軍隊退出。發言人稱：『保加利亞已垮了，已爲蘇軍所佔領。我問：誰能反對共同一致同盟者——如邱吉爾及艾登所稱呼的——底這個要求？在保加利亞反對這要求的强國是誰呢？若艾登與蘇聯是這樣地一致，那他爲何在下院而不是在索非亞宣佈呢？』發言人直截了當地着重指出：他只要提出上面幾個問題讓在座諸記者去答覆。

## 同盟社評歐洲戰況

【同盟社里斯本二十六日電】（西部戰綫）——德軍正於阿倫赫姆（譯音）地區，有利地展開激戰，即是說——英軍雖在殊死抵抗，但在德軍的猛攻前，毫不奏效，英第一空運師團於阿倫赫姆週圍，被德軍包圍，現似已被殲滅。英第二軍一部，集結於阿倫赫姆橋頭堡南岸，企圖進行大規模的渡河作戰，以便援救空運部隊。但遭遇德軍的反擊，全被粉碎。美第一軍以十吋的重野戰砲，集中火力猛攻亞琛東方德軍的弧形陣地，以便進擊魯爾重工業地帶。但德軍的抵抗亦是非常激烈。（東部戰綫）——正於愛沙尼亞西南部與里加週圍，展開激戰中。波羅的海艦隊，排除德國空軍的殊死迎擊，侵入里加灣，企圖自海上參加紅軍的里加作戰，而德軍亦增强空軍，掩護陸上部隊的作戰。

## 土委派駐蘇大使

【中央社渝一日電】據柏林卅日廣播，安哥拉訊：前土耳其政府新聞處長及土耳其廣播公司主持人薩爾普已被任命爲土國駐蘇大使，薩氏與土總理伊諾奴最爲接近，係土國最優秀之外交家之一。

## 頓巴敦會議中國建議
## 英美表示不甚熱心

【合衆社華盛頓一日電】中英美出席頓巴敦橡樹林會議代表，於週末休會之後定於二日開始正式工作，中美英代表團長顧維鈞、哈里法克斯（代賈德幹），及斯退丁紐斯，均各有大

亞洲不大注意。

美國的主張是：倘若世界的一部份存在着疾病與窮困，世界的其他部份也要遭受痛苦，幸福的世界是和平的世界。我們願意盡我們治療戰爭的創傷和建立一個沒有缺乏與恐懼的痛苦的新社會的義務。

【美國新聞處廿九日紐約電】美國評論家舒伯特爲本報撰述專文如次：

我們如果回憶一下長期而艱苦的歐洲戰爭中的各次戰役，便可以發現雙方的戰略和將領調度之間，在根本上有非常强大的差別。

戰爭初期，德軍會發動多次的攻勢戰，這些戰役差不多一成不變地以全部實力作孤注一擲，以圖一舉摧毀敵人的實力。希特勒的×格之一，便是以雷霆萬鈞之勢，發動攻擊，盡量使用兵力。

希特勒這種賭博，有××的，他佔領了萊茵區，侵略奧地利、捷克、波蘭、荷蘭、比利時和法國，都是這種策略的勝利。但是這種賭博有時候也會失敗，而且結果往往很慘。希特勒失敗於莫斯科和斯大林格勒，失敗於北非和意大利，今年又失敗於法國。結果我們發現德軍並不十分堅强，而且沒有後備實力，一敗便不可收拾了。

至於德國的將領，他們在戰場上的指揮，顯然也須服從元首的意見。這是一種必然的事。因爲希特勒只用那些願意聽他命令的將領，其餘的優秀將領，都被免職，必要時還加以槍決。這種方法簡直是自毀長城。

同盟國方面情勢，却完全不同。這種情勢已使德國將領窮於應付，因爲他們不曉得作戰並非賭博。

我們試以北非戰役做例子，當德軍看見英國第八軍由艾爾阿拉敏一直進到突尼西亞時，莫不驚惶失措，這其實沒有什麽，不過是眞正攻擊力量和優良將才的表現而已。

本年盟軍在法國的作戰，是出乎德方意料之外。盟軍在空曠的海灘地帶登陸，沒有利用任何一處較大的海港，然能建立五軍的攻勢實力，然後展開作戰，於四星期內解放法國，長驅而入德國本土。這完全由艾森豪威爾、巴頓、布萊德雷、蒙哥馬利、鄧濤勃勒里頓等將領將才的偉大表現，他們都是應用偉大的力量做偉大的工作，一點沒有虛僞，都是以絕對把握完成這一偉業。

## 德許蘇南協定與艾登聲明

【德國新聞社柏林廿八日電】威廉街發言人潽通指出：在

批民事及軍事人員協助。關此次會議最困難之問題，爲中國建議建立國際警軍，維持和平。中國爲一九三一年日本侵略之第一個犧牲者，特別希望世界機構中，備有此種武力。惟聞英美對此項建議不甚熱心，會議適在中國境內軍事形勢較緊張時舉行，諒將使各方對此項問題之注意力加强，迄今羅斯福政府已在外交上竭力支持中國，堅持中國在最高之國際會議上，應有發言權，本階段之頓巴敦橡樹林會議結束後，美國諒將會議要點通知其他聯合國，俾各國準備最後之聯合國全體會議，美國務卿赫爾希望，此項會議，在未來數月中，即可在美開始舉行。

## 傳波解委會將與波流亡政府會談

【路透社莫斯科卅日電】波民族解放委員會代表到達此間後，一般推測他們可能再度與波流亡政府總理米科拉茲柯會談，但該委員會官方人士拒絕承認，米氏將來此作任何有計劃之旅行，他們對該委員會代表赴蘇之理由亦保持緘默態度。

## 敵國對美廣播 日寇妄圖拖長戰爭

【美新聞處舊金山廿六日電】遠東觀察家稱：日本在其廿四日對美國的廣播中，對日本軍事政策作罕有的承認，其中說日本正進行作戰以延長戰爭，直到「它的敵人底戰鬥意志停止時爲止」。廣播引慶應大學校長小泉博士的演說，該大學在戰前被公認爲不以國家控制的日本主要大學。小泉在演講中說：那一邊能堅持到最後，勝利便屬於那一邊。我國現在正處在這種情况中，即幾等於處在戰場中心。但當敵人發現無論它怎樣壓迫我們而不能喚醒日本時，敵人戰鬥的意志告結束的時候將會必然到來，這是不會錯的。小泉的演說是在美海長福爾斯特爾廿日在芝加哥說：盟軍一直戰到它們使日本海軍與陸軍遭受毀滅性的失敗及盟軍必須佔領日本與德國後的第四天發表的。

【合衆社華盛頓廿八日電】美國新聞處悉：諸軍事領袖相信德國失敗之後，日本的無條件投降最少最少要一年半到兩年。據稱：日本軍閥相信延長戰爭，直至使民主國家被迫陷於窘境。日本依然擁有强大的艦隊，戰鬥艦十至十三艘、大航空母艦十至十二艘、較小航空母艦數艘、經常改進的空軍，陸軍四百萬人、後備軍三百五十萬人尚未徵召入伍。前駐日大使格魯曾說：「除只有完全毀滅日本之實力或耗盡其人力與物資，始能將其擊敗。」並指出：「盟國集結的力量是壓倒的，而地理却對日本有利，」「因爲聯合國家在他們能夠對敵人投以全部力量之前，必須征服前未在軍事估計內的廣大距離。」

參攷消息

（只供參考）
第六五六號
解放日報社
新華社編
今日出一大張
卅三年十月
四日
星期三

## 敵在福州附近登陸

【同盟社東京三日電】大本營發表（十月三日十五時）我部隊為了將中國東南海岸要地福州附近加以佔領，在陸海軍密切配合之下，於九月二十七日晨，在該市東北海岸登陸，現向福州進擊中。

【同盟社東京三日電】中國東南部沿海海港中之廈門、汕頭，自中國事變之初即落我手。九月九日，溫州又為我佔領，僅剩下福建省的福州。我陸海軍精銳部隊，九月二十七日已互相配合，開始福州攻略戰。即是說出陸海軍協同部隊組成之船團，在海軍艦艇護衛下向福州近海前進。二十七日未明，在福州東北方約四十公里之岱江江口附近，實行奇襲登陸，一直沿着該江兩岸地區，到處排除敵之抵抗，繼續迅速進擊。二十八日已通過要衝連江，繼續向福州迅速進擊。福州週圍地區，由兼任福建省省長劉建緒率領的第七十軍担任防衛，但在我疾風般的進擊前狼狽不堪。若攻克福州，則中國東南沿海要衝全落我手。美國的戰略企圖是：自太平洋到達中國沿岸，用以切斷我本土與南方資源地帶的連絡，而現在已全被我制敵機先。福州於昭和十六年四月，曾一度被我攻克，但因作戰目的完成，敵於同年九月自動撤退。

【同盟社某艦上二日電】大場報導班員發。九月七日，我陸軍部隊佔領溫州時，敵第三戰區司令長官顧祝同，鑑於形勢的嚴重，企圖奪回溫州。我海軍水上部隊偵知敵人行動後，於同日黃昏先以陸戰隊一部在溫州東方七里之處登陸，這一期間敵人奪回溫州之意圖日益露骨，我陸海軍部隊的聯絡不容絲毫鬆懈。海軍水路警戒隊，不斷進行該水路的警戒，從早到晚繼續進行血的作業，終於完成了應急警戒，並與溫州方面的陸軍取得聯絡，控制了敵人的蠢動。

## 興安被敵包圍攻擊

【同盟社廣東三日電】在桂林東北界首完成佔領桂林態勢的我精銳

## 敵稱林老等將返延

【同盟社里斯本三日電】逐到晤談的重慶延安和解交涉，於九月十五日由兩代表在參政會上做報告，並公開討論的結果，由參政會派遣由五人組成的調查團赴延安，調查邊區的實際狀況後，對重慶提出必要的建議。據重慶來電，延安的談判代表林祖涵，沒有一個項目同意重慶，因此將於本週內偕常駐重慶的代表董必武由重慶撤退。國民參政會調查團一行，當與他們同路赴延安。

## 國民政府發言人關於邱吉爾演說的聲明

【中央社重慶二日電】（英文廣播）國民政府軍事委員會發言人評論邱吉爾最近在下院演說中，提及中國東部及英屬緬甸戰事一點，發表下述聲明以說明其事經過：「邱吉爾先生講到中國東部的戰事，說『儘管美國給中國豐富的幫助，但該國仍遭受嚴重的軍事挫敗，實為極大遺憾』，又說『這是最大的令人失望和煩惱的事』。自珍珠港事件至今，美國給中國東部的中國軍隊『豐富的』供應品之實際噸數，實不足以供英美軍一個師團作戰一個星期之用。中國東部我軍在七年戰爭和封鎖之後，一切種類的裝備均極為缺乏，可是他們毫無怨言地應付日本十師以上的主力部隊之猛攻，並且實際上隻身繼續作戰着。決心已不得不成為火力的代替品，而且，在保衛他們自己省份中，他們已經自願地接受極大的損失。他們對於他們的盟國並無××××。對中國東部中國軍隊一個真正的幫助乃是該地區美國第十四航空隊英勇的和顯著有效的空軍支持。陳納德將軍所部在這次戰事中的成就構成了軍事歷史上輝煌的又一頁。但也須說到，保持於中國東部的空軍，全部力量如此之小，以致如果可能宜佈，幾乎無法計算。美國航空員，飛過危險的高峯航路載運供應品至中國，這種努力，實為無辭可讚的。載運的噸數均超過一切的預計。但事實仍然是，在美國空軍最低限度的需要滿足以後，供給中國軍隊的航空供應品自然很有限。而且這些供應品實際上都全部分配給在薩爾溫前綫作戰的中國軍隊了。在該處中國已對勝利的緬甸戰事作了重要的貢獻。中國對緬甸共同事業的重要貢獻，是在中國東部戰事最危急時期，對我國軍事資源的嚴重消耗。首相有充分的理由可以緬甸境內英印軍的事蹟而自豪。企圖侵入印度及切斷通華供應路綫的日軍十個師團的失敗乃是值得指出的偉蹟。英印軍團担負日軍進攻首衝，但同時進攻日軍的北緬部隊主要是中國軍隊，並由史迪威所指揮。北緬薩爾溫方面的空軍支持者為美第十航空隊。效率極高的美陸軍工程隊及部隊，已對桂林（敵人企圖進行最後抵抗的城市）進入大模規進攻的時機。重慶方面報導：桂林的前哨據點興安已告危急。二日中央社的桂林前綫報導：從界首附近沿桂林鐵路分兩隊南下的日軍，在興安南方八公里……（掉），一齊强渡興安河，現正在興安南七公里處展開激戰。承認日軍活動於興安南方，並南北相呼應包圍進攻興安。又佔領丹竹的部隊，於奪取平南（梧州西方一百零四公里）後，現更擴大戰果，在該地西南與西北與重慶軍激戰。

【同盟社華南前綫三日電】宮本、中村報導班員報導。我精銳部隊突破廣東廣西邊境，沿西江南岸迅速進擊中。我方使用先遣隊急追敵人，另一方面隨處擊滅敵國民集團及自衛團，於一日上午九時三十分完全佔領梧州西南五十公里的岑溪。該地是連結梧州、容縣的廣西軍前衛據點。

【同盟社華南前綫三日電】野中報導班員發。西江流域是地方自治制度與民衆武裝組織的發祥地，省及縣政府的苦心經營的事蹟，在全省各處均可看到，因而民衆的抗日意識頗為激烈。由於此次作戰，開始接觸到軍紀嚴整的皇軍儀容的民衆，已經知道重慶的欺騙宣傳與我軍作戰的目標。他們或請求停戰，或聲明與皇軍合作。這一動向因對重慶失掉信賴與對美容軍的深刻反感而日趨激烈。在今後西南中國民衆的趨向帶來了根本的轉變。廣西省的民衆武裝組織，以民國十七年黃紹雄任省政府主席時，改革地方防衛制度，組織義務連與預備團，實行徵兵制度時開始。其後經過改編，現在分常備隊、預備隊、後備隊、特務隊四隊。訓練期間四個月為一期，常備隊期滿之人編入預備隊，享有營業及其他的高度自由，後備隊是由未編入常備隊的壯丁組成。

## 敵報導襲柳州戰果

【同盟社大陸前綫基地二日電】追趕在華美空軍，並不斷擊潰其據點的我空軍攻勢，與陸上部隊的猛烈進攻相配合，日益進入白熱化的階段。我夜間轟炸隊自九月中旬以來，連夜乘月明出擊柳州，截至該月末為止，在此八日內，計擊毀或焚毀敵機五十四架。如加上同一期間攻擊南寧、芷江之戰果，合計七十四架。此外更炸毀敵陸上的諸設備。九月下旬八日內的戰果內容如下：計襲柳州六次，焚毀三十二架，擊毀廿二架，共五十四架。襲南寧時焚毀二架，擊毀十一架，共十三架。襲芷江時焚毀六架，擊毀三架，共九架，共計七十六架。在此期我方損失一架。

供應勤務起了卓越的作用。史迪威復調度騎兵團（他們表現了最大的勇敢）以及由慷慨寬懷的人物已故溫該特將軍所組織的背德特突擊隊。可是，參加緬北薩爾溫諸役的陸上部隊，百分之八十以上為大量使用美國裝備的中國軍隊。華軍在戰鬥中死傷已逾五萬。我敢說，當載入史冊的時候，所有參加緬甸戰事的，都有足够的功績。歷史也會告訴，甚至當在我們自己領土上面臨嚴重挫折的時候，中國仍絕不猶預地給出它對英屬緬甸共同事業中最高限度的貢獻。」

## 國民政府軍政部點驗川康部隊

【本報訊】據華西日報九月十一日載：國民政府最近點驗川康各部隊，軍令部參謀也將視察四川各級司令部參謀業務。軍政部點驗委員會川康點驗組日前已抵蓉，凡國庫發給經費之軍事機關及部隊皆應歸其點驗，包括部隊人馬是否足額，部隊素質教育武器裝備保管等項。軍令部參謀視察組，所視察之各級司令部參謀，包括行轅綏署兩軍事機關在內。

【中央社迪化三日電】新任新疆省警務處長胡國振，副處長兼省會警察局長劉漢東，今日分到處局到差視事，並召集所屬訓話，語多勗勉。

【中央社迪化三日電】中訓團新疆分團第五期開學典禮，三日晨舉行，朱代團主任紹良致詞。本期學員共三八九人，均為鄉鎮保甲長及小學校教員等，以維吾爾族青年佔絕大多數。朱氏訓詞中稱：最近將有大批工作人員由××來新，彼輩並非來此作客，實係回到老家。彼相信新疆各宗族必能精誠團結，共同策進新疆之建設。

【中央社柳州三日電】廣西青年團分團部發動組織軍武裝參戰，永福支團部已成立一中隊。柳州支團部已招滿一中隊人數，今日舉行試驗，明日開始報到。宜山方面預定亦成立一中隊，即可編成一大隊。現各地青年聞風湧至，為青年從軍運動另闢之新途徑，將可順利展開。

## 英議員華爾德論中國內情

【路透社倫敦二日電】最近訪問中國大後方的國會議員伊林·華爾德女士，昨夜在對倫敦「盟方」名流的講演中講到中國七年來對整個戰爭所起作用之重要意義。華爾德女士結語稱：雖然中國的困難與衰弱是公認不諱，有時是很嚴重的，我們對中國人感荷良深。（這種情緒得到熱烈的鼓掌）她把中國在戰爭最初幾年孤身對日奮戰之重要意義與英勇精神，與英國在法國淪落後一年內之單獨對德戰爭相較，稱讚蔣委員長在如此困難的情勢下使中國繼續走下去之巨大的勇敢。日本最近得到勝利，但是蔣委員長很久以前即知道，當納粹德國失敗時，他將獲得英國與美國之壓倒的努力任他調度。所以遠東危急的時刻已成過去，因爲日本已不再有時間鞏固其自己。華爾德女士的最重要的批評是反對新聞檢查制度，特別是封鎖中國財政危機消息的新聞檢查制度，她認爲係指導錯誤，因爲中國的友人，如果財政困難向他們明白解釋時，願意充分了解情况。並且由於檢查制度引起孤立。講演者論及（原文掉錯）在軍事方面與××方面陷於孤立的事實，由於運輸的短缺引起巨大困難，述及她所遇到的一位軍官的故事，必須步行四百英里去受軍訓，而沒有像英國人一樣被人讚爲了不起的成績。在文化方面，教授與學生皆感到困惱，因爲教科書工具皆不實用，並且因爲與外間世界之隔絕，思想與科學未能保持聯系。華爾德女士特別讚揚學生的士氣，描述他們的艱苦，並稱他們從未抱怨，誠然不顧身體的不適。他們自己相信在精神上有受教育機會的幸運。關於此點講演者提出數千男女青年爲了受教育自敵佔區湧向大後方，並且會激起××此種精神。在教育方面雖在孤立的情形下所達到的成績是顯著的。政府不顧國家的財政困難會供給學生食粮，關於一般的士氣，講演者稱：她相信敵佔區士氣較高，敵佔區的農民已親身體驗到日軍的侵略，除了智識階級以外，大後方居民所最感困難的問題，特別是由於普遍的文盲與鄉村區域交通困難等××問題。中國的農民需要全家在農莊中以過分的勤務工作，不高與自己的兒子被選拔參加他們所完全不了解的戰爭，另一方面中國不像英國有人力的問題，自然中國的動員不同。在政治方面，蔣委員長毫無問題是最有勢力的人物，但全國的政治建設僅在幼稚時期。中國到達民主尚有一段長途。中國國民參政會與英國的國會不同！參政員皆係蔣委員長所「指定」者。

## 紅軍集結十一個野戰軍 積極準備冬季攻勢

【同盟社斯德哥爾姆二日電】蘇聯情報局的二日夜間公報稱：「東部戰綫實際上無大變化」，儘管紅軍在舊南斯拉夫領土潛伏着動向，但東部戰綫全體來看是一沉靜的狀態。此種形勢是紅軍進入準備冬季攻勢階段？抑是爲了轉變進攻重點的一個小休息？目下尚難判斷。合衆社倫敦電稱：「過去四個月越過羅保國家國境的紅軍攻勢，現在呈現了暫時的休息，此間軍事專家之意見，估計紅軍已有十一個野戰軍爲了準備冬季攻勢開始集中」，因此一般推測紅軍已進入冬季攻勢的準備時期。

【路透社倫敦二日電】波蘭流亡政府於波民族解放委員會主席摩拉夫斯基對新任波蘭軍總司令波爾大肆攻擊後，仍將繼續支持鮑爾似無疑問。據波方人士稱：前總司令索森科夫斯基之免職，係其所持政策及行動與政策背道而馳，故波爾對政府之態度過去始終取合作立場。據悉波總理米科拉茲柯及其閣員對蘇波關係主要問題之立場仍無改變，彼等持取上月杪致備忘錄內所提出之立場，但迄今仍在等待蘇方之答覆。波蘭官方人士雖免避與摩拉夫斯基引起爭論，但仍否認蘇方所稱波爾將軍於華沙暴動期內身未在華沙之說。官方並稱波爾將軍確與蘇軍司令保持接觸，波民族解放委員會所稱者與事實不符。

## 赫爾希望蘇聯允許 英美軍官重返保京

【路透社華盛頓二日電】赫爾否認美政府對外傳蘇聯政府日前通知在保加利亞之美國官員離境一事，曾向莫斯科提出抗議。惟彼承認美方曾促蘇聯政府注意此事，並希望於不久之時間，美方官員能重返保加利亞。

【同盟社里斯本二日電】據華盛頓來電，進駐保加利亞的紅軍，趕走在索非亞美英兩國軍官的事件發生後，對於早已呈現微妙狀態的美英蘇三國關係，又給以一大刺激。美國務卿赫爾二日接見記者時談稱：對於該事件，美國政府已喚起蘇聯政府的注意。被逐放的美國軍官，最近仍將回到保加利亞，但美國並未向蘇聯提出正式抗議。

## 美遠東觀察家論 蘇聯攻日的四點理由

【合衆社華盛頓一日電】此間遠東外交觀察家提出四個主要理由，相信將來在德國失敗若干時後蘇聯將進入對日戰爭：第一，蘇日有舊怨——日俄戰爭——需要解決，並且要想保衛遠東濱海州的安全，必須毀滅日本軍國主義。第二，欲在最後和平時有對解決遠東特別是滿洲問題的言發權。第三，遠東戰爭結束愈早，則蘇聯也能愈快建設其西部被毀諸區。第四也是最重要的一個原因，蘇聯不贊成蔣介石國民政府——這就是爲什麼在頓巴敦橡樹林會議時中蘇代表分別舉行的主要原因之一——而且斯大林也不願蔣介石與美英站在同等地位講話，但大部分觀察家一致認爲蘇聯非至美英華各軍較目前更迫近於日本本土時將不欲牽入遠東問題。

## 德評印囘談判破裂

【德國通訊社柏林廿九日電】關於甘地與金納談判的失敗，此間政界人

# 數千華沙波軍與蘇波軍會師
## 波流亡政府否認波爾未在華沙說

【路透社倫敦三日電】此間波蘭人士業已接獲華沙城內波軍已停止抵抗之證實消息，據悉今日波蘭國內軍總司令波爾發表聲明稱：華沙之波軍以英勇精神反抗優勢之敵軍，業已六十三日，現因各項戰具與糧食全部用盡，昨晚十時華沙之守軍發出最後之一彈。

【路透社莫斯科三日電】華沙城內之波軍數千人，業已逃出並與蘇聯前綫波軍某師師長貝林格中將之部隊取得聯絡。

【路透社倫敦二日電】據波蘭國防軍統帥報告華沙戰事極為嚴重，公報稱：在彈完糧絕之後，佐利波茲已告淪陷，波軍在城中心區華沙最後死守之區，正獨抗敵軍之全力進攻。

【路透社倫敦三日電】波蘭國內軍總部今日公報稱：此間今日接獲關於華沙之消息稱，昨日白晝華沙僅有小接觸，經華沙紅十字會與德軍當局之協議後，大批居民現在撤退中，藥品之供應極感缺乏，所藏糧食業已告竭。

【路透社倫敦三日電】德國新聞社本日電訊：今日上午華沙城內之敵軍，已停止抵抗。該社並稱今日上午華沙中心區最後一批反抗最烈之敵軍（包括維斯杜拉河）已無條件投降，所有大砲之聲音現已停止，敵軍由破屋中作長踞形××，大批餓踣之敵軍均具匿於各處地窖中。控制維斯杜拉河西岸某據點之敵軍，屢圖越過該河與對岸之蘇軍取得聯系，敵軍屢次之企圖均被德軍擊破。今日路透社駐莫斯科記者訊：波民族解放委員會新聞社稱，華沙之波蘭國內軍已投降，該社並稱：波蘭國民軍保安隊與國內軍的不接受國內軍司令部之決定，各自作戰。波蘭國民軍現集於維斯杜拉河之東（？）岸，他們寧願以被殲之壯士交付德軍，而不令渠等參加蘇軍之工作。

【路透社倫敦三日電】據路透社大陸觀察員稱：關於華沙城內困難局勢最近之發展，即莫斯科與柏林同傳華沙守軍司令蒙特上校業已投降。蒙氏之真名為克魯斯西爾，且係波爾將軍指揮下之華沙守軍司令。莫斯科訊：波蘭國民軍保安隊（盧布林委員會之軍隊）已與波蘭國內軍（波爾之軍隊）會師並不接受蒙特之投降辦法，現正極力作戰，準備與華沙附近之蘇軍會合，倫敦之波蘭政府人士，對於外傳蒙特投降之說尚無證實消息，但因柏林與莫斯科之消息係同時而來，故其真確性殊屬無疑問。至於波爾部屬之不附和其投降之舉，乃波蘭嚴重局勢中別開生面之情形。

士宜稱：以金納為代表的印度回教分離主義派（其目的在於分離印度，對英國……政策將是有利的）的要求業已證明可為印度民族主義所接受，雖然甘地已形太過份以致引起印度民族主義陣營的反對。無疑地，英國會圖利用這些談判的失敗，以證明印度不能自治，並作為拒絕在政治上讓步的藉口。

# 英觀察家報說
## 羅邱對意決定很合時宜

【路透社倫敦一日電】觀察家報駐意大利訪員於今日（星期日）在該報上發表一文稱：「邱羅予意大利政府更多權力之決定到達此間甚為適時，可以挽救政府之嚴重危機。意大利人民對政府機構的遲緩與効率低下感覺極為不滿，尤其是對八月十六日所允許的生活費的提高未能達到一點深感不滿。參加波諾米聯盟政府之社會黨領袖夸尼於該黨機關報上宣稱，盟國監察委員會拒絕了該項允許。他重申其所抱的見解稱，盟國監察委員會應逐漸解散。一般人深恐在意大利解放區數量最大的社會黨或將退出聯盟。意大利政府之無能已達到如此程度，以致它未得監察委員會的批准不能任命一個村審判員。由於政權的重叠及交通的破壞，這常是幾個月的事情。因此，被控偷竊的人，在平時通常判處一日或二日監禁，現則被關閉數月，原因是無人審訊他們。法院措施仍受阻礙，法西斯大頭子仍逍遙於市街上，鼓動人民的憤激。一般深恐北部強悍的人民（他們的解放不會太遠）將拒絕沒有權力的政府，並建立一他們自己選出的政府。盟國此決定的有利結果，由六民主政黨重新保證支持波諾米政府及與波諾米政府合作一事，已可看得出來。」

# 傳蘇聯將租借西雅圖
## 士委任駐蘇新大使

【海通社柏林廿日電】紐約訊，西雅圖日報報導，美國太平洋沿岸的西雅圖正將由蘇聯政府根據租借案利用作為活動根據地。該報稱，此項情報的來源為美國會議員華倫．D．麥納生，麥氏又為眾院海軍委員會委員。

【海通社柏林一日電】安哥拉訊：前土政府新聞部長兼土耳其廣播主任穀里姆．薩培爾受任土耳其駐莫斯科大使，接替被召回的貝杜爾。新大使與伊諾奴總統關係甚密。一般認為他是土耳其最能幹的外交家之一。

【中央社重慶二日電】據柏林廣播，安哥拉訊：土耳其新任駐蘇大使薩培爾須訪蘇聯駐土大使文許格拉多夫，渠日內即將啓程赴蘇。

# 參攷消息

（只供參考）

第六五七號

解放日報 新華社 編

今日出一大張

卅三年十月五日

星期四


## 重慶攻擊邱吉爾演說 大公報亦著文表不滿

【中央社重慶三日電】（英文廣播）邱吉爾在最近的演講中，提到美國對中國的幫助，此事引起此間極大的注意。美國租借執行情形之專家語中央社記者稱：『根據美國政府關於租借所發表的正式數字，由一九四×年三月九日至一九四四年三月九日（整數）爲（缺）美元。其中六十萬萬美元運到蘇聯，運到中國者不到五萬萬美元。因此中國所收到的不到總數百分之二（下缺）

【同盟社里斯本四日電】英國首相邱吉爾在二十八日下院演說中，曾公然指出重慶的敗戰並强硬的批評，由此引起重慶的極端不滿。十月二日重慶軍事委員會代言人，發表强硬反駁的聲明，洩露出從來的不滿。據重慶來電，三日之大公報亦抨擊邱吉爾的『重慶敗戰論』：指出：『英國的大部份外援是仰給於美國，但英國仍不斷的打敗仗』。該報稱：首先應當喚起英國注意的事情，就是不管重慶進行了比英國尚長明的戰爭，以及英國享受美國大部份援助的事實。但英國仍然在東亞遭受挫折。邱吉爾曾表揚英印軍在伊姆法爾的活躍，重慶則因將大部隊移往怒江向龍陵、騰衝進攻，因而削弱了湘桂鐵路的防衛。現在日軍從印緬戰綫撤退增援於龍陵方面的守備部隊。在這一時候，怒江的重慶軍極待英軍從西方的伊姆法爾配合行動，但英軍採取了消極的態度。

【中央社重慶三日電】（英文廣播）昨日軍委會關於美國給中國的供應品發表聲明後，今日影響甚大的大公報發表長文，題爲『我們要告知人民及我們要向世界呼籲者』，其中論述中國國內政治形勢和她的國際關係。該文首稱：『最近的失利引起外國的批評，中國爲誠意所鼓舞，以很好的精神接受這些批評。』繼之該報稱：『但最近有些對我們的責難超出了理性的範圍，我們認爲不能置若罔聞而不加以指出及批駁。特別對於邱吉爾首相九月廿八日在國會講的話，我們要提起大家的注意。雖然首相是精明與謹慎的，但

駐華盛頓大使魏道明，軍事使團團長商震三日偕國務院次長赴白宮，訪問羅斯福交談約二十分鐘。重慶代表避免聲明訪問之目的及會談之內容。

## 張平羣答外記者 『聯合政府』不值討論

【中央社渝四日電】外記者招待會四日下午舉行，梁寒操、吳國楨、張平羣出席主持。某記者詢以中國政府對邱吉爾之報告，是否已正式向美政府提出意見？吳氏答稱：未正式提出意見。某記者詢對於主張設立所謂『聯合政府』者，有何意見？張氏答稱：此說不值討論，吾人亦不擬討論。

## 敵距桂林廿七公里

【同盟社里斯本四日電】據重慶來電，重慶軍當局三日公佈：目前日軍距桂林僅廿七公里。在該市東北廿七公里至三十公里近於湘桂鐵路處，正在展開激戰中。又日軍已攻入平南。

【同盟社河內四日電】皇軍直撲桂林的進攻，以猛烈姿態進行，廣西省內的官民極爲恐慌，鄰接越南的廣西省內的官吏，已有一部份撤退，並有盜賊出沒，治安呈現混亂。傳居民已不斷向雲南方面逃避。越南當局鑑於此種狀況，已加强管理國境方面的交通，阻止盜賊侵入。

## 中央社發表閩海戰報

【中央社曾平三日電】據官方發表閩海一週來戰況稱：閩海戰事已屆一週。敵自廿七日在連江屬浦口、東岱登陸後，當日即經我守軍驅退。廿七日晚，敵續增援進犯，廿八日午侵陷連江，當即分三路向連江西北梅洋、潘渡及連江西南之琯頭進犯，迄被我阻截於東岐及附近潘渡方面。廿九日展開激戰，敵於連江受挫後，繞道潘渡西之上下溪，東渡越岱江，一部竄抵湯嶺陣地，猛施打擊，敵不得逞。卅日敵續增援猛犯，迄晚，敵一部漏竄嶺西，侵陷降虎，一部自梅洋進援。本月一日拂曉，降虎之敵續犯嶺頭門不逞，午間又增援再戰，終以嶺頭門正面我陣地堅不可拔，分數股向帽山附近側襲官溪。二日拂曉，官溪我軍爲防敵深犯，轉移至北嶺頭陣地，迄三日晚，與敵在北嶺頭激烈戰鬥。

又軍委會四日發戰訊：福建濱海方面，敵艦三艘於九月二十七日晨駛至閩江口外以北之海面，並有敵機多架盤旋於連江以東上空，掩護敵兵向浦口、大澳、小澳（均連江東）强行登陸，並陸續增援後，二十八日晚經連江向西進犯，迄至本月三日，我與敵仍在岱嶺門（福州東約二十里）地區激戰中。

【同盟社軍艦××號四日電】陸海軍密切一體，參加在福州附近登陸的我中國艦隊××部隊，配合登陸部隊，以艦砲轟擊閩江下游敵砲台及沿岸敵陣

我們不能認爲這句話是偶爾失言。」

該報繼稱：『自中國與英美建立統一戰綫，她言正義順的有權得到幫助，而且她實際上得到了一些幫助。但既然邱吉爾說『雖然美國給中國以豐富的幫助，而該國却遭受了嚴重的軍事失利』，則大公報作爲民衆的喉舌，願向世界提出兩點呼籲：第一、中國在軍事上的軟弱是七年戰爭的結果。『在太平洋戰爭的初期，當英美接二連三的遭受挫敗，應該說中國的抗戰起了替英國屏障印度的作用，猶如夏威夷島替美國起了屏障美洲大陸的作用一樣。』該報說：在緬甸戰鬥中國犧牲了五六萬她的最好軍隊，『在這一點上我們可以很公允的說我們沒有辜負我們的同盟者。』該報繼稱：當英美致力於首先擊敗德國，中國只好單獨繼續抗日；『中國今天深感軍事上筋疲力竭，對這種形勢，英美的聯合戰略不能完全脫却責任。』第二，大公報於引證租借數字，中國只收到百分之一二之後，問道：『這能很正當的說是「豐富」嗎』？該報說，邱吉爾譏諷第十四軍的戰績是對的。中國爲了聽從英國的希望，毫不猶豫的削弱湖南、廣西的陣地，從廣西調去大批軍隊進攻龍陵、騰衝，以便阻礙日軍向印緬邊境的進攻。『這時在薩爾溫江那一面的中國軍隊，迫切需要英國軍隊從伊姆法爾在東方給以配合，但是英國軍隊却按兵不動』。該報引蔣介石在國民參政會上講的話：『數年來我們與聯合國並肩作戰，我們以更大注意完成我們的職責，力求不辜負我們的同盟者。我們寧願自己忍受各種艱難困苦或犧牲我們所有的，而不願辜負我們的盟國。』大公報結語說：『我們要把上述各點使我們盟國朋友知道，並且把這些情形讓全世界知道。但是中國仍將奉行其一貫的政策，堅決地繼續抗戰，俾我們的盟國，改變他們的戰略，增加軍事力量以及加緊遠東的聯合軍事行動，以便使我們的共同敵人早日崩亡。』

## 羅斯福對援華滿意

【同盟社里斯本四日電】據華盛頓來電：三日羅斯福總統在接見記者團時，答覆記者所提的質問，就重慶非難援蔣不足的聲明，言明如下：美國通過北緬至重慶的困難的航空路，每月運輸二萬噸以以上的軍需物資，不論說是援助的大小，我們不必談這些，但是明白如何切實地增運軍需供應品給重慶時，就要承認這種努力是很英勇的。我非常滿足此點。

【同盟社里斯本三日電】華盛頓來電：美英蘇援會談之重慶代表顧維鈞，

地全被擊毀，敵方損失極大。

## 敵稱美蔣意見不同 蔣介石「堅持立場」

【同盟社里斯本三日電】據來自重慶的情報，目下逗留重慶的赫爾利先後與蔣介石會談六次，該時蔣介石對赫爾利說：重慶當局爲了鎮壓延安及防止邊境地帶的叛亂，已於六年前配備大軍於西北方面，借此才能對抗延安，繼續抗戰到現在。如果美英方面不顧我們中國現在的危機，眼看着這個危機而不理睬，那末中國的抗日將成爲引導全大陸赤化的結果。據傳赫爾利曾說美方不是放着不管重慶的危機，現在除了印緬空運以外，沒有別的方法。今後隨着日軍作戰的進展，美國在中國大陸的戰略有根本變更的必要。

【同盟社斯托哥爾姆三日電】阿福頓日報駐華盛頓特派員報導如下：駐華美空軍已喪失衡陽、零陵，麗水已與玉山分離。但是關於應付此種戰局，美國的軍事首腦部與蔣介石之間的意見不同，美國方面由於確保各重要航空基地的必要性，希望訓練重慶軍。而蔣介石希望美國軍隊防衛基地，但是蔣的最精銳部隊配置在北方邊區對抗共產軍，所以美國軍部認爲重慶有數百萬軍隊，因此現在沒有必要將美軍派至中國。蔣介石又反對史迪威訓練龐大的重慶軍，參加緬甸戰鬥的提案，只允許訓練數個師的重慶軍。

## 關於英美蘇與保加利亞問題 赫爾答記者問

【美新聞處華盛頓二日電】赫爾國務卿在一次招待記者會上，記者問國務卿，他對倫敦波蘭政府所作的更迭以波爾將軍接替索森科夫斯基一事，是否有所評論。國務卿說他在未獲得更多的背景時，不將對此有所評論。詢及何以拖延提出對保加利亞的休戰條款。國務卿說這是一個確當的問題，但在原定計劃中尚無什麼拖延的問題，他說這些計劃正由駐倫敦的顧問委員會（在相關三國政府的指導下工作）繼續準備中，而且他認爲在一定時間這些計劃即將準備就緒。國務卿又說，這時人們不禁要注意保加利亞並無須急急把軍隊撤出希臘及南斯拉夫的消息。訪員問關於所傳英美軍事使團被逐出保加利亞據報已向莫斯科送出抗議一點，國務卿說，他認爲那不是我國政府的過失，因爲我們不能估計遙地所發生的事情的確實的重要性，或不重要性。而且他認爲這個問題就其重要性而言，實已被估計過高。他又說，似乎某些當地人士對該地一定階段的情勢以及對業已找到的正當方針缺乏理解，他說這就是他對這件事所知道的一切。詢及軍官是否將回返保加利亞，國務卿說他推測要回去的。訪員問在技術的意義上稱之爲一個抗議是否確當，國務卿說美政府並未作任何抗議，而且我們也不會提出過任何可以稱爲抗議的文件。他繼稱，那些當地人士正需要稍微注意一下以求得對情勢之理解。詢及他對今日德國方面埋怨美英對中國作戰努力的××的可能性一點，是否欲有所評論，國務卿說他目前對此尚無所知。當詢及阿根廷形勢是否有新的發展，國務卿予以否定的答覆，並且說他並無何種消息可告。訪員詢及美英兩國間是否有過商討，以及英國是否受到正式通知關於禁止掛着美國旗子的船隻在阿根廷北界起貨。國務卿說，除了有某些在航運方面的聯合關係的距離內以外，殊無進入這些地區的必要，但又說他並不記得英美兩國利益之間有什麼這種關係。關於此點，訪員說，某些報紙似已指出英美官方對阿根廷之法萊爾政府問題有某些分歧，並且詢問國務卿對此是否有何評論。國務卿說，他不知道訪員所指爲那一家報紙。訪員說他不了解國務卿的提示，並且問道他的意思是否即爲美政府關於命令美船勿在阿根廷停靠一事未與英方商討。國務卿答稱此點並無必要，而且他也不會試圖這樣做過。

## 又有法共二人將加入內閣

【海通社斯托哥爾姆十月二日電】瑞典日報自巴黎報導：改變戴高樂臨時政府已將臨近。並稱：將有兩個共產黨員代替兩個共和黨人加入內閣。

## 美英對阿根廷政策不一致

【同盟社里斯本二日電】據華盛頓來電，美國務卿赫爾就美政府禁止美船寄航阿根廷，及美英兩國關係，發言稱：美國政府禁止美船寄航阿根廷，係根據自己的立場，故未與英國商談此一問題。我認爲類似此種性質的外交問題，沒有徵求英國政府意見的必要。關於美英兩國對阿根廷的態度，英國對於美國的積極壓迫阿根廷，始終採取不明確態度，故兩國的步驟頗不一致。該禁止美船寄港問題，由於英國未採取同樣措置，致引起種種揣測。一部份人竟謂美國政府曾要求英國採取共同行動，但遭到英國的拒絕。而赫爾的上述聲明，亦係由此而發云。

## 羅繼續清除法西斯

【海通社布達佩斯一日電】羅馬尼亞京城可以見到更往左轉。從民政機關中驅逐一切安多萊斯頤份子的計劃在八月叛變後立即擬就，但該計劃未規定實現的

## 各方讀評：印回談判破裂

【同盟社東京三日電】自九月九日以來，印度獨立運動的指導者甘地，與回教徒聯盟總裁金納，在孟買繼續十餘日的會談，終於在廿六日宣告破裂。此次會談起因於金納主張回印分治，甘地主張該問題由人民投票表決。故這一會談如從英國政府的對印政策——在與英國討論印度獨立問題以前，應首先清算回印對立問題——來看，由於意見相同，與其說孟買的會見是甘地金納的回印問題會議，還不如說是英國與甘地的妥協談判。至於破裂的原因，雖不得而知，但如根據金納的談話——未能改變甘地的主張——而認爲由於甘地堅持由人民決定回印分治，致使會談破裂，那將是一種錯誤。甘地對回教徒提出的和協案，是非常合理的，雖然有使回教徒歡迎的外表，但內容仍潛伏着無法避免會談破裂的原因，此事與甘地向英國政府提出關於樹立印度國民政府的建議案，頗相同，雖然採取了彷彿克利浦斯意見的形式，但內容都觸到了英國的痛處。甘地的提案雖然披着美麗的外衣甚而使人看來就要進行談判。但甘地是否眞的有意與英國妥協，誠屬疑問，這次甘地的行動，也可以說是敷設了一條與英國平行的軌道。甘地絕不會無故地坐上英國的車子，對於會談的破裂，有謂甘地在政治上失敗了，有謂由於破裂，金納陷入困境了，甚而說最快樂的將是英國，但今後的實事，會證明一切。

【路透社倫敦廿九日電】（遲到）星期五倫敦泰晤士報關於甘地金納會談的失敗稱：「印度弱小民族的全部問題復返於坩堝中。倘使二大政黨的領袖對於其重要性超過今日印度政治生活當中的其他一切問題的主要問題——最後制定全印度憲法的方法——能達到一致的處理辦法，則其結果會在某種程度上推進一步。如對於新憲法在廣泛原則上達到協同一致，則其使研討工作能按照魏菲爾所希望的××立即開始；它將爲各主要政黨舖設合作草擬適度憲法的道路；它將因而打破目前癱瘓的僵局。××將標誌最後放棄甘地及國民大會黨代表印度的說法，此種說法比其他任何單獨的因素，更是造成許多少數民族今天所表現的恐懼及不妥協的原因。從公佈的信件上看來，甘地和金納都未能擺脫他們對其社團所負的約束到某種程度，使他們能以更廣闊的眼光來面對目前的問題。或者黨派情感更少，關心他們國家面前偉大前途更多的更年青的人能夠這樣作，的確，今後還有機會這樣作。即令金納的巴基斯坦計劃證明對於回教徒的利益的安全是必要的，同時邀請甘地共同研

時限，現已爲另一規定三月內實現的計劃所代替。部長委員會將該計劃之監督委託與羅馬尼亞司法部長巴特拉斯狄努，後者同時爲共產黨領袖，實際上並爲新計劃的起草人。共產黨影響在農業問題上亦可見到。如羅馬尼亞廣播宣佈者，共產黨擬定一計劃，規定徵用並劃分五十海克脫以上的一切土地財產。

【海通社安哥拉十月二日電】保加利亞宣傳部長寶薩科夫宣佈：兩三千的保加利亞人由於反對新政府已被逮捕。

## 敵稱攻略日本後 戰爭還未結束

【同盟社里斯本二日電】據倫敦來電，二日工黨報紙日新聞揭載軍事評論家E・W・謝巴德隨軍少校的對日新作戰論。其要旨如下：縱使到日本的距離很遠，運輸是困難的。因此很難開始對日大規模的作戰，縱使開始大規模作戰，直接攻擊日本本土，亦不能希望獲得像疾風掃殘葉的勝利。加之，反軸心軍必定要奪回東南亞細亞各地域。縱使擁有同時在各戰綫採取攻勢的兵力，那末這個作戰也許比對日本本土的攻勢所需要的時間更長。總之，無論發生怎樣的事態，中國的解放要花最長久的時間。這也許要在奪回緬甸或攻略日本本土後，才能着手進行。但是日軍大部份完全沒有受傷的。它被各個擊破後，如不聽其自然，就不能被擊敗。縱使侵入日本，戰爭亦未能結束，我們必需認識到佔領地的日本駐屯軍只要繼續維持供應，就要進行作戰。

## 敵圖加强戰意 發動「援護軍人運動」

【同盟社東京三日電】自天皇賜下關於援護軍人的勅語之三（日紀念日起，）將以厚生省軍事保護院爲中心，官民一擧在全國一齊展開「加强援護軍人運動」，時間共六日。第一日之三日，已在各都、道、府、縣，擧行「勅語捧讀式」，正午擧行感謝紀念，祈禱前綫將士的武運長久、殘廢軍人的恢復健康與感謝陣亡將士英靈。是日在帝都，團體與一般民衆參拜靖國神社與明治神宮者絡繹不絕，誓言決戰必勝與援護軍人之誠。同日上午十時起，在明治神宮殿齋擧行東京都與都商工經濟會共同主持的「軍人援護必勝祈願祭」。

【同盟社東京三日電】自今日起，在全國範圍內展開軍人援護運動。一億國民於三日正午各自在所在場所祈禱，並對負傷的軍人和遺族表示謝意。一新援護之誓。

討辦法以達到同一結果，又同時不採取正式的分割，甘地也是不可能全部接受金納的計劃的，特別是因爲甘地堅稱他在孟買的活動是以個人資格出現，而不是以代表資格出現。金納的聲明表示對於從新會談有微小希望，而甘地所講的則是「休會」。但不管此事如何，可能還有其他的領袖們，還有其他的政黨，政府必須積極提倡商談與會議的作法；如果這樣作，則該議的種子就會××。英國對印度的政策是以這樣的假定作基礎，即印度的人民能××執政。英國及印度必須照顧勿使這個假定落空。

## 捷克解放區 成立國民議會

【路透社倫敦一日電】星期時報今日載一捷克通訊稱：「斯洛伐克中部的軍事與愛國起義在繼續中，由於捷克空軍與紅色空軍的戰術合作，形勢已轉爲有利於愛國軍隊。外國收到解放區出版的報紙（當中有六種日報）顯示：德方報導地方蘇維埃的建立與愛國者在鐵鎚與鐮刀的紅旗下作戰是不確實的。除了天主教克林卡黨之外（因該黨採用納粹主義），一切原先政黨在中斯洛伐克國民議會均有代表，該議會設於斯特里加的班斯卡工業城。主席爲斯洛伐克的一位老政治家利安寧。據眞理報——斯特里加・班斯卡出版的日報——稱：國民議會已決定：它將視倫敦捷克政府爲其從事一切國際政治與軍事關係的代表。據此報告：議會的綱領早於一月間經過祕密途徑通知倫敦捷克政府。

## 處理戰後德國問題 美政府內部意見分歧

【同盟社里斯本廿三日電】美聯社華盛頓電報導：美國政府各重要部長間，在德國戰後處分案上，發生正面衝突。羅斯福總統爲研究德國戰後處分案，曾任命國務卿赫爾，陸軍部長史汀生，財政部長摩根索三人爲委員。就中赫爾與史汀生激烈反對摩根索提出的過苛的處分案，致使羅斯福總統陷於困境。但羅斯福支持摩根索案，據魁北克會談時，亦把此案提示邱吉爾與艾登；而在頓巴敦橡樹林擧行中的美英蘇三國會議，所以陷入僵局狀態，亦與美國政府內部的對立，有密切關係云。

## 華南敵佔區物價騰貴

【同盟社廣州廿三日電】最近華南物價騰貴的趨勢，仍未稍減，華南軍鑒於各種流言及不逞份子的搗亂，將更加助長此一趨勢的發展，決定斷然加以取締。

# 參攷消息

（只供參考）
第六五八號
解放日報
新華社 編
今日出一大張
卅三年十月六日
星期五




## 親英美派攻擊何孔要求重慶政權改組

### 偽「申報」的「重慶政權觀」

【同盟社東京五日電】最近申報連載以『重慶政權觀』爲題的論文，是極富有深刻意義的，大體根據這篇論文，即可檢討觀察最近重慶的動向，單獨不能對抗日本的重慶政權，在軍事上、經濟上已逐漸依靠英國美國（特別是美國），代表買辦階級的親美英派，逐漸想掌握重慶政權的指導權，但其勢力無寧說日益減弱。這一派的領袖就是宋子文，傳去年魁北克會談以來，蔣介石即不大相信他的能力。此即去年魁北克會議的決議案，由於宋子文的漏洞，結果沒有重慶代表的簽字即行發表，因此蔣介石遂令宋子文歸國。此外宋子文會參加蒙特巴頓主持的在印反軸心軍軍事會談，會議上宋子文會反對蒙特巴頓從海上進攻新加坡的主張。宋主張從印緬國境進行陸上反攻緬甸。當蔣介石看到宋子文的時候，斥叱宋子文：『你既不是軍人，爲什麽在緬甸反攻的問題上插嘴？』最近宋美齡亦有被蔣介石討厭之嫌。原來國粹主義的蔣介石，最近已疏遠親美英派，甚至包括宋美齡在內，這是很清楚的。親美英派的夢想是假借美英特別是美國的武力打敗日本，依靠美國的經濟力復興中國，建設美國式的民主主義的新中國，戰後組成美英蘇重慶四大强國以支配世界。但這樣的態度將使中國將來在經濟上、政治上成爲美國的附屬國，因此遭受中國國內特別是代表重慶內部民族主義的國粹派的猛烈反對。國粹派是由何應欽指導的黃埔系，陳立夫的CC團及張羣爲首的政學系的一部組成。他們並不想將來重慶能與英美蘇三國相並列，在平等的地位上維持獨立自主。他們認爲不論將來中國成爲美英的附屬國，或在克里姆宮的影響下站立起來，他們政治的地位只有崩潰。所謂用『四大强國的均衡以保證

……[illegible]—現在在廣西軍隊，除有第十四航空部隊的掩護以外，不見有美軍的任何援助。』

## 敵距福州九公里

【同盟社廣州五日電】我精銳部隊於九月二十七日，在福州東北海岸實行登陸。據重慶來電悉：重慶軍事委員會四日夜的公報中，承認日軍於九月二十七日在福建沿岸登陸，三日距福州僅九公里。關於此事，四日自重慶發出的路透、美聯、合衆社電，均非常重視此次日軍新作戰的意義與影響。由此自本年四月起即已開始的日軍大陸攻勢的目的與企圖，是更加明顯。日軍對尼米茲攻勢（自太平洋方面進攻）的防禦體制更加加强，並剿滅在華美空軍基地。對日軍難以推測的機動作戰，大放驚嘆之詞。

【同盟社里斯本四日電】合衆社駐重慶特派員，就日軍進攻福州報導如下：據東京廣播，日軍在福州附近登陸及向福州進攻一事，已由日方正式發表。重慶方面認爲這是日軍對抗美軍要在中國沿岸登陸的當然行動。在福建的外國人已經開始避難，因此如不在內地何處得到飛機的便利，則到重慶地區是很困難的。如果選擇現在所剩的唯一陸上公路，必須實過狹至九十五公里以下的間隙。日軍如能封鎖這一間隙，就能够確立香港至滿洲間的陸上聯絡。日軍已一度佔領福州，預料此次將沒有很大的困難再度佔領之。

## 敵每日新聞社論
## 在中國大陸的戰爭

【同盟社東京四日電】（每日新聞社論）我軍正在進攻中國大陸的美軍，現已迫近桂林週圍。該地是在華美空軍在華南的最大基地，是以七萬萬重慶元的巨費建設起來的，是夢想空襲日本的源泉。因之史迪威與陳納德的悲痛，比之依賴美國的蔣介石尤爲切實。關於此事，美國隨軍記者會親自加以報導稱：在華美空軍與友軍薛岳之重慶軍，已放棄從事防禦戰，而已撤退至安全的後方。而且倘留於後面的破壞部隊，亦根據史迪將軍的命令，炸毀飛機場基地。當梧州失守時，在華美空軍會嚴命重慶軍强制疏散市民，竟敢發生非人道的行爲，而且自空中投下炸彈，使梧州市街變成焦土。如此的美國態度，不能不使有良心的中國人發生反感，在重慶人中流行着如下的話語：美國已使在華美空軍，由援蔣轉向導蔣，現在美軍自身的力量在支配中國戰場，而重慶軍則以友軍之名，變成美國的殖民地軍。他們會想把中國戰場變成太平洋戰綫重要的一翼，因此由於我軍在中國作戰，制敵機先，予大東亞整個戰局以嚴重的影響。這事對於被美國誘導的蔣介石，亦是一樣。他在不久以前的參政會閉幕時的演說中會說：中國戰綫

世界安全』，只有喪失中國的自主性。從這裏可以看出國粹派與親英美派的尖銳對立。現實主義者的國粹派雖知道建設新中國離不開美國經濟的技術的援助，但他們預料美英的勝利並不意味着如同親美英派所想像的『就是重慶的勝利』。英美將以勝利者自居對待重慶，所以從民族主義的立場看來，對美英的勝利是一則以喜，一則以懼的態度。國粹派更警戒着蘇聯向東亞政治壓力的加强，故與延安政權抱着尖銳的對立。最近繼何應欽之後，成爲親美英派攻擊對象的孔祥熙，在思想方面亦接近國粹派。他所以被人認爲是親美英派，並不是因與宋家有姻戚關係，孔祥熙與宋子文從過去即爭奪財政部長的交椅，而且爲了防止延安方面的攻擊，遂接近國粹派的陣營。重慶內部國粹派對美英派的鬥爭，在現在看來有被美英派一擊即行敗北的感覺。我大陸作戰的進展，使重慶逐漸陷於窘地，軍事上、經濟上反映出不得不依靠美國援助的狀態。一般認爲親美英派正開始了奪取重慶內部指導權的活動。國粹派因有延安方面、孫科等民主派方面的强烈反對，親美英派遂利用此種形勢，並得到美國的暗中支持，要求重慶改組。最近『晚報』曾論述『重慶政權即將改組』，亦是這一動向的一個表現。

## 美聯社報導
## 敵有進攻西安徵象

【同盟社里斯本四日電】美聯社駐重慶特派員報導，日軍有在河南開始新行動的徵象略謂：據到達重慶的一個情報說，日軍有準備由河南、山西各地進攻西安的徵象。一部份消息靈通方面提起此事，言明如下：日本在中國大陸作戰的計劃，無疑地是由北方及南方進擊重慶。

【同盟社里斯本四日電】最近來自重慶方面的報導，不斷暴露隨着日軍的進展，美空軍與重慶軍的不睦更加厲害。從美空軍前進基地，經昆明的美聯社訪員，在四日報導中首謂第十四航空隊基地的後退，全爲重慶軍敗退所致。略謂：美空軍自日本開始作戰之初，即給重慶軍以全力的援助，雖然如此，但重慶軍仍繼續敗退，致不得不依次放棄各空軍基地。過去美軍的一連串基地羣，現在只剩下記者所在的這個尚能使用的柳州基地了。該基地是基地羣中最南的一個，設備的大半雖甚落後，但幾乎每夜都受到日本航空部隊的工作，如昨夜遭連續轟炸達十二次之多。重慶方面對於美方這樣批評的反感，充分表現於二日重慶軍事委員會發表的猛烈反駁的聲明中。據昆明來電，[illegible]報上以很少有的筆調，稱英在桂林攻防戰中美第十四航空

是世界戰綫的一部份，其中有四十一個聯合國參加與其他戰綫有密切的連繫，因之我們終吃敗仗，但另方面友軍却在勝利，可以抵消我們的失敗。（電碼不清）中國戰綫與太平洋戰綫有變關關係，而隨着接近東京（東京二字有些模糊——譯者），此種關係是更加明顯與重要。大東亞戰爭是決戰的連續，同時在本質上是長期戰爭，因之中國大陸在現代戰中所佔的地位，需要重新加以認識。

## 孔祥熙晤羅斯福
## 還是要求增加軍需供應

【合衆社華盛頓四日電】中國行政院孔副院長今與羅斯福總統會商後，預言日本於歐戰結束後一年即可敗潰。孔氏稱：羅斯福總統昨保證現由印運華之軍需供應，每月可達二萬噸，事實雖係如此，但其中大部物資，均已供應美國空軍之急需（包括對B29式超級空中堡壘機隊之供應），因此中國軍隊所得者數量極微。孔氏謂：日軍最近於中國境內發動新攻勢之目的有四：（一）支持民氣，否則彼軍鑒於其他戰區之內遭敗挫，必將氣餒矣。（二）建立通往南部佔領區之陸上交通綫，以供應該區駐軍，並搶奪贓物。蓋以盟國艦隊之阻止，取道海上殊多困難。（三）阻止美機自中國機場出動轟炸。（四）阻撓美國打通中國海港，從而以大量物資供應中國軍隊之計劃。日軍此次蠢動獲逞，自將增加盟軍擊敗日本之困難。然日本之潰敗，業已注定。君等可相信是日終將到臨，中國亦將繼續作戰，直至擊敗日本而後止。吾人對擊敗日本一事之關切，亦如君等之關切。吾人曾見我國同樣遭敵殺戮。吾人盼望將此世仇逐出國境。吾人將於蔣主席領導下繼續作戰，直至完全擊潰日本而後已。

【路透社華盛頓四日電】中國行政院孔副院長本日謁羅斯福總統後，預測對日戰事於擊潰德國後將進行一年。但盟方應以更多軍需物品供應中國軍隊，此點至屬重要。日軍於中國境內進攻，不僅消除該區美軍基地，且亦阻止盟軍於中國海岸取得海港，從而供應中國軍隊。但日軍向內陸推進之際，其供應綫亦漫長而危險，美國乃一『太平洋大國』，對制止日本於今後四十年中不再爲害，有其確切之義務。孔氏繼稱：渠獲悉日本艦隊多少仍完好如初，且將繼續如此，以保衛本土。盟方雖以大量物資經空運路綫運入中國，但大部供應悉由軍隊使用。渠末稱：如無美國之助，中國之抗戰甚至蘇聯之抗戰將發生如何後果，渠誠不敢設想云。

【美新聞處華盛頓四日電】××報三日社論稱：中國官方昨日說英美只給

了中國很少的幫助，這句話是有基本的道理。下面是一件冷水的事實：中國軍委會發言人說，中國軍隊被迫僅僅以決心來對付敵人的火力是對的。承認這個事實並不是貶抑飛過喜馬拉雅山進行空中運輸的英勇富於創造性的美國航空員。他們在犧牲飛機和勇敢的航空員的巨大代價之下，日夜駕駛運輸機，飛過敵佔區，使中國得到（就是不多也罷）她迄今所已得到××武器。但是無論如何，越過高山的空中運輸是有限度的，而這個限度遠趕不上需要，未能使中國以同樣的武備與日軍作戰。因爲日軍是從海船、鐵路、公路得到供應品的。雷多公路開闢之後，形式會改善，但甚至有了新的公路，距最後形勢也還很遠——一條經過崇山峻嶺的險陟公路，是不足以供應幾十萬的現代大軍的。中國人想到了這點，他們認識到在美軍未在中國海岸登陸——現在由於日軍得以掃除美軍的基地，這事的實現又更遠了——在美軍在太平洋及在日本本地的失敗迫使日本承認失敗之前，他們的命運將是很艱難的。雖然中國的領袖們深切知道他們的處境危殆，但是我們尙未接到消息說重慶已垂頭喪氣。在中國的美國觀察家們，現在正熱烈的描寫下面幾項事：重慶要努力整頓中國的軍隊，消除不合理的徵拔壯丁，國民參政會建設性的詳細的批評中國的錯誤，蔣委員長及參政會都表示願改善與蘇聯的關係，放鬆檢查制度，以及參政會決心覓取與中國共產黨建立基本諒解。要解決直接與軍事有關的基本問題的這些努力，清楚的顯示中國經過八年對殘酷強大的敵人的戰爭之後，仍然有具有生命力、精神與抵抗意志的領袖們。職是之故，以及鑒於中國軍隊英勇作戰，中國的盟邦有一切理由在中國有急需的時期，盡最大力量來幫助她。

## 吳忠信稱 致力加强中蘇邦交

【中央社迪化五日電】新任新省主席吳忠信，五日上午十一時召集省府各廳處及所屬職員作視事前之訓話。吳氏於朱兼代主席紹良介紹後，起立致詞，勗勉所屬安心工作，以天理、國法、人情三者爲辦事準則，以互諒、互讓、互助三者爲處友之道，繼續爲新疆服務。渠並代表中央將新省官民數年來之貢獻致慰問之意。今日出席聆訓者約千四百餘人，全場情緒至爲感奮。吳氏於提及中蘇關係時稱：中蘇兩國疆界毗沿數千公里，中蘇兩大民族有其歷史上傳統之友誼，而新疆地居中蘇交通要衝，在親仁善鄰之原則下，實負有不可委託之任務。渠當一本中央意旨，致力於中蘇友誼及合作之加强。

的女孩不得不逃難。怎樣才能謀生？你可否介紹專請翻譯或教中國話的人？』「每天街上擠着像我女人這樣的中國人，她們到處找事情做，找吃的穿的。」據警察當局的計算，在此兩個月中重慶市的人口增加四十萬一千人。戰爭還在距重慶四百哩的南方，但難民的潮水不斷地湧向重慶，在重慶，到處可以聽到對推行戰爭表示悲觀的聲音。難民們一定要質問：日軍爲什麼能夠像小刀切牛油那樣容易的進攻湖南穀倉——湖南爲什麼被奪取了：爲什麼日軍能在十日中前進一百哩？對於這些問題亦有各種各樣的回答。有的說要再編成軍隊，改善其給養。有的說政府要與中共妥協，更換作戰失敗的負責人，最近要出現新的人物。民衆對重慶政府的希望，就是不要使他們再度變爲難民。

## 英報訪員稱 中國已不成爲四大强國之一

【路透社倫敦五日電】英國最著名的保守黨地方報紙『東方每日新聞』倫敦訪員，於評論邱吉爾演說及其在重慶、華盛頓與倫敦所引起的影響時稱：邱吉爾最近下院演說中『對中國不表同情』的話，爲對美國官方感覺的讓步。該訪員稱：邱吉爾對中國的態度是演說中『可能是予某些讀者印象最深的地方』。訪員繼稱：『關於美國運送豐富供應品後仍發生「令人遺憾」的失敗之語句，似乎反映了批評家們所說的美國國務院的態度。現在有人認爲，中國人目前在華盛頓人士中已不受歡迎。頓巴敦橡樹林會議似乎標誌着中國能被視爲大國之觀念的終結。現在已沒有什麼『四大强國』了。

## 美記者諾維爾稱 中國形勢每況愈下

【美新聞處舊金山四日電】諾維爾略稱：中國是第一個受侵略的犧牲者，而且作戰較之任何一個聯合國爲久。從一九三七年至一九四一年，中國是孤軍作戰的。在那四年中，它喪失了它的港口商埠、工業、許多鐵路線，若干最好的物產區域。但是，正如它在珍珠港事件以前形勢是惡劣的，而現在則每況愈下了。儘管在過去一年中盟軍在太平洋和東南亞洲贏得卓越的勝利，中國的形勢則每況愈下絕未見佳。第十四航空隊所有前方基地的減少，乃是雙重的打擊。雖然幸而陳納德將軍繼續襲擊中國沿海日本船舶尙非不可能，但也必將造成困難。如說中國形勢已極令人可驚，但總還不能說是絕望。事實是由於不易推知的原因。日本等待很久，直到現在才開始『打通』粵漢路。他們在一年前已能作此項戰事並獲得像在所獲

【同盟社上海四日電】新任新疆省主席吳忠信，一日自重慶搭機首途赴任。據重慶來電稱，吳忠信等一行二日下午自蘭州飛抵西寧，會見青海省主席馬步芳，為了推行新疆省的工作，懇請青海省當局的協助。

## 渝政治部發動 雙十節知識青年從軍運動

【中央社重慶五日電】軍委會政治部為展開全國知識青年從軍運動，於五日召集陪都附近各附屬單位舉行擴大宣傳籌備會議，經詳細討論，擴大宣傳辦法以『一切為前綫，一切為勝利』為主要宣傳內容，已電全國各級政工單位於雙十節同時發動知識青年從軍運動。

【中央社上饒四日電】東南各省第二期知識青年從軍運動已展開。青年團戰區支團部發動之從軍知識青年已有二百餘人。此次該團發動之人數為一千名，預計本月底即可足額。

【中央社渝五日電】我國出席國際通商會議代表陳光甫、盧作孚、范旭東三氏及顧問王志莘、張嘉鑄等，五日上午由渝啓程飛美。

【中央社渝五日電】美衆議員賈德自美抵渝，中美文化協會五日晚設宴招待。

【中央社昆明五日電】資委會出口礦產運輸處，頃奉令舉辦以黃金易箇舊錫之，規定黃金一八市兩換錫一噸。凡廠商在箇舊交錫領取收據後，可在昆明領取黃金。此項辦法實施後，箇舊錫價已提高，廠商賠累減少，錫產當可激增。

【中央社昆明四日電】滇田賦糧食管理處，四日正式成立。

【中央社西安五日電】中央收購陝棉，本年決定總額為六十萬担，花紗布管制局西安辦事處已依照核定陝棉價格，派員分赴各地設所收購。

## 重慶混亂情景

【同盟社上海四日電】現在，抗戰中國的首都——重慶，為我對華攻勢帶來的未曾有的大衝擊所震動。上月中旬舉行的第三次國民參政會（重慶的議會），以從所未有的猛烈程度非難政府的失敗。延安與此相呼應，進行攻勢，這釀成深刻的政治不安。更迭最高負責人何應欽、孔祥熙的傳說，毛澤東及其他一二個延安代表的入閣說，或是在此五年堅決不接受延安要求的重慶終於屈膝，向延安提出讓步條件等等，都是蔣介石苦慮放棄國民黨獨裁的傳說，重整抗戰體制。重慶美國記者奧巴爾於一日報導重慶除了政治不安外，由於中國西南難民的流入內地所引起的社會不安的姿態：這是今天早晨的事情，有一個女招待拿着一個難民寫的信給我。上面寫着：『由於日軍進攻桂林，我

的那樣大量的成功。但他們沒有那樣作。他們一直等待到今年，而今年太平洋戰爭全部戰鬥力已轉成有利於我方了。首先，B廿九式超級空中堡壘的降臨以及塞班之征略，就較早先更加要依靠中國根據地以猛襲日本。第二，我們能夠襲擊駛往南中國及麻六甲海峽或菲律濱根據地的日本船舶，可能不會很久了。第三，緬甸風季的早日結束，將使重新進行戰事肅清緬境日軍成為可能。最後完成雷多公路，使阿薩密與中國西南部銜接，似乎可能在年底之前或明年初實現。第四，美空軍即使被迫從較遠根據地起飛活動，現在亦已足夠強大得使日本不可能泰然使用粵漢路全綫。這便是陳納德將軍所曾力稱的一點。同時，北緬獲得勝利使我們可能飛過危險的路綫至中國，從而可能以更大項目的供應品運到中國。還有一點要強調的，中國形勢尚不能說是嚴重的，但我們不能一時對此滿足。在儘可能最早時機予中國以一切可能的幫助，正是和所有盟國的利益相合的。

## 德寇大肆宣傳 準備打游擊戰

【海通社柏林四日電】準備在德國那些可能被盟軍佔領的地區進行游擊戰的遠大計劃，似乎已經製定。這是希姆萊的機關報『黑色軍團時報』所透露的。該報坦白地說：可能性必須估計到（這種可能性現在亞琛已日漸明顯），為了不再犯錯誤，必須準備應付我們所未預料到者。該報稱：敵後的德國人將比蘇聯與鐵托的游擊隊打得更好。認為不可能在被佔領的德國建立德國平民行政機關，即使找到了『流氓』充担這些職位也不可能的，因為『每一個這種流氓以及每一個試圖與佔領者做事的任何其他叛徒，都要被槍斃。』該報指出：在德國，人們從自己在蘇聯、巴爾幹各國、比利時、法國甚至意大利的經驗當中，深知被佔領國家並不是一個國家，而只有在佔領軍隊能運動其優越軍隊的地方佔領才是有效的。繼稱：『德國人在敵後為自己的祖國而戰，指揮優良並從取之不盡的武庫（四年來即為一大兵工廠）當中獲得裝備，與蘇聯和鐵托匪徒是不大相同的。其面前之唯一優勢（此即敵人所賴於獲勝的）是無用的。對付起義者，轟炸機、坦克與大砲並無多大用處——這是我們所深知的。在這種戰爭當中……（缺）。該報指出：敵人多佔一公里德國土地，其內地的不安亦隨之增長。在佔領區每一條街道的角落裏，死亡都在潛伏着等待每一個對戰爭已經厭倦的敵兵。該報結束稱：讓我們簡略地說：在德國佔領區，不會有德國平民行政機關，不會有德國人的執行機關與法庭，因為代表此種組織的那些人難於活至下個月。任何服從敵人命令的官吏必很快地被打死。沒有一個執行敵人命令的人沒有墳墓在等待着他』。

參攷消息
（只供參考）
第六五九號
解放日報 新華社 編
今日出一大張
卅三年十月七日
星期六

## 美國各報責難重慶

【同盟社里斯本五日電】重慶中央社駐華盛頓特派員報導，美國國內最近對重慶的敗戰及內政上的混亂，充滿强烈的責難，希望澈底地改革，對日抗戰，將重慶全面的美式化，並將其置於史迪威指揮之下，略謂：美國一般人士亦承認重慶軍極需供應與運輸的方便，但最近美國國內對重慶軍的腐敗、不統一及無能力，批評的非常厲害。這些責備中雖看不到包括着敵意，可是他們要求重慶加强戰爭的努力，以便早日擊潰日本，所以他們的批評是很激烈的。特別是湖南、廣西最近的敗戰與美空軍根據地的喪失，使人產生了這樣一個强烈的印象，即與其責備援助補給的完全缺乏，不如責備重慶軍的無力。這些批評中，間接的責備此種形勢是不必要地拖延太平洋的戰爭。反軸心國陣營方面，主張在這一軍事的危機前面，應採取斷然地加强重慶軍戰鬥力的措置。此種主張所以流行於華盛頓，亦是根據上述事實。關於這一點，正如在華盛頓發行的某有力週刊雜誌所說：『美國督促蔣介石採用加强重慶作戰努力的政策，但蔣介石並不希望如此。而且暗示在不可能實行的時候，美國只有離開中國』。該雜誌更論及：『廣西的敗戰並不能損傷美國的體面，亦不能說明美國缺乏努力。』並攻擊蔣介石說：『蔣介石拒絕在反軸心國軍官監督之下訓練强大的軍隊，蔣介石為了封鎖中國共產黨，將二十萬最精銳的部隊釘住不動。一部份消息靈通人士認為在史迪威手下訓練的重慶軍的大部隊，將不知於何時向蔣的指導權挑戰』。巴爾的摩爾太陽報攻擊重慶，認為重慶軍事的努力已被政治所阻礙，並責難稱：『蔣介石為了維持自己的地位，浪費了太多的時間。蔣介石僅抽出自己的時間的一部分用於戰爭上面』。『華盛頓郵報』說出了實際上訓練重慶軍的困難，提倡應將重慶政府的機構加以檢討。合衆社報導稱：『根據華盛頓當局的有力情報，蔣介石最

【同盟社大陸前綫基地六日電】我機又於六日未明冒着惡劣的氣候，轟炸柳州飛機場，集中轟炸跑道，將其炸毀。

【同盟社海口□日電】海南島我軍於九月份獲下列戰果：敵遺棄屍體一百三十具，俘虜投誠三百廿二，步槍八十四支。

## 陳納德準備死守西南積極反攻

【同盟社廣東五日電】美空軍從衡陽開始撤退後，僅兩個月即喪失了二年來所建築的東南基地，乃將主力退避至貴陽方面及西北基地，作為應付對策。最近陳納德似突然想到要絕對死守西南地區，遂在各處積極的策動反攻。此即陳納德向蔣介石提出嚴重要求，令蔣用地上部隊死守桂林，同時將第十四航空隊主力配備於南寧、百色、昆明綫，機動兵力散佈於南寧，貴陽橫綫上的無名基地，有組織的展開空中游擊戰術。根據情報傳陳納德所以拋棄過去的消極態度，而採用積極戰術的根本理由，是因從緬甸方面派遣空挺隊的估計已經可能的緣故，同時先遣隊已經到達昆明。中印公路最近亦不斷從空中運輸空挺隊用的機械。在昆明過去所訓練的空挺隊員，亦匆忙的進入戰時編制。如此陳納德即可用駐華美空軍與空挺部隊的聯合作戰，擾亂我『東支』（中國東部）作戰軍的背後，更進一步配合菲島作戰，一舉使尼米茲的計劃獲得成功。但這一反攻計劃，是需要慎重考慮的，而且我軍已突破廣西，衝入敵人蠢動的心臟部，更以最近增强的在華航空力量相結合，不予敵人以實行反攻計劃的時間。我軍此種決定戰局的力量，是不應懷疑的。又我作戰後方區域的各據點及華南沿岸各重要據點，已經針對着敵人戰略的計劃進行毫無空隙的各種準備，對具近代兵力的威力以對抗敵人的立體作戰。我軍此種自信使陳納德不得不第二、第三次的修改反攻計劃。

【海通社東京六日電】中國西南廣西省會，同時是美國在華空軍最强的要塞之桂林，由於日軍自北東南三方前進的結果，所造成的迫近的危機已引起美國高級官員與重慶政府之間嚴重的摩擦。桂林危機已發展成中國西南及美國駐華空軍的危機。美國在華南空軍基地之廣大的網（從這些空軍基地對日本本國實行特別强的空襲），已由日本的進攻所裂碎。這樣，日本的計劃已被破壞。如朝日新聞刊載其駐華記者報導：『這一發展，不僅使許多美國軍官大大失望，而且使很久以來希望美國空軍作為重慶抗戰之先鋒的許多中國人大失所望。』該報稱：『這種失望現在迅速變成根深蒂固的矛盾。美

後將被迫讓步，可能贊成成立包括延安代表的聯合政府。美國企圖徹底改善重慶的戰爭努力，並希望近代化的重慶軍政將最高指揮權給予史迪威。

## 美國波維爾致函紐約先驅論壇報

### 謂重慶打敗仗是盟國先打垮德國的結果

「合衆社紐約六日電」波維爾（J. B. Powell）致函紐約先驅論壇報稱：「留心中國的時候已經到了。中國目前的戰爭形勢，是我們自珍珠港事件以來所奉行的「先打敗希特勒」政策的直接結果，這個政策我們正設法糾正。但是現在爭論這個問題是沒有意思的，我所想提起注意的是：由於中國戰局越來越壞，我們的報紙及廣播對中國人的批評就越來越辛辣。下列事實大概完全被忘掉了，即中國國民黨抵抗日本侵略者已七年於茲，或者如果我們從日本强佔滿洲算起來，那就有十三年了……。在目前階段繼續批評中國，特別是以中國不團結爲根據，勢必引起嚴重的損害，不但損害中國，而且損害我們自己在亞洲的處境……。一直到現在國民黨……一貫對美國採取友好態度。但倘若我們施以太多壓力，特別是以干與中國內政的方法施以壓力，係我國某些份子所力圖那樣作的，則其結果可能是很糟糕的。國民黨若被得罪及不受信任，在絕望之中可能或向右轉，或向左轉，或可能分裂。中國人是人類中最有理性的人。但如果他們的情感被刺傷及被侮辱，則他們就會成爲相反，而且固執的人。換句話說，不要口口聲聲告訴他們怎樣治理他們的內政來『教訓』他們。我覺得中國人現在得到太多的勸告，而提意見的人有的雖然動機好，但不了解中國人或不了解他們的問題。有的則是爲了達到某種特別目的或推行某種主義。中國人現在所需要的是諒解、同情和實際的幫助。如果我們給他們這些東西，而且不想去包辦他們的事務，則我們用不着担心最後的結果。」

## 敵佔興安

「同盟社湘南六日電」防衛桂林的最大據點興安（桂林東北六十公里），經我軍從東西北三方面包圍部隊猛烈攻擊，於擊潰該第八師之後，於一日完全佔領該城。

「同盟社廣西前線六日電」於一日佔領興安之我軍，繼續沿湘桂公路南下，三日與敵展開激戰，於擊潰敵第九十三軍暫編第八師約一千人之後，三日佔領興安西方約十五公里的老松亭。

國堅持把最近慘敗的責任推到重慶地面部隊身上。而中國則堅持責任當然由美軍担負，因爲中國人員僅處於服從的地位，並且從開始即由美國軍官的命令指揮。』

## 大公報要求開闢

### 亞洲第二戰場

「路透社重慶六日電」大公報今日呼籲在亞洲大陸建立第二戰場。大公報稱：「我們認爲我們有充分的權利要求英美派遣軍隊於中國海岸登陸——或廣州、或福建、或浙江、或上海以北。理由很簡單，中國大陸應有兩個戰場，中國應與英美分擔與日軍作戰的責任。」於宣稱在要求第二戰場時中國並不反對美國進攻菲律賓、小笠原或英國反攻仰光、蘇門答臘、馬來亞後，大公報歡迎直接進攻日本本土，以便減輕中國的壓力。大公報最後稱：「尼米茲上將希望越過太平洋於中國海岸登陸，目前的情況有利於此理想的實現。如果盟國××××的解放及日本的崩潰，則亞洲第二戰場的開闢在戰略上將與歐州第二戰場一樣重要」。

## 皖中形勢緊張

### 桂軍勾結敵僞向我進犯

「新華社華中二十八日電」皖中反共內戰形勢益趨緊張，桂軍正積極勾結敵僞，企圖夾擊我巢無地區。三個月來的皖中反共形勢發展，約可分爲以下兩個階段：即自七月安徽國民黨當局劃分所謂『廬（江）無（爲）』、『合（肥）巢（縣）』、『巢（縣）和（縣）含（山）』三個游擊區實施皖中全面反共計劃以來，桂軍一七一師師長劉道徵部五一三團即勾結僞皖中清鄉司令馬逆伯珊部，對我巢湖以北地區一面進行『清剿』，一面進行『清鄉』。該師五一一團及安徽第十挺進縱隊則在江浦、全椒地區勾結敵僞指使下的×會及僞巢縣自衛團曹亮文部聯合行動，避過敵僞據點，進佔我緯店集、歐埠（和縣屬）等地。反共軍之目的，顯在隔斷我皖中新四軍第七師與淮海第二師兄弟部隊之聯系。自此反共軍即開始其第一步行動，和縣以西繼向我和含中心地區進犯，現與我軍在和西樊橋一帶相持中。另一面，桐城、廬江一帶之桂軍一七六師師長李本一，副師長周雄（均爲著名反共專家）及第八挺進縱隊司令龍炎武，即集結兵力，積極進犯我巢無地區。八月廿三日，周雄曾親自率領五二八團及地方武裝一千五百餘人，自黃姑閘（無爲西）向我湖東周家大山陣地進犯，當被我軍擊退。反共軍傷亡三百餘名。我軍亦傷亡百餘。近據消息，一七六師已勾結僞四師第十團團長劉子清部，（駐淮南沿滁巢縣各據縣）及襲擊[illegible]『掃蕩』，企圖來襲[illegible]地區，而一舉摧毀之。九月廿一、廿二兩日，第八挺進縱隊又自盛家橋、廬江分別出動一個大隊至三個大隊，向我進犯，亦被我軍擊退。反共軍兩日中傷亡約百名，我輕傷六名，現一七六師已集結兩個團在黑姑閘一帶，李本一、周雄亦到，形勢極爲嚴重。敵僞則一面進犯巢湖水道，運輸大別山之物資；一面由巢縣、無爲、襄安等據點連日出擾，巢南南山之敵據點，且向我地區開始砲擊，其形勢適與去冬桂軍勾結劉、陳二逆部之情形相同（該次敵頑勾結事實，我軍在俘虜的第八挺進縱隊第二十大隊長鄭其昌身上繳到龍炎武的作戰命令可證實）。按自平漢路淪陷，我皖中軍政當局會不斷函電李品仙，呼籲團結，請其派員聯系，共同堅持大別山之敵後抗戰，李氏均棄置不顧。當此西南形勢萬分危急，桂軍當局不思積極對敵出擊，挽救正面戰場及其故鄉之危局，反一意勾結敵僞，進行反共內戰，實令人浩嘆。我皖中軍民於此敵僞與反共軍的嚴重夾擊形勢之下，已奮起積極作自衛備戰，日來已有數萬人民走上前綫參加戰時工作，半月間僅無爲縣人民參加主力保衛家鄉者，即達四百人。但我們仍希望桂軍能懸崖勒馬，改絃更張，放棄聯敵反共之自殺政策。

## 同盟社傳
## 摩根索對處理德國草案內容

【同盟社東京五日電】隨着歐洲戰局的進展，英美費很大的力量把處分德國案作爲一個問題在謀算着，他們所討論的戰後案正表現了美英支配世界的野心與現實的帝國主義利害的打算。這一處分案中的代表東西，是英美蘇三國組成的歐洲諮詢委員會所起草的德國處分案，該處分案的基本條件據傳有『德國應無條件投降』，『解除德國陸海軍的武裝』，『軍用財產移交反軸心國』，『美英蘇三國政府爲了監督履行反軸心軍的對德要求，將對德進行軍事的佔領』等。最近美國官員中圍繞着美財長摩根索的對德處分案，發生意見的衝突，還成爲評議的材料。這一爭論是富有常識的赫爾反對猶太人系的摩根索的充滿對德私慾的空想報復案。英國方面認爲這是有使歐洲赤化的危險，而表示異議。據傳其內容如下：（一）將德國工業機械類分配給遭受戰禍的國家，殘餘部分毀壞。（二）永久的封閉礦山。（三）將國民限於五千萬以下，使其經營農業。（四）將魯爾與薩爾讓渡給法國。（五）在物資及……（掉）上不予德國以援助。（六）將東普魯士讓與蘇聯，西里西亞讓與波蘭，並遣送德國工人至蘇聯担當蘇聯的全國建設。其條件至爲苛刻。德國當局

[illegible]，從而採取了[illegible]要求的第一步驟。然而解委會在倫敦能免索森科夫斯基姿態後，立即對科際羅夫斯基加以出人意料攻擊。對於任何讓步可以彌補兩集團間裂痕之可能性，無疑已造成輕蔑之感覺，於此左派亦開始被廣泛認爲與右派一樣的頑固。此種消醒將加強拉茲克維茲在允許米科拉茲柯執行和解政策（此政策一般均知對個人說來爲總統所最嫌惡）上的左右之權。因此，拉茲克維茲是否真正願意放棄一九三五年憲法所給他之獨裁權力的新考驗，不久將即看出。

## 中國代表團
## 提出管理殖民地辦法

【合衆社華盛頓四日電】中國代表團在敦巴頓橡樹林會議中，提議對世界若干國際殖民地區域，實行國際監護制。聞英美蘇決定在新國聯中取消任何與舊國聯委任統治制相似之任何制度，而中國主張設置國際委員會以管理並監督若干歸併於新組織中之領地或地帶，以對待其獨立組織自治政府。中國此項建議僅爲其中處理經濟、社會、領土、法律、勞工、文化諸問題之若干國際委員會之一。蘇聯本贊成此項計劃，但嗣覺其應與安全機構分別發展。

【中央社華盛頓三日專電】中美英戰後世界和平機構會議本日已進入第五日，各委員會正研討我國計劃，諒將於十月十日完成工作，然後宣佈若干一般協議。顧維鈞、魏道明、商震及胡世澤今午由斯退丁紐斯陪伴謁見羅斯福總統，歷時二十分鐘。斯退丁紐斯則稱之爲『愉快之會晤』。同時，紐約時報本日發表該報駐華盛頓記者所發電訊謂：我國向英美代表團提出之計劃，包括建議成立六個國際委員會，處理經濟協定、勞工社會福利及國際諸問題，以補充武力之施用阻止侵略。據該報稱，英美蘇亦同意此等問題，因此等問題與安全有關及安全不能獨賴武力獲得，惟我國建議之委員會是否應與安全機構合爲一體，尚無協議，該報稱：蘇聯尤其抱此種態度，故頓巴敦橡樹林會議第二階段閉幕後，此等問題可能解決。據紐約時報稱：我國建議之六國際委員會爲：（一）經濟委員會，輔助國際勞工機構，起草國際公約，設計經濟制裁，並編輯世界經濟狀況之統計表；（二）設立領土保管委員會，代替國聯委任統治委員會，委員由行政院自委員國及當地人民代表中選出，治理國際化區域；（三）設立社會福利處，控制鴉片，禁止買賣婦孺，防止國際間疾病之傳染，並提倡社會救濟及社會保險；（四）設立文化關係處，以電影、出版物及廣播促進國際友誼及諒解；（五）設立國際法廢除委員會，該會並創制法律及公約，經會員國三分之二贊助

已將敵人方面的處分案詳細公佈，使國民知曉敵人的『眞義』究竟是怎樣的一個東西，正如限制人口拒絕復興的提案中所表示的，其中並沒有任何理想與人義道德，德國人民對於卑劣至極的措置，極爲憤恨亦是當然的，全國人民不顧一切犧牲，更加強了對保衛祖國的決心。

## 傳波爾被德俘虜

【路透社倫敦五日電】德國新聞社訊：波蘭城內波軍司令波爾將軍，已爲德軍所俘，與他同時被俘者，尚有其全體參謀人員及波蘭將領數人。

## 路透社評蘇波關係

【路透社倫敦五日電】邱吉爾今日在下院稱贊華沙之戰局稱：當盟軍處處勝利及德國最後失敗在望之日，華沙卒告不守，此對所有波人實爲甚大之打擊。

【路透社倫敦五日電】波蘭總統拉基維兹今證實波爾已爲德軍所俘。

【合衆社倫敦五日電】波官方本日證實波蘭國內軍總司令波爾已爲德方俘虜，波軍事發言人宣稱：波爾曾多次電達倫敦，表示其願爲階下囚，蓋彼寧與不能離開華沙之部下同其命運。

【路透社倫敦五日電】今日敵人消息謂他們已俘獲新任波軍總司令科摩羅夫斯基（即波爾將軍，華沙起義的領袖，此起義已於二日前失敗）之說如果屬實，將予仍多波折的蘇波關係問題以又一個新的轉捩點，並將的確很諷刺地證明有助於此聯合國關係中痛苦關節的消除。英國在週末蘇聯所扶植之波解委會首腦對科摩羅夫斯基攻擊中所感到之驚人遺憾，至今未消失，但此間現在××，米科拉兹柯總理犧牲倫敦波蘭領導集團中反蘇極端主義者以與盧布林波人達到調解之無疑誠懇企圖，已證明無效。一般人對於是否有成立任何協議之可能均表懷疑。雖然如此，由於解委會發言人集中攻擊個人以及科摩羅夫斯基的履歷，很可能的，如果後者眞正爲德國所俘，則波蘭集團間主要不協調根源之一將被消除。另一方面，解委會發言人復攻擊此種臨時措施，即總司令之職務目前由著名右派拉兹克維兹總統、陸長基塞爾及據稱爲非政治的參謀長庫潘斯基所共同行使。但此種形勢可能亦爲以米科拉兹柯本人爲首之波蘭政府各溫和委員以及英國政府人士所嫌惡，此等人士不斷企圖疏通與蘇聯對分歧之點求得協議的道路，而不犧牲英國政府所正式承認之波政府。因此，除非科摩羅夫斯基又行重現，下一步驟可能爲英國所支持的

，即可生效；（六）我國建議國際正義法庭之草約應由國際和平機構全體大會採取，經會員國四分之三批准，即可生效。

【美國新聞處舊金山三日電】華盛頓明星報一日社論稱：頓巴敦橡樹林會議第二階段已以中國代替蘇聯參加的討論而開始。在此會議開始階段，它或將在此爲奠定戰後國際穩定秩序而召開的國際會議上，詳細分析中國的狀況。在技術上說，中國是全權的一員（大國），而的確中國（缺一段）現在關於重慶政權內部勢力均衡的狀態已有一些疑慮。它正處於軍事失敗日益增長的緊張環境中。在重慶政府代表出席頓巴敦橡樹林會議之時，中國形勢後面的現實×××（缺）。

【美國新聞處華盛頓二日電】美國通訊社稱，熱心於求出可供適用之侵略定義與阻止侵略辦法的中國代表團，今日於頓巴敦國際安全議中開始（？）其工作。第二階段的眞正討論於今日上午十一時卅分開始，但三代表團主席則半小時前集會以建立常務委員會，及此等國際安全談判結束階段的日程。顧維鈞博士及其中國代表團：預料可迅速同意英蘇美代表團在會議開始二週階段中所已擬定的國際安全組織基本機構。顧氏明白表示，中國希望安全制度能立即與有力地行動以打破侵略——必要時施用武力。關於國際機構，中國方面的大部份意見據悉頗多吻合於美蘇英代表團所達到的決定。關於侵略問題現仍爲擺在××安全設計人面前的主要未解決問題之一。

【中央社渝三日電】我國出席國際通商會議代表盧作孚、陳光甫、范旭東賢顧問張嘉鑄、王志莘等定五日聯袂啓程赴美，會同刻仍在美之代表張公××銘及顧問李國欽等出席十一月在美召開之國際通商會議。

## 敵國短訊

【同盟社東京廿八日電】（一）政府爲使帝都防空組織的一元化及經濟警察的統一使用，廿七日發出敕令，即部份的修改警視長官制，並立即實行。由此關於防空及經濟的行政事務，即可由帝都長官統一的進行。（二）關於收回家庭的金屬製品，在昭和十六十七兩年度實行後，其後即停止進行，政府爲了回答國民供出的熱情，政府決定從十月開始，避免強制收回，以待國民愛國心的湧現。（三）爲了保護戰鬥的國民的健康[illegible]生省在幫助懶惰者的洗濯衣服，曾盡了一分力量。此即在東京帝都等六大都市及工業都市，以町會爲單位設立公共洗濯所，並將未轉業廢業的洗濯業者收容在公共洗濯所內，由町會負責經營。

參攷消息
（只供參考）
第六六〇號
解放日報新華社編
今日出一大張
卅三年十月八日
星期日

## 敵陷福州

【同盟社東京七日電】大本營發表（十月七日十五時）。向福州進攻的我軍，擊潰在該市附近陣地頑强進行抵抗的敵第八十師，十月四日晨將福州市完全佔領。

【同盟社東京七日電】我軍以攻佔中國東部海岸要鎭爲目標，九月二十七日在福州東北四十公里的東岱附近登陸，二十八日攻佔連江後，不顧險惡道路猛然向着福州南下。敵人在福州周圍半徑二里之綫構築防衛陣地，由第七十軍（軍長陳孔達）指揮下的第八十師（師長李良榮）阻止我軍進攻。我軍以果敢動作將敵人擊潰，四日晨八時許將福州完全佔領。別動部隊分別佔領閩江口、五虎島（福州東方二十公里）及福州北方的×克島，續掃蕩殘敵。福州是敵人美國企圖作爲潛水艇根據地的著名港口。由於我軍此次的進攻，敵人的謀攻已被粉碎。中國東部海岸已置於我軍控制下，由此保持了大東亞海上交通的安全，同時使敵人美國由太平洋判透中國的計劃遭受挫折。

【同盟社東京七日電】福州一名閩侯，事變前是中國東部海岸的貿易中心地帶，商業極爲殷甚，現在戶口有六萬五千，人口三十五萬，仍爲福建第一大都會。居民之中十萬爲台灣人。市街分城內與南台地區。閩江從南台地區爲東西流，架有名的萬壽橋。市街的外側爲水溝、池塘所圍繞，滿潮時水地及池塘中的水深到一公尺，是一天然的縣城。城內東部及東南部有溫泉，並有洗澡塘。閩侯北岸的市街有飛機場，小型飛機可以起飛降落。

## 敵稱重慶內部情勢緊張 非想像所能及

【同盟社斯托哥爾姆六日電】據來自重慶的情報稱：隨着日軍對中國西南進攻作戰的迅速開展，重慶內部情勢的緊張非預想所能及。即由於日軍的進攻，桂林、柳州等美國空軍基地瀕於危殆，而美空軍不得已地逃入內地。其結果美軍對重慶的壓力愈益增大，更由於推進美國對延安接近的工作，最近對付重慶的延安勢力急速抬頭。

打通各個間隙的作戰，以重砲、坦克與精銳部隊，四十四天工夫已打通留於華北與廣大的河南平原的間隙（四百八十公里），於是在華北的作戰目的已經完成。日軍的大軍隊又轉爲自洞庭湖南下進擊，席捲很多要衝（包括長沙、衡陽、零陵），則在痛打桂林的大門，由於日軍的這一壓迫，使重慶軍不得不後退，這一後退是武漢戰役以來最長遠的一次。在此期間亦喪失了衡陽、零陵等重要基地，澈底破壞桂林市外各飛機場，自設立以來第一次遭受了驚人的挫折，根據重慶與美國軍事家一致的見解，認爲若不立即阻止日軍時，則在亞洲大陸的對日反攻，將必然遭到數十倍的困難。

## 英國保守派評中國局勢

【路透社倫敦七日電】當重慶政府地位在政治上及在新的嚴重軍事壓力下業已削弱之際，汪精衛的傀儡們以及中共最近業已更爲得勢。此爲著名右派評論家肯尼希·德考西在其『世界問題評論』週刊本期中所宣稱者，該刊爲私人間流行的新聞通訊，並爲英國極端保守派（其中有議員數人）所支持與支配。於評論各列强（它們對中國這些發展『極感興趣』）觀點時，德考西提及日本迅速擊潰重慶，作爲避免其失敗與蘇聯得到機會唯一希望之決心，稱：『天秤之偶一輕動即將使後者在亞洲獲得最高地位』，它在這裏的威信已經很高，並整個中亞細亞有很大的影響，在印度亦有很多的同情者（缺）。作者稱：英國與美國正『力圖冒日益增長的優勢以挽救重慶』。他們希望在××中國的幫助下擊敗日本，俾亞洲現在的均衡不會激烈變動』。作者認爲，但在實現英美政策上是有很多困難的，『滿足重慶是不容易的，那裏有很大的反外國人主義須待克服，而我們感覺很難滿足它的供應要求』『另一方面，德考西責備中共在邊區問題上未能與重慶取得協議，後者曾『力圖找出與共產黨妥協的方法』。德考西最後指出新疆對蘇聯的重要性，並稱：日本企圖說服蘇聯說：美國企圖消滅蘇聯在該省的勢力，並謂『親蘇將軍盛世才的被免除政府職位』即是因美國反蘇陰謀的結果。

## 孔祥熙在美要求加强援蔣

【同盟社里斯本五日電】據華盛頓來電，羅斯福於四日會見重慶行政院副院長兼財政部長孔祥熙。由會後孔祥熙的談話看來，他已正式申請美國加强援助供應蔣介石、孔祥熙於會談結束後言明如下：我想擊敗德國後的對日決戰可於一年內結束，對重慶軍的供應需要更加加强。日本在中國大陸作戰不僅是除去美軍的空軍基地，而且是防止反軸心軍供給重而其結果，重慶內部的動搖逐漸深刻。重慶軍在中日戰綫的全面敗退更促進了這些不安和動搖。蔣介石爲了應付此種情勢終於增派胡宗南下的五個師以及駐在重慶的直轄部隊——第九十三軍至桂林方面。同時由遙遠的怒江方面調動機械化部隊至該方面。這些援軍萬一與其期待相反，被日軍打敗，而桂林、柳州等重要地點失陷的話，那末蔣介石政權將因而面對着開始作戰以來未曾有過的嚴重危機。

【同盟社上海七日電】皇軍怒濤般的進擊震撼了重慶。而重慶的近況使美國感到無限的不安。最近各方輿論亦一齊提起重慶問題，始終對其衰弱露骨地表明不滿。但是值得注意的就是最近的論調一致慫恿依靠重慶政權的民主化來重整抗戰體制，開始有了希望的曙光。本月一日舊金山廣播電台評論員概觀最近一星期對於重慶的新聞論調，並評論美國輿論認爲要增強來自外部的援助，同時要急速達到內部的統一和進行軍事的政治的改革，這可以增進重慶的抗戰力量。各報承認軍事形勢的嚴重。另一方面觀察最近重慶政治的動向表示出將來有前途的重要變化的端倪。 九月二日出版的『時代』雜誌登載的下列論文很能表現出美國最近的重慶觀。該論文稱：日軍並不一直突入桂林，而迂迴到南面。但是事態沒有很大的變化。日軍的目標已在眼前，所謂目標就是將第十四航空隊趕出中國西南部。本年六月開始向長沙南方進攻以來損失第十四航空隊及其基地，嗣後相繼喪失衡陽、零陵甚至桂林的重要基地，而現在柳州、南寧亦受威脅的陳納德空軍支援尼米茲接近中國海岸作戰的希望就很難實行。戰場的形勢正在惡化。另一方面重慶軍的軍爲一向沒有改善的跡象。但是還有些許希望的就是事態的嚴重卻要使抗戰地區的民衆團結起來。蔣介石數星期前開始着手改革機構，再編成軍隊，將每一個師裁減三分之一，以求軍隊的精強。

【同盟社里斯本六日電】中國大陸的戰局，由於日軍作戰的進展，已進入非常嚴重的階段。重慶合衆社訪員報導權威人士一致的觀測如下：日軍藉此獲得的成功與今後的發展，使反軸心軍以大陸爲基地的對日反攻計劃，陷於頗爲困難的狀態。日軍在長約九千六百公里的陸路中（自東京、經亞洲大陸到昭南），大概已控制了百分之九十四，只是剩下一段連絡綫，這就是從桂林到越南邊境，其距離爲五百六十公里，連貫廣西山岳地帶曲折的鐵路與公路，日軍利用反軸心軍首先置其重點於歐洲之時，已於四月在中國大陸開始

慶軍的供應品到達中國沿岸。現在已有相當數量的供應品送到中國，但其大部份交給駐華美軍。

【同盟社里斯本六日電】英首相邱吉爾在英國下院發表演說，公然非難重慶無力的結果，大陸作戰論已成爲反軸心國陣營的嚴重問題。據重慶來電，六日大公報要求在東亞開闢第二戰場略謂：據重慶政權的見解，重慶有充分的權利要求美英兩國派遣陸軍在廣東、福建、浙江或上海以北的海岸地帶登陸。中國亦展開兩個正面戰場。美英需要與重慶共同分擔對日本陸軍作戰的責任。開闢第二戰場並非援助重慶政權，而是要求聯合戰略。在中國大陸開闢第二戰場，在戰略上看來，與歐列第二戰場同樣重要。

## 在華美空軍 轟炸華南日寇

【同盟社大陸基地六日電】在華美空軍，最近對華南方面全綫，進行拚命的反攻。五日下午四時半左右，敵B25式轟炸機十餘架，在P15式機二十餘架的掩護下，分成數個編隊，大舉來襲西江地區，我戰鬥機隊予以迎擊，在三水與肇慶附近，捕捉敵編隊，空戰約二十分鐘，激烈非常。擊落P15式機五架、B25式機一架（未證實），擊毀P15式機一架、B25式機一，合計擊落八架。此外並轟炸很多飛機，使敵陷於混亂狀態逃逸。又於此空戰中，我方亦付出寶貴的犧牲，計自炸三架。

【同盟社里斯本六日電】華盛頓電：美陸軍部長史汀生於五日會見記者團時，會言及中國大陸的戰況，承認日軍之進攻桂林，同時對增強美空軍掩護重慶軍與援助不够的非難，予以申辯稱：據情報悉，日本雖距桂林僅二十公里，正在擴大其佔領地區，在南方由於日軍自廣東西進，使美軍不得不放棄丹竹航空基地。在此以前，美軍曾喪失衡陽、零陵、桂林各個基地，但第十四航空隊，除了無情轟炸日軍，致力妨礙地上作戰之外，並向怒江地區的重慶軍，投以大量的糧食、武器與彈藥，以謀在可能範圍內，協助重慶軍。

## 英美各方面輿論 非難政府外交政策的混亂

【同盟社斯托哥爾姆四日電】美英言論界，最近非常憂慮反軸心國外交政策的混亂。例如波蘭問題的發生，對德處理案的分歧，對法、意政策之不佳，致巴頓橡樹林會議的失敗，諸如此類的問題堆如山積。於是無情地抨擊反軸心國的外交政策。例如美國華盛頓郵報在二日的社論中，攻擊這樣的事實，即對德休戰條件迄未決定，對法國、意大利，亦全是無所作爲。英國每日郵報記者福布斯，則提出波蘭問題，論述如下：反軸心陣營最大的謬論，是歐戰開始

後的盟邦波蘭，遭受到比昨日之義大利更壞的命運。意大利已被允許於將來將稍加減輕其目下遭受的苦難，但波蘭的將來，則終是暗淡無光。上述事情完全證明：英國政府急於和蘇聯維持友好關係，却反而招致相反的效果。另方面美國的評論家頓普森，則圍繞着敦巴頓橡樹林會談的失敗，非難美英兩國的政策稱：阻礙美、英、蘇三國計劃的最大原因，是蘇聯的態度。蘇聯害怕美英兩國共同對付蘇聯，而且畏懼新產生的國際聯盟，形成對付蘇聯的國際集團。

## 敵稱羅邱會談中 不設遠東統帥的內情

【同盟社東京六日電】美英已在吹噓一俟歐戰結束，就要把大軍調至太平洋來，如從魁北克會談，以及其他敵方軍事會議的經過來看，這倒是可以默認的。那麼那時太平洋戰場上的統一指揮權，由美英誰個來掌握？便要成為問題。魁北克會談時沒有決定這個最高指揮官，羅斯福並且僞說這是由於太平洋戰場太廣闊的關係。但歐洲戰場不也是很廣闊的嗎？歐洲戰場參加的兵力雖然龐大，戰區雖然廣闊，但依然認命艾森豪威爾為美英軍的總司令，那麼根據太平洋戰局地理的政治的意義，在太平洋作戰中也應該產生第二個艾森豪威爾。所以問題的癥結，並不是在於有無必要設立單一的司令部，而是由於美英間存在着內在的深刻的制霸東亞的野心的對立，雙方並都害怕直接爭取指揮權的明顯化。以密切合作為幌子的美英，特別是邱吉爾深怕由於爭奪總司令官使雙方對立日趨激烈，結果把英國關在遠東外邊。連面前歐洲的指揮權都被艾森豪威爾獨佔了的英國，於今在遠東如還必須在美國指揮下作戰，那麼不管怎樣的一個英國都將無法收拾。另外，在羅斯福方面看來，當此太平洋戰場的指揮中樞，實際上已完全握在美國手中的今日，如再不顧一切地爭取最高司令官，除增加英國反感外別無好處。因而他便制止美軍首腦們要獨佔最高司令官的強硬主張，以政治上的藉口給邱吉爾留個面子，把這個問題擱延至下次會談了。但對日攻勢作戰中，不能統一指揮權的結果，將是怎樣呢？不用說只會產生作戰的分裂。又從物質的數量上來講，實際上使用的物資的是人，只有統帥的完全一元化，這物質的數量才能發生功效。因而從最高指揮官的決定與否所給太平洋戰場的影響來看，眞的戰爭指導者實應正視這種某種程度的對立與磨擦，而予以確定，但今日美英的首腦們，是缺乏這種勇氣與果斷的。所以也可以說敵人統帥的不統一，增加了我們的有利條件，從而在這裏開闢了一條必勝的道路。

場移動部隊至太平洋將使大量物資成為無用。克氏又說：「我很高興能夠允准告訴你，我們不將保持這種裝備」。「我們將有新的剩餘的作戰財產可用並將根據巳魯奇——漢科克報告書中的理論而行動。」

## 小磯大談閣僚團結

【同盟社東京六日電】太平洋戰局日趨激烈，實是到達了決定皇國興亡的嚴重階段，要求展開強有力的決戰施策。因此小磯首相，特於六日的閣議上發言，披瀝其堅強的決心，指出全體閣僚今後須更以牢固的團結，以最善的努力推行決戰施策，並要把此種精神貫徹滲透於各個下層末端，這樣來斷然進行接近目標的決戰。首相發言要旨如下：時局一天天緊迫，以至於到了今日的階段。而向這一決戰階段，自然不能徒自在人事機構上想辦法，而為了完成戰爭，應強有力地推進施策，只要有障礙的地方，即在人事機構上，亦需積極與果敢地打開與突破之，不消說亦需加以改革。至於本人所感到的，是閣僚們在此無隔閡地交換意見，迅速地規定事務，特別是過去在各個閣僚間雖有諒解，但勤輒有未貫徹到事務當局末端之憾，此點即在各個閣僚，亦需付出最善的努力。又閣僚與各省皆須團結一致，擔當實施與運營決戰施策。

## 敵稱重要礦物增產

【同盟社東京一日電】八九兩月這一全國的重要礦物必勝增產運動期間，至三十日已告結束。關於它的成績，加×山非鐵金屬局長談稱如下：當這一運動才開始的時候，即八月初旬和上旬，表現的曾不太好，因而對運動前途，曾十分焦慮，但此後即逐漸好轉。在此運動期間，一部份礦山雖遭受到相當大的風害水害，但總的成績仍甚良好。八九兩月最後的統計，雖不清楚，不過綜合最近的情報，較預定目標銅超過百分之廿以上，鉛超過百分之卅以上，亞鋁超過百分之十以上，其他如鐵、水銀、錳等亦均超過計劃，特別是石棉、亞鋁竟超過原計劃二倍以上。如與去年的增產期間相比淩駕甚遠。但此種成績並不是輕易得到來的，而是突破各種困難，以必勝的精神堅苦鬥爭的結果。

【同盟社東京廿八日電】運輸通信省為了加強軍需資材的運輸，決定動員國家管理下之一切車輛工場，促進增產車輛。截至八月份為止，本年度的生產實績比去年同月增產四成，其中機關車為二・六成，卡車為一・四成。

【同盟社東京廿八日電】天皇陛下鑒於收回金鋼鐵白金的重要性，遂於二十八日獻出裝飾品。因此軍需省次官竹內於下午二時赴宮內省，向宮內次官領取這些裝飾品。旋即退出宮中。軍需省大臣藤原非常感激地發表談話稱：

# 敵寇口中的帛琉羣島戰況

【同盟社東京六日電】敵自九月初旬以來，反覆進行執拗的控制轟炸，十五日拂曉，敵以約一個師團的兵力，在彼勒留島開始登陸作戰。敵軍是在優勢的機動部隊、空軍的掩護下，並擁有坦克及其他大批近代武器。我守備部隊立予迎擊，再度把敵人擊退水邊，使敵之企圖遭受挫折。但至下午，敵終於在彼勒留島南岸確保橋頭堡壘，其後敵復在猛烈的轟炸與砲擊的掩護下，以優勢的兵力（坦克爲先鋒），反覆進行執拗的攻擊。我守備部隊每次皆予敵巨創，擊退敵之攻勢。連夜組織挺進隊，突入隊侵入敵陣殺傷敵兵，破壞或繳獲兵器彈藥、糧秣和設備，震撼敵陣。自十五日敵登陸以來的二十日中，由於我軍英勇作戰所獲的戰果正如六日大本營所公佈者。我軍超人的奮鬥，使敵人的戰意大爲降落。二十日前後的數日中，敵人的行動顯已遲滯，嗣後敵得到精鋭部隊的增援和武器彈藥的供應，遂於二十五日，進行攻勢，廿五日敵軍一部在彼勒留島東側加爾多洛爾科碼頭登陸，二十六日敵精鋭部隊在彼勒留島西海岸北部地區登陸，廿八日又有敵軍在彼勒留島北側的瓜多布斯島登陸。我軍在該島中央高地帶的水府山——觀側山——富田山日丘陵的陣地，及該島北部地區瓜多布斯島三地區進行英勇作戰。十月二，等敵砲兵及軍艦的大砲終夜砲轟我陣地（發出砲彈實達四萬發）後，於三日拂曉用坦克由南北兩方面猛攻我中央高地一帶。我軍在陣地前面痛擊之，擊退敵人的攻勢。敵人又於四日早晨進行猛烈的集中攻擊後，又動員火焰放射器襲擊我軍陣地，我軍以射擊及肉搏再度予以重大損失，並將敵人擊退。截至現在爲止，敵人在彼勒留島登陸的兵力大概爲兩個師團半，我軍每日給予敵人的損失，最少者亦達二百人。敵人的損失，正如大本營所公佈者，總計超過一萬八千人。如果加上海上損失的敵兵二千五百人以上，那末敵人的損失突破二萬名。敵人看到戰事失利，遂變更作戰方針，於九月十七日用半個師的兵力在緊接該島南端的安高爾島登陸，該島我軍亦擊退敵日夜進行的猛烈進攻，並用肉搏、挺進、突入的方法，獲得與彼勒留同樣的戰果。

# 美國克拉克准將評論對日戰事

【美國新聞處紐約四日電】約翰·M·克拉克准將於四日稱，在德國失敗後數月以內，美國將有『足夠的便利準備使我們有效部分的歐羅巴部隊能開始對日作戰。』准將又說：『移動空軍部隊供應及維持其活動，僅此一項即可與移動克利夫蘭（俄亥俄州）城全城繞世界半週相比擬。而且這還沒有把必須同時移動的成千百萬官兵包括在內。』從歐洲戰

金鋼鑽和白金對於最近的戰局有極大的作用。因此必需於短期內收集巨大的數量供給軍需品。此時天皇陛下獻出這些物品實令人感激不已。我們國民今後更要獻出這些物品，不要保留一個金鋼鑽和一片白金。

【同盟社新京七日電】滿洲國政府八日發令如下：滿洲製鐵株式會社理事長島岡良太郎解職，任命岸本綾夫爲滿洲製鐵株式會社理事長。

# 美太陽報抨擊無條件投降政策

【路透社紐約六日電】紐約太陽報政論家達維德·勞倫斯於美國新聞上發表一文，猛烈抨擊無條件投降政策。他說：『延長歐戰的責任必須公正地放在邱吉爾首相及羅斯福總統的身上。過去兩年中已一再發生充分的警告，即英國與美國的心理戰爭計劃是領導錯了，全世界現正接受此可怕判斷錯誤的後果。如果在歐洲沒有其他方法達到永久和平，盟國的事業將是可以理解的，但羅斯福邱吉爾政策的這一方面，對於贏得戰爭及和平都是不必要的。納粹罪犯在德軍投降後可以被懲處。我們不需要屠殺德國民族以結束戰爭。我們不應再給戈培爾及命運已經決定之納粹以利用德國人民作最後殊死戰鬥的機會，我們應對德國人民宣佈建設性的計劃與經濟機會。我們應在各處廣播它。我們必給德國人民推翻希特勒及其匪黨的機會。這是迅速結束戰爭的方法。』

# 美商務部出版物重視戰後我國對外貿易

【合衆社華盛頓五日電】美國商務部出版之『世界貿易展望』載稱：中國可能獲有在戰後市場代替日本原有地位之機會。中國如採取科學養蠶方法及標準生產，或可重獲原有之絲業貿易地位，但美國絲料進口量將僅及戰前百分之十五，因人造絲及其他人造纖維，現頗流行。報告中並列舉中國可能輸出之其他重要產品，如鐵礦石、鎢、錫及銻等，預料世界市場將大量需要上述戰前大量出口物品，美國亦將長期需要皮革及豬鬃之供應。桐油乃中國戰前主要出口，但美國現亦有桐油生產，以故戰後是否仍爲出口之大宗不能斷言，須視市場價格而定。上列出口物品將使中國獲得購買美國物品之款項。中國四萬萬五千萬人民戰後需建立水路及公路交通，並將自美購買大量小麥、麵粉、食菜及其他食糧、卡車、無綫電、電話設備、農業器具、醫藥供應及棉花紡織品，食物僅爲戰後某一時期之所需，蓋中國平時可生產其需用之大部份食糧及烟草，然中國對棉花紡織品則有長期之需要。未來若干年中中國可能爲美國之棉花傾銷市場，中國發展爲戰後市場之能力須視中國於長期大戰後之發展情形而定。

# 參攷消息

（只供參考）
第六六一號
解放日報社
新華社編
今日出一大張
卅三年十月九日
星期一


## 平南敵軍奮抵江口附近

—同盟社里斯本八日電—路透社特派員報導廣西省的戰況如下，由平南進發的日軍向西前進，現已到達距該市十九公里的潯江彎曲部北岸的江口附近，江口位於梧州西方約一百四十七公里，柳州東南一百廿五公里處。

—同盟社大陸前綫基地七日電—福州方面陸軍作戰部隊，七日發表下列幕僚談話，闡明此次作戰的經過與意義。當此大東亞戰爭滿三年之際，敵美的反攻日益激烈。在南太平洋方面，皇軍將士實無時不進行血的決戰，遂行保衛我皇國的重任。另外在大陸方面，則澈底擊潰敵人，覆滅美在華空軍重要基地，藉以奪取大東亞戰爭的勝利。但敵人則吹噓着尼米茲、麥克阿瑟的共同攻勢，積極從新幾內亞方面北上，希望攻克菲島、台灣，接近中國大陸，切斷我國本部與南方資源地帶的聯絡。為此中國派遣軍乃迅速把沿岸要地控制在自己手下，另外由艦隊毅然担負起海上的防務。故我軍於日前佔領浙東沿岸要地溫州之後，復於今日興師進攻敵人剩下來的最後海口——福州。我精銳部隊冒着惡劣的氣候，在海軍艦隊掩護下，從東中國海南下，於九月二十七日午前五時，在福州東方海岸閩江河口附近奇襲登陸成功，立即向內地進擊，排除敵人的抵抗，而於翌日迅速攻陷福州外港連江，嗣後更繼續擊潰敵方的抵抗，於十月四日攻入福州城內。而在此期間一部份中國艦隊飛機的密切協助陸軍部隊，實為此次作戰成功的要因。該方面之敵，計有以福建省主席劉建緒為司令的第七十軍第八十師、保安縱隊，以及海軍部隊，共約一萬五千人，出乎意料者該部敵人的抵抗，頗為頑強，致使我進攻部隊，不得不進行無益的殺傷，實為抱歉之至。但登陸部隊較正面敵人尤需警戒者，尚有在華美空軍及在近海出沒的敵潛水艦。同時，我海軍部隊，亦在空中海上加以嚴重監視。在作戰前由於我軍準備完善，氣候不佳，未出現敵人，因而我作戰行動未受到任何[illegible]，此種登陸成功，實為天佑，關於攻陷福州

## 同盟社一週戰況

—同盟社東京八日電—（一）緬甸方面我部隊，在龍陵及芒市周圍地區，擊潰敵雲南遠征軍。（二）中國方面（地上作戰）：沿湘桂鐵路進擊中的我部隊，在安、灌陽、永明、江華一帶活動，華南方面的部隊在平南、丹竹、梧州一活動，並繼續進攻中。四日晨佔領中國東部海岸要鎮福州的我部隊，在附近擴大戰果。內地桂林方面的作戰頗為順暢，中國沿海各地的要港已全數落入我手中，敵人重慶以及美國均極狼狽不堪。（空戰）配合地上作戰的我有力戰鬥機、轟炸機聯合部隊，向柳州、芷江、梁山、平南、南寧、贛州等敵基地進攻，給予美空軍以甚大打擊。美國空軍在中國東南部地區仍配備有飛機一百二十架左右，由於我軍的迅速進擊，敵人已準備從柳州、贛州、南雄撤退或加以破壞。九月下旬敵人共以（累計）飛機四百架來襲華南戰場附近，我陸空軍部隊，獲得擊毀擊落燃燒敵機一百五十架的偉大戰果。（三）帛琉島方面，在彼勒留與安高爾兩島，各以隊長為中心在鐵石似的團結下，以孤兵對抗『依靠物資數量』的敵人，皇軍用獨特的戰術不斷搏鬥，獲得極大的戰果。九月下旬西部加羅林海面，發現敵人的航空母艦群，其後即未有顯著的活動，表面上似甚平靜，但戰機正在暗中澎漲。（四）摩羅泰島，我方戰鬥無多大變化，敵人在該島南方登陸後，九月下旬，復在北方登陸，目下正建築飛機場，其兵力當在一個師以上，飛機場已有一個建築完成。我軍從密林中等待良好機會予敵人以襲擊，用『挺進』，『突入』，『肉搏』等戰術，與敵人交戰。（五）布肯維爾方面，布肯維爾的我部隊，確立了自給自足體勢，衛生狀況亦極良好，差不多沒有發生病員，士氣極為健康。九月下旬敵人一部向土耳基那西北方約十五里的西奧米皮爾附近之我軍陣地進攻，敵人遭受損失後被我擊退。十月一日黃昏，敵人二三百名向我陣地進攻，目下正與該地之我軍守備部隊展開激戰。九月廿四日以後至現在所判明之戰果，計敵遺棄屍體五十三具，繳獲輕機槍三十二枝，並有彈藥甚多。（六）西南太平洋方面，敵航空母艦群在西里伯斯海，班加海方面的動向，尚稱平靜，但敵人飛機從新幾內亞沿岸基地向該方面我軍基地的襲擊，已日益頻繁，與上週無大區別。九月卅日敵B二四式機來襲巴里八板，十月三日該機四十架再度來襲，我軍立即迎擊，九月三十日敵機十九架被毀。三日，敵機十二架被毀，共計敵來襲機數的三分之一被擊毀。

## 傳五參政員本週來延

—海通社柏林八日電—重慶訊，儘管過去三週間談判廢止之後，延安無線電

的意義，無論在政治上軍事[illegible]上均屬重大。該地爲福建省的省會，位於香港上海之間，面對我台灣，是華南第二大都會。鴉片戰爭南京條約始劃爲貿易港。在政治上經濟上不僅有其重要性，與馬尾共同設有各種軍事設備及造船所海軍學校，在軍事上亦極爲重要。故此地被我軍攻克，當給敵人以極大打擊。同時由於我軍佔領福州及溫州，也可以說粉碎了敵美進攻大陸的企圖，而以全力協助防衛中國大陸、建設新中國的我軍，由此完成了必勝體制。今我軍在該地登陸，完全爲盡其保衛中國的責任，打倒侵略中國的美英。不僅不以良善的中國人民爲敵，並且絲毫不變更其相互攜手擊潰美英建設中國的決心。

## 日寇在中國的推進
## 傾折了美軍戰略支柱

【海通社東京八日電】艾爾斯特・奧格斯特・薩姆爾報導：由於國民黨中國境內大多數美國空軍根據地消除的結果，太平洋美軍戰略的一個支柱已告傾折。另一支柱，即是將戰爭由新幾內亞經菲律濱移向中國大陸的計劃因而懸於空中。日本有資格方面強調：由於日軍在華南的重要勝利，他們得以使美軍戰略的這兩個支柱的結合成爲不可能。日本有資格方面描述美國預期將中國領土內與大東亞境內美軍各戰綫結合一起的發展如下：除了中太平洋美軍主力的陣地以外，新的力量中心逐漸在中國西南發展起來，印度中國間的航運交通較之日本在去年所願意承認者已更大的改進了。中國軍隊由美國軍官訓練，中國軍隊的裝備亦逐漸改進，美國在華空軍的戰鬥力已形鞏固，而同時，日本本土在可以看見的時間內成爲美空軍目標的威脅亦形增長。但現在美國戰略家計劃聯結兩個力量中心，實行經菲律濱到中國南海岸的進攻，同時由中國內地的航運部隊爲來自海上的運輸機得登陸灘頭陣地。這些力量中心之一已爲日軍所粉碎。日本在大陸戰役顯然有利，如果美國軍隊在敵人來自太平洋盡力大陸作戰之前，被自華南沿岸驅逐出去，則最大的危險即被禁止了。事實上，據日本有資格方面強調：日本戰略已勝利達到這一目的。桂林之陷落在即與在福州附近的登陸，似乎將美軍逐推至中國內地，因而預期的各戰綫的聯結已不再可能了。然而，這一勝利僅在太平洋的許多損失之下始能得到，日軍在太平洋正使用延遲的防禦。日本認爲在中太平洋美軍攻勢聯接南部菲律濱之力量與自澳洲、新幾內亞向前推進的部隊以前，日軍能夠強行決定中國，係一佳兆。（原文中斷）

合即對蔣介石進行猛烈的攻勢，蔣介石政府代表與延安共產黨政府之間的談判仍在繼續着。消息靈通人士星期六日晚宣稱：二共產黨代表已與重慶政府結束會談，並將於下週初歸返延安。屆時將有五個參政員同行去研究共產黨區域的生活情況。經常消息靈通人士宣稱，蔣介石仍然不願與和他打了十四年仗的中國共產黨取得諒解。但鑒於目前的軍事與政治形勢業已作最後企圖與共產黨取得一致，還是一個公開的祕密。

## 川省田賦征實情形

【中央社成都八日電】川省田賦征實，自九月一日開征以來，各地進行情形甚爲良好，省田管當局，原定「注重初限」之計劃，據目前已獲成果，決可順利完成，不致有所誤期。據田管處負責人談稱，開徵一月餘來，各市縣表現成績均甚滿人意，按諸去年徵借情況以作比較，則截至七日止，全川徵收總數，累計不過四萬九千二百五十餘石，今年截至七日爲止，計收數已達四十四萬二千餘石，足證各地糧民之愛國情殷，踴躍完納，逆料本月中旬，收數當更可觀。本年征實必可提前掃解。

【中央社嘉禾七日電】據悉，衡陽全城除中央銀行舊址殘留外，其他建築均化爲灰燼，滿城悽涼，游擊隊活躍，由識昌領導，有刀槍三千，人萬餘，屢襲敵獲捷。

【路透社紐約七日電】據蔣夫人私人醫生稱，夫人病體完全復原，已有把握，但須長期修養，病情未宣佈。

## 利用死蝗榨油

【本報訊】據中央社訊，河南南陽縣區長亞錦江等研究死蝗用途，可利用蝗蟲榨油供燃料，每蝗蟲四斤半，可榨油一斤，剩餘渣滓尚可供磨麵及肥田之用。我解放區大量消滅蝗蟲，不妨用此法試驗一下。

## 孫逆良誠調往蘇北

【新華社華中六日電】僞蘇北綏靖公署主任項逆致莊，現被敵調往浙江任僞省長兼綏靖公署主任。接替項逆的是駐防豫魯邊境僞第二方面軍總司令孫逆良誠。孫逆原爲國黨山東省政府主席，國民黨卅九集團軍副總司令，於一九四二年四月投敵者。

## 敵酋松島哀鳴
## 英美聯合攻勢即將展開

【同盟社南京六日電】中國方面艦隊報導部長松島大佐於五日接見記者團，就大東亞戰爭的現階段發表談話如下：與美軍經過菲島在華南沿岸登陸的作戰企圖相輸而行的錫蘭島方面英國遠東艦隊逐漸增强兵力，預料它將出動至蘇門答臘、安達曼、尼科巴爾、馬來方面，這樣看來，敵人似乎很切實地進行反攻作戰，但如最近在摩羅泰、彼勒留方面的戰鬥所看到的，供應綫的延長將然阻礙其進攻。我們由拉布爾、特魯克及其他許多基地開始進行的破壞供應綫的作戰，使敵人海上運輸感到極大的麻煩。今後的作戰地域已不是島嶼，而是大陸。因此敵人將轉爲需要大量供應品的作戰。但是令人高興的就是我們的戰力已增强。只就飛機來看，我們在最近將來能够確保的飛機遠超過敵人在太平洋方面所保持的第一綫飛機。我們將能以物量打擊敵人依靠物量的盲衝的戰法。

## 德稱紅軍突入捷境

【路透社倫敦七日電】德海外通訊社訊：今午夜開始大攻勢之蘇軍，繞波蘭經喀爾巴阡山進入斯洛伐克。蘇軍總部派兵卅師、坦克軍三隊、騎兵一隊、技術兵一隊及强大空軍等進攻通入斯洛伐克彼斯基丁山之關隘。蘇軍總部爲策應該處以南新攻勢由阿拉德區（羅馬尼亞極西端）向西北進攻，該處已發生激戰。

## 同盟社：英國艦隊增强印度洋的政治意義

【同盟社斯托哥爾姆二日電】美英兩國對於英國艦隊增强印度洋的軍事、政治的意義，雙方的見解有極大的距離，此點殊堪注目。美英兩國相互之間彼此有各種疑問，其中與太平洋戰爭相關連，美國對英國所抱的懷疑大約有下列二點：（一）英國對於美國在太平洋戰爭的努力，有無完全協助的積極意圖，以及有否此種實力和準備？（二）英國主張東亞戰爭勝利結束時有權利完全恢復戰前的權益，是否可以承認此種權利？關於第一項，美國有力方面的各種議論可以羅斯福顧問威廉·菲利浦斯不滿與不信任英國的言論作代表。他說：『不能發現任何積極的證據，表示英國要協助進行太平洋戰爭的意圖。美國要單獨在對日戰爭中扮演主要的角色』。關於第二項，美國主張：『戰前英國在東亞的權益是獨佔的，而其政策是帝國主義的，以此舊式的思想爲基調的權益和政策，將受到新的戰後計劃的排擊，如是英國堅持這種主張，那末美國就要主張再分割東亞的權益，作爲償還交戰國付出的力量和犧牲』。但是英國經濟學家週刊揭載的下列評論，可以代表英方對於美國對英意圖和不信任的反駁。該評論的要點如下：（一）英國在東亞既得的權益遠超過美國的權益，能否恢復和維持這些權益與英國的興亡有關係。（二）對於英國推行

不把他看作『不同意的人』

## 決定宣傳綱要 妄圖挽回民氣

【同盟社東京六日電】政府爲了更加昂揚人民的戰意，使官民團結一致，向着完成戰爭邁進，遂於六日閣議上決定『指導決戰輿論綱要』。同日緒方情報局總裁就此發表談話，闡明該綱要的宗旨。緒方情報局總裁舉出下列四點作爲政府指導輿論的方針：（一）喚起對國體的信仰，滲透宣戰大詔的宗旨，澈底認識決戰的戰局；（二）報導、宣傳應率直地使人民知道事實，取締報導時，要注意不要用過激的辦法糾正缺點，以免對於弊病沒有裨益。（三）尊重國民公正的言論，以新的道義和目的，放任民間自發進行的國民運動。（四）圖謀戰時國民氣氛的明朗化。同時又闡明政府信賴國民的忠誠心，根據同憂共勉的根本觀念，實現該綱要的宗旨。此點殊堪注目。

【同盟社東京六日電】緒方情報局總裁談話要旨如下：本綱要是政府內部的指針，如將重要事項加以說明，第一就是喚起對國體的信仰，貫澈宣戰大詔的宗旨，澈底對決戰下的戰局有一明確認識。在我一億國民的胸中，信仰三千年來祖先所遺留的國體，是極爲明暢的。喚起國民的這一信仰，並提高一步加深一步才真正是提高戰鬥意識的根本要義。要深刻貫澈宣戰大詔的宗旨，就必須明確此次戰爭的原因和目的，同時使國民充分認識戰局的現階段正是決定國家興亡的重大時期。第二，宣傳必須率直的使國民知曉事實，一億國民要發揮這一總力的前提，就是必須使每一個國民充分認識我國當前的事態，國民只要有此種認識的話，那末政府即使不說什麼，而國民的情緒亦會高漲，今天沸騰起突破難關的氣魄實是非常需要的。關於報導的管理方法，應注意內容，並糾正形式的東西。第三，尊重民間的言論，凡以純粹的動機與目的，由民間自發進行的國民運動，應加以放任，當國民之中洋溢着向完成戰爭邁進的氣氛時，就可以變爲活潑的言論，或且成爲國民運動，而且這是自然的趨勢，政府並保障此種言論的自由使國民運動隨意的展開。第四，要使戰時國民氣氛明朗化。要使國民全體以緊張的情緒，不分晝夜的增加戰力，或且在激烈的決戰下消除日常生活中的困難部份，就必須使國民的情緒明朗化，爲此政府亦考慮適當的給予真正可以作爲消遣的而且對於增强戰力有用的娛樂如繪畫，演劇等。總之政府深刻信任國民的忠誠心，用同憂共勉的精神指導輿論，根據根本理念製作這一綱要並希望它實現。

## 敵決戰政策未貫澈 擬組政策局

【同盟社東京七日電】最高戰爭指導會議，並不是單純決定指導戰爭的最高方針，而且決定與完成戰爭不可分

大東亞戰爭的決心和準備抱着[illegible]將種下戰後破滅的政治誤解的因子。（三）美國反對英國在東亞的主[illegible]是美國反對帝國主義的一種偏見，美國這種偏見不能針對着東南亞洲，這種偏見不僅抹煞英國而且抹煞法國、荷蘭戰前在東亞的既得權益。我們相信這樣是不行的。總之，由此可知美英間在推行太平洋戰爭的手段和太平洋戰爭的目的有矛盾和對立。我們應該知道英國艦隊派往東亞的意義在政治上含着上述英國反駁美國的要素。

## 英國否認 外傳邁斯基將出使印度

【中央社新德里六日專電】印度人士對於莫斯科、倫敦及新德里方面所積極考慮之互派外交代表一項新聞，甚表歡迎，且聞前蘇聯駐英大使邁斯基將任蘇聯之首任駐印代表。傳倫敦方面傳來消息，擬議中之印蘇互派外交使節，其級位將較重慶或華盛頓與新德里間現在使節之等級爲高。

【路透社倫敦六日電】關於外傳蘇印考慮交換外交使節之說，英印度事務部尚無所悉，該部認此爲『荒誕』之說。

## 英美與印度

【同盟社仰光三日電】美國會想在政治與經濟方面統治印度，代替英國的地位，乃首先在軍事方面，計劃加强陸軍與空軍的駐兵。另方面在政治上，與土邦、商人密切連繫，大體上說其成果是很大的。英方特別是軍事當局與印度政府，對於上述事實非常不愉快，而似乎採取這樣的態度，即專門制止與抑壓美國在印度的勢力。又最近在魁北克會談中，美國會提出增强對印度的空軍力量的提案，這一提案比英國預料的增强數目，增多三倍，因之邱吉爾說道：『印緬作戰擬以英印軍進行之，故現在不欲自美國獲得巨大的增援』。暗示拒絕美國的提案。

## 費里浦斯問題復燃

【同盟社斯托哥爾姆三日電】據敦倫來電，圍繞着費里浦斯的美英兩國間的不睦，不管費里浦斯被英方攻擊，但由於他聲明他得到羅斯福的承認依然是印度特使，致此問題復又燃起。最近訪問美國復員美國反英派議員詹森、陳德勒等，在費里浦斯問題上發生爭論的英國保守黨下院議員波布利克，三日聲言英國應在該問題上堅持過去的主張，略謂：最近我擬在下院要求艾登外長，說明政府如何未在費里浦斯事件發生後，要求美政府召回此人。此外我還要求艾登外長，要設法防止今後再發生這種有害於美英關係的事件，同時要求通告美國政府，今後費里浦斯担任與英帝國有關系的職務時，不得

的政治外交等各種施策。在此次臨時議會小磯首相的聲明中已經解釋的很清楚。因此如何具體實行所決定的方針，當時在內閣中僅擬設立一適當的機關，其後直至現在尚未講求具體的措置。但小磯首相在六日的內閣會議上，特別强調下列三點：（一）鑑於戰局的現狀，儘可能採取不玩弄機構的方針，但對完成戰爭相符合的機構應當爲設立。（二）關於政策的運用應强力果敢的實行。（三）過去在閣僚中了解很透澈的問題，在事務當局及行政的末端組織，亦往往有稍加歪曲推行之處，應加以注意。根據首相的這一發言，今後特別是關於陸海軍的軍需生產的行政機構應進行强力簡素化，希望能整備關於軍、生產的動員，澈底推行增產軍需食糧的方策，同時要簡素與民衆接觸最密切的下層行政，刷新行政事務。而且根據首相的發言，具體實行最高戰爭指導會議方針的機關，最近即可設立，這一機關將稱爲政策局，直屬內閣，長官由內閣書記長官兼任，並增加現在的內閣參事官。特別值得注意的是每一問題有專長該問題的軍事參議官負責，其所負責的部分與該省取得連絡，進行機動的運營。

## 台灣敵加强防衛

【同盟社東京六日電】五日入京之長谷川台灣總督，六日接見記者團，談論統治台灣的現狀如次：台灣於八月五日，公佈整備戰時體制綱要，集結一切人力與物力於加强防衛與增强戰力，把一切平時的事業轉換到決戰方面，說到行政方面，官吏亦到民間會社工作，處理事務。報告與批准，皆不費事。職員到民間會社內，在其負責的範圍內努力工作。此體制由於軍官民的協力一致，成爲轉換戰局的原動力。全島人民的努力實爲可觀，遇到台灣一看即很瞭然。現在看不到穿漂亮衣服的女人，和穿西服結領帶的男人。總督府始終調整中央的綜合計劃，將大部份的行政移讓給地方長官。並整備體制，俾能採取措置，應付台灣隨時變爲戰場的情況。小磯首相在日前的臨時議會上，曾言明要考慮對外地的處置，台灣以獲取戰爭勝利爲首要的任務，在這樣的情緒下，向着加强戰場體制邁進。

## 敵同盟社造謠稱 延安軍事使節團抵美

【同盟社北京五日電】最近到達此間的情報稱：以前延安政權決定派遣軍事使節團赴莫斯科和華盛頓。該使節團一行四十六人已於八月下旬由延安出發，經過伊犂，首先訪問英[illegible]而最近已到達華盛頓，彼等一行渡美的目的是協議在華北建設駐華美空軍基地，以軍需品供應延安，由美空軍人與建設和訓練延安空軍。

# 參攷消息

（供參考）第六二六號

解放日報 新華社 編
今日出一大張
卅三年十月十日 星期二



## 合衆社駐重慶記者報導中國目前形勢

【合衆社重慶七日電】倫德爾報導：合衆社駐渝記者伊薩克斯回答總社梅森君所提問題，試對中國目前形勢之背景綜述如下：中國目前的政治軍事危機由來已久，只需要日本攻勢，這種起大變化的影響，就可以使牠們洶湧到表面化了。四月間日寇開始在河南進攻，現在已包圍了全部華南華中，並且在戰事中暴露了中國最嚴重的弱點。並沒有任何充分的理由足以說明這種暴露竟引起驚愕和詫異，但美國一般公衆或許是例外，因爲他們從來沒有很好的機會去評估中國的現實。對於這種無知，新聞檢查乃是一個重要的原因，但絕不是唯一的解釋。美國的强烈政策已大大造成了他們覺得中國純潔無疵的觀念，這種觀念直到最近以前成爲美國人流行的觀念的基礎。

最近的事變反映了中國的現實，這已經嚴重到足以打開新聞檢查制度中被掩住的洞了。同時，美國官方根據過去兩年的經驗，面臨着對戰爭的更新階段以及對將來關於中國的政治方針，規定更多的方法的必要性，似乎已經更加願意公開地體念有關中國形勢的各種實際事實，這些事情本來久已在私人方面知道了的。

直接被派到中國工作的美國軍人不會很久保持這種中國是純潔無疵的概念。他們久已知道，當日本發動不可避免的華中進攻的時候會發生什麼事情。他們日久以後××日本（××××原文不明），事實上陳納德將軍對日本××××來得太遲。他相信他的空軍能夠靠他們自己利用他們現在竭力要打開的路綫，至少要完成使大量日本作戰努力無用以及打擊日軍重大供應的目標，否則這些供應品就會用以在將來對付美國的××（缺）。但是日本在華中進攻一開始，戰事就不可避免地發生它的結果，中國的弱點是更加明白了，中美戰時合作中所包含的一切問題就尖銳化了。這一點反映在如赫爾利和納爾問題。對於現在和將來的軍事和政治問題的考慮，是特別互相牽連的，而且還需包含對亞洲力量對比的全部中心的觀念。××而最直接牽連的問題，乃是重慶政權的政治前途問題，重慶現在已面臨××政治、軍事、經濟的××最嚴重問題，但重慶關於讓他人分享其政權或作任何變更的問題並無興趣。××××包括少數官吏極端腐敗的最惡劣事件的揭發以及徵兵制度每況愈下等。這些便是最近國民參政會×××提出的問題，參政會中顯然而絕非偶然的並且鄭重地提出了民主化以及××（缺）的問題，這是目前的流行的政治問題。而這些不平常的『自由』討論的結果並不是造成幾乎不能不辨識出來的、而是頗廣泛的、而且就重慶方面觀點看來極有需要×××可望以澄清氣氛的。參政會的決定××國民黨中央委員會××反映出目前國外與國內的壓力，要修正目前的機構的結果。這將成爲對目前形勢最低限度的可能的適應。在消息靈通人士中很難找出任何信心或期望，以爲改變（如果有任何改變的話）將構成在一般景象中真正改絃更張的基礎。

中國發言人在其本週對邱吉爾的反擊中摘引細句中國軍隊的××，那兒說事所有有關方面都有足夠的功績。以最廣闊的透視來看這種情景，或者可以更正確地說，美國，在對亞洲的評估中將找到充分的理由，可以說所有有關方面都沒有功績。

發報人伊薩克斯致總社Chew電：我正計劃擬於最早的機會去延安一行以觀察該地。倫德爾代伊薩克斯君註。

## 敵稱蔣介石不信任前綫將領

【同盟社湖南前綫八日電】重慶軍於重慶最大的抗戰地盤第九戰區潰滅後，第四戰區之廣西省又被打通，我軍切斷了各戰區間的相互連絡，結果致重慶軍事委員會的前綫報告，亦被杜絕，或以虛偽的報道，掩飾當前的處境，而欲從激烈的督戰中脫逃者，亦層出不窮。綜合最近在前綫俘虜之俘虜稱：蔣介石爲了弄清前綫報告的確實性，曾於衡陽失陷後，着蔣介石直屬的飛機，飛往於自軍戰場上空，每日達數次之多，甚至出動數輛坦克，由蔣介石直接指揮，隨時出動戰綫下命令，以此看來，蔣是不相信其依爲手足的部下將領之報告，而經常準備督戰的飛機。

【同盟社上海八日電】游擊區之忠義救國軍，在浙江、江蘇地區擾劫內繼續蠢動，一向受重慶軍委會指揮，但據到達此間的情報悉，重慶軍當局爲謀活躍該軍，決定使其脫離軍委會，將其編入第三戰區軍，部隊番號是第三戰逖訪華使團等的政治和軍事商談中，也反映在美國報界關於中國形勢的更直率的討論中了。

重慶人士採取辯護態度，他們又搬出供應品貧乏的論據了，他們揚言這對全部不利的形勢應負大部分責任。中國報界一再把責任推給珍珠港事件以後所採取的首先打擊希特勒的政策。但就其所已採取的形式，××討論的××是××的。在供應品不充分一點上沒有什麼嚴重的爭論。何應欽所提出的數字可能須作某些糾正，但是比邱吉爾荒唐地用了『豐富』這個字眼起來，是較正確地描述了美國對華的援助的。被暴戾的命運所刺痛了的重慶方面人士就死死地抓住了邱吉爾的誇大。他們訴說着中日戰爭全盤歷史，他們提醒他們盟國變化無常的封鎖，而且還能以特別的快意提醒邱吉爾英國方面封閉滇緬路的行動和提醒美國人他們在珍珠港以前的年頭怎樣售賣鋼和汽油給日本，在那些年頭對日本的幫助比較他們現在所能給中國的幫要多得多。問題不在於已公認是很小的援助品的項目。從美國軍事立場看來，問題在於已經到手的援助品怎樣利用。從重慶方面觀點看來，理想的解決會是和仍將爲把最高限度增加的大量供應品源流，毫無保留地給他們，讓他們認爲怎樣便宜就怎樣地自由使用。而另一方面，美國軍方的努力則爲企圖把這些供應品的分配隸屬於一定的作戰計劃，包括由美方教官團及聯絡組直接參加訓練及作戰。目前迫切的問題已爲美空軍與中國陸上部隊之間處置這些供應中應作如何分配的問題。這一點自然從來不會以完全使空軍方面滿意的方法去解決。史迪威的觀念認爲重開陸上路綫以增加供應一切有關方面的大量供應品源流具有首要的必要性。他的唯一竭力集中的努力在於北緬軍及中美聯軍，期望完成重開滇緬路。他的計劃也在於集中裝備、訓練、增強華南及華中的大量部隊以應付不可避免的將來日本的進攻。

儘管最嚴重的困難，爭取打開陸上路綫的戰事已有了很大進展，但對於華中方面的計劃則迄未實現，雖然已有了某些供應品給該區中國軍使用了。在記者交談過的許多美國軍人的論點，說到如果他們受到更高級的合作達到××軍事水準的話，還能够以所獲的供應品達到較大的成績。現在的演變已引起沮心。正當太平洋戰爭迫近之際，打算在海岸登陸而使中國軍隊作某些有效的利用的時間表，已被大大地顚覆了。還有一個問題是××日本×陸的××引起了美國軍方主要的關心（編者按：此處原文似有掉落）。要完成軍事合作的方式和方法應包括足以影響中國、美國和蘇聯的最高政策的計劃的

區軍第四十六旅，由第三戰區司令部參謀少將殷賁指揮。

## 敵機襲成都

【同盟社東京九日電】大本營發表（十月九日十五時）（一）中國方面的我航空部隊，準備對成都附近飛機場突進行出血出擊，十月七日夜冒惡劣天候向美空軍先發急襲，予敵以重大打擊。（二）在彭山飛機場，擊毀燃燒B29式機二十三架，小型機十九架，機種未明二架，共計四十四架，有一處燃燒。其他飛機場因天候不良，除知道燃燒外，其他均無從獲悉。（三）我方損失，飛機自炸一架。

【同盟社東京九日電】在華我空軍部隊，爲制壓在華美空軍的活動，乃於七日急襲成都飛機場，收獲很大，其重大意義與去過的B29式擊滅迥然不同，由於我空軍首先看破敵集結飛機，企圖出動，乃先發制人，施以攻擊，給以重大打擊。敵機曾於九月八日及廿六日兩度攻擊南滿，八日出動四十架，廿六日出動三十五架，由於我方截擊，敵機均遭受了重大損失。但敵人仍不顧一切，虎視眈眈地窺向我國本部，故此次制敵機先空襲成都，粉碎敵方企圖，功勳頗大。該日成都附近正落急雨，冒此非常惡劣氣候出擊的我空軍部隊，在新津南方彭山飛機場的滑走路與遊動路發現敵機，乃施以猛烈轟炸，計焚毀或炸毀B29式B23式四十四架，又其他一隊同時攻擊成都機場的分場新津、彭山太平場各機場，由雲霧關係，只看到兩處中彈起火，其他戰果無法確認。如加上九月八日、廿六日的戰果，雖在此短短一個月中間，擊落敵機達一百十九架之多。

## 敵中國方面艦隊報導部長談攻福州意義

【同盟社上海七日電】中國方面艦隊報導部長松島慶三大佐，七日就進攻福州戰鬥中陸海軍的奇妙動作，與我海軍的健在發表下列談話：佔領福州的意義，與過去佔領溫州相同，在於完全澈底覆滅了敵人英美對華沿岸的攻勢。敵人計劃在該方面建立諜報、潛水艇、飛機根據地，從敵人屢次的宣傳中亦表現出來，從一般常識亦可知道：敵人如與駐華美空軍配合在中國沿岸迅速建立橋頭堡壘，福州亦是重要目標之一。特別是這一要地與台灣僅隔一水，在××的進行作戰上決不能忽視，一但是軍發揮自已的威武，這一要地立即被我攻克，我們太陽旗再度插上南中國海上。此次作戰中應當注意之點，是我有力的陸軍部隊，每當渡海作戰時，即有中國方面艦隊保衛協助，駐華美空軍亦好似看到我軍作戰之妙，但毫無辦法，這是對帝國海軍實力反復進行反宣傳的美

英重慶等首腦的厚顏面前，表示了我海軍仍健存的事實，實是最近的一件痛快事。我們不斷聽到敵人宣傳在接近福州的三都澳已建設了潛水艇，這完全是無稽的傳說，從上面亦得到了證明。現在帝國的精銳部隊，正抱着等待敵人尼米茲、麥克阿瑟的登陸，這一事實亦可說是我國在大東亞戰爲攻勢發展的結果。

## 敵報造謠說重慶外交仰望蘇聯

「海通社東京五日電」「讀賣報知」星期四於社論中論及最近可以看出重慶外交仰望蘇聯的傾向。在東亞戰爭爆發後，重慶與英美間的關係進了一步，尤其因爲在德蘇戰爭爆發後，重慶與蘇聯的關係已多少冷淡下來。該報強調：重慶最近企圖再行與蘇聯進入更親密的接觸。新疆省之任命新省長，新外交××××，最後重慶政府人員的改動，均表示親蘇份子業已得勢。該報指出，×××歸之於英美由於中國一再軍事失敗對中國輕視之增長。由於此輕視，重慶領導人物中正產生反美情緒。該報認爲，與蘇聯和解的另一原因便是重慶——延安問題。重慶企圖依靠蘇聯來減輕國民黨與華北共產黨間的緊張關係。「讀賣報知」認爲，蘇聯既不能眞正給重慶以與美國同樣的支持，而重慶的財政依賴性亦不能忍受與北美鬆弛關係。

## 英普拉特著『中國戰時政治』一書 蘇世界經濟與政治雜誌予以評論

「中央社莫斯科九日專電」最近一期之「世界經濟與世界政治」雜誌發表書評一篇，批評英人普拉特爵士參（缺五）出版之「中國戰時政治」一書。評者首先介紹作者稱：他極熟悉中國與現代世界之關係中之各項問題，尤以中國與英國之關係爲然。普拉特與中國發生關係已四四（？）年，最初在中國担任領事，嗣任英外務部遠東司參事。其書分十五章，附圖兩幅以及各種文件，批評者批評作者關於孔子傳統之描述曰：作者極注重封鎖時代所遺留之舊日傳統，而未分析推翻並摧毀此種傳統之力量。彼並未供給太平天國革命之材料如其起因以及其失敗之結局等。批評者嗣又引述普拉特之意見曰：戰後中國將爲獨立與自由完整之國家，中國民衆在其爲保持獨立而鬥爭所表現之毅力英勇以及自我犧牲，即足爲之保證。書評者於結論中謂：就大體而論，普拉特之書富於實際材料，對於研究國際政治尤其遠東政治關係者，乃一本有用之書籍。

## 敵稱英美訂戰略計劃 英將向馬來半島發動攻勢

「同盟社里斯本八日電」據美聯社駐重慶特派員從在華美空軍基地發出的報導，承認由於日軍在中國大陸作戰的成功，使反軸心軍不得不重新修正自己的戰略，並說今後戰略上的問題報導如下：日軍從中國東部驅逐重慶地上部隊與美空軍的結果，使反軸心軍不得不重新修改戰略就是包括了蒙巴頓的向昭南及馬來半島的水陸兩用進攻。此種作戰必須從歐洲戰場獲得必要而不可缺的登陸用裝備與增援部隊。蒙特巴頓的這一作戰，在中印戰場上將成爲第一義的或第二義的作戰。尚需最近數週內中國與緬北戰局之發展如何來決定。而美軍將成爲中國、緬甸北部兩戰場的礎石。

## 三國會議閉幕時 顧維鈞發表演說

「中央社華盛頓七日電」今晨敦巴頓橡樹林戰後和平機構會談第二階段閉幕時，我首席代表顧維鈞博士發表演說稱：本人聆悉主席（指斯退丁紐斯）之盛讚敝國代表團對頓巴敦會談第二階段之成就後，深爲欣感。余願聲明敝國代表團全體人員對於主席之主持此次會議甚其表現之精明幹練與勤奮不懈之精神，極其感謝。美國政府招待之週到，例如會議之佈置與夫代表之供應，尤堪感激。美國國務院與（缺六字）極有效率，對於吾人爲助甚多。當吾人會商之際，發現會談之第一階段之成就乃一種優異之基礎。各與會代表團所同意之各項建議，堪爲組成一維持和平與安全之國際機構之初步與具體計劃。吾人希望其辛苦之結果，終於對增強此將持建立之新機構之基礎，所有貢獻。吾儕自始即渴望促成我共同工作之成功。吾儕所引爲欣幸者，則我英美同僚亦以合作之精神回報我國代表之合作精神。此歷次會議無論其爲全體會指導委員會會議抑或軍事專家之會議，咸皆充滿一種坦率與誠摯之空氣。我英美同僚之學問與智慧，對於吾人亦造成一深刻之印象。凡此一切，已使吾儕之參加會議與從事會商者咸感愉快，並深覺其益。吾儕深信美國政府所首倡之此歷次重要會談，業已達成其目的，即我等所議定之各項建議，將來一經四國政府批准，並具有一更完全之形式時，堪爲將來各有關國家舉行大會時考慮與採擇之一最有價值之文件。吾人希望此項會議在最近將來即可舉行，而所有愛好和平之民族亦渴望在戰勝東西兩方之共同敵人後，建立一保障國際和平與安全之世界機構也。

## 敵寇報導『戰鬥的台灣現狀』

「同盟社東京九日電」台灣曾被稱爲我國向南方發展的基地。大東亞戰爭爆發，西南諸地區成爲帝國擁護後，

## 同盟社評
## 埃及政變

「同盟社里斯本八日電」埃及國王法魯克一世，八日突然罷絕以納哈斯為首的沃福德內閣，任命薩德斯黨特領袖馬赫爾組織後繼內閣，予回教各國以莫大衝擊，埃及政界更不待言。此舉雖不能冒然斷定是否由於英政府對宮廷的壓迫政策，但開羅的路透社電稱：這是由於國王與總理的對立與不睦。又國王法魯克一世，當革免內閣時曾致函納哈斯稱：余願以民主主義的憲政統治埃及——此民主主義是實行根據憲法條款與精神的憲政，使一切埃及人皆平等享受權利與義務，並提供以充分的糧食與衣服。為此余決定革免閣下之內閣。」

## 同盟社評論
## 英蘇在巴爾幹的糾紛

「同盟社蘇黎世八日電」和歌山特派員發：巴爾幹的事態，主要是以保加利亞為中心日益進入有趣的階段。當英美兩國政府固執邱吉爾所說的「保加利亞應從希臘、南斯拉夫撤退時」，紅軍第三烏克蘭戰線軍司令官托爾布金元帥已與保加利亞政府間有了協定，該協定內容是在戰爭結束前，特爾基（土耳其屬蘆馬其頓）及馬其頓由保加利亞，希臘、土耳其三國共同管理。更可怕的是保加利亞政府已聲明：「保加利亞是站在反軸心國方面的交戰國，現將完全成為反軸心國方面的同盟國」。英國對保加利亞的聲明採取尖銳的攻擊態度，蘇聯則對這一問題毫不發表意見。泰晤士報論稱：「保加利亞政府的聲明實難以承認」，對保加利亞實際是否參戰抱着非常懷疑的態度。「郵報」的批評亦不劣於「泰晤士報」，它認為保加利亞的態度是趁着歐洲諮詢委員會的活動遲笨時，採取此種「下流的策謀」。紅軍不但向馬其頓、希臘北部進軍，而且向愛琴海、阿爾巴尼亞前進，企圖支配全巴爾幹是無疑問的了。英美軍向阿爾巴尼亞、希臘各島的登陸，表示了英國堅決保衛地中海權利的決心，主要的是要將希臘作為其保護國。這樣圍繞着巴爾幹政治形勢與勢力圈的鬥爭，更進入微妙的階段。現在問題已不單純是政治的外交的糾紛解決，而是建築有強固基礎的戰後地位，從這一觀點看，蘇聯對巴爾幹的攻勢，及同一期間英軍在阿爾巴尼亞、希臘的作戰，極能令人引起興趣。英美在巴爾幹的關係，已經極為明顯。

「同盟社布達佩斯廿八日電」美英蘇三國還沒有和保加利亞正式締結休戰協定。此間發表下列見解：美英蘇三國政府在目前似乎不和保加利亞政府締結正式的休戰協定，紅軍已進駐保加利亞境內，在戰爭結束以前，保持這種狀態。這意味着將保加利亞提供給蘇聯，還是美英兩國對蘇聯新的讓步。

其政治意義因之提高。爾後由於戰局的演變敵人企圖進攻中國大陸，以及台灣本身具有的戰略價值，其重要性更為之增大。故台灣總督府曾於八月五日製定「台灣戰場體制整備綱要」，藉以動員台灣所有的人力物力，都能配備在戰鬥方面。在物力人力動員上，該綱要首先使陸海軍的防衛設施及其作戰行動有優先權，把目標集中於「加強防衛力量」與「整備戰場產業經濟體制」兩點上。為此就要官廳及有關推行國策的各機關能以軍官民一體的體制，協力推行富有簡素機動性的戰場行動。關於實施辦法，決定把總督府的一切事務，使之隸屬於台灣總督府防衛本部與台灣總府經濟動員本部兩大機構，凡與此無關的其他總督府所管事務，則澈底加以廢除，至於因此裁減下來的人員，或調至第一線的地方官廳，或配備到生產方面。防衛本部長由總務長官担任，次長由警務局長担任，擬製並實施防空、警備及其他有關國民防衛的計劃，下設警備、防空、救護三隊。經濟動員本部長由總務長官担任，樹立或實施有關一切物力人力戰力化的方策。下設資材、技術、國民動員、金融、運輸、生活物資六部，藉以完成所謂戰場台灣的經濟動脈的使命。這次台灣戰場行政的特徵，在於消除官廳與民間的隔閡，使相互間的人員打成一片，打開生產的隘路，增加行政的機動性。因之軍部、民間團體、統制會社、國策會社等代表，將以理事或部員的資格，參劃「防衛」、「經濟」兩本部的工作。而全島的戰場配備，根據地區或職域組織起來了。其他如整理警察機構，警備團澈底加強學徒動員，全面發動徵用國民制度，機動的動員奉公壯年團、青年團等目前亦被迅速處理中。此後九月一日並在台灣同胞中實施徵兵制度，不待言者，這是全島民眾報答自領台以來，至此四十年間的聖恩，以及他們充分了解公民的意義的結果。自中國事變以來，台灣民眾曾光榮地作為陸軍特別志願兵，担任翻譯活躍於第一線。此間還有組織農業義勇隊、產業報國青年團、國防獻金、慰問傷兵、貯蓄報國等運動。此種報國的活動充滿到每個鄉村，而此次徵兵制度的公佈，實為戰爭化的台灣土地與台灣民眾英勇努力相結合成長起來的結果。全島民眾現在已從台灣戰場化的覺悟，走向建設興亡與共的要塞台灣，全島民眾自己組織了很多的護國挺進隊，服務於上述的要地建設。一切的學徒，都丟下筆桿子，拿起鋤頭，對於上述要地或農村，提供出他們的機動的勞力。並從住在當地的日本在鄉軍人，學習武藝，準備應付將來的決戰。現在可以說沒有一個台灣人不配備到戰鬥的崗位。武裝的台灣，現在實已變為建設「金鋼要塞」的指揮了。

# 參攷消息

（只供參考）
第六三六號
解放日報新華社編
今日出一大張
卅三年十月十一日
星期三



## 蔣介石雙十節演說

## 頑固不化繼續倒行逆施

【中央社渝十日電】蔣主席於卅三年國慶日下午七時，對全國軍民播講，原詞如次：

全國軍民同胞：

今天是我們國父領導革命，在武漢起義，推翻滿淸帝制，創造中華民國的國慶紀念日，也就是我們中華民國長成到了三十三歲的誕辰令節。一個人長成到三十三歲，必然是年富力强最有爲的時期，我們國家的生長，也正和個人的生長進程一樣，應該是最强的、最奮勇而開始成功立業的時期。我們中華民國在這三十三年的中間，雖然經歷了無數的憂患艱難，總因我們全國同胞愛護民國的赤誠與保障民國的決心，而突破了種種的艱危，到了今天可說是我們民國的基礎，已是十分鞏固，而我們建國的工作，更應該迎頭趕上。我們神聖抗戰已經七年有餘，現在最後勝利已經擺在面前，我們具有充分的信心，相信今後一年是抗戰達到最後勝利的一年，也是我們完成革命最後奮鬥的一年，惟一重要的問題，就是在這一年之中，如何奮勉自强，以達成這一偉大時代所賦予我們的任務。臨到這個光榮偉大的紀念日，我要爲我全國同胞鄭重說明，我們如何善盡其最大的努力，作最後的奮鬥，來爭取我們最後的勝利。我更要爲我全國同胞，在此最後勝利尙未獲得以前，對於我們國家的地位與革命的形勢，以及目前的戰局和我們應該警覺注意之點，有切實的檢討和明確的認識。

第一、我要爲我們同胞指明的，我們今日的國家是革命期中的國家，我們的勢從來沒有像今日這樣的堅固。但是最近因爲敵寇與漢奸的造謠作祟，百般蠱惑，使國際觀察家迷離惝恍，像中國俗語所謂「莫明其妙」，所以國外輿論也對我們軍事政治紛紛議論，其實這全是他們沒有認識我們中國革命抗戰的事實，和我們革命國家的特質之故。這種推測和批評，正如七年以前我們抗戰初起時一般外國軍事家和政論家揣測我們中國抗戰決不能支持到三個月之久的論調一樣的錯誤，試問在當時又有幾個眞知灼見的論者，能預測我們中國抗戰的堅强，屹立以迄於今呢？所以我們在今天，決不可以他人的毀譽爲榮辱，更不爲了敵人的謠言而喪失我們的自信，我們自身必須認識我們是一個革命的國家，所負的是革命建國的責任，所處的是特殊的時代和環境，而所憑藉的是三民主義和革命精神，只要我們堅定我們一貫的信心，發揚我們革命的精神，我們革命建國的事業和我們抗戰勝利的形勢，實已奠立了很强固的基礎。第二，我要爲我同胞們指明的就是今天我們中國在國際上的地位和我們在反侵略戰爭中的責任，大家必須知道無論世界戰局及其戰略如何變化，而今日東西戰爭決不能沒有我們抗戰的中國，世界安危與和平的前途，也與我們中國革命的成敗有密切的關係，因爲東亞戰爭如果沒有我們堅貞奮鬥的中國，必不能得到完全勝利的結果，而世界和平如果沒有獨立自由的中國，亦必不能有眞正實現的一日，所以我們和聯合國共同作戰，不但是道義相孚，而且實際上是利害與共，我們國家對世界對人類的地位和責任如此重大的關係，所以我們更不可不自愛自重，自立自强。我們同胞必須知道我們抗戰七年餘，前四年半的單獨抗戰，固然是艱鉅，而最近三年來與聯合國共同作戰的期間，我們的負担也是十分沉重，論我們抗戰的目標，論我們抗戰的基礎，則是今昔一致，始終無異。不論是單獨抗戰或是共同抗戰的時候，我們總是以自立自助，堅貞不移的革命精神作排除萬難的戰鬥，我們回溯三年以前，單獨抗戰，迭挫强敵的時候，那時的形勢可以說與今天並沒有什麼差異。由今天回溯過去的形勢，旣是如此，那麼由今天以推測將來，更可以知道不論時間和環境如何推移，而我們最後勝利的基礎是決不會發生任何影響的。我們更確信只要秉持我們國民革命一貫的國策和抗戰的戰略，無論何時皆能立於不敗之地。我們與聯合國共同作戰，誠然是休戚相依，利害與共，但要知道反侵略戰爭中所需要而歡迎的，乃是要本身能自立自强和獨立分担作戰任務的國家，決不是依賴僥倖喪失獨立精神的國家。有死中求生的決心，我們自信中國今日革命的力量和抗戰的精神必可以克服任何政府、軍隊是革命期中的政府和軍隊，革命期中的國家是有他的特性而不可以普通國家的常例來觀測的，革命的政府、革命的軍隊和人民更是有他一定的主義，有他特殊的精神和力量，亦不能以平常一般的事例來指摘、來判別的。我以爲我們以一個弱國，單獨力量對强大的敵寇，戰爭至七年以上？又忍受了他三年時間的嚴密封鎖，而我們抗戰到如今，仍能堅忍支持，屹立不撓，此爲世界歷史任何革命國家革命軍隊先例所罕有，實在是我們可以自慰而無愧色的，至於在政治、經濟方面，我們固自知缺點甚多，弱點亦復不少，我們當然要積極改進，力謀進步，但要知道有許多缺點與弱點，是任何國家在革命期中都是不能避免的，不僅是革命未成的國家，就是普通國家在戰時要想國內一切都做到理想的境界，亦所難能。返觀世界各國革命歷史，不但有許多貧弱落後的現象不能避免，而其社會生活與軍隊生活，還不如我們今天的也很多，所以決不能以此獨爲中國的毛病，更不能以此爲指摘攻擊政府的武器，徒爲敵人和漢奸張目。我們今天規過勸善，提攜互勉則可，而吹毛求疵，苛求責備則不可。我們政府人民都要秉持我們革命的方針，善盡我們革命的天職，公忠體國，共同一致，獻可替否，興利除弊，以扶持我們的國家，確立建國的基礎。我們應該認識，我們革命的政府和人民，是只問他國家民族的獨立自由是否獲得，決不計較一時的成敗利鈍或毀譽榮辱的。革命的政府和人民，只知道依公理正義爲基礎，以求達到他的革命目標和實現他的三民主義，革命者心目之中根本沒有什麼是危險，什麼是失敗，我們的觀念不必遠證世界各國革命的歷史，只舉最近兩個革命國家的顯著例子，譬如革命未成功以前的蘇俄，在一九一八年的時候，內外環攻，形勢何等危急，那時蘇俄只以莫斯科一隅之地爲根據，作堅强的奮鬥，後來終於衝破艱危，完成建國。又如革命期中的土耳其，在一九二〇年的時候，外兵壓境，領土破碎，連小亞細亞的士麥那也被失陷，他們當時革命的形勢又是如何岌岌可危，但是土耳其革命政府後來終於以安哥拉偏僻之區爲根據，奮發他革命主義和精神，收復他的失地，完成他的獨立。再來回溯我們國父領導革命的時期也是一樣的，當時沒有憑藉，而內外環境的惡劣更不同於今日。現在我們中國還有五百萬的軍隊與敵人隨地相搏鬥，我們後方尚有全國面積百分之六十以上一片乾淨而廣大的領域，足以供給我人力和物力，何況敵人已是勢窮路絕，到了他只有失敗絕無倖免的時候。所以論我們國家基礎的鞏固，論我們革命環境的優越和抗戰前途的光明，可以說自從在黃埔建軍以來，廿年間革命形的艱危，所以我們無論到什麼時候，都不應妄自菲薄，或竟自暴自棄，以減低我們抗戰的價值，違背我們求得平等自由的初衷。我們爲了崇尚節義，不惜犧牲，過去如此，今後也要如此，不問將來局勢如何發展，我們必始終一貫，珍重盟誼，一本互助合作的精神，盡其在我，以然無愧爲反侵略聯合國之一。現在歐洲的納粹殘餘解決在邇，環攻日寇指日可期，我們面對着這一個偉大的時代，負荷着東亞安危與世界和平的重任，必須加倍努力，自當自勉，勇往前進，一秉我們七年以前抗戰開始的決心，克盡我東亞主要戰場的任務，創造我們國家光明的前途。第三，我要爲我們同胞指明的，就是目前軍事的形勢，目前的戰局若只就沿海沿鐵路上局部的戰事來看，自然不能否認我們前綫的困況和艱苦，也不能不認識敵寇垂死掙扎的瘋狂和猛烈，但是我們觀察戰局形勢，必須從遠處大處着眼，我們若從七年餘抗戰的整個的戰局來觀察，更從辛亥革命歷史的過程來判斷，就可以明了抗戰的勝利和革命的成功，已經操在我們全國軍民掌握之中了。須知沿海沿鐵路交通綫上這種無法避免的損失，早在七年以前抗戰開始之初爲我們所預計，而且在戰略上已經有了整個的決定的，所以今日的戰事一時的得失，與局部的勝敗，決不能動搖我們最後勝利的把握，大家應該檢討我們抗戰到今天，已經七年以上，我們所以能够以劣勢的裝備抵禦兇猛的敵寇如此之久，就是憑藉我們百折不撓的革命精神。我們抗戰七年有餘，在最初四年來之中，完全以一國單獨的力量對敵抗戰，那時候敵寇的暴力是何等兇猛，尤其是在太平洋戰爭發生之初，當時敵寇縱橫馳騁的聲勢，又是如何的猖獗，然而我們始終在敵寇封鎖與包圍之中，與之作堅苦卓絕的奮鬥，使他不能不陷入於今天四面楚歌日暮途窮的絕境。現在寇軍岌岌自危的心理，與我們軍民堅强愛國的精神，恰成對照，我全國軍民這個始終屹立不屈不撓的精神，就是我們最後勝利的保障。再就世界整個戰局和戰鬥條件來說，那勝負之數更不待蓍龜了。須知我們在平漢、粵漢兩路以東還駐有四十萬的正規兵力，隨時可予敵寇以打擊。在淪陷區內我們同胞愛國意識的堅强，和敵愾精神的熾烈，處處都是我們反攻殺敵的據點。若就我們後方抗戰的根據地來說，單就我們內地川滇黔陝甘寧青等省份的人力和物力，與險阻的地形，已足以構成綿長强大的戰綫，姑勿論敵軍今日已成强弩之末，更沒有充分時間予他以狼奔豕突的機會，就是他拿三年以前的國際環境和軍事實力，他也何曾能動搖我們抗戰的廣大的根據地呢。我們在後方既有這樣鞏固的基礎，在敵後又有這樣廣佈的力量，只要貫澈七年來一貫的方針，堅忍奮鬪，排除萬難來爭取我們最後的勝利，那我們抗戰的目的必能達成，毫無疑問。第四，我要特別指出而要我們同胞一致警覺而注意的，就是敵寇漢奸們的詭計。敵寇漢奸們看到我們抗戰接近勝利，革命就要成功，知道他們的末日已至，無可挽回，我們抗戰勝利以後他們只有完全失敗，所以他們不惜竭盡魑魅魍魎的伎倆，造作離奇荒誕的謠言，不是說中國將有內戰，就是說中國將會分裂，來聳動國際的視聽，他們惟恐中國不亡，惟恐抗戰不敗，他們的目的就是要眩惑我們的耳目，要懾服我們的精神，要動搖我們的信心。又因若干外國輿論不明眞相，轉爲傳播，謠言紛起，無異於幫助敵寇漢奸作宣傳，於是他們的造謠更見猖獗，他們妄想用造謠欺騙卑汚惡劣的手段，來破壞我們抗戰的力量，損害我們國家的地位，動搖我們政府的基礎，使我們抗戰建國的大業中途而廢，這樣他們以爲就可以拖延東亞的戰爭，苟全他們的生命，延長他們作惡的機會了。我們同胞們必須洞察這種種陰謀詭計之所在，愈是臨到這種群魔擾攘、謠諑繁興的時候，愈要明辯虛實，認清責任，不搖不惑，認定我們的自信心。因爲敵寇漢奸已至山窮水盡的時候，並沒有什麼眞實的力量，更沒有什麼其他的方法足以使我們革命抗戰失敗，使我們國家基礎動搖，只要我們看破他的空虛，揭穿他的詭祕，他就無法得售其詭計。大家都知道，在這個國家生死存亡安危成敗最後決定的關頭，凡是中國人民自認其爲黃帝子孫的，無論是誰，只要他心目中還有一點的國家思想，有一綫的民族意識，都必然要發揮其國家的天職，集中意志，竭盡力量，來報効國家。我們相信在愛國大義之下，決沒有人再敢背叛民國，破壞抗戰，如汪精衛之流漢奸之所爲。他們這種離奇荒謬的內戰和分裂的謠言，眞可以不攻自破。我們今天就是愛國軍民純潔的信心和敵寇漢奸們鬼蜮的魔力相搏鬥的時候，我們能够以至大至剛的努力，戰勝了魔力，就沒有什麼其他的危險，因此我們同胞必須確保我們爭取勝利的信心，發揮我們最後奮鬥的力量，我們的成功必然能如期實現。凡我同胞均須知道黎明以前必有一段極端的黑暗，我們要以十分的努力，來打開黑暗，承接光明，待到勝利來臨，曙光一啓，種種陰霾鬼蜮，當然要銷聲匿跡於無形。我全國同胞們！抗戰的勝利和革命的成功，都將決定於今後的一年，我們熟知『行百里者半九十』的古訓，我們也要不忘『最後成功繫於最後五分鐘的努力』的名言，現在我們正在經過最艱危複雜困難的試煉，如果我們經不起這一段試煉，中了敵寇漢奸的詭計，喪失我們堅定不移的信念，使

現狀是不能令人滿意的，我們中國人對於現在的作戰及政治經濟狀態，亦甚不滿意的。在這一點上，我們自應負責，但另方面亦應指出：反軸心國把歐洲第一主義作爲其作戰方針，使我們大感不解。反軸心國應在戰略上協助中國，把大西洋方面大部份的兵力移到太平洋來』。並於九日的社論中，要求在大陸開闢第二戰綫，說對日作戰的成功與否，是與美英的共同責任，而巧妙地躱避美英的非難，並企圖轉嫁敗戰的責任。該論文稱：『美英應該在東亞開闢第二戰綫，這不僅是援助重慶的問題，而且是反軸心國協同作戰上的問題。重慶有足够的權利，要求美英軍向廣東、福建、浙江或上海北部實行登陸。這無非是應在中國本部形成兩個戰場的簡單理由。重慶爲了反攻日本，需要英美共同負責。我們尊重美英『歐洲第一』的作戰方針，但不能因此放棄這一要求。我們並不反對美軍進攻菲島、小笠原群島與千島群島或英軍在仰光、蘇門答臘、馬來半島實行登陸作戰，我們認爲只要能減少日軍的壓迫，不管向那個方向進擊皆所歡迎。但除了海洋作戰，我們希望大規模的進攻日軍，此種進攻在遂行對日作戰下是最有效果，亦是重慶所最希望的。尼米茲會希望越過太平洋，在中國大陸登陸。戰爭的現狀對於實現這一作戰是有利的。東亞的第二戰綫與歐洲的第二戰綫一樣，在戰略上是非常重要的』。

# 商震恐嚇美國說：

## 盟國海軍再不登陸將影響戰鬥結果

【中央社紐約九日專電】此間七個人民團體，頃乘我國雙十節之前夕，舉行慶祝大會。商震特出席演說謂：吾人須趕速完成雷多公路，應速以超級空中堡壘對日本及東北四省從事更猛烈之轟炸，盟軍應乘時機尙未過晚時，在中國沿海登陸。又謂中國軍隊裝備太差，但過去數月曾作最猛烈之戰鬥。商氏繼又提出警告稱：甚至在德國潰敗日本海軍被殲及日本本部島嶼被佔領以後，日本仍將繼續作戰，日本之基本計劃，係利用東北及中國北部爲主要基地。商氏主張繼續對敵方之生產機構實行猛烈之轟炸，並將戰爭之恐怖，帶至日本人民。同時又力言有趕速開闢陸上路綫，運輸供應品以增強中國之陸上部隊。據云：盟國海軍如遲遲不在中國沿海登陸，則大有影響戰爭結果之可能。商氏嗣復申中國皆必盡其一部份責任，並以過去七年以來同樣之信念勇毅並決心繼續作戰。

我們抗戰建國大業功敗垂成，我們就對不起手創民國的國父，對不起革命先烈和抗戰殉國的英靈，我們自身將要成為千秋萬世的罪人。臨到這個緊要關頭，我們必須堅持我們一貫的信心，以不惜犧牲一切的精神，負起最後奮鬥的責任。要知道我們國父領導革命以來已五十年，先烈的赤血頭顱犧牲奮鬥，建立了我們今天勝利的基礎，我們這最後一段的奮鬥，比起過去五十年的犧牲，算得什麼，我們抗戰七年餘，將士流血，同胞痛苦，也已經渡過這樣悠長的艱苦時間，有過無數悲壯慘死的犧牲，現在正是為山九仞只差一簣的時候，我們這一年當然要以十倍的努力，作最後最大的奮鬥，以無負大家在七年以前所共同立定的誓願。但是我們這一段艱苦犧牲和奮鬥，比起以往七年餘悠長的時間，又算得什麼，所以我們今天也可以說，以最大的犧牲和最短的時間，而將我們悠久偉大的革命事業畢其全功於一役。大家想到這一點，就只有感奮興起，勇往邁進，以完成我們神聖抗戰的責任。全國同胞們！繼往開來，在此一年，報國雪恥，也在此一年，臨到這一個重要的三十三年國慶紀念日，我深切期望我全國同胞自強自立，黽勉不懈，共同一致努力奮鬥，繼續我們革命先烈的事業，踏着他們犧牲的血蹟，完成他們創造三民主義新中國的遺志，來告慰他們在天之靈。敬祝抗戰完全勝利！中華民國萬歲！三民主義萬歲！

## 重慶要求開闢東亞第二戰場

【同盟社上海七日專電】重慶已喪失衡陽、零陵、丹竹等中國東南部的對日空襲基地，現則西南最後據點的桂林與柳州，亦行將淪陷，因此美國政府與言論機關表示非常的不滿，而投以重慶不足依靠的不信任。美總統羅斯福最近曾說：『從軍事的觀點來看，中國大陸的現狀是頗不能令人滿意的』。昆明的合衆社訪員則言及美軍的協助不够，非難重慶的脆弱稱：『日軍已全部突破重慶軍的防綫。因此最堅强的抵抗綫已經崩潰，使反軸心軍進入本年後，打了最壞的一次敗仗。目下此間人士認為中、美聯軍在中國東部的地位，何以如此容易地被粉碎，此事實一問題。雖說是重慶軍，但若受到美式的訓練，給予裝備時，則至少能阻止日軍向桂林基地及其他在華美空軍基地的進攻，並希望能配合尼米茲所部，以便在中國沿岸進行共同作戰』。但重慶對此，則抨擊美英的歐洲第一主義，機關報之大公報曾强硬地反駁道：『中國現在瀕於危機的重要原因，是由於反軸心國採取歐洲第一主義作戰方針的緣故，羅斯福總統最近曾說：從軍事上來看，中國的

## 敵人推測重慶已老羞成怒
## 將對美英及中共採蠻橫政策

【同盟社里斯本九日電】紐約時報駐重慶特派員愛金生，九日就重慶政權的憂鬱空氣報導如下：九月十七日我曾經報導：『在重慶政權內部已瀰漫起一股正風』，但從其後的形勢看來，使我不得不報導這一股正氣已經停止。三星期中重慶的空氣，已由樂觀的寬容的心情變為沈痛的憎惡與沈默。儘管重慶軍在獲得增援後企圖努力保衛廣西省，儘管美軍第十四航空隊的努力作戰，以及從美國來的物資不斷運至前綫，但日軍仍繼續向柳州進攻，更佔領福州，加强了沿岸綫的防衛。重慶政權現在不但喪失了中國的大半，而且面對着這樣慘淡的局面，即喪失了對被封鎖的重慶地區不可缺之的食糧、礦物資源、稅款、走私的物品等等。關於革命軍政，統一政治的問題，受到外國壓迫的重慶，有四面楚歌之感，英國首相邱吉爾曾說：『重慶得到美國豐富的援助』，這句話傷害了重慶人士的感情，於是他們反問：『我們從外國的援助中究竟得到多大利益？』。重慶政權更想到在獨力抗戰的期間，並沒有像現在這樣的危險，因此，甚至認為今後還是獨力作戰為妙。過去忍受外國批評而避免要求增加援助物資的人士，現在亦正面的要求增加援助物資。過去重慶機關報對美英兩國的援助，表示感謝，寬容和理解的態度，現在看到重慶陷於危險，遂提到美英兩國的責任，特別是如大公報要求立即開闢第二戰場。誠然即使丟掉中國東半部，重慶尚有貴州、雲南、四川、西康、綏遠、甘肅、寧夏、新疆八省，這樣亦可以聊以自慰，但有不少的人們懸念日軍亦許要進攻貴陽，奪取昆明，而其結果，重慶認為能够拯救重慶的，還是重慶自己，在這一決心之上，重慶政權對延安政權的態度就强硬起來。再度回到數年前所採取的政策。在二個月或六月星期以前，所允許討論的重慶延安合作政權方案，現在又認為是『顛覆重慶政權的企圖』，而不許議論。又如重慶的共產黨報紙『新華日報』，因主張成立聯合政府，在上週遭受停止發行。美國的軍人，外人記者雖允許到延安地區訪問，但關於『爭論的問題』的消息仍然受到檢查而通不過去。五月上旬開始的交涉差不多沒有解決國共對立的希望。

# 参攷消息

（只供參考）
第六六四號
解放日報社 新華社 編
今日出一大張
卅三年十一月十二日 星期四


## 外記者招待會上 張平羣談軍火援華問題

【中央社重慶十一日電】外記者招待會，十一日下午三時舉行，梁寒操、吳國楨、張平羣出席主持。某記者詢以中國目前軍事失利，其由於適當軍火缺乏之究達何種程度，軍火缺乏之是否由於美國未克充分供應，抑係部份的由於中國軍隊不願接受與美國軍火供應相配合之訓練及裝備。張參事答：原問所稱目前軍事失利，想係指豫湘兩地戰役而說。至綏省戰事尚在進行，自無失利可言。豫戰失利，原因主要在缺乏防禦坦克砲及抵抗坦克之坦克車。衡陽之終於失守，亦實為我方缺乏之重兵器所致。因當時我外線部隊進至離城附三公里時，缺少大砲以轟毀敵所築之堅強防禦工事，此種事例，在其他戰役中亦屬常見，致往往我軍將敵合圍，卒無法予以殲滅。我軍如有優良之武器配備，必堅強能戰，遠征軍即其顯著之例。所謂缺乏適當軍火，並非指盟方不欲予吾人以充分供應，吾人感及凡具有助人之心，而往往力有不足者，乃世間最可惜之事。盟邦所遭運輸上之極大困難，吾人深為諒解，但無論如何，中國迄僅獲得極有限之外來物質援助，却屬事實。截至本年五月份，長沙戰役開始以前，中國所得租借案內之供應，實際到達我東南部軍隊者，僅為防禦坦克砲五十尊，山砲六十尊，機關槍及步槍子彈三千萬發而已。至於謂我方不願接受與外來軍火相配合之訓練，吾人斷予以否認，吾人駐印部隊及遠征軍已接受訓練，得有良果，且我方已派遣高級軍官參加駐印美軍受訓，並在我國東南及昆明設置訓練機構，當此世界大戰初期，中國不顧大犧牲，力戰公敵，對盟邦貢獻極大，實應享受盟邦援助。日寇既為公敵，援華即為盟邦之自援，中國雖遭軍事失利，仍在戰鬥行列，戰事縱有失利，戰團永不退出，以盟邦即將增加之物質援助，配以我擴大之人力，我國今日對勝利信念之堅定，一如往昔。

。重慶對這一批評立即加以反駁，正式指出這一事實即美國對重慶援助的不夠，少到了非常可憐的程度。羅斯福對重慶的反駁即時加以反駁：「美國經過[illegible]到重慶的航空路，每月運輸二萬噸以上的軍需物資，明瞭這些實際情形後將要承認美國已作了極大的努力」。重慶稱：從美國得到的援助少到了可憐的程度，而羅斯福卻力說『他已做了極大的努力』。美國輿論界與羅斯福反駁重慶相呼應，一致毫不客氣的批評重慶軍的無力與不統一，更毫不顧忌指出隨着而來的重慶軍崩潰的危機。美英對戰友重慶的此種態度，其基本原因是什麼，美英與重慶結合起來的唯一最強的紐帶，就是互相利用對方的力量以使自己有利的卑劣自私主義。美國抓住重慶處境絕望的時候，現實地掌握重慶軍的支配權。美國已在重慶地區內獲得了很多的空軍基地，將重慶政權置於美空軍的強壓下的企圖，已經成功了一半。羅斯福要更進一步掌握重慶軍的指導權，他並不單是乘此機會鼓勵重慶軍，其目的是在挑出重慶軍非全面美國化不可的理由。重慶是否知道美國的這一計謀。（缺）遂將在廣西的敗戰理由歸結於美國的援助不足。今年度美國對重慶的援助共計一億四千九百六十萬美元（實際上在此以下），美國對反軸心國租借軍火的總預算為三十四億五千萬美元，美國想在一年中用不及美國一日戰費這樣微不足道的援助，利用重慶全部勢力進行對日作戰，同時使重慶隸屬於美國。最近訪問重慶的美國戰時生產局長納爾遜，主張重慶亦設立戰時生產局，這都說明了美國澈底支配重慶的野心的一個明顯的信號，汲汲於保守自己政權的蔣介石，以及重慶的一般指導階層，在紛紛議論企圖掌握重慶的美國援助多少之前，首先應正視等待重慶的大東亞歷史的轉換。

## 汪逆雙十節演說 由陳逆公博代讀

【同盟社南京十日電】在本日午前八時於國民政府大禮堂舉行的雙十節紀念會議上，由陳公博代讀的汪主席手書訓詞要旨如下：與帝國主義的戰爭，中國一國的力量，到底是靠不住的。那麼最合理的辦法，便是東亞被壓迫民族一致團結起來，打倒美英帝國主義。東亞戰爭，其目的是解放東亞民族，故為中國解脫帝國主義壓迫的最好機會。於大東亞戰爭爆發後，中國便聲明要與盟邦日本同甘共苦，繼之向美英宣戰，成為大東亞戰爭的一員，動員一切的人力物力，向貫澈大東亞戰爭之途邁進。當此大東亞戰爭進入決戰階段之際，我們只有以堅強的信念，爭取勝利。解除帝國主義的壓迫，恢復國家的獨立自由，是革命的目的，如能做到上述兩事

【中央社渝十一日電】據悉：兵役部部長已內定為鹿鍾麟。

【中央社南平十一日電】閩省各地秋節後，糧價復跌。南平白米每市石售兩千元，其他各縣皆一千五六百元左右。日用物品價格亦極穩定。沿海戰事發生後，僅海產水菓漲價，金價亦回漲至每兩二萬七千元。

## 美國將重新擬定對日反攻計劃

【同盟社上海九日電】我軍此次在河南、湖南、廣西、廣東與大陸戰場展開的攻勢，將中、美合作的各個據點（構成重慶抗戰的心臟部）一一攻克。與此主動作戰相平行，敵在大陸沿岸已被一掃而光，不留一個。我軍在大陸的戰略體制，現在以戰史上空前未有的豪壯意圖在推進着，已達到磐石不動的境地。與此相反，美國的野心已被澈底粉碎，（其野心是想以大陸為立足點，進攻日本本部），使反軸心方面所焦慮的對日反攻計劃，在此已不得不重新加以檢討。即是說美國心目中的對日反攻計劃，可說具有應適情勢的機動性與伸縮性，尼米茲與麥克阿瑟自太平洋分途前進，與此相策應，則極力把中國大陸變成基地（此句電碼欠清），但畢竟其重要的一角，在我軍的攻勢前已趨崩潰。重慶的美聯社訪員，早已察知這一情勢，故八日自在華美空軍某基地發出的電報亦稱：『日軍已自中國東部，而驅逐重慶軍的陸上部隊與美國空軍，因此使反軸心軍不得不重整戰略』。而暗示這一戰略，亦包含蒙特巴頓對新加坡與馬來半島的水陸進攻，同時表示欲使重慶在對日攻勢中，付出重大的犧牲，重慶與美英的關係，亦因遭受我軍攻勢的打擊而表示空前未有的混亂。最近美、英、重慶三國圍繞着這一敗戰，互相抨擊，即是由於此種緣故，而把他們所說的聯合戰線的內幕完全揭穿。重慶因失掉了抗戰的中樞地盤，使其陷入逃往重慶後從所未有的不安與動搖，外國電報亦承認重慶內部的情勢，非常緊迫。一部分人士並觀測：若桂林、柳州淪陷，則重慶政權將遭遇到空前未有的政治危機。重慶內部的動搖與緊迫，今後在重新檢討對日戰略上，自將直接波及與影響。這樣以美國為中心的反軸心陣營，由於此次我軍的攻勢，已在戰略上發生一大裂痕，而陷入如此的窘境，即需在政略、戰略兩方面，重新加以檢討。

## 敵向重慶招手 等待重慶轉變

【同盟社東京九日電】最近美國和英國苛刻地非難站在共同戰線上的戰友——重慶。邱吉爾在上月廿八日英下院演說詞中，言及東亞戰局並責備重慶說：『重慶雖受到美國豐富的援助，但對重慶不斷的敗戰，實當遺憾』

，便達到了革命的目的，完成了國父的遺志。自還都以來，日本不僅交還了專管租界，並取消不平等條約，此外更進而援助我國收回其他租界，取消其他不平等條約，在同盟條約與附屬議定書上，承認在全面和平實現後撤兵以及放棄在中國的駐兵權，日本此種態度，不是很平等的對待我們嗎？不是盟邦的話怎會有這種態度呢？大亞洲主義是救中國防衛東亞的最高指導原則。當今日紀念國慶之際，我們應該嚴肅地檢討過去六十年的歷史，革命前期的努力，只成功了武昌起義，為了澈底的成功，應該充分了解國父指示的國民革命的方針，挽救中國，保衛東亞的大道。

## 白崇禧指揮軍隊防守桂林

【同盟社里斯本九日電】八日美國「現代」週刊駐重慶特派員承認，日軍進攻桂林的態勢有進展。同時報導重慶軍已在白崇禧指揮下，防衛桂林，而駐華美空軍亦予以協助。該特派員報導稱：日軍與重慶軍正在廣西前綫作戰。在後方，雙方均極活動。日軍已控制由黃河至長江的平漢路，更修築由武昌南下的粵漢路，而現在將其延長至衡陽南方，運輸桂林大攻勢所必需的大量物資和裝備。重慶軍亦拚命要粉碎日軍的攻勢。白崇禧於三星期前會見蔣介石，翌日乘機飛往桂林，親自指揮部隊防衛桂林。現在重慶拚湊起來的增援部隊陸續開至桂林地區，美空軍亦盡一切力量運輸供應品給守軍。現在又開始徵募學兵五個師。

【同盟社里斯本九日電】關於我軍攻打桂林勢如破竹的行動，重慶美聯社報導稱：重慶軍在桂林北方四十公里地點，與日軍對持中，但在湘桂鐵道戰區，目前仍無變化。據專門人士言：此種狀態僅是暫時的，日軍不斷增加後援部隊，為一氣攻下桂林，最近可能開始新攻勢。另外日軍也有可能一方面東西夾擊桂林，一方面繼續進攻柳州。

【同盟社廣西前綫九日電】華南日軍縱斷大陸，繼續進行怒濤般的進擊，使敵人感到重壓，同時我北上部隊迅速進擊，使敵人感到背腹受到威脅。雖然這樣，但是敵人仍豪語要死守桂林，它想直接保衛桂林的廿四個師作為第一綫部隊，又在興安附近配置第七十三軍，防備我軍的進擊。但是第七十三軍遭我一擊即告崩潰，其主要陣地受到威脅，據敵營長及其他俘虜的談話，知道敵人增派中央直轄的綜合軍團救援桂林，該軍團在桂林市周圍數點增築堅固的陣地，在白崇禧直接指揮下，拚命防衛桂林。包圍敵軍防衛陣地的我軍精銳部隊逐漸壓縮包圍圈。

## 桂省組織民團指揮部

【中央社宜山九日電】桂省府為應付非常，加強自衛力量，組織民團指揮部，由張發奎任總指揮，黃旭初副之，全省分十七區，由各專員及遴員任區指揮。

【中央社柳州九日電】雄峙西南前綫，作為戰時司令台之柳州市，今以沉着而勇敢之精神迎接抗戰第八週年雙十節之來臨。自衡陽棄守之後，敵騎流竄，東西並進，賴我軍事當局指揮若定，執法如山，先後將失地辱國之不肖軍官如陳前軍長牧農、曹前團長農，數刑正法，神聖軍威，赫然大振，整個戰局，頓告改觀。現桂東敵兵，處於大潯江以東銀礦山、老堡村、小亭之綫，桂南敵亦濡滯於平南、丹竹迄潯江南北兩岸之間，兇焰漸衰，而我桂省民衆痛心於田園舍墓之不保，咸抱與敵偕亡之決心，奮起殺敵，如容縣黎村一地地方團隊，以三四千之衆，殲敵八九百。資源附近，斃敵五百餘。諸如龍虎關、灌陽、江軍、興安等地，無不有我武裝民衆協助我國軍殺敵致果，甚或間變倉卒，孤軍應戰於邊僻之區，予敵莫大打擊，此無可估量之廣大民力，正積極組織，化零為整，加强訓練，全省壯丁，已成勁旅。（下略）

【中央社成都十日電】全川各界國民兵團後備隊，十日一律成立。

## 當蔣介石部下遭殃 不是槍斃就是戰死

【中央社柳州九日電】前率某師第四〇五團團長曹震，奉命固守平南，擅自放棄陣地，失地辱國，罪無可赦，經軍事當局叛處死刑，已於七日晚在前綫執行槍決。

【中央社渝十日電】運輸第二十九團團長鍾士錚與所屬第一營第一連連長方炳芳，排長孫孝清等，共同連續尅扣軍餉。本年七月間，方炳芳由瀘縣率領該連來渝，抵朝天門時，士兵李成盛投江圖逃，方炳芳、孫孝清不特不加援救，反命值日班長開槍將李成盛擊斃水中，更在羅漢場途次槍斃逃兵廖雲洲。又士兵顧儀洪等均因細故被方炳芳、孫孝清等飭班長×××毆打致傷，對於病兵又棄置不予醫藥，現該五名已判處死刑，於本月七日，執行槍決。

【中央社湖南前綫某地十日電】王甲本軍長於九月七日，在零陵冷水灘附近戰役中，壯烈殉職。按王將軍雲南省人，曾任陸軍第七十一師步兵一五一旅旅長，該師特別黨部執行委員，廿六年六月晉升少將，抗戰以來積功升軍長。

[illegible]於本月三日在希臘登陸的消息。這樣巴爾幹就成為蘇聯勢力圈與英美勢力圈直接接觸的地方。這裏又要呈現美英蘇陣營的相尅。

## 梵蒂崗企圖斡旋妥協和平 蘇『戰爭與工人階級』雜誌著文駁斥

【合衆社莫斯科十日電】蘇聯戰爭與工人階級雜誌斥責梵蒂崗積極支持歐洲之法西斯主義，並企圖佈置妥協和平以使德國免遭現正逼近之災難。該刊抨擊梵蒂崗在戰前與戰爭期間之外交政策說：『隨着希特勒匪徒的形勢日益困難與接近災難，梵蒂崗的和平活動就愈加積極。』該文攻擊梵蒂崗及教皇個人的履歷，斥梵蒂崗在墨索里尼羽翼下經營教堂，支持佛朗哥法西斯及波蘭親法西斯的領袖，並且『梵蒂崗一次也沒有公開責備過希特勒、戈林、希姆來及其他大規模屠殺、搶劫與破壞人類文化的組織者，反而甚至呼籲憐恤與寬恕希特勒匪徒』。

## 美報紀念雙十節 英輿論界無表示

【中央社重慶十日電】美新聞處舊金山十日電，紐約時報主筆兼發行人塞資柏基，頃乘中國雙十節發表演說稱：當此卅三年前中國開始為力爭民權及民族統一與經濟進步之雙十節紀念，余願藉此慶祝中國人民，並表示余對其在此艱難困苦之秋，而竟有偉大之成就，實屬無任欽佩。並祝其在未來之歲月，更有無窮成就。美國人民向即欽仰中國為亞洲文化之十字軍，我美國人士已知中國決無帝國主義之奢望，且蔣委員長已明白擯斥爭取亞洲『領導者』地位之觀念為不當，此與中國數千年來歷史上所表現之和平傳統精神，完全符合。吾人又深信一強盛統一及民主之中國，不獨有利於中國本身，且對在此共同戰爭中爭取勝利及重建和平，亦有莫大之裨益。

【合衆社布宜諾斯艾利斯十日電】今日此間各報社論均就中國之雙十節有所論列，某報且刊載孫總理蔣主席之照相，各報均稱孫總理所遺留之三民主義，乃促成今日中國人民抗日之原動力。

【中央社倫敦十日專電】本日此間各大建築物均遍懸我國國旗，慶祝我國雙十國慶紀念節日。本年雖少特別紀念儀式，報紙亦未著論慶祝，然聯合援華基金會及若干中英團體，仍於若干城區舉行紀念儀式。英國廣播電台亦準備二特別節目。第一節目為曾僑居我國西部多年並手著關於我國問題書籍多冊之費茲吉德氏之播講，第二為音樂節目。我國駐英大使館今晨亦於館內舉行紀念會，陳源、張國文兩教授致詞後，王景春氏演說，頒請僑胞對大使館

# 偽寧改編龐炳勳等部偽軍

【同盟社南京十日電】國民政府此次決定將第二集團軍、第二十四集團軍與豫北剿共軍，改稱第四、第五、第六方面軍。任命張嵐峯第二集團軍總司令為第四方面軍總司令，龐炳勳第二十四集團軍總司令為第五方面軍總司令，孫魁元豫北剿共軍總司令為第六方面軍總司令。十日已一一發出命令。同日並發令如下：鄭大章中將（參贊武官長）陞任上將，軍事參議院副院長富雙英中將，陞任上將。

## 朝日新聞社論
# 蘇聯進兵巴爾幹與美英的焦慮

【同盟社東京七日電】朝日新聞頃揭載題為「蘇聯南下與美英的焦慮」的社論內稱：蘇聯勢力沿巴爾幹南下是值得注意的。蘇聯將其大軍投入羅馬尼亞、保加利亞，而現在又進出於南斯拉夫，將與游擊隊——鐵托軍會師。於是孤立地分散在全巴爾幹的蘇聯諸勢力將要形成巨大的單一的勢力。英國如欲維持英帝國，那末它對於蘇聯勢力急速地進出於巴爾幹尤其是巴爾幹南部（橫在走向印度的大道上的要衝），不能不感到不安和焦急。英國方面猜疑和不滿蘇聯在德國正面戰綫即波蘭戰綫停留在維斯杜拉河畔，而繼續向巴爾幹南下，就是反映了英國的不安。巴爾幹是俄國勢力南下的大道，而是由民族的、歷史的觀點看來，亦是蘇聯最關心的地方。蘇聯於德蘇戰爭開始時，即規定戰爭的目的是為進步和正義的民族解放戰爭，另一方面又提起泛斯拉夫運動，這足以暗示蘇聯進出於巴爾幹的志向。不消說，蘇聯對巴爾幹的政策和這種民族政策有密切的關係。同時蘇聯嘴上說制壓德國，解放各民族云云，乃是意味着蘇聯要創造獨自的體制。這裏可以看到這跟美英意圖恢復戰前舊秩序有根本的不同。美英蘇的戰爭目的之一都是復興民主主義，但是美英是指向着金權的民主主義，而蘇聯是指向着獨立的，即是說蘇聯的民主主義。美英認為法意當然是自己的勢力範圍，並主張其在法意獨自的發言權。而且已經建立有力的政治的橋頭堡壘。蘇聯在這方面所採取的方針是與美英的勢力並立、聯合，即繼續採取妥協的形式，而不想制覇該方面。如果事情關聯到蘇聯確認為自己勢力圈的東歐和巴爾幹，那末蘇聯所採取的態度就不相同。蘇聯認為巴爾幹對蘇聯不僅有特殊的關係，而且將其與蘇聯的戰爭努力與付出的莫大犧牲聯系起來，當然要求取得巴爾幹。德國在長久的時期中在巴爾幹起了安定勢力的作用，但德軍撤退後，即聽到反軸

救濟國內難胞基金多多捐輸，七七紀念日募款逾一千鎊，希望此次募款能超過此數。本日募款數目猶未結算，可能超一千鎊之數。中國運動委員會亦舉行紀念餐會，到中英人士多人。

## 美國部份言論
# 原諒國民黨錯誤

【中央社重慶十一日電】據美新聞處紐約七日電（遲到）今日紐約前鋒論壇報社論「雄心非無情鋼鐵之敵手」內稱：日軍所具者為無情之鋼鐵，日軍現有中國所缺少之大砲坦克與其他殺人武器，華軍目前之失利毫不足為奇，惟樂觀主義者對中國始作任何之奢望。中國軍隊或有混亂之情況發生與不當之舉動，中國將領曾犯嚴重之錯誤，然孰無錯誤？即在美國軍事史上其錯誤之事歷歷在目。珍珠港之慘劇即其一例。吾人觀察自身所犯之軍事錯誤，則知中國人亦屬人類，亦必犯錯誤。吾人應知赤手空拳之盟友，以刺刀防禦敵軍之侵略，其功績實不可沒也。

「中央社紐約十日專電」紐約時報謂：中國廣大之地區，有若一被圍之堡壘，日軍愈迫近而盟軍向中國進展之程度則愈緩慢，該報追述我國七年來所遭受之種種困難後，並謂抗戰七年在美國已屬奇蹟，而在中國則尤為奇蹟。紐約前鋒論壇報謂：中國之需要機槍，有甚於甘言蜜語，惟中國人民應得之稱讚，有時對於渠等亦有所助益，尤以美國目前運抵中國之供應品，僅等於二三艘輪船所載之數量，故此種甘言更有助益。該報結論稱：多數美國人士之所可作者，即高呼『中國萬歲』，俾凡屬崇敬勇敢人物之任何地點均能聞之。

# 納爾遜說中國形勢嚴重
# 對美國人民影響極大

【路透社芝加哥十日電】美國前任戰時生產局局長納爾遜，昨夜在美國援華總會發表演說，報告其奉命赴華之經過說：中國情勢嚴重，但並非無望，當前情勢不但與中國人，且與每一美國人有重大關係。中國之貧窮與痛苦延長一日，則健康之世界經濟之建立亦將延後一日，健康之世界經濟乃保持吾美繁榮所必需者，余曾積極與中國政府擬就儘速對華運入作戰供應品之方策，較少數之美國工業配備，在最近將來運入中國後，即能迅速使中國之戰鬥力發生重大影響，確保中國於此次戰後成為一主要之工業國，以代替日本之地位，此為吾人與全球之福。日本失敗後，除非東方有生產費用低廉之新產品來源，以代替今日之日本國的市場，蘇美英之昂價產品，亦難為遠東市場所吸收。他日必須有一國代替日本在世界工業與貿易中之地位，中國興起為一工業國，必有助於消滅遠東之大部貧窮與愚蠢。

# 參攷消息

（只供參考）

第六五六號

解放日報 新華社 編

今日出一大張

卅三年十月十三日

星期五


## 敵稱「大陸要塞化」已經完成

### 將由戰略階段移向政略階段

【同盟社南京八日電】福州的被我完全佔領，意味着我大陸戰區中沿岸防衛體勢的完成，同時使此次大陸作戰的雄渾精緻的作戰企圖的全貌更明加顯。現在佔領溫州，繼而佔領福建省沿岸要地福州的大陸作戰，是與在中部大陸強力的南進作戰相配合。這一大陸沿岸作戰，由於已處在我不敗的防衛體勢的海南島、廣州灣、香港、廣東、汕頭、澳門各機動據地裏，及我中國派遣軍的基幹——上海以北的華北海岸與突出於橫在南北海岸中間的浙江、福建沿岸五百公里的無防備綫，在奇襲佔領溫州、福州後，已遂漸塞住了沿岸防備綫的間隙。從此種觀點來看，現在大陸所進行的作戰的廣度與深度，實使我們驚異。此即北面從河南開始，穿過湖南，向廣西省桂林進攻的我軍，在海岸防衛綫上，建築了雄渾無比的縱深陣地，因此我們知悉反軸心軍的反攻戰略後，遂用戰史上所未有的規模，推進陸上的防衛體勢。實際上此次大陸作戰，正是將大陸全域變爲要塞戰的一個雄渾精緻的戰略。由於進行這一雄渾的作戰，重慶受到了空前未有的打擊。美空軍的反攻戰略，亦被根本摧毀。綜觀大陸戰場，已從戰略的階段，移向展開政略的階段，此點我們決不應忽視。與大陸作戰的進行相平行，對於包含在龐大的大陸要塞內的四億中國民衆，必須展開正確的政略，實現東亞的理念，這是目前遺留下的一個問題。這一階段的準備工作，已由我國的大陸新政策所完成，並可從這一基礎上所進行的道義戰中，看出我們所結的果實。我們應在這中間發現最後建設大陸要塞的標誌。

的希望，大概無實現的希望（美國的希望是把重慶直接編入史迪威的指揮的下）。但此中值得注目的是：設置國際參謀團的議論，最近在重慶內部，日見抬頭。消息靈通人士認爲：重慶將組織此國際參謀團，作爲緩和美國壓迫的妥協案。

## 敵進犯桂平

【同盟社里斯本十一日電】據路透社重慶電稱：從梧州沿西江進擊中的日軍，從南北威脅桂平。重慶軍司令部十一日發表下列公報：日軍於佔領梧州西方的平南後，即分兩個縱隊，以桂平爲目標向西南進擊，現正在桂平東北方十公里、東南方二十公里的地點進行激戰。

【同盟社廣東十二日電】據重慶來電，第六十軍軍長王甲本，被命守備零陵一帶，遂從第六戰區出動以救援湖南的重慶軍，傳該軍長已在零陵失守之日的戰鬥中（九月七日）陣亡。

【同盟社大陸基地十二日電】敵在溫州西南方俟機蠢動，但因我掃蕩作戰的進展，使敵已逐漸逃往西方，現溫州周圍已無敵踪。因之一般民衆已逐漸返回溫州市內，市內於非常平靜的空氣中呈現活躍氣象。福州市內亦非常安定，截至七日黃昏爲止，市內商店的三分之一業已復業。一般市民亦皆協助我軍致力復興市內。

## 美先驅論壇報評論雙十節

【合衆社紐約十日電】先驅論壇報社論於雙十節紀念日之際，特將美國革命黑暗時期中愛國者所遇之困難及中國形勢作一對比。該文比較需要外國援助、供應不足、領導者無訓練、游擊戰術勝利、腐敗與政治上不團結等。據稱，現在是對中國作極端批評者認識二者相同處的時候了。雖然很大困難是由於缺點而產生，但中國並不是獨一無偶的，因爲我們直至一八一二及以後亦有同樣的缺點。社論說，中國不僅值得我們援助，而且值得我們同情，物質援助是更重要的，但在我們只能運這樣少時，我們應該以對中國堅毅與勇敢的強烈讚揚之意，來補充我們運去物質的不足。

【同盟社里斯本十一日電】紐約來電：美國共和黨女議員路思，十日出席在科涅齊卡州哈特福德（譯音）召開的雙十節紀念會，發表演說稱：英美兩國對重慶政權的奇怪態度，給日本提供了絕好的宣傳材料。最近魁北克會談的主要議題，雖然放在對日作戰上，但對蔣介石竟無一句寒喧之詞，只是向蘇聯的斯大林委員長，發出懇切的聘請。而此次的敦巴頓橡樹林會議，雖形式上有重慶的參加，作爲四國一員，但在重要的問題上，卻好似印度的「殖

## 同盟社評蔣介石演說謂 已從「對美英憶幻中逐漸清醒過來」

【同盟社里斯本十日電】據重慶來電，蔣介石在雙十節紀念日就東亞戰綫的戰事，發表演說約廿分鐘。他說：戰局實是重大，海岸綫與鐵道沿綫的作戰更加困難。但是重慶政權已預想到今天的事態，並已有充分的準備，因此不怕日軍的進擊。現在五百萬的重慶軍正在前綫奮鬥。中國領土百分之六十仍在重慶政權支配之下，黎明前的黑暗決不長久，所以希望全國人民忍耐下去。重慶路透社經理趙敏恒與蔣介石的演說相關連，對於重慶政權現在的心境做了下列極其深刻的註釋：蔣介石在每次演說中完全未提及反軸心軍，這實是意味深長。蔣介石向來在其每次演說中都說到歐洲和太平洋戰綫反軸心軍的戰果，並且照例對美英兩國援助重慶表示謝意，而此次完全不提及反軸心軍，亦不要求援助。重慶人士從對反軸心國的幻想中清醒過來的這種情緒逐漸高漲，他們決定不去依靠外國的援助，獨力進行抗戰。同時對於外國非難重慶和干涉內政抱着某種程度的憤懣。

## 敵傳蔣召開最高國防會議 決定對美對敵對我方針

【同盟社漢口十日電】我大陸作戰驚人的進展，震撼了重慶和美英兩國，三國間在扮演轉嫁責任的醜劇。而重慶不僅受美英的壓迫，而且受延安的壓迫。據消息悉，蔣介石最近為了討論對策起見，在重慶召開國防最高委員會會議，最後採納了如下的方針，即（一）在與美國的關係上，軍事的協助仍如過去那樣，索性把重點轉到經濟合作，利用美英的經濟力量，以便開發四川、雲南的資源。（二）對日軍則全面地動員各戰區軍，並最高度地利用在華美空軍，以便在各地展開牽制作戰，使日軍大規模的進攻作戰遭受困難。（三）對延安問題，則以政治談判維持目前的合作；但另方面則暗中展開對延安的宣傳攻勢，爭取輿論，使對日正面作戰軍以外的地方軍，激化其軍事鬥爭，徹底消滅延安的勢力。（缺）席上外交部長宋子文，經濟部長翁文灝言及對美英的關係，代表美國的輿論（美國的輿論是：希望掌握重慶軍的指揮權，不僅在政治上，而且在軍事上完全與重慶合作）。在對延安關係上，則強調最大限度的讓步。但據云由於何應欽、胡宗南等的猛烈反對而告失敗。在此亦可以看出，蔣介石在與美英的軍事合作上，有意劃下一道鮮明的鴻溝，其表現之一，即是史迪威雖曾允諾以大量的增援軍遣赴重慶，但迄今未見其動靜。這是由於蔣介石對美國陸上部隊的積極進出有所警戒。因此認為美國民」一樣，被輕視過來。蔣介石相信美英兩國的諾言，因而把重慶的命運投在反軸心的陣營，結果使現在陷於非常危殆的窘境，由於反軸心國未實行其諾言，結果自然使中國國民黨懷抱不滿。而此種不滿，又反而變成對蔣介石的不信任。

## 即將來華的羅斯福特使 孟斯菲爾德說將有效援華

【合衆社華盛頓十日電】奉總統命不久即將前往中國的民主黨衆議員孟斯菲爾德說：他預料將來返回美國時，必可攜有關於租借援華的重要情報。他預料太平洋的長期戰爭將在中國的東北四省達到最高點，並說有效援華的問題，對於美國民衆誠屬必要。中國實力愈強，同盟國在中國從事的努力也愈小，美國人民之生命也可不受犧牲。他希望能自中國攜回具體的建議，使中國能在與其他同盟國（包括蘇聯）的努力中能担當更強有力的任務。衆院外委會對於延長租借法時效時，美國對華援助預定為主要論題之一。孟氏即為外委會委員之一。據說，他希望由華返美以後，能有很多意見可以發表，然須先報告羅斯福總統。孟氏前為遠東歷史教授，曾於一九二〇年隨海軍陸戰隊前往中國，數日前羅總統要求其担任出使任務時，乃他與羅總統作首次單獨會晤。孟氏又說：美國將竭盡全力在對日作戰中支持中國政府。並說：就美國看來，日人未[illegible]早日發動華中攻勢實屬怪事。孟氏說：日人有四項目的：即一、在美軍登陸前完全控制中國海岸；二、為其工業建立更佳的立足點；三、削弱第十四航空隊的地位；四、於可能內擊敗蔣委員長及其政府。關於蘇聯是否參加太平洋戰爭一事，已無任何問題，所成問題的，只是何時參加而已。

## 敵評莫斯科會議

【同盟社東京十一日電】關於邱吉爾、艾登兩氏訪問莫斯科的目的，有各種各樣的看法。但是最大的問題將是蘇聯仍然進行自己的戰爭。反軸心軍不顧一切犧牲，傾注全力於西部戰綫，急於突破西格佛里防綫的正面，以圖在今年內結束歐洲戰爭。蘇聯認為進攻德國境內不合算，遂企圖恢復波羅的海三國的失地。據巴黎日報伊斯丹堡電訊，英軍投入七十個師的大軍，猶希實現其控制全巴爾幹的野望。它此次在阿爾巴尼亞和希臘登陸是企圖牽制蘇聯在巴爾幹的活動。更重大的問題就是蘇聯發表其開發伊朗石油的計劃。如衆所週知者，英國在過去一世紀支配了伊朗油田。蘇聯不跟英國商量，私自計劃開發伊朗北部的油田。蘇聯陸續派出技師和工作團，不能不使英國感到驚愕。

頓巴敦橡樹林會談亦由於蘇聯的反對，已經流產了。華沙起義亦因全體投降而告結束。欲調停蘇波糾紛的大門已被關閉。邱吉爾訪問莫斯科似乎是爲了探悉斯大林對上述重大問題的眞意。故意尋找他人的人似乎有成爲被尋找的人，而他的眞意反而被探知。羅斯福比邱吉爾狡猾，他不爲甜言蜜語所欺騙，他逼迫邱吉爾去做卸羈的事情，而自己專心進行多得選舉票的工作。

## 傳中小國家不滿頓巴敦建議案

「中央社華盛頓九日電」四大國對於世界和平安全機構之建議案發表聯合聲明後，中等國家或將有大量批評。現在澳洲、巴西、挪威、加拿大、荷蘭等國已有不樂於接受擔任無關輕重角色之跡象，蓋彼等分佈甚廣之經濟利益可望在行政院中獲得一非常任理事席，建議中大會不得對已經行政院通過之問題有所建議一點，各小國似不致提出嚴重反對，據加拿大之溫尼伯自由報稱：在頓巴敦會議中英國爲各小國執言（原文），而蘇聯則主張使行政院實際上握於大國手中。行政院設十一席理事之建議，乃美國所提出。

「路透社紐約十日電」先驅論壇報（與共和黨有關係）今日稱：「敦巴頓橡樹林的報告不僅是討論的基礎，而且值得很愼重的考慮。該計劃使和平成爲將來秩序的基礎，將和平委託給那些有力量去維持它的人。這事是很繁重的。它包含着新秩序的鞏固與現實主義。但計劃對於中、小國家實際上如何參與共同組織的問題，未作任何令人滿意的回答。法庭的條款是無力的，明顯地軍事的條款却顯示了妥協的作法。應以批評的但諒解的態度來檢查這計劃。

## 敵傳英報稱德國飛機生產量未減少

「同盟社斯托哥爾姆九日電」據倫敦來電，星期紀事報空軍記者於九日談稱，儘管反軸心國空軍頻繁、激烈的轟炸，德國與一年半以前相比仍保持高度的飛機生產力，就中最優秀戰鬥機（空軍的主力）的生產極有成績。軍需生產力上昇是因爲大部份軍需工廠疎散於地下。例如被封閉的煤鑛被用作飛機工廠，幾千的從業員從事生產。德國爲了避免空襲所引起的損失，有計劃地，大規模地疏散重要產業。它繼續生產質量俱優的飛機。

## 西班牙北部發生游擊戰

「路透社倫敦五日電」土魯斯廣播稱：西班牙當局已封閉安道爾小國一帶，因西班牙北部有大規模游擊戰之結果。

壓迫歐洲的「非歐洲」的力量以保衛歐洲。英國藉「非歐洲」的力量來破壞歐洲。我們相信勝利必定歸諸保衛歐洲的方面。

## 敵末次大將展望日美決戰

「同盟社東京八日電」四日每日新聞以「決戰」爲題，公佈末次大將對該社專論委員森正三所提質問的答復。問：決戰的眞正意義何在？答：現在太平洋正面尤其是菲島方面的戰爭氣氛很高，這不是菲律濱、島的爭奪戰，而是決定能否維持日本與最重要的南方資源地帶聯絡的戰爭。這無疑地是一個大決戰。當所羅門群島方面繼續進行非常激烈而悽慘的戰鬥時，曾使用「決戰復決戰」、「決戰的連續」這樣的語句，這與其說是決戰勿寧說是血戰更正確。總之，現在國民所說的決戰是指敵軍與我軍的主力作戰，依其勝敗決定戰爭大局的作戰而言。但是在今天決勝武器——飛機飛躍地進步時，現在的戰爭與昔日的戰爭不同。現在很不容易抓住像日本海海戰，設得蘭海戰那樣傾注兩軍主力的大艦隊決一雌雄的機會。同時在一次戰鬥中結束決戰也是少有的。因此很難發生一般人所期望的大艦隊壯烈的決戰。但是飛機的活動是一個嚴重的問題，而戰局有由此決定之感。問：我想國民應有這樣的氣魄和頑强性，即在決戰之後，更產生戰力粉碎再度前來的敵人。你的意見如何？答：一次的戰鬥不能決定戰爭的大局和國家的興亡。我們必須覺悟到要繼續着第二次、第三次的決戰。如果這樣，那末在最初的決戰中使用一半的兵力，而剩下的一半兵力使用於接着來的決戰。這種用兵自古以來證明是失敗的。如果竭其全力打擊敵人，那末我們要花費時間來恢復戰力，而敵人要花更多的時間。敵人需要花費半年以上的時間來恢復珍珠港於大東亞戰爭爆發時所受的打擊。敵軍孤立地懸在萬里外的敵後，不管它在東亞決戰的場所遭受失敗而很容易恢復，或是沒有徹底的失敗，或是在最好的場合平分秋色。但是只要它受到極大的損失，那末無論怎麼短，也需要半年或一年的時間，才能恢復其力量和恢復再度進攻東亞的體制等。這個時間對日本說來有極大的作用。如果有半年或一年的寬裕時間，那末即令聯合艦隊這個浮在海上的兵力沒有充分恢復，只要我們的空軍强壯的話，我們可以綽綽有餘地依靠「空襲艦隊」（指空軍——譯者）充實國防力量。問：菲島方面展開的情況如欲成爲決戰，就要俱備怎樣的條件？答：今日在太平洋正面都抱有旺盛的戰意互相對抗着，因此只要機會一到，那末無疑地早晚要進行決戰。但是也不知道什麼時候進行決戰。這次戰鬥是困難的戰鬥，因此敵人亦須進行充分的準備。問：魁北克會談後，敵人聲稱要將全部兵

## 同盟社評
# 德國四面楚歌

『同盟社柏林八日電』在遠方的日本亦可想像到歐洲的表情已發生可怕的變化。由戰局方面來看，在此三四個月中我們又體驗到德國對波蘭的閃擊戰，佛蘭德斯作戰後進攻巴爾幹等開戰二年中所發生的變化。最近的變化是再恢復以往的狀態。（中間一大段掉的太多，不能譯）巴爾幹佔領地發生的悲劇即昨月的同盟者都向德國宣戰，這是很嚴重的。蘇聯不多說話，乘着混亂的時候攻擊德國。蘇聯那種辦法（缺）巴爾幹的人民，波蘭人或芬蘭人到底可以相信到什麼程度？反觀英國人的戰爭目的怎樣解釋蘇聯勢力的進出？只有一個解釋，這就是心理，就是德國向來的主張即『歐洲人！你們要撫胸沉思，你們憎恨德國，但是德國為誰而戰，除了德國國防軍以外，那一國的軍隊能够阻止蘇聯勢力進出於歐洲？德國如被打倒，那末歐洲不久將被赤化』。巴多格里奧政權、芬蘭、羅馬尼亞、保加利亞等同盟國為什麼用宣戰來報答德國這樣公正的主張？自斯城一役以後，德軍着手組織的『歐洲國民軍為什麼不能發展到全歐洲的防共十字軍？』這裏就有第二種心理，德國的許多同盟國由急速前進的列車中跳下來，就是要跌死也要試跳一下，或許還能得救。但是試跳的結果如何，它們將要受到瀕死的重傷或毀滅。最後可以信賴的就是自己的力量。即使是德國一個國家，也要把為了歐洲全體人民的鬥爭進行到底。英國對於蘇聯勢力進出於巴爾幹逐漸感到焦急。這跟一九三九至四〇、四一年，德國對於蘇聯勢力的抬頭所感到的焦急是一樣的。今日亦不難察知美英內心對於蘇聯強硬的前進感到不安並表示不滿。英國以及舊勢力諸國家為對抗蘇聯的這種進展，乃寄托在美國的力量，從北非登陸至今日第二戰場的開闢，實際上美國對於歐洲戰局已起了偉大的決定作用，美國人認為假如沒有美國的生產力，那末蘇聯軍隊的頑強，英國的復興，以及目前對德國空軍佔絕對的優勢，都是不可能的。美國人相信以艾森豪威爾為總司令的大雄派遣軍，美兵佔三份，英兵佔二分，所以今日歐洲不斷的解放，實在是我們美國人的力量。（電碼錯掉），英國戰戰兢兢地嘗到許多勞苦的味道，而美國竟不客氣地，大踏步地進出於歐洲大陸。在蘇聯看來，美國是它的好朋友，這種印象是不可否認的。向來依靠一方面的蘇聯發言權，由於開闢西歐第二戰場以來美國勢力的抬頭，已逐漸趨於平均化。把德國夾在中間的美蘇兩個勢力像上面所說的，在本質上是互相對抗，而在表面上是協調的。蘇聯和美國都認為這種協調政策對於它們有利益。雙方的協調在歐洲還有利益時，還要繼續下去。這樣德國堅決抵抗由東西兩方面

---

力調回太平洋，你認為如何？答：我認為英美能够抽出歐洲戰場的兵力到東亞。敵人即使能把它的兵力總攻日本，我想這也是不容易的。美英與蘇聯的關係（缺）。問：敵人警戒國民的樂觀情緒，聲稱要進行長期戰爭。我想敵人其實是急於進行短期戰爭，你看是怎樣的？答：正是這樣。它舉出敵人有利的條件，指出自己的條件不僅是為了（缺）本國人民，即防止美國人鬆懈，同時使日本民心鬆弛。這是一箭雙鵰的想法。我相信戰爭當然是長期的。日本並不是一個很簡單地被收拾的國家。敵人的供應諒有益延長，另一方面，它的戰力由各種條件看來，亦沒有其限度。反之，日本愈益不利，但是我堅信將會有一個時候，敵人亦忍受不了更大的犧牲。世人往往認為敵人迫於戰爭的緊迫，不得不胡作亂為，但是由軍事上觀之，並不是這樣。敵人急於在短期內結束戰爭的理由在別的方面，那就是來自敵人的國內事情。敵人的資源中沒有一種資源是充足的。敵人掩飾戰場上的犧牲，但是敵人的犧牲到了無法掩飾的程度。這是我們帶有希望性質的見解。但是不能把這樣事打入算盤。我想決戰體制的特點與其重視形式，勿寧重視無形的要素。我們常說戰至最後一人。但是看了過去太平洋諸島的攻防戰，我們直是戰到最後一人。像我們苦攻港口的精神潛在於我國人民的精神中一樣，太平洋諸島嶼日軍玉碎的精神是戰至最後，以保護神國——日本，這決不是無謂的犧牲。我想有許多珊瑚礁和叢林而無法展開機動戰的場合與此次菲島作戰有不同的性格。問：由現在的談話中可以看到我們保有無形的力量。但，我想我們面對着科學的戰爭，我們同時還要傾注最大的努力，充實科學兵器尤其是飛機。你的意見如何？答：不消說，充實航空戰力是今後決戰的第一義的要素。日本的航空兵力在數量上已達到足以與敵（作戰的數量，因此它在行將到來的決戰中是有希望的。（缺一段）。總之，這是最後的決戰。我機衝毀敵機時，才能證明物質和精神的力量。我海軍飛機在南太平洋作戰中獲得這樣的戰果，但是終於成為聲嘶力竭的杜鵑。敵人乘此機會進抵吉爾貝特，馬紹爾而演成今日的事態。所謂聲嘶力竭就是冲撞的結果。日本不希望在物質的數量上與敵人相等。物質的數量自有限度，使用敵人的十分之一的物質數量進行作戰就很難制勝。那末要使用幾分之二才好？這是不容易判斷的。有四分之一是很好的，如有三分之一，那就更好了。如有二分之一，一定要戰勝。我認為這是真的。所謂冲撞並不是冲飛機和船而是冲高射砲，我想今日這種冲撞的精神不僅沒有消磨，反而更加提高。

# 參攷消息

（只供參考）
第六六六號
解放日報 新華社 編
今日出一大張
卅三年十月
十四日
星期六


敵發表在中國半年戰果

## 佔領九省中七十四個城市

### 敵廣大決戰戰略圈在形成中

【同盟社東京六日電】我軍在大陸戰綫的主導攻勢，以今春四月的進攻河南省第一戰區而開其端，其後在半年中連續發展到整個中國，現在我軍銳鋒遍及大陸，正向着西南部中國（美國進行對日戰爭的核心地盤）猛進中，使其策源地的桂林陷於危境。同時表示如此的局勢，即縱斷大陸（連貫南北中國）的偉業，將告完成。我軍於四月在第一戰區湯恩伯軍未加嚴戒前將其擊潰，攻克河南省都洛陽，曾幾何時又向華中地區發起新攻勢，指向長沙進擊。那時美國統帥首腦部，始漸知我作戰規模的宏大與我統帥部堅強的決心之概貌，憂慮日軍將在中國大陸構築一南北長達二千公里的長城，若日軍實現這一企圖時，則大東亞戰爭的解決，不免又將遷延數年。爲了阻止與挫折我軍的攻勢，正在拍着重慶軍的屁股而驅使其充當砲灰；而自己亦拿出在華美空軍的全力，努力進行反擊戰。但在我軍巧妙的指導作戰與猛烈的進擊前已終遭失敗。現已使美國統帥部的憂慮，成爲現實的東西，予大陸的美蔣聯軍以一大重壓。開始攻勢以來，迄今已歷半載，現試一觀半年中我軍戰果的梗概。（一）擊潰敵戰力：1、斃敵與俘敵約十八萬六千名。2、擊滅或擊潰敵兵力，共三十六個軍（一百二十個師），大部份是中央嫡系軍之湯恩伯軍，前哨戰。不消說，美國爲了達到其戰略目標，在華美空軍與重慶軍的殲滅，將是重要的前提條件。然而目前中國大陸戰綫的形勢是：由於半年來我軍的先制攻擊，使美蔣聯軍的戰略體制正徬徨於全面瓦解的前夕。這一事實即美國亦已承認，壓制本國國民的樂觀論調。又最近在美、英、蔣之間，正在展開令人笑死的論爭與應酬，即大陸戰綫敗戰的責任，或說應由重慶方面負責，或說應由美英負責（未借予重慶所要求援蔣物資），即根據這些事實來看，即可窺見我軍在大陸戰綫無止境的攻勢，予敵陣營以如何深刻的憂慮。與太平洋戰局連貫起來展望大陸戰綫的局勢，則此次我軍攻勢的新的意義，自是更加明顯。如上所述，大陸戰局的動向與演變，包藏着決定大東亞戰爭命運的重大的戰略意圖，他正是這樣，愈加不能認爲敵陣營將放置大陸戰綫不問，像現在那樣任憑我一方面的成功。現我軍已距美蔣的根據地桂林僅二十餘公里，打通京漢、粵漢路全綫二千公里的偉大事業，現只剩下一百餘七公里。我廣大決戰戰略圈（包括本土、南方佔領地與大陸）則正在形成中。但美、蔣軍亦急於挽回大陸戰綫的局勢。傳昆明、雲南遠征軍兩軍管區的機械化美式重慶軍（超過五十個師），將轉用於大陸戰綫，以此在不斷準備對日決戰。不容諱言：隨着日美海洋決戰戰機的成熟，亦不可忽視大陸戰綫的戰雲亦在密集中。

### 敵竄至桂平

【同盟社廣東十三日電】據重慶來電，重慶軍事委員會十二日發表下列公報：（一）湘桂鐵路方面地區，大溶江以東的日軍，在不斷獲得增援後，十一日開始猛烈進攻，至十二日晨激戰仍在進行中。（二）由平南西南進的日軍，十一日晨已經桂平南方二十公里的管江圩，繼續向桂平進擊，目下在該縣城南方激戰中。

### 海通社稱國共談判破裂

【海通社東京十一日電】據敵方消息戰稱，在延安政權駐重慶代表林祖涵決定離去後，重慶與延安間的談判現在似已確定破裂。此假定由延安在中國國慶日舉行示威之事實而更爲加強。該報××××××要求罷免負責河南、湖南及廣西失敗的中國將領。同時要求革除若干高級人物，此等人物被斥爲是失敗主義者。

【海通社南京十二日電】延安對重慶的宣傳戰，此間正懷着興趣注視中。

蔣鼎文軍，薛岳軍與孫連仲軍）。3、鹵獲的主要兵器：各種火砲約七百五十門，輕重機槍約三千二百挺，步槍類約三萬八千枝（現在中央軍的裝備是：中央軍嫡系軍一個師有步槍二千二百枝，輕機槍一百五十挺，重機槍三十五挺，以迫擊砲爲主的大砲二十門）。4、毀落敵機一千二百七十四架。5、攻克省城與縣城。河南省一個省城，十三個縣城：洛陽（省城）、鄭州、許昌、郾城、確山、禹縣、襄城、郟縣、葉縣、舞陽、泌陽、密縣、廣武、滎澤縣。（安徽省）一個縣城：上潁。湖北省一個縣城：公安。浙江省三個縣城：衢州、麗水、溫州。福建省一個縣城：連江（省城福州陷落在即——按現在福州已淪陷——譯註）。江西省兩個縣城：萍鄉、蓮花。湖南省一個省城二十六縣：長沙（省城）、平江、長壽店、瀏陽、醴陵、攸縣、茶陵、安仁、湘陰、湘潭、湘鄉、寶慶、永豐、衡山、衡陽、耒陽、常寧、零陵、道縣、永明、祁陽、東安、新鄉、寧鄉、益陽、沅江、南縣、安鄉。廣東省十六個縣城：開平、新興、鬱南、廣寧、肇慶、德慶、封川、清遠、四會、慶寧、東安、增城、龍門、從化、遂溪、石城。廣西省八個縣城：陸川、容縣、梧州、丹竹、信都、懷集、濛陽、全縣。即是說在九個省份，攻克兩個省城，七十二個縣城。新佔領地域的面積，約爲我國本土一倍半。（三）擊滅敵飛機場基地：長沙、湘潭、衡陽、寶慶、零陵、梧州、丹竹、麗水、衢州、洛陽、盧氏十一處。在我飛機威力下低首或自行破壞者，有××、桂林、鍾山、柳州、沅陵、南寧六個飛機場。又供應路被我切斷而……的有玉山、吉安、遂川、建甌、龍岩、南雄、贛州七個飛機場。

由於以上的戰果看來，可知此次大陸作戰給予美蔣聯軍以如何慘重的打擊。即是說由於我軍在大陸戰線上絕大的成功，重慶政權抗戰軍隊骨幹兵團的大半，業已消耗殆盡，並喪失河南、湖南兩個穀倉地帶（過去是重慶抗戰經濟的支柱）。而在華美空軍大部份的機動前進基地，或被攻克，或被孤立，這些基地是在中國東南部、中部與西南部，都是辛苦經營建設起來的。現在已根本顛覆了他們的體制與作戰企圖，顯然美國的對日戰略是：企圖以海上機動部隊到達中國東南沿岸，用以切斷我國本土與南洋資源地帶的連絡，佔領我之戰力源泉，同時使投入中國大陸的戰力臻於強大，培養中國戰場對日決戰的力量，用以從海上、大陸兩方面，進攻我國本土。因此可以說在太平洋方面，尼米茲與麥克阿瑟根據此戰略路綫，把菲島當着切斷我本土與南方、到達中國大陸作戰的跳板（原文爲跳躍基地——譯者），現在已開始了

此間一般意見均認爲，中共今日正以十年與廿年前的同樣放肆辦法進行工作。在與中國著名政治家作多次談話後，海通社訪員特倫德得以將南京對此問題的態度報告如下：延安宣傳所造成的印象是，好像共產黨集團在各處都是日軍的對手，並且由於他們的能幹，甚至能改進其地位。但此點是不符事實的。共產黨勢力範圍的加強（此勢力範圍從浙江直抵滿洲國邊境）首先是由於此種情形，即延安未被令其作任何重要的戰鬥，因爲日軍目前正將其主要興趣針對着重慶。延安的軍事活動現在如同以前一樣，僅限於延安邊境內的游擊隊活動。延安政治主張較國民黨政治主張更爲廣大人民所贊成的說法，似乎是很可疑的，無論如何，中國的中間階層都把游擊隊看作土匪。沒有疑問，共產黨以其可能有的一切辦法，正圖達到被人認爲與國民黨處於同樣的地位。除此以外，南京認爲此點業已證明，即共產黨的虛假勝利正被散佈以引起美國的同情，目的在於在最近將來，得到美國的租借物資。

## 重慶律師赴美
### 訪問立憲制度

【中央社重慶十一日電】（英文廣播）中國律師赴美調查立憲政府及法律制度而組織之訪問團，不久即將離此，以期在美國總統選舉之前到達目的地。訪問團由六個著名律師組成，韓松玉爲團長，其餘爲張濤，陳伯西，陳新，錢立平，及俞舒林（均譯音）。在美國工作完畢後，他們將經過歐洲回國。整個訪問旅行將用一年的時間。

## 國民黨大做戰後夢
### 要求救濟總署救濟卅五億美元
### 超過了總署原訂救濟歐亞撥款

【合衆社華盛頓十一日電】中國本日發表戰時救濟計劃，並請聯合國救濟善後總署在中國所需經費總額卅五萬萬美元中撥九萬萬美元以上之數供救濟之用。總署將以此及其他遠東救濟問題於未來時日內同予考慮。總署所處理者乃救濟供應品而非撥款。中國政府委員會籲請即時進行救濟善後工作，列舉中國收復佔領區後最初十八個月內之需要，並要求總署派遣專家三千二百人赴華協助進行復興經濟工作，並供應四萬萬六千一百萬人民之日常生活必需物品。據稱：中國淪陷區戰事結束後之緊急需要，包括價值廿五萬萬美元之一千萬噸入口供應物資，其中九萬萬四千五百萬美元（即百分之卅七）由

總署負担，其餘十萬萬美元由中國政府自給。該項計劃列舉最初十八個月內中國軍隊及盟軍仍於中國境內其他淪陷區繼續進剿日軍之時開始救濟若干區域之三階段計劃，此外並詳述淪陷區及非淪陷區之不同救濟計劃，後者人力、農田、工業可從事生產，以救濟國內受戰災影響更重之區域。該計劃並列舉救濟水災之大規模計劃，尤以救濟淪陷區爲最，該區農民自一九三一年以還即受水災威脅。中國所需之設備及供應品計有三百廿七萬噸之食粮，三百四十萬噸之交通及運輸設備（空運設備未計在內），七十五萬八千噸之農業用品（自種子肥料以至農耕機器），五十六萬四千噸之工業設備及供應品（自家用工具至大型機器），一百萬噸木料，五萬噸造屋金屬器，一百萬噸衣料以及更重要之大量棉紗、紡織及其他紡織物與生產設備，以供自製布料之用。中國計劃係由蔣廷黻氏提交總署，渠指陳中國有忍受大難之長期經驗，並稱：中國於所需協助即將到臨時常表現之復員能力，日本於佔領區施行之肆虐政策及通貨膨脹，乃中國面臨之兩大問題。聯合國救濟善後總署及其他若干公私團體可望參加執行救濟計劃。最佳之計劃，乃以最有效方法使中國人民自助，以縮短救濟時期之計劃。

【合衆社華盛頓十一日電】聯合國救濟善後總署中國代表蔣廷黻今日簡述中國政府於戰後運用卅五億元以復蘇經濟及結束日本所造成之災禍計劃之大綱。救濟總署專款九億四千五百萬元，中國本身將在國內費款約十億元，另以約十五億元購買復興所必需之國外供應品。渠因要求總署立即採取步驟，訓練人員，設計運輸工具，俾俟於完成港口開通時儘速以一千萬噸之供應品運至中國。據估計在日軍被逐出後之第一年內，至少應以三百廿七萬噸之粮食運至中國。醫生數目必須增加每三萬人中必須有一醫生，而不復似目前之每四萬人中有一醫生，醫院設備必須加倍。

【合衆社華盛頓十一日電】中國方面今日宣佈其戰時救濟計劃後，全世界人士對於抵抗侵略較世界其他被侵略國家爲久之中國所需救濟善後經費數目之鉅至爲注意。依照該計劃中國爲從事長期建設工作所需之經費甚至超過卅五億元，中國委員會估計需要時已將台灣包括在內，其所列舉之中國全部人口，約計四億六千一百萬人。該委員會估計全部經費百分之卅五應用於恢復運輸及交通系統。中國戰時救濟的困難端在內地運輸之破壞，故以恢復運輸爲計劃中之首要工作。該委員會並請聯合國救濟善後總署担負全部運輸救

律者：一、各審判機關遇有法令與社會情形不堪適合者，除應向司法院呈請解釋者外，並得由各該推事列舉意見，層轉立法院參考採擇。二、訴訟程序，應力求簡明，並宜擇要提列，繁之××，使民衆有告訴之方。現行各種訴訟程序，應加調整。三、訴訟費用，除上訴時照繳費用及抄錄費外，其餘如送達費等，一律廢除，並厲行訴訟救濟政策，以便利平民。丙、關於人事案：一、司法官之訓練與選擇，除法律技術外，並應求其能通達事理，並具有操守。二、地方法院推行之待遇，應不受審級之限制，得與最高之待遇同。

## 法共在巴黎舉行示威遊行

【同盟社柏林十一日電】反軸心軍及戴高樂入城後的巴黎，差不多完全變成了共產黨的天下，日益爲赤化勢力所滲透。譬如：前星期日共產黨在街頭舉行示威遊行，共產黨員空軍部長德隆及馬爾蒂・德玉克勞等共產黨領袖並出席發表演說，參加市民達十五萬之多，其勢焰遠超過人民陣綫當時左翼各派的聯合。

## 西外長闡述內外政策

【路透社馬德里六日電】西外長勒克利卡於其學國巴鄂母校的托舍斯特大學學業年開始大會上講演中闡述西班牙外交政策之基礎爲團結，尊重個人的優良品質與保衛基督文明的永遠優良品質。他說：『在由暴力統治的世界中，西班牙希望遵守各民族間講求國際禮儀、人道及互相正義的規則、各國間法律。西班牙先驅者甚至創造者並不是徒勞無益的。我們不應迷失佛朗哥所體現的堅決保衛基督文明永遠優良品質的方向，沒有這點，無論各國間世界和平的未來以及它們國內文明秩序的維持，都是不可理解的』。關於國內政策，西外長說：『如同在它最強盛的時代一樣，西班牙國家趨向於團結。保持人們團結的最高原則是：最高的單一權力與尊重反映在多方面寬容中的個人珍貴品質』。

## 米科拉茲柯傳即將赴蘇

【路透社倫敦十日電】波總理米科拉茲柯今日於倫敦等待莫斯科可能給他的信息，此信息或將使他參加斯大林邱吉爾的會談。據悉，邱吉爾將決蘇波政治爭議計劃的一部分，或許包括使波總理親自與蘇聯領袖進行親摯的商談。

濟費用之半，其他救濟項目則爲：（一）衞生醫藥，（二）衣食住，（三）農業善後，（四）工業善後，（五）泛濫地區之墾植，（六）各項福利工作及（七）流離失所人民之救濟工作，爲掌握此項巨大之工作起見，該委員會主張行政院設立一全國救濟善後總局，由一地位與部長相埒之局長主持其事。所與合力之機關則爲聯合國救濟善後總署、美國援華會、美國援華基金會、英美加紅十字會、公誼救護隊以及其他各救會團體與中國機關，如中國紅十字總會、新生活運動總會、傷兵之友社、全國兒童福利協會、全國難童協會與中國工合協會等。據聯合國救善總署職員以私人資格向記者談稱：渠等將對此詳情報告加以鄭重之考慮，或將稍爲核減其計劃中所列之預算。按救善總署初成立時僅擬在歐亞兩洲從事廿億元之救濟工作。

【合衆社華盛頓十一日電】聯合國救濟善後總署官方人士稱，總署已要求俄勒岡州波特蘭城之吉樂拉任總署在中國之職務。吉氏之決定即可宣佈。吉樂乃戰時勞工局西海岸委員會主席，處理西海岸之一切勞工糾紛。

## 憲政實施協進會
## 關於改進基層司法建議

【中央社重慶十二日電】憲政實施協進會，頃對調整基層司法問題，就制度法律人事三方面，向政府有所建議。此事係由於九月廿一日舉行之該會第四次全體會議，會員燕樹棠提出之「調整基層司法以蘇民困而勵憲政案」而產生者。當時決議推洪會員蘭友等七人組織審查委員會，詳細研討，擬具改進辦法，送交常會斟酌處理。此項審查會，經過多次之集會，業將審查意見提出，十月五日舉行之第八次常會，決議修正通過，送請政府採擇施行。該會秘書處，頃已錄案函送國防最高委員會秘書廳查照，轉陳辦理。茲將建議原文誌之如次：甲關於制度者：一、警察對於事件偵察之職權，應確切行使，其屬於違警範圍者，由警察機關迅即依法處分，其涉及刑事者，應於廿四小時內移送該管審判機關。二、加强民事調解制度之運用，凡法律規定未完備者，並應詳爲補充規定。三、鄉鎮所對於當地民事糾紛案件，有設法調解之義務，其調解法案，應以絕對公平爲原則，不許濫藉權勢，脅迫和解。四、檢察官地位，應予提高，並另立系統，與法院分立，職掌檢舉全國各階層一切罪行之責。對於能自動行使職權之檢察官，司法行政部應予保障並獎勵。檢查機關偵察事件之結果，認爲應屬懲戒範圍者，應將全案移送監察院或監察使署。五、厲行巡迴審判制度，其有關法令，應從速完成立法程序，並准爲言詞告訴。乙、關於法

【路透社倫敦十一日電】波內閣昨夜召集臨時會議，各閣員表示對於米科拉茲柯總理與蘇政府成立之任何協議，均能獲得內閣的擁護。

【路透社倫敦十一日電】波總理米科拉茲柯，已應邀參加莫斯科舉行之邱斯會談，米氏即將赴蘇，隨行者有波外長隨莫，其他波政府要員或將同行。關於波方提出解決波蘭問題之建議，波政府已接獲莫斯科之直接答覆。咸信蘇聯政府對建議內容，並不完全反對，所值注意者爲波蘭社會黨之對蘇態度，已不若過去之强硬。另一可堪注意者，即莫斯科方面仍重視米科拉茲柯。蘇報與波蘭民族委員對米氏素未加抨擊。

## 傳匈牙利要求停戰

【合衆社倫敦十二日電】據安哥拉廣播，瑞典消息：匈牙利已向同盟國要求停戰，布達佩斯已發生暴動。

## 孤立派議員
## 贊成世界和平組織

【路透社紐約十一日電】孤立派議員哈密爾頓·費什在無綫電中與參院議員約瑟夫·巴爾——國際合作的代表人——辯論時說：『我發現我自己與參議院議員巴爾所主張的論世界和平的大多數論綱意見一致。費什承認頓巴敦橡樹林會議是解決世界和平問題底有建設性的、健全的及聰明的開始。在干涉主義者與非干涉主義者間關於發展世界和平綱領底重要性與需要，已無分歧的意見了，這綱領將保證一切愛好和平國家的世界安全。』

## 敵稱德國擲彈兵參加亞琛戰鬥

【同盟社柏林八日電】一部份新編成的國民擲彈兵師團，已參加亞琛地區的戰鬥，據八日晨之前綫報導：國民擲彈兵部隊亦出動摩塞爾戰綫，以最精銳的武器，於過去數日中，擊退美軍的攻擊達六、七次，在摩塞爾戰綫搏鬥中的新編師團，都是十八歲到二十三歲的青年（此句電碼欠清），他們都是預先經過訓練的精銳，並且有坦克及其他精銳武器。

【合衆社倫敦八日電】巴頓將軍之第三軍藉猛烈砲火掩護，於麥次南錫間闊廿哩之戰綫發動攻勢，使德軍防綫推進六哩之遙，並攻克城區八處。東北面其他美軍進擊亞琛近郊，咸信該城陷落在即，美第一軍開始與亞琛守軍進行逐戶戰，該城東北德軍供應綫縮至四哩，現已被圍。

# 參攷消息

（只供參考）
第六六七號
解放日報社
新華社 編
今日出一大張
卅三年十月十五日
星期日

## 英『新政治家週刊』評稱 國民黨日益反動

【路透社倫敦十三日電】左派新政治家週刊，今日於題爲『一個暗淡的雙十節』社論中稱，邱吉爾首相應對他上次在下院戰局評論中關於指出中國之處，表示歉意。該刊稱，邱吉爾在發表驚人聲明說英美給中國的援助是『豐富』的，而自一九三七年來即行作戰的中國軍隊之挫敗是令人『失望的』與『苦惱的』之時，他可能是太疲倦了或者是生氣了。新政治家指出，中國報紙已『起來講話』，並於追溯中國軍委會發言人聲明（該刊據此聲明爲事實的總結並『不超過眞實情形』）時，稱此反映是很自然的事情。據該刊意見，邱吉爾當時意思所在與現在應當解釋者是：『自日本征服東南亞、切斷至中國的一切交通（除由空中飛越喜馬拉雅山外）以來，我們還能運送甚至非常不足的數量，的確是件卓越的事，而此等數量事實上已運達重慶。這將是眞實的情形而中國人亦將不會對之憤怒了』。但新政治家在同一文章中亦批評中國政府，稱之『日益反動而多束縛』。在歷述目前軍事形勢的困難後，該刊稱：『中國內部的經濟及社會情況甚至較日本更爲可怕。有希望的一件事是：隨着軍事危機的增長，將有如同戰爭初期一樣的一個機會，即政府將被迫更加依靠人民的力量』。今日刊行的另一週刊——極端帝國主義的『眞理』週刊——於社論中對中國報紙對邱吉爾演說的反映，採取不同的觀點，要求首相由莫斯科前往重慶，此行將爲×××××，因爲中國顯正沉溺於反英宣傳之中。該刊於詢問這些中國反英爆發究竟是『自發的抑或爲我們其他友邦所××的』之後（該刊很久以來即以不時反蘇與反美評論著稱），結語稱：一般說來，好像幾乎是我們（英國人）已自中國第一號公敵的陣地上把日本驅逐出去』。

社記者十一日分訪孫
承兩氏發表觀感如下：
，似未能視作最後完備
全一致，將待再度討論解
依發表之建議案而言，分
補充改善的。在現階段，此
家，同時爲全世界責任最大
組織主張，實爲今後世界永
對於此一建議案，我願提
第一，此次大戰結束，盟
任理事之一，中國取得此種
任的加重。既然不是權利
，把自己國家建立起來，
大國，並駕齊驅，共同負
家對我國之信任與付託。
第二，聯合國之新機構
理事，不經選舉，而爲永
十一國共同組織理事會，
在其他國家看來，或不免
而表示懷疑與不滿，我
會之見解，應視爲一種
個理事國家，只是對世
界權力。
由於此種見解與立場，
此種國際和平新組織之
戰慘烈之禍害。此乃對
得到之收穫。

【王秘書長談話】
和平。此次中美英蘇
較短時間之商討，竟

## 英報談中國形勢

【路透社倫敦十一日電】蘇格蘭先進的日報，在愛丁堡出版的「蘇格蘭人」報是第一個（依然是唯一的）在社論中慶祝中國雙十節的英國報紙。該報稱：雙十節週年紀念自然地集中興趣於中國現時的形勢。中國遠在彼方，而西方事變漸次增高之際，中國的事業或者沒有給予它應有的關懷。但是，我們不能忘記中國是聯合國年久的夥伴，她許多年來備受一兇暴敵人的侵凌。但是對日本發動的每一新進攻，及在自然之可怕的災難面前，中國保存着她的最後勝利的信心，繼續戰鬥。英美已盡其最大力量供給中國以物質援助，但是，雖然這種援助甚為重要，對中國的需要依然是很小的部份。「我們沒有聽到中國戰爭的詳情，美國記者提出重慶實行之嚴密的檢查制度僅能使點滴消息放行。中國史詩的鬥爭應該在中國的友邦之間廣泛發表」。同一報紙亦刊佈聯合援華基金分會秘書的一封信，這封信首要是號召捐款，但亦包含代表廣泛部份英國社會輿論的評論。作者在追述雙十節的意義之後，指出中華民國目前的困難稱：「這一幼年的共和國已經過了多災多難的道路，而現在正處於水深火熱中。中國在其戰爭的第八年，人民遭受難以形容的艱苦」。作者亦提及邱吉爾的講演，作者在強調華南目前日軍攻勢之重要意義後稱：「邱吉爾在其最近的戰爭評論中——涉及範圍如此之廣——關於中國頗不恰當。他引證了美國的援助，但未解釋其中大部係供給北部緬甸及中緬邊界之中國軍隊。中國內地的人民繼續受苦——第一個被攻擊，而是最後被解放」。重要的獨立黨的利物浦郵報今日社論中亦指及邱吉爾最近關於中國之論調，而主要是評論尼米茲海軍上將昨天關於日本在華攻勢之評論。該報回憶尼米茲之一再聲明，盟軍在中國海岸登陸是擊敗日本所必須，並稱：中國軍隊在桂林週圍遭受圍攻，桂林之淪陷將增加盟軍達到在中國海岸登陸的困難。「很少懷疑，中國軍隊如能有其敵人之優良裝備，必能停止日軍攻勢」。利物浦郵報宣稱：「很是，中國在極不利的條件下作戰」。該報繼續將邱吉爾所說中國收到美國實當援助的斷言與軍委會發言人關於所收到之供應品不足以維持一個英美師團一週之聲明，作一對照。結語稱（涉及中國之聲明），這顯然必須改變，改變之法，在於打通滇緬路，而打通滇緬路的進行殊為緩慢」。

## 孫科王寵惠談橡樹林決議

【中央社重慶十二日電】中英美蘇四國代表在頓巴敦橡樹林會議中，所同意之維持和平與安全國際機構之建議案公佈後，我國人士，對於此偉大方案，無不深表欣慰，咸信今後世界永久和平，可獲有效保障。中央

開誠合作之精神，而侵略與維持和平，必

新組織之最大特點，會。以往國聯對於和平火，貴在神速，否則勢壞和平之事件，其判斷制凡需採取行動之國際爭端有所建議。此種辦法，可使做捷而有效之行動。

再建議案中，規定設立軍事制止，作經常之研究與計劃。凡於各國所應分擔之武力，本建議案主推諉，只可在平時預為準備

本建議案主張，在大會 經濟與社會理事會，協助國際經濟社會各項問題之解決，而根本 戰爭之原因，並使新組織與其他各項特種國際組織，以及上述各項組織間，在工作上切取聯繫。此種任務，在國聯中向由理事會兼管機關主持，則安全理事會只可集中全力，防止戰爭與維持和平之工作。

此外，在程序方面，亦有重大之進步，即放棄國聯中全體一致通過議案之原則。據公佈之建議案，規定大會重要議決案以五分之二通過，餘則由過半數通過。至於安全理事會之表決程序，則尚未公佈，此一致改革，足使新組織在運用上較為靈活 產生更大之效果。

總之，本建議案 平機構之良好基礎，雖有若干問題尚未決定， 決。惟吾人認為防止侵略與維持和平，美 其後盾也。

是在該 即 慶 援

【美國新聞處舊金山十三日電】美聯十日社論稱，中國正在國內與國外慶祝雙十國慶日。在國內，紀念 長現在需解決兩大問題， 成為一共和國。中國國 今得到更多的軍事 [illegible]。日

本遭受了從未受過的最嚴重損失，其商船隊之大部份及其海軍不小部份已被剝奪。他們設防最堅强的前哨島嶼已被從他們手中奪走。當今年可能爲中國所經歷的最黑暗一年之時，它同樣是×××的一年。中國之解放現在較十二個月前是更接近了。（缺）再打一年仗即將向結束太平洋戰爭大進了一步。當日本眞正投降時，中國即將重新獲得其全部自由及暫時從他們手中被奪去的領土。他們將在××國家中得到指揮的地位，並將成爲將來××大國之一。

## 國民黨要十萬青年從軍

### 梁寒操甘演了一場『簽名』的滑稽劇

【中央社渝十四日電】近一年來，各地知識青年紛紛志願從軍，蔚成風氣，充分表現青年帮國熱誠。中央以此關係抗戰建國前途重大，故決發動十萬知識青年從軍運動，而其徵集組織事宜，有待通盤籌劃，俾適應時機，故於本月十一日起至十四日止，召集中央有關部會及各省市政府黨部團部各級黨政工人員及教育界人士一百五十餘人，舉行『發動知識青年從軍會議』，先後召開大會三次，分組討論會二次，對知識青年從軍徵集辦法，編練辦法，優待辦法，幹部選拔及各級從軍指導徵集機構，作縝密週詳之研究，製成決議。大會期間，蔣主席會蒞臨訓話兩次，指示知識青年從軍之意義與重要性，不僅在增强國軍戰鬥力，促成抗戰勝利，且可提高青年愛國家愛民族救國家救民族之熱情，轉移社會對於當兵不正確之觀念，而造成軍事第一、軍人第一之新口號與新風氣，並殷切期望政府公教人員及黨部團部工作同志，能以身作則，首先倡導，發揚國父當年犧牲奮鬥之革命精神。此外，蔣主席會申述本身少年從軍經過，認當兵爲生平最快樂之事，復宣示指定經國偉國兩公子，首先應徵從軍，與會者恭聆後，甚爲興奮。梁部長寒操、馬副部長超俊，胡副書記長庶華等，雖皆已逾服兵役年齡，因受蔣主席精誠感召，即時簽名志願從軍，其他出席人員一時紛紛參加。張部長治中且宣佈即日電召其留美公子返國從軍，會場情緒甚爲高漲，從軍運動前途必可普遍迅速展開。至此次通過之徵集辦法及編練辦法要點，爲提高國軍素質充實反攻力量，爭取最後勝利，特徵集知識青年十萬人編組青年遠征軍十師，直屬軍事委員會，歸督訓總處編組訓練，徵集標準，凡受中等以上之教育或具有相當知識程度之知識青年（男），年齡在十八歲以上卅五歲以下，體格檢驗合格，其依法

年[illegible]
出[illegible]
一[illegible]。

瑞[illegible]
德[illegible]
逃[illegible]
副[illegible]
岸等處[illegible]一份，氣壓表一個，經偵訊結果，蘇德
邦所攜[illegible]圖戳告密，[illegible]價值，氣壓表與航空有關。蘇德邦以一外籍
，而秘藏此種有關中華民國國防機密之文書圖表物品，實爲危害中華民國
防安全之不法行爲，[illegible]依軍機防護法第四條收集關係軍事上機密之文書圖
表物品之犯定規定訴追。[illegible]軍委會核准，除德力一名證據不足，免予檢
舉，即行開釋，並派員監護[illegible]。蘇德邦一名，連同案卷，解送陝西高等
法院，依法訊辦。經高院發交長安地方法院檢察官偵查，認爲蘇德邦罪犯軍
機防護法第四條之罪，提起公訴，經該院刑庭判決，蘇德邦收藏非職務上所
應知悉或持有之軍事機密[illegible]處有期徒刑三年，持有軍用槍彈處有期徒刑
二月，執行有期徒刑三年[illegible]該蘇德邦即向法院提起上訴，經高院推事高
勳開庭調證後，今日公開[illegible]時開庭，審判長王維翰推事高勳[illegible]
會檢查官蘇鳳岐蒞庭執行職務，被告[illegible]德邦委任[illegible]
，以瑞典人爲刑事被告至陝西高等[illegible]
旁聽者頗多，至十一時審判長宣[illegible]
一監獄。

[illegible]步，竟還是第[illegible]

### [illegible]罪名扣押

【中央社西安十二日電】瑞典人蘇德邦，法國[illegible]逃[illegible]遊歷晉西晉北延安等地，八月十日到[illegible]來嫌疑，於本年一月三日經第八戰區[illegible]出由綏遠至迪化及由北平至黃河沿

### 豫省主席宣誓就[illegible]

黨部省政府全體委員，於[illegible]
央派陳長官誠代表監誓。

【中央社貴陽十四日電】[illegible]
區多防會議，並趁便[illegible]
行政區各防會議，定[illegible]
患。

緩召及應徵服役者，均得自願參加。超過三十五歲如經特准者，亦得志願參加。女青年則另有女青年遠征軍服務隊。組織辦法，辦理徵集機構，在中央設全國知識青年志願從軍指導委員會，各省、市、縣各學校設知識青年志願從軍徵集委員會，將來各縣市及各學校應徵青年，應先向各該縣市及各學校徵集委員會集中，然後分別向所屬及所在地之各該省徵集委員會或其指定地點集中，於三十四年一月一日起至二月底，均在指定地區入伍。又此項青年遠征軍薪餉給與，同遠征軍入伍期間家屬之優待，及退伍後就學就業之獎勵，均有詳細規定。全國知識青年志願從軍指導委員會，並於十四日下午宣告正式成立，其委員人選見另電。

## 敵佔桂平

【同盟社前線基地十四日電】我軍繼續在廣西省進擊，數日來在桂平東方地區，展開激戰中。十二日上午，將其完全佔領。敵自南寧方面，抽調廣西第三十一軍第一百三十五師與雷州半島方面的廣東軍第一百五十五師等，致力防衛該地區，但俱被我軍擊潰。桂平又名潯州，位於丹竹西北方約四十公里處，是防衛廣西的最前綫。

【同盟社里斯本十二日電】據重慶合衆電稱，担任防衛桂林、柳州的第四戰區司令長官張發奎，於九日接見記者團，發表談話如下：在桂林周圍沿湘桂鐵路南下的日軍，還要兩個月以上的時間才能與廣東方面北上的日軍匯合。中國東部日軍的成功，基於下列三個要素：（一）日軍武器優秀。（二）日軍的組織優良。（三）日軍士兵是優秀的戰鬥員。重慶軍在前綫還沒有跟日本坦克部隊乃至機械化部隊接觸。日軍使用騎兵爲攻擊的先鋒隊。最近將來足以救助重慶困境的美軍唯一的作戰，就是迅速在福建或廣東沿岸的登陸作戰。

【海通社柏林十三日電】重慶訊，日本將以數目大的與擲彈筒以及數百山砲，約一百輛坦克投入桂林戰鬥。況且，他們必有數百轟炸機與戰鬥機爲之協助。此乃重慶界人士所作之聲明，並謂重要的是：在日本進攻桂林時，他們可利用可通航的西江，且能修築與應用他們前進所需的一切陸路與鐵路綫。此間認爲：準備把桂林作爲頑強的抵抗中心是今年六月開始的，即長沙失陷後不久，日軍開始迅速向南挺進的時候。上述人士曾重指出：桂林現在像是大的守望的堡壘。各種援軍源源不絕到來。據說：城內與附近山岳地下洞窟儲藏的糧食可供數月之需。然而醫藥的貯藏是很少的。[illegible]南司令部參謀軍官與美式將軍並稱：況且，駐紮桂林的軍隊，半數以上都是湖南來的。自從今

---

【中央社宜山十二[illegible]年軍三隊，分赴戰地[illegible]正積極集中。

【中央社西安十二[illegible]千餘元，每元折徵成[illegible]

## 日寇大施懷柔 以二億元借[illegible]

[illegible]律濱共和國，進行二億[illegible]銀行總裁出式將該借款[illegible]信用借款，係根據菲律[illegible]係的要求，此對於在本[illegible]的加強作用。情報局公[illegible]東國的經濟關係，決定由[illegible]關於上述借款條約，日本[illegible]已於十一月十一日簽訂完畢[illegible]

【同盟社東京十一日電[illegible]濱共和國政府從本條約簽[illegible]的日本貨幣。（二）菲律濱[illegible]定後五年內，分次隨時償還[illegible]及菲律濱共和國政府的討論[illegible]

【同盟社東京十一日電[illegible]月十四日，迎接她獨立一週[illegible]基礎，國內的體制，完成[illegible]二億元的日本貨幣，信用借[illegible]係的菲國所要求，但[illegible]同盟條約的精神，作爲[illegible]求。二億元的日本貨幣，[illegible]方開發會康，逐漸支給該[illegible]強該國政府的財政基礎[illegible]九四五年）的預算中，[illegible]的收入，並且可以充當[illegible]預美式運進中的共和[illegible]

# 参攷消息

（只供參考）
第六八六號
解放日報 新華社 編
今日出一大張
卅三年十月
十六日
星期一


## 台灣以東海空大戰 敵稱擊毀美艦廿餘艘

【同盟社東京十五日電】據十五日大本營公佈：我部隊在台灣東方海面，曾反復猛攻敵機動部隊的主力，擊沉或擊毀敵航空母艦九艘、擊沉驅逐艦一艘、擊毀戰艦巡洋艦各一艘、艦種未明艦十一艘。該公佈僅爲大本營在十二、十三兩日戰鬥中已確切判明的戰果。但對該部敵艦的追擊戰，至十五日仍在持續中。又在十四日的戰鬥中，已判明擊沉特別航空母艦一艘、戰艦一艘、巨型航空母艦一艘、擊毀巨型艦一艘、炸毀巨型艦一艘。此外被擊毀的敵艦，在我艦隊猛烈追擊下，仍有繼續被擊沉者，因之敵機動部隊的主力，大有全部被殲滅之勢。又在公報中，曾說除我部隊及基地航空部隊參加作戰外，帝國艦隊亦出動作戰，此蓋說明隱忍持重，在等待戰機的帝國海軍，準備一舉包圍敵機動部隊，完全殲滅之。

【同盟社東京十五日電】大本營號外（十月十五日十五時）：台灣東方海面之敵機動部隊，十四日起，向東方潰退中，我軍反覆猛攻敵人，正擴大戰果中。截至現在爲止，已查明戰果（包括已發表的戰果）如下：炸沉航空母艦七艘、驅逐艦一艘、（註：已發表的艦類未詳三艘，現已查明是航空母艦三艘）、擊毀航空母艦二艘、戰艦一艘、巡洋艦一艘、艦類未詳十一艘。

【同盟社里斯本十四日電】據華盛頓來電，美國海軍當局宣佈，此次襲日本西南諸島及台灣的艦隊，爲屬於太平洋第三艦隊的第五十八機動部隊，航空部隊的司令官爲密徹爾中將。

【同盟社東京十五日電】敵美的有力機動部隊，突然出擊台灣東方海面，正規地向我國攻來。十一日以來的戰鬥經過，大致如下：十一日夜我偵察機

會與羅斯福討論同樣之事宜。邱吉爾、斯大林艾登、莫洛托夫、美駐蘇大使哈立曼昨夜與波總理米科拉茲柯會商波蘭問題，歷時三小時。

【合衆社莫斯科九日電】斯大林與邱吉爾舉行之會議，於英蘇關係最融洽之空氣中，進行會商，迄今在外交上已有若干發展，據視爲此次會商之初步結果。凡此發展中計有：竭力以謀波蘭問題之解決，匈牙利之投降在即及保加利亞之接受初步議和條件。此間人士咸認爲邱吉爾抵此者與斯大林舉行初步會商後，復有上述若干發展，此不僅爲偶合之事，其他同等重要或更重要之發展可望即將產生。此間態度謹愼之觀察人士，對解決波蘭問題之機會原持懷疑，蓋兩週前此一問題似已絕望，然均同意如有任何可促成雙方諒解者，則非米科拉茲柯莫屬，他不僅時受克里姆林宮之重視，且亦爲盧布林波人所尊敬之人物。米科拉茲柯於蘇方重新請其來蘇後不滿廿四小時即已抵此。波蘭國內軍達波將軍同來，是證已作商討軍事問題之準備。按波蘭內部之分裂，自華沙事件發生以來，最爲嚴重。目前巴爾幹局勢之發展，亟有進行緊急會商之必要。然盟方在該區還有軍事與外交上之進展，每一國家均有不少尚未解決之問題。此間人士稱：匈牙利『即將投誠』。蘇軍不久即可迫近奧地利及捷克南部邊界。斯大林十一日夜，應邀出席英大使館歡宴，殊足重視，此絕非其他國家慣有之外交酬酢。斯大林此次應邀赴宴係屬破例之舉。

## 路透社評 米科拉茲柯訪蘇

【路透社倫敦十二日電】波蘭總理米洛拉茲柯今日之到達莫斯科（大抵將參加英首相與斯大林間目前的會談），此間一般認爲是蘇波關係中最有希望的發展。似乎顯然是，邱吉爾在其與蘇維埃領袖的開始談話中，即已強調英國忠誠於一九三九年對波蘭所宣佈的保證及遵循協調辦法，而不以命令辦法由被合法承認之波蘭政府充分參加與其本國密切有關的討論，以達到目前聯合國中最苦惱問題求得解決之決心，此問題已成爲同盟國中頭等重要的問題，並被一般認爲是和借地，向和平組織前進的第一個考驗。在蘇波糾紛的整個複雜過程中，雖然無疑的蘇聯及盧布林波蘭人士均準備接受米科拉茲柯個人——並的確會請他去領導盧布林委員會，但最近對倫敦波蘭政府之攻擊已一般地引起對達到繼續妥協可能性的嚴重疑慮。米科

在台灣東方海面發現敵機動部隊，視界雖極不清但仍保持密切的聯系，嚴視敵人的動靜，十二日，我海上飛機與陸上飛機，一齊殺到敵機動部隊上空，從午後七時，反復猛攻達兩小時之久。十三日我航空部隊復於該日反復攻擊敵機動部隊，由於視界與前日同樣不良，我機乃肉搏進攻，給敵機動部隊以深痛打擊。十四日經我機兩日來的猛攻，該敵幾乎完全喪失攻擊能力，於該日午前十一時，開始遁走。嗣後我空軍繼續追擊，同時出動海上部隊，對逃走之敵，展開了偉大的海空追擊戰。

## 莫洛托夫接見波總理 斯邱會談傳已有初步結果

【路透社莫斯科十三日電】蘇外交人民委員長莫洛托夫今日接見波總理米科拉茲柯、外長陸莫及波蘭國務議會主席格拉布斯基，此為他們到莫斯科來之首次被接見。會見於禮貌中進行。

【海通社柏林十三日電】莫斯科訊：紅軍機關報紅星報評論倫敦流亡政府總理到達莫斯科，猶呼該政府為『波蘭反動派的破產朋黨』，否認該政府有權代表波蘭人民講話。

【路透社莫斯科十四日電】斯大林邱吉爾與波總理米科拉茲柯於十三日夜間會談歷兩小時。蘇外委會委員長莫洛托夫、英外相艾登及美駐蘇大使哈立曼均在場。

【合衆社莫斯科十四日電】外交高級人員方面今日透露：斯大林與邱吉爾雖極努力，但波蘭問題依然棘手，且拒絕表樂觀或悲觀態度。斯邱與米科拉茲柯於昨夜舉行會議後，今日邱吉爾會與自倫敦來此之波蘭政府人員舉行秘密會議，在今日之二時半會議中，艾登、英大使卡爾及波外長陸莫等皆參加。

【合衆社莫斯科十四日電】在蘇京會談中斯大林已同意歐洲戰事下一階段之行為，並正要求乘此機會使波蘭問題獲解決。至於他們所討論的軍事問題詳細若何，尚未宣佈。惟據推測，他們討論此等事宜之目的，在決定擊潰德國之最後攻勢之方向及時間，及對匈之休戰條件與對保之態度。上月邱吉爾

拉茲柯本人以受此指導原則所支配者稱，即他的政府雖然是在不民主的憲法下執政的，但必須以民主的及協調的辦法集體地向下列政策發展：保證戰後強固、獨立、××的波蘭的生存，並與鄰國及盟國（包括蘇聯在內）處於良好的關係中。因此，據測他不會僅僅為了放棄其倫敦內閣同僚及拉茲克維茲總統並與張口爲人的盧布林波蘭人士合流而採取此次莫斯科之行。很可能是這樣的，即邱吉爾得以使斯大林認識英國及美國對於此種方法達到波蘭政權依照憲法而持續之重視，即將倫敦政府機構（此唯一具有波蘭權力的機構自戰爭爆發起即一貫存在）與蘇聯扶植之民族解放委員會合併，同時並排除雙方的極端互相攻擊者。一般相信，由於邱吉爾的親自支持並到場解釋英國政策，米科拉茲柯以其大家所知的與蘇聯達到諒解及其存在於波蘭政府改進而非破裂的願望，將具有達到妥協的極佳機會，此機會在今日以前是很遙遠的。索森科夫斯基之免職，雖有盧布林領導者對其繼任者及倫敦政府之攻擊，一般仍認為是該政府汰除反蘇極端主義者的願望。因此，目前莫斯科的討論可能大部份轉向拉茲克維茲總統之為人及權力，他在表示不願同意索氏免職後，現正依照一九三五年憲法担任總司令之職。據稱，在索森科夫斯基插曲時，總統除屈服於內閣關於該問題的要求外，並曾準備批准在該憲法下以前授予已故薛科爾斯基將軍的獨裁權力，但現在問題仍在於米科拉茲柯是否能予蘇聯滿意的保證：即總統將不擅意使用其極端權力並在波蘭人民對將來憲法能表示其自己意見之前，同意讓政府由倫敦及盧布林波人組成親蘇的混合內閣，而根據現在的證明，波蘭人民寧願要類似一九二一年民主的憲法，而不願要後來由畢蘇斯基所強加於人民的憲法，後者雖在盧布林之反對下仍在有效用。

## 海通社口中的美報評斯邱會談

【海通社柏林十三日電】紐約訊：紐約先驅論壇報倫敦辦事處訪員托賓評論英國於目前莫斯科會談中的讓步稱：在政治方面，英國從來沒有像現在這樣接近蘇聯。蘇聯在巴爾幹，在羅馬尼亞、波蘭、保加利亞、南斯拉夫、土耳其以及捷克斯拉夫將有很大的勢力。托賓繼稱：希臘仍然在英國勢力之下，愛沙尼亞、拉脫維亞、立陶宛、芬蘭以及

德國北部與東部區域將陷於蘇聯勢力範圍。該訪員結語稱：英、美、法在德國以及意大利和整個非洲將有警察管理權與勢力。

【海通社柏林十三日電】倫敦『泰晤士』報載文稱：英蘇在巴爾幹的利益無須衝突，因為英蘇關於巴爾幹問題的協同一致，已經包括在英蘇的條約中。對此，威廉街人士並不認為令人驚異，而認為是證實了手頭的情報。『泰晤士』報——無疑是代表外交部說話的——宣稱：據英國方面稱，羅馬尼亞、保加利亞、匈牙利、南斯拉夫將屬於蘇聯勢力範圍。另方面，英國則將操縱希臘與土耳其，即地中海東岸邊境各國家。然而，威廉街人士並不相信：斯大林放棄對北希臘的一切要求，即使是從希臘佔領區撤退保加利亞軍隊已付諸實際。威廉街發言人稱：斯大林以其一貫的狡猾會給邱吉爾某些糖果，以便獲得豐富的臘腸、火腿、麵包，而波蘭亦屬於這些東西。他繼稱：波蘭問題尚未在莫斯科解決。這無疑是邱吉爾延留該處的原因之一。倫敦方面報導：邱吉爾本來只打算住到週末，於週末歸返倫敦。星期五交換通訊社稱：其歸期將延緩，因為許多問題尚待討論。威廉街方面認有重大發展的是：據交換通訊社報導，匈牙利問題刻亦已在莫斯科討論。

## 同盟社揣測 斯邱會談內容

【同盟社斯托哥爾姆十日特電】邱吉爾一行的訪問莫斯科，在一般預料這是魁北克會談的當然歸結的人們中，產生相當的反響與各種揣測。儘管魁北克會談的決定，業已經由美英兩國駐蘇大使送交克里姆林宮，但是最近蘇波問題的尖銳化，巴爾幹形勢的緊迫，頓巴敦橡樹林反軸心國會談的失敗，西部戰局的停頓等一連串事件，逼使邱吉爾不得不親與斯大林委員長會談。會談內容為：（一）關於戰略問題，從來美英軍事專家屢次指出，歐洲的東西兩戰綫的配合不夠，這給德國防禦陣地以巨大的利益。因此，他們對這一事實非常不滿。此即諾曼第作戰表示了在配合蘇軍春季攻勢上來說是遲了一點，蘇聯遂懷恨在心，因此它此次僅在波羅的海及巴爾幹進行側面作戰，回避對德國的心臟部進行正面進攻。最近美英的空運部隊又在安亨遭受殲滅性的打擊，因此，美軍當局更深感東西兩方面作戰有密切連系的必要。又美國參謀總長馬歇爾赴法國戰場訪問，亦暗示了美英在今年內

【海通社斯托哥爾姆十日電】斯文斯卡日報駐倫敦訪員稱，法國共產黨負行政變之危險現在較巴黎剛解放後之情形甚至更大，訪員認為，法國政局正面臨着富於風波甚至爆發的時代，作為此點的理論根據。該訪員指出法國人民生活水準的驚人懸殊及共產黨為法國今日最易爆裂及最可怕政治因素的事實。據未證實的謠言稱，共產黨據稱已在都爾、波爾多及土魯斯掌握政權。該瑞典訪員指出，共產黨為法國組織最好的政治集團，在數量上可能是最強大的。共產報紙『人道報』及社會主義者之『平民』報銷售五十萬份，即是說，多於一切其他報紙的總數。

【海通社巴斯勒十三日電】巴斯勒國民日報訪員訪問保共三要人：內政部長朱哥夫、祖國戰綫總書記藏文科夫及保××總理瓦西洛夫。訪問之後該訪員稱：保加利亞今後之命運以保共的態度為轉移。該員繼稱：保國是否會變為共產主義，目前與各反法西斯黨派的合作是否會繼續，保國是否將循目前民主的道路前進或將陷入內部之混亂中，其將來之命運若非全部依靠保共之態度，至少主要依靠保共之態度。

## 美外交政策協會 批評重慶內部混亂

【同盟社里斯本十三日電】紐約電：美國外交政策協會，十三日著文暴露混亂之極的重慶政權的內情，稱：重慶軍在中國大陸戰綫連續敗戰，其所以如此，固然是由於武器不足，但重慶政權內部的混亂，亦是其重大原因。在重慶政權的上層，政治腐敗，內部鬥爭激烈，另方面重慶民衆對共遂行戰爭的方針，抱着很大的不滿。在這種情形下，當然重慶民衆不喜歡參軍，結果重慶當局便無理徵收，達到了如此驚人的地步，即士兵中被送到前綫的，二十個人中僅有一人，若拉寄捐雜稅的中國農民，現正在協助其救星的日軍。這又是重慶軍失敗的一個原因。

【同盟社里斯本十三日電】據自重慶發出的美聯社電稱，日軍在坦克部隊的掩護下，在桂林北方四十公里處之大榕江地區，猛攻重慶軍陣地，若突破該陣地，則日軍可從正面與側面，直接攻擊桂林。重慶軍事委員會十三日曾就上述事情發表：「戰鬥的焦點在湘桂鐵路的要衝興安西方十九公里處，現

開始大攻勢的準備工作已完成。恐怕邱吉爾亦與此相呼應，要求蘇聯加强東部戰場的攻勢。（二）泰晤士報稱：邱吉爾與斯大林的會談，除了上述的軍事問題外，尚有歐洲將來的政治合作問題，從他的隨員名單看來亦很清楚。無論如何，此次討論的問題約有：一、處理德國問題；二、蘇波問題；蘇波兩國間的危機深刻的威脅着反軸心國間的合作，一般認爲英外長艾登，將盡最善努力以作最後解決。（三）保加利亞問題，保加利亞的形勢，美英爲了對抗蘇聯向愛琴海的活動，有必要將……（電文不清）決定爲勢力範圍。（四）太平洋問題；英國將來在太平洋上僅能被給予一些規約上的東西，英國對美國這樣的態度是非常焦慮的。消息靈通人士揣測，邱吉爾是否要用英蘇合作來對抗美國的獨佔東亞。

## 白崇禧發表告廣西人民書

【中央社柳州十四日電】白副總長今發表告廣西全省民衆書。文內首先指出敵人此次進犯廣西，是以進爲退，以攻爲守，妄想打通平漢粵漢兩路，甚至中國沿海及湘桂，越桂交通線，以作緬越及南洋退敵之歸路。其次指示桂省民衆配合國軍保衛桂柳之方法。凡國民年齡在十八至四十五歲之壯丁，均應加入民團組織，鄉鄉成立一大隊，每縣集中使用一至三大隊，由縣長兼民團司令，統歸張官長黄主席指揮。其工作爲維持地方治安，協助國軍作戰，破壞敵人交通，及各種後勤工作。其尤要者爲敵寇壓境之際，澈底實行空室清野，奉行國民公約。文末並謂今年年底以前我盟國可以解決德國，明年年底以前就可以解決日本。現我大軍已進入廣西省，本省民衆乘時奮起，協攻倭寇，轉守爲攻，轉敗爲勝，完成抗戰勝利使命。

## 意共要求改組政府 法共掌握若干城市

【海通社伯爾尼十一日電】瑞士通訊社稱：意大利共產黨開始了巨大的宣傳運動，在此過程中將於羅馬及盟國佔領意大利其他城市舉行多次大會。羅馬已同時舉行過三次大會。羅馬市委員會委員阿里卡塔教授爲主要講演人。阿里卡塔要求選舉新國會，改組政府與對法西斯政權的一切領袖採取澈底措施。

正在展開激戰中』。另方面日軍別動部隊，向柳州東南之平南地區出擊，十一日又向北進擊，刻正在平南北方三十公里處，展開激戰中。

## 每日快報刊載消息 蘇將以西伯利亞供作美機基地

【合衆社倫敦十日電】每日快報於午前三點版中刊載其華盛頓通訊一則（但在最後版中被删去），其中稱斯大林已向美國保證在歐戰結束後可立即使用西伯利亞基地。據稱：此項保證係向某美國高級官員提出。預料蘇聯在擊敗日本戰爭中將不積極參加。

## 國際零訊

【法國新聞處巴黎七日電】鐵托元帥即將抵達莫斯科與斯大林會談。

【合衆社羅馬五日電】盟軍總部宣稱：希臘互相頡抗之各游擊軍領袖已同意將一切部隊置於盟軍最高統帥部指揮之下，並接受希臘流亡政府的權力。據稱：決定在一致同意配合鬥爭以儘可能迅速解放希臘並維持完全秩序的精神下成立。此次協議係在地中海盟軍最高統帥威爾遜、希臘總理斐邦德里歐、互相頡抗的游擊隊領袖薩拉非將軍與塞爾瓦斯將軍等所主持之會議中成立。協議成立於最近希臘內閣改組之後，此次改組曾容納共產黨四人及其他二最重要游擊隊黨代表各一人。

【同盟社柏林五日電】德國空軍雖在數量上處於劣勢，而且必須在廣泛的領域上担當防衛，但德國空軍在過去三個月中，在西部戰線共擊落反軸心軍飛機五千一百四十五架，在東部戰線則於同一期間內，擊落蘇機四千一百八十架。

## 石家莊一帶敵我對戰

【同盟社石門十三日電】延安系『匪賊』在河北省西南部，繼續游擊式的蠢動，我現地部隊對於該地，正在進行無間斷的肅正討伐戰，其九月份的綜合戰果如下：交戰次數：三十六次——交戰敵兵八千一百六十五人，我方收容敵屍二百六十五具，鹵獲品與毁滅敵設施頗多。

# 参攷消息

（只供參考）
第六九六號
解放日報 新華社 編
今日出一大張
卅三年十月十七日
星期二


石報告蘇聯的意圖）於自烏魯木齊至重慶途中，被以××方式刺殺。該聯於一九四四年春發展其增强的活動，該督辦遂要求重慶加强軍事保護。蔣介石答應此要求，但中國軍隊一再與蘇軍衝突，莫斯科的答覆是以蘇聯轟炸機連續襲擊新疆省城烏魯木齊。蔣介石因此向莫斯科抗議，並請求蘇聯撤出而干涉。但是，重慶不能保持此立場，不得不應莫斯科的要求召回盛世才。同時，盛世才回重慶後被熱烈歡迎。他被國民參政會獎以『卓越軍人』的光榮稱號。消息最後稱：新疆問題絕不能認爲是重慶已解決的××。英美的干涉將使新疆問題日益困難。

## 海通社報導英美輿論 重慶失敗要自己負責

【海通社斯托哥爾姆十五日電】重慶中國與西方國家之間的意見分歧日益增長，雙方爲重慶最近軍事上的失利而相互譴責。外交政策協會剛出版的中國形勢一覽，引起美國人士極大注意。據稱：爭吵主要不是圍繞西方國家的輸送供應品問題，而是討論目前在中國人當中頗爲顯著的軍事上衰弱的責任問題。華盛頓以及倫敦都流行這樣的意見：即事實的責任不能推到西方列强身上，因爲他們已盡了最大的力量。該報導繼稱：另一方面，日本對中國的封鎖不能認爲是目前危機的主要原因，蔣介石軍隊的羸弱不僅與缺乏裝備有關，且亦是軍隊本身內部情況的結果，這表現在：將領當中政見的分歧，對動員方式的不滿，某些軍界人士的腐敗，以及重慶的未能充份利用可用的工業設備。該報導繼稱：因此，如果抽調的二十個中國壯丁當中眞正到前綫的只有一個人。那不會是外國所作的錯誤。將領們彼此的不和，因而造成七月長沙的淪陷，這並不是盟國的過錯。在河南省，六十萬[illegible]國軍隊被十萬日軍打敗，這顯然是中國方面的過錯。許多年來中國士兵就虐待該省農民，當日軍進攻的時候，農民就起來解除他們自己的士兵的武裝。竟某一將領就這樣喪失五萬步兵。

【海通社華盛頓十三日電】取消蔣介石及其政府以及中國共產黨接收重慶中國之政權，爲今日華盛頓以極大焦慮所討論之帶有可能性的問題。此點爲斯文斯卡報紐約訪員星期四所報導。他指出：華盛頓相信，莫斯科爲此事之背景。該報繼稱：據美國現有消息稱，中共得到莫斯科之援助較重慶政府得到西方國家之援助爲更大。另一方面，據稱：共黨篡若干時來即不與日本作戰。一般咸信，重慶下列消息是正確的，據此等消息，蔣介石之地位已爲日軍最近勝利所嚴重削弱。華盛頓並不預期中共將改變其對日本之被動態度，

## 西南戰區工廠無法內遷 何浩若任軍委外事局長

【中央社重慶十六日電】湘桂等工廠，因受戰爭影響，致蒙受重大損失。所有搶運後遷之工廠，因限於流動資金及交通工具，大多尙滯留湘桂、黔桂兩鐵路綫及各站。年來工業不景氣，又際此重大變故，雖有少數工廠遷至安全區域，亦無法復工。現全國工業協會總會對中南區各內遷工廠十分關心，曾一再籲請主管當局撥給大批貸款，以便遷至後方，重新復工，俾增加戰時生產。最近除與主管機關積極籌商有效救濟辦法，並擬派員赴貴陽、獨山一帶協助內遷工廠，安置流亡技術員工及設法與當地政府磋商，在當地建廠復工等問題。

【中央社重慶十六日電】新任軍委外事局長何浩若，十六日上午十時到局視事。並發表中央政治學校外交系主任陳×孚爲秘書主任。

【中央社柳州十五日電】廣西青年軍在柳舉訓之一個中隊，現已編整就緒，開往某地集訓。據青年團支團部發表之統計，男女隊員共百五十人，女性佔十五分之一。隊員年齡自十八歲至三十歲。其中曾受大學專門或高級教育者佔十分之一强，受高中教育者十分之三，初中者十分之四弱，公教人員十分之二，其他不及十分之一，平均知識水準均高。女性投攷均以曾學看護或其他醫藥知識訓練者爲限。

【中央社成都十四日電】川黨政軍民各首長十四日上午十時集會，商討川省經濟建設及紳富獻糧獻金問題，當決定：一、本年田賦徵借應迅速徵借，務必依限依額收齊，以應急需。二、卅、卅一年應還糧劵本息問題未決定前，應就各區推選公正紳耆組臨時保管委會，公開接收保管，逐日公佈。三、富紳獻糧，擬由清理田賦及積谷歷年積欠充之。

【中央社迪化十四日電】新省長吳[illegible]派省委張寅澤兼任迪化市市政委會主委

至少在蘇聯未突入滿洲國並與他們取得聯系之前不會改變。訪員指出，所有這些可能性在華盛頓均被以最大的焦慮注視中，因此等可能性對於美國將來態度可能有決定的影響。

## 日寇向印度支那邊境推進
## 積極建立大陸直達交通

【海通社柏林十四日電】重慶訊：向廣西前進之日軍，包圍與攻克桂林的計劃是次要的，主要是向印度支那邊境推進以及經安南、泰國和昭南島建立陸上的聯系。此種意見係根據於前綫消息。據稱進抵桂林北、東、南三面之日軍，目前正改進其後方交通。尤其積極者為日軍對漢口——廣州鐵路之重建工作。此間據收到情報稱：巨量鐵軌已自日本運至中國，以便一旦中國南部××××最後缺口被接聯後，建立自朝鮮至馬來亞的迅速直達交通。平漢路業已完全重建起來。據此間現有消息，向桂林前進之日軍最先頭部隊現已進抵桂林以東及西南二十五哩及二十哩處。

## 愛金生說重慶檢查制度加嚴
## 趙敏恆被外國記者協會開除

【海通社上海十二日電】據紐約時報訪員愛金生稱：重慶對外國記者關於共產黨問題報導的檢查已加嚴。繼稱：他有二篇關於中國共產黨總部延安的最重要報導，以及其他美國記者十篇詳細電文，均被重慶檢查機關扣壓。

【海通社上海十四日電】路透社駐重慶訪員湯姆斯．趙（趙敏恆），已被重慶外國記者協會以該會員一致的投票而永遠開除出會。趙出版一本書，其中包含對記者們嚴厲的非難，而受控為破壞協會會員之職業、道德、名譽及破壞信用。趙在其書中描寫駐重慶的盟方記者為一羣荒淫的醉漢、騙子和沒有受過教育的不學之徒，他們竟夜喝酒。由於趙與重慶政府人士有最密切的關係，且由於他那本書售價較成本還低，一般相信該書為官方授意而寫的。

## 海通社藉新疆問題
## 挑撥中蘇關係

【海通社北京十四日電】重慶與莫斯科間關於對中亞細亞新疆控制的鬥爭，仍在激烈進行中。此點可見之於北京本星期五收到的有資格方面關於中亞細亞情況的消息中。據此消息，蘇聯絕未放棄吞併新疆的老政策。全省行動中的共產黨份子正破壞和平與秩序。此種由莫斯科所人工培養的不安，顯然是想用作蘇軍今後佔領的藉口。蔣介石所委任之前新疆督辦盛世才，在任職期間是煞費苦心的。一方面他需表示與蘇聯友誼合作，另一方面，他又需要保護重慶的利益。盛世才的兄弟（他是去向蔣介

，周崐田兼新疆日報社長，衛生處長余壽源兼省立醫院院長，萬昌言任新疆學院院長，均已先後到職接事。

【中央社豫中某地十四日電】周口敵命令各區攤款，第一次總額為一千零七十萬元，民衆莫不叫苦。

## 敵稱沉毀美艦卅五艘
## 飛機千架人員兩萬五千

【同盟社東京十六日急電】大本營發表（十月十六日十五時）：我軍繼續追擊潰退中的敵機動部隊，截至現在為止，已判明戰果（包括已經發表的）如下：炸沉航空母艦十艘、戰艦二艘、巡洋艦三艘、驅逐艦一艘，擊毀航空母艦三艘、戰艦一艘、巡洋艦四艘、艦類未詳十一艘。

【同盟社東京十六日電】關於十六日大本營發表的戰果，如從人物兩方面推算敵方的損失，台灣、非島兩次戰役，敵共損失人員二萬五千以上，飛機一千架。在台灣方面：擊沉航空母艦十艘，巨型艦四艘、中型艦四艘、小型艦二艘。巨型艦一艘的乘員以千名計，四艘則為四千人，小型艦的乘員以八百人計，二艘則為一千六百人。戰艦的乘員以一千五百人計，二艘則為三千人。巡洋艦的乘員以八百人計，三艘則為二千四百人。驅逐艦的乘員以三百人計，十六艘則為四萬七千三百人。其次被擊毀的敵艦，損失人員如以三分之一計算，那麼巨型二艘則為千人，中型艦一艘為三百人，戰艦一艘為一千五百人，四艘巡洋艦為一千人，十一艘種類不明的艦，平均乘員如以七百人計，那麼十一艘的三分之一則為二千六百名，合計被擊毀的十九艘敵艦，共為六千四百人。而敵方人員損失的總數則為二萬二千七百人。又敵航空母艦戰艦飛機損失的數量，巨型航空母艦以一百架計，四艘則為四百架，中型航空母艦以六十架，四艘則為二百四十架。小型航空母艦以三十架計，二艘則為六十架。又被擊毀的航空母艦，以損失三分之一計算，二艘巨型航空母艦則為六十架，一艘中型航空母艦為二十架，合計共為八百架。在菲島方面，擊沉航空母艦一艘，以巨型計算，則損失人員一千五百名，飛機一百架，又擊毀巨型航空母艦一艘，中型航空母艦二艘，以損失三分之一計算，那麼三艘共損失人員三百人。飛機七十架。此外還擊毀戰艦或者巡洋艦一艘，如以巡洋艦計算，則損失乘員二百五十人，合計之損失人員二千八百人。飛機一百七十架。

【同盟社東京十六日電】根據十五日的大本營發表，在台灣東方海面擊滅敵機動部隊的赫赫戰果，經過如下：第一次（十月十三日發表）：炸沉航空

母艦一艘，艦類未詳一艘、擊毀航空母艦一艘、艦類未詳一艘、第二次（十月十四日發表）：炸沉航空母艦三艘、驅逐艦一艘、艦類未詳三艘（其中艦類未詳三艘，根據十五日的發表，已證明是三艘航空母艦，並追加航空母艦一艘）。擊毀航空母艦一艘、艦類未詳一艘，（在此發表後，並追加航空母艦一艘，巡洋艦一艘，艦類未詳十艘），第三次（十月十五日發表）：炸沉航空母艦七艘、驅逐艦一艘，擊毀航空母艦二艘、戰艦一艘、巡洋艦一艘、艦類詳未十一艘。

## 同盟社報導 一週戰況

【同盟社東京十五日電】（一）西南群島方面：來襲菲律濱群島方面之敵機動部隊開始北上，十日內共以四百架以上飛機，來襲我西南群島沖繩島、岩古島與奄美大島等島，被我擊落二十八架，我方在陸上有若干損失。敵機動部隊復繼續南下，於十二、十三、十四日，主要以艦載機夾雜着一部份在華美空軍之B二九式機，進行波狀攻擊，累次來襲敵機之數目，十二日爲一千一百架左右，十三日爲一千四百架左右，十四日亦與前兩日之來襲敵機數差不多，可說敵機來襲的數目是相當多。我機會予敵以相當大的損失，但我方在飛機、陸上與船舶方面，亦有若干損失。在此攻擊中，敵更加呈現其猙獰的面目，無差別的轟炸各都市。（二）中國方面：（地上作戰）——我軍在華中、華南的作戰，在繼續順利進展中。（航空作戰）——十月上旬敵機來襲數目，共三百四十九架，其中被我擊落與焚毀者，共達八十二架。（三）帛琉方面：在彼勒留島，我軍繼續以衝鋒、肉搏各種戰法，勇敢奮鬥中。敵艦砲射擊與轟炸，最近已漸減少，敵之行動已趨消極。（四）摩羅泰島：我軍與彼勒留島一樣，不斷妨礙敵人設立飛機場，以衝鋒肉搏等戰法，予登陸之敵以巨創。（五）西南太平洋方面：麥克阿瑟軍以新幾內亞沿岸之飛機基地爲立足點，企圖進攻菲島，該軍的動向是不容忽視的，特別是十月十日白晝，以B二四式機爲基幹的敵機約一百四十架，來襲巴里八板，而對哈爾馬黑拉、塞拉姆、安勃、西里伯斯、帝摩爾等群島的空襲，亦是非常頻繁，因此，逐漸暴露了敵之作戰目標。但我所在部隊的反擊，亦是猛烈非常，例如十日敵機來襲巴里八扳，敵機共約一百四十架，被我毀落六十五架，即毀落其一半，我軍予敵以致命的打擊後，將該敵擊退。

## 納爾遜訪華觀感

【美國新聞處華盛頓十五日電】不久以前已返美的納爾遜氏於美國援華會慶祝中國國慶濃認識中國政府還有軍需工業，這些軍事工業規模雖之大，但也是不容忽視的，我會參觀過中國的兵工廠，它們能夠製造品質優良的現代軍火，但最重要的是使中國現存工業的設備盡其最大的利用，並於必要時增加新的設備。

中國的戰爭其意義不單是擊敗共同的敵人，這一次戰爭關係不大，不亞於全世界將來的和平問題，故中國戰後必須是一個團結的民主民族，能夠與聯合國的其他國家合作以求國際貿易的發展，我相信這不僅是一個機會，而且是一種必要。美國人必須在堅強的商業基礎上關心着中國戰後的發展，戰後中國如能代替日本爲東方的領導工業國，那不獨是美國之福，亦是世界之福。

我們必須謹記日本是今日亞洲和太平洋廣大地區上的工業霸主，在戰爭爆發以前，日本便是亞洲南部和非洲東部千萬人民消費品的主要供應者，這一帶的人民多數靠每日一角錢到二角五分錢的薪金度日，故他們的力量只能夠買極便宜的東西，美國和英國的出品在遠東市場上是太昂貴了，所以在日本崩潰之後，除非東方出現一個新的製造便宜貨的國家，以供應現在日本所擁有的國外市場，日本的工業不久必會再度執遠東的牛耳。日本國家必有再度成爲一個帝國主義的侵略國威脅着世界的和平。

在國際工業和貿易上，我們需要一個旁的國家來代替日本的地位，還無疑的便是一個民主和平的中國，中國人有工業化的願望和能力，他們學習工業技術十分迅速，中國工業的逐漸發展可以提高亞洲廣大民衆的生活水準，增加他們的購買力，這樣便可強化國際貿易的基礎，我們應該知道遠東的困難貧和無知，是世界政治的毒瘤，和世界和平的威脅，中國的勃興便可把這種貧窮和無知消滅去大部分。

## 米洛拉茲柯與艾登長談

【路透社莫斯科十五日電】波蘭總理米洛拉茲柯、波外長陸莫與英外長艾登於昨夜深夜會商諸五小時。

【中央社莫斯科十三日專電】邱吉爾抵此後，各外國咸極注意，但蘇聯人民鎮靜如恆。報紙登載亦不甚多，但以邱氏攜帶隨從人員之多（約達五十人）一事判斷，可知所討論之問題極爲重要，所涉及之範圍必極廣泛。若干人士就英蘇會中所透露之點判斷，認爲目前之莫斯科會議乃魁北克會議之續，相信目前所討論者當以歐洲問題爲中心。波蘭流亡政府及盧布林委員會皆有大會上發表演說，報告其訪問中國的觀感，以下為納氏譯文：我有機會參加慶祝中國雙十節的盛會實在感覺非常榮幸，中國人民所應解決的問題我早就十分關心了，我記得幾年前有一個朋友問我喜歡現代那一個偉人，我給他一個令他驚異的答覆——蔣委員長。我不是想分擔蔣委員長的重負，而是因為他有機會領導四萬萬人民改善他們的生活，我認為這是歷史上任何政治家所難獲得的良機。中國大部份主要工業城市都落於侵略者之手，大部分鐵路都被切斷，所餘下來的運輸是極度缺乏的，現在中國有兩萬輛百孔千瘡的卡車，大部分是在惡劣的路上行駛過度所致。自日軍封鎖了滇緬路以後，中國無力補充其所損失的卡車，現在在全部自由中國中只有不夠六千輛卡車可以運作戰物資和主要平民必需品，這些是二萬萬中國人和中國作戰努力所仰賴的。這個數字與美國相較，則變得更小了，因為單就芝加哥而言，便有六萬三千輛卡車供四百萬人民使用。

中國現在倚靠着馱運和苦力運輸，中國的軍隊因為缺乏運輸而受到阻礙，中國各地因為無法轉運物資以致發生物資缺乏的現象，結果促成物價飛漲，其為害人民之烈，不亞於流行的瘟癘。大部分中國人的生活標準，已到了接近僅足糊口的程度，他們的飯和棉衣已經少到不能再少了，可是他們還繼續活下去，不得不吃着更少的飯和穿着更薄的棉衣，他們一面飯越少衣越破，一面還得忍受着物價的飛漲，但我必須在這裏說個明白，蘊藏在中國的忍耐力後面的，不是麻木而是道德和勇敢，在平時中國人必不會忍受現在這種經濟的困迫，但為着團結抵抗侵略者，他們忍受着物資的困苦，振奮起來表現着民族的大勇，這種情形世界史上是罕有其匹的。

中國人決定打日本而且[illegible]他們的一切去打日本，可是他們的作戰能力卻終受着我們運輸作戰物資到中國的力量所限制。滇緬路封鎖迄今已經四年了，日軍從海上和陸上對中國作緊密封鎖，對一支作戰的軍隊可有什麼影響，這一點我們在守菲律賓時已經嘗盡滋味了。封鎖對中國更意味着可怕的犧牲和悲慘的貧困。中國的局勢是嚴重的，但並非沒有希望，這種局勢不但中國人[illegible]，我們美國人也覺得關心。對日本的戰爭多延長一天，其意義就是說[illegible]必須多[illegible]一天，中國人民的苦難多繼續一天，其意義就是說[illegible]國際經濟的樹立必須延緩一天。我曾和中國政府商討各種方法，使更多的軍需品包括一切重要卡車能夠運進入中國，我所特別注意的，是必須使[illegible]工[illegible]的物[illegible]中國，藉以加速侵略者的崩潰。美國人民必

代表來此，可知波蘭問題在此次會談中似佔一極重要之地位。數日以來，斯邱已會談數次，就若干問題交換意見後，現正由雙方專家討論中。斯大林出席英大使卡爾之招待會（此舉殊不尋常），且空氣甚為融洽，可知會談進行尚稱順利。消息報今日檢討會議情形，贊成法國戰鬥報之意見，認為此次會談在此次大戰歷史佔有重要地位，史家將以德黑蘭會議與此次勝利前夕之莫斯科會議並列。

## 美孤立派議員拉福列特
## 提出與英蘇分裂的反動議論

【路透社華盛頓十四日電】威斯康辛州參議員羅伯特・拉福列特於本期「進步」雜誌上撰文稱：『現在是美國擺脫與邱吉爾的帝國計劃及斯大林的爭奪權力的蘇聯[illegible]進攻的時候了』。於指出羅斯福及杜威終止『對美國外交政策上重要問題共同保持緘默』時，該參議員署名之社論宣稱：『在印度我們受到英國的責備，在波蘭我們受到蘇聯的責備——一切是由於我們默許了我們戰爭中富於進攻精神的聯盟者的國家主義計劃。雖有關於「合作」及世界組織的一切會議，但蘇聯已明白表示我們不要「干涉」他們認為最主要地是蘇聯歐洲問題的事情。英國也同樣明白表示：我們不要「干涉」他們殖民地問題。當我們表示我們願意在蘇波爭論中進行斡旋時，我們被告以外交詞令說：管你們自己的事情去。當我們駐印度的特使報告英國對印度態度更加××之急需時，英國不僅實行嚴厲的檢查，而且強迫撤換那個人——威廉・費利浦斯——他不久前才從法國的職位上被委任該職。』關於世界安全組織問題，拉福列特寫道：美國人民亟欲知道他們是否被委託使目前意大利混亂狀態延展下去，還是贊同邱吉爾對法蘭西的友誼，或者把波蘭人交給克里姆林註定其命運』。『關於巴勒斯坦，他寫道：『沒有一個人被充許知道，在這個鬥爭的焦點中我們的政策是什麼。我們是同英國聯合去達到他們要在這個區域中冷待蘇聯並把它逐出去的願望呢，還是我們要企圖一個困難的任務以嘗試去協調這些尖銳衝突的利益呢？』關於美國商船隊問題：『今天我們已有舉世空前的最大商船隊了。美國人民亟欲知道，它是否會給我們在商船航運上的統治地位呢，還是我們要利用它以恢復那戰前統治世界航運的國家的商船隊呢？』

# 參攷消息

（只供參考）
第六七〇號
解放日報 新華社 編
今日出一大張
卅三年十月十八日
星期三


## 敵外務省情報部長 大肆吹噓台灣海面戰果

【同盟社東京十七日電】帝國陸海軍部隊在台灣東方海面及馬尼拉東方海面所獲得的大戰果，是珍珠港以來的光輝大勝利的紀錄。美國方面關於此次對敵機動部隊的潰滅及數萬士兵的損失，完全裝作不知，直至現在僅發表『飛機的損失頗為重大』。十七日岡崎外務省情報部長，特就『我們應深刻知道美軍當局及官憲方面的苦衷』為題，發表下列談話：日軍屢次即聲明『當美國的進攻接近陸上基地的時候即行反擊』，這一聲明並不是毫無根據的吹噓，從此次的戰果中即可充分證明。美國海軍過分相信了自己的戰鬥力，因此刺激了考慮總統選舉的政界上層人物的政略，他們完全忽略了戰略，來襲日本本土最近的地方，結果遭到了料想不到的慘敗。美國在叫囂西南太平洋各島嶼時，曾大大的宣傳，並廣播說：『飛機的損失極為輕微，艦船毫無損失』。隨着戰局的激變，現在已沉默無聲，對我大本營的發表，甚至已不可能反駁一句。從珊瑚海、所羅門海戰以來，羅斯福政府即對美國採取了在顯劣場合默不作聲主義，此次特別是處在再過二十天即是總統選舉的時候，因此其焦慮苦惱亦甚顯著。敵人可能禁止發表日本方面的戰果，或在最小限度內欺騙國民使不知真像。不論任何政府，如果想遮蔽國民的耳目，則必須停止對日作戰，不然此次海爾賽的艦隊將……（掉）[illegible]疑。當然今後美國海軍將企圖進行奪回菲島的作戰，帝國海軍的反擊力已在此次作戰中充分表現出來。由於總統選舉的政略，遂不顧戰略亂自行動，此種美國海軍亦是非常可憐的。在此次作戰中，當我們想到敵人二萬數千成為海藻犧牲的時候，實不禁洒以一掬同情之淚，他們作了羅斯福政權政略下的犧牲品，甚至連名譽的陣亡均得不到公佈。為了使選舉有利而計劃的作戰，將相反的製造了羅斯福苦痛的原因，這是何等的諷刺

因之米徹爾若不得不與其他士兵同樣游水時，則想他大概已不在人間。

【同盟社東京十六日電】在台灣東方海面慘敗的美國第五十八機動部隊，是按照着担任太平洋反攻作戰的主角編成的。以強有力的制式航空母艦為旗艦，並配以主力艦、補助艦以及大供給船隊，着實是一個強大的艦隊。司令官為米徹爾中將。該機動部隊為掩護進攻日本，在中部太平洋行動時，屬於第五艦隊（司令斯潘魯安斯）稱為第五十八機動部隊。在西南太平洋行動時，屬於第三艦隊（司令海爾賽）稱為第三十八機動部隊。此次係受海爾賽的命令出動的，故正確的應稱之為第三十八機動部隊。關於該部隊的編制內容，與其由我們來說明，還不如借用在該機動部隊佔領雅浦島後，美國海軍部對它的介紹。其介紹內容如下：目前在塞班方面行動中的第五十八機動部隊，曾掩護過去年十一月在吉爾貝特群島，本年二月在馬紹爾島以後麥克阿瑟在荷蘭蒂亞島的登陸作戰。此外還攻擊尼特拉克島、帛琉、雅浦、小笠原群島。該艦隊的火器相當於七十個美國標準砲兵隊的砲火，堪與強大的海岸砲台相匹敵，備有各種砲八百五十門。第五十八機動部隊亦稱艦隊列車，可以從本國的根據地出發到遼遠的水域作戰。其附屬的運輸艦隊，可以至後方運輸食糧、燃料等給該艦隊。全艦隊的滑走路共為一百廿五萬平方呎，同時可以起飛三架艦上機。

## 敵寇台灣海面戰果又一報導 美損失人員一萬三千飛機六百架

【同盟社東京十六日電】由於我軍的猛戰，對台灣東方海面的敵機動部隊，已獲得驚人的大戰果，這已見之於屢次的大本營發表。十月十二、十三兩日，已建立如此勝利的紀錄，即炸沉敵艦八艘，擊毀十五艘。以此毀沉的敵艦為基礎，現推算敵船員與飛機的損失數目，則達到如下的龐大數字。即炸沉的敵艦中，大型航空母艦的船員，一艘凡一千五百人，中型航空母艦一千人，則大型航空母艦三艘為四千五百人，中型航空母艦四艘四千人，驅逐艦艦員按三百人計算，則擊沉驅逐艦一艘共三百人，合計一舉把八千八百個敵人擊滅海底，其次若推算擊毀的敵艦船員喪失三分之一，共擊沉航空母艦大型中型各一艘，故大型航空母艦一艘為五百人，小型航空母艦三百人。戰艦船員按一千五百人計算，則喪失三分之一的五百人，巡洋艦按八百人計算，則一艘喪失二百五十人，艦類未詳十一艘按七千七百人計算，則喪失船員三分之一的二千六百人，擊毀敵艦船員的損失，共計四千一百五

# 敵稱在台灣東方及馬尼拉 擊沉擊傷美艦共四十艘

【同盟社東京十六日電】大本營公佈十二日夜半我航空部隊的輝煌戰果後，即不斷公佈台灣東方海面的大戰果，如再加上十六日十六時卅分公佈的馬尼拉方面的戰果，那末我方獲得下列驚人的戰果：在台灣轟沉和擊沉敵艦十六艘，在非島擊沉敵艦一艘共計十七艘。內計在台灣擊沉敵航艦十艘，在非島擊沉敵航艦一艘共十一艦；在台灣擊沉敵戰艦二艘，在台灣擊沉敵驅逐艦一艘。在台灣擊傷敵艦十九艘，在非島擊傷敵艦四艘共計廿三艘。內計：在台灣擊傷敵航艦三艘，在非島擊傷三艘，共計六艘；在台灣擊傷戰艦一艘；在台灣擊傷敵巡洋艦四艘；在台灣擊傷艦種不明的敵艦二艘；在非島擊傷戰艦或巡洋艦一艘；合計：在台灣擊沉擊傷敵艦卅五艘，在非島擊沉和擊傷敵艦五艘，共計四十艘。在非島擊落敵機卅架。

【同盟社東京十六日電】敵人對於台灣東方海面的一大殲滅戰非常狼狽，遂出動救援部隊，於十五日上午使用航艦飛機空襲馬尼拉，我方將其擊落十八架。我陸海軍航空部隊於十五日晨兩度猛攻在非島東方海面北上的敵人艦隊，轟沉敵航空母艦一艘，另有二艘中彈起火，炸傷敵大型航空母艦一艘，此外另有戰艦或巡洋艦一艘中彈。我方擊落敵機卅架。此役我機若干架未返防。第一次攻擊：上下十時四十五分我第一次攻擊機隊在非島東方海面捕捉敵機動部隊，果敢地攻擊敵人。我機所投的巨彈命中中型戰艦或巡洋艦一艘。敵巨型航空母艦一艘中彈後欲轉換方向逃跑，但是甲板上的飛機都落入海中。我方在空戰中擊落敵格拉曼式飛機七架以上，獲得輝煌的戰果。第二次攻擊：下午四時進行攻擊，轟沉敵航艦一艘，另有兩艘的甲板中彈起火。敵艦吃了敗戰後即向東方逃跑。我方在此役擊落敵格拉曼式飛機廿架以上。

【同盟社東京十六日電】十六日十六時三十分大本營公佈：爲收容潰走中的友軍，敵復出動其他友軍，於十月十五日空襲馬尼剌。該方面我航空部隊乃截擊該敵，在該島東方海上，反復猛攻的結果，計擊沉敵航空母艦一艘、擊毀航空母艦三艘、戰艦或巡洋艦一艘，擊落飛機三十架以上。我方損失飛機若干。

【同盟社東京十五日電】美國有力的機動部隊出現於台灣東方海面，已於十二、十三兩日，遭受到決定的打擊，損失很多航空母艦。其中並有一艘超大型的航空母艦，該艦大概是該機動部隊的旗艦，若爲旗艦，則當然載有司令官米契爾。十二、十三兩日——戰場附近海面波濤至高，幾乎難以營救，十六，炸沉與擊毀敵艦的兵員損失，共達一萬二千九百五十人，而且這個數目，係按照最低標準來估計的。敵人船員實際上的損失，當遠遠超過這個數字，敵兵員消耗是出乎意料的大。其次再看一看敵機的損失：炸沉大型航空母艦三艘，中型航空母艦四艘，而其飛機的損失爲三百架（共三艘大型航空母艦，一艘大型航空母艦的搭載機按一百架估計），中型航空母艦按六十架計算，則四艘共損失二百四十架，共計損失五百四十架，被擊毀的航空母艦損失按搭載量的三分之一計算，則大型一艘約損失三十架，中型航空母艦一艘損失二十架，此外再加上戰艦飛機的損失，則由於炸沉與擊毀敵艦，使敵機約六百架葬身海底。

## 美機襲琉球詳情

【同盟社東京十七日電】本月十日由於敵人來襲台灣使我方遭受的損失，根據由各方到達情報局的報告，敵人艦隊前後九次進行波狀攻擊。第一批是從上午七時至八時廿分，機數爲二百三十六架。第二批是從上午九時二分至十時十五分，機數二百一十架。第三批從十一時四十五至下午零時半，機數一百五十六架。第四批下午零時四十分至一時四十分，機數九十二架。第五批從二時四十五到三時四十五分，機數一百三十六架。前後八個小時，共計飛機八百三十架向那霸布作集中攻擊。第一次完全是戰鬥機，第二次以後即加入強有力的轟炸機。敵人攻擊的主要目標，在第三次以前是飛機場、船舶、港灣等軍事設備，第四次、第五次則是對市街進行無差別的轟炸。由於敵機瀰我入阻擊陣地的轟炸，儘管民間防空的極力活躍，卒因敵人從海上的強襲，除縣廳武德殿與海岸地帶的住宅一部及郊外，全市成爲灰燼。××七千八百二十四個，投下六百四十二個，死一百四十三人，受傷十三人。在那霸軍事設備遭受若干損失，但在宮島，石垣島，大東島，奄美島則無（掉）害，損害亦極輕微。沖繩縣全縣共死亡二百名。

## 敵酋小磯談 決戰行將開始

【同盟社東京十六日電】此次我陸海軍在台灣東方海面所獲的光輝戰果，對敵第五十八機動部隊的殲滅戰，可以期待其已帶來轉入攻勢的神機。小磯首相於十六日閣議散會後，特別發表下列談話：預期的決戰行將開始，在天皇庇護下，已在台灣東方海面首次戰鬥中獲得巨大戰果，予敵大機動部隊以殲滅的打擊，這事預告了今後決戰的佳兆，值得爲國民諸君不勝同慶。特別是陸軍雷擊隊，參加了此次戰鬥，陸海軍協力一致，英勇奮鬥，獲得莫大戰果。這事是值得大書特書的。此際我再次感謝飛機及其他軍需生產人員的努力，並希望在今後的增產上更加努力，而繫於戰局的前途，各將官民愈因勝利而益備敵。

【同盟社東京十六日電】十六日閣議小磯首相以下各閣僚均出席參加，會議席上陸海兩相詳細說明了台灣方面的戰況。

【同盟社東京十六日電】樞密院顧問官野村吉三郎大將聽到台灣海面的捷報後，即發表談話稱：我海上部隊現在還追擊美機動部隊，我生產戰線亦以突擊的精神亦進行生產追擊戰，以配合我軍果敢的追擊戰。此次敵人的作戰是要使菲島孤立起來，同時企圖在台灣周圍的島嶼登陸，並以此為基地，大舉空襲日本本土，尤其是北九州的重工業地帶，並且完全切斷日本與南方資源地帶的聯系，使日本喪失戰意。這次作戰是由尼米茲佈置的，這次作戰亦充分表示出海爾賽的性格——這就是一直猛衝。但是這次作戰由於我方的猛擊，確是受到了挫折，但是不能認為這樣完全使敵人的全部作戰計劃發生混亂，而日本已獲得轉為攻勢的有利地位。這次戰果是極大的，但是我們應認識到尼米茲指揮的太平洋攻勢還繼續着，他奪回菲島，封鎖南方資源地帶的作戰計劃絲毫沒有變更。

## 關於波蘭問題 傳英蘇將作根本會商

【海通社柏林十五日電】莫斯科訊：邱、斯與米科拉茲柯於十三日進行兩小時會談。計劃擬定在下週星期三（十八日）進行『重要與根本』的會談。米科拉茲柯與羅[illegible]及格拉布斯基於十三日特訪問莫洛托夫，後來又與艾登及美大使哈立曼作第二次會議。有趣的是人們不知道邱吉爾在莫斯科住在甚麼地方。

【合衆社莫斯科十五日電】波蘭兩政權調和之機會較前增多，波蘭民族解放委員會委員長比魯特切對在斯邱監視下所進行之商洽表示樂觀。比魯特在歡迎邱吉爾之娛樂會中以此意告知記者。斯大林亦出席娛樂會。此為作戰以來斯氏首次出赴娛樂場所。

【海通社斯德哥爾姆十三日電】華盛頓對莫斯科會談特保留態度，顯然是為競選運動所決定。例如：過去數日，××報對蘇聯發動了猛烈的××。『紐約××報甚至詢問關於頓巴頓會談看到蘇聯成為新聯盟國的同伴難道不是一個悲喜劇嗎……（缺半句）鑒於……共和黨報紙。據『濘根斯』報紐約訪員稱：美國一般地似乎對歐洲完全沒有興趣……（不明）相信邱吉爾在莫斯科代表美國，那是愚蠢的。華盛頓方面稱：莫斯科會議為英蘇關於歐洲問題的會談。邱吉爾願知道斯大林是否要在軍事上佔領之後，即用政治攻勢征服各國家。就波蘭，此國家僅代表××問題。關此共和黨議員雷諾星期日聲稱：（不明）

會下令停散馬基游擊隊，可是馬基游擊隊不僅拒絕武器交給戴高樂，而且要求在政府中佔一席地位。戴高樂與馬基游擊隊星期五成立協定，深信是由於英美的壓力所致，而不是戴高樂對馬基游擊隊的態度有所改變。

【海通社柏林十五日電】巴黎訊：美國駐法國臨時政府的代表加發利星期五抵巴黎。他有大使的官級，但無大使的頭銜，因為美國與英國至今均未承認戴高樂政府為法國正式政府。

【英國官方通訊社大馬士革十五日電】敘利亞內閣於星期四日在敘利亞國會關於亞歷山大泛阿拉伯預備會議之辯論之後辭職。在辯論過程中首相說：阿拉斯‧杳布里為反對派發言人尖銳批評。上述阿拉斯‧杳布里內閣之地位由於戴高樂拒絕敘利亞的獨立宣言，陷於極端困難中。

## 戈林勝利的幻想

【海通社柏林十四日電】帝國元帥戈林於新軍火工廠工人（此工廠於空前短促時間內建成）講演中宣稱：如果敵人的聯盟不能摧毀德國，勝利將是德國的。戈林說：『的確，敵人今日正站立於我們的國界上。』他繼稱：『我們正為我們的家室，我們的將來，我們的自由及我們的生命而戰。讓我們堅持下去，讓我們證明，世界上三大強國——蘇聯、美國與大英帝國——不能摧毀德國，而德國此後將獲得勝利。』

【海通社柏林十三日電】帝國宣傳部長戈培爾於最近出版之『德意志週刊』著文宣稱：倫敦、華盛頓以為他們在德國的勝利進軍是一件很容易的事業。指出：……恰好德國最強硬的抵抗就建立在西面與東面的邊境，戈培爾稱：『這些邊界後面就是國家社會主義團結起來的德國人民，它不會為無價值的口號所迷惑　僅僅讓無恥的威脅來嚇倒。正像經得起勝利一樣，它也能忍耐敗北。但它並不為　原因而出賣它的生命。這次戰爭中國家的殘酷教訓，以及其光榮與自由的喪失可作為警告。它沒有表現絲毫的意向要重複一九一八年九月的錯誤，特別是因為它的敵人已這麼公開告訴它，倘使它已無防衛能力了，他們會用什麼辦法對付它。無疑地，倫敦、華盛頓、莫斯科以為通過德國的勝利進軍是一件太容易的事情。他們相信他們會遇到，被戰爭的延積與嚴酷所削弱的士氣敗壞的人民。而今，他們正遇着這樣一個武裝起來的、準備並決心對付一切的國家，今天在德國發展着的是總力抵抗，人民的意志是已發展到極頂點。他們並不能以突然襲擊嚇倒我們，或以極種威脅逼迫我們屈服，我們對於我們敵人的潛在力正像對於我們自己的那麼熟識。我們不僅相信我們的勝利，而且我們也知道當盡最大努力的時候勝利是確定的，而我們已決心作這樣的努力。

## 海通社所傳的巴爾幹糾紛

【海通社柏林十四日電】左翼週刊『新政治家』鑒於莫斯科會議，特發表一文論巴爾幹問題稱，××××，留下困難的巴爾幹問題，尤其是馬其頓與色雷斯。這些問題係基於蘇聯及英國對保加利亞的顯然不同的態度而發生的。該報繼稱，保加利亞各師可能在蘇聯同意下仍在希臘境內。此事實說明了保希間的內部協定。但此點並不能××此事實，即此間存在某些分歧。『新政治家』繼稱，一般希望邱吉爾與斯大林將達到共同的巴爾幹政策。如果英國企圖防止斯拉夫勢力突入馬其頓或拒絕保加利亞至愛琴海的出口（如果莫斯科認為此點根據經濟原因可以做的話），則蘇聯的輿論無疑將是可以懷疑的。

【海通社柏林十三日電】威廉街發言人表明：邀請鐵托和倫敦與盧布林波蘭人的領袖赴莫斯科商談，僅表示他們要商談的主題是什麼而已。他亦表示這樣的意見：挪威問題可能在莫斯科討論。他並指出瑞典報紙『達．亞特報』的下列報導作為他的意見的證實：『華盛頓白宮騷動了，』因為斯大林突然要把挪威包括在蘇聯利益的範圍內，而英國則把該國看作它將領導的未來西方集團中的一部份。英蘇似乎已經在莫斯科達到一致的關於撤退匈牙利軍隊作為簽訂休戰協定之先決條件的協定，柏林方面對此視為爭奪希臘、色雷斯與馬其頓當中的最古怪曖昧的行為。至今有着極顯著的差異；莫斯科公報一方面在談無條件撤退匈牙利軍隊，而索非亞電台發出的公報末了則直爽地說：此要求和經蘇聯或鐵托允許與指揮下作戰的那些軍隊無關。柏林方面認為：倘使後一種說法是正確的，那麼整個協定不外是便於使邱吉爾保全他在國內的面子的一個××而已。保加利亞外長斯泰諾夫已於三日前聲稱：保加利亞是在蘇聯托爾布金元帥指揮之下，所以，保加利亞實際上就是盟國的共同作戰國，保加利亞軍隊可像盟國軍隊一樣的安置。柏林人士正在等待這些差異的說明，××首次併稱蘇聯指揮下的保加利亞軍隊是否將退出愛琴海沿岸。由威廉街發言人的談話，德國外交部顯然已確信：雖有新協定，蘇聯通達愛琴海門戶的問題並未解決。柏林方面意見認為：到底蘇聯是直接或繞道經保加利亞，為愛琴海的入口而堅持其要求，抑或是對達達尼爾所有權的要求，施以雙倍強烈的壓力，這不久就可看出。

## 馬基游擊隊與戴高樂合併

【海通社巴黎十四日電】法國臨時政府與馬基游擊隊代表星期五成立協定，規定戴高樂軍隊與馬基游擊隊合併。這將使人回憶戴高樂

## 英觀察家報稱蘇欲開發伊朗油田

【路透社倫敦十五日電】倫敦觀察家報星期刊特派員稱：蘇聯亟於想表現為戰後世界市場上石油出口者。該報提及莫斯科公告蘇聯政府會要求伊朗北部石油租借地，然後摘錄蘇聯外交部重要人物卡夫塔拉德茲向伊朗報紙『伊特拉特』申述的話，蘇聯政府相信伊朗工人在與頭等的蘇維埃工業配合下發展伊朗北部的石油，將對鞏固兩國間政治經濟和文化的聯系具有極大的重要性。觀察家特派員評述，此項聲明標誌出與蘇維埃政府自俄國革命以來所奉行的對中東的政策有重要的改變。蘇聯此種態度表示它有意於表現為一個世界市場上石油出口者（此數字猜大意）。莫斯科方面希望石油出口將提供彌補此後建設年頭機器工具入口所需的某種支付工具。伊朗正面臨着不僅蘇聯方面，而且也為美國方面關於石油租地的新要求，美國對伊朗東南部石油資源感到興趣。不僅如此，伊朗方面感到缺乏資本以提倡任何他們自己的發展計劃，而此點似已推動他們接受建議了。（編者按：伊朗的油權全掌握在英伊石油公司手中，甚至美國亦未會取得任何油權。）

【路透社莫斯科十六日電】據塔斯社德黑蘭訊：伊朗政府業已決定，非俟戰爭結束時不與蘇聯談判石油讓予事宜。惟多數報紙對政府此項決定表示異議，謂此項決定頗與輿論不符，因輿論贊成讓與並認為條件甚為有利。

## 敵命令各長官多注重政治局勢

【同盟社東京十三日電】戰機將要成熟，而敵機已近我近海。政府為了應付這緊迫的情勢以及為內地更加密切起見，已於日前命令台灣總督長谷川返回東京，聽取現地情勢的報告。根據這個報告，對外地採取各種行政上的具體措置。此次為使內外地密切聯合起來，協迫日本的作戰以及使政治、行政措置沒有缺陷，遂使朝鮮、台灣等地的政務總督、總務長官等外地政治、行政的負責人參加地方協議會會長的會議（由主要的都、道、府、縣知事組成）。同時今後閣員必需多注意政治，處理重要的時局，即是說使閣議成為最高戰爭指導會議的政治核心。因此閣員盡量讓各省次官運營行政事務。各該省大臣只管大的方面，以便把他們由各省事務中解放出來，並使次官會議成為處理行政事務的中心。由此閣議把處理行政職能讓給次官會議，使閣議成為政治的會議，藉以提高決戰的政治力。閣議決定的事項不依據法律，而作為閣議決定的事項立即實施之，藉以迅速發揮戰時的機能。

# 參攷消息

（只供參考）
第六七一號
解放日報 新華社 編
今日出一大張
卅三年十月十九日
星期四


## 同盟社評稱
## 美軍迅將進攻菲島

【同盟社東京十八日電】台灣海面上的這種光輝戰果，對於太平洋以及全世界的戰局，將會發生何等重大影響，今後事實的發展，自會雄辯地回答這一問題。不過我們應該指出這一實事，即根據截至現在爲止的戰果，說明全日本國民都有一個極爲重要的堅强信心。這種信心是：（一）日本的核心防衛圈，含有强大無比的彈撥力。（二）整備了的一切擔保妥當了的基地航空兵力，對於航空母艦的航空兵力，依然能發揮壓倒的威力。（三）日本的航空兵力，無論在數量上或質量上，完全可以與美國動員到日本本土及菲律濱防衛綫的兵力相頡頏。美國太平洋艦隊司令尼米茲會於十六日發表廣播演講說：『最近從××（電碼不明）到菲島，向日本進攻的我機動部隊，今後可以在距本國數千海里的海面上，長期間的進行作戰。這不僅說明了美國海軍的能力，同時也證明了美國航空母艦的空軍力量是佔優勢的。』我們從尼米茲的這些話裏，可以推斷出他們是在企圖經過今後的努力，使美國航空母艦的空軍力量佔優勢，以及他們想頑强地證實這件事情，尼米茲大半是想使美軍的巨大損失與給與日本基地空軍的損失相抵消，犧牲第五十八特種的艦隊，毀滅大航空要塞的台灣，從此觀點出發，恐將迅速出動其殘餘艦隊進攻菲島。如認爲所謂『在菲島登陸』，是掩飾此次敗北的唯一方法，那麼便可確定尼米茲將要進攻菲律濱。由於這一次的勝利，我們的信心更加堅强了，是正在等待尼米茲出擊菲島的日本國民的信心正確呢？還是尼米茲的想法對呢？在不遠的將來，便會在菲島的周圍得到證明，而日本國民也正在等待着這個日子的到來。

【同盟社中部太平洋基地十八日電】向台灣東方海面出擊的敵機動部隊，經我航空部隊猛烈地反復攻擊之後，現在已滿身創傷，從該方面逃走，但我海軍航空部隊，似仍在猛追繼續進行殲滅戰。另外爲解救友軍來襲的敵機動

談甚久。與外相艾登商談之後，波蘭流亡政府外長羅姆即訪問美駐莫斯科大使哈立曼。

## 英泰晤士報同意
## 羅保匈南屬蘇勢力範圍

【英國官方通訊社倫敦十五日電】『羅馬尼亞與保加利亞，以及不可避免的匈牙利與南斯拉夫』之加入『蘇聯安全系統』，倫敦泰晤士報描述爲『並非不合理的』。該報以着重的語氣否認英蘇在巴爾幹利益之對立的可能性。該報的一篇必須視爲對現在的英蘇莫斯科會談之評論的文章說：『英蘇在巴爾幹的利益正相反對及增强一個强國之地位便意味着相對削弱別一强國之地位等假設，從未由事實更多地證明，而且現在是完全陳舊了』。英蘇關於巴爾幹政策的諒解會是英蘇協定之一部份。該報進一步講到英蘇關於『前綫後方整個區域之政策的聯合公告』，並建議在整個南歐設立盟軍聯合統帥部以及在地中海及西歐設立聯合參謀機構。『這樣』結果『英蘇在巴爾幹利益××××××而且在中×一般的設想友好的，希臘與土耳其有一和平的後方。蘇聯首要的利益是她自己邊界的安全，蘇聯可以將羅馬尼亞、比薩拉比亞與波蘭以及匈牙利與南斯拉夫加入蘇聯安全系統，合法地保衛其邊界。（以下兩句原文錯落，恐靠不住）結果蘇聯政策絕不是不合理的，而且紅軍進入德國或其他更即刻有關的各國是無須批評的。』

## 海通社稱
## 戴高樂疏遠英美接近蘇聯

【海通社斯托哥爾姆十七日電】倫敦人士相信戴高樂在疏遠西方國家而試圖接近蘇聯。於是『哥德堡商務日報』訪員稱：儘管英美一切無綫電台關於國際聯盟、頓巴敦橡樹林的計劃作贊同英美觀點的震耳宣傳，而巴黎則贊成蘇聯政府的乖離觀點，法國方面對西方國家的觀點極爲冷淡。倫敦顯然把戴高樂的批評的講演視爲不過是冷却巴黎與倫敦以及華盛頓之間的關係中的許多象徵之一而已。於是，瑞典訪員稱：英國最後試探要把法國包括入西歐與英國、荷蘭與比利時的聯盟當中，已遭遇巴黎的拒絕。關於此，倫敦對戴高樂在西班牙問題上持拒絕態度認爲是極爲顯著的。

【海通社安哥拉十七日電】據此間廣播：土耳其新任駐莫斯科大使西林沙伯（前土耳其新聞部長）已離土京赴莫斯科。

【路透社巴黎十七日電】巴黎無綫電今日摘引法國情報局公報稱：法國新聞記者們尚未自盟國當局方面得到他們執行任務時所需的一切方便。公報回答了法國報紙的怨言：即『他們沒得到關於法軍作戰的足够消息。』

部隊，經十六日我軍的猛烈進攻，擊毀敵戰艦、航空母艦各一艘，迅速在巡洋艦掩護下向南方敗走。敵人雖經過此次的敗仗，但仍野心勃勃頑強地繼續向菲島南方或東印度羣島出擊，故戰局仍要我們寄以很大的注意。

## 美航空母艦隨軍記者
## 首次報導台灣海戰

【同盟社里斯本十七日電】據紐約來電，隨美國海軍第五十八機動部隊某航空母艦的合衆社特派記者詹姆士，以「十四日寄自台灣海面航空母艦」為題，發表通訊，繪述當時日本飛機的猛烈攻擊情況，該通訊是美國方面首次報導台灣東方海面上日美兩軍的海空戰況，因檢查關係，而未提及美國方面的損失。詹姆士報導稱：今天日軍以俯衝轟炸機戰鬥機的大隊飛機，猛攻我有力的機動部隊前後達十時之久，實在可以說是這次大戰中最大的海空戰之一。其戰鬥之激烈，遠過於四月前的塞班戰役，我艦隊雖為海上最大的艦隊，雖備有應付日機襲擊的防空砲火，但勇敢的日本機隊，前仆後繼的向我們頭上殺來。我因為有塊堅強的掩體，因而得以自頭至尾看完了這場激烈的戰鬥。有一架日本飛機，看到機身起火，便立即向我艦的甲板上衝來，因而這一艘軍艦也立即起火。（下缺）

## 敵稱台灣之役後
## 重慶各報極為衝動

【同盟社廣州十七日電】關於台灣東方海面我軍的巨大戰果，重慶方面雖由於美英的欺騙宣傳而完全避免涉及，但被日本大本營不斷擴大戰果的公佈，終於無法忍耐。據十七日重慶報導：重慶十六日的晨報、晚報，皆以「日美艦隊」決戰的大標題，一併登載日本大本營的公佈與尼米茲司令部的公報，大大地予以報導，使重慶各界發生非常的衝動。又路透社及其他重慶的外國電訊——亦報導重慶的衝動情形，傳重慶軍事消息靈通人士觀測，若係事實（原文如此），則今後在太平洋方面，將有巨大變化」。

## 英官方社稱
## 斯邱主要會談軍事

【英國官方通訊社倫敦十七日電】莫斯科會議主要是作戰會議，其結果在將來盟國作戰中將顯示出來。基於這種原因，將很少（如果有的話）公佈邱吉爾首相與斯大林元帥及其參謀人員所討論的主要問題。但根據邱吉爾與艾相頻頻與波蘭領袖會談一點，可以顯然看出二氏認為波蘭問題之解決為需要在莫斯科達到決議的主要問題之一。（缺）而這些並未達到協議的問題仍具有很大的重要性。據迄今所知者，會談正繼續中。

【海通社柏林十七日電】倫敦訊：波蘭流亡政府總理米科拉茲柯於十六日晚出現於莫斯科英國大使館，此乃四十八小時內的第三次。據路透社訊：與柯氏同行的有外長羅美爾與格拉白斯基教授，他們均由外相艾登接見，商

## 張平羣答外籍記者
## 智識青年從軍最可樂觀

【中央社重慶十八日電】外籍記者招待會，十八日下午三時舉行，梁部長寒操、吳次長國楨、張參事平羣出席主持。某記者詢以中國戰局大勢何者為樂觀之點？張參事答：目前最可樂觀者，首為智識青年從軍運動及改善士兵待遇二事，將使中國產生新軍，增強戰鬥力量。其次為中國與盟邦之合作無間。中國抗戰可大致分為兩期，在初期，中國單獨奮戰，是為最危險時期，而終於安然渡過，至現在時期中，中國與盟邦並肩作戰。單獨奮戰時尚與強敵，豈得有盟邦協力作戰而反歸失敗呼?!中國今日軍事上雖較脆弱，此則盟邦應加援助，使趨於強盛。強化脆弱之一環，則整個連鎖形成強固，故彼此合作之日形密切，實應為我國與盟邦所同切盼者也。再次為緬北滇西戰役之勝利，此則有助於印緬公路之重開。他若美軍空襲菲律濱及台灣之漸趨猛烈，亦為可樂觀之事。最後而亦為最要者，乃我舉國上下對勝利信念之堅定，以及抗戰到底之決心。現百萬敵軍在華亦陷入泥淖，此百萬敵軍之蠻橫有甚於德軍，故無論如何，中國戰場不應為世人漠視。

【中央社重慶十八日電】知識青年從軍後，本人及家屬各項優待辦法，主管當局正審議中。聞志願從軍青年，如係公教人員，服役期間，薪津由其家屬全支或部份支給，仍保留原有職務。至學生在服役期間，保留原有學籍，如係公費生免費生及領有獎學金者，一併保留。將來服役期滿，得依本人志願，參加其在服役期間原校原級所習學科之主要課程考試，及格後予以升級或畢業。其志願投考國內學校及留學生考試時，得儘先予以取錄或選派。其他政府優待抗戰軍人家屬辦法，一概從優適用。

【中央社重慶十八日電】關於女性知識青年從軍事宜，聞將來擬組織服務隊，隨同青年遠征軍擔任政治工作及醫藥救護工作。初期計劃征集二千人，詳細辦法訂定後即可公佈。

【中央社重慶十八日電】中央政校員生從軍日衆，截至十八日止，已有二九三人登記應征，從軍內教職員三三人，學生二三〇人，工友三〇人，該校訓導主任徐志明，教授何永佶，訓導程宗棣均已報名。

【同盟社廣州十六日電】由於我軍精銳在大陸的巨大攻勢，使重慶遭遇空前未有的危機。為了在全國範圍內，使十萬學生與五萬國民黨員從軍，現已在採取緊急對策。據十五日重慶廣播稱，十四日於重慶舉行學生從軍會議，席上蔣介石再次要求學生的大批從軍。又據另一重慶電稱，張治中於該會席上會稱：十萬個學生將於訓練後，編為十個師，預作為青年遠征軍，直屬軍事委員會。

## 敵稱史迪威抵柳州

【同盟社里斯本十六日電】據柳州合衆社電，東南亞洲美軍副司令史迪威，於十五日急忙飛抵柳州，與重慶前敵司令白崇禧，張發奎，美軍第十四航空隊司令會見，討論關於美空軍改變配備問題。

【同盟社大陸前線基地十六日電】關於我機在華南截擊敵機的戰果更加擴大，十五日在廣東的空戰中擊傷敵戰鬥機、轟炸機九架。我方未返防的四架飛機中，兩架飛機的人員已安然返抵基地。返防的野村曹長駕駛的飛機，又擊落敵P51式飛機一架。十六日來襲香港的敵機，除了被擊落戰鬥機四架外，又有B24式飛機二架被擊落，但其中一架尚未被證實。另有數架被擊落。

## 廣西民團總指揮部 招待新聞界報告成立經過

【中央社柳州十七日電】廣西民團總指揮部，十七日下午招待文化新聞界及各界代表報告成立經過，由該部參謀長蔣×荃主席。蔣氏首述廣西民團之歷史的發展及過去剿平匪亂及桂南抗敵諸役之顯赫功績。次報告組織計劃，謂共有區指揮××××達九十九處，每縣將有四至×個自衛大隊，全省民團約××××萬之衆，槍械足敷應用。其分佈地區，幾如星羅棋佈。蔣氏並謂敵人此次犯桂，各縣民衆，不待號召即自動武裝起來，參加殺敵工作，成績斐然。蔣氏於宣讀張司令長官來電一件，指陳恭城及富川附近民團殺敵之戰績。恭城民團俘敵兵及台灣朝鮮兵共卅餘名，機槍步槍各若干。富川民團聯隊指揮官一名，且奮勇衝入敵機槍陣地，中彈成仁，其忠勇壯烈之光榮偉績，永垂史乘而不朽。末謂此際全省民團組織，已臻健全嚴密，其力量日趨雄厚，必有以協助國軍殺敵致果。旋由戰區政治部主任侯志明等相繼致詞，對廣西民團之功用及其殺敵壯舉，多所發揮。最後柳江縣長覃鍾如報告柳江縣自衛隊之組織概況，全縣約分×××個大隊，官兵人數預計可達×萬×千人。渠決日內召集附城各鄉民團隊員加以檢閱。覃縣長年逾五十，兩鬢蒼白，彼表示倘敵寇果然來犯，當率柳江子弟，誓拚老命，與敵周旋到底。全場來賓約百餘人，咸報以熱烈之掌聲。

【中央社桂南前線某地十七日電】瀕臨戰地之我民團組織，日趨活躍。十六日，藤縣南之敵一股，被我自衛團隊包圍猛擊中。又南平遭敵竄擾，我團隊亦奮起迎擊中。

## 在華朝日新聞總局支局長 座談『大陸決戰場的相貌』

【同盟社東京十五日電】朝日新聞於十四日登載在華朝日新

右。現在（十月）有八百五十架。還是由於今年三月中印空運路線太多困難增加了運輸總量所致。如果雷多公路成功，運輸機還當更會增加。2、總之，此次我軍的進攻作戰，予重慶地上軍的打擊甚大，我方奪取並削弱了敵人的空軍基地，封鎖敵空軍的活動，這是最應當注意的。對這一體勢感到束手無策的美空第二十航空隊（擁有B29式機），必須以所謂「直屬於華盛頓」的立場站立起來。3、敵人已從攻勢轉爲防衛，但敵人執拗的對日空襲的企圖，絕對不容輕視。

### （三）國共的相尅：

1、以此次作戰爲機會，延安對重慶的攻擊呈現活潑的狀態。例如衡陽失陷後，八月十三號的解放日報社論稱：「我們要求重慶的國民黨，轉變消極抗戰爲積極抗戰，從××轉到武器與人民相結合。改變××人民爲依靠人民，改變壓迫民主政治爲實行民主政治，改變反共工作爲國共團結，改變依靠外力爲以自主抗戰爲主，盟邦的援助爲副。」最近的形勢是，延安趁重慶狼狽之時，加强活動，這是很顯然的。2、九月十六日，蔣介石以行政院長資格發表演說。蔣稱：「十八集團軍如不任意擴大軍隊，不在正規軍外編制軍隊，不就地徵發軍糧，同時第十八集團軍能服從中央命令的話，即可按國軍獲得同一的待遇」。蔣介石裝做妥協的樣子，一涉及根本問題，即拒絕延安的要求。3、重慶的對共政策，經常以十八集團軍及新四軍爲對象，目的在於奪取中共的武力。4、參政會從民國廿七年成立以來，完全是一個談機關，只有今年才由非國民黨人士展開活潑的議論，政府方面不厭制，大膽地採取容忍的態度。這點極堪注目。5、最近關於孔祥熙去職，延安代表入閣等傳說屢次傳說重慶政權改組，即使延安代表入閣的問題能夠實現，亦不可能消除國共的相尅，從來地主、買辦資本家、官僚三位一體的國民黨，如果依靠自己的反省來獲取民衆，那末它與共產黨的爭奪地盤更加激烈。5、與國共問題相關而應注目的問題，就是美國在南北中國的新活動。美國在南北中國找尋空軍的新基地。美國與延安的關係更加密切，使重慶的更加不利，這亦是國共相尅的一個原因。

### （四）抗戰中國與美英：

1、關於援助重慶問題，美國與重慶間像婆婆與兒媳的互相吵架，這是由於此次我軍的作戰，吃了敗仗的在華美空軍與重慶政權，互相推諉責任的繼續。美國方面說：「此次的戰敗，因重慶軍沒有能力，儘管美空軍努力作戰，終於失敗」。重慶方面則稱：「美國的援助非常不夠，裝備亦極惡劣，因而不能不敗」。十月六日的大公報亦力說：「不僅是單純的空軍，陸軍海軍亦應在中國沿岸登陸，如果可能的話希望就實行」。

### （五）抗戰中國的命運：

1、蔣介石企圖利用日美戰爭稍爲休息一下，而圖謀中國的復與總局支局長，就現在中國的各種問題舉行座談會，座談的題目為『大陸決戰場的相貌』。其大要如下：

## （一）此次作戰對重慶的影響：

一、河南作戰，湖南作戰以及廣西進攻作戰，給予重慶政權在軍事、經濟、政治上的影響如何？二、河南作戰的結果，最低限度亦使蔣介石所吹噓的對日總反攻成為泡影。蔣介石以第一戰區為對日總反攻的前進基地，夢想奪回華北，但因第一戰區戰鬥力的崩潰，蔣介石所夢想的奪回華北，不唯沒有希望，而且京漢綫（平漢路）以東的廣大地區，大部為我軍所佔領，並使其無力化。洛陽的失陷，意味着給了我軍向重慶進攻作戰的有力橋頭堡壘。經濟上重慶失掉了河南的寶庫，它不僅喪失了小麥雜穀等食糧，同時還喪失了烟草、棉花等重要資源。三、重慶從事變以來，平均每年要損失五十個師，此次作戰至八月底為止，損失了四十一個師（內計殲滅十個師、擊潰十二個師、擊敗十五個師，受到打擊的四個師），因此最近傳說中央嫡系軍向桂林、柳州移動，並加強警備。在重慶軍總兵力三百一十四個師，中央嫡系軍佔半數以下，還是兼任偵察地方雜牌軍的任務並牽制他們。動用中央嫡系軍一事，說明了重慶對地方將領的統率力更加削弱，在重慶本身來說，這是極為危險的手段。重慶所以敢於這樣做，是因為在軍事上處於最大的危機中。四、更加以我軍從福州、溫州進行新作戰，廣西是蔣介石所依靠的地方，這從蔣介石曾說過：『用西南的土地作為抗戰的土地，用西北的地方作為建國的地方』一語中，即可清楚。從貴州到桂林的黔桂鐵路，從雲南的滇桂鐵路，從湖南的湘桂鐵路，從廣東方面的粵桂鐵路等四大運輸路均為我方控制，今後有何公路代替這些公路運輸戰時物資，尚是一個問題。五、由於此次的作戰，重慶遭受到中國事變以來從所未有的打擊；如果對於世界戰爭沒有寄予一綫的希望，那末重慶的抗戰力量恐怕就在此次作戰中崩潰。重慶愈變成無力，則美國將愈益活躍。重慶軍弱化的原因，一方面由於武器彈藥的缺乏，同時軍隊本身的戰鬥意志亦非常低下，因為有美軍督戰，遂被迫拖着作戰。

## （二）在華美空軍與日美決戰：

1、在華美空軍雖被我軍擊敗，但能從後方得到不斷的供給。至於其機數，因時間的不同，所得到情報亦不相同。在七月底，美空軍約有四百架飛機，中美混合航空隊約有一百五十架，重慶航空隊約有一百三十架左右，共計六百八十架。八月底為七百五十架左

興與統一。但事實相反，現在中國正成為日美決戰的場所。2、最初也許認為在美英的援助下，可以擊潰日本，並可獲得中國的獨立自主。美英的援助在軍事上經濟上逐漸增大，它所援助的力量反轉過來支配重慶政權，這一傾向已甚顯著。特別是在軍事上是爭奪統帥權的問題。這一傾向當美英愈益焦慮對日作戰的時候，就更露骨的表現出來。在政治上，已逐漸干涉重慶，當重慶一旦傳說對日和平論的時候，立刻銳敏感到的便是美國。駐華美空軍，現在是對付日本的武器，如果在重慶發生對日和平論時，駐華美空軍立即可以變成轟炸與中國民眾的武器。3、蔣介石還有一個最大的苦惱，這就是延安政權勢力的壯大。不論日本，不論美國，戰爭一旦結束，大概即可撤退，而所剩的就是延安政權問題，誰亦不能保證重慶政權不壓迫延安政權。不論日本，不論中國，現在站在危急存亡的關頭，抗日中國的運命是和日本的運命相密切連繫的。孫文曾說過『沒有日本，就沒有中國』，這句話不僅是指抗日中國的命運，而且預言日本的命運和東亞的命運。我們應當承認：正如某將軍所說的『日華雖在作戰，但亦在合作着』。

## 日寇吹牛
## 充滿『戰鬥意志』

『同盟社××基地十七日電』案崎報導班員發：我陸軍雷擊隊僅受×個月的訓練，即獲得震撼世界的戰果。這一事實說明了日本民族在航空技術上是如何的優秀。在×基地受訓的隊員們，是如何的充滿戰鬥的意志，特舉一兩個事實介紹給國內：（一）儘管他們對陸軍部隊第一次進行海上攻擊，但一待發出擊命令時，甚至有因病休養之人，亦請求『病現在已完全好了，請允許我參加此次戰鬥』，好似在出發之先，全隊員已有了香沒敵人的健康情緒。（二）隊員們知道：『一顆魚雷未命中即不能參加戰鬥』的嚴格要求，因此在訓練中不幸發生有一顆未命中的時候，他們連最喜歡的酒亦不喝，專門進行猛烈訓練，堅持百發百中的編隊的光輝，因此在此次獲得極大戰果。

『同盟社東京十六日電』在八月一日以後至九月末在全國展開的重要礦物必勝增產期間，雖遇到若干困難，但由於關係各方面的協助，一道向增產的邁進。各種礦物的增產，均甚良好，大半都超過了決戰局勢下決定的相當高的預定目標額，根據軍需省的發表……各種主要礦物的實際成績對於指定的生產目標如下：鋼百分之一百一十三，石綿百分之一百七十五，鉛百分之一百零二，鐵百分之九十，亞鉛百分之一〇一，錳百分之一百廿四，水銀百分之一百十九，鉻百分之一百三十一，就中只有鐵較預定目標差百分之十，此蓋由目標額定的太高；但較去年則增加百分之四十五，突破生產目標的礦山共有一百五十個，佔全礦山的百分之四十二。